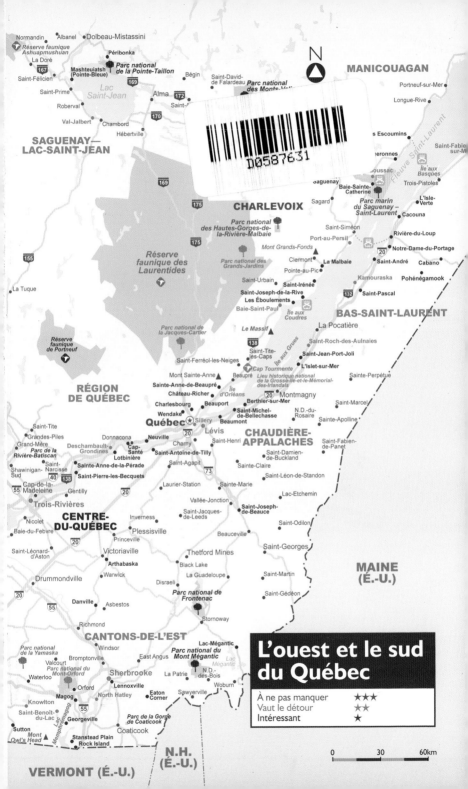

Le Québec

À ne pas manquer ★★★
Vaut le détour ★★
Intéressant ★

N

NUNAVUT

Salluit
Kangiqsujuaq
Parc national des Pingualuit
Quaqtaq
Killiniq
Kangirsuk
Monts Torngat
Aupaluk
Baie d'Ungava
Kangiqsualujjuaq

Péninsule d'Ungava

Inukjuak
Kuujjuaq

Mer du Labrador

Baie d'Hudson

Umiujaq
Petite rivière de la Baleine
Kawawachikamach
Scheffervile

TERRE-NEUVE-ET-LABRADOR

Lourdes-de-Blanc-Sablon

Kuujjuarapik / Whapmagoostui
Grande rivière de la Baleine
Rivière Kaniapiscau

Fermont

Tête-à-la-Baleine
Harrington Harbour

Natashquan

La Grande Rivière
Centrale Robert-Bourassa
Chisasibi
Radisson

Réservoir Manicouagan

Havre-Saint-Pierre
Baie-Johan-Beetz
Sept-Îles
Port-Cartier
Détroit de Jacques-Cartier
Île d'Anticosti

Golfe du Saint-Laurent

Nemiscau

Waskaganish

Fleuve Saint-Laurent

Détroit d'Honguedo
L'Anse-Pleureuse
Gaspé
Sainte-Anne-des-Monts
Percé

Mistissini

Baie-Comeau
Matane
Amqui
New Richmond

Îles de la Madeleine

Oujé-Bougoumou
Chapais
Chibougamau
Forestville
Mont-Joli
Rimouski
Trois-Pistoles

Baie James

Matagami

voir L'ouest et le sud du Québec

voir L'est du Québec

ÎLE-DU-PRINCE-ÉDOUARD

Alma
Saguenay
Tadoussac
Rivière-du-Loup
Charlottetown

NOUVEAU-BRUNSWICK

La Sarre
Amos
Parent
Réservoir Gouin
Lac Saint-Jean
La Tuque
Montmagny

NOUVELLE-ÉCOSSE

Rouyn-Noranda
Parc national d'Aiguebelle
Val-d'Or
Fredericton
Réservoir Cabonga
Québec
Lévis
Saint John
Halifax

Ville-Marie
Réservoir Dozois
Réservoir Baskatong
Mont-Laurier
Trois-Rivières
Drummondville
Sherbrooke

Témiscaming
Laval
Montréal
Longueuil
Golfe du Maine

North Bay
Gatineau
Ottawa
Rivière des Outaouais

ONTARIO

Baie Georgienne

Burlington
Portland
OCÉAN ATLANTIQUE

Kingston
Lac Ontario
ÉTATS-UNIS

Oshawa
Toronto
Boston

New York

0   150   300 km

Le Québec

11e édition

tu es mon amour
ma clameur mon bramement
tu es mon amour ma ceinture fléchée d'univers
ma danse carrée des quatre coins d'horizon
le rouet des écheveaux de mon espoir
tu es ma réconciliation batailleuse
mon murmure de jours à mes cils d'abeille
mon eau bleue de fenêtre
dans les hauts vols de buildings

Extrait de «La Marche à l'amour»
Gaston Miron
L'Homme rapaillé

ULYSSE

Montréal

1. Le centre-ville de Montréal, avec le dôme de la cathédrale Marie-Reine-du-Monde à l'avant-plan. (page 110)
   © iStockphoto.com

2. Poumon vert de la métropole, le mont Royal domine le centre-ville avec sa croix. (page 126)
   © Stéphan Poulin

Montérégie

3. À Notre-Dame-de-l'Île-Perrot, le Parc historique de la Pointe-du-Moulin et son moulin à vent érigé en 1708. (page 207)
   © iStockphoto.com

Cantons-de-l'Est

4. Vue automnale de l'abbaye de Saint-Benoît-du-Lac, réputée pour ses excellents fromages et ses produits dérivés de la pomme. (page 231)
© Tourisme Cantons-de-l'Est / Paul Laramée

5. Principale agglomération de la région, Sherbrooke est surnommée la « reine des Cantons-de-l'Est ». (page 235)
© Tourisme Cantons-de-l'Est

6. Le parc national du Mont-Mégantic abrite en fait deux monts, le mont Mégantic et le mont Saint-Joseph, au sommet duquel se trouve une modeste chapelle datant du XIXe siècle. (page 242)
© Parc national du Mont-Mégantic, Jean-Pierre Huard, Sépaq

Laurentides

1. Contrée de villégiature des plus réputées au Québec, les lacs, montagnes et forêts des Laurentides sont particulièrement propices à la pratique d'activités sportives diverses et aux balades. (page 281)
   © Tourisme Laurentides

2. La Station Mont-Tremblant, l'un des plus importants centres récréotouristiques d'Amérique du Nord. (page 293)
   © iStockphoto.com / Sebastian Santa

Lanaudière

3. Grâce à ses activités culturelles et éducatives offertes à un public de tous âges, le Musée d'art de Joliette constitue un acteur important dans la diffusion des arts visuels au Québec. (page 266)
   © Richard-Max Tremblay

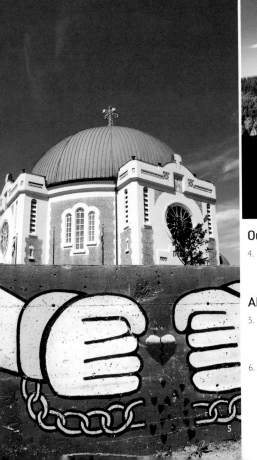

Outaouais

4. Le lac Meech, dans le parc de la Gatineau, où les activités nautiques telles que la planche à voile, le canot et la baignade sont fort populaires. (page 324)
   © Dreamstime.com / Howard Sandler

Abitibi-Témiscamingue

5. La cathédrale Sainte-Thérèse-d'Avila, à Amos, possède une structure circulaire inusitée, coiffée d'un large dôme. (page 340)
   © Thierry Ducharme

6. Le parc national d'Aiguebelle renferme de multiples lacs et rivières, et l'on y trouve les plus hautes collines de la région. (page 342)
   © Parc national d'Aiguebelle, Jean-Pierre Huard, Sépaq

Mauricie

1. Détente à l'Hôtel Sacacomie, avec vue sur la réserve faunique Mastigouche. (pages 364 et 369)
   © Thierry Ducharme

2. De la ville de Trois-Rivières, située au confluent du fleuve Saint-Laurent et de la rivière Saint-Maurice, se dégage un certain charme à l'âme européenne. (page 356)
   © Denis Vincelette

Centre-du-Québec

3. À Victoriaville, le Lieu historique national de la Maison Wilfrid-Laurier préserve l'ancienne demeure de celui qui fut premier ministre du Canada de 1896 à 1911. (page 378)
   © Tourisme Centre-du-Québec

Québec et sa région

4. Les hauteurs de la ville de Québec, d'où l'on admire le fleuve Saint-Laurent. (page 389)
© Shutterstock.com / Sergei A. Tkachenko

5. Une fois et demie plus élevée que les chutes du Niagara, la chute Montmorency est l'un des phénomènes naturels les plus impressionnants du pays. (page 455)
© Shutterstock.com / Andre Nantel

6. Le parc national de la Jacques-Cartier est sillonné par la rivière du même nom, laquelle serpente entre les montagnes escarpées pour le plus grand plaisir des canoteurs. (page 469)
© Parc national de la Jacques-Cartier, M. Pitre, Sépaq

Charlevoix

1. Le village de Saint-Irénée est renommé pour ses paysages de carte postale et son festival de musique classique. (page 586)
   © Tourisme Charlevoix

Saguenay–Lac-Saint-Jean

2. Le parc national du Saguenay offre un point de vue spectaculaire sur les falaises abruptes du fjord. (page 608)
   © Parc national du Saguenay, Jean-François Bergeron, Sépaq

3. Balade en canot dans les méandres de la rivière Valin, dans le parc national des Monts-Valin. (page 613)
   © Parc national des Monts-Valin, Jean-Sébastien Perron, Sépaq

4. Balade à vélo le long du lac Saint-Jean sur la Véloroute des Bleuets. (page 622)
   © Tourisme Saguenay–Lac-Saint-Jean

Chaudière-Appalaches

1. Joli village en bordure du fleuve Saint-Laurent, Saint-Roch-des-Aulnaies tire son nom de l'abondance d'aulnes tout le long de la rivière Ferrée. (page 495)
© Tourisme Chaudière-Appalaches / Philippe Caron

Bas-Saint-Laurent

2. Le parc national du Bic se compose entre autres de baies profondes dissimulant une faune et une flore des plus diversifiées. (page 519)
© Parc national du Bic, Steve Deschênes, Sépaq

3. Le Témiscouata est une région de collines boisées et de lacs fréquentée par les amateurs de plein air. (page 523)
© Thierry Ducharme

Côte-Nord

4. Classés site historique, Les Galets de Natashquan, ces petites maisons pittoresques, sont visibles de loin sur la pointe. (page 657)
©Thierry Ducharme

5. Un des nombreux monolithes de la réserve de parc national de l'Archipel-de-Mingan. (page 651)
© Dreamstime.com / Pierdelune

Nord-du-Québec

6. La Baie-James s'ouvre aux voyageurs plus téméraires en quête d'authenticité et de dépaysement. (page 673)
© Tourisme Baie-James / Mathieu Dupuis

Îles de la Madeleine

1. Le phare de l'Anse-à-la-Cabane fut érigé dans un décor saisissant, sur l'île du Havre Aubert. (page 571)
   © Dreamstime.com / Craig Doros

2. Aux Îles de la Madeleine, des bateaux de pêche attendent la marée haute. (page 565)
   © iStockphoto.com / Denis Tangney

Gaspésie

3. Vue de la jolie ville de Percé, avec son célèbre rocher, et de l'île Bonaventure, à l'arrière-plan. (page 543)
   © Thierry Ducharme

Quelques oiseaux du Québec

4. Oiseau emblématique du Québec, le harfang des neiges habite la toundra.
© Dreamstime.com / Andrzej Fryda

5. La bernache du Canada se distingue par sa tête et son long cou noir.
© Dreamstime.com / Ken Hurst

6. Pratiquement omnivore, le geai bleu est friand des œufs des autres oiseaux, mais aussi de petits fruits et autres glands.
© iStockphoto.com / Douglas Allen

7. Le fou de Bassan niche en Gaspésie, surtout sur l'île Bonaventure, où vit la plus importante colonie au monde.
© iStockphoto.com / Horst Puschmann

Quelques mammifères du Québec

1. Grâce à sa queue plate dont il se sert pour nager et à ses incisives qu'il utilise pour abattre des arbres, le castor est un habile constructeur de barrages.
   © Parc national de la Jacques-Cartier, Steve Deschênes, Sépaq

2. L'orignal, ou élan d'Amérique, est le plus grand des cervidés au monde. Il se distingue par ses bois (panache), sa tête allongée et sa bosse au garrot.
   © Steve Deschênes, Sépaq

3. Un petit rorqual replonge dans les eaux de la rivière Saguenay près de Tadoussac. Ce mammifère cétacé peut mesurer 10 mètres, peser 10 tonnes et vivre 50 ans.
   © iStockphoto.com / Moritz Frei

4. L'ours noir est le plus commun des ursidés au Québec. Même s'il est le plus petit des ours canadiens, cet animal bien connu demeure imprévisible et dangereux.
   © Steve Deschênes, Sépaq

Les régions touristiques du Québec

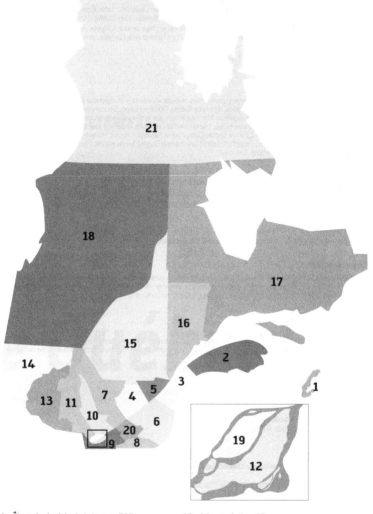

Le Québec...
en temps et lieux

Une longue fin de semaine

Montréal, la métropole, et la ville de Québec, la capitale, demeurent les incontournables pour tout visiteur au Québec. Une longue fin de semaine à Montréal vous permettra de découvrir l'architecture saisissante du Stade olympique, les splendides aménagements du parc du Mont-Royal, les rues pittoresques du Vieux-Montréal et le vibrant Plateau Mont-Royal, avec ses restos, ses boutiques et ses bars allumés. Une courte excursion à Québec, qui célébrait son 400ᵉ anniversaire en 2008, vous dévoilera les charmes du Vieux-Québec et du Château Frontenac, de la rue Saint-Jean et de la place D'Youville.

Une semaine

Un voyage d'une semaine vous permettra de longer le fleuve Saint-Laurent entre Montréal et Québec sur sa rive sud, pour revenir par sa rive nord. Vous passerez alors par la Montérégie et certains attraits intéressants comme le fort de Chambly et la belle rivière Richelieu. Si vous en avez le temps, poussez votre aventure vers les Cantons-de-l'Est afin d'explorer les vallons et montagnes de cette belle région parsemée de lacs et d'auberges de charme aux tables exquises. La région de Québec vous réserve encore de belles découvertes, tels l'île d'Orléans, la côte de Beaupré et le chemin du Roy. Tout près, la Station touristique Duchesnay, où s'élève en hiver le célèbre Hôtel de Glace, et la station touristique Mont-Sainte-Anne offrent de grandes possibilités d'activités de plein air.

En revenant vers Montréal par la rive nord du fleuve, vous traverserez la Mauricie, où vous pourrez faire un arrêt dans la ville de Trois-Rivières, agréable et animée, puis la région de Lanaudière. Si vous avez du temps devant vous, faites un petit détour par la région des Laurentides avant votre retour à Montréal. Vous y découvrirez une contrée de villégiature avec des lacs, des montagnes et des forêts particulièrement propices à la pratique de divers sports et à de superbes balades.

Deux semaines

Après avoir sillonné ces régions somme toute assez rapprochées, si vous disposez de deux semaines, vous aurez le temps de vous rendre un peu plus loin, mais il faudra choisir! Sur la rive nord du fleuve, vous pourrez explorer la magnifique région de Charlevoix et le parc national des Hautes-Gorges-de-la-Rivière-Malbaie. La petite ville de Baie-Saint-Paul a beaucoup à offrir, avec sa rue principale animée, ses galeries d'art et ses bons restos. Vous pourrez également partir en mer à Saint-Siméon pour quelques heures, afin d'aller observer les baleines. En poursuivant votre chemin le long du fleuve, vous atteindrez le spectaculaire fjord du Saguenay. En suivant la rivière Saguenay jusqu'à la chaleureuse région du Lac-Saint-Jean, vous croiserez de charmants petits villages tel L'Anse-Saint-Jean, blotti au creux d'une vallée. Arrivé au lac Saint-Jean, vous découvrirez un riche morceau du patrimoine industriel nord-américain figé dans le temps: le Village historique de Val-Jalbert, un cas unique au Québec.

Mais vous pouvez aussi poursuivre votre exploration par la rive sud du fleuve, en passant par la région du Bas-Saint-Laurent et le séduisant Pays de Kamouraska. Au large de Rivière-du-Loup, les îles du Pot à l'Eau-de-Vie, où vous côtoierez la faune marine en plein cœur du fleuve, pourront aussi vous héberger. Les amateurs de plein air voudront se rendre jusqu'au parc national du Bic, où les sentiers de randonnée et de vélo se faufilent entre mer et montagnes. En poussant votre excursion un peu passé Rimouski, vous pourrez aller humer les fleurs des Jardins de Métis, aux portes de la Gaspésie.

Trois semaines ou plus

C'est ici que les choses prennent vraiment l'allure d'un grand tour! En poursuivant votre itinéraire par le littoral nord du Saint-Laurent, vous pourrez encore allonger d'une semaine ou deux votre périple. Après avoir franchi le Saguenay, vous vous retrouverez sur la Côte-Nord, cette région sauvage aux forêts denses et aux charmants villages côtiers. Un arrêt dans le très vivant village de Tadoussac est requis, surtout si vous êtes de passage en été. Par la suite, en quelques heures de route, vous atteindrez la réserve de parc national de l'Archipel-de-Mingan, qui recèle de formidables richesses naturelles.

Vous pourrez ensuite revenir sur vos pas jusqu'à Baie-Comeau, pour prendre le traversier en direction de Matane, en Gaspésie. En plein cœur du parc national de la Gaspésie, vous pourrez séjourner au Gîte du Mont-Albert, entouré des plus hauts sommets du Québec méridional. En continuant votre route, vous vous émerveillerez devant le spectacle naturel des falaises du parc national Forillon. Un peu plus loin, au bout de la péninsule gaspésienne, surgira devant vous le célèbre rocher Percé, ce monument naturel qui fait la fierté des habitants. Vous poursuivrez votre tour de la Gaspésie en passant par la baie des Chaleurs, où vous accueilleront de sympathiques villages d'origine acadienne comme Bonaventure et Carleton-sur-Mer.

Si vous disposez d'encore plus de temps, certaines régions plus difficiles d'accès ou excentrées valent le détour, comme l'Abitibi-Témiscamingue, avec ses forêts à perte de vue, et les Îles de la Madeleine, avec leurs paysages balayés par les vents et habités par des insulaires à l'accent charmant. Pour les plus téméraires, le Nord-du-Québec constitue une incroyable destination d'aventure. Vous pourrez y admirer les fleurons de l'hydroélectricité québécoise et faire la rencontre des peuples autochtones qui vivent dans ces régions à la beauté sauvage.

Sommaire

Liste des cartes

Liste des cartes

Liste des encadrés

Situation géographique dans le monde

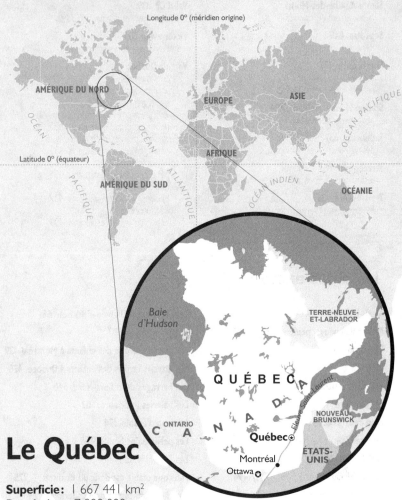

Le Québec

Superficie: 1 667 441 km²
Population: 7 800 000
Québécoises et Québécois
Densité: 4,7 hab./km²
Capitale: la ville de Québec
Climat: continental humide,
subarctique, arctique ou maritime
Point le plus haut: le mont
D'Iberville (1 646 m), au Nunavik
Fuseau horaire: UTC –5
Langue officielle: français
Religion: majoritairement
catholique
Monnaie: dollar canadien

Le Québec, c'est…

- une superficie trois fois plus
grande que celle de la France;
- le fleuve Saint-Laurent, plus
important cours d'eau en
Amérique du Nord à se jeter
dans l'Atlantique;
- des températures qui peuvent
monter au-delà de 30°C en été
et descendre en deçà de –25°C
en hiver.

©ULYSSE

Portrait

Vaste contrée située à l'extrémité nord-est du continent américain, le Québec s'étend sur 1 667 441 km², ce qui équivaut à plus de trois fois la superficie de la France. Cet immense territoire à peine peuplé, sauf dans ses régions les plus méridionales, comprend de formidables étendues sauvages, riches en lacs, en rivières et en forêts. Il forme une grande péninsule septentrionale dont les interminables fronts maritimes plongent à l'ouest dans les eaux de la baie James et de la baie d'Hudson, au nord dans le détroit d'Hudson et la baie d'Ungava, et à l'est dans le golfe du Saint-Laurent. Le Québec possède également de très longues frontières terrestres qu'il partage à l'ouest avec l'Ontario, au sud-est avec le Nouveau-Brunswick et l'État du Maine, au sud avec les États de New York, du Vermont et du New Hampshire, et au nord-est avec Terre-Neuve-et-Labrador.

Avant d'atteindre leur configuration actuelle en 1927, les frontières du Québec ont été modifiées à quelques reprises. Lors de la Confédération en 1867, on attribua au Québec l'ancien territoire du Bas-Canada, correspondant à ce qui est aujourd'hui le sud du Québec. Par la suite, le Québec s'est agrandi vers le nord, d'abord en 1898, en incluant la région qui va de l'Abitibi à la rivière Eastmain, puis en 1912, par l'ajout du Nouveau-Québec au nord. Enfin, en 1927, le Conseil privé de Londres trancha en faveur de Terre-Neuve dans le litige l'opposant au Québec sur l'immense territoire du Labrador dans le nord-est.

La géographie

La géographie du pays est marquée de trois formations géomorphologiques d'envergure continentale. D'abord, le puissant et majestueux fleuve Saint-Laurent, le plus important cours d'eau de l'Amérique du Nord à se jeter dans l'Atlantique, le traverse sur plus d'un millier de kilomètres. Tirant sa source des Grands Lacs, le Saint-Laurent reçoit dans son cours les eaux de grands affluents tels que l'Outaouais, le Richelieu, le Saguenay et la Manicouagan. Principale voie de pénétration du territoire, le fleuve a depuis toujours été le pivot du développement du Québec. Encore aujourd'hui, la majeure partie de la population québécoise se regroupe sur les basses terres qui le bordent, principalement dans la région métropolitaine de Montréal, qui compte environ la moitié de la population du Québec. Plus au sud, près de la frontière canado-américaine, la chaîne des Appalaches longe les basses terres du Saint-Laurent depuis le sud-est du Québec jusqu'à la péninsule gaspésienne. Les paysages vallonnés de ces régions ne sont pas sans rappeler ceux de la Nouvelle-Angleterre, alors que les montagnes atteignent rarement plus de 1 000 m d'altitude. Le reste du Québec, soit près de 90% de son territoire, est formé du Bouclier canadien, une formation rocheuse qui s'étend de la rive nord du fleuve Saint-Laurent jusqu'au détroit d'Hudson. Le Bouclier canadien est doté de richesses naturelles fabuleuses, de grandes forêts et d'un formidable réseau hydrographique dont plusieurs rivières servent à la production d'électricité.

› Un paysage façonné par l'homme

Le mode d'occupation du sol des premiers colons modèle encore de nos jours l'espace territorial québécois. Les paysages des basses terres du Saint-Laurent portent ainsi l'empreinte du système seigneurial français. Ce système, qui divisait les terres en longs rectangles très étroits, avait été élaboré pour permettre au plus grand nombre possible de colons d'avoir accès aux cours d'eau. Lorsque les terres bordant les cours d'eau étaient enfin peuplées, on traçait alors un chemin (un rang) avant de répéter cette même division du sol plus loin. Plusieurs régions du Québec restent quadrillées de la sorte. Comme les terres sont très étroites, derrière des maisons rapprochées les unes des autres qui s'alignent le long des rangs, les champs s'étendent à perte de vue. Dans certaines régions qui longent la frontière canado-américaine, les premiers occupants, des colons britanniques, implantèrent, quant à eux, un système de cantons, soit une division du sol en forme de carré. Ce système subsiste dans certaines parties des Cantons-de-l'Est.

> La flore

Vu la différence de climat, la végétation varie sensiblement d'une région à l'autre; alors que dans le nord du territoire québécois elle est plutôt rabougrie, dans le sud elle s'avère luxuriante. En général, au Québec, on divise le type de végétation selon quatre strates allant du nord au sud: la toundra, la forêt subarctique, la forêt boréale et la forêt mixte.

La toundra occupe les confins septentrionaux du Québec, principalement aux abords de la baie d'Hudson et de la baie d'Ungava. Étant donné que la belle saison dure à peine un mois, que la température hivernale est excessive et que le gel du sol atteint plusieurs mètres de profondeur, la végétation de la toundra ne se compose que d'arbres miniatures, de mousses et de lichens.

La forêt subarctique ou forêt de transition couvre, quant à elle, plus du tiers du Québec, faisant le lien entre la toundra et la forêt boréale. Il s'agit d'une zone à la végétation très clairsemée où les arbres connaissent une croissance extrêmement lente et réduite. On y trouve plus particulièrement de l'épinette et du mélèze.

La forêt boréale s'étend également sur une très grande partie du Québec, depuis la forêt subarctique et, en certains endroits, jusqu'aux rives du fleuve Saint-Laurent. C'est une région forestière très homogène où l'on trouve surtout des résineux, dont les principales essences sont l'épinette blanche, l'épinette noire, le sapin baumier, le pin gris et le mélèze, ainsi que des feuillus. On l'exploite pour la pâte à papier et le bois de construction.

La forêt mixte, qui se déploie le long du fleuve Saint-Laurent jusqu'à la frontière canado-américaine, est constituée de conifères et de feuillus. Elle est riche de nombreuses essences telles que le pin blanc, le pin rouge, la pruche, l'épinette, le merisier, l'érable, le bouleau, le hêtre et le tremble.

> La faune

L'immense péninsule du Québec, à la géographie diverse et aux climats variés, s'enorgueillit d'une faune d'une grande richesse. En effet, une multitude d'animaux peuplent ses vastes forêts, plaines ou régions septentrionales, alors que ses mers, lacs et rivières regorgent de poissons et d'animaux aquatiques.

Histoire en bref

Lorsque les Européens découvrent le Nouveau Monde, une mosaïque de peuples indigènes occupe déjà ce vaste continent depuis plusieurs millénaires. Les ancêtres de ces populations autochtones, des nomades originaires de l'Asie septentrionale, auraient franchi le détroit de Béring vers la fin de la période glaciaire, il y a plus de 12 000 ans, pour lentement s'approprier l'ensemble du continent.

C'est au cours des millénaires suivants, et ce, à la faveur du recul des glaciers, que certains d'entre eux commencent à émigrer vers les terres les plus septentrionales, notamment celles de la péninsule québécoise. Ainsi, au moment où les Européens lancent leurs premières explorations intensives de l'Amérique du Nord, plusieurs nations (voir p. 44) regroupées au sein de trois familles linguistiques (algonquienne, iroquoienne et inuktitut) se partagent le territoire qui deviendra par la suite le Québec.

Vivant en groupes, les Autochtones de ce vaste territoire ont élaboré des sociétés aux modes de fonctionnement très distincts les uns des autres. Par exemple, les peuples de la vallée du Saint-Laurent se nourrissent principalement des produits de leurs potagers, y ajoutant du poisson et du gibier, alors que les communautés plus au nord dépendent essentiellement des fruits de leur chasse pour survivre.

Au fil des siècles s'est tissé sur l'ensemble du continent un intense réseau de communication impliquant l'ensemble des Amérindiens; tous utilisent abondamment le canot pour circuler sur les «chemins qui marchent» et entretiennent des relations commerciales avec les nations voisines. Ces sociétés, bien adaptées aux rigueurs et aux particularités du territoire, seront rapidement marginalisées à partir du XVIᵉ siècle avec le début de la conquête européenne.

> La Nouvelle-France

Lors de sa première exploration des côtes de Terre-Neuve et de l'embouchure du fleuve Saint-Laurent, en 1534, Jacques Cartier croise des navires de pêche basques, normands et bretons. En fait, ces eaux, qui ont d'abord été explorées par les Vikings vers l'an 900, sont déjà, à l'époque des voyages de Cartier, régulièrement visitées par de nombreux baleiniers et pêcheurs de morues provenant de différentes régions d'Europe. Les trois voyages de Jacques Cartier, à partir de 1534, marquent néanmoins une étape importante, puisqu'ils constituent les premiers contacts officiels de la France avec les peuples et le territoire de cette partie de l'Amérique.

Au cours de ses expéditions, le navigateur breton remonte très loin le fleuve Saint-Laurent, jusqu'aux villages amérindiens de Stadaconé (Québec) et d'Hochelaga (sur l'île de Montréal). Les découvertes de Cartier sont toutefois considérées par les autorités françaises comme étant de peu d'intérêt. Cartier ayant été mandaté par François Ier, roi de France, pour chercher de l'or et un passage vers l'Asie, ses trois voyages en Amérique ne lui ont permis de découvrir ni l'un ni l'autre. À la suite de cet échec, la Couronne française oublie cette contrée au climat inhospitalier pendant plusieurs décennies.

La mode grandissante en sol européen de coiffures et de vêtements de fourrure ainsi que les bénéfices que laisse présager ce commerce relancent par la suite l'intérêt de la France pour l'Amérique du Nord. Comme la traite des fourrures nécessite des liens étroits et constants avec les fournisseurs locaux, une présence permanente devient alors rapidement indispensable.

Jusqu'à la fin du XVIe siècle, plusieurs tentatives d'installation de comptoirs sur la côte Atlantique ou à l'intérieur du continent sont lancées. Enfin, en 1608, sous le commandement de Samuel de Champlain, un premier poste permanent est érigé. Champlain et ses hommes choisissent un emplacement au pied d'un gros rocher faisant face à un étranglement du fleuve pour construire quelques bâtiments fortifiés que l'on nomme l'« Abitation de Québec » (d'ailleurs, le nom d'origine algonquine *kebec* signifie «passage étroit»).

Le premier hiver à Québec est extrêmement pénible, et 20 des 28 hommes meurent du scorbut ou de sous-alimentation avant l'arrivée de navires de ravitaillement au printemps de 1609. Quoi qu'il en soit, cette date marque les débuts du premier établissement français permanent en Amérique du Nord. Lorsque meurt Samuel de Champlain le jour de Noël 1635 à Québec, la Nouvelle-France compte déjà environ 300 pionniers.

Entre 1627 et 1663, la Compagnie des Cent Associés détient le monopole du commerce des fourrures et assure un lent peuplement de la colonie. Simultanément, la Nouvelle-France commence à intéresser de plus en plus les milieux religieux français. Les Récollets arrivent les premiers en 1615, avant d'être remplacés par les Jésuites à partir de 1632.

Déterminés à convertir les Autochtones, les Jésuites s'installent profondément dans l'hinterland de la Nouvelle-France, près du littoral de la baie Georgienne, y fondant Sainte-Marie-des-Hurons. L'entente commerciale les liant aux Français est sans doute la principale raison pour laquelle les Hurons consentent à la présence des religieux. La mission est toutefois abandonnée quand cinq jésuites périssent lors de la défaite des Hurons en 1648 et en 1649 aux mains des Iroquois. Cette guerre fait d'ailleurs partie d'une vaste campagne militaire lancée par la puissante confédération iroquoise des Cinq Nations, qui anéantit, entre 1645 et 1655, toutes les nations rivales. Comptant chacune au moins 10 000 individus, les nations des Hurons, des Pétuns, des Neutres et des Ériés disparaissent presque totalement en l'espace d'une décennie. L'offensive menace même l'existence de la colonie française.

En 1660 et 1661, des guerriers iroquois frappent partout en Nouvelle-France, entraînant la ruine des récoltes et le déclin de la traite des fourrures. Louis XIV, roi de France, décide alors de prendre la situation en main. Il dissout en 1663 la Compagnie des Cent Associés et décide d'administrer lui-même la colonie. La Nouvelle-France, qui regroupe environ 3 000 habitants, devient dès lors une province française.

L'émigration vers la Nouvelle-France se poursuit sous le régime royal. On recrute alors principalement des travailleurs agricoles, mais également des militaires, comme ceux du régiment de Carignan-Salières, envoyés en 1665 pour combattre les Iroquois. La Couronne prend également des initiatives pour augmenter la croissance naturelle de la population, jusqu'alors entravée par la faible proportion d'immigrantes célibataires. Ainsi, entre 1663 et 1673, environ 800 «Filles du Roy» viennent trouver des époux en Nouvelle-France contre une dot payée par le roi.

Cette période de l'histoire de la Nouvelle-France est aussi celle de la glorieuse épopée des «coureurs des bois». Délaissant leurs terres pour le commerce des fourrures, ces jeunes gens intrépides pénètrent profondément dans le continent afin de traiter directement avec les trappeurs amérindiens. L'occupation principale de la majorité des colons demeure néanmoins l'agriculture.

L'organisation sociale gravite autour du système seigneurial; les terres de la Nouvelle-France sont divisées en seigneuries qui, elles-mêmes, sont subdivisées en rotures. Pour permettre à tous l'accès aux cours d'eau, on divise les terres en bandes étroites et profondes. Dans le système seigneurial, un censitaire est tenu de verser une rente annuelle et d'accomplir une série de devoirs pour son seigneur. Mais comme le territoire est très vaste et fort peu peuplé, le censitaire de la Nouvelle-France jouit alors de conditions d'existence autrement supérieures à celles du paysan français de la même époque.

Les revendications territoriales françaises en Amérique du Nord s'accroissent rapidement à cette époque, à la faveur des expéditions de coureurs des bois, de religieux et d'explorateurs, à qui l'on doit la découverte de la presque totalité du continent nord-américain. La Nouvelle-France atteint son apogée à l'aube du XVIIIe siècle, au moment où elle monopolise le commerce des fourrures en Amérique du Nord, contrôle le fleuve Saint-Laurent et entreprend la mise en valeur de la Louisiane. Ses positions lui permettent de contenir l'expansion des colonies anglaises, pourtant beaucoup plus peuplées, entre l'océan Atlantique et les Appalaches.

Mais la France, vaincue en Europe, accepte par le traité d'Utrecht de 1713 de céder le contrôle de la baie d'Hudson, de Terre-Neuve et de l'Acadie française à l'Angleterre. Ce traité, qui fait perdre à la Nouvelle-France une grande partie du commerce des fourrures et des positions militaires stratégiques, l'affaiblit sévèrement et sera le prélude à sa chute.

Dans les années suivantes, l'étau ne cesse de se resserrer sur la colonie française. Dès 1755, le colonel britannique Charles Lawrence ordonne ce qu'il conçoit comme une mesure préventive: la déportation des Acadiens. Ce «grand dérangement» entraîne l'exode d'au moins 7 000 Acadiens, ces paysans de langue française, citoyens britanniques depuis 1713, qui occupaient jusqu'alors les terres de l'actuelle Nouvelle-Écosse. En 1758, quelque 3 500 Acadiens de l'île Saint-Jean (l'actuelle île du Prince-Édouard) seront également déportés.

L'épreuve de force pour le contrôle de l'Amérique du Nord connaît son dénouement quelques années plus tard, avec la victoire définitive des troupes britanniques sur les Français. Bien que Montréal soit tombée la dernière en 1760, c'est la célèbre et brève bataille des plaines d'Abraham, où s'affrontent les troupes de Montcalm et de Wolfe, qui concrétise, l'année précédente, la fin de la Nouvelle-France par la chute de Québec. Au moment de la conquête anglaise, la population de la Nouvelle-France s'élève à environ 60 000 habitants, dont 8 967 vivent à Québec et 5 733 à Montréal.

➤ Le Régime anglais

Par le traité de Paris de 1763, la France cède officiellement à l'Angleterre le Canada, ses possessions à l'est du Mississippi et ce qui lui reste de l'Acadie. Pour les anciens sujets de la Couronne française, les premières années de l'administration britannique sont très éprouvantes. D'abord, les dispositions de la Proclamation royale de 1763 instaurent un découpage territorial qui prive la colonie du secteur le plus dynamique de son économie, la traite des fourrures. De plus, la mise en place des lois civiles anglaises et le refus de reconnaître l'autorité du pape signifient la destruction des deux piliers sur lesquels reposait jusqu'alors la société coloniale: le système seigneurial et la hiérarchie religieuse. Enfin, indispensable pour occuper toute haute fonction administrative, le serment de Test, niant la transsubstantiation dans l'Eucharistie et l'autorité du pape, ne peut que discriminer les Canadiens français. Une part importante de l'élite quitte le pays pour la France, tandis que des marchands anglais prennent graduellement les commandes du commerce.

L'Angleterre accepte par la suite d'annuler la Proclamation royale, car, pour mieux pouvoir résister aux poussées indépendantistes de ses 13 colonies du Sud qui allaient bientôt former les États-Unis d'Amérique, elle doit rapidement accroître son emprise sur le Canada et gagner la faveur de la population. Ainsi, à partir de 1774, l'Acte de Québec remplace la Proclamation royale et inaugure une politique plus réaliste envers cette colonie anglaise dont la population est catholique et de langue française. Il donne ainsi un pouvoir important à l'Église catholique, pouvoir qu'elle conservera jusqu'en 1963.

La population canadienne reste presque essentiellement de souche française jusqu'à la fin de la guerre de l'Indépendance américaine, qui amène une première vague de colons anglosaxons. Citoyens américains désirant rester fidèles à la Couronne britannique, les loyalistes viennent s'installer au Canada, principalement aux abords du lac Ontario et dans l'ancienne Acadie, mais aussi dans les régions de peuplement français.

Avec l'arrivée de ces nouveaux colons, les autorités britanniques divisent, en 1791, le Canada en deux provinces. Le Haut-Canada, situé à l'ouest de la rivière Outaouais, est principalement peuplé d'Anglo-Saxons, et les lois civiles anglaises y ont désormais cours. Le Bas-Canada, qui comprend le territoire de peuplement à majorité française, reste régi par la coutume de Paris. D'autre part, l'Acte constitutionnel de 1791 introduit une amorce de parlementarisme au Canada en créant une Chambre d'assemblée dans chacune des deux provinces.

En ce qui concerne l'économie, le blocus continental de Napoléon, qui pousse l'Angleterre à venir s'approvisionner en bois au Canada, est à l'origine d'une nouvelle vocation pour la colonie. Cet événement arrive à point, car le motif initial de la colonisation, la traite des fourrures, ne cesse de péricliter. En 1821, l'absorption de la Compagnie du Nord-Ouest, qui regroupe les intérêts montréalais, par la Compagnie de la Baie d'Hudson, concrétise le déclin de Montréal en tant que pôle du commerce des fourrures en Amérique du Nord. D'autre part, l'épuisement des sols et la surpopulation relative causée par le haut taux de natalité des familles canadiennes-françaises entraînent, au cours de cette même période, une profonde crise agricole. Le niveau de vie du paysan chute de telle sorte que son régime alimentaire se compose presque essentiellement de soupe aux pois et de galettes de sarrasin.

Ces difficultés économiques, mais aussi les luttes de pouvoir entre les deux groupes linguistiques du Bas-Canada, seront les éléments catalyseurs des Rébellions des Patriotes de 1837 et 1838. La période d'effervescence précédant les événements s'amorce en 1834, avec la publication des *Quatre-Vingt-Douze Résolutions*, un réquisitoire impitoyable contre la politique coloniale de Londres. Ses auteurs, un groupe de parlementaires conduit par Louis-Joseph Papineau, décident de ne plus voter le budget aussi longtemps que l'Angleterre n'accédera pas à leurs demandes. La métropole réagit en mars 1837 par la voie des *Dix Résolutions* de Lord Russell, refusant catégoriquement tout compromis avec les parlementaires du Bas-Canada.

Dès l'automne suivant, de violentes émeutes éclatent à Montréal, opposant les Fils de la Liberté, composés de jeunes Canadiens, au Doric Club, formé de Britanniques loyaux. Les affrontements se déplacent par la suite dans la vallée du Richelieu et dans le comté de Deux-Montagnes, où de petits groupes d'insurgés tiennent tête pendant un temps à l'armée britannique avant d'être écrasés dans le sang.

L'année suivante, tentant de rallumer l'insurrection, des Patriotes connaissent le même sort à Napierville en affrontant 7 000 soldats de l'armée britannique. Par contre, cette fois-ci, les autorités coloniales entendent donner l'exemple. En 1839, 12 Patriotes meurent sur l'échafaud, alors que de nombreux autres sont déportés.

Entre-temps, Londres avait envoyé un émissaire, Lord Durham, afin d'étudier les problèmes de la colonie. S'attendant à découvrir un peuple en rébellion contre l'autorité coloniale, Durham constate plutôt qu'il s'agit de deux peuples en lutte, l'un français et l'autre britannique. Dans son rapport, Durham avance une solution radicale afin de résoudre définitivement le problème canadien : il propose aux autorités de la métropole d'assimiler graduellement les Canadiens français.

Dicté par Londres, l'Acte d'Union de 1840 s'inspire dans une large mesure des conclusions du rapport Durham. Dans cet esprit, on instaure un parlement unique composé d'un nombre égal de délégués des deux anciennes colonies, même si le Bas-Canada possède une population bien supérieure à celle du Haut-Canada. On unifie également les finances publiques, et enfin la langue anglaise devient la seule langue officielle de cette nouvelle union.

Comme les soulèvements armés ont été sans résultat, la classe politique canadienne-française décide alors de s'allier aux anglophones les plus progressistes afin de combattre ces dispositions. La lutte pour l'obtention de la responsabilité ministérielle devient par la suite le principal cheval de bataille de cette coalition.

Par ailleurs, la crise agricole qui frappe toujours aussi durement le Bas-Canada, doublée de l'arrivée constante d'immigrants et d'un haut taux de natalité, entraîne une émigration massive de Canadiens français vers les États-Unis. Entre 1840 et 1850, 40 000 Canadiens français quittent le pays pour aller tenter leur chance dans les usines de la Nouvelle-Angleterre. Pour contrer cette hémorragie démographique, l'Église et le gouvernement érigent un vaste plan de colonisation des régions périphériques, notamment le Lac-Saint-Jean. La rude vie des colons de ces nouvelles régions de peuplement, agriculteurs en été et bûcherons en hiver, fut dépeinte avec brio par l'écrivain d'origine bretonne Louis Hémon dans le roman *Maria Chapdelaine*. Mais cette désertion massive ne cesse pas pour autant avant le début du siècle suivant, si bien que, selon les estimations, environ un million de Canadiens français auraient émigré entre 1840 et 1930. De ce point de vue, la colonisation, qui a permis de doubler la superficie des terres cultivées, se solde par un échec retentissant. La pression démographique qui sévit dans le monde rural ne pourra être absorbée que plusieurs décennies plus tard grâce à l'essor de l'industrialisation.

L'économie canadienne reçoit à cette même époque un dur coup, lorsque l'Angleterre abandonne sa politique de mercantilisme et de tarifs préférentiels à l'égard de ses colonies. Pour amortir les contrecoups du changement de cap de la politique coloniale britannique, le Canada-Uni signe en 1854 un traité permettant la libre entrée de certains de ses produits aux États-Unis. L'économie canadienne reprend timidement son souffle, jusqu'à ce que le traité soit répudié en 1866 sous la pression d'industriels américains. C'est pour aider à résoudre ces difficultés économiques que l'on conçoit alors, en 1867, la Confédération canadienne.

> La Confédération

Par la Confédération de 1867, l'ancien Bas-Canada reprend forme sous le nom de *Province of Quebec*. Trois autres provinces, la Nouvelle-Écosse, le Nouveau-Brunswick et l'Ontario (ancien Haut-Canada), adhèrent à ce pacte qui unira par la suite un vaste territoire s'étendant de l'Atlantique au Pacifique.

Pour les Canadiens français, ce nouveau système politique confirme leur statut de minorité amorcé par l'Acte d'Union de 1840. La création de deux ordres de gouvernement octroie par contre au Québec la juridiction dans les domaines de l'éducation, de la culture et des lois civiles.

D'un point de vue économique, la Confédération tarde à résoudre les difficultés. En fait, il faut attendre trois décennies ponctuées de fortes fluctuations avant que l'économie du Québec ne connaisse un véritable essor. Ces premières années de la Confédération permettent néanmoins une consolidation de l'industrie nationale grâce à la mise en place de tarifs douaniers protecteurs, à la création d'un grand marché unifié et au développement du système ferroviaire sur l'ensemble du territoire. La révolution industrielle amorcée au milieu du XIXe siècle reprend de la vigueur à partir des années 1880. Si Montréal demeure le centre incontesté de ce mouvement, cette industrialisation touche aussi de nombreuses autres villes de moindre importance.

L'exploitation forestière, qui constitue un moteur économique majeur au cours du XIXe siècle, fait que l'on exporte désormais plus de bois scié que de bois équarri, donnant ainsi naissance à une industrie de transformation. Par ailleurs, l'expansion du système ferroviaire, qui a pour pôle Montréal, permet une spécialisation dans le secteur du matériel fixe des chemins de fer. Les industries du cuir, du vêtement et de l'alimentation connaissent également une croissance notable. De plus, cette période donne lieu à l'émergence d'une toute nouvelle industrie, le textile, qui deviendra par la suite, et pour longtemps, le symbole de la structure industrielle du Québec. Bénéficiant d'un large réservoir de main-d'œuvre peu qualifiée, les industries textiles occupent au début principalement les femmes et les enfants.

Cette vague d'industrialisation a pour conséquence d'accroître le rythme de l'urbanisation et de créer une importante classe ouvrière aux conditions de vie difficiles. Agglutinés près des usines, les quartiers ouvriers de Montréal sont terriblement insalubres, et la mortalité infantile y atteint un taux deux fois plus élevé que dans les quartiers riches.

Alors que le monde urbain vit de profondes transformations, la campagne amorce une sortie de crise. Une production dominée par les produits laitiers remplace graduellement les cultures de subsistance, contribuant à augmenter le niveau de vie des cultivateurs.

Enfin, un événement tragique, la pendaison de Louis Riel en 1885, témoigne une nouvelle fois de l'opposition qui règne entre les deux groupes linguistiques du Canada. Ayant pris la tête de rebelles métis et amérindiens dans l'ouest du Canada, Riel, un Métis francophone et catholique, est jugé coupable de haute trahison et condamné à mort. Alors que l'opinion publique canadienne-française se mobilise pour demander au cabinet fédéral de commuer la peine, du côté anglo-saxon on réclame avec insistance la pendaison de Riel. Le gouvernement Macdonald tranche finalement pour que Riel soit pendu, déclenchant une vive réaction populaire au Québec.

Principaux événements historiques

Il y a plus de 12 000 ans : des nomades provenant d'Asie septentrionale traversent le détroit de Béring et peuplent graduellement les Amériques. Certains s'établissent, après le retrait des glaces, sur la péninsule québécoise : ce sont les ancêtres des Amérindiens et des Inuits du Québec.

1534 : Jacques Cartier, marin de Saint-Malo, fait la première de ses trois explorations du golfe et du fleuve Saint-Laurent. Il s'agit des premiers contacts officiels de la France avec ce territoire.

1608 : Samuel de Champlain et ses hommes fondent Québec, premier établissement français permanent en Amérique.

1663 : la Nouvelle-France devient officiellement une province française. La colonisation se poursuit.

1759 : Québec tombe aux mains des Britanniques. Quatre ans plus tard, le roi de France leur cédera officiellement la Nouvelle-France, où vivent environ 60 000 colons d'origine française.

1837-1838 : l'armée britannique écrase les insurrections des Patriotes.

1840 : faisant suite au rapport Durham, les dispositions de l'Acte d'Union visent à minoriser les Canadiens français et, éventuellement, à les assimiler.

> L'âge d'or du libéralisme économique

Le début du XXe siècle coïncide avec le commencement d'une période de croissance économique prodigieuse devant se prolonger jusqu'à la crise des années 1930. Euphorique et optimiste comme bien d'autres Canadiens, le premier ministre de l'époque, Wilfrid Laurier, prédit alors que le XXe siècle sera celui du Canada.

Cette croissance profite au secteur manufacturier québécois. Mais, grâce à la mise au point de nouvelles technologies et à l'émergence de certains marchés, ce sont les richesses naturelles du territoire qui deviennent le principal facteur de localisation dans cette seconde vague d'industrialisation.

L'électricité joue un rôle de pivot. En quelques années, grâce au grand nombre de rivières à fort débit et à leur dénivellation, le Québec devient l'un des plus importants producteurs d'hydroélectricité. Cette disponibilité d'énergie bon marché attire dans son sillage des industries nécessitant une forte consommation d'électricité. Des alumineries et certaines industries chimiques s'établissent ainsi à proximité des centrales hydroélectriques.

Par ailleurs, le secteur minier connaît un timide démarrage, alors que commence l'exploitation du sous-sol des Cantons-de-l'Est, riche en amiante, et de l'Abitibi, où l'on découvre des gisements de cuivre, d'or, de zinc et d'argent. Mais surtout, le secteur des pâtes et papiers québécois trouve de fabuleux débouchés aux États-Unis avec l'épuisement des forêts américaines et l'essor de la grande presse. Pour favoriser la création d'industries de transformation en sol québécois, le gouvernement du Québec intervient en 1910 pour interdire l'exportation de billes de bois.

1867: naissance de la Confédération canadienne. Quatre provinces, dont le Québec, sont parties prenantes de ce pacte. Six autres provinces et trois territoires viendront par la suite s'y joindre.

1914-1918: le Canada s'engage dans la Première Guerre mondiale. Anglophones et francophones ne s'entendent pas sur l'ampleur de la participation du pays. Le Canada en ressort très divisé.

1929-1939: la crise économique touche de plein fouet le Québec. En 1933, 27% de la population est au chômage.

1939-1945: participation du Canada à la Seconde Guerre mondiale. Les anglophones et les francophones du pays s'opposent toujours en ce qui a trait à la conscription obligatoire.

1944-1959: le premier ministre Maurice Duplessis dirige le Québec et impose un régime très conservateur. On qualifiera cette période de «grande noirceur».

1960: élection du Parti libéral. Début de la Révolution tranquille.

1970: un groupuscule terroriste, le Front de libération du Québec (FLQ), enlève un diplomate britannique et un ministre québécois, déclenchant une grave crise politique.

1976: un parti indépendantiste, le Parti québécois, remporte les élections provinciales.

1980: les Québécois se prononcent majoritairement contre la tenue de négociations visant à donner au Québec son indépendance.

1982: rapatriement de la Constitution canadienne sans l'accord du Québec.

1990: l'échec de l'Accord du lac Meech sur la Constitution canadienne est très mal reçu au Québec.

1992: le gouvernement fédéral et les provinces organisent un référendum sur de nouvelles offres constitutionnelles. Jugées insuffisantes, celles-ci sont rejetées par une majorité de Québécois et de Canadiens.

Cette nouvelle vague d'industrialisation diffère de la première à bien des égards. Ayant lieu à l'extérieur des grands centres, elle accentue l'urbanisation des régions périphériques, créant dans certains cas des villes en quelques années. L'exploitation des richesses naturelles se distingue également du secteur manufacturier par la nécessité d'une main-d'œuvre plus qualifiée, mais surtout par le besoin d'imposants capitaux dont la finance locale est presque complètement dépourvue. Les Britanniques, jusque-là principaux pourvoyeurs de capitaux, cèdent cette fois devant l'ascension triomphante du capitalisme américain.

Cette société en pleine transformation, dont la population devient à moitié urbaine à partir de 1921, reste néanmoins fortement encadrée par l'Église. Rassemblant 85% de la population du Québec et pour ainsi dire tous les Canadiens français, l'Église catholique s'élève alors au rang d'acteur politique majeur au Québec. Grâce au contrôle qu'elle exerce sur les domaines de l'éducation, des soins hospitaliers et de l'assistance sociale, son autorité est incontournable. L'Église n'hésite d'ailleurs pas à intervenir dans les débats politiques, combattant tout particulièrement les politiciens jugés trop libéraux.

Enfin, lorsque la Première Guerre mondiale éclate en Europe, le gouvernement canadien s'engage sans réticence aux côtés de la Grande-Bretagne. Un bon nombre de Canadiens français s'enrôlent volontairement dans l'armée, quoique dans une proportion beaucoup plus faible que les autres Canadiens. Ce manque d'enthousiasme des francophones s'explique par les sentiments plutôt mitigés qu'ils entretiennent envers la Grande-Bretagne. Bientôt, le gouvernement canadien fixe l'objectif de mobiliser 500 000 hommes, et, comme les volontaires ne sont plus suffisants, il vote en 1917 la conscription obligatoire.

Au Québec, la colère gronde: émeutes, bagarres, dynamitages. La population réagit furieusement. La conscription se solde finalement par un échec, en ne parvenant pas à enrôler un nombre appréciable de Canadiens français. Mais surtout, elle a pour conséquence de river les deux groupes linguistiques du Canada l'un contre l'autre.

Portrait - Histoire en bref

1995 : le gouvernement du Parti québécois tient un référendum sur la souveraineté du Québec : 49,4% des Québécois votent «oui»; 50,6% «non».

2005 : le scandale des commandites éclate et éclabousse toute la classe dirigeante libérale des années 1996 à 2003.

2006 : la Chambre des communes à Ottawa reconnaît le peuple québécois comme une nation à part entière, mais au sein d'un Canada uni…

2008 : 400ᵉ anniversaire de la fondation de la ville de Québec.

2009 : pour la première fois, un membre du gouvernement québécois prend la parole à la Conférence générale de l'UNESCO à Paris, pour y exprimer «de manière formelle et solennelle» les positions de l'État québécois.

> La Grande Dépression

Entre 1929 et 1945, deux événements d'envergure internationale, la crise économique et la Seconde Guerre mondiale, perturbent considérablement la vie politique, économique et sociale du pays. La Grande Dépression des années 1930, que l'on perçoit d'abord comme une crise cyclique et temporaire, se prolonge en un long cauchemar d'une décennie et brise l'essor économique du Québec. La chute des échanges internationaux frappe durement l'économie canadienne, fortement dépendante des marchés extérieurs.

Le Québec est inégalement touché. Montréal, dont une grande partie de l'économie repose sur l'exportation, et les villes axées sur l'exploitation des richesses naturelles absorbent les coups les plus durs. Les industries du textile et de l'alimentation qui écoulent leur production sur le marché canadien résistent mieux pendant les premières années, avant de sombrer également dans les difficultés. Comme elle peut nourrir sa population, la campagne devient alors un refuge, apportant un répit au mouvement séculaire d'urbanisation. La misère ne cesse de se généraliser, et le chômage frappe, touchant jusqu'à 27% de la population en 1933.

Les gouvernements ne savent que faire devant cette crise que l'on pensait d'abord passagère. Le gouvernement du Québec lance d'abord de vastes travaux publics pour employer les chômeurs, mais, devant l'insuffisance de cette solution, il introduit le secours direct. D'abord très timidement avancée, puisque le chômage a toujours été perçu comme un problème individuel, cette mesure vient par la suite en aide à de nombreux Québécois.

La crise incite également le gouvernement fédéral à remettre en cause certains dogmes du libéralisme économique et à redéfinir le rôle de l'État. La mise sur pied de la Banque du Canada en 1935 va dans ce sens, en permettant un meilleur contrôle du système monétaire et financier.

C'est aussi au cours des années de guerre que seront lancées les mesures qui conduiront par la suite à la naissance de l'État providence canadien. Entre-temps, la crise qui secoue le libéralisme débouche sur un foisonnement d'idéologies au Québec. Les tendances se multiplient, mais le nationalisme traditionnel accapare une place de choix, encensant les valeurs traditionnelles que sont le monde rural, la famille, la religion et la langue.

> La Seconde Guerre mondiale

La guerre éclate en 1939, et le Canada s'y engage officiellement dès le 10 septembre de la même année. La nécessité de moderniser le matériel militaire canadien et les besoins logistiques des Alliés permettent la relance de l'économie du pays. De plus, ses relations privilégiées avec la Grande-Bretagne et les États-Unis accordent au Canada un rôle diplomatique appréciable, comme en témoigneront les Conférences de Québec de 1943 et de 1944.

Mais, très rapidement, la polémique entourant la conscription obligatoire refait surface. Bien que le gouvernement fédéral se soit engagé à ne pas y recourir, devant la montée de l'opposition anglophone du pays, il organise un plébiscite afin de se dégager de cette promesse. Les résultats démontrent sans équivoque le clivage existant entre les deux groupes linguistiques : les Canadiens anglais votent à 80% en faveur de la conscription, alors que les Québécois francophones s'y opposent dans une même proportion. Les sentiments équivoques à l'égard de la France et de la Grande-Bretagne, de même que l'emprise de l'Église catholique aux penchants mussoliniens, font en sorte que les Québécois se sentent très peu enclins à s'engager dans ce conflit. Ils doivent néanmoins se plier à la décision de la majorité. L'engagement total du Canada s'élève à 600 000 personnes, dont 42 000 trouveront la mort.

La guerre a pour effet de modifier en profondeur le visage du Québec. Son économie en sort davantage diversifiée et beaucoup plus puissante. Du côté des relations entre Québec et Ottawa, l'intervention massive du gouvernement fédéral au cours de la guerre devient le prélude à l'accroissement de son rôle dans l'économie et à la marginalisation relative des gouvernements provinciaux.

D'autre part, le contact de milliers de Québécois avec le monde européen, tout comme le travail des femmes dans les usines, transforme les attentes de chacun. Un vent de changement souffle sur la société québécoise. Il se heurte cependant à la volonté d'un homme, Maurice Duplessis, et de ses alliés.

➤ 1945-1960: le duplessisme

À la fin du second conflit mondial s'amorce une période exaltante de croissance économique, où les désirs de consommation réprimés, par la crise et le rationnement du temps de guerre, peuvent enfin être assouvis. Jusqu'en 1957, malgré quelques fluctuations, l'économie fonctionne à merveille.

Cette richesse touche néanmoins inégalement les divers groupes sociaux et ethniques du Québec. De nombreux travailleurs, surtout les non-syndiqués, gagnent toujours des salaires relativement bas. De plus, en moyenne, la minorité anglophone du Québec bénéficie d'un niveau de vie supérieur à celui des francophones. À compétence et expérience égales, les francophones touchent des salaires moindres et sont discriminés dans leur ascension sociale par le puissant contrôle qu'exercent les Canadiens anglais et les Américains sur l'économie.

Quoi qu'il en soit, cette croissance de l'économie favorise la stabilité politique, si bien que le chef de l'Union nationale, Maurice Duplessis, demeure premier ministre du Québec de 1944 jusqu'à sa mort, en 1959. Cette période qu'on a souvent qualifiée de «grande noirceur» est profondément marquée par la personnalité de Duplessis.

L'idéologie duplessiste est formée d'un amalgame parfois paradoxal de nationalisme traditionnel, de conservatisme et de capitalisme débridé. Le «Chef» fait l'apologie du monde rural, de la religion et de l'autorité, tout en octroyant aux grandes entreprises étrangères des conditions très favorables à l'exploitation des richesses du territoire. Dans l'esprit de Duplessis, la main-d'œuvre bon marché fait partie de ces richesses nationales qu'il faut préserver. Il lutte donc farouchement contre la syndicalisation et n'hésite pas à employer des mesures musclées d'intimidation. Des nombreuses grèves, c'est celle de l'amiante, en 1949, qui marque le plus la conscience collective.

Bien que Maurice Duplessis soit la personnalité dominante de cette époque, son passage au pouvoir ne peut s'expliquer que par la collaboration tacite d'une grande partie des élites traditionnelles et du monde des affaires tant francophone qu'anglophone. Le clergé, qui, en apparence, vit ses heures les plus glorieuses, ressent un affaiblissement de son autorité, ce qui le pousse à soutenir à fond le régime duplessiste.

Malgré la prédominance du discours duplessiste, cette période donne néanmoins lieu à l'émergence d'importants foyers de contestation. Le Parti libéral du Québec ayant de la difficulté à s'organiser, l'opposition se veut alors surtout extraparlementaire. Certains artistes et écrivains témoignent de leur impatience en publiant en 1948 le *Refus global*, un réquisitoire terrible contre l'atmosphère étouffante du Québec d'alors. Mais l'opposition organisée émane surtout de groupes d'intellectuels, de syndicalistes et de journalistes.

Tous désirent moderniser le Québec et sont en majorité favorables à la mise en place d'un État providence. Cependant, très tôt au sein de ces réformistes, deux tendances s'organisent. Certains, comme Gérard Pelletier et Pierre Trudeau, soutiennent que la modernisation du Québec passe par un fédéralisme centralisateur; d'autres, les néonationalistes, comme André Laurendeau, souscrivent plutôt à un accroissement des pouvoirs du gouvernement du Québec.

Ces deux groupes, qui auront tôt fait de marginaliser le traditionalisme avec la Révolution tranquille, s'opposeront par la suite tout au long de l'histoire contemporaine du Québec.

> La Révolution tranquille

«L'équipe du tonnerre» du Parti libéral de Jean Lesage, qui a pour slogan *C'est le temps que ça change*, prend le pouvoir en 1960 et le conserve jusqu'en 1966. Cette période qu'on désigne du nom de «Révolution tranquille» a l'allure d'une véritable course à la modernisation.

Mouvement accéléré de rattrapage, la Révolution tranquille réussit en quelques années à mettre le Québec à «l'heure de la planète». L'État accroît son rôle en prenant à sa charge les domaines de l'éducation, de la santé et des services sociaux. L'Église, dépouillée ainsi de ses principales sphères d'influence, perd alors de son autorité et plonge dans une douloureuse remise en question accentuée par la désaffection massive de ses fidèles.

Du point de vue économique, la nationalisation de l'électricité est à l'origine d'un vaste mouvement visant à octroyer au gouvernement du Québec un rôle moteur dans le développement économique. L'État québécois se dote au surplus de puissants instruments économiques lui permettant d'intervenir massivement et de consolider l'emprise des francophones dans le monde des affaires. Cette Révolution tranquille se traduit par un remarquable dynamisme dans la société québécoise, que symbolisera la tenue à Montréal d'événements internationaux d'envergure tels que l'Exposition universelle en 1967 et les Jeux olympiques en 1976.

Cette société en pleine effervescence engendre un pluralisme idéologique, cependant marqué par la prédominance des mouvements de gauche. On assiste à des débordements à partir de 1963, alors que le Front de libération du Québec (FLQ), un groupuscule d'extrémistes désirant accélérer la «décolonisation» du Québec, lance une première vague d'attentats à Montréal. Puis, en octobre 1970, le FLQ récidive en kidnappant le diplomate britannique James Cross et le ministre Pierre Laporte, ce qui déclenche une crise politique au pays. Le premier ministre canadien de l'époque, Pierre Elliott Trudeau, qui prétexte un soulèvement appréhendé, réagit en promulguant la Loi sur les mesures de guerre. L'armée canadienne prend alors position en territoire québécois; on effectue des milliers de perquisitions et on emprisonne des centaines de personnes innocentes. Peu de temps après, le ministre Pierre Laporte est retrouvé mort. La crise se termine finalement lorsque les ravisseurs de James Cross acceptent sa libération contre un sauf-conduit vers Cuba. Tout au long de cette crise, et par la suite, le premier ministre Trudeau sera critiqué sévèrement pour avoir eu recours à la Loi sur les mesures de guerre. On l'accusera d'avoir tenté, par ce coup de force, de briser le mouvement autonomiste québécois.

Le phénomène politique le plus marquant entre 1960 et 1980 demeure cependant l'ascension rapide du nationalisme modéré. Rompant avec le traditionalisme d'antan, le néonationalisme se veut le promoteur d'un Québec fort, ouvert et moderne. Il préconise un accroissement des pouvoirs du gouvernement québécois et, ultimement, l'indépendance politique.

Les forces nationalistes se regroupent rapidement autour de René Lévesque, fondateur du Mouvement Souveraineté-Association, puis, en 1968, du Parti québécois. Après deux élections où il ne fait élire que quelques députés, le Parti québécois remporte, en 1976, une étonnante victoire. S'étant fixé comme mandat de négocier la souveraineté du Québec, le Parti québécois organise en 1980 un référendum pour obtenir l'assentiment du peuple.

Dès le début, la campagne référendaire met en lumière la division des Québécois entre souverainistes et fédéralistes. La lutte demeure vive et mobilise l'ensemble de la population jusqu'aux derniers moments. Mais finalement, après une campagne axée sur des promesses visant à réaménager le fédéralisme, les tenants du «non» remportent la victoire avec près de 60% des voix.

Malgré l'amertume que suscite cette défaite, les souverainistes se consolent néanmoins en constatant que le soutien à leur cause a fait un bond de géant en l'espace de quelques années. Mouvement marginal dans les années 1960, le nationalisme s'affirme désormais comme un phénomène incontournable de la politique québécoise. Le soir de la défaite, René Lévesque, déçu mais toujours aussi charismatique, prédit que ce serait *« pour la prochaine fois »*.

➤ Depuis 1980 : ruptures et continuités

Le mouvement amorcé par la Révolution tranquille connaît une rupture avec la défaite souverainiste au premier référendum, et, pour plusieurs, les années 1980 s'amorcent avec ce que l'on a appelé la «déprime post-référendaire». Le climat s'envenime davantage lorsqu'en 1981 et 1982 l'économie traverse la pire récession depuis les années 1930. Plus tard, bien qu'il y ait une lente relance de l'économie, le taux de chômage demeurera très élevé, et les finances publiques accumuleront des déficits vertigineux. À l'instar de plusieurs autres gouvernements occidentaux, le Québec remet alors en question ses choix passés, même si, pour certains, cette nouvelle rationalité du gouvernement québécois fait craindre que les «acquis» de la Révolution tranquille ne soient sacrifiés.

La décennie des années 1980 et le début des années 1990 sont donc marqués du sceau de la rationalisation, mais aussi de la mondialisation des marchés et de la consolidation de grands blocs économiques. Dans cet esprit, le Canada et les États-Unis concluent un accord de libre-échange en 1989, élargi au Mexique à partir de 1994.

Du point de vue politique, la question du statut du Québec refait surface, et le mouvement souverainiste québécois reprend une étonnante vigueur avec le début des années 1990. Les Québécois acceptent alors très mal l'échec de l'Accord du lac Meech, en juin 1990, qui visait à réintégrer le Québec dans la «famille constitutionnelle» en lui accordant un statut particulier (voir p. 41). Plus tard, les gouvernants tentent de résoudre l'impasse en organisant, le 26 octobre 1992, un référendum pancanadien sur de nouvelles offres constitutionnelles, que rejette avec éclat, mais pour des raisons opposées, tant la population québécoise que canadienne.

Par la suite, lors de l'élection fédérale du 25 octobre 1993, le Bloc québécois, un parti favorable à la souveraineté du Québec, remporte plus des deux tiers des comtés du Québec et forme l'opposition officielle au Parlement canadien; puis, l'année suivante, le Parti québécois se fait élire et forme le gouvernement du Québec, en ayant à son programme la tenue d'un référendum sur la souveraineté du Québec.

Moins d'un an après son arrivée au pouvoir, comme prévu, le Parti québécois déclenche une campagne référendaire sur la souveraineté du Québec. Tout comme au référendum de 1980, 15 années plus tôt, on sait que la population québécoise est très divisée sur le sujet. Par contre, cette fois-ci, les résultats seront autrement plus serrés. Au soir du 30 octobre 1995, date du référendum, le résultat ne laisse aucun doute sur le déchirement des Québécois : 49,4% votent «oui» au projet de souveraineté du Québec, et 50,6% votent «non»! Ce référendum, qui devait résoudre définitivement la question du statut politique du Québec, a plutôt ramené tout le monde à la case départ. Les souverainistes, sentant désormais leur objectif ultime à portée de la main, n'ont pas hésité à promettre, le soir même de cette courte défaite, qu'un prochain référendum aurait lieu d'ici quelques années. Depuis lors, la tension a baissé quelque peu, mais on ne peut pas conclure que le débat est clos. Nul ne saurait prédire quand se jouera la prochaine manche et quelle en sera l'issue...

Vie politique

Calqués sur le modèle britannique, les systèmes politiques québécois et canadien accordent le pouvoir législatif à un Parlement élu au suffrage universel. À Québec, ce Parlement, que l'on nomme «Assemblée nationale», se compose de 125 députés représentant autant de circonscriptions électorales. Lors d'élections, le parti politique qui a pu faire élire le plus grand nombre de députés forme le gouvernement, et son chef devient le premier ministre. Ces élections se tiennent environ tous les quatre ans. À l'origine, le Parlement québécois disposait d'une seconde chambre, le Conseil législatif, semblable au Sénat canadien, mais elle sera abolie en 1968.

À Ottawa, le pouvoir appartient à la Chambre des communes, formée de députés provenant de toutes les régions du Canada. Le gouvernement fédéral possède également une Chambre haute, le Sénat, qui fut départie peu à peu de tous ses pouvoirs réels et dont l'avenir reste incertain.

➤ La politique fédérale

Au niveau fédéral, deux formations politiques, le Parti libéral et le Parti conservateur, ont gouverné tour à tour le Canada depuis le début de la Confédération en 1867.

Jusqu'à l'avènement en 1993 du Bloc québécois, qui s'est donné la mission de promouvoir la souveraineté du Québec sur la scène fédérale, les Québécois votaient massivement pour le Parti libéral, qui semblait plus ouvert à leur égard. Mais ce n'est plus le cas, les députés du Bloc se faisant de plus en plus nombreux à Ottawa. Le Nouveau Parti démocratique, plus à gauche, est depuis longtemps de tous les combats, même s'il n'a jamais eu l'honneur de former l'opposition officielle.

L'actuel premier ministre du Canada est le conservateur Stephen Harper. Il fut d'abord élu à la tête d'un gouvernement minoritaire en février 2006. Lors des dernières élections fédérales en octobre 2008, son parti fut réélu, mais le gouvernement conservateur est demeuré minoritaire, avec le plus haut taux d'absentéisme électoral dans l'histoire récente du Canada. Le Parti libéral est bon deuxième, et le Bloc est toujours majoritaire au Québec.

➤ La politique québécoise

Depuis 1976, deux formations dominent la vie politique québécoise : le Parti québécois et le Parti libéral du Québec. Ce qui distingue ces deux formations politiques, c'est d'abord et avant tout la vision qu'elles ont du statut politique du Québec. Depuis sa naissance, le Parti québécois poursuit l'objectif de faire accéder le Québec à la souveraineté politique. De son côté, le Parti libéral, tout en revendiquant un accroissement des pouvoirs du gouvernement provincial, reste néanmoins attaché au système fédéral canadien.

L'Action démocratique du Québec, qui défend une position constitutionnelle à mi-chemin entre celle du PQ et du PLQ, est née en 1992. Elle est sortie de la marginalité lors des élections provinciales de mars 2007, faisant élire 36 députés et devenant du même coup l'Opposition officielle d'un gouvernement libéral minoritaire dirigé par Jean Charest.

Ces trois partis politiques, le Parti québécois (PQ), le Parti libéral du Québec (PLQ) et l'Action démocratique du Québec (ADQ), ont tous des origines communes. En 1967, des libéraux favorables à la souveraineté du Québec quittent le parti pour fonder une nouvelle formation qui deviendra quelques années plus tard le PQ. Le scénario se répète en 1992, alors que des libéraux quittent à nouveau le parti pour dénoncer la position constitutionnelle de la formation. Cette fois-ci, c'est le rejet du rapport Allaire, rapport qui demandait un transfert considérable de pouvoirs fédéraux vers le Québec, qui mène à la formation de l'ADQ. La preuve qu'au Québec, la politique, c'est une affaire de famille.

Un quatrième joueur s'est ajouté à ces trois partis politiques lors des dernières élections provinciales, en décembre 2008 : Québec Solidaire (QS), un parti indépendantiste de gauche. L'un de ses deux porte-parole, Amir Khadir (l'autre est Françoise David), s'est fait élire pour représenter la circonscription de Mercier (le Plateau Mont-Royal), à Montréal. Le gouvernement du Parti libéral de Jean Charest est alors devenu majoritaire, et depuis, le Parti québécois, avec Pauline Marois à sa tête, forme l'Opposition officielle. Quant à l'Action démocratique du Québec, le nombre de ses députés a dramatiquement chuté, et son chef, Mario Dumont, a démissionné et a été remplacé par Gérard Deltell en 2009.

➤ Les relations fédérales-provinciales

Dès la confédération de 1867, les relations fédérales-provinciales ont monopolisé la vie politique du pays. Ce bras de fer qui n'a pas encore désigné de gagnant continue d'ailleurs à occuper l'avant-scène de la vie politique.

Depuis la Révolution tranquille, les gouvernements québécois successifs se sont tous considérés comme les porte-parole d'une nation distincte, réclamant un statut particulier pour le Québec et un accroissement de leurs pouvoirs au détriment du gouvernement canadien. Face à cette volonté autonomiste du Québec, le gouvernement fédéral a parfois résisté avec énergie et s'est rarement montré collaborateur.

Le gouvernement fédéral poursuivait depuis quelques années l'objectif de rapatrier les textes constitutionnels canadiens, toujours à Londres, une entreprise demandant l'appui des provinces. Si le Québec ne s'opposait pas au rapatriement de la Constitution, son intention était de profiter de cette occasion pour y inclure une révision de la division des pouvoirs en sa faveur. Les exigences québécoises n'ont cependant jamais été satisfaites par le gouvernement fédéral, et le Québec, longtemps appuyé par d'autres provinces canadiennes, a répondu en bloquant le rapatriement de la Constitution lors des conférences fédérales-provinciales de 1964 et 1971.

Or le 27 novembre 2006, coup de théâtre, la Chambre des communes du Canada vote en faveur d'une motion qui reconnaît le Québec comme étant «une nation au sein d'un Canada uni». Malgré tout symbolique, cette profession de foi qui admet le caractère spécifique du Québec en inquiète plus d'un tant du côté des francophones, qui y voient une tentative d'assimilation, que de celui des anglophones qui craignent le retour en force des nationalistes du Québec.

> Le référendum de 1980

Les enjeux changèrent radicalement lorsque le Parti québécois prit le pouvoir en 1976. Cette formation, dont la principale raison d'être est l'accession à la souveraineté politique du Québec, tenait un discours qui effrayait autrement plus le gouvernement fédéral et les forces fédéralistes québécoises.

En 1980, le PQ choisit de tenir un référendum sur la question nationale, demandant aux Québécois de lui accorder le mandat de négocier la souveraineté-association avec le «reste du Canada». La campagne référendaire qui s'engagea donna lieu à un affrontement titanesque entre les troupes fédéralistes, menées par le Parti libéral du Québec et par les ténors du gouvernement canadien, et les troupes souverainistes, dirigées par le Parti québécois.

Cette collision frontale entre les deux principales thèses ayant marqué la vie politique québécoise contemporaine prit également l'allure d'une guerre à finir entre deux hommes: Pierre Elliott Trudeau et René Lévesque. Après une longue bataille, la campagne connut son dénouement le 20 mai 1980, alors que les Québécois votèrent à près de 60% contre le projet de souveraineté-association. Ce jour-là, une majorité de Québécois choisit donc de donner une autre chance au fédéralisme canadien en confiant son avenir à Pierre Elliott Trudeau, qui avait promis *«qu'un non au référendum serait un oui à un nouveau Canada»*.

Mais les Québécois ne tardèrent pas à apprendre que le nouveau fédéralisme de Pierre Elliott Trudeau n'avait rien à voir avec les demandes traditionnelles du Québec. En novembre 1981, Trudeau convoqua une conférence fédérale-provinciale dans le but de rapatrier la Constitution. Le Québec trouva d'abord des alliés chez les autres provinces pour bloquer le projet fédéral, mais un revirement spectaculaire, en pleine nuit et en l'absence du Québec, isola le gouvernement québécois. Après cet épisode baptisé «La nuit des longs couteaux», le gouvernement fédéral put, dès 1982, imposer de force au Québec un nouveau pacte constitutionnel, bien que l'Assemblée nationale du Québec eût farouchement refusé d'en être signataire.

En plus de n'octroyer aucun nouveau pouvoir au Québec et de menacer ses lois linguistiques, la Constitution de 1982 fit perdre au gouvernement québécois son droit de veto sur tout amendement constitutionnel. Après avoir gagné le référendum sur la souveraineté, les fédéralistes tentèrent ainsi de museler définitivement toute velléité autonomiste des Québécois. Depuis ce coup de force, le Parti libéral fédéral n'a plus jamais réussi à faire élire une majorité de députés au Québec.

> Du lac Meech à Charlottetown

La saga constitutionnelle, après une pause de quelques années, reprit de plus belle avec l'arrivée au pouvoir de Brian Mulroney à Ottawa (1984) et l'élection, à Québec, de Robert Bourassa (1985), chef du Parti libéral du Québec. Le premier ministre canadien mit alors à l'ordre du jour l'objectif de réintégrer le Québec dans la *«famille canadienne»*, et ce, *«dans l'honneur et l'enthousiasme»*. En 1987, le gouvernement fédéral et les 10 provinces en arrivèrent à une entente, désignée du nom d'Accord du lac Meech, qui apportait un réaménagement de la Constitution répondant aux demandes traditionnelles minimales du Québec. L'Accord devait cependant être ratifié devant les Assemblées législatives des 10 provinces avant le 24 juin 1990 pour entrer en vigueur.

Portrait – Vie politique

Cette opération, qui semblait de prime abord très simple, se transforma en un fiasco monumental lorsque certains premiers ministres provinciaux furent défaits et remplacés par des opposants à l'Accord, que le premier ministre de Terre-Neuve renia sa parole et que l'opinion publique canadienne-anglaise se mobilisa pour combattre ce renouvellement de la Constitution, jugé trop favorable au Québec. La «grande réconciliation nationale», après maintes tentatives burlesques pour la sauver, se solda donc par un échec retentissant.

Le premier ministre Bourassa dut alors se résoudre à lancer un ultimatum au gouvernement fédéral. Il annonça qu'un référendum se tiendrait au Québec avant le 26 octobre 1992, portant, soit sur des offres fédérales acceptables, soit sur une proposition de souveraineté du Québec. Jusqu'à la fin de ce délai, Robert Bourassa souhaita que les autres provinces et le gouvernement fédéral proposent une entente susceptible de répondre aux revendications d'une majorité de Québécois. Mais le premier ministre du Québec dut finalement se rendre à l'évidence et, ravalant ses menaces, retourna négocier avec ses partenaires du fédéral et des provinces.

Une entente de principe fut bâclée en quelques jours, ayant la prétention non seulement de répondre aux aspirations du Québec, mais également à celles des autres provinces canadiennes et des Premières Nations. Pour être ratifié, ce projet devait cependant être d'abord accepté par une majorité de la population de chacune des provinces. On choisit le 26 octobre 1992 pour tenir ce référendum désormais pancanadien.

Robert Bourassa promit alors, selon ses propres termes, de réussir à « vendre » cette entente à la population québécoise. Mais, dès le départ, le premier ministre québécois se heurta à l'opposition farouche d'une majorité de la population et, même, de plusieurs militants de son propre parti. Ainsi, le soir du référendum, le rejet de cette entente par les Québécois ne surprit personne. D'ailleurs, elle fut également répudiée dans certaines autres provinces canadiennes, quoique pour des raisons parfois diamétralement opposées à celles des Québécois. Le problème du statut politique du Québec n'avait donc pas encore été résolu.

➤ Oui: 49,4% Non: 50,6%

Épuisés par les discours stériles sur leur place au sein du Canada, beaucoup de Québécois attendaient avec impatience, depuis l'échec de l'Accord du lac Meech, l'occasion d'exprimer leur désir de changement. Cette occasion se présenta d'abord lors de l'élection fédérale de 1993. Pour la première fois, les Québécois avaient alors l'occasion de voter en faveur d'un parti souverainiste bien structuré, le Bloc québécois, qui irait les représenter au sein même du Parlement canadien. Le Bloc québécois devait finalement rafler plus des deux tiers des comtés en jeu au Québec et former l'opposition officielle à Ottawa.

L'année suivante, la population québécoise était cette fois appelée à élire un nouveau gouvernement à la tête du Québec; son choix devait se porter sur le Parti québécois, principal porte-étendard de la cause souverainiste québécoise au cours du dernier quart du XXᵉ siècle. Dès lors, avec une forte représentation souverainiste au Parlement canadien et le Parti québécois à la tête du gouvernement du Québec, il n'y avait plus aucun doute possible, les Québécois auraient une nouvelle fois l'occasion de choisir, par voie de référendum, entre la souveraineté et le fédéralisme canadien.

Quinze ans après le référendum de 1980, en octobre 1995, les fédéralistes et les souverainistes s'engageaient donc une nouvelle fois à fond de train dans une campagne dont l'issue déterminerait l'avenir politique du Québec. Dès les débuts de la campagne référendaire, chaque camp savait que la population québécoise était toujours divisée sur la question. Par contre, personne n'aurait alors pu prédire un résultat final aussi serré. Au soir du référendum, il fallut attendre que le scrutin soit presque entièrement dépouillé pour enfin connaître le verdict de la population: 49,4% des Québécois avaient voté «oui» au projet de souveraineté, tandis que 50,6% avaient voté «non»! Les deux options n'étaient séparées que de quelques dizaines de milliers de votes; le Québec était pour ainsi dire coupé en deux.

Personne ne fut alors bien étonné d'entendre les ténors souverainistes, qui venaient de rater le «grand soir» de peu, annoncer un prochain rendez-vous référendaire pour très bientôt. Le lendemain du référendum, Jacques Parizeau offre néanmoins sa démission comme chef du Parti québécois et premier ministre du Québec. Il sera remplacé par Lucien Bouchard, jusque-là chef du Bloc québécois à Ottawa, qui jouissait d'une grande popularité auprès de la population québécoise.

Les résultats serrés du référendum de 1995 ont durement secoué les fédéralistes qui s'étaient toujours crus à l'abri d'un éventuel vote majoritaire des Québécois en faveur de la souveraineté. Le réveil a été brutal. D'autant plus que le premier ministre et chef du Parti québécois, Bernard Landry, qui avait remplacé Lucien Bouchard en 2001, ne cachait pas son intention de tenir un nouveau référendum sur la question nationale. Sachant que toute véritable tentative de renouvellement en profondeur du fédéralisme canadien serait une opération risquée, les fédéralistes essaient, depuis lors, plutôt d'utiliser au mieux l'étroite marge de manœuvre dont ils disposent pour convaincre les Québécois de leur ouverture à des aménagements éventuels.

Vie économique

L'économie du Québec a longtemps reposé sur l'exploitation des ressources naturelles. Ce n'est plus le cas aujourd'hui, alors que le secteur des services représente 70% du produit intérieur brut (PIB). Le Québec fait notamment bonne figure dans le domaine des sciences et technologies. Il se classe quatrième en Amérique du Nord pour ce qui est du nombre d'entreprises œuvrant dans le domaine des biotechnologies. Il se distingue également dans le secteur des technologies de l'information, plus particulièrement de la télécommunication sans fil et de l'édition de logiciels multimédias. Dans le domaine de l'aérospatiale, le Québec se classe au 6e rang mondial en matière de production, et Montréal figure avantageusement parmi les grands centres mondiaux comme Seattle (États-Unis) et Toulouse (France). L'industrie du transport ferroviaire et routier est également en bonne santé.

Longtemps boudé par la majorité de la population, le monde des affaires occupe désormais une place prépondérante au Québec. Depuis les années 1960, il est devenu l'un des lieux privilégiés des Québécois francophones pour exprimer leur désir de prendre en main leur destinée. Ce phénomène constitue un virage social majeur.

Jusqu'à la Révolution tranquille, on orientait massivement les étudiants francophones vers les domaines du droit, de la médecine ou de la prêtrise, dédaignant le monde des affaires, jugé trop temporel, mais également inaccessible puisque dominé par la langue anglaise. Les 40 dernières années ont ainsi été les témoins d'un remarquable changement d'attitude des francophones, alors que l'indifférence et les craintes d'autrefois ont fait place à un désir avoué d'être des acteurs de premier plan dans le développement économique du Québec.

> Le rôle de l'État

À l'instar de ce qui eut lieu dans plusieurs autres pays occidentaux, l'intervention étatique a diminué au Québec au cours des dernières décennies. Malgré la rationalisation de son activité, l'État reste néanmoins un acteur de taille impliqué de maintes façons dans le développement économique. Ainsi, il s'élève au rang du plus important employeur au Québec, formant en son sein un grand nombre de cadres compétents et stimulant l'activité économique locale, notamment par des politiques d'achats privilégiant les fournisseurs locaux.

En ce sens, l'essor d'Hydro-Québec donne un exemple éloquent de l'effet d'entraînement qu'ont les interventions de l'État québécois. Bénéficiant, depuis le gouvernement de Jean Lesage, d'un monopole presque exclusif sur la production et la distribution d'électricité en territoire québécois, Hydro-Québec, ce fleuron des entreprises publiques, a pu, par la mise en œuvre de chantiers de grande envergure, donner une forte impulsion à plusieurs entreprises privées du Québec. Certaines firmes d'ingénierie doivent ainsi leur expansion, au Québec et à l'étranger, aux compétences acquises par leur participation à la construction d'immenses barrages hydroélectriques dans le Nord québécois.

Le gouvernement s'est en outre donné, au cours des dernières décennies, de puissants leviers de développement économique, dont le plus fameux est la Caisse de dépôt et placement du Québec. Cette institution, qui administre des capitaux provenant principalement du fonds de retraite des travailleurs québécois, est devenue un véritable géant financier. Alors que, dans les premières années, son action restait relativement discrète, la Caisse de dépôt et placement s'est transformée, avec l'accession au pouvoir du Parti québécois en 1976, en un puissant instrument de soutien aux entreprises privées établies au Québec. Elle détient aujourd'hui le plus important portefeuille d'actions au Québec et au Canada. Si plusieurs s'inquiètent de la lourdeur de l'intervention publique, il y a généralement consensus sur la nécessité d'un État fort pour une petite économie comme celle du Québec.

➤ L'avenir économique du Québec

Malgré un relatif déclin, les ressources naturelles demeurent un secteur économique important au Québec. L'exploration minière, stimulée par la demande de pays en émergence comme la Chine, se porte bien. Le Québec se positionne parmi les 10 premiers producteurs mondiaux, et la ressource est abondante, les spécialistes estimant que seuls 40% du potentiel du sous-sol québécois sont actuellement connus. Une trentaine de produits sont exploités, les plus importants étant l'or, le fer, le titane, l'amiante, le cuivre, le zinc et l'argent. D'autre part, l'imposant réseau hydrographique du Québec lui permet de produire de l'hydroélectricité à faible coût. En plus de ses barrages déjà existants, Hydro-Québec a plusieurs projets en cours de construction, notamment sur la rivière Eastmain. La production d'électricité par éoliennes est également en pleine expansion, particulièrement dans l'est du Québec. En 2013, la société d'État prévoit produire 3 500 mégawatts (MW) d'énergie éolienne, soit 7% de la puissance mondiale actuelle.

Le tableau n'est toutefois pas sans tache, et certains domaines connaissent des difficultés. C'est notamment le cas du secteur des pâtes et papiers qui traverse une crise profonde. Plusieurs usines en manque de rentabilité ont fermé leurs portes au cours des dernières années. L'impact sur la vie économique de certaines régions mono-industrielles du Québec est énorme. Cette crise s'explique par une combinaison de facteurs comme la hausse rapide du dollar canadien, la diminution des volumes de coupe et la baisse de la demande mondiale en papier et en bois d'œuvre. Le secteur manufacturier est lui aussi durement touché par la montée de la devise, alors qu'il subissait déjà les contrecoups de la mondialisation de l'économie. Incapable de faire face à la compétition de pays en émergence aux coûts de production dérisoires, plusieurs entreprises ont dû se résigner à mettre la clé dans la porte ou à déménager leur production à l'étranger.

En revanche, l'économie du Québec se compare avantageusement aux autres économies de la planète. Elle se classe au 44e rang dans le monde et au 19e rang par rapport aux pays de l'Organisation de coopération et de développement économique (OCDE). Le Québec est également un grand exportateur. Ses exportations comptent pour 51,8% (2008) de son PIB. Plus de 70% des produits québécois sont destinés aux États-Unis, pour une valeur de 51,3 milliards de marchandises en 2008. Le Québec est d'ailleurs le 7e partenaire économique des Américains. Plus de 14% des exportations vont aux pays membres de l'Union européenne. De nouveaux marchés se développent; les exportations vers la Chine et le Mexique ont par exemple décuplé depuis 1998. D'autre part, Hydro-Québec dispose du plus vaste réseau de transport d'électricité en Amérique du Nord, ce qui lui permet d'exporter de l'électricité dans les provinces voisines et dans les États du Nord-Est américain. La hausse vertigineuse du dollar canadien risque toutefois d'affecter la croissance des exportations dans un avenir rapproché.

La population québécoise

Le Québec est constitué d'une population aux origines diverses. Aux peuples autochtones se sont joints, à partir du XVIe siècle, des colons d'origine française dont les descendants forment aujourd'hui la majorité de la population québécoise. Arrivés au pays entre 1608 et 1759, ils provenaient pour la plupart des régions du nord et de l'ouest de la France, principalement de Normandie, d'Île-de-France, d'Anjou, du Maine, de la Touraine, de la Bretagne, de la Champagne et de la Picardie. Par la suite, le Québec s'est enrichi d'immigrants des îles Britanniques et des États-Unis. Tout au long du XIXe siècle, le Québec connut de grandes vagues d'immigration en provenance des îles Britanniques. Ces Anglais, Écossais ou Irlandais, souvent dépossédés dans leur pays ou victimes de la famine, s'installèrent surtout dans les Cantons-de-l'Est, en Outaouais et à Montréal.

L'immigration autre que française, américaine ou britannique n'a réellement commencé qu'au tournant du XXe siècle, d'abord constituée majoritairement de Juifs d'Europe centrale et d'Italiens. À partir des années 1960, le Québec accueille une immigration diversifiée en provenance de tous les continents.

L'art autochtone

Les œuvres autochtones furent long-temps considérées comme des spéci-mens anthropologiques et collection-nées presque exclusivement par les musées d'ethnographie. Ce n'est que graduellement au cours du XXᵉ siècle qu'on leur a conféré le statut «d'œuvres d'art». Comme les Premières Nations, traditionnellement, ne dissociaient pas l'art des objets de la vie quotidienne, leurs œuvres ne correspondaient pas aux canons de la tradition artistique européenne. C'est à force de luttes de toutes sortes – qui se poursuivent encore aujourd'hui – que leurs œuvres ont été intégrées aux collections des musées d'art. L'art autochtone a été l'objet d'un intérêt croissant de la part des Canadiens depuis les années 1960 et 1970. Aujourd'hui, plus d'une centaine de musées canadiens possèdent des collections d'art autochtone. Les pra-tiques artistiques varient énormément selon les régions du pays. L'art amérin-dien et l'art inuit, surtout, diffèrent de plusieurs façons.

Les Inuits définissent l'art par le mot *sananquaq*, nom inuktituk qui signifie «petite représentation de la réalité». Pour les artistes, qui sont souvent aussi des chasseurs et des pêcheurs, les meilleures œuvres sont celles qui reproduisent fidèlement les formes et les mouvements des animaux et des humains. Les sculptures comme les gravures sont animées par des histoires tirées des grands thèmes de la tradi-tion orale de ces peuples : les mythes et légendes, les rêves, les forces de la nature, les relations qu'entretiennent les êtres humains et les animaux, les travaux de la vie quotidienne. Les thè-mes et les styles varient d'une région à l'autre.

Au Québec, les Amérindiens pratiquent moins la sculpture que leurs voisins du nord. De façon générale, les œuvres d'art amérindiennes sont réalisées avec des matériaux comme le bois, le cuir ou la toile. Les artistes amérindiens font beaucoup de travail tridimensionnel (masques, «capteurs de rêves», objets décorés), de sérigraphie et d'œuvres sur papier.

> Les Inuits et les Amérindiens

Premiers habitants du territoire québécois, les Autochtones représentent une petite fraction de la population totale du Québec. Leurs ancêtres, qui provenaient d'Asie septentrionale, franchirent le détroit de Béring il y a plus de 12 000 ans et, quelques millénaires plus tard, commencèrent à peupler la péninsule québécoise par vagues successives.

Ainsi, lorsque Jacques Cartier «découvrit» au nom du roi François Ier les terres bordant le golfe et le fleuve Saint-Laurent, des civilisations y vivaient déjà depuis des millénaires. À cette époque, le territoire que l'on nommera par la suite le «Québec» était peuplé d'une mosaïque complexe de cultures indigènes se distinguant les unes des autres par leur langue, leur mode de vie et leurs rites religieux. Ayant su apprivoiser les rigueurs du climat et les particularités du territoire, les peuples du Nord tiraient leur subsistance de la chasse et de la pêche, alors que ceux qui vivaient dans la vallée du Saint-Laurent se nourrissaient principalement de leurs récoltes. Comme ces peuples ne maîtrisaient pas l'écriture, le peu que nous sachions de leur mode de vie à l'époque repose sur les traditions orales, les récits d'explorateurs européens et les recherches anthropologiques.

Le déclin de ces cultures millénaires débuta à partir du XVIᵉ siècle, en fait avec l'arrivée des premiers colonisateurs européens. Contrairement aux conquêtes européennes de certaines autres régions des Amériques, les affrontements armés entre Autochtones et colonisateurs ont été relativement peu nombreux. La faible densité de population de ce vaste territoire permettait aux Européens de fonder leurs premières petites colonies en évitant d'affronter directement les nations autochtones, longtemps beaucoup plus puissantes qu'eux.

Néanmoins, les Autochtones souffrirent cruellement de la colonisation européenne dès ses premières années. D'abord, des maladies introduites par les Européens, comme la grippe, la variole et la tuberculose, que le système immunitaire des Autochtones ne pouvait combattre, emportèrent jusqu'à la moitié de certaines nations.

Tout aussi dévastatrice, la lutte pour le contrôle du lucratif commerce des fourrures, instauré par les colonisateurs, provoqua de sanglantes guerres entre nations amérindiennes, désormais pourvues d'armes à feu. C'est ainsi qu'entre 1645 et 1665 la confédération iroquoise des Cinq Nations anéantit presque totalement les Hurons, les Pétuns, les Neutres et les Ériés, nations comptant respectivement plus de 10 000 personnes.

L'agonie des peuples autochtones se poursuivit par la suite avec l'avancée implacable de la colonisation qui, arrachant graduellement les territoires, repoussa sans relâche les Autochtones. Finalement, sans avoir véritablement jamais été défaits militairement, Amérindiens et Inuits vivent désormais sous la loi des Blancs.

On estime aujourd'hui que plus des trois quarts des Autochtones vivent toujours dans de petites communautés dispersées un peu partout sur le territoire. Quoique plusieurs puissent encore jouir de territoires de chasse et de pêche, leur mode de vie traditionnel a été, dans une large mesure, anéanti.

Mal adaptés à la société moderne, souffrant de déculturation, les peuples autochtones sont actuellement piégés par d'importants problèmes sociaux. Depuis quelques années, ils ont néanmoins réussi à obtenir davantage d'attention de la part des médias, de la population et des gouvernements. L'intérêt a surtout été porté vers leurs revendications politiques et territoriales, plus particulièrement lors de l'été 1990, alors que, pendant plus de deux mois, des Mohawks armés ont réussi à bloquer l'un des principaux ponts reliant l'île de Montréal à la rive sud du Saint-Laurent. Occasionnant de fortes tensions sociales, cette crise politique a sans doute nui à court terme à la cause des Autochtones. Cependant, les revendications des Amérindiens et des Inuits trouvent maintenant des appuis très solides un peu partout au Canada, et des accords leur octroyant une plus grande autonomie ont commencé à être signés ces dernières années.

Les 11 nations autochtones du Québec se regroupent en trois familles culturelles distinctes. Ainsi, les Abénaquis, les Algonquins, les Attikameks, les Cris, les Malécites, les Micmacs, les Montagnais et les Naskapis sont tous de culture algonquienne, alors que les Hurons-Wendat et les Mohawks sont de culture iroquoienne. Les Inuits forment, de leur côté, une entité culturelle tout à fait à part. Nous présentons ici, brièvement, ces 11 nations autochtones.

Abénaquis

Vivant jadis dans les États de la Nouvelle-Angleterre, où résident toujours plusieurs des leurs, les Waban Aki (Abénaquis) se sont d'abord installés à Sillery (près de Québec) vers 1675, puis aux abords des chutes de la rivière Chaudière en 1684. Très étroitement liés aux colons français, les Abénaquis leur ont fait partager plusieurs de leurs connaissances ancestrales dont, semble-t-il, l'art de la fabrication du sirop d'érable. Lors des guerres coloniales, les Waban Aki se sont rangés du côté des Français, participant d'ailleurs à la défense de la colonie contre les visées des Britanniques, établis plus au sud sur le continent. En 1700, plusieurs d'entre eux se fixèrent définitivement à Odanak, un village qui sera saccagé en 1759, lors de la conquête de la Nouvelle-France par les troupes britanniques. Au Québec se trouvent maintenant deux communautés abénaquises, Odanak et Wôlinak, situées sur la rive sud du fleuve Saint-Laurent entre les villes de Sorel et de Bécancour. Sur les quelque 2 000 Abénaquis vivant au Québec, environ 350 habitent l'un ou l'autre de ces deux villages. Ayant longtemps fait la réputation des Waban Aki, la vannerie de frêne et de foin est encore fabriquée dans ces villages, mais la plupart des Waban Aki travaillent plutôt dans les villes avoisinantes ou ailleurs au Québec. La langue abénaquise n'est pratiquement plus parlée dans la communauté, contrairement au français, largement utilisé.

Algonquins

Habitant des territoires plutôt éloignés des grands centres de développement, les Anishnabe (Algonquins) ont pu ainsi longtemps préserver leur mode de vie nomade, vivant de la chasse, de la pêche et de la cueillette. Ils n'ont commencé en fait à se sédentariser qu'au milieu du

XIXe siècle, avec l'arrivée de colons, de bûcherons et de prospecteurs qui, venus mettre en valeur le sol de l'Abitibi, ont, dans un même temps, perturbé leurs activités traditionnelles. Au Québec, on dénombre aujourd'hui quelque 9 900 Algonquins, dont environ 5 000 habitent les communautés de Kitcisakik (Grand-Lac-Victoria), Kitiganik (Lac-Rapide) et Kitigan Zibi (Maniwaki), dans la région de l'Outaouais, ainsi que de Hunter's Point, de Kebaowek, de Simo Sagigan (Lac-Simon), d'Abitibiwinni (Pikogan), de Timiskaming (Notre-Dame-du-Nord) et de Winneway, en Abitibi-Témiscamingue. La langue algonquine est encore largement utilisée dans la plupart de ces communautés qui parlent aussi l'anglais et le français.

Attikameks

Presque complètement décimés au XVIIe siècle, à la suite des épidémies et des défaites militaires subies aux mains des Iroquois, les Atikamekw (Attikameks) se sont réfugiés chez les peuples cris ou montagnais avant de s'intégrer à un groupe du lac Supérieur, les O'pimittish Ininivac, qui se sont plus tard installés en Haute-Mauricie. C'est d'ailleurs toujours dans cette région que les quelque 5 000 Atikamekw du Québec habitent, principalement dans les villages de Manawan, de Wemotaci et d'Obedjiwan. Restés très près de la nature par leur mode de vie, les Atikamekw ont su développer, en Haute-Mauricie, un réputé service forestier prônant le développement durable des ressources. La langue atikamekw, proche du montagnais, est encore parlée par l'ensemble de la population des trois communautés, qui utilisent aussi le français.

Cris

Remarquablement bien adaptés au territoire et aux rigueurs du climat, les Cris habitent le nord du Québec depuis environ 5 000 ans. Malgré l'isolement qu'imposaient les distances, très tôt ils eurent des contacts suivis avec les Européens. D'ailleurs, dès la fin du XVIIe siècle, le commerce des fourrures avec les marchands non autochtones a constitué l'une des principales activités économiques de la nation crie. Mais le déclin de cette pratique et l'intérêt grandissant des gouvernements canadien et québécois pour le développement du nord du Québec à partir des années 1950 ont graduellement modifié les rapports qu'entretenaient les Cris avec leur environnement. Cependant, c'est la signature avec les gouvernements du Québec et du Canada, en 1975, de la Convention de la Baie-James et du Nord québécois qui a réellement transformé le mode de vie des Cris. Cette convention permit l'aménagement par Hydro-Québec de barrages hydroélectriques sur certaines des plus tumultueuses rivières de la région, octroyant aux Cris, en contrepartie, des indemnités de 225 millions de dollars, la propriété d'un territoire de 13 696 km² et l'exclusivité des droits de chasse et de pêche sur un territoire de 151 580 km². Par cette convention, les Cris ont obtenu les moyens nécessaires pour prendre une part active au développement économique de leur région, comme en témoigne, depuis une dizaine d'années, l'émergence d'entreprises dynamiques détenues par des gens de cette nation. Les 13 000 Cris du Québec habitent aujourd'hui neuf villages : Waskaganish, Eastmain, Wemindji et Chisasibi, sur les rives de la baie James; Whapmagoostui, à proximité de la baie d'Hudson; Nemiscau, Waswanipi et Mistissini, à l'intérieur des terres; et Oujé-Bougoumou, tout près de la ville de Chibougamau. Le cri est toujours la langue d'usage pour une grande partie de la population, dont la langue seconde est l'anglais. Proclamée au début de l'année 2002, la *Paix des Braves*, conclue entre Québec et les Cris, permettra au gouvernement québécois d'obtenir la possibilité de réaliser des projets hydroélectriques en territoire autochtone, entre autres l'exploitation de la rivière Rupert par Hydro-Québec et la construction (en cours) d'une nouvelle centrale hydroélectrique sur la rivière Eastmain, deux projets indissociables qui nécessiteront un investissement de 3,8 milliards de dollars et permettront à la société d'État de disposer d'une puissance additionnelle de 1 200 MW. En échange, les Cris obtiendront 70 millions de dollars pour les 48 prochaines années (jusqu'en 2050), un contrôle accru des ressources naturelles tirées de leur territoire et la promesse de centaines d'emplois d'Hydro-Québec. Ils consentent, de plus, à laisser tomber les poursuites intentées contre le gouvernement du Québec pour non-respect de la Convention de la Baie-James et du Nord québécois.

Hurons-Wendat

À l'arrivée des premiers colons français, les Hurons-Wendat habitaient une vingtaine de grands villages construits dans le centre de l'Ontario, aux abords de la baie Georgienne. En plus d'être d'excellents agriculteurs, ils contrôlaient alors un immense empire commercial qui s'étendait de la région des Grands Lacs jusqu'au Saguenay et à la baie d'Hudson, ce qui fit d'eux, tout naturellement, les principaux partenaires des marchands français du pays aux premiers temps de la colonisation. Mais cette fructueuse association économique va toutefois rapidement prendre fin, car la population huronne-wendat sera, en l'espace de quelques années, presque complètement décimée, d'abord par des épidémies en 1634 et 1639, puis par les attaques répétées des Iroquois à partir de 1640. En 1649, les survivants, soit environ 300 Hurons-Wendat, viennent trouver refuge aux abords de Québec, s'installent sur l'île d'Orléans, en 1657, puis près de la rivière Saint-Charles, en 1697, où se trouve encore aujourd'hui le village de Wendake. Situé à proximité de Loretteville, Wendake, une petite communauté à l'économie florissante, est l'unique village huron-wendat du Québec. Sur les quelque 3 000 Hurons-Wendat que compte le Québec, environ 1 300 habitent le village. Certains produits fabriqués à Wendake sont reconnus internationalement, comme les mocassins, les canots et les raquettes. La langue huronne n'est plus utilisée au Québec; les communautés parlent plutôt le français.

Inuits

Les Inuits résident depuis environ 4 500 ans dans l'extrême nord du Québec, région connue en inuktitut sous le nom de Nunavik, qui signifie «pays où vivre». Jusqu'au début du XXe siècle, les Inuits ont préservé, dans son ensemble, un mode de vie hérité de leurs ancêtres, chassant avec les armes traditionnelles et vivant dans des igloos. Le passage au mode de vie plus moderne, avec tout ce que cela implique, n'a donc eu lieu, chez les Inuits, que tout récemment et en l'espace de quelques décennies seulement. Comme les Cris, les Inuits sont signataires de la Convention de la Baie-James et du Nord québécois. Cet accord permit notamment aux Inuits d'acquérir une plus grande autonomie en ce qui concerne l'administration de la région. Ils contrôlent ainsi la plupart des services dispensés au Nunavik, qui sera éventuellement doté d'un gouvernement régional. Les indemnités monétaires obtenues à la suite de la signature de la convention, que gère la Société Makivik, servent, de leur côté, à donner aux Inuits les outils nécessaires pour prendre une place plus grande dans le développement de l'économie régionale. Ainsi, par l'intermédiaire de la Société Makivik, les Inuits du Québec sont notamment propriétaires des compagnies aériennes Air Inuit et First Air, qui détiennent une place prépondérante dans le domaine du transport aérien dans le Nord canadien. Les 9 000 Inuits du Québec habitent 14 villages situés sur les rives de la baie d'Hudson (Kuujjuarapik, Umiujaq, Inukjuak, Payungnituk, Akulivik), du détroit d'Hudson (Ivujivik, Salluit, Kangiqsujjuag, Quaqtag) et de la baie d'Ungava (Kangirsuk, Aupaluk, Tasiujaq, Kuujjuaq et Kangiqsualujjuaq). Quelques dizaines d'Inuits habitent également à Chisasibi. La langue des Inuits, l'inuktitut, est toujours largement utilisée dans les communautés. Elle est d'ailleurs, dans les écoles inuites, la seule langue d'enseignement jusqu'à la troisième année du primaire. Si les Inuits ont adopté un style de vie plus moderne, leur culture et leurs valeurs ancestrales ont été largement conservées.

Malécites

Dispersés sur le territoire, les Welustuk (Malécites), que l'on a longtemps appelés les «Etchemins», ne sont qu'environ 750 à habiter le Québec. Ils sont, en outre, la seule nation autochtone du Québec à ne pas être regroupée en au moins un village. Pourtant, en 1827, le gouvernement créa pour eux l'une des premières réserves amérindiennes du Québec sur les berges de la rivière Verte, dans la région du Bas-Saint-Laurent. Mais, comme la plupart des Welustuk préféraient plutôt demeurer nomades, cette réserve, pratiquement jamais habitée, fut par la suite rachetée par les autorités gouvernementales. Finalement, les membres de la nation malécite ne se sont jamais regroupés en un village, s'intégrant plutôt, graduellement, aux communautés blanches avoisinantes. Bien que la langue ne soit plus parlée, au profit du français, et qu'ils n'aient aucun village, les Welustuk ont, depuis 1987, un chef et un conseil de nation.

Micmacs

Les Mi'gmaq (Micmacs), dont la population s'élève aujourd'hui à un peu plus de 4 800 personnes au Québec, se sont sédentarisés dans la région de la Gaspésie, formant les villages de Restigouche et de Gesgapegiag, ou habitant, avec les non-Autochtones, à Gaspé et dans ses alentours. Sans doute la toute première nation amérindienne à avoir eu des contacts avec les Européens, les Mi'gmaq habitaient alors les rives du fleuve Saint-Laurent et la côte de l'océan Atlantique. Reconnus comme d'excellents marins, ils établirent aussi des campements, permanents ou non, sur plusieurs des îles du golfe du Saint-Laurent. Avec le développement économique de la région, plusieurs Mi'gmaq sont devenus, depuis le XIXᵉ siècle, bûcherons ou ouvriers. Bon nombre d'habitants de Restigouche et de Gesgapegiag parlent toujours le micmac, que l'on enseigne d'ailleurs maintenant dans les écoles des deux villages.

Mohawks

À l'arrivée des Européens, les Kanien'kahaka (Mohawks) formaient une des cinq nations iroquoises de la puissante confédération des Cinq Nations, qui sera au cœur de la guerre des fourrures au XVIIᵉ siècle. Mais, malgré leur association à ce système politique sophistiqué, les Kanien'kahaka n'en demeuraient pas moins une nation indépendante et ambitieuse. Plus tard, lorsque sédentarisés, plusieurs d'entre eux pratiqueront des métiers très recherchés, notamment celui d'ouvrier spécialisé dans le montage de structures d'acier. Les Kanien'kahaka jouissent d'ailleurs, encore maintenant, d'une réputation internationale en ce qui a trait à ce genre d'ouvrage sur des édifices en hauteur ou des ponts. Avec une population d'environ 16 000 personnes, les Kanien'kahaka forment aujourd'hui la plus populeuse des nations amérindiennes du Québec. Ils habitent principalement trois villages : Kahnawake, situé tout près de Montréal sur la rive sud du fleuve Saint-Laurent; Akwesasne, dans le sud-ouest de la province, et chevauchant à la fois les frontières du Québec, de l'Ontario et de l'État de New York; et Kanesatake, à une cinquantaine de kilomètres à l'ouest de Montréal, aux abords du lac des Deux Montagnes. Rappelons que les revendications territoriales des Mohawks de Kanesatake ont été au centre de la crise autochtone de l'été 1990. Si de nombreux Kanien'kahaka ont adopté la culture moderne nord-américaine, d'autres vivent toujours selon les enseignements ancestraux, basés sur la «Grande Loi de la Paix». La société mohawk est en outre traditionnellement matrilinéaire; d'ailleurs, les mères de clans sont seules à choisir les chefs. Le mohawk est toujours parlé par plusieurs membres des communautés, mais l'anglais est aussi largement utilisé.

Montagnais

Isolés sur le vaste territoire de la Côte-Nord et de la Basse-Côte-Nord, les Innus (Montagnais) vivaient essentiellement de la chasse, de la pêche, de la cueillette et du commerce des fourrures jusqu'au début du XXᵉ siècle. Mais l'arrivée des industries minières et forestières et la construction de barrages hydroélectriques ont bouleversé leur mode de vie. Leur culture reste cependant encore bien vivante, et l'innu demeure toujours la langue d'usage dans la plupart des communautés, surtout les plus isolées. Actif dans les années 1990, le groupe musical Kashtin, d'Uashat-Maliotenam, est un bon exemple de la vitalité culturelle de cette nation, tout comme les efforts ayant mené à l'élaboration d'un premier dictionnaire innu-français. Les 15 000 Innus constituent, pour ce qui est du nombre, la seconde nation amérindienne en importance au Québec. Ils se regroupent dans sept communautés : Les Escoumins, Betsiamites et Uashat-Maliotenam, sur la Côte-Nord; Mingan, Natashquan, La Romaine et Pakuashipi, sur la Basse-Côte-Nord; Mashteuiatsh, au Lac-Saint-Jean, et Matimekosh, près de Schefferville. Le 31 mars 2004, le ministre délégué aux Affaires intergouvernementales canadiennes et aux Affaires autochtones du Québec et le ministre des Affaires indiennes et du Nord Canada ont signé l'*Approche commune*, une entente de principe qui établit les bases du traité innu dont seront bénéficiaires les communautés de Betsiamites, d'Essipit, de Mashteuiatsh et de Nutashkuan. L'enjeu principal en est le territoire traditionnel des Innus, le Nitassinan. Pour le gouvernement québécois, le Nitassinan lui appartient, alors que, selon les Innus, il revient de plein droit aux familles innues. Cependant, si les chefs des quatre communautés innues concernées ont accepté les dispositions mitigées de l'entente de principe, et ce, en dépit du questionnement qu'elle suscite chez une bonne partie de la nation, c'est en raison, croit-on chez les opposants innus, du déficit démocratique des institutions autochtones.

Naskapis

La nation des Naskapis ne compte qu'un seul village au Québec (et au Canada), Kawawa-chikamach, qui fut inauguré en 1984 et qui est situé dans le nord du Québec, à quelques kilomètres de Schefferville. En vertu de la Convention du Nord-Est québécois, les 775 Naskapis de Kawawachikamach possèdent un territoire de 285 km² et disposent de l'exclusivité des droits de chasse, de pêche et de piégeage sur un territoire de 4 144 km². Les Naskapis, qui n'ont laissé la vie traditionnelle sous la tente que récemment, pratiquent toujours la chasse au caribou, cet animal dont la chair et la fourrure leur permirent de survivre aux difficiles conditions de la toundra arctique. La langue naskapie est parlée par l'ensemble de la population.

Portrait - La population québécoise

➤ Les francophones

Les Québécois francophones sont les descendants, dans une écrasante majorité, des colons d'origine française arrivés au pays entre 1608 et 1759. Cette émigration vers la Nouvelle-France fut d'abord très lente, si bien qu'en 1663 la colonie française ne comptait qu'environ 3 000 habitants. Le mouvement migratoire s'accéléra légèrement par la suite, ce qui, combiné à la croissance naturelle, donna à la Nouvelle-France une population d'environ 60 000 habitants au moment de la conquête anglaise (1759-1760). Les Français venus peupler le Canada, majoritairement des paysans, provenaient pour la plupart des régions de la côte ouest de la France.

Ces 60 000 Canadiens français ont légué, après un peu plus de deux siècles, un impressionnant héritage démographique de plusieurs millions d'individus, dont environ sept millions vivent toujours au Canada. Des démographes ont établi des comparaisons très étonnantes à ce sujet: entre 1760 et 1960, la population mondiale s'est multipliée par 3, la population de souche européenne par 5, alors que la population française du Canada se multipliait par 24! Cette statistique est surprenante, d'abord parce que l'immigration en provenance de la France fut presque nulle au cours de cette période, mais aussi parce que, mis à part les quelques unions avec des Irlandais, il y eut très peu de mariages entre citoyens des îles Britanniques et Canadiens français, et que les immigrants des autres pays d'Europe se sont surtout assimilés à la minorité anglophone. De plus, entre 1840 et 1930, environ 1 000 000 de Québécois, dont une grande majorité de francophones, quittèrent le pays pour les États-Unis.

Cette croissance phénoménale de la population française du Canada tient donc, essentiellement, à un taux d'accroissement naturel remarquable. Ainsi, pendant longtemps, les femmes canadiennes-françaises engendraient en moyenne 8 enfants, les familles de 15 ou de 20 enfants étant chose courante. Ce phénomène s'explique en partie par les pressions qu'exerçait le puissant clergé catholique, désireux de combattre la progression du protestantisme au Canada. Situation plutôt paradoxale, les francophones du Québec partagent aujourd'hui, avec des pays comme l'Allemagne, l'un des taux d'accroissement naturel les moins élevés du monde.

Majoritaires au Québec, les francophones ont toutefois longtemps été dépourvus du contrôle de leur économie. On estime qu'en 1960 la moyenne de revenus des Québécois francophones correspondait à environ 66% de celle des Anglo-Québécois. Alors que le rattrapage économique s'amorçait avec la Révolution tranquille, on assista parallèlement à une ascension de l'affirmation nationale des francophones, qui, dès lors, cessèrent de se considérer comme Canadiens français et se définirent plutôt comme Québécois. Les francophones, qui intègrent maintenant de plus en plus d'immigrants, représentent actuellement environ 80% de la population totale du Québec.

➤ Les anglophones

On a longtemps véhiculé une conception très monolithique de la communauté québécoise de langue anglaise. Selon l'image populaire, les «Anglais» étaient essentiellement protestants et bien nantis. Dans la réalité, cependant, les Anglo-Québécois forment à bien des égards, et ce, depuis longtemps, une communauté très diversifiée. D'abord, même si, en moyenne, ils ont toujours bénéficié de revenus supérieurs aux Québécois d'expression française, dans les faits on retrouve des anglophones dans tous les milieux socioéconomiques. De plus, grâce à l'intégration de nombreux immigrants, ils constituent un groupe aux origines ethniques particulièrement hétérogènes.

Les premiers arrivés après la Conquête, surtout des marchands, n'ont représenté qu'une fraction infime de la population québécoise durant près d'un quart de siècle. Ils furent ensuite rejoints par des colons américains (loyalistes ou simples paysans à la recherche de terres) entre 1783 et le début du XIXᵉ siècle. Vinrent par la suite, et ce, tout au cours du XIXᵉ siècle, de grandes vagues d'immigrants en provenance des îles Britanniques. Ces Anglais, Écossais ou Irlandais, souvent dépossédés dans leur pays ou victimes de la famine, s'installèrent surtout dans les Cantons-de-l'Est, dans l'Outaouais et à Montréal. La diminution de l'immigration britannique, dès la fin du XIXᵉ siècle, fut compensée par l'intégration d'arrivants d'autres souches. Les immigrants d'origine autre que britannique ou française ont ainsi longtemps préféré adopter la langue anglaise, considérée comme un gage de réussite économique. Pour cette même raison, la minorité anglophone du Québec parvint même à assimiler de nombreux Québécois de langue française. En jetant un coup d'œil aux origines ethniques des Anglo-Québécois, on constate qu'aujourd'hui 60% se disent d'origine britannique, 15% d'origine française, 8% d'origine juive et 3% d'origine italienne.

Représentant actuellement un peu plus de 10% de la population totale du Québec, les Québécois ayant l'anglais comme langue maternelle vivent pour les trois quarts à Montréal, plus particulièrement dans l'ouest de la ville. Ils possèdent leurs propres institutions (écoles, universités, hôpitaux, médias), qui fonctionnent parallèlement à celles des francophones. Ils forment encore aujourd'hui un groupe au poids économique relativement important.

Depuis la Révolution tranquille, la montée du mouvement indépendantiste québécois, le rattrapage économique des francophones et la promulgation de lois linguistiques visant à protéger et à promouvoir l'usage du français au Québec ont provoqué une série de chocs dans la communauté anglophone. Bien que la majorité se soit adaptée à ces changements, plusieurs ont quitté définitivement le Québec. Ceux qui sont restés ont par ailleurs modifié sensiblement la perception qu'ils ont de leur place au Québec. Par exemple, désormais, environ 60% des Anglo-Québécois affirment être en mesure de s'exprimer en français, ce qui représente une nette progression. Même s'il y a parfois divergence de vue entre eux et les francophones, les Anglo-Québécois éprouvent généralement un attachement très profond pour le Québec et plus particulièrement pour Montréal, une ville qu'ils ont grandement contribué à construire.

> Les Québécois d'autres origines ethniques

L'immigration autre que française, américaine ou britannique n'a réellement commencé qu'au tournant du XXᵉ siècle. Jusqu'à ce que la crise économique des années 1930 et le second conflit mondial imposent une halte aux mouvements migratoires vers le Québec, cette immigration se constituait surtout de Juifs d'Europe centrale et d'Italiens. Avec la prospérité de l'après-guerre, l'arrivée d'immigrants reprit de plus belle, venant très majoritairement d'Europe du Sud et de l'Est. Puis, à partir des années 1960, le Québec accueillit une immigration en provenance de tous les continents, dont notamment beaucoup d'Indochinois et de Haïtiens. Aujourd'hui, après les Québécois d'origine française ou britannique, les communautés italiennes, arabes, antillaises, juives et chinoises sont les plus importantes.

Évidemment, ces nouveaux arrivants, même s'ils tendent souvent à préserver leurs attaches culturelles, finissent par adopter le français ou l'anglais comme langue d'échange, et par s'intégrer à l'une ou l'autre des deux communautés. Il n'y a pas si longtemps, les immigrants s'assimilaient massivement à la minorité anglophone, ce qui fit craindre un renversement de l'équilibre linguistique et, à terme, un clivage de la société québécoise entre les francophones et les autres groupes ethniques. Promulguée en 1977, la Charte de la langue française avait pour but de remédier à cette situation, en poussant, par l'intermédiaire de l'école française, les nouveaux arrivants à s'intégrer à la majorité linguistique du Québec.

L'architecture et l'aménagement du territoire

> Les XVIIᵉ et XVIIIᵉ siècles

Un vaste territoire à défendre et à développer

Au siècle des Lumières, l'immensité du territoire français en Amérique a de quoi surprendre. Vers 1750, la Nouvelle-France s'étend de l'Acadie à l'estuaire du Mississippi et des contreforts des Appalaches à ceux des Rocheuses. Les explorateurs et les militaires qui osent s'aventurer à l'intérieur du continent se contentent le plus souvent d'enterrer en des lieux significatifs (promontoires, embouchures de rivière) des plaques de terre cuite ou d'étain marquant la prise de possession du territoire au nom du roi de France. Mais il arrive que l'on érige un fortin de pieux pour défendre un point névralgique. Ces emplacements donneront parfois naissance à des bourgs qui deviendront des années plus tard des villes du Midwest américain, comme Detroit ou Pittsburgh.

L'hinterland demeure cependant en grande partie vierge. C'est le royaume amérindien, fréquenté sporadiquement par les chasseurs de fourrures blancs et les missionnaires jésuites. La population de souche française, qui s'élève à environ 60 000 âmes en 1759, est concentrée dans la vallée du Saint-Laurent. De ce total, près du quart habite les trois villes qui bordent le fleuve (Québec: 8 400 hab., Trois-Rivières: 650 hab., Montréal: 5 200 hab.), soit une proportion de citadins plus élevée qu'en France à cette époque (22% au Canada contre 17% en France)!

Le sentiment d'insécurité des habitants, joint à la volonté du roi de voir sa colonie mieux protégée, amène les citoyens des villes et villages de la Nouvelle-France à entourer leurs agglomérations d'enceintes fortifiées en pierre ou en bois, dessinées selon les principes de Vauban, ingénieur militaire de Louis XIV. À ces ouvrages bastionnés, subventionnés par la Couronne, s'ajoute un ensemble de forts destinés à retarder la progression de l'ennemi. Les enceintes doivent être conçues pour résister à la fois aux attaques-surprises des tribus amérindiennes hostiles et à l'armée britannique, venue par la mer sur des navires de guerre équipés de pièces d'artillerie lourde.

À la fin du Régime français, Montréal et surtout Québec ont l'aspect de petites villes de province française bien contenues dans leurs murs. Elles se parent d'églises pointant leurs clochers au-dessus des enceintes, de couvents, de collèges, d'hôpitaux et de demeures aristocratiques et bourgeoises entourées de jardins à la française. Une place d'armes et une place du marché viennent se joindre à cette courte liste.

Pendant longtemps, les rivières, et surtout le fleuve Saint-Laurent, serviront de routes en Nouvelle-France. Ces voies d'eau sont alors ponctuées de portages, qui se transformeront souvent en hameaux où l'on aménagera auberge et chapelle. Il faut attendre 1734 pour que soit enfin inaugurée une route de terre carrossable entre Montréal et Québec. Le chemin du Roy, comme on l'appelle encore aujourd'hui, n'était praticable qu'en été, le fleuve reprenant son statut de voie de communication principale l'hiver venu. En 1750, il fallait compter jusqu'à cinq jours pour se rendre de Québec à Montréal par la route.

Les abords du fleuve Saint-Laurent et de la rivière Richelieu sont lentement défrichés et mis en culture. Le roi de France, qui a choisi le système seigneurial pour favoriser le développement du Canada, concède de longs rectangles de terre, perpendiculaires aux cours d'eau, à des individus ou à des communautés religieuses qui s'engagent à y tenir feu et lieu et à recruter des colons. Ceux-ci s'engagent à leur tour à payer le cens et à jurer «foi et hommage» à leur seigneur. Sous le Régime français, peu de ces seigneurs rempliront leurs obligations, certains d'entre eux trouvant leurs terres trop isolées ou trop exposées aux attaques iroquoises et britanniques, d'autres utilisant leur seigneurie comme réserve de chasse aux bêtes à fourrure ou comme simple objet de spéculation. Il faudra attendre la fin du XVIIIᵉ siècle pour voir l'ensemble des seigneuries concédées entre 1626 et 1758 enfin défrichées et cultivées.

Les seigneuries ont été aménagées selon un modèle rigide qui a façonné le paysage de la vallée du fleuve Saint-Laurent et de celle de la rivière Richelieu. On trouvait d'abord, en bordure du cours d'eau desservant la seigneurie, le «domaine» du seigneur, sur lequel étaient érigés le manoir et le moulin à eau ou à vent, destiné à moudre le grain des censitaires pour en faire de la farine. La «commune», sorte de pâturage à usage commun, occupait également la rive. Tout à côté s'élevait le bourg, généralement composé d'une modeste église et de cinq ou six maisons de pierre ou de bois. Le reste de la seigneurie était occupé par de longues et étroites bandes de terres, disposées en rangs successifs concédés aux colons au fur et à mesure de l'augmentation du nombre des familles. Ces bandes étaient reliées entre elles par des «côtes», ces chemins bordant le côté étroit des concessions, et par des «montées» traversant la seigneurie perpendiculairement aux rangs et aux côtes. Le régime seigneurial a été aboli en 1854, mais la répartition des terres agricoles sous la forme du rang s'est perpétuée jusqu'à nos jours.

L'adaptation de l'architecture française au contexte québécois

Parmi les ennemis à combattre, celui que les habitants de la Nouvelle-France redoutent le plus est sans contredit le froid. Après des débuts extrêmement difficiles, voire tragiques, qui ont vu mourir gelés des colons installés dans de frêles cabanes en bois aux fenêtres de papier, l'architecture française s'adapte lentement aux longs hivers. Elle doit en outre pallier la pénurie de main-d'œuvre spécialisée, notamment celle des tailleurs de pierre, ainsi que l'absence de certains matériaux sur le marché local, matériaux qu'il faut importer à grands frais, comme le verre pour les fenêtres et l'ardoise pour les couvertures. On le devine, l'architecture du Régime français est une architecture de colonisation, épurée et économique, où chaque composante a une fonction bien déterminée, donc essentielle au bien-être des colons.

La maison du Régime français est un modeste rectangle de moellons grossièrement équarris à deux cheminées, coiffé d'un toit à deux versants et recouvert de bardeaux de cèdre. Les murs sont percés de rares ouvertures dotées de fenêtres à vantaux divisés en tout petits carreaux, le verre de trop grande taille ne supportant pas la traversée de l'océan. La porte est, en général, faite de planches moulurées.

L'intérieur de la maison demeure assez rustique, la première préoccupation restant le chauffage. Le nombre de pièces est limité à celui des cheminées, chacune des chambres devant obligatoirement être chauffée. À partir de 1740, plusieurs bâtiments seront équipés de poêles en fonte fabriqués aux Forges du Saint-Maurice. On retrouvera parfois le long des murs des éviers de pierre ou des armoires encastrées, et plus rarement des lambris de style Louis XV.

L'architecture des manoirs seigneuriaux est en général fort semblable à celle des maisons de ferme prospères. Il y a toutefois des exceptions dans le cas des seigneurs les plus actifs ou des communautés religieuses, dont le manoir sert aussi de couvent. Ces manoirs prennent alors l'allure de véritables châteaux.

L'architecture des villes diffère légèrement de celle des campagnes. La première préoccupation demeure l'éternel combat contre le froid, auquel il faut ajouter la prévention des incendies, car ceux-ci peuvent facilement devenir des conflagrations majeures en l'absence de service d'incendie efficace. Deux édits des intendants de Nouvelle-France, parus en 1721 et 1727, codifient la construction à l'intérieur des murs des villes. Les maisons de bois et les toitures mansardées, dont la charpente touffue présente un réel danger, sont interdites; tous les bâtiments devront être de pierres et dotés de murs coupe-feu; les planchers des greniers devront être recouverts de carreaux de terre cuite. Les plus pauvres, qui ne peuvent satisfaire à des exigences aussi coûteuses, iront former les premiers faubourgs à l'extérieur des enceintes. Ils y construisent des maisons de bois dont il ne subsiste plus que de rares exemples. L'architecture demeure partout sobre et fonctionnelle.

Certains édifices présentent toutefois un décor plus sophistiqué. Dans cette contrée colonisée par les sociétés dévotes, les églises et chapelles sont évidemment les bâtiments les plus soignés. Quelques-unes se voient même parées de belles façades baroques en pierres de taille. Mais, plus importants, leurs intérieurs lumineux aux nombreux ornements de bois de styles Louis XIV et Louis XV, peints en blanc et dorés à la feuille, apparaissent dans la première moitié du XVIIIe siècle. C'est le début d'une tradition typiquement québécoise qui perdurera jusqu'au milieu du XIXe siècle. La plupart des églises et chapelles des villes s'inscrivent alors dans des perspectives caractéristiques de l'urbanisme français classique. Malheureusement, ces perspectives ont été éliminées au XIXe siècle afin de faciliter la circulation...

On trouve aussi, dans les villes, quelques rares hôtels particuliers entre cour et jardin, mais davantage de demeures de marchands hautes de trois ou quatre étages et érigées en bordure de la rue. Elles sont parfois dotées d'ateliers et de caves voûtées en pierre pour l'entreposage des marchandises. De beaux exemples de ces caves subsistent autour de la place Royale à Québec (voir p. 407).

L'après-conquête

La Nouvelle-France sort meurtrie de la guerre de Sept Ans, qui laisse nombre de ses plus beaux édifices en ruines. Ce que la Conquête n'aura pas réussi à endommager, l'invasion américaine de 1775 et la guerre anglo-américaine de 1812 le feront. Cependant, malgré tous les bouleversements politiques, le vocabulaire architectural ne changera pas avant la fin du XVIIIe siècle, car la population anglaise est trop faible et les entrepreneurs, tout comme la main-d'œuvre, demeurent essentiellement canadiens-français. L'architecture palladienne anglaise, influencée par l'œuvre d'Andrea Palladio en Italie, n'est employée pour la première fois qu'après 1780, lors de la construction de quelques maisons pour les dignitaires et militaires anglais haut gradés en poste à Québec.

➤ Le XIXe siècle

L'élaboration d'une tradition

Le mariage de l'architecture du Régime français et du palladianisme, en prenant soin d'inclure le courant Regency, forme la base de l'architecture québécoise traditionnelle, qui connaîtra son apogée au XIXe siècle. Celle-ci se différencie de l'architecture du siècle précédent par le prolongement du larmier de la toiture, qui vient recouvrir une longue galerie de bois disposée sur la façade de la maison. Les larmiers débordants et galbés des cottages Regency, inspirés de l'architecture orientale, trouvent donc ici une nouvelle fonction. Les galeries servent, quant à elles, d'intermédiaire entre le dedans et le dehors. Lieux de détente en été, elles évitent que la neige envahisse les ouvertures en hiver.

Parmi les autres améliorations notables qu'il faut signaler, mentionnons la réduction de la pente des toits, évitant ainsi que la neige s'abatte sur les occupants de la maison chaque fois qu'ils pointent le nez dehors, le surhaussement du carré de maçonnerie pour mieux dégager la structure du sol et l'installation des cheminées aux extrémités des habitations plutôt qu'en leur centre, permettant de la sorte une meilleure distribution de la chaleur.

Les fenêtres, plus nombreuses, demeurent françaises, mais le nombre de carreaux de chaque vantail passe de 12 à 6; puis s'ajoutent à la fenêtre fixe une contre-fenêtre en hiver et une moustiquaire en été, améliorant de beaucoup le confort des occupants de la maison.

Vers 1820 apparaît aussi la cuisine d'été, sorte d'appentis, aussi appelé «bas-côté», disposé sur la face nord de la maison, la plus exposée aux vents froids. La pièce, plus fraîche en été, est fermée en hiver, ce qui permet d'y entreposer les denrées périssables tout en protégeant le corps principal des bourrasques glaciales. Enfin, la couverture de bardeaux est graduellement remplacée par de la tôle à la canadienne ou à baguettes, matériau résistant et incombustible qui sera également employé pour recouvrir les clochers des églises.

Ces dernières profiteront, elles aussi, des apports du palladianisme, grâce notamment à la famille Baillairgé de Québec, qui va révolutionner l'art de bâtir les églises au Québec. Cette dynastie d'architectes ajoute serliennes et frontons aux façades, et fait même entrer des composantes du style Louis XVI dans le mobilier liturgique. À l'autre extrémité du registre, Louis-Amable Quévillon (1749-1823) rassemble tout ce que le Régime français avait déployé de somptuosité pour créer des décors complexes sur lesquels veillent des plafonds étoilés et losangés.

La population des villages du Québec augmentant rapidement, on procède à l'agrandissement ou au remplacement de plusieurs églises du Régime français. Les communautés religieuses catholiques érigent dans leur voisinage des couvents et des collèges voués à l'éducation des filles et des garçons. Tout autour s'établit une nouvelle classe de notables, formée d'avocats, de notaires et de médecins, qui se font construire de vastes demeures.

Le village québécois traditionnel, formé à cette époque, se différencie du village américain ou ontarien par son tissu urbain, composé de maisons campagnardes très rapprochées les unes des autres, sans pour autant être mitoyennes, ainsi que par la rareté des édifices commerciaux, les boutiques et magasins étant installés dans des bâtiments dont l'allure diffère peu de celle des habitations. Cette façon de faire s'explique à la fois par la crainte des incendies, la plupart de ces maisons villageoises possédant une structure de bois, et par le discours du clergé catholique de l'époque, peu favorable à l'expansion du commerce.

L'immigration américaine et britannique

À la suite de la signature du traité de Versailles, reconnaissant l'indépendance des États-Unis (1783), nombre d'Américains loyaux à la couronne d'Angleterre se réfugient dans ce qui reste de l'Amérique du Nord britannique, c'est-à-dire le Canada. Ils apportent avec eux une architecture d'esprit georgien de la Nouvelle-Angleterre, caractérisée par l'emploi de la brique rouge et du clin de bois peint en blanc. Ces nouveaux arrivants occupent les espaces laissés vacants par le Régime français, que le gouvernement colonial britannique divise sous forme de cantons dans la première moitié du XIXᵉ siècle. Les Cantons-de-l'Est (voir p. 221) et l'Outaouais (voir p. 313) sont les régions du Québec où l'on retrouve la plupart de ces cantons à saveur américaine.

Parallèlement, les villes de Québec et de Montréal reçoivent entre 1800 et 1850 un fort contingent d'immigrants écossais et irlandais, qui importent une architecture néoclassique sévère mais élégante, comme on la retrouve alors à Glasgow ou à Dublin. Conséquemment, la pierre de taille remplace définitivement les moellons vers 1810. Bientôt apparaissent en milieu urbain la fenêtre à guillotine, le portique à colonnes et tout le vocabulaire architectural inspiré de la Grèce et de la Rome antiques (frontons, pilastres toscans, palmettes en acrotère).

Les premiers gouvernements municipaux démocratiques procèdent à l'éclairage et au pavage de certaines rues. Cette époque voit aussi la réalisation de projets d'ingénierie d'envergure, comme le creusement du canal de Lachine (1821-1825) et l'apparition de chantiers navals, d'une échelle jamais vue auparavant. Toute cette activité économique attire également dans les villes une partie de la population rurale canadienne-française. Ainsi, Montréal supplante définitivement Québec vers 1830 et dépasse le cap des 100 000 habitants en 1860.

Le règne de l'historicisme

La construction de l'orphelinat protestant de Québec en 1823 et surtout celle de l'église Notre-Dame à Montréal entre 1824 et 1829, deux édifices de style néogothique, annoncent l'ère de l'historicisme dans l'architecture québécoise. D'abord marginal, l'historicisme en viendra à dominer le paysage des villes du Québec dans la seconde moitié du XIXe siècle. Il se définit par l'emploi d'éléments décoratifs tirés des différentes époques de l'histoire de l'architecture, remis à la mode grâce aux découvertes archéologiques, à l'invention de la photographie et à la popularité du roman historique, diffusé à travers le monde.

Une pléiade de styles inspirés des formes anciennes apparaissent presque simultanément peu avant et pendant le règne de Victoria (1837-1901), ce qui vaudra à toutes ces formes, si différentes les unes des autres, d'être réunies sous le terme simplificateur d'architecture «victorienne». L'Amérique étant suffisamment éloignée des modèles du Moyen Âge ou de la Renaissance, elle a pu se libérer des contraintes du pastiche qui ont longtemps affecté l'Europe. On peut donc parler de l'architecture victorienne nord-américaine comme étant foncièrement nouvelle. Y est apposé simplement un décor passéiste qui a valeur de symbole pour ses contemporains.

Le style néogothique, par exemple, avec ses arcs brisés, ses pinacles et ses créneaux, sera longtemps privilégié pour la construction des églises, car le Moyen Âge, dont il est issu, correspond à une période de grande ferveur religieuse. De même, le style néo-Renaissance sera favorisé par la classe bourgeoise pour la construction de demeures somptueuses, car la Renaissance italienne correspond à l'éclosion d'une puissante bourgeoisie. Le style Second Empire est, quant à lui, associé au raffinement du Paris de Napoléon III. Ses toitures mansardées, revêtues d'ardoises, seront employées à profusion dans l'architecture résidentielle du Québec et pour toute une série d'édifices publics. Sa grande popularité tient à la fois des ramifications françaises de la société québécoise et de la vogue du style dans l'ensemble de l'Amérique du Nord entre 1865 et 1900. Il ne faudrait pas oublier le style néoroman, caractérisé par ses larges arcs cintrés et ses colonnes trapues, le style Queen Anne, employé dans les banlieues de la nouvelle classe moyenne, et surtout le style château, mélange de l'architecture des manoirs écossais et des châteaux de la Loire, devenu au fil des ans une sorte de «style national» du Canada.

Victor Bourgeau, dans la région de Montréal, et Joseph Ferdinand Peachy, dans la région de Québec, se sont illustrés dans la construction d'une multitude d'églises paroissiales historicisantes, pour tous les goûts et tous les budgets. Bourgeau, qui travaille d'abord avec un vocabulaire néoclassique issu autant de l'œuvre du Britannique John Ostell que de l'architecture des églises urbaines du Régime français, se tournera graduellement vers le néogothique puis vers le néoroman. Peachy a davantage laissé sa marque grâce à des œuvres néo-Renaissance et Second Empire.

Industrialisation et confort

Parmi les changements durables apportés au bâti, il faut noter la popularité des fenêtres en baie et des oriels, de même que l'apparition du toit plat, revêtu de goudron et de gravier, qui retient la neige jusqu'à ce qu'elle fonde plutôt que de l'évacuer, faisant de cette neige un isolant naturel tout en évitant qu'elle ne s'abatte sur les passants. Certaines toitures plus complexes, qui appartiennent à des édifices civiques ou religieux, seront plutôt recouvertes d'un cuivre richement orné ayant acquis une agréable patine verdâtre au fil des ans sous l'effet de l'oxydation (vert-de-gris).

Dans la seconde moitié du XIXe siècle, le chemin de fer permet désormais de relier efficacement les grands centres, sans compter qu'il profite également aux Canadiens français; isolés sur leurs seigneuries maintes fois redivisées pour la colonisation de nouveaux territoires au nord du fleuve Saint-Laurent (Saguenay–Lac-Saint Jean, Laurentides et Témiscamingue), ce nouveau moyen de transport repousse les frontières habitées du Québec.

La révolution industrielle fait des villes des centres de transformation des matières premières. Les quartiers ouvriers poussent comme des champignons autour des usines, bien desservies par un réseau de tramways, d'abord hippomobiles (1861) puis électriques (1892). Les villes de Québec et de Montréal deviennent très fréquentées et bruyantes. De grands magasins, des théâtres, des sièges sociaux de banques et de compagnies d'assurances ouvrent leurs portes, attirant une foule toujours plus nombreuse de travailleurs. Cependant, le reste du Québec, essentiellement agricole, demeure solidement ancré dans la tradition. Il vivra d'ailleurs relativement isolé jusqu'au milieu du XXᵉ siècle.

➤ Le XXᵉ siècle

L'habitat vernaculaire urbain

Le taux de natalité record dans le Québec rural de 1900, où les familles de 12 enfants ne sont pas rares, provoque toujours l'engorgement des terres. De nouvelles régions, comme l'Abitibi, sont ouvertes à la colonisation par le clergé. Mais le pouvoir d'attraction des villes est insurmontable, malgré les salaires de misère. Ces «déracinés» veulent retrouver en ville un peu de leur maison de ferme : galeries et balcons, pièces nombreuses et lumineuses, espaces de rangement multiples, qui serviront à l'occasion de poulailler ou d'étable. L'ensemble ne doit pas coûter trop cher à chauffer et être relativement facile d'entretien. L'habitat type montréalais était né ! Ses escaliers extérieurs, qui doivent se contorsionner afin d'atteindre l'étage dans l'espace restreint disponible entre le trottoir et le balcon, évitent aux citadins d'avoir à chauffer une cage d'escalier intérieure. Ses balcons rappellent la galerie rurale et donnent un accès direct aux logements (un ou deux par étage), qui possèdent leur propre entrée extérieure individuelle.

De 1900 à 1930, des milliers de duplex, triplex, quadruplex et quintuplex seront construits le long des avenues rectilignes de Montréal. Ces immeubles de deux ou trois étages à structure de planches de bois, emboîtées les unes dans les autres, sont revêtus soit de la pierre calcaire locale, soit de briques, dont il existe une variété infinie. Même s'il est avant tout économique, l'habitat type montréalais se pare d'une corniche ou d'un parapet très orné, de balcons à colonnes toscanes et de beaux vitraux d'inspiration Art nouveau.

À la même époque, une série de villes mono-industrielles (papetières ou minières) voient le jour à travers le Québec. Ces agglomérations, créées de toutes pièces par des entreprises, sont dotées, dès leur fondation, d'un plan d'urbanisme précis ainsi que d'une architecture publique et résidentielle soignée, œuvre d'architectes reconnus qui prend pour modèles les cités-jardins anglaises.

Le retour aux sources

L'École des beaux-arts de Paris, dont les enseignements vont engendrer des principes rigoureux de composition architecturale (symétrie, monumentalité) de même qu'un style, synthèse du classicisme français, trouvera un écho favorable chez les Canadiens français éclairés au début du XXᵉ siècle. Ces derniers voudront faire du style Beaux-Arts un flambeau signalant la présence française en Amérique. Ses colonnes jumelées, ses petits balcons en fer forgé et soutenus par des consoles de pierre, ainsi que sa balustrade de couronnement se retrouveront aussi dans les quartiers des Anglo-Saxons fortunés, pour qui les beaux-arts s'inscrivent dans la tradition du raffinement parisien.

Ce timide mouvement de retour aux sources des Canadiens français prendra des proportions plus considérables chez les descendants des marchands anglais et écossais, de plus en plus nombreux à effectuer des pèlerinages outre-Atlantique pour redécouvrir tel manoir gallois en ruines ou telle maison de ferme écossaise ayant vu naître grand-père. Le mouvement «Arts and Crafts» britannique trouvera là des amateurs de la tuile du Herefordshire, de la boiserie élisabéthaine et de la cheminée Tudor. Ces mêmes personnes, déjà sensibilisées à l'architecture rurale traditionnelle de Grande-Bretagne, qu'elles tenteront de reproduire au Québec, sont à la base des premiers sauvetages de l'architecture rurale du Régime français, qui poursuivait toujours sa descente aux enfers en 1920.

À l'orée des années 1930, on verra toutefois apparaître quelques bâtiments neufs s'inspirant des réalisations de la Nouvelle-France. La Révolution tranquille des années 1960 encouragera heureusement une conscientisation plus large de la population face à son patrimoine de tradition française. Ce sera le début d'une ère de décapage et de restauration minutieuse.

Toutefois, pendant qu'un certain patrimoine se voit remis à l'honneur, un autre, celui du XIXe siècle, tombe massivement sous le pic des démolisseurs. Cette saignée ne sera stoppée qu'au début des années 1980. On s'efforce encore de colmater les brèches causées par des vagues de démolition comparables aux bombardements de la guerre, qui ont laissé des terrains vacants jusqu'au cœur des villes.

Le choix de l'Amérique

Les contacts privilégiés qu'entretiennent les architectes et artistes québécois avec Paris, Bruxelles et Londres depuis toujours n'empêcheront pas les décideurs d'opter d'emblée pour l'Amérique au début du XXe siècle. Ainsi, les premiers gratte-ciel percent l'horizon montréalais en 1928, à la suite de l'abrogation définitive d'un règlement limitant la hauteur des édifices à 10 étages. Des architectes célèbres, venus des États-Unis, dessineront plusieurs des tours montréalaises, donnant au centre-ville de la métropole sa configuration actuelle, très nord-américaine. L'Art déco français, géométrique ou aérodynamique, dont il existe de bons exemples dans toutes les régions du Québec, sera supplanté par l'architecture moderne américaine après la Seconde Guerre mondiale. L'Exposition universelle tenue à Montréal en 1967 sera l'occasion de doter cette ville et le Québec entier d'une architecture internationale, audacieuse et exemplaire.

La Révolution tranquille des années 1960 correspond à l'explosion des banlieues et à la construction d'infrastructures publiques majeures. Depuis, de nouvelles autoroutes sillonnent le Québec dans tous les sens; des écoles gigantesques, des hôpitaux, des centres culturels et des musées voient le jour dans des régions où il n'y avait auparavant qu'églises et couvents. Le nord du Québec reçoit un peu plus d'attention, avec la construction de vastes complexes hydroélectriques. Le centre des villes connaît également des transformations radicales en ce domaine : construction d'un métro à Montréal, de vastes complexes gouvernementaux modernes à Québec, etc.

Au début des années 1980, la lassitude engendrée par la répétition *ad nauseam* des mêmes formules décrétées par les modernistes provoque un retour vers les formes du passé à travers le postmodernisme, qui mêle volontiers verre réfléchissant et granit poli dans des compositions rappelant l'Art déco ou le néoclassicisme. Les années 1990 et 2000 présentent, quant à elles, deux pôles opposés : l'aboutissement du postmodernisme, sous une forme d'architecture romantique traditionnelle, et la recherche d'une architecture nouvelle ultramoderne faisant appel à des matériaux nouveaux, à l'informatique et à l'électronique.

Les arts au Québec

Le monde des arts sert souvent de véhicule privilégié aux peuples pour exprimer leurs préoccupations et leurs aspirations. Au Québec, l'expression artistique a pendant longtemps été à l'image d'une société qui se tenait constamment sur la défensive, tourmentée par la médiocrité de son présent et par des doutes quant à son avenir. Mais, depuis les années d'après-guerre et surtout avec la Révolution tranquille, la culture québécoise a bien évolué et s'est affirmée. Ouverte aux influences extérieures, et souvent très innovatrice, elle affiche maintenant une remarquable vitalité.

➤ Lettres québécoises

L'essentiel des débuts de la littérature de langue française en Amérique du Nord est constitué d'écrits des premiers explorateurs (dont ceux de Jacques Cartier) et des communautés religieuses. Sous forme de récits, ces textes relatent différentes observations destinées principalement à faire connaître le pays aux autorités de la métropole. Le mode de vie des Autochtones, la géographie du pays et les premiers temps de la colonisation française figurent parmi les principaux thèmes abordés par des auteurs comme le père Sagard (*Le grand voyage au pays des Hurons*, 1632) ou par le baron de Lahontan (*Nouveaux voyages en Amérique septentrionale*, 1703).

La tradition orale domine la vie littéraire durant tout le XVIIIe siècle et au début du XIXe siècle. Les légendes issues de cette tradition (revenants, feux follets, loups-garous, chasse-galerie) sont par la suite consignées par écrit. Plusieurs années s'écoulent donc avant que le mouvement littéraire ne prenne un véritable envol, qui aura lieu à la fin du XIXe siècle. La majorité des créations d'alors, fortement teintées de la rhétorique de la «survivance», encensent les valeurs nationales, religieuses et conservatrices. L'éloge de la vie à la campagne, loin de la ville et de ses tentations, devient l'un des thèmes centraux de la littérature de l'époque.

Les premières publications québécoises font l'éloge de la vie à la campagne, loin de la ville et de ses tentations. Les romans d'Antoine Gérin-Lajoie (*Jean Rivard le défricheur*, 1862, et *Jean Rivard, économiste*, 1864) en sont le parfait exemple. Ce traditionalisme continuera de marquer profondément la création littéraire jusqu'en 1930. En poésie, l'École littéraire de Montréal, plus particulièrement Émile Nelligan, qui s'inspire entre autres des œuvres des symbolistes et de Baudelaire, fait contrepoids au courant dominant pendant quelque temps.

Un changement fondamental va s'opérer au cours des années de la crise économique et de la Seconde Guerre mondiale. On voit graduellement apparaître le thème de l'aliénation des individus, et la ville devient le cadre de romans, comme c'est le cas de *Bonheur d'occasion* (1945) de la Franco-Manitobaine Gabrielle Roy (qui a vécu la plus grande partie de sa vie au Québec) et de *Au pied de la pente douce* (1945) de Roger Lemelin.

Le modernisme s'affirme franchement à partir de la fin de la guerre. Yves Thériault, auteur très prolifique, publie entre autres, de 1944 à 1962, contes et romans inuits et amérindiens (*Agaguk*, 1958; *Ashini*, 1960), qui marqueront toute une génération de Québécois. La poésie connaît une période d'or grâce à une multitude d'auteurs, notamment Gaston Miron, Alain Grandbois, Anne Hébert, Rina Lasnier et Claude Gauvreau. On assiste également à la véritable naissance du théâtre québécois grâce à la pièce *Tit-Coq* de Gratien Gélinas, qui sera suivie d'œuvres variées, dont celles de Marcel Dubé et de Jacques Ferron. Pour ce qui est des essais, le *Refus global* (1948), signé par un groupe de peintres automatistes, fut sans contredit le plus incisif des nombreux réquisitoires contre le régime duplessiste.

La Révolution tranquille «démarginalise» les auteurs. Une multitude d'essais, tel *Nègres blancs d'Amérique* (1968) de Pierre Vallières, témoignent de cette période de remise en question, de contestation et de bouillonnement culturel. Au cours de cette époque, véritable âge d'or du roman, de nouveaux noms, entre autres ceux de Marie-Claire Blais (*Une saison dans la vie d'Emmanuel*, 1965), Hubert Aquin (*Prochain épisode*, 1965) et Réjean Ducharme (*L'avalée des avalés*, 1966), s'ajoutent aux écrivains de la période précédente.

La poésie triomphe, alors que le théâtre, marqué particulièrement par l'œuvre de Marcel Dubé et par l'ascension de nouveaux dramaturges comme Michel Tremblay, s'affirme avec éclat. Parmi les plus brillants représentants du théâtre québécois d'aujourd'hui figurent André Brassard, Robert Lepage, Denis Marleau, Lorraine Pintal, René-Richard Cyr, Normand Chaurette, René-Daniel Dubois, Michel-Marc Bouchard, Wajdi Mouawad et Evelyne de la Chenelière.

Quelques auteurs contemporains

Marie-Claire Blais (1939-), née à Québec, publie en 1959 son premier roman, *La Belle Bête*, qui s'impose par sa qualité mais aussi par son aspect amoral dans un Québec encore sous l'influence du clergé. Son œuvre compte des romans, des traductions, des pièces de théâtre ainsi que des scénarios pour la radio et la télévision. Plusieurs de ses superbes romans ont été traduits à travers le monde.

Yves Beauchemin (1941-), né à Noranda, en Abitibi, arrive à Montréal en 1962. Son roman *L'Enfirouapé* lui vaut une entrée remarquée sur la scène littéraire québécoise en 1974. Toutefois, c'est *Le Matou*, publié en 1981, qui le rendra célèbre : ce roman est vendu à plus d'un million d'exemplaires et sera traduit en 17 langues, un record. Il sera porté au grand écran en 1985 : c'est la consécration.

Réjean Ducharme (1941-), né à Saint-Félix-de-Valois, dans la région de Lanaudière, publie en 1966 son premier roman, *L'Avalée des avalés*, puis un deuxième, *Le Nez qui voque*. En 1968, *Ines Pérée et Inat Tendu* et *Le Cid maghané* constituent ses premiers contacts avec l'écriture théâtrale. Suivront entre autres *L'Hiver de force* et *Les Enfantômes*, et des scénarios de films.

Michel Tremblay (1942-), né à Montréal, est aussi bien une figure dominante du théâtre québécois qu'un romancier. En 1964, il rencontre André Brassard, qui deviendra le metteur en scène des nombreuses pièces de théâtre qu'il écrit. Dans ses romans, les personnages de Michel Tremblay restent lucides et sincères, même en plein cœur de leur monologue. C'est ce qui les rend si attachants.

Victor-Lévy Beaulieu (1945-), né à Saint-Paul-de-la-Croix, dans la région de Rivière-du-Loup, est bien connu pour sa verve. Sa carrière d'écrivain commence en 1969, avec la parution du roman *Mémoires d'outre-tonneau*. Il a également publié de nombreux essais, a écrit pour la radio et a eu beaucoup de succès avec ses beaux téléromans : *Race de monde*, *L'Héritage*, *Montréal P.Q.* et *Bouscotte*.

> Musique et chanson

En ce qui a trait à la musique, il faut attendre les années d'après-guerre pour que le modernisme puisse commencer à s'afficher au Québec. Cette tendance s'affirme résolument à partir des années 1960, alors qu'on tient pour la première fois, en 1961, une Semaine internationale de la musique actuelle. Les grands orchestres, notamment l'Orchestre symphonique de Montréal (OSM), commencent dès lors à intéresser un plus vaste public. L'intérêt pour la musique s'est également propagé en régions, où l'on tient notamment un grand festival d'été dans la région de Lanaudière et un festival de musique actuelle à Victoriaville.

La chanson, qui a toujours été un élément important du folklore québécois, connaît un nouvel essor avec la généralisation de la radio et l'amélioration de la qualité des enregistrements. Des artistes comme Ovila Légaré, la Bolduc et le Soldat Lebrun seront parmi les premiers à obtenir la faveur du public. Avec la Révolution tranquille, des chansonniers comme Claude Gauthier, Claude Léveillée, Jean-Pierre Ferland, Gilles Vigneault et Félix Leclerc font vibrer les «boîtes à chansons» du Québec par des textes fortement teintés d'affirmation nationale et culturelle. À partir de la fin des années 1960, la chanson d'ici se permet d'aller dans toutes les directions et d'explorer tous les styles. Des artistes tels que Robert Charlebois et Diane Dufresne produisent des œuvres éclatées qui empruntent autant aux musiques américaines et britanniques qu'à la chanson française, alors que Leonard Cohen fait sa marque sur la scène internationale en anglais. Aujourd'hui, cette diversité caractérise toujours la musique québécoise, qui vibre aux rythmes aussi éclectiques des Jean Leloup, Pierre Lapointe, Les Cowboys Fringants, Malajube, Arcade Fire ou Céline Dion, pour n'en nommer que quelques-uns.

On se doit également de souligner le succès remporté par le parolier Luc Plamondon, entre autres avec les opéras rock *Starmania* et *Notre-Dame-de-Paris*, ainsi que par la Bottine souriante et les Charbonniers de l'enfer, qui jouent une musique inspirée de la tradition québécoise.

La musique québécoise ne se limite toutefois pas à la chanson. Le Québec a notamment produit plusieurs grands musiciens de jazz, que ce soit les légendes que sont Oscar Peterson, Oliver Jones et Paul Bley, ou les artistes plus expérimentaux que sont René Lussier et Jean Derome. La musique classique n'est pas en reste, avec notamment le grand compositeur que fut André Mathieu, des musiciens de la trempe d'Alain Lefèvre et de Louis Lortie, sans oublier le chef d'orchestre Yannick Nézet-Séguin.

> Les arts visuels

Ayant pour toile de fond idéologique le clérico-nationalisme, les œuvres d'art québécoises du XIXe siècle s'illustrent par leur attachement à un esthétisme désuet. Néanmoins encouragés par de grands collectionneurs montréalais, des peintres locaux adhèrent à des courants quelque peu novateurs à la fin du XIXe siècle et au début du XXe siècle. Il y a d'abord la vogue des paysagistes qui, comme Lucius R. O'Brien, font l'éloge de la beauté du pays. La peinture à la manière de l'école de Barbizon, qui s'applique à représenter le mode de vie pastoral, bénéficie également d'une certaine reconnaissance. Puis, inspirés par l'école de La Haye, des peintres comme Edmund Morris introduisent timidement le subjectivisme dans leurs œuvres.

Les peintures d'Ozias Leduc, qui s'inscrit dans le courant symboliste, démontrent aussi une tendance à l'interprétation subjective de la réalité, tout comme les sculptures d'Alfred Laliberté réalisées au début du XXe siècle. Quelques créations de l'époque laissent entrevoir une certaine perméabilité aux courants européens, comme c'est le cas des tableaux de Suzor-Coté. Mais c'est dans la peinture de James Wilson Morrice, inspirée de Matisse, que l'on peut le mieux sentir l'empreinte des écoles européennes. Mort en 1924, Morrice est perçu par plusieurs comme le précurseur de l'art moderne au Québec. Il faudra néanmoins attendre plusieurs années, marquées notamment par les peintures très attrayantes de Marc-Aurèle Fortin, paysagiste mais aussi peintre urbain, avant que l'art visuel québécois ne se place au diapason des courants contemporains.

L'art moderne québécois commence d'abord à s'affirmer au cours de la guerre grâce aux chefs de file que sont Alfred Pellan et Paul-Émile Borduas. Dans les années 1950, il est possible de distinguer deux courants majeurs. Le plus important est le non-figuratif, que l'on peut diviser en deux tendances : l'expressionnisme abstrait, dont se réclament Marcelle Ferron, Marcel Barbeau, Pierre Gauvreau et surtout Jean Paul Riopelle, et l'abstraction géométrique, où s'illustrent particulièrement Jean-Paul Jérôme, Fernand Toupin, Louis Belzile et Rodolphe de Repentigny. Le deuxième courant d'envergure de l'après-guerre, le nouveau figuratif, comprend des peintres tels que Jean Dallaire et surtout Jean Paul Lemieux.

Les tendances de l'après-guerre s'imposent toujours dans les années 1960, quoique l'arrivée de nouveaux créateurs comme Guido Molinari, Claude Tousignant et Yves Gaucher accroisse la place de l'abstraction géométrique. Par ailleurs, le domaine de la gravure et de l'estampe connaît un essor certain, les *happenings* se popularisent, et l'on commence à mettre les artistes à contribution dans l'aménagement des lieux publics. La diversification des procédés et des écoles devient réelle à partir du début des années 1970, jusqu'à présenter aujourd'hui une image très éclatée des arts visuels grâce à l'intégration de la vidéo, de l'audio et des nouvelles technologies.

Quelques artistes marquants

Jean Paul Lemieux (1904-1990), né à Québec, étudie à l'École des beaux-arts de Montréal de 1926 à 1934. Engagé comme professeur de 1937 à 1965, il enseigne à l'École des beaux-arts de Québec. Ses toiles s'inspirent de la vie quotidienne, de portraits de sa parenté, de scènes de village ou de paysages québécois, notamment ceux de la région de Charlevoix. L'ensemble de son œuvre revêt un caractère empreint de sérénité.

Paul-Émile Borduas (1905-1960), né à Saint-Hilaire (aujourd'hui Mont-Saint-Hilaire), en Montérégie, fait ses beaux-arts à Montréal de 1923 à 1927, puis poursuit ses études aux ateliers d'art sacré à Paris. De retour à Montréal, il obtient un poste à l'École du meuble en 1937 et développe «l'art automatiste». En 1948, il publie, avec d'autres artistes, le manifeste du Refus global, pour dénoncer la pensée conservatrice, la religion et le nationalisme de droite du gouvernement Duplessis.

Alfred Pellan (1906-1988), né à Québec, a fait ses études à l'École des beaux-arts de Québec. Installé à Montréal au milieu des années 1940, il est de plus en plus attiré par le surréalisme : son imagerie devient plus érotique et ses peintures, aux couleurs toujours saisissantes, deviennent plus grandes, plus complexes et plus texturées. À partir de 1955, expositions et commandes de murales établissent sa renommée.

Charles Daudelin (1920-2001), né à Granby, dans les Cantons-de-l'Est, a fréquenté l'École du meuble de Montréal entre 1939 et 1941. Dès lors, la brillante carrière de ce jeune artiste débute. Sculpteur, il s'affirme comme un pionnier de l'intégration de l'art à l'espace public et à l'architecture. Nombre de ses œuvres sont installées dans des lieux publics et figurent dans les collections de la plupart des musées d'envergure du Québec.

Jean Paul Riopelle (1923-2002), né à Montréal, a reçu sa formation auprès de deux maîtres. Le premier, Henri Bisson, est un peintre académique. Mais le second, Paul-Émile Borduas, se veut à l'avant-garde. D'ailleurs, Riopelle se joindra au groupe des Automatistes de Borduas et exposera à Montréal avec eux, en 1946 et en 1947, puis signera le manifeste du Refus global en 1948. Finalement, il connaîtra la célébrité à Paris.

Marcelle Ferron (1924-2001), née à Louiseville, dans la région de la Mauricie, commence ses études à l'École des beaux-arts de Québec, mais elle est expulsée à la suite d'une divergence avec le professeur Jean Paul Lemieux. En 1953, elle quitte le Québec pour Paris, où elle découvre un milieu stimulant qui lui permet de faire connaître ses peintures sur la scène internationale. On lui doit notamment la magnifique verrière (1966) de la station de métro Champ-de-Mars à Montréal.

Françoise Sullivan (1925-), née à Montréal, étudie de 1941 à 1945 à l'École des beaux-arts de Montréal. En 1943, on lui demande de participer à l'exposition Les Sagittaires à la galerie

Dominion de Montréal, un événement qui aurait joué un rôle fondamental dans la formation du groupe des Automatistes. Également danseuse, elle se rend à New York en 1946 pour étudier la danse moderne; elle y organisera une exposition des œuvres des Automatistes.

Armand Vaillancourt (1929-), né à Black Lake, dans la région de Thetford Mines, a fait ses études à l'École des beaux-arts de Montréal. Innovateur dans l'utilisation des techniques et des matériaux, il poursuit une quête sociale en dénonçant l'injustice, la violence et le racisme dans le monde. Il a conçu plusieurs sculptures pour des places publiques. Depuis les années 1990, il crée des œuvres harmonisant nature et sculpture.

> Le cinéma

Il faut attendre l'après-guerre pour que naisse un authentique cinéma québécois. Entre 1947 et 1953, des producteurs privés portent à l'écran des œuvres populaires telles que *La petite Aurore, l'enfant martyre* en 1951 et *Tit-Coq* en 1952. Malheureusement, l'entrée en force de la télévision au début des années 1950 porte un dur coup au cinéma naissant qui stagnera par la suite pendant une décennie complète. Sa renaissance est largement tributaire à la venue de l'Office national du film (ONF) à Montréal en 1956. C'est dans les studios de l'ONF, particulièrement avec la création de la Production française en 1964, que se formeront certains des plus grands cinéastes québécois comme Michel Brault, Claude Jutra, Gilles Carle, Pierre Perreault et Denys Arcand, pour ne nommer que ceux-là.

Si le cinéma québécois de ces dernières années est toujours marqué par une production variée de films de création ou d'auteur, on assiste également à une volonté affichée des producteurs et des réalisateurs de toucher un large public et de faire grimper les recettes avec des œuvres plus commerciales. En parallèle de l'industrie cinématographique, la démocratisation des moyens de production a permis à une nouvelle génération de cinéastes de se mettre au monde sans trop avoir à se soucier des budgets de production. Un mouvement comme Kino, créé à Montréal et dont les méthodes sont désormais répandues un peu partout sur la planète, en est le parfait exemple, comme en témoigne sa devise : *Faire bien avec rien, faire mieux avec peu et le faire maintenant.*

Quelques films marquants

Pour la suite du monde (Pierre Perrault et Michel Brault, 1963). L'une des plus grandes réussites du cinéma direct. Ce style documentaire cherche à capter sur le terrain la parole et le geste de l'homme en action et de les restituer honnêtement à l'écran.

Mon oncle Antoine (Claude Jutra, 1971). Considéré par plusieurs comme le meilleur film québécois de l'histoire, il contribue à bâtir la réputation de notre cinéma à l'étranger.

Les Ordres (Michel Brault, 1974). Le film mêle habilement les techniques du documentaire héritées de l'expérience du cinéma direct et la fiction.

Le Déclin de l'empire américain (Denys Arcand, 1986). Remarquablement bien écrit et joué, le film obtient un succès international sans précédent dans l'histoire du cinéma québécois. Récompensé à Cannes, le film sera un candidat malheureux pour l'Oscar du meilleur film en langue étrangère.

Cosmos (1996). Film collectif produit par Roger Frappier, il fera découvrir au public une nouvelle génération de réalisateurs de grand talent. Denis Villeneuve (Un 32 août sur terre, Maelström), Manon Briand (2 secondes, La turbulence des fluides) et André Turpin (Un crabe dans la tête) font notamment partie de l'aventure.

Les Invasions barbares (Denys Arcand, 2003). Arcand remet en scène les personnages du Déclin de l'empire américain autour de Rémy qui est atteint d'un cancer incurable. Film à la fois drôle et désespérant, qui traite de la mort sans sombrer dans le mélodrame, il apportera à son réalisateur son plus grand succès en carrière. Maintes fois récompensé, le film remporte quatre Jutra, trois César, deux prix à Cannes et l'Oscar du meilleur film en langue étrangère.

C.R.A.Z.Y. (Jean-Marc Vallée, 2005). Ce portrait de famille émouvant qui la difficile acceptation par un père de famille de l'homosexualité de l'un de ces fils. Rythmé par la musique des années 1960 et 1970, le film réussit la rare prouesse de combler à la fois la critique et le grand public.

Gagnez du temps et économisez!
Découvrez nos **guides numériques par chapitre**.

www.guidesulysse.com

Renseignements généraux

L e présent chapitre a pour but de vous aider à planifier votre voyage avant votre départ et une fois sur place. Ainsi, il offre une foule de renseignements précieux aux visiteurs venant de l'extérieur quant aux procédures d'entrée au Canada et aux formalités douanières. Il renferme aussi plusieurs indications générales qui pourront vous être utiles lors de vos déplacements. Nous vous souhaitons un excellent voyage au Québec!

Formalités d'entrée

➤ Passeport et visa

Pour la plupart des citoyens des pays de l'Europe de l'Ouest, un passeport valide suffit, et aucun visa n'est requis pour un séjour de moins de trois mois au Canada. Il est possible de demander une prolongation de trois mois (voir ci-dessous). Un billet de retour ainsi qu'une preuve de fonds suffisants pour couvrir le séjour peuvent être demandés. Pour connaître la liste des pays dont les citoyens doivent faire une demande de visa de séjour, consultez la page du Bureau canadien des visas sur le site Internet de **Citoyenneté et Immigration Canada (CIC)** (*☎ 888-242-2100, www.cic.gc.ca).*

Prolongation du séjour

Il faut adresser sa demande par écrit au moins trois semaines avant l'expiration de la période autorisée (date inscrite dans le passeport) à l'un des centres de CIC (voir les adresses sur le site Internet ci-dessus). Votre passeport valide, un billet de retour, une preuve de fonds suffisants pour couvrir le séjour ainsi que 75$ pour les frais de dossier (non remboursables) vous seront réclamés.

Avertissement: dans certains cas (études, travail), la demande doit obligatoirement être faite avant votre arrivée au Canada. Consultez le site Internet de CIC (voir ci-dessus) pour connaître tous les détails.

Séjour aux États-Unis

Pour entrer aux États-Unis, que ce soit par avion, voiture, bateau ou tout autre mode de transport, les citoyens canadiens ont besoin d'un passeport depuis le 23 janvier 2007. Les résidants d'une trentaine de pays dont la France, la Belgique et la Suisse, en voyage de tourisme ou d'affaires, n'ont plus besoin d'être en possession d'un visa pour entrer aux États-Unis à condition de:

• avoir un billet d'avion aller-retour;

• présenter un passeport électronique sauf s'ils possèdent un passeport individuel à lecture optique en cours de validité et émis au plus tard le 25 octobre 2005; à défaut, l'obtention d'un visa sera obligatoire;

• projeter un séjour d'au plus 90 jours (le séjour ne peut être prolongé sur place: le visiteur ne peut changer de statut, accepter un emploi ou étudier);

• présenter des preuves de solvabilité (carte de crédit, chèques de voyage);

• remplir le formulaire de demande d'exemption de visa (formulaire I-94W) remis par la compagnie de transport pendant le vol;

• le visa est toujours nécessaire pour certaines catégories de voyageurs (étudiants ou visa précédemment refusé).

➤ Douane

Si vous apportez des cadeaux à des amis canadiens, n'oubliez pas qu'il existe certaines restrictions.

Pour les **fumeurs** *(au Québec, l'âge légal pour acheter des produits du tabac est de 18 ans),* la quantité maximale est de 200 cigarettes, 50 cigares, 200 g de tabac ou 200 bâtonnets de tabac.

Pour les **alcools** *(au Québec, l'âge légal pour acheter et consommer de l'alcool est de 18 ans),* le maximum permis est de 1,5 litre de vin (en pratique, on tolère deux bouteilles par personne), 1,14 litre de spiritueux et, pour la bière, 24 canettes ou bouteilles de 355 ml.

Pour de plus amples renseignements sur les lois régissant les douanes canadiennes, contactez l'**Agence des services frontaliers du Canada** (*☎ 800-959-2036 de l'intérieur du Canada – appels gratuits, ☎ 204-983-3700 de l'extérieur du Canada – frais d'appel; www.cbsa-asfc.gc.ca).* Il existe des règles très strictes concernant l'importation de **plantes** ou de **fleurs**; aussi est-il préférable, en raison de la sévérité de la réglementation, de ne pas apporter ce genre de cadeau. Si toutefois cela s'avère «indispensable», il est vivement conseillé de s'adresser au service de l'**Agence canadienne d'inspection des aliments** *(www. inspection.gc.ca)* ou à l'ambassade du Canada de son pays **avant** de partir.

Si vous voyagez avec un **animal de compagnie**, il vous sera demandé un certificat de santé (document fourni par un vétérinaire) ainsi qu'un certificat de vaccination contre la rage. La vaccination de l'animal devra avoir été faite **au moins 30 jours avant** votre départ et ne devra pas être plus ancienne qu'un an.

Accès et déplacements

➤ En avion

Il existe un aéroport important au Québec, soit à **Dorval**, sur l'île de Montréal: l'aéroport international Pierre-Elliott-Trudeau (voir ci-dessous). Un second, celui de **Québec**, l'aéroport international Jean-Lesage (voir plus loin) est nettement plus petit et ne dessert qu'un nombre limité de destinations, bien qu'il reçoive lui aussi des vols internationaux et intérieurs.

Mont-Tremblant (voir p. 283) compte également un aéroport international qui accueille quelques vols en provenance des villes de New York et de Toronto.

Aéroport international Pierre-Elliott-Trudeau de Montréal

L'aéroport international Pierre-Elliott-Trudeau de Montréal, nommé en hommage à l'ancien premier ministre canadien et que l'on peut aussi tout simplement appeler **Montréal-Trudeau**, est situé à une vingtaine de kilomètres du centre-ville de Montréal, soit à plus ou moins 20 min en voiture. Pour se rendre au centre-ville au départ de l'aéroport, il faut prendre l'autoroute 20 Est jusqu'à la jonction avec l'autoroute Ville-Marie (720), direction «Centre-ville, Vieux-Montréal».

Pour tout renseignement concernant les services d'aéroport (arrivées, départs et autres), contactez le Centre d'information des **Aéroports de Montréal (ADM)** *(☎ 514-394-7377 ou 800-465-1213, www.admtl.com).*

Accès à la ville par navette

L'**Aérobus**, de la compagnie d'autocars **La Québécoise** *(☎ 514-631-1856, www.autobus.qc.ca)*, propose son service de navette entre la gare d'autocars de Montréal *(Station Centrale, 505 boul. De Maisonneuve E., métro Berri-UQAM, ☎ 514-842-2281)* et l'aéroport Montréal-Trudeau *(quai nᵒ 5 à l'international – billetterie sur place).*

Ce service comprend également la navette gratuite par minibus qui relie les principaux hôtels du centre-ville de Montréal à la Station Centrale *(sur réservation au ☎ 514-631-1856).*

De l'aéroport Montréal-Trudeau à la Station Centrale ou de la Station Centrale à l'aéroport Montréal-Trudeau: les départs se font aux heures de 7h à 9h et de 21h à 6h et aux demi-heures de 9h à 21h. Coût: 16$ aller simple; 26$ aller-retour.

Accès au centre-ville ou à l'aéroport en transport en commun

Pour se rendre à l'aéroport Montréal-Trudeau ou au centre-ville, il est aussi possible d'utiliser le service de transport en commun de la **Société de transport de Montréal (STM)** *(2,75$ en monnaie exacte; ☎ 514-288-6287 pour les autobus, ☎ 514-786-4636 pour le métro, www.stm.info).* Au départ de l'aéroport: il faut prendre l'autobus 204 Cardinal vers l'est jusqu'à la gare Dorval, puis le train *(4,75$)* jusqu'à la Gare centrale de Montréal *(895 rue De La Gauchetière O.)* ou l'autobus 211 (gratuit avec le billet de correspondance du bus 204) vers l'est jusqu'à la station de métro Lionel-Groulx. Et pour se rendre à l'aéroport à partir de la ville, il s'agit de faire cet itinéraire dans le sens contraire.

Accès à la ville par taxi

L'aéroport Montréal-Trudeau est desservi par de nombreuses voitures de taxi. Le tarif fixe pour le centre-ville se chiffre à 38$. Tous les taxis desservant l'aéroport Montréal-Trudeau sont tenus d'accepter les principales cartes de crédit.

Location de voitures

La plupart des grandes compagnies de location de voitures sont représentées à l'aéroport Montréal-Trudeau.

Aéroport international Jean-Lesage de Québec

Il existe un seul grand aéroport dans la région de Québec, soit l'**aéroport international Jean-Lesage** *(service à la clientèle 24h/24: ☎ 418-640-3300, service d'information téléphonique automatisé: ☎ 418-640-2600, www.aeroportdequebec.com).* Malgré sa petite taille, on y trouve tout de même tous les services utiles aux voyageurs tels que comptoirs de location de voitures, bureau de change et boutique hors taxes. L'aéroport est majoritairement desservi par des vols intérieurs (du Québec et d'autres provinces du Canada), mais aussi par quelques vols internationaux.

Situé à L'Ancienne-Lorette, il se trouve à environ 20 km au nord-ouest de Québec. Pour vous rendre au centre-ville, empruntez la route de l'Aéroport en direction sud jusqu'à la jonction avec l'autoroute 440 (autoroute Charest), que vous prendrez vers l'est. Il faut compter une vingtaine de minutes pour effectuer ce trajet. Le prix d'une course en taxi entre l'aéroport et le centre-ville de Québec est de 32,50$. Il est également possible de faire le trajet par autobus du Réseau du Transport de la Capitale (☎ 418-627-2511, www.rtcquebec.ca) au départ de l'aéroport avec le parcours 78, direction terminus Les Saules (2,60$ en monnaie exacte).

➤ En voiture

Le bon état général des routes et l'essence moins chère qu'en Europe font de la voiture un moyen idéal pour visiter le Québec en toute liberté. On trouve d'excellentes cartes routières publiées au Québec ainsi que des cartes régionales dans les librairies.

Quelques conseils

Le port de la **ceinture de sécurité** est obligatoire, même pour les passagers arrière.

En **hiver**, le déneigement après une tempête vous oblige à déplacer votre voiture lorsque des panneaux l'annonçant sont disposés dans les rues. De plus, un véhicule émettant un signal avertisseur vous rappellera de dégager la voie.

Lorsqu'un **autobus scolaire** (de couleur jaune) est à l'arrêt (feux clignotants allumés), vous devez obligatoirement vous arrêter, quelle que soit la voie dans laquelle vous circulez. Tout manquement à cette règle est considéré comme une faute grave.

Le **virage à droite au feu rouge** est autorisé sur l'ensemble du territoire québécois, **sauf** sur l'île de Montréal et aux intersections où il y a un panneau d'interdiction. Avant de tourner, pensez aux piétons et aux cyclistes. Les panneaux *Arrêt* sont à respecter scrupuleusement.

Les **autoroutes** sont gratuites partout au Québec, et la vitesse y est limitée à 100 km/h. Sur les routes principales, la limitation de vitesse est de 90 km/h, et de 50 km/h dans les zones urbaines.

Le Canada étant un pays producteur de pétrole, l'**essence** y est nettement moins chère qu'en Europe. Dans certains **postes d'essence** (surtout en ville), il se peut qu'après 23h on vous demande de payer d'avance par simple mesure de sécurité.

Location de voitures

Un forfait incluant avion, hôtel et voiture, ou simplement hôtel et voiture, peut être moins cher que la location sur place. Nous vous conseillons de comparer. De nombreuses agences de voyages font affaire avec les compagnies de location les plus connues (Avis, Budget, Hertz et autres) et offrent des promotions avantageuses, souvent accompagnées de primes (par exemple, des rabais sur les prix des spectacles). Sur place, vérifiez si le contrat comprend le kilométrage illimité ou non et si l'assurance proposée vous couvre complètement (accident, dégâts matériels, frais d'hôpitaux, passagers, vols). Certaines cartes de crédit, les cartes Or, par exemple, vous assurent automatiquement contre les collisions et le vol du véhicule; avant de louer un véhicule, vérifiez que votre carte vous offre bien ces deux protections.

Rappelez-vous:

- Il faut avoir au moins 21 ans et posséder son permis depuis au moins un an pour louer une voiture. Toutefois, si vous avez entre 21 et 25 ans, certaines compagnies imposeront une franchise collision de 500$ et parfois un supplément journalier. À partir de l'âge de 25 ans, ces conditions ne s'appliquent plus.

- Une carte de crédit est indispensable pour le dépôt de garantie. La carte de crédit doit être au même nom que le permis de conduire.

- Dans la majorité des cas, les voitures louées sont dotées d'une transmission automatique.

- Les sièges de sécurité pour enfants sont en supplément dans la location.

Partage de véhicules

Une option pratique, écologique et économique, pour les résidants du Québec qui ne possèdent pas leur propre automobile, est le service de partage de véhicules, offert notamment par l'entreprise **Communauto** *(www.communauto.com)*. Pour adhérer à Communauto, il faut s'inscrire pour une durée minimale d'un an et payer un droit d'adhésion de 500$ (le montant est entièrement remboursable après un an si vous décidez de quitter le service). Par la suite, les divers tarifs et échelles de prix de l'entreprise permettent de «louer» un véhicule pour vos déplacements de courte ou de longue durée.

Les résidants de Montréal peuvent également s'inscrire à Communauto en profitant du forfait «DUO auto + bus», offert en collaboration avec la STM. Aucun dépôt n'est exigé pour ce forfait, mais les membres doivent s'engager à acheter tous les mois la carte d'accès mensuelle (OPUS; voir p. 97) du réseau de transport public de la métropole.

Plusieurs dizaines de stations de collecte des véhicules sont présentes à Montréal et les environs (Laval et Rive-Sud), mais aussi à Québec et les environs (Lévis), Sherbrooke et Gatineau. On vous reçoit sur place sur rendez-vous seulement:

Communauto Montréal
1117 rue Ste-Catherine O., bureau 806
Montréal
☎ 514-842-4545

Communauto Québec
335 rue St-Joseph E., bureau 600
Québec
☎ 418-523-1788

Communauto Sherbrooke
166 rue King O., bureau 102
Sherbrooke
☎ 819-563-9191

Communauto Gatineau
115 boul. Sacré-Cœur, bureau 103
Gatineau
☎ 819-595-5181

Accidents

En cas d'accident grave, incendie ou autre urgence, faites le ☎ 911. Lors d'un accident, n'oubliez jamais de remplir une déclaration d'accident (constat à l'amiable). En cas de désaccord, demandez l'aide de la police. Si vous conduisez un véhicule loué, vous devez avertir au plus vite l'entreprise.

Si votre séjour est de longue durée et que vous avez décidé d'acheter une voiture, il sera alors bien utile de vous affilier au CAA (l'équivalent des «Touring Assistances» en Europe), qui vous dépannera à travers tout le Québec et le Canada. Si vous êtes membre dans votre pays de l'association équivalente (France: Association Française des Automobiles Club; Suisse: Automobile Club de Suisse; Belgique: Royal Automobile Touring Club de Belgique), vous avez droit gratuitement à certains services. Pour plus de renseignements, adressez-vous à votre association ou, au Québec, au CAA *(Montréal: ☎ 514-861-1917, ailleurs au Québec: ☎ 866-827-8801, www.caaquebec.com).*

➤ **En autocar**

Après la voiture, il s'agit du meilleur moyen de transport pour se déplacer. Bien répartis, les circuits d'autocars couvrent la majeure partie du Québec. Sauf pour les transports urbains, il n'existe pas d'entreprise d'État; plusieurs compagnies d'autocars se partagent le territoire.

Il est interdit de fumer, et les animaux ne sont pas admis. En général, les enfants de 5 ans et moins sont transportés gratuitement, et les personnes de 60 ans et plus ainsi que les étudiants ont droit à d'importants rabais. Renseignez-vous avant d'acheter votre billet si vous faites partie de l'une ou l'autre de ces catégories. Il est recommandé de se présenter au moins 45 min avant le départ.

Exemples de la durée et du coût (par adulte) de trajets pour un aller simple au départ de Montréal:

Sherbrooke: *2h10; 34$*
Québec: *3h15; 50$*
Rimouski: *7h; 90$*

Certaines compagnies d'autocars proposent aussi des forfaits pour des excursions d'un jour ou plus incluant, selon la formule choisie, l'hébergement et le tour de ville. Pour obtenir davantage de renseignements sur ces forfaits, adressez-vous au Centre Infotouriste de Montréal ou de Québec.

➤ **En train**

Voyager en train avec **VIA Rail** *(☎ 888-842-7245, www.viarail.ca)* est un excellent moyen de découvrir le Québec en toute tranquillité, aussi bien en classe économique (Confort) qu'en classe supérieure (VIA 1). Cette dernière offre des privilèges tout confort qui permettent entre autres aux gens d'affaires d'avoir accès gratuitement au réseau Internet sans fil; les sièges sont confortables et le service toujours courtois. En plus des liaisons proposées entre les grands centres urbains de la province (Montréal, Québec, Gatineau), le réseau de VIA Rail permet également de rejoindre des régions plus éloignées comme la Gaspésie, le Saguenay–Lac-Saint-Jean et l'Abitibi.

Exemples de la durée et du coût (par adulte) de trajets pour un aller simple au départ de Montréal:

Gaspé: *18h; 129,50$*
Québec: *3h30; 58$*

➤ En bateau

Les occasions de croisières sur les cours d'eau et les lacs sont nombreuses. Sur certaines rivières, des excursions en bateau-mouche sont organisées. Quelquefois, des naturalistes accompagnent les groupes afin de les renseigner sur les écosystèmes. En général, les explications sont très intéressantes et permettent une meilleure compréhension de la flore et de la faune. Pour plus de détails, consultez les sections «Activités de plein air» de chacune des régions couvertes par ce guide pour découvrir les croisières qui y sont offertes.

Le **M/S** *Jacques-Cartier* (➋ 819-375-3000 ou 800-567-3737, *www.croisieres.qc.ca*) est un navire de croisière pouvant accueillir jusqu'à 400 passagers. Il offre une large gamme d'excursions sur différentes routes navigables du Québec: la rivière des Outaouais, le Saint-Laurent, la rivière Richelieu et la rivière Saguenay. Même si son port d'attache est Trois-Rivières, le M/S *Jacques-Cartier* propose des croisières à partir de différentes villes du Québec.

➤ En traversier

De nombreux traversiers vous permettront de franchir le Saint-Laurent ou d'autres cours d'eau. Pour une information détaillée, reportez-vous dans le guide à la section «Accès et déplacements» de la région que vous désirez visiter.

➤ À vélo

Le vélo au Québec est bien populaire, spécialement dans les grandes villes comme Montréal. Des pistes cyclables sont aménagées permettant aux usagers de se déplacer aisément. La prudence, même sur ces pistes, ainsi que le port du casque protecteur sont recommandés. Des randonnées cyclistes sont possibles partout au Québec.

➤ En auto-stop

Il existe deux formules: l'auto-stop «libre», ou l'auto-stop «organisé» par l'intermédiaire de l'association **Allo-Stop** (*www.allostop.com*). L'«auto-stop libre» est fréquent, en été surtout, et plus facile en dehors des grands centres. N'oubliez pas qu'il est interdit de «faire du pouce» sur les autoroutes.

L'«auto-stop organisé» par l'intermédiaire de l'association Allo-Stop fonctionne très bien en toute saison. Cette association efficace recrute les personnes qui désirent partager les frais d'utilisation de leur véhicule moyennant une petite rétribution (*carte de membre obligatoire: passager 6$ par an, chauffeur 7$ par*

an). Le chauffeur reçoit une partie (environ 60%) des frais payés pour le transport. Les destinations couvrent tout le Québec, mais aussi le reste du Canada et les États-Unis, selon l'occasion.

Quelques exemples de prix au départ de Montréal:

Québec: *16$*
Saguenay: *32$*
Tadoussac: *30$*

Attention: les enfants de moins de cinq ans ne peuvent voyager avec cette association à cause d'une réglementation rendant obligatoires les sièges d'enfants à ces âges.

Allo-Stop Montréal
4317 rue St-Denis
➋ 514-985-3032

Allo-Stop Québec
665 rue St-Jean
➋ 418-522-0056
2336 ch. Ste-Foy
➋ 418-522-0056

Allo-Stop Saguenay
2425 rue St-Dominique
➋ 418-612-0614

Allo-Stop Rimouski
106 rue St-Germain
➋ 418-723-5248

Allo-Stop Sherbrooke
1204 rue King O.
➋ 819-821-3637

Le service de covoiturage **Amigo Express** (➋ 877-264-4697, *www.amigoexpress.com*) propose aussi des départs en direction de plusieurs villes du Québec.

Renseignements utiles, de A à Z

➤ Achats

Quoi acheter?

Alcools: le vin de glace et le cidre de glace, ainsi que des bières artisanales et des alcools de cassis, de mûres, d'airelles, et autres produits québécois comme le vin rouge, blanc ou rosé, l'hydromel et le vin de bleuets.

Artisanat autochtone: de belles sculptures inuites, fabriquées à partir de différentes sortes de pierres et en général assez chères.

Marchés publics et kiosques fermiers

Dans les petites et grandes villes du Québec, un renouveau agroalimentaire a ranimé une centaine de marchés publics, souvent ouverts à longueur d'année. En plus de permettre de découvrir les délicieux produits agroalimentaires des différentes régions de la province et d'être de fascinants lieux à visiter, ces marchés favorisent les échanges directs entre les consommateurs et les producteurs, tout cela pour le bien-être des Québécois! Pour connaître les coordonnées des différents marchés publics du Québec, consultez le site Internet de l'**Association des Marchés Publics du Québec (AMPQ)**: *www.ampq.ca*.

Les marchés conventionnels étant souvent moins accessibles aux petits artisans, producteurs et transformateurs, le Québec a vu la naissance, ces dernières années, d'une mise en marché alternative. Ces agriculteurs occupent de plus en plus, du printemps à l'automne, des échoppes en bordure des routes de campagne québécoises, qui sont en fait des kiosques de vente de produits fermiers appelés simplement kiosques fermiers. On y trouve d'excellents fruits et légumes fraîchement cueillis et d'autres produits du terroir souvent préparés sur place. Du beau et du bon à se mettre sous la dent!

Assurez-vous du caractère authentique de votre sculpture en réclamant la vignette d'authenticité délivrée par le gouvernement du Canada.

Artisanat local: peintures, sculptures, ébénisterie, céramiques, émaux sur cuivre, vêtements, etc.

Disques compacts: on trouve au Québec un très grand choix, au tiers du prix pratiqué en Europe, sans oublier plusieurs albums d'artistes québécois qui ne sont pas nécessairement en vente ailleurs.

Fourrure et cuir: les vêtements faits de ces peaux d'animaux sont d'excellente qualité, et leur prix est relativement bas. C'est dans ce que l'on nomme le «quartier de la fourrure» à Montréal que se fabriquent environ 80% des vêtements de fourrure au Canada.

Livres: les livres d'auteurs québécois constituent évidemment de très bons achats pour qui s'intéresse à la culture d'ici.

Sirop d'érable: le sirop d'érable se classe en plusieurs catégories. Plus sirupeux ou plus coulant, plus foncé ou plus clair, plus ou moins sucré: ce serait en tout cas un péché que de ne pas au moins y goûter!

➤ Aînés

Des rabais très avantageux pour les transports et les spectacles sont souvent offerts aux aînés. N'hésitez pas à les demander ou contactez le **Mouvement des aînés du Québec,**

réseau **Fédération de l'Âge d'or du Québec (FADOQ)** *(4545 av. Pierre-De Coubertin, C.P. 1000, Montréal, QC, H1V 3R2, ♪ 514-252-3017 ou 800-828-3344, www.fadoq.ca).*

➤ Ambassades du Canada à l'étranger

Pour la liste complète des services consulaires à l'étranger, veuillez consulter le site Internet du gouvernement canadien: *www.dfait-maeci. gc.ca*.

Belgique
Ambassade du Canada
av. de Tervueren 2
1040 Bruxelles
métro Mérode
♪ 02 741 06 11
www.dfait-maeci.gc.ca/canada-europa/brussels

France
Ambassade du Canada
35 av. Montaigne
75008 Paris
métro Franklin-Roosevelt
♪ 01 44 43 29 00
www.dfait-maeci.gc.ca/canada-europa/france

Suisse
Ambassade du Canada
Kirchenfeldstrasse 88
CH-3005 Berne
♪ 357 32 00
http://geo.international.gc.ca/canada-europa/switzerland

➤ Animaux

Si vous avez décidé de voyager avec votre animal de compagnie, sachez qu'en règle générale les animaux sont interdits dans les commerces, notamment les magasins d'alimentation, les restaurants et les cafés. Il est toutefois possible d'utiliser le service de transport en commun avec les animaux de petite taille s'ils sont dans une cage ou dans vos bras.

➤ Argent et services financiers

Les banques et le change

Les banques sont généralement ouvertes du lundi au vendredi, de 9h à 15h. Le meilleur moyen pour retirer de l'argent consiste à utiliser sa carte bancaire (carte de distributeur automatique). Attention, votre banque vous facturera des frais fixes (par exemple 5$CA), et il vaut mieux éviter de retirer trop souvent de petites sommes.

Les cartes de crédit

Les cartes de crédit, outre leur utilité pour retirer de l'argent, sont acceptées à peu près partout. Il est primordial de disposer d'une carte de crédit pour effectuer une location de voiture, et la carte doit être au nom du conducteur. Les cartes les plus facilement acceptées sont, par ordre décroissant, Visa, MasterCard, Diners Club et American Express.

Les chèques de voyage

Les chèques de voyage peuvent être encaissés dans les banques sur simple présentation d'une pièce d'identité (avec frais) et sont acceptés par la plupart des commerçants comme du papier-monnaie.

La monnaie

L'unité monétaire est le **dollar** ($), lui-même divisé en cents. Un dollar = 100 cents.

Il existe des billets de banque de 5, 10, 20, 50 et 100 dollars, de même que des pièces de 1, 5, 10, 25 cents ainsi que de 1 et 2 dollars.

➤ Assurances

Annulation

L'assurance annulation est normalement offerte par l'agent de voyages au moment de l'achat du billet d'avion ou du forfait. Elle permet le remboursement du billet ou du forfait dans le cas où le voyage devrait être annulé en raison d'une maladie grave ou d'un décès.

Maladie

L'assurance maladie est sans nul doute la plus importante à se procurer avant de partir en voyage, et il est prudent de bien savoir la choisir, car la police d'assurance doit être la plus complète possible. Au moment de l'achat de la police d'assurance, il faudrait veiller à ce qu'elle couvre bien les frais médicaux de tout ordre comme l'hospitalisation, les services infirmiers et les honoraires des médecins (jusqu'à concurrence d'un montant assez élevé), ainsi qu'une clause de rapatriement, pour le cas où les soins requis ne peuvent être administrés sur place. En outre, il peut arriver que vous ayez à débourser le coût des soins en quittant la clinique; il faut donc vérifier ce que prévoit la police dans ce cas. S'il vous arrivait un accident durant votre séjour, vous devriez toujours garder sur vous la preuve que vous avez contracté une assurance maladie, ce qui vous évitera bien des ennuis.

Vol

La plupart des assurances habitation au Canada protègent une partie des biens contre le vol, même si celui-ci a lieu à l'extérieur de la maison. Si une telle malchance survenait, n'oubliez toutefois pas d'obtenir un rapport de police, car sans lui vous ne pourriez pas réclamer votre dû. Les personnes disposant d'une telle protection n'ont donc pas besoin d'en prendre une supplémentaire, mais, avant de partir, assurez-vous d'en avoir bel et bien une.

Taux de change

1$CA	=	0,67€
1$CA	=	0,97$US
1$CA	=	0,99FS
1€	=	1,48$CA
1$US	=	1,03$CA
1FS	=	1,01$CA

N.B. Les taux de change peuvent fluctuer en tout temps.

› Attraits touristiques

Les chapitres de ce guide vous entraînent à travers les différentes régions touristiques du Québec. Y sont abordés les principaux attraits touristiques, suivis d'une description historique et culturelle. Les attraits sont cotés selon un système d'étoiles pour vous permettre de faire un choix selon le temps dont vous disposez :

★   Intéressant
★ ★   Vaut le détour
★ ★ ★   À ne pas manquer

Le nom de chaque attrait est suivi d'une parenthèse qui vous donne ses coordonnées. Le prix qu'on y retrouve est le prix d'entrée pour un adulte. Informez-vous car plusieurs endroits offrent des rabais aux enfants, aux étudiants, aux aînés et aux familles. Plusieurs de ces attraits sont accessibles seulement pendant la saison touristique, tel qu'indiqué dans cette même parenthèse.

› Bars et boîtes de nuit

Dans la plupart des cas, aucuns frais d'entrée (en dehors du vestiaire obligatoire) ne sont demandés. Cependant, attendez-vous à débourser quelques dollars pour avoir accès aux discothèques ainsi qu'à certains bars proposant des spectacles durant les fins de semaine. Bien que la vie nocturne soit très active au Québec, la vente d'alcool cesse au plus tard à 3h du matin. Certains bars peuvent rester ouverts, mais il faudra, à ce moment, se contenter de petites limonades! Aussi, les établissements n'ayant qu'un permis de taverne et brasserie doivent fermer à minuit. Dans les petites villes, les restaurants font souvent aussi office de bars. Si vous désirez vous divertir le soir venu, consultez les sections «Sorties» de chacun des chapitres, mais jetez aussi un coup d'œil aux sections «Restaurants».

› Climat

L'une des caractéristiques du Québec par rapport à l'Europe est que les saisons y sont très marquées. Les températures peuvent monter au-delà de 30°C en été et descendre en deçà de −25°C en hiver. Si vous visitez le Québec durant chacune des deux saisons «principales» (été et hiver), il pourra vous sembler avoir visité deux pays totalement différents, les saisons influant non seulement sur les paysages, mais aussi sur le mode de vie et le comportement des habitants.

Pour les prévisions météorologiques, composez le ☎514-283-3010 ou le 418-648-7766. Vous pouvez aussi capter la chaîne câblée MétéoMédia ou visiter son site Internet *(www. meteomedia.com)*. Pour l'état des routes, composez le ☎888-355-0511.

Hiver

Mon pays ce n'est pas un pays, c'est l'hiver...

– Gilles Vigneault

De la mi-novembre à la fin mars, c'est la saison idéale pour les amateurs de ski, de motoneige, de patin, de randonnée en raquettes et autres sports d'hiver. En général, il faut compter cinq ou six tempêtes de neige par hiver. Le vent refroidit encore davantage les températures et provoque parfois ce que l'on nomme ici la «poudrerie» (neige très fine emportée par le vent). Cependant, l'une des caractéristiques propres à l'hiver québécois est son nombre d'heures d'ensoleillement, plus élevé ici qu'à Paris ou Bruxelles.

Printemps

Il est bref (de la fin mars à la fin mai) et annonce la période de la «sloche» (mélange de neige fondue et de boue). La fonte des neiges laisse apercevoir une herbe jaunie par le gel et la boue, puis le réveil de la nature se fait spectaculaire.

Été

De la fin mai à la fin août s'épanouit une saison qui s'avère à bien des égards surprenante pour les Européens habitués à voir le Québec comme un pays de neige. Les chaleurs peuvent en effet être élevées et souvent accompagnées d'humidité. La végétation prend des allures luxuriantes, et il ne faut pas s'étonner de voir des poivrons rouges ou verts pousser dans un pot sur le bord d'une fenêtre. Dans les villes, les principales artères sont ornées de fleurs, et les terrasses ne désemplissent pas. C'est aussi la saison de nombreux festivals en tout genre (voir les sections «Fêtes et événements» de chacune des régions couvertes par ce guide).

Automne

De septembre à novembre, c'est la saison des couleurs. Les arbres dessinent ce qui est probablement la plus belle peinture vivante du continent nord-américain. La nature semble exploser en une multitude de couleurs allant du vert vif au rouge écarlate en passant par le jaune ocre. S'il peut encore y avoir des retours de chaleur, comme l'été des Indiens, les jours refroidissent très vite, et les soirées peuvent déjà être froides.

L'été des Indiens

Cette période relativement courte (quelques jours) pendant l'automne donne l'impression d'un retour en force de l'été. Ce sont en fait des courants chauds venus du golfe du Mexique qui réchauffent les températures déjà fraîches. Cette période de l'année porte le nom d'«été des Indiens», car il s'agissait de la dernière chasse avant l'hiver chez les Autochtones. Les Amérindiens profitaient de ce réchauffement pour faire le plein de nourriture pour la saison froide.

> Consulats étrangers au Québec

Belgique
Consulat général de Belgique
999 boul. De Maisonneuve O., bureau 850
Montréal, QC, H3A 3L4
☎ 514-849-7394
www.diplomatie.be/montrealfr

France
Consulat général de France
1 Place Ville Marie, 26ᵉ étage, bureau 2601
Montréal, QC, H3B 4S3
☎ 514-878-4385
www.consulfrance-montreal.org

Consulat général de France à Québec
25 rue St-Louis
Québec, QC, G1R 3Y8
☎ 418-694-2294
www.consulfrance-quebec.org

Suisse
Consulat général de Suisse
1572 av. du Docteur-Penfield
Montréal, QC, H3G 1C4
☎ 514-932-7181, 514-932-7182 ou 514-932-9757
www.eda.admin.ch/canada

> Cultes

Presque tous les cultes sont représentés. Contrairement au Canada anglais, le culte majoritaire est la religion catholique, bien que la majorité des Québécois ne pratiquent plus.

> Décalage horaire

Au Québec, il est six heures plus tôt qu'en Europe et trois heures plus tard que sur la côte ouest de l'Amérique du Nord. Tout le Québec (sauf les Îles de la Madeleine qui ont une heure de plus) est à la même heure (dite «heure de l'Est»). Le passage à l'heure avancée se fait le deuxième dimanche de mars; le passage à l'heure normale, le premier dimanche de novembre.

> Drogues

Absolument interdites (même les drogues dites «douces»). Aussi bien les consommateurs que les distributeurs risquent de très gros ennuis s'ils sont trouvés en possession de drogues.

> Électricité

Partout au Canada, la tension est de 110 volts. Les fiches d'électricité sont plates, et l'on peut trouver des adaptateurs sur place.

> Enfants

Dans les transports, en général, les enfants de 5 ans ou moins ne paient pas. Il existe aussi des rabais pour les 12 ans et moins. Pour les activités ou les spectacles, la même règle s'applique parfois. Renseignez-vous avant d'acheter les billets. Dans la plupart des restaurants, des chaises hautes pour les enfants sont disponibles, et certains proposent des menus pour enfants.

> Études et travail

Avertissement: la demande de permis de séjour ou de visa de travail doit obligatoirement être faite avant votre arrivée au Canada. Consultez le site Internet de **Citoyenneté et Immigration Canada** *(www.cic.gc.ca)* pour connaître tous les détails.

Étudier au Québec
Pour étudier au Québec, il faut obtenir un certificat d'acceptation du Québec (C.A.Q.) ainsi qu'un permis d'études fédéral.

Pour cela, il faut **d'abord** être accepté dans une école, un collège ou une université reconnus au Canada à un programme d'au moins six mois, avec un minimum d'heures de cours par semaine. Il faut fournir des preuves de fonds suffisants pour son séjour ainsi que pour les frais de scolarité et le transport. De plus, il faut détenir une assurance maladie-hospitalisation. Il se peut aussi qu'un examen médical soit exigé.

Consultez le site gouvernemental d'**Immigration et Communautés culturelles Québec** *(www.immigration-quebec.gouv.qc.ca)* pour connaître tous les détails.

Travail d'étudiant
Si vous avez obtenu un permis de séjour pour étudier au Québec, vous avez le droit de travailler moyennant certaines conditions. Le travail sur le campus, comme assistant de recherche, ou un emploi dans une entreprise,

afin d'acquérir une expérience pratique, sont autant de possibilités offertes à l'étudiant.

Par ailleurs, le conjoint de l'étudiant admis à titre de visiteur peut également travailler durant la durée du séjour de l'étudiant. Attention cependant, les lois évoluant rapidement, il est préférable de se renseigner auprès de la Délégation générale du Québec de votre pays.

Consultez le site gouvernemental d'**Immigration et Communautés culturelles Québec** *(www. immigration-quebec.gouv.qc.ca)* pour connaître tous les détails.

Travailler au Québec

Travail sous contrat temporaire: vous devez toujours faire les démarches à partir de votre lieu de résidence. C'est l'employeur qui devra faire la demande auprès d'un Centre d'emploi du Canada. Dans le cas où l'offre a été jugée recevable, vous serez convoqué auprès de la Délégation générale du Québec, qui examinera vos compétences. Celle-ci vous fera part des démarches à effectuer.

N'oubliez pas: tant que vous n'avez pas reçu votre visa de travail, il vous est interdit de travailler sur place. Aussi, ce permis de travail ne sera valable que pour l'emploi et l'employeur auprès duquel vous avez postulé et que pour la durée de cet emploi.

Attention: le fait que vous soyez admis au Québec pour travailler ne signifie pas que vous puissiez y rester comme immigrant.

Travail au pair: tout comme pour le travail temporaire, la demande doit être faite par l'employeur et n'est valable que pour ce dernier. Cette formule impose que vous demeuriez chez votre employeur.

Travail saisonnier: il est surtout concentré dans le domaine de l'agriculture, de la cueillette des pommes aux stages agricoles. L'obtention préalable d'un visa de travail est nécessaire. Renseignez-vous auprès de l'ambassade ou du consulat de votre lieu de résidence.

Consultez le site gouvernemental d'**Immigration et Communautés culturelles Québec** *(www. immigration-quebec.gouv.qc.ca)* pour connaître tous les détails.

➤ Festivals et événements

Grâce à son passé et à sa culture distincte, mais aussi à la diversité de la population qui le compose, le Québec est riche en activités de toutes sortes. On y organise un nombre impressionnant de festivals, d'expositions annuelles, de salons, de carnavals et de rassemblements de toutes sortes. Ils sont décrits dans la section «Sorties» de chaque chapitre.

➤ Folklore

Le folklore peut être un moyen très agréable de mieux connaître la nation québécoise. Regroupés au sein d'une association, plusieurs comités régionaux œuvrent pour la préservation et le développement du folklore. Pour en savoir plus:

Association québécoise des loisirs folkloriques
4545, av. Pierre-De Coubertin
C.P. 1000, Succursale M
Montréal, QC, H1V 3R2
☎ 514-252-3022
www.quebecfolklore.qc.ca

➤ Français québécois

La langue parlée au Québec a bien souvent de quoi surprendre le voyageur étranger. Les Québécois sont toutefois très fiers de cette «langue de France aux accents d'Amérique», qu'ils ont su préserver au prix de longues luttes.

Le voyageur intéressé à en connaître un peu plus peut se référer au guide de conversation *Le québécois pour mieux voyager*, publié par les Guides de voyage Ulysse.

➤ Fumeurs

Il est interdit de fumer dans tous les lieux publics, y compris les bars et les restaurants. Les cigarettes se vendent notamment dans les épiceries et les dépanneurs. Il faut être âgé d'au moins 18 ans pour acheter des produits du tabac.

➤ Gays et lesbiennes

En 1977, le Québec fut le deuxième État du monde, après la Hollande, à avoir inscrit dans sa charte le principe de non-discrimination pour orientation sexuelle. L'attitude des Québécois envers l'homosexualité est en général ouverte et tolérante. Les villes de Montréal et de Québec offrent beaucoup de services à leur communauté gay. À Montréal, un quartier appelé **Le Village**, situé principalement dans la rue Sainte-Catherine entre les rues Amherst et Papineau, regroupe la plupart des commerces fréquentés par les gays. À Québec, le secteur gay se trouve principalement dans la rue Saint-Jean-Baptiste, hors des murs de la vieille ville.

Il existe un centre d'aide, d'écoute téléphonique et de renseignements des gays et lesbiennes de Montréal: **Gai Écoute** *(écoute téléphonique tlj 8h à 3h;* ☎ *514-866-0103 ou 888-505-1010, www.gaiecoute.org).* Autre possibilité, le **Centre communautaire des gais et lesbiennes** *(2075 rue Plessis, Montréal,* ☎ *514-528-8424, www.ccglm. org),* qui propose toutes sortes d'activités.

À la fin du mois de juillet, pour donner le coup d'envoi à la semaine de célébration Divers/Cité, le grand **Défilé de la fierté LGB2T** a lieu sur le boulevard René-Lévesque; la journée se termine par des spectacles au parc Émilie-Gamelin. Renseignements: **Divers/Cité** *(4067 boul. St-Laurent,* ☎ *514-285-4011, www. diverscite.org).*

Des magazines gratuits tels *Être, RG, La Voix du village* et *Fugues*, sont disponibles dans les bars et autres commerces gays. Ils contiennent des renseignements sur la communauté gay, tout comme le site Internet **Portail du tourisme gai au Québec** *(www.outtravel.ca).*

➤ Hébergement

Grands hôtels de luxe, hôtels-boutiques au décor créatif, auberges aux murs anciens, gîtes touristiques fleuris, auberges de jeunesse, bref, on trouve au Québec tous les types d'hébergement. Bien qu'il puisse être basique dans les petits établissements, le niveau de confort dans les hôtels est élevé, et plusieurs services y sont également proposés. Les lieux d'hébergement sont classés ici du plus abordable au plus cher. N'oubliez pas d'ajouter aux prix affichés la taxe fédérale de 5% et la taxe de vente du Québec de 7,5%. Une taxe applicable sur les frais d'hébergement, appelée «Taxe spécifique sur l'hébergement», a été instaurée pour soutenir l'infrastructure touristique des régions du Québec. Selon les régions, elle varie de 2$ par nuitée à 3% du coût par nuitée.

Prix et symboles

Nous avons indiqué, à l'aide de petits symboles, différents services offerts par chaque établissement. Il ne s'agit en aucun cas d'une liste exhaustive de ce que propose l'établissement, mais bien des services que nous considérons les plus importants. Attention, la présence d'un symbole ne signifie pas que toutes les chambres offrent ce service; il vous faudra parfois débourser un supplément au prix indiqué pour obtenir par exemple un foyer ou une baignoire à remous. Par contre, si le petit symbole n'est pas apposé à l'établissement, c'est probablement que celui-ci ne peut vous offrir ce service. Il est à noter que,

sauf indication contraire, tous les établissements hôteliers inscrits dans ce guide offrent des chambres avec salle de bain privée.

Les prix indiqués sont ceux en vigueur au moment de mettre sous presse; ils s'appliquent à une chambre standard pour deux personnes en haute saison. Ils sont, bien sûr, sujets à changement en tout temps. De plus, souvenez-vous de bien vous informer des forfaits proposés et des rabais offerts aux corporations, membres de diverses associations, etc.

Les tarifs mentionnés dans ce guide s'appliquent, sauf indication contraire, à une chambre standard pour deux personnes, en haute saison:

$	moins de 60$
$$	de 60$ à 100$
$$$	de 101$ à 150$
$$$$	de 151 à 225$
$$$$$	plus de 225$

Label Ulysse

Le pictogramme du label Ulysse est attribué à nos établissements favoris. Bien que chacun des établissements inscrits dans ce guide s'y retrouve en raison de ses qualités ou particularités, en plus de son rapport qualité/prix, de temps en temps un établissement se distingue parmi d'autres. Ainsi il mérite qu'on lui attribue un label Ulysse. Les labels Ulysse peuvent se retrouver dans n'importe quelle catégorie d'établissements: supérieure, moyenne-élevée, petit budget. Quoi qu'il en soit, dans chacun de ces établissements, vous en aurez pour votre argent. Repérez-les en premier!

Hôtels

Les hôtels sont nombreux, modestes ou luxueux. Dans la majorité des cas, les chambres sont louées avec salle de bain.

Gîtes touristiques

Contrairement aux hôtels, les chambres des gîtes touristiques ne sont pas toujours louées avec salle de bain privée. Bien répartis dans la majeure partie du Québec, les gîtes touristiques (*bed and breakfasts* en anglais) offrent l'avantage, outre le prix, de faire partager une ambiance familiale. Ils vous permettront aussi de vous familiariser avec une architecture régionale, certaines petites maisons de bois étant particulièrement pittoresques et chaleureuses. Attention, la carte de crédit n'est pas acceptée partout. Le prix de la chambre inclut toujours le petit déjeuner.

CITQ

La **Corporation de l'industrie touristique du Québec (CITQ)** *(www.citq.qc.ca)* gère le programme obligatoire de classification des établissements d'hébergement touristique du Québec. Chacun des établissements doit ainsi arborer sur sa devanture, près de la porte d'entrée, un panonceau en forme de bouclier indiquant la catégorie à laquelle il appartient et la classification auquel il a droit, représentée, s'il y a lieu, par des soleils pour les gîtes et par des étoiles pour les autres catégories. Voici les différentes catégories d'établissements d'hébergement touristique avec leur échelle de classification :

Établissements hôteliers	de 0 à 5 étoiles
Résidences de tourisme	de 0 à 4 étoiles
Gîtes	de 0 à 5 soleils
Centres de vacances	de 0 à 4 étoiles
Auberges de jeunesse	de 0 à 3 étoiles
Villages d'accueil	de 0 à 4 étoiles
Établissements d'enseignement	de 0 à 3 étoiles

Dans les sections «Hébergement» du présent guide, la qualité des établissements mentionnés n'est pas définie selon le programme de classification de la CITQ, mais bien selon l'appréciation des auteurs, au gré des coups de cœur et des belles découvertes.

L'appellation québécoise **Gîtes et Auberges du Passant** identifie un gîte touristique membre de la Fédération des Agricotours du Québec; les Gîtes et Auberges du Passant sont tenus de se conformer à des règles et normes qui assurent aux visiteurs une qualité impeccable. La Fédération produit chaque année en collaboration avec les Guides de voyage Ulysse le guide des *Gîtes et Auberges du Passant & Tables et Relais du Terroir au Québec*, qui indique, pour chaque région, les différentes possibilités d'hébergement avec les services offerts, les activités de plein air pouvant être pratiquées à proximité, tous les tarifs, les gîtes où vous pouvez amener votre animal de compagnie, etc. Outre les gîtes, ce guide donne aussi des adresses pour des formules de logement à la ferme ainsi que pour la location de maisons de campagne, de même que les descriptions et coordonnées de lieux de restauration gastronomique et de points de vente uniques.

Motels

On retrouve les motels en grand nombre. Ils sont relativement peu chers, mais ils manquent souvent de charme. Cette formule convient plutôt lorsqu'on manque de temps.

Auberges de jeunesse

Vous trouverez l'adresse des auberges de jeunesse dans la section «Hébergement» des villes où elles se trouvent.

Pour de plus amples renseignements, visitez le site *www.hihostels.ca*.

Universités

Cette formule demeure assez compliquée à cause des nombreuses restrictions qu'elle implique : elle ne peut s'appliquer qu'en été (de la mi-mai à la mi-août), et il faut réserver plusieurs mois à l'avance et de préférence posséder une carte de crédit afin de payer la première nuitée à titre de réservation. Toutefois, ce type d'hébergement reste moins cher que les formules «classiques», et, si l'on s'y prend à temps, cela peut s'avérer agréable. Il faut compter entre 30$ et 45$ plus les taxes. La literie est comprise dans le prix, et, en général, une cafétéria sur place permet de prendre le petit déjeuner (non inclus).

Relais santé (spas)

Les relais santé (spas) offrent une formule d'hébergement de plus en plus populaire. Des professionnels de la santé vous offrent différents soins en hydrothérapie, massothérapie, esthétique, etc. dans des établissements qui se distinguent par leurs menus, activités et services propres. Pour obtenir de plus amples renseignements ou choisir le spa qui correspondra le mieux à vos objectifs de santé, consultez le guide Ulysse *Les meilleurs spas au Québec*, ou contactez :

Relais Santé
☎ 800-788-7594
www.spasrelaissante.com

Chez les Autochtones

Les possibilités de loger chez les Autochtones sont limitées, mais se développent de plus en plus. N'oubliez pas que les réserves sont administrées par les Autochtones, d'où la nécessité, dans certains cas, d'obtenir une autorisation du Conseil de bande.

www.staq.net
www.maisondespremieresnations.ca

Camping

Le camping constitue le type d'hébergement le moins cher. Malheureusement, le climat ne rend possible cette activité que sur une courte période de l'année, soit de juin à août, à moins de disposer de l'équipement approprié contre le froid. Les services offerts sur les terrains de camping peuvent varier considérablement. Certains sont publics et d'autres privés. Les prix mentionnés dans ce guide s'appliquent à un emplacement pour une tente. Ils varieront, il va sans dire, selon les services ajoutés. Notez que les terrains de camping ne sont pas soumis à la taxe spécifique sur l'hébergement (voir p. 74).

Par ailleurs, le Conseil du développement du camping au Québec publie en collaboration avec la Fédération québécoise de camping et caravaning (FQCC) le magazine *Camping-Caravaning*. Ce guide annuel liste 300 terrains de camping avec leurs services, et il est disponible gratuitement auprès des Associations touristiques régionales ou de la Fédération québécoise de camping et caravaning. La FQCC publie également, en collaboration avec les Guides de voyage Ulysse, le guide *Camping au Québec*, qui propose une sélection des meilleurs terrains de camping.

Fédération québécoise de camping et caravaning
1560 rue Eiffel, bureau 100
Boucherville, QC, J4B 5Y1
☎ 450-650-3722 ou 877-650-3722
www.fqcc.ca
www.campingquebec.com

Réseaux d'accueil

Si vous êtes à la recherche de formules peu orthodoxes en matière d'hébergement, les réseaux **CouchSurfing Project** *(www.couchsurfing. com)* et **Hospitality Club** *(www.hospitalityclub.org)* permettent d'héberger des voyageurs ou de vous faire héberger par des habitants locaux lors de votre passage dans une ville, et ce, tout à fait gratuitement! Il faut, pour cela, se faire un profil Internet très exhaustif, question de sécurité. De plus, un système de commentaires *(feedback)* des utilisateurs permet aussi d'en savoir un peu plus sur les gens chez qui on a l'intention d'aller passer une ou quelques nuits. Enfin, les membres ne sont pas obligés de proposer un toit à celui qui ne leur paraît pas fiable. Une belle manière de rencontrer les gens de la place!

➤ Horaires

Banques

Les banques sont ouvertes du lundi au vendredi de 10h à 15h. Plusieurs d'entre elles sont ouvertes les jeudis et les vendredis jusqu'à 18h, voire 20h. Le réseau des banques possède des distributeurs automatiques en fonction jour et nuit.

Bureaux de poste

Les grands bureaux de poste sont ouverts de 9h à 17h *(Postes Canada :* ☎ *800-267-1177, www. postescanada.ca)*. Il existe de nombreux petits bureaux de poste répartis un peu partout au Québec, soit dans les centres commerciaux, soit chez certains «dépanneurs» ou même dans les pharmacies; ces bureaux sont ouverts beaucoup plus tard que les autres.

Magasins

En règle générale, les magasins respectent l'horaire suivant :

lun-mer 10h à 18h
jeu-ven 10h à 21h
sam 9h ou 10h à 17h
dim 12h à 17h

On trouve également un peu partout au Québec des «dépanneurs» (magasins généraux d'alimentation de quartier) qui sont ouverts plus tard et parfois 24 heures sur 24.

➤ Jours fériés

Voici la liste des jours fériés au Québec. À noter : la plupart des services administratifs et des banques sont fermés ces jours-là.

Jour de l'An et le lendemain
1er et 2 janvier

Le vendredi précédant la fête de Pâques

Le lundi suivant la fête de Pâques

Journée nationale des Patriotes
lundi précédant le 25 mai

Fête nationale des Québécois
24 juin

Fête de la Confédération
1er juillet

Fête du Travail
1er lundi de septembre

Action de grâce
2e lundi d'octobre

Jour du Souvenir/Armistice
11 novembre

Noël et le lendemain
25 et 26 décembre

➤ Laveries

On les retrouve à peu près partout dans les centres urbains. Apportez votre savon à lessive. Bien qu'on y trouve parfois des changeurs de monnaie, il est préférable d'en avoir une quantité suffisante sur soi.

➤ Marchés

Nombreux en toutes saisons et couverts en hiver, les marchés publics sont intéressants non seulement pour les prix, mais aussi pour l'ambiance qui y règne.

➤ Musées

Dans la majorité des cas, les musées sont payants. Cependant, l'accès aux collections permanentes de certains musées est gratuit les mercredis soir, de 18h à 21h, et des rabais sont offerts à ceux qui désirent voir les expositions temporaires durant cette même période. De plus, les personnes de 60 ans et plus ainsi que les enfants bénéficient de prix réduits.

➤ Personnes à mobilité réduite

Interlocuteur privilégié de Tourisme Québec en matière d'accessibilité, Kéroul est un organisme québécois à but non lucratif qui informe, représente, développe et fait la promotion du tourisme et de la culture accessibles auprès des personnes à capacité physique restreinte et des administrations

publiques et privées. Kéroul, en collaboration avec Ulysse, publie le répertoire *Québec accessible*, qui donne la liste des infrastructures touristiques et culturelles accessibles aux personnes handicapées à travers tout le Québec. Ces lieux sont classés par régions touristiques. Le livre est disponible chez Ulysse et dans toutes les bonnes librairies.

Kéroul
4545 av. Pierre-De Coubertin
C.P. 1000, Succursale M
Montréal, QC, H1V 3R2
☏ 514-252-3104
www.keroul.qc.ca

De plus, dans la plupart des régions, des associations organisent des activités de loisir ou de sport. Vous pouvez obtenir l'adresse de ces associations en communiquant avec l'Association québécoise pour le loisir des personnes handicapées.

Association québécoise pour le loisir des personnes handicapées
4545 av. Pierre-De Coubertin
C.P. 1000, Succursale M
Montréal, QC, H1V 3R2
☏ 514-252-3144
www.aqlph.qc.ca

➤ Pourboire

Le pourboire s'applique à tous les services rendus à table, c'est-à-dire dans les restaurants ou autres endroits où l'on vous sert à table (la restauration rapide n'entre donc pas dans cette catégorie). Il est aussi de rigueur dans les bars, les boîtes de nuit et les taxis.

Selon la qualité du service rendu, il faut compter environ 15% de pourboire sur le montant avant les taxes. Le pourboire n'est pas, comme en Europe, inclus dans l'addition, et le client doit le calculer lui-même et le remettre au serveur.

➤ Presse

Dans les centres urbains, vous trouverez sans problème la presse internationale. Les grands journaux québécois sont *Le Devoir*, *La Presse*, *Le Journal de Montréal* et *Le Soleil* (et *The Gazette* en anglais).

Chaque semaine, on trouve l'hebdomadaire *Voir* (ainsi que *Mirror* et *Hour*, en anglais) dans plusieurs lieux publics à Montréal tels que bars, restaurants et certaines boutiques. Tous les trois sont distribués gratuitement et couvrent les activités culturelles qui font bouger Montréal. Des éditions régionales du journal *Voir* sont également disponibles à Québec, Gatineau, Trois-Rivières, Sherbrooke et Saguenay.

Renseignements généraux - Renseignements utiles, de A à Z

➤ Renseignements touristiques

Il est utile de savoir que le Québec se divise en 21 régions touristiques. Les Associations touristiques régionales (ATR) s'occupent de diffuser l'information concernant leur région. Pour les villes de Montréal, Québec et Laval, ce sont les offices de tourisme qui offrent les renseignements. Pour chacune des régions touristiques, une brochure promotionnelle est disponible gratuitement auprès de ces associations et offices.

Les Guides de voyage Ulysse publient des guides tels que celui que vous consultez en ce moment, mais qui couvrent soit des régions ou des thèmes de manière plus spécifique (par exemple, *Randonnée pédestre au Québec, Le Québec cyclable, Le Québec à moto, Les meilleurs spas au Québec, Ville de Québec* ou *Gaspésie, Bas-Saint-Laurent, Îles de la Madeleine*). Pour la liste complète des guides Ulysse, consultez le site Internet *www.guidesulysse.com*.

En Europe

En France :
Tourisme Québec
tlj 14h à 23h, sauf mercredi à partir de 16h
☎ 0 800 90 77 77 (appels gratuits en France)
www.bonjourquebec.com

La Librairie du Québec
30 rue Gay-Lussac, 75005 Paris
☎ 01 43 54 49 02
www.librairieduquebec.fr
On y trouve un grand choix de livres sur le Québec et le Canada, ainsi que toute l'édition du Québec et du Canada francophone, dans tous les domaines.

The Abbey Bookshop
La librairie canadienne de Paris
29 rue de la Parcheminerie, 75005 Paris
☎ 01 46 33 16 24
Livres en anglais et en français sur le Canada ou d'auteurs canadiens.

En Belgique :
Tourisme Québec
tlj 14h à 23h, sauf mercredi à partir de 16h
☎ 0 800 78 532 (appels gratuits en Belgique)
www.bonjourquebec.com

En Suisse :
Tourisme Québec
lun-mar-jeu-ven 14h à 23h, mer 16h à 23h, sam-dim 15h à 23h
☎ 514-873-2015
www.bonjourquebec.com

En Amérique du Nord

Au Québec :
Pour tout renseignement sur les différentes régions touristiques, vous pouvez composer sans frais, le ☎ 877-266-5687 ou tapez *www.bonjourquebec.com*.

Tourisme Québec
C.P. 979
Montréal, QC H3C 2W3
☎ 877-266-5687
www.bonjourquebec.com

À Montréal :
Tourisme Montréal
Centre Infotouriste
1001 rue du Square-Dorchester, angle des rues Peel et Ste-Catherine
métro Peel
☎ 514-873-2015

Bureau d'information touristique du Vieux-Montréal
174 rue Notre-Dame E.
métro Champ-de-Mars
☎ 514-873-2015

Librairie Ulysse
4176 rue St-Denis
métro Mont-Royal
☎ 514-843-9447
560 av. du Président-Kennedy
métro McGill
☎ 514-843-7222

À Québec :
Office du tourisme de Québec
399 rue St-Joseph E.
☎ 418-641-6654 ou 877-783-1608
www.regiondequebec.com

Centre Infotouriste de Québec
12 rue Ste-Anne (en face du Château Frontenac)
☎ 877-266-5687

Sur Internet

Vous pourrez aussi trouver de multiples renseignements sur Internet. Voici quelques sites intéressants.

www.quebecvacances.com
http://voyagez.branchez-vous.com
www2.canoe.com/voyages
www.montrealplus.ca
www.quebecplus.ca
www.toile.ca
www.outtravel.ca (portail du tourisme gai au Québec)

> Restaurants

Jadis familiale, rurale et résolument rustique, la cuisine québécoise s'est raffinée au fil des années et des courants culinaires à la mode. Paradoxalement, c'est le retour à une cuisine «artisanale» du terroir qui a permis à la cuisine québécoise de se transformer en gastronomie, un heureux mariage entre tradition et modernité.

La réputation du Québec en ce qui concerne sa gastronomie n'est plus à faire. De tous les horizons, on salue le travail de nombreux chefs qui, par leur talent, on sut innover depuis les dernières décennies pour le plus grand plaisir des gourmands. D'ailleurs, on n'hésite plus à mettre en valeur la qualité des produits frais du terroir québécois tout en prodiguant un intérêt certain pour les saveurs du monde entier. Résultat: une cuisine inventive, colorée, savoureuse et copieuse aux accents d'ici et d'ailleurs.

Tout comme en Belgique, les Québécois appellent le petit déjeuner le déjeuner, le déjeuner le dîner et le dîner le souper (ce guide suit cependant la nomenclature internationale: «petit déjeuner», «déjeuner», «dîner»). Dans bien des cas, les restaurants offrent un «menu du jour», c'est-à-dire un menu complet à prix avantageux. Pour le repas du midi, ils proposent bien souvent un choix d'entrées et de plats, un dessert et un café. Le soir, la table d'hôte (même formule mais plus chère) est également intéressante.

Prix et symboles

Les prix mentionnés dans ce guide s'appliquent à un dîner pour une personne **excluant** les boissons, les taxes et le pourboire (voir «Pourboire», p. 77).

$	moins de 15$
$$	de 15$ à 25$
$$$	de 26$ à 50$
$$$$	plus de 50$

C'est généralement selon les prix des tables d'hôte du soir que nous avons classé les restaurants, mais souvenez-vous que les déjeuners sont souvent beaucoup moins coûteux.

Pour connaître la signification du label Ulysse ⊚, voir p. 74.

Apportez votre vin

Il se trouve au Québec des restaurants où l'on peut apporter sa bouteille de vin. Cette particularité étonnante pour les Européens vient du fait que, pour pouvoir vendre du vin, il faut posséder un permis de vente d'alcool

assez coûteux. Certains restaurants voulant offrir à leur clientèle des formules économiques possèdent dès lors un autre permis qui permet aux clients d'apporter leur bouteille de vin. Dans la majorité des cas, un panonceau vous signalera cette possibilité. Dans ce guide, nous avons identifié les établissements qui permettent à leurs clients d'apporter leur vin avec le symbole suivant: ⚲.

Les cafés

Beaucoup de Québécois sont amateurs de café. Ainsi les cafés, ces petits restaurants à l'ambiance conviviale et détendue, sont-ils des endroits très fréquentés et répandus dans les villes, surtout à Montréal et à Québec. La rutilante machine à café y trône en maître des lieux, mais on peut aussi y manger de bons petits plats tels que soupes, salades ou croque-monsieur et, bien sûr, des croissants et des desserts!

Cabanes à sucre

Au début du dégel, la sève commence à monter dans les arbres. C'est à ce moment que l'on procède à des entailles dans les érables afin d'en recueillir la sève; après une longue ébullition, celle-ci se transforme en un sirop sucré que l'on appelle «sirop d'érable». C'est à cette époque de l'année que les Québécois s'en vont à la campagne (dans les érablières) passer une journée à la cabane à sucre pour y manger des œufs dans le sirop d'érable ainsi que du lard ou des couennes de lard frites (appelées «oreilles de criss»). Après quoi on passe à la dégustation de la tire sur la neige. La tire est obtenue en faisant bouillir le sirop d'érable. Déposée chaude sur la neige, elle se consomme à l'aide de petits bâtonnets. Pour plus d'information sur les cabanes à sucre que l'on peut retrouver dans les différentes régions du Québec, consultez le site Internet de l'**Association des Restaurateurs de Cabanes à Sucre du Québec** *(www.laroutedessucres.com)*.

Tables champêtres et Relais du terroir

Le guide des *Gîtes et Auberges du Passant & Tables et Relais du Terroir au Québec* (voir Hébergement p. 74) indique, pour chaque région, différentes possibilités d'hébergement, entre autres chez l'habitant. Côté nourriture, ce guide présente deux façons originales de savourer d'authentiques produits campagnards, et ce, dans plusieurs lieux de restauration gastronomique et points de vente uniques. Les **Tables champêtres** servent, sur réservation, des menus composés majoritairement des produits de la ferme, alors que les **Relais du Terroir** vendent les produits provenant de la ferme même et de la région. Dans les deux cas, la visite des exploitations agricoles est offerte par les hôtes.

La poutine, un mets québécois à la conquête du monde

Au Québec, tous les casse-croûte, restaurants familiaux, «roulottes à patates» et «bineries» la servent. On la retrouve aussi depuis peu de temps un peu partout au Canada, ainsi qu'à Paris, sur la Côte d'Azur, au Vietnam, et même, plus récemment, à New York et en Floride. Serait-ce tout simplement son goût unique (!) qui attire autant de mordus? Ou serait-elle devenue en soi un mets exotique pour le reste du monde? Quoi qu'il en soit, la poutine, invention culinaire québécoise, est en voie d'assouvir les habitants des cinq continents grâce à de preux entrepreneurs.

Au moins deux personnes revendiquent la paternité de la «recette» de la poutine : Jean-Paul Roy et Fernand Lachance. Nous vous laissons le loisir de préférer l'une ou l'autre.

Malgré son nom qui sonne russe, la poutine – la recette originale est à base de pommes de terre frites et de fromage en grains, le tout arrosé de sauce brune – aurait été inventée à Drummondville en 1964 par le restaurateur québécois Jean-Paul Roy et sa femme Fernande. Désignée, au départ, de «fromage-patate-sauce», elle aurait été ensuite renommée par les serveuses du restaurant de M. Roy pour en abréger l'appellation. Le mot «pouding», qui signifiait pour les aïeules à peu près n'importe quel mélange culinaire, aurait alors été utilisé, puis déformé à la longue en «poutine».

Pour plusieurs, le vrai inventeur de la poutine serait Fernand Lachance, qui acheta à Warwick en 1957 le Café Idéal, le renommant Le Lutin Qui Rit. Ce restaurant servait déjà à l'époque des frites recouvertes de fromage en grains. Un malentendu serait à l'origine du déversement de la sauce sur le plat, alors qu'un client aurait demandé ses «frites-fromage» dans un «*sac brun*». La serveuse aurait plutôt compris «*sauce brune*», dont elle aurait arrosé l'assiette du client! À la vue de son plat, ce dernier se serait exclamé : *C'est toute une poutine* [pouding] *ç't'affaire là!* Puis il l'aurait dégusté. C'est ainsi que le menu du Lutin Qui Rit aurait proposé, dès la fin de l'été 1957, la poutine.

Aujourd'hui, la poutine est servie à toutes les sauces : poutine italienne, poutine au poulet, poutine aux moules, poutine Alfredo, poutine au bleu, poutine à la bière, etc. À Montréal même, le chef cuisinier du restaurant **Au Pied de Cochon** (voir p. 157), Martin Picard, en apprête des versions gastronomiques, entre autres au foie gras, affichées sur son menu aux côtés des classiques tels que le confit de canard ou la crème brûlée.

Pour une sélection inégalable de poutines à Montréal, rendez-vous à **La Banquise** (voir p. 156), un petit troquet qui propose pas moins de 40 variétés de ce mets désormais emblématique du Québec.

> **Santé**

Pour les personnes en provenance d'Europe et des États-Unis, aucun vaccin n'est nécessaire. D'autre part, il est vivement recommandé aux étrangers de contracter une assurance maladie-accident. Il existe différentes formules, et nous vous conseillons de les comparer. Emportez vos médicaments, surtout ceux qui exigent une ordonnance.

Sauf indication contraire, l'eau est potable partout au Québec.

> **Sécurité**

Comparé aux États-Unis, le Québec est loin d'être une société violente. En prenant les précautions courantes, il n'y a pas lieu d'être inquiet outre mesure pour sa sécurité.

La majorité des municipalités du Québec sont dotées du service **911**, qui vous permet, en cas d'urgence, de composer seulement ces trois chiffres pour appeler la police, les pompiers ou les ambulanciers.

Il est toujours possible de faire le **0** pour joindre un téléphoniste qui vous indiquera quel numéro composer pour obtenir de l'aide.

➤ Taxes

Contrairement à l'Europe, les prix affichés le sont **hors taxes** dans la majorité des cas. Il y a deux taxes : la TPS (taxe fédérale sur les produits et services) de 5% et la TVQ (taxe de vente du Québec) de 7,5% sur les biens et sur les services. Il faut donc ajouter environ 14% de taxes sur les prix affichés pour la majorité des produits ainsi qu'au restaurant. Notez qu'il existe aussi une taxe spécifique à l'hébergement de 2$ ou jusqu'à concurrence de 3% par nuitée, applicable dans tous les lieux d'hébergement, selon la région touristique.

➤ Télécommunications

Dans ce guide, les indicatifs régionaux sont inscrits devant chaque numéro de téléphone. La **composition locale à 10 chiffres** (soit l'indicatif régional avec le numéro de téléphone) est en vigueur dans les zones des indicatifs régionaux *418*, *450*, *514* et *819*. Pour les appels interurbains, faites le *1*, suivi de l'indicatif de la région où vous appelez, puis le numéro de votre correspondant. Les numéros de téléphone précédés de *800*, *866*, *877* ou *888* vous permettent de communiquer avec votre correspondant sans encourir de frais si vous appelez du Canada et souvent même des États-Unis. Si vous désirez joindre un téléphoniste, faites le *0*.

Beaucoup moins chers à utiliser qu'en Europe, les appareils téléphoniques se trouvent à peu près partout. Pour les appels locaux, la communication coûte 0,50$ pour une durée illimitée. Pour les interurbains, munissez-vous de pièces de 25 cents, ou bien procurez-vous une carte d'appels interurbains d'une valeur de 5$, 10$ ou 20$ en vente chez les marchands de journaux et dans les dépanneurs.

Pour appeler en **Belgique**, faites le *011 32* puis l'indicatif régional (Anvers *3*, Bruxelles *2*, Gand *91*, Liège *41*) et le numéro de votre correspondant.

Pour appeler en **France**, faites le *011 33* puis le numéro à 10 chiffres de votre correspondant en omettant le premier zéro.

Pour appeler en **Suisse**, faites le *011 41* puis l'indicatif régional (Berne *31*, Genève *22*, Lausanne *21*, Zurich *1*) et le numéro de votre correspondant.

➤ Urgences

Partout au Québec, vous pouvez obtenir de l'aide en composant le ☎ 911. Certaines régions, à l'extérieur des grands centres, ont leur propre numéro d'urgence; dans ce cas, faites le 0.

➤ Vins, bières et alcools

Au Québec, il faut être âgé d'au moins 18 ans pour acheter et consommer de l'alcool. La vente des boissons alcoolisées est régie par une société d'État : la Société des alcools du Québec (SAQ). Si vous désirez acheter un vin, une bière importée ou un alcool, c'est dans une succursale de la SAQ qu'il faut vous rendre (de bonnes bières importées ou canadiennes et des vins corrects se vendent aussi dans les épiceries). Certaines succursales, appelées «Sélection», proposent une sélection plus variée et spécialisée de vins et spiritueux. On trouve des succursales de la SAQ dans tous les quartiers, mais leurs heures d'ouverture sont assez restreintes, sauf peut-être en ce qui concerne les succursales dites «Express», ouvertes plus tard mais offrant un choix plus limité. En règle générale, elles sont ouvertes aux mêmes heures que les commerces.

Bières

Deux grandes brasseries au Québec se partagent la plus grande part du marché : Labatt et Molson. Chacune d'elles produit différents types de bières, surtout des blondes, avec divers degrés d'alcool. Dans les bars, restaurants et discothèques, la bière pression (appelée parfois *draft*) est moins chère qu'en bouteille.

À côté de ces brasseries se trouvent des microbrasseries qui, à bien des égards, s'avèrent très intéressantes. La variété et le goût de leurs bières font qu'elles connaissent un énorme succès auprès du public québécois. McAuslan (Griffon, St-Ambroise), le Cheval Blanc (Coup de Grisou, Sainte-Paix), les Brasseurs du Nord (Boréale), GMT (Belle Gueule) et La Barberie font entre autres partie de ces microbrasseries populaires.

Renseignements généraux – Renseignements utiles, de A à Z

Voyagez gratuitement tous les mois!
Abonnez-vous à l'**infolettre Ulysse**.
Nouveautés – Tendances – Offres spéciales

www.guidesulysse.com

Plein air

Du fait de l'étendue de son territoire et de ses paysages d'une grande beauté, le Québec est un endroit idéal pour pratiquer toutes sortes de loisirs de plein air. Nous passons ici en revue une série d'activités sportives auxquelles vous pouvez vous adonner au Québec. Cette liste est, bien sûr, incomplète en raison du grand choix d'activités possibles. Pour chaque sport, vous trouverez quelques remarques d'ordre général qui ont pour but de faciliter l'organisation de vos activités. Pour plus de détails, consultez la section «Activités de plein air» de chaque chapitre. Par souci de clarté, nous avons classé ces loisirs en deux catégories : les loisirs d'été et les loisirs d'hiver.

Parcs nationaux et réserves fauniques

Il existe des parcs fédéraux et des réserves nationales de faune fédérales, administrés par le gouvernement canadien, ainsi que des réserves fauniques et des parcs québécois, à la charge du gouvernement du Québec. La majorité de ces parcs et réserves offrent des services et installations tels que bureau de renseignements, plans, programmes d'interprétation de la nature, guides accompagnateurs et établissements d'hébergement (refuges, auberges, camping) ou de restauration.

Ces services et installations n'étant pas systématiquement disponibles dans tous les parcs et réserves (ils varient aussi selon les saisons), il est préférable de se renseigner avant de partir. Il est possible de réserver les emplacements de camping, les refuges et les chalets (réserves et parcs québécois). Notez cependant que les politiques de réservations pour les emplacements de camping des parcs fédéraux varient d'un endroit à l'autre.

Dans plusieurs parcs et réserves, des circuits sillonnant le territoire et s'étendant sur des dizaines de kilomètres sont aménagés, permettant aux amateurs de s'adonner à des activités comme la randonnée pédestre, le ski de fond ou la motoneige pendant des jours. Les lacs et rivières, quant à eux, se prêtent bien au canot, au kayak, à la pêche et à la baignade. Le long de ces circuits, des emplacements de camping rustique ou des refuges ont été aménagés. Les emplacements de camping rustique se révèlent très rudimentaires; il est alors essentiel d'être adéquatement équipé. Comme ces circuits s'enfoncent dans des forêts, loin de toute habitation, il est fortement conseillé de respecter le balisage des sentiers. Des cartes très utiles indiquant les circuits ainsi que les emplacements de camping rustique et les refuges sont disponibles pour la plupart des parcs et réserves.

Tout au long du guide, vous trouverez la description de la majorité de ces parcs et réserves ainsi que les principales activités de plein air que l'on peut y pratiquer.

➤ Les parcs fédéraux

Sur le territoire québécois se trouvent quatre parcs fédéraux : le parc national Forillon, en Gaspésie; le parc national de la Mauricie, en Mauricie; la réserve de parc national de l'Archipel-de-Mingan, dans la région de Duplessis; et, au confluent de la rivière Saguenay et du fleuve Saint-Laurent, le parc marin du Saguenay–Saint-Laurent, cogéré par Parcs Québec et Parcs Canada.

On peut obtenir plus de renseignements sur ces parcs en contactant :

Parcs Canada
Bureau national
25-7-N rue Eddy
Gatineau, QC, K1A 0M5
♪ 888-773-8888 (au Canada)
♪ 450-505-8302 (ailleurs dans le monde)
www.pc.gc.ca

➤ Les réserves nationales de faune fédérales

Il existe huit réserves nationales de faune fédérales au Québec, dont sept localisées le long du fleuve Saint-Laurent et une aux Îles de la Madeleine : au lac Saint-François, aux îles de la Paix, aux îles de Contrecœur, au cap Tourmente, à la baie de L'Isle-Verte, aux îles de l'Estuaire, à Pointe-au-Père et à la Pointe-de-l'Est.

➤ Les parcs québécois

Les parcs québécois sont au nombre de 23, en comptant le parc marin du Saguenay–Saint-Laurent, cogéré par Parcs Québec et Parcs Canada.

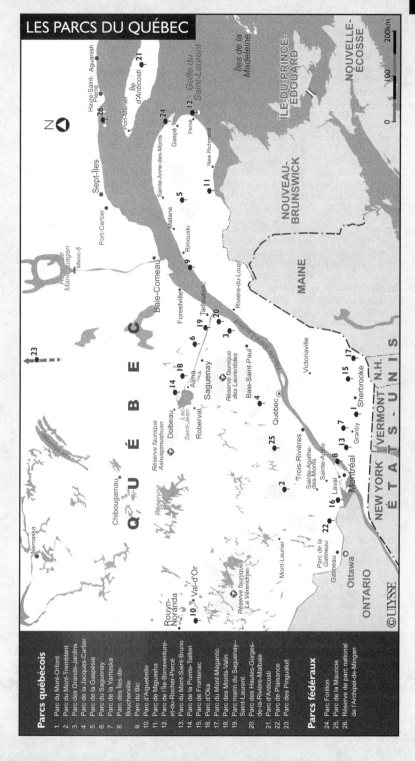

La Société des établissements de plein air du Québec (Sépaq) gère 22 parcs, leurs installations et leurs services, tous axés sur le plein air et la découverte. La Sépaq a pour mandat de développer les sites dans une perspective de tourisme durable, en assurant la conservation et la préservation des ressources naturelles. En plus d'administrer les parcs québécois, elle a sous sa responsabilité les huit centres touristiques et les 15 réserves fauniques du Québec (voir ci-dessous), sans parler de la Sépaq Anticosti et de l'**Auberge de montagne des Chic-chocs** (voir p. 553). Les parcs québécois renferment quelque 550 chalets (réservations requises longtemps à l'avance selon les saisons et les destinations) et 8 000 emplacements de camping, tous en location.

Inauguré en 2007, le dernier-né des parcs québécois, soit le 23e, le **parc national des Pingualuit** (voir p. 679) se trouve au Nunavik. S'étendant sur 1 134 km², il est géré par l'Administration régionale Kativik. Il a ceci de particulier qu'il protège le cratère du Nouveau-Québec, dit le cratère des Pingualuit, ainsi que nombre d'attraits uniques à cette portion de l'Ungava, entre autres la population de caribous, qui compte aujourd'hui plus d'un demi-million d'individus. La communauté inuite située la plus près du parc est Kangiqsujuaq.

Au cours des prochaines années, on prévoit l'inauguration de trois autres parcs québécois : le **parc national du Lac-Témiscouata**, administré par la Sépaq et situé dans la région du Bas-Saint-Laurent, et les **parcs nationaux Tursujuq** et **Kuururjuaq**, tous deux situés au Nunavik et gérés par l'Administration régionale Kativik (ARK).

Pour de plus amples renseignements sur les parcs et réserves fauniques et les activités qui y sont offertes ou pour faire vos réservations, veuillez communiquer avec :

Service des ventes et réservations de la Sépaq
Place de la Cité, Tour Cominar
2640 boul. Laurier, bureau 250
Québec, QC, G1V 5C2
☎ 418-890-6527 (à l'extérieur du Canada et des États-Unis)
ou 800-665-6527 (Canada et États-Unis)
www.sepaq.com

> ### Les réserves fauniques

Les réserves fauniques couvrent généralement des territoires plus vastes que les parcs. La pêche et la chasse, organisées et contrôlées, y sont permises. Quinze réserves fauniques sont gérées par la Société des établissements de plein air du Québec, la Sépaq (voir ci-dessus). Ces territoires de nature sauvage où la pêche et la chasse sont à l'honneur comportent de beaux pavillons d'hébergement et des chalets.

> ### Les centres touristiques

La Sépaq administre aussi huit centres touristiques. On peut entre autres y faire de magnifiques séjours, déguster des repas gastronomiques et visiter des sites historiques, le tout dans un environnement incomparable, sans oublier la pratique de toutes sortes d'activités de plein air. Les campeurs y trouveront de beaux emplacements aménagés pour leurs tentes.

> ### Les zones d'exploitation contrôlée et les pourvoiries

Les 86 zones d'exploitation contrôlée (ou zecs), dont 63 pour la chasse et la pêche, 22 pour la pêche au saumon et une pour la chasse à la sauvagine, sont aussi propriété du gouvernement du Québec. Elles ne sont généralement pas aménagées pour recevoir les visiteurs comme le sont les parcs et les réserves fauniques. On y pratique toutefois la chasse et la pêche. Les pourvoiries, quant à elles, sont des domaines privés aménagés spécialement pour recevoir les chasseurs et les pêcheurs. Quelques-unes sont équipées de refuges rustiques, tandis que d'autres vous accueillent dans une auberge de luxe au menu élaboré.

Fédération québécoise des gestionnaires de zecs (FQGZ)
www.zecquebec.com

Fédération des pourvoiries du Québec (FPQ)
www.fpq.com

> ### L'Association des jardins du Québec

Le Québec possède de merveilleux jardins où il fait bon se promener tout en découvrant des aménagements paysagers aux beautés sans pareilles. De même que les bâtiments historiques, les œuvres d'art et les traditions ancestrales, les jardins sont également reconnus comme faisant partie intégrante du patrimoine québécois.

C'est à partir de 1989 que l'on décida de regrouper 20 grands jardins du Québec sous l'Association des jardins du Québec, afin de promouvoir l'horticulture ornementale et de les faire connaître à tous les amoureux de la nature.

Association des jardins du Québec
82 Grande Allée O.
Québec, QC, G1R 2G6
☎ 418-692-0886
www.jardinsduquebec.com

Les loisirs d'été

Lorsque la température est clémente, il est possible de pratiquer les activités de plein air décrites ci-dessous. Il ne faut pas oublier que les nuits sont fraîches (sauf peut-être en juillet et août dans les régions du sud). En été, dans certaines régions, des chemises ou chandails à manches longues seront fort utiles si vous ne désirez pas vous offrir en repas aux «maringouins» (moustiques) ou aux mouches noires. Au mois de juin, durant lequel ceux-ci sont particulièrement voraces, des insectifuges sont indispensables pour les promenades en forêt.

➤ Agrotourisme

Le Québec agricole dévoile de plus en plus ses charmes et ses secrets aux visiteurs à la recherche d'une activité à la fois récréative et éducative. En leur donnant accès aux fermes et lieux de production, l'agrotourisme permet d'établir un lien privilégié avec les producteurs agricoles québécois, d'apprécier leur savoir-faire, de se procurer des produits du terroir et parfois même de s'attabler à une table champêtre ou de dormir au gîte de la ferme. Entre l'autocueillette de différents fruits, la visite d'érablières, de vignobles, de cidreries ou de bergeries, le choix des activités est vaste! Pour obtenir la liste des producteurs certifiés par l'Association de l'Agrotourisme et du Tourisme Gourmand du Québec (anciennement la Fédération des Agricotours du Québec), visitez le site *www.agrotourismequebec.com*.

➤ Baignade

Les plages de sable blanc fin, de galets ou de roches sont nombreuses. On les retrouve sur les berges du fleuve ou au bord d'un des milliers de lacs que compte le Québec. Vous n'aurez aucune difficulté à en trouver une à votre goût, même si l'eau peut parfois être un peu froide.

La Ville de Montréal a aménagé une plage sur l'île Notre-Dame, où vous pourrez vous rafraîchir dans l'eau filtrée du fleuve. Attention, il s'agit d'une plage très populaire et la quantité de baigneurs y est limitée: arrivez tôt.

Les plages des Îles de la Madeleine constituent l'un des points forts de cet archipel en été. Elles sont facilement accessibles et il est agréable de s'y baigner jusqu'à la fin septembre.

➤ Canot

Le territoire québécois, pourvu d'une multitude de lacs et de rivières, comblera les amateurs de canot. Bon nombre de parcs et de réserves fauniques sont le point de départ d'excursions de canot d'une ou de plusieurs journées. Dans ce dernier cas, des emplacements de camping rustique sont mis à la disposition des canoteurs. Au bureau d'information des parcs et réserves, on peut généralement obtenir une carte des circuits canotables et louer des embarcations.

Pour plus d'information, vous pouvez également vous adresser à la **Fédération québécoise du canot et du kayak** *(www.canot-kayak.qc.ca)*, qui publie plusieurs cartes et guides pratiques sur les parcours canotables du Québec.

➤ Canyoning

Le canyoning se présente comme un sport hybride alternant la marche, la descente en rappel et la nage, et consistant à parcourir un cours d'eau encaissé dont le profil est accidenté. En fait, on peut pratiquer le canyoning aussi bien dans des canyons que dans des gorges, des cascades et des défilés. Plutôt récent au Québec, ce sport s'adresse à tous ceux qui sont âgés de plus de 10 ans, se trouvent en bonne condition physique, savent nager et n'ont pas peur d'être suspendus dans le vide.

L'un des endroits les plus populaires au Québec où l'on pratique la descente en rappel est situé au pied du mont Sainte-Anne, non loin de la ville de Québec: la chute Jean-Larose, avec ses trois cascades vrombissantes qui se jettent dans des bassins d'eau limpide. Il existe également dans les environs d'autres canyons qui s'offrent aux mordus du canyoning, tels le canyon de la Vieille Rivière et le canyon des Éboulements. Seul organisme professionnel au Québec en descente de canyon, **Canyoning-Québec** *(www.canyoning-quebec.com)* vous prendra en charge et fera en sorte que les aventures que vous vivrez soient mémorables.

➤ Chasse et pêche

Pour de l'information générale sur la pratique de la chasse et de la pêche au Québec, communiquez avec:

Ministère des Ressources naturelles et de la Faune
www.mrnf.gouv.qc.ca

Sépaq
www.sepaq.com

Chasse

Pour pouvoir chasser sur le territoire québécois, un résidant doit se procurer un permis de chasse du Québec, disponible chez les dépositaires autorisés: magasins de sport, quincailleries, dépanneurs, ou dans certaines pourvoiries, zecs et réserves fauniques gérés par la Sépaq. Et pour obtenir un permis de chasse avec arme à feu, arbalète et arc, il faut être titulaire du certificat du chasseur approprié à l'engin utilisé.

De plus, un permis de chasse fédéral, délivré par le Service canadien de la faune et vendu dans les bureaux de poste, peut être requis, par exemple pour la chasse aux oiseaux migrateurs, laquelle requiert également le permis de chasse provincial.

Pêche

Pour pouvoir pêcher sur le territoire québécois, résidants et visiteurs doivent se procurer un permis de pêche sportive du Québec, en vente chez les dépositaires autorisés: magasins de sport, quincailleries, dépanneurs, ou dans certaines pourvoiries, zecs et réserves fauniques. Le permis de pêche sportive autorise en général la pêche de la plupart des espèces de poissons d'intérêt sportif au Québec, sauf le saumon atlantique, pour lequel il existe un permis de pêche au saumon, disponible auprès des zecs, des réserves fauniques de pêche au saumon et de certains dépositaires et pourvoiries.

Un seul permis de pêche permet à plusieurs membres d'une même famille de pêcher; si le titulaire du permis ne les accompagne pas, ceux-ci doivent être en possession du permis et respecter la quantité autorisée par ce permis. Il en est de même pour le permis de pêche au saumon, sauf que, dans ce cas, seul l'enfant du titulaire peut s'en servir.

> Descente de rivière

La descente de rivière, ou rafting, est un sport pour le moins riche en émotions fortes. Il consiste à affronter des rapides en radeau ou canot pneumatique. Ces embarcations, qui accueillent généralement une dizaine de personnes, sont d'une résistance et d'une flexibilité nécessaires pour bien résister aux rapides.

La descente de rivière est particulièrement appréciée au printemps, lorsque les rivières sont en crue et ont un courant beaucoup plus impétueux. Il va sans dire qu'il faut être en bonne condition physique pour participer à une excursion de ce genre, d'autant plus qu'entre les rapides c'est la force des rameurs qui mène le bateau. Cependant, une excursion bien organisée, en compagnie d'un guide expérimenté, ne présente pas de danger démesuré. Les entreprises qui proposent de telles descentes fournissent généralement l'équipement nécessaire au confort et à la sécurité des participants. Alors, embarquez-vous et laissez les rivières enfin libérées des glaces de l'hiver vous faire sauter de plaisir et tournoyer au milieu de grandes éclaboussures!

> Équitation

Plusieurs centres équestres proposent des cours ou des promenades. Quelques-uns d'entre eux organisent même des excursions de plus d'une journée. Selon les centres, on peut retrouver deux styles équestres: le style classique (selle anglaise) et le style western. Tous deux étant bien différents, il est utile de vérifier lequel est offert par le centre que vous avez choisi au moment de la réservation. Certains parcs québécois disposent de sentiers de randonnée équestre.

L'association **Québec à cheval** *(www.cheval.qc.ca)* a pour objectif de faire connaître la randonnée équestre. Des stages de formation sont également proposés. Pour de l'information sur les sentiers équestres, adressez-vous à cette association.

> Escalade

Les amateurs pourront s'adonner à l'escalade hiver comme été. Ainsi, on retrouve quelques parois de glace destinées aux grimpeurs de tous les niveaux. Pour cette activité, on doit se munir d'un équipement adéquat (qui est parfois loué sur place) et, bien sûr, connaître les techniques de base. Certains centres proposent des cours d'initiation.

Pour tout renseignement concernant l'escalade de glace, l'initiation à l'escalade, les activités ou les stages, adressez-vous à la **Fédération québécoise de la montagne et de l'escalade** *(www.fqme.qc.ca)*.

> Golf

Dans tous les coins du Québec, des terrains de golf ont été aménagés. Ils sont généralement en activité du mois de mai au mois d'octobre. Le site Internet *www.accesgolf.com* propose un répertoire des terrains de golf.

> Kayak

Le kayak n'est pas un sport nouveau, mais sa popularité va croissant au Québec. De plus en plus de gens découvrent cette activité merveilleuse qui permet de sillonner un cours d'eau dans une embarcation très stable et sécuritaire (en fait, un kayak de mer…) et confortable à un rythme qui leur convient pour apprécier la nature environnante.

En effet, une fois installé dans un kayak, on a l'impression d'être littéralement assis sur l'eau et de faire partie de la nature. Une expérience aussi dépaysante que fascinante! Il existe trois types de kayaks dont le galbe varie: le kayak de lac, le kayak de rivière et le kayak de mer. Ce dernier, qui peut accueillir une ou deux personnes selon le modèle, est le plus populaire car plus manœuvrable. Plusieurs entreprises offrent la location de kayaks et organisent des expéditions guidées sur les cours d'eau du Québec. Les Guides de voyage Ulysse publient le guide pratique *Kayak de mer au Québec.* Vous y trouverez toute l'information sur les sites de mise à l'eau, la location d'équipement et les excursions proposées par les pourvoyeurs, ainsi que des suggestions de lieux d'hébergement faits sur mesure pour les kayakistes.

> Observation des baleines et des phoques

L'estuaire et le golfe du Saint-Laurent recèlent une vie aquatique riche et variée. On y retrouve d'innombrables mammifères marins dont plusieurs espèces de baleines (béluga, rorqual commun et rorqual bleu) et de phoques (phoque gris, phoque commun). Dans le parc marin du Saguenay–Saint-Laurent (cogéré par Parcs Québec et Parcs Canada), qui borde les régions touristiques de Charlevoix, du Saguenay–Lac-Saint-Jean, du Bas-Saint-Laurent et de Manicouagan, des excursions d'observation des baleines sont organisées.

Assurez-vous toutefois de faire affaire avec une entreprise reconnue et responsable qui respecte les règles imposées afin de protéger les mammifères marins: par exemple, de ne pas poursuivre les baleines ou trop s'en approcher.

> Observation des oiseaux

Outre les parcs fédéraux et québécois, plusieurs sites particulièrement intéressants sont accessibles pour observer les oiseaux. À cette fin, nous vous recommandons deux guides:

Les meilleurs sites d'observation des oiseaux au Québec, publié par les Presses de l'Université du Québec;

Les oiseaux du Québec, guide d'identification, paru aux éditions Broquet.

Pour de l'information, adressez-vous au **Regroupement QuébecOiseaux** *(www.quebecoiseaux. org).*

> Parcours d'aventure en forêt

Les parcours d'aventure en forêt, qui existent depuis plusieurs années en France, notamment, poussent comme des champignons au Québec depuis quelques années et sont de plus en plus populaires auprès des jeunes comme des adultes.

À ce jour, au Québec, on dénombre plusieurs parcs spécialisés dans ce genre d'aventure en forêt. Les différents parcours qu'ils offrent se font au moyen de ponts suspendus, ponts-défis, ponts de singe, poutres, filets, cordes, passerelles de bois, tyroliennes, cordes à Tarzan et filets, qui représentent autant de défis à affronter. Ces parcours nous entraînent dans les airs, à travers divers jeux ludiques et sportifs, offrant souvent des vues saisissantes à partir de la cime des arbres. **Arbre en Arbre** *(www.arbreenarbre.com)* et **Arbraska** *(www.arbraska.com)* sont les deux principaux exploitants que l'on retrouve dans plusieurs régions du Québec.

> Patin à roues alignées

Ce sport est le pendant estival du patin à glace. Il demande un certain temps d'adaptation, mais, une fois à l'aise sur ces patins, vous apprécierez la facilité avec laquelle les kilomètres défileront sous vos pieds. On pratique le patin à roues alignées surtout en milieu urbain, sur des pistes revêtues. Quelques entreprises en font la location. Il est fortement conseillé de se munir d'un casque protecteur, de genouillères, de protège-coudes et de gants.

> Planche à voile et cerf-volant de traction

La planche à voile et le cerf-volant de traction sont notamment pratiqués aux Îles de la Madeleine, véritable «pays du vent». Si la planche à voile est aujourd'hui bien connue, le cerf-volant de traction l'est sans doute moins. Cet ensemble de sports hybrides consiste à utiliser la force du vent pour se déplacer à l'aide d'un immense cerf-volant. Il peut être pratiqué sur l'eau à bord d'une planche de surf (surf cerf-volant ou *kitesurf*), sur la plage à bord d'un petit buggy (*kite buggy*), et même sur la neige à l'aide d'une planche à neige ou de skis alpins. Les adeptes de ce sport semblent être de véritables acrobates et parviennent à réaliser des prouesses à couper le souffle. Mais le maniement n'est pas si simple, car les vents puissants peuvent causer des ennuis majeurs. Une bonne préparation et un encadrement adéquat sont de mise avant de s'envoler.

> Plongée sous-marine

La plupart des régions disposent de bons sites de plongée sous-marine, et le Québec compte pas moins de 200 centres de plongée, écoles ou clubs. Notez qu'il existe de plus deux centres hyperbares reconnus, soit à l'hôpital Sacré-Cœur de Montréal et à l'Hôtel-Dieu de Lévis. Pour en connaître davantage sur la plongée sous-marine au Québec, adressez-vous à la **Fédération québécoise des activités subaquatiques** *(www.fqas.qc.ca)*.

> Randonnée pédestre

Activité à la portée de tous, la randonnée pédestre se pratique en maints endroits au Québec. Plusieurs parcs et réserves proposent des sentiers aux longueurs et niveaux de difficulté divers. Certains offrent même des sentiers de longue randonnée. S'enfonçant dans les étendues sauvages, les parcours peuvent s'étendre sur des dizaines de kilomètres.

Sur de tels sentiers, il faut, bien sûr, respecter le balisage et partir bien équipé. Il existe des cartes indiquant les sentiers ainsi que les emplacements de camping rustique et les refuges.

Le guide Ulysse *Randonnée pédestre au Québec* est disponible en librairie. Il présente différents circuits classés aussi bien d'après leur niveau de difficulté que d'après leur longueur. Les Guides de voyage Ulysse publient aussi des guides plus spécialisés, tels *Marcher à Montréal et ses environs*, qui comprend divers itinéraires situés non loin de la métropole ou à Montréal même, et *Le Sentier transcanadien au Québec*, qui permet d'explorer ce long sentier qui traverse 11 des régions du Québec. La **Fédération québécoise de la marche** *(www.fqmarche.qc.ca)*, qui a pour but de développer la pratique de la randonnée pédestre, de la raquette et de la marche en milieu urbain, peut aussi fournir divers renseignements.

> Ski nautique et motomarine

Le ski nautique et la motomarine sont deux activités praticables sur les lacs du Québec. On voit aussi des motomarines sur le fleuve, même à la hauteur de Montréal. Certaines entreprises en font la location. Nous vous rappelons que la vigilance est de mise, surtout lorsque vous vous adonnez à ces sports non loin des baigneurs. Le port de la ceinture de sauvetage est obligatoire au Québec.

Pour de l'information sur le ski nautique, adressez-vous à la **Fédération québécoise de ski nautique** *(www.skinautiquequebec.qc.ca)*, qui offre renseignements, guides, stages de formation et autres services.

> Vélo

Le vélo constitue un moyen des plus agréables pour découvrir les régions du Québec. Les Guides de voyage Ulysse publient les guides *Le Québec cyclable* et *Cyclotourisme au Québec*, qui vous aideront à organiser de belles excursions sur les routes du Québec.

Inaugurée officiellement en août 2007, la **Route Verte** *(www.routeverte.com)* est un itinéraire cyclable de plus de 4 000 km qui sillonne le territoire québécois d'est en ouest et du nord au sud sur plusieurs axes. Il est composé de pistes cyclables en site propre, de voies partagées et de chaussées désignées qui permettent la pratique sécuritaire du vélo et la découverte du patrimoine naturel et culturel du Québec.

Des sentiers de vélo de montagne ont également été aménagés dans plusieurs parcs. On peut obtenir des renseignements à cet égard au bureau d'accueil des parcs.

De nombreuses boutiques de vélos offrent un service de location. Nous vous proposons les coordonnées de quelques boutiques qui offrent ce service dans la section «Activités de plein air» des différents chapitres de ce guide. Il est conseillé de se munir d'une bonne assurance. Certains établissements incluent une assurance-vol dans le prix de location.

> Voile

La **Fédération de voile du Québec** *(www.voile.qc.ca)* regroupe clubs, écoles et associations qui s'intéressent à la navigation. Elle met sur pied des programmes de formation et possède une importante documentation. Notez que le port de la ceinture de sauvetage est obligatoire au Québec.

➤ Vol libre (deltaplane et parapente)

Le vol en deltaplane se pratique au Québec depuis le début des années 1970. Les montagnes ou monts se prêtant bien à ce sport se trouvent en Gaspésie, dans la région de Charlevoix, dans les Appalaches et dans les Laurentides. Le parapente est une activité sportive beaucoup plus récente au Québec. Rappelons qu'elle consiste à se laisser porter par un parachute directionnel gonflé par les vents.

Réputés assez dangereux, ces sports ne peuvent être pratiqués sans au préalable avoir suivi un cours offert par un moniteur accrédité. Pour de l'information, adressez-vous à l'**Association québécoise de vol libre** *(www.aqvl.qc.ca).*

Les loisirs d'hiver

En hiver, alors que le Québec se pare pendant plusieurs mois d'un manteau blanc, la plupart des parcs comptant des sentiers de randonnée pédestre s'adaptent aux nouvelles conditions climatiques pour accueillir les skieurs de fond, motoneigistes et autres adeptes de la raquette. Les amateurs de sports d'hiver peuvent également compter sur des stations de ski modernes et de magnifiques patinoires extérieures. Bref, il est toujours possible d'être actif au Québec en hiver!

➤ Motoneige

Voilà un sport très populaire au Québec; après tout, n'oublions pas que c'est le Québécois Joseph-Armand Bombardier qui inventa la motoneige, donnant ainsi naissance à ce qui allait devenir un des plus importants groupes industriels du Québec, aujourd'hui impliqué dans la fabrication d'avions et de matériel ferroviaire.

Un réseau de 33 500 km de sentiers de motoneige balisés, entretenus et signalisés sillonne le territoire québécois. Des circuits traversant diverses régions touristiques mènent les intrépides au cœur de vastes régions sauvages. Le long de ces sentiers, on trouve tous les services nécessaires aux motoneigistes (ateliers de réparation, relais chauffés, pompes à essence et services de restauration). Il est possible de louer, dans certains centres, les motoneiges et l'équipement requis pour entreprendre de telles expéditions.

Pour emprunter les sentiers de motoneige, il faut être en possession du certificat d'immatriculation du véhicule et avoir une carte de membre de la **Fédération des clubs de motoneigistes du Québec** *(www.fcmq.qc.ca).*

➤ Patin

La plupart des municipalités disposent de patinoires parfois aménagées dans les parcs, sur les rivières ou sur les lacs. Quelquefois, on peut y louer des patins, alors qu'une petite cabane permet de les chausser tout en restant au chaud.

➤ Pêche sur la glace

Communément appelée «pêche blanche», ce type de pêche a vu sa popularité grandir d'année en année. Le principe consiste, comme son nom l'indique, à pêcher le poisson sur la glace. Une petite cabane de bois est installée sur le lac ou sur la surface gelée du cours d'eau afin de pouvoir s'y tenir au chaud pendant les longues heures de patience que demande cette activité. Les régions les plus populaires pour ce type de pêche sont les Cantons-de-l'Est, la Mauricie et le Saguenay–Lac-Saint-Jean.

➤ Planche à neige

La planche à neige (ou surf des neiges) est apparue au Québec au début des années 1990. Bien que marginal à l'origine, ce sport ne cessa de prendre de l'ampleur, si bien qu'aujourd'hui les stations de ski de l'Amérique du Nord dénombrent souvent plus de planchistes que de skieurs. Ça se comprend! Avec la planche à neige, les sensations éprouvées dans une descente quintuplent.

Contrairement à ce que plusieurs croient, le surf des neiges ne s'adresse pas uniquement aux jeunes; il n'y a pas d'âge pour goûter les plaisirs d'un slalom. Aux débutants qui désirent tenter l'expérience, il est conseillé de prendre quelques leçons avant de s'engager sur les pistes, plusieurs stations offrant ce service. La majorité d'entre elles font aussi la location d'équipement.

➤ Raquette

Ce sont les Amérindiens qui ont inventé les raquettes, qui jadis leur servaient essentiellement à se déplacer sur la neige sans s'enfoncer. Au Québec, on pratique généralement la raquette, un loisir de plus en plus populaire, dans les centres de ski de fond et dans les parcs et réserves. Les Guides de voyage Ulysse publient le guide *Raquette et ski de fond au Québec.*

➤ Ski alpin

On dénombre plusieurs stations de ski alpin au Québec. Certaines d'entre elles disposent de pistes éclairées qui sont ouvertes en soirée. Près des stations de ski se trouvent des hôtels offrant des forfaits économiques incluant la chambre, les repas et les billets de ski; renseignez-vous au moment de réserver votre chambre.

Les billets de ski alpin sont coûteux; aussi, afin de s'adapter à tous les types de skieurs, les stations de ski mettent-elles en vente des billets pour la demi-journée, la journée et la soirée. Plusieurs d'entre elles proposent même des billets à l'heure ou selon un système de points. Pour plus d'information sur les stations de ski alpin au Québec, procurez-vous le guide Ulysse *Ski alpin au Québec*.

➤ Ski de fond

Les centres de ski de fond et les parcs et réserves disposant de sentiers de ski de fond sont nombreux. Dans la plupart des centres, il est possible de louer de l'équipement à la journée. Plusieurs comptent des sentiers de longue randonnée, le long desquels on a installé des refuges afin d'accueillir les skieurs.

Certains centres de ski de fond offrent aux personnes empruntant un sentier de longue randonnée la possibilité d'aller porter en motoneige la nourriture au refuge. Les Guides de voyage Ulysse publient le guide *Raquette et ski de fond au Québec*. Ce guide vous donne la longueur des sentiers, leur niveau de difficulté et leurs particularités.

➤ Traîneau à chiens

Autrefois utilisé comme moyen de déplacement par les Inuits du Grand Nord, le traîneau à chiens est devenu une activité sportive très prisée. Des compétitions sont d'ailleurs organisées en maints pays nordiques et dans le territoire canadien du Yukon, entre autres. Chacun peut cependant s'initier aux plaisirs des randonnées en traîneau, car, depuis quelques années, des entreprises de plein air ont commencé à proposer aux visiteurs de tout âge des promenades qui peuvent durer de quelques heures à plusieurs jours.

Dans ce dernier cas, l'entreprise veille à offrir l'équipement adéquat et les refuges. En moyenne, il est possible d'envisager de parcourir de 30 km à 60 km par jour; aussi faut-il être en bonne condition physique pour entreprendre ces longues excursions.

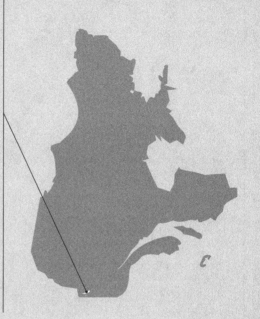

Montréal

L'ÎLE DE MONTRÉAL ET SES ENVIRONS

© ULYSSE

LANAUDIÈRE

Trois-Rivières, Québec

Terrebonne

LAVAL

Île Jésus

Mont-Tremblant

Boisbriand

Ottawa (417)

Toronto (401)

Île Perrot

Lac des Deux Montagnes

L'Île Bizard

SENNEVILLE

STE-ANNE-DE-BELLEVUE

BAIE-D'URFÉ

KIRKLAND

BEACONSFIELD

Sainte-Geneviève

boul. St-Charles

boul. St-Jean

DOLLARD-DES-ORMEAUX

boul. Gouin

boul. des Sources

POINTE-CLAIRE

DORVAL

Aéroport international Pierre-Elliott-Trudeau

L'ÎLE-DORVAL

Lac Saint-Louis

Pointe-aux-Trembles

rue Notre-Dame

MONTRÉAL-EST

Rivière-des-Prairies

boul. Henri-Bourassa

Anjou

Montréal-Nord

boul. Pie-IX

rue Sauvé

boul. Gouin

rue Sherbrooke

rue Maisonneuve

Parc Maisonneuve

av. Papineau

MONTRÉAL

Outremont

Parc du Mont-Royal

MONT-ROYAL

boul. Côte-Vertu

ch. de la Côte-de-Liesse

Saint-Laurent

CÔTE-SAINT-LUC

WESTMOUNT

MONTRÉAL-OUEST HAMPSTEAD

Verdun

LaSalle

Lachine

Pont Mercier

Kahnawake

Châteauguay

MONTÉRÉGIE

Boucherville

Île de Boucherville

Pont-tunnel L.-H.-La Fontaine

Longueuil

Pont Jacques-Cartier

Pont Victoria

Île des Sœurs

Pont Champlain

Verdun

St-Lambert

Saint-Hyacinthe

Sherbrooke

MONTÉRÉGIE

Blossard

Candiac

Delson

Ste-Catherine

Mercier

Fleuve Saint-Laurent

Sorel-Tracy

10km

5

0

POINTE-CLAIRE Ville de banlieue

Saint-Laurent Arrondissement de Montréal

V ille exceptionnelle, latine, nordique et cosmopolite, **Montréal** ★★★ est avant tout la métropole du Québec et la seconde ville francophone du monde après Paris. Ceux qui la visitent l'apprécient d'ailleurs pour des raisons souvent fort diverses, si bien que, tout en parvenant à étonner les voyageurs d'outre-Atlantique par son caractère anarchique et sa nonchalance, Montréal réussit à charmer les touristes américains par son cachet européen.

Il faut dire qu'on y trouve d'abord ce qu'on y recherche, et assez facilement d'ailleurs, car la ville est bien souvent en équilibre entre plus d'un monde: solidement amarrée à l'Amérique du Nord tout en regardant du côté de l'Europe, revendiquée par le Québec et le Canada, et toujours, semble-t-il, en pleine mutation économique, sociale et démographique.

Elle est donc plutôt difficile à cerner, cette ville. Si Paris possède ses Grands Boulevards et sa tour Eiffel, New York, ses gratte-ciel et sa célèbre statue de la Liberté, qu'est-ce qui symbolise le mieux Montréal? Ses nombreuses et belles églises? Ses espaces verts? Son Stade olympique? Ses somptueuses demeures victoriennes?

En fait, bien que son patrimoine architectural soit riche, on l'aime sans doute d'abord et avant tout pour son atmosphère unique et attachante. De plus, si l'on visite Montréal avec ravissement, c'est avec enivrement qu'on la découvre, car elle est généreuse, accueillante et pas mondaine pour un sou.

Aussi, lorsque vient le temps d'y célébrer le jazz, le cinéma, l'humour, la chanson ou la fête nationale des Québécois, c'est par centaines de milliers qu'on envahit ses rues pour faire de ces événements de chaleureuses manifestations populaires. Montréal, une grande ville restée à l'échelle humaine? Certainement. D'ailleurs, derrière les airs de cité nord-américaine que projette sa haute silhouette de verre et de béton, Montréal cache bien mal le fait qu'elle est d'abord une ville de quartiers, de «bouts de rue», qui possèdent leurs propres églises, leurs commerces, leurs restaurants, leurs brasseries artisanales, bref, leurs caractères, façonnés au fil des années par l'arrivée d'une population aux origines diverses.

Fuyante et mystérieuse, la magie qu'opère Montréal n'en demeure pas moins véritable. Et elle se vit avec passion au jour le jour ou à l'occasion d'une simple visite.

Neuf circuits sont proposés dans ce chapitre pour découvrir la métropole québécoise:

Circuit A: Le Vieux-Montréal ★★★
Circuit B: Le centre-ville ★★★
Circuit C: Le quartier Milton-Parc et la *Main* ★
Circuit D: Le Quartier latin ★★
Circuit E: Le Plateau Mont-Royal ★★
Circuit F: Le mont Royal ★★★
Circuit G: Outremont et le Mile-End ★
Circuit H: Les îles Sainte-Hélène et Notre-Dame ★★
Circuit I: Maisonneuve ★★

Accès et déplacements

➤ En avion
La ville de Montréal est desservie par l'**aéroport international Pierre-Elliott-Trudeau** (voir p. 65).

➤ En voiture
Voies d'accès
Si vous partez de Québec, vous pouvez emprunter l'autoroute 20 Ouest jusqu'au pont Champlain, puis prendre l'autoroute Bonaventure, qui mène directement au centre-ville. Vous pouvez aussi arriver par l'autoroute 40 Ouest, que vous devez emprunter jusqu'à l'autoroute Décarie (15), d'où vous devez suivre les indications vers le centre-ville.

En arrivant d'Ottawa, empruntez l'autoroute 40 Est jusqu'à l'autoroute Décarie (15), que vous devez prendre en suivant les indications vers le centre-ville. De Toronto, vous arrivez sur l'île de Montréal par l'autoroute 20 Est, puis vous devez prendre l'autoroute Ville-Marie (720) en suivant les indications vers le centre-ville.

Montréal - Accès et déplacements

guidesulysse.com

Location de voitures

Avis
1225 rue Metcalfe
514-866-2847

Budget
Gare centrale
895 rue De La Gauchetière O.
514-866-7675

Enterprise
1005 rue Guy
514-931-3722

National
1200 rue Stanley
514-878-2771

➤ En autocar

La **Station Centrale** *(505 boul. De Maisonneuve E., métro Berri-UQAM,* 514-842-2281), située à l'angle de la rue Berri et du boulevard De Maisonneuve, est la gare d'autocars de Montréal. Elle est desservie par des compagnies comme **Greyhound** *(* 800-661-8747, www.greyhound. ca)* et **Orléans Express** *(* 888-999-3977, www. orleansexpress.com). La gare est bâtie juste au-dessus de la station de métro Berri-UQAM.

➤ En train

La gare de trains de Montréal, la **Gare centrale** *(895 rue De La Gauchetière O., métro Bonaventure,* 514-989-2626 ou 888-842-7245, www.viarail. ca), se trouve en plein centre-ville.

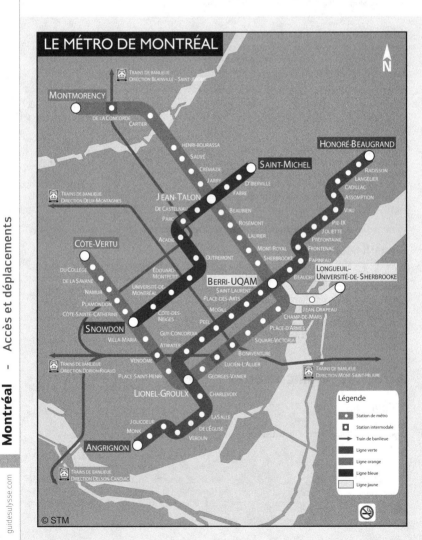

> En transports en commun

Il est fort aisé de visiter Montréal en ayant recours aux transports publics, car la ville est pourvue d'un réseau d'autobus et de métro qui couvre bien l'ensemble de son territoire.

Pour utiliser le réseau de la **Société de transport de Montréal (STM)** *(www.stm.info)*, on doit se procurer une carte OPUS (rechargeable) au prix de 70$ (valable pour un mois) ou de 20,50$ (valable pour une semaine). La carte touristique, quant à elle, permet d'utiliser l'autobus et le métro une journée (7$) ou trois jours consécutifs (14$). On peut également acheter une carte pour 6 (13,25$) ou 10 passages (21$), ou encore opter pour payer 2,75$ à chaque voyage. Les enfants bénéficient de prix réduits. Tout adulte ayant un titre de transport valide peut voyager, les samedis, dimanches et jours fériés, avec cinq enfants de moins de 12 ans. Toutes les cartes sont en vente dans les stations de métro. **Notez que les chauffeurs d'autobus ne vendent pas de billets et ne font pas de monnaie.**

Pour connaître les horaires des autobus, composez le *514-288-6287* (correspondant aux lettres du mot «AUTOBUS» sur le clavier du téléphone). Pour toute autre information, visitez le site Internet *www.stm.info* ou composez le *514-786-4636*.

> En taxi

Taxi Co-op
514-725-9885

Taxi Diamond
514-273-6331

Taxi Royal
514-274-3333

> À vélo

Le vélo demeure un des moyens les plus agréables pour se déplacer en été. Des pistes cyclables ont été aménagées afin de permettre aux cyclistes de se promener dans nombre de quartiers de la ville. Pour faciliter ses déplacements, on peut se procurer une carte des pistes cyclables aux bureaux d'information touristique, ou encore acheter le guide Ulysse *Le Québec cyclable*.

La **Société de transport de Montréal (STM)** *(514-786-4636, www.stm.info)* permet aux usagers de transporter un vélo dans le métro, mais pose certaines conditions.

En 2009, la Ville de Montréal a inauguré **Bixi** (voir p. 141), son service de location de vélos. Très pratique pour les déplacements de 30 min ou moins.

Attraits touristiques

Centre Infotouriste de Montréal *(1255 rue Peel, angle rue Ste-Catherine, métro Peel, 514-873-2015)*
Bureau d'accueil touristique du Vieux-Montréal *(174 rue Notre-Dame E., angle place Jacques-Cartier, métro Champ-de-Mars, 514-873-2015)*

Circuit A:
Le Vieux-Montréal ★ ★ ★

▲ *p. 141*   ● *p. 151*   ♨ *p. 163*   ■ *p. 168*

🕐 *une journée*

Au XVIIIe siècle, Montréal était, tout comme Québec, entourée de fortifications en pierre (voir le plan des fortifications de Montréal vers 1750, p. 16). Entre 1801 et 1817, cet ouvrage défensif fut démoli à l'instigation des marchands, qui y voyaient une entrave au développement de la ville. Cependant, la trame des rues anciennes, comprimée par près de 100 ans d'enfermement, est demeurée en place. Ainsi, le Vieux-Montréal d'aujourd'hui correspond à peu de chose près au territoire couvert par la ville fortifiée.

Au XIXe siècle, ce secteur devient le noyau commercial et financier du Canada. On y construit de somptueux sièges sociaux de banques et de compagnies d'assurances, ce qui entraîne la destruction de la quasi-totalité des bâtiments du Régime français.

Puis, au XXe siècle, après une période d'abandon de 40 ans au profit du centre-ville moderne, le long processus visant à redonner vie au Vieux-Montréal a été enclenché avec les préparatifs de l'Exposition universelle de 1967 et se poursuit, de nos jours, à travers de nombreux projets de recyclage et de restauration. Cette revitalisation connaît même un second souffle depuis la fin des années 1990. Des hôtels de marque sont aménagés dans des édifices historiques, alors que plusieurs Montréalais renouent avec la vieille ville en y déménageant leurs pénates.

▸▸▸ *Le circuit débute à l'extrémité ouest du Vieux-Montréal, rue Saint-Jacques (métro Square-Victoria). Derrière vous se trouve le* **square Victoria** *(voir p. 117), décrit dans le circuit portant sur le centre-ville de Montréal.*

LAVAL

boul. de la Concorde

Pont Le Gardeur

boul. Pie-IX

boul. Lacordaire

125

40

boul. Papineau-Leblanc

Pont Papineau-Leblanc

boul. Saint-Michel

Jarry

N

Dickson

Pont Viau

19

boul. Gouin

boul. Henri-Bourassa

Sauvé

Lajeunesse

Berri

Parc Maisonneuve

i

138

boul. l'Acadie

15

Jarry

Parc Jarry

boul. Saint-Laurent

Saint-Denis

av. du Parc

Jean-Talon

Beaubien

boul. Rosemont

Papineau

boul. Saint-Joseph

rue Rachel

Notre-Dame

40

Jean-Talon

av. Van Horne

g

e

Parc La Fontaine

Pont Jacques-Cartier

117

15

ch. de la Côte-des-Neiges

f

c

d

Sherbrooke

Sainte-Catherine

boul. René-Lévesque

a

h

ch. Queen-Mary

ch. de la Côte-Saint-Luc

b

autoroute Ville-Marie

Pont Victoria

boul. Cavendish

138

Notre-Dame

Canal de Lachine

Weillington

10

av. Westminster

de l'Église

boul. LaSalle

Pont Champlain

Îles des Sœurs

rue Saint-Patrick

20

138

boul. Newman

Parc Angrignon

boul. De la Vérendrye

boul. Champlain

av. Verdun

Fleuve Saint-Laurent

0   1,5   3km

©ULYSSE

Les circuits

a Le Vieux-Montréal

b Le centre-ville

c Le quartier Milton-Parc et la *Main*

d Le Quartier latin

e Le Plateau Mont-Royal

f Le mont Royal

g Outremont et le Mile-End

h Les îles Sainte-Hélène et Notre-Dame

i Maisonneuve

La **rue Saint-Jacques** a été pendant plus de 100 ans l'artère de la haute finance canadienne. Cette particularité se reflète dans son architecture riche et variée, véritable encyclopédie des styles de la période 1830-1930. Les banques, les compagnies d'assurances, tout comme les grands magasins et les sociétés ferroviaires ou maritimes du pays, étaient alors contrôlés, pour une bonne part, par des Écossais devenus Montréalais, attirés par les perspectives d'enrichissement qu'offraient les colonies.

Il faut pénétrer dans le hall de l'ancien siège social de la **Banque Royale** ★ ★ *(360 rue St-Jacques; métro Square-Victoria)* pour admirer les hauts plafonds de ce «temple de la finance», érigé à une époque où les banques devaient se doter de bâtiments imposants afin de donner confiance à l'épargnant. On remarquera, sur le pourtour du hall en pierre de Caen, les armoiries des 10 provinces canadiennes ainsi que celles de Montréal (croix de Saint-Georges) et d'Halifax (oiseau jaune), où la banque a été fondée en 1861.

La **Banque Molson** ★ *(288 rue St-Jacques; métro Square-Victoria)* a été fondée en 1853 par la famille Molson, célèbre pour sa brasserie mise sur pied par l'ancêtre John Molson (1763-1836) en 1786. À l'instar d'autres banques de l'époque, la Banque Molson imprimait même son propre papier-monnaie. C'est dire toute la puissance de ses propriétaires, qui ont beaucoup contribué au développement de Montréal. L'édifice, achevé en 1866, est un des premiers exemples du style Second Empire, aussi appelé style Napoléon III, à avoir été élevé au Canada. Ce style d'origine française, ayant pour modèle le Louvre et l'Opéra de Paris, a connu une grande popularité en Amérique entre 1865 et 1890. On remarquera, au-dessus de l'entrée, les têtes de Thomas Molson et de deux de ses enfants, sculptées dans le grès.

Suivez le guide!

Voici quelques suggestions de visites guidées que vous pourrez faire à Montréal.

À pied

Les promenades d'Architectours *(☎ 514-286-2662, www.heritagemontreal.qc.ca)* sillonnent divers quartiers et sont axées sur l'architecture, l'histoire et l'urbanisme. Les visites sont organisées les fins de semaine de août à la fin septembre. Elles durent en moyenne 2h.

L'Autre Montréal *(3680 rue Jeanne-Mance, bureau 331, ☎ 514-521-7802, www. autremontreal.com)* présente la face cachée de Montréal, ses quartiers populaires, ses recoins méconnus. Certaines visites développent des thèmes précis (par exemple, «Au bord de l'eau: du Vieux-Port aux rapides de Lachine»). Elles durent en moyenne 3h.

En autocar

Gray Line Montréal *(1255 rue Peel, ☎ 514-934-1222 ou 800-461-1223, www. coachcanada.com)* propose une visite guidée de 3h qui permet de découvrir quelque 200 points d'intérêt et d'obtenir une bonne vue d'ensemble de la ville.

En bateau

La **croisière patrimoniale du canal de Lachine** *(quai d'embarquement au sud du marché Atwater, ☎ 514-283-6054, www.pc.gc.ca/canallachine)*, d'une durée de 2h, nourrit d'histoire ses passagers. Le *Navark Dollier-de-Casson* prend la route navigable qui jadis traversait le berceau industriel du Canada. Il mène à la découverte de l'histoire du précurseur de la Voie maritime du Saint-Laurent ainsi que de celle des quartiers limitrophes de ce cœur de la révolution industrielle du Canada de 1824 à 1959. Il offre également un point de vue exceptionnel sur le sud-ouest et sur le centre-ville de Montréal.

Montréal – **Attraits touristiques** – Le Vieux-Montréal

▸▸▸ Longez la rue Saint-Jacques jusqu'à la place d'Armes, que l'on découvre soudainement.

Sous le Régime français, la **place d'Armes ★★** *(métro Place-d'Armes)* constituait le cœur de la cité. Utilisée pour des manœuvres militaires et des processions religieuses, elle comportait aussi le puits Gadoys, principale source d'eau potable de l'agglomération. En 1847, la place se transforme en un joli jardin victorien, ceinturé d'une grille, qui disparaîtra au début du XXe siècle pour faire place au terminus des tramways. Entre-temps, on y installe en 1895 le **monument à Maisonneuve ★★** du sculpteur Louis-Philippe Hébert, qui représente le fondateur de Montréal, Paul de Chomedey, sieur de Maisonneuve, entouré de personnages ayant marqué les débuts de la ville, soit Jeanne Mance, fondatrice de l'Hôtel-Dieu, Lambert Closse avec sa chienne Pilote, ainsi que Charles Le Moyne, chef d'une famille d'explorateurs célèbres. Un guerrier iroquois complète le tableau. Le réaménagement de la place d'Armes est actuellement en cours et sera terminé au printemps 2011.

La place de forme trapézoïdale est entourée de plusieurs édifices dignes de mention. La **Banque de Montréal ★★** *(119 rue St-Jacques; métro Place-d'Armes)*, fondée en 1817 par un groupe de marchands, est la plus ancienne institution bancaire du pays. L'ancien siège social de la Banque de Montréal (déménagé à Toronto) occupe tout un quadrilatère au nord de la place d'Armes, au centre duquel trône le magnifique édifice de John Wells abritant le hall bancaire, construit en 1847 sur le modèle du Panthéon romain.

Au 511 place d'Armes, l'**édifice New York Life ★**, une surprenante tour de grès rouge élevée en 1888 pour la compagnie d'assurances New York Life, est considéré comme le premier gratte-ciel montréalais, avec seulement huit étages. Sa pierre de parement fut importée d'Écosse. On acheminait alors ce type de pierres dans les cales des navires, où elles servaient de ballast avant d'être vendues à quai aux entrepreneurs en construction. L'**édifice Aldred ★** *(501-507 place d'Armes)* comporte de beaux détails Art déco. Il est un des premiers immeubles montréalais à avoir dépassé les 10 étages, à la suite de l'abrogation, en 1927, du règlement limitant la hauteur des édifices.

▸▸▸ Du côté sud de la place d'Armes, on retrouve la basilique Notre-Dame ainsi que le Vieux Séminaire Saint-Sulpice.

En 1663, la seigneurie de l'île de Montréal est acquise par les Messieurs de Saint-Sulpice de Paris. Ces derniers en demeureront les maîtres incontestés jusqu'à la Conquête britannique (1759-1760). En plus de distribuer des terres aux colons et de tracer les premières rues de la ville, les Sulpiciens font ériger de nombreux bâtiments, notamment la première église paroissiale de Montréal en 1673. Placé sous le vocable de Notre-Dame, ce lieu de culte orné d'une belle façade baroque s'inscrivait dans l'axe de la rue du même nom, formant ainsi une agréable perspective, caractéristique de l'urbanisme classique français. Mais, au début du XIXe siècle, cette petite église villageoise faisait piètre figure, lorsque comparée à la cathédrale anglicane de la rue Notre-Dame et à la nouvelle cathédrale catholique de la rue Saint-Denis, deux édifices aujourd'hui disparus.

Les Sulpiciens décidèrent alors de marquer un grand coup afin de surpasser pour de bon leurs rivaux. En 1823, ils demandent à l'architecte new-yorkais d'origine irlandaise protestante James O'Donnell de dessiner la plus vaste et la plus originale des églises au nord du Mexique, au grand dam des architectes locaux.

La **basilique Notre-Dame ★★★** *(5$; lunven 8h à 16h30, sam 8h à 16h, dim 12h30 à 16h; 110 rue Notre-Dame O., ☎ 514-842-2925, www.basiliquenddm.org; métro Place-d'Armes)*, construite entre 1824 et 1829, est un véritable chef-d'œuvre du style néogothique en Amérique. Il ne faut pas y voir une réplique d'une cathédrale d'Europe, mais bien un bâtiment foncièrement néoclassique de la révolution industrielle, sur lequel est apposé un décor d'inspiration médiévale. Notez que les visites sont limitées les samedis d'été en raison des nombreux mariages.

O'Donnell fut tellement satisfait de son œuvre qu'il se convertit au catholicisme avant de mourir, afin d'être inhumé sous l'église. Le décor intérieur d'origine, jugé trop sévère, fut remplacé par le fabuleux décor polychrome actuel entre 1874 et 1880. Exécuté par Victor Bourgeau, champion de la construction d'églises dans la région de Montréal, et par une cinquantaine d'artisans, il est entièrement de bois peint et doré à la feuille.

On remarquera en outre le baptistère, décoré de fresques du peintre Ozias Leduc, le puissant orgue Casavant de 7 000 tuyaux, fréquemment mis à contribution lors des nombreux concerts donnés à la basilique, ainsi que les vitraux du maître-verrier limousin Francis Chigot, qui dépeignent des épisodes de l'histoire de Montréal et qui furent installés lors du centenaire de l'église.

Le **Vieux Séminaire de Saint-Sulpice** ★ *(130 rue Notre-Dame O.; métro Place-d'Armes)* fut construit en 1683 sur le modèle des hôtels particuliers parisiens, érigés entre cour et jardin. C'est le plus ancien édifice de la ville. Depuis plus de trois siècles, il est habité par les Messieurs de Saint-Sulpice, qui en ont fait, sous le Régime français, le manoir d'où ils administraient leur vaste seigneurie. À l'époque de sa construction, Montréal comptait à peine 500 habitants, terrorisés par les attaques incessantes des Iroquois. Le séminaire, même s'il semble somme toute modeste, représentait dans ce contexte un précieux morceau de civilisation européenne au milieu d'une contrée sauvage et isolée. L'horloge publique, installée au sommet de la façade en 1701, serait la plus ancienne du genre en Amérique.

››› *Empruntez la rue Saint-Sulpice, qui longe la basilique.*

Les immenses entrepôts du **Cours Le Royer** ★ *(angle des rues St-Paul et St-Sulpice; métro Place-d'Armes)* ont été conçus entre 1860 et 1871 par Michel Laurent et Victor Bourgeau, dont c'est une des seules réalisations commerciales, pour les religieuses hospitalières de Saint-Joseph, qui les louaient à des importateurs. Ils sont situés à l'emplacement même du premier Hôtel-Dieu de Montréal, fondé par Jeanne Mance en 1642 et inauguré en 1645. L'ensemble de 43 000 m² a été recyclé en appartements et en bureaux entre 1977 et 1986. À cette occasion, la petite rue Le Royer a été excavée pour permettre l'aménagement d'un stationnement souterrain, recouvert d'un agréable passage piétonnier.

››› *Tournez à droite dans la rue Saint-Paul, puis rejoignez la place Royale, sur votre gauche.*

Plus ancienne rue montréalaise, tracée en 1672 par l'arpenteur Bénigne de Basset selon le plan de l'urbaniste et historien Dollier de Casson, la **rue Saint-Paul** fut pendant longtemps la principale artère commerciale de Montréal. C'est probablement la rue la plus emblématique du Vieux-Montréal, une rue que l'on a plaisir à arpenter car elle est bordée de beaux immeubles de pierres datant du XIXe siècle et abritant des galeries d'art et des boutiques d'artisanat.

Plus ancienne place publique de Montréal, la **place Royale** *(métro Place-d'Armes)* existe depuis 1657. D'abord place de marché, elle devient, à son tour, un joli square victorien entouré d'une grille, avant d'être surélevée pour permettre l'aménagement d'une crypte archéologique pour le musée Pointe-à-Callière en 1991.

À l'extrémité nord de la place Royale, la **maison de la Douane** est un bel exemple d'architecture néoclassique britannique telle que transposée au Canada. Les lignes sévères du bâtiment, accentuées par le revêtement de pierres grises locales, sont compensées par ses proportions agréables et ses allusions simplifiées à l'Antiquité. L'édifice construit en 1836 fait aujourd'hui également partie du musée Pointe-à-Callière.

L'établissement muséologique dénommé **Pointe-à-Callière, musée d'archéologie et d'histoire de Montréal** ★ ★ *(14$; sept à juin mar-ven 10h à 17h, sam-dim 11h à 17h; fin juin à début sept lun-ven 10h à 18h, sam-dim 11h à 18h; 350 place Royale, ♪ 514-872-9150, www.pacmusee.qc.ca; métro Place-d'Armes)* se trouve à l'emplacement même où Montréal fut fondée le 17 mai 1642, soit la pointe à Callière. Un obélisque commémoratif, aujourd'hui situé au centre de la place D'Youville, y a été érigé en 1893. Là où commence la place D'Youville coulait autrefois la petite rivière Saint-Pierre; là où se trouve la rue de la Commune s'approchait la rive boueuse du fleuve, découpant ainsi une pointe isolée sur laquelle les premiers colons érigèrent le fort Ville-Marie. Les dirigeants de la colonie décidèrent bientôt d'installer la ville sur la rive voisine, où se trouvent de nos jours les rues Saint-Paul et Notre-Dame, un héritage de cette époque. Le site du fort fut par la suite occupé par un cimetière et par le château du gouverneur de Callière, d'où le nom de la pointe.

Le musée utilise les techniques les plus modernes pour présenter aux visiteurs un intéressant panorama de l'histoire de la ville. Un spectacle multimédia avec conversations de personnages holographiques, une visite des vestiges découverts sur le site, de belles maquettes représentant différents stades du développement de la place Royale et des expositions thématiques composent le menu de ce musée érigé pour les fêtes du 350e anniversaire de Montréal (1992).

››› *Dirigez-vous vers la place D'Youville, à l'ouest du musée.*

La forme allongée de la **place D'Youville** ★, qui s'étend de la place Royale à la rue McGill, vient de ce qu'elle est aménagée sur le lit de la petite rivière Saint-Pierre, canalisée en 1832.

Au milieu de la place D'Youville se dresse l'ancienne caserne de pompiers n° 1, rare exemple d'architecture d'inspiration flamande au Québec. Le bâtiment abrite le **Centre d'histoire de Montréal** ★ *(6$; mar-dim*

10h à 17h; 335 place D'Youville, ☎ 514-872-3207, www.ville.montreal.qc.ca/chm). Une belle petite exposition occupe le rez-de-chaussée. On y voit divers objets retraçant l'histoire de Montréal. Depuis les moments marquants comme Expo 67 jusqu'aux détails de la vie quotidienne à diverses époques, en passant par des événements comme des grèves ou la démolition de bâtiments du patrimoine architectural, on suit l'évolution de la ville grâce à des présentations animées. L'aspect sonore, entre autres, y est important. On a par exemple enregistré le témoignage de Montréalais de différentes origines qui racontent leur ville. Aux étages supérieurs se tiennent des expositions temporaires, tout aussi animées que l'exposition permanente, qui se rattachent à des communautés culturelles ou à des quartiers de la ville de Montréal. On y a installé une passerelle vitrée d'où l'on peut observer le Vieux-Montréal.

▸▸▸ *Tournez à gauche dans la rue Saint-Pierre.*

La communauté des sœurs de la Charité est mieux connue sous le nom de Sœurs Grises, sobriquet dont on avait affublé les religieuses accusées à tort de vendre de l'alcool aux Amérindiens et ainsi de les «griser». En 1747, la fondatrice de la communauté, Marguerite d'Youville, prend en main l'ancien hôpital des frères Charon, fondé en 1693, qu'elle transforme en **Hôpital Général des Sœurs Grises** ★ *(138 rue St-Pierre; métro Square-Victoria),* où sont hébergés les «enfants trouvés» de la ville. Seule l'aile ouest et les ruines de la chapelle subsistent de ce complexe des XVIIᵉ et XVIIIᵉ siècles, aménagé en forme de *H*. On peut y visiter la **Maison de mère d'Youville** *(entrée libre; sur rendez-vous; ☎ 514-842-9411),* qui retrace l'histoire de la fondatrice de la communauté. L'autre partie, qui composait auparavant une autre des belles perspectives classiques de la vieille ville, fut éventrée lors du prolongement de la rue Saint-Pierre en plein milieu de la chapelle. Le transept droit et une partie de l'abside, visibles sur la droite, ont été solidifiés pour recevoir une œuvre représentant les textes des lettres patentes de la congrégation.

▸▸▸ *Traversez la rue de la Commune pour rejoindre les Quais du Vieux-Port, en bordure du fleuve.*

Le port de Montréal est l'un des plus importants ports intérieurs du continent. Il s'étend sur 25 km le long du fleuve, de la Cité-du-Havre aux raffineries de l'est de l'île. Le **Vieux-Port de Montréal** ★ *(métro Place-d'Armes ou Champ-de-Mars)* correspond à la portion historique du havre, située devant la ville ancienne. Délaissé à cause de sa vétusté, il a été réa-

ménagé entre 1983 et 1992 pour accueillir les promeneurs, à l'instar de plusieurs zones portuaires centrales nord-américaines. Les **Quais du Vieux-Port** *(www.quaisduvieuxport.com)* comportent un agréable parc linéaire, aménagé sur les remblais et doublé d'une promenade le long des quais offrant une «fenêtre» sur le fleuve de même que sur les quelques activités maritimes qui ont heureusement été préservées. L'agencement met en valeur les vues sur l'eau, sur le centre-ville et sur la rue de la Commune, qui dresse devant la ville sa muraille d'entrepôts néoclassiques en pierres grises, représentant l'un des seuls exemples d'aménagement dit en «front de mer» en Amérique du Nord.

Sur la droite, dans l'axe de la rue McGill, est située l'embouchure du **canal de Lachine** ★, inauguré en 1825. Cette voie navigable permettait enfin de contourner les infranchissables rapides de Lachine, en amont de Montréal, donnant ainsi accès aux Grands Lacs et au Midwest américain. Le canal devint en outre le berceau de la révolution industrielle canadienne, les filatures et les minoteries tirant profit de son eau comme force motrice, tout en bénéficiant d'un système d'approvisionnement et d'expédition direct, du bateau à la manufacture.

Fermé en 1970, soit 11 ans après l'ouverture de la Voie maritime du Saint-Laurent en 1959, le canal a été pris en charge par le Service canadien des parcs, qui a aménagé sur ses berges une piste cyclable entre le Vieux-Port et Lachine. Les écluses qui se trouvent dans le Vieux-Port, restaurées en 1991, sont adjacentes à un parc et à une audacieuse Maison des éclusiers. Derrière, se dresse le dernier des grands **silos à grains** du Vieux-Port. Cette structure de béton armé, érigée en 1905, avait suscité l'admiration de Walter Gropius et de Le Corbusier lors de leur voyage d'études. Elle est maintenant éclairée tel un monument. Derrière, on aperçoit l'étrange amoncellement de cubes d'**Habitat 67** (voir p. 133), alors que, sur la gauche, se trouve la **gare maritime Iberville du Port de Montréal** *(☎ 514-283-7011),* où accostent les paquebots en croisière sur le fleuve Saint-Laurent.

À l'est, le quai King-Edward accueille le **Centre des sciences de Montréal** *(12$; lun-ven 9h à 16h, sam-dim 10h à 17h; quai King-Edward, ☎ 514-496-4724 ou 877-496-4724, www.centredessciencesdemontreal.com; métro Place-d'Armes),* un complexe récréotouristique et interactif de sciences et de divertissement installé dans un hangar recyclé en un bâtiment d'architecture moderne. Il abrite un cinéma IMAX, un ciné-jeu interactif, sorte de

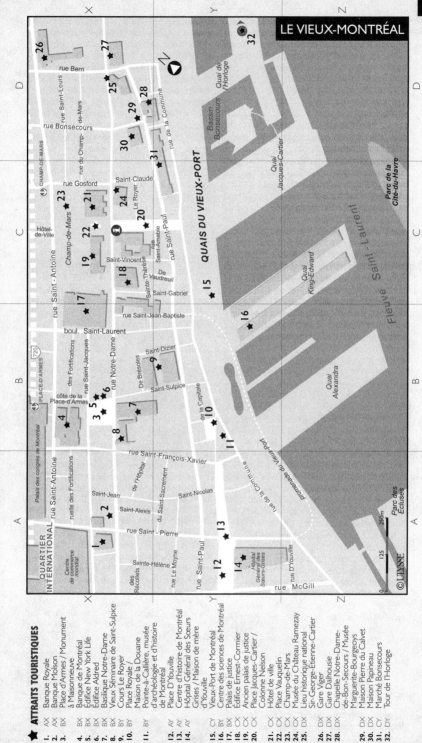

LE VIEUX-MONTRÉAL

★ **ATTRAITS TOURISTIQUES**

1. AX Banque Royale
2. AX Banque Molson
3. BX Place d'Armes / Monument
   à Maisonneuve
4. BX Banque de Montréal
5. BX Édifice New York Life
6. BX Édifice Aldred
7. BX Basilique Notre-Dame
8. BX Vieux Séminaire de Saint-Sulpice
9. BY Cours Le Royer
10. BY Place Royale
11. BY Pointe-à-Callière, musée
    d'archéologie et d'histoire
    de Montréal
12. AY Maison D'Youville
13. AY Centre d'histoire de Montréal
14. AY Hôpital Général des Sœurs
    Grises / Maison de mère
    d'Youville
15. CY Vieux-Port de Montréal
16. BY Centre des sciences de Montréal
17. BX Palais de justice
18. CX Édifice Ernest-Cormier
19. CX Ancien palais de justice
20. CX Place Jacques-Cartier /
    Colonne Nelson
21. CX Hôtel de ville
22. CX Place Vauquelin
23. CX Champ-de-Mars
24. CX Musée du Château Ramezay
25. DX Lieu historique national
    Sir-George-Étienne-Cartier
26. DX Gare Viger
27. DX Gare Dalhousie
28. DX Chapelle Notre-Dame-
    de-Bon-Secours / Musée
    Marguerite-Bourgeoys
29. DX Maison Pierre du Calvet
30. DX Maison Papineau
31. CY Marché Bonsecours
32. DY Tour de l'Horloge

guidesulysse.com

jeu vidéo collectif sur grand écran, ainsi que des restaurants et des boutiques.

*** *Longez la promenade des Quais jusqu'au boulevard Saint-Laurent, que vous emprunterez vers le nord, puis tournez à droite dans la rue Notre-Dame.*

Après les secteurs des affaires et des entrepôts, on aborde maintenant le quartier des institutions civiques et judiciaires, où pas moins de trois palais de justice se côtoient en bordure de la rue Notre-Dame. Le **palais de justice** *(1 rue Notre-Dame E.; métro Champ-de-Mars)*, inauguré en 1971, écrase les alentours par ses volumes massifs. La sculpture de son parvis, intitulée *Allegrocube*, est de l'artiste Charles Daudelin. Un mécanisme permet d'ouvrir et de fermer cette «main de la Justice» stylisée.

De son inauguration en 1926 jusqu'à sa fermeture en 1970, le bâtiment qui était appelé à l'époque le «nouveau» palais de justice a reçu les causes criminelles, puis il a accueilli le conservatoire de musique et d'art dramatique de 1975 à 2001. Aujourd'hui complètement restauré, l'**édifice Ernest-Cormier** ★ ★ *(100 rue Notre-Dame E.; métro Champ-de-Mars)* est retourné à sa vocation première comme Cour d'appel du Québec en 2004. Il porte le nom de son architecte depuis 1980, année du décès d'Ernest Cormier. On doit entre autres à l'illustre Ernest Cormier le pavillon principal de l'Université de Montréal et les portes de l'Assemblée générale des Nations Unies à New York. L'édifice Ernest-Cormier comporte d'exceptionnelles torchères en bronze, coulées à Paris aux ateliers d'Edgar Brandt. Leur installation, en 1925, marqua les débuts de l'Art déco au Canada. Le hall principal, revêtu de travertin et percé de trois puits de lumière en forme de coupole, mérite une petite visite.

L'**ancien palais de justice** ★ *(155 rue Notre-Dame E.; métro Champ-de-Mars)*, doyen des palais de justice montréalais, a été érigé entre 1849 et 1856 à l'emplacement du premier palais de justice de 1800. Il s'agit d'un autre bel exemple d'architecture néoclassique canadienne. À la suite de la division des tribunaux en 1926, le vieux Palais a hérité des causes civiles. Depuis l'ouverture du palais de justice, à sa gauche, le vieux Palais a été transformé pour accueillir une annexe de l'hôtel de ville, situé à sa droite.

*** *Poursuivez vers l'est par la rue Notre-Dame. Vous trouverez la place Jacques-Cartier sur votre droite.*

La **place Jacques-Cartier** ★ *(métro Champ-de-Mars)* a été aménagée à l'emplacement du château de Vaudreuil, incendié en 1803. L'ancienne résidence montréalaise du gouverneur de la Nouvelle-France était sans contredit la plus raffinée des demeures de la ville. Dessinée par l'ingénieur Gaspard Chaussegros de Léry en 1723, elle comportait un escalier en fer à cheval donnant sur un beau portail en pierre de taille, deux pavillons en avancée de part et d'autre du corps principal et un jardin à la française s'étendant jusqu'à la rue Notre-Dame. La forme allongée de la place Jacques-Cartier lui vient de ce que les marchands, ayant racheté la propriété, ont choisi de donner au gouvernement de la Ville une languette de terre, à condition qu'un marché public y soit aménagé, augmentant du coup la valeur des terrains limitrophes, demeurés entre des mains privées.

Rapidement plus nombreux à Montréal qu'à Québec, ville du gouvernement et des troupes d'occupation, les marchands d'origine britannique trouveront différents moyens pour assurer leur visibilité et exprimer leur patriotisme au grand jour. Ainsi, ils seront les premiers au monde, en 1809, à ériger un monument à la mémoire de l'amiral Horatio Nelson, vainqueur de la flotte franco-espagnole à Trafalgar. On raconte qu'ils auraient même enivré des Canadiens français pour leur extorquer une contribution au financement du projet. La base de la **colonne Nelson** fut dessinée et exécutée à Londres. Elle regroupe des bas-reliefs relatant les exploits du célèbre amiral à Aboukir, à Copenhague et, bien sûr, à Trafalgar. La statue de Nelson, au sommet, était à l'origine en pierre artificielle *Coade*, mais elle fut à maintes reprises endommagée par des manifestants, jusqu'à son remplacement par une réplique en fibre de verre en 1981. La colonne Nelson est le plus ancien monument commémoratif qui subsiste à Montréal.

À l'autre extrémité de la place, on aperçoit le **quai Jacques-Cartier** et le fleuve, alors que, sur la droite, à mi-course, se cache la petite **rue Saint-Amable**, où se regroupent les artistes et artisans qui vendent bijoux, dessins et gravures pendant la belle saison.

Sous le Régime français, Montréal avait, à l'instar de Québec et de Trois-Rivières, son propre gouverneur, qui ne doit pas être confondu avec le gouverneur de la Nouvelle-France dans son ensemble. Il en sera de même sous le Régime anglais. Il faut attendre 1833 pour qu'un premier maire élu prenne en main la destinée de la ville. Ce sera Jacques Viger (1787-1858), homme féru d'histoire, qui donnera à Montréal sa devise (*Concordia Salus*) et ses armoiries, formées des quatre symboles des peuples «fondateurs», soit le castor canadien-français, auquel a été substitué le lys français, le trèfle irlandais, le chardon écossais et la rose anglaise.

Après avoir logé dans des bâtiments inadéquats pendant des décennies (mentionnons simplement l'incident de l'aqueduc Hayes, dont la maison comportait un immense réservoir d'eau sous lequel se trouvait la salle du Conseil et qui se fissura un jour en pleine séance; on imagine la suite), l'administration municipale put enfin emménager dans l'édifice actuel en 1878: l'**hôtel de ville** ★★ *(275 rue Notre-Dame E.; métro Champ-de-Mars)*. Bel exemple du style Second Empire ou Napoléon III, il est l'œuvre d'Henri-Maurice Perrault, auteur du palais de justice voisin. En 1922, un incendie (encore un!) détruisit l'intérieur et la toiture de l'édifice. Celle-ci fut rétablie en 1926 en prenant pour modèle l'hôtel de ville de Tours en France. Des expositions se tiennent sporadiquement dans le hall d'honneur, qu'on atteint par l'entrée principale. Notons enfin que c'est du balcon de l'hôtel de ville que le général de Gaulle a lancé son célèbre «Vive le Québec libre» en 1967, au plus grand plaisir de la foule massée devant l'édifice.

Rendez-vous derrière l'hôtel de ville en passant par la jolie **place Vauquelin**, située dans le prolongement de la place Jacques-Cartier. Réalisée en 1930 par le sculpteur français Paul-Eugène Bénet, originaire de Dieppe, la statue à la mémoire de l'amiral Jean Vauquelin (1728-1772), défenseur de Louisbourg à la fin du Régime français, fut probablement installée à cet endroit pour faire contrepoids à la colonne Nelson, symbole du contrôle britannique sur le Canada.

Descendez l'escalier qui conduit au **Champ-de-Mars**, dont le réaménagement, en 1991, a permis de dégager une partie des vestiges des fortifications qui entouraient jadis Montréal. Tout comme à Québec, Gaspard Chaussegros de Léry est responsable de cet ouvrage bastionné, érigé entre 1717 et 1745. Cependant, les murs de Montréal ne connurent jamais la bataille, la vocation commerciale et le site même de la ville interdisant ce genre de geste téméraire. Les grandes pelouses bordées de quelques arbres rappellent, quant à elles, que le Champ-de-Mars a été utilisé comme terrain de manœuvre et de parades militaires jusqu'en 1924. On remarquera aussi le dégagement qui dévoile une belle vue du centre-ville et de ses gratte-ciel.

▸▸▸ *Retournez à la rue Notre-Dame.*

Le **Musée du Château Ramezay** ★ *(9$; juin à mi-oct tlj 10h à 18h, mi-oct à juin mar-dim 10h à 16h30;*

280 rue Notre-Dame E., ☎ *514-861-3708, www. chateauramezay.qc.ca; métro Champ-de-Mars)* est aménagé dans le plus humble des «châteaux» construits à Montréal, et pourtant le seul qui subsiste. Le Château Ramezay a été érigé en 1705 pour le gouverneur de Montréal, Claude de Ramezay, et sa famille. En 1745, il passe entre les mains de la Compagnie des Indes occidentales, qui le reconstruit en 1756. On conserve alors dans ses voûtes les précieuses fourrures du Canada, avant qu'elles ne soient expédiées en France. Après la Conquête, des commerçants britanniques s'installent au château avant d'être délogés temporairement par l'armée des insurgés américains, qui voudraient bien que la province de Québec se joigne aux États-Unis en formation. Benjamin Franklin établit même ses bureaux au château pendant quelques mois, en 1775, alors qu'il tentait de convaincre les Montréalais de devenir citoyens américains.

Après avoir accueilli les premiers locaux de la succursale montréalaise de l'Université Laval de Québec, le bâtiment devient musée en 1895 sous les auspices de la Société d'archéologie et de numismatique de Montréal, fondée par Jacques Viger. On y présente toujours une riche collection de tableaux et d'objets ethnologiques européens, canadiens et amérindiens, datant de la période précolombienne jusqu'au début du XXe siècle. La salle de Nantes est revêtue de belles boiseries d'acajou de style Louis XV, sculptées vers 1725 par Germain Boffrand, qui proviennent du siège nantais de la Compagnie des Indes occidentales.

▸▸▸ *Longez la rue Notre-Dame jusqu'à l'intersection avec la rue Berri.*

À l'angle de la rue Berri se trouve le **Lieu historique national Sir-George-Étienne-Cartier** ★ *(3,90$; fin juin à début sept tlj 10h à 17h30, début sept à fin déc et fin avr à fin juin mer-dim 10h à 12h et 13h à 17h, jan fermé; 458 rue Notre-Dame E.,* ☎ *514-283-2282, www.pc.gc.ca/cartier; métro Champ-de-Mars)*, composé de deux maisons jumelées, habitées successivement par George-Étienne Cartier, l'un des pères de la Confédération canadienne. On y a recréé un intérieur bourgeois canadien-français du milieu du XIXe siècle. En tout temps, des bandes sonores éducatives et originales accompagnent avec authenticité la visite des lieux.

La rue Berri marque approximativement la frontière est du Vieux-Montréal, et donc de la ville fortifiée du Régime français, au-delà de laquelle s'étendait le faubourg Québec, excavé au XIXe siècle pour permettre l'installation de voies ferrées, ce qui explique la brusque dénivellation entre le coteau Saint-Louis et les gares Viger et Dalhousie.

La **gare Viger**, que l'on aperçoit sur la gauche, a été inaugurée par le Canadien Pacifique en 1897 pour desservir l'est du pays. Sa ressemblance avec le Château Frontenac de Québec n'est pas fortuite, puisqu'elle a été dessinée pour la même société ferroviaire et par le même architecte, l'Américain Bruce Price. La gare de style château, fermée en 1935, comprenait également un hôtel prestigieux et de grandes verrières, aujourd'hui disparues.

La petite **gare Dalhousie** *(514 rue Notre-Dame; métro Champ-de-Mars)*, en contrebas de la maison George-Étienne-Cartier, a été la première gare du Canadien Pacifique, entreprise formée pour la construction d'un chemin de fer transcontinental canadien. Elle a été le théâtre du départ du premier train transcontinental, à destination de Port Moody (à 20 km de Vancouver), le 28 juin 1886.

La gare Dalhousie a longtemps abrité l'École nationale de cirque de Montréal, qui a emménagé dans un bâtiment érigé dans ce qui est désormais appelé TOHU, la Cité des arts du cirque, dans le nord de l'île de Montréal. C'est la compagnie de cirque Éloize qui occupe maintenant la gare Dalhousie.

▸▸▸ Tournez à droite dans la rue Berri, puis encore à droite dans la rue Saint-Paul, qui offre une belle perspective sur le dôme du Marché Bonsecours. Continuez tout droit jusqu'à la chapelle Notre-Dame-de-Bon-Secours.

Une première chapelle fut érigée à cet endroit en 1658, à l'instigation de Marguerite Bourgeoys, fondatrice de la congrégation de Notre-Dame. La **chapelle Notre-Dame-de-Bon-Secours ★** *(400 rue St-Paul E., ☎ 514-282-8670, métro Champ-de-Mars)* actuelle date de 1771, alors que les Messieurs de Saint-Sulpice voulurent établir une desserte de la paroisse mère dans l'est de la ville fortifiée. La chapelle a été mise au goût du jour vers 1890, au moment où l'on a ajouté la façade actuelle en pierres bossagées ainsi que la chapelle aérienne donnant sur le port, d'où l'on bénissait autrefois les navires et leur équipage en partance pour l'Europe. L'intérieur, refait à la même époque, contient de nombreux *ex-voto* offerts par des marins sauvés d'un naufrage. Certains prennent la forme de maquettes de navires, suspendues au plafond de la nef. La chapelle est aujourd'hui le lieu de divers concerts et activités, en collaboration avec le Musée Marguerite-Bourgeoys (voir ci-dessous).

Entre 1996 et 1998, on a effectué des fouilles sous la nef de la chapelle qui ont mis au jour plusieurs objets amérindiens préhistoriques. Aujourd'hui le **Musée Marguerite-Bourgeoys ★** *(8$; mai à mi-oct mar-dim 10h à 17h30, mi-oct à mi-jan mar-dim 11h à 15h30, mars et avr mar-dim 11h à 15h30, fermé mi-jan à fév; 400 rue St-Paul E., ☎ 514-282-8670, www.marguerite-bourgeoys. com)* expose ces intéressantes pièces archéologiques, mais il y a encore plus à découvrir. Attenant à la chapelle Notre-Dame-de-Bon-Secours, il nous entraîne dans les dédales de l'histoire, depuis le haut de la tour de son clocher, d'où la vue est imprenable, jusqu'aux profondeurs de sa crypte, où les vieilles pierres parlent d'elles-mêmes. Vous en apprendrez plus sur la vie de Marguerite Bourgeoys, pionnière de l'éducation au Québec, et pourrez voir son authentique portrait et découvrir l'énigme l'entourant... Des visites guidées permettent également de découvrir le site archéologique abritant les fondations de cette chapelle de pierres, la plus ancienne de Montréal.

▸▸▸ Tournez à droite dans la rue Bonsecours.

Datant de 1725, la **maison Pierre du Calvet ★** *(401 rue Bonsecours)* est représentative de l'architecture urbaine française du XVIIIe siècle, adaptée au contexte local, puisque l'on y retrouve les épais murs de moellons noyés dans le mortier, les contre-fenêtres extérieures apposées devant des fenêtres à vantaux à petits carreaux de verre importé de France, mais surtout les hauts murs coupe-feu, imposés par les intendants afin d'éviter la propagation des flammes d'un bâtiment à l'autre. Elle loge depuis plusieurs années l'**Hostellerie Pierre du Calvet** (voir p. 143).

La **maison Papineau ★** *(440 rue Bonsecours; métro Champ-de-Mars)* fut autrefois habitée par Louis-Joseph Papineau (1786-1871), avocat, politicien et chef des mouvements nationalistes canadiens-français jusqu'à l'insurrection de 1837. La maison de 1785, revêtue d'un parement de bois imitant la pierre de taille, a été l'un des premiers bâtiments du Vieux-Montréal à être restauré (1962).

Entre 1845 et 1850, on érige entre la rue Saint-Paul et la rue de la Commune le **Marché Bonsecours ★★** *(300 rue St-Paul E., www.marchebonsecours.qc.ca)*, un bel édifice néoclassique en pierres grises, doté de fenêtres à guillotine à l'anglaise. Il comporte un portique, dont les colonnes doriques en fonte furent coulées en Angleterre, et un dôme argenté, qui a longtemps été le symbole de la ville, à l'entrée du port. Le marché public a été fermé au début des années 1960 à la suite de l'apparition des supermarchés d'alimentation, puis transformé en bureaux municipaux. Rouvert en 1996, on peut aujourd'hui y déambuler au milieu d'une exposition et de diverses boutiques (voir p. 169). À l'origine, l'édifice logeait également l'hôtel de ville de Montréal ainsi qu'une salle de concerts à l'étage. Le long de la rue Saint-Paul, on peut voir les anciens celliers du marché, alors que, du grand balcon de la rue de la Commune, on aperçoit le bassin Bonsecours, en partie reconstitué, où accostaient les bateaux à aubes à bord desquels les agriculteurs venaient en ville vendre leurs produits.

*** *Rendez-vous sur la place Jacques-Cartier.*

À partir du quai Jacques-Cartier, on aperçoit vers l'est la **tour de l'Horloge** ★ *(mi-mai à fin sept; au bout du quai de l'Horloge,* ♪ *514-496-7678 ou 800-971-7678, www.vieuxportdemontreal.com; métro Champ-de-Mars)*, qui se dresse sur le quai de l'Horloge. Cette structure est en réalité un monument érigé en 1922 à la mémoire des marins de la marine marchande morts au cours de la Première Guerre mondiale, et inauguré par le prince de Galles (futur Édouard VIII) lors de l'une de ses nombreuses visites à Montréal. Au sommet de la tour se trouve un observatoire permettant d'admirer l'île Sainte-Hélène, le pont Jacques-Cartier et l'est du Vieux-Montréal. De la place du Belvédère, située au pied de la tour, on a cette impression étrange d'être sur le pont d'un navire qui glisse lentement sur le fleuve Saint-Laurent en direction de l'Atlantique.

*** *Pour retourner vers le métro, remontez la place Jacques-Cartier, traversez la rue Notre-Dame, la place Vauquelin puis le Champ-de-Mars jusqu'à la station du même nom.*

Circuit B: Le centre-ville ★ ★ ★

▲ *p. 143*   🍽 *p. 153*   🍸 *p. 162*   🛍 *p. 168*

⏱ *une journée*

Les gratte-ciel du centre-ville donnent à Montréal son visage typiquement nord-américain. Toutefois, à la différence d'autres villes du continent, un certain esprit latin s'infiltre entre les tours pour animer ce secteur de jour comme de nuit. Les bars, les cafés, les grands magasins, les boutiques, les sièges sociaux, deux universités et de multiples collèges sont tous intégrés à l'intérieur d'un périmètre restreint au pied du mont Royal.

Au début du XXᵉ siècle, le centre de Montréal s'est déplacé graduellement de la vieille ville vers ce qui était, jusque-là, le quartier résidentiel huppé de la bourgeoisie canadienne, baptisé le «Golden Square Mile». De grandes artères comme la rue Dorchester, qui deviendra boulevard, lequel portera plus tard le nom de René-Lévesque, étaient alors bordées de demeures palatiales entourées de jardins ombragés. Le centre-ville a connu une transformation radicale en un très court laps de temps, soit entre 1960 et 1967, période qui voit s'ériger la Place Ville Marie, le métro, la ville souterraine, la Place des Arts et plusieurs autres infrastructures qui influencent encore le développement du secteur.

*** *Le circuit du centre-ville débute au Musée des beaux-arts de Montréal, situé rue Sherbrooke à l'angle de la rue Crescent. Prévoyez une demi-journée pour la visite de ce fleuron des musées d'art québécois.*

Le **Musée des beaux-arts de Montréal** ★ ★ ★ *(15$ pour les expositions temporaires, à moitié prix mer 17h à 21h, entrée libre pour la collection; mar 11h à 17h, sam-dim 10h à 17h, mer-ven 11h à 21h; 1379-1380 rue Sherbrooke O.,* ♪ *514-285-2000 ou 800-899-6873, mbam.qc.ca; métro Guy-Concordia, autobus 24)*, situé au cœur du centre-ville, est le plus important et le plus ancien musée québécois. Il regroupe des collections variées qui dressent un portrait de l'évolution des arts dans le monde depuis l'Antiquité jusqu'à nos jours. L'institution est installée dans trois pavillons: le pavillon Michal et Renata Hornstein et le pavillon Liliane et David M. Stewart au nᵒ 1379 de la rue Sherbrooke et le pavillon Jean-Noël Desmarais au nᵒ 1380. Seulement 10% de la collection du musée, qui comprend plus de 35 000 objets, est exposée. À celle-ci peuvent se joindre jusqu'à trois expositions temporaires d'envergure internationale présentées simultanément, constituant ainsi un volet appréciable des activités du musée.

Parmi les collections permanentes du musée, les plus intéressantes sont certainement la collection des **Maîtres anciens** *(pavillon Jean-Noël Desmarais, niveau 4)*, qui comprend des toiles, des meubles et des sculptures du Moyen Âge, de la Renaissance ainsi que des périodes baroques et classiques, soit un vaste panorama de l'histoire de l'art européen de l'an 1000 jusqu'à la fin du XVIIIᵉ siècle, la collection d'**Art canadien** *(pavillon Michal et Renata Hornstein, niveau 2)*, véritable fleuron du musée, et la collection d'**Arts décoratifs de la Renaissance au XXIᵉ siècle** *(pavillon Liliane et David M. Stewart, niveau 1)*, composée de meubles et d'objets décoratifs de style international. Pour sa part, l'**Espace Marc-Aurèle Fortin** comprend des œuvres de l'artiste dont des tableaux significatifs tels que *Arbre déraciné* (vers 1928) et *Commencement d'orage sur Hochelaga* (vers

1940). Ces œuvres donnent une vision complète des genres pratiqués par le peintre : portraits, natures mortes, scènes religieuses et paysages, de même que des représentations urbaines de Montréal.

››› *Descendez la rue Crescent qui borde le musée au sud de la rue Sherbrooke.*

La **rue Crescent ★** *(métro Guy-Concordia)*, perpendiculaire à la rue Sainte-Catherine, a une double personnalité. Au nord du boulevard De Maisonneuve, elle accueille, à l'intérieur d'anciennes maisons en rangée, des antiquaires et des boutiques de luxe, alors qu'au sud on retrouve une concentration de boîtes de nuit, de restaurants et de bars, la plupart précédés de terrasses ensoleillées. Pendant longtemps, la rue Crescent fut connue comme le pendant anglophone de la rue Saint-Denis. Même s'il est vrai qu'elle est toujours la favorite des visiteurs américains, sa clientèle est aujourd'hui plus diversifiée.

››› *Prenez à gauche le boulevard De Maisonneuve, puis à droite la rue Peel.*

Les **Cours Mont-Royal ★** *(1455 rue Peel; métro Peel)* sont reliées, comme il se doit, à ce réseau tentaculaire qui gravite autour des stations de métro. Il s'agit d'un complexe multifonctionnel comprenant quatre niveaux de boutiques, des bureaux et des appartements aménagés dans l'ancien hôtel Mont-Royal. Ce palace des années folles, inauguré en 1922, était, avec ses quelque 1 100 chambres, le plus vaste hôtel de l'Empire britannique. Mis à part l'extérieur, seule une portion du plafond du hall, auquel est suspendu l'ancien lustre du casino de Monte Carlo, a été conservée lors du recyclage de l'immeuble en 1987. Il faut voir les quatre cours intérieures, hautes

de 10 étages, et se promener dans ce qui est peut-être le plus réussi des centres commerciaux du centre-ville.

››› *Poursuivez vers le sud par la rue Peel jusqu'au square Dorchester.*

Le **Centre Infotouriste** (voir p. 97) abrite les comptoirs de plusieurs intervenants du domaine touristique, entre autres les bureaux d'information touristique du gouvernement du Québec.

De 1799 à 1854, le cimetière catholique de Montréal se trouvait en plein milieu de l'actuel centre-ville. Cette année-là, le cimetière Saint-Antoine fut transféré en partie sur le mont Royal (cimetière Notre-Dame-des-Neiges, voir p. 128). En 1872, la Ville fait de l'espace libéré deux squares de part et d'autre de la rue Dorchester (actuel boulevard René-Lévesque), tous deux en réaménagement à l'heure actuelle. La portion nord porte le nom de «square Dorchester» (anciennement le square Dominion), alors que la portion sud fut rebaptisée «place du Canada» lors du centenaire de la Confédération (1967). Plusieurs monuments ornent le **square Dorchester ★** *(métro Peel)* : au centre, on peut voir une statue équestre à la mémoire des soldats canadiens tués lors de la guerre des Boers en Afrique du Sud, puis, sur le pourtour, une belle statue du poète écossais Robert Burns, une sculpture d'après le *Lion* de Belfort de Bartholdi, offerte par la compagnie d'assurances Sun Life, et le monument du sculpteur Émile Brunet en l'honneur de Sir Wilfrid Laurier, premier ministre du Canada de 1896 à 1911. Le square est aussi le point de départ des visites guidées en autocar.

★ ATTRAITS TOURISTIQUES

1.	AX	Musée des beaux-arts de Montréal
2.	AY	Rue Crescent
3.	BY	Cours Mont-Royal
4.	BY	Centre Infotouriste
5.	BY	Square Dorchester
6.	BY	Windsor / Tour CIBC
7.	BY	Édifice Sun Life
8.	BY	Place du Canada
9.	BY	Cathédrale Marie-Reine-du-Monde
10.	BZ	Église anglicane St. George
11.	AY	1250 Boulevard René-Lévesque
12.	BZ	Gare Windsor
13.	AZ	Centre Bell
14.	AZ	Place du Centenaire
15.	AY	Centre Canadien d'Architecture / Maison Shaughnessy
16.	AY	Jardin de sculptures du CCA
17.	BZ	Château Champlain
18.	BZ	1000 De La Gauchetière / Atrium
19.	BZ	Place Bonaventure
20.	BY	Place Ville Marie
21.	BY	Place Montréal Trust
22.	BX	Tours jumelles BNP / Banque Laurentienne
23.	BX	Université McGill
24.	BX	Musée McCord d'histoire canadienne
25.	BY	Centre Eaton
26.	CY	Cathédrale Christ Church / Promenades Cathédrale
27.	CY	Square Phillips
28.	CY	La Baie
29.	CY	Église St. James United
30.	CY	Église du Gesù
31.	CY	Basilique St. Patrick
32.	CY	Place des Festivals
33.	DY	La Vitrine
34.	DY	Place des Arts
35.	DY	Musée d'art contemporain de Montréal
36.	DY	Complexe Desjardins
37.	DY	Monument-National
38.	DZ	Palais des congrès de Montréal
39.	CZ	Place Jean-Paul-Riopelle
40.	CZ	Centre CDP Capital
41.	CZ	Tour de la Bourse
42.	CZ	Square Victoria
43.	BZ	Maison de l'OACI
44.	CZ	Centre de commerce mondial de Montréal

LE CENTRE-VILLE

rue De Bullion

rue Saint-Dominique

rue De La Gauchetière

boul. Saint-Laurent

rue Clark

37

Palais de justice

Quartier chinois

rue Saint-Urbain

SAINT-LAURENT

rue Ontario

35 34

33

36

PLACE-DES-ARTS

PLACE D'ARMES

Place d'Armes

Basilique Notre-Dame

av. du Parc

rue Hutchinson

rue Durocher

rue Aylmer

rue Milton

av. du Président-Kennedy

32

30

rue Jeanne-Mance

rue Anderson

rue De Bleury

38

rue Saint-Jacques

rue Notre-Dame O.

City Councillors

rue Mayor

29

rue Sainte-Catherine O.

rue Saint-Alexandre

rue Aylmer

28 27

31

côte du Beaver Hall

av. Viger O.

39

40

44

42

rue McGill

SQUARE-VICTORIA

41

rue Sherbrooke O.

24

26

rue Union

rue University

43

McGILL

22

25

rue Cathcart

20

rue University

Université McGill

23

av. McGill College

21

rue Mansfield

rue Belmont

19

BONAVENTURE

rue McTavish

rue Metcalfe

PEEL

3

4

7

Square Dorchester

9

18

rue De La Gauchetière O.

17

rue Montfort

rue de la Cathédrale

21

5

8

Place du Canada

boul. De Maisonneuve O.

6

rue Peel

10

12

rue Stanley

rue Drummond

13

rue de la Montagne

14

rue Saint-Antoine O.

rue de la Montagne

av. du Musée

2 rue Crescent

boul. René-Lévesque O.

LUCIEN-L'ALLIER

rue Redpath

rue Bishop

rue Overdale

av. Argyle

rue Lucien-L'Allier

rue Bonaventure

rue Simpson

rue Mackay

15,16

GUY-CONCORDIA

400m

200

0

© ULYSSE

Le **Windsor** ★ *(1170 rue Peel, www.lewindsor.com; métro Peel)*, l'hôtel où descendaient les membres de la famille royale lors de leurs visites en terre canadienne, n'existe plus. Seule l'annexe de 1906 subsiste, transformée depuis 1986 en édifice de bureaux. La jolie Peacock Alley, de même que les salles de bal, ont cependant été conservées. Un impressionnant atrium, visible des étages supérieurs, a été aménagé pour les locataires. Sur l'emplacement du vieil hôtel se dresse la **tour CIBC**. Ses parois sont revêtues d'ardoise verte, respectant ainsi les couleurs dominantes des bâtiments du square, qui sont le gris beige de la pierre et le vert du cuivre oxydé.

L'**édifice Sun Life** ★ ★ *(1155 rue Metcalfe; métro Peel)*, érigé entre 1913 et 1933 pour la puissante compagnie d'assurances Sun Life, fut pendant longtemps le plus vaste édifice de l'Empire britannique. C'est dans cette «forteresse» de l'establishment anglo-saxon, aux colonnades dignes de la mythologie antique, que l'on dissimula les joyaux de la Couronne britannique au cours de la Seconde Guerre mondiale. En 1977, le siège social de la compagnie fut déménagé à Toronto en guise de protestation contre les lois linguistiques favorables au français. Heureusement, le carillon qui sonne à 17h, chaque jour de la semaine, n'a pas été transféré et demeure partie intégrante de l'âme du quartier.

››› *La place du Canada est un prolongement du square Dorchester vers le sud.*

La **place du Canada** ★ *(métro Bonaventure)* accueille le 11 novembre de chaque année la cérémonie du Souvenir, à la mémoire des soldats canadiens tués au cours de la guerre de Corée et des deux guerres mondiales. Les anciens combattants se réunissent autour du Monument aux morts, qui trône au centre de la place. Un monument plus imposant, à la mémoire de Sir John A. Macdonald, premier à avoir été élu premier ministre du Canada en 1867, est situé en bordure du boulevard René-Lévesque.

Avant même qu'il ne soit aménagé en 1872, le square Dorchester est devenu le point de convergence de diverses églises. La **cathédrale Marie-Reine-du-Monde** ★ ★ *(1085 rue de la Cathédrale, angle boul. René-Lévesque O., ☎ 514-866-1661; métro Bonaventure)* est une des survivantes des huit temples érigés dans les environs du square entre 1865 et 1875. Siège de l'archevêché de Montréal et rappel de la puissance extrême du clergé jusqu'à la Révolution tranquille, cette cathédrale est une réduction au tiers de la basilique Saint-Pierre-de-Rome.

En 1852, un terrible incendie détruit la cathédrale catholique Saint-Jacques de la rue Saint-Denis. L'évêque de Montréal à l'époque, l'ambitieux Mᵍʳ Ignace Bourget (1799-1885), profitera de l'occasion pour élaborer un projet grandiose qui surpassera enfin l'église Notre-Dame des Sulpiciens et qui assurera la suprématie de l'Église catholique à Montréal. Quoi de mieux alors qu'une réplique de Saint-Pierre-de-Rome élevée en plein quartier protestant. Malgré les réticences de l'architecte Victor Bourgeau, le projet sera mené à terme, l'évêque obligeant même Bourgeau à se rendre à Rome pour mesurer le vénérable édifice. La construction, entreprise en 1870, sera finalement achevée en 1894. Les statues de cuivre des 13 saints patrons des paroisses de Montréal seront, quant à elles, installées en 1900.

L'intérieur, modernisé au cours des années 1950, ne présente plus la même cohésion qu'autrefois. Il faut cependant remarquer le beau baldaquin, réplique de celui du Bernin, exécuté par le sculpteur Victor Vincent. Dans la chapelle mortuaire, sur la gauche, sont inhumés les évêques et archevêques de Montréal, la place d'honneur étant réservée au gisant de Mᵍʳ Bourget. Un monument, à l'extérieur, rappelle lui aussi ce personnage qui a beaucoup fait pour rapprocher la France du Canada.

››› *En sortant de la cathédrale, empruntez le boulevard René-Lévesque sur votre gauche, puis prenez la rue Peel à gauche et marchez jusqu'à la très jolie église anglicane St. George.*

L'**église anglicane St. George** ★ ★ *(1101 rue Stanley, ☎ 514-866-7113; métro Bonaventure)*, de style néogothique, affiche un extérieur de grès délicatement sculpté. On remarquera à l'intérieur l'exceptionnel plafond à charpente apparente et les boiseries du chœur, ainsi qu'une tapisserie provenant de l'abbaye de Westminster ayant servi lors du couronnement de la reine Elizabeth II.

L'édifice dénommé **1250 Boulevard René-Lévesque** ★ *(1250 boul. René-Lévesque O.; métro Bonaventure)*, haut de 47 étages, qui se dresse à l'arrière-plan de l'église St. George, a été achevé en 1991. Son jardin d'hiver planté de bambous est accessible au public.

En 1887, le directeur du Canadien Pacifique, William Cornelius Van Horne, demande à son ami new-yorkais Bruce Price (1845-1903) d'élaborer les plans de la **gare Windsor** ★ ★ *(angle rue De La Gauchetière et rue Peel; métro Bonaventure)*, une gare moderne qui agira comme terminal du chemin de fer transcontinental, achevé l'année précédente. Price est, à l'époque, un des architectes les plus en vue de l'est des États-Unis, où il conçoit des projets résidentiels pour la haute société, mais aussi des gratte-ciel, tel l'American Surety Building de Manhattan. On le chargera, par la suite, de la construction du Château Frontenac de Québec, qui lancera la vogue du style château au Canada.

L'allure massive qui se dégage de la gare Windsor, ses arcades en série, ses arcs cintrés soulignés dans la pierre et ses contreforts d'angle en font le meilleur exemple montréalais du style néoroman. Sa construction va consacrer Montréal comme plaque tournante du transport ferroviaire au pays et amorcer le transfert des activités commerciales et financières du Vieux-Montréal vers le Golden Square Mile. Délaissée au profit de la Gare centrale après la Seconde Guerre mondiale, la gare Windsor ne fut plus utilisée que par les passagers des trains de banlieue jusqu'en 1993. Reliée au Montréal souterrain, elle abrite des commerces et des bureaux. La salle des pas perdus de la gare sert entre autres à divers événements.

▸▸▸ *Prenez la rue De La Gauchetière en direction du Centre Bell.*

Le **Centre Bell** *(8$; tlj, visites guidées 9h45 et 13h15, durée entre 45 min et 1h; 1260 rue De La Gauchetière O., ♪ 514-989-2841 ou 800-363-3723, www.centrebell.ca; métro Bonaventure ou Lucien-L'Allier)*, érigé à l'emplacement des quais de la gare Windsor, bloque maintenant tout accès des trains au vénérable édifice. L'immense bâtiment aux formes incertaines, inauguré en mars 1996 sous le nom de Centre Molson, a succédé au Forum de la rue Sainte-Catherine en tant que patinoire du club de hockey Le Canadien.

C'est le plus grand amphithéâtre de la Ligue nationale de hockey avec ses 21 273 sièges et 138 loges vitrées, vendues à fort prix aux entreprises montréalaises. C'est également le plus bruyant: la clameur de la foule pendant un match de hockey est inoubliable! La saison régulière de hockey s'étend d'octobre à avril, et les éliminatoires peuvent se prolonger jusqu'en juin. Deux mille places sont mises en vente à la billetterie du Centre Bell le jour même de chaque match, ce qui permet d'obtenir de bons billets à la dernière minute. Le Centre Bell accueille aussi de fréquents concerts populaires et des spectacles familiaux. À l'angle des rues De La Gauchetière et de la Montagne, la **place du Centenaire** honore des joueurs du club Le Canadien.

▸▸▸ *Quelque peu hors circuit, se trouve le Centre Canadien d'Architecture (CCA). Pour vous y rendre, empruntez le boulevard René-Lévesque en direction ouest jusqu'à la rue Saint-Marc, où vous tournerez à droite. Prenez ensuite à gauche la rue Baile: l'entrée du CCA est située à quelques pas.*

Fondé en 1979 par Phyllis Lambert, le **Centre Canadien d'Architecture** ★ ★ ★ *(10$, entrée libre jeu 17h30 à 21h; mer et ven-dim 11h à 18h, jeu 11h à 21h; 1920 rue Baile, ♪ 514-939-7026, www.cca. qc.ca; métro Guy-Concordia, autobus 150 ou 15)* est un centre international de recherche et un musée. Fort de ses vastes collections, le CCA est un chef de file dans l'avancement du savoir, de la connaissance et de l'enrichissement des idées et des débats sur l'art de l'architecture, son histoire, sa théorie, sa pratique ainsi que son rôle dans la société.

L'édifice comprend la **maison Shaughnessy**, dont la façade donne sur le boulevard René-Lévesque. Cette maison est en fait constituée de deux habitations jumelées, construites en 1874 selon les plans de l'architecte William Tutin Thomas. Elle est représentative des demeures bourgeoises qui bordaient autrefois le boulevard René-Lévesque (anciennement la rue Dorchester puis le boulevard du même nom).

En 1974, la maison Shaughnessy fut au centre de la sauvegarde du quartier, décrépi en plusieurs endroits. La maison, elle-même menacée de démolition, fut rachetée *in extremis* par Phyllis Lambert, qui y a aménagé les bureaux et les salles de réception du Centre Canadien d'Architecture. Un ancien président du Canadien Pacifique, Sir Thomas Shaughnessy, qui a habité la maison pendant plusieurs décennies, a laissé son nom au bâtiment. Les habitants du secteur, regroupés en association, ont par la suite choisi de donner son nom au quartier tout entier.

Le **jardin de sculptures du CCA** ★ *(sur l'esplanade Ernest-Cormier, devant le Centre Canadien d'Architecture, du côté sud du boulevard René-Lévesque)* de l'artiste Melvin Charney, aménagé entre deux bretelles d'autoroute, fait face à la maison Shaughnessy. Il exprime les différentes strates de développement du quartier à travers un segment du verger des Sulpiciens, sur la gauche, et les limites de lots des demeures victoriennes indiquées par des lignes de pierres et des plantations de rosiers qui rappellent les jardins de ces maisons. L'esplanade Ernest-Cormier, le long de la falaise qui séparait autrefois le quartier riche des quartiers ouvriers, permet de contempler la basse ville (La Petite-Bourgogne, Saint-Henri, Verdun) et le fleuve Saint-Laurent. Certains

Les galeries intérieures

L'inauguration de la Place Ville Marie, en 1962, avec sa galerie marchande au sous-sol, marque le point de départ de ce que l'on appelle aujourd'hui les galeries intérieures ou le Montréal souterrain. Le développement de cette «cité sous la cité» est accéléré par la construction du métro, qui débute la même année. Rapidement, la plupart des commerces, des édifices à bureaux et quelques hôtels du centre-ville sont stratégiquement reliés au réseau piétonnier souterrain et, par extension, au métro.

Aujourd'hui, cinq zones importantes forment cette «ville souterraine», la plus grande du monde:

- Autour de la station Berri-UQAM, accès aux bâtiments de l'Université du Québec à Montréal, à la Place Dupuis, à la Grande Bibliothèque et à la gare routière (Station Centrale).

- Entre les stations Place-des-Arts et Place-d'Armes, formée de la Place des Arts, du Musée d'art contemporain, des complexes Desjardins et Guy-Favreau, ainsi que du Palais des congrès.

- La station Square-Victoria, le centre des affaires.

- La plus fréquentée et la plus importante, autour des stations McGill, Peel et Bonaventure, englobant des centres commerciaux comme La Baie et le Centre Eaton.

- Le secteur commercial entourant la station Atwater, qui avoisine le Westmount Square et la Place Alexis Nihon.

points forts de ce panorama sont représentés de manière stylisée au sommet de mâts en béton.

▸▸▸ *Pour poursuivre le circuit principal, prenez le boulevard René-Lévesque en direction est jusqu'à la place du Canada, à l'angle de la rue Peel. Tournez à droite pour aller rejoindre le Château Champlain, à l'angle de la rue De La Gauchetière.*

Aujourd'hui un hôtel de la chaîne Marriott, le **Château Champlain** ★ *(1 place du Canada; métro Bonaventure)* (voir p. 146), surnommé «la râpe à fromage» par les Montréalais à cause de ses multiples ouvertures cintrées et bombées, a été réalisé en 1966 par les Québécois Jean-Paul Pothier et Roger D'Astous.

La tour du **1000 De La Gauchetière** *(1000 rue De La Gauchetière O.; métro Bonaventure)*, gratte-ciel de 51 étages, a été terminée en 1992. S'y trouvent le terminus des autobus qui relient Montréal à la Rive-Sud ainsi que l'**Atrium** *(6,50$; location de patins 6$; tlj horaires variables; ☎514-395-0555, www.le1000.com)*, une patinoire intérieure ouverte toute l'année. Les architectes ont voulu démarquer l'immeuble de ses voisins en le dotant d'un couronnement en pointe recouvert de cuivre. Sa hauteur totale atteint le maximum permis par la ville, soit la hauteur du mont Royal, symbole ultime de Montréal, qui ne peut en aucun cas être dépassé.

▸▸▸ *Poursuivez en direction est dans la rue De La Gauchetière. Vous apercevrez sur votre droite la Place Bonaventure.*

La **Place Bonaventure** ★ *(1 Place Bonaventure; métro Bonaventure)*, immense cube de béton strié sans façade, était, au moment de son achèvement en 1966, l'une des réalisations de l'architecture moderne les plus révolutionnaires de son époque. Ce complexe multifonctionnel du Montréalais Raymond Affleck est érigé au-dessus des voies ferrées qui mènent à la Gare centrale, où se superposent un stationnement, un centre commercial à deux niveaux relié au métro et à la ville souterraine, un vaste centre d'exposition et de foire, des salles de vente en gros, des bureaux et, aux étages supérieurs, un hôtel de 400 chambres avec, sur le toit, un charmant jardin urbain qui mérite une petite visite.

▸▸▸ *Prenez la rue Mansfield, qui longe la cathédrale Marie-Reine-du-Monde. On aperçoit à l'arrière-plan l'imposant édifice Sun Life. Tournez à droite dans le boulevard René-Lévesque.*

La construction de la **Place Ville Marie** ★ ★ ★ *(1 Place Ville Marie; métro Bonaventure)* a lieu dans la portion nord de la tranchée du tunnel ferroviaire dès 1959 et se termine en 1962. Le célèbre architecte sino-américain

Ieoh Ming Pei (pyramide du Louvre de Paris, East Building de la National Gallery of Art de Washington) conçoit, au-dessus des voies ferrées, un complexe multifonctionnel comprenant des galeries marchandes très étendues, aujourd'hui reliées à la majorité des immeubles environnants, et différents édifices de bureaux, notamment la fameuse tour cruciforme en aluminium. Sa forme particulière, tout en permettant d'obtenir un meilleur éclairage naturel jusqu'au centre de la construction, est devenue l'emblème incontesté du centre-ville de Montréal. Le maire de l'époque, Jean Drapeau, suggère alors de nommer le complexe «Ville-Marie», le premier nom de Montréal.

Au milieu de l'espace public en granit du complexe Place Ville Marie, composé de quatre édifices et de sa galerie commerciale, une rose des vents indique le nord géographique, alors que l'orientation de l'**avenue McGill College**, dans l'axe de la place, suggère plutôt le nord tel que les Montréalais le perçoivent dans la vie de tous les jours. Cette artère, bordée de gratte-ciel multicolores, était encore en 1950 une étroite rue résidentielle. La large perspective qu'elle offre maintenant permet de voir le mont Royal coiffé de sa **croix** métallique (voir p. 126).

▸▸▸ *Traversez la Place Ville Marie, puis empruntez l'avenue McGill College jusqu'à la rue Sainte-Catherine Ouest.*

L'avenue McGill College a été élargie et entièrement réaménagée au cours des années 1980. On peut y voir plusieurs exemples d'une architecture postmoderne éclectique et polychrome, où le granit poli et le verre réfléchissant abondent. La **Place Montréal Trust** *(angle rue Ste-Catherine; métro McGill)* est un de ces centres commerciaux qui sont surmontés d'une tour de bureaux et qui sont reliés à la ville souterraine et au métro par des corridors et des places privées.

Les **tours jumelles BNP** et **Banque Laurentienne** ★ *(1981 av. McGill College; métro McGill)*, les plus réussis des immeubles de l'avenue McGill College, ont été construites en 1981. Leurs parois de verre bleuté mettent en valeur la sculpture intitulée *La foule illuminée* du sculpteur franco-britannique Raymond Mason.

▸▸▸ *À l'angle de l'avenue McGill College et de la rue Sherbrooke, vous apercevrez le portail du campus de l'Université McGill.*

L'**Université McGill** ★★ *(805 rue Sherbrooke O.; métro McGill)* a été fondée en 1821 grâce à un don du marchand de fourrures James McGill, ce qui en fait la plus ancienne des quatre

universités de la ville. L'institution sera, tout au long du XIXᵉ siècle, l'un des plus beaux fleurons de la bourgeoisie écossaise du Golden Square Mile. Le campus principal de l'université est caché dans la verdure au pied du mont Royal. On y pénètre, à l'extrémité nord de l'avenue McGill College, par le portail Roddick, qui renferme l'horloge et le carillon universitaire. Sur la droite, on aperçoit deux bâtiments néoromans de Sir Andrew Taylor, conçus pour abriter les départements de physique (1893) et de chimie (1896). L'école d'architecture occupe maintenant le second édifice. Un peu plus loin se trouve l'édifice du département d'ingénierie, le Macdonald Engineering Building, un bel exemple du style néobaroque anglais avec son portail à bossages, doté d'un fronton brisé écarté (Percy Nobbs, 1908). Au fond de l'allée se dresse le plus ancien bâtiment du campus, l'Arts Building de 1839. Cet austère bâtiment néoclassique de l'architecte John Ostell fut pendant trois décennies le seul pavillon de l'Université McGill. Il abrite le Moyse Hall, un beau théâtre antiquisant de 1926.

Le **Musée McCord d'histoire canadienne** ★★ *(13$, entrée libre les 1ᵉʳˢ samedis de chaque mois de 10h à 12h; mar-ven 10h à 18h, sam-dim 10h à 17h; lundis fériés et en été 10h à 17h; 690 rue Sherbrooke O., ☎ 514-398-7100, www.musee-mccord.qc.ca; métro McGill et autobus 24)* loge dans l'ancien édifice de l'association étudiante de l'Université McGill. Le beau bâtiment d'inspiration baroque anglais, de l'architecte Percy Nobbs (1906), a été agrandi vers l'arrière en 1991. C'est le musée qu'il faut absolument voir à Montréal si l'on s'intéresse à la vie quotidienne au Canada aux XVIIIᵉ et XIXᵉ siècles. On y trouve en effet une importante collection ethnographique, à laquelle s'ajoutent des collections de costumes, d'arts décoratifs, de tableaux, d'estampes et de photographies, notamment la fameuse collection «Notman» avec plus de 450 000 photographies dont 200 000 négatifs sur verre, véritable portrait du Canada de la fin du XIXᵉ siècle. L'exposition permanente (niveau 2), qui intègre ces fameuses photographies de Notman, illustre peut-être le mieux la vie des Montréalais à l'époque, entre tempêtes de neige (voir la section «Hiverner») et développement économique de la ville (section «Prospérer»). En sortant du musée, on aperçoit, dans la rue Victoria, entre les parties nouvelles et anciennes du musée, une intéressante sculpture de Pierre Granche intitulée *Totem urbain / histoire en dentelle*.

▸▸▸ *Revenez à la rue Sainte-Catherine.*

La **rue Sainte-Catherine** est la principale artère commerciale de Montréal. Longue de 15 km, elle change de visage à plusieurs reprises sur son parcours. Vers 1870, elle était encore bordée de maisons en rangée, mais, en 1920, elle était déjà au cœur de la vie montréalaise. Depuis les années 1960, un ensemble de centres commerciaux reliant l'artère aux lignes de métro adjacentes s'est ajouté aux commerces ayant pignon sur rue. Un des plus récents, le **Centre Eaton** *(705 rue Ste-Catherine O.; métro McGill)* comprend une longue galerie à l'ancienne, bordée de cinq niveaux de magasins, de restaurants et de cinémas. Un tunnel piétonnier le relie à la Place Ville Marie.

La première cathédrale anglicane de Montréal était située rue Notre-Dame, à proximité de la place d'Armes. À la suite d'un incendie en 1856, il fut décidé de reconstruire la **cathédrale Christ Church** ★★ *(635 rue Ste-Catherine O., angle rue University,* ♪ *514-843-6577; métro McGill)* plus près de la population à desservir, soit au cœur du Golden Square Mile naissant. Natif de Salisbury (Angleterre), l'architecte Frank Wills, prenant pour modèle la cathédrale de sa ville d'origine, a réalisé un ouvrage flamboyant doté d'un seul clocher aux transepts. La sobriété de l'intérieur contraste avec la riche ornementation des églises catholiques que l'on retrouve dans le même circuit. Seuls quelques beaux vitraux, exécutés dans les ateliers de William Morris, ajoutent un peu de couleur. La flèche de pierres du clocher fut démolie en 1927 et remplacée par une copie en aluminium, car elle aurait éventuellement entraîné l'affaissement de l'édifice. Le problème lié à l'instabilité des fondations ne fut pas réglé pour autant, et il fallut la construction du centre commercial **Promenades Cathédrale**, sous l'édifice, en 1987, pour solidifier le tout. Ainsi, la cathédrale anglicane Christ Church repose maintenant sur le toit d'un centre commercial. Par la même occasion, une tour de verre postmoderne, coiffée d'une «couronne d'épines», fut érigée à l'arrière. À son pied se trouve une petite place dédiée à l'architecte Raoul Wallenberg, diplomate suédois qui sauva de la déportation nazie plusieurs centaines de juifs hongrois durant la Seconde Guerre mondiale.

C'est autour du **square Phillips** ★ *(angle rue Union et rue Ste-Catherine O.; métro McGill)* qu'apparurent les premiers magasins de la rue Sainte-Catherine, autrefois strictement résidentielle. Henry Morgan y transporta sa Morgan's Colonial House, aujourd'hui **La Baie**, à la suite des inondations de 1886 dans la vieille ville. Henry Birks, issu d'une longue lignée de joailliers anglais, suivit bientôt, en installant sa célèbre bijouterie dans un bel édifice de grès beige, sur la face ouest du square. En 1914, on a inauguré, au centre du square Phillips, un monument à la mémoire du roi Édouard VII, œuvre du sculpteur Louis-Philippe Hébert. Le square est un lieu de détente apprécié par les clients des grands magasins.

L'**église St. James United** ★ *(463 rue Ste-Catherine O.,* ♪ *514-288-9245; métro McGill)*, une ancienne église méthodiste construite entre 1887 et 1889, dont l'intérieur est aménagé en auditorium, présentait à l'origine une façade complète donnant sur un jardin. Pour contrer la diminution de ses revenus, la communauté religieuse fit construire, en 1926, un ensemble de commerces et de bureaux sur le front de la rue Sainte-Catherine, ne laissant qu'un étroit passage pour pénétrer dans l'église. Toutefois, l'église St. James United a fait récemment l'objet d'heureux travaux de rénovation. Ainsi, son impressionnante façade, avec rosace et verrières, et ses tours de style néogothique ont été restaurées. Et pour mettre en valeur l'ensemble, les commerces et bureaux qui cachaient sa façade ont été démolis, dévoilant à nouveau le parvis.

››› *Tournez à droite dans la rue De Bleury.*

Après 40 ans d'absence, les Jésuites reviennent à Montréal en 1842 à l'invitation de Mgr Ignace Bourget. Six ans plus tard, ils fondent le collège Sainte-Marie, où plusieurs générations de garçons recevront une éducation exemplaire. L'**église du Gesù** ★★ *(1202 rue De Bleury; métro Place-des-Arts)* fut conçue, à l'origine, comme chapelle du collège. Le projet grandiose, entrepris en 1864, ne put être achevé faute de fonds. Ainsi, les tours de l'église néo-Renaissance n'ont jamais reçu de clochers. Quant au décor intérieur, il fut exécuté en trompe-l'œil par l'artiste Damien Müller. On remarquera les beaux exemples d'ébénisterie que sont les sept autels principaux ainsi que les parquets marquetés qui les entourent. Les grandes toiles suspendues aux murs ont été commandées aux frères Gagliardi de Rome. Le collège des Jésuites, érigé au sud de l'église, a été démoli en 1975, mais le Gesù a heureusement pu être sauvé puis restauré en 1983. Depuis, il accueille un centre de créativité qui porte son nom.

››› *Faites un crochet pour aller visiter la basilique St. Patrick. Pour vous y rendre, suivez la rue De Bleury vers le sud. Puis tournez à droite dans le boulevard René-Lévesque et enfin à gauche dans la petite rue Saint-Alexandre. Entrez dans l'église par les accès situés sur les côtés.*

Fuyant la misère et la maladie de la pomme de terre, les Irlandais arrivent nombreux à

Montréal entre 1820 et 1860, où ils participent aux chantiers du canal de Lachine et du pont Victoria. La construction de la **basilique St. Patrick** ★ ★ *(460 boul. René-Lévesque O., ♪ 514-866-7379; métro Square-Victoria)*, qui servira de lieu de culte à la communauté catholique irlandaise, répond donc à une demande nouvelle et pressante. Au moment de son inauguration en 1847, l'église dominait la ville située en contrebas. Elle est, de nos jours, bien dissimulée entre les gratte-ciel du centre des affaires. Le père Félix Martin, supérieur des Jésuites, et l'architecte Pierre-Louis Morin se chargèrent des plans de l'édifice néogothique, style préconisé par les Messieurs de Saint-Sulpice, qui financèrent le projet. Paradoxe parmi tant d'autres, l'église St. Patrick est davantage l'expression d'un art gothique français que de sa contrepartie anglo-saxonne. Chacune des colonnes en pin qui divisent la nef en trois vaisseaux est un tronc d'arbre taillé d'un seul morceau.

▸▸▸ Revenez à la rue Sainte-Catherine.

À l'intersection de la rue Sainte-Catherine et du boulevard Saint-Laurent bat le cœur du **Quartier des spectacles** *(www.quartierdesspectacles.com)*, qui couvre 1 km². On y trouve plus de 30 salles de spectacle offrant 28 000 sièges, des galeries d'art et des lieux de diffusion alternatifs. À l'été 2009, la Ville a inauguré la **place des Festivals** *(rue Jeanne-Mance, entre le boulevard De Maisonneuve et la rue Ste-Catherine)*. Cette place publique, munie des plus importants jeux d'eau et de lumière au Canada, accueille les spectacles extérieurs gratuits des grands festivals montréalais, notamment ceux du Festival international de jazz et des FrancoFolies, ainsi que certains événements du Festival Juste pour rire.

À l'instar du TKTS Booth de New York, où résidants et visiteurs achètent des billets pour les comédies musicales de Broadway à moindre coût, **La Vitrine** *(tlj 11h à 20h; 145 rue Ste-Catherine O., ♪ 514-285-4545 ou 866-924-5538, www.lavitrine.com)* propose, dans un même lieu, un espace présentant la diversité de l'offre culturelle du Grand Montréal ainsi qu'un guichet central d'information et de vente de billets de dernière minute (à prix réduit ou régulier).

Inspiré par des ensembles culturels comme le Lincoln Center de New York, le gouvernement du Québec a fait ériger, dans la foulée de la Révolution tranquille, la **Place des Arts** ★ *(175 rue Ste-Catherine O., entre les rues Jeanne-Mance et Saint-Urbain, ♪ 514-842-2112 ou 866-842-2112, www.pda.qc.ca; métro Place-des-Arts)*, un complexe de cinq salles consacré aux arts de la scène. La Salle Wilfrid-Pelletier, au centre, fut inaugurée en 1963 (2 982 places). Elle accueille entre autres l'Orchestre symphonique de Montréal, qui aura sa propre Adresse symphonique en 2011 avec salle de concerts au nord-est de l'îlot de la Place des Arts, de même que l'Opéra de Montréal. L'édifice des théâtres, sur la droite, adopte une forme cubique. Il renferme trois salles : le Théâtre Maisonneuve (1 453 places), le Théâtre Jean-Duceppe (755 places) et le Studio-théâtre, une petite salle intimiste de 138 places. Quant à la Cinquième salle (350 places), elle a été aménagée en 1992 dans le cadre de la construction du Musée d'art contemporain. La Place des Arts est reliée à l'«axe gouvernemental» de la ville souterraine, qui s'étend du Palais des congrès jusqu'à l'avenue du Président-Kennedy. Développée par les différents ordres de gouvernement, cette portion du réseau souterrain a été baptisée ainsi par opposition au réseau privé, qui gravite autour de la Place Ville Marie, plus à l'ouest.

L'esplanade de la Place des Arts joue également le rôle d'une agora culturelle au cœur

Le Festival international de jazz de Montréal

Du premier Festival de jazz lancé modestement en 1980 par Alain Simard, André Ménard et Denyse McCann, sur l'île Sainte-Hélène, à la très dynamique Équipe Spectra, qui fait vibrer le centre-ville de Montréal au rythme de nombreux événements et concerts chaque année, la conception montréalaise fait recette et a su élever le Festival international de jazz de Montréal au rang du plus important rendez-vous du jazz au monde : une programmation éclectique, des artistes du monde entier, allant des grandes pointures du jazz aux découvertes locales, et un volet important de concerts gratuits en plein air qui attirent plus d'un million de festivaliers.

du centre-ville. Hiver comme été, le secteur de la Place des Arts se transforme en un grand pôle animé.

Le **Musée d'art contemporain de Montréal** ★★ *(8$, entrée libre mer 17h à 21h; mardim 11h à 18h, mer 11h à 21h; 185 rue Ste-Catherine O., angle rue Jeanne-Mance, ♪ 514-847-6226, www.macm.org; métro Place-des-Arts)* a ouvert ses portes sur son emplacement actuel en 1992. Il s'agit du premier (1964) musée d'art contemporain au Canada. Il abrite une collection de plus de 7 000 œuvres. L'édifice tout en longueur, érigé sur l'esplanade de la Place des Arts et relié au réseau piétonnier souterrain, renferme huit salles où sont présentées des œuvres québécoises et internationales réalisées après 1940. L'intérieur, nettement plus réussi que l'extérieur, s'organise autour d'un hall circulaire. L'exposition permanente du musée regroupe la plus importante collection des œuvres de Paul-Émile Borduas. Les expositions temporaires font, quant à elles, surtout la part belle aux créations multimédias.

Le vaste **complexe Desjardins** ★ *(rue Ste-Catherine O., en face de la Place des Arts, www.complexedesjardins.com; métro Place-des-Arts)* renferme plusieurs institutions et services du Mouvement Desjardins depuis 1976. On y trouve également de nombreux bureaux gouvernementaux. Il est doté d'une place publique intérieure, très courue durant les mois d'hiver, où ont lieu divers événements culturels au cours de l'année. La place est entourée entre autres de boutiques et d'une aire de restauration à comptoirs multiples.

▸▸▸ *Tournez à droite dans le boulevard Saint-Laurent.*

Érigé en 1893 pour la Société Saint-Jean-Baptiste, vouée à la défense des droits des francophones, le **Monument-National** ★ *(1182 boul. St-Laurent, ♪ 514-871-2224 ou 866-844-2172, www.monument-national.qc.ca; métro St-Laurent)* constituait un centre culturel dédié à la cause du Canada français. On y proposait des cours commerciaux, on y tenait la tribune favorite des orateurs politiques et on y présentait des spectacles à caractère religieux. Toutefois, au cours des années 1940, on y a aussi monté des spectacles de cabaret et des pièces à succès qui ont lancé la carrière de plusieurs artistes québécois, notamment les Olivier Guimond père et fils. L'édifice, vendu à l'École nationale de théâtre du Canada en 1971, a fait l'objet d'une restauration complète lors de son centenaire; à cette occasion, on a mis en valeur la plus ancienne salle de spectacle du Canada, la Salle Ludger-Duvernay.

▸▸▸ *Traversez le boulevard René-Lévesque, puis tournez à droite dans la rue De La Gauchetière.*

Le **Quartier chinois** ★ *(rue De La Gauchetière; métro Place-d'Armes)* de Montréal, malgré son exiguïté, n'en demeure pas moins un lieu de promenade agréable. Les Chinois venus au Canada pour la construction du chemin de fer transcontinental, terminé en 1886, s'y sont installés en grand nombre à la fin du XIXe siècle. Bien qu'ils n'habitent plus le quartier, ils y viennent toujours les fins de semaine pour flâner et faire provision de produits exotiques. La rue De La Gauchetière a été transformée en artère piétonne, bordée de restaurants et encadrée par de belles portes à l'architecture d'inspiration chinoise que l'on retrouve également sur le boulevard Saint-Laurent pour délimiter le quartier.

▸▸▸ *Tournez à gauche dans la rue Saint-Urbain et pénétrez à l'intérieur du Palais des congrès de Montréal, à l'angle de l'avenue Viger. Cet édifice fait partie de ce que l'on appelle désormais le «Quartier international de Montréal».*

Le **Quartier international de Montréal (QIM)** ★★ *(www.qimtl.qc.ca)* est le fruit du réaménagement de tout un secteur situé entre les rues Saint-Urbain, Saint-Jacques, University et Viger. Ce projet, conduit par les architectes et urbanistes Clément Demers et Réal Lestage, a été couronné de nombreux prix, notamment le prestigieux *PMI Project of the Year*, décerné par le Project Management Institute en 2005, le prix du design urbain 2006 de l'Institut royal d'architecture du Canada et le Prix Brownie IUC 2008 de l'Institut urbain du Canada. Longtemps défiguré par l'autoroute Ville-Marie, et par conséquent délaissé des Montréalais, le secteur constitue désormais grâce au QIM la vitrine économique internationale de la ville de Montréal.

Le **Palais des congrès de Montréal** ★★ *(201 av. Viger O.; 1001 place Jean-Paul-Riopelle; 301 rue St-Antoine; ♪ 514-871-8122 ou 800-268-8122, www.congresmtl.com; métro Place-d'Armes)*, érigé en partie au-dessus de l'autoroute Ville-Marie, contribuait d'une certaine manière à isoler le Vieux-Montréal du centre-ville. À la suite d'aménagements importants en 2002, le Palais des congrès a doublé sa surface et s'intègre mieux en continuité entre ces deux secteurs.

Une autre partie s'ouvre au niveau de la rue, où une immense façade de verre coloré crée des effets de lumière tant à l'intérieur qu'à l'extérieur du Palais. Elle regarde vers la **place Jean-Paul-Riopelle** ★★ *(entre le Palais des congrès et le Centre CDP Capital)*, où est installée une immense sculpture-fontaine en bronze signée par l'artiste, intitulée *La Joute*, avec jets d'eau et flammes. Durant la belle saison (mi-mai à mi-octobre), des animations avec brume et cercle de feu attirent tous les soirs de nombreux visiteurs. Devant s'élève un édifice à l'architecture imposante, le **Centre CDP Capital ★**, bureau d'affaires de la Caisse de dépôt et placement du Québec (CDP).

''' *Tournez à gauche dans l'avenue Viger et marchez jusqu'au square Victoria. Il vous est également possible de rejoindre le square en traversant l'édifice du Centre CDP Capital.*

La **tour de la Bourse ★** *(Place Victoria; métro Square-Victoria)* est le bâtiment qui domine le paysage à l'arrivée. Élevée en 1964, l'élégante tour noire de 47 étages qui abrite les bureaux et le parquet de la Bourse est un des nombreux édifices montréalais dessinés par des créateurs venus d'ailleurs. Sa construction était censée redonner vie au quartier des affaires de la vieille ville, délaissé depuis le krach de 1929 au profit des environs du square Dorchester.

Au XIXᵉ siècle, le **square Victoria ★★** *(métro Square-Victoria)* adoptait la forme d'un jardin victorien entouré de magasins et de bureaux Second Empire ou néo-Renaissance. Seul l'étroit édifice du 751 de la rue McGill subsiste de cette époque. Le square Victoria a été complètement repensé dans l'esprit de son aménagement premier: il demeure ainsi l'un des axes importants du Quartier international de Montréal. En effet, le square Victoria a retrouvé sa forme historique, avec ses dimensions d'origine et sa statue restaurée de la reine Victoria.

En 2003, dans le cadre des travaux d'aménagement du Quartier international de Montréal, la bouche de métro de la station Square-Victoria (sortie Saint-Antoine) s'est ornée de la grille d'entrée restaurée (elle y était depuis 1967) du «métropolitain» parisien – œuvre d'Art nouveau que l'architecte Hector Grimard avait conçue au début des années 1900. Cette grille est la seule authentique existant hors de Paris.

Montréal est le siège des deux organismes régissant le transport aérien civil dans le monde, l'IATA (International Air Transport Association) et l'OACI (Organisation de l'aviation civile internationale). Cette dernière est une agence des Nations Unies fondée en 1947. L'organisme est doté d'une **Maison de l'OACI** *(angle des rues University et St-Antoine O.)* pour abriter les délégations de ses 190 pays membres. Du square Victoria, on aperçoit l'arrière de l'édifice, intégré au Quartier international de Montréal. «Verrière-totem», le *Miroir aux alouettes*, œuvre de l'artiste Marcelle

Ferron, se dresse devant la façade ouest de la Maison de l'OACI.

''' *Pénétrez dans le passage couvert du Centre de commerce mondial.*

Les centres de commerce mondiaux, mieux connus sous le nom de *World Trade Centers*, sont des lieux d'échanges destinés à favoriser le commerce international. Le **Centre de commerce mondial de Montréal ★** *(747 rue du Square-Victoria; métro Square-Victoria)* couvre un quadrilatère complet constitué de façades anciennes apposées sur une nouvelle structure traversée en son centre par un impressionnant passage vitré long de 180 m. Celui-ci occupe une section de la ruelle des Fortifications, voie qui suit l'ancien tracé du mur nord de la ville fortifiée.

Circuit C: Le quartier Milton-Parc et la *Main* ★

▲ *p. 146* ⬤ *p. 154* ⤳ *p. 164* ▯ *p. 168*

🕐 *trois heures*

Le beau **quartier Milton-Parc ★**, également appelé le «ghetto McGill» en raison de la proximité de l'université du même nom, recèle une richesse architecturale qu'il fait bon parcourir pour en apprécier toute la beauté.

Le parcours révèle l'histoire des religieuses hospitalières de Saint-Joseph. En 1860, ces dernières quittent leur Hôtel-Dieu du Vieux-Montréal, fondé par Jeanne Mance en 1642, pour s'installer plus au nord, au pied du mont Royal (avenue des Pins). Victor Bourgeau conçoit les plans du nouvel hôpital, alors situé en rase campagne. Dans les années qui suivent, les religieuses lotissent leur propriété par étapes, perçant des rues bientôt bordées de jolies demeures du tournant du XXᵉ siècle. Plusieurs de ces maisons en rangée seront menacées de démolition à la suite du dévoilement, en 1973, d'un gigantesque projet de développement immobilier. Les résidants de Milton-Parc s'opposent à la destruction massive de leur quartier: plusieurs maisons victoriennes en pierres grises allaient faire place à un vaste projet de revitalisation urbaine dont la première partie, et qui fut la seule construite, est le complexe La Cité.

Appuyés par Héritage Montréal et l'architecte Phyllis Lambert, fondatrice et première directrice du Centre Canadien d'Architecture, et avec l'aide financière de la Société canadienne d'hypothèques et de logement (SCHL), les résidants créent entre 1979 et 1982 le plus important projet de coopératives d'habitation en Amérique du Nord, entraînant la rénovation de rangées entières de bâtiments construits au tournant du XXᵉ siècle.

Le **complexe La Cité** *(angle av. du Parc et rue Prince-Arthur)* a été rebaptisé «Place du Parc» il y a quelques années. Il est distribué sur quatre quadrilatères de part et d'autre de la rue Prince-Arthur. Il s'agit de l'unique portion construite du vaste projet de redéveloppement du quartier qui prévoyait la destruction de la majeure partie des bâtiments victoriens des rues Hutchison, Jeanne-Mance et Sainte-Famille. Le complexe, érigé entre 1973 et 1977, est un des seuls de cette importance au monde à avoir été réalisé par une femme, l'architecte Eva Vecsei. Il comprend des immeubles d'habitations, un hôtel, un centre commercial, des salles de cinéma ainsi qu'un vaste centre sportif.

▸▸▸ *Tournez à gauche dans la rue Sainte-Famille.*

La rue Sainte-Famille offre une double perspective sur la chapelle de l'Hôtel-Dieu de l'avenue des Pins au nord et sur l'ancienne École de design de l'UQAM de la rue Sherbrooke au sud. Elle n'est pas sans rappeler les aménagements de l'urbanisme classique français, dont le Vieux-Montréal renfermait autrefois quelques exemples. Le célèbre physicien Ernest Rutherford habitait au 3702 de la rue Sainte-Famille à l'époque où il enseignait à l'Université McGill. Un peu plus haut dans la rue, on peut voir six immeubles résidentiels aux détails vaguement Art nouveau, élevés en 1910 pour les Hospitalières afin de loger les médecins de l'Hôtel-Dieu *(nᵒˢ 3705 à 3739 de la rue Ste-Famille).*

Le **Musée des Hospitalières** ★ *(6$; mi-juin à mi-oct mar-ven 10h à 17h, sam-dim 13h à 17h; mi-oct à mi-juin mer-dim 13h à 17h; 201 av. des Pins O., ♪ 514-849-2919, www.museedeshospitalieres.qc.ca; métro St-Laurent et autobus 55 ou métro Sherbrooke et autobus 144)* est installé dans l'ancien logement des aumôniers, voisin de la chapelle de l'Hôtel-Dieu. Il raconte en détail l'histoire de la communauté des Filles hospitalières de Saint-Joseph, fondée à l'abbaye de La Flèche (Anjou) en 1634, ainsi que l'évolution de la médecine au cours des trois derniers siècles. On peut y voir l'ancien escalier en bois de l'abbaye de La Flèche (1634), offert à la Ville de Montréal par le département de la Sarthe en 1963. Il a été habilement restauré par les Compagnons du Devoir et a été intégré au joli pavillon d'entrée du musée.

L'**Hôtel-Dieu** ★ *(3840 rue St-Urbain; métro St-Laurent et autobus 55 ou métro Sherbrooke et autobus 144)* est toujours un des principaux hôpitaux de Montréal. Sa fondation et celle de la ville, pratiquement simultanées, participaient d'un même projet amorcé par un groupe de dévots parisiens, dirigé par Jérôme Le Royer de La Dauversière, qui ne viendra jamais en Amérique.

Grâce à la fortune d'Angélique Faure de Bullion, épouse du surintendant des finances de Louis XIV, et au dévouement de Jeanne Mance, originaire de Langres, l'institution prend rapidement de l'ampleur sur ses terrains de la rue Saint-Paul, dans le Vieux-Montréal. Mais le manque d'espace dans la vieille ville, l'air vicié et le bruit forcent les religieuses à relocaliser l'hôpital actuel sur leur ferme du Mont-Sainte-Famille au milieu du XIXᵉ siècle. Le complexe, maintes fois agrandi, est aménagé autour d'une belle chapelle néoclassique coiffée d'un dôme, dont la façade rappelle les églises québécoises urbaines du Régime français.

▸▸▸ *Suivez l'avenue des Pins vers l'est jusqu'au boulevard Saint-Laurent.*

La section du boulevard Saint-Laurent située dans les environs de l'Hôtel-Dieu est bordée d'un mélange de boutiques d'alimentation spécialisées dans les produits de l'Europe de l'Est et d'ailleurs, de restaurants et de cafés à la mode, de brocanteurs et de libraires.

La découverte de la *Main*, soit le **boulevard Saint-Laurent** ★ ★, surnommé ainsi car il constituait à la fin du XVIIIᵉ siècle la principale artère du faubourg Saint-Laurent donnant accès à l'intérieur des terres, demeure une activité urbaine fort intéressante en raison de ses nombreux attraits tant commerciaux que multiculturels. D'abord créée à l'intérieur des fortifications en 1672 sous le patronyme de Saint-Lambert, la «rue Saint-Laurent» devient au XVIIIᵉ siècle la première et la plus importante artère se développant vers le nord, divisant l'île de Montréal en deux jusqu'à la rivière des Prairies. Désignée officiellement en 1792 comme «ligne de partage» entre l'est et l'ouest de Montréal, elle est dénommée pendant quelque temps «Saint-Laurent du *Main*», puis surnommée «la *Main*» (encore aujourd'hui). En 1905, la Ville de Montréal lui donne le nom de «boulevard Saint-Laurent».

Entre-temps, vers 1880, la haute société canadienne-française conçoit le projet de faire de ce boulevard les «Champs-Élysées» montréalais. On démolit alors le flanc ouest pour élargir la voie et reconstruire de nou-

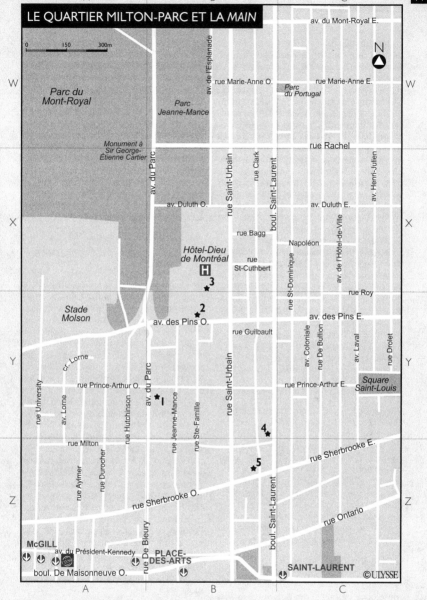

LE QUARTIER MILTON-PARC ET LA *MAIN*

★ **ATTRAITS TOURISTIQUES**

1.	BY	Complexe La Cité	**4.**	BY	Ex-Centris
2.	BY	Musée des Hospitalières	**5.**	BZ	Maison Notman
3.	BX	Hôtel-Dieu			

©ULYSSE

guidesulysse.com

veaux immeubles dans le style néoroman de Richardson, à la mode en cette fin du XIXᵉ siècle. Peuplé de vagues successives d'immigrants qui débarquent dans le port, le boulevard Saint-Laurent ne connaîtra jamais la gloire prévue par ses promoteurs. Le tronçon du boulevard compris entre les boulevards René-Lévesque et De Maisonneuve deviendra cependant le noyau de la vie nocturne montréalaise dès le début du XXᵉ siècle. On y trouvait les grands théâtres, tel le Français, où se produisait Sarah Bernhardt. À l'époque de la Prohibition aux États-Unis (1919-1930), le secteur s'encanaille, attirant chaque semaine des milliers d'Américains qui fréquentent les cabarets et les lupanars (maisons de prostitution), nombreux dans le Red Light, le quartier chaud de Montréal, jusqu'à la fin des années 1950.

L'été est festif sur la *Main*! Chaque année, depuis 1979, les commerçants du boulevard Saint-Laurent s'associent, durant une fin de semaine de juin et d'août, pour une gigantesque braderie, la «Frénésie de la *Main*». L'un des axes routiers les plus fréquentés de Montréal, le boulevard Saint-Laurent devient alors piétonnier entre la rue Sherbrooke et l'avenue du Mont-Royal: c'est l'occasion de flâner, de chiner ou de déguster mangues et pina colada sur les terrasses, tout en se réappropriant le pavé montréalais.

▸▸▸ *Prenez à droite le boulevard Saint-Laurent.*

On croise d'abord la **rue Prince-Arthur** *(entre le boulevard St-Laurent et l'avenue Laval)*. Cette artère piétonne était, dans les années 1960, le centre de la contre-culture et du mouvement hippie à Montréal. Elle est, de nos jours, bordée de nombreux restaurants qui étendent leur terrasse jusqu'au milieu de la rue. Les soirs d'été, une foule compacte se masse entre les établissements pour applaudir les amuseurs publics. De la rue Prince-Arthur, on peut rejoindre vers l'est le **square Saint-Louis** (voir p. 122) et la rue Saint-Denis.

Ex-Centris ★ *(3536 boul. St-Laurent, ☎ 514-847-2206, www.ex-centris.com; métro St-Laurent et autobus 55)* est confortablement logé dans un édifice en pierre qui se marie très bien avec ses voisins plus anciens. Complexe de nouveaux médias de Montréal, il a ouvert ses portes en 1999. Daniel Langlois, son fondateur, en a financé entièrement la construction. Jadis dédié au cinéma, le complexe a adopté en 2009 une programmation pour les arts de la scène et les arts visuels. Malgré tout, le Cinéma Parallèle poursuit ses activités au sein du complexe.

▸▸▸ *Tournez à droite dans la rue Milton, puis à gauche dans la rue Clark et encore à gauche dans la rue Sherbrooke.*

La **maison Notman** ★ *(51 rue Sherbrooke O.; métro Place-des-Arts)* fut habitée de 1876 à 1891 par le photographe montréalais William Notman, connu pour ses scènes de la vie canadienne et ses portraits de la bourgeoisie du XIXᵉ siècle. Les inépuisables archives photographiques Notman peuvent être consultées au **Musée McCord** (voir p. 113). La maison, érigée en 1844, est un bel exemple du style néogrec tel qu'on l'exprimait alors en Écosse.

Circuit D: Le Quartier latin ★★

▲ *p. 147* 🍴 *p. 156* 🛍 *p. 164* 🎭 *p. 126*

🕐 *trois heures*

Le Quartier latin, ce quartier universitaire qui gravite autour de la rue Saint-Denis, est apprécié pour ses théâtres, cinémas et ses innombrables cafés-terrasses d'où l'on peut observer la foule bigarrée d'étudiants et de fêtards. Son histoire débute en 1823, alors que l'on inaugure l'église Saint-Jacques, première cathédrale catholique de Montréal. Ce prestigieux édifice de la rue Saint-Denis a tôt fait d'attirer dans ses environs la crème de la société canadienne-française, composée surtout de vieilles familles nobles demeurées au Canada après la Conquête. En 1852, un incendie ravage le quartier, détruisant du même coup la cathédrale et le palais épiscopal de Mgʳ Bourget. Reconstruit péniblement dans la seconde moitié du XIXᵉ siècle, le secteur conservera sa vocation résidentielle, jusqu'à ce que l'Université de Montréal s'y installe en 1893. S'amorce alors une période d'ébullition culturelle, qui sera à la base de la Révolution tranquille des années 1960. Assurant la prospérité du Quartier latin, l'Université du Québec à Montréal (UQAM), créée en 1969, a pris la relève de l'Université de Montréal, déménagée sur le versant nord du mont Royal.

▸▸▸ *Le circuit débute à la sortie de la station de métro Sherbrooke.*

L'**Institut de tourisme et d'hôtellerie du Québec (ITHQ)** *(3535 rue St-Denis, ☎ 514-282-5108 ou 800-361-5111, www.ithq.qc.ca; métro Sherbrooke)*, implanté à l'est du square Saint-Louis, en bordure de la rue Saint-Denis, prend des allures ultramodernes avec ses parois de verre. On y donne des cours de cuisine, de tourisme

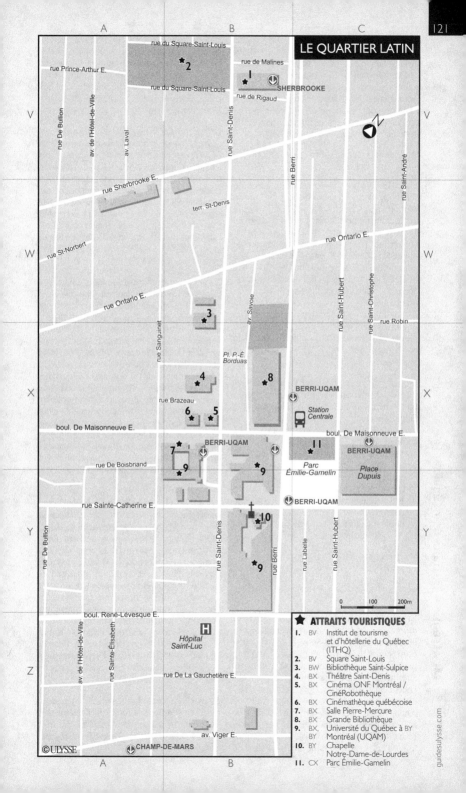

LE QUARTIER LATIN

★ **ATTRAITS TOURISTIQUES**

I.	BV	Institut de tourisme et d'hôtellerie du Québec (ITHQ)
2.	BV	Square Saint-Louis
3.	BW	Bibliothèque Saint-Sulpice
4.	BX	Théâtre Saint-Denis
5.	BX	Cinéma ONF Montréal / CinéRobothèque
6.	BX	Cinémathèque québécoise
7.	BX	Salle Pierre-Mercure
8.	BX	Grande Bibliothèque
9.	BX, BY	Université du Québec à Montréal (UQAM)
10.	BY	Chapelle Notre-Dame-de-Lourdes
11.	CX	Parc Émilie-Gamelin

©ULYSSE

guidesulysse.com

et d'hôtellerie de tout premier ordre, en plus d'y offrir des services d'hébergement (**Hôtel de l'Institut**, voir p. 149). Essayez le **Restaurant de l'Institut** (voir p. 156) pour un avant-goût, à un prix raisonnable, de la cuisine des futurs grands chefs. Vous pouvez aussi vous lancer dans un cours pratique ou un «cours-repas» afin de connaître les recettes gourmandes de cette école, ouverte au grand public.

▸▸▸ *Traversez la rue Saint-Denis pour vous rendre au square Saint-Louis.*

En 1848, la Ville de Montréal aménage un réservoir d'eau au sommet de la Côte-à-Barron, qui désigne à l'époque la pente ascendante au nord de la rue Sherbrooke. En 1879, le réservoir est démantelé et son site converti en parc de verdure sous le nom de **square Saint-Louis ★★** *(métro Sherbrooke)*. Des entrepreneurs érigent alors autour du square de belles demeures victoriennes d'inspiration Second Empire, qui constituent ainsi le noyau du quartier résidentiel de la bourgeoisie canadienne-française. Ces ensembles forment l'un des rares paysages urbains montréalais où règne une certaine harmonie. À l'ouest, la **rue Prince-Arthur** (voir p. 120) débouche sur le square.

Prenez à droite l'**avenue Laval**, l'une des seules rues de la ville où l'on puisse encore sentir pleinement l'ambiance de la Belle Époque. Délaissées par la bourgeoisie canadienne-française à partir de 1920, ces maisons seront reconverties en pensions avant de retrouver la faveur des artistes québécois qui ont entrepris de les restaurer une par une. Le poète Émile Nelligan (1879-1941) a habité le n° 3688 avec sa famille au tournant du XXe siècle. Œuvre de Roseline Granet, un buste en bronze à la mémoire de l'auteur du *Vaisseau d'or* a récemment été inauguré à l'angle de l'avenue Laval et du square Saint-Louis.

▸▸▸ *Tournez à gauche dans la rue Sherbrooke puis dirigez-vous vers l'est jusqu'à la rue Saint-Denis, que vous prendrez à droite; descendez la Côte-à-Barron en direction de l'Université du Québec à Montréal.*

La **bibliothèque Saint-Sulpice ★** *(1704 rue St-Denis; métro Berri-UQAM)* fut d'abord aménagée pour les Messieurs de Saint-Sulpice, qui voyaient d'un mauvais œil la construction d'une bibliothèque municipale ouverte à tous rue Sherbrooke. Même si de nombreux ouvrages étaient encore à l'Index, donc interdits de lecture par le clergé, cette ouverture était vue comme de la concurrence déloyale. Annexe de la Bibliothèque nationale du Québec jusqu'à l'ouverture de la **Grande Bibliothèque** (voir plus loin), l'édifice fut dessiné en 1914 dans le style Beaux-Arts. Ce style, synthèse de l'architecture française de la Renaissance et du classicisme, était enseigné à l'École des beaux-arts de Paris, d'où son nom en Amérique. L'intérieur de la Bibliothèque Saint-Sulpice arbore de belles verrières réalisées par Henri Perdriau en 1915.

Le **Théâtre Saint-Denis** *(1594 rue St-Denis, ☎ 514-849-4211, www.theatrestdenis.com; métro Berri-UQAM)* possède deux salles de spectacle parmi les plus courues de la ville. Depuis son ouverture, en 1916, le théâtre a vu défiler tous les grands noms du showbiz français et québécois, et même du monde entier. Modernisé à plusieurs reprises, il fut une nouvelle fois complètement rénové en 1989. On remarque la partie supérieure du bâtiment original, qui dépasse de la nouvelle façade de granit rose, ajoutée lors de la dernière rénovation.

À l'angle du boulevard De Maisonneuve se trouve le **Cinéma ONF Montréal** *(mar-dim 12h à 21h; 1564 rue St-Denis, ☎ 514-496-6887; www.onf.ca; métro Berri-UQAM)*, le centre de diffusion et de consultation montréalais de l'Office national du film du Canada (ONF). Il comprend la **CinéRobothèque** *(5,50$ pour 2 heures, 3$ pour une heure)*, qui permet aux usagers des 21 postes (individuels ou doubles) de visionner des films différents, et abrite deux salles de projection où l'on présente différents documentaires et films. Un incontournable pour les groupes d'enfants : l'atelier d'animation Norman McLaren. Petits cinéastes en herbe, ils partiront au bout de 2h avec leur propre film. On peut aussi y louer ou acheter plus de 9 000 titres de la collection de l'ONF à la boutique.

Un peu plus loin vers l'ouest, la **Cinémathèque québécoise ★** *(expositions entrée libre, séance 7$; fermé lun; 335 boul. De Maisonneuve E., ☎ 514-842-9763, www.cinematheque.qc.ca; métro Berri-UQAM)* accueille également les cinéphiles. Elle possède une collection de 35 000 films canadiens, québécois et étrangers, ainsi que de nombreux appareils témoignant des débuts du cinéma. La Cinémathèque loge, en plus de ses salles de projection, des salles d'exposition, une médiathèque et une boutique, sans oublier son café-bar. En face se dresse la salle de concerts de l'Université du Québec à Montréal (UQAM), la **salle Pierre-Mercure** du Centre Pierre-Péladeau, aux qualités acoustiques exceptionnelles.

À l'est de ce même boulevard, à l'angle de la rue Berri se trouve la **Grande Bibliothèque ★★** *(mar-ven 10h à 22h, sam-dim 10h à 17h; 475 boul. De Maisonneuve E., ☎ 514-873-1100, www.banq.qc.ca; métro Berri-UQAM)*, qui a ouvert ses portes le 30 avril 2005. Projet pharaonique de près de 100 millions de dollars, ce bâtiment lumineux de six étages, construit tout en contraste de bois et de verre, concentre plus de quatre millions de documents, soit la plus importante collection québécoise de livres et de supports multimédias. La Grande Bibliothèque répond ainsi aux besoins d'une grande métropole culturelle, alors que Montréal a été désignée «capitale mondiale du livre» par l'UNESCO pour 2005-2006. Après avoir jeté un coup d'œil, à l'entrée principale du bâtiment, sur cet arbre de la connaissance, véritable bouquet d'étincelles d'aluminium, conçu par l'artiste Jean-Pierre Morin, empruntez l'un des ascenseurs panoramiques jusqu'au dernier étage : vous y aurez une vue imprenable sur Montréal.

▸▸▸ *Revenez à la rue Saint-Denis, où vous tournerez à gauche, puis prenez la rue Sainte-Catherine à gauche.*

Contrairement à la plupart des campus universitaires nord-américains, composés de pavillons disséminés dans un parc, le campus de l'**Université du Québec à Montréal (UQAM)** ★ est intégré à la ville à la manière des universités de la Renaissance en France ou en Allemagne. Il est en outre relié à la «ville souterraine» et au métro. L'UQAM occupe l'emplacement des premiers bâtiments de l'Université de Montréal et de l'église Saint-Jacques, reconstruite après l'incendie de 1852. Seuls le mur du transept droit et le clocher néogothique de l'église, conçue par Victor Bourgeau, ont été intégrés au pavillon Judith-Jasmin de 1979. L'UQAM fait partie du réseau de l'Université du Québec, fondé en 1969 et réparti dans différentes villes du Québec. Ce lieu de haut savoir, en pleine expansion, accueille chaque année plus de 40 000 étudiants.

L'artiste Napoléon Bourassa habitait une grande maison de la rue Saint-Denis (nᵒ 1242), située aujourd'hui en face de l'un des pavillons de l'UQAM : remarquez sur la façade la «tête à Papineau», une sculpture de cette grande figure politique du XIXᵉ siècle. La **chapelle Notre-Dame-de-Lourdes** ★ *(430 rue Ste-Catherine E., ☎ 514-845-8278; métro Berri-UQAM)*, érigée en 1876, est l'œuvre de sa vie. Elle a été commandée par les Messieurs de Saint-Sulpice, qui voulaient assurer leur présence dans ce secteur de la ville. Son vocabulaire romano-byzantin est en quelque sorte le résumé des carnets de voyage de son auteur. Il faut voir les fresques très colorées de Bourassa qui ornent l'intérieur de la petite chapelle, dont le fronton est surmonté d'une vierge dorée.

Le **parc Émilie-Gamelin** ★ *(angle rue Berri et rue Ste-Catherine E.; métro Berri-UQAM)* honore la mémoire de la fondatrice des sœurs de la Providence, dont l'asile occupait le lieu jusqu'en 1960. L'espace, autrefois baptisé «square Berri», fut aménagé en 1992 dans le cadre des fêtes du 350ᵉ anniversaire de Montréal. En fond de scène se trouvent de curieuses sculptures métalliques de l'artiste Melvin Charney, à qui l'on doit également le **jardin de sculptures du CCA** (voir p. 111).

Au nord du parc se trouve la gare routière (Station Centrale), aménagée au-dessus de la station de métro Berri-UQAM, où trois des quatre lignes du métro convergent. À l'est, la Place Dupuis, qui regroupe des commerces, des bureaux et un hôtel, occupe l'ancien grand magasin Dupuis Frères. Dans la rue Sainte-Catherine, on peut encore apercevoir certains magasins chers aux Montréalais, comme Archambault. La section de la rue Sainte-Catherine située entre les rues Amherst et Papineau est appelée le **Village gay**.

Circuit E : Le Plateau Mont-Royal ★★

▲ *p. 149* 🍴 *p. 156* 🛍 *p. 163* 🎭 *p. 168*

🕐 *trois heures*

S'il existe un quartier typique à Montréal, c'est bien le Plateau Mont-Royal. Rendu célèbre par les écrits de Michel Tremblay, l'un de ses illustres fils, «le Plateau», comme l'appellent ses résidants, c'est le quartier des intellectuels fauchés autant que des jeunes professionnels et des vieilles familles ouvrières francophones. Ses longues rues sont bordées des fameux duplex et triplex montréalais, dont les longs et étroits appartements sont accessibles par des escaliers extérieurs aux contorsions amusantes. Ces derniers aboutissent à des balcons en bois ou en fer forgé, qui sont autant de loges fleuries d'où l'on observe le spectacle de la rue.

Le Plateau Mont-Royal est traversé par quelques artères bordées de cafés et de théâtres, comme la rue Saint-Denis, et ponctuées de bars et restaurants comme l'avenue du Mont-Royal, mais conserve dans l'ensemble une douce quiétude. Une visite de Montréal serait incomplète sans une excursion sur le Plateau Mont-Royal, ne serait-ce que pour flâner sur ses trottoirs et mieux saisir l'âme de Montréal.

›› *Le circuit débute à la sortie de la station de métro Mont-Royal. Dirigez-vous vers la droite sur l'avenue du Mont-Royal.*

Le **Sanctuaire du Saint-Sacrement** ★ *(500 av. du Mont-Royal E.* ♪ *514-524-1131; métro Mont-Royal)* et son église Notre-Dame-du-Très-Saint-Sacrement ont été érigés à la fin du XIXᵉ siècle. Derrière une façade quelque peu austère se cache un véritable petit palais vénitien : une église colorée conçue selon les plans de l'architecte Jean-Baptiste Resther. Ce sanctuaire voué à l'exposition et à l'adoration perpétuelle de l'Eucharistie est ouvert à la prière et à la contemplation tous les jours de la semaine. On y présente à l'occasion des concerts de musique baroque.

›› *Suivez l'avenue du Mont-Royal vers l'est.*

On côtoie sur l'**avenue du Mont-Royal**, principale artère commerciale du quartier, une population bigarrée qui magasine dans des commerces hétéroclites, allant des boulangeries artisanales aux magasins de babioles à un dollar, en passant par les boutiques où l'on vend des disques, livres et vêtements d'occasion.

›› *Tournez à droite dans la rue Fabre.*

La **rue Fabre** présente de bons exemples de l'habitat type montréalais. Ces maisons, construites entre 1900 et 1925, comprennent respectivement de deux à cinq logements, tous accessibles par des entrées individuelles donnant sur l'extérieur. On notera les détails d'ornementation qui varient d'un immeuble à l'autre, tels que les vitraux Art nouveau, les parapets et les corniches de brique et de tôle, les balcons aux colonnes toscanes ainsi que le fer forgé torsadé des balcons et des escaliers.

›› *Tournez à gauche dans la rue Rachel.*

À l'extrémité de la rue Fabre, on aperçoit le **parc La Fontaine** ★★ *(métro Sherbrooke)*, créé au début du XXᵉ siècle sur l'emplacement de l'ancienne ferme Logan, qui servait alors de champ de tir militaire. Le parc devient rapidement un lieu fort d'appartenance des «Canadiens français», qui s'y rassemblent lors de fêtes populaires. Des monuments honorant la mémoire de Sir Louis-Hippolyte La Fontaine, de Félix Leclerc et de Dollard des Ormeaux y ont été élevés. Autrefois lieu de repos des travailleurs d'usine, le parc La Fontaine est paradoxalement devenu le principal espace vert des nouveaux habitants du Plateau Mont-Royal, souvent jeunes et très éduqués... En effet, le parc est envahi les fins de semaine

d'été par les gens du quartier qui viennent profiter des belles journées ensoleillées.

D'une superficie de 36 ha, le parc est agrémenté de deux petits lacs artificiels et de sentiers ombragés que l'on peut emprunter à pied ou à vélo. Il est à noter que les deux pistes cyclables principales de Montréal s'y croisent (les axes nord-sud et est-ouest du réseau). Des terrains de pétanque et des courts de tennis sont aussi mis à la disposition des amateurs. En hiver, une grande patinoire éclairée est entretenue sur les étangs. On y trouve également le **Théâtre de Verdure** *(entrée libre; juil à mi-août;* ♪ *514-872-4041)*, où sont présentés des concerts estivaux.

›› *Pour votre traversée du parc, empruntez l'avenue Calixa-Lavallée ou les sentiers qui bordent les étangs jusqu'à l'angle de la rue Cherrier et de l'avenue du Parc-La Fontaine.*

C'est au sud du parc que fut érigée la **statue de Sir Louis-Hippolyte La Fontaine** (1807-1864), ancien premier ministre du Canada et l'un des principaux défenseurs du français dans les institutions du pays. Vous passerez devant l'édifice Art déco de la petite **école Le Plateau** (1930). L'**obélisque de la place Charles-de-Gaulle** *(angle av. Émile-Duployé; métro Sherbrooke)*, réalisé par l'artiste français Olivier Debré, domine la rue Sherbrooke dans ce secteur. L'œuvre en granit bleu de Vire a été offerte par la Ville de Paris à la Ville de Montréal en 1992, à l'occasion du 350ᵉ anniversaire de la fondation de la métropole québécoise. L'**hôpital Notre-Dame**, l'un des principaux hôpitaux de la ville, lui fait face. On peut également apercevoir l'**ancienne Bibliothèque centrale de Montréal** ★ *(1210 rue Sherbrooke E.)*, qui a récemment trouvé une nouvelle vocation en accueillant le Conseil des arts de Montréal et le Conseil du patrimoine; par le fait même, elle a été renommée **édifice Gaston-Miron**.

›› *Empruntez la* **rue Cherrier**, *qui se détache de la rue Sherbrooke en face du monument dédié à La Fontaine, et rendez-vous à la rue Saint-Denis, que vous emprunterez vers le nord.*

La section de la **rue Saint-Denis** entre le boulevard De Maisonneuve, au sud, et le boulevard Saint-Joseph, au nord, est bordée de nombreux cafés-terrasses et de belles boutiques installées à l'intérieur d'anciennes demeures Second Empire de la deuxième moitié du XIXᵉ siècle. On y trouve également plusieurs librairies et restaurants qui sont devenus au fil des ans de véritables institutions de la vie montréalaise.

›› *Tournez à gauche dans l'avenue Duluth puis à droite dans la rue Drolet.*

LE PLATEAU MONT-ROYAL

Parc Laurier

rue Bibaud

LAURIER

av. Laurier Est

rue Resther

boul. Saint-Joseph Est

LAURIER

rue Gilford

N

rue Gilford

rue Pontiac

rue St-Hubert

rue De Mentana

rue La Mennais

rue Gilford

rue De Bienville

rue Poitevin

rue Garnier

rue Fabre

rue Drolet

rue Saint-Denis

rue Saint-André

rue Boyer

rue Généreux

I

MONT-ROYAL

av. du Mont-Royal Est

av. Christophe-Colomb

rue Latreille

rue Marie-Anne Est

rue Marie-Anne Est

rue De Courville

7

rue Rivard

rue Saint-Hubert

rue Saint-André

rue Boyer

rue de la Roche

rue De Brébeuf

rue Chambord

rue De Lanaudière

av. Bureau

ULYSSE

rue Rachel Est

rue Rachel Est

rue Berri

av. Chaumont

rue de Mentana

av. Duluth Est

rue Saint-Christophe

2

Parc La Fontaine

rue Rivard

av. De Chateaubriand

rue Napoléon

rue Napoléon

3

av. Calixa-Lavallée

rue Roy

av. du Parc-La Fontaine

4

avenue des Pins

rue Saint-Denis

rue Berri

rue Bousquet

rue Sherbrooke Est

5

H

rue Cherrier

rue Panet

rue Plessis

Square Saint-Louis

SHERBROOKE

6

rue Montcalm

rue Beaudry

rue Sherbrooke Est

©ULYSSE

0   200   400m

guidesulysse.com

La **rue Drolet** offre un bon exemple de l'architecture ouvrière des années 1870 et 1880 sur le Plateau, avant l'avènement de l'habitat vernaculaire, à savoir le duplex et le triplex dotés d'escaliers extérieurs tels qu'on a pu en apercevoir dans la rue Fabre. Vous serez surpris par la couleur des maisons : des briques vert amande, saumon, bleu nuit ou parme, recouvertes de lierre en été. À l'angle des rues Rachel et Drolet, on découvre l'église Saint-Jean Baptiste.

L'**église Saint-Jean-Baptiste** ★★ *(309 rue Rachel, www.eglisestjeanbaptiste.com; métro Mont-Royal)*, consacrée sous le vocable du saint patron des Canadiens français en général et des Québécois en particulier, est un gigantesque témoignage de la foi solide de la population catholique et ouvrière du Plateau Mont-Royal au tournant du XXe siècle, laquelle, malgré sa misère et ses familles nombreuses, a réussi à amasser des sommes considérables pour la construction d'églises somptueuses. Construite en 1875, l'église fut la proie des flammes en 1898 et en 1911 avant d'être reconstruite en 1912. L'intérieur, quant à lui, fut repris selon des dessins de Casimir Saint-Jean, qui en fit un chef-d'œuvre du style néobaroque à voir absolument. Le baldaquin de marbre rose et de bois doré du chœur (1915) protège l'autel de marbre blanc d'Italie qui fait face aux grandes orgues Casavant du jubé, lesquelles comptent parmi les plus puissantes de la ville. L'église, qui peut accueillir 3 000 personnes assises, est le lieu de fréquents concerts.

››› *Avant de remonter la rue Saint-Denis jusqu'à l'avenue du Mont-Royal pour reprendre le métro, faites un crochet par la Librairie Ulysse (4176 rue St-Denis).*

Circuit F :
Le mont Royal ★★★

⏱ *une journée*

Le mont Royal, dénommé ainsi par Jacques Cartier en 1535, est un point de repère important dans le paysage montréalais, autour duquel gravitent les quartiers centraux de la ville. Appelée simplement «la montagne» par les citadins, cette masse trapue de 233 m de haut à son point culminant est en fait le «poumon vert» de Montréal. Elle est couverte d'arbres matures et apparaît à l'extrémité des rues du centre-ville, exerçant un effet bénéfique sur les Montréalais, qui ainsi ne perdent jamais totalement contact avec la nature. La montagne est protégée depuis 2003 par le statut d'Arrondissement historique et naturel du Mont-Royal. Un nouveau chemin de ceinture rend désormais accessible aux piétons et aux cyclistes un parcours d'une dizaine de kilomètres créant une boucle autour de la montagne.

La montagne comporte en réalité trois sommets : le sommet Mont-Royal, le sommet Outremont (qu'on projette de mettre en valeur) et le sommet Westmount, du nom de la ville autonome aux belles demeures de style anglais. Les cimetières catholique, protestant et juifs de la montagne y forment ensemble la plus vaste nécropole du continent nord-américain.

››› *Pour vous rendre au point de départ du circuit, prenez l'autobus 11 à la station de métro Mont-Royal, sur le Plateau Mont-Royal. Descendez au belvédère Camillien-Houde. Si vous êtes en voiture, prenez l'avenue du Mont-Royal vers l'ouest, puis la voie Camillien-Houde jusqu'au belvédère (stationnement sur votre gauche).*

Du **belvédère Camillien-Houde** ★★ *(voie Camillien-Houde)*, un beau point d'observation, on embrasse du regard tout l'est de Montréal. On voit, à l'avant-plan, le quartier du Plateau Mont-Royal, avec sa masse uniforme de duplex et de triplex, percée en plusieurs endroits par les clochers de cuivre verdi des églises paroissiales, et à l'arrière-plan, les quartiers Rosemont et Maisonneuve, dominés par le Stade olympique.

››› *Montez l'escalier de bois à l'extrémité sud du stationnement du belvédère pour vous rendre au Chalet du Mont-Royal et au belvédère Kondiaronk. Vous passerez alors devant la croix du Mont-Royal.*

La **croix du Mont-Royal** fut installée en 1927 pour commémorer le geste fait par le fondateur de Montréal, Paul Chomedey, sieur de Maisonneuve, lorsqu'il gravit la montagne en janvier 1643 pour y planter une croix de bois en guise de remerciement à la Vierge pour avoir épargné le fort Ville-Marie d'une inondation dévastatrice.

Le **parc du Mont-Royal** ★★★ *(www. lemontroyal.qc.ca)* a été créé par la Ville de Montréal en 1870 à la suite des pressions des résidants du Golden Square Mile qui voyaient leur terrain de jeu favori déboisé par divers exploitants de bois de chauffage. Frederick Law Olmsted (1822-1903), le célèbre créateur du Central Park à New York, fut mandaté pour aménager les lieux. Il prit le parti de conserver au site son caractère naturel, se limitant à quelques points d'observation reliés

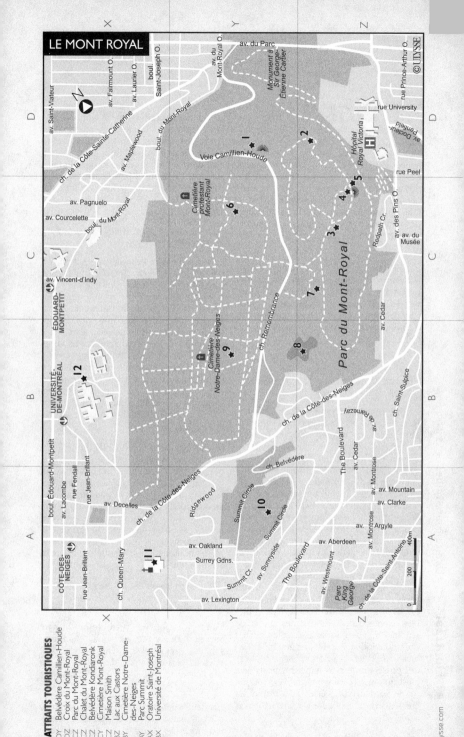

LE MONT ROYAL

ATTRAITS TOURISTIQUES

1. DY Belvédère Camillien-Houde
2. DZ Croix du Mont-Royal
3. CZ Parc du Mont-Royal
4. CZ Chalet du Mont-Royal
5. CZ Belvédère Kondiaronk
6. CY Cimetière Mont-Royal
7. CZ Maison Smith
8. BZ Lac aux Castors
9. BY Cimetière Notre-Dame-des-Neiges
10. AY Parc Summit
11. AX Oratoire Saint-Joseph
12. BX Université de Montréal

guidesulysse.com

© ULYSSE

par des sentiers en tire-bouchon. Inauguré en 1876, ce parc de 190 ha, concentré dans la portion sud de la montagne, est toujours un endroit de promenade apprécié par les Montréalais.

Le **Chalet du Mont-Royal** ★ ★ ★ *(tlj 10h30 à 16h; parc du Mont-Royal,* ☎ *514-872-3911),* au centre du parc, fut conçu par Aristide Beaugrand-Champagne en 1932 en remplacement de l'ancien qui menaçait ruine. Au cours des années 1930 et 1940, les big bands donnaient des concerts à la belle étoile sur les marches de l'édifice. L'intérieur est décoré de 17 toiles marouflées représentant des scènes de l'histoire du Canada et commandées à de grands peintres québécois, comme Marc-Aurèle Fortin et Paul-Émile Borduas.

Mais si l'on se rend au Chalet du Mont-Royal, c'est d'abord pour la traditionnelle vue sur le centre-ville depuis le **belvédère Kondiaronk** ★ ★ ★ (du nom du grand chef huron-wendat qui a négocié le traité de la Grande Paix de Montréal en 1701), admirable en fin d'après-midi et en soirée, alors que les gratte-ciel s'illuminent.

''' *Empruntez la route de gravier qui conduit au stationnement du Chalet et à la voie Camillien-Houde. À droite se trouve une des entrées du cimetière protestant Mont-Royal.*

Le **cimetière Mont-Royal** ★ ★ *(voie Camillien-Houde, www.mountroyalcem.com)* fait partie des plus beaux sites naturels de la ville. Conçu comme un éden pour ceux qui rendent visite à leurs défunts, il est aménagé tel un jardin anglais dans une vallée isolée; on a l'impression d'être à mille lieues de la ville alors qu'on est en fait en son centre. On y trouve une grande variété d'arbres fruitiers, sur les branches desquels viennent se percher environ 145 espèces d'oiseaux dont certaines sont absentes d'autres régions du Québec. Le cimetière, créé à l'origine par les Églises anglicane, presbytérienne, méthodiste, unitarienne et baptiste, a ouvert ses portes en 1852 et accueille à ce jour les citoyens de toutes confessions religieuses. Certains de ses monuments sont de véritables œuvres d'art créées par des artistes de renom. Parmi les personnalités et les familles qui y sont inhumées, il faut mentionner l'armateur Sir Hugh Allan, les brasseurs Molson, qui possèdent le plus imposant mausolée, ainsi qu'Anna Leonowens, gouvernante du roi de Siam au XIXe siècle, qui a inspiré les créateurs de la pièce *The King and I* (*Le roi et moi*).

En route vers le lac aux Castors, on remarquera la seule des anciennes maisons de ferme de la montagne qui subsiste encore, la **Maison Smith** *(1620 ch. Remembrance,* ☎ *514-843-8240, www.lemontroyal.qc.ca),* quartier général des Amis de la montagne, organisme qui propose toutes sortes d'expositions et d'activités.

Le petit **lac aux Castors** *(en bordure du chemin Remembrance)* a été aménagé en 1958 sur le site des marécages se trouvant autrefois à cet endroit. En hiver, il se transforme en une agréable patinoire. Ce secteur du parc, aménagé de manière plus conventionnelle, comprend en outre des pelouses et un jardin de sculptures.

''' *Empruntez le sentier qui mène au chemin Remembrance, à l'entrée du cimetière Notre-Dame-des-Neiges.*

Le **cimetière Notre-Dame-des-Neiges** ★ ★ *(ch. Remembrance, www.cimetierenddn.org)* est une véritable cité des morts, puisque près d'un million de personnes y ont été inhumées depuis 1855, date de son inauguration. Il succède au cimetière Saint-Antoine, qui occupait le square Dominion, maintenant square Dorchester. Contrairement au cimetière Mont-Royal, qui reçoit différentes confessions religieuses, il présente des attributs qui identifient clairement son appartenance au catholicisme. Ainsi, deux anges du paradis encadrant un crucifix accueillent les visiteurs à l'entrée principale, sur le chemin de la Côte-des-Neiges.

Le cimetière peut être visité tel un *Who's Who* des personnalités du monde des affaires, des arts, de la politique et de la science au Québec. Un obélisque à la mémoire des Patriotes de 1837-1838 et plusieurs monuments réalisés par des sculpteurs de renom parsèment les 55 km de routes et de sentiers qui sillonnent les lieux. Du cimetière et des chemins qui y conduisent, on jouit de plusieurs beaux points de vue sur l'oratoire Saint-Joseph.

''' *En sortant du cimetière par le chemin Remembrance, prenez l'autobus 11 en direction de l'oratoire Saint-Joseph.*

Vous croiserez sur votre route le **parc Summit** ★ *(Summit Circle; métro Côte-des-Neiges),* véritable forêt urbaine et refuge d'oiseaux. Il s'agit du plus grand parc de Westmount. De son belvédère, on a une vue imprenable sur Montréal.

L'**oratoire Saint-Joseph** ★ ★ *(entrée libre; tlj 7h à 20h30, messe tlj, crèches de Noël du monde de nov à fin avr, tlj 10h à 17h; 3800 ch. Queen-Mary,* ☎ *514-733-8211, www.saint-joseph.org; métro Côte-des-Neiges),* dont le dôme en cuivre est le deuxième en importance au monde derrière celui de Saint-Pierre-de-Rome, est érigé à flanc de colline, ce qui accentue davantage son caractère mystique. De la grille d'entrée, il faut gravir plus de 300 marches pour atteindre la basilique ou prendre l'ascenseur. L'oratoire a été aménagé entre 1924 et 1967 à l'instigation du bienheureux frère André, de la Congrégation de Sainte-Croix, portier du collège Notre-Dame (situé en face) à qui l'on attribue de nombreux miracles. Ce véritable complexe religieux est donc à la fois dédié à saint Joseph et à son humble créateur. Il comprend la basilique inférieure, la crypte du frère André et la basilique supérieure, ainsi qu'un musée. La première chapelle du petit portier, aménagée en 1904, une cafétéria et un magasin d'articles de piété complètent les installations.

L'oratoire est un des principaux lieux de dévotion et de pèlerinage en Amérique. Il accueille chaque année quelque deux millions de visiteurs. L'enveloppe extérieure de l'édifice fut réalisée dans le style néoclassique, mais l'intérieur est avant tout une œuvre moderne. Il ne faut pas manquer de voir dans la basilique supérieure les vitraux de Marius Plamondon, l'autel et le crucifix d'Henri Charlier ainsi que l'étonnante chapelle dorée, à l'arrière.

À l'extérieur, on peut aussi voir le carillon de 56 cloches de bronze (10 900 kg) de la Maison Paccard et Frères, d'abord destiné à la tour Eiffel, puis offert à l'oratoire en 1954, et le beau chemin de croix dans les jardins à flanc de montagne, réalisé par Louis Parent et Ercolo Barbieri. Les jardins demeurent l'œuvre de l'architecte paysagiste Frederick G. Todd. L'observatoire de l'oratoire Saint-Joseph, d'où l'on embrasse du regard l'ensemble de Montréal, est le point culminant de l'île à 263 m de hauteur.

⟩⟩⟩ *L'accès à l'attrait suivant est assez éloigné du trajet suivi, aussi une visite du site constitue-t-elle une excursion supplémentaire à laquelle il faut consacrer environ une heure.*

Une succursale de l'Université Laval de Québec ouvre ses portes dans le Château Ramezay en 1876, après bien des démarches entravées par la maison mère, qui voulait garder le monopole de l'éducation universitaire en français à Québec. Quelques années plus tard, en 1895, elle emménage dans la rue Saint-Denis, donnant ainsi naissance au **Quartier latin** (voir p. 120). En 1919, elle prend le nom d'**Université de Montréal ★** *(2900 boul. Édouard-Montpetit, www.umontreal.ca; métro Université-de-Montréal)* après avoir obtenu finalement son autonomie en 1920, ce qui permet à ses directeurs d'élaborer des projets grandioses. Ernest Cormier (1885-1980)

est approché pour la réalisation d'un campus sur le flanc nord du mont Royal. Cet architecte, diplômé de l'École des beaux-arts de Paris, fut un des premiers à introduire l'Art déco en Amérique du Nord.

Les plans du pavillon central évoluent vers une structure Art déco épurée et symétrique, revêtue de briques jaune clair et dotée d'une tour centrale, visible depuis le chemin Remembrance et le cimetière Notre-Dame-des-Neiges. La construction, amorcée en 1929, est interrompue par la crise américaine, et ce n'est qu'en 1943 que le pavillon central, sur le flanc de la montagne, accueille ses premiers étudiants. Depuis, une pléiade de pavillons se sont joints à celui-ci, faisant de l'Université de Montréal la deuxième université de langue française en importance au monde, avec plus de 58 000 étudiants.

Circuit G : Outremont et le Mile-End ★

❶ *p. 158*   ➍ *p. 165*   ❏ *p. 169*

⏱ *trois heures*

Il existe, de l'autre côté du mont Royal (c'est-à-dire «outre mont»), un quartier qui, comme Westmount (son vis-à-vis anglophone du côté sud), s'est accroché au flanc du massif montagneux et a accueilli au cours de son développement une population relativement aisée, composée de nombreux hommes et femmes influents de la société québécoise : **Outremont ★**.

Ce n'est pas d'hier qu'Outremont, autrefois une ville autonome et aujourd'hui un arrondissement de la Ville de Montréal, constitue un site de choix pour l'établissement humain. De récentes recherches avancent en effet que ce serait dans ce secteur qu'aurait probablement été situé le village amérindien d'Hochelaga, disparu entre les visites de Jacques Cartier et de Champlain. Le chemin de la Côte-Sainte-Catherine, axe principal de développement d'Outremont, serait d'ailleurs là pour témoigner d'une certaine activité amérindienne : il se superposerait à celui d'un ancien sentier aménagé par les Autochtones pour contourner la montagne.

Après la venue des Européens, le territoire d'Outremont est d'abord devenu une zone agricole maraîchère (XVIIe et XVIIIe siècles), puis horticole et de villégiature (XIXe siècle) pour nombre de bourgeois de Montréal attirés par cette campagne toute proche. Les produits des terres outremontaises étaient alors de grande renommée pour toutes les tables importantes du Nord-Est américain. L'expansion urbaine de Montréal aura raison de cette vocation dès la fin du XIXᵉ siècle et sera à l'origine de l'Outremont essentiellement résidentiel d'aujourd'hui.

▸▸▸ *L'itinéraire proposé pour explorer Outremont s'articule autour du chemin de la Côte-Sainte-Catherine et a pour point de départ l'intersection du boulevard du Mont-Royal et du chemin de la Côte-Sainte-Catherine (autobus 11 à partir de la station de métro Mont-Royal).*

Voie de contournement de la montagne, le **chemin de la Côte-Sainte-Catherine** est curviligne sur une bonne partie de son parcours, ainsi qu'en angle par rapport à la trame générale des rues du secteur. Il constitue, en quelque sorte, la frontière entre deux types de relief en séparant du même coup ce qu'il est convenu d'appeler «Outremont-en-haut» (la partie la plus cossue d'Outremont, juchée sur la montagne proprement dite) du reste de l'arrondissement. Ce grand boulevard fut d'abord le lieu d'établissement de nombreuses résidences imposantes tirant notamment profit de la pente accentuée du côté sud *(maisons des héritiers du fabricant de cigares Grothé aux nᵒˢ 96 et 98)*. On remarquera, le long du chemin, l'aménagement des terrains: accès et façades du côté de l'avenue Maplewood, située derrière (pour certaines des résidences), terrassement en plateaux, conservation d'éléments de bois propres à retenir le sol, érection de murets de soutènement, etc.

Depuis une trentaine d'années, cependant, le développement sporadique et controversé d'immeubles résidentiels de prestige, du côté nord de la rue, est venu changer quelque peu l'allure générale du chemin, du moins dans la partie comprise entre le boulevard du Mont-Royal et l'avenue Laurier.

▸▸▸ *Rendez-vous jusqu'à l'angle de l'avenue Bloomfield et de l'avenue Laurier.*

À l'angle de l'avenue Laurier et de l'avenue Bloomfield s'élève l'**église Saint-Viateur** ★ *(183 av. Bloomfield, ☎ 514-273-8576)*, qui date de la seconde décennie du XXᵉ siècle. D'inspiration néogothique, son intérieur est remarquable, orné par des artistes renommés en peinture (Guido Nincheri), en verrerie (Henri Perdriau), en ébénisterie (Philibert Lemay) et en sculpture (Médard Bourgault et Olindo Gratton). Les peintures recouvrant le plafond des voûtes et racontant la vie de saint Viateur sont très particulières.

L'**avenue Laurier** ★, entre le chemin de la Côte-Sainte-Catherine et la rue Hutchison, est l'une des artères commerciales d'Outremont les plus fréquentées par la population aisée outremontaise et montréalaise. L'avenue a bénéficié d'un retapage et d'un réaménagement urbain qui participent au chic des commerces spécialisés: épiceries fines, boutiques de mode, cafés en terrasse et restaurants bordent cette avenue qu'on prend plaisir à arpenter.

N'hésitez pas à la parcourir aussi au-delà de la rue Hutchison jusqu'au boulevard Saint-Laurent, où elle forme, avec les avenues Fairmount et Saint-Viateur au nord, le cœur du **Mile-End** ★, ce quartier bourgeois-bohème en pleine effervescence. Surtout connu pour sa tradition d'accueil de populations immigrantes, le Mile-End représente très bien la diversité culturelle montréalaise, sur le plan résidentiel mais aussi commercial puisqu'on y voit fleurir un grand nombre d'agréables cafés, restaurants et boutiques en tous genres fréquentés par une clientèle bigarrée et polyglotte. On doit aussi l'ambiance populaire de ce quartier à son héritage ouvrier: plusieurs industries s'y implantèrent au XIXᵉ siècle, notamment des carrières et des tanneries.

La meilleure façon de découvrir le quartier est peut-être tout simplement de se promener dans ses rues charnières pour goûter à cette ambiance éclectique qui le caractérise si bien. Curieux château au milieu des bâtiments résidentiels, la **caserne de pompiers nᵒ 30**, construite en 1905 à l'angle de l'avenue Laurier et du boulevard Saint-Laurent, a été tout à la fois l'hôtel de ville de Saint-Louis-du-Mile-End, une banque, un bureau de poste, une prison et une caserne de pompiers dont elle conserve encore aujourd'hui la vocation. De biais avec la caserne se trouve le parc Lahaie, qui borde une église de style baroque: l'**église Saint-Enfant-Jésus du Mile-End** ★ *(5039 rue St-Dominique, ☎ 514-271-0943)*. Elle a été conçue au XIXᵉ siècle, et sa coupole abrite des œuvres d'Ozias Leduc. Mais si est une église à découvrir dans le Mile-End, c'est bien l'**église Saint Michel-Archange** ★ *(5580 rue St-Urbain, ☎ 514-277-3300)*. En 1914, l'architecte Aristide Beaugrand-Champagne s'inspira étonnamment du style byzantin pour créer ce lieu de culte catholique, qui détonne dans le paysage résidentiel ouvrier du quartier. D'abord destinée à la communauté irlandaise, cette église sert aujourd'hui de sanctuaire à la communauté polonaise. Son imposante dôme de 23 m de diamètre constituait, avant l'édification de l'oratoire Saint-Joseph, le dôme le plus important de la ville.

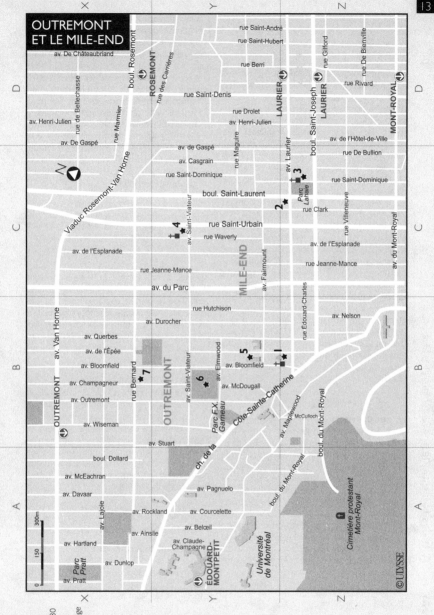

OUTREMONT ET LE MILE-END

★ **ATTRAITS TOURISTIQUES**

1. BZ Église Saint-Viateur
2. CZ Caserne de pompiers n° 30
3. CZ Église Saint-Enfant-Jésus du Mile-End
4. CY Église Saint Michel-Archange
5. BY Académie Querbes
6. BY Parc Outremont
7. BX Théâtre Outremont

©ULYSSE

▸▸▸ *Si vous vous êtes baladé dans le Mile-End, revenez sur l'avenue Laurier à la hauteur de l'église Saint-Viateur et engagez-vous dans l'avenue Bloomfield.*

La composition générale de la rue est très agréable (grands arbres, bons espaces en cour avant, architecture distinctive des bâtiments, sinuosité de la rue). Quelques immeubles, le long de cette artère, valent la peine d'être mentionnés : l'**académie Querbes**, aux nᵒˢ 215 à 235, construite en 1914, d'architecture originale (entrée monumentale, galeries de pierre développées jusqu'au deuxième étage) et d'aménagement avant-gardiste pour l'époque (avec piscine, bowling, gymnase, etc.); les nᵒˢ 249 et 253, avec leurs balcons en forme de dais, au-dessus d'entrées traitées à la manière de loggias; le nᵒ 261, construit par le même architecte que les précédents et où a habité le chanoine Lionel Groulx, prêtre, écrivain, professeur d'histoire et grand nationaliste québécois (l'édifice abrite maintenant une fondation à son nom); le nᵒ 262, qui se distingue par l'alternance des matériaux dans la composition de sa façade (briques rouges et pierres grises). Un peu plus loin, en face du parc Outremont, au nᵒ 345, se trouve une maison construite en 1922 par et pour Aristide Beaugrand-Champagne, architecte, caractérisée par son toit cathédrale et son stuc blanc.

▸▸▸ *Tournez à gauche dans l'avenue Elmwood.*

Le **parc Outremont** est une des nombreuses aires de détente et de jeux du quartier, très prisées de la population. Il a été aménagé à l'emplacement d'une mare recevant jadis l'eau d'un ruisseau des hauteurs limitrophes. Son aménagement, qui date du début du XXᵉ siècle, confère à l'endroit une tranquille beauté. Au centre du bassin McDougall trône une fontaine qui s'inspire des *Groupes d'enfants* qui ornent le parterre d'eau du château de Versailles. Un monument se dresse en face de la rue McDougall à la mémoire des citoyens d'Outremont morts durant la Première Guerre mondiale.

▸▸▸ *Tournez à gauche dans l'avenue McDougall, puis à droite dans le chemin de la Côte-Sainte-Catherine.*

Le chemin de la Côte-Sainte-Catherine continue ici encore d'attirer la construction de résidences dont certaines sont d'un intérêt architectural indéniable. C'est le cas notamment du nᵒ 325, avec sa vaste galerie et ses nombreux détails ornementaux.

▸▸▸ *Descendez l'avenue Davaar jusqu'à l'avenue Bernard.*

L'**avenue Bernard** ★ *(métro Outremont)* est à la fois une rue de commerces, de bureaux et de logements. Sa prestance (avenue large, grands terre-pleins de verdure, aménagement paysager sur rue, bâtiments de caractère) reflète la volonté d'une époque de confirmer formellement le prestige de la municipalité grandissante, aujourd'hui fusionnée à Montréal. C'est dans cette rue qu'est érigé notamment le **Théâtre Outremont** *(1234-1248 av. Bernard, ☎ 514-495-9944, www.theatreoutremont.ca)*, édifice Art déco classé monument historique, dont la vocation actuelle est dédiée aux spectacles et au cinéma. Sa décoration intérieure est d'Emmanuel Briffa.

▸▸▸ *Reprenez le chemin de la Côte-Sainte-Catherine jusqu'à l'avenue Claude-Champagne. Au bout de l'avenue, tournez à gauche dans le boulevard du Mont-Royal et continuez tout droit aux feux de signalisation pour vous engager sur l'avenue Maplewood.*

Appelée aussi l'«avenue du pouvoir», l'**avenue Maplewood** ★ *(métro Édouard-Montpetit)* est l'axe central de ce secteur appelé «Outremont-en-haut», où, souvent dans une topographie très accidentée, sont venues se percher des résidences cossues qu'ont habitées ou habitent toujours de nombreux personnages influents du Québec.

Au-delà de l'avenue McCulloch (qui a vu s'établir pour un temps la famille de Pierre Elliott Trudeau, ancien premier ministre du Canada, au nᵒ 84), l'avenue Maplewood devient encore plus pittoresque. Sa petite pente ainsi que sa légère sinuosité, associées à la beauté des résidences et à l'aménagement soignée des cours qui la bordent, confirment l'attrait que peut exercer «Outremont-en-haut» sur l'intelligentsia québécoise.

▸▸▸ *Empruntez le passage piétonnier, situé entre les nᵒˢ 52 et 54, qui mène au boulevard du Mont-Royal par la ruelle du même nom.*

Le **boulevard du Mont-Royal** est la deuxième grande artère d'«Outremont-en-haut». Son toponyme tire son origine du fait que le premier tronçon de cette voie conduisait au cimetière protestant Mont-Royal.

La belle vue sur l'est de Montréal (notamment sur le Plateau Mont-Royal) qui s'offre à vous au bout de la rue (au tournant du boulevard) révèle du même coup la différence radicale qui existe entre cette section d'Outremont et la ville à son pied.

Le **cimetière Mont-Royal** (voir p. 128), auquel on accède par le boulevard du Mont-Royal, est décrit dans un autre circuit.

la minijupe, des réactés, de la télévision en couleurs, des hippies, du *flower power* et du rock revendicateur.

➤➤➤ *Il n'est pas facile de se rendre du centre-ville à la Cité-du-Havre. Le meilleur moyen consiste à emprunter la rue Mill, puis le chemin des Moulins, qui court sous l'autoroute Bonaventure jusqu'à l'avenue Pierre-Dupuy. Celle-ci conduit au pont de la Concorde, qui franchit le fleuve Saint-Laurent pour atteindre les îles. On peut également s'y rendre avec l'autobus 168 à partir de la station de métro McGill.*

Tropiques Nord ★, **Habitat 67 ★★** et le **parc de la Cité-du-Havre ★** sont construits sur une pointe de terre créée pour les besoins du port de Montréal, qu'elle protège des courants et de la glace, et qui offre de beaux points de vue sur la ville et sur l'eau. À l'entrée se trouvent le siège de l'administration du port ainsi qu'un groupe d'édifices qui comprenait autrefois l'Expo-Théâtre et le Musée d'art contemporain. Un peu plus loin, on aperçoit la grande verrière de Tropiques Nord, ce complexe d'habitation dont les appartements donnent sur l'extérieur, d'un côté, et sur un jardin tropical intérieur, de l'autre.

On reconnaît ensuite Habitat 67, cet ensemble résidentiel expérimental réalisé dans le cadre de l'Exposition universelle pour illustrer les techniques de préfabrication du béton et annoncer un nouvel art de vivre. Son architecte, Moshe Safdie, n'avait que 23 ans au moment de l'élaboration des plans. Habitat 67 se présente tel un gigantesque assemblage de cubes contenant chacun une ou deux pièces. Les appartements d'Habitat 67 sont toujours aussi prisés et logent plusieurs personnalités québécoises. Plusieurs années après leur construction, ils n'ont de cesse de choquer ou de séduire les Montréalais.

Le parc de la Cité-du-Havre comprend 12 panneaux qui retracent brièvement l'histoire du fleuve Saint-Laurent. La piste cyclable menant aux îles Notre-Dame et Sainte-Hélène passe tout près.

➤➤➤ *Traversez le pont de la Concorde. Du printemps à l'automne, l'île Sainte-Hélène est également accessible par une navette fluviale, depuis les Quais du Vieux-Port (6$, ♪ 514-281-8000, www.navettesmaritimes.com).*

Le **parc Jean-Drapeau ★★** (♪ 514-872-6120, *www.parcjeandrapeau.com; métro Jean-Drapeau)* est composé des îles Sainte-Hélène et Notre-Dame. À l'origine, le parc Hélène-de-Champlain, qui couvrait toute l'île Sainte-Hélène, avait une superficie de 50 ha. Les travaux d'Expo 67 ont permis d'étendre la surface de l'île à plus de 120 ha. La portion originale

---

➤➤➤ *Empruntez de nouveau le boulevard du Mont-Royal jusqu'à l'angle du chemin de la Côte-Sainte-Catherine pour reprendre l'autobus 11, qui vous conduira à la station de métro Mont-Royal, au cœur du Plateau, ou dans le parc du Mont-Royal, sur les hauteurs de la ville.*

Circuit H: Les îles Sainte-Hélène et Notre-Dame ★★

➥ *p. 166*

⏱ *une journée*

Les îles Sainte-Hélène et Notre-Dame, situées au milieu du fleuve Saint-Laurent, demeurent des lieux de loisirs très animés, été comme hiver. Plage, parc d'attractions, circuit de course automobile, casino et autres services et installations se partagent ces îles magnifiques que les Montréalais de tous les âges aiment visiter durant les beaux jours.

Lorsque Samuel de Champlain aborde dans l'île de Montréal en 1611, il trouve, en face, un petit archipel rocailleux. Il baptise la plus grande de ces îles du prénom de sa jeune épouse, Hélène Boullé. À noter qu'en 1760 l'île sera le dernier retranchement des troupes françaises en Nouvelle-France, sous le commandement du chevalier François de Lévis.

L'importance stratégique des lieux est connue de l'armée britannique, qui aménage un fort dans la partie est de l'île au début du XIXe siècle. La menace d'un conflit armé avec les Américains s'étant amenuisée, l'île Sainte-Hélène est louée à la Ville de Montréal par le gouvernement canadien en 1874. Elle devient alors un parc de détente relié au Vieux-Montréal par un service de traversier et, à partir de 1930, par le pont Jacques-Cartier.

Au début des années 1960, Montréal obtient l'Exposition universelle de 1967. On désire l'aménager sur un vaste lieu attrayant et situé à proximité du centre-ville. Un tel emplacement n'existe pas. Il faut donc l'inventer de toutes pièces en doublant la superficie de l'île Sainte-Hélène et en créant l'île Notre-Dame à l'aide de la terre excavée des tunnels du métro. D'avril à novembre 1967, 45 millions de visiteurs fouleront le sol des deux îles et de la Cité-du-Havre, qui constitue le point d'entrée du site. «L'Expo», comme l'appellent encore familièrement les Montréalais, fut plus qu'un ramassis d'objets hétéroclites. Ce fut le réveil de Montréal, son ouverture au monde et, pour ses visiteurs venus de partout, la découverte d'un nouvel art de vivre, celui de

133

Montréal – Attraits touristiques – Les îles Sainte-Hélène et Notre-Dame

guidesulysse.com

correspond au territoire surélevé et ponctué de rochers, composé d'une pierre d'un type particulier à l'**île Sainte-Hélène** appelée «brèche», une pierre très dure et ferreuse qui prend une teinte orangée avec le temps lorsqu'elle est exposée à l'air. En 1992, la portion ouest de l'île Sainte-Hélène a été réaménagée en un vaste amphithéâtre (le «parterre» du parc Jean-Drapeau) en plein air où sont présentés des spectacles à grand déploiement. Sur une belle place en bordure de la rive faisant face à Montréal, on aperçoit *L'Homme*, important stabile d'Alexander Calder réalisé pour l'Expo 67. Le parc renferme maintenant 14 œuvres d'art public, d'artistes d'ici et d'ailleurs, réparties sur les deux îles.

▸▸▸ *Empruntez les sentiers qui convergent vers le centre de l'île.*

À l'orée du parc Hélène-de-Champlain original, on peut voir le pavillon des Baigneurs, aménagé pendant la crise des années 1930. On notera le revêtement en pierres de brèche du chalet. Les trois piscines originales de l'île ont été démolies puis reconstruites pour accueillir, au Complexe aquatique de l'île Sainte-Hélène, les XIes Championnats du monde FINA en 2005. L'île, au relief complexe, est dominée par la **tour De Lévis**, simple château d'eau aux allures de donjon érigé en 1936.

▸▸▸ *Suivez les indications vers le fort de l'île Sainte-Hélène.*

À la suite de la guerre de 1812 entre les États-Unis et la Grande-Bretagne, le **Fort de l'île Sainte-Hélène ★★** *(métro Jean-Drapeau)* est construit afin que l'on puisse défendre adéquatement Montréal. Les travaux effectués sont achevés en 1825. L'ensemble en pierres de brèche se présente tel un *U* échancré, entourant une place d'armes qui sert de nos jours de terrain de parade à la Compagnie Franche de la Marine et au 78e régiment des Fraser Highlanders. Ces deux régiments factices en costumes d'époque font revivre les traditions militaires françaises et écossaises du Canada, pour le grand plaisir des visiteurs. De la place d'armes, on bénéficie d'une belle vue sur le port et sur le pont Jacques-Cartier, inauguré en 1930, qui chevauche l'île et sépare le parc de verdure de La Ronde.

Le **Musée Stewart ★★** *(☎ 514-861-6701, www. stewart-museum.org; métro Jean-Drapeau)*, installé dans l'arsenal du fort, est voué à l'histoire de la découverte et de l'exploration du Nouveau Monde. On y présente un ensemble d'objets des siècles passés, parmi lesquels figurent d'intéressantes collections de cartes, d'armes à feu, d'instruments scientifiques et de navi-

gation, rassemblées par l'industriel montréalais David Stewart et son épouse Liliane. Au moment de mettre sous presse, le musée fermait ses portes temporairement au public pour des travaux de rénovation importants. La réouverture est prévue pour le mois de mai 2010.

La Ronde ★ *(40$; mi-mai à fin oct; ☎ 514-397-2000, www.laronde.com; métro Jean-Drapeau et autobus 167)*, ce parc d'attractions aménagé à l'occasion de l'Exposition universelle de 1967 dans l'ancienne île Ronde, ouvre chaque été ses portes aux jeunes et aux moins jeunes. **L'International des Feux Loto-Québec** (voir p. 167), un concours international d'art pyrotechnique, s'y tient pendant les mois de juin et de juillet.

▸▸▸ *Empruntez le chemin qui longe la côte sud de l'île en direction de la Biosphère.*

Depuis 1995, l'ancien pavillon américain abrite la **Biosphère ★★** *(12$, entrée libre pour les 17 ans et moins; juin à oct tlj 10h à 18h, nov à fin mai mar-dim 10h à 18h; ☎ 514-283-5000, www.biosphere.ec.gc.ca; métro Jean-Drapeau)*, un musée de l'environnement qui traite des grands enjeux liés à l'eau, aux changements climatiques, à l'écosystème Grands Lacs–Saint-Laurent, au développement durable et à la consommation responsable. Les expositions et activités interactives visent à sensibiliser le public et à l'amener à agir en faveur de l'environnement. Jeux, maquettes, modules, défis et expériences y sont offerts pour explorer, mieux comprendre et apprendre tout en s'amusant.

▸▸▸ *Traversez le pont du Cosmos pour vous rendre à l'île Notre-Dame.*

L'**île Notre-Dame** est sortie des eaux du fleuve Saint-Laurent en l'espace de 10 mois, grâce aux 15 millions de tonnes de roc et de terre transportés sur le site depuis le chantier du métro. Comme il s'agit d'une île artificielle, on a pu lui donner une configuration fantaisiste en jouant autant avec la terre qu'avec l'eau. Ainsi l'île est traversée par d'agréables **canaux** et **jardins ★★** *(métro Jean-Drapeau et autobus 167)*, aménagés à l'occasion des Floralies internationales de 1980. Il est possible de louer des embarcations pour sillonner les canaux.

Situé sur l'île Notre-Dame, le **Casino de Montréal** (voir p. 166) *(entrée libre; 18 ans et plus; stationnement et vestiaire gratuits; tlj 24 heures sur 24; ☎ 514-392-2746 ou 800-665-2274, www.casinosduquebec.com; métro Jean-Drapeau et autobus 167)* est aménagé dans ce qui fut les pavillons de la France et du Québec lors de l'Exposi-

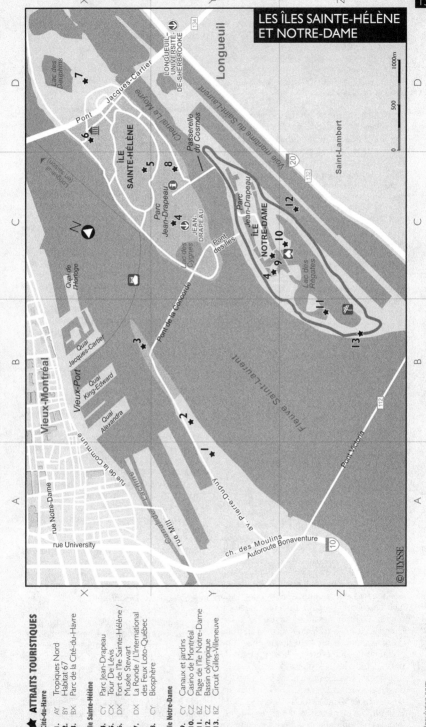

LES ÎLES SAINTE-HÉLÈNE ET NOTRE-DAME

Longueuil

Saint-Lambert

ÎLE SAINTE-HÉLÈNE

Parc Jean-Drapeau

ÎLE NOTRE-DAME

Parc Jean-Drapeau

Lac des Dauphins

Lac des Cygnes

Lac des Régates

Vieux-Montréal

Vieux-Port

Fleuve Saint-Laurent

LONGUEUIL–UNIVERSITÉ-DE-SHERBROOKE

Passerelle du Cosmos

Chenal Le Moyne

Voie maritime du Saint-Laurent

Pont Jacques-Cartier

Pont des Îles

Pont de la Concorde

Quai de l'Horloge

Quai Jacques-Cartier

Quai King-Edward

Quai Alexandra

rue de la Commune

rue Notre-Dame

rue University

rue Mill

Pont Victoria

av. Pierre-Dupuy

ch. des Moulins

Autoroute Bonaventure

JEAN-DRAPEAU

★ ATTRAITS TOURISTIQUES

Cité-du-Havre
1. AY   Tropiques Nord
2. BY   Habitat 67
3. BX   Parc de la Cité-du-Havre

Île Sainte-Hélène
4. CY   Parc Jean-Drapeau
5. CX   Tour De Lévis
6. DX   Fort de l'île Sainte-Hélène /
         Musée Stewart
7. DX   La Ronde / L'International
         des Feux Loto-Québec
8. CY   Biosphère

Île Notre-Dame
9. CY   Canaux et jardins
10. CZ Casino de Montréal
11. BZ Plage de l'île Notre-Dame
12. CZ Bassin olympique
13. BZ Circuit Gilles-Villeneuve

©ULYSSE

tion universelle de 1967. Dans le bâtiment principal, soit l'ancien **pavillon de la France** ★, conçu en aluminium, les galeries supérieures offrent une vue imprenable sur le centre-ville et le fleuve Saint-Laurent. Le bâtiment annexe, à l'allure d'une pyramide tronquée, que l'on voit immédiatement à l'ouest, est l'ancien **pavillon du Québec** ★.

À proximité se trouve l'accès à la **plage de l'île Notre-Dame** *(8$; mi-juin à fin août tlj 10h à 19h;* ☎ *514-872-6120; métro Jean-Drapeau et autobus 167)*, qui donne l'occasion aux Montréalais de se prélasser sur une vraie plage de sable, même au milieu du fleuve Saint-Laurent. Le système de filtration naturel permet de garder l'eau du petit lac intérieur propre, sans devoir employer d'additifs chimiques. Le nombre de baigneurs que la plage peut accueillir est cependant contrôlé afin de ne pas déstabiliser ce système.

D'autres équipements de sport et de loisir s'ajoutent à ceux déjà mentionnés, soit le **Bassin olympique**, aménagé à l'occasion des Jeux de 1976, et le **circuit Gilles-Villeneuve** *(métro Jean-Drapeau et autobus 167)*, qui a accueilli pendant de nombreuses années le Grand Prix du Canada, une course de Formule 1.

⏵⏵⏵ *Pour retourner au centre-ville de Montréal, prenez le métro à la station Jean-Drapeau.*

Circuit I: Maisonneuve ★★

👜 *p. 161* 🛏 *p. 170*

⏱ *une journée*

En 1883, la ville de Maisonneuve voit le jour dans l'est de Montréal à l'initiative de fermiers et de marchands canadiens-français. Dès 1889, les installations du port de Montréal la rejoignent, facilitant ainsi son développement. Puis, en 1918, cette ville autonome est annexée à Montréal, devenant de la sorte l'un de ses principaux quartiers ouvriers, francophone à 90%. Au cours de son histoire, Maisonneuve a été profondément marquée par des hommes aux grandes idées, qui ont voulu faire de ce coin de pays un lieu d'épanouissement collectif. Les frères Marius et Oscar Dufresne, à leur arrivée au pouvoir à la mairie de Maisonneuve en 1910, institueront une politique de démesure en faisant ériger de prestigieux édifices publics de style Beaux-Arts destinés à faire de «leur» ville un modèle de développement pour le Québec français. Puis, le frère Marie-Victorin y fonde en 1931 le Jardin botanique de Montréal, aujourd'hui l'un des plus importants au monde. Enfin, en

1971, le maire Jean Drapeau inaugure dans Maisonneuve les travaux de l'immense complexe sportif qui accueillera les Jeux olympiques de Montréal en 1976.

⏵⏵⏵ *De la station de métro Pie-IX, montez la côte qui mène à l'angle de la rue Sherbrooke Est. Le circuit commence au Jardin botanique.*

Jardin botanique et **Insectarium de Montréal** ★★★ *(16$, basse saison 13,50$; mi-mai à début sept tlj 9h à 18h, début sept à fin oct tlj 9h à 21h, nov à mi-mai mar-dim 9h à 17h; 4101 rue Sherbrooke E.,* ☎ *514-872-1400, www2.ville.montreal.qc.ca/jardin; métro Pie-IX)*. D'une superficie de 75 ha, le Jardin botanique de Montréal a été entrepris pendant la crise des années 1930 sur l'emplacement du Mont-de-La-Salle, la maison mère des frères des Écoles chrétiennes, grâce à une initiative du frère Marie-Victorin, célèbre botaniste québécois. Derrière l'édifice Marie-Victorin de style Art déco, qui abrite entre autres l'Institut de recherche en biologie végétale issu d'un partenariat entre l'Université de Montréal et le Jardin botanique, s'étirent les 10 serres d'exposition. Ouvertes tout au long de l'année et reliées les unes aux autres, on peut notamment y voir une précieuse collection d'orchidées ainsi qu'une partie du plus important regroupement de penjings hors d'Asie, dont fait partie la fameuse collection «Wu», donnée au jardin par le maître Wu Yee-Sun de Hong-Kong en 1984.

Trente jardins thématiques extérieurs, ouverts du printemps à l'automne, conçus pour instruire et émerveiller le visiteur, s'étendent au nord et à l'ouest des serres. Parmi ceux-ci, il faut souligner une belle roseraie, le Jardin japonais et son pavillon de style *sukiya*, ainsi que le très beau Jardin de Chine, dont les pavillons ont été réalisés par des artisans venus exprès de Chine. Montréal étant jumelée entre autres villes à Shanghai, on a voulu en faire le plus vaste jardin du genre hors d'Asie.

Il faut aussi voir le Jardin des Premières-Nations, inauguré en 2001. Sa réalisation est l'aboutissement du travail de plusieurs intervenants, dont plusieurs membres des Premières Nations. Dès la fondation du Jardin botanique, le frère Marie-Victorin avait imaginé un jardin de plantes médicinales utilisées par les Amérindiens. L'interprétation de ce jardin permet de se familiariser avec les cultures autochtones, et particulièrement avec leurs relations avec le monde végétal.

Un arboretum sillonné de sentiers occupe la partie nord du Jardin botanique. C'est dans ce secteur qu'a été érigée la Maison de l'arbre, véritable centre d'interprétation qui permet

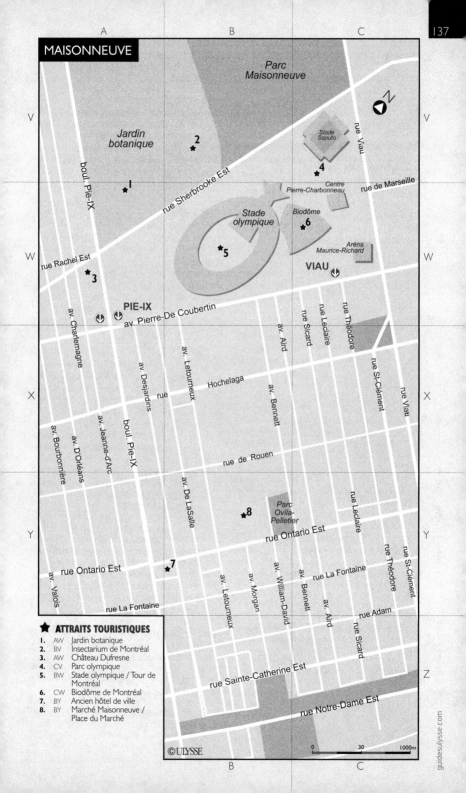

MAISONNEUVE

Parc
Maisonneuve

Jardin
botanique

2

Stade
Saputo

rue Viau

4

Centre
Pierre-Charbonneau

rue de Marseille

1

rue Sherbrooke Est

Stade
olympique

Biodôme

6

5

Aréna
Maurice-Richard

VIAU

boul. Pie-IX

rue Rachel Est

3

PIE-IX

av. Pierre-De Coubertin

av. Charlemagne

av. Aird

rue Sicard

rue Leclaire

rue Théodore

av. Letourneux

Hochelaga

av. Desjardins

rue

av. Bennett

rue St-Clément

rue Viau

av. Bourbonnière

av. D'Orléans

av. Jeanne-d'Arc

boul. Pie-IX

rue de Rouen

av. De LaSalle

8

Parc
Ovila-
Pelletier

rue Ontario Est

rue Leclaire

7

rue Ontario Est

av. Valois

rue La Fontaine

av. Letourneux

av. Morgan

av. William-David

av. Bennett

av. Aird

rue La Fontaine

rue Théodore

rue St-Clément

rue Adam

rue Sicard

rue Sainte-Catherine Est

Z

rue Notre-Dame Est

★ ATTRAITS TOURISTIQUES

1. AW Jardin botanique
2. BV Insectarium de Montréal
3. AW Château Dufresne
4. CV Parc olympique
5. BW Stade olympique / Tour de
   Montréal
6. CW Biodôme de Montréal
7. BY Ancien hôtel de ville
8. BY Marché Maisonneuve /
   Place du Marché

©ULYSSE

0   30   1000m

de mieux comprendre la vie d'un arbre et des forêts. L'exposition permanente que l'on y présente reprend d'ailleurs la forme d'une moitié de tronc d'arbre où le visiteur circule entre les anneaux de croissance. La structure du bâtiment, formée d'un assemblage de poutres d'épinettes, rappelle un alignement d'arbres urbains.

L'**Insectarium de Montréal** *(4581 rue Sherbrooke E., ♪ 514-872-1400)*, le plus important musée entièrement consacré aux insectes en Amérique du Nord, est situé à l'est des serres. Ce musée vivant invite les visiteurs à découvrir le monde fascinant de plus de 160 000 spécimens d'insectes à l'aide d'une fourmilière, d'une bourdonnière, d'une ruche, de vivariums et de jeux interactifs. Surveillez les diverses activités organisées tout au long de l'année!

››› *Retournez au boulevard Pie-IX. Du côté ouest, tout juste au sud de la rue Sherbrooke Est, se dresse le Château Dufresne.*

Le **Château Dufresne** ★★ *(7$; mer-dim 10h à 17h; 2929 rue Jeanne-d'Arc, ♪ 514-259-9201, www.chateaudufresne.com; métro Pie-IX)* est constitué en réalité de deux résidences bourgeoises jumelées de 22 pièces chacune, érigées derrière une façade unique. Le château fut réalisé en 1916 pour les frères Marius et Oscar Dufresne, fabricants de chaussures et promoteurs d'un projet d'aménagement grandiose pour Maisonneuve, auquel la Première Guerre mondiale allait mettre un terme, engendrant la faillite de la municipalité. Leur demeure, œuvre conjointe de Marius Dufresne et de l'architecte parisien Jules Renard, devait former le noyau d'un quartier résidentiel bourgeois qui n'a jamais vu le jour. Elle est un des meilleurs exemples d'architecture Beaux-Arts à Montréal. Le Château Dufresne, bâtiment historique classé, a été décoré par Guido Nincheri et est inspiré du Petit Trianon de Versailles. On y propose des visites des salles avec leur collection de meubles tout en faisant revivre l'histoire de ses occupants, de même que des expositions temporaires sur les arts visuels ou le patrimoine.

››› *Redescendez la côte du boulevard Pie-IX, puis tournez à gauche dans l'avenue Pierre-De Coubertin.*

Jean Drapeau fut maire de Montréal de 1954 à 1957 puis de 1960 à 1986. Il rêvait de grandes choses pour «sa» ville. D'un pouvoir de persuasion peu commun et d'une détermination à toute épreuve, il mena à bien plusieurs projets importants, notamment la construction du métro et de la Place des Arts, ainsi que la venue à Montréal de l'Exposition universelle

de 1967 et, bien sûr, des Jeux olympiques d'été de 1976. Mais, pour cet événement international, il fallait doter la ville d'équipements à la hauteur.

Qu'à cela ne tienne, on irait chercher un visionnaire français qui dessinerait du jamais vu. C'est ainsi que naquirent, un milliard de dollars plus tard, le **Parc olympique** et sa pièce maîtresse, le Stade olympique, œuvre de l'architecte Roger Taillibert, également auteur du stade du Parc des Princes, à Paris.

Structure qui étonne par la courbure de ses formes organiques en béton, le **Stade olympique** ★★★ *(8$ visite du Stade et du Centre sportif, tlj entre 10h30 et 16h30 en été et entre 11h et 15h30 en basse saison; 4141 av. Pierre-De Coubertin, ♪ 514-252-4141 ou 877-997-0919, www.rio.gouv. qc.ca; métro Viau)*, de forme ovale, dispose de 56 000 places, et sa tour penchée fait 175 m de hauteur. Au loin, on aperçoit les deux immeubles de forme pyramidale du Village olympique qui ont logé les athlètes en 1976. Le Stade olympique accueille chaque année différents événements.

La tour du stade, la plus haute tour penchée du monde, a été rebaptisée la **Tour de Montréal** *(15$ incluant l'accès par le funiculaire; tlj 9h à 19h en été et 9h à 17h en basse saison, fermé jan à mi-fév)*. Un funiculaire grimpe à l'assaut de la structure, permettant de rejoindre l'Observatoire de la Tour d'où les visiteurs peuvent contempler l'ensemble de l'Est montréalais. Au second niveau de l'observatoire sont présentées des expositions diverses. On y trouve aussi une boutique en été, le Salon Montréal. Le pied de la tour abrite les piscines du Complexe olympique, alors qu'à l'arrière se profile un gros cinéma multisalles.

L'ancien vélodrome, situé à proximité, a été transformé en un milieu de vie artificiel pour les plantes et les animaux, appelé le **Biodôme de Montréal** ★★★ *(16$; mi-juin à début sept tlj 9h à 18h, début sept à fin juin mar-dim 9h à 17h; 4777 av. Pierre-De Coubertin, ♪ 514-868-3000, www. biodome.qc.ca; métro Viau)*. Ce musée rattaché au Jardin botanique présente sur 10 000 m² quatre écosystèmes fort différents les uns des autres: la forêt tropicale, la forêt laurentienne, le Saint-Laurent marin et le monde polaire. Ce sont des microcosmes complets, qui comprennent végétation, mammifères et oiseaux en liberté, et qui offrent des conditions climatiques réelles.

››› *Revenez au boulevard Pie-IX et empruntez-le vers le sud jusqu'à la rue Ontario, où vous tournerez à gauche.*

Le coup d'envoi de la politique de grandeur de l'administration Dufresne fut donné en 1912 par la construction de l'**ancien hôtel de ville ★** *(4120 rue Ontario E.)* selon les plans de l'architecte Cajetan Dufort. De 1925 à 1967, on y trouvait l'Institut du Radium, spécialisé dans la recherche sur le cancer. Depuis 1981, l'édifice abrite la **bibliothèque Maisonneuve**. À l'étage, un dessin «à vol d'oiseau» de Maisonneuve vers 1915 laisse voir les bâtiments prestigieux réalisés ainsi que ceux qui sont demeurés sur papier.

Le **Marché Maisonneuve ★** *(4445 rue Ontario E.)* est un des agréables marchés publics de Montréal. Depuis 1995, il loge dans un bâtiment relativement récent si on le compare avec celui, voisin, qui l'abritait autrefois. Ce dernier s'inscrit dans un concept d'aménagement urbain hérité des enseignements de l'École des beaux-arts de Paris, appelé «Mouvement City Beautiful» en Amérique du Nord; il s'agit d'un mélange de perspectives classiques, de parcs de verdure et d'équipements civiques et sanitaires. Érigé dans l'axe de l'avenue Morgan en 1914, l'ancien Marché Maisonneuve, de Cajetan Dufort, est la réalisation la plus ambitieuse initiée par Dufresne. On trouve, au centre de la **place du Marché**, une œuvre importante du sculpteur Alfred Laliberté : *La fermière*.

▸▸▸ *Revenez sur vos pas jusqu'à la station de métro Pie-IX.*

Activités de plein air

➤ Baignade

Les trois piscines olympiques (récréative, de compétition et de plongeon) du **Complexe aquatique de l'île Sainte-Hélène** *(☎ 514-872-6120; www.parcjeandrapeau.com)* ont été inaugurées en 2005 pour accueillir les XIes Championnats du monde FINA (Fédération Internationale de Natation).

Les attraits favoris des enfants à Montréal

Le **Centre des sciences de Montréal** promet aux petits comme aux grands de belles heures de plaisir et de connaissance. Il abrite aussi un cinéma IMAX, ainsi que le ciné-jeu interactif *Snowbirds*, particulièrement appréciés des enfants.

Afin d'initier les jeunes au merveilleux monde de l'astronomie, le **Planétarium de Montréal** a mis sur pied plusieurs spectacles qui s'adressent à un public d'âges différents. Les spectacles sont construits autour de la thématique du système solaire et de ses mystères.

Durant l'été, le **Musée des beaux-arts de Montréal** organise des camps de jour dans le but d'éveiller la créativité des enfants.

Au **Musée d'art contemporain**, les enfants ont l'occasion de faire l'apprentissage de diverses techniques d'arts plastiques et de peinture grâce aux ateliers du dimanche.

Temple récréatif absolu de la jeunesse d'aujourd'hui, le parc d'attractions **La Ronde**, avec ses mille et un jeux et manèges renversants, saura plaire aux jeunes amateurs de sensations fortes.

Le **Biodôme**, avec ses reconstitutions d'habitats naturels peuplés d'une faune variée, émerveille toujours les enfants.

L'**Insectarium** s'est donné la mission de mieux faire connaître les insectes au public, en général, et aux enfants, en particulier, en présentant toute une sélection de ces petits êtres mystérieux et fascinants.

Au **Jardin botanique de Montréal**, en octobre, les cucurbitacées sont de la fête dans la grande serre : plus de 800 citrouilles décorées célèbrent alors l'Halloween, pour le plus grand bonheur des enfants (Le Grand Bal des citrouilles, oct tlj 9h à 21h).

Montréal – **Activités de plein air**

Sur l'île Notre-Dame, l'eau de la plage du **parc Jean-Drapeau** (voir p. 133) est filtrée de façon naturelle, ce qui permet aux gens de se baigner dans une eau propre ne contenant aucun additif chimique. Le nombre de baigneurs admis étant limité, il faut arriver tôt quand les beaux jours d'été pointent à l'horizon.

➤ Glissade

À Montréal, plusieurs parcs comportent des pentes aménagées pour la glissade. Toutes conviennent aux familles qui désirent passer un après-midi sous le soleil hivernal, et certaines, plus casse-cou, ne manquent pas de plaire aux amateurs de sensations fortes. Parmi les plus belles figurent celles du **parc du Mont-Royal** *(devant le lac aux Castors ou face à l'avenue du Parc; voir p. 126)* et du **parc Jean-Drapeau** *(pendant la fête des Neiges; voir p. 133)*.

➤ Observation des oiseaux

Le **Jardin botanique de Montréal** (voir p. 136) reçoit, tout au long de l'hiver, la visite de nombreuses espèces d'oiseaux. Parmi celles que vous aurez la chance de rencontrer figurent le gros-bec errant, le pic mineur, la mésange à tête noire, le sizerin flammé et la sittelle à poitrine rousse.

➤ Patin

En hiver, dans plusieurs parcs, des patinoires sont aménagées pour le plus grand plaisir de tous. Parmi les plus belles, mentionnons celles du **lac aux Castors** *(parc du Mont-Royal; voir p. 128)*, de l'étang du **parc La Fontaine** (voir p. 124), des **Quais du Vieux-Port** *(6$; location de patins 7$; voir p. 102)* et du parc Maisonneuve.

L'**Atrium** (voir p. 112), situé dans la plus haute tour à bureaux de Montréal, soit le 1000 De La Gauchetière, renferme une grande patinoire de 900 m² ouverte toute l'année. Elle est entourée de comptoirs d'alimentation et d'aires de repos, et une mezzanine l'entoure. Au-dessus de la patinoire, il y a une superbe coupole vitrée qui diffuse les rayons du soleil.

➤ Randonnée pédestre

Montréal est une ville qui se laisse découvrir aisément en marchant. Mais à ceux qui désirent parcourir des coins de verdure magnifiques, où l'asphalte et le béton ne sont pas encore maîtres, la ville offre des centaines de kilomètres de sentiers de randonnée pédestre. Pour en connaître davantage sur ces sentiers

pédestres de la ville, il faut se procurer le guide Ulysse *Marcher à Montréal et ses environs*. Nous vous proposons ici quelques balades.

Tout près du centre-ville, le **parc du Mont-Royal** (voir p. 126) est une oasis de verdure qui se prête bien à la randonnée pédestre. Le parc compte une vingtaine de kilomètres de sentiers, incluant de nombreux petits sentiers secondaires ainsi que le magnifique chemin Olmsted et la boucle du sommet.

Le parc Maisonneuve, situé en face du Stade olympique, compte une dizaine de kilomètres de sentiers de randonnée pédestre.

Quelques kilomètres de sentiers sillonnent le **parc La Fontaine** (voir p. 124), où les Montréalais viennent se reposer sous les grands arbres ou près des étangs.

Le **parc Jean-Drapeau** (voir p. 133) compte une douzaine de kilomètres de sentiers. Il offre une multitude de petits chemins ainsi que des sentiers mieux aménagés et de petites routes.

La piste du **canal de Lachine**, longue de 14,5 km et très prisée des cyclistes, peut également être parcourue à pied. Elle relie le Vieux-Port et le parc René-Lévesque, à Lachine.

➤ Vélo

Montréal offre environ 650 km de pistes cyclables. On peut se procurer une carte de ces pistes aux bureaux d'information touristique, ou encore acheter dans les librairies le guide Ulysse *Le Québec cyclable* ou la carte-guide Ulysse *Montréal à vélo*. Nous vous proposons ici quelques promenades.

Les abords du **canal de Lachine** ont été réaménagés dans le but de mettre en valeur cette voie de communication importante au cours des XIXe et XXe siècles. Depuis, une piste cyclable fort agréable longe le canal (sur une section, il y en a même une de chaque côté du canal).

En partant du Vieux-Montréal, on peut se rendre aux **îles Notre-Dame et Sainte-Hélène** (voir p. 133). La piste traverse d'abord un secteur où sont établies diverses usines, puis passe par la Cité-du-Havre et traverse le pont de la Concorde. Il est facile de circuler d'une île à l'autre. Celles-ci, joliment paysagées, constituent un havre de détente où il fait bon se promener en contemplant, au loin, la silhouette de Montréal.

Location de vélos

La Bicycletterie J.R.
201 rue Rachel E., Plateau Mont-Royal
☎ 514-843-6989
www.labicycletteriejr.com

Ça Roule Montréal
27 rue de la Commune E., Vieux-Montréal
☎ 514-866-0633
www.caroulemontreal.com

Pignon sur Roues
1308 av. du Mont-Royal E., Plateau Mont-Royal
☎ 514-523-6480
www.pignonsurroues.com

De début mai à la mi-novembre, la Ville de Montréal propose **Bixi** *(www.bixi.com)*, son service de location de vélos. Moyennant des frais d'abonnement *(5$/24h; 28$/30 jours; 78$/1 an)* et des frais d'utilisation calculés par tranche de 30 min *(de 1,50$ à 6$ et plus; les premières 30 min sont gratuites)*, ce service permet d'emprunter l'un des 3 000 vélos Bixi à l'une des 300 stations disséminées dans la ville. Relativement cher pour la location de plus longue durée, Bixi demeure très pratique pour les courts déplacements de 30 min ou moins. En 2009, il a servi à plus d'un million de déplacements.

Hébergement

Montréal compte une myriade d'hôtels et d'auberges de toutes catégories. Le prix des chambres varie grandement d'une saison à l'autre. La semaine du Festival international de jazz de Montréal, au début du mois de juillet, est la plus demandée de l'année; il est donc recommandé de réserver longtemps à l'avance si vous prévoyez séjourner à Montréal pendant cette période.

Dans la mesure où vous souhaitez réserver (fortement conseillé pour l'été), une carte de crédit s'avère indispensable, car, la plupart du temps, on vous demandera de payer à l'avance la première nuitée.

Circuit A:
Le Vieux-Montréal

Auberge Alternative
$-$$ ☎bc ☜ @
358 rue St-Pierre
☎ 514-282-8069
www.auberge-alternative.qc.ca
L'Auberge Alternative est installée dans un immeuble rénové datant de 1875. Les lits des chambres privées et des dortoirs sont rudimentaires mais confortables, et les salles de bain sont très

propres. Murs aux couleurs gaies, beaucoup d'espace, vaste salle de «repos-cuisinette» avec murs de pierres et vieux planchers de bois, galerie d'art, salle de performance, bref, l'ambiance est conviviale.

Les Passants du Sans Soucy
$$$$ ☎≡◎@△
171 rue St-Paul O.
☎ 514-842-2634
www.lesanssoucy.com
Les Passants du Sans Soucy est une charmante auberge aménagée dans une maison construite en 1723 et rénovée dans les années 1990. Elle propose neuf coquettes chambres meublées d'antiquités.

Marriott SpringHill Suites Vieux-Montréal
$$$$ ☎☜♨≡☜@
445 rue St-Jean-Baptiste
☎ 514-875-4333 ou 866-875-4333
www.springhillsuites.com
Bien qu'il soit niché dans une petite rue du Vieux-Montréal, le Marriott SpringHill Suites Vieux-Montréal est pourtant imposant. Il compte des suites récemment rénovées et équipées d'une cuisinette, d'un sofa, d'une table de travail et d'un accès Internet. Vieux-Montréal oblige, les suites ne sont pas très grandes, et leur décor, similaire d'une chambre à l'autre, rappelle

celui des grandes chaînes, mais elles restent tout de même confortables. L'hôtel s'est associé à un restaurant, **Le Saint-Gabriel** (voir p. 152), accessible par un passage intérieur.

Bonaparte
$$$$-$$$$$ ☎≡♨◎@
447 rue St-François-Xavier
☎ 514-844-1448
www.bonaparte.ca
Le restaurant **Bonaparte** (voir p. 152), bien connu pour sa délicieuse cuisine française, se double d'une auberge. Une trentaine de chambres confortables occupent donc ses étages supérieurs. Celles situées à l'arrière de l'édifice, qui date de 1886, ont vue sur le jardin des Sulpiciens, derrière la basilique Notre-Dame. Le petit déjeuner est servi au restaurant.

Le Saint-Sulpice
$$$$-$$$$$
♨☜≡☜△☜☞Υ@
414 rue St-Sulpice
☎ 514-288-1000 ou 877-785-7423
www.lesaintsulpice.com
Pénétrer dans l'immense hall du Saint-Sulpice, c'est accéder à un monde de luxe et de confort aux accents du Vieux-Montréal. Un peu partout dans l'hôtel et dans sa cour, des éléments du décor rappellent constamment qu'on est ici au cœur de l'histoire. Après tout, les Sulpiciens ont joué un grand

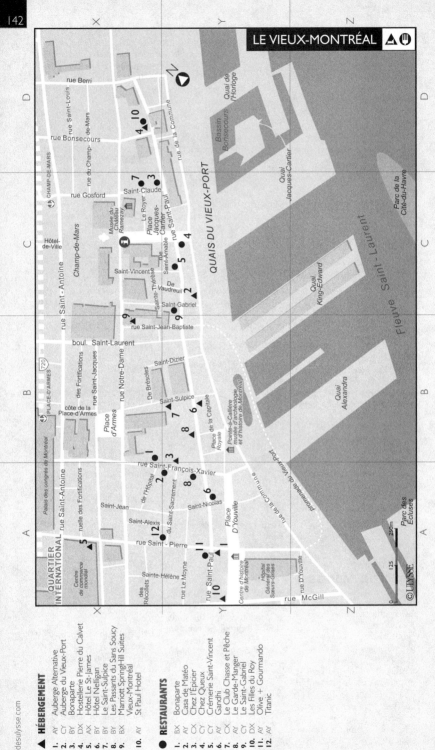

LE VIEUX-MONTRÉAL

rôle dans l'histoire de Montréal! L'hôtel se targue de ne proposer que des suites; vous y aurez donc assez d'espace pour évoluer à l'aise et disposerez même d'une cuisinette. Plaisir suprême: certaines suites disposent d'un balcon ou d'une terrasse sur le toit.

Auberge du Vieux-Port
$$$$$ 🐾 ≡ ◎ 🥄 ⚓ ♨ @
97 rue de la Commune E.
📞 514-876-0081 ou 888-660-7678
www.aubergeduvieuxport.com

Située juste en face du Vieux-Port de Montréal, l'Auberge du Vieux-Port, qui a ouvert ses portes en août 1996, est un bijou à découvrir. Le hall, chic et agréablement décoré, laisse voir les murs de pierres du bâtiment historique, érigé en 1882. Les chambres et lofts sont décorés dans un esprit historique, et le résultat est tout à fait remarquable. Au sous-sol, où le Narcisse Bistro + Bar à vin sert de la cuisine française, on peut voir une partie des anciennes fortifications de la vieille ville. L'établissement réserve une autre surprise: deux terrasses romantiques affiliées au Narcisse, dont une sur le toit, offrent aux clients une vue splendide sur le fleuve et la rue de la Commune.

Hostellerie Pierre du Calvet
$$$$$ 🐾 ≡ ⚓ ♨ @
405 rue Bonsecours
📞 514-282-1725 ou 866-544-1725
www.pierreducalvet.ca

Non loin de la station du métro Champ-de-Mars, l'Hostellerie Pierre du Calvet loge dans une des plus anciennes maisons de Montréal (1725). Entièrement restaurées, ses chambres ont su conserver leur charme vétuste et sont munies d'un foyer, lambrissées de jolies boiseries anciennes et rehaussées de vitraux et d'antiquités. À cela vient s'ajouter un mobilier qui comprend des lits à baldaquins et des armoires

en acajou plaqués de feuilles d'or. Par ailleurs, une jolie cour intérieure et une salle de séjour ont été aménagées. Le petit déjeuner est servi dans une serre victorienne. L'hostellerie abrite également l'excellent restaurant **Les Filles du Roy** (voir p. 152).

Hôtel Nelligan
$$$$$ 🐾 ♨ 🥄 ≡ ⚓ ◎ @
106 rue St-Paul O.
📞 514-788-2040 ou 877-788-2040
www.hotelnelligan.com

Un hôtel de luxe à la mémoire d'un grand poète: on ne sait trop ce qu'en aurait pensé Nelligan lui-même, mais l'établissement a de la gueule. Établi dans le Vieux-Montréal, cet hôtel-boutique propose une centaine de chambres et de suites tout confort. Entre le hall et le restaurant s'étend une agréable petite cour intérieure où est servi le petit déjeuner continental. Les fenêtres de certaines chambres donnent sur cette cour, ce qui, faute de vue, assure un peu de tranquillité. Les chambres sont belles, avec leurs murs de pierres ou de briques et leurs salles de bain modernes. Le thème de la poésie se retrouve un peu partout dans l'hôtel, particulièrement dans les tableaux accrochés aux murs des chambres où sont calligraphiés des vers de Nelligan. À noter que les occupants du Nelligan ont aussi accès au spa de l'hôtel Le Place d'Armes Hôtel & Suites, situé tout près.

St Paul Hotel
$$$$$ 🐾 ≈ ≡ 🛗 ⚓ ♨ @
355 rue McGill
📞 514-380-2222 ou 866-380-2202
www.hotelstpaul.com

Les chambres et suites de l'hôtel St Paul ont pour cadre un magnifique édifice historique entièrement rénové. Différents matériaux s'y côtoient pour créer un style moderne saisissant. Albâtre et feu, fourrure et vinyle, carrelage noir et tissus crème, on

est loin de la sobriété et du classique!

Hôtel Le St-James
$$$$$ ≡ ◎ 》》 ♨ ☀ 🐾 Y @
355 rue St-Jacques
📞 514-841-3111 ou 866-841-3111
www.hotellestjames.com

Voici l'hôtel le plus chic au Canada. Le St-James comble une clientèle fortunée qui désire visiter Montréal tout en prenant ses aises dans un environnement somptueux et raffiné. Pourvus d'installations modernes et d'un équipement de haute technologie, son hall, ses couloirs et ses chambres et suites renferment également des meubles, des antiquités, des tableaux et des sculptures triés sur le volet. L'architecture de l'édifice, avec ses frises et ses moulures, est rehaussée par la chaleur et l'opulence du décor qui s'accompagne de services et d'équipements haut de gamme, tel le spa pour les soins du corps.

Circuit B: Le centre-ville

Auberge de jeunesse de Montréal
$-$$ ≡ 🐾 @
1030 rue Mackay
📞 514-843-3317 ou 866-843-3317
www.hostellingmontreal.com

L'Auberge de jeunesse de Montréal, située à deux pas du centre-ville, dispose de dortoirs ainsi que de chambres privées équipées de salles de bain complètes. Membre du réseau Hostelling International, cette auberge compte parmi les moins chères à Montréal.

Hôtel du Nouveau Forum
$$ 🐾 🛏 ≡ 🛗
1320 rue St-Antoine O.
📞 514-989-0300 ou 888-989-0300
www.nouveau-forum.com

Érigé juste à côté du Centre Bell et pas très loin du Vieux-Montréal, l'Hôtel du

Nouveau Forum propose de petites chambres sans prétention mais convenables. Il est aménagé dans une maison historique dont l'intérieur a été entièrement remis à neuf. L'atmosphère aseptisée des couloirs et de la salle à manger est heureusement réchauffée par un personnel très sympathique et un petit déjeuner des plus copieux.

Gîte Couette et Chocolat
$$-$$$ ☙ bc ≡ @
1074 rue St-Dominique
☏ 514-876-3960
www.couetteetchocolat.net
Situé tout près du Quartier chinois, le Gîte Couette et Chocolat est niché dans une belle maison de ville de style victorien. L'établissement a été entièrement décoré à neuf.

Courtyard Marriott Montréal
$$$$ ⌘ ✗ ⊶ ♨ ≡ ᕙ @
410 rue Sherbrooke O.
☏ 514-844-8855 ou 800-449-6654
www.courtyard.com
L'hôtel Courtyard Marriott Montréal se dresse à l'orée du centre-ville. Ses chambres au décor agréable offrent une belle vue sur la montagne ou sur le fleuve.

Holiday Inn Select Montréal Centre-Ville
$$$$
♨ ⊶ ⌘))) ✗ ≡ ᕙ @
99 av. Viger O.
☏ 514-878-9888 ou 877-660-8550
www.hiselect.com/yul-downtown
Le Holiday Inn Select Montréal Centre-Ville offre tout le confort d'un hôtel de qualité supérieure. Cet établissement étant situé au cœur du Quartier chinois, on reconnaît de loin son toit en pagode. À l'intérieur, il présente aussi un décor à l'orientale. En plus d'être pourvues de literies hypoallergènes, les chambres sont impeccables et spacieuses, tandis que le service est empressé et courtois. S'y trouve aussi un bon restaurant: **Chez Chine** (voir p. 153).

Castel Durocher
$$$ ☙ bc/⊙ *chambres*
$$$$$ ☙ *appartements*
@ ≡
3488 rue Durocher
☏ 514-282-1697
www.casteldurocher.com
Construite en 1898 et située à deux pas de la rue Sainte-Catherine et de la Place des Arts, cette belle demeure de style Queen Anne a été reconvertie en gîte touristique. Les deux étages de l'établissement peuvent aussi être loués comme appartement privé. La touche gourmande de ce gîte: les chocolats belges Chic Choc, fabriqués de façon artisanale.

Square Phillips Hôtel & Suites
$$$$ ☙ ⊶ ♨ ≡ @ ⊷ ⋈
1193 rue du Square-Phillips
☏ 514-393-1193 ou 866-393-1193
www.squarephillips.com
Le Square Phillips Hôtel & Suites a ouvert ses portes en 2003. Situé au sud de la rue Sainte-Catherine, cet établissement est conçu comme des appartements meublés. Les studios et suites se louent à la journée, à la semaine ou au mois. S'y trouve aussi une piscine intérieure flanquée d'une belle terrasse qui permet de jouir d'une vue intéressante sur le centre-ville.

Château Versailles
$$$$-$$$$$ ☙ ♨ ⊙ ⌘ ≡ ▲))) ᕙ ⋈ ⊷
1659 rue Sherbrooke O.
☏ 514-933-8111 ou 888-933-8111
www.versailleshotels.com
Installé dans le bâtiment constitué du Château et de la Tour de Versailles, l'hôtel Château Versailles est un charmant hôtel-boutique. Les chambres arborent certains attributs du bâtiment ancien, agencés à des éléments de décor victorien et à des accessoires modernes. Se dégage de l'hôtel une belle atmosphère de détente.

Hôtel de la Montagne
$$$$-$$$$$
♨ ⌘ ≡ ⊙ ᕙ ⋈ @
1430 rue de la Montagne
☏ 514-288-5656 ou 800-361-6262
www.hoteldelamontagne.com
Outre ses chambres, l'Hôtel de la Montagne dispose d'un excellent restaurant, Aux Beaux Jeudis, et d'un bar au personnel chaleureux, le Thursday's. L'été, il faut monter sur le toit à la belle Terrasse Magnetic, avec bar et piscine, pour profiter d'une vue imprenable sur la ville.

Hôtel Opus Montréal
$$$$$ ☙ ⌘ ♨ ≡ ⊷ ⋈ @
10 Sherbrooke O.
☏ 514-843-6000 ou 866-744-6346
www.opushotel.com
Conçues pour le globe-trotter du XXIe siècle, les chambres et suites de l'Hôtel Opus Montréal apportent une touche fonctionnelle qui plaira aux gens qui se rendent à Montréal pour affaires. Tout en gardant le cachet de l'édifice Godin d'origine et en évoquant un retour au design des années 1960, la décoration minimaliste donne un aspect très moderne à l'établissement, idéalement situé entre la *Main* et le centre-ville. À noter le nouveau chic resto-bar asiatique Koko, ouvert depuis 2009 dans l'établissement.

Hôtel Le Germain
$$$$$ ☙ ⌘ ♨ ≡ ⊷ ⋈ @
2050 rue Mansfield
☏ 514-849-2050 ou 877-333-2050
www.hotelboutique.com
En plein cœur de l'animé centre-ville se dresse un ancien immeuble de bureaux reconverti en hôtel: l'Hôtel Le Germain. Cet établissement, nouvellement rénové, a lancé la vague des hôtels-boutiques à Montréal, ces établissements où le service est personnalisé et où une attention particulière a été portée à la décoration. Chacune des chambres est aménagée avec soin, dans un style minimaliste.

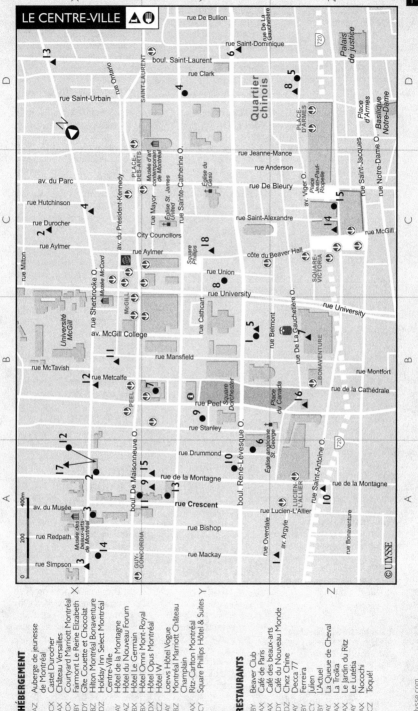

LE CENTRE-VILLE

▲ HÉBERGEMENT

1. AZ Auberge de jeunesse de Montréal
2. CX Castel Durocher
3. AX Château Versailles
4. CX Courtyard Marriott Montréal
5. BY Fairmont Le Reine Elizabeth
6. DY Gîte Couette et Chocolat
7. BZ Hilton Montréal Bonaventure
8. DZ Holiday Inn Select Montréal Centre-Ville
9. AY Hôtel de la Montagne
10. AZ Hôtel du Nouveau Forum
11. BX Hôtel Le Germain
12. BX Hôtel Omni Mont-Royal
13. DX Hôtel Opus Montréal
14. CZ Hôtel W
15. AX Loews Hôtel Vogue
16. BZ Montréal Marriott Château Champlain
17. AX Ritz-Carlton Montréal
18. CY Square Phillips Hôtel & Suites

● RESTAURANTS

1. BY Beaver Club
2. AX Café de Paris
3. AX Café des beaux-arts
4. DY Café du Nouveau Monde
5. DZ Chez Chine
6. AY Decca 77
7. BY Ferreira
8. CY Julien
9. BY L'Actuel
10. AY La Queue de Cheval
11. AX La Troïka
12. AX Le Jardin du Ritz
13. AY Le Lutétia
14. AX Nocochi
15. CZ Toqué!

Hôtel W
$$$$$ ≡ @
901 rue du Square-Victoria
514-395-3100 ou 888-627-7081
www.whotels.com

Première implantation de la chaîne W au Canada, cet établissement prestigieux a ouvert ses portes en 2004 et est installé dans l'imposant édifice de l'ancienne Banque du Canada, au cœur du Quartier international de Montréal. Confort et design résument l'esprit des chambres et des suites de l'hôtel. Les chambres, dont les fenêtres donnent sur le square Victoria, sont décorées dans des tons de noir et de bleu, couleurs désormais emblématiques de l'Hôtel W de Montréal. Le spa Sweat, le Wunderbar, le Salon Du Plateau, le W Café Bartini et le Ristorante Otto font partie des nombreuses installations destinées à vous faire vivre une véritable expérience hôtelière à Montréal.

Fairmont Le Reine Elizabeth
$$$$$ ≡ @
900 boul. René-Lévesque O.
514-861-3511 ou 866-540-4483
www.fairmont.com

Le Reine Elizabeth est un des symboles de la personnalité de Montréal. Les chambres, dont certaines ont été complètement rénovées, sont relativement petites, mais l'emplacement de l'hôtel et tous ses services demeurent irrésistibles pour qui voyage pour affaires. Son hall orné de boiseries est splendide. Au rez-de-chaussée se trouve une galerie de boutiques d'où on rejoint aisément la gare ferroviaire ainsi que le Montréal souterrain.

Hilton Montréal Bonaventure
$$$$$ ≡ @
900 rue De La Gauchetière O.
514-878-2332 ou 800-267-2575
www.hiltonmontreal.com

L'hôtel Hilton Montréal Bonaventure est un établissement idéal pour la détente aux limites du centre-ville et du Vieux-Montréal. Il est possible de se baigner, tout au long de l'année, dans la piscine extérieure chauffée. L'hôtel dispose d'un charmant jardin et d'un accès à la «ville souterraine».

Hôtel Omni Mont-Royal
$$$$-$$$$$ ≡ @
1050 rue Sherbrooke O.
514-284-1110
www.omnihotels.com

Faisant partie des hôtels les plus réputés de Montréal, l'Hôtel Omni Mont-Royal offre des chambres spacieuses et très confortables. Toutefois, les chambres régulières ont un décor banal, et les salles de bain sont bien petites pour un établissement de cette réputation. L'hôtel dispose d'une piscine extérieure chauffée, ouverte toute l'année.

Loews Hôtel Vogue
$$$$$ ≡ @
1425 rue de la Montagne
514-285-5555 ou 800-465-6654
www.loewshotels.com

Au premier abord, le bâtiment de verre et de béton sans ornement qui abrite le Loews Hôtel Vogue peut sembler dénué de grâce. Le hall, agrémenté de boiseries aux couleurs chaudes, donne une idée plus juste du luxe et de l'élégance de l'établissement. Mais avant tout, ce sont les vastes chambres, garnies de meubles aux lignes gracieuses, qui révèlent le confort de cet hôtel.

Montréal Marriott Château Champlain
$$$$$ ≡ @
1050 rue De La Gauchetière O.
514-878-9000 ou 800-200-5909
www.marriott.com

Le Château Champlain est installé dans un bâtiment blanc aux fenêtres en demi-lune, ce qui lui a valu le surnom de «râpe à fromage». Cet hôtel réputé dispose malheureusement de petites chambres moins belles que celles auxquelles on pourrait s'attendre d'un établissement de cette classe. Accès direct à la «ville souterraine».

Ritz-Carlton Montréal
$$$$$
≡ @
1228 rue Sherbrooke O.
514-842-4212 ou 800-363-0366
www.ritzmontreal.com

Le Ritz-Carlton fut inauguré en 1912 et n'a cessé depuis de s'embellir, afin d'offrir à sa clientèle un confort toujours supérieur tout en conservant son élégance et son charme d'antan. Dignes d'un établissement de grande classe, ses chambres sont décorées de superbes meubles anciens et offrent un confort supérieur. Un excellent restaurant (**Café de Paris**, voir p. 154) se double en été d'un agréable jardin où l'on peut casser la croûte (**Le Jardin du Ritz**, voir p. 154). L'établissement fait l'objet d'une rénovation complète et sera agrandi pour accueillir des résidences de prestige. Ces travaux devraient se terminer fin 2010. Notez que durant les travaux l'hôtel sera fermé.

Circuit C: Le quartier Milton-Parc et la *Main*

Pensione Popolo
$-$$ bc/bp @
4873 boul. St-Laurent
514-284-2863
www.casadelpopolo.com

La Pensione Popolo propose des chambres modestes mais coquettes, avec accès à une cuisinette. On vous donnera un laissez-passer pour un des concerts de la **Casa del Popolo** (voir p. 164), mais sachez toutefois que certaines chambres se trouvent justement au-dessus de cette salle de spectacle. Le bruit peut donc être incommodant, mais le prix des chambres plaira aux mélomanes à petit budget.

Bienvenue Bed & Breakfast
$$-$$$ ☜ bc/fp ≡ ☛ @
3950 av. Laval
☏ 514-844-5897 ou 800-227-5897
www.bienvenuebb.com

À deux pas de l'avenue Duluth se trouve le Bienvenue Bed & Breakfast. Situé dans une rue tranquille, cet établissement dispose de chambres plutôt petites mais décorées de façon charmante. Il est installé dans une maison joliment entretenue d'où se dégage une atmosphère paisible et amicale. Le petit déjeuner, très copieux, est servi dans une agréable salle à manger.

Circuit D: Le Quartier latin

Auberge de jeunesse de l'Hôtel de Paris
$ bc ☛ @
901 rue Sherbrooke E.
☏ 514-522-6861 ou 800-567-7217
www.hotel-montreal.com

L'Auberge de jeunesse de l'Hôtel de Paris, qui appartient à l'Hôtel de Paris (voir plus loin), est divisée en dortoirs comptant de 4 à 20 lits. La cuisine commune, bien qu'elle soit petite, dispose du nécessaire pour permettre de se faire à manger, et une terrasse offre une vue agréable. Pas de couvre-feu.

Résidences René-Lévesque de l'UQAM
$-$$ bc/fp ♿ ☛ ❄ @
mi-mai à mi-août
303 boul. René-Lévesque E.
☏ 514-987-6669
www.residences-uqam.qc.ca

Loger dans les Résidences René-Lévesque de l'UQAM, à un prix plus que raisonnable, permet de découvrir le Quartier latin, le Quartier chinois et le Vieux-Montréal, tous situés à proximité. Comme dans les Résidences

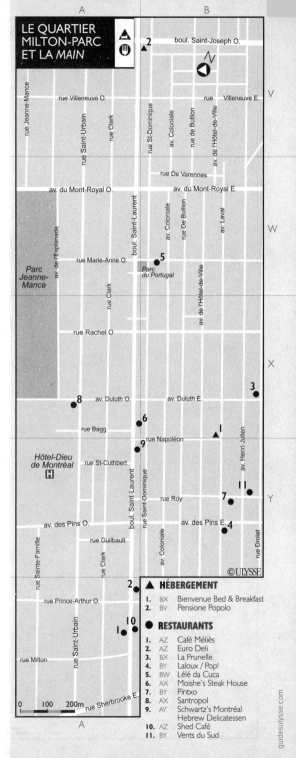

LE QUARTIER MILTON-PARC ET LA MAIN

▲ **HÉBERGEMENT**
1.	BX	Bienvenue Bed & Breakfast
2.	BV	Pensione Popolo

● **RESTAURANTS**
1.	AZ	Café Méliès
2.	AZ	Euro Deli
3.	BX	La Prunelle
4.	BY	Laloux / Pop!
5.	BW	Lélé da Cuca
6.	AX	Moishe's Steak House
7.	BY	Pintxo
8.	AX	Santropol
9.	AY	Schwartz's Montréal Hebrew Delicatessen
10.	AZ	Shed Café
11.	BY	Vents du Sud

©ULYSSE

guidesulysse.com

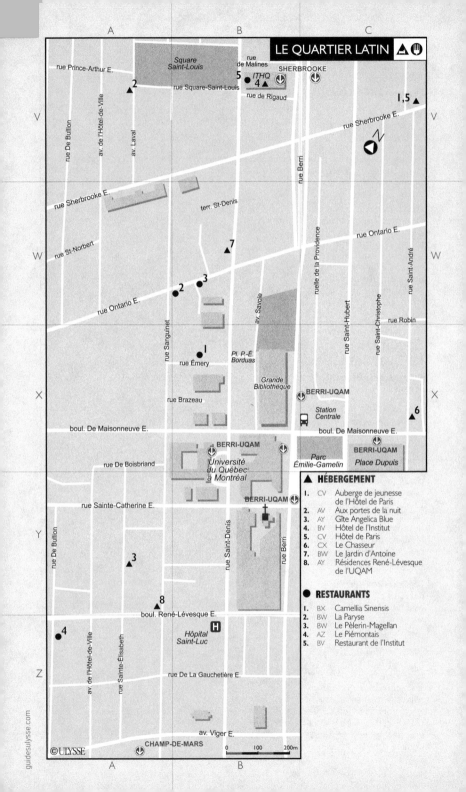

LE QUARTIER LATIN

▲ HÉBERGEMENT

1.	CV	Auberge de jeunesse de l'Hôtel de Paris
2.	AV	Aux portes de la nuit
3.	AY	Gîte Angelica Blue
4.	BV	Hôtel de l'Institut
5.	CV	Hôtel de Paris
6.	CX	Le Chasseur
7.	BW	Le Jardin d'Antoine
8.	AY	Résidences René-Lévesque de l'UQAM

● RESTAURANTS

1.	BX	Camellia Sinensis
2.	BW	La Paryse
3.	BW	Le Pèlerin-Magellan
4.	AZ	Le Piémontais
5.	BV	Restaurant de l'Institut

guidesulysse.com

de l'Ouest de l'UQAM, on y compte un grand nombre de chambres et cinq modes d'hébergement distincts, de la formule Multi avec salle de bain et cuisinette communes aux studios-suites tout équipés.

Le Chasseur
$$ ★ ʰᶜ/ᵇᵖ ≡ @
1567 rue St-André
☎ 514-521-2238 ou 800-451-2238
www.lechasseur.com
Près du Village gay, le gîte touristique Le Chasseur propose, avec le sourire, des chambres décorées avec goût. Pendant la belle saison, la terrasse permet de se soustraire à l'activité de la ville et de se détendre un peu.

Gîte Angelica Blue
$$-$$$ ★ ≡ @
1213 rue Ste-Élisabeth
☎ 514-844-5048 ou 800-878-5048
www.angelicablue.com
Le Gîte Angelica Blue, un gîte touristique invitant, propose plusieurs chambres thématiques différentes aux dimensions variées. Chacune des chambres exhale toutefois un cachet chaleureux.

Hôtel de Paris
$$-$$$ ★ ≡ ⚍ ➍ ⌖ @
901 rue Sherbrooke E.
☎ 514-522-6861 ou 800-567-7217
www.hotel-montreal.com
L'Hôtel de Paris, aménagé dans une belle maison construite en 1870, offre des chambres confortables. Bien que rénové, l'hôtel conserve un cachet particulier avec ses magnifiques boiseries dans l'entrée.

Aux portes de la nuit
$$$ ★ @
3496 av. Laval
☎ 514-848-0833
www.auxportesdelanuit.com
Donnant sur le square Saint-Louis, ce gîte touristique niché dans une jolie maison victorienne abrite de jolies et chaleureuses chambres.

Hôtel de l'Institut
$$$-$$$$ ★ ≡ ⚍ ♿ @
3535 rue St-Denis
☎ 514-282-5120 ou 800-361-5111
www.ithq.qc.ca/hotel
Juste en face du square Saint-Louis, l'Hôtel de l'Institut occupe deux des étages supérieurs de l'Institut de tourisme et d'hôtellerie du Québec (ITHQ). Cet établissement résolument moderne et très confortable dispose de tous les services d'un grand hôtel. Car faut-il savoir que l'hôtel est tenu par les étudiants qui y font leur stage; ils sont suivis de près par des professeurs qui s'assurent de l'excellence de leur travail selon les standards de l'hôtellerie quatre étoiles. Le petit déjeuner-buffet est servi dans le magnifique **Restaurant de l'Institut** (voir p. 156).

Le Jardin d'Antoine
$$$-$$$$ ★ ≡ ◎ @
2024 rue St-Denis
☎ 514-843-4506 ou 800-361-4506
www.hotel-jardin-antoine.qc.ca
Réparties sur trois étages, les chambres du Jardin d'Antoine sont décorées avec soin, certaines exhibant mur de briques et plancher de bois franc. Plusieurs suites confortables et bien équipées sont proposées. Petit jardin à l'arrière.

Circuit E: Le Plateau Mont-Royal

Le Gîte du Plateau Mont-Royal
$$ ★ ʰᶜ/ᵇᵖ ➍ @
185 rue Sherbrooke E.
☎ 514-522-3910 ou 877-350-4483
www.hostelmontreal.com
Le Gîte du Plateau Mont-Royal est une magnifique maison de ville de trois étages avec terrasse sur le toit, typique du quartier avec ses poutres de bois et ses hauts plafonds. On y propose des chambres simples, doubles, triples, quadruples et des dortoirs. Cet

établissement est entretenu avec soin par des employés sympathiques.

Le Gîte du parc Lafontaine
$$ ★ ʰᶜ/ᵇᵖ ➍
début juin à mi-sept
1250 rue Sherbrooke E.
☎ 514-522-3910 ou 877-350-4483
www.hostelmontreal.com
Au Gîte du parc Lafontaine, une auberge de jeunesse aménagée dans une maison centenaire, les clients peuvent profiter de chambres meublées, de dortoirs, d'une cuisine, d'un salon, d'une laverie, d'une terrasse, d'un accueil sympathique et surtout d'une situation géographique favorable: à deux pas du parc La Fontaine et non loin de la rue Saint-Denis.

Anne ma sœur Anne
$$$-$$$$ ★ ➍ ≡ @
4119 rue St-Denis
☎ 514-281-3187
www.annemasoeuranne.com
Nichées dans un bel édifice de pierres datant du XIXᵉ siècle, les chambres-studios d'Anne ma sœur Anne offrent une formule intéressante en plein cœur du Plateau. Décorées très sobrement, elles sont aisément modulables en bureaux le jour, grâce au mobilier mural intégré, et chacune d'entre elles dispose d'une cuisinette entièrement équipée. La petite touche personnelle: les croissants et le café gratuits, livrés à votre porte chaque matin, et l'accueil chaleureux.

L'Auberge de la Fontaine
$$$$-$$$$$
★ ◎ ♿ ≡ ❅ @
1301 rue Rachel E.
☎ 514-597-0166 ou 800-597-0597
www.aubergedelafontaine.com
Si vous cherchez un établissement sachant allier charme, confort et tranquillité, adressez-vous à l'Auberge de la Fontaine, qui, en plus d'abriter des chambres décorées avec goût, se trouve en face du beau parc La Fon-

LE PLATEAU MONT-ROYAL

Parc Laurier

rue Bibaud

LAURIER

av. Laurier Est

rue Resther

● 4

V V

boul. Saint-Joseph Est

LAURIER

rue Gilford

boul. Saint-Joseph Est

rue Gilford

● 12

rue Gilford

rue Pontiac

rue St-Hubert

rue de Mentana

rue Poitevin

rue La Mennais

19 ● 17

rue Gilford

rue De Bienville

rue Saint-André

rue Boyer

rue Généreux

rue Garnier

rue Fabre

W W

rue Drolet

rue Saint-Denis

11 ●

18 ●

20 ●

av. du Mont-Royal Est

1 ●

MONT-ROYAL

av. Christophe-Colomb

rue Latreille

rue Marie-Anne Est

rue Marie-Anne Est

rue Rivard

rue Saint-Hubert

rue Saint-André

rue Boyer

rue de la Roche

rue De Brébeuf

rue Chambord

rue De Lanaudière

rue De Courville

X X

av. Bureau

rue Rachel Est

rue Rachel Est

10 ●

▲ 2

MV 1 ▲

6 ●

av. Chaumont

rue Berri

rue de Mentana

15 ●

13 ●

8 ● ● 2

av. Duluth Est

rue Saint-Christophe

Parc
La Fontaine

9 ●

rue De Chateaubriand

rue Napoléon

3 ● 16 ●

rue Napoléon

Y Y

rue Rivard

7 ●

rue Roy

av. du Parc-La Fontaine

av. Calixa-Lavallée

avenue des Pins

14 ●

rue Saint-Denis

rue Berri

rue Bousquet

rue Sherbrooke Est

Z Z

5 ●

rue Cherrier

▲ 3

H

SHERBROOKE

rue Panet

rue Plessis

Square
Saint-Louis

© ULYSSE

▲ 4

rue Sherbrooke Est

rue Montcalm

rue Beaudry

0   200   400m

A   B   C

taine. Un sentiment de calme et de bien-être vous envahira dès l'entrée. Avec autant de qualités, l'auberge est vite devenue populaire, et les réservations sont fortement recommandées.

Près de l'aéroport

Hôtel Best Western Montréal Aéroport
$$$-$$$$
🐾 ❄ ♨))) ♨ ≡ ♈ ◉ ☎ @
13000 ch. de la Côte-de-Liesse
☎ 514-631-4811 ou 800-361-2254
www.bestwestern.com

Les chambres de l'Hôtel Best Western Montréal Aéroport sont agréables et économiques. L'hôtel offre à ses clients un service aussi rare qu'intéressant: on peut y garer sa voiture pour près de trois semaines. Un service de navette pour l'aéroport Montréal-Trudeau y est offert gratuitement.

Hilton Montréal Aéroport
$$$$
❄))) ⚓ ♨ ♈ & ≡ ❊ @
12505 ch. de la Côte-de-Liesse
☎ 514-631-2411 ou 800-567-2411
www.1.hilton.com

Le Montréal Aéroport Hilton propose des chambres agréables à proximité de l'aéroport Montréal-Trudeau.

Restaurants

Montréal a acquis au fil des dernières décennies une réputation plus qu'enviable sur le plan gastronomique. Toutes les cuisines du monde y sont dignement représentées, et l'on peut toujours y dénicher une bonne table, quel que soit son budget. La sélection qui suit est classée selon l'ordre des circuits proposés afin de faciliter la découverte de la perle rare, où que l'on soit dans la ville.

Circuit A: Le Vieux-Montréal

Voir carte p. 142.

Crémerie Saint-Vincent
$
153 rue St-Paul E.
☎ 514-392-2540

Ouverte uniquement durant l'été, la Crémerie Saint-Vincent est un des rares établissements à Montréal où l'on peut savourer une excellente crème glacée molle garnie de sucre d'érable. Une grande variété de glaces figure au menu.

Olive + Gourmando
$
351 rue St-Paul O.
☎ 514-350-1083
www.oliveetgourmando.com

Les deux fondateurs de ce bistro de la rue Saint-Paul ont fait leurs armes chez Toqué!, l'une des grandes tables de la métropole. Ils proposent ici un menu composé de délicieux sandwichs, salades et soupes, et l'on peut terminer son repas en s'offrant l'un de leurs fameux brownies à saveur de café Illy. Inutile d'en rajouter: c'est une halte sans prétention, mais charmante et gourmande, dans le Vieux-Montréal.

Titanic
$
fermé sam-dim
445 rue St-Pierre
☎ 514-849-0894

Voici un restaurant tout petit et très achalandé à découvrir en semaine pour le déjeuner. Installé dans un demi-sous-sol, le Titanic offre une myriade de sandwichs sur pain baguette aux accents de la Méditerranée: feta et autres fromages, poisson fumé, pâtés, légumes marinés... Délicieux!

Gandhi
$$
230 rue St-Paul O.
☎ 514-845-5866

Le décor sobre et lumineux ainsi que les plats faisant honneur aux plus pures traditions de la cuisine indienne font de cette adresse une véritable perle dans l'univers gastronomique du Vieux-Montréal. Les tandouris sont particulièrement recommandés.

Casa de Matéo
$$
440 rue St-François-Xavier
☎ 514-844-7448

La Casa de Matéo est un joyeux restaurant mexicain garni de hamacs, de cactus et de bibelots latino-américains. Le personnel sera heureux de vous faire potasser votre espagnol. Les plats sont typiques et excellents.

Chez l'Épicier
$$$
311 rue St-Paul E.
☎ 514-878-2232
www.chezlepicier.com

Auriez-vous pensé à manger chez votre épicier? Pourtant, quel merveilleux établissement pour goûter des produits frais et une cuisine du marché! L'Épicier, qui fait effectivement office d'épicerie fine, est surtout un restaurant où l'on déguste une formidable cuisine créative, présentée de manière spectaculaire. Des murs de pierres, de grandes fenêtres qui donnent sur la magnifique architecture du Marché Bonsecours et un décor bistro confèrent à l'établissement à la fois l'ambiance des lieux très fréquentés et une certaine intimité. L'Épicier se fait aussi sommelier derrière son bar à vins.

Bonaparte
$$$
Auberge Bonaparte
447 rue St-François-Xavier
☎ 514-844-4368
www.restaurantbonaparte.ca

Le restaurant Bonaparte est l'endroit tout indiqué pour renouer avec une cuisine française classique dans un cadre élégant. Les convives s'attablent dans une des trois salles de l'établissement, toutes richement décorées dans le style Empire. La plus grande profite de la chaleur d'un foyer en hiver, tandis qu'une autre, appelée La Serre, offre une ambiance feutrée grâce à la présence de nombreuses plantes vertes.

Le Saint-Gabriel
$$$
fermé dim-lun
426 rue St-Gabriel
☎ 514-878-3561
www.lesaint-gabriel.com

On va au Saint-Gabriel d'abord et avant tout pour profiter d'un décor enchanteur évoquant les premières années de la Nouvelle-France. En effet, le restaurant est aménagé dans une maison qui, déjà en 1754, abritait une auberge. Le menu, quant à lui, est sans extravagance et présente des plats d'inspiration française et méditerranéenne.

Chez Queux
$$$
fermé lun
158 rue St-Paul E.
☎ 514-866-5194
www.chezqueux.com

Bénéficiant d'un emplacement des plus agréables face à la place Jacques-Cartier, Chez Queux sert une délicieuse cuisine française dans un cadre des plus classiques. Certains plats (grillades et mets flambés) sont habilement préparés en salle.

Le Garde-Manger
$$$-$$$$
408 rue St-François-Xavier
☎ 514-678-5044

Le Garde-Manger offre probablement la table la plus éclatée et la plus amusante du Vieux-Montréal. L'ambiance toute new-yorkaise et la générosité des propriétaires ont fait de ce resto un lieu de rassemblement pour les jeunes Montréalais branchés. On vous y servira principalement des fruits de mer variés, apprêtés et pré-sentés de manière simple et originale. Idéal pour ceux qui aiment bien manger et faire la fête en un seul et même endroit.

Le Club Chasse et Pêche
$$$-$$$$
423 rue St-Claude
☎ 514-861-1112
www.leclubchasseetpeche.com

Si le nom vous surprend, le décor vous étonnera davantage: fauteuils profonds et abat-jour kitsch, photos abstraites accrochées aux murs de couleurs sombres, le tout affichant un heureux mariage de rusticité et de finesse, comme sa table, d'ailleurs. Le chef concocte des mets créatifs et raffinés, allant du foie gras poêlé au délicieux carré d'agneau. En été, une superbe terrasse fleurie donnant sur le Jardin du Gouverneur, derrière le Château Ramezay, accueille les convives pour le déjeuner.

Les Filles du Roy
$$$$
Hostellerie Pierre du Calvet
405 rue Bonsecours
☎ 514-282-1725
www.pierreducalvet.ca

Fleuron de l'hôtellerie montréalaise, l'**Hostellerie Pierre du Calvet** (voir p. 143) abrite une des très bonnes tables de Montréal. Cet établissement est en effet particulièrement recommandé pour sa délicieuse cuisine imaginative qui célèbre les produits du terroir. De plus, son cadre élégant, ses antiquités, ses plantes ornementales et la discrétion de son service vous feront passer une soirée des plus agréables dans l'historique **maison Pierre du Calvet** (voir p. 106), qui date de 1725.

Circuit B:
Le centre-ville

Voir carte p. 145.

Nocochi
$
2156 rue Mackay
☎ 514-989-7514
On vient dans ce petit café au décor épuré pour… les desserts! Y sont apprêtés de fines bouchées sucrées à emporter ou à déguster sur place. Mais Nocochi propose aussi des casse-croûte (salades, omelettes, sandwichs), clientèle estudiantine oblige: ce café-pâtisserie est proche de l'Université Concordia.

Le Lutétia
$$
Hôtel de la Montagne
1430 rue de la Montagne
☎ 514-288-5656
Dans son chic décor victorien, le restaurant de l'**Hôtel de la Montagne** (voir p. 144), Le Lutétia, vous propose le petit déjeuner tous les jours jusqu'à 11h.

Café du Nouveau Monde
$$$
fermé dim
Théâtre du Nouveau Monde
84 rue Ste-Catherine O.
☎ 514-866-8669
Quel bel ajout dans ce secteur que ce Café du Nouveau Monde, où il fait bon simplement prendre un verre, un café ou un dessert dans le décor déconstructiviste du rez-de-chaussée ou encore un bon repas à l'étage, dont l'atmosphère rappelle les brasseries parisiennes. Le menu s'associe au décor et affiche les classiques de la cuisine française de bistro. Service impeccable, belle présentation et cuisine irréprochable, que demander de plus?

Café des beaux-arts
$$-$$$
fermé lundi
Musée des beaux-arts de Montréal
accès au café par le 1380 ou le 1384 de la rue Sherbrooke Ouest
☎ 514-843-3233
Le Café des beaux-arts du Musée des beaux-arts de Montréal offre une cuisine créative et alléchante ainsi qu'un service empressé. Salon privé du bistro, Le Collectionneur fait honneur aux groupes qui le louent pour des événements ou autres lancements, cocktails et conférences.

L'Actuel
$$$
fermé dim
1194 rue Peel
☎ 514-866-1537
L'Actuel, le plus belge des restaurants montréalais, ne désemplit pas midi et soir. On y trouve deux salles, dont une grande assez bruyante et très animée où se pressent des garçons affables parmi les gens d'affaires. La cuisine propose évidemment des moules, mais aussi plusieurs autres spécialités liégeoises.

Ferreira
$$$-$$$$
fermé dim
1446 rue Peel
☎ 514-848-0988
www.ferreiracafe.com
Voilà un sympathique et excellent restaurant du centre-ville qui propose des spécialités portugaises apprêtées avec un raffinement tout particulier. Il faut souligner la qualité du généreux riz aux fruits de mer. Les âmes esseulées peuvent manger au bar: on leur tiendra joyeuse compagnie. Menu « faim de soirée » à petit prix après 22h.

Chez Chine
$$$
Holiday Inn Select Montréal Centre-Ville
99 av. Viger O.
☎ 514-878-9888
L'hôtel **Holiday Inn Select Montréal Centre-Ville** (voir p. 144), qui s'élève aux limites du Quartier chinois, renferme un restaurant digne de ce quartier, Chez Chine, qui propose de délicieuses spécialités de l'empire du Milieu. La vaste salle à manger est aménagée à côté de la réception; aussi, afin d'enrayer l'atmosphère quelque peu impersonnelle, les tables sont réparties aux abords d'un grand bassin au centre duquel est accessible une pagode où se trouve une grande table. Il est également possible de réserver de petits salons attenants, parfaits pour les réceptions privées.

Julien
$$$
fermé dim
1191 av. Union
☎ 514-871-1581
www.restaurantjulien.com
Un classique à Montréal, Julien est reconnu pour servir une des meilleures bavettes à l'échalote en ville. Mais on ne s'y rend pas uniquement pour savourer une bavette, car les plats y sont tous plus succulents les uns que les autres. D'ailleurs, ici tout est impeccable: le service, la décoration et même la carte des vins.

La Troïka
$$$
fermé dim
2171 rue Crescent
☎ 514-849-9333
La Troïka est un restaurant russe dans la plus pure tradition. Dans un décor tout en tentures, en recoins et en souvenirs, un accordéoniste épanche sa nostalgie du pays. Les repas sont excellents et authentiques.

Beaver Club
$$$$
fermé dim-lun
Fairmont Le Reine Elizabeth
900 boul. René-Lévesque O.
☎ 514-861-3511, poste 2448
www.beaverclub.ca
De magnifiques boiseries confèrent une atmosphère

raffinée au restaurant de renommée internationale qu'est le Beaver Club, un atout incomparable pour le grand hôtel montréalais où s'il est établi. Sa table d'hôte variable peut aussi bien comporter du homard frais que de fines coupes de bœuf ou de gibier. Tout est préparé avec le plus grand soin, et une attention de tous les instants est portée aux moindres détails, présentation comprise. Il y a même un sommelier à demeure, et vous pourrez y danser le samedi soir.

Café de Paris
$$$$
fermé dim-lun
Ritz-Carlton Montréal
1228 rue Sherbrooke O.
☎ 514-842-4212
Le Café de Paris est le restaurant réputé du magnifique hôtel **Ritz-Carlton Montréal** (voir p. 146). Au moment de mettre sous presse, l'établissement était fermé dans la mouvance des travaux de rénovation du Ritz.

Decca 77
$$$
fermé dim
1077 rue Drummond
☎ 514-934-1077
www.decca77.com
Tout près de la gare Windsor et du Centre Bell, le restaurant Decca 77 au décor chic, moderne et soigné, est très certainement l'une des meilleures tables du centre-ville et une excellente adresse pour un déjeuner d'affaires. La qualité des plats et la finesse des vins vous feront également passer une très agréable soirée gastronomique.

La Queue de Cheval
$$$$
1221 boul. René-Lévesque O.
☎ 514-390-0090
www.queuedecheval.com
Temple pour carnivores, La Queue de cheval impres-

sionne par son décor opulent où se mêlent boiseries, murs lambrissés et chandeliers qui pendouillent des hauts plafonds voûtés. En attendant sa table, on s'accoude au bar feutré, tout indiqué pour déguster un whisky. La carte comporte une belle sélection de steaks vieillis à point, mais poissons, fruits de mer et veau figurent également au menu. Bref, une adresse idéale pour les appétits costauds.

Le Jardin du Ritz
$$$$
Ritz-Carlton Montréal
1228 rue Sherbrooke O.
☎ 514-842-4212
Le Jardin du Ritz est l'endroit rêvé pour se soustraire aux chaleurs estivales ainsi qu'à l'activité grouillante du centre-ville. On y déguste les classiques de la cuisine française et on prend le thé devant un étang entouré de fleurs et de verdure où s'ébattent des canards. Clientèle diversifiée. Ouvert seulement pendant la belle saison, Le Jardin est le prolongement de l'autre restaurant de l'hôtel, le **Café de Paris** (voir plus haut). Au moment de mettre sous presse, l'établissement était fermé dans la mouvance des travaux de rénovation du Ritz.

Toqué!
$$$$
fermé dim-lun
Centre CDP Capital
900 place Jean-Paul-Riopelle
☎ 514-499-2084
www.restaurant-toque.com
Si la gastronomie vous intéresse, le Toqué! est sans contredit l'adresse à retenir à Montréal. Le chef, Normand Laprise, insiste sur la fraîcheur des aliments et officie dans la cuisine, où les plats sont toujours préparés avec grand soin, puis admirablement bien présentés. Il faut

voir les desserts, de véritables sculptures modernes. De plus, le service est classique et élégant et les vins sont bien choisis pour rehausser les saveurs des plats. L'une des tables les plus originales de Montréal.

Circuit C: Le quartier Milton-Parc et la *Main*
Voir carte p. 147.

Euro Deli
$
3619 boul. St-Laurent
☎ 514-843-7853
Euro Deli est le restaurant tout indiqué pour prendre un repas rapide à base de pâtes ou de pizza, à presque toute heure de la journée ou de la soirée, en compagnie d'une clientèle bigarrée.

Schwartz's Montréal Hebrew Delicatessen
$
3895 boul. St-Laurent
☎ 514-842-4813
Montréal est reconnue pour son *smoked meat* et, de l'avis de plusieurs, on trouve au Schwartz's Montréal Hebrew Delicatessen l'un des meilleurs en ville. On y vient pour avaler rapidement un sandwich et pour côtoyer une foule de connaisseurs carnivores qui viennent parfois de loin pour goûter à ce délice. Authenticité garantie!

Lélé da Cuca
$$ ☕
70 rue Marie-Anne E.
☎ 514-849-6649
www.leledacuca.com
Au restaurant Lélé da Cuca, on peut goûter de délicieux plats mexicains et brésiliens. Du local exigu, qui ne peut accueillir qu'une trentaine de personnes, se dégage une ambiance détendue et sans façon.

Santropol
$-$$
3990 rue St-Urbain
☎ 514-842-3110

Le Santropol accueille des gens de tout âge friands d'énormes sandwichs, de quiches et de salades toujours servis avec force fruits et légumes. L'établissement est également réputé pour sa grande variété de tisanes et de cafés. Ambiance détendue et service agréable. Très agréable terrasse.

Shed Café
$$
3515 boul. St-Laurent
☎ 514-842-0220

Au Shed Café, on propose un menu composé entre autres de salades, de hamburgers et de desserts, tous présentés de façon originale. Son intérieur, qui a certes contribué à séduire la clientèle venue pour voir et être vue, est farfelu et avant-gardiste.

Vents du Sud
$$-$$$ 🍷
323 rue Roy E.
☎ 514-281-9913

Ah! les vents du sud! Chauds, doux, porteurs de mille et une odeurs alléchantes... Au cœur de l'hiver, si vous ne venez pas à bout du froid et surtout si vous avez besoin d'un bon repas copieux, pensez à ce petit resto basque. La cuisine basque, où règnent la tomate, le poivron rouge et l'oignon, est consistante et savoureuse. Et si vous avez encore besoin de vous réchauffer à la fin du repas, le sympathique patron se fera un plaisir de vous expliquer les règles du jeu de la pelote basque!

Café Méliès
$$$
Ex-Centris
3540 boul. St-Laurent
☎ 514-847-9218
www.cafemelies.com

Le Café Méliès est l'excellent restaurant du complexe Ex-Centris (voir p. 120). Situé sur deux étages, il a vue sur la rue grâce à de magnifiques fenêtres. Son décor cinématographique est surprenant (notez le majestueux escalier). Le Café Méliès est devenu l'une des bonnes tables innovatrices de Montréal. Terrasse en été.

Pop!
$$$
250 av. des Pins
☎ 514-287-1648
http://popbaravin.com

Le Pop! partage la même porte que le Laloux (voir plus loin). On parle de deux entités distinctes aux avantages communs. Le chef de pâtisserie du Laloux est ici le chef de cuisine. Sa spécialité: les tartes alsaciennes. Vous profiterez aussi d'une des plus belles cartes de vins de Montréal. Une expérience unique dans un décor de style scandinave du milieu des années 1960.

La Prunelle
$$$ 🍷
327 av. Duluth E.
☎ 514-849-8403

Un des meilleurs restaurants du quartier, dans un espace très ouvert sur la rue, ce qui est particulièrement agréable en été. On sert ici une cuisine française classique avec quelques accents d'innovation, délicieuse et présentée de manière agréable. Avantage non négligeable, les convives peuvent apporter leur vin ici. Réservez donc cette bonne bouteille pour une belle soirée à La Prunelle.

Pintxo
$$$
256 rue Roy E.
☎ 514-844-0222
www.pintxo.ca

Voilà, tout simplement, un petit bonheur de resto à découvrir au plus vite. Deux charmantes salles à la décoration sobre mais chaleureuse, séparées d'une entrée-boudoir où trône un foyer au gaz, vous accueillent pour un repas rempli de surprise et de convivialité. Que vous sortiez en amoureux ou en groupe, Pintxo semble magiquement se prêter à toutes les circonstances. Quant à la gastronomie, le chef Alonso Ortiz, fier Mexicain ayant fait ses classes auprès de non moins fiers grands maîtres de la cuisine basque, vous délectera par ses petites bouchées (les fameux *pintxos*, tapas du Pays basque) et ses plats tout en finesse. On vous proposera sûrement de vous abandonner aux choix du chef: surtout n'hésitez pas!

Moishe's Steak House
$$$-$$$$
3961 boul. St-Laurent
☎ 514-845-3509
www.moishes.ca

Moishe's loge dans un bâtiment à la devanture voyante et laide. Il ne faut cependant pas se fier aux apparences, car on y sert probablement les meilleurs steaks en ville. Le secret de cette viande tendre à souhait résiderait dans la méthode de vieillissement. Une autre de ses spécialités est le foie aux oignons frits.

Laloux
$$$$
250 av. des Pins
☎ 514-287-9127
www.laloux.com

Du talent en cuisine secondé par un décor agréable et un service chaleureux. Le restaurant français Laloux fait partie des meilleures tables en ville. Qu'en dire de plus? Simplement, bon appétit.

Circuit D:
Le Quartier latin

Voir carte p. 148.

Camellia Sinensis
$
351 rue Émery
☎ 514-286-4002
www.camellia-sinensis.com
Spécialisé dans l'importation de thés artisanaux de la Chine, du Japon et de l'Inde, ce petit salon de thé, situé en face du cinéma Quartier Latin, offre calme et tranquillité. Une petite boutique adjacente au salon de thé permet aux visiteurs de humer les différentes saveurs proposées avant d'acheter leur sorte préférée.

La Paryse
$
fermé lun
302 rue Ontario E.
☎ 514-842-2040
Dans un décor rappelant les années 1950, le restaurant La Paryse se voit régulièrement envahi par une foule jeune et bigarrée. En jetant un coup d'œil sur le menu, on comprend pourquoi: ses délicieux hamburgers et frites maison sont servis en généreuses portions!

Le Pèlerin-Magellan
$
330 rue Ontario E.
☎ 514-845-0909
Situé près de la rue Saint-Denis, Le Pèlerin-Magellan attire une clientèle hétéroclite qui aime discuter tout en grignotant une cuisine de bistro, dans une atmosphère jeune et sympathique. Le mobilier de bois imitant l'acajou et les expositions d'œuvres d'art moderne contribuent à créer une ambiance amicale.

Le Piémontais
$$$
fermé dim
1145A rue De Bullion
☎ 514-861-8122
www.lepiemontais.com
Tous les vrais amateurs de cuisine italienne connaissent et vénèrent Le Piémontais. L'étroitesse des lieux et la proximité des tables rendent l'établissement très bruyant, mais la douceur du décor où domine le rose, la gentillesse, la bonne humeur et l'efficacité du personnel, ainsi que la poésie que l'on découvre dans son assiette, procurent une expérience inoubliable.

Restaurant de l'Institut
$$$-$$$$
Institut de tourisme et d'hôtellerie du Québec
3535 rue St-Denis
☎ 514-282-5161 ou 800-361-5111
Des travaux majeurs ont donné un second souffle bien mérité au Restaurant de l'Institut de tourisme et d'hôtellerie du Québec (ITHQ), dont le but est de permettre aux étudiants de pratiquer leur savoir-faire. Situé au rez-de-chaussée du bâtiment, derrière de larges baies vitrées donnant sur le square Saint-Louis, le restaurant est un havre de lumière le jour et une adresse au cœur de la vie trépidante montréalaise le soir. Aidé des étudiants, le chef prépare six menus par année en utilisant principalement des produits du terroir. Matin, midi et soir, le Restaurant de l'Institut offre un des meilleurs rapports qualité/prix à Montréal.

Circuit E:
Le Plateau Mont-Royal

Voir carte p. 150.

Byblos
$
fermé lun
1499 av. Laurier E.
☎ 514-523-9396
Au petit restaurant Byblos, aux apparences très simples et aux murs ornés de pièces d'artisanat perse, vous jouirez d'une ambiance à la fois discrète et exotique. La cuisine, raffinée et légère, recèle de petites merveilles de l'Iran. Le service est attentionné, et le sourire règne en maître.

Fruit Folie
$
3817 rue St-Denis
☎ 514-840-9011
On accourt au Fruit Folie pour ses petits déjeuners spectaculaires, délicieux et proposés à prix imbattables. Bien entendu la plupart des assiettes débordent de fruits, c'est la folie! Vous devrez probablement patienter si vous faites la grasse matinée le dimanche et arrivez après 11h, surtout si vous convoitez les tables de la terrasse. Fruit Folie sert aussi des repas simples, des pâtes et des salades pour le déjeuner et le dîner.

La Binerie Mont-Royal
$
367 av. du Mont-Royal E.
☎ 514-285-9078
Dans un décor formé de quelques tables et d'un comptoir, La Binerie Mont-Royal est un petit resto de quartier d'aspect modeste. Mais elle a bonne réputation grâce à ses spécialités traditionnelles québécoises, et au roman d'Yves Beauchemin *Le Matou*, auquel elle sert de toile de fond.

La Banquise
$
994 rue Rachel E.
☎ 514-525-2415
www.restolabanquise.com
Ce joli petit restaurant aux couleurs de l'été, ouvert jour et nuit, est bien connu des résidants du Plateau qui viennent y apaiser leur fringale après la sortie du samedi soir. La spécialité: la poutine, selon plusieurs la meilleure en ville, avec une vingtaine de variétés différentes.

Tampopo
$-$$
4449 rue Mentana
☎ 514-526-0001
www.tampopo-resto.com
La minuscule salle du Tampopo ne dérougit pas. Prati-

quement à toute heure, on y trouve quantité de gens du Plateau et d'ailleurs venus se rassasier d'un bon plat de cuisine asiatique. Les copieuses soupes tonkinoises côtoient sur la carte une série de plats de nouilles. Derrière le comptoir, les cuistots s'affairent devant d'énormes woks dans lesquels ils font sauter légumes, viandes et fruits de mer pour les servir juste à point. Assoyez-vous sur de petits tabourets devant ce comptoir, ou par terre sur une natte ils font à l'une des trois tables basses, et ne manquez pas de savourer aussi le décor aux accents orientaux!

Chu Chai
$$
4088 rue St-Denis
☎ 514-843-4194
www.chuchai.com
Le Chu Chai ose innover, et il faut l'en féliciter. Ici, on a imaginé une cuisine thaïlandaise végétarienne qui donne dans le pastiche: crevettes végétariennes, poisson végétarien et même bœuf ou porc végétarien. L'imitation est extraordinaire, au point qu'on passe la soirée à se demander comment c'est possible. Le résultat est délicieux et ravit la clientèle diversifiée qui se presse dans sa salle modeste ou à la terrasse. Le midi, le restaurant propose une table d'hôte économique. Le comptoir de restauration rapide voisin, **Chuch**, offre la même nourriture de qualité dans une ambiance plus décontractée.

Khyber Pass
$$ 🍷
506 av. Duluth E.
☎ 514-849-1775
L'exotique et chaleureux restaurant Khyber Pass sert une cuisine traditionnelle afghane qui ouvre la voie à un amalgame de saveurs étonnantes et recherchées. Le service est attentionné, et en été une terrasse est mise à la disposition des clients.

Le Nil Bleu
$$-$$$
3706 rue St-Denis
☎ 514-285-4628
La cuisine délicieuse du restaurant éthiopien Le Nil Bleu vaut certainement le déplacement, ne serait-ce que pour manger de façon traditionnelle, de la main droite, un choix de viandes et de légumes enroulés dans une énorme crêpe, communément appelée *injera*. Son décor se révèle des plus chaleureux.

Ouzeri
$$-$$$
4690 rue St-Denis
☎ 514-845-1336
L'Ouzeri s'est donné pour objectif d'offrir à sa clientèle une cuisine grecque recherchée: mission accomplie. La cuisine est excellente et recèle plusieurs belles surprises. Avec son plafond très haut et ses longues fenêtres, ce restaurant constitue un établissement agréable où l'on risque de s'éterniser, surtout quand la musique nous plonge dans la rêverie.

Café Cherrier
$$-$$$
3635 rue St-Denis
☎ 514-843-4308
Lieu de rencontre par excellence de tout un contingent de professionnels, la terrasse et la salle du Café Cherrier ne désemplissent pas. L'atmosphère de brasserie française y est donc très animée avec beaucoup de va-et-vient, ce qui peut donner lieu à d'agréables rencontres. Le menu affiche des plats de bistro généralement savoureux, mais on doit parfois déplorer un service approximatif.

La Raclette
$$-$$$ 🍷
1059 rue Gilford
☎ 514-524-8118
Restaurant de quartier très prisé par les belles soirées d'été en raison de

son attrayante terrasse, La Raclette plaît aussi pour son menu, où l'on retrouve des plats tels que la raclette (bien sûr), mais aussi bien d'autres savoureuses spécialités suisses.

Les Trois Petits Bouchons
$$-$$$
lun-sam dîner,
jeu et ven déjeuner
4669 rue St-Denis
☎ 514-285-4444
www.troispetitsbouchons.com
Les Trois Petits Bouchons, c'est trois jeunes amis bons vivants qui ont uni leur savoir-faire pour ouvrir ce petit bonheur de resto-bar à vin. Ils réussissent avec brio à nous faire vivre trois grands plaisirs: être bien reçu, bien manger et bien boire. Au bar en solitaire, en salle en amoureux ou en groupe à la table d'amis, on s'y sent toujours bien et on se dit qu'on en ferait bien son resto de quartier.

Misto
$$-$$$
929 av. du Mont-Royal E.
☎ 514-526-5043
www.restomisto.com
Le Misto est un restaurant italien couru par une clientèle branchée qui vient s'y offrir de copieux plats. Dans ce grand et chaleureux local paré de briques et décoré dans les tons de vert, l'atmosphère bruyante et les tables très rapprochées n'enlèvent rien au service attentionné et sympathique.

Au pied de cochon
$$$
536 av. Duluth E.
☎ 514-281-1114
www.restaurantaupieddecochon.ca
L'un des établissements les plus recherchés par les visiteurs à Montréal, le bistro du chef Martin Picard est dédié à la bonne chère. Ici, il ne faut pas avoir peur de tomber

dans l'excès : essayez la côte de «cochon heureux», le jarret d'agneau confit, ou encore, si vous êtes un peu plus audacieux, la poutine au foie gras ou le canard en conserve.

Bistro Cocagne
$$$
3842 rue St-Denis
☎ 514-286-0700
www.bistro-cocagne.com
Après plusieurs années de service au sein du restaurant de renom qu'est le Toqué!, Alexandre Loiseau vous fait découvrir ses talents de grand chef en vous conviant dans son propre restaurant. Les plus? Son ingéniosité à combiner une cuisine du marché avec des saveurs parfois surprenantes, et sa créativité en matière de présentation, chaque plat étant en soi un véritable petit tableau. Une excellente adresse pour un bon repas gastronomique dans une ambiance décontractée et chaleureuse qui invite aux confidences.

Le Continental
$$$
4007 rue St-Denis
☎ 514-845-6842
www.lecontinental.ca
En juillet 2007, le restaurant Le Continental a été victime d'un incendie dévastateur. Quelques mois plus tard apparaissait, un pâté de maisons plus loin, un petit bistro bien sympathique qui fut à son tour agrandi pour reprendre ses dimensions d'autrefois. Les habitués du Continental disent maintenant se retrouver chez eux avec un menu toujours aussi alléchant. On va au Continental pour la fraîcheur des produits, la constance des classiques et la chaleur du service.

Le Piton de la Fournaise
$$$ ▼
fermé lun
835 av. Duluth E.
☎ 514-526-3936
www.restolepiton.com
Le charmant et tout petit restaurant Le Piton de la Fournaise pétille de vie et éveille les sens. On y apprête avec ingéniosité une cuisine réunionnaise qui n'en finit pas de surprendre par ses parfums, ses épices et ses textures. Afin que l'expérience du Piton de la Fournaise soit un succès, il est suggéré d'avoir tout son temps devant soi. Notez au passage qu'il y a deux services le vendredi et le samedi en raison de l'achalandage.

L'Express
$$$
3927 rue St-Denis
☎ 514-845-5333
Lieu de rencontre par excellence des yuppies vers 1985, L'Express demeure très apprécié pour son décor de wagon-restaurant, son atmosphère de bistro parisien animé, que peu ont su reproduire, et son menu toujours invitant. Il a su acquérir ses lettres de noblesse au fil des années.

Le Symposium Psarotaverna
$$$
3829 rue St-Denis
☎ 514-842-0867
Le Symposium Psarotaverna transporte sa clientèle instantanément en mer Égée, avec son décor bleu et blanc ainsi que l'âme chaleureuse et insulaire du service. Le poisson et les fruits de mer en sont les spécialités. Essayez le délicieux *saganaki*.

Au 5ᵉ péché
$$$$
330 av. du Mont-Royal E.
☎ 514-286-0123
www.aucinquiemepeche.com
Ce restaurant est un des incontournables de l'avenue du Mont-Royal. Le chef

conçoit des plats d'inspiration française à partir de produits 100% québécois. La situation centrale du restaurant permet aussi de terminer sa soirée dans certaines des boîtes de nuit les plus intéressantes du Plateau Mont-Royal.

Circuit G : Outremont et le Mile-End

Café Souvenir
$
24h sur 24 jeu-sam, jusqu'à 23h dim-mer
1261 av. Bernard
☎ 514-948-5259
www.cafesouvenir.com
Des plans de quelques grandes villes européennes, notamment Paris, ornent les murs du Café Souvenir. D'ailleurs, une ambiance de café français se dégage de ce petit resto sympa. Les dimanches pluvieux, les Outremontais y viennent nombreux, juste le temps d'une petite causerie. Le menu n'a rien d'extravagant, mais les plats sont bons.

Fairmount Bagel Bakery
$
74 av. Fairmount O.
☎ 514-272-0667
Célèbre concurrent du St. Viateur Bagel Shop, la Fairmount Bagel Bakery innove en proposant une vingtaine de *bagels* différents. Salées ou sucrées, les saveurs sont variées, comme ces *bagels* au chocolat, au muesli ou aux tomates séchées. Pour les « vrais de vrais », le *bagel* aux graines de sésame demeure toutefois le choix incontournable! Ouverte 24 heures sur 24, 365 jours par année, cette boulangerie est un arrêt populaire pour la faune nocturne de la *Main* qui veut prendre une bouchée après une soirée passée à faire la fête.

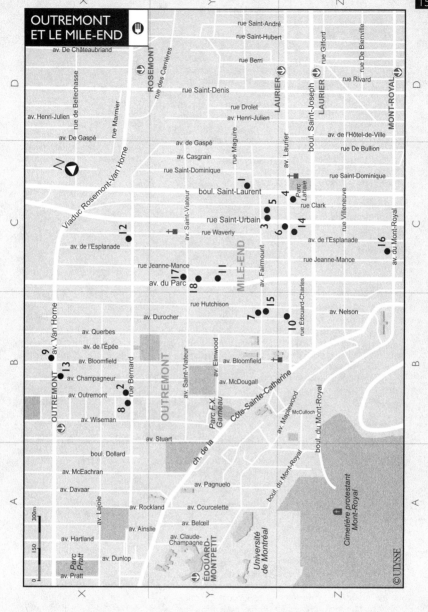

OUTREMONT ET LE MILE-END

RESTAURANTS

1.	CY	BU
2.	BX	Café Souvenir
3.	CY	Caffè Grazie Mille
4.	CZ	Chao Phraya
5.	CY	Fairmount Bagel Bakery
6.	CZ	La Chronique
7.	BY	La Croissanterie Figaro
8.	BX	Le Bilboquet
9.	BX	Le Bistingo
10.	BZ	Leméac Café Bistrot
11.		Milos
12.	CX	Nonya
13.	BX	Paris-Beurre
14.	CZ	Raza
15.	BY	Rumi
16.	CZ	Souvenirs d'Indochine
17.	CY	St. Viateur Bagel Shop
18.	CY	Taza Flores

La Croissanterie Figaro
$
5200 rue Hutchison
℡ 514-278-6567
www.lacroissanteriefigaro.com
Charmant café, La Croissanterie Figaro est un de ces trésors de quartier qu'on découvre avec ravissement. De petites tables en marbre, des lustres vieillots et des boiseries composent un décor propice aux petits déjeuners qui se prolongent et aux tête-à-tête alors qu'on voudrait que le temps s'arrête. Ce café semble appartenir à une époque révolue!

Le Bilboquet
$
1311 av. Bernard
℡ 514-276-0414
www.lebilboquet.qc.ca
Des gens de tout âge viennent au Bilboquet pour se délecter de mille et une savoureuses glaces. Ce petit café sympathique, installé au cœur d'Outremont, dispose d'une mignonne terrasse et attire une foule nombreuse les soirs d'été.

St. Viateur Bagel Shop
$
24h sur 24
263 av. St-Viateur O.
℡ 514-276-8044
C'est de cette petite boulangerie artisanale, au cœur d'Outremont, que vient la renommée des *bagels* montréalais. Cuits au four à bois, ces petits pains en forme d'anneau rivalisent aisément avec leurs concurrents new-yorkais. Aux graines de sésame ou de pavot, aux raisins, à la cannelle ou tout simplement nature, vous avez le choix. Et si vous préférez les grignoter sur le pouce dans un petit bistro, garnis de saumon ou de fromage à la crème, c'est au **St. Viateur Bagel & Café** *(1127 av. du Mont-Royal E.,* ℡ *514-528-6361)* que vous devez vous rendre, au cœur du Plateau.

Caffè Grazie Mille
$-$$
58 av. Fairmount O.
pas de tél.
Ce café représente bien l'Italie qu'on aime: des paninis simples et toujours frais, des cafés comme on en boit rarement ailleurs et un patron qui discute haut et fort avec ses clients. La terrasse est un petit bonheur en été.

Chao Phraya
$$
50 av. Laurier O.
℡ 514-272-5339
www.chao-phraya.com
Le Chao Phraya présente un décor moderne agrémenté de larges baies vitrées. On y sert de délicieux mets thaïlandais.

Le Bistingo
$$
1199 av. Van Horne
℡ 514-270-6162
D'aucuns affirment que l'avenue Van Horne compte parmi les moins jolies rues d'Outremont. Il n'empêche que s'y succèdent quelques charmants bistros, dont Le Bistingo. Ses quelques tables, ses larges baies vitrées, son service attentionné et son menu toujours alléchant, qui varie au gré des arrivages, ont sans doute contribué à sa réussite car les gens y reviennent. Cuisine française.

Paris-Beurre
$$-$$$
1226 av. Van Horne
℡ 514-271-7502
www.leparisbeurre.com
Certains se plaignent que la carte du Paris-Beurre ne change guère, mais les habitués y reviennent justement pour déguster des plats classiques qui ont acquis leurs lettres de noblesse. Ils profitent en outre d'une salle à manger ayant bien du cachet, bien qu'elle soit dotée de larges baies vitrées s'ouvrant sur la tristonnette avenue Van Horne.

Rumi
$$
5198 rue Hutchison
℡ 514-490-1999
Et si la Route de la soie passait par la rue Hutchison? Il suffit d'entrer au restaurant Rumi pour s'y croire. La décoration arborant tentures et tissus persans et les bonnes odeurs se dégageant des nombreux mets parfumés qu'on y sert en font un lieu tout désigné pour un repas paisible et succulent.

BU
$$$
5245 boul. St-Laurent
℡ 514-276-0249
www.bu-mtl.com
Les disciples de Bacchus prennent place chez BU pour s'offrir une cuisine italienne rustique et délicieuse, mais aussi pour profiter de l'impressionnante carte des vins, qui affiche de nombreuses importations privées. Une trentaine de vins sont proposés au verre à des prix très raisonnables, et les excellentes suggestions du personnel, affable et sans prétention, permettent de découvrir ou d'approfondir leurs connaissances du merveilleux monde des vins.

Nonya
$$-$$$
fermé dim-lun
151 rue Bernard O.
℡ 514-875-9998
www.nonya.ca
Rare ambassadeur de la cuisine indonésienne au Québec, Nonya propose, dans un cadre élégant, un éventail de plats raffinés et inspirés des recettes familiales parmi les plus appréciées de l'archipel de l'Asie du Sud-Est. Le menu dégustation constitue un délicieux tour d'horizon qui comblera les amateurs de nouveautés orientales.

Leméac Café Bistrot
$$$

1045 av. Laurier O.

☎ 514-270-0999

Table incontournable d'Outremont, ce café bistro doit son nom à la célèbre maison d'édition montréalaise qui occupait auparavant ce bel espace de l'avenue Laurier. Les boiseries, le jardin-terrasse et les larges baies vitrées confèrent une luminosité particulière à ce bistro typiquement européen. Les plats au menu, qui déclinent les classiques de la cuisine française, s'accompagnent d'un vaste choix d'excellents vins.

Souvenirs d'Indochine
$$$

fermé dim-lun

243 av. du Mont-Royal O.

☎ 514-848-0336

Dans un décor tout en finesse, Monsieur Hà, le chef, sert une cuisine qui ne l'est pas moins. Loin des clichés fadasses des mets vietnamiens parfois servis ailleurs, on goûte ici aux plus recherchés des plats de l'Indochine, dans lesquels on retrouve un soupçon d'influence française.

Taza Flores
$$$

5375 av. du Parc

☎ 514-574-5511

Après le resto de quartier et le bistro-club, voici le bar à tapas. À vous de composer votre repas parmi de petites mais copieuses assiettes d'amuse-gueules d'inspiration espagnole. La nourriture est bonne, le service chaleureux et le plaisir jusqu'en fin de soirée garanti. La cuisine est ouverte jusqu'à 23h du mardi au jeudi et jusqu'à 2h les vendredi et samedi.

La Chronique
$$$$

99 av. Laurier O.

☎ 514-271-3095

www.lachronique.qc.ca

Les Montréalais dans le coup vous le diront à l'unisson: La Chronique brigue toujours sa place parmi les meilleurs restaurants de la ville en repoussant continuellement les normes de la gastronomie. Le chef propose une cuisine du marché en constante évolution qui gravite toujours autour d'aliments d'une fraîcheur indéniable. Le décor est sans artifice, agrémenté par les sempiternelles photos en noir et blanc. La liste des vins fera le bonheur des amis de Bacchus. Le service est professionnel, prévenant et sans ostentation.

Milos
$$$$

5357 av. du Parc

☎ 514-272-3522

www.milos.ca

Le Milos peut en montrer aux innombrables brochetteries grecques ayant pignon sur rue à Montréal, car on élabore ici une authentique cuisine grecque. La réputation de cet établissement repose fermement sur la qualité de ses poissons et fruits de mer. Le décor préserve le charme de la simple *psarotaverna* que ce restaurant était à ses débuts, tout en affichant une certaine élégance rustique à même de plaire à sa riche clientèle. Une table d'hôte à trois services à prix plus doux (**$$**) est proposée le midi.

Raza
$$$$

fermé dim-lun

114 av. Laurier O.

☎ 514-227-8712

www.restaurantraza.com

Le chef d'origine péruvienne Mario Navarette Jr. propose une succulente nouvelle cuisine latine qui ne manque pas d'impressionner: les délicieux plats de poisson qui varient selon les arrivages témoignent bien de la créativité du chef et de son équipe. La carte des vins présente quelques importations privées intéressantes, et les cocktails proposés en apéritif sont savoureux: essayez le grand classique péruvien, le *pisco sour*, tout à fait divin.

Circuit 1: Maisonneuve

Voir carte p. 162.

La Bécane rouge
$$

fermé dim-lun

4316 rue Ste-Catherine E.

☎ 514-252-5420

La Bécane rouge est un sympathique bistro. Sur deux étages, les serveurs s'activent et contribuent à reproduire cette ambiance typique des bistros français. Les résidants du quartier et les habitués du Théâtre Denise-Pelletier aiment à s'y retrouver autour d'un verre de vin, d'un café ou d'un bon plat du jour. En été, installez-vous à la terrasse donnant sur le parc Morgan pour déjeuner.

Les Cabotins
$$$

4821 rue Ste-Catherine E.

☎ 514-251-8817

Ancienne mercerie dont il a conservé certains éléments de décor, le restaurant Les Cabotins propose une cuisine française traditionnelle, mais relevée d'un soupçon d'excentricité. Le décor est aussi à cette image, doucement kitsch et chic à la fois, avec ses tables en formica et ses nombreuses lampes créant une ambiance intime.

Sorties

Montréal a depuis longtemps la réputation d'être un fascinant lieu de divertissement unique en Amérique du Nord. Que ce soit en termes d'activités culturelles, de grands festivals ou simplement de bars et de boîtes de nuit, Montréal a suffisamment à offrir pour combler les attentes de chacun. Les amateurs de sport seront

Montréal – Sorties

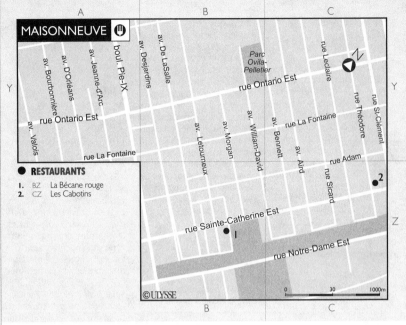

MAISONNEUVE

av. De LaSalle
av. Desjardins
boul. Pie-IX
av. Jeanne-d'Arc
av. D'Orléans
av. Bourbonnière
av. Valois

Parc Ovila-Pelletier

rue Leclaire
rue St-Clément
rue Théodore

rue Ontario Est

rue Ontario Est

rue La Fontaine

av. Létourneux
av. Morgan
av. William-David
av. Bennett
av. Aird

rue La Fontaine

rue Adam

rue Sicard

2

● **RESTAURANTS**

1. BZ   La Bécane rouge
2. CZ   Les Cabotins

rue Sainte-Catherine Est

1

rue Notre-Dame Est

©ULYSSE

0   30   1000m

également ravis, car, en plus des matchs d'équipes professionnelles (hockey, football, soccer), il se déroule à Montréal plusieurs événements sportifs d'envergure internationale.

➤ Activités culturelles

La vie culturelle est intense à Montréal. Tout au long de l'année, des expositions et des spectacles sont organisés afin de permettre aux Montréalais de découvrir diverses facettes de la culture. C'est ainsi que des spectacles et des films de tous les pays, des expositions d'artistes de toutes tendances, ainsi que des festivals pour tous les âges et tous les goûts, y sont présentés. Les hebdomadaires culturels *Voir*, *Ici*, *Mirror* et *Hour*, distribués gratuitement, donnent un aperçu des principaux événements qui se tiennent à Montréal.

Billetteries

Deux principaux réseaux de billetterie distribuent les billets de spectacles, de concerts et d'événements sportifs. Ils offrent un service de vente par téléphone et par Internet. Il faut alors payer au moyen de sa carte de crédit. Des guichets où l'on peut payer en espèces sont également répartis un peu partout à travers la ville. Des frais de service, variant d'un spectacle à l'autre, sont ajoutés au prix des billets.

Admission
☎ 514-790-1245 ou 800-361-4595
www.admission.com

Ticketpro
☎ 514-790-1111 ou 866-908-9090
www.ticketpro.ca

Ceux qui voudront profiter de billets de dernière minute à prix réduit doivent se rendre au guichet de **La Vitrine** *(145 rue Ste-Catherine O., ☎ 514-285-4545, www.lavitrine.com)* dans la rue Sainte-Catherine; il s'agit généralement de concerts ou de pièces de théâtre dans de petites salles.

Théâtres et salles de spectacle

Les droits d'entrée aux spectacles varient grandement d'une salle à l'autre. La plupart des salles offrent cependant des tarifs réduits aux étudiants.

Le National
1220 rue Ste-Catherine E.
☎ 514-845-2014
www.latulipe.ca

La Tulipe
4530 av. Papineau
☎ 514-529-5000
www.latulipe.ca

Le Gesù – Centre de créativité
1200 rue De Bleury
☎ 514-861-4378
www.gesu.net

Monument-National
1182 boul. St-Laurent
☎ 514-871-9883
www.monument-national.qc.ca

Place des Arts
175 rue Ste-Catherine O.
☎ 514-842-2112
www.pda.qc.ca

Théâtre Corona
2490 rue Notre-Dame O.
☎ 514-931-2088
www.theatrecorona.com

Théâtre d'Aujourd'hui
3900 rue St-Denis
☎ 514-282-3900
www.theatredaujourdhui.qc.ca

Théâtre Denise-Pelletier
4353 rue Ste-Catherine E.
☎ 514-253-8974
www.denise-pelletier.qc.ca

Théâtre du Nouveau Monde
84 rue Ste-Catherine O.
☎ 514-866-8668
www.tnm.qc.ca

Théâtre du Rideau Vert
4664 rue St-Denis
☎ 514-844-1793
www.rideauvert.qc.ca

Théâtre Saint-Denis
1594 rue St-Denis
☎ 514-849-4211
www.theatrestdenis.com

➤ Bars et boîtes de nuit

Dans certains cas, un droit d'entrée ainsi que des frais pour le vestiaire sont exigés. La vente d'alcool cesse au plus tard à 3h du matin; certains établissements peuvent rester ouverts, mais il faudra dans ce cas se contenter de boissons non alcoolisées.

Le Vieux-Montréal
Les Deux Pierrots
104 rue St-Paul E.
☎ 514-861-1270
www.lespierrots.com
Véritable institution montréalaise, Les Deux Pierrots a toujours su répondre aux exigences de ses clients en matière de divertissement. Si votre idéal de soirée consiste à vous mettre debout sur votre chaise et à danser sur des airs populaires chantés par un chansonnier en train de boire de la bière, alors c'est l'endroit rêvé pour vous.

Le Confessionnal
431 rue McGill
☎ 514-656-1350
www.confessionnal.ca
Le confortable petit *lounge* du Confessionnal est tout indiqué pour faire connaissance avec la jeune faune professionnelle de Montréal. Les cinq à sept y sont si populaires qu'on doit souvent faire la queue avant d'y entrer. Et une fois à l'intérieur, c'est en jouant des coudes qu'on se fraie un chemin jusqu'au bar. Un peu plus loin, vous apercevrez une piste de danse où l'on se trémousse en tailleur et en complet.

Le centre-ville
Altitude 737
1 Place Ville Marie
☎ 514-397-0737
www.altitude737.com
Si vous êtes de ces gens qui aiment atteindre les sommets, il faut grimper aux étages supérieurs de la Place Ville Marie, où l'Altitude 737 est pris d'assaut les soirs de semaine, particulièrement les jeudis et vendredis, alors qu'une clientèle de jeunes professionnels dans la trentaine s'y rend pour prendre un verre avant d'aller dîner. Une salle confortable et surtout deux magnifiques terrasses offrant une vue imprenable sur Montréal et sur le fleuve justifient sans nul doute cet engouement. Pour sortir plus tard en soirée, et danser tout son soûl, il faut plutôt aller à la discothèque branchée.

Brutopia
1219 rue Crescent
☎ 514-393-9277
www.brutopia.net
Entre la rue Sainte-Catherine et le boulevard René-Lévesque se trouve un chouette petit pub irlandais qui tranche avec l'ambiance flafla et chichi qui caractérise la rue Crescent. Cet établissement sans prétention brasse sa propre bière et constitue

l'endroit idéal pour commencer la soirée avant de poursuivre la fête ailleurs. Les fins de semaine, des musiciens viennent égayer les soirées en jouant des airs traditionnels irlandais. Trois terrasses sont proposées à la clientèle en été.

Les Foufounes Électriques
87 rue Ste-Catherine E.
☎ 514-844-5539
www.foufounes.qc.ca
Autrefois haut lieu de la marginalité de Montréal, Les Foufounes Électriques ne sont plus ce qu'elles étaient. Le décor composé de graffitis et de sculptures étranges est toujours le même, mais le bar a vu sa clientèle changer et sa musique devenir un peu plus commerciale. Si l'ensemble s'est transformé et que sa faune inusitée a quitté ce lieu de rencontre, l'établissement est toujours bondé et sa musique jamais reposante.

Loft
1405 boul. St-Laurent
☎ 514-281-8058
www.clubleloft.com
Très grande discothèque au sombre décor «techno» rehaussé de mauve et où seule la musique alternative a sa place, le Loft attire une clientèle dont l'âge varie entre 18 et 30 ans. On peut y voir des expositions temporaires parfois intéressantes. Certains amateurs y viennent pour les tables de billard. La terrasse sur le toit est fort agréable.

McKibbin's Irish Pub
1426 rue Bishop
☎ 514-288-1580
www.mckibbinsirishpub.com
Le McKibbin's Irish Pub est décoré dans la plus pure tradition irlandaise. Ses tabourets et banquettes de bois, ses murs de briques ainsi que ses nombreux bibelots, trophées et photos d'époque lui confèrent un aspect vieillot, non dénué de charme. On y boit de célèbres bières irlandaises, alors que des mélo-

dies dublinoises résonnent aux oreilles.

Upstairs Jazz Club
1254 rue MacKay
☎ 514-931-6808
www.upstairsjazz.com
Situé en plein centre-ville, l'Upstairs présente des spectacles de blues et de jazz tous les jours de la semaine. En été, une terrasse murée, à l'arrière du bar, fait le bonheur des amateurs de couchers de soleil.

Le quartier Milton-Parc et la Main

Balattou
4372 boul. St-Laurent
☎ 514-845-5447
www.balattou.com
Le Balattou est sans doute la boîte africaine la plus populaire de Montréal. Elle est sombre, bondée, chaude, trépidante et bruyante. Des spectacles sont présentés en semaine, pour lesquels le droit d'entrée varie.

Blizzarts
3956 boul. St-Laurent
☎ 514-843-4860
Vous désirez vous mettre au parfum de la vie urbaine montréalaise? Alors planifiez une chaude soirée au Blizzarts. Une soirée dans ce *lounge* permet à la fois d'apprécier une musique électronique minimaliste un verre à la main et de faire souffrir vos hanches sur la piste de danse au fond de la salle. Arrivez tôt les vendredis et samedis soir. Le bar est aussi une galerie d'art qui présente les toiles de talents locaux.

Les Bobards
4328 boul. St-Laurent
☎ 514-987-1174
www.lesbobards.qc.ca
Dans ce bar de quartier sans artifice, de grandes fenêtres permettent de regarder le va-et-vient sur le boulevard Saint-Laurent, tandis qu'on y déguste l'une des nombreuses variétés de bières

pression, avec arachides à volonté. Les innombrables écales qui recouvrent le sol confèrent à la soirée un caractère empreint de pittoresque et de simplicité.

Casa del Popolo
4873 boul. St-Laurent
☎ 514-284-3804
www.casadelpopolo.com
La Casa del Popolo est à la fois un restaurant végétarien, un café et une salle de concerts aux consonnances éclectiques.

Dieu du Ciel
29 av. Laurier O.
☎ 514-490-9555
www.dieuduciel.com
Dieu du Ciel est une microbrasserie conviviale qui mérite résolument le déplacement pour son une excellente sélection de bières maison.

Le Divan Orange
4234 boul. St-Laurent
☎ 514-840-9090
www.ledivanorange.org
Le Divan Orange est à la fois un restaurant végétarien, une salle de spectacle pouvant accueillir 180 personnes et un bar avec des bières de microbrasseries québécoises à la carte. C'est dans un endroit comme celui-là que vous vous frotterez aux meilleurs artistes émergents de Montréal, du Québec et d'ailleurs. On y présente aussi, mois après mois, les œuvres d'artistes visuels prometteurs.

Else's
156 rue Roy E.
☎ 514-286-6689
Il est parfois des bars où l'on va pour la première fois et où l'on se sent tout de suite chez soi. Else's en est un par son ambiance feutrée et chaleureuse, par la simplicité des gens qui le fréquentent, mais aussi par son emplacement, au coin de deux rues paisibles, qui lui confère son statut de véritable bar de quartier. Zone d'accès Internet sans fil.

Le Réservoir
9 av. Duluth E.
☎ 514-849-7779
Microbrasserie le soir et bistro le midi, Le Réservoir invite également les gens à venir bruncher les samedis et dimanches. On aime son emplacement, sur la petite avenue Duluth, semi-piétonnière, sa terrasse à l'étage pour les brunchs et sa bière brassée sur place.

Le Quartier latin

Le Cheval Blanc
809 rue Ontario E.
☎ 514-522-0211
www.lechevalblanc.ca
Le Cheval Blanc est aménagé dans une ancienne taverne montréalaise au cachet préservé et à l'ambiance chaleureuse et décontractée. Différentes bières sont brassées sur place et alternent avec les saisons. Lieu de prédilection de plusieurs habitués, on peut également louer l'espace pour des événements culturels.

Jello Bar
151 rue Ontario E.
☎ 514-285-2621
www.jellobar.com
Le Jello Bar loge dans un local garni d'un curieux mélange de meubles et de bibelots rescapés des années 1960 et 1970, où l'on offre un choix de 50 cocktails de martini différents, à être bus tranquillement sur fond de musique blues, funk, house, hip-hop et groove.

Les 3 Brasseurs
1658 rue St-Denis
☎ 514-845-1660
www.les3brasseurs.ca
À un jet de pierre du Théâtre Saint-Denis, Les 3 Brasseurs est une franchise de l'Hexagone qui se taille une place enviable parmi les microbrasseries montréalaises. Sa cuisine prépare de délicieuses spécialités alsaciennes. Deux terrasses en été: l'une sur le toit et l'autre au niveau de la

rue. Les 3 Brasseurs compte également des succursales au centre-ville *(732 rue Ste-Catherine O. et 1356 rue Ste-Catherine O.)* et dans le Vieux-Montréal *(105 rue St-Paul E.)*.

L'Île Noire Pub
342 rue Ontario E.
☎ 514-982-0866
www.ilenoire.com
L'Île Noire Pub est un très beau bar dans le plus pur style écossais. Les bois précieux dont on a usé abondamment confèrent à l'établissement un charme feutré et une ambiance raffinée. Le personnel, très professionnel, vous conseillera dans le choix de scotchs, dont la liste est impressionnante. Aussi, on y offre un bon choix de bières pression importées. Les prix sont malheureusement élevés ici.

Le Saint-Sulpice
1680 rue St-Denis
☎ 514-844-9458
www.lesaintsulpice.ca
Aménagé dans une maison ancienne dont il occupe les trois étages, le Saint-Sulpice est décoré avec goût. Il dispose d'une très grande terrasse à l'arrière et d'une autre à l'avant, toutes deux parfaites pour profiter des soirées d'été.

Le Plateau Mont-Royal
Bily Kun
354 av. du Mont-Royal E.
☎ 514-845-5392
www.bilykun.com
Le Bily Kun, second bar de la microbrasserie du Cheval Blanc, offre un vaste choix de bières, notamment la marque maison, d'excellente qualité et à bon prix. Avec un décor original orné de cous d'autruches empaillés, l'atmosphère est sympathique et surtout branchée!

Le Boudoir
850 av. du Mont-Royal E.
☎ 514-526-2819
Plusieurs seront captivés par la chaleur qui se dégage du Boudoir. Une grande sélection de bières de microbrasseries est disponible, et les amateurs de scotchs, quant à eux, s'y retrouvent les lundis et mardis pour les prix réduits (de 20h à 3h). Une table de billard ainsi qu'un jeu de soccer sur table (*baby-foot*) sont mis à la disposition des clients. Zone d'accès Internet sans fil.

Quai des Brumes
4479 rue St-Denis
☎ 514-499-0467
Véritable institution montréalaise et un bon endroit pour prendre un verre au cœur du Plateau, le chaleureux Quai des Brumes propose une programmation variée toute la semaine (folk, rock, jazz, blues, etc.). À l'étage, le bar **La Rockette** *(☎ 514-845-9010)* constitue un lieu de rencontre pour les étudiants en mal de rock-and-roll.

L'Esco
4467A rue St-Denis
☎ 514-842-7244
www.myspace.com/lescobar
Situé non loin de la station de métro Mont-Royal, L'Esco est un bon vieux bar de quartier. L'ambiance y est parfois électrisante la fin de semaine ou bien animée par des musiciens de la relève qui jouent des airs de rock-and-roll.

La Quincaillerie
980 rue Rachel E.
☎ 514-524-3000
www.laquincaillerie.ca
Le nom rappelle que l'endroit était autrefois occupé par une véritable quincaillerie. Les nouveaux venus ont donc décoré et redoré les lieux avec goût et minutie. Le design est sublime: des murs noirs, de grandes ardoises, des tables en teck, des plafonds hauts et même des petits lapins qui fument sur de superbes casiers de bois.

Le Plan B
327 av. du Mont-Royal E.
☎ 514-845-6060
www.barplanb.ca
Le Plan B n'est en rien un… plan b. Son emplacement enviable en fait l'un des petits bars les plus appréciés des jeunes du Plateau Mont-Royal. Un endroit où l'on aime s'asseoir au zinc et consulter une carte qui nous offre une belle variété de bières, de whiskys et… d'eaux! Au Plan B, tout semble bien dosé. Le décor est sobre. La musique est bonne. Et la terrasse, quoique petite, est un privilège pour ceux qui y trouvent une place.

Taverne Inspecteur Épingle
4051 rue St-Hubert
☎ 514-598-7764
Voilà un autre bon établissement pour écouter du blues en buvant une grosse bière. La Taverne Inspecteur Épingle, rendue célèbre par la présence occasionnelle du coloré chanteur québécois Plume Latraverse, présente de bons concerts d'artistes locaux.

Le Verre Bouteille
2112 av. du Mont-Royal E.
☎ 514-521-9409
www.verrebouteille.com
Ouvert depuis 1942, Le Verre Bouteille est l'un des derniers bastions de musique québécoise sur le Plateau. Les fins de semaine, des chansonniers brûlent les planches pour divertir le public. Ambiance relâchée et service de bon aloi.

Outremont et le Mile-End
L'Assommoir
112 rue Bernard O.
☎ 514-272-0777
Ce resto-bar est situé dans le Mile-End. Attirant une clientèle de jeunes trentenaires, il s'est fait connaître pour ses cinq à sept branchés, sa longue liste de cocktails et ses mini-défilés de designers québécois, établis eux aussi

dans ce quartier devenu très tendance.

Baldwin Barmacie

115 av. Laurier O.
☎ 514-276-4282
www.baldwinbarmacie.com

Une barmacie? S'agit-il d'une pharmacie où le zinc remplace l'officine du pharmacien et où les ordonnances donnent droit à un remède contre l'ennui? En réalité, le nom est un hommage à la grand-mère du propriétaire qui tenait autrefois une pharmacie tout près. Le Baldwin Barmacie s'adresse à une jeune clientèle du Mile-End, toujours plus vivant. Le décor est simple, l'éclairage idéal et les cocktails créatifs. Un endroit parfait pour les cinq à sept en bonne compagnie.

BU

5245 boul. St-Laurent
☎ 514-276-0249
www.bu-mtl.com

L'ambiance est décontractée dans ce bar à vin du Mile-End. La carte des vins affiche chaque jour une sélection d'une trentaine de vins au verre. Ceux qui le souhaitent peuvent accompagner leur dégustation d'antipasti, que l'on sert jusqu'à 2h du matin.

Whisky Café

5800 boul. St-Laurent
☎ 514-278-2646
www.whiskycafe.com

On a tellement soigné la décoration du Whisky Café que même les toilettes sont devenues une attraction touristique. Les tons chauds utilisés dans un contexte moderne, les grandes colonnes recouvertes de boiseries, les chaises style «années 1950», tout cela contribue à une sensation de confort et de classe. La clientèle de 20 à 35 ans, aisée et bien élevée, coule une jeunesse dorée.

> Casino

Casino de Montréal
entrée libre
tlj 24h sur 24
☎ 514-392-2746 ou 800-665-2274
www.casinosduquebec.com/montreal

Avec plus de 3 000 machines à sous et une centaine de tables de jeu, le Casino de Montréal constitue à n'en point douter un élément important de la vie nocturne montréalaise. Le **Cabaret du Casino**, pour sa part, présente divers spectacles de variétés hauts en couleur.

> Événements sportifs

Football

Stade Percival-Molson
475 av. des Pins O.
☎ 514-871-2255
www.montrealalouettes.com

Les **Alouettes de Montréal** de la Ligue canadienne de football (LCF) jouent leurs matchs au stade Percival-Molson depuis 1998. La saison régulière débute à la fin du mois de mai, pour se terminer à la fin du mois d'octobre. Il faut assister, ne serait-ce qu'une seule fois, à une partie des Alouettes, pour profiter de la vue imprenable sur le centre-ville et, bien sûr, pour encourager l'équipe montréalaise, comme le font les 20 000 spectateurs.

Hockey

Centre Bell
1260 rue De La Gauchetière O.
☎ 514-790-2525 ou 877-668-8269
www.canadiens.com

Les parties de hockey de la célèbre équipe du **Canadien de Montréal** (de la Ligue nationale de hockey) sont présentées au Centre Bell. On y joue 42 matchs durant la saison régulière. Puis commencent les séries éliminatoires, aux termes desquelles l'équipe gagnante remporte la légendaire coupe Stanley.

Soccer

Stade Saputo
Parc olympique
4750 rue Sherbrooke E.
☎ 514-328-3668 ou 514-790-1245
www.impactmontreal.com

En 2008, l'**Impact de Montréal**, l'équipe professionnelle de soccer de la métropole québécoise, a inauguré son nouveau domicile, le Stade Saputo. Construit au coût de 15 millions de dollars, ce stade accueille plus de 13 000 spectateurs. L'Impact présente ses matchs à compter de la mi-mai jusqu'à la fin d'août et vous promet du vrai football européen comme il s'en joue sur le Vieux-Continent.

Tennis

Stade Uniprix
285 rue Faillon O.
☎ 514-273-1515 ou 866-338-2685
www.tenniscanada.com

Au Stade Uniprix, situé dans le **parc Jarry**, les meilleurs joueurs ou joueuses de tennis du circuit mondial participent, chaque année au début du mois d'août, à la **Coupe Rogers**. Les années paires, il s'agit d'une compétition de tennis féminin. Le stade étant aussi l'un des deux centres d'entraînement nationaux du Canada, on peut y voir souvent des joueurs professionnels s'entraîner. De même, d'intéressants tournois amateurs y ont lieu durant l'année.

> Festivals et événements

Durant les beaux jours, la fièvre des festivals emporte les Montréalais et les visiteurs. Du mois d'avril au mois d'août se succèdent une foule de festivals, chacun comportant un thème différent. Une chose est certaine: il y en a pour tous les goûts. Le reste de l'année, les grands événements se font moins fréquents, mais demeurent tout aussi intéressants.

Janvier

Fête des Neiges
dernière semaine de jan et 1re semaine de fév
♪ 514-872-6120
www.fetedesneiges.com

Montréal organise une fête pour célébrer les plaisirs et les activités de la blanche saison. La fête des Neiges a lieu au parc Jean-Drapeau. Des toboggans géants et des patinoires sont installés pour le plus grand plaisir des familles montréalaises. Le concours de sculptures sur neige attire également bon nombre de curieux.

Février

Festival Montréal en lumière
fin fév à début mars
♪ 514-288-9955 ou 888-477-9955
www.montrealenlumiere.com

Le Festival Montréal en lumière apporte un brin de magie à l'hiver québécois. Des jeux de lumière soulignent l'architecture de la ville, et des spectacles pyrotechniques sont présentés en plein air. Dans le volet «Art de la table» du festival, les chefs chevronnés, venus de partout dans le monde, proposent dégustations, repas et ateliers. Le festival présente aussi des concerts, de la danse et du théâtre.

Juin

FrancoFolies de Montréal
fin juin
♪ 514-876-8989 ou 888-444-9114
www.francofolies.com

Les FrancoFolies de Montréal sont organisées dans le but de promouvoir la chanson francophone. Durant ce festival, des artistes provenant d'Europe, des Antilles françaises, du Québec, du Canada français et d'Afrique présentent des spectacles où l'on découvre les talents et les spécialités de chacun. Tous les amateurs «francofous» se regroupent alors sur la place des Festivals ou sur le site compris entre le complexe Desjardins et la Place des Arts, rue Sainte-Catherine, où se produisent plusieurs artistes aux divers accents francophones. De plus, d'autres spectacles sont proposés en salle. Une belle occasion de lâcher son fou et de s'approprier un bout de la Sainte-Cath!

L'International des Feux Loto-Québec
fin juin à début août
♪ 514-397-2000
www.montrealfeux.com

Concours international d'art pyrotechnique, L'International des Feux Loto-Québec présente les meilleurs artificiers du monde à La Ronde (île Sainte-Hélène), qui proposent des spectacles pyromusicaux d'une grande qualité. Les représentations ont lieu à 22h les samedis de juin et les mercredis et samedis de juillet et d'août. Une foule de Montréalais se pressent alors à la Ronde (droit d'entrée), ainsi que sur le pont Jacques-Cartier et sur le bord du fleuve (c'est alors gratuit), afin d'apprécier les innombrables fleurs de feux qui colorent pendant une demi-heure le ciel de leur ville.

Festival international de jazz de Montréal
fin juin à début juil
♪ 514-871-1881 ou 888-515-0515
www.montrealjazzfest.com

Pendant les journées du Festival international de jazz de Montréal (FIJM), sur le quadrilatère entourant la Place des Arts et sur la Place des festivals, se dressent les scènes où sont présentés de multiples spectacles rythmés sur des airs de jazz. Cette partie de la ville et bon nombre de salles de spectacle sont alors prises d'une activité trépidante. Ces journées sont l'occasion de descendre dans les rues pour se laisser emporter par l'atmosphère joyeuse émanant de ces excellents spectacles en plein air présentés gratuitement, auxquels les Montréalais participent en grand nombre. Le reste de l'année, le FIJM présente des spectacles de jazz hors festival.

Juillet

Festival Juste pour rire
mi-juil
♪ 514-845-2322 ou 888-244-3155
www.hahaha.com

L'humour et la fantaisie sont à l'honneur durant le Festival Juste pour rire, qui accueille des humoristes venant de divers pays. La portion de la rue Saint-Denis située dans le Quartier latin est alors fermée à la circulation, des spectacles ayant lieu dans la rue ainsi qu'au Théâtre Saint-Denis.

Festival international Nuits d'Afrique
mi-juil
♪ 514-499-3462
www.festivalnuitsdafrique.com

Montréal prend un air de fête tout au long du Festival international Nuits d'Afrique. Plusieurs concerts et activités en plein air (au parc Émilie-Gamelin) sont alors offerts. Les grands noms de la musique africaine, antillaise et caribéenne proposent également des spectacles en salle.

Août

Festival des films du monde de Montréal
fin août à début sept
♪ 514-848-3883
www.ffm-montreal.org

Le Festival des films du monde de Montréal se tient dans diverses salles de cinéma de la ville. Pendant ces jours de compétition cinématographique, des films provenant de différents pays sont présentés au public montréalais. À l'issue de la compétition, bon nombre de prix sont décernés aux films les plus méritoires; mentionnons la catégorie la plus prestigieuse: le Grand Prix des Amériques. Durant ces journées, des films sont présentés de 9h à minuit, pour le plus grand plaisir des cinéphiles. Des projections en plein air sont également présentées sur l'esplanade de la Place des Arts.

Septembre
Pop Montréal
fin sept à début oct
♪ 514-842-1919
www.popmontreal.com
Inauguré en 2002, le festival de musique Pop Montréal est rapidement devenu un incontournable des mélomanes. En cinq jours, quelque 400 artistes d'ici et d'ailleurs, bien établis ou émergents, présentent des concerts dans différentes salles de la métropole. Essouflant!

Octobre
Festival du nouveau cinéma
mi-oct
♪ 514-844-2172 ou 866-844-2172
www.nouveaucinema.ca
Le Festival du nouveau cinéma a pour vocation la diffusion et le développement du cinéma d'auteur et de la création numérique.

Achats

Les mordus de magasinage s'en donnent à cœur joie à Montréal. Parmi leurs «terrains de chasse» de prédilection figurent entre autres la rue Sainte-Catherine, une grande artère commerciale de la ville et un incontournable pour les Montréalais; les dédales de magasins du réseau piétonnier de la «ville souterraine»; les boutiques de designers québécois du Mile-End; les galeries d'art du Vieux-Montréal; les boutiques huppées de la rue Crescent; et les friperies de l'avenue du Mont-Royal.

> Grandes artères commerciales

C'est la portion de la **rue Sainte-Catherine** située entre les rues Saint-Denis et Guy qui constitue l'artère commerciale principale du centre-ville de Montréal. Avec son lot de grands magasins, de boutiques en tout genre et de restaurants, elle est très animée et agréable à parcourir. Notez que six stations de métro la desservent au centre-ville.

Très coloré dans le secteur compris entre l'avenue du Mont-Royal et le boulevard De Maisonneuve, le **boulevard Saint-Laurent**, qu'on surnomme affectueusement le *Main*, abrite différentes communautés culturelles et des artistes multidisciplinaires et propose une grande variété de boutiques, des plus classiques aux plus avant-gardistes, en passant par des cafés et restos aux saveurs du monde et une belle sélection de boutiques de meubles québécois et européens au design recherché.

Dans sa portion du Plateau, située entre le boulevard Saint-Joseph et la rue Sherbrooke, la **rue Saint-Denis** constitue un véritable pôle d'attraction les fins de semaine. Elle est parsemée de librairies, de boutiques de designers de mode québécois et de prêt-à-porter.

Artère commerciale du Plateau, l'**avenue du Mont-Royal** bourdonne d'activité de jour comme de nuit. Du petit café à la bonne boulangerie, de la quincaillerie de quartier au disquaire d'occasion, sans oublier les friperies et autres boutiques de vêtements tendance à prix abordables, l'avenue du Mont-Royal saura plaire autant aux amateurs de lèche-vitrine qu'aux férus de magasinage.

Pour des courses plus chics, la jolie **avenue Laurier** (Ouest) entre la côte Sainte-Catherine et le boulevard Saint-Laurent se distingue par ses galeries d'art, ses boutiques aux accents classiques, ses épiceries fines et ses bonnes tables.

La portion de la **rue Notre-Dame** située entre les rues Peel et Atwater regorge de boutiques d'antiquaires où des trésors et des pacotilles d'un autre âge sont proposés aux chineurs.

> Antiquités

À Montréal, des antiquaires et des brocanteurs proposent une foule de marchandises hétéroclites qui sauront plaire aux goûts de chacun. Les personnes désirant acheter de belles antiquités, sans se soucier du prix, pourront aller se balader dans la section de la **rue Sherbrooke** qui traverse Westmount où bon nombre d'antiquaires ont pignon sur rue. Si vous préférez chercher des trésors de toutes catégories de prix, allez plutôt chez les brocanteurs installés dans la **rue Notre-Dame** près de la rue Guy ou ceux de la **rue Amherst** entre le boulevard De Maisonneuve et la rue Sherbrooke. Voici quelques adresses où l'on peut acheter de beaux meubles:

> Art

Artisanat
Dix Mille Villages
4128 rue St-Denis
♪ 514-848-0538
5674 rue Monkland
♪ 514-483-6569
www.tenthousandvillages.ca
Le commerce équitable est le fer de lance de cette petite boutique d'artisanat. On y présente des objets, décoratifs le plus souvent, d'Asie, d'Afrique et d'Amérique du Sud.

L'Empreinte coopérative
272 rue St-Paul E.
♪ 514-861-4427
www.lempreintecoop.com
Installée dans un bâtiment historique du Vieux-Montréal, L'Empreinte, une coopérative

d'artisans québécois, propose accessoires, vêtements, objets d'art de décoration pour la maison. Une visite de cette galerie-boutique donne l'occasion de découvrir les dernières créations des artisans du Québec.

Marché Bonsecours
390 rue St-Paul E.
☏ 514-878-2787
www.2.ville.montreal.qc.ca
Le Marché Bonsecours est l'endroit tout indiqué pour magasiner si vous êtes friand d'artisanat, si vous aimez les produits des métiers d'art ou si vous préférez les objets très design. Parmi les boutiques-galeries où l'on se doit de faire un saut figurent la **Boutique des métiers d'art du Québec** *(☏ 514-878-2787)* et la **Boutique Arts en mouvement** *(☏ 514-875-9717)*.

Tous les ans, quelques jours avant Noël, se tient, à la Place Bonaventure *(1 Place Bonaventure)*, le **Salon des métiers d'art du Québec**, une belle foire qui est l'occasion pour les artisans québécois d'exposer et de vendre les fruits de leur travail.

Galeries

Les galeries d'art à Montréal sont légion. Elles se transforment au gré des expositions; il faut donc s'y rendre et se laisser inspirer...

Espace Pepin
350 rue St-Paul O.
☏ 514-844-0114
www.pepinart.com

Galerie Clarence Gagnon
1108 av. Laurier O., Outremont
☏ 514-270-2962
301 rue St-Paul, Vieux-Montréal
☏ 514-875-2787
www.clarencegagnon.com

Galerie Claude Lafitte
2160 rue Crescent
☏ 514-842-1270
www.lafitte.com

Galerie Dominion
1438 rue Sherbrooke O.
☏ 514-845-7471
www.galeriedominion.ca

Galerie Graff
963 rue Rachel E.
☏ 514-526-2616
www.graff.ca

Galerie Pangée
40 rue St-Paul O.
☏ 514-845-3368
www.galeriepangee.com

Galerie Samuel Lallouz
1434 rue Sherbrooke O.
bureau 200
☏ 514-849-5844
www.galeriesamuellallouz.com

Galerie Simon Blais
5420 boul. St-Laurent
☏ 514-849-1165
www.galeriesimonblais.com

> Chaussures

Brown's
1191 rue Ste-Catherine O.
☏ 514-987-1206
4 place Ville Marie
☏ 514-393-4986
585 rue Ste-Catherine O
☏ 514-281-4619
www.brownsshoes.com
Les modèles se suivent et se ressemblent chez les chausseurs montréalais. Brown's fait exception: beaucoup de choix pour hommes et femmes.

La Godasse
3686B boul. St-Laurent
☏ 514-286-8900
4340 rue St-Denis
☏ 514-843-0909
www.lagodasse.ca
Adidas, Puma, Le Coq Sportif et Nike, bref, toutes les chaussures urbaines dernier cri sont en vente chez La Godasse.

Mona Moore
1446 rue Sherbrooke O.
☏ 514-842-0662
www.monamoore.com
Depuis 2004, Mona Moore, cette passionnée du sac à main et de l'escarpin de

défilé, parcourt Paris, Milan et New York à la recherche des collections les plus avant-gardistes. Elle vous promet le tout dernier cri, mais à un prix qui en découragera plus d'une. On peut toujours rêver de commettre une folie.

Roseinstein Paris
2148 rue de la Montagne
☏ 514-287-7682
www.rosensteinparis.com
Il s'agit ici de la Mecque de la chaussure haut de gamme. Vous y trouverez les modèles des plus grands créateurs du moment. Une boutique qui nous rappelle que les pieds ne servent pas simplement à marcher, mais aussi à éblouir. Attendez-vous par contre à casser votre tirelire.

> Enfants

Jeux

Au Diabolo
1390 av. du Mont-Royal E.
☏ 514-528-8889
Un véritable paradis des jeux et des jouets, pour les tout-petits, les moins petits... et les grands enfants de tout âge!

Mode

Peek a Boo
807 rue Rachel E.
☏ 514-890-1222
www.friperiepeekaboo.ca
Peek a Boo est une sympathique boutique de vêtements et accessoires d'occasion. Du pyjama au porte-bébé, vous y trouverez toutes sortes d'articles propres et abordables pour chouchouter bébé.

Pom'Canelle
4860 rue Sherbrooke O.
☏ 514-483-1787
Pom'Canelle est une autre adresse à connaître pour habiller les tout-petits de plus de quatre ans.

Montréal - Achats

> Lecture

Journaux

La Maison de la Presse internationale
550 rue Ste-Catherine E.
☎ 514-842-3857

Multimags
825 av. du Mont-Royal E.
☎ 514-523-3158
3552 boul. St-Laurent
☎ 514-287-7355

Librairies

Archambault
500 rue Ste-Catherine E.
☎ 514-849-6201
Place des Arts
175 rue Ste-Catherine O.
☎ 514-281-0367
www.archambault.ca

Chapter's
1171 rue Ste-Catherine O.
☎ 514-849-8825
www.chapters.indigo.ca

Indigo
1500 av. McGill
☎ 514-281-5549
www.chapters.indigo.ca

Librairie-bistro Olivieri
5219 ch. de la Côte-des-Neiges
☎ 514-739-3639
www.librairieolivieri.com

Librairie du Centre Canadien d'Architecture
1920 rue Baile
☎ 514-939-7028
www.cca.qc.ca/fr/librairie

Librairie Gallimard
3700 boul. St-Laurent
☎ 514-499-2012
www.gallimardmontreal.com

Librairie Ulysse
4176 rue St-Denis
☎ 514-843-9447
560 av. du Président-Kennedy
☎ 514-843-7222
www.guidesulysse.com

Paragraphe
2220 McGill College
☎ 514-845-5811
www.paragraphbooks.com

Le Parchemin
505 rue Ste-Catherine E.
☎ 514-845-5243
www.parchemin.ca

Renaud-Bray
4380 rue St-Denis
☎ 514-844-2587
5117 av. du Parc
☎ 514-276-7651
www.renaud-bray.com

> Marchés publics

On trouve à Montréal d'excellents marchés publics où les producteurs québécois viennent vendre les produits de leur récolte. Dans certains d'entre eux, on peut également se procurer des marchandises importées.

Les marchés publics de Montréal
www.marchespublics-mtl.com

Marché Atwater
138 av. Atwater
☎ 514-937-7754

Marché Jean-Talon
7070 rue Henri-Julien
☎ 514-937-7754

Marché de Lachine
1865 rue Notre-Dame, angle 18ᵉ avenue

Marché Maisonneuve
4445 rue Ontario E.
☎ 514-937-7754

> Mode

L'industrie de la mode est florissante à Montréal. La ville est un carrefour multiculturel où quantité de couturiers québécois, canadiens, américains, italiens, français et autres présentent leurs dernières créations. Certaines artères, comme la rue Saint-Denis, l'avenue Laurier, le boulevard Saint-Laurent et la rue Sherbrooke, se distinguent par le nombre de boutiques de mode qui les bordent.

Centres commerciaux

Complexe Les Ailes
677 rue Ste-Catherine O.
☎ 514-288-3759
www.complexelesailes.com

Centre Eaton
705 rue Ste-Catherine O.
☎ 514-288-3710
www.centreeaton.com

Cours Mont-Royal
1455 rue Peel
☎ 514-842-7777
www.lcmr.ca

Promenades Cathédrale
625 rue Ste-Catherine O.
☎ 514-845-8230
www.promenadescathedrale.com

Place Montréal Trust
1500 av. McGill College
☎ 514-843-8000
http://placemontrealtrust.shopping.ca

Place Ville Marie
1 Place Ville Marie
☎ 514-866-6666
www.placevillemarie.com

Grands magasins

La Baie
585 rue Ste-Catherine O.
☎ 514-281-4422
www.thebay.com
Anciennement le grand magasin Morgans avant son acquisition par l'historique Compagnie de la Baie d'Hudson en 1972, La Baie offre une importante variété de marchandises: vêtements pour toute la famille, produits de beauté, articles de décoration, jouets, bijoux, meubles et appareils électroménagers.

Holt Renfrew
1300 rue Sherbrooke O.
☎ 514-842-5111
www.holtrenfrew.com
Holt Renfrew demeure l'une des adresses prestigieuses de Montréal. Ce grand magasin propose des grandes marques de qualité et le prêt-à-porter des couturiers les plus reconnus internationalement. Vous y trouverez aussi des produits de beauté et des

parfums en provenance de Londres, New York, Paris et Milan.

Ogilvy
1307 rue Ste-Catherine O.
☎ 514-842-7711
www.ogilvycanada.com
Une institution du bon goût à Montréal depuis 1866, Ogilvy, un grand magasin spécialisé, ne cesse aujourd'hui de présenter à sa clientèle des produits haut de gamme: décoration intérieure, alimentation, bijoux, produits de beauté et prêt-à-porter pour tous les membres de la famille.

Simons
977 rue Ste-Catherine O.
☎ 514-282-1840
www.simons.ca
Vous trouverez dans ce grand magasin originaire de Québec de quoi habiller hommes, femmes et enfants des pieds à la tête, dans plusieurs styles différents, et ce, à très bon prix. On y vend aussi des accessoires de mode et de la literie.

Prêt-à-porter
American Apparel
3523 boul. St-Laurent
☎ 514-286-0091
4001 rue St-Denis
☎ 514-843-8887
Pour la griffe de Dov Charney, originaire de Montréal, avec ses t-shirts branchés en coton *Made in L.A.*

Boutique Les Mains folles
4427 rue St-Denis
☎ 514-284-6854
www.ajnacreations.com
La boutique Les Mains folles affiche, rue Saint-Denis, sa belle façade ornée de bas-reliefs accrocheurs. On y trouve des robes, des jupes et des chemises fabriquées avec de beaux tissus colorés imaginées par les créateurs Anja et Jeremie Bakandika. Quelques beaux bijoux se marient bien à ces vêtements.

Clusier Habilleur
46 rue McGill
☎ 514-842-1717
www.clusier.com
En plus des collections haut de gamme contemporaines aux coupes et aux tissus impeccables, les stylistes sans prétention de Clusier Habilleur proposent un service personnalisé inégalé.

Dubuc Mode de Vie
4451 rue St-Denis
☎ 514-282-1424
www.dubucstyle.com
Prêt-à-porter pour hommes et femmes créé par Philippe Dubuc.

Lola & Emily
3475 boul. St-Laurent
☎ 514-288-7598
www.lolaandemily.com
On a un faible pour cet appartement-boutique qui renouvelle la façon de magasiner. Classique pour Emily, rock pour Lola, les vêtements des designers choisis par les deux propriétaires côtoient accessoires, meubles et produits de beauté.

Lyla Collection
400 av. Laurier O.
☎ 514-271-0763
www.lyla.ca
Pour femmes: lingerie, maillots et autres vêtements d'appoint. Expositions d'œuvres d'artistes.

Mimi & Coco
4927 rue Sherbrooke O.
☎ 514-482-6362
www.mimicoco.com
Mimi & Coco est la boutique indiquée pour les fanas de haute couture à prix moins déraisonnable. Si vous cherchez le t-shirt qui ne passe pas inaperçu, votre quête s'arrête ici.

Muse
4467 rue St-Denis
☎ 514-848-9493
www.muse-cchenail.com
Une boutique de prêt-à-porter pour femmes libres et romantiques, qui appartient

au créateur de la griffe, Christian Chenail.

Pierre, Jean, Jacques
158 av. Laurier O.
☎ 514-270-8392
À la boutique de vêtements masculins Pierre, Jean, Jacques, la propriétaire conseille, avec professionnalisme, les hommes de tout âge.

U & I
3650 boul. St-Laurent
☎ 514-844-8788
www.boutiqueuandi.com
Parmi les endroits les plus tendance à Montréal, cette boutique de mode au décor dépouillé réunit les designers en vogue du moment. Pour hommes et femmes.

➤ Musique
Parmi les magasins qui se font un point d'honneur de proposer la plus grande sélection de disques compacts, figurent:

Archambault
500 rue Ste-Catherine E.
☎ 514-849-6201
Place des Arts
175 rue Ste-Catherine O.
☎ 514-281-0367
www.archambault.ca

HMV
1020 rue Ste-Catherine O.
☎ 514-875-0765
www.hmv.ca
D'autres magasins se spécialisent plutôt dans les disques d'occasion et dans certains styles musicaux plus éclectiques. Les disquaires suivants sauront faire le bonheur de ceux qui ne recherchent pas nécessairement le dernier tube en vogue.

Cheap Thrills
2044 rue Metcalfe
☎ 514-844-8988
Cheap Thrills présente une grande sélection de disques de blues, de jazz, de hip-hop et de musique actuelle et alternative, neufs ou de seconde main. On y retrouve aussi des livres d'occasion en anglais.

L'Oblique
4333 rue Rivard
☎ 514-499-1323
Installé sur le Plateau Mont-Royal depuis long-temps, L'Oblique offre une belle gamme de disques de musique alternative et actuelle.

➤ Offrir

Boutique du Musée d'art contemporain
185 rue Ste-Catherine O.
☎ 514-847-6904
www.macm.org

Boutique-librairie du Musée des beaux-arts
1380 rue Sherbrooke O.
☎ 514-285-1600
www.mbam.qc.ca
Les boutiques des musées montréalais sont vérita-blement une continuité des institutions qu'elles côtoient. Les objets d'art, reproduits en série, sont dignes des plus beaux salons.

Aux Plaisirs de Bacchus
1225 rue Bernard O.
☎ 514-273-3104
www.auxplaisirsdebacchus.com
Les amateurs de bons vins se doivent d'aller faire un tour à la boutique Aux Plaisirs de Bacchus, qui propose un bel éventail d'accessoires pour garnir leur cave à vins. Verres pour les dégustations égale-ment en vente.

➤ Plein air

La Cordée
2159 rue Ste-Catherine E.
☎ 514-524-1106
www.lacordee.com
La Cordée a ouvert ses portes en 1953 pour fournir de l'équipement aux scouts et guides de la région. Depuis, elle sert une vaste clientèle d'amateurs et de profes-sionnels qui recherchent de l'équipement de plein air de qualité. La Cordée présente sans doute la plus grande surface de plein air à Mont-réal, et ses locaux, au design attrayant, permettent de magasiner dans un environ-nement agréable.

Mountain Equipment Co-op
Marché Central
8989 boul. de l'Acadie, angle rue Legendre
☎ 514-788-5878
www.mec.ca
Chaîne canadienne spécia-lisée dans l'équipement de plein air, Mountain Equip-ment Co-op est notamment réputée pour ses vêtements de grande qualité.

➤ Voyage

Jet-Setter
66 av. Laurier O.
☎ 514-271-5058
www.jet-setter.ca
Pour une fin de semaine à Québec, 15 jours en Répu-blique dominicaine ou un congé sabbatique dans de lointains paradis, n'oubliez pas de passer chez Jet-Setter, où vous trouverez valises, mallettes et sacs à dos.

Librairie Ulysse
4176 rue St-Denis
☎ 514-843-9447
560 av. du Président-Kennedy
☎ 514-843-7222
www.guidesulysse.com
En plus d'une grande variété de guides et d'accessoires de voyage, la Librairie Ulysse dispose d'une belle sélec-tion de cartes routières et de plans de ville.

Le tour de l'île Jésus
p. 176

Laval

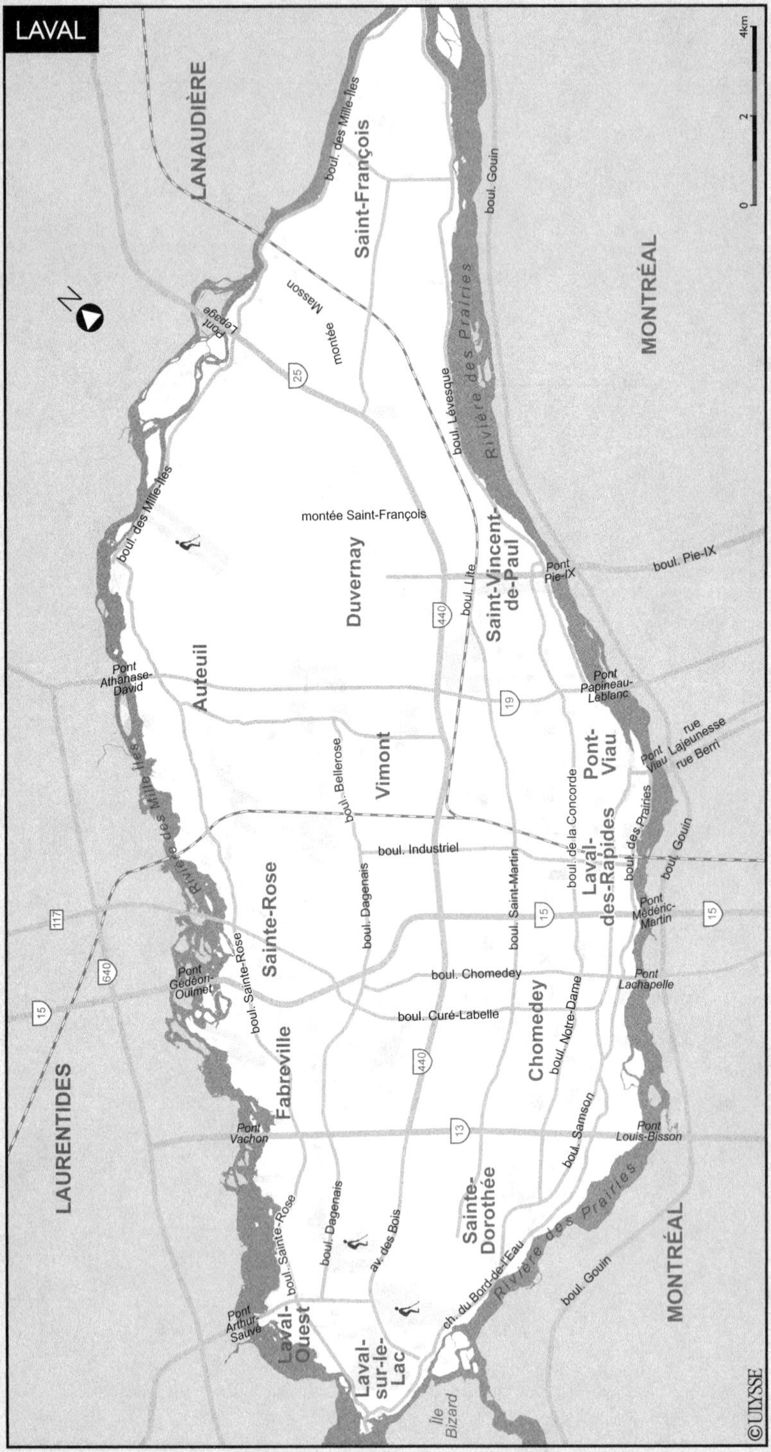

LAVAL

LANAUDIÈRE

Saint-François

Pont L'Épiphanie

montée Masson

25

boul. des Mille-Îles

boul. Gouin

Rivière des Prairies

MONTRÉAL

boul. Lévesque

montée Saint-François

Duvernay

Saint-Vincent-de-Paul

boul. Lite

Pont Pie-IX

boul. Pie-IX

440

Pont Athanase-David

Auteuil

19

Pont Papineau-Leblanc

rue Viau

rue Lajeunesse

rue Berri

boul. Bellerose

Vimont

Pont Viau

Pont-Viau

boul. de la Concorde

boul. Industriel

boul. Dagenais

boul. Saint-Martin

boul. Saint-Martin

boul. des Prairies

Laval-des-Rapides

boul. Gouin

Sainte-Rose

117

640

15

15

boul. Sainte-Rose

Pont Gédéon-Ouimet

15

boul. Chomedey

Chomedey

Pont Médéric-Martin

15

boul. Curé-Labelle

boul. Notre-Dame

Pont Lachapelle

Fabreville

440

13

Sainte-Dorothée

boul. Samson

Pont Louis-Bisson

LAURENTIDES

Pont Vachon

boul. Dagenais

av. des Bois

ch. du Bord-de-l'Eau

Rivière des Prairies

boul. Gouin

MONTRÉAL

Pont Arthur-Sauvé

Laval-Ouest

boul. Sainte-Rose

Laval-sur-le-Lac

Île Bizard

©ULYSSE

Rivière des Mille-Îles

N

0   2   4km

Ville importante du Québec avec ses 390 000 habitants, Laval occupe une grande île au nord de Montréal, l'île Jésus, située entre le lac des Deux Montagnes, la rivière des Prairies et la rivière des Mille Îles. Ses riches terres arables attirèrent très tôt les colons français qui, après avoir signé un traité de paix avec les Amérindiens, fondèrent en 1702 Saint-François-de-Sales, le premier village de l'île Jésus. La ville de Laval telle qu'on la connaît aujourd'hui est née en 1965 de la fusion des 14 villages agricoles que comptait alors l'île Jésus.

Désormais grande banlieue résidentielle, commerciale et industrielle, Laval a su également préserver certaines richesses de son patrimoine architectural ainsi que de grands espaces servant à l'agriculture ou aux activités de plein air.

Grâce à son réseau routier étendu, le territoire de Laval est aisément accessible depuis Montréal. Un seul circuit est proposé à Laval : **Le tour de l'île Jésus** ★.

Accès et déplacements

➤ En voiture

Le circuit que nous vous proposons débute à la hauteur du pont Pie-IX, qui prolonge le boulevard du même nom à Montréal. Laval demeure toutefois accessible, au départ de Montréal, par le pont Papineau (prolongement de l'avenue Papineau), le pont Viau (rue Lajeunesse), l'autoroute des Laurentides, le pont Lachapelle (boulevard Marcel-Laurin) et l'autoroute 13.

Pour suivre le trajet proposé dans les pages qui suivent, empruntez le boulevard Lévesque vers l'est à la sortie du pont Pie-IX. Cette route vous fera découvrir les anciens villages de Saint-Vincent-de-Paul et de Saint-François-de-Sales, et vous mènera jusqu'au bout de l'île Jésus.

Après avoir atteint ce point, le boulevard Lévesque bifurque soudainement vers l'ouest et devient le boulevard des Mille-Îles, qui longe la rivière du même nom. Au-delà du boulevard des Laurentides, cette artère change une fois de plus de nom pour se transformer en boulevard Sainte-Rose à l'intérieur de l'ancien village portant aussi ce nom.

Le tour de l'île Jésus se poursuit ensuite par le boulevard des Érables, le chemin du Bord-de-l'Eau, le boulevard Lévesque Ouest puis le boulevard des Prairies, se relayant pour longer la rivière des Prairies à travers Laval-sur-le-Lac, Sainte-Dorothée, Chomedey et Laval-des-Rapides. Une incursion à l'intérieur des terres permet alors d'accéder à de populaires attraits comme le Cosmodôme et le Centre de la nature.

➤ En transports en commun

Autobus

Société de transport de Laval (STL)
☎ 450-688-6520
www.societe-transport-laval.ca

Terminus Cartier
44 boul. des Laurentides
☎ 450-667-1777

Terminus Montmorency
535 rue Lucien-Paiement
☎ 450-687-3335

Métro

Situées dans le prolongement de la ligne 2 (orange) à partir de la station Henri-Bourassa à Montréal, les stations Cartier, de la Concorde (intermodale avec le train de banlieue Montréal/Blainville-Saint-Jérôme) et Montmorency ont été inaugurées au printemps 2007 et relient désormais Laval à Montréal par métro.

Société de transport de Montréal (STM)
☎ 514-786-4636
www.stm.info

Attraits touristiques

Tourisme Laval *(2900 boul. St-Martin O., Chomedey,* ☏ *450-682-5522 ou 877-465-2825, www.tourismelaval.com)*

Le tour de l'île Jésus ★

▲ *p. 179* ◑ *p. 179* ☏ *p. 180* ◻ *p. 181*

☼ *Un jour*

D'abord concédée aux Jésuites en 1636, d'où son nom, l'île Jésus passe ensuite entre les mains de Mgr de Laval, évêque de Nouvelle-France, qui confiera la seigneurie au Séminaire de Québec. Le Séminaire mûrit de grands projets pour l'île, mais peu d'entre eux voient le jour. Il fonde malgré tout quelques villages sur son pourtour. C'est pourquoi le circuit proposé suit la côte de l'île, car il permet de voir les noyaux anciens de villages dominés par leur église paroissiale. Ailleurs, de belles maisons de ferme, dont quelques-unes du Régime français, bordent la route.

Saint-Vincent-de-Paul

Le boulevard Lévesque Est longe la rivière des Prairies jusqu'à son embouchure. Il traverse d'abord l'ancien village de Saint-Vincent-de-Paul, fondé en 1743 à l'instigation de l'intendant de la Nouvelle-France, Gilles Hocquart. Saint-Vincent-de-Paul est aussi connu pour son collège privé, fondé par les frères maristes (le collège Laval), et pour son ancien pénitencier.

L'**église Saint-Vincent-de-Paul** ★ *(angle boul. Lévesque E. et rue de la Fabrique)* fut érigée entre 1853 et 1857. Son intérieur néoclassique, doté de belles colonnes corinthiennes et d'un plafond à caissons, n'a pas trop souffert d'une simplification du décor dans les années 1960. Le parvis offre de belles vues sur la rivière des Prairies.

Le **Centre de la nature** ★ *(entrée libre, stationnement 6$;* ♿*; toute l'année; 901 av. du Parc,* ☏ *450-662-4942, www.ville.laval.qc.ca)*, un parc de 47 ha arraché à une carrière désaffectée, est l'exemple parfait de la réhabilitation d'un espace perdu en milieu urbain. Au fil de son existence, il est devenu un lieu de vie et d'activités de première importance. En plus de ses magnifiques jardins, il offre aux visiteurs un superbe lac artificiel qui se prête bien au canot et au kayak. En hiver, le lac se transforme en une immense surface glacée, pour la joie des patineurs. Les nombreux sentiers qui jalonnent le Centre de la nature sont accessibles,

l'hiver venu, aux adeptes du ski de fond et de la marche hivernale. Au nombre des autres attraits du parc, on compte une petite ferme, une serre, un observatoire astronomique et une immense plaine gazonnée où se tiennent concerts, compétitions et expositions.

›› *Poursuivez vers l'est par le boulevard Lévesque.*

Saint-François-de-Sales

La paroisse de Saint-François-de-Sales, fondée dès 1702 par le Séminaire de Québec, est la plus ancienne de l'île Jésus. Elle est située à l'extrémité est de l'île, à l'endroit où ont débarqué les premiers colons. Ville aménagée selon un plan quadrillé devait voir le jour dans le Bout-de-l'Île au XVIIIe siècle, mais les guerres et la trop faible population en ont empêché la réalisation.

La **Berge du Vieux-Moulin** *(à l'est de la montée du Moulin)*. Un petit parc a été aménagé à l'emplacement du vieux moulin à eau construit par le Séminaire en 1716. On en distingue encore les fondations dans un îlot en face du parc. On y a une belle vue sur l'église de Rivière-des-Prairies, de l'autre côté de la rivière du même nom.

›› *Poursuivez sur le boulevard Lévesque Est, qui bifurque soudainement vers l'ouest, délaisse la rivière des Prairies pour la rivière des Mille Îles et, enfin, change de nom pour devenir le boulevard des Mille-Îles.*

L'**église Saint-François-de-Sales** *(*♿*; 7070 boul. des Mille-Îles)*, humble et coquette à la fois, est le troisième lieu saint de sa paroisse. Elle fut érigée en 1847 et dotée d'une nouvelle façade néogothique en 1894. Son cimetière campagnard, à l'arrière, rappelle les origines rurales de Laval.

›› *En route vers Sainte-Rose, on aperçoit, sur l'autre rive, Terrebonne et son île des Moulins (voir p. 262). Au-delà du boulevard des Laurentides, le boulevard des Mille-Îles prend le nom du boulevard Sainte-Rose.*

Sainte-Rose ★

Patrie du grand organisateur de la colonisation des Laurentides, le curé Antoine Labelle, Sainte-Rose a conservé ses charmes d'autrefois. Le **Vieux-Sainte-Rose** possède une étonnante concentration de bâtiments néoclassiques dotés de façades en pierres de taille. Des galeries d'art, des commerces d'antiquaires et de sympathiques restaurants ont été aménagés dans les anciennes résidences du boulevard Sainte-Rose.

L'**église Sainte-Rose-de-Lima** ★ (&.; 219 boul. Ste-Rose) succède à deux autres églises construites respectivement en 1746 et en 1788. Elle fut exécutée entre 1852 et 1856, soit à la même époque où s'élevait l'église Saint-Vincent-de-Paul de l'autre côté de l'île Jésus. L'intérieur néoclassique a intégré certains éléments provenant de la seconde église, entre autres le maître-autel (1799).

Tout près, une station d'eau potable abrite le **Centre d'interprétation de l'eau (C.I.EAU)** *(7$; mimai à mi-oct mar-dim 12h à 17h, mi-oct à mi-mai mer-dim 12h à 17h; 12 rue Hotte, ♪ 450-963-6463, www.cieau.qc.ca)*, qui présente une exposition thématique instructive sur le traitement de l'eau au Québec et dans le monde.

Le **parc de la Rivière-des-Mille-Îles** ★ ★ *(345 boul. Ste-Rose, ♪ 450-622-1020, www.parc-mille-iles. qc.ca)* exploite habilement la multitude d'îles qui parsèment cette portion de la rivière. D'une baie tranquille, qui sert également d'aire de jeux et de détente, on peut partir à la découverte en canot, en kayak, en rabaska, en chaloupe ou en pédalo (location sur place) et faire escale dans l'une des nombreuses îles pour y pique-niquer ou contempler la faune et la flore particulièrement abondantes dans ce milieu humide. Plusieurs îles sont d'ailleurs reconnues comme refuges fauniques dans l'archipel et ailleurs sur la rivière des Mille Îles. Le centre d'interprétation sur les divers écosystèmes de la rivière qui loge dans le pavillon d'accueil est ouvert en été et quelques fins de semaine en hiver.

En été, à la brunante, le parc propose quelques randonnées thématiques. En rabaska, accompagné d'un guide-interprète de la nature, ces randonnées permettent d'observer les animaux dans leur habitat naturel. Une croisière animée alliant histoire et écologie est également organisée.

La blanche saison permet de découvrir ce site enchanteur par la pratique des sports tels que la marche hivernale, la raquette, le ski de fond (environ 20 km de sentiers faciles, agrémentés de mangeoires pour les oiseaux) et la pêche sur la glace. De plus, une patinoire est aménagée le long de la rive, et l'on peut aussi dévaler un couloir de glissade. En hiver, l'accueil principal se trouve au 13 rue Hotte, derrière l'église Sainte-Rose-de-Lima.

▸▸▸ *Poursuivez vers l'ouest par le boulevard Sainte-Rose.*

Laval-sur-le-Lac

À l'extrémité ouest de l'île Jésus, le boulevard Sainte-Rose devient le boulevard des Érables.

Vous êtes alors à Laval-sur-le-Lac, ancien lieu de villégiature d'où l'on bénéficie de quelques percées visuelles sur le lac des Deux Montagnes. Vous y verrez plusieurs maisons cossues.

▸▸▸ *La route bifurque pour revenir au bord de la rivière des Prairies en direction est. Elle devient alors le chemin du Bord-de-l'Eau, qui donne accès à Sainte-Dorothée.*

Sainte-Dorothée

À Sainte-Dorothée, vous emprunterez alors ce que l'on appelle maintenant la **Route des Fleurs**. Avec ses terres qui comptent parmi les plus fertiles du Québec, Sainte-Dorothée s'est en effet bâti, au fil des ans, une réputation enviable : celle de «capitale horticole du Québec». Elle regroupe ainsi plusieurs producteurs de fleurs annuelles et vivaces, notamment les **Serres Sylvain Cléroux** *(1570 rue Principale, ♪ 450-627-2471, www.sylvaincleroux. com)*, le plus important producteur en serres au Québec.

Toujours sur la Route des Fleurs, le **Paradis des Orchidées** *(entrée libre; tlj 9h à 17h; 1280 montée Champagne, ♪ 450-689-2244, www. leparadisdesorchidees.com)* mérite également une visite. Cette serre impressionnante produit 70 espèces et 700 variétés d'orchidées et est doublée d'un centre d'interprétation.

Chomedey

Le **Complexe culturel André-Benjamin-Papineau** *(entrée libre; mars à déc tlj 13h à 17h; 5475 boul. St-Martin O., ♪ 450-688-6558 ou 450-978-6828, www.alpap.org)*. Historique à plus d'un titre, cette splendide maison en pierres des champs fut le lieu de résidence d'André-Benjamin Papineau, un des Patriotes qui participa aux Rébellions de 1837-1838. Elle fut entièrement restaurée dans les années 1970. On y organise aujourd'hui des expositions d'arts visuels.

Le **Cosmodôme** ★ *(11,50$ visite libre; fin juin à début sept tlj 10h à 17h, sept à juin mar-dim 10h à 17h; 2150 autoroute 15, sortie boul. St-Martin O., ♪ 450-978-3600 ou 800-565-2267, www.cosmodome.org)* est un superbe musée consacré à l'espace. Les visiteurs peuvent agrémenter leurs découvertes à l'aide d'installations interactives faisant appel à toutes sortes de techniques muséologiques. On y explique les grands phénomènes terrestres et on y présente une véritable roche lunaire ainsi qu'un modèle réduit du système solaire, où toutes les planètes sont représentées à l'échelle.

Aux astronautes en herbe, le Cosmodôme propose aussi un camp spatial *(un à trois jours).* En plus de participer à de multiples activités et ateliers scientifiques, les «jeunes recrues» auront entre autres la chance de prendre part à une mission spatiale et de s'entraîner sur les simulateurs de la NASA.

Tout près du Cosmodôme se trouve **SkyVenture** *(65,50$; lun-jeu 13h à 23h, ven-dim 9h à 23h; 2700 av. du Cosmodôme, ℐ 514-524-4000, www.skyventuremontreal.com),* un simulateur de chute libre où vous aurez l'impression de sauter en parachute. Émotions garanties pour toute la famille!

À l'aide d'ateliers éducatifs et interactifs, le **Musée pour enfants** *(12,40$/enfant, 7,10$/ adulte; lun-jeu 9h à 17h, ven-dim 9h à 18h; 3805 boul. Curé-Labelle, ℐ 450-681-4333, www. museepourenfants.com)* fait découvrir aux petits de 1 à 8 ans près d'une vingtaine de métiers allant de fermier à astronaute.

S'adressant aussi aux enfants, le **Funtropolis** *(12,40$/enfant, 5,25$/adulte; dim-jeu 9h à 18h, ven-sam 9h à 21h; 3925 boul. Curé-Labelle, ℐ 450-688-9222, www.funtropolis.ca)* est une impressionnante aire de jeux intérieure abritant entre autres des glissades géantes, des trampolines et des labyrinthes à obstacles.

Consacré à l'infiniment petit, le **Musée Armand-Frappier** *(6,65$ visites libres; 9$ visites guidées; ⌂; lun-ven 10h à 17h; 531 boul. des Prairies, ℐ 450-686-5641, www.musee-afrappier.qc.ca)* retrace, par le biais du parcours de l'éminent chercheur qu'était le médecin et professeur Armand Frappier, l'histoire de la tuberculose à travers les siècles. Il a aussi pour objectif d'éveiller l'intérêt des jeunes pour la science en général. Par la thématique du jardin zoologique, l'exposition *MicroZoo* explore le monde des micro-organismes.

▸▸▸ *Poursuivez votre route vers l'est. Le boulevard des Prairies changera bientôt de nom pour redevenir le boulevard Lévesque.*

Duvernay

La **centrale électrique de la Rivière-des-Prairies** *(visites gratuites; mi-mai à fin juin lun-ven visites à 9h, 10h30, 12h, 13h30 et 15h; fin juin à fin août mer-dim visites à 9h30, 11h, 12h30, 14h et 15h30; 3400 rue du Barrage, par le boulevard Lévesque, ℐ 800-365-5229, www.hydroquebec.com/visitez)* enjambe la rivière du même nom entre les ponts Papineau et Pie-IX. Construite en 1929, elle est un bon exemple de centrale dite «au fil de l'eau», c'est-à-dire qu'elle produit de l'électricité sans réservoir. On a profité de sa rénovation dans les années 1980 pour y ajouter une passerelle

pour les pêcheurs. Les visites guidées permettent de se familiariser avec le fonctionnement d'une centrale électrique; en outre, un centre d'interprétation raconte l'histoire de la centrale et explique la production de l'électricité.

Activités de plein air

▸ Agrotourisme

Du côté d'Auteuil, la **Ferme L'Auteuilloise** *(les tarifs varient selon les activités; tlj; 830 boul. des Mille-Îles, Auteuil, ℐ 450-625-5586. www. fermelauteuilloise.com),* une ferme doublée d'un centre équestre bien particulier, organise, l'hiver venu, des tours de poney-luge. La ferme propose également de l'équitation et des balades en carriole.

▸ Croisières

Le **parc de la Rivière-des-Mille-Îles** *(15$; réservations requises; juil et août tlj, juin et sept sam-dim; départs à la Marina de Venise, 110 rue Venise, Ste-Rose, ℐ 450-622-1020, www.parc-mille-iles.qc.ca)* vous invite à naviguer à travers l'histoire, les îles, la faune et la flore de l'archipel de la rivière des Mille Îles. Cette croisière de 1h30 est bien animée, instructive et interactive.

▸ Randonnée pédestre

Il est possible de faire des randonnées sur certaines îles du **parc de la Rivière-des-Mille-Îles** *(entrée libre; mi-mai à mi-oct tlj 9h à 18h; 345 boul. Ste-Rose, ℐ 450-622-1020, www.parc-mille-iles. qc.ca).* Les parcours offrent des points d'observation qui révèlent la vie de cet environnement insulaire.

▸ Raquette et ski de fond

En hiver, on peut faire du ski de fond dans le **parc de la Rivière-des-Mille-Îles** *(entrée libre; accueil au 13 rue Hotte, derrière l'église Ste-Rose-de-Lima, Ste-Rose, ℐ 450-622-1020, www.parc-mille-iles. qc.ca).* Le réseau compte environ 20 km de sentiers faciles.

Le **Bois Duvernay** *(environ 10$/jour; 2830 rue St-Elzéar E., Vimont, ℐ 450-661-1766),* au cœur de la ville, offre 25 km de sentiers de ski de fond à travers une érablière et des zones agricoles. Il est particulièrement réputé pour ses nombreuses espèces d'oiseaux.

Les nombreux sentiers qui jalonnent le **Centre de la nature** *(entrée libre, stationnement 6$ sam-dim; 901 av. du Parc, St-Vincent-de-Paul, ℐ 450-662-4942)* sont accessibles, l'hiver venu, aux adeptes du ski de fond.

Le **Bois Papineau** *(3235 boul. St-Martin E., Duvernay,* ☎ *450-662-4901)* dispose d'un pavillon qui ajoute au confort des lieux. On peut, en hiver, y pratiquer le ski de fond ou la raquette.

Le **parc des Prairies** *(angle 15ᵉ Rue et boul. Cartier, Laval-des-Rapides,* ☎ *450-662-4902)* dispose d'un chalet d'accueil et propose 4 km de sentiers de ski de fond. On peut également y pratiquer la raquette.

➤ *Vélo*

Un vaste réseau de pistes cyclables autour de l'île Jésus et dans les parcs permet de découvrir les richesses naturelles de la ville de Laval. Trois pistes donnent accès à la rive nord de l'île de Montréal. Un plan du réseau *(Vélo carte Laval)* est offert par **Tourisme Laval** (voir p. 176).

Hébergement

Sainte-Rose

Hôtel Le Rivage
$$$ ☀ ≡ ☲ ❄ ⅄ ⚠ @ ⛵ ◎ ⚓
125 boul. Labelle
Rosemère
☎ 450-437-2171 ou 888-437-2171
www.hotel-le-rivage.com

L'Hôtel Le Rivage est situé à Rosemère sur une petite île de la rivière des Mille Îles accessible par le pont Marius-Dufresne (boulevard Curé-Labelle en direction nord depuis Sainte-Rose). Les suites de cet hôtel proposent des ambiances et des décors des plus singuliers et sensuels. L'établissement se trouve en face du très beau Spa Le Finlandais.

Auberge Les Menus-Plaisirs
$$$ ☀ *(chambres)*
$$$$ *(studios)*
♨ ◎ ⚠ ≡ ❄ @ ⛵ ⚓
244 boul. Ste-Rose
☎ 450-625-0976
www.lesmenusplaisirs.ca

Dans la spacieuse demeure datant du début du XXᵉ siècle qui abrite le charmant restaurant Les Menus Plaisirs (voir plus loin), on retrouve aussi l'auberge du même nom, avec quatre studios et quatre chambres luxueuses, chaque unité bénéficiant d'un bain thérapeutique. Les studios disposent également d'un sofa-lit pour accueillir deux personnes supplémentaires. L'auberge communique avec

le restaurant et comporte un bar et un atrium de détente avec un bassin d'eau qui murmure agréablement. Plusieurs forfaits hébergement-restauration disponibles.

Chomedey

Sheraton Laval
$$$-$$$$
≡ ♨ ☲ ⚓ ⅄))) @ ◎ ⛵
2440 autoroute des Laurentides
☎ 450-687-2440 ou 800-667-2440
www.sheraton-laval.com

Le Sheraton Laval dispose de tous les services hôteliers habituels; vous y trouverez entre autres une salle à manger, un bar et une piscine intérieure. Les chambres sont confortables, et d'excellents services de spa sont aussi proposés.

Hilton Montréal/Laval
$$$$ ≡ ⛵ ◎ ♨ ☲ ⚓ @
2225 autoroute des Laurentides
☎ 450-682-2225 ou 800-363-7948
www.hilton-laval.com

Le Hilton Montréal/Laval propose des chambres spacieuses et confortables.

Pont-Viau

Gîte du Marigot
$$ ☀ ᵇᶜ∕ₚ ≡ ◎ ⛵ ❄ ⚠ @
128 boul. Lévesque E.
☎ 450-668-0311
www.gitedumarigot.com

Maison coquette et colorée, le Gîte du Marigot dispose de cinq chambres spacieuses, chacune empreinte d'un cachet particulier. Doté d'un petit jardin d'inspiration asia-

tique et d'un solarium, l'endroit incite autant à la détente qu'à la convivialité, dans le respect de l'intimité des invités. À 5 min de marche de la station de métro Cartier, le Gîte du Marigot offre un agréable séjour à quiconque fuit l'ambiance aseptisée des grandes chaînes d'hôtels. On y loue aussi trois appartements complets, tous sobrement décorés.

Restaurants

Saint-Vincent-de-Paul

Le Vieux Four
$$
5070 boul. Lévesque E.
☎ 450-661-7711
www.levieuxfour.net

Le Vieux Four est reconnu pour sa très bonne pizza cuite... au four à bois.

L'Escargot Fou
$$$-$$$$
mer-dim 18h à 22h
5303 boul. Lévesque E.
☎ 450-664-3105
www.escargotfou.ca

Dans son joli restaurant, le chef de L'Escargot Fou met en valeur sa créativité en préparant les moules selon plus d'une centaine de recettes. L'agencement des saveurs se révèle raffiné et subtil. On y sert également une fine cuisine régionale. Pendant la saison estivale, les convives peuvent déguster leurs repas sur la terrasse.

Sainte-Rose

Chocolune
$-$$
mar-dim
274 boul. Ste-Rose
☏ 450-628-7188

Chocolune, comme son joli nom le suggère, est une chocolaterie. On y fabrique sur place, d'une manière artisanale, différents produits au chocolat de même que des pâtisseries qu'on peut déguster au salon de thé attenant ou acheter à la boutique.

Les Menus-Plaisirs
$$$-$$$$
Auberge Les Menus-Plaisirs
244 boul. Ste-Rose
☏ 450-625-0976
www.lesmenusplaisirs.ca

L'**Auberge Les Menus-Plaisirs** (voir p. 179) abrite un charmant resto dont les petites salles permettent de recevoir beaucoup de monde... dans un cadre qui reste intime. Une vaste pièce, bien aérée en été, accueille aussi les convives à l'arrière. Elle donne sur la cour, transformée en une splendide terrasse souvent ouverte jusqu'à la fin du mois de septembre. La table d'hôte du midi et celle du soir, à cinq services, constituent une bonne affaire. S'y côtoient terrine de sanglier, aiguillettes d'autruche, rôtisson de caribou, médaillon de saumon et autres spécialités de fine cuisine régionale. Un bon choix de fondues est aussi proposé. La carte des vins, quant à elle, est fort impressionnante.

Restaurant le Saint-Christophe
$$$$
mar-sam
94 boul. Ste-Rose
☏ 450-622-7963
www.restosaintchristophe.ca

Le Saint-Christophe domine le boulevard Sainte-Rose depuis un léger promontoire qui met en valeur la belle maison victorienne qui l'abrite. À l'intérieur, les petits salons lui confèrent une intimité feutrée. En été, une terrasse fleurie accueille les convives. L'établissement allie gastronomie française et spécialités régionales dans une cuisine dont le raffinement a mérité de multiples éloges.

Sainte-Dorothée

Le Mitoyen
$$$-$$$$
mar-dim
652 Place publique
☏ 450-689-2977
www.restaurantlemitoyen.com

Le Mitoyen, pourvu de foyers, offre une ambiance des plus chaleureuses. L'établissement est d'autant plus agréable que l'on y mange divinement. Les plats, issus des traditions culinaires françaises mais concoctés à partir de produits du terroir québécois, sont préparés avec art. Laissez-vous tenter par le menu gastronomique, une expérience inoubliable. Ce restaurant figure parmi les bonnes tables du Québec.

Chomedey

Le Commensal
$$-$$$
3180 boul. St-Martin O.
☏ 450-978-9124
www.commensal.com

Restaurant de la chaîne du même nom, Le Commensal propose une variété infinie de mets végétariens regroupés dans un buffet attrayant. Comptoir de mets à emporter.

Pont-Viau

Au Biniou
$$$
100 boul. de la Concorde E.
☏ 450-667-3170
www.restaurantbiniou.com

D'allure champêtre, le restaurant Au Biniou propose une fine cuisine française. Les crêpes bretonnes sont l'une des spécialités incontournables de la maison. Très bonne cave à vins avec plusieurs bouteilles à coût raisonnable.

Sorties

> ### Activités culturelles

Maison des arts de Laval
1395 boul. de la Concorde O.
☏ 450-667-2327 ou 450-677-2040 (billetterie)
www.ville.laval.qc.ca

Les salles polyvalentes de la Maison des arts de Laval, la vitrine artistique de la ville, accueillent expositions, spectacles et concerts. À quelques pas de la station de métro Montmorency.

Salle André-Mathieu
Cégep Montmorency
475 boul. de l'Avenir
☏ 450-667-2327 ou 450-677-2040 (billetterie)
www.salleandremathieu.com

La Salle André-Mathieu du cégep Montmorency est une salle de spectacle à part entière. L'acoustique et la vue sur la scène y sont excellentes. À quelques pas de la station de métro Montmorency.

> ### Bars et boîtes de nuit

Moomba Supperclub
mer-sam
Centropolis
1780 av. Pierre-Péladeau
☏ 450-973-7787
www.moombaclub.com

Les Lavallois se rendent au Moomba pour partager un repas animé qui se prolonge en une soirée endiablée.

> ### Divertissements

Récréathèque
♿
900 boul. Curé-Labelle
☏ 450-688-8880 ou 877-752-4747
www.recreatheque.com

À la Récréathèque, on peut pratiquer une multitude d'activités tarifées, entre autres le patin à roues alignées, le billard, les quilles, le jeu laser, le minigolf et même faire un tour de montagnes russes!

› Festivals et événements

Février

Sainte-Rose en Blanc
début fév à mi-fév
Vieux-Ste-Rose
♪ 450-978-8905
www.ville.laval.qc.ca
L'événement Sainte-Rose en Blanc invite les visiteurs à profiter du magnifique cadre historique de Sainte-Rose et propose entre autres des spectacles de musique et de danse, une séance de contes en carriole et des promenades guidées aux flambeaux à travers les rues du Vieux-Sainte-Rose. On y présente également des feux d'artifice et des sculptures de neige.

Juin

Le Mondial Choral Loto-Québec
♪ 514-935-9229
www.mondialchoral.org
Considéré comme le plus grand rassemblement de chœurs et d'ensembles vocaux en Amérique, cet événement international rassemble quelque 40 000 choristes qui offrent près de 300 spectacles dans plusieurs églises de Laval.

Juillet

Symposium de Sainte-Rose – Art et patrimoine
fin juil à début août
Vieux-Ste-Rose
♪ 450-625-7925
www.roseart.ca
Dans le cadre du Symposium de Sainte-Rose, une centaine d'artistes installent leurs kiosques près de l'église Sainte-Rose-de-Lima. Peinture en direct et vente d'œuvres y ont alors lieu. Des concerts et des visites patrimoniales sont également organisés.

Achats

› Alimentation

Au **Marché Public 440** *(3535 autoroute 440 O., Chomedey,* ♪ *450-682-1440)*, on retrouve une vaste gamme de comptoirs alimentaires: fromagerie, pâtisserie, boucherie, poissonnerie, maître glacier, etc. En saison, les maraîchers prennent possession des comptoirs extérieurs pour y proposer leurs produits frais, ajoutant ainsi un cachet champêtre à l'ensemble.

La **Fromagerie du Vieux-Saint-François** *(mar-dim; visites guidées sur réservation mai à sept; 4740 boul. des Mille-Îles, St-François-de-Sales,* ♪ *450-666-6810, www.fromagerieduvieuxstfrancois.com)* produit, à partir de lait de chèvre, des fromages et yogourts qu'on peut goûter sur place. Le visiteur peut observer, à travers une baie vitrée, la fabrication artisanale du fromage.

› Centres commerciaux

Laval abrite de nombreux grands centres commerciaux. Parmi ceux-ci, notons le **Carrefour Laval** *(3003 boul. Le Carrefour, www.carrefourlaval.ca)*, le **Centre Laval** *(1600 boul. Le Corbusier, www.centrelaval.com)* et le complexe **Centropolis** *(1799 av. Pierre-Peladeau, www.centropolis.ca)*, tous situés dans le secteur de Chomedey.

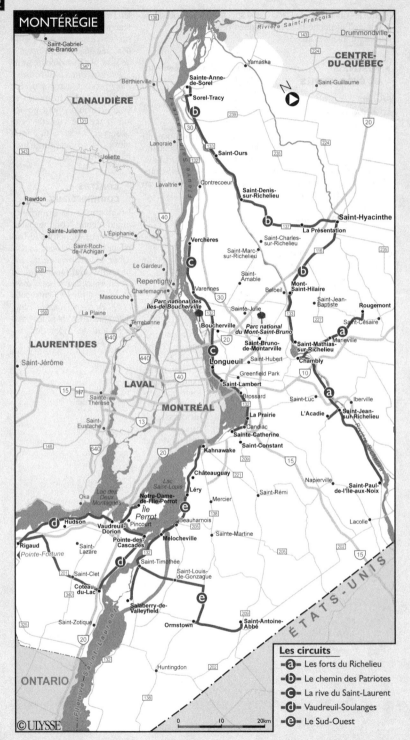

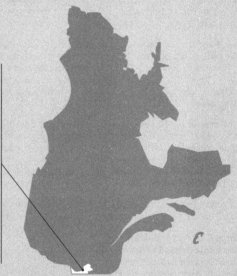

Montérégie

Embrassez du regard l'ensemble de la région en gravissant le sentier menant au sommet du mont Saint-Hilaire, passez un après-midi à vadrouiller dans les petits villages tranquilles pleins de l'histoire du Québec le long de la splendide rivière Richelieu, revivez ses luttes culturelles, sa colonisation, ou goûtez simplement ses produits frais et délicieux.

Riche d'histoire et recelant de nombreux édifices patrimoniaux, la **Montérégie** ★ est d'abord et avant tout une belle plaine très propice à l'agriculture, située entre l'Ontario, la Nouvelle-Angleterre et les contreforts des Appalaches. Sa situation géographique et ses multiples voies de communication naturelles, notamment la majestueuse rivière Richelieu, lui octroyèrent longtemps un rôle militaire et stratégique d'importance.

Les Montérégiennes, soit les monts Rougemont, Saint-Bruno, Saint-Grégoire, Saint-Hilaire et Yamaska, et la montagne de Rigaud constituent les seules dénivellations d'importance de la région. Disposées ici et là sur le territoire, ces collines massives, qui ne s'élèvent qu'à environ 400 m, furent longtemps considérées comme d'anciens volcans. En réalité, ce sont plutôt des roches métamorphiques qui devinrent apparentes à la suite de la longue érosion des terres avoisinantes.

Ouvertes au public, les anciennes fortifications qui se dressent dans la région furent des avant-postes servant à protéger la colonie française contre les Anglais puis la colonie britannique contre les Américains. La nation américaine connut d'ailleurs dans la région, en 1813, la première défaite militaire de sa jeune histoire. Les Patriotes et les Britanniques s'affrontèrent aussi, à Saint-Charles-sur-Richelieu et à Saint-Denis-sur-Richelieu, lors des Rébellions de 1837-1838.

On atteint la région depuis l'île de Montréal en empruntant l'un des ponts qui franchissent le Saint-Laurent. Cinq circuits en voiture vous sont ici proposés:

Circuit A: Les forts du Richelieu ★ ★
Circuit B: Le chemin des Patriotes ★ ★
Circuit C: La rive du Saint-Laurent ★
Circuit D: Vaudreuil-Soulanges ★
Circuit E: Le Sud-Ouest ★

Accès et déplacements

➤ En voiture

Circuit A: Les forts du Richelieu

À partir de Montréal, prenez le pont Champlain, puis continuez par l'autoroute 10 en direction de Chambly, sur la rive ouest du Richelieu, jusqu'à la sortie du boulevard Fréchette. De Chambly, vous n'aurez qu'à suivre la route 223 Sud, puis les routes 202 et 221, pour compléter le circuit.

Circuit B: Le chemin des Patriotes

De Montréal, prenez le pont Champlain, puis continuez par l'autoroute 10 jusqu'à ce que vous ayez traversé la rivière Richelieu, pour suivre la route 133 Nord, aussi appelée «chemin des Patriotes». Vous longerez ainsi la rive est du Richelieu, de Saint-Mathias-sur-Richelieu à Mont-Saint-Hilaire, d'où vous emprunterez la route 116 puis la route 231 jusqu'à Saint-Hyacinthe. D'ici, la route 137 Nord vous mènera à Saint-Denis-sur-Richelieu, et la route 133 vous conduira jusqu'à Sorel-Tracy.

Circuit C: La rive du Saint-Laurent

Au départ de Montréal, traversez le pont Honoré-Mercier, puis prenez la route 132 Est, principal axe routier du circuit. Vous rejoindrez ainsi Sainte-Catherine, puis longerez le fleuve Saint-Laurent jusqu'à Contrecœur. Vous aurez aussi l'occasion de faire un crochet par Saint-Bruno-de-Montarville et Calixa-Lavallée.

Circuit D: Vaudreuil-Soulanges

De Montréal, suivez l'autoroute 20 Ouest jusqu'à Vaudreuil-Dorion, début du circuit. Par la route 342, vous aurez accès à Como, Hudson, Rigaud et Pointe-Fortune (pour vous rendre à Saint-Lazare, dirigez-vous vers le sud à partir d'Hudson). D'ici, empruntez la route 342 ou l'autoroute 40 jusqu'à la route 201, qui aboutit à Coteau-du-Lac, d'où vous longerez le fleuve Saint-Laurent vers l'est jusqu'à Pointe-des-Cascades. Dirigez-vous alors vers le nord pour aller visiter l'île Perrot.

Circuit E : Le Sud-Ouest

Au départ de Montréal, traversez le pont Honoré-Mercier et continuez par la route 138 jusqu'à l'intersection avec la route 132, que vous suivrez jusqu'à Saint-Timothée (faites quelques kilomètres de plus si vous désirez vous rendre à Salaberry-de-Valleyfield). D'ici, dirigez-vous vers le sud, franchissez le canal de Beauharnois et poursuivez jusqu'à la rivière Châteauguay. Longez-la vers le sud jusqu'à Ormstown, d'où les routes 201 et 202 se chargeront de vous mener à bon port en fin de circuit.

➤ En autocar (gares routières)

Circuit A : Les forts du Richelieu
Saint-Jean-sur-Richelieu
700 rue Boucher
☎ 450-359-6024

Circuit B : Le chemin des Patriotes
Saint-Hyacinthe
1330 rue Calixa-Lavallée
☎ 450-773-3287

Sorel-Tracy
191 rue du Roi
☎ 450-743-4411

Circuit C : La rive du Saint-Laurent
Longueuil
120 Place Charles-Le Moyne
station de métro Longueuil–Université-de-Sherbrooke
☎ 450-670-3422

➤ En train (gare ferroviaire)

Circuit B : Le chemin des Patriotes
Saint-Hyacinthe
1450 rue Sicotte
☎ 450-773-6563 ou 888-842-7245
www.viarail.ca

➤ En traversier

Circuit A : Les forts du Richelieu
Saint-Paul-de-l'Île-aux-Noix–Île-aux-Noix
8$/piéton; mi-mai à mi-oct
☎ 450-291-5700

Circuit B : Le chemin des Patriotes
Saint-Denis-sur-Richelieu–Saint-Antoine-sur-Richelieu
4$/véhicule; mi-mai à mi-nov
☎ 450-787-2759

Saint-Marc-sur-Richelieu–Saint-Charles-sur-Richelieu
4$/véhicule; mi-mai à mi-nov
☎ 450-584-2813

Saint-Roch-de-Richelieu–Saint-Ours
4$/véhicule; mi-mai à mi-nov
☎ 450-785-2173

Sorel-Tracy–Saint-Ignace-de-Loyola
6$/véhicule; toute l'année
☎ 450-742-3313 ou 877-787-7483
www.traversiers.gouv.qc.ca

Circuit C : La rive du Saint-Laurent
Bateau-passeur Longueuil–Île Charron
3,50$, incluant l'accès au parc national des Îles-de-Boucherville et le transport du vélo; mi-mai à mi-oct
☎ 514-871-8356
www.navark.ca

Bateau-passeur Boucherville–Île Grosbois (parc national des Îles-de-Boucherville)
3,50$, incluant l'accès au parc et le transport du vélo; mi-juin à début sept
☎ 514-871-8356
www.navark.ca

Navette fluviale Longueuil–Montréal
6$, transport du vélo inclus; mi-mai à mi-oct
☎ 514-281-8000
www.navettesmaritimes.com

Circuit D : Vaudreuil-Soulanges
Hudson–Oka
9$/véhicule; mai à mi-nov
☎ 450-458-4732
www.traverseoka.qc.ca

Pointe-Fortune–Carillon
7,50$/véhicule; avr à fin déc
☎ 450-537-3412
www.traversierlepasseur.com

➤ En transports en commun

Circuit C : La rive du Saint-Laurent
Réseau de transport de Longueuil (RTL)
120 Place Charles-Le Moyne
station de métro Longueuil–Université-de-Sherbrooke
☎ 450-463-0131
www.rtl-longueuil.qc.ca

➤ À vélo

La pratique du vélo est très populaire au Québec. C'est pourquoi la Montérégie, conjointement avec les Cantons-de-l'Est, a redoublé d'efforts pour répondre à une demande croissante d'amateurs en instaurant un réseau de pistes cyclables surprenant, comprenant la Montérégiade et une portion non négligeable de la Route Verte. **Tourisme Montérégie** *(☎ 450-466-4666 ou 866-469-0069, www.tourisme-monteregie.qc.ca)* offre gratuitement deux cartes aux amateurs de cyclotourisme : une carte des 11 pistes cyclables de la région et une carte des itinéraires sur route.

Attraits touristiques

Tourisme Montérégie *(2001 boul. de Rome, 3ᵉ étage, Brossard, QC J4W 3K5, ☎ 450-466-4666 ou 866-469-0069, www. tourisme-monteregie.qc.ca)*

Circuit A : Les forts du Richelieu ★★

▲ *p. 211* 🍴 *p. 214* 🛒 *p. 218* 🎫 *p. 219*

⏱ *Deux jours*

Ce circuit, qui conduit de Chambly jusqu'à la frontière canado-américaine, permet d'explorer le réseau défensif créé le long de la rivière Richelieu sous le Régime français et renforcé à la suite de la Conquête. Ce chapelet de forts servait à contrôler l'accès au Richelieu, longtemps la principale voie de communication entre Montréal, la Nouvelle-Angleterre et New York, via le lac Champlain et le fleuve Hudson.

Chambly ★★

Bureau d'information touristique de Chambly *(saisonnier; 1900 av. Bourgogne, Chambly, ☎ 450-658-0321)*

L'agréable ville de Chambly (26 000 hab.) occupe un site privilégié en bordure du Richelieu, qui s'élargit à cet endroit pour former le bassin de Chambly. Celui-ci se trouve à l'extrémité des rapides qui entravaient autrefois la navigation sur la rivière, faisant du lieu un élément clé du système défensif de la Nouvelle-France.

Dès 1665, le régiment de Carignan-Salières, sous le commandement du capitaine Jacques de Chambly, y construit un premier fort de pieux pour repousser les Iroquois de la rivière des Iroquois (le Richelieu), qui effectuent alors de fréquentes incursions jusqu'à Montréal. En 1672, le capitaine de Chambly reçoit la seigneurie qui portera son nom en guise de remerciement pour services rendus à la colonie.

Le bourg qui se formera graduellement autour du fort connaîtra une période florissante au moment de la guerre canado-américaine de 1812-1815, alors qu'une importante garnison britannique y est stationnée. Puis, en 1843, on inaugure le canal de Chambly, qui permettra de contourner les rapides du Richelieu, facilitant ainsi le commerce entre le Canada et les États-Unis.

Suivez la rue Bourgogne jusqu'à l'étroite **rue De Richelieu ★**, que vous emprunterez en direction du fort. Après avoir longé le parc des Rapides, où il est possible d'admirer de près le barrage de Chambly, vous retrouverez, de part et d'autre de la rue, plusieurs demeures monumentales construites dans la première moitié du XIXᵉ siècle.

D'origine écossaise, John Yule émigre au Canada en compagnie de son frère William à la fin du XVIIIᵉ siècle. Ce dernier deviendra, quelques années plus tard, seigneur de Chambly. Quant à John Yule, il fait prospérer ses moulins à farine et à carder, disséminés dans la région. Il fait construire la **Maison John-Yule** *(on ne visite pas; 27 rue De Richelieu)* d'inspiration palladienne en 1816.

Datant de 1814, le **Manoir de Salaberry** *(on ne visite pas; 18 rue De Richelieu),* qui se caractérise par un mélange d'architecture palladienne et française, est l'une des propriétés les plus élégantes de la région. Il a appartenu à un lieutenant issu de la noblesse canadienne-française, Charles-Michel d'Irumberry de Salaberry, héros de la bataille de la Châteauguay et seigneur du fief de Chambly.

La **Maison Ducharme** *(on ne visite pas; 10 rue De Richelieu),* une ancienne caserne d'infanterie britannique bâtie en 1812, a été transformée en résidence à la fin du XIXᵉ siècle.

L'ancien **Corps de garde** *(8 rue De Richelieu)* britannique de 1812 abrite, pendant la saison estivale, une exposition sur la présence anglaise à Chambly, de la Conquête à nos jours.

De nombreux Britanniques, civils et militaires, de même que des réfugiés loyalistes américains, s'installent à Chambly au cours de la première moitié du XIXᵉ siècle.

Principal attrait du **Lieu historique national du Fort-Chambly ★★** *(5,65$; ⚅; avr à mi-mai et sept à mi-oct mer-dim 10h à 17h, mi-mai à fin juin tlj 10h à 17h, fin juin à début sept tlj 10h à 18h; 2 rue De Richelieu, ☎ 450-658-1585 ou 888-773-8888, www.pc.gc.ca/fortchambly),* le fort Chambly est le plus important ouvrage militaire du Régime français qui soit parvenu jusqu'à nous. Il a été construit entre 1709 et 1711 selon les plans de l'ingénieur Josué Boisberthelot de Beaucours,

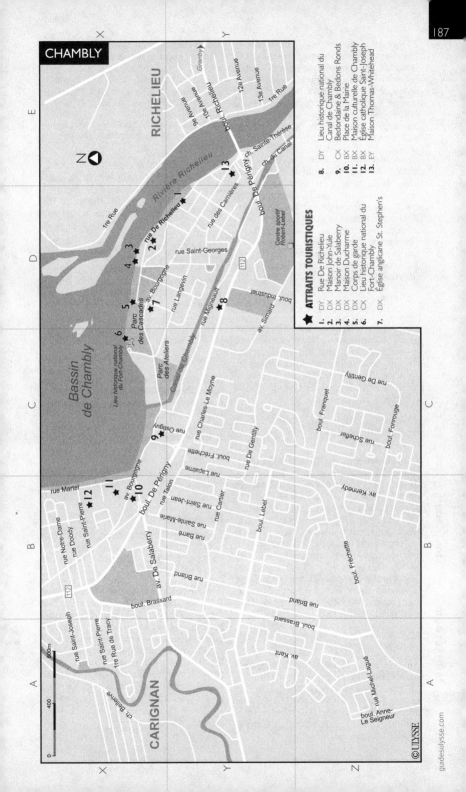

CHAMBLY

RICHELIEU

Granby ▶

Rivière Richelieu

Bassin
de Chambly

N

1re Rue
9e Avenue
10e Avenue
12e Avenue
13e Avenue
1re Rue
boul. Richelieu
ch. Sainte-Thérèse
ch. du Canal
boul. De Périgny
rue des Carrières
rue De Richelieu
rue Saint-Georges
112
rue Langevin
av. Bourgogne
rue Migneault
Parc
des Cascades
Parc
des Ateliers
Canal de Chambly
Lieu historique national
du Fort-Chambly
rue Ostiguy
rue Charles-Le Moyne
boul. De Gentilly
boul. Fréchette
rue Lagarme
rue De Gentilly
boul. Franquet
rue Scheffer
boul. Fonrouge
rue De Gentilly
av. Simard
boul. Industriel
Centre sportif
Robert-Lebel
av. Kennedy
rue Cartier
rue Saint-Jean
rue Sainte-Marie
rue Barré
av. De Salaberry
boul. De Périgny
av. Bourgogne
rue Talon
rue Martel
rue Saint-Pierre
rue Notre-Dame
rue Doody
rue Brand
boul. Brassard
boul. Lebel
boul. Fréchette
112
rue Saint-Joseph
rue Saint-Pierre
1re Rue de Tracy
ch. Bellerive
rue Brand
boul. Brassard
av. Kent
boul. Anne-
Le Seigneur
rue Michel-Lague

CARIGNAN

0   400   800m

© ULYSSE

★ **ATTRAITS TOURISTIQUES**

1. DX Rue De Richelieu
2. DX Maison John-Yule
3. DX Maison de Salaberry
4. DX Maison Ducharme
5. DX Corps de garde
6. CX Lieu historique national du Fort-Chambly
7. DX Église anglicane St. Stephen's
8. DY Lieu historique national du Canal de Chambly
9. CX Bedondaine & Bedons Ronds
10. BX Place de la Mairie
11. BX Maison culturelle de Chambly
12. BX Église catholique Saint-Joseph
13. EY Maison Thomas-Whitehead

à l'instigation du marquis de Vaudreuil. Le fort, défendu par les Compagnies franches de la Marine, devait protéger la Nouvelle-France contre une éventuelle invasion anglaise. Il remplace les trois forts de bois qui avaient occupé le site depuis 1665. Au moment de la Conquête, le fort, devenu désuet, fut remis aux Anglais sans combat, car il ne pouvait soutenir un siège.

Ce monument historique s'inscrit dans un cadre spectaculaire en bordure du bassin de Chambly, là où débutent les rapides. L'intérieur du fort abrite un centre d'interprétation qui explique le rôle du fort dans les conflits des siècles derniers de même que les activités de la garnison française de 1665 à 1760 et le peuplement de la seigneurie de Chambly. De nombreux objets et vestiges retrouvés lors des fouilles archéologiques témoignent du quotidien des occupants de la fortification.

▸▸▸ *Tournez à gauche dans la rue du Parc, puis prenez la rue Bourgogne à gauche.*

L'**église anglicane St. Stephen's** ★ *(2000 rue Bourgogne)* est construite dès 1820 pour desservir la communauté anglaise ainsi que la garnison du fort. Le temple reprend la forme des églises catholiques de l'époque. L'intérieur, sobre et blanc, est cependant plus proche du culte anglican.

▸▸▸ *Reprenez la rue Bourgogne à gauche et continuez jusqu'à la rue Maurice. Prenez cette rue à gauche puis le boulevard De Périgny à gauche.*

Le **Lieu historique national du Canal de Chambly** ★ *(entrée libre, stationnement 4$; ⛾; toute l'année, écluses ouvertes de mi-mai à mi-oct; 1899 boul. De Périgny, ☎ 450-658-6525 ou 888-773-8888,www. pc.gc.ca/canalchambly)* protège le site de l'ancien chemin de halage, très important au XIXᵉ siècle. À cet endroit et sur tout le parcours de cet étroit canal de 19 km de longueur, vous pourrez observer les éclusiers actionner les portes et les ponts des neuf écluses qui correspondent à une dénivellation graduelle de 22 m entre Chambly et Saint-Jean. Le canal, inauguré en 1843, est exclusivement consacré à la navigation de plaisance depuis 1973.

▸▸▸ *Revenez sur vos pas par le boulevard De Périgny et tournez à droite dans la rue Ostiguy.*

Au musée de la bière de **Bedondaine & Bedons Ronds** *(entrée libre; mar-mer 15h à 24h, jeu-sam 11h30 à 1h, dim 11h30 à 23h; 255 rue Ostiguy, ☎ 450-447-5165 ou 866-447-5165, www. bedondaine.com)*, plus de 26 000 objets relatent l'histoire de la bière. Possibilité de visiter la salle de brassage.

À la jonction de la rue Bourgogne et de la rue Martel se trouve la **place de la Mairie**, aménagée en 1912, devant laquelle se dresse le monument à la mémoire du héros de la bataille de la Châteauguay, Charles-Michel d'Irumberry de Salaberry.

▸▸▸ *Reprenez la rue Bourgogne à gauche et empruntez la rue Martel, qui longe le bassin de Chambly.*

La **Maison culturelle de Chambly** *(56 rue Martel)*. Le Service des loisirs de Chambly est installé dans cet ancien couvent des Dames de la congrégation de Notre-Dame, érigé en 1885 selon une architecture typique des couvents d'autrefois.

L'**église catholique Saint-Joseph** *(164 rue Martel)* a été construite en 1881 sur une partie des murs de la deuxième église de 1810, gravement endommagée par un incendie. Cette dernière avait remplacé la première église, bâtie vers les années 1750. En face s'élève la dernière œuvre connue du sculpteur Louis-Philippe Hébert, la statue du curé Migneault.

▸▸▸ *Rebroussez chemin et reprenez la rue Bourgogne en direction de Saint-Jean-sur-Richelieu.*

À la sortie de Chambly se trouve la jolie **maison Thomas-Whitehead** *(2592 rue Bourgogne)*, une construction de bois peinte en bleu, érigée en 1815. Elle fut restaurée en 1985. Elle abrite maintenant un restaurant dénommé… **La Maison Bleue** (voir p. 215).

▸▸▸ *Avant de poursuivre vers Saint-Jean-sur-Richelieu, faites un petit détour par Rougemont. Pour cela, prenez la route 112 Est puis la route 231 Nord.*

Rougemont

La petite ville de Rougemont, capitale de la pomme québécoise, est située en contrebas de la plus petite des collines montérégiennes, le mont Rougemont.

À la **Cidrerie Michel Jodoin** *(entrée libre; lun-ven 9h à 17h, sam-dim 10h à 16h; 1130 rang de la Petite Caroline, ☎ 450-469-2676, www.cidrerie-micheljodoin.qc.ca)*, on produit un cidre de grande qualité, alcoolisé ou non, dont le secret réside dans le vieillissement qui s'effectue dans des fûts de chêne: le résultat est succulent. Sur place, il est possible de goûter différents cidres et, bien sûr, d'en acheter. La visite guidée gratuite de la cidrerie est captivante.

▸▸▸ *Revenez à Chambly, puis poursuivez par la route 223 Sud jusqu'à Saint-Jean-sur-Richelieu.*

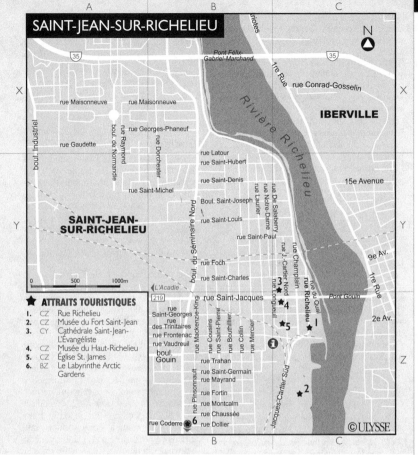

SAINT-JEAN-SUR-RICHELIEU

IBERVILLE

SAINT-JEAN-SUR-RICHELIEU

Rivière Richelieu

Pont Félix-Gabriel-Marchand

rue Conrad-Gosselin

rue Maisonneuve
rue Maisonneuve
rue Georges-Phaneuf
rue Gaudette
boul. Industriel
boul. de Normandie
rue Raymond
rue Dorchester
rue Saint-Michel
rue Latour
rue Saint-Hubert
rue Saint-Denis
Boul. Saint-Joseph
rue Saint-Louis
rue Saint-Paul
rue Foch
rue Saint-Charles
rue Saint-Jacques
rue De Salaberry
rue Notre-Dame
rue Laurier
rue Champlain
rue J.-Cartier Nord
rue Longueuil
rue du Quai
rue Richelieu
15e Avenue
9e Av.
1re Rue
2e Av.
Pont Gouin
L'Acadie
rue Saint-Georges
rue des Trinitaires
rue Frontenac
rue Vaudreuil
boul. Gouin
rue Mackenzie-King
rue Pinsonnault
rue Cousins
rue Saint-Pierre
rue Bouthillier
rue Collin
rue Mercier
rue Trahan
rue Saint-Germain
rue Mayrand
rue Fortin
rue Montcalm
rue Chaussée
rue Dollier
rue Coderre
Jacques-Cartier Sud

★ ATTRAITS TOURISTIQUES

1. CZ Rue Richelieu
2. CZ Musée du Fort Saint-Jean
3. CY Cathédrale Saint-Jean-L'Évangéliste
4. CZ Musée du Haut-Richelieu
5. CZ Église St. James
6. BZ Le Labyrinthe Arctic Gardens

©ULYSSE

Saint-Jean-sur-Richelieu

Office du tourisme et des congrès du Haut-Richelieu *(31 rue Frontenac, St-Jean-sur-Richelieu, QC J3B 7X2, ☎ 450-542-9090 ou 888-781-9999, www.regiondesaint-jean-sur-richelieu.com)*

Cette ville industrielle qui compte aujourd'hui près de 90 000 habitants fut pendant long-temps une importante porte d'entrée au Canada à partir des États-Unis, ainsi qu'un relais indispensable sur la route de Montréal, grâce à son port sur le Richelieu, très fréquenté à partir de la fin du XVIIIe siècle, à son chemin de fer, le premier au Canada, qui la relie à La Prairie dès 1836, et au canal de Chambly, inauguré en 1843. Au milieu du XIXe siècle, Saint-Jean-sur-Richelieu voit prospérer de nombreuses entreprises liées à ces voies de communication, parmi lesquelles on pouvait compter plusieurs fabriques de poteries et de faïences dont les théières, cruches et assiettes allaient devenir une spécialité

de la région. L'architecture de la ville reflète ce passé industriel avec ses manufactures, ses édifices commerciaux, son habitat ouvrier et ses belles demeures victoriennes.

Saint-Jean a cependant des origines plus anciennes. Elle a grandi autour du fort Saint-Jean, dont l'établissement remonte à 1666. En 1775, celui-ci fut attaqué à plusieurs reprises par l'armée des insurgés américains, qui durent finalement battre en retraite à l'arrivée des troupes britanniques. Il est à noter que Saint-Jean-sur-Richelieu n'a pas réellement de cachet. On peut néanmoins trouver son compte en y faisant escale soit pour la nuit ou pour un bon repas en soirée.

On entre à Saint-Jean par la rue Jean-Talon, que prolonge la rue Champlain, qui devient la **rue Richelieu** dans le Vieux-Saint-Jean. Principale artère commerciale de la ville, celle-ci a été la proie des flammes à deux reprises au cours de son histoire. Elle fut reconstruite

Montérégie – **Attraits touristiques** – Les forts du Richelieu

guidesulysse.com

aussitôt après l'incendie de 1876, ce qui lui confère une certaine homogénéité architecturale peu commune au Québec.

Avant d'arriver dans le Vieux-Saint-Jean, vous croiserez le **Musée du Fort Saint-Jean** *(4$; fin mai à début sept mer-dim 10h à 17h; 15 rue Jacques-Cartier N.,* ♪ *450-358-6500, poste 5769, www.museedufortsaintjean.ca)*, aménagé sur le campus du Collège militaire royal de Saint-Jean. Sur place, vous pourrez faire la visite de plusieurs bâtiments historiques et en profiter pour admirer le travail des archéologues de l'Université Laval qui y font des fouilles en juillet et août.

''' La plupart des attraits de la ville sont situés dans le Vieux-Saint-Jean, qu'il est possible de parcourir à pied depuis la rue Richelieu. Remontez la rue Saint-Jacques jusqu'à l'angle de la rue De Longueuil.

Le corps de la **cathédrale Saint-Jean-L'Évangéliste** *(angle St-Jacques et De Longueuil)* date de 1827, mais ses extrémités ont été complètement réorganisées en 1861, au moment où façade et chevet ont été intervertis. La façade actuelle, avec son clocher de cuivre, date cependant du début du XXᵉ siècle. Le lieu saint n'a été élevé au rang de cathédrale qu'en 1933, ce qui explique son humble apparence.

''' Empruntez la rue De Longueuil vers le sud jusqu'à la rue Jacques-Cartier, qui traverse la place du Marché.

Le **Musée du Haut-Richelieu** ★ *(4$; mar-sam 11h à 17h, dim 13h à 17h; 182 rue Jacques-Cartier N.,* ♪ *450-347-0649; www.museeduhaut-richelieu.com)* est aménagé à l'intérieur de l'ancien marché public érigé en 1859. Le musée présente, outre différents objets et maquettes liés à l'histoire du Haut-Richelieu, une intéressante collection de poteries et faïences produites dans la région au cours du XIXᵉ siècle. Belle boutique sur place.

Inaugurée en 1817, l'**église St. James** *(angle Jacques-Cartier et St-Georges)* est l'un des plus anciens temples anglicans du Québec. Son architecture d'inspiration américaine nous rappelle qu'à cette époque Saint-Jean accueillait une importante communauté de réfugiés loyalistes en provenance des États-Unis.

Un incontournable des familles qui visitent Saint-Jean-sur-Richelieu, **Le Labyrinthe Arctic Gardens** *(14$ adultes, 11$ enfants;* ♿ *; mi-juil à fin août tlj 10h à 18h, sept sam-dim 10h à 18h; boul. du Séminaire S./route 223, angle rue Carillon, www.lelabyrinthe.ca)* offre des heures de plaisir. Il est aménagé dans un champ de maïs et

animé par plusieurs comédiens. Le parcours et le thème de l'animation changent chaque année.

''' Poursuivez par la rue Saint-Jacques jusqu'à la jonction avec la route 219 Sud. Suivez les indications vers L'Acadie. Éloignée temporairement des rives du Richelieu, cette excursion facultative permet d'explorer l'intérieur des terres et l'un de ses villages les plus charmants.

L'Acadie ★

En 1755, lors du Grand Dérangement, les Acadiens qui occupent les meilleures terres sont déportés par les Britanniques vers de lointaines contrées, principalement vers le sud des États-Unis, dans l'actuelle Louisiane. Entre 1764 et 1768, certains d'entre eux, de retour d'exil, viennent s'établir aux abords de la Petite Rivière. Ils formeront la «Petite Acadie», à l'origine du village de L'Acadie.

L'**église Sainte-Marguerite-de-Blairfindie** ★ ★ *(1450 ch. du Clocher)*, le presbytère et la vieille école de L'Acadie forment l'un des ensembles conventuels les plus pittoresques et les mieux conservés de toute la Montérégie. La paroisse catholique de Sainte-Marguerite a été constituée en 1784. Il faudra cependant attendre 1801 avant que ne soit inaugurée l'église actuelle en pierres. Celle-ci est un modèle d'architecture québécoise traditionnelle. Remarquez le chemin couvert qui permet de se rendre du presbytère (1822) à l'église à l'abri des intempéries. En 1838, Sir John Colborne, surnommé le «vieux brûlot», installe dans ce presbytère son quartier général afin de mater la rébellion qui s'active dans la vallée du Richelieu.

''' Revenez sur vos pas et prenez le chemin des Vieux-Moulins à droite pour rejoindre la route 219 Sud.

En parcourant le **chemin des Vieux-Moulins** ★, on peut apercevoir quelques belles maisons de ferme du XIXᵉ siècle dans un cadre champêtre. Parmi celles-ci, les **bâtiments Lorrain-Sainte-Marie** *(on ne visite pas; 777 ch. des Vieux-Moulins)* constituent un rare ensemble de structures à vocation agricole en pierres et en bois datant de la première moitié du XIXᵉ siècle.

Afin de commémorer la venue des ancêtres acadiens dans ce joli village, la famille Delisle a créé le **Centre d'interprétation « Il était une fois... une petite colonie »** ★ *(6$; mi-juin à mi-sept mer-dim 10h à 17h; 2500 route 219,* ♪ *450-347-9756)*. Des guides costumés vous accueillent pour vous faire découvrir des bâtiments décorés et meublés à l'ancienne. On retrouve aussi sur

Montérégie – Attraits touristiques – Les forts du Richelieu

le site une mini-ferme, un four à pain traditionnel extérieur, ainsi qu'une jolie boutique d'artisanat. Une agréable façon de découvrir le mode de vie des colons.

▸▸▸ *Empruntez la route 219 Nord vers Saint-Jean-sur-Richelieu, puis reprenez la route 223 Sud, qui longe le Richelieu.*

Saint-Paul-de-l'Île-aux-Noix

Ce village est surtout connu pour son fort, édifié sur l'île aux Noix au milieu de la rivière Richelieu. Le premier occupant de l'île, le cultivateur Pierre Joudernet, payait sa rente seigneuriale sous la forme d'un sac de noix, d'où le nom donné aux lieux. Vers la fin du Régime français, l'île acquit une grande importance stratégique en raison de la proximité du lac Champlain et des colonies américaines. En 1759, les Français entreprirent de fortifier l'île, mais les ressources manquèrent, tant et si bien que la prise du fort par les Britanniques se fit sans difficulté. En 1775, l'île devint le quartier général des forces révolutionnaires américaines qui tentaient alors d'envahir le Canada. Puis, au cours de la guerre anglo-américaine de 1812-1814, le fort reconstruit servit de base pour l'attaque de Plattsburg par les Britanniques.

▸▸▸ *Du centre d'accueil (61ᵉ Avenue), où vous devez laisser votre voiture, prenez le bac (voir p. 185) qui conduit jusqu'à l'île.*

Le **Lieu historique national du Fort-Lennox ★ ★** *(8$ incluant le traversier et le stationnement; ⅙; mi-mai à fin mai et début sept à mi-oct sam-dim 10h à 18h, début juin à mi-juin lun-ven 10h à 17h et sam-dim 10h à 18h, mi-juin à début sept tlj 10h à 18h; 1 61ᵉ Avenue, ☎ 450-291-5700, www.pc.gc.ca/fortlennox)* occupe l'île aux Noix. Le fort, qui couvre environ le tiers de l'île, en a transformé la configuration. Il a été construit entre 1819 et 1829, sur les ruines des forts précédents, par les Britanniques qui voyaient alors les Américains ériger le fort Montgomery de l'autre côté de la frontière. Derrière l'enceinte bastionnée en terre et entourée de larges fossés, se trouvent une poudrière, deux entrepôts, le corps de garde, le logis des officiers, une caserne et 17 casemates. Le bel ensemble en pierres de taille présente les traits de l'architecture coloniale néoclassique de l'Empire britannique.

Les forces britanniques ont quitté le fort en 1870. Parcs Canada y présente de nos jours une intéressante reconstitution de la vie militaire au XIXᵉ siècle ainsi que deux expositions retraçant l'histoire du fort.

▸▸▸ *Reprenez la route 223 Sud (rue Principale) jusqu'à l'angle de la 1ʳᵉ Avenue.*

Le **Blockhaus de la Rivière Lacolle ★** *(entrée libre; mi-mai à début sept tlj 10h à 17h30, sept à mi-oct sam-dim 10h à 17h; 1 rue Principale, ☎ 450-246-3227)*, une construction de bois équarri à deux étages, dotée de meurtrières, se trouve au sud de la municipalité de Saint-Paul-de-l'Île-aux-Noix. Sa construction remonte à 1782, ce qui en fait l'une des plus anciennes structures de bois en Montérégie. C'est aussi l'un des rares ouvrages du genre qui subsistent au Québec.

Nous sommes ici à 10 km seulement de la frontière canado-américaine. Bien que les relations entre le Canada et les États-Unis soient des plus cordiales depuis plusieurs décennies, ce ne fut pas toujours le cas. Le blockhaus, qui était au premier rang du système défensif du Richelieu à la fin du XVIIIᵉ siècle, jouait un rôle de sentinelle. Ses occupants devaient prévenir les soldats des forts voisins de l'arrivée imminente de troupes d'outre-frontière.

▸▸▸ *Prenez la route 202 Ouest à droite pour aller rejoindre l'autoroute 15 Nord et rentrer à Montréal.*

Activités de plein air

➤ Agrotourisme

Cidrerie Michel Jodoin, Rougemont, voir p. 188.

Il semble que le vinaigre de cidre ait un effet thérapeutique miraculeux. Un peu chaque jour dans votre eau, et adieu les problèmes d'articulation. Chose certaine, celui de la **Vinaigrerie artisanale Pierre Gingras** *(sam-dim 10h à 17h, lun-ven 9h à 17h; 1132 rang de la Grande-Caroline, Rougemont, ☎ 450-469-4954 ou 888-469-4954, www.cidervinegar.com)*, aromatisé de diverses façons, reste un indispensable dans la cuisine, ne serait-ce que pour réussir de sublimes vinaigrettes maison. Dégustation, vente de produits de la pomme et visites guidées.

➤ Croisières

Croisières Richelieu
20$, durée: 1h30
fin mai à fin oct mar-dim, départ à 13h30
115 rue du Quai
St-Jean-sur-Richelieu
☎ 514-861-1111 ou 877-346-2498
www.croisieresrichelieu.ca
Croisières Richelieu organise des croisières commentées sur la rivière Richelieu. On

peut admirer au passage les somptueuses demeures qui bordent la rivière.

> Parcours d'aventure en forêt

Arbraska Mont St-Grégoire *(35$; avr à début sept tlj, début sept à mi-nov sam-dim; 45 ch. du Sous-Bois, Mont-St-Grégoire,* ☎ *450-358-8999 ou 877-886-5500, www.arbraska.com)* propose ses ponts, obstacles et tyroliennes dans les arbres, au gré de sept parcours, dont deux faciles pour les enfants et un pour les experts, plus haut et pas mal plus difficile… Avis aux aventuriers!

> Patin

Voici quelques municipalités qui possèdent des patinoires extérieures :

Chambly
sur le canal de Chambly
☎ 450-658-8788

Saint-Jean-sur-Richelieu
dans plusieurs parcs
☎ 450-357-2100

> Randonnée pédestre

Le **Centre d'interprétation du milieu écologique du Haut-Richelieu (CIME)** *(3$; tlj 9h à 17h; 16 ch. du Sous-Bois, Mont-St-Grégoire,* ☎ *450-346-0406, www.cimehautrichelieu.qc.ca)* a été mis sur pied en 1981 pour mettre en valeur et protéger les richesses naturelles du mont Saint-Grégoire. Il a aménagé un réseau de sentiers totalisant 2,5 km qui donne accès au sommet du mont et offre des vues exceptionnelles sur les petits villages et les vastes fermes de la Montérégie.

> Raquette

En hiver, on peut aussi faire de la raquette au **Centre d'interprétation du milieu écologique du Haut-Richelieu (CIME)** (voir ci-dessus).

> Vélo

En empruntant la **piste cyclable du canal de Chambly** *(*☎ *450-447-8888)*, qui s'étend sur 19 km de Chambly à Saint-Jean-sur-Richelieu, vous aurez le plaisir de voir les éclusiers à l'œuvre et les plaisanciers se dorer au soleil, avec un magnifique point de vue sur le Richelieu. Si la chance vous sourit, peut-être apercevrez-vous une variété d'oiseaux aquatiques comme le colvert ou le héron. En bordure de la piste cyclable, **Vélo Chambly** *(1731 rue Bourgogne, Chambly,* ☎ *450-447-3450)* loue des vélos à l'heure ou à la journée.

La **Route des cidres** *(*☎ *450-466-4666 ou 866-469-0069, www.tourisme-monteregie.qc.ca)* n'aurait pu s'appeler autrement. Mettant en valeur la pomme, ce circuit qui commence à Hemmingford et se termine à Saint-Denis-sur-Richelieu en passant entre autres par Rougemont et Mont-Saint-Hilaire. Ce qui fait son charme, ce sont les nombreuses découvertes agrotouristiques qu'il permet tout le long de la route et qui nous donne mille excuses pour reprendre notre souffle.

Une partie du **Circuit du Paysan** (voir p. 208) parcourt la région.

Circuit B : Le chemin des Patriotes ★ ★

▲ *p. 212* ⬤ *p. 216* ➔ *p. 218*

⏱ *Trois jours*

Second noyau de peuplement en Nouvelle-France après les rives du fleuve Saint-Laurent, la vallée du Richelieu recèle de nombreux vestiges des anciennes seigneuries concédées en bordure de la rivière aux XVIIe et XVIIIe siècles. Au début du XIXe siècle, la région est l'une des plus peuplées du Québec; aussi n'est-il pas surprenant d'y retrouver l'un des premiers foyers de contestation ayant mené aux Rébellions de 1837-1838. La région comptait en effet le double de population à cette époque qu'aujourd'hui. La vallée conserve plusieurs témoignages éloquents de ces événements, parmi les plus tragiques de l'histoire du Québec.

Malgré la proximité de Montréal, on se croirait bien loin de la vibration urbaine caractéristique de la grande ville, qui est pourtant à moins d'une demi-heure… On a une étrange facilité à deviner le quotidien des gens qui habitaient ce coin de pays il y a deux ou trois siècles, ce qui lui confère un charme indéniable. Le caractère historique d'importance et la tranquillité des lieux font de cette vallée une destination des plus agréables.

Saint-Mathias-sur-Richelieu

Au cours des Rébellions de 1837-1838, Saint-Mathias-sur-Richelieu connut une période d'intense activité avec l'installation du quartier général de la milice des Patriotes.

Seul véritable témoin de l'activité commerciale de Saint-Mathias-sur-Richelieu au XIXe siècle, le **magasin Franchère** *(on ne visite pas; 254 ch. des Patriotes)* a été construit en 1822 pour les frères Joseph et Timothée Franchère. Ce dernier fut emprisonné en 1838 pour sa participation aux Rébellions. Le magasin aurait accueilli plusieurs réunions des Patriotes. Il a subi des travaux de rénovation en 2007, mais garde tout de même un intérêt historique. Il abrite désormais une garderie.

Remarquable pour son décor intérieur et pour son enclos de pierres qui enserre le cimetière, l'**église Saint-Mathias** ★★ *(280 ch. des Patriotes)* présente en outre une silhouette charmante, reflet de l'architecture québécoise traditionnelle. Sa construction remonte à 1784. Quant au décor intérieur, il a été exécuté entre 1821 et 1833, exception faite du maître-autel et de la chaire, belles pièces de style Louis XV remontant à 1795.

▸▸▸ *Poursuivez en direction nord par le chemin des Patriotes. À mesure que vous approchez du mont Saint-Hilaire, la silhouette de la plus haute des collines montérégiennes (403 m) s'impose dans le paysage.*

Mont-Saint-Hilaire ★

Bureau d'information touristique de Mont-Saint-Hilaire
(1080 ch. des Patriotes N., Mont-St-Hilaire, ♪ 450-536-0395 ou 888-736-0395)

Campée devant l'énorme masse du mont du même nom, Mont-Saint-Hilaire, une petite municipalité de la vallée du Richelieu de quelque 16 000 habitants, est célèbre entre autres pour ses succulentes pommes. Elle tire ses origines de la seigneurie de Rouville, concédée à Jean-Baptiste Hertel en 1694, puis vendue en 1844 au major Thomas Edmund Campbell, secrétaire du gouverneur britannique, qui y exploitera une ferme modèle dont l'existence sera maintenue jusqu'en 1942. De l'autre côté de la rivière se trouve la charmante municipalité de Beloeil, où se concentrent les principales adresses intéressantes dans la région pour la table et le gîte.

Légèrement défiguré par l'aménagement de stationnements et l'ajout d'une grille ostentatoire, le **manoir Rouville-Campbell** ★ *(125 ch. des Patriotes S.)*, d'allure médiévale, n'en demeure pas moins l'une des plus splendides résidences seigneuriales du Québec. Il a été construit en 1854 dans le style néo-Tudor. Le sculpteur Jordi Bonet sauva le manoir, laissé à l'abandon depuis 1955, lorsqu'il en fit son atelier en 1969. Au cours des années 1980, la maison et les écuries ont été reconverties en hôtellerie (voir p. 212). En face du manoir Rouville-Campbell se dresse le **monument aux Patriotes de Mont-Saint-Hilaire.**

L'**église Saint-Hilaire** ★★ *(260 ch. des Patriotes N.)* devait à l'origine arborer deux tours en façade surmontées d'autant de flèches. À la suite de disputes internes, seule la base des tours fut érigée vers 1830, et un seul clocher, disposé au centre de la façade, fut finalement installé. Quant au décor intérieur de style néogothique, il fut aménagé sur une longue période, soit de 1838 à 1928; mais c'est l'œuvre du peintre Ozias Leduc (1864-1955), exécutée à la fin du XIXᵉ siècle, qui attire davantage l'attention. Cet artiste, originaire de Mont-Saint-Hilaire, est l'auteur de l'ensemble des belles toiles marouflées aux tons pastel qui ornent l'église, de même que des dessins des vitraux et des lampes de la nef.

Le presbytère (1798) avoisine l'église au nord, tandis que l'ancien couvent des sœurs des Saints-Noms-de-Jésus-et-de-Marie, avec son étrange avancée arrondie, se trouve derrière elle.

Le **Musée des beaux-arts de Mont-Saint-Hilaire** ★ *(4$; ♿; mar 10h à 20h30, mer-ven 10h à 17h, sam-dim 13h à 17h; 150 rue du Centre-Civique, ♪ 450-536-3033, www.mbamsh.qc.ca)* a pour objectifs de promouvoir et diffuser les arts visuels contemporains, mais aussi de mettre en valeur des œuvres d'artistes célèbres qui ont vécu dans la municipalité. On pense entre autres à Ozias Leduc, à Paul-Émile Borduas et à Jordi Bonet.

▸▸▸ *Poursuivez par la route 133 Nord. Prenez la route 116 Est à droite (suivez les indications vers le Centre de la Nature du mont Saint-Hilaire). Tournez à droite dans la rue Fortier, qui devient le chemin Ozias-Leduc, puis encore à droite dans la montée des Trente, et rendez-vous à la Maison des cultures amérindiennes.*

La **Maison des cultures amérindiennes** ★ *(4$; ♿; lun-ven 9h à 17h, sam-dim 13h à 17h; 510 montée des Trente, ♪ 450-464-2500, www.maisonamerindienne.com)* a pour objectif de mieux faire connaître les premiers habitants du Québec. Les Abénaquis appelaient le mont Saint-Hilaire la «colline en forme de wigwam». Ils en fréquentaient le sommet pour y offrir des sacrifices à leurs divinités, mais aussi en raison de sa flore, de sa faune et de son point de vue sur la rivière. La Maison offre de nombreuses activités pour se familiariser avec les racines et les traditions amérindiennes. Une exposition permanente explique les techniques de cueillette et de transformation de l'eau de l'érable, activité non seulement ardue mais aussi festive pour ces premiers habitants; en saison, il est même possible de participer au processus grâce à l'érablière séculaire adjacente au bâtiment. En tout temps, les visiteurs peuvent goûter à une cuisine amérindienne renouvelée. Des expositions temporaires d'œuvres d'artistes amérindiens contemporains y sont aussi présentées.

⁕⁕⁕ *Revenez au chemin Ozias-Leduc et tournez à gauche dans le chemin de la Montagne, puis dans le chemin des Moulins. Le joli chemin de la Montagne est bordé de nombreux vergers de pommiers. Leurs propriétaires vendent d'ailleurs pommes, jus, cidre et compote en saison (septembre et octobre) dans des kiosques installés au bord de la route.*

Il faut prévoir au moins 3h pour visiter le **Centre de la Nature du mont Saint-Hilaire ★ ★** *(5$; ♿; tlj 8h jusqu'à une heure avant le coucher du soleil; 422 ch. des Moulins, ☎ 450-467-1755, www. centrenature.qc.ca).* Aménagé dans la partie supérieure de la montagne, ce centre est un ancien domaine privé que le brigadier Andrew Hamilton Gault a légué à l'Université McGill de Montréal en 1958. On y fait de la recherche scientifique et on y permet les activités récréatives à longueur d'année sur la moitié du domaine (randonnée pédestre, ski de fond), qui fait 11 km² au total. Le domaine a été reconnu en tant que Réserve de la biosphère par l'UNESCO en 1978, car il est constitué d'une forêt mature qui fut quasi inexploitée au cours des siècles. À l'entrée, on trouve un centre d'interprétation portant sur la formation des collines montérégiennes ainsi qu'un jardin de plantes indigènes.

Le petit lac Hertel, où viennent se reposer les oiseaux migrateurs, est situé au fond d'une vallée autour de laquelle s'élèvent les sommets, accessibles par un réseau de 25 km de pistes. Du sommet baptisé «Pain de sucre», on bénéficie d'un panorama exceptionnel sur la vallée du Richelieu.

⁕⁕⁕ *On délaisse momentanément la vallée du Richelieu pour effectuer une visite à Saint-Hyacinthe. Pour s'y rendre, il faut reprendre la route 116 Est sur une vingtaine de kilomètres. Vous entrerez alors dans la ville par la rue Girouard en passant sous la* **porte des Anciens-Maires**, *monument d'allure médiévale situé en bordure de la rivière Yamaska.*

Le sirop d'érable

Lors de l'arrivée des premiers colons en Amérique, la tradition du sirop d'érable était bien établie à travers les différentes cultures autochtones. Il est en fait impossible de retracer exactement la découverte du sirop d'érable par les Amérindiens. Les Iroquois ont cependant une légende expliquant la venue du doux sirop. Ils racontent que Woksis, le Grand Chef, partait chasser un matin de printemps. Il prit donc son tomahawk à même l'arbre où il l'avait planté la veille. La nuit avait été froide, mais la journée s'annonçait douce. Ainsi, de la fente faite dans l'arbre, un érable, se mit à couler de la sève. Celle-ci coula dans un seau qui, par hasard, se trouvait sous le trou.

À l'heure de préparer le repas du soir, la squaw de Woksis eut besoin d'eau. Elle vit le seau rempli de sève et pensa que cela lui éviterait un voyage à la rivière. Elle était une femme intelligente et consciencieuse qui méprisait le gaspillage. Elle goûta l'eau et la trouva un peu sucrée, mais tout de même bonne. Elle l'utilisa pour préparer son repas.

À son retour, Woksis sentit l'arôme sucré de l'érable et sut de très loin que quelque chose de spécialement bon était en train de cuire. La sève était devenue un sirop et rendit leur repas exquis. C'est ainsi, comme le dit la légende, que naquit cette douce tradition.

Aujourd'hui, la production acéricole, grâce à la technologie, se fait de façon plus ou moins artisanale, selon les cultivateurs. La saison des sucres a lieu au printemps, lorsque les températures nocturnes sont encore au-dessous de zéro et que les journées sont douces, ce qui permet à la sève de monter, et en plus grande quantité. C'est pourquoi la température joue un rôle clé dans la cueillette de l'eau.

Saint-Hyacinthe ★★

Bureau de tourisme et des congrès de Saint-Hyacinthe *(2090 rue Cherrier, St-Hyacinthe, QC J2S 8R3, ☎ 450-774-7276 ou 800-849-7276, www. tourismesaintbyacinthe.qc.ca)*

Saint-Hyacinthe, ville de 52 000 habitants, est surnommée la «capitale agroalimentaire du Québec». Elle a vu le jour à la fin du XVIIIᵉ siècle autour des moulins de la rivière Yamaska et du domaine de Jacques-Hyacinthe Delorme, seigneur de Maska. Grâce à la fertilité des terres environnantes, la ville s'est développée rapidement, attirant nombre d'institutions religieuses, de commerces et d'industries. La transformation et la distribution des produits agricoles jouent encore un rôle prédominant dans son économie. Chaque année, on y tient en juillet une importante foire agricole régionale (voir p. 219).

Les rues du vieux Saint-Hyacinthe sont par ailleurs sympathiques et agréables à parcourir à pied, avec son marché, ses cafés et ses bistros offrant des produits de qualité dans un cadre sympathique et sans prétention.

Saint-Hyacinthe s'est aussi fait une spécialité de la construction de grandes orgues. Les frères Casavant ont établi leur célèbre **manufacture d'orgues** *(900 rue Girouard E.)* à l'écart de la ville en 1879. On y fabrique encore chaque année plusieurs orgues électropneumatiques, que les experts de la maison vont installer un peu partout à travers le monde.

La **rue Girouard Ouest** ★ est le principal axe de la haute ville de Saint-Hyacinthe. De la porte des Anciens-Maires, érigée en 1927 pour honorer la mémoire des 11 premiers magistrats de la ville, jusqu'à l'église Notre-Dame-du-Rosaire, on traverse un secteur résidentiel cossu, reflet du succès des entrepreneurs locaux.

La grande maison blanche, dotée de lucarnes et d'un clocheton, au numéro 2500, constitue la portion originale du **monastère du Précieux-Sang**, qui abrite une communauté de religieuses cloîtrées. Le monastère, maintes fois agrandi, comprend des ailes de briques peintes en rouge et en blanc, qui contrastent étrangement avec la vocation de l'édifice.

L'**église Notre-Dame-du-Rosaire** ★ *(2200 rue Girouard O.)*, élevée par le célèbre architecte Victor Bourgeau en 1858, remplace le premier lieu de culte érigé à cet endroit en 1785 et dont on peut encore voir une des cloches convertie en monument près de l'entrée principale. L'intérieur est d'une grande sobriété et comprend une chapelle d'axe, derrière le chœur, réservée aux dominicains. Ceux-ci sont responsables de la cure de la paroisse depuis 1873. Leur monastère voisin est un intéressant exemple d'éclectisme français.

La **cathédrale Saint-Hyacinthe-le-Confesseur** ★ *(&; 1900 rue Girouard O.)* est un édifice d'allure trapue malgré ses flèches qui culminent à 50 m. Elle a été construite en 1880 et remaniée en 1906 puis en 1998.. On y remarquera les riches chandeliers qui pendent de la voûte, l'orgue construit par les frères Casavant en 1885, ainsi que le trône épiscopal, qui occupe l'emplacement habituellement réservé à l'autel, au fond du chœur.

▸▸▸ *Poursuivez par la rue Girouard vers l'est.*

Le **parc Casimir-Dessaulles** *(rue Girouard O., angle av. du Palais)* a été aménagé en 1876 à l'emplacement des vestiges du domaine seigneurial. Il est rapidement devenu le lieu de prédilection de la bourgeoisie locale, qui y a fait construire tout autour plusieurs maisons imposantes. À l'est se trouve l'**hôtel de ville** *(700 av. de l'Hôtel-de-Ville)*, installé dans l'ancien hôtel Yamaska, remodelé et agrandi en 1923, alors qu'au nord on aperçoit le nouveau **palais de justice**.

▸▸▸ *Descendez dans la basse ville par l'avenue Mondor. Tournez à droite dans la rue des Cascades Ouest.*

La **rue des Cascades** ★ est la principale artère commerciale de Saint-Hyacinthe. Elle a été la proie des flammes en 1876, mais fut reconstruite aussitôt. On y découvre aujourd'hui plusieurs boutiques et cafés fort agréables. Au numéro 1555 se trouve la **place du Marché**. L'édifice du marché (1877) représente le cœur de cette cité, dont la vocation agricole ne s'est jamais démenti malgré la diversification du dernier siècle.

Témoin du XIXᵉ siècle, le **marché de Saint-Hyacinthe** *(1555 rue des Cascades O.)* est le plus ancien au Québec à avoir conservé son affectation. Il est le symbole de la vocation agroalimentaire de la ville. On y trouve d'ailleurs les comptoirs de plusieurs marchands qui y vendent de bonnes victuailles. Idéal pour faire quelques provisions ou, simplement, humer de bonnes odeurs.

Expression *(mar-ven 10h à 17h, sam-dim 13h à 17h; 495 av. St-Simon, à l'étage, ☎ 450-773-4209, www. expression.qc.ca)*, un organisme qui a pour mission de promouvoir et diffuser l'art contemporain, s'est installé dans les locaux situés à l'étage du marché. La salle d'exposition, l'une des plus belles du Québec, accueille plusieurs expositions chaque année.

★ **ATTRAITS TOURISTIQUES**

SAINT-HYACINTHE

©ULYSSE

D'abord créé pour remplir une mission péda-
gogique (lieu de pratique pour les étudiants
en aménagement paysager de l'Institut de
technologie agroalimentaire, situé juste en
face), le **Jardin Daniel A. Séguin** ★ *(10$; mi-juin
à mi-sept tlj 10h à 17h; 3215 rue Sicotte,* ✆ *450-
778-6504, poste 6215, ou 450-778-0372, www.
itastb.qc.ca/jardindas)* est ouvert au public
depuis 1995. Grâce aux visites guidées, aux
panneaux explicatifs et aux ateliers, les amateurs d'horticulture y trouveront de précieux
conseils pour parfaire leurs connaissances et
ensuite les appliquer à leur propre jardin.

▸▸▸ *Reprenez la rue Sicotte, tournez à gauche dans
le boulevard Choquette, puis tournez à droite
dans le boulevard Casavant Ouest. Tournez à
gauche dans le boulevard Laframboise (route
137) en direction de La Présentation et de Saint-
Denis-sur-Richelieu.*

La Présentation

L'**église de La Présentation** ★ ★ *(551 rue de l'Église)*
se démarque des autres lieux saints érigés en
Montérégie à la même époque par sa façade
en pierres de taille finement sculptée, achevée
en 1819. Le vaste presbytère dissimulé dans la
verdure ainsi que la maison du sacristain, plus
modeste, complètent ce paysage typique des
paroisses rurales du Québec.

L'intérieur de l'église, en blanc et or, a été
réalisé entre 1823 et 1847. On y retrouve quelques toiles intéressantes provenant d'églises
parisiennes, acquises à la suite des Ventes
révolutionnaires, entre autres *La Présentation
de la Vierge au temple, L'Annonciation* et *L'Assomption* d'Antoine Renou (vers 1775), ainsi que
La communion de sainte Claire, au-dessus de
l'autel latéral gauche, attribuée au frère Luc
(vers 1665).

▸▸▸ *Poursuivez par la route 137 Nord jusqu'à Saint-
Denis-sur-Richelieu. Tournez à gauche dans le
chemin des Patriotes, qui longe la rivière Richelieu (route 133 Sud).*

Saint-Denis-sur-Richelieu ★

Au cours des années 1830, Saint-Denis-sur-
Richelieu fut le lieu de grands rassemblements
politiques et le siège des Fils de la Liberté, ces
jeunes Canadiens français qui voulaient faire
du Bas-Canada (le Québec d'aujourd'hui) un
pays indépendant. Plus important encore,
Saint-Denis-sur-Richelieu a été le théâtre de
l'unique victoire des Patriotes sur les Britanniques lors des Rébellions de 1837-1838. En
effet, le 23 novembre 1837, les troupes du
général Gore durent se replier sur Sorel après
une lutte acharnée contre les Patriotes, mal
équipés mais bien décidés à l'emporter sur

l'ennemi. Toutefois, les troupes britanniques
se vengèrent quelques semaines plus tard.
Surprenant ses citoyens endormis, ils pillèrent
et brûlèrent maisons, commerces et industries
de Saint-Denis-sur-Richelieu.

Le bourg de Saint-Denis, fondé en 1758, a
connu une intense période d'industrialisation au début du XIXe siècle. On y trouvait
entre autres la plus importante chapellerie
au Canada, où l'on confectionnait les fameux
hauts-de-forme en peau de castor, portés
par les hommes d'Europe et d'Amérique, de
même que plusieurs poteries et faïenceries.
La répression qui a suivi les Rébellions a mis
un terme à cette expansion économique et,
dès lors, Saint-Denis a retrouvé sa vocation
de simple village agricole. Il semble que la
splendide rivière Richelieu transmette la dou-
ceur de son courant aux petits villages qui
la bordent. En effet, Saint-Denis est un bel
exemple de cette tranquillité.

Un monument dévoilé en 1913 honore la
mémoire des Patriotes de Saint-Denis au
centre de l'agréable **parc des Patriotes**. Ce parc
fut autrefois la place Royale, avant de devenir
la place du marché, puis un parc public au
début du XXe siècle.

La **Maison nationale des Patriotes** ★ *(7$; mai à sept
mar-dim 11h à 18h, oct et nov mer-dim 12h à 17;
610 ch. des Patriotes,* ✆ *450-787-3623, www.mndp.
qc.ca)* abrite depuis 1988 un intéressant centre
d'interprétation portant sur les Rébellions de
1837-1838 et sur l'histoire des Patriotes. On y
décrit les principales batailles des Rébellions
et les causes de cette insurrection qui a profondément marqué la région du Richelieu et
le Québec tout entier. Le centre d'interprétation propose aussi des tours guidés du village
de Saint-Denis, afin de mettre en contexte les
différents éléments d'information qui concer-
nent les Rébellions.

Trois intéressantes festivités y ont lieu: la **Fête
du Vieux Marché** *(début août; parc des Patriotes,*
✆ *450-787-3939, www.vieuxmarche-saintdenis.
com)*, une reconstitution d'un marché public
d'autrefois avec une centaine d'artisans en
costumes d'époque qu'on a même le plaisir
d'observer à l'œuvre; la **commémoration de
la Bataille de Saint-Denis** *(3e dim de novembre;*
✆ *450-787-3623)*, un rassemblement populaire
commémorant le 23 novembre 1837 alors que
près de 800 Patriotes peu armés ont mis en
déroute les troupes du général Gore; et la
Journée nationale des Patriotes *(le lundi précédant
le 25 mai)*, qui, par une foule d'activités, vise à
commémorer les luttes des Patriotes de 1837-
1838 pour la liberté, la reconnaissance nationale du peuple québécois et la démocratie.

Montérégie – **Attraits touristiques** – Le chemin des Patriotes

L'**église Saint-Denis** ★ *(636 ch. des Patriotes)*, érigée de 1793 à 1796, est plus imposante que la plupart de ses contemporaines villageoises, comme en témoigne la double rangée de fenêtres des longs pans servant à éclairer les galeries latérales.

▸▸▸ *Reprenez la route 133 Nord, soit le chemin des Patriotes, en direction de Saint-Ours.*

À la sortie du village, aux environs de la rue Phaneuf, on se trouve à l'emplacement du champ de bataille de 1837. La maison Pagé, au 553, chemin des Patriotes, a été le théâtre des premières escarmouches entre Patriotes et troupes britanniques. Dans la maison Dormicour *(549 ch. des Patriotes)*, six soldats britanniques ont été soignés par les demoiselles Dormicour.

Saint-Ours

Cas unique au Québec, les descendants des seigneurs de Saint-Ours habitent toujours le **manoir seigneurial** *(2500 rue de l'Immaculée-Conception)* sur les terres qui ont été concédées par Louis XIV, en 1672, à leur ancêtre Pierre de Saint-Ours, capitaine dans le régiment de Carignan-Salières. Le petit village qui avoisine la maison du seigneur a déjà été un port très fréquenté sur le Richelieu. Seul témoin de cette effervescence, l'écluse a été reconstruite au XXᵉ siècle.

La rivière Richelieu a longtemps été une voie de communication vitale entre Montréal et New York, via le lac Champlain et le fleuve Hudson. Jusqu'au début du XIXᵉ siècle, cette rivière était redoutée car elle permettait à l'ennemi de pénétrer dans le territoire québécois. Cependant, une paix durable s'étant installée à la suite de la guerre anglo-américaine de 1812-1814 (entre la Grande-Bretagne et les États-Unis), le Richelieu devint alors un lien économique important pour l'importation de produits américains et l'exportation de biens canadiens.

La première écluse de Saint-Ours, destinée à faciliter la circulation des marchandises sur le Richelieu entre le Canada et les États-Unis, a été achevée en 1849, mais elle fut reconstruite en 1933. Le site est aujourd'hui protégé par le **Lieu historique national du Canal-de-Saint-Ours** *(3$; &; mi-mai à mi-oct tlj; 2930 ch. des Patriotes, ☎ 450-785-2212, www.pc.gc.ca).*

▸▸▸ *Poursuivez par la route 133 Nord, soit le chemin des Patriotes, jusqu'à Sorel-Tracy, où elle prend le nom de «chemin Saint-Ours» puis de «rue de la Reine».*

Sorel-Tracy

Bureau d'information touristique de la région de Sorel-Tracy *(92 ch. des Patriotes, Sorel-Tracy, QC J3P 2K7, ☎ 450-746-9441 ou 800-474-9441, www.tourismesoreltracyregion.qc.ca)*

On rejoint ici l'embouchure de la rivière Richelieu, qui se jette dans le fleuve Saint-Laurent à Sorel-Tracy, ville de quelque 34 000 habitants. Le nom de Sorel, où l'industrie lourde domine encore malheureusement le paysage, provient de Pierre de Saurel, capitaine dans le régiment de Carignan-Salières, à qui le territoire fut concédé en 1672. L'agglomération elle-même doit sa configuration actuelle au gouverneur britannique Frederick Haldimand, qui voulut en faire une cité modèle peuplée d'Anglo-Saxons, sans succès.

La **maison des Gouverneurs** *(90 ch. des Patriotes)*, recouverte de stuc blanc, a été érigée en 1781 pour loger le commandant du régiment de Brunswick, cantonné à Sorel pour contrer la menace d'une invasion américaine. Ce régiment était alors sous le commandement du général Von Riedesel, qui s'empressa de faire agrandir la maison pour la rendre plus confortable. C'est à l'occasion du jour de Noël 1781 que Von Riedesel et sa famille installent dans la maison des Gouverneurs le «premier arbre de Noël en Amérique». Un sapin en acier inoxydable a été placé à l'arrière de l'édifice pour commémorer l'événement.

Aujourd'hui la maison des Gouverneurs loge le **Musée québécois de la radio** *(4$; mi-mai à mi-oct mer-dim, reste de l'année sur réservation; 90 ch. des Patriotes, ☎ 450-780-1158, http://cnc.virtuelle. ca/cnc/museeradio)*, qui, à l'aide d'artéfacts remontant à 1890 et de documents audio, permet de retracer l'histoire de la radio.

▸▸▸ *Poursuivez en direction du centre de la ville par la rue du Roi.*

Le **carré Royal** *(angle rue Charlotte et rue du Roi)* est un agréable espace de verdure au centre de Sorel-Tracy, improprement désigné du nom de «Carré royal», une mauvaise traduction de *Royal Square*, délimité en 1791 et aménagé par la suite sur le modèle du drapeau britannique, l'*Union Jack*.

À l'est du square, on peut voir l'**église anglicane Christ Church** *(75-79 rue du Prince)* et son presbytère au décor néogothique, élevés en 1842. La mission de Sorel, dont la fondation remonte à 1784, est la doyenne des églises anglicanes du Québec.

Dans les environs de la **place du Marché** *(angle rue de la Reine et rue Augusta)*, avec en son centre l'édifice du marché reconstruit en

1937 dans le style Art déco, on trouve quelques boutiques et cafés attrayants. Le quartier baigne dans une étrange ambiance portuaire sur fond de grues, de hangars et de navires.

La paroisse catholique de Sorel a été créée dès 1678 par Mgr de Laval. L'**église Saint-Pierre** ★ *(170 rue Georges)* a été entreprise en 1826, mais fut considérablement modifiée au fil des ans. Elle n'en demeure pas moins intéressante.

Ouvert au public depuis 1995, le **Biophare** *(5$; &; juil et août tlj 10h à 17h; sept à juin mer-ven 10h à 17h, sam-dim 13h à 17h; 6 rue St-Pierre, ♪ 450-780-5740 ou 877-780-5740, www.biophare. com)*, anciennement le Centre d'interprétation du patrimoine de Sorel-Tracy, est l'endroit par excellence pour se familiariser avec l'histoire et le patrimoine de la région de Sorel-Tracy, et plus précisément la Réserve de la biosphère du Lac-Saint-Pierre.

››› *Une excursion facultative permet de vous rendre à Sainte-Anne-de-Sorel et dans les îles de Sorel afin d'explorer le «Pays du Survenant». De la rue Georges, empruntez le boulevard Fiset vers le sud. Tournez à gauche dans la rue de l'Hôtel-Dieu, qui devient la rue de la Rive. Empruntez le chemin du Chenal-du-Moine, qui traverse Sainte-Anne-de-Sorel.*

Sainte-Anne-de-Sorel ★

Ce village est davantage tourné vers la chasse et la pêche que toute autre communauté de la Montérégie, grâce essentiellement à la proximité des îles de Sorel, véritable paradis pour la faune aquatique. L'écrivaine Germaine Guèvremont (1893-1968), qui habitait l'une des îles, a fait connaître cet archipel peu développé, au milieu du Saint-Laurent, dans son roman au succès immense, *Le Survenant*.

L'**église Sainte-Anne** ★ *(580 ch. du Chenal-du-Moine)* renferme 14 fresques magnifiques du peintre québécois Marc-Aurèle de Foy Suzor-Coté (1869-1937), dont la carrière fut influencée à la fois par le souci du détail de Fantin-Latour et par la palette impressionniste de Monet.

Le meilleur moyen d'explorer les **îles de Sorel** ★ est de s'embarquer sur un des bateaux de l'entreprise **Croisières des Îles de Sorel** (voir plus loin) qui sillonnent la vingtaine d'îles de l'archipel. Les îles sont de formidables lieux d'observation des oiseaux aquatiques, particulièrement au printemps et en automne. Seules quelques maisons sur pilotis, dotées de quais individuels, ponctuent ce paysage plutôt plat qui offre, çà et là, des percées sur les vastes étendues du lac Saint-Pierre, en aval. À l'extrémité de l'île d'Embarras, accessible en voiture, deux restaurants servent

de la «gibelotte», une sorte de fricassée de poisson typique de la région.

››› *Retournez à Sorel-Tracy. Pour rentrer à Montréal, reprenez la rue de l'Hôtel-Dieu vers l'ouest. Tournez à gauche dans la rue du Roi, puis à droite dans le chemin Saint-Ours, qui mène à l'autoroute 30, que vous emprunterez en direction de Montréal.*

Activités de plein air

➤ Croisières

Croisières des Îles de Sorel
25$
mi-juin à fin août
1665 ch. du Chenal-du-Moine
Ste-Anne-de-Sorel
♪ 450-291-9990 ou 800-361-6420
www.croisieresilesdesorel.com
Les croisières, d'une durée de 1h30, débutent au chenal du Moine et permettent de découvrir l'archipel du lac Saint-Pierre, Réserve mondiale de la biosphère.

➤ Patin

Sorel-Tracy
patinoire du carré Royal
angle rue Charlotte et rue du Roi
♪ 450-780-5600

➤ Randonnée pédestre, ski de fond et raquette

Le **Centre de la Nature du mont Saint-Hilaire** (voir p. 194). Avec 400 m d'altitude, le mont Saint-Hilaire offre plusieurs possibilités de randonnée grâce à ses nombreux sentiers. Et en prime, les points de vue que l'on découvre au bout de nos peines en valent l'effort. Entre autres, le Pain de sucre procure une vue sans pareille sur la région montérégienne. En hiver, trois sentiers (13,9 km) sont entretenus pour le ski de fond et quatre (12,1 km) pour la raquette.

Circuit C: La rive du Saint-Laurent ★

🍴 *p. 217* 🛏 *p. 218* 📷 *p. 219*

🕐 *Un jour*

En Montérégie, la rive du fleuve Saint-Laurent fait partie de la couronne de banlieues qui encercle l'île de Montréal. Toutes les municipalités sont d'anciens villages agricoles ou de petites villes industrielles qui ont connu une croissance effrénée avec l'exode des populations urbaines vers la banlieue au cours des 50 dernières années. Dans certains cas, ces villes ont su préserver des noyaux urbains qui présentent un intérêt certain, à l'intérieur desquels on retrouve églises, musées et maisons anciennes. Tout au long de ce circuit, la vue de Montréal, de l'autre côté du fleuve, est omniprésente et peut être admirée sous plusieurs angles.

À titre indicatif, ce circuit longe un grand nombre de lotissements extensifs composés de maisons de banlieue ou de grands boulevards commerciaux à l'excès. Plusieurs centres d'intérêt dignes de mention et d'une visite sont tout de même disséminés dans ce circuit riche d'histoire et de culture.

Sainte-Catherine

L'**écluse de Sainte-Catherine** ★ *(entrée libre, sauf pour accéder à la plage en saison; avr à déc tlj)* de la Voie maritime du Saint-Laurent permet de contourner les infranchissables rapides de Lachine, visibles sur la gauche. Les navires se retrouvent 9 m plus haut d'un bassin à l'autre. On s'y rend pour observer leur passage, mais également pour contempler la vue exceptionnelle sur les gratte-ciel de Montréal et le majestueux Saint-Laurent. En été, la plage du Récré-O-Parc, située près de l'écluse, accueille les baigneurs.

▸▸▸ *Une excursion facultative permet de se rendre à Saint-Constant, essentiellement pour y voir Exporail le Musée ferroviaire canadien, accessible en reprenant la route 132 Est puis en tournant à droite dans la rue Saint-Pierre (route 209 Sud).*

Saint-Constant ★

Cette municipalité de 25 000 habitants renferme une institution muséale d'envergure : **Exporail le Musée ferroviaire canadien** ★★ *(16$; mi-mai à fin juin tlj 10h à 17h, fin juin à début sept tlj 10h à 18h, sept et oct mer-dim 10h à 17h, nov à mi-mai sam-dim 10h à 17h; 110 rue St-Pierre, ♪ 450-632-2410, www.exporail.org)*. Le musée présente une importante collection de matériel ferroviaire, des locomotives, des wagons et des véhicules d'entretien. On peut entre autres y admirer la plus ancienne locomotive à vapeur construite au Canada et le premier tramway électrique de Montréal.

▸▸▸ *Retournez à Sainte-Catherine. Empruntez le boulevard Marie-Victorin vers l'est (en sortant du site de l'écluse, tournez à gauche). Vous longerez la Voie maritime du Saint-Laurent et traverserez la ville de Candiac avant d'arriver à La Prairie. Empruntez le boulevard Salaberry, puis tournez à gauche dans la rue Desjardins, qui prend le nom de « Saint-Laurent » dans le Vieux-La Prairie. Tournez à gauche dans le chemin de Saint-Jean.*

La Prairie ★

La seigneurie de La Prairie a été concédée aux Jésuites en 1647. Ceux-ci y firent d'abord un lieu de repos pour leurs missionnaires et un village pour les Iroquois convertis. Les colons français, de plus en plus nombreux à s'installer dans les environs, forcèrent les Jésuites à déplacer leur mission afin de soustraire leurs protégés à la mauvaise influence des Blancs.

L'**église La Nativité de la Sainte Vierge** ★ *(155 ch. de St-Jean)*, entreprise en 1840, comporte une haute façade néoclassique surmontée d'un élégant clocher qui domine les environs. À l'arrière de l'église, on remarquera un caveau doté d'une porte en fer très ancienne et une partie de l'enclos de l'ancien cimetière.

Les rues du **Vieux-La Prairie** ★★ revêtent un caractère urbain rarement atteint dans les villages du Québec au XIXᵉ siècle. Plusieurs des maisons ont été soigneusement restaurées depuis que le secteur a été classé arrondissement historique par le gouvernement du Québec en 1975. Une promenade, le long des rues Saint-Ignace, Sainte-Marie, Saint-Jacques et Saint-Georges, permet d'en apprécier les particularités.

▸▸▸ *Reprenez le chemin de Saint-Jean en sens inverse. Tournez à droite dans la rue Saint-Laurent puis encore à droite dans la rue Saint-Henri. Empruntez l'autoroute 15 (route 132), qui traverse Brossard, avant d'atteindre Saint-Lambert (sortie du boulevard Simard). Tournez à gauche dans la rue Riverside (en anglais « Riverside Drive »).*

Saint-Lambert

Le développement de Saint-Lambert est intimement lié à la construction du pont Victoria au milieu du XIXᵉ siècle. La présence ferroviaire y a attiré une importante communauté anglophone qui lui a légué une saveur vaguement britannique. On y trouve également quelques maisons de ferme plus anciennes, disséminées le long du fleuve Saint-Laurent et restaurées par une population désireuse de préserver leur caractère historique.

Le **pont Victoria** ★ est le plus ancien des ponts qui relient l'île de Montréal à la terre ferme. Il a été construit péniblement par des centaines d'ouvriers irlandais et canadiens-français entre 1854 et 1860 pour la compagnie ferroviaire du Grand Tronc, qui y faisait passer ses trains. Il s'agissait, au départ, d'un pont tubulaire dont seuls les piliers aux arêtes effilées, destinées à briser les glaces, sont d'origine, puisque la structure du pont Victoria a été modifiée à quelques reprises, notamment pour y permettre la circulation automobile. Sa longueur (2 009 m), exceptionnelle pour l'époque, a fait dire aux chroniqueurs du XIXᵉ siècle qu'il s'agissait de la huitième merveille du monde...

L'**écluse de Saint-Lambert** ★ *(entrée libre; mi-avr à fin sept tlj du lever au coucher du soleil; dans l'axe du boulevard Sir-Wilfrid-Laurier, ☎ 450-672-4110)* joue le rôle de porte d'entrée de la Voie maritime du Saint-Laurent, qui s'amorce ici et prend fin 3 800 km plus loin vers l'ouest, à l'extrémité des Grands Lacs. La Voie maritime permet aux navires de franchir les obstacles naturels du Saint-Laurent afin d'approvisionner directement le centre du continent. Son inauguration en 1959 a entraîné la fermeture du canal de Lachine en 1970 (rouvert en 2002 pour la navigation légère).

Sur l'**avenue Victoria**, des bâtiments, comme la **maison Dawson** *(on ne visite pas; 85 av. Victoria)*, construite en 1891, donnent à cette principale artère commerciale de Saint-Lambert un cachet britannique jalousement préservé par les habitants de la municipalité. En parcourant les rues avoisinantes, on peut voir plusieurs maisons victoriennes, telle la **maison Terroux** *(on ne visite pas; 15 av. Upper-Edison)*, érigée en 1890.

Le **Musée du costume et du textile du Québec** *(6$; mar-ven 10h à 17h, sam-dim 11h à 17h; 349 rue Riverside, ☎ 450-923-6601, www.mctq.org)* présente des expositions temporaires à caractère tant artistique qu'historique, ainsi qu'une intéressante collection de costumes et de tissus. Il est installé dans la maison Marsil, dont le carré de pierres date vraisemblablement de 1750. Celui-ci a été bardé d'un cercle de fer destiné à retenir la maçonnerie à une époque ultérieure.

››› *Une excursion facultative à l'intérieur des terres, à Saint-Bruno-de-Montarville, permet de voir le mont Saint-Bruno, l'une des collines montérégiennes. Pour vous y rendre, empruntez le boulevard Sir-Wilfrid-Laurier (route 116), puis tournez à gauche dans le chemin de la Rabastalière. Sinon, poursuivez en direction de Longueuil par le chemin Riverside, qui devient ensuite la rue Saint-Charles Ouest. Vous côtoierez alors sur 1 km (avant d'arriver dans le centre de la ville), un enchevêtrement de voies élevées qui mènent au pont Jacques-Cartier, ainsi qu'un quartier de tours modernes qui gravitent autour de la station de métro Longueuil – Université-de-Sherbrooke.*

Saint-Bruno-de-Montarville

Adossée au mont Saint-Bruno, Saint-Bruno-de-Montarville est une oasis de verdure, et les résidants sont reconnus pour leur senti-

ment d'appartenance et de fierté à l'égard de leur municipalité. Saint-Bruno-de-Montarville faisait autrefois partie de la seigneurie de Boucherville. Le long du chemin de la Rabastalière, on trouve encore quelques vieilles maisons de ferme, mais l'ensemble de Saint-Bruno-de-Montarville présente une allure de banlieue moderne.

Autrefois situé près de l'église catholique, le **Vieux-Presbytère** *(entrée libre; lun et mer-ven 8h30 à 16h30, mar 8h30 à 20h; 15 rue des Peupliers, ☎ 450-441-8331)* fut érigé vers 1851. L'architecture de cette ancienne habitation de curé ressemble aux vieilles maisons d'époque situées dans les environs de Montréal. En effet, la pierre des champs mouchetée ainsi que des cheminées doubles, ancrées dans des pignons, ornent sa façade. L'intérieur est constitué presque entièrement de bois de pin. En 1960, l'existence du Vieux-Presbytère fut menacée par l'apparition d'un deuxième presbytère rattaché à l'église, celui-là plus moderne et moins coûteux à entretenir. Pour éviter de détruire cette pittoresque demeure, Mgʳ Gilles Gervais, curé de la paroisse, ainsi qu'un groupe de citoyens firent pression en faveur de sa conservation. Le Vieux-Presbytère a finalement été classé monument national le 6 décembre 1966 par la Commission des monuments historiques. Il a donc été démoli, pierre par pierre, et reconstruit dans le parc qui entoure le lac du Village. On y présente aussi des expositions qui changent régulièrement.

Le **parc national du Mont-Saint-Bruno** ★ *(3,50$, stationnement inclus; ♿; tlj 8h jusqu'au coucher du soleil; 330 rang des 25 E., ☎ 450-653-7544 ou 800-665-6527, www.sepaq.com/pq/msb)* est un agréable lieu de promenade et de détente. Des sentiers d'auto-interprétation et des promenades guidées ont pour but de le faire connaître aux visiteurs. Au sommet du mont se trouvent deux lacs, le lac Seigneurial et le lac du Moulin, à proximité duquel s'élève un moulin à eau du XIXᵉ siècle. En hiver, le mont accueille les amateurs de ski de fond et de ski alpin (voir p. 204 et p. 205).

Longueuil ★

Office du tourisme de Longueuil *(205 ch. Chambly, Longueuil, QC J4H 3L3, ☎ 450-670-7293)*

La ville de Longueuil, située en face de Montréal, de l'autre côté du fleuve, est la plus peuplée de la Montérégie, avec quelque 234 000 habitants. Elle faisait autrefois partie de la seigneurie de Longueuil, concédée à Charles Le Moyne (1624-1685) en 1657. Celui-ci est à l'origine d'une dynastie ayant joué un rôle

Montérégie – Attraits touristiques – La rive du Saint-Laurent

de premier plan dans le développement de la Nouvelle-France.

Le fils aîné, Charles Le Moyne de Longueuil, hérita de la seigneurie. Entre 1685 et 1690, il fait construire, sur le site de l'actuelle cathédrale Saint-Antoine-de-Padoue, un véritable château fort comprenant quatre tours d'angle, une église et plusieurs corps de logis. En 1700, Longueuil est élevée au rang de baronnie par Louis XIV, un cas unique dans l'histoire de la Nouvelle-France. Le baron de Longueuil voit au développement de ses terres, dont la superficie croît sans cesse jusqu'à atteindre les berges de la rivière Richelieu.

Au XIXᵉ siècle, Longueuil connaît une croissance continue grâce à l'implantation du chemin de fer (1846) et à la venue de nombreux estivants qui érigent de belles villas sur la rive du fleuve. Puis la ville accueille, au début du XXᵉ siècle, une petite usine à l'origine de la puissante firme Pratt & Whitney, créant ainsi un important noyau industriel spécialisé dans la mécanique et l'avionnerie. Longueuil peut être considérée comme l'une des premières composantes de la banlieue de Montréal, grâce à la construction du pont Jacques-Cartier, entre Montréal et la Rive-Sud, inauguré en 1930.

La **rue Saint-Charles** est la principale artère commerciale de Longueuil. S'y trouvent plusieurs cafés et restaurants agréables. Près de l'église catholique, l'**ancien Foyer Saint-Antoine des Sœurs Grises** *(150 rue Grant)*, conçu en 1877 par Victor Bourgeau, abrite maintenant des organismes artistiques et sociaux.

Le château de Longueuil occupait autrefois l'emplacement de la **cocathédrale Saint-Antoine-de-Padoue ★ ★** *(132 ch. Chambly, angle rue St-Charles)*. Après avoir été assiégé par les insurgés américains lors de l'invasion de 1775, il a été réquisitionné par l'armée britannique. En 1792, alors qu'une garnison y était stationnée, un incendie éclata, détruisant une bonne partie de l'ensemble érigé au XVIIᵉ siècle. Les ruines sont mises à profit en 1810 lors de la construction de la seconde église catholique. Quelques années plus tard, la rue Saint-Charles est percée en plein centre du site du château. Ainsi ont disparu les derniers vestiges d'un édifice unique en Amérique du Nord. Des fouilles archéologiques, effectuées au cours des années 1970, ont permis de retracer l'emplacement exact du château et de mettre au jour une partie de ses fondations, visibles à l'est de la cathédrale.

L'église de 1810 a été démolie en 1884 pour faire place à la cathédrale actuelle, achevée en 1887. On la désigne comme cocathédrale car elle est la deuxième église en importance dans le diocèse Saint-Jean–Longueuil (l'autre étant la cathédrale Saint-Jean-l'Évangéliste de Saint-Jean-sur-Richelieu, siège du diocèse; voir p. 190). L'extérieur s'inspire de l'art gothique flamboyant, mais demeure proche de l'éclectisme victorien.

La **maison Rollin-Brais** *(205 ch. Chambly)*, qui date de la fin du XVIIIᵉ siècle et comporte des murs de pierres irréguliers, abrite l'Office du tourisme de Longueuil. Au cours de son histoire, elle fut notamment une auberge et une forge.

Le **couvent des sœurs des Saints Noms de Jésus et de Marie ★** *(visite du centre Marie-Rose sur rendez-vous; 80 rue St-Charles E., ☎ 450-651-8104)*, admirablement restauré, abrite toujours les sœurs des Saints Noms de Jésus et de Marie, une communauté religieuse fondée à Longueuil en 1843 par la mère Marie-Rose. Le bâtiment comprend une résidence érigée en 1769, mais les principaux travaux de construction ont été effectués entre 1844 et 1851.

▸▸▸ *Poursuivez vers l'est en direction de Boucherville par la rue Saint-Charles Est. Le long du parcours, vous bénéficierez de vues imprenables sur le pont Jacques-Cartier. Avant d'arriver à Boucherville, la rue Saint-Charles devient le « boulevard Marie-Victorin ».*

Boucherville ★

Contrairement à nombre de seigneuries de la Nouvelle-France qui sont concédées à des militaires ou à des marchands, la seigneurie de Boucherville est remise en 1672 par l'intendant Talon à un colon de Trois-Rivières, Pierre Boucher. Plutôt que de spéculer ou d'utiliser ses terres comme réserve de chasse, Boucher fait des efforts soutenus pour développer sa seigneurie, ce qui lui vaudra d'être anobli par le roi. Dès la fin du XVIIᵉ siècle, Boucherville comprend un bourg fortifié, des moulins et une église. Peu de bâtiments de cette époque ont survécu, du fait d'un incendie majeur qui a détruit une bonne partie de l'agglomération en 1843. La seigneurie de Boucherville demeurera entre les mains de la famille Boucher jusqu'à l'abolition du régime seigneurial, en 1854. Aujourd'hui, Boucherville compte près de 40 000 habitants.

On accède au **parc national des Îles-de-Boucherville ★** *(3,50$; tlj 8h au coucher du soleil; 55 Île-Ste-Marguerite, ☎ 450-928-5088 ou 800-665-6527, www.sepaq.com)* par l'autoroute 20, sortie 89. En été, des navettes fluviales *(www.navark.ca/navette.htm)* permettent aussi de s'y rendre : de Boucherville *(quai fédéral)*, de Longueuil *(promenade René-Lévesque)* ou de Montréal

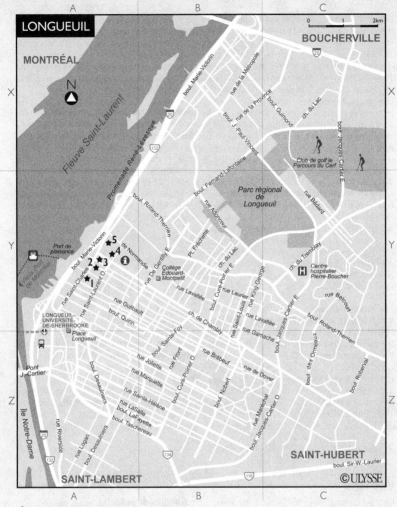

★ ATTRAITS TOURISTIQUES

1. AY Rue Saint-Charles
2. AY Ancien Foyer Saint-Antoine des Sœurs Grises
3. AY Cocathédrale Saint-Antoine-de-Padoue
4. AY Maison Rollin-Brais
5. AY Couvent des sœurs des Saints Noms de Jésus et de Marie

(parc de la Promenade Bellerive). Certaines des îles sont encore de nos jours parsemées de fermes, mais l'ensemble de l'archipel, relié par des bacs à câble, est accessible aux visiteurs. Le parc est voué aux activités de plein air. Aussi, durant la belle saison, le cyclisme et la randonnée y sont-ils à l'honneur. Les sportifs ont alors tout le loisir de sillonner le parc, les bacs à câble les menant d'une île à l'autre. On y trouve aussi un terrain de golf et des aires de pique-nique.

Le parc a beaucoup à offrir en matière de flore et de faune. Plus de 45 espèces de poissons y ont été recensées à ce jour, et l'on y retrouve une population importante de cerfs de Virginie. Riche en oiseaux de toutes sortes (quelque 240 espèces), ce site s'avère aussi très prisé des ornithologues amateurs. Pour visiter les îles sous un tout autre angle, il est possible de se promener en canot ou en kayak. En hiver, ce sont les amateurs de ski nordique et de raquette qui s'y donnent rendez-vous.

Montérégie - **Attraits touristiques** - La rive du Saint-Laurent

La **maison dite Louis-Hippolyte-La Fontaine** *(entrée libre; début juil à fin août jeu-dim 13h30 à 17h, reste de l'année jeu, sam et dim 13h30 à 17h; 314 boul. Marie-Victorin, ☎ 450-449-8347)* a été déménagée dans le parc de la Broquerie en 1964. Elle était précédemment située au cœur du village de Boucherville. Louis-Hippolyte La Fontaine, ardent défenseur des Canadiens français et premier ministre du Canada-Uni en 1842, puis de 1848 à 1850, y a habité dans sa jeunesse. La demeure, dont la construction remonte à 1766, abrite de nos jours un centre d'exposition comprenant une section sur l'histoire de la maison.

Le **manoir seigneurial François-Pierre-Boucher-de-Boucherville** ★ *(on ne visite pas; 468 boul. Marie-Victorin)* est l'un des rares manoirs datant du Régime français à avoir survécu dans la région de Montréal. La grande maison en pierres a été érigée en 1741 pour François-Pierre Boucher de Boucherville, troisième seigneur des lieux. La famille de Boucherville a vécu dans le manoir jusqu'à la fin du XIXe siècle.

L'**église Sainte-Famille** ★★ *(560 boul. Marie-Victorin)* de Boucherville forme, avec le couvent (1890) et le presbytère (1896), un ensemble harmonieux autour d'une place publique dont la création remonte au XVIIe siècle. L'église de Boucherville, avec ses trois portails en façade et son plan en croix latine aux dimensions importantes, servira de modèle à l'architecture religieuse des villages québécois jusqu'en 1830. Endommagée lors de la conflagration de 1843, elle sera rénovée la même année.

▸▸▸ *Poursuivez vers l'est en direction de Verchères par le boulevard Marie-Victorin.*

Verchères

C'est ici qu'en 1692 la célèbre héroïne Madeleine de Verchères prit la tête du fortin de pieux, qui tenait lieu de village, pour le défendre contre les Iroquois qui attaquaient de toutes parts. Sa brillante victoire résonna à travers la colonie, élevant le moral des colons en cette période de guerre et de disette. Par la suite, Verchères s'est développée lentement au gré des récoltes. Depuis quelques décennies, cependant, elle a connu une industrialisation massive.

Jusqu'au milieu du XIXe siècle, Verchères pouvait s'enorgueillir de posséder sept moulins à vent pour moudre le grain. Aujourd'hui, il n'en subsiste que deux, dont le **moulin banal** *(rue Madeleine)*, érigé en 1730, qui a été transformé en salle d'exposition par la municipalité. Son apparence actuelle lui vient de ce qu'il a servi de poste de signalisation maritime de 1913 à 1949.

Un imposant **monument à la mémoire de Madeleine de Verchères** se dresse fièrement en face du fleuve, à côté du moulin, traduisant les sentiments des résidants de Verchères pour ce personnage presque mythique qu'est devenue avec les années la frêle mais courageuse adolescente du XVIIe siècle.

L'**église Saint-François-Xavier** *(rue Madeleine)* a été élevée en 1787 sur le site de la première église de 1724. La façade fut mise au goût du jour à la fin du XIXe siècle, lui donnant ainsi un petit air néoroman. L'intérieur offre davantage d'intérêt. On y retrouve un chœur à fond plat décoré en arc de triomphe (1808) de même que des tableaux français du XVIIIe siècle provenant des églises parisiennes, acquis pendant les Ventes révolutionnaires.

▸▸▸ *Pour rentrer à Montréal, empruntez l'autoroute 30. Vous pourrez alors vous diriger soit vers le pont-tunnel Louis-Hippolyte-La Fontaine, soit vers les ponts Jacques-Cartier et Champlain. Chemin faisant, vous pouvez vous arrêter à l'Électrium, le centre d'interprétation de l'électricité d'Hydro-Québec, situé à l'intérieur des limites municipales de Sainte-Julie (sortie 128 de l'autoroute 30).*

L'**Électrium, le centre d'interprétation de l'électricité d'Hydro-Québec** ★ *(entrée libre; &; début juin à fin août tlj 9h30 à 17h; le reste de l'année lun-ven 9h30 à 16h, dim 13h à 16h; 2001 boul. Michael-Faraday, Ste-Julie, ☎ 450-652-8977 ou 800-267-4558)*, intéressera particulièrement les jeunes visiteurs. Il propose des jeux interactifs ainsi que différents exemples d'application de l'électricité.

Activités de plein air

➤ Randonnée pédestre

Niché au centre de Saint-Bruno-de-Montarville, le **parc national du Mont-Saint-Bruno** (voir p. 201) dispose d'un réseau d'agréables sentiers. On y croise de nombreux lacs, et plusieurs aires de pique-nique et de détente sont aménagées pour la convenance des promeneurs.

➤ Ski alpin

Ski Mont St-Bruno *(550 rang des 25 E., St-Bruno-de-Montarville, ☎ 450-653-3441, www.montsaintbruno.com)* compte 15 pistes (éclairées en soirée). Près de 70% de ses pistes sont considérées comme difficiles à extrêmement difficiles, pour le plus grand bonheur des skieurs chevronnés!

➤ Ski de fond

Le **parc national du Mont-Saint-Bruno** *(10$; voir p. 201)* propose 35 km de sentiers de ski de fond. On y fait aussi la location d'équipement.

➤ Vélo

La piste cyclable **La Riveraine** *(✆ 450-670-7293; 81 km)*, qui va presque directement de Sainte-Catherine à Varennes offre un point de vue unique sur Montréal et le fleuve Saint-Laurent.

Circuit D: Vaudreuil-Soulanges ★

▲ *p. 214* ⭘ *p. 218* ▯ *p. 219*

⏱ *Un jour*

Cette région forme une pointe triangulaire délimitée à l'ouest par la frontière de l'Ontario, au nord et à l'est par la rivière des Outaouais ainsi que par les très beaux lacs des Deux Montagnes et Saint-Louis, renommés pour les activités aquatiques que l'on y pratique, et enfin au sud par le fleuve Saint-Laurent, qui s'élargit à cet endroit pour former le lac Saint-François. Ne soyez pas surpris si vous entendez parler du pays du Suroît, car la région porte aussi le même nom que ce vent du sud-ouest.

Vaudreuil-Dorion

Bureau d'information touristique de Vaudreuil-Dorion *(saisonnier; 2555 rue Dutrisac, Vaudreuil-Dorion, ✆ 450-424-8620)*

La pointe ouest de la région est incluse dans le réseau des vieilles seigneuries du Régime français, ce qui lui a valu d'être rattachée au Québec plutôt qu'à la province voisine, l'Ontario, lors de la création du Haut et du Bas-Canada en 1791. Les seigneuries de Vaudreuil et de Soulanges, concédées en 1702, se sont développées péniblement, étant situées en amont des infranchissables rapides de Lachine. Ainsi, bien que cette région soit à proximité de Montréal, on n'y retrouve qu'une faible population avant la fin du XVIIIᵉ siècle.

La **Maison Trestler** ★ *(4$; mar-ven 10h à 16h, dim 13h à 16h, concerts mer 20h juil et août seulement; 85 ch. de la Commune, ✆ 450-455-6290, www.trestler.qc.ca)* est magnifiquement située en bordure du lac des Deux Montagnes. Cette maison en pierres, d'une longueur

inhabituelle (44 m), comprend 11 portes, 41 fenêtres et fut construite par étapes entre 1798 et 1806. Mercenaire dans le régiment Hesse-Hanau, son propriétaire, Jean-Joseph Trestler, est arrivé au Canada en 1776. Dix ans plus tard, il s'installe à Dorion, alors qu'il s'implique dans la traite des fourrures tout en étant marchand général. La maison a été partiellement convertie en centre culturel par ses propriétaires actuels en 1976. Elle est le lieu de plusieurs concerts et conférences, et abrite également un salon de thé.

▸▸▸ *Revenez au boulevard Saint-Henri. Tournez à droite en direction de Vaudreuil. Pour vous rendre à la maison Valois, faites un crochet par l'avenue Saint-Charles.*

La Ville de Dorion a acquis la **maison Valois** *(331 av. St-Charles, ✆ 450-455-5751)*, érigée en 1796 pour le capitaine de milice Joachim Génus, afin d'en faire une galerie d'art où sont exposées des œuvres d'artistes locaux. Le bâtiment est représentatif d'un type architectural aujourd'hui presque complètement disparu de nos villes et de nos campagnes, celui de la maison en pièce sur pièce posée sur un haut solage en maçonnerie.

Érigée entre 1783 et 1789, l'**église Saint-Michel** ★ ★ *(414 av. St-Charles)* a été dotée d'une nouvelle façade néogothique en 1856 afin de la mettre au goût du jour. Son plan en croix latine s'apparente à celui des premières églises du Régime français. L'intérieur retient davantage l'attention pour ses caractéristiques uniques, à savoir la présence de l'ensemble le plus complet de mobilier liturgique sculpté par Philippe Liébert au XVIIIᵉ siècle (chaire, maître-autel, chandeliers, tombeaux, statues), et la préservation du banc seigneurial, alors qu'il a été éliminé de la plupart des autres églises du Québec.

Le **Musée régional de Vaudreuil-Soulanges** ★ *(dons appréciés; mar-ven 9h30 à 16h30, sam-dim 13h à 16h30; 431 av. St-Charles, ✆ 450-455-2092, www.mrvs.qc.ca)*, fondé en 1953, est l'un des plus anciens musées régionaux du Québec, témoin de la vitalité culturelle de Vaudreuil à cette époque. Il est installé dans l'ancien collège Saint-Michel (1857), autrefois dirigé par les clercs de Saint-Viateur. Le beau bâtiment, au toit mansardé, abrite des collections d'objets usuels et d'outils artisanaux des XVIIIᵉ et XIXᵉ siècles, de même que d'intéressantes pièces d'art sacré accompagnées de peintures et de gravures anciennes.

▸▸▸ *Poursuivez par l'avenue Saint-Charles en direction de Vaudreuil-sur-le-Lac. Vous atteignez maintenant la rive du lac des Deux Montagnes, que vous suivrez jusqu'à Rigaud en passant par Hudson.*

Hudson ★

Hudson est une jolie ville à majorité anglophone, peuplée de cadres d'entreprises qui habitent de belles maisons anciennes ou modernes. En toute saison, il est très agréable d'explorer la ville et ses nombreuses boutiques, ses charmants restaurants ou ses petites rues au cachet de la Nouvelle-Angleterre.

Le samedi, du printemps à l'automne, ne manquez pas le **Finnegan's Market** *(début mai à fin oct sam 9h à 16h; 775 Main Rd.,* ♪ *450-458-4377)*, un marché très animé qui se tient en grande partie à l'extérieur. Antiquités, produits artisanaux et plantes, entre autres, font partie des articles qui y sont offerts. C'est davantage un marché champêtre qu'un marché aux puces.

Rigaud

Les fils du marquis de Vaudreuil reçurent en concession la seigneurie de Rigaud en 1732. Le village ne s'est toutefois développé qu'après l'arrivée des clercs de Saint-Viateur, qui ont ouvert le **collège Bourget** en 1850. En plus de sa vocation éducative, Rigaud accueille les pèlerins dans son sanctuaire aménagé à flanc de colline.

▸▸▸ Empruntez la rue Saint-Jean-Baptiste (route 342). Tournez à gauche dans la rue Saint-Pierre. Suivez les indications vers le sanctuaire.

Le **sanctuaire Notre-Dame-de-Lourdes ★** *(début juin à fin sept; 20 rue de Lourdes,* ♪ *450-451-4631)* est un lieu de pèlerinage qui attire chaque année des dizaines de milliers de visiteurs. Miné par la maladie, le frère Ludger Pauzé creusa à l'été 1874 une petite niche dans le rocher, où il plaça une statuette de la Vierge afin de témoigner sa confiance envers Marie. Dès lors débuta le culte marial à Rigaud. Une première chapelle octogonale, d'où l'on jouit d'une belle vue d'ensemble sur la région, fut érigée en 1887. À cela s'ajoutèrent par la suite diverses installations permettant d'organiser des célébrations en plein air qui attirent encore les foules, notamment la nouvelle chapelle, où est célébrée la messe depuis 1954.

Non loin du sanctuaire se trouve le «champ des guérets», un étrange amoncellement de cailloux laissé sur place lors du retrait de la mer de Champlain à l'ère des glaciations. Une légende veut cependant que ce lit de pierres ait été autrefois un champ de pommes de terre que Dieu, ulcéré parce que son propriétaire y travaillait le dimanche, aurait changé en un champ de cailloux...

▸▸▸ Une excursion facultative à Pointe-Fortune, au départ de Rigaud, permet de vous rendre jusqu'à la frontière avec l'Ontario. Il faut alors tourner à gauche dans la rue Saint-Jean-Baptiste.

Pointe-Fortune

Le **barrage de Carillon**, aménagé sur la rivière des Outaouais, est situé à cheval sur la frontière entre le Québec et l'Ontario. Les eaux calmes et hautes du côté de l'Ontario contrastent avec le courant plus agité de la rivière, d'ailleurs très basse, du côté québécois. Un traversier relie Pointe-Fortune à **Carillon** (voir p. 185), sur la rive nord de la rivière des Outaouais dans la région des Laurentides.

▸▸▸ Revenez sur vos pas. Empruntez l'autoroute 40 Est jusqu'à la sortie 17. Suivez la route 201 Sud en passant par Saint-Clet pour vous rendre à Coteau-du-Lac, situé sur la rive nord du Saint-Laurent. Tournez à droite dans le chemin du Fleuve.

Coteau-du-Lac ★

Un étranglement du fleuve à Coteau-du-Lac, compliqué par la présence d'une série de rapides, empêche toute navigation. On y enregistre en outre la plus importante dénivellation sur tout le parcours du Saint-Laurent, soit 25 m sur une distance de 12,8 km. Coteau-du-Lac devint par conséquent un point de ralliement et de portage avant même l'arrivée des Européens. On y a en effet retrouvé plusieurs artéfacts de la culture amérindienne vieux de 6 000 ans. À la fin du Régime français (1759), les autorités ont aménagé un «rigolet» à l'extrémité d'une avancée de terre, simple endiguement formé de piles de roches parallèles au rivage. Sur cette même pointe, les Britanniques aménagèrent, en 1779, le premier canal à écluses en Amérique du Nord. Cette œuvre de l'ingénieur militaire William Twiss sera doublée d'un fort en 1812.

Le **Lieu historique national de Coteau-du-Lac ★** *(4$;* ♿*; juin à août tlj 10h à 17h; reste de l'année, horaire variable; 308A ch. du Fleuve,* ♪ *450-763-5631 ou 888-773-8888, www.pc.gc.ca)*. On peut y voir les vestiges des canaux français et britanniques de même que ceux du fort érigé pour défendre cet important passage. Les visiteurs franchissent d'abord le poste d'accueil, où l'on peut contempler une maquette fort instructive représentant les lieux à leur apogée. Puis un parcours du site permet de voir les ruines des installations ainsi qu'une reconstitution extérieure du blockhaus érigé par les Britanniques à l'extrémité de la pointe. On y a une belle vue sur les rapides du Saint-Laurent.

▸▸▸ Reprenez le chemin du Fleuve vers l'est jusqu'à Pointe-des-Cascades. Tournez à gauche dans la rue Centrale puis immédiatement à droite dans le chemin du Canal.

Pointe-des-Cascades

L'existence de ce village, situé à l'embouchure de la rivière des Outaouais, est liée au canal de Soulanges, aujourd'hui désaffecté. Ce canal et celui de Coteau-du-Lac furent remplacés par le premier canal de Beauharnois, inauguré en 1845 sur la rive sud du fleuve Saint-Laurent.

Différentes ancres et autres pièces de gréement des XVIIIe, XIXe et XXe siècles, découvertes dans les environs du canal de Soulanges, ont été disposées dans le **parc des Ancres** *(tlj)*. Un petit musée *(entrée libre; fin mai à début oct mar-dim 13h à 17h; 76 ch. du Canal,* ♪ *450-455-5310)* attenant explique l'histoire mouvementée de la navigation sur le fleuve Saint-Laurent entre les lacs Saint-Louis et Saint-François, et il éclaire le visiteur sur l'hydrographie complexe de cette portion du Québec.

Le **parc Pointe des Cascades** ★ *(à l'extrémité est du chemin du Canal)* comprend un belvédère qui permet d'observer la nature environnante. Passé le terrain de camping se trouve l'ancien poste de commandement du canal de Soulanges. On y voit de beaux bâtiments de briques, deux phares ainsi que trois des cinq écluses du canal.

›››› *Revenez à la rue Centrale. Prenez à droite la route 338 Est puis encore à droite l'autoroute 20. Traversez le pont de la rivière des Outaouais pour vous rendre à l'île Perrot (sortie du boulevard Don Quichotte). Suivez le boulevard Perrot, puis tournez à gauche dans le boulevard Don Quichotte.*

Notre-Dame-de-l'Île-Perrot

Bureau d'information touristique de l'Île-Perrot *(saisonnier; 190 boul. Métropolitain/autoroute 20, L'Île-Perrot,* ♪ *514-453-0855)*

La seigneurie de l'île Perrot fut concédée à François-Marie Perrot, gouverneur de Montréal, en 1672, et sa première église date de 1740. Plus près de Montréal et non contrainte par les rapides qui entravent la circulation sur le fleuve en amont, la seigneurie de l'île Perrot a connu un développement plus considérable que les autres concessions de la pointe ouest accordées sous le Régime français.

De l'aire d'accueil très moderne, à l'entrée du site, on gagne le **Parc historique de la Pointe-du-Moulin** ★ *(lun-ven 3$; sam-dim 5$;* ♿ *; mi-juin à fin août tlj 9h30 à 20h, mi-mai à mi-juin et fin août à mi-oct sam-dim 9h30 à 17h; 2500 boul. Don Quichotte,* ♪ *514-453-5936, www.pointedumoulin. com)*, duquel on jouit, par temps clair, de belles vues sur le centre-ville de Montréal,

par-delà le lac Saint-Louis. À l'extrémité de la pointe se trouvent le moulin à vent, érigé en 1708, ainsi que la maison du meunier. Des guides expliquent le fonctionnement du moulin, qui d'ailleurs est encore fonctionnel, ainsi que l'histoire des lieux. On y trouve aussi un centre d'interprétation du patrimoine et des aires de pique-nique.

›››› *Revenez au boulevard Perrot. Tournez à gauche, puis encore une fois à gauche dans la rue de l'Église.*

L'**église Sainte-Jeanne-de-Chantal** ★ ★ *(rue de l'Église)* est souvent décrite comme la représentation idéale d'une église canadienne-française dans la région de Montréal. En effet, ses dimensions modestes, qui rappellent les premières églises du Régime français, de même que son décor intérieur exubérant d'esprit Louis XV et Louis XVI, en font un excellent exemple d'architecture québécoise traditionnelle. Le gros de l'œuvre a été achevé en 1786, puis l'édifice fut décoré entre 1812 et 1830. Une chapelle commémorative, érigée en 1953 avec les pierres de la première église de la Pointe-du-Moulin (1753), tourne le dos au fleuve. Elle domine un cimetière en gradins, unique au Québec.

›››› *Retournez à l'autoroute 20 pour rentrer à Montréal.*

Activités de plein air

➤ Parcours d'aventure en forêt

Arbraska Rigaud *(35$; 85 ch. Bourget, Rigaud,* ♪ *450-451-5527, www.arbraska.com)* propose six parcours ponctués de ponts, d'obstacles et de tyroliennes en forêt, dont deux pour les enfants, et un parcours extrême, La Rafale, qui promet des sensations fortes.

➤ Ski de fond et raquette

La **Base de plein air des Cèdres** *(8$; 1677 ch. St-Dominique, Les Cèdres,* ♪ *450-452-4736, www. basedepleinairdescedres.com)* offre plusieurs sentiers totalisant 10 km. On y fait la location d'équipement.

➤ Vélo

Le **circuit du Mont Rigaud** (95 km) fait le tour du pays du Suroît en longeant le lac des Deux Montagnes, en traversant la jolie ville d'Hudson et en faisant une boucle à l'intérieur des terres.

Circuit E: Le Sud-Ouest ★

↩ *p. 218* 🗖 *p. 219*

🕐 *Une journée et demie*

Ce circuit couvre l'ensemble de la portion de la Montérégie appelée «le Sud-Ouest». Sujet de belles balades automnales, le Sud-Ouest est une région agricole où l'on pratique les cultures maraîchères et fruitières. On retrouve notamment de nombreux vergers le long de la frontière canado-américaine ainsi que les plus belles terres du Québec. Les vieilles seigneuries établies le long du lac et de la rivière Châteauguay sont de tradition française, alors que les cantons, formés à l'intérieur des terres au début du XIXe siècle, sont encore majoritairement anglophones.

Il est agréable de se promener à vélo dans les rangs de cette région agricole, tant pour le plaisir que pour la cueillette de fruits ou l'exploration agrotouristique. Le Centre local de développement des Jardins-de-Napierville et celui du Haut-Saint-Laurent proposent le **Circuit du Paysan** *(📞 450-466-4666 ou 866-469-0069, www.circuitdupaysan.com).* Jalonné d'étapes gourmandes, ludo-éducatives, historiques ou récréatives, ce parcours champêtre longe la frontière américaine entre la rivière Richelieu et le lac Saint-François, et s'étend à perte de vue.

Kahnawake

Les Jésuites implantent en 1667 une mission pour les Iroquois convertis à La Prairie. Après quatre déménagements, la mission se fixe définitivement sur le site du Sault-Saint-Louis en 1716. La mission Saint-François-Xavier est aujourd'hui devenue Kahnawake, nom qui signifie «là où il y a des rapides». Au fil des ans, des Iroquois mohawks, venus de l'État de New York, se sont joints aux premiers habitants de la mission, modifiant le paysage linguistique de l'endroit, tant et si bien que l'anglais constitue de nos jours la langue d'usage sur la réserve, cela même si ses 8 000 habitants ont pour la plupart conservé les patronymes d'ascendance française donnés par les Jésuites.

Sous le Régime français, on obligeait les bourgs et les missions à s'entourer de fortifications. Très peu de ces murailles ont survécu, même partiellement, au temps et aux pressions du développement. L'enceinte de la **Mission Saint-François-Xavier ★ ★** *(100 Church Rd., 📞 450-632-6030)*, en partie debout, représente donc un cas quasi unique au nord du Mexique. Elle a été entreprise en 1720 afin

de protéger l'église et le couvent des Jésuites, érigés en 1717. On peut encore voir le corps de garde, la poudrière et le logement des officiers (1754).

L'église abrite le **Sanctuaire Kateri-Tekakwitha**, du nom de cette jeune Autochtone convertie au christianisme et décédée en 1680, qui deviendra, 300 ans plus tard, la première Amérindienne béatifiée.

▸▸▸ *Empruntez le chemin Saint-Bernard en direction de Châteauguay (à proximité de la croix de chemin métallique et de l'école). Tournez à gauche dans le chemin du Christ-Roi (après l'usine d'épuration des eaux) puis à droite dans la rue Dupont. Tournez à gauche dans le boulevard De Salaberry Nord, puis longez la rivière Châteauguay jusqu'au pont Laberge, que vous devez traverser pour croiser l'église Saint-Joachim. Tournez à droite dans le boulevard D'Youville, derrière l'église, là où se trouve le stationnement.*

Châteauguay

La seigneurie de Châteauguay fut concédée à Charles Le Moyne en 1673. Celui-ci fait aussitôt ériger le château de Guay sur l'île Saint-Bernard, à l'embouchure de la rivière Châteauguay. Cent ans plus tard, un village se dessine autour de l'église Saint-Joachim. Les chemins et boulevards qui longent la rivière et le lac Saint-Louis sont toujours parsemés de jolies maisons de ferme construites entre 1780 et 1840, époque où la seigneurie appartenait aux Sœurs Grises. Aujourd'hui, la ville de Châteauguay compte quelque 43 000 habitants.

Une première église est érigée à Châteauguay en 1735. Il s'agit alors de la paroisse la plus à l'ouest de toute la rive sud du fleuve Saint-Laurent. L'**église Saint-Joachim ★ ★** *(1 boul. D'Youville)* est construite en 1775 afin de desservir plus facilement un nombre grandissant de paroissiens. L'**hôtel de ville** avoisine l'église au nord. Il loge dans l'ancien couvent des sœurs de la congrégation de Notre-Dame (1886).

▸▸▸ *Poursuivez par le boulevard D'Youville afin de longer la rivière Châteauguay jusqu'au lac Saint-Louis. La route prend alors le nom de «chemin du Lac-Saint-Louis».*

En suivant le chemin du Lac-Saint-Louis, sur la droite on aperçoit l'**île Saint-Bernard ★** *(www.heritagestbernard.qc.ca).* L'île abrite le **refuge faunique Marguerite-D'Youville**, parsemé de nombreux sentiers d'interprétation de la faune et de la flore où il fait bon se promener, et le **centre écologique Fernand-Seguin**, dominé par une érablière à caryers.

La grande maison en pierres qui se trouve sur la rive de la Châteauguay a été construite pour les religieuses en 1774, à l'emplacement du château de Guay. À l'arrière-plan, on entrevoit l'ancien moulin à vent, érigé en 1683 et transformé depuis 1865 en oratoire. L'île ayant été pendant des siècles un important lieu de sépulture amérindien, on y a retrouvé nombre de squelettes et d'objets en pierre dure.

Léry

La sinueuse route longe ensuite le lac Saint-Louis tout en traversant le village de Léry, ancien centre de villégiature de riches Montréalais. De vieilles maisons de ferme y sont disposées en alternance avec des résidences secondaires et de belles demeures victoriennes entourées d'arbres.

››› *Le chemin du Lac-Saint-Louis rejoint la route 132 Ouest à Maple Grove. Poursuivez par cette route en direction de Beauharnois et de Melocheville.*

Melocheville

C'est à Melocheville que furent construites les écluses qui permirent de dompter le canal de Beauharnois, ainsi que la centrale hydroélectrique de Beauharnois, la troisième en importance au Québec.

La **centrale de Beauharnois** ★ ★ *(entrée libre; mi-mai à fin août tlj; visites guidées à 9h30, 11h15, 13h et 14h45; 80 boul. Edgar-Hébert,* ☎ *800-365-5229, www.hydroquebec.com/visitez)* était autrefois le fleuron de la puissante entreprise d'électricité Montreal Light Heat and Power, propriété de l'intraitable Sir Herbert Holt. Construite par étapes entre 1929 et 1956, elle atteint une longueur exceptionnelle de 864 m. L'électricité produite à Beauharnois est distribuée à travers le Québec, mais aussi aux États-Unis pendant l'été, alors que les besoins locaux se font moins importants. La centrale, devenue propriété d'Hydro-Québec, est ouverte aux visiteurs. Lors des visites guidées, on peut voir la très longue salle des turbines de même que les ordinateurs de la salle de contrôle.

La route 132 passe devant la centrale avant de s'engouffrer sous le canal de Beauharnois, inauguré en 1959. Celui-ci est le dernier d'une série de canaux aménagés sur les rives du Saint-Laurent afin de contourner les nombreux rapides à cet endroit et de résoudre le problème de navigation posé par une dénivellation de 25 m entre les lacs Saint-Louis et Saint-François.

La pointe du Buisson a été habitée sporadiquement pendant des millénaires par les Amérindiens, ce qui en fait un site riche en artéfacts autochtones (pointes de flèches, vases de cuisson, harpons, etc.). Le **Parc archéologique de la Pointe-du-Buisson** ★ *(7$; mi-mai à fin août mar-ven 10h à 17h, sam-dim 10h à 18h; sept à mi-oct sam-dim 12h à 17h; 333 rue Émond,* ☎ *450-429-7857, www.pointedubuisson. com)* comprend 17 sites archéologiques et un centre d'interprétation qui accueille les visiteurs. Des sentiers écologiques et des aires de pique-nique complètent les aménagements.

››› *Reprenez la route 132 Ouest jusqu'à Saint-Timothée.*

Sur la rive sud du fleuve Saint-Laurent, à proximité de la ville de Salaberry-de-Valleyfield, se trouve le **Parc régional des îles de Saint-Timothée** *(7$ lun-ven, 9$ sam-dim, rabais après 16h; juil tlj 10h à 19h, mi-juin à fin juin et août à début sept lun-ven 10h à 17h, sam-dim 10h à 19h; 240 rue St-Laurent, St-Timothée,* ☎ *450-377-1117).* Populaire depuis nombre d'années, l'endroit propose une série d'activités de toutes sortes: baignade, patin à roues alignées, kayak, volleyball, ainsi que location de canots, de pédalos, etc. Un lieu intéressant pour les familles et les groupes, mais moins pour les personnes qui recherchent le calme et la tranquillité.

››› *Pour vous rendre à Salaberry-de-Valleyfield, prenez l'autoroute 30 Ouest.*

Salaberry-de-Valleyfield

Tourisme Suroît *(1155 boul. Mgr-Langlois, Salaberry-de-Valleyfield, QC J6S 1B9,* ☎ *450-377-7676 ou 800-378-7648, www.tourisme-suroit.qc.ca)*

Cette ville industrielle est née vers 1845 autour d'un moulin à scie et à papier, racheté quelques années plus tard par la Montreal Cotton Company (filature). Grâce à cette industrie, Salaberry-de-Valleyfield a connu à la fin du XIXᵉ siècle une ère de prospérité qui en fit l'une des principales villes du Québec de cette époque. Son vieux noyau commercial et institutionnel de la rue Victoria témoigne de cette période faste, tout en lui donnant davantage l'allure d'une vraie ville que Châteauguay, pourtant plus peuplée de nos jours. L'agglomération de quelque 40 000 habitants est coupée en deux par le vieux canal de Beauharnois, en fonction de 1845 à 1900 (à ne pas confondre avec l'actuel canal de Beauharnois, qui passe au sud de la ville).

Siège d'un évêché depuis 1892, la ville de Salaberry-de-Valleyfield a été dotée de l'actuelle **cathédrale Sainte-Cécile** ★ *(31 rue de la Fabrique)* en 1934, à la suite de l'incendie du lieu saint précédent. Il s'agit d'une œuvre colossale, plus élancée et plus proche des modèles historiques. En façade, on remarquera une statue de sainte Cécile, patronne des musiciens.

▸▸▸ *Le pont Monseigneur-Langlois, à l'ouest de Salaberry-de-Valleyfield, permet de relier le circuit du Sud-Ouest à celui de Vaudreuil-Soulanges. Une excursion facultative permet de rejoindre la réserve nationale de faune du lac Saint-François, à quelques kilomètres à l'ouest. Pour vous y rendre, prenez la route 132 Ouest pour ensuite suivre les indications vers la réserve à partir de Saint-Anicet.*

La **réserve nationale de faune du lac Saint-François** ★★ *(entrée libre; début mai à début sept; 7600 ch. de la Pointe Fraser, Dundee,* ☎ *450-264-5908)* est située sur la rive sud du fleuve Saint-Laurent. Ce territoire est un milieu humide reconnu par la Convention Ramsar (liste mondiale des milieux remarquables). Il offre aux visiteurs la possibilité d'observer 220 espèces d'oiseaux, 600 espèces de plantes et plus de 50 espèces de mammifères différents. De mai à septembre, on propose des excursions guidées en canot rabaska ainsi que des randonnées pédestres avec guide-interprète.

▸▸▸ *Afin de poursuivre le présent circuit du Sud-Ouest, retournez à Saint-Timothée. Tournez à droite en direction du village de Saint-Louis-de-Gonzague, de l'autre côté du canal de Beauharnois; vous traverserez ensuite ce village pour rejoindre les berges de la rivière Châteauguay.*

Lors de la guerre de l'Indépendance des États-Unis, en 1775-1776, les Américains avaient tenté pour la première fois d'occuper le Canada, colonie britannique depuis 1759. La peur des Canadiens français d'être un peuple noyé dans une mer anglo-saxonne, à une époque où l'ensemble de la colonie canadienne était encore très majoritairement française, explique l'échec de cette première tentative. Pendant la guerre anglo-américaine de 1812-1814, les Américains essaient de nouveau de prendre possession du Canada. Cette fois, c'est la fidélité de l'élite canadienne à la couronne d'Angleterre, mais aussi la bataille décisive de la Châteauguay, qui ont fait échouer le projet. En octobre 1813, les troupes du général Hampton, fortes de 2 000 hommes, se massent à la frontière. Elles pénètrent dans le territoire canadien, à la faveur de la nuit, en longeant la rivière Châteauguay. Mais Charles Michel d'Irumberry de Salaberry, seigneur de Chambly, les y attend à la tête de 300 miliciens et de quelques dizaines d'Amérindiens. Le 26 octobre, la bataille s'engage. La ruse qu'utilise de Salaberry aura raison des Américains, qui battent bientôt en retraite, mettant ainsi fin à une série de conflits et

inaugurant une période d'amitié durable entre les deux pays.

Le **Lieu historique national de la Bataille-de-la-Châteauguay** ★ *(4$;* ♿ *; juin à août tlj 10h à 17h, sept à mi-oct sam-dim 10h à 17h; 2371 ch. de la Rivière-Châteauguay, Howick,* ☎ *450-829-2003 ou 888-773-8888, www.pc.gc.ca)* comprend un centre d'interprétation qui a été érigé à proximité du champ de bataille. On peut y voir les uniformes des belligérants, des objets trouvés lors de fouilles de même qu'une maquette du site indiquant le positionnement des troupes.

▸▸▸ *Longez la rivière Châteauguay jusqu'à Ormstown.*

Ormstown ★

Cette localité fondée par des colons britanniques est sans contredit l'un des plus beaux villages de toute la Montérégie. On y trouve plusieurs églises de dénominations diverses, telle l'**église anglicane St. James**, construite en pierre (1837). Les maisons de la rive ouest de la Châteauguay arborent une palette de couleurs spécifique, composée du rouge de la brique, du blanc des abondantes décorations de bois et du vert (ou du noir) des persiennes.

▸▸▸ *Traversez la rivière Châteauguay et empruntez la route 201 en direction de Saint-Antoine-Abbé.*

Saint-Antoine-Abbé

En délaissant la vallée de la rivière Châteauguay, on gagne une région reconnue pour sa grande concentration de vergers de pommiers. En automne, les Montréalais viennent joyeusement y cueillir eux-mêmes leurs pommes dans l'une des nombreuses exploitations où on les encourage à le faire (moyennant un léger déboursé). De plus, des fermiers, installés dans des kiosques au bord de la route, vendent divers produits de la pomme (beurre, tartes, sirop, gelée, cidre et pommes, bien sûr). Le joli village de **Franklin**, au sud-ouest de Saint-Antoine-Abbé, est aussi un important centre de pomiculture.

▸▸▸ *Suivez la route 202 Est jusqu'à Havelock. Tournez à droite en direction de Covey Hill. Du haut de cette colline, l'ensemble de la vallée du Saint-Laurent autour de Montréal est visible par temps clair. Prenez à gauche la route rurale qui longe la frontière canado-américaine (direction Hemmingford). Au bout de la route, la frontière se trouve sur la droite. Pour rentrer à Montréal, suivez les indications vers Saint-Bernard-de-Lacolle jusqu'à l'échangeur de l'autoroute 15, que vous emprunterez en direction nord.*

Activités de plein air

➤ Naturisme

La Montérégie cache l'un des plus beaux centres naturistes du Québec, dont la réputation a d'ailleurs dépassé les frontières. **La Pommerie** *(2914 route 209, St-Antoine-Abbé, ☎ 450-826-4723, www.pommerie.com)* est située au beau milieu d'un grand verger rempli de pommiers dans la très belle région de Saint-Antoine-Abbé. D'ailleurs pour nous le prouver, chacune des subdivisions du terrain porte le nom d'une variété de pommes: McIntosh, Melba, Délicieuses, etc.

➤ Observation de la faune

La **réserve nationale de faune du lac Saint-François** (voir p. 210) est une réserve faunique incontournable. Le milieu marécageux, les canaux et les étangs cachent une flore et une faune uniques. Certaines espèces qu'on y rencontre ne se retrouvent nulle part ailleurs au Canada.

➤ Vélo

On peut se promener à vélo le long du **Circuit du Paysan** (voir p. 208), un trajet partagé avec les automobilistes.

Hébergement

Circuit A: Les forts du Richelieu

Saint-Jean-sur-Richelieu

Notez que les prix peuvent être plus élevés durant l'International de montgolfières (voir p. 219).

Aux chants d'oiseaux
$$ 🐾 🖥 ⊜ ≈ ⅄
fermé mi-oct à mi-mai
310 ch. du Petit-Bernier
☎ 450-346-4118 ou 514-770-2270
www.auxchantsdoiseaux.com
Empreint d'un décor champêtre et résolument rural,

le gîte Aux chants d'oiseaux se trouve à mi-chemin entre Saint-Jean-sur-Richelieu et L'Acadie. L'ambiance franche et conviviale qu'offre ce gîte porte à la détente. Ses trois chambres sont sympathiques et chaleureuses, et une pyramide en plein champ est le théâtre d'une gamme de soins corporels proposés par l'hôtesse des lieux, allant des

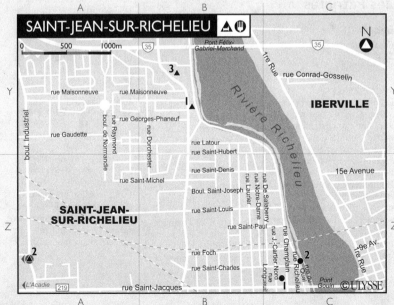

▲ **HÉBERGEMENT**
1. BY Auberge Harris
2. AZ Aux chants d'oiseaux
3. BY Relais Gouverneur Saint-Jean-sur-Richelieu

● **RESTAURANTS**
1. CZ Chez Noeser
2. CZ Le Samuel II

pierres chaudes au traitement énergétique Reiki.

Auberge Harris
$$-$$$ ☙
≡ @ ⛵ ◎ ⬳ ⬱ ❄ ⟩⟩⟩
576 rue Champlain
☏ 450-348-3821 ou 800-668-3821
www.aubergeharris.com
Située au bord de la rivière Richelieu, l'Auberge Harris dispose de 77 chambres modernes et confortable réparties dans deux parties dont l'une est de type motel. L'accueil y est fort attentionné.

Relais Gouverneur Saint-Jean-sur-Richelieu
$$$ ≡ ⬳ ❄ ⬱ @
725 boul. du Séminaire N.
☏ 450-348-7376 ou 800-667-3815
www.gouverneur.com
Le Relais Gouverneur Saint-Jean-sur-Richelieu se dresse à l'entrée de la ville en bordure du Richelieu. Les chambres sont spacieuses et claires. Ses installations comprennent une piscine intérieure et un bar. Le service est courtois.

Circuit B : Le chemin des Patriotes

Belœil

Gîte Beaux brunelles
$$ ☙ ᵇᶜ/ₚ ≡ @
1030 rue Richelieu
☏ 450-467-4700 ou 877-508-4700
www.beauxbrunelles.ca
Le Gîte Beaux brunelles est aménagé dans une maison ancestrale appartenant à la même famille depuis plus de 100 ans, et il est situé au bord de la rivière Richelieu, en face du mont Saint-Hilaire. Les cinq chambres, et plus généralement le lieu, baignent dans une ambiance vieillotte très charmante. Vous y dormirez bien!

Mont-Saint-Hilaire

Auberge Montagnard
$$-$$$ ☙ ≡ ⬳ ⬱ @
439 boul. Wilfrid-Laurier
☏ 450-467-0201 ou 800-363-9109
www.hotelmontagnard.com
L'Auberge Montagnard est située au bord d'un boulevard bruyant en face du mont Saint-Hilaire. Elle propose des chambres au décor démodé mais confortables. Le personnel est sympathique.

Hostellerie Rive Gauche
$$$ ≡ ◎ ⬠ ⬱ ⟩⟩⟩
1810 boul. Richelieu
☏ 450-467-4477 ou 888-608-6565
www.hostellerierivegauche.com
À la sortie 112 de l'autoroute 20 Est, au bord de la rivière Richelieu, se trouve l'Hostellerie Rive Gauche. Cette hostellerie, qui compte 22 chambres enjolivées de tons chauds et de toile de lin, offre une vue sur l'eau. On y trouve une salle à manger chaleureuse. La proximité de l'autoroute est néanmoins fâcheuse.

Manoir Rouville-Campbell
$$$$ ≡ ⬳ ⬱ ⬠
125 ch. des Patriotes S.
☏ 450-446-6060 ou 866-250-6060
www.manoirrouvillecampbell.com
Le Manoir Rouville-Campbell a ce petit quelque chose qui confère à certains établissements une atmosphère unique et même, à la limite, mystique. Quand on entre dans le manoir, on a l'impression que le temps s'est arrêté il y a plus d'un siècle. Il faut dire que l'endroit, maintenant vieux de près de 150 ans, a vu plusieurs pages de l'histoire du Québec se tourner. Le manoir a été reconverti en hôtel de luxe en 1987. Pour une expérience de la vie de seigneur, c'est l'endroit tout indiqué. La salle à manger, le bar et les jardins avec vue sur le Richelieu ajoutent un plus à ce lieu d'hébergement déjà magique.

Saint-Hyacinthe

Hôtel des Seigneurs
$$$$ ≡ ⬳ ◎ ⬳ ⬠ ⟩⟩⟩ ❄ ⬱ @
1200 rue Johnson O.
☏ 450-774-3810 ou 866-734-4638
www.hoteldesseigneurs.com
Établi dans un bâtiment qui se dresse au bord de l'autoroute, l'Hôtel des Seigneurs offre de nombreux services afin de rendre le séjour des visiteurs le plus agréable possible. Le hall est orné de plantes et d'une fontaine créant une atmosphère paisible, et les chambres sont jolies. L'Hôtel des Seigneurs est aussi un centre des congrès important dans la région.

Saint-Marc-sur-Richelieu

Aux Rêves d'antan
$$-$$$ ☙
595 rue Richelieu
☏ 450-584-3461
http://pages.infinit.net/antan
La maison ancestrale où est installé le gîte Aux Rêves d'antan était autrefois l'hôtel du village. Lorsque les bateaux transportaient des matières dangereuses sur le Richelieu, ils devaient jeter l'ancre pour la nuit, la navigation nocturne étant interdite. Les équipages profitaient donc de l'endroit. C'est pas moins de cinq chambres chaleureuses qui sont aujourd'hui proposées aux passants. La vue est splendide et le lieu, très pittoresque.

Auberge Handfield
$$-$$$$ ≡ ◎ ⬳ ⬠ ⬳ ⟩ ⬱ ⟩⟩⟩ @
555 rue Richelieu
☏ 450-584-2226
www.aubergehandfield.com
Aménagée dans une fort jolie maison construite en face de la rivière Richelieu, l'Auberge Handfield est un havre de détente. En plus de son spa, elle met à la disposition des visiteurs une marina, un bar-terrasse et une cabane à sucre (en saison). Son jardin, aménagé avec soin, offre

Montérégie - Hébergement - Les forts du Richelieu

SAINT-HYACINTHE

▲ HÉBERGEMENT

1. CV Hôtel des Seigneurs

● RESTAURANTS

1. BY L'Auvergne
2. BY Le Bouffon Resto-Pub
3. BY Le Martini Bar & Grill

Montréal

rue Picard

La Présentation

rue Bois

137

boul. Laframboise

rue Johnson O.

rue Johnson E.

rue Gauvin

av. Cusson

Galeries St-Hyacinthe

20

Drummondville, Québec

Parc des Salines

boul. Casavant

Hôpital Honoré-Mercier H

rue Decelles

rue Cherrier

rue Cartier

rue Turcot

rue Bourassa

rue Nelson

av. Choquette

av. Desaulniers

av. Ste-Catherine

rue Turcot

av. De La Bruère

av. Raymond

av. Bourdages Nord

av. Saint-Joseph

av. Sainte-Anne

boul. Laframboise

av. Lamothe

av. Beauparlant

rue du Viger

rue du Sacré-Cœur

av. Malhiot

av. Pratte

rue Papineau

rue Papineau

rue Morison

rue Delorme

rue Sicotte

rue Dessaules

116

rue Girouard Ouest

av. Bourdages Nord

Hôtel-Dieu H

av. Ste-Anne

rue Sicotte

rue Girouard Est

rue Dessaules

rue Marguerite-Bourgeoys

av. Saint-Joseph

av. de l'Hôtel-Dieu

av. Ste-Anne

av. de-Ville

av. Hôtel-Dieu

Calixa-Lavallée

rue des Cascades Ouest

116

rue Saint-Antoine

av. Saint-François

av. Saint-Simon

av. Mondor

av. Ducos

av. Ste-Marie

av. de la Concorde

av. Robert

av. Brodeur

av. Vaudreuil

Saint-Louis

rue Saint-Pierre Ouest

rue Crevier

rue Saint-Charles

rue Martel

rue Saint-Paul

av. Saint-Clément

boul. Laflamme

av. Hébert

av. Demers

av. Saint-Augustin

av. Saint-Michel

av. Bourdages Sud

Rivière Yamaska

Saint-Pierre

Est

0   250   500m

© ULYSSE

guidesulysse.com

une superbe vue. La décoration des chambres, quoique modeste, s'avère chaleureuse. La salle à manger, le bar et les services sont tous aménagés dans d'autres bâtiments, ce qui donne presque à l'auberge l'allure d'un village! Sympathique.

Les Trois Tilleuls & Spa Givenchy
$$$$-$$$$$
≡ ◎ ⌂ ▲ ≋ 🔒 ♈ ♒))) @
290 rue Richelieu
☎ 514-856-7787 ou 800-263-2230
www.lestroistilleuls.com

Les Trois Tilleuls & Spa Givenchy est membre de la prestigieuse association des Relais & Châteaux. Construite au bord de la rivière Richelieu, elle bénéficie d'un site champêtre d'une grande tranquillité. On doit le nom de l'établissement à trois fiers tilleuls ombrageant la propriété. Les chambres, décorées de meubles rustiques, disposent toutes d'un balcon donnant sur la rivière. À l'extérieur, des jardins et un belvédère sont mis à la disposition de la clientèle, qui a aussi accès à la piscine chauffée. Des services de spa y sont aussi proposés, selon la méthode Givenchy.

Saint-Denis-sur-Richelieu
La Belle aux Berges
$$ ♈ ≋ bc ≡ @
609 ch. des Patriotes
☎ 450-787-9748
www.labelleauxberges.com

Installée dans une fort jolie maison en face du parc des Patriotes et de la maison éponyme, le gîte La Belle aux Berges abrite trois chambres sympathiques et chaleureuses dans une maison ancestrale.

Circuit D:
Vaudreuil-Soulanges

Vaudreuil-Dorion
Château Vaudreuil Suites Hôtel
$$$$-$$$$$
≡ ◎ ⌂ ▲ ≋ ♈ ♒))) ⚥ @ ⚐
21700 Transcanadienne
☎ 450-455-0955 ou 800-363-7896
www.chateau-vaudreuil.com

Situé devant le lac des Deux Montagnes, l'hôtel moderne et d'allure grandiose qu'est le Château Vaudreuil constitue un bon choix dans la région. Les chambres ont un très bon confort.

Sainte-Marthe

Auberge des Gallant
$$$ ♈
≡ ♈ ◎ ⌂ ▲ ≋ ⚥ ♒))) @ ⚐
1171 ch. St-Henri
☎ 450-459-4241 ou 800-641-4241
www.gallant.qc.ca

Située au cœur d'un refuge d'oiseaux et de chevreuils, l'Auberge des Gallant offre un grand luxe dans un cadre champêtre des plus agréables. Les chambres sont confortables sans être extraordinaires. Toutefois, pas une minute ne passe sans qu'une attention soit portée à votre confort. Neuf kilomètres de sentiers pédestres sillonnent la propriété. De plus, une piscine extérieure et des services de spa selon la méthode italienne ISHI vous assurent mieux-être et détente.

Hudson
Auberge Willow Place
$$$ ♈ ≡ ♒ @
208 Main Rd.
☎ 450-458-7006
www.willowplaceinn.com

L'Auberge Willow Place est agréablement située sur la rive du lac des Deux Montagnes. Son cachet vieillot et son ambiance feutrée en font un bon choix dans la région, tant pour le gîte que pour le couvert.

Rigaud
Le point de vue
$$-$$$ ♈ ≡ ◎ ⌂ @
135 rue Bourget
☎ 514-927-6468
www.lepointdevue.net

Impressionnant en raison de son emplacement, le gîte Le point de vue comporte deux chambres et trois suites plus que confortables, un peu luxueuses et clinquantes, mais dont l'assurance d'un bon repos ne saurait être remise en cause.

Restaurants

Circuit A:
Les forts du Richelieu

Carignan

Au Tournant de la Rivière
$$$$
fermé lun-mar
5070 rue Salaberry
☎ 450-658-7372

Le restaurant Au Tournant de la Rivière propose un menu gastronomique reconnu par les critiques. Cela fait maintenant plus de 20 ans que cet établissement est ouvert, et il se maintient chaque année parmi les meilleures tables du Québec. On y propose de succulents plats de cuisine française et des desserts décadents. Un incontournable pour les amateurs de gastronomie.

Chambly
Bedondaine & Bedons Ronds
$
fermé lun
255 rue Ostiguy
☎ 450-447-5165 ou 866-447-5165

En plus d'abriter un musée de la bière (voir p. 188), Bedondaine & Bedons Ronds propose des repas légers (sandwichs, pizzas et *nachos*).

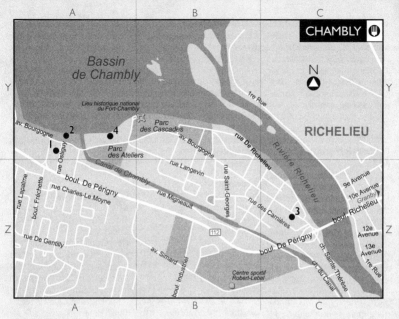

CHAMBLY

Bassin de Chambly

Lieu historique national du Fort-Chambly

av. Bourgogne

2

1

rue Ostiguy

boul. De Périgny

rue Charles-Le Moyne

rue Lapalme

boul. Fréchette

rue De Gentilly

Parc des Ateliers

Canal de Chambly

Parc des Cascades

4

av. Bourgogne

rue Langevin

rue Migneault

av. Simard

boul. Industriel

112

Centre sportif Robert-Lebel

rue Saint-Georges

rue des Carnières

3

boul. De Périgny

1re Rue

rue De Richelieu

Rivière Richelieu

RICHELIEU

9e Avenue

10e Avenue
Granby

boul. Richelieu

12e Avenue

13e Avenue

1re Rue

ch. Sainte-Thérèse

ch. du Canal

N

● **RESTAURANTS**

| 1. | AY | Bedondaine & Bedons Ronds | 3. | CZ | La Maison Bleue |
| 2. | AY | Fourquet Fourchette | 4. | AY | Les Grillades du Fort |

Fourquet Fourchette
$$-$$$
1887 av. Bourgogne
📞 450-447-6370 ou 888-447-6370
www.fourquet-fourchette.com
Fourquet Fourchette est une institution à Chambly. Niché dans une ancienne église presbytérienne, ce resto propose une cuisine du terroir québécois, associée harmonieusement aux bières locales. On y redécouvre certaines saveurs oubliées au sein d'une cuisine résolument contemporaine. Une animation basée sur le thème de la Nouvelle-France est aussi au menu tous les jours de la saison estivale. Agréable.

La Maison Bleue
$$-$$$
fermé lun-mar
2592 rue Bourgogne
📞 450-447-1112
Dans ce qui était la grande **maison Thomas-Whitehead** (voir p. 188), on a aménagé un restaurant aux allures champêtres: La Maison Bleue. Grandes cheminées, planchers de bois peints qui craquent sous les pas, mobilier ancien et accueil comme chez la grand-tante. À l'étage, des salons privés peuvent être réservés, sauf en été, pour des réunions familiales ou d'affaires. Cuisine française classique.

Les Grillades du Fort
$$-$$$
1717 av. Bourgogne
📞 450-447-7474
Au bord du bassin de Chambly, la maison de bois aux allures maritimes qui abrite Les Grillades du Fort invite à profiter du beau paysage environnant. On y sert bien sûr des grillades, mais aussi des crêpes et des moules. Très agréables terrasses au bord de l'eau et service sympathique.

Saint-Jean-sur-Richelieu
Voir carte p. 211.

Le Samuel II
$$$
291 rue Richelieu
📞 450-347-4353
www.lesamuel.com
Bien apprécié des gens de la région, Le Samuel II a toujours attiré une clientèle fidèle de connaisseurs appréciant son imaginative cuisine. Les larges baies vitrées s'ouvrant sur le canal de la rivière Richelieu permettent de voir défiler les bateaux de plaisance tout en dégustant un délicieux repas. On en ressort toujours enchanté.

Chez Noeser
$$$$ 🍷
fermé lun-mer
236 rue Champlain
📞 450-346-0811
Chez Noeser est un sympathique restaurant offrant un

service des plus agréables et une délicieuse cuisine française pleine de créativité. Une agréable terrasse fleurie à l'arrière accueille la clientèle en été. Notez qu'une suite est disponible pour la nuit (*$$$$* 🛏️ ♨️ ♿ ✕ ◎).

Lacolle

Brochetterie Pharos
$$-$$$
7 rue de l'Église
☏ 450-246-3897
La Brochetterie Pharos ne serait qu'une brochetterie grecque comme tant d'autres si elle n'avait pas été aménagée dans une église. De plus en plus, partout au Québec, des églises sont recyclées en restaurants, en appartements de luxe, etc. Signe que les temps changent, et cette brochetterie le symbolise bien.

Circuit B: Le chemin des Patriotes

Belœil

Petite ville sympathique quelque peu huppée au bord du Richelieu, avec vue imprenable sur le mont Saint-Hilaire, Belœil est l'endroit où les jeunes et moins jeunes de la région se donnent rendez-vous pour un repas intime ou une virée entre copains.

Au Trait d'Union
$-$$
919 rue Laurier
☏ 450-446-5740
Rendez-vous branché des Belœillois, Au Trait d'Union, petit bistro sans prétention, vous promet des moments agréables avec son ambiance décontractée et sa jolie terrasse. On y sert des salades de confit de canard, des moules et d'autres classiques de bistro, à prix abordables. Ouvert aussi pour le petit déjeuner.

La Crêperie du Vieux-Belœil
$$
fermé lun
940 rue Richelieu
☏ 450-464-1726
La Crêperie du Vieux-Belœil apprête, dans un décor champêtre, des crêpes maison avec de la farine blanche ou de sarrasin, servies entre autres avec fruits de mer, jambon ou fromage, selon vos préférences.

Restaurant Osteria
$$$
fermé lun
914 rue Laurier
☏ 450-464-7491
L'Osteria, situé dans le vieux Belœil, est un petit restaurant coquet où l'on sert de la fine cuisine italienne et des grillades, ainsi qu'un copieux brunch le dimanche. La terrasse est invitante et, particularité plutôt rare pour un restaurant gastronomique, on propose un menu pour enfants.

Le Jozéphil
$$$-$$$$
969 rue Richelieu
☏ 450-446-9751
Pour sa magnifique terrasse au bord de l'eau et son excellente cuisine, souvent composée de petit gibier, le Jozéphil est une adresse unique à Belœil. Table reconnue pour sa qualité, son ambiance, sa terrasse à trois niveaux et sa vue imprenable sur le Richelieu et le mont Saint-Hilaire.

Saint-Hyacinthe

Voir carte p. 213.

Le Bouffon Resto-Pub
$-$$
485 av. Ste-Anne
☏ 450-778-9915
Haut lieu de fréquentation maskoutaine, Le Bouffon Resto-Pub est un typique pub irlandais digne des meilleurs établissements d'outre-mer. Dans un décor chaleureux

garni de boiseries, Le Bouffon se distingue avec un choix de plus de 150 bières importées, sans parler des scotchs et des portos. Repas du midi ou du soir et soirées animés ne sont que quelques-unes des possibilités qu'offre ce resto. En été, trois terrasses sur deux niveaux sont garnies d'arbres et de fleurs. Durant la saison froide, un coin foyer avec canapés vous accueille à l'étage.

Le Martini Bar & Grill
$$
1705 rue Girouard O.
☏ 450-252-8777
Ce sympathique restaurant est une bonne adresse tant le midi que le soir. On y sert une cuisine de type bistro sans prétention. Spécialités de grillades et de mets mexicains. La terrasse avec vue sur la cathédrale est agréable et invitante.

L'Auvergne
$$$ 🍷
478 rue St-Simon
☏ 450-774-1881
L'Auvergne figure depuis longtemps parmi les bonnes tables de la région. Aménagé dans deux petites salles, il propose une fine cuisine française.

Saint-Marc-sur-Richelieu

Les Trois Tilleuls
$$$$
290 rue Richelieu
☏ 514-856-7787 ou 800-263-2230
Au restaurant Les Trois Tilleuls, on peut savourer certains trésors de la gastronomie française. Le menu, composé avec art, présente des mets du terroir qui ne manquent pas de raffinement. La salle à manger offre une agréable vue sur la rivière. En été, la terrasse s'avère des plus charmantes.

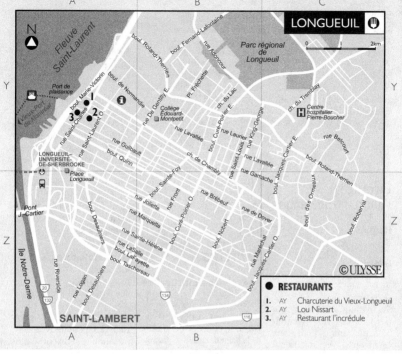

RESTAURANTS

1. AY Charcuterie du Vieux-Longueuil
2. AY Lou Nissart
3. AY Restaurant l'incrédule

Saint-Denis-sur-Richelieu

Les Chanterelles du Richelieu
$$$-$$$$
611 ch. des Patriotes
☎ 450-787-1167 ou 877-787-1167

Au sein du charmant village de Saint-Denis-sur-Richelieu se trouve une jolie maison ancestrale dans laquelle loge un excellent resto dont le menu est d'inspiration du terroir québécois mais apprêté à la française. Le suprême de pintade est délicieux, une spécialité locale. Charmant!

Circuit C: La rive du Saint-Laurent

Saint-Bruno-de-Montarville

La Rabastalière
$$-$$$
fermé lun
125 ch. de la Rabastalière O.
☎ 450-461-0173

La Rabastalière, aménagée dans une chaleureuse maison centenaire, propose une savoureuse cuisine française classique et un menu gastronomique, composé de six services et différent chaque semaine. Le service est sympathique et le menu, excellent.

Longueuil

Charcuterie du Vieux-Longueuil
$
193 rue St-Charles O.
☎ 450-670-0643

Pour un bon sandwich, la Charcuterie du Vieux-Longueuil constitue un excellent choix malgré le service un peu expéditif.

Restaurant l'incrédule
$$-$$$
288 rue St-Charles O.
☎ 450-674-0946

Le Restaurant l'incrédule offre un choix intéressant de repas de type bistro. De plus, vous y trouverez une belle sélection de vins.

Lou Nissart
$$$
fermé dim-lun
260 rue St-Jean
☎ 450-442-2499
www.lounissart.ca

Au cœur du Vieux-Longueuil se cache un charmant petit restaurant. En effet, le Lou Nissart est un endroit où il fait bon se retrouver entre amis afin de savourer une succulente cuisine provençale. Très agréable terrasse.

Boucherville

Histoire de pâtes
$-$$
458 rue Victoria
☎ 450-671-5200

Seulement quelques tables sont dispersées dans ce restaurant qui fait surtout office de traiteur. Mais on s'y bouscule pour les pâtes fraîches qui seraient parmi les meilleures de la région.

Montérégie – Restaurants – La rive du Saint-Laurent

Saint-Hubert

Bistro des bières belges

$$

2088 rue Montcalm

☎ 450-465-0669

Le Bistro des bières belges, comme son nom l'indique avec poésie, dispose d'une centaine de bières belges. Le menu est issu, lui aussi, de la tradition belge. Réservations requises la fin de semaine.

Circuit D: Vaudreuil-Soulanges

Hudson

Le Maxime

$$-$$$

400 Main Rd.

☎ 450-458-1371

Sympathique et créatif, ce petit bistro relativement haut de gamme plaira aux carnivores avec son menu qui va du filet à la bavette et du magret au pavé en passant par le mignon et le jarret. Table d'hôte attirante et grande terrasse ombragée.

Auberge Willow Place

$$$

208 Main Rd.

☎ 450-458-7006

Sur la rive du lac des Deux Montagnes, l'Auberge Willow Place propose un menu de grillades et de sushis *(merdim)*. L'ambiance feutrée dans laquelle baigne un décor de style anglo-saxon plaît à coup sûr. De plus, grâce au personnel courtois et à la beauté du cadre environnant, votre repas dans cet établissement vous laissera le souvenir d'un moment de détente inestimable. Terrasse en saison. Le menu de pub (et la bière) se révèle plutôt cher, mais la vue qu'on y a vaut bien une petite folie.

Rigaud

Sucrerie de la Montagne

$$$-$$$$

300 rang St-Georges

☎ 450-451-0831

La Sucrerie de la Montagne fait presque partie des attraits touristiques de la région. On y sert une cuisine traditionnelle du temps des sucres, avec les éternelles «oreilles de criss» et les «œufs dans le sirop». De plus, une troupe de folklore s'occupe de l'ambiance en jouant des rigodons et des airs de quadrille. Ouverte toute l'année. Hébergement possible.

Sorties

➤ Activités culturelles

Upton

Unique en Amérique du Nord, le concept de **Théâtre de la Dame de cœur** *(&; fin juin à fin août, fermé lun-mar; 611 rang de la Carrière, ☎ 450-549-5828; www.damedecoeur.com)* ne manquera pas d'émerveiller jeunes et moins jeunes. Sur un magnifique site historique, le Théâtre de la Dame de Cœur présente un spectacle multidisciplinaire avec des marionnettes géantes et des effets visuels saisissants. La salle de spectacle extérieure, avec son immense toiture, renferme des sièges pivotants munis de bretelles chauffantes pour éviter l'inconfort des soirées fraîches. Vous vivrez sans contredit un retour unique dans l'imaginaire de vos rêves d'enfant.

➤ Bars et boîtes de nuit

Saint-Bruno-de-Montarville

Bar 1250

1250 rue Roberval

☎ 450-653-1900

Le Bar 1250 attire une clientèle jeune et sans prétention

avec sa musique éclectique et ses deux tables de billard.

Saint-Jean-sur-Richelieu

Bistro La Trinquette

290 rue Champlain

☎ 450-349-1811

Au cœur du Vieux-Saint-Jean, le bistro-pub-sandwicherie La Trinquette rassemble la jeunesse locale ou les travailleurs qui terminent leur journée par un cinq à sept. Petit menu disponible, principalement de sandwichs. Une table de billard s'y trouve aussi, et plusieurs bières de microbrasseries québécoises, y sont servies.

Saint-Mathias-sur-Richelieu

Super 9 Nightclub

9 rue Dufour

☎ 450-658-5170

On recommande le Super 9 Nightclub pour deux raisons: très peu de discothèques sont aménagées dans une ancienne grange, et il s'agit bien d'une adresse où tous les jeunes de la région se retrouvent la fin de semaine. Il faut s'attendre à une boîte de nuit de village avec lasers, voitures sport et toute l'étiquette qui vient avec elle, mais il demeure que l'ambiance n'y manque pas.

Saint-Hyacinthe

Le Bilboquet

1850 rue des Cascades O.

☎ 450-771-6900

Le Bilboquet fait partie des endroits que l'on aime dès que l'on franchit le pas de la porte. Le Bilboquet, c'est non seulement un fabricant de bières artisanales, entre autres la Métayer blonde, brune ou rousse, et un lieu de rencontre décontracté et intimiste où l'on sert des repas légers à l'intérieur ou sur la terrasse, mais aussi un lieu qui offre de temps à autre des soirées de poésie et de contes.

Le Bouffon Resto-Pub

485 av. Ste-Anne

📞 450-778-9915

Le Bouffon Resto-Pub est un autre bon endroit à fréquenter pour des soirées animées (voir p. 216).

> Festivals et événements

Mai

À l'occasion de la **Journée nationale des Patriotes** *(fin mai;* 📞 *450-787-3623)*, célébrée le lundi qui précède le 25 mai, des commémorations et des activités à caractère historique sont organisées dans diverses régions du Québec et plus particulièrement à Saint-Denis-sur-Richelieu, où se trouve la **Maison nationale des Patriotes** (voir p. 197).

Juillet

L'**Expo de Saint-Hyacinthe** *(dernière semaine de juil;* 📞 *450-773-9307, www.expo-agricole.com)* est l'occasion d'aller voir des manèges, des concours d'animaux, des machines agricoles, de même que des épreuves de tirs de tracteurs.

La gibelotte est un mets typique régional fait à base de poisson. Le **Festival de la gibelotte de Sorel-Tracy** *(début juil;* 📞 *450-746-0283 ou 877-746-0283, www.festivalgibelotte.qc.ca)* ne cesse d'innover afin de maintenir l'intérêt pour ce plat.

Salaberry-de-Valleyfield est l'hôte des **Régates de Valleyfield** *(début juil;* 📞 *450-371-6144, www.regates.ca)*. La compétition propose diverses catégories de courses d'hydroplanes, au cours desquelles les plus rapides peuvent parfois atteindre une vitesse de près de 240 km/h. Spectacles et animations y sont aussi présentés.

Différents événements traditionnels autochtones (danses, chants, etc.) sont organisés à Kahnawake dans le cadre du **Pow Wow** *(deuxième fin de semaine de juil;* 📞 *450-632-8667, www.kahnawakepowwow.com)*.

Août

Pendant l'**International de montgolfières de Saint-Jean-sur-Richelieu** *(deuxième ou troisième semaine d'août;* 📞 *450-347-9555, www.montgolfieres.com)*, le ciel se couvre d'une centaine de montgolfières multicolores. Les envolées ont lieu tous les jours à 6h et 18h, si le temps le permet. De l'animation, des expositions et des spectacles font partie des festivités pendant ces journées.

Pendant quatre jours, la **Fête Bières et Saveurs** *(fin août à début sept;* 📞 *450-447-2096, www.bieresetsaveurs.com)* est l'occasion de déguster, sur le site enchanteur du fort Chambly, une variété de bières des quatre coins du monde et des produits du terroir.

Novembre

La **commémoration de la bataille de Saint-Denis** a lieu chaque année, le dimanche le plus près du 23 novembre. On organise alors plusieurs activités à la **Maison nationale des Patriotes** (voir p. 197) de Saint-Denis-sur-Richelieu.

Achats

La Montérégie est de plus en plus reconnue pour ses petites adresses que l'on se passe entre amis ou que l'on garde précieusement pour ses escapades de fin de semaine. Il est presque devenu coutume de sortir de la ville afin de se diriger en Montérégie pour la cueillette de fruits en saison, pour trouver de précieuses antiquités ou encore simplement pour faire l'achat et la dégustation de produits agricoles.

> Alimentation

Rougemont

Cidrerie Michel Jodoin (voir p. 188).

Vinaigrerie artisanale Pierre Gingras (voir p. 191).

Saint-Antoine-Abbé

Léger et frais, l'hydromel est la boisson tout indiquée pour les belles journées d'été, et les **Vins Mustier Gerzer** *(toute l'année; 3299 route 209,* 📞 *450-826-4609, www.brasserie-saint-antoine-abbe.com)*, dans la magnifique région de Saint-Antoine-Abbé, sont passés maîtres dans sa fabrication. D'ailleurs, au même endroit, l'abeille est à l'honneur à la **Ruche d'Or** avec une grande variété de produits à base de miel, tandis que la Brasserie Saint-Antoine-Abbé brasse quatre bières artisanales. Dégustations sur place.

Hemmingford

Vous trouverez à la boutique de la **Face Cachée de la Pomme** *(tlj 10h à 18h; 617 route 202,* 📞 *450-247-2899 poste 228, www.cidredeglace.com)* leurs délicieux produits régulièrement récompensés.

Otterburn Park

Ce qui fait la renommée de **La Cabosse D'Or** *(♿; sam-mer 9h à 18h et jeu-ven 9h à 21h; 973 ch. Ozias-Leduc,* 📞 *450-464-6937, www.lacabossedor.com)*, c'est bien sûr le chocolat belge de première qualité, mais c'est encore l'aspect enchanteur des lieux, dignes des contes de notre enfance, comme Hensel et Gretel. Dans cette splendide maison (avec boutique, terrasse, salon de thé et minigolf en saison), les hôtesses, vêtues de costumes traditionnels, vous accueilleront avec le sourire.

› Antiquités

Hudson

Le **Finnegan's Market** *(début mai à fin oct sam 9h à 16h; 775 Main Rd.,* ♪ *450-458-4377)*, ce célèbre marché en plein air où l'on propose non seulement des antiquités, mais aussi une foule d'autres trouvailles, est un incontournable dans la région. Quel plaisir de déambuler à travers tous ces trésors qui sont pour la plupart vendus à un prix abordable!

› Centres commerciaux

Brossard

Le **Quartier Dix30** *(tlj; angle des autoroutes 10 et 30,* ♪ *450-926-1030, www.quartierdix30. com)*, avec ses nombreuses boutiques, son théâtre et son hôtel, est devenu l'endroit où faire ses courses à Brossard.

Le plus **grand choix** de guides **sur les Amériques**!

www.guidesulysse.com

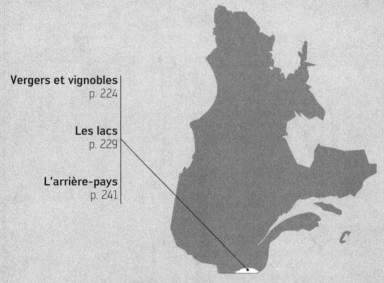

Cantons-de-l'Est

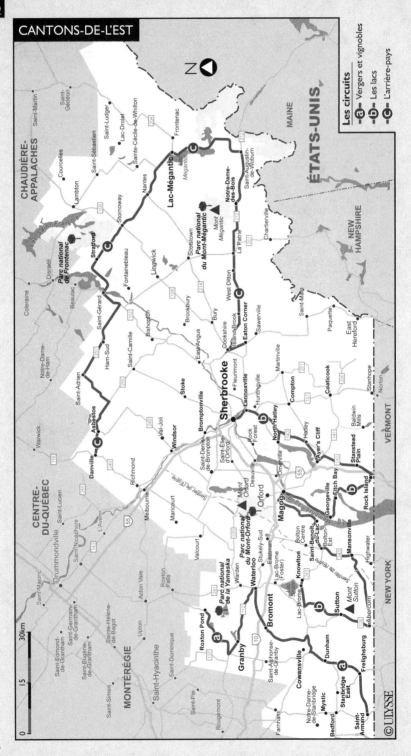

CANTONS-DE-L'EST

Les circuits

- **a** Vergers et vignobles
- **b** Les lacs
- **c** L'arrière-pays

ÉTATS-UNIS

MAINE

NEW HAMPSHIRE

VERMONT

NEW YORK

CHAUDIÈRE-APPALACHES

CENTRE-DU-QUÉBEC

MONTÉRÉGIE

Parc national de Frontenac

Parc national du Mont-Mégantic

Parc national du Mont-Orford

Parc national de la Yamaska

© ULYSSE

0 15 30km

E ntre de gracieux vallons et des montagnes aux sommets arrondis, les **Cantons-de-l'Est** ★ ★ cachent de petits villages fort pittoresques qui rappellent à bien des égards la Nouvelle-Angleterre. Situés à l'extrême sud du territoire québécois, à même les contreforts des Appalaches, ils constituent l'une des plus belles et verdoyantes régions du Québec.

Comme en témoignent toujours de nombreux toponymes tels que Massawippi et Coaticook, cette vaste région fut d'abord parcourue et habitée par les Abénaquis. Par la suite, lorsque la Nouvelle-France passa sous domination anglaise et que prit fin la guerre de l'Indépendance américaine, de nombreux colons restés fidèles à la couronne britannique (les loyalistes) quittèrent les États-Unis et vinrent s'installer dans la région que l'on nommait alors «Eastern Townships».

Les loyalistes furent suivis, tout au long du XIXᵉ siècle, de grands contingents d'immigrants provenant des îles Britanniques, surtout des Irlandais, et de colons de souche française venant des régions surpeuplées des basses terres du Saint-Laurent.

Même si aujourd'hui la population est à plus de 90% francophone, l'apport anglo-saxon reste très présent, notamment dans le patrimoine architectural. Dans plusieurs villes et villages s'élèvent de jolies églises anglicanes bordées de belles résidences du XIXᵉ siècle, de style victorien ou vernaculaire américain. Restés très attachés aux Cantons-de-l'Est, les Anglo-Québécois y ont conservé de prestigieuses institutions, comme l'université Bishop de Lennoxville.

Les fermes laitières agrémentent toujours le paysage. Toutefois, les Cantons-de-l'Est constituent aujourd'hui une région dynamique dotée de deux universités et de plusieurs industries de pointe.

Située à environ une heure de route de Montréal, la région est devenue un lieu de villégiature très populaire. Ses montagnes offrent en hiver de belles pistes aux skieurs, alors que ses lacs et rivières invitent aux activités nautiques en été. Mais on la visite également pour sa gastronomie, sa route des vins ou simplement ses divers festivals ou les activités familiales qu'elle offre.

En 1966, à la suite de la division du Québec en régions administratives, le territoire des Cantons-de-l'Est prit l'appellation d'«Estrie». Trente ans plus tard toutefois, l'association touristique de la région prenait la décision de retourner à l'appellation originale. D'ailleurs, l'attachement profond des gens de la région à celle-ci avait fait en sorte qu'elle n'avait jamais été délaissée. Ainsi le terme «Cantons-de-l'Est» désigne-t-il aujourd'hui la réalité touristique de la région. L'appellation «Estrie», quant à elle, demeure utilisée pour désigner la région administrative, et ses habitants s'appellent les Estriens.

Situés au sud-est de Montréal, les Cantons-de-l'Est sont en concurrence avec les Laurentides, au nord-ouest de la métropole, en tant que «terrain de jeu» favori des Montréalais. Trois circuits sont proposés dans ce guide pour découvrir les Cantons-de-l'Est :

Circuit A : Vergers et vignobles ★
Circuit B : Les lacs ★ ★ ★
Circuit C : L'arrière-pays ★

Accès et déplacements

➤ En voiture

Circuit A : Vergers et vignobles

De Montréal, traversez le pont Champlain et suivez l'autoroute 10 (autoroute des Cantons-de-l'Est) jusqu'à la sortie 29. Empruntez la route 133 Sud. À proximité de Philipsburg et de la frontière canado-américaine, gardez la gauche pour pouvoir prendre la petite route

qui mène à Saint-Armand et à Frelighsburg. La route 213 prend le relais jusqu'à Dunham, où vous pourrez soit prendre à gauche la route 202 pour aboutir à Mystic, soit suivre en direction nord la route 202 puis les routes 139 et 241 pour rejoindre Waterloo. De là, la route 112 mène à Rougemont en passant par Granby, et la route 220 cède le pas à la route 243 pour vous conduire à Valcourt.

Circuit B : Les lacs

De Montréal, empruntez l'autoroute des Cantons-de-l'Est (autoroute 10) jusqu'à la sortie 90. Suivez ensuite la route 243 vers le sud. Assurez-vous de prendre le tournant à gauche, en direction de Knowlton, afin de longer la rive est du lac Brome. À Knowlton, la route 104 mène à l'intersection avec la route 215, où vous tournerez à gauche vers Brome et Sutton. D'ici, en suivant la route 139 puis la route 243, vous atteindrez Bolton Sud, d'où vous pourrez vous rendre à Saint-Benoît-du-Lac par la route 245. En faisant le tour du lac Memphrémagog tout en contournant sa pointe nord pour suivre la route 247, vous vous retrouverez à Rock Island. La dernière portion de ce circuit se fait par la route 143, avec un crochet par la route 141 pour Coaticook puis par la route 208 jusqu'à Sherbrooke.

Circuit C : L'arrière-pays

De Sherbrooke, empruntez la route 108 jusqu'à Birchton puis la route 210 en direction d'Eaton Corner. Le noyau du village se trouve de part et d'autre de la route 253 Sud. Au départ de Cookshire, prenez la route 212 jusqu'à Saint-Augustin-de-Woburn. D'ici, grimpez vers le nord par la route 161 en longeant la rive est du lac Mégantic, puis rendez-vous jusqu'à Ham-Nord, d'où les routes 216 et 255 se succèdent à destination de Danville.

➤ En autocar (gares routières)

Circuit A : Vergers et vignobles
Granby
Dépanneur Couche-Tard
111 rue St-Charles S.
☎ 450-776-1571

Bromont
Dépanneur Boni-Soir
2000 boul. Pierre-Laporte
☎ 450-534-1999

Circuit B : Les lacs
Sutton
Station-service Esso
28 rue Principale N.
☎ 450-538-2452

Magog
Terminus Café
768 rue Sherbrooke
☎ 819-843-4617

Sherbrooke
Vieille gare
80 rue du Dépôt
☎ 819-569-3656

Circuit C : L'arrière-pays
Lac-Mégantic
Dépanneur Fatima
6630 rue Salaberry
☎ 819-583-2717

➤ À vélo

Le vélo est très populaire au Québec. La région des Cantons-de-l'Est, propice au vélo en raison de ses petites routes et ses voies cyclables au cadre enchanteur, a par ailleurs participé activement au développement de cette activité. Plusieurs trajets sont proposés aux cyclistes : de nombreuses voies cyclables, une dizaine de circuits sur route et la **Véloroute des Cantons**, une grande boucle amalgamant pistes cyclables et routes panoramiques qui permet de traverser la région et de voyager entre Montréal et Québec en passant par les Cantons-de-l'Est. Vous pouvez commander la carte des voies cyclables de la région auprès de **Tourisme Cantons-de-l'Est** (☎ *819-820-2020 ou 800-355-5755, www.cantonsdelest.com)* ou consulter la carte interactive sur le site web de l'association.

Attraits touristiques

Tourisme Cantons-de-l'Est *(20 rue Don-Bosco S., Sherbrooke, QC J1L 1W4, ☎ 819-820-2020 ou 800-355-5755, www.cantonsdelest.com)*

Circuit A : Vergers et vignobles ★

▲ *p. 244*   🍴 *p. 251*   ✈ *p. 255*   🛏 *p. 257*

⏱ *Un jour*

On trouve trois concentrations de vergers dans les environs de Montréal : la région de Saint-Joseph-du-Lac (Laurentides), la région de Saint-Antoine-Abbé (Montérégie) et celle, plus vaste bien que plus dispersée, de la portion occidentale des Cantons-de-l'Est. Il y a quelques années, des vignobles se sont ajoutés aux pommeraies traditionnelles, faisant d'un segment de ce circuit une route des vins québécoise. En automne, les citadins viennent s'y balader le dimanche pour admirer les couleurs chatoyantes des arbres, observer les vendanges et cueillir les pommes dans l'un des multiples vergers où l'on est invité à le faire soi-même. De plus, des pomiculteurs proposent leurs produits au bord de la route (beurre de pomme, cidre, jus, tartes), alors que les viticulteurs privilégient les visites guidées de leurs propriétés, suivies d'une dégustation.

Saint-Armand

Ce village était autrefois un important carrefour ferroviaire, comme en témoigne son ancienne gare, aujourd'hui rénovée et recyclée en **hôtel de ville** *(414 ch. Luke).* Il s'agit d'un bâtiment en brique de style néo-Renaissance érigé en 1865, ce qui en fait l'une des plus anciennes gares subsistant au Canada. De même, le pont couvert du ruisseau Groat (1845) est l'un des premiers ponts couverts à avoir été construit au pays. La route sinueuse traverse ensuite Pigeon Hill avant d'atteindre le charmant hameau de Frelighsburg.

▸▸▸ *Suivez le chemin Saint-Armand en direction est pour rejoindre Frelighsburg.*

Frelighsburg ★★

Frelighsburg est considéré comme un des plus beaux villages du Québec. Son architecture traditionnelle est représentative de celle des Cantons-de-l'Est, qui se distingue de celle du reste du Québec par ses racines anglo-américaines et qui se traduit par l'emploi fréquent de la brique rouge et des revêtements en clin de bois peint en blanc.

Le bourg de Frelighsburg a grandi autour de son **moulin Freligh** *(on ne visite pas; 12 route 237 N.).* En 1790, un premier moulin est érigé en pierre par deux pionniers loyalistes. En 1800, Abram Freligh, qui laissera son nom au village, achète le moulin. Il meurt quelques mois plus tard. Son fils Richard reprend alors le flambeau et, en 1839, fait construire un deuxième moulin qui viendra remplacer le premier, devenu vétuste avec les années. Le moulin a été transformé en résidence en 1967 et classé monument historique en 1973.

L'**église anglicane** ★ de Frelighsburg occupe un emplacement de choix au sommet d'une colline dominant le village. Son plan allongé et son clocher élevé sur le côté de la nef, au pied duquel se trouve l'entrée principale, sont des éléments inusités dans les Cantons-de-l'Est. Ce temple a été construit en 1884 dans le style néogothique préconisé par l'Église d'Angleterre. Les murs de briques rouges avec encadrements en briques jaunes, surmontés d'une toiture d'ardoise, forment un ensemble polychrome intéressant et inhabituel. À l'intérieur se trouve un orgue toujours fonctionnel datant de 1867, réalisé par le célèbre facteur d'orgues Samuel Russell Warren.

Le **Domaine Pinnacle** *(entrée libre; mi-avr à début mai sam-dim 10h à 18h, mai à déc tlj 10h à 18h; 150 ch. Richford, au sud du village par la route 237, ☏ 450-263-5835, www.domainepinnacle. com),* lauréat de nombreux prix à travers le monde, se spécialise dans les cidres de glace.

Mais que diable est donc un «canton»?

Les cantons sont des entités territoriales différentes des seigneuries, à la fois par leur forme plus ou moins carrée plutôt qu'allongée, et par leur mode d'administration inspiré d'un modèle de développement britannique. Le canton était créé sur demande de la communauté qui désirait s'y installer plutôt qu'à partir d'une concession à un seul individu. Pour la plupart constitués au début du XIXe siècle, les cantons ont comblé les espaces laissés vacants par le régime seigneurial français, généralement des sites montagneux éloignés des berges déjà peuplées du Saint-Laurent et de ses affluents, lesquels constituaient à l'époque les principales voies de communication de la colonie. Les Cantons-de-l'Est forment la région où ce mode de peuplement du territoire s'est le plus répandu au Québec.

La visite du centre d'interprétation du verger permet de découvrir tout le travail derrière leurs délicieux produits. La boutique propose plusieurs idées-cadeaux intéressantes, et l'on y offre une dégustation gratuite de leurs différents produits.

▸▸▸ *Suivez la route 213 Nord en direction de Dunham.*

Dunham ★★

Dans les villages québécois fondés par des Canadiens français, traditionnellement catholiques, une seule église, assez imposante, est érigée au centre de l'agglomération. Dans les villages des Cantons-de-l'Est où la population est souvent répartie entre anglicans, presbytériens, méthodistes, baptistes et parfois même luthériens et unitariens, les petits temples de dénominations diverses foisonnent. Aussi la rue Principale de Dunham est-elle bordée de plusieurs clochers, entre lesquels sont érigées des demeures bourgeoises bien entretenues. Le canton de Dunham étant le plus ancien résultant de la formation du Bas-Canada (1791), on y trouve certaines des premières maisons bâties dans la région. L'**All Saints Anglican Church**, construite en pierre entre 1847 et 1851, s'inscrit dans l'axe de la route 202 Ouest, qu'emprunte la Route des vins.

▸▸▸ Prenez à gauche la route 202 Ouest pour parcourir la Route des vins. Une excursion facultative à Stanbridge East, à Bedford et à Mystic est également proposée à partir de cette route. Reprenez ensuite la route 202 Est en direction de Cowansville.

La Route des vins ★

Le visiteur européen pourra trouver bien prétentieux d'entendre parler de «Route des vins», un parcours de 140 km qui s'étend de Farnham à Lac-Brome, mais l'expérience québécoise en matière de viticulture est tellement surprenante et la concentration de vignobles dans cette région si unique au Québec que l'enthousiasme l'a emporté sur la mesure. Pas de châteaux ni de vieux comtes distingués ici, mais plutôt des exploitants viticulteurs débrouillards qui ont dû parfois louer des hélicoptères pour sauver leurs vignes du gel (les pales des hélices créent en effet une circulation d'air qui empêche le gel au sol à des moments critiques, notamment au mois de mai). Depuis, de nouveaux dispositifs à hélices ont été installés dans plusieurs champs. La région bénéficie tout de même d'un microclimat et d'un sol propice à la culture de la vigne (ardoise). La majorité des vins ne sont vendus que sur place, mais de gros efforts sont déployés en vue d'une reconnaissance locale et internationale grandissante.

Vous pouvez visiter le vignoble de **L'Orpailleur** *(&; 1086 route 202, Dunham, ☎ 450-295-2763, www.orpailleur.ca)*, où sont entre autres élaborés un vin blanc sec et un apéritif rappelant le Pineau des Charentes, l'Apéridor. On y produit aussi La Marquise, un délicieux vin blanc à haute teneur en alcool; La Part des Anges, un mélange de vin blanc et de cognac au goût de noisette; ainsi qu'un «vin de glace» très réputé et lauréat de nombreux prix. L'Orpailleur a aussi ouvert un **Économusée de la vigne et du vin**, par ailleurs très intéressant. Un service de restauration offre une table champêtre : **Le Tire-Bouchon** (voir p. 252).

Le **Domaine des Côtes d'Ardoise** *(879 route 202, Dunham, ☎ 450-295-2020, www.cotesdardoise.com)* est le plus ancien vignoble québécois toujours en activité. On y produit plusieurs vins dont un vin de glace et une vendange tardive primés.

Le vignoble **Les Blancs Coteaux** *(1046 route 202, Dunham, ☎ 450-295-3503, www.blancscoteaux.com)*, en plus de faire un vin de qualité, dispose d'une boutique.

Pour d'autres suggestions de vignobles à visiter dans les Cantons-de-l'Est, voir p. 229.

Stanbridge East

Ce charmant village est surtout connu pour son musée régional. Le **Musée Missisquoi ★** *(5$; fin mai à mi-oct tlj 10h à 17h; 2 rue Rivière, ☎ 450-248-3153, www.museemissisquoi.ca)* se consacre à la conservation et à la diffusion du patrimoine régional, principalement loyaliste. Les 12 000 objets de la collection sont répartis dans trois bâtiments d'époque : le **moulin Cornell** de 1832, la **grange Walbridge** *(à Mystic, voir plus loin)* et le **magasin Hodge**, qui a conservé ses comptoirs du début du XXe siècle.

Le long des rues ombragées du village, on peut aussi voir de grandes maisons entourées de jardins. On remarque tout particulièrement l'**église anglicane St. James the Apostle** *(15 rue Maple)*, construite en 1862 dans le style néogothique.

▸▸▸ Poursuivez sur la route 202 Ouest jusqu'à Bedford.

Bedford

Cette autre petite ville aux accents américains et loyalistes est renommée pour son ardoise grise et verte. On peut y voir de belles maisons de briques rouges entourées de verdure, la plupart datant de la deuxième moitié du XIXe siècle, ainsi que la jolie **église anglicane St. James** *(40 rue du Pont, ☎ 450-248-3923)*, également en brique (1834). Ne manquez pas de jeter un coup d'œil sur les magnifiques vitraux à l'intérieur. Le pont des Rivières, un pont couvert situé au nord-ouest du village, fait 41 m de longueur. Il a été érigé en 1884 et est l'un des rares exemples de pont en bois de type Howe au Québec, caractérisé par l'assemblage en croix des poutrelles.

Si l'architecture régionale vous intéresse, procurez-vous la brochure intitulée *Promenade historique – Circuit patrimonial* à l'hôtel de ville *(lun-jeu 8h à 16h30, ven 8h à 12h; 1 rue Principale)*. Vous visiterez une dizaine d'impressionnants bâtiments datant du XIXe et du début du XXe siècle dans les rues de Bedford.

▸▸▸ Pour vous rendre à Mystic, prenez la route 235 Nord à droite. Le hameau est situé sur votre gauche, à l'écart de la route principale.

Mystic ★★

Le charmant hameau de Mystic, qui représente plus ou moins la porte d'entrée des Cantons-de-l'Est, est un véritable morceau de Nouvelle-Angleterre transplanté au Québec.

Sa population est encore largement anglophone.

Le village, déjà très attrayant grâce à la nature qui l'entoure, se démarque aussi par un bâtiment historique des plus originaux. La **grange Walbridge** *(189 ch. de Mystic)* qui date de 1885 est en effet dodécagonale (12 côtés), formée de pans se rejoignant en un toit en pignon. Au moment de mettre sous presse, on annonçait que la grange accueillerait au printemps 2010 une annexe du Musée Missisquoi de Stanbridge East (voir plus haut) où seront exposés des artéfacts reliés à l'agriculture. Ce petit détour par Mystic vous permettra aussi de faire une halte à l'ancien magasin général qui abrite maintenant **L'Œuf** (voir p. 244), un établissement à vocations multiples : auberge, restaurant, chocolaterie, café et boutique.

Une expo-vente de céramiques, **CeraMystic** ★ *(✆ 450-248-3551, www.ceramystic.com)*, se tient chaque année vers la fin de juin. Une trentaine d'artisans potiers de la région exposent alors leurs œuvres en plein air au centre du village.

▸▸▸ *Revenez à Dunham, pour poursuivre le circuit principal. Prenez la route 202 Est en direction de Cowansville.*

Cowansville

Cowansville, une autre communauté fondée par des immigrants loyalistes, compte 12 200 habitants et regroupe de belles demeures victoriennes en bois et en briques ainsi que quelques bâtiments publics et commerciaux d'intérêt qui témoignent du passé prospère de la ville. Au numéro 225 de la rue Principale, on peut notamment voir l'ancienne **Eastern Townships Bank** (1889), aujourd'hui reconvertie en musée. En effet, le **Musée Bruck** *(fin juin à début sept tlj 10h à 17h, début sept à fin juin lun-ven 8h30 à 16h; 225 rue Principale, ✆ 450-263-6101)*, qui a ouvert ses portes dans cet édifice à l'été 2009, présente une collection de peintures datant de 1891 à 1980. Vous pourrez profiter de la visite du musée pour vous procurer la brochure du circuit patrimonial qui permet de découvrir plus d'une vingtaine de bâtiments historiques à travers les rues de Cowansville. Non loin du musée se trouve la **Trinity Church** *(409 rue du Sud, ✆ 450-263-2662)*, une petite église anglicane néogothique de 1859 entourée de son cimetière.

▸▸▸ *Empruntez la route 241 Nord à l'est de Cowansville.*

Bromont

Bureau d'accueil touristique *(15 boul. Bromont, Bromont, QC J2L 2K4, ✆ 450-534-2006 ou 877-276-6668, www.tourismebromont.com)*

Centre de villégiature prisé des Montréalais, la petite ville de Bromont s'est développée au cours des années 1960. Elle a acquis sa renommée grâce à son mont transformé en station de ski alpin, à ses installations sportives et à son titre d'hôte des compétitions de sport équestre des Jeux olympiques de 1976.

La **station touristique Bromont** *(35$; juin et mi-août à fin août tlj 10h à 17h, juil à mi-août tlj 10h à 18h30; 150 rue Champlain, ✆ 450-534-2200 ou 866-276-6668, www.skibromont.com)* comprend un grand parc aquatique où vous pouvez vous amuser en famille, que ce soit dans la descente de rivière artificielle, la piscine à vagues ou la luge de montagne, avec laquelle vous dévalerez les pentes à grande vitesse. Pour les activités hivernales de la station de ski, voir p. 229.

Pour les gourmands au fin palais, le **Musée du Chocolat** *(1,50$; tlj 8h30 à 18h; 679 rue Shefford, ✆ 450-534-3893, www.museeduchocolatdebromont. ca)* est une occasion en or de se familiariser avec leur péché mignon. On y découvre l'histoire du chocolat depuis l'arrivée des Espagnols en Amérique du Sud, le processus de modification des fèves en poudre de cacao et quelques œuvres d'art ayant pour support principal... le chocolat! Si vos papilles en redemandent, vous pourrez acheter toutes sortes de délicieuses confiseries faites sur place. Des repas légers y sont également servis.

Waterloo ★

Autoproclamée capitale canadienne du vélo, Waterloo est une petite ville charmante située au carrefour de quelques pistes cyclables de la région, notamment l'**Estriade** (voir p. 229). Les rues Western, Clark Hill, Lewis et Foster sont, encore ici, bordées de maisons cossues. Ironiquement, les maisons des familles anglo-saxonnes sont plus vastes que celles des familles canadiennes-françaises même si leurs familles étaient traditionnellement beaucoup moins nombreuses. L'**église anglicane St. Luke** *(405 rue de la Cour, ✆ 450-539-2078)* date de 1870 et comporte de magnifiques vitraux.

▸▸▸ *Une excursion facultative est proposée à Valcourt, village où Joseph-Armand Bombardier a développé puis commercialisé la motoneige. Pour vous y rendre, suivez la route 241 jusqu'à Warden, puis prenez à droite la route 220 en direction de Sainte-Anne-de-la-Rochelle. Enfin prenez la route 243 à gauche et suivez les indications vers Valcourt.*

Valcourt

Jusqu'au début des années 1950, nombre de routes du Québec n'étaient pas déneigées en hiver. Il fallait pour se déplacer renouer avec les moyens de transport ancestraux, à savoir le traîneau tiré par un cheval, l'automobile étant peu recommandable.

Bombardier n'est pas le seul mécanicien québécois à avoir conçu un véhicule motorisé capable de circuler sur des surfaces enneigées. Il est cependant le seul à avoir réussi à rentabiliser son invention, grâce notamment à un lucratif contrat avec l'armée au cours de la Seconde Guerre mondiale. L'entreprise s'est par la suite diversifiée et a connu une croissance considérable. De nos jours, le Ski-Doo n'est plus un produit fabriqué par la multinationale Bombardier, qui s'est en effet tournée exclusivement vers le transport sur rail et de l'aéronautique.

Le **Musée J.-Armand-Bombardier** ★ *(7$; &; début mai à début sept tlj 10h à 17h, début sept à fin avr mar-dim 10h à 17h; 1001 av. Joseph-Armand-Bombardier, ☎ 450-532-5300, www. museebombardier.com)* retrace l'histoire du développement de l'autoneige puis de la motoneige par Bombardier, et sa commercialisation à travers le monde. On peut y voir différents prototypes de même que les modèles de motoneiges fabriqués depuis 1960, ainsi qu'une exposition permanente sur la vie de l'inventeur.

▸▸▸ *De Waterloo, suivez la route 112 Ouest jusqu'à Granby.*

Granby ★

Maison du tourisme des Cantons-de-l'Est *(100 rue du Tourisme, sortie 68 de l'autoroute 10, St-Alphonse-de-Granby, QC J0E 2A0, ☎ 450-375-8774 ou 866-472-6292)*

Située à quelques kilomètres du verdoyant parc national de la Yamaska, Granby, «la princesse des Cantons-de-l'Est», respire l'air frais de la campagne environnante. Outre ses résidences témoignant de l'architecture victorienne, elle renferme de grandes avenues et de nombreux parcs ornés de fontaines et de sculptures qui font le bonheur de ses 60 000 habitants.

Traversée par la rivière Yamaska Nord, Granby se veut également le point de rencontre des pistes cyclables de la Montérégiade et de l'Estriade. Son dynamisme et sa jeunesse se reflètent à travers ses festivals, notamment le célébrissime **Festival international de la chanson** (voir p. 257), grâce auquel la Francophonie a découvert plusieurs excellents compositeurs et interprètes. La ville de Granby est aussi connue pour son zoo, ouvert en 1953.

Au **Zoo de Granby** ★★ *(35$; &; fin juin à fin août tlj 10h à 19h, fin août à fin oct sam-dim 10h à 17h, horaire variable en hiver; 1050 boul. David-Bouchard, ☎ 877-472-6299, www.zoodegranby.com)*, vous pourrez observer plus de 150 espèces animales provenant des Amériques, de l'Afrique, de l'Asie et de l'Océanie, de l'hippopotame à la grenouille cornue d'Argentine. En hiver, le zoo propose un superbe aménagement extérieur où petits et grands peuvent s'émerveiller devant certaines espèces bien adaptées à l'hiver québécois, tels les léopards des neiges, les ours himalayens, les lamas et les macaques japonais. La visite du zoo est intéressante non seulement pour l'observation des animaux mais aussi parce qu'on retrouve sur le site un parc aquatique, l'**Amazoo**, un attrait estival incontournable si vous êtes avec des enfants.

À quelques kilomètres du centre-ville de Granby, le **Centre d'interprétation de la nature du lac Boivin** *(entrée libre; &; lun-ven 8h30 à 16h30, sam-dim 9h à 17h; 700 rue Drummond, ☎ 450-375-3861)* compte quatre sentiers de randonnée pédestre totalisant 13 km. On peut aussi observer, à partir d'une tour d'observation et d'une cache, des plantes aquatiques, des animaux et une multitude d'oiseaux provenant des milieux humides. L'observation s'avère plus fructueuse en matinée, alors que les sentiers sont plus tranquilles. En hiver, les circuits sont également accessibles en «trottinette des neiges». Des expositions temporaires sont présentées tout au long de l'année au chalet d'accueil.

▸▸▸ *Prenez la route 139 Nord jusqu'à Roxton Pond et au parc national de la Yamaska.*

Roxton Pond

Le **parc national de la Yamaska** *(3,50$; tlj 8h au crépuscule; 1780 boul. David-Bouchard, ☎ 450-776-7182 ou 800-665-6527, www.sepaq.com)* a été aménagé autour du réservoir Choinière. Ce dernier, créé artificiellement, est aujourd'hui un lac agréable pour la baignade. En hiver, les visiteurs peuvent emprunter les sentiers de ski de fond, et en été les voies cyclables.

Devant la curiosité tenace des passants, les propriétaires d'une ferme d'élevage leur ont ouvert leur porte après avoir aménagé un sentier de près de 2 km présentant plus de 150 variétés d'oiseaux multicolores provenant de toutes les parties du monde. Le **Zoo et sanctuaire d'oiseaux exotiques Icare** *(15$; &; mi-juin à fin août tlj 10h à 17h, fin août à fin sept tlj 12h à 17h; 2699 route 139, ☎ 450-375-6118, www.zooicare.com)* est un bon endroit pour se procurer un ara au plumage enflammé! Vous aurez aussi le plaisir d'entrer dans une volière et de voir des oiseaux se poser sur vous. Sous vos yeux, les éleveurs nourriront à la main les oiselets. De belles photos en perspective.

››› *Ainsi se termine le circuit A : Vergers et vignobles. Pour rentrer à Montréal, retournez d'abord à Granby, puis suivez la route 112 Ouest jusqu'à la jonction avec la route 227 Sud. Prenez à gauche afin de rejoindre l'autoroute des Cantons-de-l'Est (10). Pour accéder au Circuit B : Les lacs, poursuivez vers l'est par la route 112 jusqu'à Waterloo. De là, prenez à droite pour suivre la route 243 en direction sud jusqu'à Knowlton.*

Activités de plein air

➤ Agrotourisme

Domaine Pinnacle, Frelighsburg, voir p. 225.

L'Orpailleur, Dunham, voir p. 226.

Domaine des Côtes d'Ardoise, Dunham, voir p. 226.

Encensé par plusieurs, le vignoble **Les Pervenches** *(150 ch. Boulais, Farnham, ♪ 450-293-8311, www.lespervenches.com)* produit des vins biologiques que l'on retrouve dans les plus grands restaurants du Québec. On peut visiter le vignoble en saison et acheter leurs produits sur place.

Avec ses tours de carriole, sa ferme d'animaux exotiques, son activité «Vigneron d'un jour» et son exposition de sculptures animalières, en plus de ses vins, le vignoble **La Bauge** *(155 rue des Érables, Brigham, ♪ 450-266-2149, www.labauge.com)* plaira à toute la famille.

➤ Équitation

Le **Centre équestre de Bromont** *(100 rue Laprairie, Bromont, ♪ 450-534-3255, www.centreequestrebromont.com)* a accueilli les compétitions de sport équestre des Jeux olympiques de 1976, pour lesquelles des écuries et des manèges (intérieurs et extérieurs) ont été construits. Depuis lors, une partie des installations est mise à la disposition des personnes qui désirent suivre des cours. C'est également le lieu de plusieurs compétitions équestres internationales au cours de l'été.

➤ Patin

Le **lac Boivin** se transforme en patinoire vers la mi-janvier (anneau de glace de 1 km). Le soir, des lumières éclairent les patineurs sur fond musical. Appelez au chalet des patineurs *(Granby, ♪ 450-375-5696)* pour connaître l'état de la glace.

➤ Pêche

Les mordus de la pêche à la mouche peuvent désormais se faire plaisir à longueur d'année... en plein centre-ville de **Granby**! Les rapides et les sources chaudes font en sorte que cette portion de la rivière Yamaska Nord résiste aux froids rigoureux des hivers québécois. Depuis le début des années 1990, l'ensemencement et la création d'aménagement favorisent la survie de la truite. En plus du permis de pêche, un droit d'accès à la rivière est requis.

➤ Ski alpin

Les skieurs trouveront à la **station touristique Bromont** *(48$; dim-jeu 8h30 à 22h, ven-sam 8h30 à 22h30; 150 rue Champlain, Bromont, ♪ 450-534-2200 ou 866-276-6668, www.skibromont.com)* 135 pistes et sous-bois sur sept versants, dont 69 sont éclairées le soir. Le mont n'offre cependant qu'un dénivelé d'au plus 385 m.

➤ Vélo

La piste cyclable **L'Estriade** *(www.estriade.net)* a été aménagée sur l'emprise d'une ancienne voie ferrée. Longue de 21 km, elle relie Granby, Bromont et Waterloo, et offre aussi une belle boucle par le parc national de la Yamaska. À Granby, elle rejoint la **Montérégiade** (voir p. 185).

La **station touristique Bromont** *(150 rue Champlain, Bromont, ♪ 450-534-2200 ou 866-276-6668, www.skibromont.com)* compte près de 100 km de pistes pour le vélo de montagne, pour la plupart intermédiaires ou expertes. Vous pourrez aussi profiter du service de télésiège.

Circuit B : Les lacs ★ ★ ★

▲ *p. 245* ⊕ *p. 253* ⊰ *p. 255* ▯ *p. 257*

⏱ *Deux jours*

Un trajet sinueux autour des trois lacs les plus courus des Cantons-de-l'Est, les lacs Brome, Memphrémagog et Massawippi, définit ce circuit aux multiples panoramas, aux villages plus coquets les uns que les autres et aux auberges chaleureuses dont le style n'est pas sans rappeler celles de la Nouvelle-Angleterre. Ce circuit est idéal pour s'offrir un séjour à faible distance de Montréal, pendant lequel on pourra pratiquer différents sports nautiques et faire de l'escalade ou des randonnées en forêt pendant l'été, et du ski ou de la raquette en hiver. Apportez votre passeport car vous voudrez peut-être vous rendre aux États-Unis tout proches lors d'une balade en voiture ou d'une croisière.

Knowlton ★★

Dans ce village, l'un des plus beaux du Québec, vous comprendrez ce que l'on entend par «une impression de Nouvelle-Angleterre». Cette petite localité qui accueille une communauté d'estivants fortunés se marie admirablement au paysage. Quelques boutiques et restaurants charmants y agrémentent également la balade du visiteur. Alors que, dans les villages de tradition canadienne-française, l'accent est mis d'abord et avant tout sur l'église paroissiale catholique et le presbytère, les bâtiments civiques prennent ici davantage d'importance. On remarque notamment l'**ancien palais de justice** au numéro 15 de la rue St. Paul, érigé en 1859 dans le style néogrec. Ce bâtiment abrite désormais les archives de la Société historique du comté de Brome. L'architecture loyaliste, où le rouge de la brique se mêle au blanc du bois et au vert foncé des persiennes, est visible tout autour.

Le **lac Brome** ★, de forme circulaire, est populaire auprès des amateurs de planche à voile, qui bénéficient d'une aire de stationnement et d'une petite plage en bordure de la route à l'approche de Knowlton.

Le **Musée du comté de Brome** ★ *(5$; mi-mai à mi-sept lun-sam 10h à 16h30, dim 11h à 16h30; 130 rue Lakeside, ☎ 450-243-6782, www.townshipsheritage. com)*, réparti dans six bâtiments loyalistes, raconte l'histoire et la vie des gens de la région. On y retrouve, outre les habituelles collections de meubles et de photographies, un magasin général reconstitué, une cour de justice du XIXᵉ siècle et, chose plus rare, une intéressante collection militaire dont un avion Fokker D.VII de la Première Guerre mondiale.

Une promenade à pied à l'aide d'un dépliant explicatif permet de connaître l'histoire de Knowlton. Vous pouvez vous le procurer gratuitement à la **Chambre de commerce de Lac-Brome** *(lun-ven 9h à 17h; 255 ch. Knowlton)*. Pour plus d'information, visitez le *www. knowltonquebec.ca*.

▸▸▸ *Au bout du chemin Lakeside, prenez à droite la route 104 Ouest, puis à gauche la route 215 Sud en direction de Brome et de Sutton Junction pour rejoindre Sutton.*

Sutton ★

Bureau d'information touristique *(24-A rue Principale S., Sutton, QC J0E 2K0, ☎ 450-538-8455 ou 800-565-8455, www.sutton.ca)*

Une des principales stations de sports d'hiver de la région, la ville de Sutton est située en contrebas du massif des monts du même nom. On trouve aussi dans la région quelques terrains de golf bien aménagés pour combler les sportifs pendant l'été. Parmi les églises de Sutton, on remarquera plus particulièrement la **Grace Church** *(52 rue Principale S., ☎ 450-538-8108, www.gracechurchsutton.org)* anglicane, en pierre, de style néogothique et érigée en 1846. Son clocher a malheureusement perdu son ouverture en ogive.

On retrouve également à Sutton le méconnu mais étonnant **vignoble de la Chapelle Ste Agnès** *(15$ visite, 25$ visite et dégustation; mi-juin à fin oct visites les mer et dim à 13h30; 2565 ch. Scenic, ☎ 450-538-0303, www.vindeglace.com)*, qui mérite une visite ne serait-ce que pour son environnement hors du commun. Spécialisé dans le vin de glace, ce vignoble est composé de nombreuses terrasses soutenues par d'imposants murs de pierre. Une chapelle, construite par la propriétaire, ajoute à la magnificence des lieux. Sans oublier les délicieux vins de glace régulièrement primés.

▸▸▸ *Empruntez la route 139 Sud en direction du minuscule hameau d'Abercorn, situé à moins de 3 km de la frontière canado-américaine (État du Vermont). De là, prenez à gauche la route secondaire qui suit le creux de la très belle vallée de la rivière Missisquoi et qui traverse Glen Sutton et Highwater avant d'aboutir à Mansonville.*

Mansonville

Mansonville a grandi autour d'une scierie fondée par Henry Ruiter en 1803. Après avoir porté le même nom que le comté de Potton, dans les limites duquel il est situé, le village a été rebaptisé Mansonville en l'honneur de Robert Manson, l'un des premiers propriétaires de moulins à scie et à grain de la région. On y trouve une **grange ronde** (derrière l'école), un *common*, soit la place du village gazonnée comme il y en a fréquemment en Nouvelle-Angleterre, ainsi que plusieurs églises de dénominations diverses, parmi lesquelles il faut mentionner l'**église anglicane St. Paul's** de 1902. Il existe même à Mansonville une ancienne loge maçonnique.

▸▸▸ Pour suivre la route panoramique, prenez la rue Vale Perkins à droite. Empruntez le chemin du Lac puis le chemin Cooledge qui remonte vers Bolton et Saint-Benoît-du-Lac. Si vous désirez vous y rendre rapidement, prenez les routes 243 et 245 Nord au départ de Mansonville jusqu'à Bolton Centre.

À **Vale Perkins** même, on aperçoit sur la droite le mont Owl's Head, nom anglais qui se traduirait par «tête de hibou». Plus loin, on passe devant une petite chapelle ukrainienne des plus pittoresques. La route panoramique longe ensuite les monts Sugar Loaf (pain de sucre) et Éléphant, à proximité duquel on a trouvé des amoncellements de pierres appelés «cairns» ainsi qu'une grande pierre plate sur laquelle sont gravés des pétroglyphes aux origines mystérieuses. Certains associent ces vestiges archéologiques aux colons loyalistes; certains, aux tribus amérindiennes; d'autres enfin aux... Vikings qui seraient venus jusqu'ici, en des temps fort reculés! Du haut de la colline qui domine Knowlton's Landing, on découvre avec ravissement le lac Memphrémagog, joyau des Cantons-de-l'Est.

Le lac Memphrémagog ★★

Long de 44,5 km, mais d'une largeur variant entre seulement 1 km et 2 km, le lac Memphrémagog n'est pas sans rappeler les lochs écossais. Il possède même son propre monstre marin, baptisé *Memphré*, que plusieurs jurent avoir aperçu depuis 1798. La portion sud du lac, non visible depuis Magog, à son extrémité nord, est située aux États-Unis. Le nom du lac vient de la langue abénaquise (il signifie «au lac vaste»), tout comme celui du lac Massawippi et de la rivière Missisquoi. Les amateurs de voile y seront au paradis, puisqu'il s'agit de l'un des meilleurs endroits pour pratiquer ce sport au Québec. On en fait la traversée (voir p. 256) chaque année depuis une trentaine d'années.

▸▸▸ Prenez à droite la route d'Austin et tournez à droite dans le chemin Fisher, qui conduit à l'abbaye de Saint-Benoît-du-Lac.

Saint-Benoît-du-Lac ★★

Le territoire de cette municipalité correspond exclusivement au domaine de l'**abbaye de Saint-Benoît-du-Lac** (*☎ 819-843-4080, www.st-benoit-du-lac.com*), fondée en 1912 par des moines bénédictins chassés de leur abbaye de Saint-Wandrille-de-Fontenelle, en Normandie. L'ensemble comprend le monastère, l'hôtellerie, la chapelle abbatiale et les bâtiments de ferme. Seuls quelques corridors de même que la chapelle sont accessibles au public. On ne manquera pas d'écouter le chant grégorien pendant les vêpres, à 17h tous les jours de la semaine.

La construction des bâtiments de l'abbaye fut entreprise en 1938 selon les plans du moine bénédictin dom Paul Bellot (1876-1944). Cet éminent architecte, préoccupé par le renouveau de l'architecture religieuse au XXe siècle, a aussi dessiné les plans du dôme de l'oratoire Saint-Joseph, à Montréal, ainsi que ceux de l'abbaye de Solesme, en France, à laquelle il était rattaché. S'inspirant à la fois des formes pures et fonctionnelles du Moyen Âge et des matériaux modernes, il a créé un édifice étrange que l'on pourrait qualifier d'expérimental. La chapelle a, quant à elle, été érigée en 1990 dans le respect du style original de l'édifice. À l'extérieur de la chapelle, on peut goûter quelques instants la vue du lac dont bénéficient les moines à longueur d'année.

L'hôtellerie accueille séparément les hommes (*50$ pour la nuitée et les trois repas; ☎ 819-843-4080*) et les femmes (*50$ pour la nuitée et les trois repas; dans la Villa Sainte-Scholastique qui avoisine l'abbaye; ☎ 819-843-2340*) qui désirent se recueillir pendant quelque temps. De plus, les moines font l'élevage de bovins charolais et exploitent deux vergers (production de cidre) ainsi qu'une fromagerie (fromages Bleu Ermite et Mont St-Benoît). Rendez-vous à la boutique (*lun-sam 9h à 10h45 et 11h45 à 16h30, juil et août jusqu'à 18h*), au sous-sol du bâtiment principal, où sont vendus une dizaine de variétés d'excellents fromages et de produits dérivés de la pomme, tels le cidre, le vinaigre et les marinades, qui n'ont rien à envier aux produits maison.

En revenant sur ses pas, le long du chemin Fisher, on aperçoit sur la gauche un petit chemin conduisant à une belle **grange ronde**, construite en 1907 par Damase Amédée Dufresne. On ne peut la visiter, mais de l'extérieur on constate tout de même qu'il s'agit de l'un des plus beaux spécimens québécois de ce modèle développé aux États-Unis pour contrer les vents violents, mais aussi pour empêcher le diable de se cacher dans un coin...

Au carrefour se trouvent l'**église Saint-Augustin-de-Cantorbéry**, du hameau d'**Austin**, autrefois église épiscopalienne, ainsi que le monument en l'honneur du plus illustre citoyen d'Austin, Reginald Aubrey Fessenden, inventeur du principe de la transmission de la voix humaine par ondes radio.

▸▸▸ Prenez à droite la route qui conduit à Magog. Entre les maisons, on bénéficie de beaux points de vue sur le lac et l'abbaye. Prenez la route 112 à droite.

Magog ★

Bureau d'information touristique de Memphrémagog (55 rue Cabana, Magog, QC J1X 2C4, ☎ 819-843-2744 ou 800-267-2744, www.tourisme-memphremagog.com)

Principal centre de services entre Granby et Sherbrooke, Magog est une ville de 24 000 habitants qui a beaucoup à offrir aux amateurs de sport. Elle occupe un site admirable à l'extrémité nord du lac Memphrémagog. Sa vocation culturelle n'est pas à dédaigner non plus, puisqu'elle possède une salle de spectacle réputée, **Le Vieux Clocher de Magog** (voir p. 256), où sont présentées plusieurs avant-premières. L'industrie textile, qui occupait autrefois une grande place dans la vie des habitants, a beaucoup diminué au profit du tourisme. La rue Principale, bordée de boutiques et de restaurants, est agréable à parcourir à pied.

››› *Poursuivez sur la route 112 Est puis la rue Saint-Patrice, qui devient le chemin de la Rivière en direction de Deauville. Quelques kilomètres plus loin, vous trouverez l'entrée du magnifique vignoble Le Cep d'Argent.*

Le Cep d'Argent ★ ★ *(8$; &; juin à oct tlj 10h à 17h, reste de l'année tlj horaire variable; 1257 ch. de la Rivière, ☎ 819-864-4441 ou 877-864-4441, www.cepdargent.com),* un vignoble créé il y a une vingtaine d'années, a gagné ses titres de reconnaissance au Québec, et même à l'étranger. Quelque 60 000 vignes de plusieurs types de cépages produisent une bonne gamme de produits fins, dont le merveilleux Mistral, un vin blanc apéritif très goûteux. On peut visiter l'ensemble des installations avec un guide, qui explique durant 1h le long et difficile processus de vinification au nord du 45ᵉ parallèle! Une belle boutique permet d'acheter leurs excellents produits, conçus avec fierté au Québec!

››› *Revenez sur vos pas jusqu'à la route 112 et tournez dans le chemin Roy à droite.*

Situé entre le lac Memphrémagog et le parc national du Mont-Orford, le **Marais de la Rivière aux Cerises** *(entrée libre; &; 69 ch. Roy, ☎ 819-843-8118, www.lamrac.org)* est un agréable endroit pour se balader. Le long des différents sentiers, on peut contempler à loisir le riche écosystème dont bénéficie l'endroit. Plus de 150 espèces d'oiseaux et 350 espèces végétales peuvent entre autres y être observées.

››› *Continuez sur le chemin Roy qui devient le chemin de la Montagne puis le chemin du Parc, voie d'accès au parc national du Mont-Orford.*

Orford ★

Le **parc national du Mont-Orford ★ ★** *(3,50$; 3321 ch. du Parc, ☎ 819-843-9855 ou 800-665-6527, www.sepaq.com)* couvre près de 60 km² et comprend, en plus du mont Orford, les abords des lacs Stukely et Fraser. En été, il dispose de deux plages, d'un magnifique terrain de golf, d'emplacements de camping situés au cœur de la forêt et de quelque 80 km de sentiers de randonnée pédestre (la plus belle piste est celle menant au mont Chauve). En outre, le parc s'adapte aux besoins des amateurs de sports d'hiver et propose des sentiers de ski de fond et de raquettes ainsi qu'une soixantaine de pistes de ski alpin. Une tentative de privatisation a eu lieu afin de promouvoir la villégiature de luxe du même type qu'à Mont-Tremblant, dans la région des Laurentides, mais des protestations citoyennes vinrent à bout de la volonté du gouvernement, et le parc conservera donc sa vocation publique.

Situé à l'intérieur du parc national du Mont-Orford, le **Centre d'arts Orford** *(entrée libre; tlj 9h à 17h; 3165 ch. du Parc, ☎ 819-843-3981 ou 800-567-6155, www.arts-orford.org)* présente des expositions d'arts visuels dans ses différents bâtiments modernes datant des années 1960. L'un d'entre eux est l'ancien pavillon «L'Homme et la Musique» d'Expo 67. Un festival international de musique classique (voir p. 256) est également présenté sur le site chaque année. Auberge sur place.

››› *Revenez vers Magog et empruntez en direction de Georgeville la route 247 Sud, qui longe la rive est du lac Memphrémagog.*

Georgeville ★

C'est au milieu des paysages ondulés de Georgeville que fut tourné en grande partie *Le Déclin de l'Empire américain* du cinéaste Denys Arcand. Ce petit village est depuis longtemps un lieu de villégiature où les vieilles familles anglo-saxonnes aiment se retrouver. Au XIXᵉ siècle, les traversiers en provenance de la ville américaine de Newport, située à l'extrémité sud du lac, ou de Knowlton's Landing, sur sa rive ouest, aboutissaient tous à Georgeville, où étaient érigés d'importants hôtels en bois qui ont malheureusement tous brûlé. Seules les agréables **Auberge Georgeville** (voir p. 248) et Auberge McGowan sont encore là. La vieille école, le centre culturel et l'église St. George (1866) sont d'autres bâtiments présentant un intérêt patrimonial certain. On ne manquera pas de se rendre jusqu'au quai, d'où l'on jouit d'une belle vue sur l'abbaye de Saint-Benoît-du-Lac.

Fitch Bay

En poursuivant sur la route 247, on atteint le vieux **pont couvert Narrows** *(prenez le chemin Merrill à droite, puis tournez à gauche dans le chemin Ridgewood)*. Les ponts couverts coûtaient plus cher à construire, mais duraient beaucoup plus longtemps en raison de la protection qu'ils offraient contre la dégradation du tablier; aussi en existe-t-il plusieurs au Québec. Franchissant la baie Fitch, ce pont d'une longueur de 28 m fut bâti en 1881. Aujourd'hui, il est fermé à la circulation automobile, mais on peut le traverser à pied. Juste à côté, on aperçoit un petit parc avec des tables de pique-nique.

Les routes environnantes sont agréables à parcourir, plus particulièrement le **chemin de Magoon Point**, qui offre des panoramas sur le lac, et le **chemin de Tomifobia**, que l'on croirait tout droit sorti des toiles des régionalistes américains, tel Grant Wood.

En direction de Rock Island sur la route 247, vous pourrez tourner à gauche dans le chemin Bissell pour rejoindre le vignoble **Clos du Roc Noir** *(juin à oct tlj 9h à 17h; 663 ch. Bissell, Canton de Stanstead, ☎ 819-876-7749, www.closdurocnoir.com)*, où l'on propose une visite guidée et une dégustation afin de faire la découverte des vins produits sur place. Une aire de pique-nique s'y trouve.

Rock Island ★

Chevauchant la frontière canado-américaine, Rock Island est l'un des plus étranges villages qu'il soit donné de voir au Québec. En se promenant sur tel ou tel bout de rue, on est tantôt aux États-Unis, tantôt au Canada. Des affiches en français, on passe soudainement aux écriteaux en anglais. Au bout d'un mât planté sur la pelouse de M. Thériault flotte l'unifolié canadien, alors que, chez son voisin immédiat, le *Stars and Stripes* américain se déploie dans un esprit patriotique mais pacifique. Plusieurs beaux bâtiments de pierres, de briques et de bois font de Rock Island un endroit agréable à visiter à pied.

L'édifice de la **Bibliothèque et salle d'opéra Haskell ★** *(1 Church St., angle Caswell Ave., ☎ 819-876-2471)*, connu officiellement sous le nom de «Haskell Free Library and Opera House», est à la fois une bibliothèque et une salle de spectacle. Il fut érigé à cheval sur la frontière canado-américaine en 1904 afin de symboliser l'amitié entre les deux pays. Une ligne noire traversant en diagonale l'intérieur de l'édifice indique l'emplacement exact de la frontière, qui correspond au 45e parallèle.

''' *Remontez vers Stanstead Plain par la route 143 Nord (rue Main, puis rue Dufferin).*

Stanstead Plain ★

La prospère communauté de Stanstead Plain regroupe quelques-unes des plus belles maisons des Cantons-de-l'Est. Les distilleries des années 1820 et, plus tard, l'exploitation des carrières de granit ont en effet permis à plusieurs habitants de la région d'amasser des fortunes importantes au XIXe siècle. On remarque dans la rue Dufferin plus particulièrement la **maison Butters**, de style néo-italien dans le genre des villas toscanes (1866), ainsi que la maison Colby, décrite ci-dessous. Le **collège de Stanstead** (1930), l'ancien **couvent des Ursulines** – institution inusitée dans la région – de même que les églises méthodiste et anglicane méritent que l'on s'y attarde.

Le **Musée Colby-Curtis ★** *(5$; mi-juin à mi-sept lun-ven 10h à 17h sam-dim 13h à 17h; reste de l'année lun-ven 13h à 17h; 535 rue Dufferin, ☎ 819-876-7322, www.colbycurtis.ca)* est en fait une maison ayant conservé la totalité de son mobilier d'origine et qui a été entièrement restaurée en 2009. Il constitue un témoignage éloquent de la vie bourgeoise de la région dans la seconde moitié du XIXe siècle. La demeure, revêtue de granit gris, a été construite en 1859 pour l'avocat James Carroll Colby, qui l'a baptisée *Carrollcroft*.

''' *Poursuivez sur la route 143 Nord, puis prenez à gauche en direction d'Ayer's Cliff (route 141).*

Ayer's Cliff

Lieu de villégiature, Ayer's Cliff est un important centre équestre. On y tient également, à la fin de l'été, l'**Exposition du comté de Stanstead** *(☎ 819-876-7317, www.expostanstead.com)*, une foire agricole régionale qui attire de plus en plus de Montréalais. Il est recommandé de poursuivre sur la route 141 pendant quelques kilomètres vers l'ouest afin de contempler la portion sud du lac Massawippi, avant de revenir sur ses pas pour reprendre la route 143 en direction de North Hatley.

''' *Une excursion facultative en direction de Coaticook et de Compton est possible en choisissant plutôt de poursuivre par la route 141 vers l'est.*

Coaticook

Bureau d'information touristique *(137 rue Michaud, Coaticook, QC J1A 1A9, ☎ 819-849-6669 ou 866-665-6669, www.tourismecoaticook.qc.ca)*

Coaticook, mot d'origine abénaquise signifiant «rivière de la terre aux pins», est une

Cantons-de-l'Est – Attraits touristiques – Les lacs

petite ville industrielle d'un peu plus de 9 000 habitants. Elle est entourée de nombreuses fermes laitières qui en font le bassin laitier du Québec. Sa vieille gare présente un certain intérêt.

Au centre du quartier résidentiel de Coaticook, le **Musée Beaulne** ★ *(5$; &; mi-mai à mi-sept mar-dim 10h à 17h, mi-sept à mi-mai mar-dim 13h à 16h; 96 rue de l'Union, ☎ 819-849-6560, www.museebeaulne.qc.ca)* fait figure de château. Il s'agit en fait de l'ancienne demeure de la famille Norton construite en 1912. Certaines pièces ont conservé leur apparence bourgeoise du tournant du XXᵉ siècle, alors que d'autres accueillent les collections de tissus et de costumes du Musée Beaulne ainsi que des expositions d'arts visuels.

Le **parc de la Gorge de Coaticook** ★ *(7,50$; fin avr à mi-juin tlj 10h à 17h, mi-juin à début sept tlj 9h à 19h, début sept à fin oct tlj 10h à 17h, nov à mai tlj 9h à 16h; 135 rue Michaud et 400 rue St-Marc, ☎ 819-849-2331 ou 888-524-6743, www.gorgedecoaticook.qc.ca)* protège une portion de la rivière Coaticook où elle a creusé dans le roc une gorge impressionnante qui atteint par endroits jusqu'à 50 m de profondeur. Des sentiers sillonnent sur tout le territoire, permettant aux visiteurs d'apprécier la gorge sous tous ses aspects. La passerelle suspendue, qui a réussi à en faire frissonner plus d'un, traverse la gorge tout en la surplombant.

▸▸▸ *Remontez vers Compton par la route 147 Nord.*

Compton

Le principal attrait de Compton est la maison natale de Louis-Stephen Saint-Laurent, premier ministre du Canada de 1948 à 1957, surtout connu pour avoir contribué à la fondation de l'OTAN. On retrouve aussi plusieurs vergers dans ce secteur.

Le **Lieu historique national Louis-S.-St-Laurent** *(4$; &; mi-mai à fin sept tlj 10h à 17h, 6790 route Louis-S.-St-Laurent, ☎ 819-835-5448, www.pc.gc.ca)* célèbre la mémoire de l'ancien premier ministre canadien. Les marchandises du magasin général du père de l'ancien premier ministre offrent un aperçu de la ruralité du début du XXᵉ siècle. Les visiteurs peuvent aussi entendre des bribes de conversation autour du poêle et assister à un spectacle multimédia qui évoque les principaux faits d'armes de la vie de Louis S. Saint-Laurent et les grands événements de l'histoire canadienne et mondiale. La visite de la maison familiale permet de découvrir un mode de vie aujourd'hui disparu et d'admirer plus de 2 500 objets ayant appartenu à la famille Saint-Laurent. S'y trouvent aussi un très beau jardin et une boutique.

▸▸▸ *Revenez au circuit principal en empruntant la route 208 jusqu'à Massawippi. Prenez à droite la route 143 en direction de North Hatley.*

North Hatley ★★

Les paysages enchanteurs de North Hatley ont eu tôt fait d'attirer les riches villégiateurs américains, qui s'y sont fait construire de luxueuses villas entre 1890 et 1930. La plupart d'entre elles bordent toujours la portion nord du lac Massawippi, qui, à l'instar du lac Memphrémagog, rappelle un loch écossais. De belles auberges et des restaurants gastronomiques contribuent au charme de l'endroit, lui assurant la réputation d'un lieu de villégiature des plus raffinés. On notera, au centre du village, la minuscule **United Church**, anciennement une église baptiste.

Le **Manoir Hovey** ★ *(575 ch. Hovey)*, grande villa construite en 1900 sur le modèle de Mount Vernon, résidence de George Washington en Virginie, était autrefois la demeure estivale de l'Américain Henry Atkinson, qui recevait chez lui chaque été artistes et politiciens de son pays. La maison sert de nos jours d'auberge de grand luxe (voir p. 249).

▸▸▸ *Reprenez la route 108 vers Lennoxville.*

Ancienne mine de cuivre, la Mine Capelton, depuis 1995 le site récréotouristique **L'Épopée de Capelton** *(22$, incluant tout l'équipement nécessaire à la visite; visite commentée: fin mai à fin juin ainsi que début sept à fin oct sam-dim 14h, fin juin à début sept tlj; 800 route 108, ☎ 819-346-9545 ou 888-346-9545, www.minescapelton.com)*, fut vers les années 1880 l'un des complexes miniers les plus imposants et les plus avancés technologiquement du Canada, voire du Commonwealth. Creusée à main d'homme, elle s'enfonce jusqu'à 135 m sous la montagne Capel. En plus de son intérêt géologique tout à fait fascinant, la visite, d'une durée d'environ 2h, se veut un contact exceptionnel avec la vie des mineurs et la première révolution industrielle. La température oscillant autour des 9°C, des vêtements chauds sont conseillés. On trouve sur les lieux un joli sentier de randonnée avec belvédères et panneaux d'interprétation, une boutique et un casse-croûte.

▸▸▸ *Prenez la route 143 vers Lennoxville.*

Lennoxville ★

Lennoxville, une petite ville encore majoritairement anglophone et aujourd'hui fusionnée à Sherbrooke, se distingue par la présence des prestigieuses maisons d'éducation de langue anglaise que sont l'université Bishop'≠s et le Bishop's College. Fondée aux abords de la route qui relie Drummondville à la frontière canado-américaine, elle prit le nom de Lennoxville en l'honneur de Charles Gordon Lennox, duc de Richmond et d'Aubigny, qui fut gouverneur en chef de l'Amérique du Nord britannique en 1818 jusqu'à sa mort, le 28 août 1819. Il faut quitter la route principale (route 143) et parcourir les rues secondaires pour découvrir les bâtiments institutionnels, de même que les belles maisons cachées dans la verdure.

Les modifications et ajouts apportés à l'**église anglicane St. George's** *(84 rue Queen)* entre 1847 et 1896 lui ont donné une allure pittoresque qui en fait l'une des plus coquettes églises des Cantons-de-l'Est.

La maison Speid, érigée en 1862, loge depuis 1988 le **Centre culturel et du Patrimoine Uplands** *(entrée libre; mer-dim 13h à 16h30, fermé jan; 9 rue Speid, ☎ 819-564-0409, www.uplands.ca)*, où est raconté, à l'aide de différentes expositions thématiques, le riche passé de la région. On y offre aussi le thé à l'anglaise *(fin juin à début sept)*.

Une des trois universités de langue anglaise au Québec, l'**université Bishop's** ★ *(2600 ch. du Collège)* est une petite institution qui offre un enseignement personnalisé, dans un cadre enchanteur, à quelque 1 800 étudiants provenant de tous les coins du Canada. Elle a été fondée en 1843 à l'instigation du pasteur Lucius Doolittle. À l'arrivée, on aperçoit le **McGreer Hall**, élevé en 1876 puis modifié plus tard pour lui donner un air médiéval. La **chapelle anglicane St. Mark's**, érigée à sa gauche, a été reconstruite en 1891 à la suite d'un incendie. Son intérieur, long et étroit, comporte de belles boiseries en chêne ainsi que des vitraux intéressants.

La **Galerie d'art Foreman** *(entrée libre; mar-sam 12h à 17h; sur le campus de l'université Bishop, ☎ 819-822-9600, poste 2260, www.ubishops.ca)* présente des expositions multidisciplinaires en plus de posséder une collection de 150 œuvres, entre autres des toiles de paysagistes canadiens du XIXᵉ siècle.

››› *Revenez à la route 143 en direction de Sherbrooke.*

Sherbrooke ★★

Bureau d'information touristique *(785 rue King O., Sherbrooke, QC J1H 1R8, ☎ 819-821-1919 ou 800-561-8331, www.tourismesherbrooke.com)*

Principale agglomération de la région avec ses 150 000 habitants, Sherbrooke est sur-nommée la «reine des Cantons-de-l'Est». Elle est implantée sur une série de collines de part et d'autre de la rivière Saint-François, ce qui accentue son aspect désordonné. Malgré sa vocation plutôt industrielle, la ville possède plusieurs bâtiments d'intérêt, pour la plupart concentrés sur la rive ouest. Sherbrooke est née au début du XIXᵉ siècle autour d'un moulin et d'un petit marché, comme tant d'autres villages des Cantons-de-l'Est. Cependant, sa désignation pour l'implantation d'un palais de justice, destiné à desservir l'ensemble de la région, allait la distinguer des communautés environnantes dès 1823. La venue du chemin de fer en 1852 et la concentration, dans son centre, d'institutions comme le siège de l'Eastern Townships Bank, allaient modifier le paysage de Sherbrooke par la construction de prestigieux édifices victoriens. Aujourd'hui la ville accueille notamment une importante université de langue française, fondée en 1952 afin de faire contrepoids à l'université Bishop's de Lennoxville. Malgré son nom, qu'elle porte en l'honneur de Sir John Coape Sherbrooke, gouverneur en chef de l'Amérique du Nord britannique à l'époque de sa fondation, la ville est depuis longtemps à forte majorité francophone (plus de 90%).

››› *La route 143 débouche sur la rue Queen, dans les limites de Sherbrooke. Tournez à gauche dans la rue King Ouest, puis à droite dans la rue Wellington, où il est recommandé de garer sa voiture pour effectuer le reste de la visite de la ville à pied.*

L'**hôtel de ville** ★ *(145 rue Wellington N.)* loge dans l'ancien palais de justice (le troisième) construit en 1904. L'édifice de granit témoigne de la persistance du style Second Empire au Québec. Le jardin qui s'étale devant l'hôtel de ville, baptisé «square Strathcona», a été aménagé sur le site de la place du marché qui a contribué au développement de Sherbrooke à ses débuts.

››› *Rendez-vous à la rue Frontenac, prenez-la à gauche et marchez jusqu'au Musée de la nature et des sciences, au numéro 225.*

Créé pour promouvoir une mission d'éveil aux sciences naturelles, le Musée du Séminaire de Sherbrooke a vu le jour en 1879 au cœur d'une institution scolaire sherbrookoise. Quelque 130 ans plus tard, le **Musée de la nature et des sciences de Sherbrooke** ★★ *(7,50$; ♿; fin juin à début sept tlj 10h à 17h, début sept à fin juin mer-dim 10h à 17h; 225 rue Frontenac, ☎ 819-564-3200 ou 877-434-3200, www.naturesciences.qc.ca)* a pris le relais dans un nouvel établissement de 10 millions de dollars. En plus de présenter des expositions temporaires ainsi

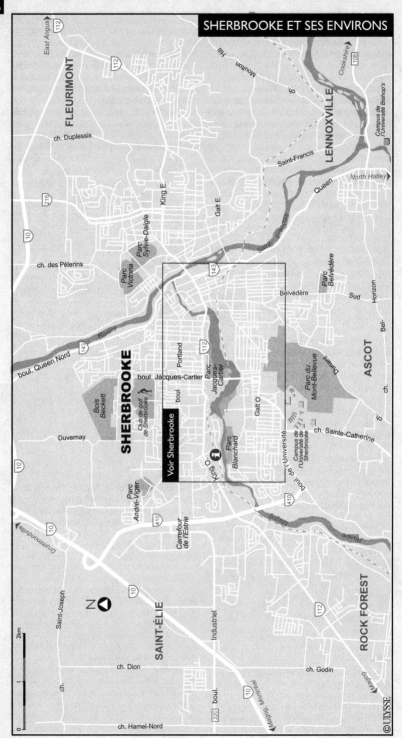

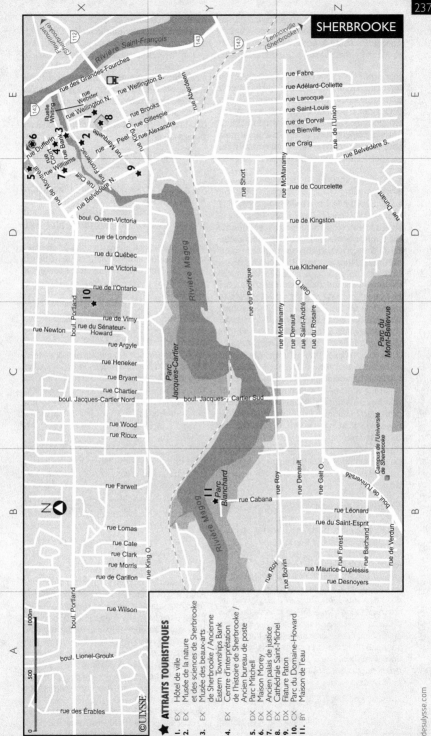

SHERBROOKE

rue Fabre
rue Adélard-Collette
rue Larocque
rue Saint-Louis
rue de Dorval
rue Bienville
rue Craig

rue des Grandes-Fourches
rue Webster
rue Wellington N.
rue Brooks
rue Gillespie
rue Alexandre
rue des Grandes-Fourches

Rivière Saint-François
Fleurimont (Sherbrooke)
Lennoxville (Sherbrooke)

rue Short
rue McManamy
rue de Courcelette
rue de Kingston
rue Kitchener

rue Aberdeen
rue Magenta
rue Frontenac
rue Cliff
rue Belvédère N.
rue Belvédère S.

rue Dufferin
rue Court
rue Williams
rue Bank
rue de Montréal

boul. Queen-Victoria
rue de London
rue du Québec
rue Victoria
rue de l'Ontario
rue de Vimy
rue du Sénateur-Howard
rue Newton
boul. Portland
rue Argyle
rue Heneker
rue Bryant
rue Chartier
boul. Jacques-Cartier Nord
rue Wood
rue Rioux

Rivière Magog
Parc Jacques-Cartier
boul. Jacques-Cartier Sud

rue du Pacifique
rue McManamy
rue Denault
rue Saint-André
rue du Rosaire

Gaît O.
rue Roy
rue Denault
rue Galt O.

Parc du Mont-Bellevue

Campus de l'Université de Sherbrooke
boul. de l'Université

rue de l'Union
rue Belvédère S.
rue Duvant

rue Farwell
rue Lomas
rue Cate
rue Clark
rue Morris
rue de Carillon
rue King O.
boul. Portland
rue Wilson
boul. Lionel-Groulx
rue des Érables

Parc Blanchard
rue Cabana
rue Roy
rue Boivin

rue Léonard
rue du Saint-Esprit
rue Forest
rue Bachand
rue de Verdun
rue Maurice-Duplessis
rue Desnoyers

ATTRAITS TOURISTIQUES

1. EX Hôtel de ville
2. EX Musée de la nature et des sciences de Sherbrooke
3. EX Musée des beaux-arts de Sherbrooke / Ancienne Eastern Townships Bank
4. EX Centre d'interprétation de l'histoire de Sherbrooke / Ancien bureau de poste
5. DX Parc Mitchell
6. EX Maison Morey
7. DX Ancien palais de justice
8. EX Cathédrale Saint-Michel
9. DX Filature Paton
10. CX Parc du Domaine-Howard
11. BY Maison de l'eau

qu'une exposition permanente qui explique le cycle annuel des saisons dans le sud du Québec, le musée possède une collection de 65 000 objets amassés par les prêtres du Séminaire.

Revenez sur vos pas dans la rue Frontenac jusqu'à la rue Dufferin, que vous prendrez à gauche. Vous franchirez alors le pont qui domine les fougueux rapides de la rivière Magog, apprivoisés au XIXᵉ siècle afin de fournir une force motrice aux nombreux moulins établis en bordure de la rivière.

Importante institution financière du XIXᵉ siècle, aujourd'hui amalgamée à la banque CIBC, l'**ancienne Eastern Townships Bank ★ ★** *(241 rue Dufferin)* fut créée par la bourgeoisie des Cantons-de-l'Est, incapable d'obtenir du financement des banques montréalaises pour le développement de projets locaux. Son siège sherbrookois fut érigé en 1877. À la suite d'un don de la banque CIBC et des multiples travaux de rénovation favorisant la conservation des œuvres, l'édifice abrite, depuis le milieu des années 1990, le **Musée des beaux-arts de Sherbrooke** *(7,50$; ᶜ; fin juin à début sept tlj 10h à 17h, début sept à fin juin mar-dim 12h à 17h; 241 rue Dufferin, ☎ 819-821-2115, www.mbas.qc.ca)*. Au fond de la salle accueillant les visiteurs, l'œuvre de Gérard Gendron représentant un trésor sur la place publique trace un parallèle entre l'institution que logeait autrefois l'édifice et sa vocation artistique d'aujourd'hui. Outre son énorme collection d'art naïf, le musée présente des œuvres contemporaines des artistes de la région. Des bénévoles se trouvent sur place pour répondre aux questions des visiteurs sur les expositions qui s'y renouvellent tous les deux mois.

L'**ancien bureau de poste** *(275 rue Dufferin)* voisin, édifié en 1885 selon les plans de l'architecte François-Xavier Berlinguet, forme avec la banque un ensemble d'une grande richesse architecturale. Il loge en outre le **Centre d'interprétation de l'histoire de Sherbrooke** *(6$; ᶜ; fin juin à début sept mar-ven 9h à 17h, sam-dim 10h à 17h; début sept à fin juin mar-ven 9h à 12h et 13h à 17h, sam-dim 13h à 17h; ☎ 819-821-5406, www.histoiresherbrooke.com)*, qui, en plus de disposer de deux salles d'exposition, organise des circuits commentés permettant de se familiariser avec l'architecture et l'histoire de la ville. Des enregistrements audio sont également proposés en location pour effectuer des visites à pied ou en voiture.

▸▸▸ Poursuivez en direction du parc Mitchell.

Rayonnant autour du parc Mitchell, agrémenté d'une fontaine du sculpteur George Hill (1921), le **quartier du parc Mitchell ★ ★** comporte certaines des plus belles maisons de Sherbrooke. Au numéro 428 de la rue Dufferin s'élève la **maison Morey** *(on ne visite pas)*, représentative de cette architecture victorienne bourgeoise qu'affectionnaient les marchands et les industriels originaires des îles Britanniques ou des États-Unis. Elle a été construite en 1873.

▸▸▸ Faites le tour du parc, puis empruntez la rue de Montréal. Prenez la rue Williams à gauche.

Situé dans l'axe de la rue Court, l'**ancien palais de justice ★** *(rue Williams)*, le second de Sherbrooke, a été converti en manège militaire pour le régiment des Sherbrooke Hussards à la fin du XIXᵉ siècle. L'édifice, construit en 1839 selon les plans de William Footner, comporte une belle façade néoclassique qui n'est pas sans rappeler celle du **marché Bonsecours** *(voir p. 106)* de Montréal, du même architecte.

▸▸▸ Revenez à la rue Dufferin en empruntant la rue Bank. Prenez à droite et montez la côte de la rue Marquette en direction de la cathédrale.

Vue d'une certaine distance, la **cathédrale Saint-Michel** *(130 rue de la Cathédrale)* présente l'aspect des églises abbatiales d'Europe juchées sur un promontoire, donnant à Sherbrooke un air médiéval qui contraste avec son passé néoclassique. De près, cependant, on constate qu'il s'agit d'une église fort récente et incomplète. Entreprise en 1917, la cathédrale néogothique ne sera finalement consacrée qu'en 1958. Son intérieur entièrement blanc renferme des œuvres modernes, entre autres une belle statue de la Vierge. Le vaste palais épiscopal voisin, siège de l'archevêché de Sherbrooke, a fait pâlir d'envie plus d'un ecclésiastique.

▸▸▸ Poursuivez par la rue Marquette en direction de la rue Belvédère Nord, où se trouve l'ancienne filature Paton.

À l'instar de plusieurs villes de Nouvelle-Angleterre, Sherbrooke possédait autrefois une importante industrie textile, mise en place dans la seconde moitié du XIXᵉ siècle. La **filature Paton ★** *(45-65 rue Belvédère N., à l'extrémité de la rue Marquette)* était la plus importante des usines textiles de la région. Ouverte en 1866, elle a fonctionné jusqu'en 1977. Cette année-là, on envisagea sa démolition. Cependant, après quelques visites outre-frontière, où plusieurs de ces complexes industriels ont été recyclés en habitations et en commerces, la municipalité décida de conserver plusieurs des bâtiments pour créer un ensemble multifonctionnel. La Paton est aujourd'hui un modèle de conservation du patrimoine industriel et de réaménagement de tels espaces, en plus de constituer un autre pôle de développement dans le centre-ville de Sherbrooke.

▸▸▸ *Pour retourner à la rue Wellington, prenez dans la rue King à gauche. Les attraits décrits ci-dessous sont situés dans d'autres quartiers, et il est plus facile de s'y rendre en voiture (ou en autobus).*

L'**Orford Express** *(48$ aller-retour; mai à nov; place de la Gare, 720 rue Minto, ☎ 819-575-8081 ou 866-575-8081, www.orfordexpress.com)* fait l'aller-retour entre Sherbrooke et Eastman en passant par Magog en 3h30 et permet d'explorer cette région de lacs et de montagnes confortablement assis. Ce petit train touristique offre plusieurs forfaits, incluant le brunch, le souper ou un goûter.

On trouve au **parc du Domaine-Howard** *(jardin ouvert de mai à oct, serres ouvertes de jan à sept; 1300 boul. Portland, ☎ 819-560-4280)* les serres municipales qui produisent plus de 50 000 plants chaque année, un boisé centenaire, un étang avec une fontaine, ainsi qu'un beau jardin entourant deux demeures en pierre du début du XXᵉ siècle, aujourd'hui converties en locaux administratifs.

La **Maison de l'eau** *(entrée libre; ♿; début sept à mi-juin mer-dim 8h30 à 16h30, mi-juin à début sept tlj 8h30 à 19h; 755 rue Cabana, ☎ 819-821-5893)*, située au bord de la rivière Magog dans le parc Blanchard, présente des expositions et propose un réseau riverain d'une douzaine de kilomètres de sentiers accessibles en vélo, à pied ou en skis de fond. Location de bicyclettes, de pédalos et de patins à roues alignées sur place.

▸▸▸ *Une excursion facultative mène à quelques attraits intéressants. Du centre-ville de Sherbrooke, prenez la rue King vers l'est. Tournez à gauche dans le boulevard Saint-François, puis empruntez la côte de Beauvoir.*

Bromptonville

Juché sur une montagne, le paisible **Sanctuaire du Sacré-Cœur de Beauvoir** *(entrée libre; ♿; 675 côte de Beauvoir, ☎ 819-569-2535, www.sanctuairedebeauvoir.qc.ca)* offre, outre ses multiples sentiers pour les promenades contemplatives, une très belle vue sur les environs de Sherbrooke.

▸▸▸ *Revenez sur le boulevard Saint-François et prenez la route 143 Nord jusqu'à Windsor.*

Windsor

À Windsor se trouve le **parc historique de la Poudrière de Windsor ★** *(8$; ♿; fin juin à début sept tlj 8h30 à 18h30, reste de l'année jeu-dim 11h à 17h; 342 rue St-Georges, ☎ 819-845-5284, www.lapoudriere.qc.ca)*, où sont exposés les restes d'une ancienne usine de poudre noire du début du XIXᵉ siècle. Des visites théâtralisées sont disponibles, et l'exposition permanente est très intéressante.

▸▸▸ *Pour rentrer à Montréal, reprenez la route 143 Sud jusqu'à l'autoroute 10 que vous emprunterez vers l'ouest.*

Activités de plein air

➤ Agrotourisme

Vignoble de la Chapelle Ste Agnès, Sutton, voir p. 230.

Clos du Roc Noir, Fitch Bay, voir p. 233.

Situé dans un magnifique domaine au sommet d'une colline, **Bleu Lavande** *(début mai à fin déc tlj 10h à 17h, reste de l'année lun-ven 10h à 17h; 891 ch. Narrow/route 247, Fitch Bay, ☎ 819-876-5851 ou 888-876-5851, www.bleulavande.ca)* est le seul producteur de lavande officinale certifiée au Canada. Sa boutique propose mille et un produits à base d'huile essentielle de lavande pure à 100%. On y propose des visites guidées *(6$; fin juin à fin août)* et plusieurs activités ainsi que des ateliers culinaires et d'herboristerie. Le site abrite des aires de pique-nique et un bistro. Un splendide détour.

Le centre d'interprétation de l'abeille de la **Miellerie Lune de Miel** *(8$; ♿; tlj 10h à 17h; 252 rang 3 E., Stoke, ☎ 819-346-2558, www.fermelunedemiel.com)* révèle tous les secrets de l'apiculture. Au cours de la visite qui dure 1h, vous pourrez voir les impressionnantes créatures à l'œuvre dans la ruche géante et déguster différentes saveurs de miel.

➤ Croisières

Les **Croisières Memphrémagog** *(croisières régulières 22-27, mi-mai à mi-oct dès 11h; croisières d'une journée, passeport obligatoire, 87$, mi-mai à mi-oct 9h; quai MacPherson de Magog, ☎ 819-843-8068 ou 888-842-8068, www.croisiere-memphremagog. com)* proposent des excursions sur le magnifique lac Memphrémagog, dont les rives touchent à la fois aux frontières du Québec et des États-Unis. Une autre croisière, d'une durée d'une journée, quitte le quai vers 9h en direction du Vermont, où elle fait une brève escale à Newport. En automne, les croisières sont encore plus spectaculaires, alors que les Appalaches arborent leurs couleurs les plus vives! Réservations requises.

> Golf

Entretenu rigoureusement, le **Club de golf Venise** *(1519 ch. de la Rivière, Magog, ♪ 819-864-9891, www.clubdegolfvenise.ca)* compte parmi les plus beaux sites de la région. Son parcours Bleu est particulièrement recommandé aux golfeurs qui souhaitent affronter des difficultés stimulantes.

Très prisé pour son gazon de qualité, le **Club de golf Owl's Head** *(181 ch. du Mont Owl's Head, Mansonville, ♪ 450-292-3666 ou 800-363-3342, www.owlshead.com)*, situé au pied du versant ouest du mont Owl's Head, est incontestablement le plus apprécié des amateurs de golf de la région. De plus, il est doté d'un fort chic *clubhouse* (pavillon) et offre une vue superbe sur la montagne de ski (voir p. 241) qui lui a donné son nom. Les chances d'obtenir un départ sont meilleures en semaine.

Classé dans la catégorie des parcours de montagne, le **Club de golf du Manoir des Sables** *(90 av. des Jardins, Orford, ♪ 819-847-4299, www.manoirdessables.com)* offre un défi de taille moyenne. Le site, encore jeune, s'annonce toutefois très prometteur.

Le **Club de golf Dufferin Heights** *(4115 route 143, Stanstead, ♪ 819-876-2113)*, aménagé il y a plus de 75 ans, essouffle même les golfeurs les plus assidus. Son terrain vallonné offre une vue splendide sur la chaîne des Appalaches ainsi que sur les lacs Massawippi et Memphrémagog.

> Parcours d'aventure en forêt

À Sutton est installé un parcours d'aventure en forêt **D'Arbre en arbre** *(32$; 429 ch. Maple, Sutton, ♪ 450-538-6464 ou 866 538-6464, www.arbresutton.com)*, avec ses ponts, cordages et tyroliennes au cœur de l'élégante forêt environnante. Le parcours est intéressant, physique et monte passablement haut. Ne manquez surtout pas la corde de Tarzan : émotions garanties! On y trouve aussi un parcours pour les enfants. L'équipe de guides est très professionnelle.

> Patin

À Magog, on peut se dégourdir les jambes sur le **Sentier glacé** *(entrée libre; Service des loisirs, Magog, ♪ 819-843-4412, www.ville.magog.qc.ca)*, situé dans les parcs de la Pointe Merry et de la Baie-de-Magog, à quelques pas du centre-ville. Long de 2,5 km, il est éclairé en soirée et compte deux relais chauffés. Stationnement à proximité.

Le **parc du Domaine-Howard** *(1300 boul. Portland, Sherbrooke; voir p. 239)*, entouré de vieilles demeures sherbrookoises, offre la plus charmante patinoire que la ville possède. Les plus jeunes pourront également glisser le long des petites pentes qui le bordent.

> Randonnée pédestre

Le **Sentier de l'Estrie** *(♪ 819-864-6314, www.lessentiersdelestrie.qc.ca)* propose une longue randonnée de plus de 200 km qui sillonne les secteurs de Kingsbury, Brompton, Orford, Bolton, Glen, Echo et Sutton. Il est à noter que le sentier traverse principalement des terrains privés. Les propriétaires ont accordé un droit de passage exclusif aux membres de la Corporation du Sentier de l'Estrie. Vous pouvez vous procurer le topo-guide du Sentier de l'Estrie au coût de 26$ et la carte de membre (obligatoire, 35$ pour un an) qui vous permet de circuler sur le sentier. Vous pouvez aussi vous procurer un permis quotidien *(5$)* qui vous permettra d'aller marcher dans le sentier pendant une journée.

Le **Parc d'environnement naturel de Sutton** *(4$; Sutton, ♪ 450-538-4085, www.parcsutton.com)* est une destination populaire en été grâce à son réseau de 82 km. La randonnée Round Top attire les marcheurs d'un peu partout grâce aux magnifiques panoramas qu'elle offre.

À Sherbrooke, la **promenade du Lac-des-Nations** *(boucle de 3,5 km; départ au parc Jacques-Cartier, rue Marchant, ou au Marché de la gare, 720 rue Minto)* est un sentier qui permet aux marcheurs de faire le tour du lac des Nations. À noter qu'un panneau avec la mention Zone Zen indique qu'il s'agit d'un tronçon où cyclistes et marcheurs partagent le même corridor (entre la passerelle des Draveurs et le parc Jacques-Cartier). Hors de cette zone, chacun a son propre corridor. Le long de la promenade se trouvent deux aires de repos.

Le **parc national du Mont-Orford** *(3,50$; coordonnées voir p. 232)* est un site incontournable en fait de randonnée dans les Cantons-de-l'Est. Plusieurs sections du Sentier de l'Estrie le traversent. Il s'agit d'un excellent choix pour les marcheurs, puisqu'il dispose d'un réseau de près de 80 km de sentiers comportant différents niveaux de difficulté. Nous recommandons particulièrement les randonnées du **Mont Chauve** et du **Mont Orford**.

➤ Raquette et ski de fond

Tout comme pour le ski alpin et la randonnée pédestre, la région de Sutton possède un superbe réseau de sentiers de ski de fond et de raquettes. Le réseau de **Sutton-en-Haut** *(11$; 429 rue Maple, Sutton,* ✆ *450-538-6464, www.arbresutton.com)* compte 15 sentiers de ski et 3 sentiers de raquettes qui s'entrecroisent, permettant de varier les parcours durant la journée.

Le **parc national du Mont-Orford** *(10$; coordonnées voir p. 232)* abrite un centre de ski de fond et de raquette ayant acquis une solide réputation. Avec ses 13 sentiers couvrant près de 50 km, ce centre saura plaire aux skieurs de tous types. Pour leur part, les amateurs de raquette peuvent compter sur un réseau de sept sentiers totalisant plus de 32 km.

En hiver, un réseau de quelque 50 km de sentiers est aménagé pour la raquette au **Parc d'environnement naturel de Sutton** *(4$;* ✆ *450-538-4085 ou 800-565-8455, www.parcsutton.com).*

➤ Ski alpin

La **station de ski Mont-Sutton** *(58$; 671 rue Maple, Sutton,* ✆ *450-538-2545, www.montsutton.com)* dispose de 54 pistes de ski alpin sur un dénivelé de 460 m. Réputée parmi les amateurs de sous-bois, cette station n'a rien à envier à ses consœurs québécoises ou américaines.

Figurant parmi les plus belles stations de ski du Québec, le **Mont Orford** *(49$; Orford,* ✆ *819-843-6548 ou 866-673-6731, www.orford.com)* propose 61 pistes qui sauront plaire à tous. Son dénivelé est de 589 m.

Le **Mont Owl's Head** *(42$; 40 ch. du Mont Owl's Head, Mansonville,* ✆ *450-292-3342, conditions de ski:* ✆ *450-292-5000, www.owlshead.com)* est l'une des plus belles stations de ski des Cantons-de-l'Est en raison des panoramas qu'il offre sur le lac Memphrémagog et les montagnes environnantes. Cette station, avec ses 45 pistes et son dénivelé de 540 m, saura surtout plaire aux amateurs de descente ainsi qu'aux skieurs débutants ou intermédiaires, puisque l'on ne compte que quelques pistes de très haut calibre.

➤ Vélo

Suivant la rivière Tomifobia, la piste cyclable du **Sentier Nature Tomifobia** *(environ 20 km, entre Ayer's Cliff et Beebe,* ✆ *819-876-5958, www.sentiertomifobia.com)* occupe l'emprise ferroviaire qui courait autrefois de Boston à Montréal. Le sentier, qui ne présente aucune pente, passe par des corridors de roc, des marais envahis de fougères ou des étangs au-dessus desquels voltigent plusieurs oiseaux en belle saison.

Le **parc national du Mont-Orford** *(3,50$; coordonnées voir p. 232)* propose plusieurs pistes cyclables dont un tronçon de la Route Verte. Les cyclistes avides de sensations fortes trouveront leur compte dans les pistes les plus pentues.

La **promenade du Lac-des-Nations** *(boucle de 3,5 km; départ au parc Jacques-Cartier, rue Marchant, ou au Marché de la gare, 720 rue Minto),* à Sherbrooke, fait le tour du lac du même nom et est un sentier agréable à parcourir à vélo.

Circuit C: L'arrière-pays ★

▲ *p. 251* 🍽 *p. 255* 🍷 *p. 255*

⏱ *Deux jours*

Le plus isolé des territoires des Cantons-de-l'Est présente une alternance de plaines et de montagnes. De longs rubans de routes désertes relient entre eux des villages loyalistes au charme suranné. Éloignées des grands centres, ces communautés ont conservé, dans bien des cas, une population à majorité anglophone. Les environs du mont Mégantic furent colonisés au début du XIXe siècle par des Écossais originaires des îles Hébrides. La langue celtique y était encore parlée couramment il y a 100 ans. L'arrivée des Canadiens français en provenance de la vallée de la rivière Chaudière (Beauce) remonte à la fin du XIXe siècle.

Eaton Corner ★

Eaton, ou Eaton Corner, tire son nom de son emplacement, à la croisée de deux chemins qui ont joué un rôle majeur dans la colonisation de la région, soit le chemin de Sherbrooke et celui en provenance des États-Unis. Des colons loyalistes défrichèrent les terres du canton d'Eaton à partir de 1793. Le village d'Eaton Corner connaît la prospérité jusqu'en 1850, puis il est dédaigné au profit des villages traversés par des cours d'eau pouvant alimenter l'industrie. Contourné par les chemins de fer des Cantons-de-l'Est, le village s'endort lentement, phénomène qui ne sera pas étranger à la préservation de son patrimoine architectural.

Le **Musée de la Société d'histoire du comté de Compton** ★ *(5$; juin à août mer-dim 13h à 17h, sept sam-dim 13h à 17h; 374 route 253,* ✆ *819-875-5256, www.mus.eatoncorner.com)* est installé dans l'ancienne église congréganiste érigée en 1841. Le bel édifice néoclassique en bois renferme des meubles loyalistes de même que des documents et des photographies racontant la vie des premiers colons établis à l'est de Sherbrooke. L'hôtel de ville loge dans l'ancienne institution d'Eaton Corner, qui fait face au musée. De 1863 à 1889, on y formait des instituteurs anglophones pour les écoles de village des Cantons-de-l'Est.

*** *Remontez par la route 253 Nord jusqu'à Cookshire, puis suivez la route 212 Est. Vous traverserez alors Island Brook, West Ditton et La Patrie, trois petits villages typiques. La route offre de belles vues sur le mont Mégantic. Poursuivez jusqu'à Notre-Dame-des-Bois.*

Notre-Dame-des-Bois

Cette petite localité, nichée au cœur des Appalaches à plus de 550 m d'altitude, est en quelque sorte la porte d'entrée du mont Mégantic et de son observatoire, ainsi que du mont Saint-Joseph et de son sanctuaire, tous deux inclus dans le parc national du Mont-Mégantic.

*** *Au départ de Notre-Dame-des-Bois, prenez la route en face de l'église vers Val-Racine. Après 3,3 km, tournez à gauche (après la rivière aux Saumons). Au bout de quelques kilomètres, vous arriverez à un embranchement : la voie de gauche est la route conduisant vers l'observatoire, et la voie de droite est la route non revêtue du sanctuaire menant au mont Saint-Joseph.*

Surtout connu du public pour son célébrissime observatoire (voir ci-dessous), le **parc national du Mont-Mégantic** ★ *(3,50$; ⅋; lun-jeu 8h30 à 16h30, ven-dim 8h30 à 23h lors des soirées d'astronomie; animaux domestiques non admis; 189 route du Parc, ☎ 819-888-2941 ou 800-665-6527, www.sepaq.com)*, d'une superficie de 54,8 km², témoigne des différents types de végétation montagneuse des Cantons-de-l'Est et abrite en fait deux monts, le mont Mégantic et le mont Saint-Joseph. De lourdes infrastructures ne risquent pas de venir gâcher la tranquillité de ce parc, dont la mission première est éducative. Les marcheurs et les skieurs pourront profiter de ses sentiers d'interprétation, de ses refuges et des plates-formes de camping, et observer, avec un peu de chance, jusqu'à 125 espèces d'oiseaux qui y trouvent refuge. On y pratique également la raquette en hiver et le vélo de montagne en été.

Au XIXᵉ siècle, un modeste **sanctuaire** fut construit au sommet du mont Saint-Joseph, et il est encore possible de s'y rendre. Une tour de télécommunication gâche quelque peu le charme du site, mais la vue dont on jouit depuis le sommet est extraordinaire, surtout en fin d'après-midi.

L'ASTROLab du Mont-Mégantic ★ ★ *(à compter de 16,50$; ⅋; mi-mai à fin juin sam-dim 12h à 16h30 et soirée d'astronomie sam à 20h; fin juin à fin août tlj 12h à 16h30 et soirée d'astronomie tlj à 20h sauf lun; fin août à mi-oct sam-dim 12h à 16h30 et soirée d'astronomie sam à 19h30; 189 route du Parc, ☎ 819-888-2941 ou 800-665-6527, www. astrolab.qc.ca)* est un centre d'interprétation de l'astronomie situé au cœur de la première «Réserve internationale de ciel étoilé», ce qui lui garantit une protection accrue quant à la pollution lumineuse. En ce sens, les municipalités des environs ont réduit leur éclairage afin de préserver la qualité du ciel étoilé de la région. Vous pourrez découvrir, à travers les différentes salles de ce musée interactif et son spectacle multimédia, l'histoire de l'astronomie, de ses premières heures aux technologies les plus récentes. Une visite guidée au sommet du mont Mégantic, d'une durée approximative de 1h15, présente toutes les installations de l'Observatoire astronomique du Mont-Mégantic et de l'ASTROLab. Célèbre pour son observatoire, le mont Mégantic fut choisi en fonction de sa situation stratégique, à environ égale distance des universités de Montréal et Laval, ainsi que de son éloignement des sources lumineuses urbaines. Deuxième sommet en importance des Cantons-de-l'Est, il s'élève à 1 105 m. Lors du **Festival d'astronomie populaire du Mont-Mégantic**, les samedis de la fin juin au début septembre, les passionnés d'astronomie peuvent observer la voûte céleste à l'aide du plus puissant télescope de l'est de l'Amérique du Nord, d'un diamètre de 1,6 m. Autrement, ce dernier est mis à la disposition des chercheurs. Toutefois, le grand public a accès à l'Observatoire populaire muni d'un télescope d'un diamètre de 61 cm. En été, des «observations-causeries» proposent une présentation sur écran géant et une observation du ciel, entre autres durant la période des perséides. Réservations requises pour les soirées d'astronomie.

*** *Revenez à la route 212 Est. Rendez-vous jusqu'à Saint-Augustin-de-Woburn, où vous emprunterez la route 161 Nord, qui longe le beau lac Mégantic.*

Le **lac Mégantic** ★ ★, vaste nappe d'eau cristalline qui s'étend sur 20 km de longueur et 7 km en son point le plus large, est riche en poissons de toutes sortes, notamment en truites, et attire bon nombre de vacanciers voulant profiter des plaisirs de la pêche ou tout simplement des plages. Cinq municipalités établies autour du lac, dont la plus connue est Lac-Mégantic, accueillent les visiteurs qui viennent profiter de la belle nature de cette région montagneuse.

Lac-Mégantic ★

Bureau d'information touristique *(3295 rue Laval N., Lac-Mégantic, QC G6B 1A5, ☎ 819-583-5515 ou 800-363-5515, www.tourisme-megantic.com)*

La ville de Lac-Mégantic fut fondée en 1885 par des Écossais originaires des îles Hébrides. Les sols relativement pauvres ne fournissant pas de revenus suffisants, les habitants se tournèrent bientôt vers l'exploitation des ressources forestières. De nos jours, la pratique de nombreux sports attire dans la région des milliers de visiteurs toute l'année durant. La ville occupe un beau site en bordure du lac Mégantic.

L'**église Sainte-Agnès ★** *(4872 rue Laval)*, érigée en 1913, renferme une belle verrière conçue en 1849 et provenant de l'abbaye catholique Immaculate Conception de Mayfair, à Londres, en Angleterre.

''' *Vous traverserez ensuite les villages typiques de Nantes, Stornoway, Stratford et Saint-Gérard. La route longe le **parc national de Frontenac** (voir p. 500), puis contourne le lac Aylmer avant de rejoindre les routes 216 et 255, qui mènent à Asbestos.*

Stratford

Ouvert depuis 1994, le **Pavillon de la Faune** *(11$; juin à fin sept tlj 10h à 17h, 856 ch. Stratford, ☎ 418-443-2300, www.pavillondelafaune.com)*, situé sur les rives du lac Aylmer, offre des visites éducatives. Une centaine d'animaux naturalisés, regroupés par famille, sont présentés dans leur habitat naturel. Le tout donne une impression naturelle grâce aux jeux d'éclairage et aux décors peints à la main.

Asbestos

Asbestos est l'un des principaux centres d'extraction d'amiante au monde. On peut notamment y voir une impressionnante mine à ciel ouvert de 2 km de diamètre et de 350 m de profondeur. Ces dernières années, l'amiante a été bannie de plusieurs produits aux États-Unis et ailleurs dans le monde à cause des poussières nocives qu'il dégage lorsqu'il n'est pas traité adéquatement, ce qui a ralenti de beaucoup l'activité des mines. L'industrie de l'amiante recherche actuellement de nouveaux débouchés pour le minerai filamenteux, d'une grande utilité dans le combat des incendies et dans la fabrication de divers matériaux ininflammables.

Au **Musée minéralogique et d'histoire minière** *(4$; fin juin à mi-août mer-dim 11h à 17h; 341 boul. St-Luc, ☎ 819-879-6444 ou 879-5308)*, on peut voir des échantillons d'amiante provenant de différentes mines du Québec et de l'étranger.

Danville ★

Bureau d'information touristique MRC des Sources *(12 route 116 O., C.P. 1050, Danville, QC J0A 1A0, ☎ 819-839-2911 ou 888-839-2911, www.tourisme-des-sources.com)*

Ce joli village arboré a conservé plusieurs demeures victoriennes et édouardiennes dignes d'intérêt, témoins d'une époque où Danville accueillait de riches familles montréalaises pendant l'été.

Activités de plein air

➤ Croisières

La croisière de 1h30 sur le lac Mégantic à bord du **Coudrier Mégantic** *(23$; mai à oct tlj; 3517 boul. Stearns, marina de Lac-Mégantic, ☎ 819-583-5557 ou 888-600-5554, www.croisierescoudrier.qc.ca)* permet de voir cette magnifique région d'une manière totalement différente.

➤ Randonnée pédestre

Cinq sentiers totalisant 50 km sillonnent le **parc national du Mont-Mégantic** *(3,50$; coordonnées voir p. 242)*. Traversant le massif du mont Mégantic et les crêtes des monts Victoria et Saint-Joseph, le sentier des Trois-Sommets est certainement l'un des plus beaux de la région. De plus, ce réseau est relié à celui des **Sentiers frontaliers** *(☎ 819-544-9004, www.sentiersfrontaliers.qc.ca)*, qui sillonne un territoire chevauchant la frontière canado-américaine.

Inaugurée en 2008, la **route des Sommets** *(☎ 800-363-5515, www.routedessommets.com)* débute à La Patrie et se termine à Stratford. Elle passe à travers une quinzaine de villes et villages. Le long de ses 157 km et du haut des monts qui se succèdent sur son parcours, plusieurs points d'observation permettent de contempler la nature environnante.

➤ Raquette et ski de fond

Avec plus 50 km de sentiers linéaires, le **Centre de ski de fond Richmond-Melbourne** *(11$; 70 ch. Lay, Melbourne, ☎ 819-826-3869, www.skidefond.ca)* constitue une agréable surprise. On y trouve 21 sentiers répartis également entre les trois niveaux de difficulté (facile, difficile, très difficile).

En plus de son célèbre observatoire et de son enneigement exceptionnel, le parc national du Mont-Mégantic présente neuf sentiers de ski de fond et plusieurs suggestions de randonnées pour la raquette. En raison de l'altitude, les **Sentiers du Mont Mégantic** *(9,50$ pour le ski de fond; ch. de l'Observatoire, 189 route du Parc, Notre-Dame-des-Bois, ☎ 819-888-2941 ou 866-888-2941)* offrent l'une des plus longues saisons de ski au Québec: vous pourrez même, avec un peu de chance, y skier ou y faire de la raquette au mois de mai!

Hébergement

Circuit A: Vergers et vignobles

Dunham

Auberge des Vignobles (Aux Douces Heures)
$$$ ☕
$$$$ ½p
@ ♨ ≡ ⚓
110 ch. du Collège
☎ 450-295-2476
Cette vaste demeure victorienne entourée d'une dizaine de vignobles, dont quelques-uns sont accessibles à pied, invite à la détente. Les hôtes français y proposent huit chambres douillettes, au décor doux et champêtre. Le restaurant de l'auberge se spécialise dans la cuisine franco-méditerranéenne.

Mystic

L'Œuf
$$ ☕
$$$$ ½p
@ ♨ ≡ ⚓
229 ch. Mystic
☎ 450-248-7529
Situé en plein cœur du hameau de Mystic, l'établissement L'Œuf, qui compile restaurant, auberge, chocolaterie, brûlerie et boutique, compte six chambres sympathiques et chaleureuses. Les magnifiques planchers sont d'origine et datent, comme la maison, de 1860. Le propriétaire est accueillant. La

table est par ailleurs très appréciable et gourmande. Terrasse ombragée et jardin fleuri.

Cowansville

Le Passe-Partout
$$ ☕ bc/pdp @
167 route Pierre-Laporte
☎ 450-260-1678
www.passepartout.ca
Grâce à des hôtes serviables et à une ambiance décontractée, Le Passe-Partout possède toutes les qualités essentielles à un séjour agréable. Même si vous passez peu de temps à visiter la ville industrielle de Cowansville, ce gîte demeure à une courte distance des attraits touristiques. Érigée en 1865, cette ancienne ferme abrite quatre petites chambres pourvues de planchers de bois et d'un décor unique, telles que la chambre «Japonaise» aux tons rouge et noir.

Bromont

Camping Bromont
$ ≋ @ ⚓
24 rue Lafontaine
☎ 450-534-2712
www.campingbromont.com
Le Camping Bromont possède toutes les commodités pour rendre un séjour confortable: douches, laverie, piscine, sentiers pédestres et... le traditionnel minigolf! La plupart des sections sont boisées à 60% et permettent ainsi une certaine intimité aux campeurs.

Hôtel le Menhir
$$$ ≡ ◎ ⚓ ▲ ≋ @ ⚓ ♨
125 boul. Bromont
☎ 450-534-3790 ou 800-461-3790
www.hotellemenhir.com
Au bord de la route menant au mont Bromont se dresse l'Hôtel le Menhir. Quelque 40 chambres, adéquatement meublées, accueillent les voyageurs. Les personnes qui le désirent peuvent également profiter de forfaits incluant entre autres petit déjeuner et journée de golf. L'hôtel comprend une salle à manger accessible uniquement pour le petit déjeuner, qu'on peut aussi prendre à la terrasse en saison.

Château Bromont
$$$$
$$$$$ ½p ≡ ◎ ▲ ✕ ≋ ♨ ⚓ @
90 rue Stanstead
☎ 450-534-3433 ou 888-276-6668
www.chateaubromont.com
Le Château Bromont propose plusieurs types de chambres, de celles à deux niveaux dont le lit est situé soit au pied, soit au sommet d'un escalier en colimaçon, aux suites élégantes, en passant par les chambres-salons. Ces dernières demeurent les plus agréables, décorées de riches tons neutres et pourvues de balcons. Le **Pavillon des sens**, un spa-hammam unique au Québec avec ses huit chambres, ses deux chambres-salons et ses deux suites, est attenant au Château Bromont, auquel il est relié par une passerelle.

Granby

Une fleur au bord de l'eau
$$ ℯ ≈ @ ≡
90 rue Drummond
☎ 450-776-1141 ou 888-375-1747
www.unefleur.ca

Une maison ancienne de couleur framboise située au centre-ville de Granby abrite le gîte touristique Une fleur au bord de l'eau, dont le grand terrain se rend jusqu'au lac Boivin. Une piscine à l'arrière, presque dans le lac, et un hangar à vélos complètent les installations. Le gîte compte cinq chambres et offre un copieux petit déjeuner. Les propriétaires sont à la fois accueillants et discrets.

St-Christophe Hôtel-Boutique & Spa
$$$$$ ℯ ≡ ◎ ≈ ♨ ¥ @ ❄ ⚲
255 rue Denison E.
☎ 450-405-4782 ou 877-405-4782
www.hotelstchristophe.com

Le St-Christophe est aménagé presque au centre de Granby, dans un bâtiment qui a été construit en 2004 dans le style des châteaux européens. Le décor est un peu clinquant et pompeux, mais somme toute l'hôtel est agréable. Des chambres spacieuses avec de grandes fenêtres donnent pour la plupart sur le lac Boivin. Baignoire à remous dans certaines chambres, couettes en duvet, etc. Des services de spa complets sont aussi proposés. Une belle piscine intérieure à l'eau salée et une table appréciable, le Bistro Le Picollo, font aussi partie du complexe. Une bonne adresse.

Roxton Pond

Parc national de la Yamaska
$ camping
$$-$$$ formule prêt-à-camper
1780 boul. David-Bouchard
☎ 450-776-7182 ou 800-665-6527
www.sepaq.ca

Le parc national de la Yamaska est doté d'emplacements de camping pour accueillir tous les genres d'équipements. D'un aménagement classique, le terrain n'offre pas une grande intimité, mais est situé non loin de l'agréable plage du parc, un lieu de détente idéale pour les familles. Il est à noter qu'au camping on loue des tentes-roulottes et des tentes Huttopia en formule prêt-à-camper.

Circuit B : Les lacs

Lac-Brome

Auberge du Joli Vent
$$$ ℯ
$$$$ ½p
≡ ≈ ♨ @ ⚲
667 ch. Bondville
☎ 450-243-4272 ou 866-525-4272
www.aubergedujolivent.com

L'Auberge du Joli Vent est aménagée dans une ancienne maison de ferme du XIXe siècle aux abords d'un splendide terrain de 47 ha, chose rare dans les Cantons-de-l'Est. Les 10 chambres, sobres et sympathiques, et la chaleureuse aire commune confortable sont décorées avec goût et assurent un séjour radieux. En somme, beaucoup de classe et de sobriété pour cet établissement situé à 10 min de Bromont. Le petit déjeuner est succulent, et la table (voir p. 253) vaut le détour pour l'originalité de son menu, unique dans les Cantons-de-l'Est.

Knowlton

La Venise Verte
$$-$$$ ℯ bc/bp ≡ ≈ @
58 rue Victoria
☎ 450-243-1844
www.leniseverte.com

Cette coquette habitation de briques (1884), voisine de la très chic Auberge Lakeview Inn (voir ci-dessous), constitue un bon choix. Les propriétaires ont aménagé quatre chambres pourvues de planchers de bois de pin. Elles sont toutes jolies et décorées avec simplicité d'un mélange d'antiquités et de meubles modernes; les lits sont recouverts de couettes moelleuses, et les murs sont colorés de teintes apaisantes. Les petits déjeuners sont composés de produits bios et, autant que possible, locaux.

Auberge Knowlton
$$$ ℯ ♨ @ ≡ ⚲ ⚲
286 ch. Knowlton
☎ 450-242-6886
www.aubergeknowlton.ca

L'Auberge Knowlton, un établissement de 12 chambres en plein cœur du village, fut érigée en 1849 et a très bien survécu au passage du temps. Rénovée, chacune des chambres est unique et propose couettes, affiches artistiques, carrelage dans les salles de bain, système de chauffage individuel et ventilateur de plafond. Toutes sont agréablement décorées d'antiquités et de meubles restaurés, dont plusieurs peuvent être achetés. Les chambres sont plutôt petites, mais assez grandes pour y déplier le divan-lit. Comme l'auberge se trouve sur une route passante, optez pour une chambre à l'arrière pour un sommeil plus paisible.

Auberge Lakeview Inn
$$$$ ℯ
$$$$$ ½p
◎ ≈ ♨ ≡ @
50 rue Victoria
☎ 450-243-6183 ou 800-661-6183
www.aubergelakeviewinn.com

L'Auberge Lakeview Inn, bien située dans le centre de Knowlton mais à l'écart de l'artère principale, offre une atmosphère on ne peut plus victorienne. En effet, des travaux de rénovation ont fait renaître le cachet de noble ancienneté de ce monument historique dont la construction remonte à la deuxième

Cantons-de-l'Est - **Hébergement** - Les lacs

moitié du XIXᵉ siècle. Douillet et romantique, l'établissement est décoré de boiseries et de papier peint fleuri. Malheureusement, les chambres standards restent minuscules, et leur salle de bain peut à peine contenir une douche. L'établissement abrite aussi un beau pub ainsi qu'une salle à manger traditionnelle. Quoique très confortable et chic, l'établissement est excessivement cher et n'offre pas un rapport qualité/prix avantageux.

Sutton

Au Diable Vert
$$-$$$ @ ⚡ ⬥ ❋ ⛺ ⚓
169 ch. Staines
📞 450-538-5639
www.audiablevert.qc.ca

La station de montagne Au Diable Vert propose entre autres des séjours dans de jolis appartements de montagne ou dans de petits refuges en forêt. Si vous voulez vous gâter, optez pour les premiers. Ces petites suites très chaleureuses et tout équipées comptent une terrasse pourvue d'un gril, deux chambres et une cuisine complète, ce qui permet d'être tout à fait autonome.

Auberge Le St-Amour
$$$ ⚡
$$$$ ½p
⬥ ≋ @
1 rue Pleasant
📞 450-538-6188 ou 888-538-6188
www.auberge-st-amour.com

Située dans le centre de la ville, l'Auberge Le St-Amour, une imposante résidence revêtue de bardeaux verts, plus que centenaire, abrite huit chambres et une suite joliment colorées et confortables, avec chacune leur personnalité. L'intérieur est un peu sombre, mais on y retrouve le charme indéniable des hauts plafonds en bois d'origine. La chambre nᵒ 8 compte parmi les plus attrayantes grâce à

une murale à la Van Gogh et à une banquette sous la fenêtre. L'auberge propose également une table gastronomique (voir p. 253).

Domaine Tomali-Maniatyn
$$$$-$$$$$ ⚡ ⛺ ≋ ❋ ⛲ @ ⚓
377 ch. Maple
📞 450-538-6605
www.maniatyn.com

Les superlatifs nous manquent pour qualifier la splendide et immense demeure de bois en pièce sur pièce qui abrite le Domaine Tomali-Maniatyn. En plus d'une chambre, quatre suites avec cuisine sont proposées, alliant confort moderne, chic européen et exotisme africain. Le dépaysement est garanti grâce, entre autres, à une vue de 360° sur les montagnes environnantes. Une piscine intérieure à l'eau salée se prolonge à l'extérieur (elle est recouverte de céramique et est ornée d'une mosaïque), et le petit déjeuner gargantuesque est créatif. Un vrai bijou à deux pas de la station de ski Sutton. Époustouflant!

Mansonville

La Chouette de Mansonville
$$ ⚡ ♿
560 route de Mansonville
📞 450-292-3020
www.lachouette.ca

La Chouette de Mansonville est entourée d'un vaste terrain. La rivière Missisquoi, pourvue d'une plage et idéale pour la baignade, se trouve à distance de marche. La maison, chaleureuse à souhait, dispose d'un salon garni d'un foyer où vous pourrez vous détendre au calme.

L'Aubergine Relais de campagne
$$$ ⚡
$$$$$ ½p
⬥ ⚡ ⚓ ♫
160 ch. Cooledge
📞 450-292-3246
www.laubergine.ca

L'Aubergine Relais de campagne, un ancien relais de

diligence datant de 1816, tout en briques rouges et comportant une longue galerie, est fort agréable durant les soirées d'été. Cette auberge est d'autant plus plaisante qu'elle offre une vue magnifique sur le lac Memphrémagog. Les neuf chambres sont très confortables. Un stationnement à motos s'ajoute aux installations, tout comme un cinéma maison, une aire de pique-nique dotée de barbecues et un bain à remous extérieur. Le soir, on propose aux convives une table qui fait honneur au gibier du Québec.

Eastman

Gîte Les Peccadilles
$$-$$$ ⚡ ᵇ⁄ₚ ⚓
1029 route Principale
📞 450-297-3551

Situé directement sur le bord d'un lac, ce gîte offre un agréable séjour. De l'accueil chaleureux des hôtes jusqu'à l'excellente nourriture qu'on y sert, tout est mis en place pour satisfaire la clientèle. Les quatre chambres sont décorées avec soin.

Spa Eastman
$$$$$ pc
Ⴤ ≋ ⬥ ⛺ ⚓ @ ⚡ ◉))) ⚓
895 ch. des Diligences
📞 450-297-3009 ou 800-665-5272
www.spa-eastman.com

Niché dans la belle campagne des Cantons-de-l'Est, le Spa Eastman est encensé par certains qui le classent parmi les meilleurs établissements de ce genre. Toute une gamme de soins du corps y sont proposés, à la carte ou en forfait, à la journée ou en séjour, mais toujours prodigués avec professionnalisme. Et pour l'esprit, quoi de mieux qu'une marche en forêt ou un brin de lecture au coin du feu... Vous pouvez aussi choisir d'y demeurer, sans utiliser les services du centre de remise en forme, simplement pour la beauté

Cantons-de-l'Est - Hébergement - Les lacs

et la tranquillité de l'endroit. Un grand pavillon principal et cinq pavillons plus petits abritent 45 chambres bien décorées et confortables dont le luxe varie. Le restaurant, qui sert les trois repas, propose bien sûr une cuisine santé. Le Spa Eastman se double d'un hammam, ainsi que d'un refuge en plein bois, qui se nomme incidemment «L'Ermitage».

Bolton Centre

L'Iris bleu
$$$ ☕
$$$$ ½p
♨ @ ⚡
895 ch. Missisquoi
☎ 450-292-3530 ou 877-292-3530
www.irisbleu.com
Le gîte touristique L'Iris bleu est aménagé dans une coquette maison. Le décor des trois chambres, composé de rideaux de dentelle et de meubles antiques, parvient à créer une atmosphère chaleureuse. Vous serez accueilli par les sympathiques propriétaires, qui s'affaireront à rendre votre séjour le plus plaisant possible. Vous pourrez aussi déguster, le soir venu, une délicieuse cuisine d'inspiration méditerranéenne, généralement concoctée à partir de produits biologiques et locaux, et servie dans la coquette salle à manger. Le terrain est vaste et bien aménagé, et un agréable petit sentier longe la rivière Missisquoi.

Magog

Motel de la Pente Douce
$$ ☕ ⚡ ⛆ ⚞ ❄ ♨ ≡ @
1787 ch. de la Rivière-aux-Cerises
☎ 819-843-1234 ou 800-567-3530
www.moteldelapentedouce.qbc.net
Le petit Motel de la Pente Douce est d'aspect quelconque, mais il a l'avantage d'être situé près du mont Orford et propose des chambres adéquates dont près de la moitié sont tout équipées.

Au Manoir de la rue Merry
$$-$$$ ☕ ⚞
92 rue Merry S.
☎ 819-868-1860 ou 800-450-1860
www.manoirmerry.com
Magnifique demeure ancestrale, Au Manoir de la rue Merry propose cinq chambres lumineuses et confortables. Certaines ont une vue sur la montagne et le lac, alors que les autres donnent sur le jardin. Une piscine extérieure chauffée est mise à la disposition des clients. Le petit déjeuner, offert par la maison, est délicieux.

La Maison de Ville – Bed & Bistro
$$-$$$ ☕ ᵇᴳ⁄₀₀ @ ♨ ≡ ⚡
353 rue St-Patrice O.
☎ 819-868-2417
www.lamaisondeville.ca
Établie au cœur de Magog dans une jolie maison verte, près de plusieurs autres gîtes, La Maison de Ville se distingue par son ambiance plutôt contemporaine et épurée. Les cinq chambres, décorées simplement, sont très confortables. Un petit bistro (pour la clientèle seulement, sur réservation) s'y trouve et offre un menu créatif et au goût du jour.

À Tout Venant
$$$ ☕ @ ❄ ⚡ ⚞
20 rue Bellevue
☎ 819-868-0419 ou 888-611-5577
www.atoutvenant.com
Une jolie maison centenaire et colorée abrite le gîte À Tout Venant. Le personnel dynamique propose divers forfaits gastronomiques et sportifs ainsi qu'une gamme complète de soins corporels. La plus agréable des chambres est la petite (et moins chère) chambre «Soleil», décorée d'antiquités et de planchers de bois; la chambre avec solarium, «Abricot», est aussi très bien. Notez que les chambres sont peu insonorisées. La salle à manger est ensoleillée et attrayante.

L'Ancestrale
$$$ ☕
$$$$ ½p
◎ ♿ ⚞ ❄ ♨ @ ⚡ ⚞
200 rue Abbott
☎ 819-847-5555 ou 888-847-5507
www.ancestrale.com
Agrémentée de jardins paisibles, d'une cascade et d'un bain à remous extérieur, L'Ancestrale abrite des chambres au décor quelque peu chargé mais où l'on se sent comme chez soi. La plus agréable des cinq chambres est «La Rêveuse», une minisuite intime située au rez-de-chaussée et munie d'une baignoire à remous et d'une terrasse privée. Les petits déjeuners sont concoctés à partir de produits biologiques et locaux. Passionnée de tourisme, l'hôtesse est très serviable et connaît à fond la région.

Hôtel et spa Étoile-sur-le-Lac
$$$
$$$$$ ½p
≡ ⚡ ❄ ♨ △ ◎ @
1200 rue Principale O.
☎ 819-843-6521 ou 800-567-2727
www.etoile-sur-le-lac.com
Situé à côté de l'autoroute aux abords de Magog, ce vaste hôtel n'a pas l'air de grand-chose à première vue, mais ses chambres sont très convenables. Chacune des nouvelles chambres «de luxe» est pourvue d'une grande terrasse avec vue sur le lac, de couettes, d'une baignoire profonde et de meubles neufs… jolis mais pas tout à fait luxueux. Toutes les chambres standards ont été rénovées et donnent aussi sur le lac.

Austin

Aux Jardins Champêtres
$$$ ☕
$$$$-$$$$$ ½p
@ ♨ ≡ ⚡
1575 ch. des Pères
☎ 819-868-0665 ou 877-868-0665
www.auxjardinschampetres.com
Dans un cadre rural et fleuri, le grand terrain de l'auberge

Aux Jardins Champêtres comporte une ferme, des sentiers de randonnée et une agréable terrasse. Les cinq chambres de style campagnard, chacune avec plancher de bois, sont adjacentes à la salle à manger. À l'auberge, on propose un déjeuner à cinq services et, le soir, un menu dégustation met à l'honneur les produits du terroir.

Orford

Camping du secteur du Lac-Stukely
$
$$-$$$ formule prêt-à-camper
Parc national du Mont-Orford
3321 ch. du Parc
accès par l'autoroute 10 ou 55, sortie 118, en direction du parc national du Mont-Orford
☎ 819-843-9855 ou 800-665-6527
www.sepaq.com

Localisé dans le parc national du Mont-Orford, le camping du secteur du Lac-Stukely, situé au bord du lac du même nom, se trouve en plein cœur d'une végétation dense. Ainsi les sentiers de randonnée pédestre et les pistes pour vélo de montagne sont accessibles à partir du site. Le camping possède également une plage et fait la location d'embarcations. Il est à noter que le camping loue des tentes-roulottes et des tentes Huttopia en formule prêt-à-camper.

À la Maison Hôte
$$$ ☎ @ ◎ ⊰
2037 ch. du Parc
☎ 819-868-2604
www.maisonhote.com

Les cinq chambres impeccables de cet établissement présentent des literies attrayantes, des planchers de bois franc (dans quatre chambres) et une véritable atmosphère campagnarde. Certaines chambres offrent même un panorama sur le mont Orford. Les convives apprécient les petits déjeuners gourmands; en saison, ils sont composés de fleurs comestibles et servis à la

terrasse ou dans la salle à manger. Le gîte À la Maison Hôte est le refuge idéal dans les environs. Son terrain, superbement aménagé, est pourvu d'un bassin d'eau et d'une cascade. Leur forfait «Escapade Gourmande» constitue une expérience des plus authentiques.

Auberge Aux 4 Saisons d'Orford
$$$ @ ⊰ ≡ ⊱ ◎ ⊷ ⊸ ▲ ⊛ ⊌ ⊻
4940 ch. du Parc
☎ 819-868-1110 ou 877-768-1110
www.4saisonsorford.com

L'Auberge Aux 4 Saisons d'Orford, l'une des plus belles auberges de la région, est construite selon des principes écologiques et est dotée d'un système de chauffage et de climatisation géothermique. La décoration contemporaine et épurée peut sembler un peu froide de prime abord, mais le confort intégral rattrape rapidement cette impression. Le lieu dispose d'un centre de soins corporels, d'une épicerie fine, d'une salle de cinéma, et plusieurs chambres ont un foyer. Il s'agit de la seule auberge à être située directement au pied des pentes de ski du mont Orford. L'agréable Bistro 4 Saisons, situé au rez-de-chaussée, dispose d'une belle terrasse et propose un menu traditionnel raffiné.

Estrimont Suites & Spa Orford
$$$$ ⊛
⊷ ⊸ ⊱⊱⊱ ⊌ ⊷ ≡ ◎ ▲ ⊛ @ ⊰ ⊻
44 av. de l'Auberge
☎ 819-843-1616 ou 800-567-7320
www.estrimont.ca

Entièrement reconstruit en 2008, l'Estrimont propose d'élégantes suites pourvues de belles boiseries, réparties sur un terrain donnant sur la forêt ou sur le mont Orford. Elles sont toutes pourvues d'une terrasse avec barbecue et d'un foyer, parfaits pour tirer profit au maximum de votre séjour en ces lieux. L'établissement comprend également un spa tout neuf

doté de bains scandinaves et d'une aire de détente sous une yourte.

Manoir des Sables
$$$$ ⊛
$$$$$ ½p
◎ ⊷ ≡ ⊌ ⊷ ⊷ ▲ ⊻ ⊛ ⊰ @
90 av. des Jardins
☎ 819-847-4747 ou 800-567-3514
www.hotelsvillegia.com

À l'ombre du mont Orford se dresse le très luxueux et moderne Manoir des Sables. On y retrouve une foule de services et installations dont des piscines extérieure et intérieure, un parcours de golf à 18 trous, des courts de tennis et un spa tout neuf abritant entre autres un hammam et un sauna finlandais. Plusieurs chambres possèdent un foyer, et chacune offre une vue splendide sur le lac Écluse, le terrain de golf ou le mont Orford.

Georgeville

Auberge Georgeville
$$$$$ ⊛ ⊷ ⊌ ≡ ▲ ⊰
71 ch. Channel
☎ 819-843-8683 ou 888-843-8686
www.aubergegeorgeville.com

L'Auberge Georgeville, située dans le minuscule village du même nom, au bord du lac Memphrémagog, est installée dans un imposant manoir victorien (1898) revêtu de bardeaux roses. Le service cordial, la véranda panoramique, les escaliers de bois, les antiquités et les merveilleux arômes provenant de la cuisine et des salles à manger confortables créent une ambiance chaleureuse au cachet historique. Les huit chambres (dont quatre petites) et la suite de l'auberge sont pourvues de planchers de bois et sont décorées à la victorienne; chacune est équipée d'une salle de bain privée avec douche. De plus, la salle à manger a acquis une excellente réputation depuis plusieurs années (voir p. 254).

Ayer's Cliff

Auberge Ripplecove & Spa
$$$$$ ½p
≡ ● ❄ ◎ ≋ ⩘ ⚠ @ ⵑ ⤳

700 rue Ripplecove
☎ 819-838-4296 ou 800-668-4296
www.ripplecove.com

Regardant vers le lac Massawippi, l'Auberge Ripplecove & Spa, avec son verdoyant terrain d'environ 6 ha, offre un cadre champêtre merveilleusement paisible permettant de pratiquer diverses activités de plein air. Son élégant salon de style victorien et ses chambres distinguées assurent le confort dans une intimité sans pareille. Aussi les chambres les plus luxueuses possèdent-elles leur propre foyer et baignoire à remous. L'endroit devient absolument féerique en saison hivernale. Doté d'une imposante cave à vin, le restaurant de l'auberge se spécialise dans une cuisine française et internationale de qualité (voir p. 254). Deux chalets équipés, dont un en bois rond, sont également en location sur le site.

Compton

Auberge des Grands Jardins
$$$ ⵑ
$$$$ ½p
⩘ @ ≋

305 ch. de Hatley (route 208 O.)
☎ 819-835-0403 ou 888-433-6033
www.aubergegrandsjardins.com

Belle auberge de campagne au décor chargé située sur une fermette (poules, dindes, moutons, chèvres). Table champêtre disponible, avec les produits de la ferme. Trois belles chambres simples et confortables.

Waterville

La Mère Veilleuse
$$-$$$ ⵑ ⚠ @

710 rue Principale S.
☎ 819-837-3075

Entourée d'arbres majestueux, la maison qui abrite maintenant La Mère Veilleuse était autrefois abandonnée, mais ses actuels propriétaires l'ont retapée et transformée en un magnifique gîte. Les chambres spacieuses, garnies de meubles anciens, l'agréable véranda et les petits déjeuners gastronomiques confèrent une grande qualité à ce gîte touristique. L'accueil personnalisé et amical rend les séjours inoubliables.

North Hatley

Le Chat Botté B&B
$$$ ⵑ ⚠ ≡

550 ch. de la Rivière
☎ 819-842-4626
www.lechatbotte.ca

Ceux qui souffrent d'allergies ne pourront malheureusement pas profiter de cet attrayant gîte puisque Nico, l'accueillante propriétaire, adore les chats! Artiste, elle a orné sa demeure victorienne de ses propres tableaux et a décoré ses trois chambres avec style et originalité. La plus petite pièce est très réussie, avec des tons d'ocre brun, alors que la plus grande demeure plus romantique, avec des tons crème, un foyer au gaz et une baignoire à même la chambre. Toutes les pièces ont des planchers de bois, de somptueuses literies, des lits de plume et une touche de romantisme. Les petits déjeuners gastronomiques à trois services sont offerts dans une salle douillette décorée de lambris ou sur la magnifique galerie où il fait bon se détendre.

Auberge La Raveaudière
$$$-$$$$ ⵑ ≡ @ ⤳ ⩘ ⵑ

11 ch. Hatley Centre
☎ 819-842-2554
www.laraveaudiere.com

La Raveaudière est établie sur une ancienne ferme (1870) rénovée, située sur un vaste terrain à faible distance à pied du centre du village et face au golf de North Hatley. La salle de séjour, très grande mais tout de même accueillante, est percée de grandes fenêtres avec vue sur le jardin. Les sept chambres arborent toutes des angles intéressants et des couleurs ensoleillées. Le petit déjeuner complet est composé de délices maison et peut être dégusté sur la terrasse arrière. On peut y louer des vélos.

Manoir Hovey
$$$$$ ½p
≋ ◎ ● ⩘ ⚠ @ ⵑ ≡ ⚓ ⵑ ● ❄ ⤳

575 ch. Hovey
☎ 819-842-2421 ou 800-661-2421
www.manoirhovey.com

Bâti en 1900, le Manoir Hovey reflète bien l'époque où de riches familles choisissaient North Hatley pour y passer leurs vacances dans de belles demeures de campagne (voir p. 234). Transformé en auberge en 1950, le manoir offre, aujourd'hui encore, un grand confort. Il compte 42 chambres garnies de beaux meubles anciens; et la plupart font face au lac Massawippi. La vaste étendue de pelouse au bord du lac, derrière la propriété, est idéale pour une relaxation estivale. Bref, cet agréable établissement déborde de cachet: c'est l'endroit parfait pour une fin de semaine en amoureux. Un excellent restaurant se trouve aussi sur place (voir p. 254).

Lennoxville

Motel-Hôtel La Paysanne
$$ ⵑ ≡ ◎ ≋ ⤳ @ ⚠ ❄

42 rue Queen
☎ 819-569-5585
www.paysanne.com

Grâce à son joli bâtiment noir et blanc, La Paysanne fait figure de chic motel. Outre son aspect extérieur, l'établissement a l'avantage d'être facilement accessible. Ses chambres, toutes décorées avec simplicité, sont plutôt grandes.

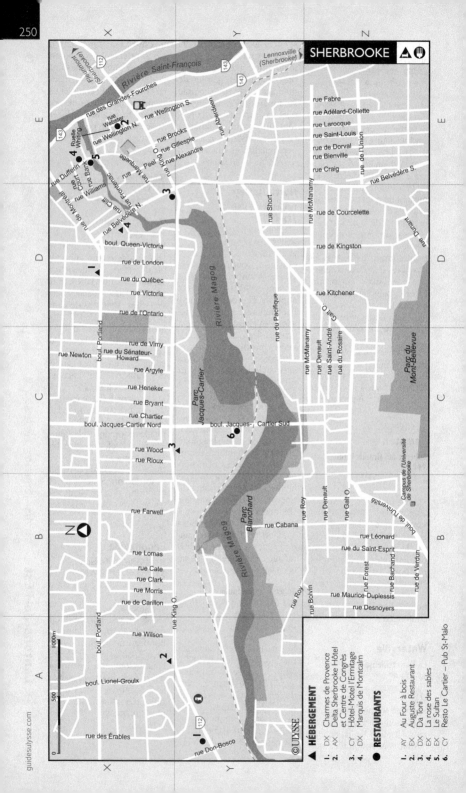

Sherbrooke

Hôtel-Motel l'Ermitage
$$ ≡ ⚑☼❀✳☆@♿

1888 rue King O.
☎ 819-569-5551 ou 888-569-5551
www.motelermitage.com

Le bâtiment de briques et de bois de l'Hôtel-Motel l'Ermitage, qui s'allonge près du centre-ville et de l'agréable parc Jacques-Cartier, est bien joli pour un lieu d'hébergement de cette catégorie. Les visiteurs peuvent ici profiter d'un stationnement et de chambres relativement confortables, au décor austère.

Charmes de Provence
$$$ ❦@≡

350 rue du Québec
☎ 819-348-1147
www.charmesdeprovence.com

À l'accueillant Charmes de Provence, vous vous en doutez, il n'y a pas que les volets bleus et les murs jaunes qui arborent fièrement les couleurs de la Provence: les petits déjeuners santé rappellent également les saveurs méditerranéennes. On peut d'ailleurs jouer à la pétanque dans le stationnement! La belle maison (1875) abrite un foyer dans la salle de séjour, et le terrain comporte un jardin fleuri et une fontaine.

Marquis de Montcalm
$$$ ❦≡✳@≡

797 rue Général-De Montcalm
☎ 819-823-7773
www.marquisdemontcalm.com

Dans le quartier patrimonial de Sherbrooke, cette splendide demeure (1881) abrite un luxueux gîte pourvu de cinq chambres joliment décorées de fresques, avec aussi toutes les commodités modernes, comme l'internet sans fil, un bain à remous extérieur, etc. Petit déjeuner à trois ou quatre services et accueil très sympathique.

Delta Sherbrooke Hôtel et Centre de Congrès
$$$$
≡ ≋ ⚑☕♨Ψ♥♿@☼✳⚓

2685 rue King O.
☎ 819-822-1989 ou 800-268-1133
www.deltasherbrooke.com

L'immeuble aux tons rosés du Delta Sherbrooke s'élève à l'entrée de la ville. Il propose une foule d'installations telles que piscine intérieure, baignoire à remous et salle d'exercices.

Circuit C: L'arrière-pays

Notre-Dame-des-Bois

Camping Altitude 2000
$ ➳

121 route du Parc
☎ 819-888-1129
www.campingaltitude2000.com

Situé sur la route du Parc, à moins de 2 km du mont Mégantic, le paisible Camping Altitude 2000 met à la disposition des amoureux de la nature une vingtaine d'emplacements gravillonnés et éloignés les uns des autres.

Au Vaillantbourg
$$ ❦bc/bp♿

12 rue Principale O.
☎ 514-312-5392 ou 819-888-1001
www.auvaillantbourg.com

Maison centenaire, ce joli *B&B* de style victorien comporte cinq chambres à la décoration soignée. Le matin, profitez d'un délicieux petit déjeuner, offert à la terrasse en saison, alors que le soir, une table d'hôte est proposée aux convives. Situé non loin de l'ASTROLab du Mont-Mégantic, Au Vaillantbourg est choyé par sa situation géographique privilégiée. Service sympathique et personnalisé.

Aux Berges de l'Aurore
$$$ ❦@♿≡➳

139 route du Parc
☎ 819-888-2715
www.auberge-aurore.qc.ca

Aux Berges de l'Aurore est une coquette maison située

dans un cadre paisible, en pleine nature, qui compte trois chambres simples et deux suites. Le gîte se trouve à faible distance de marche du parc national du Mont-Mégantic et de l'ASTROLab du Mont-Mégantic.

Lac-Mégantic

L'Eau Berge
$$-$$$
$$$$ ½p ≡ @♿✳Ψ

3550 boul. Stearns
☎ 819-583-1340 ou 800-678-1340
www.leauberge.com

L'Eau Berge, qui donne sur le lac Mégantic, plaira aux personnes qui cherchent un endroit charmant au centre de la ville. L'auberge dispose de chambres récemment rénovées et simplement meublées, tout à fait adéquates pour le prix.

Restaurants

Circuit A: Vergers et vignobles

Dunham

Couleur Café
$$
midi seulement
mer-lun, fermé nov à mars
3819 rue Principale
☎ 450-284-0554

Tout de bois vêtu, ce petit bistro sans prétention est aussi agréable à l'intérieur qu'à l'extérieur, où sa véranda ombragée en fait presque le tour. Cuisine de type café. Une partie de la vaisselle a été créée par un céramiste du coin. Une bonne petite adresse sympathique.

Homei Bistro
$$
mer-dim
3809 rue Principale
☎ 450-284-0522

Homei Bistro est aménagé dans un joli bâtiment de briques rouges datant du XIXe siècle (un ancien relais de diligence). À l'intérieur, on a préservé les murs de briques qui servent de supports aux œuvres d'artistes des environs. On y propose une cuisine asiatique moderne à base de produits locaux, tels les rouleaux de printemps au canard du Lac-Brome, que l'on accompagne de vins québécois. En saison, profitez d'une terrasse dans la cour arrière, partagée avec la microbrasserie voisine, le **PUBlic House** (voir p. 256).

Le Tire-Bouchon
$$-$$$
tlj juil à oct, le midi seulement
L'Orpailleur
1086 rue Bruce
☎ 450-295-3335
En saison estivale, le vignoble de L'Orpailleur met à la disposition des visiteurs un restaurant-terrasse fort agréable. Le menu, à la fois concis et varié, fait honneur aux produits régionaux. Évidemment, on arrose le tout de bons vins maison.

Bromont

Musée du Chocolat
$
679 rue Shefford
☎ 450-534-3893
Du chocolat pour le petit déjeuner? Pourquoi pas! Ce petit café propose aussi un menu de déjeuners comprenant des crêpes, des quiches, des sandwichs et des pâtés.

L'Étrier
$$$
jeu-lun soir
547 rue Shefford
☎ 450-534-3562
L'Étrier prépare une cuisine de qualité grâce à laquelle il s'est créé une clientèle d'habitués. Le restaurant est situé un peu à l'écart de la ville et bénéficie d'un cadre champêtre et plaisant.

Les Délices de la Table
$$$
tlj en été, jeu-lun le reste de l'année
641 rue Shefford
☎ 450-531-1646
Les Délices de la Table, un petit restaurant provençal aux allures champêtres avec ses murs jaune soleil, ses rideaux de dentelle et ses nappes à motifs de fleurs et de fruits, est le genre d'établissement où l'on se sent bien dès qu'on franchit la porte. Vous pourrez déguster de délicieux plats à base de produits régionaux, préparés avec soin et raffinement par le chef, qui est aussi le propriétaire des lieux. Il est préférable de réserver car l'établissement, en plus d'être petit, est très fréquenté. En été, il abrite aussi un comptoir de *gelatos* affichant une quinzaine de parfums.

Les Quatre Canards
$$$-$$$$
Château Bromont
90 rue Stanstead
☎ 450-534-3433 ou 888-276-6668
Le restaurant du **Château Bromont** (voir p. 244) profite de la même excellente réputation que l'hôtel. Une belle salle à manger où trônent de grandes fenêtres sert de cadre à des repas finement apprêtés. La spécialité du chef, le canard, est aussi celle de la région. Vous pourrez aussi goûter divers autres mets de la cuisine française ou québécoise gastronomique.

Waterloo

Manoir Parmelee
$$$$ 🍷
ven-dim
700 rue Western
☎ 450-539-2140
Au sympathique Manoir Parmelee, on a parfois l'impression d'être en train de dîner chez une tante un peu excentrique : le restaurant est aménagé au rez-de-chaussée d'une résidence privée à l'architecture victorienne, sur une avenue résidentielle de Waterloo. Le menu affiche une dizaine de plats de viande et de fruits de mer. Réservations requises. Pas de cartes de crédit.

Granby

Ben la Bédaine
$
599 rue Principale
☎ 450-378-2921
Le nom très évocateur et l'impressionnante enseigne lumineuse de Ben la Bédaine vous feront peut-être sourire, mais sachez qu'il s'agit en fait d'un véritable temple de la frite!

Casa du spaghetti
$$-$$$
604 rue Principale
☎ 450-372-3848
La Casa du spaghetti est un bon choix pour ceux qui disposent de ressources limitées et qui apprécient un plat de pâtes, des grillades ou une pizza cuite au four à bois.

Chez Plumet
$$$-$$$$
mar-sam
1507 rue Principale
☎ 450-378-1771
Malgré son décor un peu quelconque, le restaurant Chez Plumet demeure un classique pour les Granbyens. Son ambiance est en effet très chaleureuse, et quoiqu'un peu traditionnel son menu affiche une cuisine française de qualité. Le magret de canard qu'on y sert se veut particulièrement succulent.

La Maison Chez Nous
$$$-$$$$ 🍷
mer-dim
847 rue Mountain
☎ 450-372-2991
www.lamaisoncheznous.com
Cette chaleureuse maison a certainement de quoi plaire. Sa table à cinq services, certifiée «aux saveurs du terroir», propose une cuisine québécoise dans ce qu'elle a de

meilleur et de plus recherché. L'ambiance se veut conviviale.

Circuit B : Les lacs

Lac-Brome

Auberge du Joli Vent
$$$
ven-sam
667 ch. Bondville
☎ 450-243-4272 ou 866-525-4272
www.aubergedujolivent.com

Le restaurant de l'**Auberge du Joli Vent** (voir p. 245) est une table originale créée par le chef suisse-allemand Hans Christiner, dont l'expérience a été puisée en peu partout en Europe et au Moyen-Orient. Le menu se compose de gibier du Québec et de légumes de saison apprêtés à l'européenne, mais aux accents d'Extrême-Orient, ce qui le rend tout à fait unique. La salle à manger est chaleureuse et sympathique.

Knowlton

Knowlton Pub
$-$$
267 ch. Knowlton
☎ 450-242-6862

Le Knowlton Pub est sans doute l'un des lieux nocturnes les plus fréquentés des Cantons-de-l'Est. On y retrouve beaucoup d'anglophones. Son ambiance de vieux pub anglais ainsi que sa grande terrasse sont agréables. En soirée, des spectacles y sont régulièrement présentés.

Agur Restaurant-Galerie
$$ ♀
339 ch. Knowlton
☎ 450-243-0145

Chez Agur Restaurant-Galerie, l'art vient à la rencontre de la gastronomie. Comme il s'agit aussi d'une galerie d'art (voir p. 258), la salle à manger renferme de nombreuses œuvres d'art, que ce soit des peintures, des photographies ou

des sculptures. Le menu offre un grand choix de tapas. Une expérience mémorable.

Café Inn
$$
mar-dim
264 ch. Knowlton
☎ 450-243-0069

Un bon endroit pour le petit déjeuner ou le déjeuner. En été, lorsque la terrasse est ouverte, profitez d'une jolie vue sur l'étang Mill. La maison se spécialise dans les pizzas à croûte mince et propose une table d'hôte qui varie. Le dîner est servi les jeudis et vendredis. Des concerts de jazz sont présentés les jeudis soir.

Le Relais
$$$
Auberge Knowlton
286 ch. Knowlton
☎ 450-242-2232

Comme le veut la tradition dans cette région, le canard du Lac Brome est à l'honneur au restaurant de l'**Auberge Knowlton** (voir p. 245), Le Relais. On y propose confit, magret, brochettes, en plus d'une excellente salade tiède de canard. La salle à manger décontractée et ensoleillée est entourée de fenêtres et décorée d'un bric-à-brac de style campagnard. On y sert aussi une vaste sélection de plats principaux, comme les hamburgers, quiches, steaks et plats de pâtes végétariens, ainsi que des vins régionaux. Accès Internet sans fil gratuit.

Sutton

Le Cafetier
$-$$
9 rue Principale N.
☎ 450-538-7333

Le Cafetier est un petit café agréable où il fait bon passer le temps et prendre un thé bio ou un café équitable. Les petits déjeuners et déjeuners (œufs bénédictine, soupes, salades et sandwichs) sont bons et offerts à prix raisonnables. Le service est gentil,

et l'établissement offre l'accès Internet sans fil gratuit et dispose d'une terrasse. On y vend également du café en vrac.

Tartinizza
$-$$
jeu-dim
19A rue Principale N.
☎ 450-538-5067

Le Tartinizza se spécialise dans les pizzas à croûte mince et les sandwichs. Ce restaurant douillet, doté d'une terrasse, est pourvu de planchers de bois et de murs jaunes. Bonne sélection de bières de microbrasseries.

À la Fontaine
$$-$$$
30 rue Principale S.
☎ 450-538-3045

Vous pourrez savourer une succulente cuisine française traditionnelle au restaurant À la Fontaine tout en profitant d'une très agréable terrasse estivale.

Auberge Le St-Amour
$$$
ven-sam, sur réservation seulement
1 rue Pleasant
☎ 450-538-6188 ou 888-538-6188
www.auberge-st-amour.com

L'Auberge Le St-Amour abrite une table gastronomique qui propose, dans un cadre chaleureux, une cuisine française innovatrice et d'une fraîcheur imbattable. Notez que le choix de plats doit être communiqué au moment de la réservation.

Bistro Beaux Lieux
$$$
jeu-dim
19 rue Principale
☎ 450-538-1444

La cuisine créative du chef Christian Beaulieu ajoute une touche d'originalité aux classiques de ce bistro. Le menu propose donc, entre autres, cuisse de canard confite, joue de veau et tartare, mais avec ici peut-être quelque chose qui saura surprendre vos papilles. Ambiance agréable et décontractée.

Il Duetto
$$$-$$$$
tlj dès 16h30
227 ch. Élie
☎ 450-538-8239 ou 888-660-7223

Situé dans une contrée rurale calme et bien caché parmi les collines aux alentours de Sutton, le restaurant Il Duetto propose une fine cuisine italienne. Les pâtes maison y sont fraîches, et les plats principaux s'inspirent de la gastronomie des différentes régions italiennes. On peut également savourer des vins italiens à la terrasse, ou bien choisir le menu dégustation à cinq services pour avoir une bonne idée de la variété de la cuisine de la «botte».

Magog

Les Péchés de Pinocchio
$-$$$
469 rue Principale O.
☎ 819-868-8808

Les Péchés de Pinocchio est un arrêt obligatoire à Magog pour qui a envie de déguster une cuisine inventive. Le menu offre une belle sélection de plats tous plus alléchants les uns que les autres. La décoration est simple mais de bon goût.

L'Actuel Bar & Grill
$$$
5 rue Hatley
☎ 819-847-1991

Sympathique, L'Actuel Bar & Grill est situé au cœur de Magog et sert une bonne cuisine de type international. Grillades et moules en sont les vedettes. Deux terrasses et une véranda sont disponibles en été. Bon choix de vins.

Georgeville

Auberge Georgeville
$$$$
sur réservation seulement
71 ch. Channel
☎ 819-843-8683 ou 888-843-8686
www.aubergegeorgeville.com

Le restaurant de l'**Auberge Georgeville** (voir p. 248) ne cesse de faire jouir les papilles des fins gourmets

---

qui s'y attablent. Le chef crée en effet des plats savoureux à partir de produits régionaux qui débordent de saveur et de fraîcheur. S'ajoute à cela le plaisir de se retrouver dans une vieille maison plus que centenaire située au bord du lac Memphrémagog.

Stanstead

Le Tomifobia
$$$
2 rue Elm
☎ 819-876-7590
www.letomifobia.com

Le petit bistro Le Tomifobia propose une cuisine moderne et raffinée dans une ambiance champêtre. Son menu est surtout axé sur les spécialités bretonnes, comme les crêpes et les salades composées. Une bonne sélection de plats cuisinés y est aussi à l'honneur, et la terrasse ensoleillée vous charmera à coup sûr.

Ayer's Cliff

Auberge Ripplecove & Spa
$$$$
700 rue Ripplecove
☎ 819-838-4296 ou 800-668-4296

Le restaurant de l'**Auberge Ripplecove & Spa** (voir p. 249) propose une fine cuisine française et internationale de grande distinction. Son atmosphère victorienne et son décor élégant en font un endroit excellent pour un repas romantique. En outre, il dispose d'une excellente cave à vins.

North Hatley

Pilsen
$$-$$$
55 rue Principale
☎ 819-842-2971

Grâce à son menu à prix raisonnable et à ses trois terrasses (une qui fait face au lac, une autre qui flotte littéralement au-dessus de la rivière et une dernière, plus grande, qui longe la rivière), le Pilsen est depuis longtemps

---

l'endroit préféré des gens du coin qui profitent ici d'un superbe environnement. Et les salades, les hamburgers, les côtes levées et les filets mignons sont savoureux.

Café Massawippi
$$$-$$$$
mi-mai à début sept tlj, début sept à mi-mai mer-dim
3050 ch. Capelton
☎ 819-842-4528

Cette petite maison située au-delà du centre de North Hatley abrite une véritable trouvaille. En plus d'un menu à la carte, le chef renommé Dominic Tremblay y propose une table d'hôte à cinq services des plus inspirées, qui change tous les mois. Parmi les classiques de l'établissement figurent l'escalope de foie gras poêlée et le tartare de cerf. Ambiance musicale et touche originale. La carte des vins et le service sont tous deux excellents.

Manoir Hovey
$$$$
575 ch. Hovey
☎ 819-842-2421 ou 800-661-2421

Garnie de meubles anciens et d'un foyer, et offrant une superbe vue sur le lac Massawippi, la salle à manger du **Manoir Hovey** (voir p. 249) offre une ambiance feutrée grâce à laquelle vous passerez une excellente soirée. Sa cuisine québécoise créative met à l'honneur les produits de la région et a mérité bien des éloges. Une table d'hôte variée et un menu découverte sont proposés aux convives.

Lennoxville

Pub le Lion d'Or
$
2 rue du Collège
☎ 819-565-1015

Le Pub le Lion d'Or dispose d'une jolie terrasse tapageuse, surtout lorsque les étudiants sont en fête! On y propose six bières brassées sur place dont une blonde, une ambrée, une au bleuet (l'été) et un stout (en hiver). La nourriture servie est simple et assez typique des pubs.

Sherbrooke

Voir carte p. 250.

La rose des sables
$$
270 rue Dufferin
☎ 819-346-5571
Au restaurant La rose des sables, vous pourrez savourer une bonne cuisine marocaine.

Le Sultan
$$
lun-sam
205 rue Dufferin
☎ 819-821-9156
Le Sultan se spécialise, quant à lui, dans la cuisine libanaise. Les grillades qu'on y apprête sont excellentes.

Au Four à bois
$$-$$$
3025 rue King O.
☎ 819-822-2722
Le restaurant Au Four à bois dispose d'une mezzanine, idéale pour accueillir les groupes. On y prépare de délicieuses pizzas cuites au four et apprêtées de diverses façons. L'endroit est sympathique.

Resto Le Cartier – Pub St-Malo
$$-$$$
255 boul. Jacques-Cartier S.
☎ 819-821-3311
Le restaurant Le Cartier a acquis une grande popularité en bien peu de temps. Donnant sur le parc Jacques-Cartier, à quelques minutes de voiture de l'Université de Sherbrooke, ce petit restaurant respire aisément grâce à ses larges baies vitrées. Ses menus santé abordables en font un endroit familial chic, cependant suffisamment

intime pour les dîners entre amis. À côté se trouve le Pub St-Malo, de style irlandais, doté d'une vaste terrasse, qui présente régulièrement des spectacles de musique. Bonne sélection de bières provenant des microbrasseries québécoises.

Auguste Restaurant
$$$
mar-sam
82 rue Wellington N.
☎ 819-565-9559
Célèbre pour sa «poutine inversée» (de petites bouchées faites de cheddar et de demi-glace, enrobées de pommes de terre en flocons), le chef Danny St-Pierre est aux fourneaux de l'Auguste Restaurant. Après seulement quelques années en affaires, on peut d'ores et déjà affirmer qu'il s'agit d'une adresse incontournable à Sherbrooke. Le menu de type bistro fait honneur aux produits du terroir estrien. Après 21h, un menu «couche-tard» à moindre prix est disponible.

Da Toni
$$$
15 rue Belvédère N.
☎ 819-346-8441
La réputation du luxueux restaurant Da Toni, situé sur le plateau Marquette, près du centre-ville, n'est plus à faire. En effet, depuis 1969, on y déguste, dans un décor classique, de la fine cuisine française ou italienne arrosée d'un vaste choix de vins. La table d'hôte propose cinq excellents services, et ce, à bon prix. Quoiqu'un peu bruyante, une terrasse permet de siroter un verre durant la période estivale.

Circuit C: L'arrière-pays

Danville

Le Temps des cerises
$$$-$$$$
mar-sam
79 rue du Carmel
☎ 819-839-2818 ou 800-839-2818
www.cerises.com
Depuis 1987, Le Temps des cerises sert une cuisine européenne raffinée dans un cadre particulier. En effet, le restaurant est installé dans une ancienne église de confession protestante, ce qui lui confère une atmosphère distinctive. Outre le cadre impressionnant, la qualité des ingrédients, issus de production régionale (agneau de Danville) et artisanale, est irréprochable. On concocte sur place pains, charcuteries, crèmes glacées et toute une gamme de produits fins à rapporter chez soi. Bonne sélection de vins.

Sorties

➤ Activités culturelles

Sherbrooke

Le mensuel *Visages* est distribué gratuitement. On y trouve le calendrier complet des activités culturelles et un point de vue moins conventionnel sur la région. De plus, le journal hebdomadaire gratuit *Voir* propose une édition pour la région de Sherbrooke.

Salle Maurice-O'Bready
&
2500 boul. Université
☎ 819-820-1000 ou 821-7742
www.centrecultureludes.ca
Le centre culturel de l'Université de Sherbrooke abrite la Salle Maurice-O'Bready, où vous pourrez assister à des concerts de musique, tant classique que rock, à des

pièces de théâtre et à d'autres genres de spectacles.

Le Vieux Clocher de Sherbrooke

&

1590 Galt O.
☏ 819-822-2102
www.vieuxclocher.com

Ancienne église reconvertie en salle de spectacle, Le Vieux Clocher accueille les mélomanes et les fidèles du divertissement. Se donnant la même vocation que son prédécesseur de Magog (voir ci-dessous), cette salle d'environ 500 places offre des «spectacles-découvertes» de jeunes artistes québécois ainsi que d'artistes bien établis. Vous trouverez aussi la liste des concerts qui l'animent dans le quotidien sherbrookois *La Tribune*.

Magog

Le Vieux Clocher de Magog

64 rue Merry N.
☏ 819-847-0470
www.vieuxclocher.com

Aménagé dans une vieille église protestante de 1887, Le Vieux Clocher sert au rodage de maints spectacles qui ont, par la suite, un très grand succès au Québec et en France. Vous pouvez assister aux spectacles en réservant vos places à l'avance. L'endroit est petit mais sympathique.

> Bars et boîtes de nuit

Dunham

PUBlic House

3809 rue Principale
☏ 450-295-1500
www.betf.ca

Le PUBlic House est le salon de dégustation de la brasserie artisanale Brasseurs et Frères installée dans l'ancien relais de diligence de Dunham, ce qui lui donne un charme très caractéristique et en fait un lieu tout indiqué pour une soirée confortable entre amis. Les murs arborent des expositions d'œuvres d'artistes locaux. La terrasse est partagée avec le **Homei Bistro** (voir p. 251).

Bromont

Brouemont – Microbrasserie

107 boul. Bromont
☏ 450-534-0001
www.brouemont.com

Le Brouemont participe à l'heureuse vague de popularité dont profitent les bières locales de microbrasseries, et il propose les siennes dans ce petit pub sympathique.

Knowlton

Knowlton Pub

267 ch. Knowlton
☏ 819-242-6862

Le Knowlton Pub a acquis une réputation telle que même les Montréalais en quête de dépaysement s'y rendent pour passer une soirée entre amis.

Magog

Microbrasserie La Memphré

12 rue Merry S.
☏ 819-843-3405

Cette confortable microbrasserie à l'éclairage discret, avec tables et fauteuils installés en face d'un bon feu en hiver, propose entre autres une bière blanche, une Scotch Ale et une surprenante bière à la sangria. On y sert une cuisine de type bistro, et l'endroit dispose d'une belle terrasse estivale avec vue sur le lac Memphrémagog.

Café St-Michel

503 rue Principale O.
☏ 819-868-1062

Le Café St-Michel est un petit resto-bar aux airs de «boîte à chansons», fort convivial. En plus d'y avoir un choix non négligeable de bières importées, on peut y entendre, du jeudi au dimanche (et parfois toute la semaine), des musiciens au style diversifié.

North Hatley

Pilsen

55 rue Principale
☏ 819-842-2971

Le Pilsen accueille une clientèle de vacanciers qui viennent discuter tout en prenant une bière et en contemplant le lac Massawippi.

Sherbrooke

King Hall

286 rue King O.
☏ 819-822-4360

Le sympathique bar King Hall offre une intéressante sélection de bières provenant de diverses contrées.

> Festivals et événements

Juin

Une expo-vente de céramiques, **CeraMystic** (voir p. 227), a lieu chaque année vers la fin de juin à Mystic, en plein air.

Le **Festival d'astronomie populaire du Mont-Mégantic** (voir p. 242) se tient chaque samedi de la fin juin au début septembre.

Juillet

Quelques journées de festivités sont organisées dans le cadre de la **Traversée internationale du lac Memphrémagog** *(fin juil; Magog,* ☏ *819-847-3007 ou 800-267-2744, www.traversee-memphremagog.com)*. Animation ambulante, spectacles d'artistes québécois, expositions de toutes sortes et chansonniers sont alors de la partie. Le couronnement des célébrations a lieu avec l'arrivée des nageurs en provenance de Georgeville. Le périple de 34 km est entrepris par des athlètes considérés parmi les meilleurs au monde en natation d'endurance.

Pendant les mois de juillet et d'août, le **Festival Orford** *(3165 ch. du Parc, Orford,* ☏ *819-843-3981 ou 800-567-6155, www.arts-orford.org)* propose, depuis plus de 50 ans, une série de concerts présentant des ensembles musicaux formés de virtuoses connus internationalement. Plusieurs excellents concerts sont également donnés gratuitement par de jeunes musiciens venus perfectionner leur art au **Centre d'arts Orford** (voir p. 232) durant l'été. Du plus haut calibre, le festival se veut un délice absolu pour les mélomanes et autres amoureux de la musique. Auberge sur place.

Septembre

Le **Festival international de la chanson de Granby** *(mi-sept; Granby,* ☎ *450-375-7555, www.ficg.qc.ca)* a déjà couronné le talent de jeunes artistes québécois dans le domaine de la chanson francophone. Des auteurs-compositeurs et interprètes aussi connus que Luc De Larochellière, Jean Leloup, Lynda Lemay et Pierre Lapointe s'y sont fait connaître.

L'**Expo Brome** *(Lac-Brome,* ☎ *450-242-3976, www.bromefair.com)* attire les foules depuis 1856. Tenue la fin de semaine de la fête du Travail (précédant le premier lundi de septembre), cette véritable foire agricole offre produits régionaux, expositions de bétail, concours, spectacles divers et jeux.

La **Fête des vendanges** *(Magog,* ☎ *819-847-2022 ou 888-847-2050, www.fetedesvendanges.com)* fait la promotion des produits du terroir de la région. On retrouve non seulement des vins, cidres et spiritueux, mais aussi d'autres produits agroalimentaires en plus des pièces d'artisanat. Une belle façon de découvrir les multiples talents des Estriens.

Townshippers Day *(mi-sept; Ayer's Cliff,* ☎ *866-566-5717)* se veut une célébration annuelle de la culture et de l'héritage

des anglophones des Cantons-de-l'Est. On y offre de la musique, de l'histoire, de l'art, de la danse, des activités pour toute la famille et des délices culinaires régionaux.

L'un des festivals à ne pas manquer dans les Cantons-de-l'Est est **Canard en fête à Lac-Brome** *(Lac-Brome,* ☎ *450-242-6886)*, un festival qui dure deux fins de semaine en septembre.

Novembre

L'événement **Noël dans nos campagnes** *(fin nov à début jan; à Dunham, Lac-Brome, Sutton, Bedford, Cowansville et Farnham;* ☎ *888-811-4928)* invite les visiteurs à profiter du temps des Fêtes pour découvrir les bons produits du terroir et les œuvres des artisans des Cantons-de-l'Est.

Achats

➤ Alimentation

Dunham
La Rumeur affamée
tlj en été, mer-dim le reste de l'année
3809 rue Principale
☎ 450-295-2399
Allez faire un tour à La Rumeur affamée pour déguster fromages, pâtés et autres délices maison. Il s'agit d'une épicerie-charcuterie-boulangerie-pâtisserie-fromagerie qui mérite le détour. Il y a aussi une succursale à Sutton *(15 rue Principale N.)*.

Mystic
L'Œuf
229 ch. Mystic
☎ 450-248-7529
La boutique de l'Œuf propose des mets préparés sur place, ainsi que des confitures, des glaces, des chocolats, du café torréfié sur place, sans oublier la spécialité maison, le Noiselat, une tartinade aux noisettes extraordinaire!

Farnham
Fromagerie des Cantons
441 boul. Normandie N.
☎ 450-293-2498
Cette fromagerie abrite une boutique où l'on peut acheter et goûter le Zéphyr (pâte ferme), le El Niño (semi-ferme), primé en 2009, et la Brise des Vignerons (pâte molle), tous fabriqués sur place. À travers une vitre, on peut admirer le travail des fromagers.

Knowlton
Canards du Lac Brome
lun-jeu 8h à 17h, ven 8h à 18h, sam-dim 9h30 à 17h
40 ch. Centre
☎ 450-242-3825
www.canardsdulacbrome.com
Le «canard du Lac Brome» est un canard d'élevage de Pékin non gavé. La production annuelle de canards, qui s'effectue dans la ferme aux abords du centre du village, s'élève maintenant à plus de 2 millions. Toute la gamme des produits Canards du Lac Brome (terrines, saucisses, confit, magret, etc.) est en vente à la boutique de Knowlton où l'on peut aussi se procurer des coupes fraîches.

Compton
Fromagerie La Station
440 ch. Hatley
☎ 819-835-5301
La boutique de la Fromagerie La Station vend les produits de la maison: Alfred Le Fermier, Comtomme et raclette de Compton. Dégustation sur place et exclusivités.

➤ Artisanat, brocante et souvenirs

Frelighsburg
Le cœur nomade
début mai à début nov jeu-dim 10h à 17h
4 rue de l'Église
☎ 450-298-8282
La galerie-boutique Le cœur nomade représente plus de 30 artistes et artisans de la

région, et vend leurs produits: bijoux, nichoirs, carillons, céramiques et toiles.

Knowlton

Agur Restaurant-Galerie
339 ch. Knowlton
☎ 450-243-0145
www.agurgalerie.com

Cette galerie d'art qui fait aussi office de restaurant (voir p. 253) présente des expositions qui mettent en valeur non seulement des artistes de renommée internationale, mais aussi des artistes émergents.

Bolton-Ouest

Terre à Terre
sam 10h à 17h
67 ch. Bailey
☎ 450-242-2836

Né de la rencontre de deux potiers, l'atelier-boutique Terre à Terre propose de belles poteries, entre autres celles couvertes de glaçure bleu cobalt, reconnues dans la région. Vous pourrez même profiter de votre visite pour vous procurer des produits de leur ferme.

Magog

Les Trésors de la Grange
début mai à fin oct tlj 10h à 17h30
790 ch. des Pères
☎ 819-847-4222

Cette grange plus que centenaire située aux abords de Magog, sur le chemin de l'abbaye, est un endroit agréable (et plein de courants d'air) où est exposé de l'artisanat régional: objets de bois, vitraux, bijoux, jolies curiosités, ainsi que tableaux et antiquités. On y trouve également quelques produits du terroir. Prix raisonnables.

Savon des Cantons
juin à sept tlj 9h à 18h, oct à mai jeu-dim 11h à 17h
1540 ch. des Pères
☎ 819-868-0161 ou 877-868-0161
www.savondescantons.com

La boutique propose toutes sortes de savons artisanaux, à l'huile d'olive ou à la glycérine végétale. Il est aussi possible d'assister *(réservations requises)* à la fabrication du savon ou de concocter ses propres sels de bain et savonnettes.

> Équipement de plein air

Sherbrooke

Boutique Atmosphère
2325 rue King O.
☎ 819-566-8882

La boutique Atmosphère se spécialise dans les articles de plein air. Il s'agit d'un bon endroit où aller pour compléter son équipement avant d'entreprendre une randonnée dans la région!

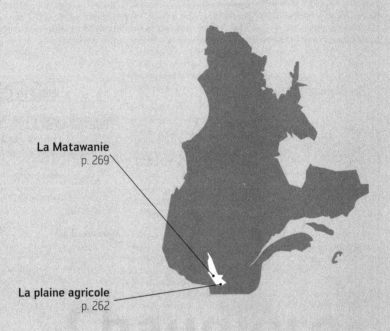

La Matawanie
p. 269

La plaine agricole
p. 262

Lanaudière

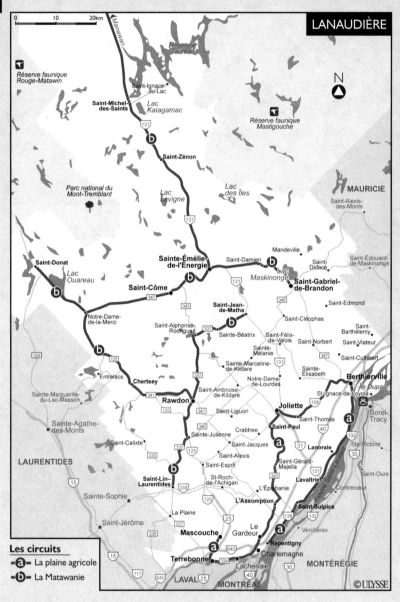

Les circuits
- ⓐ La plaine agricole
- ⓑ La Matawanie

©ULYSSE

R égion de lacs et de rivières, de terres cultivées, de forêts sauvages et de grands espaces, **Lanaudière** ★ s'étend de la plaine du Saint-Laurent jusqu'au début du plateau laurentien. Une des premières zones de colonisation de la Nouvelle-France, Lanaudière possède un héritage architectural exceptionnel, en même temps qu'elle maintient vivantes plusieurs traditions populaires héritées des temps anciens.

La région est l'hôte, chaque été, d'un événement d'envergure : le Festival de Lanaudière, où les mélomanes du Québec se donnent rendez-vous pour assister à des concerts de musique classique. La ville de Joliette, quant à elle, possède un des plus intéressants musées régionaux du Québec, riche d'une collection d'art québécois et religieux : le Musée d'art de Joliette.

Dans ce chapitre, deux circuits très contrastés sont proposés au départ de Montréal :

Circuit A : La plaine agricole ★ ★
Circuit B : La Matawinie ★

Accès et déplacements

➤ En voiture

Circuit A : La plaine agricole
L'autoroute 25, dans le prolongement du boulevard Pie-IX à Montréal, permet de se diriger vers Terrebonne, premier arrêt sur le circuit. Par la suite, il faut emprunter la route 344 Est pour atteindre L'Assomption. Le circuit dévie alors vers Joliette par la route 343 Nord, puis revient vers Berthierville par la route 158 Est.

Le retour vers Montréal se fait par l'adorable route 138 (Ouest), ou chemin du Roy, qui longe le fleuve Saint-Laurent et permet de s'arrêter à Lanoraie, Saint-Sulpice et Repentigny.

Circuit B : La Matawinie
L'autoroute 25 Nord, dans le prolongement du boulevard Pie-IX à Montréal, rejoint la route 125 Nord, qui mène à Rawdon, Chertsey, Notre-Dame-de-la-Merci et Saint-Donat.

Un circuit facultatif, au départ de Rawdon, vous conduira à la découverte de Saint-Alphonse-Rodriguez et de Saint-Jean-de-Matha par la route 337.

Enfin, au départ de Notre-Dame-de-la-Merci, un autre itinéraire optionnel vous fait découvrir Saint-Côme, Sainte-Émélie-de-l'Énergie et Saint-Gabriel-de-Brandon par la route 347. De même, une excursion jusqu'à Saint-Michel-des-Saints vous est proposée au départ de Saint-Émélie-de-l'Énergie par la route 131.

➤ En autocar (gares routières)

Circuit A : La plaine agricole
Terrebonne
5000 côte Terrebonne
☎ 450-492-6111

Joliette
Terminus
942 rue St-Louis
☎ 450-759-5133 ou 866-755-2917

Repentigny
stationnement rue Leclerc, angle rue Lafayette

Circuit B : La Matawinie
Rawdon
Dépanneur Harnois
3738 rue Queen
☎ 450-834-6839

Saint-Donat
536 rue Principale (devant le bureau d'information touristique)
☎ 819-424-2833

➤ En train (gare ferroviaire)

Circuit A : La plaine agricole
Joliette
380 rue Champlain
☎ 888-842-7245
www.viarail.ca

Attraits touristiques

Tourisme Lanaudière *(3568 rue Church, Rawdon, QC J0K 1S0, ☏ 450-834-2535 ou 800-363-2788, www.lanaudiere. ca)*

Circuit A: La plaine agricole ★ ★

▲ *p. 273* 🍴 *p. 275* 🛍 *p. 278* 🏠 *p. 279*

⏱ *Deux jours*

Marie-Charlotte Tarieu Taillant de Lanaudière, fille du seigneur de Lavaltrie, épouse en 1813 Barthélemy Joliette. Ces deux personnages, beaucoup plus qu'un simple couple de jeunes mariés, légueront un héritage précieux aux habitants de la région. Leur nom d'abord, mais également un esprit d'entreprise peu commun à l'époque chez les Canadiens français, qui stimulera la création de manufactures et de banques contrôlées localement, à laquelle il faut aussi ajouter le développement d'une agriculture spécialisée.

▸▸▸ *Empruntez l'autoroute 25, dans le prolongement du boulevard Pie-IX à Montréal. Prenez à droite la sortie de « Terrebonne-centre-ville » (sortie 22). Tournez immédiatement à droite dans le boulevard Moody, puis à gauche dans la rue Saint-Louis. Vous pourrez garer votre voiture dans la rue des Braves (sur votre droite), en face de l'île des Moulins.*

Terrebonne ★ ★

Bureau d'information touristique de Terrebonne *(5000 côte Terrebonne, ☏ 450-964-0681 ou 866-964-0681)*

Terrebonne, une municipalité de quelque 98 000 habitants située en bordure de la bouillonnante rivière des Mille Îles, tire son nom de la fertilité des terres qui l'entourent. De nos jours, elle est incluse dans la couronne de banlieues qui ceinture Montréal, mais le quartier ancien, réparti entre haute et basse villes, a conservé de beaux bâtiments résidentiels et commerciaux. Terrebonne est certainement un des meilleurs endroits au Québec pour comprendre ce qu'était une seigneurie prospère au XIXᵉ siècle.

La ville a été fondée en 1707 et a très tôt vu s'ériger les premières minoteries et scieries qui feront sa renommée. En 1802, la seigneurie de Terrebonne est acquise par Simon McTavish, directeur de la Compagnie du Nord-Ouest, spécialisée dans le commerce des fourrures, qui s'en sert comme point de départ pour ses lucratives expéditions commerciales dans le Nord québécois. Des moulins à carder et à fouler la laine s'ajoutent alors à ceux du Régime français pour former un véritable complexe pré-industriel. La famille Masson poursuit le développement de la seigneurie à partir de 1832 en reconstruisant la plupart des moulins.

Dès le milieu du XIXᵉ siècle, il existe à Terrebonne un collège qui offre un enseignement commercial en français, chose rarissime dans le Québec d'alors, où la prêtrise et les professions dites libérales (médecin, avocat, notaire) sont à l'honneur. Le XXᵉ siècle s'annonce prometteur mais, le 1ᵉʳ décembre 1922, une grande partie de la basse ville est détruite par un incendie, ne laissant debout que les bâtiments des rues Saint-François-Xavier et Sainte-Marie.

Le puissant banquier montréalais Joseph Masson acquiert la seigneurie de Terrebonne lors d'une vente aux enchères en 1832, mais les Rébellions de 1837-1838 ne lui permettront pas de la développer comme il l'aurait souhaité. Sa veuve, Sophie Raymond, procédera à des travaux majeurs à partir de 1848. Elle fait alors ériger, rue Saint-Louis, l'imposant **manoir Masson** ★ *(901 rue St-Louis)*. Ce bel édifice néoclassique revêtu de calcaire gris est la plus vaste résidence seigneuriale du Québec qui ait subsisté. En 1912, la chapelle Saint-Tharcisius vient s'ajouter au manoir, devenu entre-temps propriété d'une communauté religieuse. Le manoir abrite aujourd'hui l'école secondaire Saint-Sacrement.

La rue Saint-Louis constitue l'épine dorsale de la haute ville bourgeoise. On y trouve plusieurs demeures imposantes. Un peu plus loin dans la rue Saint-Louis, on peut voir de bons exemples d'architecture victorienne en bois (au numéro 938) et en briques (au numéro 939).

▸▸▸ *Retournez à la rue des Braves, qui mène à l'île des Moulins.*

Sur le **Site historique de l'Île-des-Moulins ★ ★** *(entrée libre; visites guidées 5$, plusieurs départs par jour; fin juin à fin août mer-sam 13h à 21h, dim 11h à 17h; 866 rue St-Pierre, au bas du boulevard des Braves, ☏ 450-471-0619, www.ile-des-moulins. qc.ca)* est concentré l'ensemble exceptionnel de moulins et autres installations pré-industrielles de la seigneurie de Terrebonne. À l'entrée du site, on longe d'abord les anciennes minoterie (1846) et scierie (reconstruite en 1986), qui renferment la Bibliothèque municipale, puis on arrive au bureau seigneurial. Ce bâtiment revêtu de pierres de taille aurait été construit en 1848. Le rez-de-chaussée du bureau seigneurial présente une courte reconstitution d'époque sur la famille Masson, les derniers propriétaires des installations de l'île.

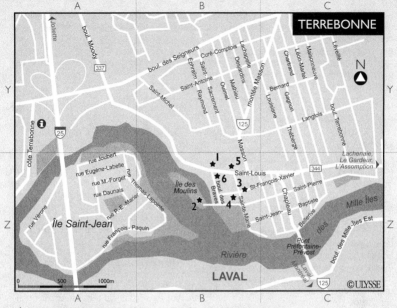

TERREBONNE

⭐ **ATTRAITS TOURISTIQUES**

1. BZ Manoir Masson
2. BZ Site historique
   de l'Île-des-Moulins
3. BZ Rue Saint-François-Xavier
4. BZ Maison Bélisle
5. BZ Église Saint-Louis-de-France
6. BZ Maisons Roussil

Le bâtiment de trois étages que l'on aperçoit ensuite sur la gauche est la vieille boulangerie, érigée en 1803 pour la Compagnie du Nord-Ouest, qui y fabriquait les biscuits et les galettes destinés aux voyageurs qui faisaient le commerce des fourrures dans le nord et l'ouest du Canada. Ces installations industrielles comptent parmi les premières boulangeries à grande échelle d'Amérique du Nord et constituent le bâtiment le plus ancien de l'île. Au bout de la promenade, on accède au grand moulin, érigé en 1850 pour Sophie Raymond-Masson. On y produisait des étoffes de laine, vendues dans toute la région.

Animées par des guides en costumes d'époque qui relatent l'histoire du patrimoine industriel de l'île, les visites guidées du site sont intéressantes. Les expositions sont très instructives, surtout celle qui traite des moulins à eau, leur évolution technologique, leur fonctionnement et leur histoire.

▸▸▸ *Au retour, empruntez la petite rue Saint-François-Xavier, à l'est du boulevard des Braves.*

Rue Saint-François-Xavier, on trouve plusieurs restaurants et galeries d'art aménagés dans de pittoresques maisons qui ont échappé aux flammes lors de la conflagration de 1922. Certaines d'entre elles, construites dans la seconde moitié du XVIIIe siècle, ont été restaurées avec soin. Elles présentent les traits des maisons de faubourg, très basses, dont la structure de bois est érigée directement en bordure d'un étroit trottoir.

Érigée en 1760, la **Maison Bélisle** ⭐ *(entrée libre; fin juin à fin août mer-sam 13h à 21h, dim 11h à 17h; 844 rue St-François-Xavier, ☎ 450-471-0619, www.maisondepays.qc.ca)* se targue d'être la plus vieille maison préservée de Terrebonne. Aujourd'hui, la Maison Bélisle se consacre à la mise en valeur de différentes facettes régionales telles que l'agrotourisme, les métiers d'art, le patrimoine historique et la musique traditionnelle.

▸▸▸ *Remontez la rue Sainte-Marie, d'où vous bénéficierez d'une perspective intéressante sur l'église Saint-Louis-de-France.*

L'**église Saint-Louis-de-France** *(825 rue St-Louis)* comporte une belle façade en pierres grises et est dominée par un clocher flanqué de deux tourelles recouvertes de tôle argentée. Elle cache cependant un intérieur quelque peu décevant, refait au goût du jour en 1955.

▸▸▸ *Tournez à gauche dans la rue Saint-Louis.*

Les **maisons Roussil** *(on ne visite pas; 870 et 886 rue St-Louis)*, jumelles, ont été construites vers 1830 par le maître menuisier Théodore Roussil. Lors des Rébellions de 1837-1838, on y aurait emprisonné les insurgés locaux avant de les transférer à la prison du Pied-du-Courant, à Montréal.

▸▸▸ *Prenez le chemin Masson (route 125) en direction nord jusqu'à Mascouche.*

Mascouche

Cette municipalité de plus de 35 000 habitants abrite les **Jardins Moore** *(5$; juin et sept sam-dim 10h à 18h, fin juin à début sept tlj 9h30 à 20h; 1455 ch. Pincourt, ☎ 450-474-0588, www. jardinsmooregardens.ca)*, un ensemble créatif de 120 variétés de plantes florales et de plus de 30 espèces de lilas. Les Jardins Moore sont une initiative de William Dyson Moore, un homme qui désirait laisser une petite parcelle de beauté derrière lui. En effet, les jardins sont très agréables à parcourir, et le centre d'interprétation permet d'en apprendre un peu plus sur l'histoire du lieu et son créateur.

▸▸▸ *Revenez à Terrebonne et empruntez la route 344 Est (dans le prolongement de la rue Saint-Louis), en direction de Lachenaie puis de Le Gardeur, pour atteindre L'Assomption.*

L'Assomption ★

La petite ville de L'Assomption (environ 17 000 habitants) a grandi de part et d'autre d'un portage établi en 1717 par le sulpicien Pierre Le Sueur dans un méandre de la rivière L'Assomption. Le sentier, parcouru par les voyageurs portant leur embarcation d'une rive à l'autre, permettait d'éviter un détour de 5 km par voie d'eau. D'abord baptisée simplement «Le Portage», l'agglomération constituait un carrefour sur la route du Nord, fréquentée par les trappeurs et les commerçants de fourrures. Elle était alors incluse dans la seigneurie de Saint-Sulpice, concédée aux Messieurs de Saint-Sulpice en 1647.

La proximité des moulins à carder de Terrebonne et les fréquentes visites des coureurs des bois amenèrent les femmes de L'Assomption à confectionner une ceinture en laine portée par les Canadiens français pour se distinguer des Écossais, nombreux au sein de la Compagnie du Nord-Ouest. Ainsi est née la célèbre **ceinture fléchée**, l'un des symboles du Québec dont L'Assomption a détenu le monopole de 1805 à 1825.

▸▸▸ *On entre à L'Assomption par la rue Saint-Étienne. Il est possible de garer sa voiture en face de l'église.*

Derrière la monumentale façade de l'**église de L'Assomption-de-la-Sainte-Vierge ★** *(153 rue du Portage, ☎ 450-589-3313)* se trouvent la nef et le chœur, élevés en 1819, avec le tabernacle, le retable et la belle chaire baroque exécutée en 1834.

▸▸▸ *Empruntez la rue du Portage, qui longe le presbytère. Cette rue correspond au portage original de Pierre Le Sueur. Tournez à droite sur le boulevard L'Ange-Gardien.*

Il subsiste peu d'exemples autour de Montréal de ces maisons dont le rez-de-chaussée servait d'atelier, alors que l'étage, accessible par un long escalier, était consacré à l'habitation. L'une d'elles, la **maison Archambault** *(351 boul. L'Ange-Gardien)*, érigée vers 1780, a vu naître Francis Archambault (1879-1915), vedette de l'opéra à Londres, New York et Boston au tournant du XXᵉ siècle.

Le **Collège de L'Assomption ★** *(270 boul. L'Ange-Gardien)* pour garçons a été fondé en 1832 par les notables de L'Assomption. Le bâtiment de moellons (1869) au toit mansardé et couronné d'un superbe dôme argenté datant de 1882 est un bon exemple de l'architecture institutionnelle du XIXᵉ siècle au Québec. Le pavillon éclectique, à l'est, a été ajouté en 1892. Parmi les nombreuses personnalités qui y ont étudié, il faut mentionner Sir Wilfrid Laurier, premier ministre du Canada de 1896 à 1911.

L'**Oasis du Vieux Palais de justice de L'Assomption** *(entrée libre toute l'année; horaire variable, visites guidées sur réservation; 255 rue St-Étienne, ☎ 450-589-3266, www.vieuxpalais.com)*. Le Vieux Palais de justice était à l'origine composé de trois maisons séparées, construites entre 1811 et 1822. Ce long bâtiment a longtemps abrité une cour de justice et un bureau d'enregistrement. En 1973, l'édifice a été classé monument historique. À noter que cette salle est toujours intacte, même si la Cour n'y siège plus depuis 1929. Elle sert maintenant de salle de spectacle ou de salle de réception.

En face du Vieux Palais de justice, on peut voir le site de la première église de L'Assomption (1724), les restes du manoir seigneurial et la **maison Séguin** *(288 rue St-Étienne)*, une intéressante demeure bourgeoise de style Second Empire érigée en 1880.

▸▸▸ *Reprenez la rue Saint-Étienne vers l'ouest (en direction de l'église).*

En passant, on peut admirer la **maison Le Sanche** *(349 rue St-Étienne)*, de type urbain, avec ses murs coupe-feu et son implantation en bordure du trottoir. Elle a été construite en 1812.

▸▸▸ *Empruntez le boulevard L'Ange-Gardien puis la route 343 Nord, qui longe la rivière L'Assomption. Chemin faisant, on remarquera plusieurs maisons au toit en mansarde, disposées perpendiculairement à la route afin de protéger leurs occupants des vents dominants.*

Saint-Paul

Ce minuscule village possède quelques maisons charmantes dominées par une église, dont la sobriété n'a d'égale que son importance sur le plan architectural. La fondation de Saint-Paul en 1855 est redevable à l'effort de colonisation de l'intérieur des terres à la fin du XVIII⁰ siècle. Depuis ce temps, la petite communauté agricole vit au rythme des saisons.

L'extérieur de l'**église Saint-Paul** ★ *(entrée libre; tlj 9h à 17h; 8 rue Brassard, ♪ 450-756-2791)* est, à quelques détails près, dans le même état qu'au premier jour de son inauguration en 1804. Réalisée selon les plans de l'abbé Pierre Conefroy de Boucherville, auteur du célèbre devis qui allait influencer les bâtisseurs d'églises pendant 30 ans, cette église est représentative de l'architecture religieuse traditionnelle du Québec, sobre mais élégante.

Par contre, le décor intérieur a connu plusieurs périodes de travaux qui en ont modifié l'apparence au fil des ans, jusqu'à lui donner une configuration des plus originales. L'utilisation de piliers dans la nef ainsi que la combinaison des surfaces blanches et dorées confèrent à ce temple la légèreté d'une salle de bal.

▸▸▸ *Poursuivez par la route 343 Nord, qui prend le nom de «boulevard Manseau» à Joliette, le long duquel on aperçoit quelques belles demeures victoriennes. Vous pouvez garer votre voiture autour de la vaste Place Bourget afin d'explorer à pied les rues de Joliette. Le centre-ville s'étend autour du boulevard Manseau.*

Joliette ★

Bureau d'information touristique de Joliette *(500 rue Dollard, ♪ 450-759-5013 ou 800-363-1775)*

Au début du XIX⁰ siècle, le notaire Barthélemy Joliette (1789-1850) ouvre de grands chantiers d'exploitation forestière dans la portion nord de la seigneurie de Lavaltrie, encore vierge. En 1823, il fonde autour de ses scieries «sa» ville, qu'il nomme «L'Industrie», nom synonyme de progrès et de prospérité. L'agglomération croît si rapidement qu'en quelques années elle éclipse ses rivales, Berthier et L'Assomp-

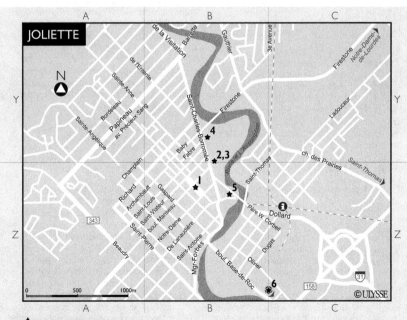

Lanaudière - Attraits touristiques - La plaine agricole

guidesulysse.com

★ **ATTRAITS TOURISTIQUES**

1.	BZ	Place Bourget / Palais de justice
2.	BY	Cathédrale de Joliette
3.	BY	Palais épiscopal

4.	BY	Maison provinciale des Clercs de Saint-Viateur
5.	BZ	Musée d'art de Joliette
6.	CZ	Amphithéâtre de Lanaudière

tion. En 1864, elle est rebaptisée «Joliette» en l'honneur de son fondateur. Parmi les autres projets ambitieux menés à bien par le notaire Joliette, il faut mentionner la construction du premier chemin de fer appartenant à des intérêts canadiens-français et la fondation d'une banque où était imprimé un papier-monnaie portant la marque des Joliette-Lanaudière, Bathélemy Joliette ayant épousé en 1813 la fille du seigneur de Lavaltrie, Marie-Charlotte Tarieu Taillant de Lanaudière.

De nos jours, Joliette, avec ses 19 000 habitants, est un important centre de services pour l'ensemble de Lanaudière. On y trouve deux institutions culturelles de renom, le Musée d'art de Joliette et l'Amphithéâtre de Lanaudière, où ont lieu les grands concerts du Festival de Lanaudière, un grand festival de musique classique.

Au centre de la **Place Bourget**, on trouvait autrefois l'édifice du marché et l'hôtel de ville, dons de M. Joliette. Depuis leur démolition, une esplanade entourée de commerces et agrémentée de fontaines et d'arbres s'étend sur le site. Un marché public s'y tient de mars à novembre. Au fond, le **palais de justice**, dont la construction en 1862 allait confirmer le statut de Joliette comme capitale régionale, adopte le plan du modèle néoclassique propagé par le ministère des Travaux publics à l'époque.

▸▸▸ *Empruntez le boulevard Manseau en direction de la cathédrale.*

Au numéro 400 du boulevard Manseau se trouve un étrange bâtiment blanc de 1858 qui logeait autrefois l'**Institut**, premier centre culturel du Québec, dans lequel étaient réunies bibliothèque municipale et salle de spectacle. Le style néogrec américain de la façade aurait été choisi en guise de contestation de la puissance coloniale britannique. Le bâtiment abrite aujourd'hui un restaurant gastronomique, **Le Fil d'Ariane** (voir p. 276).

La **cathédrale de Joliette** *(2 rue St-Charles-Borromée N., ♪ 450-756-1651)*, quant à elle, était à l'origine une simple église paroissiale, ce qui explique sa façade modeste à un seul clocher. Mais il ne faut pas s'y tromper, car les proportions de l'édifice, érigé de 1888 à 1892, sont tout de même impressionnantes et rappellent celles des églises néoromanes de Montréal construites à la même époque. À l'intérieur, on peut voir quelques belles toiles, dont *Saint Charles au milieu des pestiférés de Milan*, un tableau d'Antoine Plamondon d'après Mignard, et huit fresques d'Ozias Leduc tapissent la voûte du transept.

À l'arrière de la cathédrale, on remarque le **palais épiscopal**, témoin éloquent de la toute-puissance de l'Église au Québec avant la Révolution tranquille. Au numéro 20 de la rue Saint-Charles-Borromée Sud se trouve l'ancien séminaire, aujourd'hui transformé en cégep (collège d'enseignement général et professionnel).

Joliette doit son dynamisme culturel aux clercs de Saint-Viateur, qui se sont installés à la **Maison provinciale des Clercs de Saint-Viateur** ★ *(132 rue St-Charles-Borromée N.)* au milieu du XIXᵉ siècle. En 1939, ils entreprennent la construction de leur nouvelle maison d'après des croquis du père Wilfrid Corbeil. L'édifice n'est pas sans rappeler les monastères allemands du Moyen Âge, avec ses massives arches néoromanes et sa lourde tour en pierre. La chapelle, au centre, est souvent décrite comme une adaptation moderne de l'église allemande de Frielingsdorf.

Le père Wilfrid Corbeil a fondé le **Musée d'art de Joliette** ★ ★ *(10$; &; mar-dim 12h à 17h; 145 rue du Père-Wilfrid-Corbeil, ♪ 450-756-0311, www.museejoliette.org)* à partir de la collection des clercs de Saint-Viateur, amassée au cours des années 1940 pour illustrer l'évolution des arts au Québec et dans le monde. Aujourd'hui, le plus important musée régional de la province représente une institution de calibre international, avec une collection de près de 9 000 œuvres anciennes et contemporaines d'artistes du Québec, du Canada et d'un peu partout dans le monde. Grâce à son engagement qui se traduit, entre autres, par des activités culturelles et éducatives offertes à un public de tous âges, le musée constitue un acteur important dans la diffusion des arts visuels au Québec.

▸▸▸ *L'Amphithéâtre de Lanaudière se trouve en périphérie de la ville. Pour vous y rendre, empruntez la rue Saint-Charles-Borromée Sud puis la rue Saint-Antoine. Tournez à gauche dans le boulevard Base-de-Roc.*

On doit la création du Festival de Lanaudière au père Fernand Lindsay (1928-2009). Le festival présente chaque année, en juillet et en août, les vedettes de l'art lyrique et du concert. En 1989, l'**Amphithéâtre de Lanaudière** *(1575 boul. Base-de-Roc, ♪ 450-759-2999)*, un amphithéâtre en plein air qui compte près de 2 000 places couvertes et 5 000 places sur sa zone gazonnée, a été érigé afin d'augmenter la capacité d'accueil de l'événement, jusque-là confiné aux églises des environs. Le sculpteur Georges Dyens a complété l'aménagement du site par des allées et des sculptures raffinées.

»»» À proximité du site de l'Amphithéâtre de Lanaudière se trouve l'accès à la route 158 Est, que
l'on emprunte en direction de Berthierville.

Berthierville ★

Chapelle des Cuthbert *(saisonnier; 461 rue de Bienville,*
♪ *450-836-7336)*

La seigneurie d'Autray, de dimensions restreintes, a été concédée à Jean Bourdon,
ingénieur du roi en 1637. Ce territoire correspond au secteur de Berthier-en-Bas, ou Berthierville, située le long de la rive du fleuve
Saint-Laurent. La seigneurie de Berthier, beaucoup plus vaste, a été concédée au sieur de
Berthier en 1672, avant de changer de mains
plusieurs fois. Elle correspond en partie à
Berthier-en-Haut, ou Berthier. L'ensemble de
ces terres ont été acquises en 1765 par James
Cuthbert, aide de camp du général Wolfe
lors de la bataille des plaines d'Abraham, à
Québec, et ami du duc de Kent, qui les a
surtout exploitées comme lieu de détente et
de loisirs.

Le **pont couvert Grandchamps** *(sur la droite, à
proximité de la route 158)*, qui traverse la rivière
Bayonne, a été construit en 1883, ce qui en
fait l'un des doyens de ce genre de structure
popularisé aux États-Unis à la fin du XIXe
siècle. On couvrait ces ponts de bois, réalisés
à peu de frais par les populations locales,
afin d'éviter le pourrissement de la structure
du tablier.

L'**église Sainte-Geneviève** ★★ *(780 av. Montcalm)*
constitue l'un des trésors de Lanaudière. Sa
construction en 1781 en fait l'une des plus
anciennes de la région. Mais c'est le décor
intérieur de style Louis XVI qui en fait vraiment un édifice exceptionnel. D'une richesse
peu commune pour l'époque, il comprend
un beau maître-autel exécuté en 1759, un
retable en coquille et une voûte ornée de
fins losanges, ainsi que plusieurs tableaux
parmi lesquels figurent une *Sainte Geneviève*,
toile française du XVIIIe siècle disposée au-
dessus du maître-autel, et six toiles de Louis
Dulongré peintes en 1797.

La **chapelle des Cuthbert** *(entrée libre; juin tlj
10h à 18h, juil à début sept tlj 9h à 18h; 46 rue
De Bienville,* ♪ *450-836-7336)*, connue officiellement sous le vocable de Saint Andrew,
est le premier temple protestant à avoir été
érigé au Québec. Dans les années qui ont
suivi la Conquête, l'architecture d'inspiration
française était encore la seule à régner, faute
d'architectes et de main-d'œuvre d'origine
britannique, ce qui explique la configuration
catholique de ce bâtiment. Depuis 1978, le

bâtiment sert de centre culturel aux résidants
de Berthierville.

Gilles Villeneuve, champion de course automobile mort tragiquement en 1982 lors des
essais de qualification du Grand Prix de
Belgique, était originaire de Berthierville. Le
Musée Gilles-Villeneuve *(9,75$;* ♿ *; tlj 9h à 17h;
960 av. Gilles-Villeneuve,* ♪ *450-836-2714 ou
800-639-0103, www.museegillesvilleneuve.com)*
est consacré à la carrière de l'illustre pilote
de Formule 1 chez Ferrari. De 1996 à 2006,
son fils Jacques a pris la relève. En 1997, il a
remporté le titre de champion du monde de
Formule 1. Le musée consacre donc un volet
à la carrière de Jacques Villeneuve.

Plus loin, vous pouvez emprunter la route
158 afin d'atteindre l'île Dupas et le village
de **Saint-Ignace-de-Loyola**, d'où part le traversier
menant à Sorel-Tracy, sur la rive sud du Saint-
Laurent *(voitures 6$ incluant le conducteur, léger
supplément pour les passagers; toute l'année, horaire
variable; durée de la traversée: 10 min;* ♪ *450-836-
4600, www.traversiers.gouv.qc.ca)*.

»»» Empruntez la route 138 Ouest en direction de
Lanoraie, de Lavaltrie et de Saint-Sulpice.

Lanoraie

La route 138 correspond au premier chemin
du Roy, aménagé à partir de 1734 entre Montréal et Québec. Auparavant, les voyageurs
étaient contraints de parcourir la distance en
canot sur le fleuve Saint-Laurent. On peut
apercevoir plusieurs maisons anciennes le
long de cette route entre Berthierville et
Lavaltrie.

Au **Coteau-du-Sable**, situé au nord-est de Lanoraie, se trouve un important site archéologique
autochtone. Les Hurons-Wendat y avaient bâti
au XIVe siècle une «maison longue» dont on a
retrouvé les fondations. De nombreux objets
fabriqués par ces Amérindiens ont également
été découverts sur le site depuis le début du
XXe siècle.

Lavaltrie

En 1672, l'intendant Talon accorde une seigneurie à Séraphin Margane de Lavaltrie,
lieutenant du régiment de Carignan-Salières,
auquel cette municipalité de quelque 12 500
habitants située en bordure du fleuve Saint-
Laurent doit aujourd'hui son nom. Louis Riel,
chef de la résistance métisse au Manitoba, y
a fait quant à lui ses études dans la seconde
moitié du XIXe siècle.

Dans une belle demeure face au fleuve,
sur le chemin du Roy, a été aménagée la

Lanaudière – **Attraits touristiques** – La plaine agricole

Galerie Archambault *(entrée libre; lun-ven 12h à 18h, sam-dim 13h à 17h; 1303 rue Notre-Dame, ♪ 450-586-2202, www.galeriearchambault.com)*. Ouverte depuis plus de 30 ans, elle présente des œuvres d'une cinquantaine de peintres et sculpteurs québécois.

Saint-Sulpice

À l'instar de l'ensemble du Québec, le développement de Lanaudière s'est effectué graduellement du fleuve vers l'intérieur des terres. Ainsi, les Messieurs de Saint-Sulpice, qui héritent d'une seigneurie en 1660, commenceront par s'établir en bordure du Saint-Laurent avant d'aller fonder L'Assomption. Des habitants de cette ville iront s'installer à Joliette, et ainsi de suite. C'est donc ici, à Saint-Sulpice, que tout a commencé. Il ne subsiste malheureusement plus de traces de ces premiers établissements.

L'**église Saint-Sulpice** ★ *(1095 rue Notre-Dame)* a été construite en 1832, mais a été mise au goût du jour en 1873. La voûte comporte un plafond à poutres apparentes, comme on en retrouve alors dans les églises anglicanes et presbytériennes. À remarquer: le tabernacle du maître-autel, une œuvre majeure provenant de la seconde église, réalisé vers 1750. À l'arrière de l'église a été transportée une jolie chapelle en bois (1830) qui servait autrefois de reposoir pendant les processions de la Fête-Dieu.

▸▸▸ *Poursuivez par la route 138 Ouest en direction de Repentigny.*

Repentigny

La ville de Repentigny porte le nom de son premier seigneur, Pierre Le Gardeur de Repentigny. Cette municipalité de près de 80 000 habitants bénéficie d'un site agréable entre l'embouchure de la rivière L'Assomption et le majestueux fleuve Saint-Laurent.

L'**église La Purification-de-la-Bienheureuse-Vierge-Marie** ★ *(445 rue Notre-Dame E.)* est la plus ancienne église du diocèse de Montréal puisqu'elle a été érigée dès 1723. On y retrouve certaines caractéristiques des lieux saints de la Nouvelle-France, comme l'orientation générale de l'édifice, son profil étant parallèle au fleuve. La façade, refaite en 1850, arbore maintenant deux tourelles au lieu de l'unique clocher, autrefois planté au sommet de la toiture. L'intérieur, gravement endommagé lors d'un incendie en 1984, a retrouvé sa simplicité du Régime français lors de la restauration qui a suivi. À remarquer: le beau maître-autel de style Louis XV, réalisé en 1761.

Il est pour le moins surprenant d'apercevoir des moulins à vent d'un autre âge au milieu des stations-service et des cottages des années 1970. Le **moulin Jetté** *(on ne visite pas; 861 rue Notre-Dame)* a été érigé en 1823 et a servi à moudre le grain jusqu'en 1915. Le site comprend aujourd'hui une boulangerie artisanale. Quant au **moulin Grenier** *(entrée libre; fin juin à fin août mer-dim 13h à 17h; 912 rue Notre-Dame, ♪ 450-470-3400)*, il a été bâti en 1820. Tous les deux ont été classés monuments historiques dans les années 1970.

▸▸▸ *Pour rentrer à Montréal, poursuivez par la rue Notre-Dame, à Repentigny, qui n'est en fait que le prolongement de la rue du même nom à Montréal.*

Activités de plein air

▸ Agrotourisme

À la fois centre d'interprétation, jardin écologique et boutique, **Fleurs et Délices** *(visites guidées 6$; mi-juin à mi-sept mer-dim 10h à 17h, reste de l'année sur rendez-vous; 1575 ch. Comtois, Terrebonne, ♪ 450-477-2672, www.fleursetdelices.com)* fera le bonheur des aventuriers gourmands en quête de nouveautés. On y cultive des fleurs et herbes comestibles qui sont transformées sur place en de réels délices, comme la gelée de capucines, les boutons d'hémérocalles marinés ou encore les incontournables pensées au chocolat. Des visites guidées du jardin et des dégustations sont régulièrement proposées.

La fromagerie **La Suisse Normande** *(985 Rivière-Nord, St-Roch-de-l'Achigan, ♪ 450-588-6503)* offre une belle sélection de fromages à base de lait chèvre ou de vache. Il est possible d'en observer la fabrication et de visiter la ferme.

En hiver, les **Plantations Fernet** *(le droit d'entrée varie selon les activités; 3000 route Bélanger, St-Cuthbert, ♪ 450-836-2403, www.sapins-noel.com)* proposent plusieurs activités familiales dont des visites guidées, des balades en traîneau à chiens et l'autocueillette de sapins de Noël (en décembre).

▸ Golf

Le **Centre de golf Le Versant** *(2075 côte Terrebonne, Terrebonne, ♪ 450-964-2251, www.golfleversant.com)* de Terrebonne possède quatre parcours à 18 trous.

À Joliette, le **Club de golf BASE de ROC** *(2870 boul. Base-de-Roc, Joliette, ♪ 450-759-1818, www.golfbasederoc.com)* propose quant à lui deux parcours à 9 trous.

> **Patin**

Durant l'hiver, une patinoire longue de 9 km est aménagée sur la **rivière L'Assomption**, à Joliette. Il s'agit de la plus longue patinoire sur rivière au Québec.

> **Vélo**

À Terrebonne, la **TransTerrebonne**, une piste cyclable familiale de 22,5 km, traverse la ville du nord au sud. Tout au long de son tracé, on trouve des haltes et des aires de pique-nique.

Circuit B : La Matawinie ★

▲ *p. 273*   🛌 *p. 277*   🍴 *p. 280*

⏱ *Deux jours*

La colonisation de l'arrière-pays de Lanaudière a été entreprise vers 1860 par des missionnaires catholiques soucieux de contrer l'exode des fermiers canadiens-français vers les filatures de coton de la Nouvelle-Angleterre. Toutefois, en raison de la pauvreté des sols, les nouveaux habitants de la région se tourneront bientôt vers l'industrie du bois et le tourisme. La Matawinie est en effet bien pourvue en forêts, mais aussi en lacs et montagnes qui attirent chasseurs, pêcheurs et vacanciers. Le nord de la région est habité depuis longtemps par la nation atikamekw, petite communauté amérindienne autrefois nomade, regroupée entre autres autour du village de Manawan.

''' *Empruntez l'autoroute 25 Nord, dans le prolongement du boulevard Pie-IX. Elle rejoint par la suite la route 125 Nord. Prenez à droite la route 337 Nord en direction de Rawdon.*

Saint-Lin–Laurentides

La route 339 Ouest permet de faire un léger détour vers Saint-Lin–Laurentides, une petite municipalité de quelque 15 000 habitants. C'est ainsi que Parcs Canada a créé le **Lieu historique national de Sir-Wilfrid-Laurier** *(4$;* ⛄; *début mai à mi-juin lun-ven 9h à 17h, mi-juin à début sept tlj 9h à 17h; 945 12ᵉ Avenue,* 𝄞 *450-439-3702 ou 888-773-8888, www.pc.gc.ca)* pour préserver la maison natale du premier Canadien français à devenir premier ministre du Canada (de 1896 à 1911). Le centre d'interprétation qui y est aménagé raconte la vie du célèbre homme politique et rend compte de la vie rurale québécoise du milieu du XIXᵉ siècle.

''' *Revenez à la route 125 Nord. Prenez à droite la route 337 Nord en direction de Rawdon.*

Rawdon ★

Bureau d'information touristique de Rawdon *(3102 1ʳᵉ Avenue/route 337,* 𝄞 *450-834-2551)*

Les Britanniques ont établi, à la suite de la Conquête, un nouveau mode de peuplement qui leur était plus familier : le canton. Régis par leurs habitants, les cantons ont été créés pour accueillir les loyalistes américains et les immigrants britanniques. La plupart d'entre eux sont situés sur le pourtour des territoires déjà concédés en seigneuries sous le Régime français. Les cantons de Lanaudière ont été implantés à proximité du piémont laurentien, entre les seigneuries du XVIIᵉ siècle et les nouvelles terres ouvertes par le clergé après 1860. Le canton de Rawdon, au centre duquel se trouve la ville du même nom, a été créé en 1799.

On apprendra avec étonnement que la petite ville de Rawdon, avec ses 15 000 habitants, présente une des plus grandes diversités ethniques de tout le Québec. En effet, aux premiers habitants anglais, écossais et irlandais, se joignent bientôt de nombreux Canadiens français de souche acadienne et, après 1929, des Russes, des Ukrainiens, des Allemands, des Polonais, des Hongrois, des Tchèques et des Slovaques.

Le **Centre d'interprétation multiethnique de Rawdon** *(entrée libre, dons appréciés, visites guidées sur rendez-vous; sam-dim 13h à 16h; 3588 rue Metcalfe,* 𝄞 *450-834-3334)* raconte la petite histoire de l'ensemble des communautés ethniques venues s'établir à Rawdon depuis la création du canton. Le centre loge dans une maison en bois peint typique de la région. Plusieurs activités y sont organisées tout au long de l'année. En plus de la visite du centre, il est intéressant de se promener dans les rues environnantes pour voir les églises des différentes communautés. L'église anglicane et l'église russe orthodoxe sont les plus intéressantes.

Dans les environs de Rawdon, deux beaux sites naturels, aménagés de façon à recevoir les visiteurs, sont à signaler. Il y a tout d'abord le **parc des Chutes Dorwin ★** *(5$ pour les deux sites, inclut aussi l'entrée pour la plage municipale;* ⛄; *mai à mi-juin sam-dim 9h à 19h, mi-juin à mi-oct tlj 9h à 19h;* 𝄞 *450-834-2596)*, accessible par la route 337 peu avant le village. Grâce à deux belvédères, il est possible d'admirer ces impressionnantes chutes de la rivière

Ouareau, hautes de 30 m. Une aire de pique-nique boisée se trouve à proximité.

L'autre site naturel digne d'intérêt dans les parages est le **parc des Cascades ★** *(5$ pour les deux sites, inclut aussi l'entrée pour la plage municipale; &; mai à mi-juin sam-dim 9h à 19h, mi-juin à mi-oct tlj 9h à 19h; ♪ 450-834-4149 ou 450-834-2596)*, que l'on atteint en empruntant la route 341 dans le prolongement du boulevard Pontbriand. Encore là, une aire de pique-nique borde la rivière Ouareau, dont les eaux forment de jolies cascades en caressant les nombreux rochers que l'on trouve à cette hauteur, où les amateurs de bain de soleil s'étendent au cours de la belle saison.

Au départ de Rawdon, un circuit facultatif permet de se diriger vers le joli centre de villégiature de **Saint-Alphonse-Rodriguez** par la route 337 Nord.

▸▸▸ *Au-delà de Saint-Alphonse-Rodriguez, la route 337 permet de poursuivre son chemin jusqu'à Saint-Jean-de-Matha.*

Saint-Jean-de-Matha ★

C'est ici que Louis Cyr (1863-1912) se retira après avoir parcouru l'Amérique et l'Europe, et s'être vu attribuer le titre d'homme le plus fort du monde. Le petit **Musée-halte Louis-Cyr** *(dons appréciés; &; fin juin à début sept tlj 10h à 18h, début sept à fin juin sam-dim 9h30 à 16h30; 185 rue Laurent, ♪ 450-886-2777)* rend d'ailleurs hommage à ce personnage légendaire.

Le **parc des Chutes-Monte-à-Peine-et-des-Dalles** *(6$; mai à mi-juin et mi-août à fin oct tlj 9h à 18h, mi-juin à mi-août 9h à 20h; accessible par les routes 131, 337 et 343, ♪ 450-883-6060, www.parcdeschutes.com)* est géré conjointement par les municipalités de Saint-Jean-de-Matha, de Sainte-Béatrix et de Sainte-Mélanie. Plusieurs sentiers de randonnée, totalisant quelque 17 km, ont été aménagés dans ce parc de plus de 300 ha créé en 1987. Ils permettent entre autres de contempler trois belles chutes qui se sont formées dans la rivière L'Assomption.

▸▸▸ *Revenez sur vos pas jusqu'à Rawdon. À votre retour sur le circuit principal, la prochaine étape que permet d'atteindre la route 125 est Chertsey.*

▸▸▸ *Il existe également un chemin qui permet de relier directement Saint-Alphonse-Rodriguez et Chertsey sans repasser par Rawdon. Il faut prendre le chemin des Monts et tourner à gauche dans le 4e Rang peu après, qui devient ensuite le chemin du 7e Lac. Vous pourrez suivre ce chemin jusqu'à Chertsey, où il devient la rue de l'Église. À ne faire que si vous disposez d'un bon véhicule, car une partie du chemin n'est pas pavée. La route est pittoresque et permet de voir l'arrière-pays de Lanaudière. Ce parcours coupe le trajet de moitié par rapport au circuit principal.*

Chertsey

La petite municipalité de Chertsey est connue des pèlerins qui vont depuis 1931 se recueillir au **sanctuaire Marie-Reine-des-Cœurs** *(1060 ch. du Lac-Beaulne, ♪ 450-882-3065, www.smrdc-chertsey.com)*. Il s'agit d'un endroit idéal pour recevoir les gens en quête de paix et de tranquillité. Le site disposant de sentiers pédestres et de chapelles, plusieurs personnes y entreprennent une démarche spirituelle ou écologique.

Saint-Donat ★

Bureau d'information touristique de Saint-Donat *(536 rue Principale, ♪ 819-424-2833 ou 888-783-6628)*

Bordée par des montagnes pouvant atteindre 900 m d'altitude, et située à quelques minutes du mont Tremblant et au bord du lac Archambault, Saint-Donat, une petite municipalité de Lanaudière, s'étend à l'est jusqu'au lac Ouareau. Saint-Donat est aussi une porte d'entrée du **parc national du Mont-Tremblant** (voir p. 293), généralement associé à la région des Laurentides mais dont les deux tiers du territoire se trouvent dans Lanaudière.

▸▸▸ *Revenez sur vos pas par la route 125 jusqu'à Notre-Dame-de-la-Merci, d'où vous emprunterez la route secondaire (347) en direction de Saint-Côme et de Sainte-Émélie-de-l'Énergie.*

Saint-Côme

Bureau d'accueil touristique Saint-Côme *(1661-A rue Principale, ♪ 450-883-2730 ou 866-266-2730)*

La route secondaire 347 serpente en pleine forêt. Un peu avant le petit village tout blanc de Saint-Côme, vous apercevrez sur votre gauche l'entrée de la **Station touristique Val Saint-Côme** (voir p. 273).

Le **parc régional de la Chute-à-Bull** *(3$ en été, entrée libre le reste de l'année; rang des Vennes, ♪ 450-883-2730 ou 866-266-2730)* offre 9 km de sentiers avec panneaux d'interprétation qui permettent de connaître l'histoire de la drave et de la coupe de bois dans la région. Des belvédères offrent de jolies vues sur la chute de 20 m de hauteur.

Sainte-Émélie-de-l'Énergie

Relais d'information touristique du Vieux-Moulin *(saisonnier; 350 rue Belleville, ♪ 450-886-0688)*

Le petit bourg de Sainte-Émélie-de-l'Énergie, y compris son église que l'on surnommait alors la «cathédrale du Nord», fut en grande partie détruit par un incendie en 1924. Reconstruite dans les années 1930, l'église a de nouveau été totalement détruite par le feu en 2007. Au relais d'information touristique (voir ci-dessus), une impressionnante exposition de photographies anciennes fait revivre le village d'avant la première catastrophe.

>>> *Il est possible de poursuivre cette excursion vers l'est jusqu'à Saint-Gabriel-de-Brandon, toujours par la route 347.*

Saint-Gabriel-de-Brandon

La ville de Saint-Gabriel-de-Brandon borde le magnifique lac Maskinongé. De fait, c'est surtout pour cette étendue d'eau de 10 km², principale attraction de la ville, que s'y rendent les visiteurs. La belle **plage municipale** (voir plus loin) est en saison estivale le lieu de rencontre des amateurs de sports nautiques.

>>> *De retour à Sainte-Émélie-de-l'Énergie, prenez la route 131 Nord en direction de Saint-Michel-des-Saints.*

Saint-Zénon

En chemin, vous pourrez faire halte au **parc régional des Sept-Chutes** *(5$; mai à nov tlj 9h à 17h; route 131, ♪ 450-884-0484)* de Saint-Zénon. Des sentiers de randonnée pédestre, ponctués de points de vue spectaculaires, sillonnent les abords de jolies cascades. Donnant leur nom au parc, les sept chutes de la rivière Noire sont visibles le long de la route 131, entre Sainte-Émélie-de-l'Énergie et Saint-Zénon.

Saint-Michel-des-Saints

Bureau d'accueil touristique de Saint-Michel-des-Saints *(521 rue Brassard, ♪ 450-833-1334)*

Saint-Michel-des-Saints s'est développé au bord du lac Taureau. De part et d'autre de la petite municipalité s'étendent les réserves fauniques **Rouge-Matawin** (voir ci-dessous) et **Mastigouche** (voir p. 364), décrite dans le chapitre sur la région de la Mauricie.

La **réserve faunique Rouge-Matawin** *(3,50$; 26 km à l'ouest de St-Michel-des-Saints, ♪ 819-833-5530*

ou 800-665-6527, www.sepaq.com) s'étale sur 1 394 km² de verdure et dissimule plus de 450 lacs et cours d'eau tout en abritant une faune luxuriante. On peut s'y adonner à maintes activités telles que la randonnée, la chasse, la pêche, le canot-camping et la cueillette de fruits sauvages, ainsi que la motoneige en hiver.

Manawan ★

Manawan est l'un des trois centres de la nation atikamekw, avec Wemotaci et Opitciwan. On y pratique encore certaines activités traditionnelles comme la fabrication de canots, de raquettes, de mocassins et de paniers en écorce de bouleau.

Activités de plein air

➤ Agrotourisme

La boutique de la **Ferme Guy Rivest** *(1305 ch. Laliberté, Rawdon, ♪ 450-834-5127, ww.fermeguyrivest.com)* propose des vins de fraises, légers et délicieux, ainsi que des gelées, confitures, sirops et autres produits du terroir. Autocueillette de fraises et de framboises sur place.

La **Terre des Bisons** *(6855 ch. Parkinson, Rawdon, ♪ 450-834-6718, www.terredesbisons.com)* propose des visites guidées *(8$; fin juin à début sept tlj à 15h)* de son élevage inusité, suivies d'une dégustation de tartin (viande de bison à tartiner). Une bisonne domestiquée se laisse même caresser! La boutique *(toute l'année, mer-dim 10h à 17h)* vend diverses pièces et coupes de viande de bison, des produits transformés et prêts à manger, ainsi que des foulards et de la laine de bison.

La **Bergerie des Neiges** *(visite de la ferme 6$; fin juin à début sept mer-dim 10h à 17h, sept et oct sam-dim 10h à 17h, reste de l'année sur rendez-vous; 1401 rang 5, St-Ambroise-de-Kildare, ♪ 450-756-8395)* comprend une boucherie artisanale qui vend la viande et des charcuteries des agneaux de grain élevés sur place. La visite de la ferme s'avère des plus passionnantes. Plusieurs aires de pique-nique sont aménagées sur les lieux. Un agréable gîte installé dans une ancienne école de rang se trouve également sur place (voir p. 273).

Le **Domaine Maurel-Coulombe** *(juin à sept mer-dim 10h à 18h, oct à déc jeu-dim 11h à 18h, jan à mai sam-dim 11h à 18h; 1061 rang Sacré-Cœur, St-Jean-de-Matha, ♪ 450-886-2544, www.domainemaurelcoulombe.com)*, producteur de foie gras et d'autres dérivés du canard, propose la visite de sa ferme. Des panneaux d'interprétation permettent d'en apprendre davantage sur l'élevage artisanal des canards. Boutique sur place.

> Baignade

La **plage municipale de Rawdon** *(5$; Rawdon, ♪ 450-834-2596)*, qui donne sur le lac du même nom, est fort populaire au cours de la belle saison. Aire de pique-nique, casse-croûte, stationnement payant, location de pédalos et de kayaks.

Aménagée sur le superbe lac Maskinongé, la **plage municipale de Saint-Gabriel-de-Brandon** *(entrée libre; accès par l'avenue du Parc, ♪ 450-835-2105)* constitue la principale attraction de cette petite ville. Cette belle grande plage peut accueillir jusqu'à 5 000 baigneurs. Aire de pique-nique; casse-croûte; stationnement payant; location de pédalos, de canots, de planches à voile et de motomarines.

Le **parc des Pionniers** *(entrée libre; St-Donat, ♪ 819-424-2833)*, à Saint-Donat, possède une jolie plage sur le lac Archambault. Aire de pique-nique, stationnement, aire de jeux.

Saint-Michel-des-Saints dispose aussi d'une **plage municipale** *(St-Michel-des-Saints)*. Celle-ci se trouve sur le lac Taureau.

> Canot

L'entreprise **Au Canot Volant** *(avr à oct; 2058 route 347, St-Côme, ♪ 450-883-8886, www.canotvolant.ca)* organise des descentes en canot, guidées ou non, sur la rivière l'Assomption.

> Équitation

À Rawdon, le **Centre équestre Rawdon** *(fin juin à début sept tlj 9h à 17h, début sept à mi-nov et début mai à fin juin sam-dim 10h à 16h, mi-nov à début mai sur réservation; 4267 ch. du Lac-Brennan, Rawdon, ♪ 450-834-4200, www.centrequestrerawdon.com)* offre de vous accompagner sur de beaux sentiers en montagne. Réservations recommandées.

> Glissade

Les **Super Glissades de Saint-Jean-de-Matha** *(27$; mi-déc à mars tlj; 2650 route Louis-Cyr, St-Jean-de-Matha, ♪ 450-886-9321, www.glissadesmatha.com)* comptent 17 couloirs pour la glissade hivernale.

> Golf

Parmi les nombreux terrains de golf de la région, il faut signaler le **Club de golf Rawdon** *(3999 Lakeshore Dr., Rawdon, ♪ 450-834-2320 ou 800-363-8655, www.clubgolfrawdon.pj.ca)*, un 18 trous à normale 73, et le **Club de golf St-Jean-de-Matha** *(2650 route Louis-Cyr, St-Jean-de-Matha, ♪ 450-886-9321, www.golfmatha.com)*, un 18 trous à normale 72.

Il faut aussi signaler le **Club de golf Val Saint-Côme** *(203 rue de l'Auberge, St-Côme, ♪ 450-883-1777, www.golfvalst-come.com)*, ouvert en 2009, qui compte un parcours de 9 trous. Son emplacement de choix permet de profiter de magnifiques points de vue. Le club prévoit d'ouvrir un deuxième 9 trous en 2011.

> Motoneige

À Saint-Michel-des-Saints, **Location Haute-Matawinie** *(lun-ven 8h à 17h, sam-dim 8h à 15h; 190 rue Brassard, St-Michel-des-Saints, ♪ 450-833-1355 ou 800-833-6015, www.locationhautematawinie.com)* fait la location de motoneiges à la journée.

> Parcours d'aventure en forêt

Non loin des chutes Dorwin, le centre récréotouristique **Arbraska** *(35$; juin à août tlj, sept à mai sam-dim; 4131 rue Forest Hill, Rawdon, ♪ 450-834-5500 ou 877-886-5500, www.arbraska.com)*, qui s'étend sur plus de 65 km², propose huit parcours d'aventure de difficultés croissantes dans les hauts fûts de la forêt. Un des premiers centres du genre au Québec, le parc Arbraska de Rawdon est aussi l'un des plus amusants. Bref, une activité de plein air qui sort de l'ordinaire et qui se pratique seul, en famille ou entre amis. Les férus de sensations fortes ne voudront certainement pas manquer de s'envoyer en l'air dans le parcours *Les Makaks*, ou pire, dans celui de *La Barouka*, deux circuits particulièrement hauts et difficiles. Ceux qui ont le vertige, s'abstenir!

> Randonnée pédestre

Quelque 12 km de sentiers sillonnent le **parc régional des Sept-Chutes** (voir p. 271).

Le **sentier de la Matawinie** *(Ste-Émélie-de-l'Énergie, à environ 5 km du village, sur la route 131 N., ♪ 450-834-5441, www.matawinie.org)* permet d'observer les sept chutes de la rivière Noire et offre plusieurs autres points de vue sur la région. Il serpente à travers de nombreux panoramas, allant jusqu'à 565 m d'altitude, et mène, le long d'un parcours accidenté, au parc régional des Sept-Chutes (voir p. 271) de Saint-Zénon.

Dans la région de Saint-Jean-de-Matha, le **parc des Chutes-Monte-à-Peine-et-des-Dalles** (voir p. 270) compte quelque 17 km de sentiers de randonnée.

➤ Raquette et ski de fond

Le **Centre de Ski La Montagne Coupée** *(14,50$; 204 ch. de la Montagne-Coupée, St-Jean-de-Matha, ☎ 450-886-3845, www.skimontagnecoupee.com)* est situé non loin de l'auberge et centre de villégiature du même nom (voir p. 274). En hiver, on y trouve quelque 70 km de sentiers de ski de fond, dont 30 km pour pratiquer le pas de patin, ainsi que plusieurs sentiers aménagés pour la raquette. Sur place, un centre fait la location d'équipement.

La région de Saint-Donat compte plusieurs endroits pour pratiquer le ski de fond ou la raquette. Ainsi, il y a des sentiers dans le **secteur La Donatienne du parc des Pionniers** *(ch. Hector-Bilodeau)*, la **Montagne Noire** et le parc national du Mont-Tremblant (secteur La Pimbina), sans oublier le **sentier du Cap de la Fée** *(ch. Régimbald)*.

➤ Ski alpin

La **Station touristique Val Saint-Côme** *(45$; 501 ch. Val St-Côme, St-Côme, ☎ 450-883-0701 ou 800-363-2766, www.valsaintcome.com)* est la plus importante station de ski alpin dans la région de Lanaudière. On y dénombre 34 pistes dont certaines éclairées pour le ski de soirée. Dénivelée: 300 m.

Au **Centre de ski Mont-Garceau** *(35$; 190 ch. du Lac-Blanc, St-Donat, ☎ 819-424-2784 ou 800-427-2328, www.skigarceau.com)*, 25 pistes attendent les skieurs. L'une d'entre elles est réservée aux amateurs de surf des neiges. Dénivelée: 305 m.

La station de ski **La Réserve** *(32$; 56 ch. du Mont la Réserve, St-Donat, ☎ 819-424-1373 ou 877-424-1373, www.skilareserve.com)*, aménagée sur une petite montagne, offre une vingtaine de pistes accessibles par deux télésièges quadruples.

Hébergement

Circuit A: La plaine agricole

L'Assomption

Au Postillon de L'Assomption
$$-$$$ ● @ ● ● ⓦ
164 rue Notre-Dame
☎ 450-589-5752
www.aupostillon.com
Bien situé au centre du vieux L'Assomption dans un ancien bureau de poste, ce gîte propose cinq chambres bien tenues et équipées de cuisinettes. L'établissement abrite une salle de séjour avec foyer et comprend aussi une terrasse.

Joliette

Voir carte p. 277.

Hôtel Château Joliette
$$$ ≡ ⓦ ⓦ @ ⓖ
450 rue St-Thomas
☎ 450-752-2525 ou 800-361-0572
www.chateaujoliette.com
Vaste bâtiment de briques rouges construit au bord de

la rivière L'Assomption, le Château Joliette se présente comme le plus grand hôtel de la ville. Les chambres, au décor moderne, sont grandes et confortables. Le petit déjeuner est inclus en semaine.

Circuit B: La Matawinie

Rawdon

Cinquième Saison d'Éliâh
$$$ ●
4333 ch. du Lac-Brennan
☎ 450-834-2364
www.5iemesaisoneliah.com
Plutôt nouvel âge, ce gîte est tout de même très confortable et accueillant. La maison en rondins est chauffée par un foyer de masse qui irradie sa chaleur partout à l'intérieur. Les cinq chambres sont agréables. Le petit déjeuner est préparé à partir de produits santé, basé sur un mode d'alimentation dit «vivant» (aliments crus). Séances de méditation le matin.

Saint-Ambroise-de-Kildare

Bergerie des Neiges
$$ ● ☰ @
1401 rang 5
☎ 450-756-8395
www.bergeriedesneiges.com
Cinq chambres coquettes et chaleureuses, chacune offrant une thématique différente, ont été aménagées dans ce chouette gîte touristique installé dans une ancienne école de rang. Une piscine creusée ainsi qu'une jolie terrasse sont à la disposition de la clientèle. Délicieux petit déjeuner. Accueil chaleureux et authentique. On peut également faire une visite guidée de la bergerie (voir p. 271) et acheter ses produits sur place (voir p. 279).

Saint-Alphonse-Rodriguez

Le Cheval Bleu
$$ 🌱
$$$ ½p
♨
414 route 343
📞 450-883-3080
www.lechevalbleu.com

Situé à environ 25 km au nord de Joliette, Le Cheval Bleu est un petit gîte touristique tenu par un couple belge. L'établissement abrite quatre belles chambres, toutes avec salle de bain privée. S'y trouve aussi un excellent petit restaurant (voir p. 277).

Saint-Jean-de-Matha

Auberge et centre de villégiature de la Montagne Coupée
$$$-$$$$ ≡ 🌀 ⛵ ⛰ ≋ 🍴 ♨ ⟩⟩⟩
1000 ch. de la Montagne-Coupée
📞 450-886-3891 ou 800-363-8614
www.montagnecoupee.com

L'Auberge et centre de villégiature de la Montagne Coupée ne se laisse repérer qu'après une montée qui semble interminable. L'excursion en vaut toutefois le coup lorsqu'apparaît enfin le bâtiment doté d'immenses baies vitrées. L'établissement compte une cinquantaine de chambres confortables au décor moderne, baignées de lumière naturelle. Certaines sont munies d'un foyer. Depuis le salon et la salle à manger, les grandes fenêtres dévoilent un panorama saisissant. Restaurant remarquable (voir p. 277).

Sainte-Béatrix

Couette et Café du Castor
$$$-$$$$ pdj
🌀 @ ≡
365 rue Martin-Prévost
📞 450-803-3133
ww.cccastor.com

Construit en 2007, ce superbe gîte en bois rond est situé aux abords du lac Lajoie. Ses quatre chambres à la décoration chaleureuse sont confortables.

Saint-Donat

Parc national du Mont-Tremblant
$ camping
$$ formule prêt-à-camper
2951 route 125 Nord
📞 819-424-7012 ou 800-665-6527

Le secteur Pimbina du parc national du Mont-Tremblant, accessible par la route 125, non loin de Saint-Donat, compte de nombreux emplacements de camping aménagés ou rustiques. On y trouve aussi des yourtes, des tentes Huttopia et des tentes-roulottes en formule prêt-à-camper.

Auberge Havre du Parc
$$ 🌱
$$$$ ½p
🌀 ⛵ ⛰ ♨ 🐾 ≋ ⟨
2788 route 125 N.
📞 819-424-7686
www.havreduparc.qc.ca

Située à près de 10 km au nord du village de Saint-Donat et à 5 min des sentiers de ski de fond du mont Tremblant, l'Auberge Havre du Parc est une oasis de tranquillité. On ne vient pas ici pour le décor des chambres, mais bien pour l'emplacement magnifique sur les pourtours du lac Provost et le confort offert, qui permettent de s'évader doucement et paisiblement du quotidien. De plus, l'auberge offre une bonne table (voir p. 278) et comprend aussi une terrasse fleurie.

Saint-Côme

Auberge Au Rythme du Temps
$$$ 🌱
$$$$ ½p
♨ @ ⟨
30 rue Guy
📞 450-883-2868
www.aubergerythmedutemps.com

L'Auberge Au Rythme du Temps dispose d'une montagne, d'un lac et d'une rivière propices à la baignade sur son immense propriété. Les quatre chambres sont très grandes et magnifiques,

et toutes sont décorées selon une thématique saisonnière. L'endroit dispose d'aires de jeux intérieures et extérieures pour les enfants. Petit déjeuner copieux et très créatif et bon menu de style bistro le soir. Une belle adresse.

Auberge Aux Quatre Matins
$$$
$$$$ ½p
♨ ⛰ 🌀 🍴 ⛵ ≋ @ ⟨
155 rue des Skieurs
📞 450-883-1932 ou 800-929-1932
www.auxquatrematins.ca

Établissement à l'ambiance familiale et conviviale, l'Auberge Aux Quatre Matins se trouve à un jet de pierre de la station touristique et du golf Val Saint-Côme, et elle abrite une dizaine de chambres lumineuses et trois suites. Toutes sont spacieuses et impeccablement tenues. Si vous êtes disposé à vous offrir une petite folie, nous vous suggérons fortement de louer celle qui comporte un toit cathédrale, un foyer et un bain thérapeutique. On y loue également de petits appartements avec cuisinette. Durant l'hiver, l'auberge est souvent pleine comme un œuf, aussi est-il préférable de réserver à l'avance. Services de spa et table gastronomique (voir p. 278).

Sainte-Émélie-de-l'Énergie

Auberge du Vieux Moulin
$$$$ 🌱 ♨ ⟩⟩⟩ 🌀 ≋ ⛰ 🍴
200 ch. du Vieux-Moulin
📞 450-884-0211 ou 866-884-0211
www.auberge-lanaudiere.com

L'Auberge du Vieux Moulin a acquis une excellente réputation pour le gîte et le couvert. Les 16 chambres et les deux chalets champêtres de l'établissement sont impeccables et bien équipés. Ils plairont autant aux familles qu'aux couples. Toutes les chambres offrent un accès direct vers l'extérieur. Après une journée passée en plein air, les occupants discutent dans les aires de repos ou dans la salle à manger et sirotent un apéro devant un des nombreux foyers. Plusieurs activités hivernales et estivales sont également proposées sur place: motoneige, patin, raquette, ski de fond, kayak, vélo de montagne, randonnée pédestre. S'y trouvent aussi une piscine intérieure ainsi que plusieurs bains à remous et une chute d'eau froide.

Saint-Zénon

Au Vent Vert
$$ ☕
$$$$ ½p
bc 🍴 @ ⚓
6300 rue Principale
📞 450-884-0169
www.auventvert.com

Le petit gîte de deux chambres Au Vent Vert est situé en plein centre du joli village de Saint-Zénon. La maison est ancestrale et a été décorée de belles antiquités. Les chambres, plutôt petites, présentent beaucoup de cachet et partagent une superbe salle de bain. Le soir, les hôtes proposent aux clients la table (sur réservation préalable d'au moins 48h), qui par ailleurs est excellente. Accueil chaleureux et ambiance champêtre.

Saint-Michel-des-Saints

Auberge CanadAventure
$$$ ☕
$$$$ ½p
@ ⛺ 🍴 ⬤ 📷 ⚓
1 Baie du Poste, lac Taureau
📞 450-833-1478
www.canadaventure.net

Située à 25 km au nord de Saint-Michel-des-Saints, au bord du lac Taureau, la belle Auberge CanadAventure, une pourvoirie construite en pin blanc, propose toutes sortes

d'activités: excursions de pêche, balades en motomarine, sorties en quad, vols en hydravion, expéditions en motoneige ou en traîneau à chiens, ski de randonnée, *sweat lodge* (hutte de sudation amérindienne). Belles chambres chaleureuses au plancher de bois franc. Des chalets tout équipés, avec cuisine et foyer, sont aussi en location sur le site.

Auberge Matawinie
$$$$$ *pc* @ ⛺ 🍴 🍴))) ✳ ⚓
1260 ch. Centre-Nouvel-Air
📞 450-833-6371 ou 800-361-9629
www.matawinie.com

Véritable camp de vacances pour petits et grands, l'Auberge Matawinie est située au bord du lac à la Truite, en pleine nature. On y trouve quelque 80 chambres récemment mises au goût du jour, réparties dans des pavillons modernes ou aménagées à l'intérieur de petits chalets. Toutes les unités offrent un niveau de confort parfait pour un séjour en famille, ce qui est par ailleurs la raison d'être de cet établissement. Le prix d'un séjour au centre comprend trois repas (formule buffet) par jour et l'accès à une foule d'activités de plein air (canot, voile, tennis, randonnée pédestre, ski de fond, traîneau à chiens, motoneige, etc.).

Auberge du Lac Taureau
$$$$$ ½p
⛺ ⛺ 🍴 🍴))) 📷 @ ♿ ≡ ⬤ ✳ ⚓
1200 ch. Baie-du-Milieu
📞 450-833-1919 ou 877-822-2623
www.lactaureau.com

Au Québec, depuis quelque temps, on constate l'apparition, en plein cœur de la forêt, de beaux hôtels de luxe. L'Auberge du Lac Taureau fait partie de ces établissements où on loge pour profiter de la nature et se faire traiter aux petits oignons. De magnifiques bâtiments de bois rond

ont été érigés au bord du grand lac et ont reçu une fenestration généreuse qui permet aux hôtes de jouir en toute saison des beautés environnantes. Quatre édifices principaux regroupent plus d'une centaine de chambres et «condos» confortables. On trouve, bien sûr, sur le site, une myriade d'activités de plein air quatre-saisons ainsi qu'un restaurant de fine cuisine.

Restaurants

Circuit A: La plaine agricole

Terrebonne

Ô Bistro de l'Île
$-$$
940 Île-des-Moulins
📞 450-471-6679

Le petit restaurant sans prétention du Site historique de l'Île-des-Moulins est doté d'une belle terrasse avec vue sur la rivière des Mille Îles. Au menu: sandwichs, salades, pâtes et grillades.

L'Étang des Moulins
$$$-$$$$
888 rue St-Louis
📞 450-471-4018

L'Étang des Moulins loge dans une superbe maison de pierres qui domine l'arrondissement historique. Une première salle, à l'entrée, baigne dans une ambiance chaleureuse et romantique. À l'arrière, une seconde pièce possède de grandes fenêtres offrant une splendide vue sur l'île des Moulins. Cette seconde pièce donne aussi accès à une terrasse protégée par une jolie verrière. Sur le menu, on a tôt fait de remarquer des mets français que l'on croyait connaître et qu'on réussit ici à réinventer.

Les gourmets n'hésiteront pas quant à eux à délier les cordons de leur bourse et ainsi succomber aux charmes du «menu inspiration» à sept services. À n'en point douter, l'une des meilleures tables de Lanaudière. L'Étang des Moulins abrite aussi un bistro servant entre autres des pizzas européennes.

Le jardin des fondues
$$$-$$$$
186 rue Ste-Marie
☏ 450-492-2048

Il existe une bonne adresse pour manger de la fondue à Terrebonne : Le jardin des fondues, qui propose, dans un chic décor, des fondues de toutes sortes ainsi que des plats issus des traditions culinaires françaises.

Le Folichon
$$$-$$$$
mar-dim
804 rue St-François-Xavier
☏ 450-492-1863

Aménagé dans une sympathique maison en bois de deux étages, le restaurant français Le Folichon arrive, grâce à son atmosphère cha-

leureuse, à faire oublier les plus froides journées d'hiver. En été, plusieurs opteront pour la terrasse couverte. La table d'hôte, composée de cinq services (trois services le midi), laisse un bon souvenir.

L'Assomption

Le Prieuré
$$$-$$$$
mar-sam
402 boul. L'Ange-Gardien
☏ 450-589-6739

Le Prieuré a acquis une bonne réputation au cours des ans. Dans un bâtiment historique datant du XVIIIe siècle, le chef concocte une savoureuse cuisine française en y incorporant des produits du Québec.

Joliette

Chez Henri
$
24 heures sur 24
30 rue de la Visitation
St-Charles-Borromée
☏ 450-759-1113

Le restaurant Chez Henri propose tout ce que l'on

pourrait s'attendre d'une cantine ouverte contre vents et marées 24 heures sur 24. Il s'agit d'un bon endroit pour qui ne dispose que d'un petit budget.

La Belle Excuse
$$-$$$
mar-dim
524 rue St-Viateur
☏ 450-756-0118

Envie d'une fondue ou d'une raclette suisse? La Belle Excuse est l'endroit tout indiqué à Joliette. Le menu affiche aussi d'autres spécialités européennes telles que le tartare et les moules. Ambiance chaleureuse et sympathique. Belle carte des vins.

Le Fil d'Ariane
$$-$$$
400 boul. Manseau
☏ 450-755-3131

Restaurant gastronomique au décor feutré, Le Fil d'Ariane sert une fine cuisine européenne dans une salle à manger baignée d'une douce lumière et d'une musique de circonstance. Par les chaudes journées d'été, les gourmets

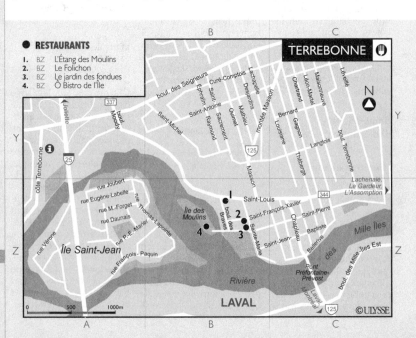

RESTAURANTS

1. BZ L'Étang des Moulins
2. BZ Le Folichon
3. BZ Le jardin des fondues
4. BZ Ô Bistro de l'Île

TERREBONNE

se donnent rendez-vous à la terrasse pour déguster leur repas. La belle carte des vins joue sur le registre de la qualité. Le personnel est souriant et avenant. L'un des bons restaurants de la région.

Circuit B: La Matawinie

Rawdon

Restaurant la Lanterne
$$

3630 rue Queen
☎ 450-834-3444

Au décor plutôt moderne, ce restaurant familial du centre-ville de Rawdon est invitant et décontracté. Le menu de type bistro est sans prétention, et une belle terrasse sur le côté du bâtiment accueille les convives en été.

Saint-Alphonse-Rodriguez

Le Cheval Bleu
$$

fin juin à début sept tlj, reste de l'année ven-sam
414 route 343
☎ 450-883-3080
www.lechevalbleu.com

Le restaurant du gîte Le Cheval Bleu propose une délicieuse cuisine belge. Outre les moules et les frites, spécialités de la maison, on y prépare des plats aux saveurs régionales, à base de bison et de canard, ainsi qu'un mijoté de lapin à la bière.

Auberge sur la Falaise
$$$-$$$$

324 av. du Lac-Long S.
☎ 450-883-2269

À l'Auberge sur la Falaise, c'est dans un cadre d'une rare tranquillité que vous prendrez votre repas. Perdu en pleine forêt et surplombant un beau lac paisible, cet établissement constitue une fameuse retraite pour quiconque cherche à fuir, ne serait-ce que le temps d'un dîner, le rythme trépidant de la vie moderne. Avec

beaucoup d'habileté, le chef adapte ici la gastronomie française à la sauce québécoise. Pour les gourmets, le menu gastronomique à cinq services est un choix éclairé et a toutes les chances de devenir une expérience mémorable.

Saint-Jean-de-Matha

Auberge et centre de villégiature de la Montagne Coupée
$$$-$$$$

sur réservation seulement
1000 ch. de la Montagne-Coupée
☎ 450-886-3891 ou 800-363-8614

L'**Auberge et centre de villégiature de la Montagne Coupée** (voir p. 274), une autre adresse réputée pour le calme de son site, propose un étonnant menu de cuisine évolutive québécoise. Grâce à de hautes baies vitrées (sur deux niveaux), la salle à manger, située au rez-de-chaussée d'un beau bâtiment moderne, planté au bord d'une falaise, offre aux convives une vue à couper le souffle sur la nature environnante. Et ce n'est là

277

Lanaudière - Restaurants - La Matawinie

guidesulysse.com

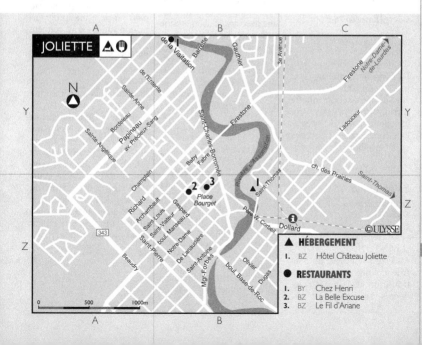

JOLIETTE

N

HÉBERGEMENT

1. BZ Hôtel Château Joliette

RESTAURANTS

1. BY Chez Henri
2. BZ La Belle Excuse
3. BZ Le Fil d'Ariane

©ULYSSE

qu'une entrée en matière, le meilleur (le repas!) restant encore à venir. Aux plats de gibier présentés avec une rare imagination s'ajoutent quelques succulentes trouvailles. Service des plus attentionnés. Belle carte des vins. Petits déjeuners très copieux.

Saint-Donat

La petite Michèle
$-$$$
mar-dim
327 rue St-Donat, Place Monette
☏ 819-424-3131
Pour les voyageurs à la recherche d'une bonne table familiale, La petite Michèle est le restaurant tout indiqué. Une ambiance décontractée, un service amical et un menu composé de plats québécois, voilà ce que vous y retrouverez.

Le Clos des Délices
$$-$$$
mar-dim
515 rue Principale
☏ 819-424-2222
Les plats du Clos des Délices sont toujours délicieux. On y sert une cuisine française de type créatif.

Auberge Havre du Parc
$$$
sur réservation seulement
2788 route 125 N.
☏ 819-424-7686
L'**Auberge Havre du Parc** (voir p. 274), en plus d'offrir un site d'une exceptionnelle tranquillité, propose un excellent menu de spécialités continentales françaises en table d'hôte de cinq services.

Saint-Côme

Au Plaisir des sens
$-$$
jeu-dim
1461 rue Principale
☏ 450-883-2477
Au Plaisir des sens, un petit café coloré, dispose d'une boutique d'artisanat québécois. Le menu santé est

composé de sandwichs, de salades et de pizzas à croûte mince, le tout servi dans une belle salle à manger chaleureuse ou sur la terrasse arrière. Il est agréable de s'y installer pour savourer une sangria.

Auberge Aux Quatre Matins
$$$
sur réservation seulement
155 rue des Skieurs
☏ 450-883-1932
Le restaurant de l'**Auberge Aux Quatre Matins** (voir p. 274) s'inspire des produits de la région pour élaborer une carte originale de fine cuisine québécoise. La salle à manger est chaleureuse et conviviale.

Sainte-Émélie-de-l'Énergie

Restaurant Flaveurs
$$-$$$
fermé lun-mar
271 rue Notre-Dame
☏ 450-585-7171
Après avoir fait leurs classes dans certains des meilleurs restaurants du Québec tels L'Eau à la Bouche et La Sapinière, les propriétaires du Restaurant Flaveurs réussissent avec brio à allier cuisine de bistro classique et produits du terroir québécois. Le menu affiche les traditionnelles moules et frites ainsi que toutes sortes de plats de gibier. Les petits déjeuners sont aussi à souligner.

Auberge du Vieux Moulin
$$$
sur réservation seulement
200 ch. du Vieux-Moulin
☏ 450-884-0211 ou 866-884-0211
Tenue par un chef cuisinier qui enseignait à l'Institut de tourisme et d'hôtellerie du Québec (où plusieurs des meilleurs chefs cuisiniers du Québec sont formés), le restaurant de l'**Auberge du Vieux Moulin** (voir p. 274) offre une cuisine de haut calibre dans un environnement rustique

et chaleureux. Le cuistot se permet quelques surprises, mais il y a toujours un plat de gibier au menu. Avis aux intéressés, la paupiette de cerf rouge y figure en permanence.

Sorties

> Activités culturelles

Terrebonne

Le chaleureux **Théâtre du Vieux-Terrebonne** *(&; 866 rue St-Pierre, ☏ 450-492-4777 ou 866-404-4777, www.theatreduvieuxterrebonne.com)* a gagné au fil des ans le respect de la communauté artistique québécoise. Ainsi, les plus grands noms de la chanson et de l'humour s'y arrêtent systématiquement pour y roder leur spectacle avant d'affronter le public montréalais. Des troupes de théâtre en tournée y font aussi fréquemment halte.

L'Assomption

Le **Théâtre Hector-Charland** *(&; 225 boul. L'Ange-Gardien, ☏ 450-589-9198, www.hector-charland.com)* propose une programmation variée où se côtoient musique, théâtre, danse, humour et chanson.

Joliette

Rien de plus agréable que d'assister à un concert en plein air à l'**Amphithéâtre de Lanaudière** *(1575 boul. Base-de-Roc, ☏ 450-759-4343 ou 800-561-4343)*, brillamment installé dans un vallon ceinturé d'arbres. C'est au cours de l'été, à l'occasion du Festival de Lanaudière, que ce site à l'acoustique remarquable propose le meilleur de sa programmation.

> Bars et boîtes de nuit

Joliette

Bistro l'Alchimiste
lun-sam
536-A boul. Manseau
📞 450-760-5335
Le Bistro l'Alchimiste attire une foule éclectique. On y sert une dizaine d'excellentes bières brassées à la microbrasserie du même nom. L'établissement possède deux terrasses et affiche un menu léger. Des spectacles de musique animent parfois les soirées.

L'Interlude
408 boul. Manseau
📞 450-759-7482
Le bar L'Interlude est un lieu à la fois tranquille et animé pour passer une belle soirée. Bonne sélection de bières de microbrasseries et importées. Décoré avec goût, l'établissement est aménagé dans une maison ancestrale en plein cœur du centre-ville. Musique en direct à l'occasion.

> Festivals et événements

Juillet

Le **Festival de Lanaudière** (📞 450-759-7636, *www.lanaudiere.org*) constitue l'événement le plus important de la région. Et pour cause : pendant les plus belles semaines de l'été, des dizaines de concerts de musique classique, contemporaine et, plus rarement, populaire sont présentés dans les églises de la région ou encore, en plein air, au superbe Amphithéâtre de Lanaudière, à Joliette.

Le **Festival mémoire et racines** *(fin juil; parc St-Jean-Bosco, centre-ville de Joliette,* 📞 *450-752-6798 ou 888-810-6798, www.memoireracines.qc.ca)* est un important festival de musique traditionnelle, de danse et de contes. Intéres-sant pour découvrir l'univers imagé du Québec!

Août

Le tournoi annuel des **Internationaux de Tennis Junior du Canada** *(fin août; Repentigny,* 📞 *450-581-8470, www.tennis-junior-repentigny.com)* est l'oc-casion de découvrir avant tout le monde les Maria Sha-rapova et les Roger Federer de demain.

Septembre

Une fois l'automne venu, la nature de la région de Saint-Donat se pare de ses couleurs les plus variées. Pour célébrer cette explosion spectaculaire, on propose plusieurs specta-cles de musique en plein air, des kiosques de produits du terroir et de l'animation de rue dans le cadre du festival **Rythmes et Saveurs** (📞 819-424-2833).

Achats

> Alimentation

L'Assomption

Chocolaterie Le Cacaoyer
1111 boul. L'Ange-Gardien N.
📞 450-589-9990
Pour vous offrir de sublimes pâtisseries, gâteaux et cho-colats de fabrication artisa-nale et audacieuse (chocolat, miel et lavande ou piments et épices), allez à la Choco-laterie Le Cacaoyer. L'été, on y propose également une dizaine de parfums de crème glacée et de sorbets maison. Un petit centre d'interpréta-tion, où vous pourrez voir le chocolatier à l'œuvre, est ouvert au public.

Joliette

Boulangerie et fromagerie St-Viateur
602 rue Notre-Dame
📞 450-755-4575
La Boulangerie et fromagerie St-Viateur propose des pains artisanaux de grande qua-lité, une bonne sélection de pâtisseries, des charcuteries fines, dont de délicieuses terrines faites sur place, et comprend aussi un comptoir de produits prêts à manger (sandwichs et salades). On y trouve un grand choix de fromages régionaux et d'im-portation ainsi qu'une section d'épicerie fine incluant des produits du terroir.

Notre-Dame-de-Lourdes

Fromagerie du Champ à la Meule
mar-jeu 9h à 15h30, ven-sam 9h à 17h
3601 rue Principale
📞 450-753-9217
Cette fromagerie artisanale fabrique de délicieux fro-mages au lait cru tels le Victor et Berthold et le Fêtard. Vous pourrez vous procurer leurs produits à la boutique sur place.

Repentigny

Marché Champêtre de Lanaudière
sam 9h à 18h
439 rue Notre-Dame
📞 514-591-3304
Installé dans une ancienne caserne de pompiers, le Marché Champêtre offre un choix intéressant de produits gourmands dont des vins et spiritueux, des pains, des fro-mages, des thés et des cafés, du gibier et de l'agneau, ainsi que des petits fruits de saison.

Saint-Ambroise-de-Kildare

Bergerie des Neiges
fin juin à début sept mer-dim 10h à 17h, sept et oct sam-dim 10h à 17h, reste de l'année sur rendez-vous
1401 rang 5
📞 450-756-8395
Outre sa boucherie artisa-nale et son gîte (voir p. 273), la Bergerie des Neiges com-prend une boutique qui

propose des produits à base de laine d'agneau et des articles-cadeaux sur le thème de l'agneau. Profitez de votre passage pour visiter la bergerie (voir p. 271)!

Nect'art de Fleurs
1020 ch. Kildare (route 348)
☎ 450-752-2218
www.nectartdefleurs.com
On trouve à la boutique Nect'art de Fleurs d'alléchants produits dérivés du miel (tartinades, confitures, vinaigrettes) dans de beaux récipients peints par des artistes de la région.

Saint-Gabriel-de-Brandon
Ferme l'Oie d'Or
jeu-dim 10h à 17h
1851 rang St-Louis
☎ 450-835-2977
La Ferme l'Oie d'Or propose une panoplie de produits à base d'oie. De l'oie entière au magret en passant par les plats cuisinés tels que les rillettes, les saucisses et le cassoulet, vous ne sortirez pas de là les mains vides. Profitez de votre passage à la boutique pour mettre la main sur le foie gras d'oie, rarement produit au Québec.

Saint-Côme
Boulangerie St-Côme
1501 rue Principale
☎ 450-883-5101
L'endroit tout indiqué pour se procurer de délicieux pains et pâtisseries à Saint-Côme.

> Artisanat, galeries d'art et souvenirs

Terrebonne
La Maison Bélisle
844 rue St-François-Xavier
☎ 450-471-0619
www.maisondepays.qc.ca
En plus de mettre en valeur l'histoire et la culture de la région (voir p. 263), la Maison Bélisle abrite une belle galerie d'art qui expose et vend des œuvres d'artistes lanaudois.

Lavaltrie
Galerie Archambault
1303 rue Notre-Dame
☎ 450-586-2202
www.galeriearchambault.com
La Galerie Archambault présente des œuvres de peintres et sculpteurs québécois de renom.

Saint-Côme
Indianica
1211 rue Principale
☎ 450-883-6507
Pour vous doter de tout l'attirail hivernal traditionnel (mocassins, raquettes, fourrures, mukluks, vestes à franges, manteaux), rendez-vous chez Indianica.

Saint-Michel-des-Saints
Artisanat Bellerose
402 ch. Brassard
☎ 450-833-6647
Artisanat amérindien et québécois, fourrures et confiserie artisanale.

> Librairies
La région compte plusieurs bonnes librairies. Parmi celles-ci, mentionnons la sympathique **Librairie Lincourt** *(191 rue St-André, Terrebonne,* ☎ *450-471-3142)*, située en plein cœur du Vieux-Terrebonne, la **Librairie Lu-lu** *(2655 ch. Gascon, Mascouche,* ☎ *450-477-0007)*, la **Librairie Raffin** *(100 boul. Brien, Galeries de la Rive Nord, Repentigny,* ☎ *450-581-9892)* et la **Librairie René-Martin** *(598 rue St-Viateur, Joliette,* ☎ *450-759-2822)*.

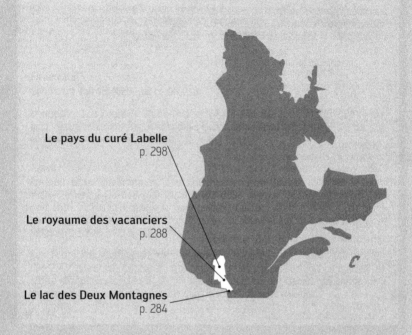

Le pays du curé Labelle
p. 298

Le royaume des vacanciers
p. 288

Le lac des Deux Montagnes
p. 284

Laurentides

LAURENTIDES

Les circuits
- **a** Le lac des Deux Montagnes
- **b** Le royaume des vacanciers
- **c** Le pays du curé Labelle

0   15   30km

Maniwaki

Ferme-Neuve

Lac-Saint-Paul

Mont-Laurier

Lac des Îles

Lac-des-Écorces

Saint-Aimé-du-Lac-des-Îles

Lac des Trente et un Milles

Parc linéaire Le p'tit Train du Nord

Réservoir Kiamika

Réservoir aux Sables

Lac du Cerf

Lac-Saguay

Notre-Dame-du-Laus

L'Ascension

Réserve faunique de Papineau-Labelle

Lac Nominingue

Rivière-Rouge

Réserve faunique Rouge-Matawin

Lac Montjoie

La Minerve

La Macaza

Aéroport international de Mont-Tremblant

Lac Gagnon

Labelle

Parc national du Mont-Tremblant

Lac-Simon

Lac Simon

La Conception

OUTAOUAIS

Namur

Mont-Tremblant

Station Mont-Tremblant

Saint-Jovite

Saint-Faustin–Lac-Carré

Lac Archambault

Saint-André-Avelin

Saint-Donat

Montebello

Lac Papineau

Saint-Adolphe-d'Howard

Sainte-Agathe-des-Monts

Lac Ouareau

Parc linéaire Le P'tit Train du Nord

Harrington

Val-David

Val-Morin

Grenville

Morin-Heights

Estérel

Sainte-Marguerite-du-Lac-Masson

Brownsburg-Chatham

Saint-Sauveur

Sainte-Adèle

Piedmont

ONTARIO

Lachute

Sainte-Anne-des-Lacs

Prévost

Rawdon

Carillon

Saint-André-d'Argenteuil

Saint-Jérôme

LANAUDIÈRE

Aéroport international Montréal-Mirabel (cargo)

Mirabel

Blainville

La Plaine

Oka

Saint-Joseph-du-Lac

Saint-Eustache

Sainte-Thérèse

Bois-des-Filion

Parc national d'Oka

Deux-Montagnes

Terrebonne

Lac Saint-François

Laval

Fleuve Saint-Laurent

Montréal

MONTÉRÉGIE

Longueuil

Parc linéaire
Le P'tit Train du Nord

©ULYSSE

guidesulysse.com

C ontrée de villégiature des plus réputées au Québec, la belle région des **Laurentides** ★ ★ attire de nombreux visiteurs en toute saison. Depuis longtemps, on «monte dans le Nord» pour s'y détendre et apprécier la beauté de ses paysages. Ses lacs, montagnes et forêts sont particulièrement propices à la pratique d'activités sportives diverses et aux balades.

Comme les Laurentides possèdent la plus grande concentration de stations de ski au Québec, lorsque l'hiver se pointe, ce sport y devient roi. Quant aux villages de la région, qui s'étendent au pied des montagnes, ils sont très souvent coquets, et agréables en toutes saisons.

Le sud de la région, dénommé les «Basses-Laurentides», fut très tôt occupé par des colons français venus en cultiver les riches terres arables. Plusieurs localités des Basses-Laurentides rappellent toujours l'histoire du pays par leur patrimoine architectural ou simplement par l'évocation d'événements s'y étant déroulés. Inspirée par un personnage désormais légendaire, le curé Labelle, l'occupation des terres du plateau laurentien commença beaucoup plus tard, vers le milieu du XIXe siècle. La mise en valeur des «Pays-d'en-Haut» faisait alors partie d'un vaste plan de colonisation des régions périphériques du Québec visant à contrer l'exode des Canadiens français vers les villes industrielles du Nord-Est américain. Malgré le peu de rentabilité des fermes en raison de la pauvreté du sol, le curé Labelle parvint à y fonder une vingtaine de villages et à y attirer un bon nombre de colons canadiens-français.

Depuis le début du XXe siècle, l'arrivée toujours plus grande de plaisanciers a fait du tourisme la principale activité de cette région. Pour découvrir ce vaste territoire, trois circuits sont proposés :

Circuit A: Le lac des Deux Montagnes ★
Circuit B: Le royaume des vacanciers ★ ★
Circuit C: Le pays du curé Labelle

Accès et déplacements

➤ En avion

Circuit B : Le royaume des vacanciers

L'**aéroport international de Mont Tremblant** *(150 Roger-Hébert, Rivière-Rouge,* ✆ *819-275-9099, www.mtia.ca)* est situé à 35 min au nord de la Station Mont Tremblant. Il accueille aussi bien les gros porteurs que les petits avions privés et les jets corporatifs, et offre tous les services aéroportuaires et les services aux passagers qu'on attend d'un aéroport international. Au moment de mettre sous presse, d'importants travaux de rénovation étaient prévus dans les prochaines années afin d'agrandir le terminal.

➤ En voiture

Circuit A : Le lac des Deux Montagnes

De Montréal, suivez l'autoroute 13 Nord. Prenez ensuite la sortie de la route 344 Ouest en direction de Saint-Eustache. La route 344 permet ensuite de poursuivre jusqu'à Deux-Montagnes, Sainte-Marthe-sur-le-Lac, Pointe-Calumet, Oka, Saint-André-d'Argenteuil et Carillon. On peut aussi explorer la région de Lachute en empruntant la route 327 au départ de Saint-André-d'Argenteuil.

Circuit B : Le royaume des vacanciers

De Montréal, empruntez l'autoroute 15 Nord (autoroute des Laurentides) jusqu'à Saint-Jérôme (sortie 43). Avant de parvenir à Saint-Jérôme, on traverse la zone de l'aéroport Montréal-Mirabel (avions-cargos seulement). L'autoroute 15 Nord puis la route 117 Nord et la route 327 Nord permettent ensuite de poursuivre l'exploration jusqu'au mont Tremblant.

Circuit C : Le pays du curé Labelle

Au départ de Montréal, empruntez l'autoroute 15, qui se fond avec la route 117 à la hauteur de Sainte-Agathe-des-Monts.

➤ En autocar (gares routières)

Circuit B : Le royaume des vacanciers

La compagnie d'autocars **Galland** *(*✆ *514-842-2281, www.galland-bus.com)* propose plusieurs liaisons par jour entre Montréal *(Station Centrale)* et les Laurentides.

Saint-Jérôme (gare intermodale)
455 boul. Jean-Baptiste-Rolland E.
☏ 450-436-1711

Saint-Sauveur
91 rue Guindon
☏ 450-227-5446

Sainte-Adèle
1208 rue Valiquette (Pharmacie Brunet)
☏ 450-229-6609

Saint-Jovite
111 montée Ryan, à l'angle de la route 117 (station-service Pétro-Canada)
☏ 819-429-6095

➢ En traversier

Hudson–Oka
9$/véhicule; mai à fin nov
quai municipal, rue des Anges
Oka
☏ 450-458-4732
www.traverseoka.qc.ca

Carillon–Pointe-Fortune
7,50$/véhicule; avr à fin déc
☏ 450-537-3412
www.traversierlepasseur.com

➢ En transports en commun

Circuit B: Le royaume des vacanciers
Une navette relie Saint-Jovite, le secteur Village Mont-Tremblant et la montagne (mont Tremblant). Le service d'autobus est offert entre avril et mi-décembre; le billet se vend 2,25$. Pour de plus amples renseignements sur les horaires: ☏ 819-681-3000, poste 46643.

Attraits touristiques

Tourisme Laurentides *(14142 rue de la Chapelle, Mirabel, QC J7J 2C8, ☏ 450-436-8532, www.laurentides.com)*

Circuit A: Le lac des Deux Montagnes ★

▲ *p. 299* ☝ *p. 306*

⏱ *Un jour*

Les Messieurs de Saint-Sulpice ont largement contribué au développement de cette portion des Laurentides dès le Régime français. On y retrouve quelques témoins de l'époque sei-

gneuriale en bordure du **lac des Deux Montagnes**, qu'on longe sur près de la moitié du parcours. Les belles vues sur le lac, de même que les nombreux produits de la ferme proposés au bord de la route, constituent les principaux attraits de ce circuit qui représente une excursion d'une journée en zone agricole, à une demi-heure seulement de Montréal.

Saint-Eustache

Office touristique des Basses-Laurentides *(600 rue Dubois, ☏ 450-491-4444 ou 866-491-4449, www.basseslaurentides. com)*

Saint-Eustache était au début du XIXe siècle une communauté agricole prospère ayant donné naissance à une certaine élite intellectuelle et politique canadienne-française. Cette élite a joué un grand rôle lors des Rébellions de 1837-1838, faisant de Saint-Eustache l'un des principaux théâtres de ces événements tragiques. Le village constituait autrefois le centre de la seigneurie des Mille-Îles, concédée à Michel-Sidrac Du Gué de Boisbriand en 1683. C'est toutefois la famille Lambert-Dumont qui procédera au développement de la seigneurie à partir du milieu du XVIIIe siècle. Saint-Eustache est devenue, après 1960, l'une des composantes de la banlieue de Montréal. La municipalité compte aujourd'hui quelque 42 000 habitants.

L'**église Saint-Eustache** ★ ★ *(♿; 123 rue St-Louis)* a été érigée en 1783. Elle est surtout remarquable par sa haute façade palladienne en pierres de taille, réalisée entre 1831 et 1836. La présence de deux clochers (tout comme à Saint-Denis-sur-Richelieu) témoigne de la prospérité de l'endroit dans les années précédant les Rébellions de 1837-1838. L'église porte encore les traces des durs combats qui eurent lieu en ses murs le 19 décembre 1837, alors que Jean-Olivier Chénier et 150 Patriotes s'enfermèrent dans l'édifice afin de résister aux troupes britanniques du général Colborne. Celui-ci fit bombarder l'église, dont ne restera que les murs à la fin de la bataille, et fit ensuite incendier la plupart des maisons du village. Saint-Eustache mettra plus de 30 ans à se relever de ce saccage. On l'aura deviné, l'église Saint-Eustache, reconstruite en 1841, occupe une place privilégiée dans le cœur des Québécois d'origine française.

Un **monument aux Patriotes**, le presbytère et le couvent (1898) avoisinent l'église.

➤➤➤ *Empruntez la rue Saint-Eustache, qui s'inscrit dans l'axe de l'église, jusqu'au manoir Globensky.*

Le **manoir Globensky** *(3$;* &*; fin juin à début sept tlj 10h à 17h, début sept à fin juin lun-ven 9h à 17h; 235 rue St-Eustache,* ♪ *450-974-5170, www. moulinlegare.com)* était autrefois la propriété de Charles-Auguste-Maximilien Globensky, époux de l'héritière de la seigneurie de Saint-Eustache, Virginie Lambert-Dumont. Même si sa construction en 1862 est postérieure à l'abolition de la tenure seigneuriale (1854), les habitants de la région l'ont toujours désignée du nom de «manoir». Les plans originaux d'Henri-Maurice Perrault ont été considérablement altérés lors de la transformation du bâtiment dans le goût colonial américain en 1930. Depuis cette date, elle rappelle davantage une maison de plantation de la Caroline du Sud qu'un manoir canadien-français. La maison Globensky abrite la **Maison de la culture et du patrimoine de Saint-Eustache**, qui présente des expositions concernant entre autres l'histoire de l'insurrection des Patriotes de Saint-Eustache de 1837. Des **visites guidées** *(5$; fin juin à début sept tlj 10h à 17h)* sont proposées pour découvrir le manoir et le moulin voisin (voir ci-dessous).

Le carré de pierres du **moulin Légaré** *(3$;* &*; fin juin à début sept tlj 10h à 17h, début sept à fin juin lun-ven 9h à 17h; 232 rue St-Eustache,* ♪ *450-974-5170, www.moulinlegare.com)* date de 1762. Des modifications apportées au début du XXe siècle ont cependant enlevé un peu de caractère au bâtiment. Ce moulin à farine n'a jamais cessé de fonctionner, ce qui en ferait le plus ancien moulin uniquement mû par la force de l'eau encore en activité en Amérique du Nord. Il est possible de visiter le moulin et de se procurer sur place farines de blé et de sarrasin. Un parc linéaire borde la rivière du Chêne à l'ouest.

L'**Exotarium** *(9,75$; fin juin à début sept tlj 10h à 17h, début sept à fin juin ven-dim 10h à 17h, fermé déc et jan; 846 ch. Fresnière,* ♪ *450-472-1827, www. exotarium.net)* présente une petite collection de quelque 300 reptiles, amphibiens et invertébrés parmi lesquels figurent pythons, cobras et iguanes.

Juste à côté de l'Exotarium se trouve le **Nid d'Otruche** *(11$; fin juin à fin août mar-dim 10h à 17h, reste de l'année horaire variable, fermé jan et fév; 825 ch. Fresnière,* ♪ *450-623-5258, www. nidotruche.com),* qui permet d'en apprendre davantage sur les autruches et leur ancêtre, le dinosaure *Gallimimus.* Un safari, à pied ou en tracteur, est offert en saison, et une boutique vend des produits dérivés et, bien sûr, de la viande d'autruche.

▸▸▸ *Reprenez la route 344 Ouest. Le circuit traverse Deux-Montagnes, Sainte-Marthe-sur-le-Lac et Pointe-Calumet avant d'atteindre Oka.*

Oka ★

Les Sulpiciens, tout comme les Jésuites, ont établi des missions d'évangélisation des Amérindiens autour de Montréal. Les disciples d'Ignace de Loyola s'étant fixés définitivement à Kahnawake en 1716 (voir p. 208), ceux de Jean-Jacques Olier firent de même en 1721 sur un très beau site en bordure du lac des Deux Montagnes appelé Oka, nom autochtone qui signifie «poisson doré». Les Sulpiciens y accueillirent des Algonquins, des Hurons et des Agniers, qui représentaient autant de nations alliées des Français. À la différence de la mission de Kahnawake, que l'on voulait isoler des habitants d'origine européenne, un village de colons français se développa simultanément autour de l'église des Messieurs de Saint-Sulpice.

À la fin du XVIIIe siècle, des Iroquois venus de l'État de New York se sont substitués aux premiers habitants amérindiens de la mission, donnant un visage anglais et, plus récemment, un nouveau nom (Kanesatake) à toute une portion du territoire situé en amont du village. Oka est de nos jours un centre récréotouristique et une banlieue éloignée de Montréal. En 1990, lors de ce qu'il est convenu d'appeler la «crise d'Oka», la Société des guerriers (Warriors) de Kanesatake a bloqué la route 344, à la sortie du village d'Oka, pendant de longs mois, afin de revendiquer des droits territoriaux et d'empêcher la transformation d'une partie de la pinède d'Oka, un territoire ancestral, en terrain de golf. La crise a malheureusement coûté la vie à un policier lors d'un affrontement.

L'ordre cistercien fut créé à l'abbaye de Cîteaux par Robert de Molesme, Albéric et Étienne Harding à la fin du XIe siècle. Il constitue une branche réformée du monachisme bénédictin. En 1881, quelques moines cisterciens quittent l'abbaye de Bellefontaine en France pour fonder une nouvelle abbaye en terre canadienne. Les Sulpiciens, qui avaient déjà donné plusieurs morceaux de leurs vastes propriétés de Montréal à différentes communautés religieuses, concèdent un flanc de colline du leur seigneurie des Deux-Montagnes aux nouveaux arrivants. En quelques années, les moines font ériger l'**abbaye cistercienne d'Oka** ★ *(1600 ch. d'Oka, www. abbayeoka.com),* aussi connue sous le nom de «la Trappe». Les moines n'habitent plus l'abbaye depuis 2002, mais le magasin vend toujours leurs produits. La chapelle néoromane, au centre de l'abbaye, mérite aussi une petite visite.

Le **parc national d'Oka** ★ *(3,50$; 2020 ch. d'Oka, ☎ 450-479-8365 ou 800-665-6527, www.sepaq. com/pq/oka)* propose plus de 20 km de sentiers de randonnée pédestre en été, et près de 50 km de sentiers de ski de fond en hiver. Au sud de la route 344, vous découvrirez la majorité des pistes, qui sillonnent un terrain relativement plat. Au nord de la route 344, deux autres sentiers mènent au sommet de la colline d'Oka (168 m), d'où l'on embrasse du regard l'ensemble de la région. Le sentier du Sommet, long de 7,5 km, aboutit à un belvédère panoramique, alors que le sentier du Calvaire d'Oka (4,5 km) longe les stations du plus ancien calvaire des Amériques. Celui-ci fut aménagé par les Sulpiciens en 1740 afin de stimuler la foi des Amérindiens nouvellement convertis au catholicisme. Humble et digne tout à la fois, le **calvaire d'Oka** se compose de quatre oratoires trapézoïdaux et de trois chapelles rectangulaires en pierre blanchie à la chaux. Ces petits bâtiments, aujourd'hui vidés de leur contenu mais restaurés, servaient à l'origine d'écrins à des bas-reliefs en bois illustrant des scènes de la Passion du Christ. Le parc dispose d'emplacements de camping (voir p. 299), d'un centre d'interprétation, d'un centre de services, appelé **Le Littoral**, situé au bord du lac des Deux Montagnes et comportant une salle à manger et des boutiques, ainsi que d'une plage.

››› *Une fois parvenu au centre d'Oka, tournez à gauche dans la rue L'Annonciation, qui mène à l'église et au quai, d'où vous bénéficierez d'une belle vue sur le lac des Deux Montagnes. Le quai est le point d'arrivée du traversier privé qui fait la navette entre Hudson et Oka (voir p. 284), reliant ainsi le présent circuit à celui de Vaudreuil-Soulanges, en Montérégie.*

L'**église d'Oka** ★ *(181 rue des Anges)*, érigée en 1878 dans le style néoroman, a succédé à l'église de la mission des Sulpiciens (1733), autrefois située au même emplacement, en face du lac. On peut y voir les toiles de l'école française du XVIIIe siècle commandées à Paris par les Messieurs de Saint-Sulpice pour orner les stations du calvaire d'Oka (voir plus haut). Ces peintures à l'huile furent remplacées dès 1776 par des bas-reliefs en bois, davantage capables de résister au climat rigoureux du Canada. Les bas-reliefs furent lourdement endommagés par des vandales en 1970, avant d'être retirés pour être accrochés dans la chapelle Kateri Tekakwitha, attenante à l'église d'Oka.

››› *Poursuivez par la rue des Anges, puis tournez à droite dans la rue Sainte-Anne avant de reprendre la route 344 à gauche, en direction de Saint-André-d'Argenteuil.*

On traverse alors la **pinède d'Oka**, plantée en 1886 afin de contrer l'érosion du sol sablonneux. C'est dans cette forêt de pins que la tension fut la plus vive lors de la «crise d'Oka» en 1990, alors que la Sûreté du Québec puis l'Armée canadienne se sont frottées à la Société des guerriers (Warriors) de Kanesatake.

Saint-André-d'Argenteuil

Le charmant village loyaliste de Saint-André-d'Argenteuil s'inscrit dans un cadre bucolique en bordure de la rivière du Nord.

John Johnson, originaire de l'État de New York, fit l'acquisition de la seigneurie d'Argenteuil au début du XIXe siècle, attirant à Saint-André plusieurs compatriotes partageant une même fidélité à la couronne d'Angleterre. Les résidences cossues de ce village rappellent d'ailleurs le vocabulaire architectural américain. Elles côtoient une série de petites églises de dénominations diverses, dont l'**église anglicane Christ Church** *(163 route du Long-Sault)*, soutenue par le seigneur Johnson, qui pourrait bien être le premier édifice d'inspiration néogothique à avoir été érigé au Québec (1819-1822).

››› *Tournez à gauche dans la rue Saint-André en direction de Carillon (route 344).*

Carillon

Longtemps appelé le «Long-Sault», Carillon est un paisible village qui s'est peuplé de loyalistes au début du XIXe siècle. On y trouve un barrage hydroélectrique, de même qu'un vaste parc pourvu d'une agréable aire de pique-nique.

Sur le canal de Carillon, une écluse permet à des milliers d'embarcations de plaisance de franchir une dénivellation de plus de 20 m en 30 min seulement. À elle seule, cette gigantesque écluse remplace un ancien système de navigation qui comptait trois canaux et 11 écluses. Le **Lieu historique national du Canal-de-Carillon** *(1,50$; mi-mai à mi-oct tlj; ☎ 450-537-3534 ou 888-773-8888, www.pc.gc.ca/canalcarillon)* protège le site. Dans la maison du collecteur, une exposition traite de l'histoire de la canalisation en Outaouais et du commerce du bois. De plus, les vestiges des anciens systèmes de canalisation sont toujours présents aux abords de cette ancienne demeure.

Le **Musée régional d'Argenteuil** *(3$; fin mars à mi-déc mer-dim 10h à 17h; 44 route du Long-Sault, ☎ 450-537-3861, www.museearg.com)* présente des antiquités de la région, de même qu'une collection de costumes du XIXe siècle. Le musée est installé dans un bel édifice en pierre de tradition georgienne, construit en 1836 pour servir d'auberge. Dès l'année suivante, il fut cependant converti en caserne militaire pour héberger les troupes britanniques, venues mater l'insurrection des Patriotes dans la région de Saint-Eustache.

>>> *Revenez à Saint-André-d'Argenteuil. Tournez à droite pour suivre la route 344 Est, puis prenez presque immédiatement à gauche la petite route qui longe la rivière Saint-André jusqu'à Saint-Hermas. Vous accéderez ainsi à une vallée fertile comprise entre les contreforts des Laurentides, au nord, et les collines bordant le lac des Deux Montagnes, au sud. De Saint-Hermas, gagnez Mirabel par la route 148 Est, tournez à gauche dans la rue Côte-Saint-Louis, puis prenez à droite l'autoroute Maurice-Richard.*

Mirabel

La région gravitant autour de l'aéroport de Montréal-Mirabel, formée de 14 villages et paroisses, fut regroupée sous le nom de «Mirabel» (34 000 hab.) en 1971, qui est alors devenue l'une des municipalités les plus étendues du Québec.

À Mirabel même, le **parc du Domaine Vert** *(droit d'entrée; 10423 montée Ste-Marianne, ☎ 450-435-6510, www.domainevert.com)* offre la possibilité aux amants de la nature de pratiquer de nombreuses activités tels le vélo, la randonnée, le ski de fond et la raquette.

>>> *Revenez sur vos pas jusqu'à la rue Côte-Saint-Louis, tournez à droite dans le rang Saint-Vincent puis à droite dans le chemin du Grand-Brûlé. Vous voilà dans le secteur Saint-Benoît de Mirabel.*

Un des principaux foyers de contestation lors de l'insurrection des Patriotes en 1837, l'ancien village de Saint-Benoît fut complètement détruit par les troupes britanniques du général Colborne l'année suivante. L'église, dotée d'une magnifique façade baroque en pierres de taille, fut anéantie, et toutes les maisons furent incendiées. Saint-Benoît s'est reconstruit lentement, mais n'a jamais retrouvé la prospérité d'antan.

>>> *Quittez Saint-Benoît par les rangs en direction de Saint-Joseph-du-Lac.*

Saint-Joseph-du-Lac

Cette portion du circuit se trouve au cœur de l'une des principales régions de pomiculture du Québec. En automne, les Montréalais viennent y cueillir eux-mêmes leurs pommes dans un des nombreux vergers où on les invite à le faire moyennant de légers frais. De multiples produits de la ferme sont également

proposés en toute saison (canards, faisans, lapins, tartes, sucre d'érable, etc).

>>> *Pour regagner Montréal, empruntez l'autoroute 640 Est, puis l'autoroute 13 Sud et enfin l'autoroute 20 Est.*

Activités de plein air

➤ Agrotourisme

Les Fromagers du Verger *(sept et oct tlj 10h à 17h, reste de l'année jeu-dim 10h à 17h, fermé jan et fév; 430 rue de la Pommeraie, ☎ 450-974-4424, St-Joseph-du-Lac, www.lesfromagesduverger.com)* proposent plusieurs activités qui vont de l'observation des brebis laitières à la cueillette de pommes, en passant par l'interprétation de la fabrication fromagère.

➤ Baignade

Le **parc national d'Oka** (voir p. 286) possède une plage fort populaire. On peut notamment y louer des canots, des planches à voile et des pédalos. Aire de pique-nique, salle à manger, toilettes.

➤ Descente de rivière

La région des Laurentides offre, grâce à l'excitante rivière Rouge, de très bonnes conditions d'eau vive, parmi les meilleures au Canada diront même certains experts. Évidemment, c'est au printemps, avec la fonte des neiges, que l'on retrouve les conditions optimales pour le rafting. Cette période peut s'avérer très difficile pour les sportifs en herbe, et il est conseillé d'avoir déjà fait de la descente de rivière avant de s'y aventurer. Pour les débutants, la saison idéale est l'été, alors que la rivière n'est pas trop haute et que la température est plus clémente. Adressez-vous au **Centre Nouveau Monde** *(99$ en semaine, 109$ en fin de semaine; fin avr à fin oct; 25 cb. Rourke, Grenville-sur-la-Rouge, ☎ 800-361-5033, www.newworld.ca)*, qui organise des groupes (départs tous les jours).

➤ Glissade

Le **Super Aqua Club** *(32$; fin juin à mi-août tlj 10h à 19h mi-août à début sept et mi-juin à fin juin tlj 10h à 17h; 322 montée de la Baie, Pointe-Calumet, ☎ 450-473-1013, www.superaquaclub.com)* possède pas moins de 45 glissades d'eau! On y trouve aussi, entre autres installations, une piscine à vagues et des rivières pour la descente en chambre à air. Le centre donne par ailleurs sur le lac des Deux Montagnes et possède une jolie plage de sable. On peut y louer pédalos et canots.

> *Golf*

Le **Club de golf Carling Lake** *(2235 route 327 N., Grenville-sur-la-Rouge,* ✆ *450-533-5333, www. golfcarlinglake.com)*, fondé près de Lachute en 1961, se classe parmi les plus beaux parcours publics au Canada. À proximité du terrain de golf, on trouve de plus l'élégant **Hôtel du Lac Carling** (voir p. 299).

> *Parcours d'aventure en forêt*

Sur le territoire du **parc du Domaine Vert** (voir p. 287), l'entreprise **D'Arbre en Arbre Mirabel** *(27$; avr à nov, horaire variable;* ✆ *450-433-9773 ou 866-900-9773, www.arbreenarbre.com)* propose deux parcours d'aventure en forêt pour les enfants et quatre parcours pour les adultes. À noter que les réservations sont obligatoires et que seul le paiement par carte (crédit ou débit) est accepté.

> *Randonnée pédestre*

Le **Parc régional éducatif bois de Belle-Rivière** *(3,50$;* ♿*; fin juin à fin août lun-ven 9h à 18h, sam-dim 9h à 19h; 9009 route Arthur-Sauvé, Mirabel,* ✆ *450-258-4924, www.boisdebelleriviere. com)* offre la possibilité de se balader dans les différents sentiers, de pêcher la truite, de faire une chasse au trésor, sans compter les nombreuses activités hivernales telles que ski de fond, raquette et glissade.

Le **parc national d'Oka** (voir p. 286) compte quelque 20 km de sentiers de randonnée pédestre.

> *Raquette et ski de fond*

Le **parc national d'Oka** (voir p. 286) possède sept sentiers pour le ski de fond totalisant quelque 50 km. Par ailleurs, les amateurs de raquette seront heureux d'apprendre que le parc leur réserve trois sentiers totalisant 23,5 km.

Circuit B: Le royaume des vacanciers ★★

▲ *p. 299* 🛏 *p. 307* 🍴 *p. 310* 🎒 *p. 311*

⏱ *Deux jours*

Depuis les années 1930, cette partie des Laurentides constitue le «terrain de jeu» préféré des Montréalais. À moins d'une heure et demie de route de la grande ville, on trouve en effet une multitude de lacs, de montagnes boisées et de villages aménagés de façon

à permettre aux visiteurs de séjourner plusieurs jours durant. On «monte» simplement au chalet en été pour se détendre, se rafraîchir, faire du canot, en somme profiter d'une nature généreuse. En hiver, on se rend depuis New York ou Atlanta, autant que de Montréal, dans les coquettes auberges et les hôtels de luxe, près desquels on pratique le ski alpin, mais aussi la raquette dans la neige blanche, des activités qui se terminent toujours par une agréable soirée au coin du feu. Les Laurentides possèdent la plus grande concentration de stations de ski au Québec.

Saint-Jérôme

Bureau d'information touristique Laurentides à la Porte du Nord *(sortie 51 de l'autoroute des Laurentides/autoroute 15,* ✆ *450-224-7007 ou 800-561-6673, www.laurentides. com)*

Ville administrative et industrielle de 64 000 habitants, Saint-Jérôme est surnommée «La Porte du Nord» puisque, à sa hauteur, on quitte le plateau laurentien pour pénétrer dans la région montagneuse qui s'étend au nord de Montréal et de Québec, les Laurentides. Celles-ci forment la plus vieille chaîne de montagnes de la planète. Leur douce rondeur, leur faible hauteur et leur sol sablonneux trahissent le grand âge des Laurentides, comprimées par les glaciations successives. Saint-Jérôme fut le point de départ de la colonisation de ces territoires dans la seconde moitié du XIXᵉ siècle.

Dans les années qui suivent les Rébellions de 1837-1838, les Canadiens français étouffent sur leurs vieilles seigneuries surpeuplées. L'absence quasi totale d'industries oblige les familles à subdiviser les terres agricoles afin de procurer du travail aux nouvelles générations. Mais cet effort demeurera nettement insuffisant. Dès lors s'amorce une saignée qui verra plusieurs centaines de milliers de Québécois émigrer vers les filatures de la Nouvelle-Angleterre dans l'espoir d'un avenir meilleur. Au total, près d'un million de Québécois ont pris la route de notre voisin du sud entre 1840 et 1930. Aujourd'hui encore, la Nouvelle-Angleterre compte une importante population d'origine canadienne-française.

Afin de stopper cette hémorragie vers les États-Unis, le clergé tout-puissant du Québec tentera diverses manœuvres, dont la plus importante demeure la colonisation des Hautes-Laurentides entre 1880 et 1895, pilotée par le curé Antoine Labelle, de Saint-Jérôme. Ces terres ingrates, peu propices à l'agriculture, causeront bien des maux de tête aux colons, qui devront chercher un revenu d'appoint dans la coupe du bois. Ainsi les fermiers de l'été se transformeront-ils en bûcherons l'hiver venu. Seul le tourisme sportif apportera une certaine prospérité à la région des Hautes-Laurentides après 1945.

Le **Musée d'art contemporain des Laurentides** *(2$; mar-dim 12h à 17h; 101 place du Curé-Labelle, ♪ 450-432-7171, www.museelaurentides.ca)*, consacré à l'art contemporain, est installé dans l'ancien palais de justice de Saint-Jérôme. Ses salles sont belles et lumineuses.

La **cathédrale de Saint-Jérôme** ★ *(tlj 8h30 à 16h30; 355 rue St-Georges, en face du parc Labelle, ♪ 450-432-9741)*, simple église paroissiale au moment de sa construction en 1899, est un vaste édifice de style romano-byzantin. Elle reflète le statut prestigieux de «siège» de la colonisation des Laurentides de Saint-Jérôme. Devant la cathédrale se dresse une statue en bronze du curé Labelle, œuvre d'Alfred Laliberté.

En face de la cathédrale, dans le parc Labelle, se trouve l'**amphithéâtre Rolland**, à ciel ouvert. Derrière celui-ci s'étend la **promenade de la Rivière-du-Nord**, un sentier d'interprétation de l'histoire de Saint-Jérôme longeant agréablement la rivière du Nord.

Saint-Jérôme est par ailleurs désignée comme le kilomètre 0 du **parc linéaire Le P'tit Train du Nord** ★★ *(gratuit mai à oct, 9,50$ pour le ski de fond; www.laurentides.com/parclineaire)*, même si ce parc linéaire débute depuis 2008 plus au sud, à Bois-des-Filion. Le P'tit Train du Nord suit le tracé de l'ancien chemin de fer des Laurentides et s'étend donc maintenant sur 230 km, entre Bois-des-Filion et Mont-Laurier. Depuis son ouverture au milieu des années 1990, ce parc hors de l'ordinaire est devenu une attraction de premier plan dans la région. Au cours de l'été, des milliers de cyclistes l'envahissent, alors qu'en hiver ce sont les skieurs de fond et les motoneigistes (au nord de Sainte-Agathe) qui en font autant.

C'est entre 1891 et 1909, sous l'impulsion du légendaire curé de Saint-Jérôme, Antoine Labelle, que fut construite cette ligne de chemin de fer qui devait jouer un rôle prépondérant dans la colonisation des Laurentides. Plus tard, et ce, jusque dans les années 1940, *le P'tit Train du Nord*, comme on le surnommait et comme le chantera Félix Leclerc, contribua au développement de l'industrie touristique des Laurentides en favorisant l'ouverture de nombreuses stations de villégiature et de sports d'hiver.

L'aménagement de routes, puis d'autoroutes facilitant de plus en plus l'accès aux Laurentides, viendra toutefois à bout du *P'tit Train du Nord* dans les années 1980. Les rails seront démantelés en 1991, et l'aménagement du parc linéaire débutera quelques années plus tard. Tout le long du parcours, des panneaux d'interprétation du patrimoine permettent d'en savoir davantage sur la riche histoire des Laurentides, notamment aux abords des gares originales (Saint-Jérôme, Prévost, Mont-Rolland, Val-Morin, Saint-Faustin–Lac-Carré, Village Mont-Tremblant, Labelle, L'Annonciation et Mont-Laurier), toujours présentes, dont certaines ont fait l'objet de travaux de rénovation. C'est par exemple le cas de la **gare de Saint-Jérôme**, remise en état à l'automne 1997, à côté de laquelle on a aménagé la jolie **place de la Gare**.

Dans le **parc régional de la Rivière-du-Nord** ★ *(5$ été, 7$ hiver; mi-mai à mi-oct 9h à 19h, mi-oct à mi-mai 9h à 17h; 750 ch. de la Rivière-du-Nord, ♪ 450-431-1676, www.parc-riviere-du-nord.com)*, vous pourrez vous promener sur les nombreux sentiers de randonnée qui y sont aménagés.

▸▸▸ *Reprenez l'autoroute 15 Nord vers Saint-Sauveur. En chemin, vous longerez le village de Prévost, qui a vu apparaître les premières pistes de ski alpin des Laurentides en 1932. L'année suivante, on y installait la première remontée mécanique d'Amérique du Nord. Prenez la sortie de Piedmont (sortie 58).*

Piedmont

Cette petite localité, encore relativement peu transformée par le développement touristique que connaissent les villages des alentours, conserve des allures rustiques. L'essentiel de son centre est constitué de maisons construites près de la route, au bord de la rivière et, bien sûr, au pied des monts. On retrouve aussi quelques populaires centres d'activités de plein air dans les environs, notamment les **Glissades des Pays-d'en-Haut** (voir p. 295), la **Station de ski Mont-Olympia** (voir p. 296) et la **Station de ski Mont-Avila** (voir p. 296).

▸▸▸ *Suivez les indications vers la route 364 et la ville de Saint-Sauveur, située tout près, à l'ouest de l'autoroute 15.*

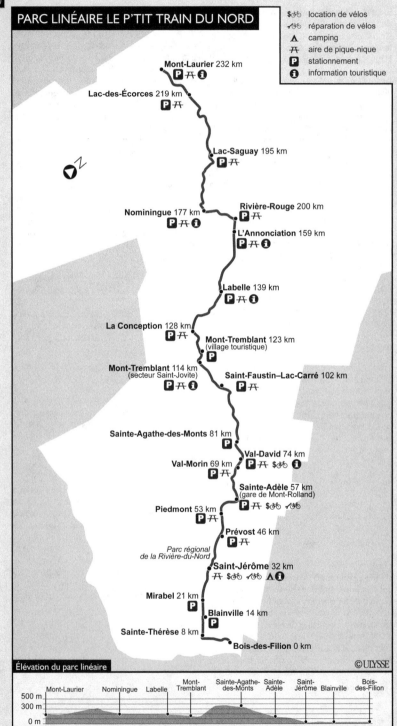

PARC LINÉAIRE LE P'TIT TRAIN DU NORD

$\mathtt{\$}$〰 location de vélos
〰 réparation de vélos
▲ camping
🏕 aire de pique-nique
P stationnement
🛈 information touristique

Mont-Laurier 232 km
P 🏕 🛈

Lac-des-Écorces 219 km
P 🏕

Lac-Saguay 195 km
P 🏕

Rivière-Rouge 200 km
P 🏕

Nominingue 177 km
P 🏕 🛈

L'Annonciation 159 km
P 🏕 🛈

Labelle 139 km
P 🏕 🛈

La Conception 128 km
P 🏕

Mont-Tremblant 123 km
(village touristique)
P

Mont-Tremblant 114 km
(secteur Saint-Jovite)
P 🏕 🛈

Saint-Faustin–Lac-Carré 102 km
P 🏕

Sainte-Agathe-des-Monts 81 km
P

Val-David 74 km
P 🏕 $〰 🛈

Val-Morin 69 km
P 🏕

Sainte-Adèle 57 km
(gare de Mont-Rolland)
P 🏕 $〰 〰

Piedmont 53 km
P 🏕

Prévost 46 km
P 🏕

*Parc régional
de la Rivière-du-Nord*

Saint-Jérôme 32 km
🏕 $〰 〰 ▲🛈

Mirabel 21 km
P

Blainville 14 km
P

Sainte-Thérèse 8 km

Bois-des-Filion 0 km

Élévation du parc linéaire

| | Mont-Laurier | Nominingue | Labelle | Mont-Tremblant | Sainte-Agathe-des-Monts | Sainte-Adèle | Saint-Jérôme | Blainville | Bois-des-Filion |

500 m
300 m
0 m

©ULYSSE

Saint-Sauveur ★

Bureau d'accueil des Pays-d'en-Haut (*605 ch. des Frênes,* ✆ *450-227-3417 ou 800-898-2127, www.tourismepdb.org*)

Trop rapproché de Montréal, le secteur de Saint-Sauveur a souffert, au cours des dernières décennies, d'un développement excessif qui a fait pousser comme des champignons les copropriétés, les restaurants, les commerces de grandes chaînes et les galeries d'art. Sa rue principale, très fréquentée, reste cependant un bon endroit pour prendre un bain de foule dans les Laurentides, et la station touristique **Mont Saint-Sauveur** (voir p. 297) demeure une destination phare dans la région.

Le **Pavillon 70**, situé au bas de la pente de la station touristique Mont Saint-Sauveur portant ce numéro, est considéré à juste titre comme la première réalisation postmoderne au Canada (1977). L'architecte Peter Rose, bien connu pour son **Centre Canadien d'Architecture** à Montréal (voir p. 111), en est l'auteur. Rappelons que le postmodernisme est issu d'un mouvement visant à renouveler l'architecture moderne des années 1970, perçue comme répétitive et ennuyeuse, en lui adjoignant des éléments décoratifs tirés des styles du passé. Ainsi, le Pavillon 70 arbore de belles façades de bois teint présentant des détails victoriens et de massives cheminées stylisées rappelant celles de nos maisons traditionnelles.

▸▸▸ *Au départ de Saint-Sauveur, on peut choisir de faire une boucle qui permet de découvrir les villages de Morin-Heights et de Saint-Adolphe-d'Howard, et de rejoindre directement Sainte-Agathe-des-Monts. Pour ce faire, il faut emprunter la route 364 vers l'ouest jusqu'à Morin-Heights, puis la route 329 Nord jusqu'à Sainte-Agathe en passant par Saint-Adolphe-d'Howard.*

Morin-Heights

C'est autour de deux petites églises blanches, l'une catholique et l'autre anglicane, que s'est développé le minuscule mais charmant village de Morin-Heights. L'endroit est particulièrement apprécié pour sa station de ski alpin (voir p. 297).

Saint-Adolphe-d'Howard

Une belle route panoramique (329) mène ensuite à Saint-Adolphe-d'Howard, un beau village fleuri qui s'étire joliment aux abords du lac Saint-Joseph.

▸▸▸ *Pour poursuivre le circuit principal au départ de Saint-Sauveur, reprenez l'autoroute 15 Nord, que vous suivrez jusqu'à la sortie 69 pour Sainte-Adèle.*

Sainte-Adèle ★

Bureau d'accueil des Pays-d'en-Haut (*1490 rue St-Joseph,* ✆ *450-229-3729, www.tourismepdb.org*)

Les Laurentides ont été surnommées «Les Pays-d'en-Haut» par les colons qui, au XIXe siècle, se dirigeaient vers ces terres septentrionales éloignées de la vallée du Saint-Laurent. L'écrivain et journaliste Claude-Henri Grignon, né à Sainte-Adèle en 1894, en a fait le théâtre de son œuvre. Son célèbre roman, *Un homme et son péché*, raconte la vie de misère dans les Laurentides à cette époque. C'est Grignon qui a demandé à l'architecte Lucien Parent de dessiner l'église de Sainte-Adèle, que l'on peut encore admirer de nos jours en bordure de la rue Principale.

Sainte-Adèle, aujourd'hui une ville moderne en pleine effervescence, offre des attraits incomparables ainsi qu'une qualité de vie hors du commun à ses quelque 10 000 habitants. On retrouve aussi dans ses environs plusieurs stations de ski, entre autres **Chantecler** et **Mont-Gabriel** (voir p. 297); des terrains de golf (La Vallée, Alpine, Mont-Gabriel, Chantecler); une section de la piste Le P'tit Train du Nord; ainsi que de nombreuses possibilités de promenades en canot, de sorties en kayak et de randonnées pédestres (par exemple dans le parc de la rivière Doncaster), pour n'en nommer que quelques-unes.

Au Pays des Merveilles (*17$ peu importe l'âge; &; mi-juin à fin août tlj 10h à 18h; 3795 ch. de la Savane,* ✆ *450-229-3141, www.paysmerveilles.com*), un petit parc d'attractions sans prétention, plaira surtout aux jeunes enfants. Dans un décor rappelant les aventures rocambolesques d'*Alice au pays des merveilles*, on a aménagé glissades, pataugeuse, minigolf, labyrinthe, etc.

▸▸▸ *Empruntez la route 370 en direction de Sainte-Marguerite-du-Lac-Masson.*

Sainte-Marguerite-du-Lac-Masson

La belle région vallonnée du lac Masson attire en toute saison des vacanciers cherchant à se reposer loin de l'animation montréalaise. Sur ses rives, deux localités se sont développées, l'élégante Estérel et la plus modeste, mais plus peuplée, Sainte-Marguerite-du-Lac-Masson, à l'extrémité ouest du lac.

Par la route 370, vous arrivez en face du **lac Masson**, à Sainte-Marguerite-du-Lac-Masson. Une petite place, à côté de l'église et en face du réputé **Bistro à Champlain** (voir p. 308), permet de l'admirer. La route se dirige alors vers la droite pour contourner le lac jusqu'à Estérel.

▸▸▸ *Poursuivez par la route 370 et à l'intersection prenez à gauche, en direction d'Estérel, jusqu'au boulevard Baron-Louis-Empain.*

Estérel

En Belgique, le nom «Empain» est synonyme de réussite financière. Le baron Louis Empain, héritier de la fortune familiale au début du XXᵉ siècle, était un grand bâtisseur. Lors d'un voyage au Canada en 1935, il acquiert la Pointe Bleue, une langue de terre qui avance paresseusement dans le lac Masson. En deux ans, de 1936 à 1938, il fait construire une vingtaine de bâtiments sur le site. Empain baptise l'ensemble Domaine de l'Estérel. La Seconde Guerre mondiale viendra cependant contrecarrer ses plans. À la suite du conflit, le domaine est morcelé. Il est en partie racheté par l'homme d'affaires québécois Fridolin Simard en 1958, qui fait construire l'actuel centre de villégiature **L'Estérel** (voir p. 301) en bordure de la route 370.

▸▸▸ *Revenez à l'autoroute 15 Nord, que vous emprunterez jusqu'à la sortie 76 afin de rejoindre Val-Morin et ensuite Val-David.*

Val-Morin

Val-Morin est un modeste village autour duquel se sont établis des vacanciers désirant s'éloigner des centres trop touristiques. Il est situé dans une région montagneuse sillonnée de sentiers de ski de fond où vous pourrez vous adonner à de multiples activités de plein air (voir **Centre de plein air Far Hills**, p. 296).

▸▸▸ *Revenez à la route 117 Nord et roulez jusqu'à Val-David.*

Val-David

Val-David s'est fait connaître grâce à sa situation géographique, près des stations de ski alpin des Laurentides, mais aussi en raison des boutiques des artisans qui y présentent leur travail. Le village, composé de jolies maisons, a su conserver un charme bien à lui.

Le **Village du Père Noël** *(12,50$; début juin à fin août tlj 10h à 18h, mi-déc à début jan tlj 11h à 17h; 987 rue Morin,* ♪ *819-322-2146 ou 800-287-6635, www.noel.qc.ca)* attire chaque année des enfants désireux de rencontrer ce célèbre personnage dans sa retraite d'été. Tout est prévu pour faire de cette journée un bon souvenir, diverses activités étant organisées.

▸▸▸ *De l'autoroute 15 (sortie 86), prenez à droite la route 117 Nord. Gardez la gauche pour emprunter la route 329 Sud (rue Principale).*

Sainte-Agathe-des-Monts ★

Cette ville de commerce et de services, au cœur des Laurentides, est née autour d'une scierie en 1849. Elle est devenue, grâce à l'ouverture du chemin de fer du Nord en 1892, le premier centre de villégiature des Laurentides. Située au point de rencontre de deux mouvements de colonisation, celui des Anglo-Saxons du comté d'Argenteuil et celui des Canadiens français de Saint-Jérôme, Sainte-Agathe-des-Monts a su attirer les vacanciers fortunés, séduits par son **lac des Sables ★**. Ceux-ci se sont fait construire quelques belles villas sur le pourtour du lac et dans les parages de l'église anglicane. La région était autrefois considérée comme une destination de choix par les grandes familles juives de Montréal et de New York. En 1909, la communauté juive fonde le sanatorium du Mont-Sinaï (le bâtiment actuel fut érigé en 1930), et, dans les années qui suivent, elle fait construire des synagogues à Sainte-Agathe-des-Monts et à Val-Morin.

Il existe deux façons de découvrir les divers points de vue sur le lac des Sables et ses environs. La première consiste à en faire le tour en voiture ou à bicyclette (11 km) en empruntant le chemin du Lac. La seconde permet de profiter des plaisirs de l'eau en s'embarquant pour une courte croisière sur un des **Bateaux Alouette** *(14$; fin mai à fin juin et fin août à fin oct tlj 10h30, 11h30, 13h30, 14h30 et 15h30; fin juin à fin août aussi à 17h et 19h30; quai municipal,* ♪ *819-326-3656, www.croisierealouette.com).*

▸▸▸ *Poursuivez par la route 117 en direction de Saint-Faustin–Lac-Carré.*

Saint-Faustin–Lac-Carré

On retrouve dans cette région le **Centre touristique et éducatif des Laurentides** *(5,50$;* ☺ *; mai à mi-oct tlj 9h30 à 17h30; 5000 ch. du Lac-Caribou,* ♪ *819-326-9072 ou 866-326-9072, www.ctel.ca),* où des sentiers de randonnée permettent de découvrir la flore et la faune des Laurentides.

Saint-Jovite

La rue Ouimet, bordée de restaurants, de salons de thé, de commerces d'antiquaires et de boutiques de mode, invite à la promenade. On peut notamment y voir un joli petit centre commercial d'inspiration victorienne ainsi que l'authentique gare de Saint-Jovite, déplacée en bordure de la rue et transformée en restaurant.

▸▸▸ *Tournez dans la rue Limoges (route 327 N.), près de l'église, en direction du mont Tremblant, déjà à l'horizon. Vous traverserez le secteur Village Mont-Tremblant avant de parvenir à la ville de Mont-Tremblant.*

Mont-Tremblant ★★

Tourisme Mont-Tremblant - secteur Village Mont-Tremblant *(5080 montée Ryan,* ☏ *819-425-2434 ou 877-425-2434, www.tourismemonttremblant.com)*

Tourisme Mont-Tremblant - secteur centre-ville *(48 ch. de Brébeuf,* ☏ *819-242-3300 ou 877-425-2434, www. tourismemonttremblant.com)*

On ne doit pas confondre la charmante ville de Mont-Tremblant avec le village piétonnier du centre de villégiature Station Mont Tremblant (voir ci-dessous), développé par Intrawest. Dans un cadre plus authentique, on trouve dans la ville même de Mont-Tremblant de sympathiques boutiques et restaurants, ainsi que d'autres possibilités d'hébergement que celles qui sont proposées au centre de villégiature.

Certains des plus importants centres touristiques des Laurentides ont été créés par de richissimes familles américaines passionnées de ski alpin. Elles ont choisi les Laurentides pour la beauté des paysages, le charme français du Québec, mais surtout pour le climat septentrional qui permet de prolonger la saison de ski au-delà de celle des États-Unis. La **Station Mont Tremblant** ★★ *(1000 ch. des Voyageurs, 888-736-2526 ou 800-709-3503, www. tremblant.ca)* fut fondée par le millionnaire de Philadelphie Joseph Ryan en 1938. Depuis 1991, ce centre de villégiature appartient au groupe Intrawest, propriétaire de stations comme Whistler, en Colombie-Britannique. Intrawest a investi plus d'un milliard et demi au cours de la dernière décennie pour l'élever au niveau de ses concurrents de l'Ouest américain et canadien. Il a ouvert de nombreuses pistes supplémentaires et fait construire un véritable village au pied du mont ainsi que deux magnifiques terrains de golf.

Au plus fort de la saison, près d'une centaine de pistes de ski alpin sont ouvertes sur les flancs du mont Tremblant (875 m). On trouve à cet endroit non seulement les plus longues et les plus difficiles dénivelées de la région, mais aussi un vaste complexe hôtelier de même qu'un village piétonnier rappelant l'architecture traditionnelle du Québec, le **Village Mont-Tremblant**. Le village de la station se compose de plusieurs éléments des plus colorés, dont les allures un peu factices à la Disneyland ne plaisent pas à tous. Mais au

---

La légende du mont Tremblant

Les Algonquins prétendent que cette montagne, qui surplombe un beau pays de lacs et de forêts, est habitée par des esprits qui la font trembler de colère lorsqu'un individu ou un intrus ne respecte pas les règles édictées par le conseil des Manitous (autorités surnaturelles pouvant s'incarner dans des personnes ou des objets). Ces lois sacrées sont les suivantes : *Ne tue point, sauf pour te défendre ou par nécessité. Aime la plus humble des plantes et respecte les arbres.* Vous aurez donc été averti…

---

fond, l'endroit n'a été façonné que dans un seul but : fournir un cadre qui sort de l'ordinaire pour unique fin de loisir.

Ainsi, autour de la **place Saint-Bernard**, s'étendent des complexes d'hébergement dont le rez-de-chaussée loge des boutiques, des restaurants et des bars. À cela, il faut ajouter les anciens bâtiments qui ont été rénovés en respectant l'architecture traditionnelle de la région. Partout, on ne peut circuler qu'à pied, à skis ou en raquettes.

À l'arrivée, la coquette **chapelle Saint-Bernard** (1942), réplique de l'église Saint-Laurent de l'île d'Orléans aujourd'hui disparue, accueille le visiteur en bordure du lac Tremblant. Une route, sur la droite, conduit au stationnement des visiteurs, au téléphérique panoramique de même qu'au parc national du Mont-Tremblant (voir-ci-dessous), dont l'entrée se trouve 10 km plus au nord.

Sur le versant Soleil de la station, le **Casino de Mont-Tremblant** *(tlj; 300 ch. des Pléiades,* ☏ *819-429-4150 ou 877-574-2177)* compte trois étages où s'entassent de nombreuses machines à sous. Le casino est relié au versant Sud par un service de navette et une télécabine panoramique.

Parc national du Mont-Tremblant ★★

Le **parc national du Mont-Tremblant** *(3,50$; 4456 ch. du Lac-Supérieur, Lac-Supérieur;* ☏ *819-688-2281 ou 800-665-6527, www.sepaq.com/pq/mot)*

MONT-TREMBLANT

N

Mont-Tremblant

Lac Tremblant

Parc national
du Mont-Tremblant

ch. Desmarais

ch. du Lac-Tremblant-Nord

Curtte

Voie Station
Mont-Tremblant

327

ch. de la Chapelle

ch. Duplessis

Lac
Viau

ch. des Saisons

Golf
Le Géant

ch. du Village

Rivière Cachée

Montée Ryan

Parc Linéaire Le P'tit Train du Nord

327

du Couvent

Lac Moore

Rivière du Diable

Lac
Mercier

Meilleur

ch. du Lac-Mercier

Lac
Beauvallon

Golf
Le Diable

ch. Principal

| 0 | 250 | 500m |

STATION MONT TREMBLANT

Casino
de Mont-Tremblant

P

PLACE
SAINT-BERNARD

i

Pl. St-Bernard

P

ch. Au-Pied-de-la-Montagne

ch. de la Forêt

PROMENADE
DESLAURIERS

rue des Remparts

ch. Kandahar

P

P

VIEUX-
TREMBLANT

Lac
Miroir

Chalet des
Voyageurs

ch. de la Chapelle

i

ch. des Voyageurs

P

ch. Curé-Deslauriers

PLACE DES
VOYAGEURS

Lac
Tremblant

Chapelle
Saint-Bernard

Réception

Parc national
du Mont-Tremblant

Mont-Tremblant

ch. Duplessis

······· Télésiège

| 0 | 50 | 100m |

©ULYSSE

est le plus ancien parc du réseau de la Sépaq. Il fut inauguré en 1894 sous le nom de «Parc de la Montagne tremblante» en hommage à une légende algonquine. Il couvre un territoire de 1 510 km² qui englobe le mont, six rivières et quelque 400 lacs. Le parc compte 10 sentiers de ski de fond qui s'étendent sur plus de 50 km. La station répond aux besoins des sportifs en toute saison. Ainsi, les amateurs de randonnée pédestre peuvent profiter de 82 km de sentiers. D'ailleurs, les sentiers La Roche et La Corniche ont été classés parmi les plus beaux du Québec. Le parc dispose de pistes cyclables et de circuits pour le vélo de montagne. Des activités nautiques telles que le canot et le pédalo peuvent aussi y être pratiquées. Le parc compte trois grands secteurs : le secteur de la Diable *(accueil de la Diable, route 117, sortie St-Faustin–Lac Carré)*, le secteur de l'Assomption *(accueil de St-Côme, route 343, à 18 km au nord de St-Côme)* et le secteur de Pimbina *(accueil de St-Donat, route 125, à 11 km au nord de St-Donat)*.

Activités de plein air

➤ Canot et kayak

Aventure Nouveau-Continent *(2301 rue de l'Église, Val-David, ➋ 819-322-7336, www. aventurenouveaucontinent.com)* loue des canots et des kayaks pour descendre la rivière du Nord à la hauteur de Val-David. Cette petite entreprise est située à la même enseigne que le bistro **Le Mouton Noir** (voir p. 308).

➤ Croisières

À Sainte-Agathe-des-Monts, les **Croisières Alouette** *(12$; quai municipal, ➋ 819-326-3656, www.croisiserealouette.com)* permettent d'explorer le lac des Sables. Les excursions durent 50 min et sont offertes de la mi-mai à la fin octobre.

Pour admirer les beautés du lac Tremblant, montez à bord du *Grand Manitou* avec les **Croisières Mont-Tremblant** *(18$; ♿; fin mai à mi-oct; quai fédéral du lac Tremblant; durée 1h10; ➋ 819-425-1045, www.croisierestremblant.com)*.

➤ Escalade

La région de **Val-David** est réputée pour ses parois d'escalade. On retrouve plusieurs montagnes aménagées pour cette activité : le **mont King**, le **mont Condor** et le **mont Césaire** figurent parmi les plus populaires. Pour louer l'équipement nécessaire adressez-vous à **Roc & Ride** *(2444 rue de l'Église, Val-David, ➋ 819-322-7978, www.rocnride.com)*.

➤ Glissade

En été, vous pouvez opter pour les **Cascades d'eau Piedmont** *(22$ demi-journée, 26$ journée complète; fin juin à fin août 10h à 18h; sortie 58 de l'autoroute 15, Piedmont, ➋ 450-227-4671)*, qui proposent 16 glissades d'eau.

Le **Parc aquatique Mont-Saint-Sauveur** *(adultes 35$, 6 à 12 ans 28$; début à fin juin et fin août à mi-sept 10h à 17h, fin juin à fin août 10h à 19h; sortie 58 de l'autoroute 15; 350 rue St-Denis, St-Sauveur, ➋ 450-227-4671, www.parcaquatique. com)* propose aux amateurs d'activités nautiques une piscine à vagues et plusieurs glissades d'eau, dont six en spirale. En hiver, la « Montagne russe alpine » du parc permet de faire une descente en toboggan sur rails : une expérience unique au Canada.

En hiver, si vous désirez passer une agréable journée en plein air mais que vous ne voulez pas skier, vous pouvez aller aux **Glissades des Pays d'en Haut** *(31$ pour une journée complète, tarifs réduits offerts pour des périodes de 1h, 2h ou 4h; mi-déc à mi-mars horaire variable; 440 ch. Avila, Piedmont, ➋ 450-224-4014 ou 800-668-7951, www.cesttrippant.com)*, qui proposent 51 descentes différentes.

➤ Golf

Parmi les dizaines de terrains de golf disséminés aux quatre coins des Laurentides, citons le réputé **Club de golf l'Estérel** *(44 boul. Fridolin-Simard, Estérel, ➋ 450-228-4532, www. esterel.com)* et ceux de la **Station Mont Tremblant** (voir p. 293) : l'un baptisé «Le Géant», que les experts classent parmi les 10 meilleurs au Canada, et le Diable. La station propose des forfaits golf avec hébergement.

Les clubs de golf **La Belle** *(100 ch. Champagne, Mont-Tremblant, ➋ 819-425-2771 ou 800-567-6744, www.grayrocks.com)* et **La Bête** *(1760 ch. du Golf, Mont-Tremblant, ➋ 819-425-2771 ou 800-567-6744, www.grayrocks.com)*, situés non loin de là, sont tout aussi populaires.

➤ Motoneige

La région des Laurentides est sillonnée de nombreux sentiers pour motoneige. On peut louer des motoneiges chez **Location Récréation Centrale** *(1510 montée d'Argenteuil, sortie 83 de l'autoroute 15 N., Saint-Adolphe-d'Howard, ➋ 819-327-1234 ou 888-568-3664, www.recreationcentrale.com)*.

➤ Parcours d'aventure en forêt

Acrobranche Tremblant *(36$; juin à oct, horaire variable; sortie « chemin des Skieurs », Mont-Tremblant, ➋ 819-425-6987, www.acrobranche.com)*

propose ses obstacles et tyroliennes en forêt. Ce beau parcours familial comprend aussi une *via ferrata*, littéralement une «voie ferrée» qui permet de grimper sur les parois rocheuses comme sur une échelle!

➤ Randonnée pédestre

S'étendant sur 0,6 km, la **promenade de la rivière du Nord** *(entre les rues Martigny et St-Joseph, St-Jérôme)* raconte l'histoire de la région à l'aide de panneaux thématiques. On y a de belles vues sur la rivière du Nord.

Près de Saint-Faustin–Lac-Carré, le **Centre touristique et éducatif des Laurentides** (voir p. 292) dispose d'un réseau de sentiers de randonnée d'environ 35 km. Parmi les huit pistes de 1 km à 10 km qu'on y trouve, Le Panoramique (2,7 km) est celle qui offre les plus belles vues sur les alentours. L'Aventurier (9,4 km), qui représente la plus longue piste du centre, permet quant à elle d'accéder au sommet d'une montagne de 530 m.

À la **Station Mont Tremblant** (voir p. 293), la télécabine panoramique mène au sommet, d'où partent des pistes conçues pour les familles (Le Manitou, Le 360°, Le Bon Vivant et Les Ruisseaux), mais aussi pour les randonneurs chevronnés (Les Caps, Le Grand Brûlé, Les Sommets, Le Parben et Le Johannsen). Tout au long des sentiers, des bornes explicatives permettent d'en connaître davantage sur la faune et la flore laurentiennes.

Le **parc national du Mont-Tremblant** (voir p. 293) est un excellent choix pour les amateurs de randonnée, puisqu'on y trouve des sentiers de tous les niveaux de difficulté. Ainsi, les sentiers de **La Roche** et de **La Corniche** (8 km) offrent une courte randonnée, alors que les 47,6 km de **La Diable** sauront sûrement satisfaire les marcheurs les plus mordus.

➤ Raquette et ski de fond

Le **parc linéaire Le P'tit Train du Nord** (voir p. 289), long de quelque 230 km, se transforme, l'hiver venu, en un merveilleux sentier de ski de fond et de motoneige. Le sentier de ski de fond s'étend de Saint-Jérôme à Val-David. On peut faire de la motoneige entre Labelle et Mont-Laurier.

Le **Corridor Aérobique** *(10$; 50 ch. du Lac-Écho, Morin-Heights, ☎ 450-226-1220 ou 450-226-3232, www.morinheights.com)* est un parc linéaire qui relie Morin-Heights à Saint-Rémi-d'Amherst. Avec ses 58 km de pistes, c'est l'endroit idéal pour pratiquer le ski «aventure», c'est-à-dire de très longues randonnées sur des sentiers

moins fréquentés et non entretenus mécaniquement.

Le **centre de ski de fond L'Estérel** *(14$; au bout de l'avenue d'Anvers, Estérel, ☎ 450-822-8687)* se révèle être un des centres de ski de fond les mieux organisés de la région. Grâce à ses 330 m d'altitude, il bénéficie d'excellentes conditions de ski. À L'Estérel, on mise sur un centre pour tous les types d'expériences. Les sentiers sont généralement courts, sans pour autant être faciles. Le centre compte des sentiers pour le ski de fond d'une longueur totale de 35 km. Pour leur part, les amateurs de raquette y trouveront des sentiers totalisant 12 km.

Durant l'hiver, au **Centre de plein air Far Hills** *(11$; 5966 ch. du Lac-LaSalle, Val-Morin, ☎ 819-322-2834, www.val-morin.ca/parc)*, plus de 80 km de sentiers de ski de fond sont entretenus. Ces pistes qui s'étendent sur une région de forêts et de collines permettent aux skieurs d'apprécier de beaux paysages. On y trouve entre autres la célèbre piste Maple Leaf, ouverte par nul autre que Jack Rabbit.

Un autre rendez-vous fort prisé des amateurs de ski de fond est le **Centre de vacances et de plein air Le P'tit Bonheur** *(10$; 1400 ch. du Lac-Quenouille, Lac-Supérieur, ☎ 819-326-4241 ou 800-567-6788, www.ptitbonheur.com)*, qui gère un réseau de plus de 50 km. On peut aussi y pratiquer la raquette.

Avec ses 48 sentiers totalisant 120 km dont 49 km pour le pas de patin, **Ski de fond Mont-Tremblant** *(15$; 539 ch. St-Bernard, Mont-Tremblant, ☎ 819-425-5588, www.skidefondmont-tremblant.com)* est l'un des plus imposants centres de ski de fond des Laurentides. On y trouve aussi des sentiers de raquettes et un comptoir de location.

Le **parc national du Mont-Tremblant** (voir p. 293) offre près de 200 km de sentiers de ski de fond dont 110 km pour le ski nordique, et 50 km de sentiers aménagés pour la raquette.

➤ Ski alpin

Deux stations de ski ont été aménagées sur les monts entourant Piedmont: la station de ski **Mont-Olympia** *(39$; tlj, horaire variable; 330 ch. de la Montagne, Piedmont, ☎ 450-227-3523 ou 514-871-0101, www.montolympia.com)*, avec 30 pentes d'une dénivellation totale de 200 m, et la station de ski **Mont-Avila** *(39$; 500 ch. Avila, Piedmont, ☎ 450-227-4671 ou 514-871-0101, www.montavila.com)*, qui propose une dizaine de pentes, dont la plus longue fait 1 050 m.

Jack Rabbit

Né en Norvège en 1875, Herman Smith-Johannsen émigre au Canada en 1901. Ingénieur de profession, il se fait vendeur de matériel ferroviaire, ce qui lui permet de visiter plusieurs régions éloignées des centres urbains. Il se rend dans ces régions à skis, rencontrant nombre d'Amérindiens, qui le surnomment *Wapoos* (le lièvre). Ce surnom, qui se traduit par *jackrabbit* en anglais, sera repris par ses compères du Montreal Ski Club.

Il explore les Laurentides tout au long des années 1920 et 1930. Il en vient même à s'y installer et réussit à développer un superbe réseau de sentiers de ski de fond. Il ouvre, après quatre années d'effort, une piste longue de 128 km, la Maple Leaf, qui relie les villes de Prévost et de Labelle. Malheureusement, l'autoroute des Laurentides (15) a sectionné cette belle piste.

Il a fait figure de pionnier en contribuant à la fondation de plusieurs centres de ski de fond et en ouvrant une grande quantité de pistes. Il remisa ses skis à l'âge de 106 ans et mourut en 1987, à l'âge de 111 ans, laissant son nom dans l'histoire québécoise du ski de fond.

Avec sa petite montagne et une dénivelée de 213 m, la station touristique **Mont Saint-Sauveur** *(48$; 350 av. St-Denis, St-Sauveur, ☎ 450-227-4671 ou 514-871-0101, www.montsaintsauveur.com)* accueille une clientèle nombreuse en raison de la proximité de Montréal. Cette station possède tout de même 38 pistes dont plusieurs éclairées.

La station touristique Mont Saint-Sauveur étant fréquemment envahie, certaines personnes préféreront les pentes des monts voisins, qui possèdent moins de pistes, mais où elles pourront skier sans trop attendre. La station de ski **Mont-Habitant** *(34$; 12 ch. des Skieurs, St-Sauveur, ☎ 450-227-2637 ou 866-887-2637, www.monthabitant.com)*, avec ses 11 pistes, en fait partie.

Également situées dans les environs, mentionnons **Ski Morin-Heights** *(39$; 231 rue Bennett, ☎ 450-227-2020 ou 514-871-0101, www.skimorinheights.com)*, qui compte 24 pistes dont 16 éclairées, ainsi que la modeste (13 pistes) **Station de Sports Mont Avalanche** *(29$; 1657 ch. de l'Avalanche, ☎ 819-327-3232, www.mont-avalanche.com)*, près de Saint-Adolphe-d'Howard.

La région de Sainte-Adèle attire, elle aussi, les skieurs grâce à deux stations de ski de bonne envergure. **Ski Mont Gabriel** *(33$; 1501 ch. du Mont Gabriel, Ste-Adèle, ☎ 450-227-1100, www.skimontgabriel.com)* offre 18 pistes (dont 10 sont éclairées en soirée) destinées aux skieurs de tout type. De plus, on retrouve au Mont-Gabriel la célèbre piste qui accueille le championnat mondial de ski acrobatique. **Ski Chantecler** *(40$; autoroute 15 N., sortie 72, Ste-Adèle, ☎ 450-229-1404 ou 888-916-1616, www.skichantecler.com)*, près de laquelle le beau complexe touristique Le Chantecler a été bâti, propose 16 pistes, dont 8 sont ouvertes pour le ski de soirée.

À Val-Morin, on peut skier au **centre de ski Belle Neige** *(35$; 6820 route 117, ☎ 819-322-3311 ou 877-600-3311, www.belleneige.com)*. On y trouve 20 pistes de toutes catégories. Puis, aux environs de Val-David, il y a **Mont-Alta** *(25$; 2114 route 117, ☎ 819-322-3206, www.mont-alta.com)* et le **centre de ski Vallée-Bleue** *(30$; 1418 ch. Vallée-Bleue, ☎ 819-322-3427 ou 866-322-3427, www.vallee-bleue.com)*, qui comptent respectivement 27 et 19 pistes.

À Saint-Faustin–Lac-Carré, la station de ski **Mont Blanc** *(40$; 1006 route 117, ☎ 819-688-2444 ou 800-567-6715, www.skimontblanc.com)* possède la seconde dénivelée en importance dans les Laurentides (300 m). Quelque 40 pistes y sont aménagées.

Depuis plusieurs années déjà, la station de ski de la **Station Mont Tremblant** *(70$; voir p. 293)*, appelée tout simplement «Tremblant» par ses fans, est reconnue comme l'un des plus importants centres récréotouristiques d'Amérique du Nord. Il offre aussi une quinzaine de pistes sur le versant Soleil, orienté plein sud et protégé du vent. En tout, la station compte 95 pistes sillonnant ce mont de 875 m d'altitude

pour une dénivelée de 645 m, auxquelles pistes il faut ajouter deux parcs à neige avec demi-lunes pour les amateurs de sensations fortes! Sans parler de l'agréable village touristique qui s'étend à son pied (voir p. 293). Les 6 km de la Nansen ne feront qu'amplifier l'enthousiasme des débutants; les pistes Zig Zag et Vertige, comme leur nom le laisse présager, enflammeront les experts; et les 79 ha de sous-bois enchanteront les aventuriers. Bonne glisse!

➤ Vélo

L'ancienne emprise de la voie ferrée du **parc linéaire Le P'tit Train du Nord** (voir p. 289), qui permit longtemps aux Montréalais de «monter dans le Nord», a été transformée en une superbe voie cyclable. De Bois-des-Filion à Mont-Laurier, 230 km de pistes aménagées s'offrent à vous. De plus, le parcours traverse plusieurs petits villages où il est possible de trouver gîte et couvert pour toutes les bourses.

Le **parc national du Mont-Tremblant** (voir p. 293) entretient quant à lui quelque 60 km de voies cyclables. Il est possible de louer des bicyclettes dans le parc (*☎ 819-688-2281*) et à la **Station Mont Tremblant** (*☎ 866-356-2233*).

Circuit C: Le pays du curé Labelle

▲ *p. 306* ⬤ *p. 310* ⬧ *p. 311*

⏱ *Un jour*

La portion septentrionale des Laurentides, communément appelée «Hautes-Laurentides», est en grande partie réservée aux activités de plein air de toutes sortes, dans un milieu densément boisé (observation de la faune et de la flore, chasse, pêche, camping, ski de randonnée, etc.). Son industrie traditionnelle, la coupe du bois, est actuellement en plein déclin en raison d'une surexploitation de la ressource. La région s'est développée entre 1870 et 1890 grâce au curé de Saint-Jérôme, Antoine Labelle, qui a multiplié les efforts pour ouvrir de nouvelles terres afin d'attirer dans les Hautes-Laurentides le trop-plein d'agriculteurs canadiens-français de la plaine du Saint-Laurent. Pour ce faire, il a converti les anciens camps forestiers des vallées de la Rouge et de la Lièvre, appelés «fermes forestières», en villages de colonisation, d'où le nom de «ferme» porté encore aujourd'hui par certaines municipalités des Hautes-Laurentides.

▸▸▸ *Pour vous rendre à Labelle au départ de Mont-Tremblant, empruntez la route 117 en direction nord.*

Labelle

Bureau d'information touristique *(saisonnier; 6422A boul. du Curé-Labelle, ☎ 819-686-2606)*

Il était normal qu'un des villages des Hautes-Laurentides porte le nom de celui que l'on a baptisé «le roi du Nord». Un **monument à la mémoire du curé Labelle** se dresse d'ailleurs au centre de l'agglomération.

Réserve faunique de Papineau-Labelle, voir le chapitre Outaouais, p. 316.

Dans la **réserve faunique Rouge-Matawin** *(3,50$; accès aussi bien par l'accueil La Macaza, à proximité de Labelle, que par celui de Saint-Michel-des-Saints, dans la région de Lanaudière; ☎ 819-275-1811 ou 800-665-6527, www.sepaq.com)*, on dénombre plusieurs espèces animales et on y retrouve entre autres l'une des densités d'orignaux les plus élevées au Québec. Des sentiers de randonnée pédestre et équestre y sont aménagés, et les rivières du parc sont canotables.

▸▸▸ *Poursuivez en direction nord sur la route 117 pour rejoindre Mont-Laurier.*

Mont-Laurier

Tourisme Hautes-Laurentides *(177 boul. Albiny-Paquette, ☎ 819-623-4544 ou 888-560-9988, www.hautes-laurentides. com)*

Principale agglomération des Hautes-Laurentides, Mont-Laurier (14 000 hab.) fut fondée en 1886, à l'instigation du curé Labelle, sur le site d'un camp de bûcherons connu précédemment sous le nom de «Rapide-à-l'Orignal». Cette ville a été une véritable *boom town* à ses débuts, à l'image des villes du Far West américain. On y ressent d'ailleurs toujours cette impression de précarité et d'improvisation dans les façades des commerces et des maisons. Dès 1913, Mont-Laurier a été élevée au rang de siège épiscopal. Son imposante cathédrale aux fines boiseries, érigée en 1917, a malheureusement été la proie des flammes en 1982. L'industrie du bois occupe encore une place prépondérante dans l'économie de la ville. Une belle sculpture à la mémoire des draveurs, disposée dans le parc Toussaint-Lachapelle, nous montre à quel point cette activité économique a marqué les gens de Mont-Laurier.

Solime Alix, Adolphe Bail et Georges Hudon ont été les premiers colons à s'établir à Mont-Laurier en 1886. Trois ans plus tard, le marchand Alix fait construire une maison

qui servira également de magasin général. La **maison Alix-Bail** *(on ne visite pas; 434 rue du Portage)*, construite pièce sur pièce, subsiste toujours. Elle est la plus ancienne de la ville.

Le **Centre d'exposition de Mont-Laurier** *(entrée libre; juin à sept mar-dim 12h à 17h, ven jusqu'à 20h; le reste de l'année mar-sam 12h à 17h, ven jusqu'à 20h; 385 rue du Pont, ☎ 819-623-2441)* se spécialise dans l'art contemporain. Il est installé dans la maison de la culture de Mont-Laurier.

⁕⁕⁕ *Si vous poursuivez en direction nord sur la route 117, vous atteindrez les régions de l'*Outaouais *(voir p. 313) et de l'*Abitibi-Témiscamingue *(voir p. 335).*

⁕⁕⁕ *Prenez à droite la route 309 Nord si vous désirez vous rendre jusqu'à Ferme-Neuve pour profiter des activités de plein air qu'offre la* **Montagne du Diable** *(voir plus loin). Prenez plutôt à gauche la route 309 Sud pour poursuivre ce circuit et accéder aux multiples lacs situés dans le prolongement de la rivière du Lièvre.*

Saint-Aimé-du-Lac-des-Îles

Dans l'ensemble des Hautes-Laurentides, mais plus particulièrement dans la région des lacs, il est fréquent d'apercevoir un orignal, un chevreuil ou un ours près de la route, ce qui rend la promenade particulièrement captivante. Tout près de Saint-Aimé-du-Lac-des-Îles, en un lieu baptisé «Ferme-Rouge», situé sur les rives de la Lièvre, on trouve le seul exemple de ponts couverts jumelés du Québec. Ces ponts de 1903 ont été réalisés selon le modèle breveté par l'architecte américain Ithiel Town en 1820, d'où le nom de «pont de type Town».

Activités de plein air

➤ Randonnée pédestre, raquette et ski nordique

La **Montagne du Diable** *(5$ randonnée et raquette, 7$ ski nordique; Ferme-Neuve, ☎ 819-587-3882 ou 877-587-3882, www.montagnedudiable.com)* propose 80 km de sentiers de randonnée pédestre ou de raquettes, de facile à très difficile, et quelque 56 km de sentiers de ski nordique. Quelques refuges sont disponibles si vous optez pour une longue randonnée. Cadre écotouristique très respectueux garanti par le code «Sans trace».

Hébergement

Circuit A: Le lac des Deux Montagnes

Oka

Parc national d'Oka
$-$$$ &
mai à mi-oct et déc à fin mars
☎ 450-479-8365
Le parc national d'Oka possède un magnifique terrain de camping comptant environ 900 emplacements aménagés en pleine forêt. Possibilité de louer une tente Huttopia ou tente-roulotte en formule prêt-à-camper.

Grenville-sur-la-Rouge

Hôtel du Lac Carling
$$$$
☏ ≡ ◎ ≋ ⇝ ⦀ ♨ & ❄ ☂ Y ☞ @
2255 route 327 N.
☎ 450-533-9211, 514-990-7733 ou 800-661-9211
www.laccarling.com
Un peu au nord-ouest de Lachute se cache un hôtel remarquable mais peu connu: l'Hôtel du Lac Carling. Aménagé au bord d'un lac, dans un longiligne bâtiment de pierres taillées et de bois clair percé de hautes fenêtres, cet établissement de luxe a vraiment fière allure. À l'intérieur, c'est un décor somptueux rehaussé par de nombreuses œuvres d'art et antiquités qui vous accueille. Les immenses chambres sont pour leur part baignées de lumière naturelle. Certaines sont pourvues d'une baignoire à remous, d'une terrasse ou d'un foyer. Cet hôtel de luxe abrite de plus un excellent restaurant, **L'If** (voir p. 307), ainsi qu'un centre sportif comprenant entre autres un court de tennis intérieur, une salle d'exercices, une piscine intérieure et un sauna. Le réputé **Club de golf Carling Lake** (voir p. 288) l'avoisine.

Circuit B: Le royaume des vacanciers

Saint-Hippolyte

Auberge du Lac Morency
$$$-$$$$
≡ ◎ ⇝ ≋ ❄ Y ⦀ ≫ @
42 rue de la Chaumine
☎ 450-563-5546 ou 800-616-5546
www.lacmorency.com
L'Auberge du Lac Morency consiste en un camp de

vacances haut de gamme pour adultes, même si les plus jeunes y trouveront leur compte dans les activités organisées. On y propose des services de spa, une belle piscine intérieure, un excellent restaurant, dont la spécialité est le saumon fumé (à même leur propre fumoir!), et un vignoble. Plusieurs activités nautiques sont aussi au menu sur le petit lac privé attenant. Aucune embarcation à moteur n'est permise sur le lac Morency, ce qui permet de conserver la tranquillité des lieux. Les chambres sont magnifiques et décorées avec beaucoup de goût et de sobriété. Un bel endroit, en tous points.

Saint-Sauveur

Motel Le Jolibourg
$$-$$$ ≈ ◎ ⛰ ≡ ❄ @
60 rue Principale
☎ 450-227-4651 ou 877-227-4651
www.motellejolibourg.com
Le Motel Le Jolibourg présente un aspect assez caractéristique des motels de cette catégorie, le stationnement occupant une place de choix. Un effort a cependant été porté au confort des chambres, chacune disposant d'un foyer. On remarque aussi une petite piscine.

Manoir Saint-Sauveur
$$$$-$$$$$ ≈ ≡ & ☂))) 🔒 ♨ ☞ ◎ ⛰ @ ¥
246 ch. du Lac-Millette
☎ 450-227-1811 ou 800-361-0505
www.manoir-saint-sauveur.com
Le Manoir Saint-Sauveur réussit à combiner le confort d'un chalet de ski à l'élégance d'un grand hôtel. On y propose, en hiver ou en été, une foule de forfaits ski alpin, golf ou équitation, ainsi qu'une grande variété d'installations sportives. Il a également l'avantage d'être construit en bordure du village de Saint-Sauveur, où vous pourrez vous rendre à pied.

Morin-Heights

Le Clos-Joli
$$$ ♨ ≡ @ ≈
19 ch. Clos-Joli
☎ 450-226-5401 ou 866-511-9999
www.aubergeclosjoli.net
Petite auberge de neuf chambres, Le Clos Joli est un lieu sans prétention et chaleureux. Toutes les chambres ont une décoration unique, et chacune possède sa salle de bain privée. Un beau grand terrain avec piscine borde la propriété. Une bonne option si vous devez rester près de Saint-Sauveur et que vous ne voulez pas dormir dans son environnement bruyant. L'auberge dispose aussi d'un bon restaurant (voir p. 307). Bon rapport qualité/prix.

Auberge et Spa Le Refuge
$$$$ ☞ ≡ ◎ ⛰ ¥ ♨))) @
500 route 364
☎ 450-226-1796 ou 866-996-1796
www.spalerefuge.com
Surtout reconnu pour son extraordinaire spa (chute d'eau froide «nordique», sauna finlandais et bain vapeur d'inspiration turque, entre autres douceurs…), cet établissement abrite de chaleureuses et très accueillantes chambres. Le décor du lieu est très épuré et permet une détente sans compromis. Bonne table.

Sainte-Adèle

Motel Chantolac
$-$$$ ☞ ≈ ≡ ⛰ ◎ @ ☞
156 rue Morin
☎ 450-229-3593 ou 800-561-8875
www.motelchantolac.com
Le Motel Chantolac est un établissement confortable, bien situé et à prix abordable. Les chambres ne sont pas spectaculaires, mais offrent un excellent rapport qualité/ prix. De plus, le motel profite d'un bel emplacement, en face de la rue menant au Chantecler, à proximité de nombreux restos sympathiques et à deux pas du lac Rond et de sa petite plage.

Auberge de la Gare
$$ ☞bc ≡
1694 ch. Pierre-Péladeau
☎ 450-228-3140 ou 888-825-4273
www.aubergedelagare.com
Située à quelques kilomètres de Sainte-Adèle, l'Auberge de la Gare est aménagée dans une jolie demeure dotée d'élégantes salles communes. Les chambres campagnardes sont décorées de tons pastel et d'antiquités, et au sous-sol se trouve une agréable salle de jeux.

Hôtel Le Chantecler
$$$-$$$$$ ≈ ≡))) ☞ ◎ ⛰ ¥ ♨ ❄ @
sortie 67 de l'autoroute 15 N. ☎ 450-229-3555 ou 888-916-1616
www.lechantecler.com
Nommé en référence à l'œuvre d'Edmond Rostand, dont on a aussi emprunté le coq pour emblème, Le Chantecler offre une foule d'activités dans un cadre très naturel, au bord du lac Rond et au pied des pentes de la station de ski Chantecler. Le terrain de golf se trouve dans un site enchanteur entre les montagnes. Les chambres sont petites mais agréables.

L'Eau à la Bouche
$$$$-$$$$$ ≈ ≡ ♨ ⛰))) ◎ ¥ @
3003 boul. Ste-Adèle
☎ 450-229-2991 ou 888-828-2991
www.leaualabouche.com
Faisant à la fois partie des prestigieuses associations des Relais & Châteaux et des Relais Gourmands, l'hôtel L'Eau à la Bouche est surtout connu pour son excellent restaurant gastronomique (voir p. 308). L'établissement propose des chambres compactes et simples, garnies d'un mobilier sobre mais élégant. Le bâtiment de l'hôtel même a été construit en retrait de la route au milieu des années 1980. Il offre une vue splendide sur les pistes de la station de ski Chantecler. Le restaurant, quant à lui, a été aménagé dans une

maison séparée. L'ensemble se trouve sur la route 117, au nord du village de Sainte-Adèle.

Estérel

L'Estérel / Estérel Suites, Spa & Lac
$$$-$$$$

🛏 ♒))) ♨ 🏖 △ ≡ ⍾ @

39 boul. Fridolin-Simard
☎ 450-228-2571 ou 888-378-3735
www.esterel.com

Loger au vaste centre de villégiature L'Estérel, agréablement aménagé au bord du lac Masson, donne l'occasion de s'adonner à bon nombre d'activités nautiques ainsi qu'à des sports aussi divers que le tennis, le golf et le ski de fond. Au moment de mettre sous presse, le site était en pleine transformation pour devenir Estérel Suites, Spa & Lac. À l'hébergement luxueux et à la restauration de qualité déjà en place s'ajouteront un bar à vin et un spa nordique. L'inauguration officielle du nouveau complexe est prévue pour l'automne 2010.

Val-Morin

Hôtel Far Hills
$$$$

≋))) ♨ ◎ ⍾ ≡ @

3399 ch. Far Hills
☎ 514-990-4409 ou 800-567-6636
www.farhillsinn.com

Profitant d'un immense terrain, l'Hôtel Far Hills Inn constitue un site champêtre d'une grande tranquillité. On y vient entre autres pour pratiquer le ski de fond, car il dispose de plus d'une centaine de kilomètres de sentiers. En été, il fait bon s'y reposer tout en profitant des activités proposées par l'hôtel. Les chambres sont bien décorées, et l'accueil est chaleureux. De plus, l'hôtel dispose d'une des meilleures tables de la région (voir p. 308). Au moment de

mettre sous presse, l'hôtel était fermé pour d'importants travaux de rénovation. On prévoit sa réouverture pour l'hiver 2011.

Val-David

Chalet Beaumont
$-$$ ✆ ◎ ♨))) @

1451 rue Beaumont; de la gare routière, empruntez la rue de l'Église et traversez le village jusqu'à la rue Beaumont, où vous tournerez à gauche; comptez 2 km
☎ 819-322-1972
www.chaletbeaumont.com

Le Chalet Beaumont abrite l'une des rares auberges de jeunesse des Laurentides. Faite de rondins et disposant de deux foyers, elle est fort sympathique et confortable. L'auberge est située en montagne, dans un secteur paisible. Il s'agit d'un très bon choix pour les amateurs de plein air préoccupés par leur budget. Avant de louer, il est conseillé de s'enquérir des personnes susceptibles de partager les dortoirs, car l'auberge accueille souvent des groupes de jeunes étudiants en excursion à Val-David. Des chambres privées sont aussi disponibles.

La Maison de Bavière
$$-$$$ ✆ ◎ ◍ △

1472 ch. de la Rivière
☎ 819-322-3528 ou 866-322-3528
www.maisondebaviere.com

Un séjour à La Maison de Bavière promet une bien belle expérience. Les propriétaires ont pris le temps de bien décorer chacune des chambres et studios, en plus de les baptiser de noms de compositeurs ou lieux célèbres: Mozart, Strauss, Haydn, Beethoven, Vienne et Alpenhaus. L'accueil se révèle particulièrement chaleureux, et le site, près d'une cascade, est enchanteur. Comme pour tout endroit de qualité, il est préférable de réserver.

Le Creux du Vent
$-$$$ ✆ ♨

1430 rue de l'Académie
☎ 819-322-2280 ou 888-522-2280
www.lecreuxduvent.com

Les six chambres de cette petite auberge ne sont pas spectaculaires, mais le confort qu'elles offrent est excellent, et les tarifs des forfaits sont littéralement imbattables pour la région. Le lieu est décoré de façon originale, et la terrasse, ombragée par de splendides arbres centenaires et donnant sur le cours d'eau en contrebas, est tout simplement magnifique. Au restaurant, le menu du chef Bernard Zingré, le sympathique propriétaire d'origine suisse, est simple mais très raffiné et vaut le déplacement (voir p. 308).

Auberge du Vieux Foyer
$$$$ ½p ◎ ◍))) △ ≡ ♨ ⍾ ≋ @

3167 1er Rang de Doncaster
☎ 819-322-2686 ou 800-567-8327
www.aubergeduvieuxfoyer.com

À première vue, ce petit hôtel de style chalet suisse kitsch donne l'impression que ses chambres le seront aussi; pourtant, elles sont très coquettes. Chacune est unique, décorée de belles couleurs riches; certaines sont pourvues de boiseries, de jolies œuvres d'art et literies. L'endroit est très populaire auprès des groupes, aussi le hall peut-il être bruyant et congestionné, surtout en semaine.

Hôtel La Sapinière
$$$$-$$$$$ ✆ ≋ ≡ ▦ △ ♨ ⍾ ♒ @

1244 ch. de la Sapinière
☎ 819-322-2020 ou 800-567-6635
www.sapiniere.com

Le bâtiment en rondins de l'Hôtel La Sapinière est une halte confortable pour qui séjourne dans cette région, d'autant plus qu'il est situé dans un cadre enchanteur, tout près d'un lac paisible et

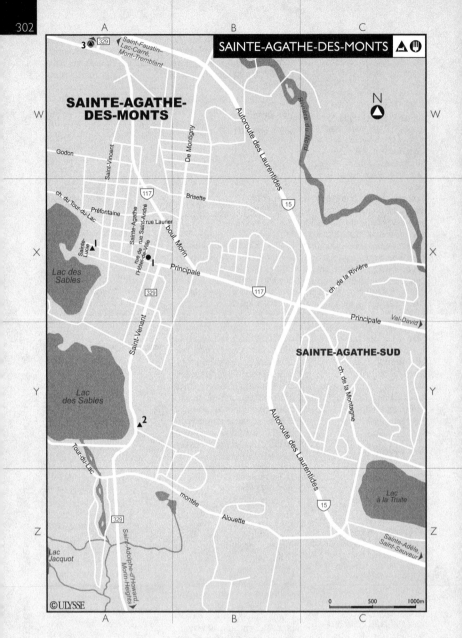

SAINTE-AGATHE-DES-MONTS

SAINTE-AGATHE-DES-MONTS

SAINTE-AGATHE-SUD

▲ **HÉBERGEMENT**

1. AX Auberge chez Girard (R)
2. AY Auberge Le St-Venant
3. AW La Sauvagine (R)

(R) : établissement avec restaurant décrit

● **RESTAURANTS**

1. AX Resto-Bar Les Deux Richard

entouré de montagnes, de la piste cyclable du parc linéaire Le P'tit Train du Nord et des sentiers de ski de fond. Des embarcations sont disponibles pour ceux qui désirent profiter du lac La Sapinière. La table est exceptionnelle (voir p. 308)

Sainte-Agathe-des-Monts

Auberge chez Girard
$$-$$$ ❦ ♨ ⊚ ≡ ✳ ⚠ @
18 rue Principale O.
☎ 819-326-0922 ou 800-663-0922
www.aubergechezgirard.com
L'Auberge chez Girard est un établissement charmant offrant une très bonne ambiance. On y retrouve une clientèle d'habitués année après année, toujours aussi satisfaits.

La Sauvagine
$$-$$$ ❦ ✳ ♨ ≡ ≈ ⊚ @
1592 route 329 N.
☎ 819-326-7673 ou 800-787-7172
www.lasauvagine.com
Le restaurant français La Sauvagine, qui est aussi une petite auberge, dispose de huit chambres au charme vieillot.

Auberge Le St-Venant
$$$-$$$$ ❦ ➰ ≡ @
234 rue St-Venant
☎ 819-326-7937 ou 800-697-7937
www.st-venant.com
L'Auberge Le St-Venant constitue l'un des secrets bien gardés de Sainte-Agathe-des-Monts. Dans une belle grande maison juchée sur une colline, on a aménagé avec beaucoup de raffinement cet établissement de neuf chambres. Celles-ci se révèlent vastes, décorées avec goût et baignées de lumière grâce à de grandes fenêtres.

Saint-Faustin–Lac-Carré

Le Gîte de la Gare
$$ ❦ ᵇ%ₚ ♨ @
362 rue de la Gare
☎ 819-688-6091 ou 888-550-6091
www.gitedelagare.com
Situé au cœur d'un village typique des Laurentides, le sympathique et campagnard Gîte de la Gare présente un décor chaleureux et convivial. Une tablée champêtre est proposée le soir *(réservations requises)*. Un heureux petit détour.

Mont-Tremblant

La **Station Mont Tremblant** *(1000 ch. des Voyageurs, ☎ 866-836-3030 ou 888-857-8043, www.tremblant.ca)* offre toute une gamme d'unités d'hébergement. Ainsi peut-on choisir une chambre ou un appartement à l'intérieur d'un complexe comme le **Country Inn and Suites by Carlson ($$$$** ❦ ≡ ⫸ ➰ ✳ @ ⚠*; ☎ 819-681-5555 ou 800-461-8711, www.countryinns.com)*, situé près du lac Miroir. Les familles peuvent quant à elles opter pour les copropriétés du domaine **La Chouette *($$$** ⚠ ➰; ☎ 866-836-3030)*. Celles-ci, tout équipées, ont des dimensions modestes, mais sont magnifiquement baignées de lumière naturelle. Elles ont en outre un excellent rapport qualité/prix.

Auberge de jeunesse de Mont-Tremblant
$-$$ bc @
2213 ch. du Village
☎ 819-425-6008 ou 866-425-6008
www.hostellingtremblant.com
L'auberge de jeunesse de Mont-Tremblant dispose de dortoirs et de chambres fermées. Dans les aires communes, on retrouve une cuisine, un café-bar et un salon avec foyer.

Le Lupin
$$$ ❦ ≡ ⚠ ✳ @
127 rue Pinoteau
☎ 819-425-5474 ou 877-425-5474
www.lelupin.com
Érigé en 1945, ce gîte touristique de neuf chambres a su conserver l'atmosphère de campagne qui régnait à Mont-Tremblant avant que les chaînes d'hôtels n'y débarquent. On y trouve plusieurs catégories de chambres champêtres, des petites standards avec meubles simples aux plus romantiques avec baignoire profonde et foyer. Les petits déjeuners sont excellents et généreux, et les hôtes sont serviables. Le Lupin est bien situé, dans un endroit tranquille, à 1 km des pistes de ski, des restaurants et des bars de la Station Mont Tremblant.

Le Refuge B&B
$$$ ❦ ≡ ⊚ @
2672 ch. du Village
☎ 819-681-0278 ou 888-681-0278
www.refuge-tremblant.ca
Le Refuge offre l'hébergement dans les cinq chambres d'une magnifique maison en bois. La vue est tout simplement magnifique, surtout de la suite, qui s'étale sur deux niveaux. Le propriétaire est discret, et le gîte se trouve à 1,5 km de la Station Mont Tremblant.

Auberge Sauvignon
$$$-$$$$ ❦ ⊚ ≡ ♨ ⚐ @
2723 ch. du Village
☎ 819-425-5466
www.aubergesauvignon.com
L'Auberge Sauvignon offre un petit vent de fraîcheur parmi la succession d'hôtels gigantesques. Les sept chambres au style campagnard et aux tons neutres que propose l'établissement sont aménagées avec soin.

Escale du Nord
$$$-$$$$ ❦ ➰ ⫸ ≈ ⊚ @ ⚒
1505 montée Kavanagh
☎ 819-717-3020
www.escaledunord.com
L'Escale du Nord, située en pleine nature, offre tout le nécessaire pour s'évader de la vie urbaine. Ses cinq chambres sont soigneusement décorées, et le petit déjeuner à cinq services permet de bien commencer une journée en plein air.

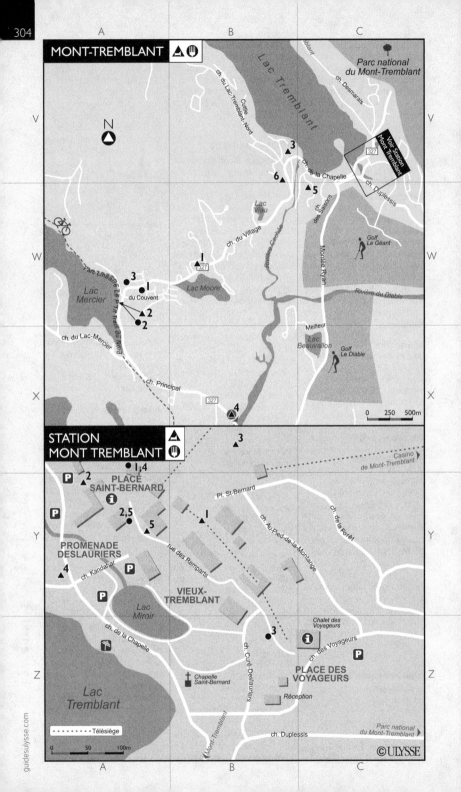

MONT-TREMBLANT

Parc national
du Mont-Tremblant

Lac Tremblant

ch. du Lac-Tremblant-Nord

Coulée

ch. du Lac-Tremblant-Nord

Tremblant

ch. Desmarais

Voir Station
Mont-Tremblant

327

ch. Duplessis

3

6

ch. de la Chapelle

5

Lac
Viau

ch. des Saisons

Golf
Le Géant

ch. du Village

Rivière Cachée

Montée Ryan

Rivière du Diable

Parc Linéaire Le P'tit Train du Nord

327

3

1

Lac
Moore

2

Lac
Mercier

2

du Couvent

Meilleur

Lac
Beauvallon

Golf
Le Diable

ch. du Lac-Mercier

ch. Principal

327

4

0   250   500m

STATION
MONT TREMBLANT

3

1,4

P

2

PLACE
SAINT-BERNARD

Casino
de Mont-Tremblant

Pl. St-Bernard

P

2,5

5

1

ch. Au-Pied-de-la-Montagne

ch. de la Forêt

PROMENADE
DESLAURIERS

rue des Remparts

4

ch. Kandahar

P

P

Lac
Miroir

VIEUX-
TREMBLANT

Chalet des
Voyageurs

ch. de la Chapelle

3

ch. des Voyageurs

P

Lac
Tremblant

Chapelle
Saint-Bernard

ch. Curé-Deslauriers

PLACE DES
VOYAGEURS

Réception

ch. Duplessis

Parc national
du Mont-Tremblant

········· Télésiège

0   50   100m

©ULYSSE

▲ HÉBERGEMENT

Mont-Tremblant

1. BW Auberge de jeunesse de Mont-Tremblant
2. AW Auberge La Porte Rouge
3. BV Auberge Sauvignon
4. BX Escale du Nord
5. CW Le Lupin
6. BV Le Refuge B&B

Station Mont Tremblant

1. BY Country Inn and Suites by Carlson
2. AY Fairmont Tremblant
3. BX La Chouette
4. AY La Quintessence (R)
5. AY Westin Resort & Spa

(R) : établissement avec restaurant décrit

● RESTAURANTS

Mont-Tremblant

1. AW Cayenne Grill
2. AW Le Saint-Louis
3. AW Ristorante e Caffe Ital Delli

Station Mont Tremblant

1. AX Aux Truffes
2. AY Crêperie Catherine
3. BZ Fluide Bar à Jus
4. AX Le Shack
5. AY Microbrasserie La Diable

Auberge La Porte Rouge
$$$$ ½p ♨ ◎ ♨ ≋ ≡ ● @
1874 ch. du Village
☏ 819-425-3505 ou 800-665-3505
www.aubergelaporterouge.com

L'Auberge La Porte Rouge propose des chambres standard avec balcon, situées dans le bâtiment principal à l'allure de motel. Les chambres luxueuses se trouvent dans les autres bâtiments, dont certains sont des anciennes maisons situées le long de la rue principale du village. On y loue aussi des chalets. Les chambres sont grandes et confortables, et toutes font face au lac. Le tarif comprend le petit déjeuner et le dîner au restaurant de l'auberge, **Le Saint-Louis** (voir p. 310).

Fairmont Tremblant
$$$$$ ● ≡ ⅄ ♨))) ≋ ♨ �foot ♿ @
Station Mont Tremblant
3045 ch. de la Chapelle
☏ 819-681-7000 ou 8888-610-7575
www.fairmont.com/fr/tremblant

Dominant le village piétonnier de la Station Mont Tremblant, le Fairmont Tremblant arrive à combiner habilement chaleur rustique et grand confort. L'atmosphère et le décor y sont nettement plus décontractés qu'au Westin (voir ci-dessous). Le Fairmont Tremblant abrite de plus un important centre de congrès et compte de nombreuses salles de réunion.

Westin Resort & Spa
$$$$$ ♨
● ≋ ♨ ≋ ≡ ◎))) @ ♨ ♿ 🚶 ⅄
Station Mont Tremblant
100 ch. Kandahar
☏ 819-681-8000
www.westin.com/tremblant

Le Westin hausse la barre en termes de luxe et de confort. Le hall est splendide et chaleureux, tandis que les chambres sont pourvues de lits et de douches de luxe. Elles sont décorées d'audacieux tons de rouge et d'or, et offrent toutes les commodités; même les chambres standards sont munies d'une cuisinette. Le service est généralement excellent.

La Quintessence
$$$$$ ◎ ♨ ≋ ♨))) ♨ ≡ ⅄ @
Station Mont Tremblant
3004 ch. de la Chapelle
☏ 819-425 3400 ou 866-425-3400
www.hotelquintessence.com

Avec un tel nom, l'établissement ne se fait décidément pas de complexe, mais l'hôtel est toutefois capable de soutenir pareille appellation. Premier hôtel-boutique à s'être installé à la Station Mont Tremblant, La Quintessence est située sur les rives du lac Tremblant, à un jet de pierre du village piétonnier. L'hôtel comporte une trentaine suites élégantes et luxueuses dont les dimensions varient. Toutes les suites offrent une belle vue sur le lac, sans parler des meubles en teck, du foyer surélevé, de l'accès haute vitesse à Internet, d'un lecteur DVD, des sanitaires au plancher de marbre chauffant et du bain thérapeutique. Par ailleurs, le marbre, le fer forgé, la pierre, les boiseries et les murs lambrissés confèrent à l'établissement une ambiance et un décor des plus chaleureux. Le restaurant (voir p. 310) de l'hôtel fait partie du circuit gastronomique de la région.

Parc national du Mont-Tremblant
Parc national du Mont-Tremblant
$-$$$
☏ 819-688-2281 ou 800-665-6527
www.sepaq.com/pq/mot

Le parc national du Mont-Tremblant propose plus de 1 000 emplacements de camping disséminés à travers ses trois grands secteurs. Possibilité de louer une tente-roulotte ou une tente Huttopia en formule prêt-à-camper. Installations sanitaires et douches.

Lac-Supérieur

Avalanche Bed & Breakfast
$$$-$$$$ ♨ @ ⅄ ☀
111 ch. de L'Avalanche
☏ 819-688-5222
www.avalanchebb.ca

Les cinq magnifiques chambres de ce gîte situé en pleine

montagne sont ravissantes et chaleureuses à souhait. La maison est splendide, et les propriétaires sont sympathiques et souriants, mais le comble, c'est le terrain. La gigantesque propriété à flanc de montagne offre une vue exceptionnelle et un excellent confort. Un incontournable!

Le Vent du Nord
$$$-$$$$$ 🌊 △ @ ◎ ≡
1954 ch. du Lac-Supérieur
☎ 819-688-6140 ou 877-688-6140
www.leventdunord.ca
Situé en retrait du brouhaha de la Station Mont Tremblant, Le Vent du Nord propose des chalets, studios et appartements de luxe qui peuvent accueillir de une à 14 personnes.

Chalets Côté Nord
$$$$$ 🍴🌊△❄@◎🚗≋
141 ch. du Tour-du-Lac
☎ 888-268-3667
www.cotenord.ca
Les Chalets Côté Nord comptent une cinquantaine de chalets en bois rond de très grand luxe, en location à court ou long terme. Chaque chalet peut accueillir de 4 à 10 personnes. Situés en retrait de la route, les chalets sont de type traditionnel, mais offrent tout le confort moderne auquel on peut s'attendre pour ce prix (cuisine complète, salle de bain avec baignoire à remous dans certains cas, salon, foyer en pierre, balcon avec vue…). Côté Nord est associé au **Restaurant Caribou** (où se trouve le bureau d'accueil pour les chalets), avec service de restauration *in situ* selon plusieurs formules (voir p. 310).

Circuit C: Le pays du curé Labelle

Labelle

Camping et Tipis Labelle et La Rouge
$ 🚗
252 ch. des Geais-Bleus
☎ 819-686-1954
www.labelleetlarouge.com
Camping et Tipis Labelle et La Rouge propose des emplacements de camping, un petit chalet rustique pour deux personnes et des tipis pouvant accueillir quatre personnes chacun. Certains emplacements comprennent une tente déjà montée, un matelas et un réchaud pour préparer les repas.

Mont-Laurier

Motel Le Riverain
$$$ ◎≡△🌊@
110 boul. A.-Paquette
☎ 819-623-1622 ou 888-722-1622
www.motelleriverain.com
Le Motel Le Riverain dispose de tout le confort et des services qu'offre habituellement ce genre d'établissement. Le motel abrite aussi la **Microbrasserie du Lièvre** (voir p. 311).

Ferme-Neuve

Auberge Chez Isaïe
$$ @ 🚗
300 12ᵉ Avenue
☎ 819-587-3977 ou 866-587-3988
www.aubergechezisaie.com
L'immense immeuble de l'Auberge Chez Isaïe possède un cachet presque Far West. On y loue des chambres simples, sans artifices, avec un mobilier un peu vieillot; malgré tout, l'endroit a du charme. Bar au rez-dechaussée.

Le Village Windigo
$$$$-$$$$$ pc
≡◎Y🍴🌊△🚗❄
548 ch. Windigo
☎ 819-587-3000 ou 866-946-3446
www.lewindigo.com
Le Windigo est un splendide complexe hôtelier perdu en pleine nature, aux abords de l'immense réservoir Baskatong. Ici, le confort est de mise, et les différentes unités offrent toutes les commodités. Les appartements tout équipés renferment même une cuisine complète et une baignoire à remous. Il est bien entendu possible de pratiquer une foule d'activités de plein air: tennis sur terre battue (rare au Québec), randonnée pédestre, raquette, vélo ou kayak en été, et traîneau à chiens, motoneige, ski de fond ou glissade en hiver. L'établissement utilise comme terrain de jeu la **Montagne du Diable** (voir p. 299), une forêt récréo-touristique gérée écologiquement. Magnifique.

Restaurants

Circuit A: Le lac des Deux Montagnes

Saint-Eustache

L'Impressionniste
$$$
245 ch. de la Grande-Côte
☎ 450-491-3277
www.restaurantimpressionniste.ca
Le restaurant L'Impressionniste est reconnu dans la région pour la qualité de sa table. Le menu varié et imaginatif saura vous plaire.

Deux-Montagnes

Les Petits fils d'Alice
$$$$
1506 ch. d'Oka
📞 450-491-0653
Les Petits fils d'Alice proposent une fine cuisine française dans un cadre intime et chaleureux. Vous pouvez aussi profiter de la terrasse en été.

Grenville-sur-la-Rouge

L'If
$$$$
Hôtel du Lac Carling
2255 route 327 N.
📞 450-533-9211 ou 514-990-7733
Le splendide **Hôtel du Lac Carling** (voir p. 299) possède une salle à manger remarquable, L'If, aménagée dans la rotonde du bâtiment principal et faisant face au lac. Menu gastronomique, décor luxueux et ambiance romantique.

Circuit B : Le royaume des vacanciers

Saint-Jérôme

Taberna Bistro Bar Tapas
$$
322 rue du Palais
📞 450-436-4949
L'ambiance chaleureuse de ce petit bistro est très conviviale. Une grande terrasse sur le côté est ombragée par plusieurs grands arbres. On y offre un très bon choix de tapas. Sympathique et peu cher.

Saint-Sauveur

Boulangerie Pagé
$
7 rue de l'Église
📞 450-227-2632
À la Boulangerie Pagé, vous trouverez une exceptionnelle sélection de pains, brioches et beignets.

Au Petit Café Chez Denise
$-$$
338 rue Principale
📞 450-227-5955
Vous en avez assez des croissants et des cappuccinos? Faites comme les gens du coin, et rendez-vous chez Denise pour une grosse bouffe: œufs, bacon, jambon, saucisses, fèves au lard... Le petit déjeuner est servi une bonne partie de la journée, mais s'il est vraiment trop tard, savourez un *hot chicken* ou un *club sandwich*. Authentique.

Crêperie à La Gourmandise Bretonne
$$
fermé lun
396 rue Principale
📞 450-227-5434
On vient à la Crêperie à La Gourmandise Bretonne pour déguster des crêpes, des fondues au fromage et des salades. Le restaurant, d'aspect rustique, est propice aux dîners tranquilles.

Papa Luigi
$$-$$$
155 rue Principale
📞 450-227-7250
On trouve au menu de Papa Luigi des spécialités italiennes, on s'en doute, mais aussi des fruits de mer et des grillades. Installé dans une belle maison de bois peinte en bleu, l'établissement attire les foules, surtout la fin de semaine. Réservations fortement recommandées.

Orange & Pamplemousse
$$-$$$
fermé lun-mar
120 rue Principale
📞 450-227-4330
Ce petit bistro propose une excellente cuisine santé, exotique et fusion, actualisée au gré des produits disponibles selon les saisons.

Restaurant des Oliviers
$$-$$$
239 rue Principale
📞 450-227-2110
www.restaurantdesoliviers.com
Le restaurant des Oliviers sert une cuisine provençale et de saison raffinée à prix raisonnable. L'atmosphère est chaleureuse et le service, des plus courtois.

Morin-Heights

Le Clos-Joli
$$$-$$$$
19 ch. Clos Joli
📞 450-226-5401 ou 866-511-9999
www.aubergeclosjoli.net
La table de l'auberge **Le Clos-Joli** (voir p. 300) est reconnue dans la région. Vous goûterez un excellent menu d'inspiration du terroir, dont la carte change chaque saison. Gibier, poisson, fruits et légumes d'une grande fraîcheur. Très bonne carte des vins.

Sainte-Adèle

La Chitarra
$$-$$$
140 rue Morin
📞 450-229-6904
À La Chitarra, vous pourrez savourer des spécialités des cuisines française et italienne, comme les plats de pâtes, de viande et de poisson, qui se révèlent toujours excellents. Il s'agit d'une bonne adresse à Sainte-Adèle. Réservations recommandées.

La Clef des Champs
$$$-$$$$
875 ch. Pierre-Péladeau
📞 450-229-2857
Au restaurant La Clef des Champs, vous dégusterez une cuisine française digne des plus fins palais. Avec comme spécialités les poissons et les fruits de mer, la savoureuse cuisine du chef est reconnue depuis maintenant de nombreuses années. La salle à manger, chaleureusement

décorée, est parfaite pour les repas en tête-à-tête.

L'Eau à la Bouche
$$$$

3003 boul. Ste-Adèle

☎ 450-229-2991

L'une des meilleures tables des Laurentides, voire du Québec, se trouve à l'hôtel **L'Eau à la Bouche** (voir p. 300). La chef-propriétaire Anne Desjardins se fait ici un point d'honneur de se surpasser jour après jour, afin de servir à sa clientèle une cuisine française exceptionnelle à base de produits du Québec. Très belle carte des vins. Une inoubliable expérience gastronomique!

Sainte-Marguerite-du-Lac-Masson

Bistro à Champlain
$$$$

75 ch. Masson

☎ 450-228-4988

Il ne faut pas se fier à l'allure quelconque de la maison qui abrite le Bistro à Champlain. Il s'agit en fait d'une des meilleures tables des Laurentides. On y prépare d'excellents plats issus d'une cuisine nouvelle employant des produits frais de la région. L'intérieur se révèle absolument extraordinaire. Il s'agit en fait d'une véritable galerie d'art où vous pourrez admirer plusieurs tableaux d'artistes réputés comme Jean Paul Riopelle, qui était un ami intime du propriétaire. L'établissement possède de plus l'une des caves à vins les plus réputées du Québec, sinon la meilleure. Chacun peut goûter quelques crus de cette formidable réserve, car même les plus grands vins sont vendus au verre. Il est préférable de réserver.

Val-Morin

Hôtel Far Hills
$$$$

3399 ch. Far Hills

☎ 819-322-2014 ou 514-990-4409

La table de l'**Hôtel Far Hills** (voir p. 301) sert une cuisine française contemporaine. Au moment de mettre sous presse, l'hôtel était fermé pour d'importants travaux de rénovation. On prévoit sa réouverture pour l'hiver 2011.

Val-David

La Vagabonde
$

fermé lun-mar

1262 ch. de la Rivière

☎ 819-322-3953

La Vagabonde est essentiellement une boulangerie proposant des pains et autres délices biologiques qui sont à la fois savoureux et sains. Toutefois, on y trouve aussi un petit café avec quelques tables et une terrasse au milieu des conifères. Très zen.

Le Mouton Noir Café Bistro
$

2301 rue de l'Église

☎ 819-322-1571

www.bistromoutonnoir.com

Petit bistro pour le petit déjeuner et le dîner, Le Mouton Noir se transforme en bar pour la soirée durant les fins de semaine (voir p. 310). Le menu, qui change régulièrement, est très abordable et affiche des plats santé et originaux. Sympathique.

Au Petit Poucet
$$

1030 route 117

☎ 819-322-2246 ou 888-334-2246

www.aupetitpoucet.com

Depuis 1945, le sympathique restaurant Au Petit Poucet prépare une bonne cuisine québécoise de type familial. Ne manquez surtout pas de goûter à la spécialité de la maison, le jambon fumé à l'érable. L'atmosphère est détendue, et l'on y vient pour prendre un repas entre amis. Les petits déjeuners sont copieux.

Le Creux du Vent
$$-$$$

1430 rue de l'Académie

☎ 819-322-2280 ou 888-522-2280

www.lecreuxduvent.com

La table de la petite auberge sympathique du même nom vaut le détour, pour son menu de cuisine française raffinée mais aussi pour son ambiance, sa splendide terrasse et son rapport qualité/prix imbattable. Service amical.

Restaurant La Sapinière
$$$$

Hôtel La Sapinière

1244 ch. de la Sapinière

☎ 819-322-2020 ou 800-567-6635

Au restaurant de l'**Hôtel La Sapinière** (voir p. 301), on s'efforce depuis 1936 de développer une cuisine créative d'inspiration québécoise et française. Parmi les spécialités de la maison, notons les plats de gibier et le foie gras. Très bonne sélection de vins.

Sainte-Agathe-des-Monts

Voir carte p. 302.

Resto-Bar Les Deux Richard
$-$$

92 rue Principale E.

☎ 819-326-0266

Pour un planureux petit déjeuner pas cher, c'est au Resto-Bar Les Deux Richard qu'il faut s'arrêter. Le soir, l'endroit se transforme et devient une sorte de bar sportif où l'on peut assister, tout en mangeant, aux matchs diffusés sur grand écran. Petite terrasse à l'avant.

Laurentides - Restaurants - Le royaume des vacanciers

Auberge chez Girard
$$-$$$
18 rue Principale O.
☎ 819-326-0922 ou 800-663-0922
www.aubergechezgirard.com

À l'**Auberge chez Girard** (voir p. 303), située non loin du lac des Sables, un peu en retrait de la route, vous profiterez d'un cadre tout à fait agréable et d'une délicieuse cuisine française. L'endroit est fort agréable après les journées de plein air.

La Sauvagine
$$$-$$$$
1592 route 329 N.
☎ 819-326-7673
www.lasauvagine.com

Le restaurant français La Sauvagine est judicieusement installé dans ce qui fut jadis la chapelle d'un couvent. L'aménagement est des plus réussis; d'énormes meubles d'époque composent le décor.

Saint-Jovite

Pâtisserie Le Montagnard
$
fermé lun-mar
835 rue de St-Jovite
☎ 819-425-8987

Pour une bonne petite pâtisserie accompagnée d'un mets sélectionné, Le Montagnard constitue un choix intéressant. Le service est courtois et l'ambiance charmante.

Seb L'Artisan Culinaire
$$$
fermé lun-mar
444 rue St-Georges
☎ 819-429-6991

Seb L'Artisan Culinaire, un agréable petit restaurant, propose une cuisine de qualité qui hésite entre la cuisine internationale et celle du terroir, pour notre plus grand plaisir. Une des bonnes adresses de la région.

Le Cheval de Jade
$$$-$$$$
688 rue de St-Jovite
☎ 819-425-5233
www.chevaldejade.com

Le Cheval de Jade est sans aucun doute l'endroit préféré des amoureux dans la région de Mont-Tremblant. Le restaurant est aménagé dans une demeure à bardeaux blancs, à quelques pas du centre commercial de Saint-Jovite, et son décor, simple et élégant, est composé de briques, de boiseries, de murs vert foncé et de rideaux de dentelle blanche. En été, il est possible de dîner à l'extérieur, sous un auvent. Les spécialités de la maison : poisson (entre autres la bouillabaisse) et flambés. Le service est attentionné, chaleureux et sans prétention.

Mont-Tremblant
Voir carte p. 304.

Fluide Bar à Jus
$
Station Mont Tremblant
rue des Remparts
☎ 819-681-4681

Le bar à jus Fluide, qui se trouve dans une des rues en pente du village piétonnier directement au pied du mont, est on ne peut mieux situé pour vous redonner l'énergie dépensée en skis ou en randonnée. On concocte ici de délicieux jus frais et *smoothies*, ainsi que des soupes et sandwichs.

Microbrasserie La Diable
$
Station Mont Tremblant
117 ch. Kandahar
☎ 819-681-4546

En été, on peut s'attabler sur la belle terrasse de la Microbrasserie La Diable afin de profiter du spectacle de la rue piétonne où elle se trouve. Sinon, la salle intérieure, répartie sur deux étages, réserve beaucoup plus d'espace que l'on serait porté à le croire de prime abord. Ici, on mange côtes levées, saucisses et viandes fumées en accompagnant le tout d'une des bières brassées sur place.

Crêperie Catherine
$-$$
Station Mont Tremblant
113 ch. Kandahar
☎ 819-681-4888

À la Crêperie Catherine, vous pourrez savourer d'excellentes crêpes préparées sous vos yeux par le chef. En été, vous profiterez d'une jolie terrasse.

Le Shack
$-$$
Station Mont Tremblant
3035 ch. de la Chapelle
☎ 819-681-4700

Le Shack se trouve en haut du village piétonnier, près du Fairmont Tremblant. Sa grande terrasse, fort populaire en saison estivale, donne sur la place Saint-Bernard. On y propose une cuisine des plus simples : steaks, poulet rôti, hamburgers. En hiver, un buffet permet par ailleurs de s'offrir un copieux petit déjeuner.

Ristorante e Caffe Ital Delli
$$-$$$
1920A ch. du Village
☎ 819-425-3040

Vous cherchez un resto sans prétention qui propose de bons petits plats à bon prix? Les gens du coin vous enverront tous au Ristorante e Caffe Ital Delli. On y sert plusieurs délicieux plats de pâtes (ainsi que des plats de veau et autres viandes) dans un décor de boiseries, de briques et de jolies nappes à carreaux.

Cayenne Grill
$$$
1963 ch. du Village
☎ 819-429-6868

Le Cayenne Grill offre un menu simple et bien apprêté, qui amalgame cuisine asiatique, gibier, poisson et tapas. Service correct et bel emplacement au centre du village.

Atmosphère décontractée. Un peu cher, mais c'est la norme près de Tremblant!

Le Saint-Louis
$$$
Auberge La Porte Rouge
1874 ch. du Village
☎ 819-425-3505

Une grande partie des clients du Saint-Louis, la salle à manger de l'**Auberge La Porte Rouge** (voir p. 305), sont des gens qui viennent passer une nuit ou deux à l'hôtel (le tarif comprend le petit déjeuner et le dîner). Son court menu est composé de poisson, d'agneau et de canard. La salle à manger donne sur le lac.

Aux Truffes
$$$$
Station Mont Tremblant
3035 ch. de la Chapelle
☎ 819-681-4544

Dans un décor à la fois moderne et chaleureux, Aux Truffes, qui donne sur la place Saint-Bernard, constitue la meilleure adresse de Tremblant. On y prépare une succulente nouvelle cuisine française dans laquelle figurent en bonne place truffes, foie gras et plats de viande sauvage.

La Quintessence
$$$$
Station Mont Tremblant
3004 ch. de la Chapelle
☎ 819-425-3400 ou 866-425-3400

Le restaurant éponyme de l'hôtel La Quintessence favorise les produits régionaux et élabore des recettes résolument alléchantes. Le bar à vins est le lieu tout indiqué pour prendre l'apéro avant de passer à table. Ami de Bacchus, réjouissez-vous, puisque la cave renferme quelque 5 000 bouteilles! Bon choix de portos et de scotchs. Cadre feutré et service attentionné.

Lac-Supérieur

Restaurant Caribou
$$$-$$$$
Chalets Côté Nord
141 ch. Tour-du-Lac
☎ 819-688-5201 ou 877-688-5201

Au Restaurant Caribou, la jeune chef cuisinière Suzanne Boulianne vous offrira probablement l'un des meilleurs repas de votre séjour dans les Laurentides. La salle à manger épurée, confortable et décorée de boiseries, offre une belle vue sur le lac Supérieur, surtout au coucher du soleil. Mᵐᵉ Boulianne mise sur les produits québécois, et tout ce qu'elle prépare atteste son enthousiasme et son talent. Il est conseillé de réserver à l'avance. Le restaurant propose aussi le service de traiteur aux **Chalets Côté Nord** (voir p. 306) selon plusieurs formules : un chef au chalet, des plats pour emporter ou la livraison à domicile.

Circuit C: Le pays du curé Labelle

Labelle

L'étoile de Labelle
$$
6673 boul. Curé-Labelle, par la route 117
☎ 819-686-2655

Le restaurant L'étoile de Labelle prépare une délicieuse cuisine familiale. Le service est simple et décontracté.

Sorties

> Activités culturelles

Les Laurentides possèdent une longue tradition en matière de théâtres d'été. Plusieurs salles bien connues et appréciées présentent des pièces de qualité tout au long de la belle saison.

Parmi celles-ci figurent le **Théâtre Saint-Sauveur** (*22 rue Claude*, ☎ *450-227-8466*, *www. theatrestsauveur.com*), **Le Patriote de Sainte-Agathe** (*258 rue St-Venant*, ☎ *819-326-3655 ou 888-326-3655*, *www.theatrepatriote. com*) et le **Théâtre Sainte-Adèle** (*1069 boul. Ste-Adèle*, ☎ *450-227-1389*, *www.theatrestsauveur. com*).

Dans les **cinémas Pine** (*12$; 24 rue Morin et 1146 rue Valiquette, Ste-Adèle*, ☎ *450-229-7463*, *www. cinemapine.com*), les films sont en général proposés dans leur version originale. Les deux cinémas diffusent aussi bien des films américains qu'européens ou d'ailleurs dans le monde.

> Bars et boîtes de nuit

Saint-Sauveur
Les Vieilles Portes
185 rue Principale
☎ 450-227-2662

Le bar Les Vieilles Portes est un endroit agréable pour prendre un verre entre amis. En été, il bénéficie d'une terrasse fort plaisante.

Sainte-Adèle
Bourbon Street Club
195 boul. Ste-Adèle
☎ 450-229-2905

Le Bourbon Street Club reçoit divers groupes de musiciens et est fréquenté par une clientèle relativement jeune. Clinquant et peut-être un peu trop populaire, l'établissement ne manque néanmoins pas de divertir.

Val-David
Le Mouton Noir Café Bistro
2301 rue de l'Église
☎ 819-322-1571
www.bistromoutonnoir.com

Ce petit bistro se transforme en bar les soirs de fins de semaine. Plusieurs spectacles y sont présentés tout au long de l'année. Ambiance éclectique et amicale.

Saint-Jovite
Microbrasserie Saint-Arnould
435 rue des Pionniers
☎ 819-425-1262
www.saintarnould.com

La microbrasserie Saint-Arnould est située près de la route 117 et propose ses excellentes bières maison à des prix raisonnables. On retrouve aussi sur place un restaurant qui sert des hamburgers originaux et d'autres plats à base de bière.

Mont-Tremblant
Le P'tit Caribou
Station Mont Tremblant
☎ 819-681-4500
www.ptitcaribou.com

Le P'tit Caribou est un bar jeune et énergique qui décolle vraiment lorsqu'il est rempli à pleine capacité, ce qui arrive surtout après une belle journée de ski.

Mont-Laurier
Le Bistro du Boulevard
489 boul. Paquette
☎ 819-623-6012

Le Bistro du Boulevard est un endroit fort populaire. Les fins de semaine, une jeune clientèle s'y entasse pour boire un verre entre amis.

Microbrasserie du Lièvre
110 boul. Paquette
☎ 819-440-2440
www.microdulievre.com

Faites une halte à cette microbrasserie afin de déguster une de leurs huit bières maison, dont une à base de carottes!

➤ Festivals et événements

Juillet
À la mi-juillet, les plus grands musiciens de blues se donnent rendez-vous à la Station Mont Tremblant pour le **Fes-**tival international du blues de Tremblant *(☎ 888-857-8043, www.tremblantblues.com)*. Spectacles à l'extérieur, ainsi que dans les bars et restos de la station touristique.

Les Rythmes Tremblant *(☎ 888-857-8043)* est un festival de musique qui se tient chaque fin de semaine au cours des mois de juillet et d'août à Tremblant. On y propose entre autres des concerts de musiques du monde, de pop ou de classique.

Septembre
De la mi-septembre à la fin d'octobre, c'est la **Symphonie des Couleurs** *(☎ 450-436-8532 ou 800-561-6673)* à Tremblant. D'innombrables activités familiales sont alors organisées.

Achats

➤ Alimentation

Saint-Jérôme
La Fromagerie du Marché
357 rue Parent
☎ 450-436-8469

Cette magnifique fromagerie est réputée pour son très grand choix de fromages fins du Québec.

Sainte-Sophie
Les Fromagiers de la Table Ronde
317 route 158
☎ 450-530-2436
www.fromagiersdelatableronde.com

Cette fromagerie produit de délicieux fromages, entre autres le Rassembleu et le Fou du Roy. Boutique sur place.

Saint-Sauveur
Chez Bernard
411 rue Principale
☎ 450-240-0000 ou 866-240-0088
www.chezbernard.com

Dans une maison ancestrale, l'épicerie-traiteur Chez Bernard est l'endroit à Saint-Sauveur, si ce n'est dans les Laurentides, pour trouver huiles d'olive, vinaigres balsamiques, fromages, foie gras, bref, une grande variété de produits fins.

➤ Artisanat, brocante et souvenirs

Saint-Sauveur
La rue Principale de Saint-Sauveur est bordée d'une foule de commerces variés que vous prendrez sans doute plaisir à découvrir. Outre de belles boutiques de mode, vous trouverez des spécialistes des reproductions de meubles québécois d'époque.

Saint-Jovite
Le quartier du **Petit Hameau** *(816 rue Ouimet)* est un ensemble de boutiques toutes plus mignonnes les unes que les autres. On y trouve entre autres des bijoux, des parfums, des vêtements, des chaussures et des accessoires de mode.

Mont-Tremblant
La **Station Mont Tremblant** regorge de boutiques de toutes sortes. De grandes chaînes canadiennes comme Roots y côtoient de petites boutiques exclusives. Du prêt-à-porter jusqu'aux confiseries et pâtisseries, en passant par les soins du corps et les articles de maison, vous y trouverez de tout.

Laurentides - Achats

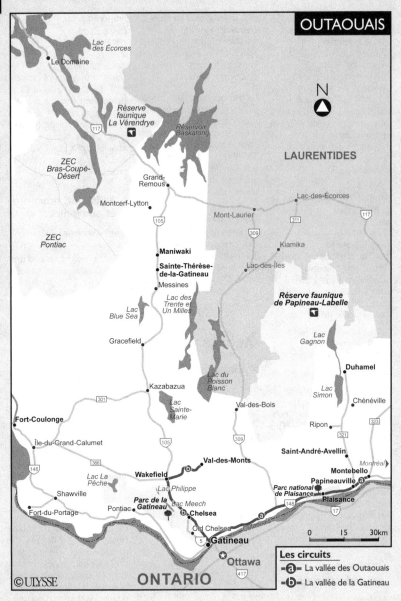

OUTAOUAIS

N

Lac
des Écorces

Le Domaine

Réserve
faunique
La Vérendrye

Réservoir
Baskatong

LAURENTIDES

ZEC
Bras-Coupé-
Désert

Grand-
Remous

Lac-des-Écorces

Montcerf-Lytton

ZEC
Pontiac

Mont-Laurier

311

117

Maniwaki

Sainte-Thérèse-
de-la-Gatineau

309

Kiamika

Lac-des-Îles

Messines

Lac des
Trente et
Un Milles

Réserve faunique
de Papineau-Labelle

Lac
Blue Sea

Gracefield

Lac
Gagnon

Kazabazua

Lac du
Poisson
Blanc

Duhamel

301

Lac
Sainte-
Marie

Val-des-Bois

Lac
Simon

Chénéville

Fort-Coulonge

Île-du-Grand-Calumet

Ripon

323

Saint-André-Avellin

321

148

366

Val-des-Monts

Montréal

Wakefield

Montebello

Lac La
Pêche

Lac
Philippe

Papineauville

Shawville

Parc de la
Gatineau

Lac Meech

Parc national
de Plaisance

Plaisance

Fort-du-Portage

Pontiac

Chelsea

148

17

Old Chelsea

0   15   30km

5

Gatineau

©ULYSSE

Ottawa

Les circuits

ONTARIO

417

a — La vallée des Outaouais

b — La vallée de la Gatineau

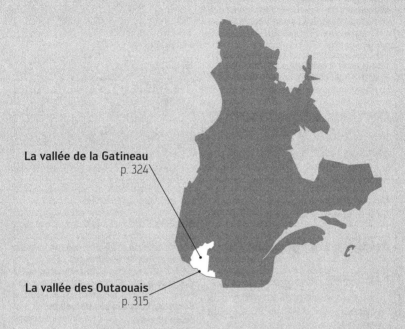

La vallée de la Gatineau
p. 324

La vallée des Outaouais
p. 315

Outaouais

Coureurs des bois et explorateurs sillonnèrent très tôt la belle et diversifiée région de l'**Outaouais** ★, mais elle ne fut colonisée qu'au début du XIXe siècle sur l'initiative de loyalistes arrivant des États-Unis. Les Algonquins en furent les premiers habitants.

L'exploitation des forêts, et tout particulièrement des essences de pin blanc et de pin rouge, idéales pour les constructions navales, fut longtemps la principale vocation économique de la région. Une fois ces arbres coupés en billes, on les laissait descendre la rivière des Outaouais, puis le fleuve Saint-Laurent jusqu'à Québec, où ils étaient chargés sur des navires en partance pour la Grande-Bretagne. Le secteur forestier conserve toujours une importance appréciable, mais des industries tertiaires et une importante administration publique générée par la proximité de la capitale canadienne s'y sont ajoutées.

Tout juste au nord de la grande ville de Gatineau, qui regroupe entre autres les secteurs de Hull, d'Aylmer et de Gatineau, s'ouvre une région vallonnée riche en lacs et en cours d'eaux. Le magnifique parc de la Gatineau qui y niche abrite notamment la résidence d'été du premier ministre canadien et s'avère tout désigné pour de charmantes balades à bicyclette, en canot ou en skis de fond. Gatineau possède un des plus intéressants musées du Canada, le Musée canadien des civilisations. En traversant la rivière des Outaouais à Gatineau, on accède aisément à Ottawa, la capitale fédérale, où se trouvent les édifices du Parlement canadien, de superbes bâtiments administratifs et une pléiade de musées exceptionnels.

Deux circuits linéaires, qui bordent respectivement la rivière des Outaouais et la rivière Gatineau, sont proposés pour explorer la région :

Circuit A: La vallée des Outaouais ★
Circuit B: La vallée de la Gatineau ★

Accès et déplacements

➤ En voiture

Circuit A: La vallée des Outaouais

De Montréal, deux possibilités s'offrent aux visiteurs pour rejoindre le point de départ du circuits, l'une (1) par la vallée des Outaouais directement et l'autre (2), plus rapide, par l'Ontario.

1. Empruntez l'autoroute 13 Nord, l'autoroute 640 Ouest, puis la route 344 Ouest, qui correspond à une partie du **circuit « Le lac des Deux Montagnes »** (voir p. 284), pour enfin suivre la route 148 Ouest vers Montebello et Ottawa.

2. Empruntez l'autoroute 40 Ouest, qui devient la route 17 Ouest en Ontario. À Hawkesbury, franchissez la rivière des Outaouais pour revenir au Québec. Prenez à gauche la route 148 Ouest en direction de Montebello et d'Ottawa.

Circuit B: La vallée de la Gatineau

La voiture et la bicyclette demeurent les meilleurs moyens pour explorer l'ensemble de la vallée. Empruntez la promenade de la Gatineau à partir du boulevard Taché, dans le secteur de Hull. Vous pénétrerez alors immédiatement dans le parc de la Gatineau,

créé en 1938 par le premier ministre canadien William Lyon Mackenzie King.

➤ En train

Circuit A: La vallée des Outaouais

Ottawa (Ontario)
gare ferroviaire
200 ch. Tremblay
☏ 888-842-7245

Circuit B: La vallée de la Gatineau

L'excursion en train à vapeur Hull-Chelsea-Wakefield (voir p. 318) est un moyen de transport tout à fait charmant pour visiter la vallée de la Gatineau jusqu'à Wakefield. La balade d'une durée de 5h (64 km), avec arrêt de 2h à Wakefield, permet de contempler les scènes pastorales de la Gatineau.

➤ En autocar (gares routières)

Circuit A: La vallée des Outaouais

Montebello
535 rue Notre-Dame
☏ 819-423-6311

Hull
238 boul. St-Joseph
☏ 819-771-2442

Ottawa (Ontario)
265 Catherine St.
☏ 613-238-5900

Attraits touristiques

Tourisme Outaouais (103 rue Laurier, Gatineau, QC J8X 3V8, ☏ 819-778-2222 ou 800-265-7822, www. tourismeoutaouais.com)

Circuit A : La vallée des Outaouais ★

▲ *p. 328* ◉ *p. 331* ⚓ *p. 332* ▣ *p. 333*

⏱ *De un à trois jours*

La tribu amérindienne des Outaouais, décimée par les Iroquois au XVIIᵉ siècle, a laissé son nom en héritage à une belle rivière à la frontière entre le Québec et l'Ontario, à une vaste région de lacs et de forêts ainsi qu'à la capitale du Canada (Ottawa). La rivière des Outaouais constituait autrefois la principale route vers les fourrures du Bouclier canadien. Les «voyageurs» des grandes compagnies de traite l'empruntaient chaque printemps, puis revenaient à l'automne avec les précieuses cargaisons de peaux (castor, loutre, vison) qui transitaient par Montréal avant de prendre le chemin de Londres et de Paris. Le circuit de la vallée des Outaouais permet d'explorer à mi-parcours la capitale fédérale, Ottawa. Une petite incursion dans les terres est aussi suggérée afin de découvrir la jolie région de la Petite-Nation.

Montebello ★

Bureau d'information touristique de Montebello *(502 rue Notre-Dame, ☏ 819-423-5602, www.petitenationlievre. qc.ca)*

Sous le Régime français, la région de l'Outaouais ne connaît pas de véritable développement. Située en amont des rapides de Lachine, donc difficilement accessible par voie d'eau, elle demeure un riche territoire de chasse et de trappe, jusqu'à ce que l'on amorce l'exploitation de ses ressources forestières au début du XIXᵉ siècle. La seigneurie de la Petite-Nation, concédée à Mᵍʳ de Laval en 1674, sera la seule incursion colonisatrice dans ce vaste territoire. Incursion bien théorique toutefois, puisque ce n'est qu'en 1801, date à laquelle la seigneurie passe entre les mains du notaire Joseph Papineau, que s'installent les premiers colons appelés à donner naissance au bourg de Montebello.

Son fils, Louis-Joseph Papineau (1786-1871), chef des mouvements nationalistes canadiens-français à Montréal, hérite de la Petite-Nation en 1817. De retour d'un exil de huit ans aux États-Unis et en France à la suite des Rébellions de 1837-1838, Papineau, désillusionné et franchement déçu du comportement du clergé catholique lors de ces événements tragiques, se retire sur ses terres de Montebello, où il se fait construire un prestigieux manoir.

Le **Lieu historique national du Manoir-Papineau ★★** *(7,80$; fin mai à mi-juin mer-dim 10h à 17h, mi-juin à début sept tlj 10h à 17h, début sept à mi-oct sam-dim 10h à 17h; 500 rue Notre-Dame, ☏ 819-423-6965, www.pc.gc.ca/papineau).* Le manoir Papineau a été érigé entre 1846 et 1849 dans l'esprit des villas monumentales néoclassiques. L'adjonction de tours, au cours de la décennie suivante, a cependant donné une allure médiévale à l'ensemble. L'une de ces tours renferme la précieuse bibliothèque que Papineau voudra ainsi mettre à l'abri du feu. L'intérieur comporte une vingtaine de pièces d'apparat ouvertes au public, qui peut ainsi déambuler au milieu d'un riche décor. Le manoir Papineau s'inscrit dans un beau parc ombragé. En bordure de l'allée du seigneur se dresse la **chapelle funéraire des Papineau** (1853), où ont été inhumés 11 membres de la célèbre famille. On sera surpris de constater que cette chapelle est vouée au culte anglican, conséquence de la conversion du fils Papineau à l'Église d'Angleterre après la mort de son célèbre père, auquel on a refusé la sépulture religieuse catholique. Un buste de ce dernier, exécuté par Napoléon Bourassa à partir du masque funéraire du défunt, figure parmi les éléments d'intérêt de la chapelle.

Le **Château Montebello ★★** *(♿; 392 rue Notre-Dame, ☏ 819-423-6341, www.fairmont.com/ montebello)* est un vaste hôtel de villégiature (voir p. 328) construit dans le parc du manoir; il constitue le plus grand édifice de bois rond au monde. Il fut érigé en 1929 en un temps record de 90 jours. On ne manquera pas de visiter son impressionnant hall central, doté d'une cheminée à six âtres, autour de laquelle rayonnent les six ailes abritant les chambres et le restaurant. Il appartient maintenant à la chaîne hôtelière Fairmont.

D'une superficie de 600 ha, le **Parc Oméga ★** *(13$ en hiver, 17$ en été; ♿; en été tlj 9h à 17h, en hiver tlj 10h à 16h; 399 route 323 N., ☏ 819-423-5487, www.parcomega.com)* abrite plusieurs espèces d'animaux que l'on peut observer en restant à bord de son véhicule (une carte est fournie, en plus de la diffusion, au cours du parcours, de la radio du Parc qui permet d'obtenir des renseignements utiles). Les bisons, les rennes, les wapitis, les sangliers, les cerfs et les orignaux n'en sont que quelques exemples. De plus s'y trouvent des sentiers pédestres menant entre autres à une ferme centenaire réhabilitée (avec animaux de ferme en été) ou traversant de beaux paysages naturels, ainsi qu'un restaurant et une boutique. En haute saison, spectacle d'oiseaux de proie et présentation d'une meute de loups.

▶▶▶ *Poursuivez vers l'ouest par la route 148 en direction de Papineauville.*

Papineauville

Depuis le milieu du XIXe siècle, la région de l'Outaouais est une destination de villégiature estivale très appréciée des résidants d'Ottawa qui y possèdent des «camps d'été» situés au bord des lacs et des rivières. Le village de Papineauville était, avec Montebello, le but de bien des excursions. Les anglophones de la province voisine, l'Ontario, y retrouvaient un peu du cachet des villages québécois traditionnels. Des auberges en bois, aujourd'hui disparues, avaient été construites pour les accueillir.

▶▶▶ *Une excursion facultative d'une demi-journée est proposée au départ de Papineauville, par la route 321 vers le nord, pour visiter la région pittoresque de la Petite-Nation.*

Petite-Nation

La Petite-Nation est une région fortement agricole et naturelle. L'explorer par ses routes panoramiques, ses activités agrotouristiques et ses haltes aux abords de lacs aux eaux claires est un pur plaisir. Qui plus est, cette région vivante propose plusieurs activités de plein air et attractions culturelles. Ce petit territoire s'étend de la rivière des Outaouais au sud jusqu'à Duhamel au nord, et de Lac-des-Plages à l'est jusqu'à Montpellier à l'ouest. Les routes 321, 323 et 317 commencent toutes leur parcours en direction nord à partir de la route 148 (circuit principal) et permettent d'explorer les collines de la Petite-Nation en passant par les jolis villages de Ripon, Chénéville et Namur.

Saint-André-Avellin

Saint-André-Avellin, un joli village typique de la région de la Petite-Nation, renferme notamment le **Musée des Pionniers** *(3$; ঙ; fin juin à début sept tlj 9h à 17h; 20 rue Bourgeois,* ☎ *819-983-2624 ou 819-983-1491, www.petite-nation. qc.ca/patrimoine/musee.html)*, qui relate l'his-

toire de la colonisation de la région par les premiers arrivants, vers la fin du XIXe siècle. Le musée présente les meubles, accessoires et ustensiles de cuisine, vêtements, bijoux et outils des colons, illustrant ainsi les conditions de vie rustiques liées au défrichage de la terre.

La route de Saint-André-Avellin à Duhamel, par laquelle on peut rejoindre Ripon, Chénéville et Lac-Simon, est très agréable à parcourir, tant en vélo qu'en automobile. Elle s'entoure de très beaux paysages ruraux. Un circuit agrotouristique est proposé par le Centre local de développement de Papineau *(www.papineau.ca)*: *Balade au cœur de la Petite-Nation*. Une carte est disponible dans les bureaux touristiques de l'Outaouais et chez bon nombre de marchands de la région.

▶▶▶ *Poursuivez par la route 321 en direction nord pour atteindre Duhamel.*

Duhamel

Située à la fois dans la région des Laurentides et de l'Outaouais, la **réserve faunique de Papineau-Labelle** ★ *(entrée libre, stationnement 9$; toute l'année, accès limité pendant les saisons de chasse; accueil Gagnon, route 321, Duhamel,* ☎ *819-428-7510; accueil Val-des-Bois, 443 route 309, Val-des-Bois,* ☎ *819-454-2011, poste 33;* ☎ *800-665-6527, www.sepaq.com)* s'étend sur plus de 1 600 km². On peut y apercevoir une multitude d'animaux à fourrure ainsi que des cervidés. La chasse et la pêche y sont d'ailleurs permises. Des sentiers de randonnée pédestre sont entretenus. Les amateurs de canot-camping y trouveront de longs circuits qui, toutefois, nécessitent de nombreux portages. Des sentiers de longue randonnée en skis de fond (120 km) sont aménagés sur le site. Les skieurs ont alors la possibilité de loger dans les refuges mis à leur disposition *(il faut compter environ 25$/pers./jour)*.

▶▶▶ *L'excursion facultative dans la région de la Petite-Nation se termine ici. Pour continuer votre exploration du circuit principal de la vallée des Outaouais, revenez jusqu'à Papineauville par la route 321, puis prenez la route 148 Ouest en direction de Plaisance.*

Plaisance

Lors de son exil en France (1837-1845), Papineau s'est lié d'amitié avec quelques-uns des ex-généraux de Napoléon. Au moment de nommer les nouveaux villages de sa seigneurie, il a voulu honorer la mémoire de certains d'entre eux. Ainsi, il baptise Montebello en l'honneur du duc de Montebello. Quant au village de Plaisance, son nom ne fut pas choisi pour évoquer les embarcations de plaisance que l'on y trouve, mais plutôt pour honorer la mémoire du général Lebrun, duc de Plaisance.

Le **parc national de Plaisance** ★ *(3,50$; &; mi-avr à mi-oct tlj; centre de découverte et de services, 1001 ch. des Presqu'îles, par la route 148, ♪ 819-427-5334 ou 800-665-6527, www.sepaq.com)* constitue l'un des plus petits parcs nationaux du Québec. Il longe la rivière des Outaouais sur environ 15 km et a pour but de mettre en valeur la vie animale et végétale de cette région. Afin de permettre l'observation des oiseaux et des plantes aquatiques, des passerelles de bois ont été construites au-dessus des marais bordant la rivière. On peut aussi explorer ces marais en canot, en kayak ou à bord d'un ponton. Des pistes cyclables (26 km) sillonnent le parc et permettent de découvrir les espèces animales qui habitent les lieux. En outre, il est possible de prendre part aux excursions organisées par les naturalistes.

Site de fouilles archéologiques au cours des années 1980, le village de North Nation Mills est aujourd'hui disparu; on y retrouve cependant, tout près, le **Centre d'interprétation du patrimoine de Plaisance** *(5$ accès aux chutes inclus; &; fin juin à début sept tlj 10h à 17h, horaire variable hors saison; 276 rue Desjardins, ♪ 819-427-6400)*. Le Centre d'interprétation du patrimoine de Plaisance présente plusieurs expositions temporaires et une exposition permanente. En plus des magnifiques **chutes de Plaisance** ★, le site dispose d'espaces de verdure qui conviennent à merveille aux pique-niques et à la randonnée.

››› *À mesure que l'on se rapproche d'Ottawa, la campagne cède graduellement sa place à la banlieue. À Gatineau, la route 148 devient le boulevard Maloney puis le boulevard Gréber.*

Gatineau

Si les fonctionnaires fédéraux anglophones habitent surtout les villes situées en Ontario (Nepean, Uplands, Kanata), les fonctionnaires francophones sont, pour leur part, concentrés du côté québécois de la rivière des Outaouais, dans les secteurs de Hull, d'Aylmer et de Gatineau de la grande ville de Gatineau (242 000 hab.).

Avant de traverser le pont Lady-Aberdeen pour rejoindre le secteur de Hull, vous apercevrez sur votre gauche l'**église Saint-**François-de-Sales ★ *(1 rue Jacques-Cartier)*. Ce lieu saint néogothique construit en 1886 présente un bel intérieur en bois doré. La cloche de l'église a été offerte par Lady Aberdeen, épouse de Lord Aberdeen, gouverneur général du Canada à la fin du XIXᵉ siècle, en guise de remerciement pour avoir été sauvée de la noyade par des résidants de Gatineau. Du parvis de l'église, on bénéficie d'un beau point de vue sur la rivière des Outaouais et sur la Colline parlementaire d'Ottawa, en Ontario.

Hull

››› *Reprenez à gauche le boulevard Gréber, qui devient par la suite le boulevard Fournier puis le boulevard Maisonneuve.*

Bien que l'on entre dans le secteur de Hull par le boulevard Gréber, qui porte le nom d'un des grands urbanistes de l'après-guerre, l'ancienne ville éponyme ne fut certes pas un modèle d'aménagement urbain. C'est un peu l'envers du décor d'Ottawa, qui lui fait face sur l'autre rive. Hull, jadis une ville ouvrière, voue maintenant ses infrastructures et sa main-d'œuvre à la machine gouvernementale fédérale. Elle renferme un mélange d'usines désuètes, d'habitations ouvrières typiques, d'édifices en hauteur et de terrains vagues en attente d'une expansion future du fonctionnariat. Hull a été fondée en 1800 par le loyaliste américain Philemon Wright, qui se consacrera à l'exploitation des riches forêts vierges de la vallée des Outaouais. Le bois ramené de l'arrière-pays était équarri puis assemblé en radeaux (les cages), acheminés jusqu'à Québec puis envoyés en Angleterre pour la construction des navires de la Marine britannique. Après 1850, Hull devient un important centre de transformation du bois.

Les rues de Hull sont bordées de maisons ouvrières particulières à cette ancienne ville autonome. Ces habitations individuelles en bois coiffées d'un toit pointu, très étroites et très profondes, sont surnommées «boîtes d'allumettes» ou «maisons allumettes» parce qu'elles logeaient autrefois des employés des usines d'allumettes Eddy et qu'elles ont été plus souvent qu'à leur tour la proie des flammes. Hull fut, en fait, affligée par tant d'incendies majeurs tout au long de son histoire qu'elle conserve peu de monuments importants.

››› *Tournez à gauche dans la rue Papineau. Le stationnement du Musée canadien des civilisations se trouve à l'extrémité de la rue.*

Dans le cadre d'un vaste programme de réaménagement de la région de la capitale fédérale (1983-1989), des parcs et des musées ont vu le jour de part et d'autre de la frontière du Québec et de l'Ontario. Gatineau a hérité du magnifique **Musée canadien des civilisations** ★★★ *(12$; début mai à mi-oct tlj, reste de l'année horaire variable; 100 rue Laurier, ♪ 819-776-7000 ou 800-555-5621, www.civilisations.ca)*, consacré à l'histoire des différentes ethnies qui ont fait le Canada. L'architecte albertain d'origine amérindienne Douglas Cardinal a dessiné les plans des deux étonnants bâtiments aux formes organiques qui composent le musée. Le premier, sur la gauche, abrite les bureaux administratifs et les laboratoires de restauration, alors que le second, sur la droite, regroupe les collections du musée. Leurs formes ondoyantes évoquent des rochers du Bouclier canadien sculptés par le vent et les glaciers. De l'esplanade, à l'arrière, on jouit de belles vues sur la rivière des Outaouais et sur la Colline parlementaire d'Ottawa.

S'il est un musée qu'il faut absolument voir au Québec, c'est bien celui-là. Il s'agit en fait du plus visité au pays. Sa Grande Galerie rassemble la plus importante collection de mâts totémiques amérindiens au monde. L'institution fait aussi revivre de façon magistrale différentes époques de l'histoire canadienne, de la venue des Vikings, vers l'an 1000, à l'Acadie française du XVIIe siècle et à l'Ontario rural du XIXe siècle. L'art autochtone contemporain ainsi que les arts et traditions populaires y sont également représentés. Le musée a d'ailleurs inauguré en 2003 une grande **Salle des Premiers Peuples**, dépeignant toutes les nations autochtones du Canada. Le **Musée canadien de la poste** se trouve aussi dans le complexe; il retrace l'histoire du service postal canadien avec des expositions thématiques intéressantes. Le **Musée canadien des enfants**, conçu expressément pour les plus jeunes, invite le visiteur à sélectionner le thème de son choix avant de lui faire vivre une aventure extraordinaire. Aux salles d'exposition s'ajoute une salle de cinéma IMAX.

Si vous poursuivez votre promenade dans la rue Laurier en direction sud, vous croiserez le bâtiment de la **Maison du citoyen** *(&; 25 rue Laurier, ♪ 819-595-2002 ou 866-299-2002, www.gatineau.ca)*, qui est en fait l'hôtel de ville de Gatineau. Outre une bibliothèque et des salles de réunion, il renferme une petite galerie d'art et une salle de spectacle, la Salle Jean-Despréz.

››› *Continuez par la rue Laurier en direction sud. À l'angle de la rue Saint-Joseph, tournez à droite. Environ 5 km plus loin, prenez à droite la rue Saint-Raymond, qui devient le boulevard du Casino.*

Le **Casino du Lac-Leamy** ★ *(tlj 24h sur 24; 1 boul. du Casino, ♪ 819-772-2100 ou 800-665-2274, www.casinosduquebec.com/lacleamy; voir p. 333)* occupe un site impressionnant aux bords du lac Leamy, dans le parc du même nom. Le thème de l'eau est omniprésent autour du superbe bâtiment inauguré en 1996, que ce soit au milieu de l'allée grandiose conduisant à l'entrée principale, ponctuée de hautes fontaines, ou à travers le port de plaisance de 20 places permettant aux joueurs venus de Montréal ou Toronto d'accéder directement au casino par voie d'eau. L'aire de jeux comprend d'innombrables machines à sous et tables de jeux. Jumelé au casino, le Théâtre du Casino est une salle de spectacle moderne offrant confort et visibilité à tous les spectateurs. À cela, il faut ajouter plusieurs restaurants et bars dont l'excellent **Baccara** (voir p. 331).

››› *Vous pouvez aussi poursuivre votre route au sud de la rivière des Outaouais. Empruntez le boulevard de la Carrière jusqu'à la rue Deveault, ou encore prenez le train!*

Imaginez que vous contemplez les paysages magnifiques du parc et de la rivière Gatineau tout en étant confortablement installé à bord d'un train à vapeur datant de 1907... C'est cette balade mémorable que vous propose le **Train à vapeur Hull-Chelsea-Wakefield** ★ *(nombreux forfaits de 45$ à 149$ avec ou sans repas; mai à oct, réservations requises; &; 165 rue Deveault, ♪ 819-778-7246 ou 800-871-7246, www.trainavapeur.ca)*. En plus de vous donner l'occasion de contempler de splendides tableaux naturels, l'excursion d'une demi-journée vous entraîne jusqu'à **Wakefield** (voir p. 325), une charmante petite ville anglo-saxonne où vous aurez 2h pour visiter ses jolies boutiques. Si la promenade vous tente mais que vous ne désirez pas faire l'aller-retour en train, sachez qu'il est possible de traverser le parc de la Gatineau à vélo et de revenir en train. Des forfaits croisières et repas gastronomiques (le Train des saveurs) sont également proposés, et vous pourrez monter à bord d'un wagon entièrement Art déco tiré par une locomotive maintenant centenaire. Sympathique.

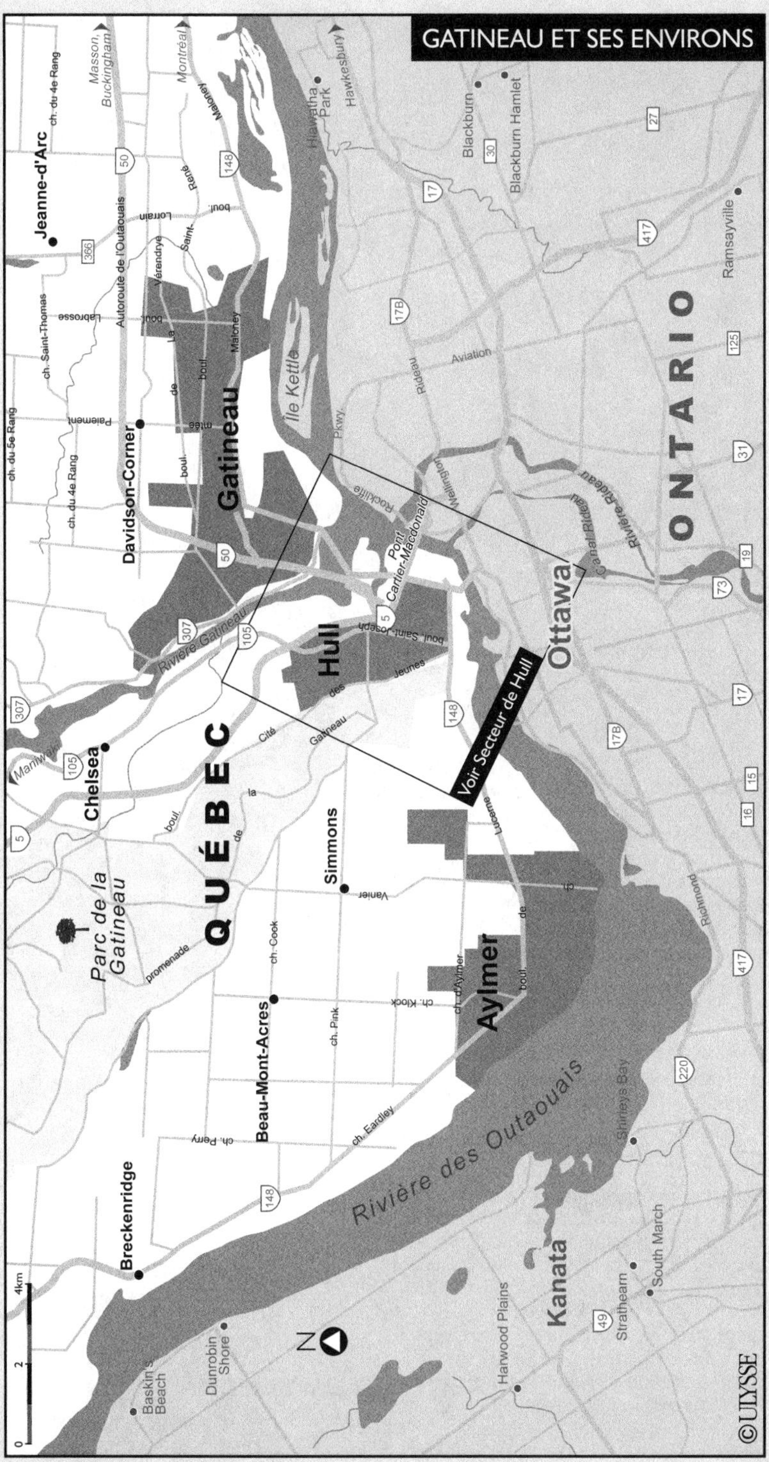

GATINEAU ET SES ENVIRONS

©ULYSSE

guidesulysse.com

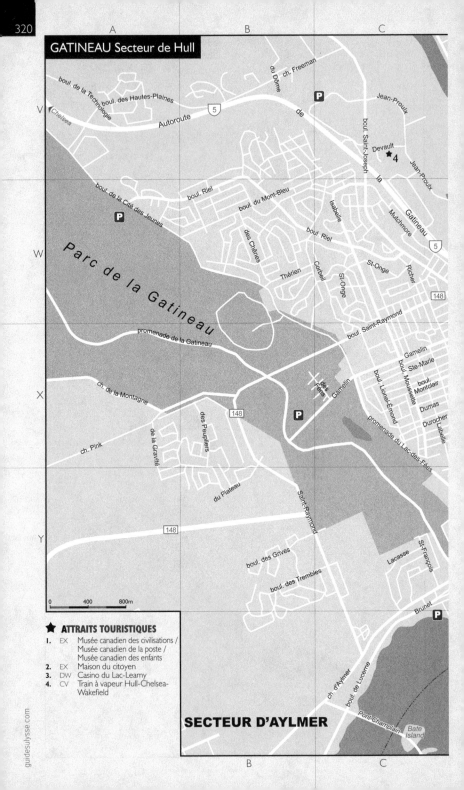

GATINEAU Secteur de Hull

★ **ATTRAITS TOURISTIQUES**

1. EX Musée canadien des civilisations /
   Musée canadien de la poste /
   Musée canadien des enfants
2. EX Maison du citoyen
3. DW Casino du Lac-Leamy
4. CV Train à vapeur Hull-Chelsea-
   Wakefield

SECTEUR D'AYLMER

SECTEUR
DE HULL

OTTAWA
(ONTARIO)

Parc du Lac-
Leamy

Lac
Leamy

Brasserie

Île de
Hull

Lemieux
Island

Rivière des Outaouais

Rivière Gatineau

Rivière Rideau

Canal Rideau

QUÉBEC
ONTARIO

QUÉBEC
ONTARIO

N

V

W

X

Y

Z

av. Principale

Autoroute de l'Outaouais

boul. Gréber

Saint-Louis

Champlain

Rockcliffe

Springfield Rd.

Isgar Rd.

Mackay

King Edward Dr.

Sussex Dr.

Saint-Patrick

Sussex Dr.

Rideau

Pont des Draveurs

Pont Lady-Aberdeen

Jacques-Cartier

Saint-Jean-Baptiste

307

promenade
du Lac-Leamy

50

P

P

P

Bériault

boul. du Casino

boul. de la Carrière

boul. de la Carrière

Ruisseau de la

48

105

50

boul. Fournier

Pont Cartier-
Macdonald

Laurier

boul. du Sacré-Cœur

boul. Maisonneuve

boul. Notre-Dame

boul. Saint-Joseph

Berri

Fortier

Amherst

Laramée

Montcalm

boul.

St-Rédempteur

St-Laurent

Papineau

Leduc

Laval

Eddy

Pont Alexandra

ℹ

★ 1

★ 2

du Portage

boul. Alexandre-Taché

Pont
Chaudières

Pont Portage

Wellington

Rideau

Albert

O'Connor

Liegar

Kent

Somerset

Gladstone

17B

Bronson av.

Coallier

Béglin

Parkway

Booth

Wellington

Primrose av.

River

Ottawa

Parkdale av.

Scott

Bayswater av.

Gladstone

Queensway

Carling av.

417

★ 3

ℹ

©ULYSSE

Aylmer ★

Cette ancienne ville autonome fut pendant longtemps le centre administratif de l'Outaouais. Elle a été fondée par Charles Symmes, un Américain de Boston arrivé au Canada en 1814. La Compagnie de la Baie d'Hudson, alors spécialisée dans la traite des fourrures, en fit le centre de ses activités dans la région. De nos jours partie intégrante de Gatineau, le secteur d'Aylmer comporte de belles rues résidentielles, bordées de plusieurs demeures bourgeoises.

Charles Symmes s'installe dans la région d'Aylmer en 1824 à l'instigation de son oncle Philemon Wright. En 1830, il fait construire une auberge. L'**Auberge Symmes** ★ *(1 rue Front)* connaîtra un grand succès auprès des «voya-

---

Escapade à Ottawa ★★★

Profitez de votre passage à Gatineau pour traverser la rivière des Outaouais et ainsi faire un saut en Ontario pour explorer Ottawa. En moins de 200 ans, cette bourgade anodine s'est métamorphosée en une ville dynamique qui est aujourd'hui la capitale du Canada. En flânant dans ses rues, vous pourrez constater à quel point Ottawa a pu s'embellir : de splendides édifices d'architecture victorienne côtoient de vastes espaces verts, et des musées renferment des collections comptant parmi les plus riches du pays. Vous trouverez ci-dessous quelques suggestions d'attraits et d'établissements triés sur le volet. Pour un tour d'horizon complet, procurez-vous la dernière édition du guide Ulysse *Ontario*.

Parmi les incontournables de la ville figurent les **édifices du Parlement** ★★★ *(&; ♪ 613-239-5000 ou 866-599-4999, www.parl.gc.ca)*, où siège le gouvernement fédéral; le **Musée des beaux-arts du Canada** ★★★ *(&; 380 Sussex Dr., ♪ 613-990-1985, www.musee.beaux-arts.ca)*, qui propose un fabuleux voyage à travers l'histoire artistique du Canada et d'ailleurs grâce à son impressionnante collection d'œuvres d'art; le **marché By** ★★ *(autour de York St. et de George St., www.byward-market.com)*, ou **Byward Market** en anglais, un marché en plein air animé qui constitue le centre névralgique de la Basse-Ville; et, finalement, le **Musée canadien de la nature** ★★ *(&; 240 McLeod St., angle Metcalfe St., ♪ 613-566-4700 ou 800-263-4433, www.nature.ca)*, un musée dernier cri où est abordée une grande variété de thèmes en lien avec la nature.

Ceux qui désirent passer la nuit dans la capitale canadienne n'auront aucun mal à se loger, car les hôtels, auberges et *bed and breakfasts* (gîtes touristiques) sont nombreux et confortables. Voici quelques établissements qui se démarquent des autres : l'**Auberge King Edward** *($$-$$$; ❀ ᵇᵍ ≡ @; 525 King Edward Ave., ♪ 613-565-6700 ou 800-841-8786)*, installée dans une fort belle maison datant du début du XIXᵉ siècle; le **Lord Elgin Hotel** *($$$$; ♿ ≋ ///© ❀ ※ @; 100 Elgin St., ♪ 613-235-3333 ou 800-267-4298, www.lordelginhotel.ca)*, une véritable institution à Ottawa et toujours l'un des établissements hôteliers les plus agréables de la capitale; et, pour le *nec plus ultra* en matière d'hébergement, le **Fairmont Château Laurier** *($$$$-$$$$$; ≋ ///& ♿ ↩ @; 1 Rideau St., ♪ 613-241-1414 ou 888-610-7575, www.fairmont.com)*, dont l'opulence et le luxe devraient ravir les âmes sensibles qui se targuent d'apprécier les belles choses.

Finalement, les visiteurs qui cherchent une bonne table ne seront pas en reste. Voici quelques adresses intéressantes : pour le poisson et les fruits de mer, **The Fish Market** *($$$-$$$$; 54 York St., ♪ 613-241-3474)*, l'une des institutions culinaires de la ville, située aux abords du marché By; pour une cuisine canadienne raffinée, le **Café du Centre national des Arts** *($$$; 53 Elgin St., ♪ 613-594-5127)*, qui offre en prime une vue imprenable sur l'activité fourmillante du canal Rideau; et, pour une petite gâterie, **Memories** *($; 7 Clarence St., ♪ 613-241-1882)*, presque toujours bondé de fines bouches sucrées, qui s'y rendent pour déguster les meilleurs desserts en ville.

geurs» en quête des fourrures du Bouclier canadien. L'édifice, entièrement restauré, illustre la grande diffusion des modèles d'architecture urbaine du Régime français, même auprès d'un Américain. Ainsi, on retrouve, dans l'Auberge Symmes, le rez-de-chaussée surélevé, la galerie couverte, le toit à larmiers débordant, les souches de cheminée imposantes, les murs de moellons et les fenêtres à vantaux des maisons québécoises traditionnelles. Peut-être s'agissait-il là d'une décision purement commerciale pour plaire à une clientèle majoritairement canadienne-française... À l'intérieur, le **Musée de l'Auberge Symmes** *(entrée libre, dons appréciés; horaire variable;* ♪ *819-682-0291, www.symmes. ca)* présente une exposition sur l'histoire et le développement de la région d'Aylmer et de l'Outaouais.

⁂ *Une excursion facultative, au-delà du secteur d'Aylmer, conduit dans le canton de Pontiac, le seul à être toujours majoritairement anglophone dans l'Outaouais. Poursuivez par la route 148 Ouest. Pour parcourir le circuit de la vallée de la Gatineau, revenez dans le secteur de Hull et prenez à gauche la promenade de la Gatineau.*

Fort-Coulonge

Dès le XVIIᵉ siècle, les explorateurs et les chasseurs de fourrures empruntent la rivière des Outaouais, son affluent, la rivière Mattawa, le lac Nipissing et enfin le portage principal conduisant aux Grands Lacs pour se rendre dans l'ouest du Canada. On peut donc parler de ce parcours tortueux comme de la première route transcanadienne. La rivière des Outaouais permettait en outre aux travailleurs forestiers et aux commerçants de se rendre de Montréal au Témiscamingue puis à la baie d'Hudson. Il était essentiel que l'on jalonne le trajet de postes de traite des fourrures doublés de lieux de repos pour les voyageurs. Fort-Coulonge était l'un d'entre eux. Aujourd'hui, il ne subsiste que quelques vestiges archéologiques de ce poste, très actif au début du XIXᵉ siècle. Il périclitera au profit des postes septentrionaux et fermera finalement ses portes en 1857.

Le **pont couvert Félix-Gabriel-Marchand** *(route 148)* enjambe la rivière Coulonge depuis 1898. Fait de bois et d'une longueur totale de 150 m, il figure parmi les plus importantes structures de bois du genre conservées au Québec.

Le **parc des Chutes Coulonge** *(6$;* ♿ *; mai à mi-oct; 100 promenade du parc des Chutes, par la route 148,* ♪ *819-683-2770 ou 888-683-2770, www. chutescoulonge.qc.ca)* abrite un impressionnant canyon de 900 m de long et offre une belle promenade le long de sentiers aménagés et pourvus de belvédères ainsi qu'un parcours d'aventure en forêt et une *via ferrata* (voir plus loin).

⁂ *Si vous désirez vous rendre à Ottawa, revenez sur vos pas jusqu'au secteur de Hull, à Gatineau, puis empruntez la rue Laurier à droite en direction du pont Alexandra, visible depuis l'esplanade du Musée canadien des civilisations.*

En traversant la rivière des Outaouais par un des nombreux ponts, on passe du Québec à l'Ontario. Cette province est la plus peuplée du Canada avec près de 13 000 000 d'habitants. Le contraste est frappant, car le visiteur se transporte soudainement d'une société de tradition française à une société anglaise, avec tout ce que cela comporte de changements dans l'affichage, dans les menus des restaurants comme dans les habitudes de vie des habitants.

⁂ *Revenez au Québec par le pont du Portage, situé dans le prolongement de Wellington Street. Tournez à gauche dans le boulevard Alexandre-Taché en direction d'Aylmer (route 148 Ouest). Sur la gauche, on aperçoit les usines Eddy. Un peu plus loin, à droite, se trouve la promenade de la Gatineau, point de départ du circuit de la vallée de la Gatineau.*

Activités de plein air

➤ Descente de rivière

Au cœur de l'Outaouais, la rivière Rouge est reconnue comme l'une des plus importantes et des plus sportives rivières pour le rafting dans l'est du Canada. **Propulsion Rafting** *(105$/jour ou 65$/demi-jour; 619 ch. de la rivière Rouge, Grenville-sur-la-Rouge, à mi-chemin entre Montréal et Ottawa,* ♪ *800-461-3300)* se spécialise dans cette activité, où des milliers pagayeurs se font brasser chaque année.

➤ Parcours d'aventure en forêt

Le parcours d'aventure en forêt du **parc des Chutes Coulonge** *(à partir de 60$; mai à oct tlj sur réservation; 100 promenade du parc des Chutes, par la route 148,* ♪ *819-683-2770 ou 888-683-2770, www.chutescoulonge.qc.ca)* est adapté autant pour les enfants que pour les grands. *Via ferrata*, aire d'hébertisme, tyroliennes et pont suspendu attendent les aventuriers pour une sortie riche en émotions.

> ### *Randonnée pédestre*

Vaste territoire de 1 628 km², la **réserve faunique de Papineau-Labelle** (voir p. 316) est un véritable petit paradis pour l'amateur de grand air et de calme. Pour vous permettre de profiter un peu des beautés que vous réserve ce jardin encore sauvage, des sentiers de randonnée y sont aménagés, vous entraînant au plus profond de la forêt.

Le **Centre d'aventure et de plein air des Montagnes Noires** *(entrée libre; route 315 en direction de Montpellier, Ripon, ☎ 819-983-2000, www.ville.ripon. qc.ca)* offre plus de 15 km de sentiers bien balisés pour une belle randonnée pédestre ou l'observation de la faune locale. Point de vue au sommet.

Des promenades à travers les zones marécageuses ont été aménagées au **parc national de Plaisance** (voir p. 317) afin de mieux faire comprendre le rôle majeur que jouent ces terres humides dans l'équilibre écologique. Le sentier «La zizanie des marais», long d'environ 1 km et accessible à tous, est particulièrement captivant. Il entraîne les visiteurs au cœur des marais grâce aux passerelles de bois qui survolent la baie de la Petite Presqu'île. En plus d'offrir l'occasion de contempler de fort jolis paysages, le parcours, ponctué de panneaux fournissant une foule de renseignements sur divers aspects de la faune, est instructif. Enfin, au cours de la balade, vous pourrez observer plusieurs espèces d'oiseaux, notamment la bernache, qui s'y arrête en grand nombre au printemps lors de son périple migratoire, ainsi que la sauvagine. Plusieurs mammifères peuplent également cette zone, comme le castor et le rat musqué.

> ### *Ski de fond*

Au cœur de la Petite-Nation, le **Centre touristique la Petite Rouge** *(7$; 61 rang des Pruniers, route 323, St-Émile-de-Suffolk, ☎ 888-426-2191, www.petiterouge.com)* propose 25 km de sentiers bien balisés, de débutant à expert, et 5 km de sentiers pour la raquette.

Les skieurs plus intrépides rêvant de s'enfoncer dans les bois, loin de tout développement urbain, trouveront à la **réserve faunique de Papineau-Labelle** (voir p. 316) de quoi combler leurs attentes: un sentier de ski de fond hors-piste long de 120 km. Tout au long des parcours, les skieurs peuvent loger dans des refuges chauffés. Il s'agit certes d'une aventure mémorable, mais réservée exclusivement aux skieurs expérimentés.

Circuit B: La vallée de la Gatineau ★

▲ *p. 330* ⊕ *p. 332* ⌂ *p. 333* ⊡ *p. 334*

⊙ *Une journée*

La vallée de la Gatineau est perpendiculaire à la vallée des Outaouais. Elle était autrefois habitée par les Algonquins, qui ont longtemps pratiqué la traite des fourrures avec les Français, puis avec les Anglais de la Compagnie de la Baie d'Hudson, avant d'être refoulés par la colonisation au XIXᵉ siècle. C'est de nos jours une contrée rurale paisible ponctuée de villages fondés par des loyalistes américains ou par des colons écossais. L'architecture de ces villages est influencée par celle de l'Ontario, tout proche. Ainsi, on retrouve dans la région une concentration exceptionnelle de bâtiments néoclassiques très simples érigés au cours de la période 1830-1860. L'industrie forestière occupe une place croissante dans l'économie de la vallée à mesure que l'on «monte dans le nord». Le bois coupé était autrefois acheminé à Hull par flottage sur la rivière Gatineau.

Parc de la Gatineau ★★

Le **parc de la Gatineau** *(entrée libre, stationnement été 8$ pour le Domaine Mackenzie-King et pour les plages; accueil Chelsea, 33 ch. Scott, Chelsea, ☎ 819-827-2020 ou 800-465-1867, www. capitaleducanada.gc.ca)* est le point de départ de ce circuit. Il fut fondé en 1934, durant la Dépression, afin de protéger cette forêt de plus de 35 000 ha des gens à la recherche de bois de chauffage bon marché. Chacun peut aujourd'hui profiter de ce superbe parc composé de collines et de rivières. Il est traversé par une route longue de 34 km et ponctuée de belvédères dont le **belvédère Champlain** (accessible par une randonnée pédestre ou en skis de fond), qui offre une magnifique vue sur la région du Pontiac. Des activités de plein air peuvent y être pratiquées tout au long de l'année. En été, des sentiers de randonnée pédestre et des pistes pour vélo de montagne sont aménagés. Le parc compte plusieurs lacs, entre autres le célèbre lac Meech, qui donna son nom à une entente constitutionnelle finalement non ratifiée. Les activités nautiques telles que la planche à voile, le canot et la baignade y sont fort populaires. Le parc de la Gatineau met en outre à la disposition des visiteurs un service de location d'embarcations ainsi que des emplacements de camping. On y trouve également la **caverne Lusk**, qu'il est possible d'explorer. Creusée dans le marbre, elle fut formée par l'action de l'eau issue de la fonte de glaciers il y a 12 500 ans. En hiver, quelque 200 km de sentiers de ski de fond sont entretenus dans le parc.

▸▸▸ *Pour vous rendre au centre d'accueil des visiteurs du parc de la Gatineau, au départ de Gatineau prenez l'autoroute 5 vers le nord jusqu'à la sortie 12. Tournez à gauche, puis suivez les indications. Pour aller au Domaine Mackenzie-King, prenez le chemin Kingsmere vers l'ouest, puis suivez les indications vers le stationnement 6.*

William Lyon Mackenzie King fut premier ministre du Canada de 1921 à 1930 puis de 1935 à 1948. Il s'intéressa aux arts et à l'horticulture presque autant qu'à la politique. King aimait se retirer dans sa résidence d'été, près du lac Kingsmere, aujourd'hui intégrée au parc de la Gatineau. Le **Domaine Mackenzie-King** ★ ★ *(entrée et stationnement 8$; ♿; toute l'année, chalets accessibles mi-mai à mi-oct; suivre les indications vers le stationnement 6 depuis l'accueil Chelsea, ☎ 819-827-2020 ou 800-465-1867, www.capitaleducanada.gc.ca),* ouvert au public, comprend deux maisons (l'une d'entre elles a été transformée en un charmant salon de thé), un jardin à l'anglaise et surtout des *follies,* ces fausses ruines que les esprits romantiques affectionnent tant. Cependant, contrairement à la plupart de ces structures, qui sont érigées de toutes pièces, les ruines du Domaine Mackenzie-King sont d'authentiques fragments de bâtiments provenant principalement du premier parlement canadien, incendié en 1916, et du palais de Westminster, endommagé par les bombes allemandes en 1941.

▸▸▸ *Reprenez le chemin Kingsmere vers l'est jusqu'à centre d'accueil des visiteurs du parc de la Gatineau, à Chelsea.*

Chelsea

La ville de Chelsea, sur la route 105, a vu le jour en 1819 grâce à deux marchands originaires du Vermont (États-Unis) qui y ont acquis des terres après avoir refusé d'acheter pour 40$ le terrain où s'élève de nos jours le Parlement canadien.

À Old Chelsea se trouve une petite merveille, **Le Nordik – Spa en nature** *(toute l'année, réservations requises; 16 rue Nordik, ☎ 819-827-1111 ou 866-575-3700, www.lenordik.com),* qui propose des forfaits de détente et de relaxation dans des sources d'eau chaude ainsi que divers soins corporels. Un splendide moment en pleine nature. Difficile de faire mieux que leur forfait «spa, porto et chocolat»…

Du village de Chelsea, empruntez le chemin du lac Meech. La route longe le lac, pour finalement aboutir à l'extrémité du lac Mousseau, aussi appelé «lac Harrington». La résidence d'été officielle du premier ministre canadien se trouve dans les environs. Prenez à droite le chemin non revêtu pour rejoindre la route 105 Nord. On devinera les querelles toponymiques de la vallée de Gatineau, car on se dirige maintenant vers Wakefield, aussi appelé «La Pêche» depuis la fusion de quelques villages bordant la rivière du même nom.

Wakefield ★

Wakefield est une jolie petite ville anglo-saxonne située à l'embouchure de la rivière La Pêche. Elle fut fondée vers 1830 par des colons écossais, anglais et irlandais. Il fait bon se promener dans sa rue principale, bordée d'un côté par des boutiques et des cafés, et de l'autre par la belle rivière Gatineau, traversée au loin par le **pont Gendron**. Ce long pont couvert arbore une couleur rouge brique qui se détache, en été, du vert de la forêt qui l'entoure. Wakefield est aussi le point d'arrivée du populaire **Train à vapeur Hull-Chelsea-Wakefield** (voir p. 318). Même si vous ne prenez pas part à l'excursion, vous pouvez assister au «retournement» du train, par la méthode ancienne, dans le petit parc où elle se termine. Bon nombre de lieux de villégiature sont proposés dans ce petit village pittoresque, entre autres le magnifique **Moulin Wakefield** (voir p. 330).

Aménagé sur un magnifique site tout près de Wakefield, **Éco-Odyssée** ★ ★ ★ *(40$/pédalo; 52 ch. des Sources, ☎ 819-459-2551, www.eco-odyssee. ca),* un véritable labyrinthe aquatique de plus de 6 km et de 60 intersections, vous fait vivre une expérience à la fois insolite et éducative. Les participants côtoient la richesse du marais confortablement installé dans un pédalo et apprennent à mieux connaître les différentes espèces animales et végétales qui habitent ici. Selon l'aventure choisie, les participants peuvent entre autres entreprendre une simple balade ou, avec l'aide d'une liste de lieux à croiser, d'une boussole et d'un livre-guide éducatif, repérer des indices qu'il faut noter et qui mènent à la réponse finale, obtenue sur la terre ferme, au bout d'une randonnée d'interprétation sur les batraciens et autres grenouilles.

Val-des-Monts

Non loin de Wakefield, à l'est, au cœur d'une belle campagne, se cache ce qui demeure la plus grande caverne connue du Bouclier canadien, la **Caverne Laflèche**. **Aventure Laflèche** *(15,50$ pour la caverne, 33$ pour le parcours d'aventure en forêt; fin juin à début sept tlj 8h30 à*

21h, reste de l'année tlj 8h30 à 16h30, réservations requises en tout temps; 255 route Principale, ☎ 819-457-4033 ou 877-457-4033, www.aventurelafleche. ca) propose la visite de la caverne et un impressionnant parcours d'aventure en forêt, à plus de 30 m dans les arbres. Pour ce qui est de l'exploration souterraine, pas besoin d'être un passionné de spéléologie pour vous y rendre, votre guide le sera pour vous! Ses explications, au cours d'une visite de plus d'une heure, vous enseigneront quelques notions de géologie qui vous donneront peut-être envie d'en savoir plus. Si vous êtes accompagné d'enfants (cinq ans et plus), n'hésitez pas, car ils risquent fort d'être fascinés. La caverne se visite à longueur d'année, et l'entreprise propose également un réseau de sentiers de raquettes en hiver.

▸▸▸ *Au-delà du parc de la Gatineau, la route 105 se fraie un chemin entre les montagnes jusqu'à la jonction avec la route 117. Une excursion facultative conduit en pays forestier au départ de Wakefield.*

Sainte-Thérèse-de-la-Gatineau

Le **Centre d'interprétation du cerf de Virginie** *(accès libre; mai à oct tlj; 6 ch. du Barrage, ☎ 819-449-6666 ou 819-449-4134)*, qui compte 17 km de sentiers, traverse le territoire où se réfugient les cerfs de Virginie, communément appelés «chevreuils». On peut emprunter les sentiers à pied ou en raquettes afin d'observer ces gracieux animaux. Nourris par les habitants locaux, les chevreuils reviennent tous les ans. On estime que le troupeau est composé de près de 3 000 têtes, ce qui en fait le plus gros «ravage» de cerfs de Virginie en Amérique du Nord. Il s'agit aussi d'un centre de réhabilitation qui recueille en début d'été les chevreuils blessés ou les faons orphelins, pour les relâcher en automne. Un refuge est disponible en location pour la nuit au bout des sentiers *(réservations requises)*.

Maniwaki

Bureau d'information touristique de Maniwaki *(186 rue King, ☎ 819-441-1777 ou 877-641-1777, www.3200lacs. com)*

Au début du XIXᵉ siècle, Maniwaki est encore au cœur des territoires algonquins. La Compagnie de la Baie d'Hudson y ouvre alors un poste de traite des fourrures afin de faciliter les échanges entre chasseurs de peaux amérindiens et marchands blancs. Lorsque la coupe du bois a succédé au commerce des pelleteries, Maniwaki est devenu un important centre de ravitaillement pour les bûcherons, qui venaient s'y équiper avant de monter au

chantier pour la durée de l'hiver. Plusieurs des habitants de Maniwaki étaient à l'époque passés maîtres dans l'art de la drave (flottage du bois) sur la rivière Gatineau. Le **parc du Draveur** fait revivre à travers une sculpture de Donald Doiron entourée de panneaux d'interprétation.

Le site de l'hôtel **Château Logue** *(12 rue Comeau, ☎ 819-449-4848, www.chateaulogue.com)* abrite une ancienne demeure en pierre de style Second Empire, qui a été construite en 1887 pour le marchand d'origine irlandaise Charles Logue. On y retrouve des salles d'exposition ainsi que le **Centre d'interprétation de l'historique de la protection de la forêt contre le feu** *(8$; fin mai à mi-oct mar-dim 10h à 17h; 8 rue Comeau, ☎ 819-449-7999, www.ci-chateaulogue.qc.ca)*. Ce centre raconte l'évolution des différents moyens mis en œuvre pour protéger des incendies la précieuse ressource qu'est la forêt québécoise. Le centre dispose aussi d'une tour d'observation d'où l'on voit à des kilomètres à la ronde, comme le faisaient les gardes-feu d'une autre époque.

▸▸▸ *Suivez la route 105 vers le sud à partir de Maniwaki jusqu'au chemin Farley, que vous emprunterez à droite; plus loin, le chemin du Lac-à-l'Arche prend le relais, puis devient le chemin du Black Rollway, que vous suivrez jusqu'au point d'entrée principal de la Forêt de l'Aigle, le pavillon Black Rollway.*

La **Forêt de l'Aigle ★★** *(divers forfaits sont offerts selon les activités et l'hébergement; toute l'année, sur réservation; Km 11, ch. du Black Rollway, Cayamant, ☎ 819-449-7111 ou 866-449-7111, www.foretdelaigle.com)* consiste en une initiative de développement forestier durable où l'on pratique une sylviculture commerciale, mais sans surexploitation. Une foule d'activités de plein air sont offertes dans la Forêt de l'Aigle, et ce, dans le respect de la nature. S'y trouve un parcours d'aventure en forêt (voir p. 327) sans oublier la chasse et la pêche, le canot, le kayak sur les lacs et les rivières, la randonnée pédestre… Il est préférable de réserver à l'avance pour toutes ces activités. Différentes formules d'hébergement sont aussi proposées. Le site Internet est très informatif et permet d'effectuer des réservations.

▸▸▸ *La route 105 traverse ensuite plusieurs villages forestiers avant Grand-Remous, où est située la jonction avec la route 117 Nord. Cette dernière permet plus loin d'atteindre la **réserve faunique La Vérendrye** (voir p. 338) et la région de l'**Abitibi-Témiscamingue** (voir p. 335).*

Activités de plein air

➤ Canot

Le canot constitue une façon à la fois différente et plaisante de contempler les magnifiques paysages de l'Outaouais. **Trailhead** *(1960 rue Scott, Ottawa, ✆ 613-722-4229, www.trailhead. ca)* peut organiser des excursions personnalisées en canot d'une ou de plusieurs journées dans le parc de la Gatineau. Ainsi accompagné, vous aurez tout le loisir de vous enfoncer dans la forêt en toute sécurité.

Pour les novices qui rêvent d'une expédition de canot mais qui n'ont jamais pagayé, **Expédition Eau Vive** *(132 ch. du Lac-des-Îles, Gracefield, ✆ 819-463-1261, www.minabichi.ca)* propose des excursions de canot-camping qui, bien qu'accessibles à tous, sortent de l'ordinaire. Parmi celles-ci, mentionnons l'Expérience amérindienne de quatre jours en rabaska (avec guide-interprète, nuitée en tipi, contes et légendes) et l'Expédition canot Tai-chi, de quatre jours aussi, qui s'avère un heureux mélange de ces deux sports en totale harmonie avec la nature.

➤ Parcours d'aventure en forêt

L'Outaouais compte aujourd'hui l'un des plus grands parcours d'aventure en forêt de l'Amérique du Nord, et ce, tout près du site de la Caverne Laflèche (voir p. 325). Vous pourrez y survoler un lac à plus de 30 m d'altitude et sur plus de 200 m de distance à l'aide de deux tyroliennes géantes. De plus, vous y retrouverez quelque 80 ponts suspendus qui offrent des points de vue sur la forêt laurentienne. Cordes à Tarzan, passerelles de bois, filets et tyroliennes géantes sont autant de défis qui se présenteront à vous dans ce parcours d'aventure en forêt unique. Service de traiteur disponible.

Au cœur du parc de la Gatineau se trouve le **Défi Aérien Fortune** *(50$ pour les deux parcours; mai à nov sur réservation; 300 ch. Dunlop, Chelsea, ✆ 819-827-5517, www.campfortune.com)*, qui propose deux parcours parsemés de tyroliennes et de ponts suspendus en forêt.

La **Forêt de l'aigle** *(35$/parcours ou 50$ pour les deux parcours; coordonnées voir p. 326)* offre un immense territoire comme terrain de jeu en pleine nature. On y trouve un des parcours aériens d'aventure les plus enivrants au Québec. Un sentier en hauteur (jusqu'à 19 m!), où l'on se promène presque au-dessus des arbres, permet un contact avec la forêt dans une toute nouvelle perspective. Le parcours Aérofil est tout simplement incroyable : 1,5 km de parcours composé exclusivement de 12 tyroliennes. Les parcours sont ouverts été comme hiver. Les enfants de 12 ans et moins (taille minimale de 1,36 m) disposent d'un petit parcours adapté, dénommé Abracadabranche.

➤ Randonnée pédestre

Le **parc de la Gatineau** (voir p. 324) possède une foule de sentiers de randonnée totalisant pas moins de 165 km, autant d'occasions d'en découvrir les beautés. Vous pourrez ainsi partir à la découverte du lac Pink, fort beau mais à l'équilibre fragile (on ne peut s'y baigner), par le sentier (2,5 km) qui le longe. Si vous préférez les splendides panoramas, optez plutôt pour le sentier du Mont-King, d'une longueur de 2 km, qui vous mènera au sommet, d'où vous aurez une vue splendide sur la vallée des Outaouais. Enfin, les personnes disposant d'un peu plus de temps, et qui désirent entreprendre une excursion fascinante, devraient suivre le sentier de la caverne Lusk, long de 10,5 km, qui se rend à une véritable caverne de marbre, vieille de 12 500 ans. Trois sentiers, totalisant environ 6 km, sont entretenus pour la marche hivernale.

➤ Raquette et ski de fond

En hiver, alors que le **parc de la Gatineau** (voir p. 324) se couvre d'un épais tapis de neige, pas moins de 200 km de sentiers de ski de fond y sont entretenus. Ces sentiers, au nombre de 47, sont destinés aux skieurs de tous types qui y trouveront à coup sûr leur bonheur. Pour leur part, les amateurs de raquette trouveront cinq sentiers totalisant 27 km, dont l'un mène à la caverne Lusk.

➤ Ski alpin et planche à neige

La région urbaine compte peu de montagnes élevées, mais si l'envie de dévaler quelques pistes de ski alpin vous prend, il faut vous rendre à Wakefield. Vous y trouverez deux stations de ski alpin : la station **Edelweiss** *(37$/ journée; 538 ch. Edelweiss, Wakefield, ✆ 819-459-2328; www.mssi.ca)*, qui comprend, en plus d'un important parc pour la glissade sur chambre à air, 18 pentes dont 14 éclairées le soir, ainsi que le **Centre de ski et récréation Vorlage** *(34$/journée; 65 ch. Burnside, Wakefield, ✆ 819-459-2301 ou 877-867-5243, www. skivorlage.com)*, un peu plus petite, mais qui dispose tout de même de 16 pistes dont 12 adaptées au ski de soirée.

Située en plein cœur du parc de la Gatineau, la station de familiale **Ski Camp Fortune** *(38$/journée; 300 ch. Dunlop, Chelsea, ♪ 819-827-1717 ou 888-283-1717, www.campfortune.com)* possède un dénivelé de 167 m. On y trouve 20 pistes dont 2 de calibre extrême à l'inclinaison importante. Une forêt mixte, d'ailleurs reconnue pour ses espèces d'arbres rares, abrite les pistes de la station. Pour les **planchistes**, Ski Camp Fortune possède aussi deux parcs de planche à neige dont un pour les novices.

mettent de parcourir plus de 370 km de sentiers récréatifs tant en milieu urbain que champêtre, ou que vous préfériez rouler sur les sentiers pour vélo tout-terrain du parc de la Gatineau, il y a une adresse à retenir dans le secteur de Hull: la **Maison du vélo** *(350 rue Laurier, ♪ 819-997-4356)*. Il s'agit de l'endroit par excellence à connaître avant d'entreprendre une excursion car on y loue et répare les vélos. En outre, vous pourrez y obtenir une foule de renseignements sur le réseau cyclable régional.

> **Vélo**

Que vous décidiez de suivre une des voies cyclables de la région de Gatineau qui per-

---

Hébergement

Circuit A: La vallée des Outaouais

Montebello

Fairmont Le Château Montebello
$$$$$ ♿ ≡ ⊚ 🅿 ∞ ≋ Υ ♨))) @
392 rue Notre-Dame
♪ 819-423-6341 ou 800-441-1414
www.fairmont.com
Baptisée Château Montebello, cette superbe structure construite en bois de pin et de cèdre s'élève au bord de la rivière des Outaouais. Elle détient le titre de la plus importante structure de bois rond au monde. C'est aujourd'hui un centre de villégiature qui dispose de plusieurs installations, notamment une piscine intérieure et extérieure, un spa, des terrains de squash et une salle de conditionnement physique. Par ailleurs, Le Château Montebello propose aussi le complexe **Fairmont Kenauk** *($$$$$)*, un ensemble de chalets de bois rond de très grand luxe, au cœur d'une réserve faunique privée de bonne dimension. Plusieurs forfaits y sont pro-

posés, principalement pour la chasse et la pêche.

Papineauville
Au Fil des Ans
$$-$$$ 🐾 ℅ @ ♨ ⌁
228 rue Duquette
♪ 819-427-5167
www.aufildesans.com
Si le charme d'une maison ancestrale de style victorien (1853) vous séduit, le gîte touristique Au Fil des Ans sera votre meilleur choix. Cette maison de bois, rénovée en respectant le style d'antan, propose cinq chambres bien tenues et au décor apaisant. Quatre d'entre elles disposent d'une salle de bain privée. Pour le petit déjeuner, on s'installe dans la salle à manger ou dans le solarium, admirablement lumineux, qui abrite également un café.

Saint-André-Avellin
Coopérative Auberge de Jeunesse Petite-Nation
$ 🐾 ℅ @ ♿ ♨
35 rue Principale
♪ 819-983-6644
www.aubergepetitenation.org
Gérée par une dynamique coopérative de solidarité, l'Auberge de Jeunesse Petite-Nation compte plus d'une dizaine de chambres privées (occupation double à qua-

druple) et une quinzaine de places en dortoir. L'auberge, dont le bâtiment date de 1896, abrite également un café (bière, café, repas légers) et donne accès au sentier Louis-Joseph Papineau, où l'on peut pratiquer le vélo, la randonné pédestre et le ski de fond.

L'Ancestrale
L'Ancestrale
$$ 🐾 ℅ @ ♿ ≡ ♨ ⌂ ⌁
19 rue St-André
♪ 819-983-3232
www.lancestrale.com
Installé dans une splendide maison en pierres de taille au cœur du pittoresque village de Saint-André-Avellin, le gîte touristique L'Ancestrale propose cinq chambres de grand confort, un copieux petit déjeuner ainsi qu'un restaurant de très bonne cuisine familiale attenant.

Ripon
Ferme fée et fougère
$$ 🐾 ♨
377 route 321 N.
♪ 819-428-1499
www.giteetaubergedupassant.com/feefougere
Cette petite ferme d'élevage biologique offre le gîte et le couvert aux visiteurs de la région de la Petite-Nation. Les enfants seront certainement enchantés par la visite des

---

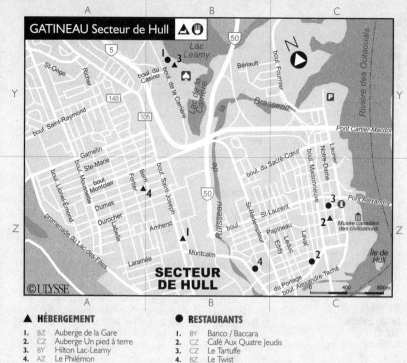

GATINEAU Secteur de Hull

SECTEUR DE HULL

©ULYSSE

▲ **HÉBERGEMENT**

1.	BZ	Auberge de la Gare
2.	CZ	Auberge Un pied à terre
3.	BY	Hilton Lac-Leamy
4.	AZ	Le Philémon

● **RESTAURANTS**

1.	BY	Banco / Baccara
2.	CZ	Café Aux Quatre Jeudis
3.	CZ	Le Tartuffe
4.	BZ	Le Twist

---

installations qui leur permet de voir les animaux. Deux grandes chambres avec chacune deux lits sont aménagées sous les combles, d'où la vue est superbe. Il est possible de réserver la table champêtre du soir, par ailleurs très bonne.

Gatineau

Aux Berges des Outaouais
$$$ 🐾@≡✳️◎⚡
1175 rue Jacques-Cartier
(le long de la rivière)
☎819-561-5241
www.auxbergesoutaouais.com
Aux Berges des Outaouais est un gîte sympathique et sans prétention situé à quelques minutes du centre-ville d'Ottawa, directement au bord de la rivière des Outaouais (une partie du terrain permet même de se mettre les pieds dans l'eau!). Deux chambres, trois suites et une salle de séjour sont proposées. Le soir, sur réservation, on y sert

une cuisine familiale saine et savoureuse. Petit déjeuner créatif à multiples services.

Hull

Auberge Un pied à terre
$$-$$$ 🐾✳️≡@
245 rue Papineau
☎819-772-4364
www3.sympatico.ca/unpiedaterre
L'Auberge Un pied à terre est située tout près du Musée canadien des civilisations. Cette maison patrimoniale a été acquise initialement, au début du XXᵉ siècle, par l'homme de théâtre Wilfrid Sanche. Plusieurs années plus tard, c'est dans cette maison que naquit son petit-fils, le comédien Guy Sanche, mieux connu sous le pseudonyme de Bobino. En plus d'un téléviseur, d'une douche et d'une salle de bain privée, chacune des quatre chambres possède un four à micro-ondes et un réfrigérateur.

Auberge de la Gare
$$$ 🐾≡🅰️◎@✳️⚠️
205 boul. St-Joseph
☎819-778-8085 ou 866-778-8085
www.aubergedelagare.ca
L'Auberge de la Gare est un hôtel bien tenu, simple et conventionnel. Le service est courtois et aimable. Les chambres, en cure de rajeunissement au moment de mettre sous presse, sont propres et confortables. Bon rapport qualité/prix.

Le Philémon
$$$ 🐾@≡🚿◎
47 rue Dumas
☎819-776-0769
www.lephilemon.com
Le gîte Le Philémon offre tout le confort moderne en plein cœur de la ville. Quatre chambres avec salle de bain privée, accès Internet et téléviseur à écran plat complètent le tableau, doublé d'un petit déjeuner végétarien (on accueille aussi les carnivores)

très copieux et gourmet. Une bonne adresse.

Hilton Lac-Leamy
$$$$-$$$$$

3 boul. du Casino
☎ 819-790-6444 ou 866-488-7888
www.hiltonlacleamy.com

Érigé au bord des lacs Leamy et de la Carrière, et à côté du Casino du Lac-Leamy, avec lequel il communique, cet hôtel de la chaîne Hilton s'impose. Les 20 étages offrent tous des chambres confortables au décor classique enjolivé d'une belle vue sur un des deux lacs voisins et les environs. Les installations et services répondent entièrement aux besoins des gens d'affaires.

Aylmer

Le Gîte enchanté
$$$ ☕ bc ≡

32 promenade Lakeview
☎ 819-682-0695
www.giteenchante.ca

Situé à seulement 10 min d'Ottawa, le Gîte enchanté offre aux hôtes, en plus de son confort, de sa tranquillité et de la splendeur de sa cour arrière, la possibilité de découvrir une maison riche en œuvres d'art signées de la main de la propriétaire, la charmante artiste Rita Rodrigue. L'une des deux chambres, la Romantique, est pourvue d'un superbe balcon. Le tout couronné d'un petit déjeuner gastronomique.

Circuit B : La vallée de la Gatineau

Parc de la Gatineau

Camping du parc de la Gatineau
$

guérite du lac Philippe, 300 ch. du Lac-Philippe
☎ 819-456-3016
www.campingparcdelagatineau.ca

Sans doute un des plus beaux sites de la région où camper, le parc de la Gatineau a, avec plus de 350 emplacements, vraiment de quoi plaire à ceux qui désirent dormir en pleine nature. Des emplacements sont aussi aménagés pour recevoir les véhicules récréatifs. On retrouve plusieurs blocs sanitaires à travers le camping, mais il est à noter qu'il n'y a aucun service d'eau ou d'électricité sur les emplacements.

Wakefield

La Grange
$$$ ☕ ♨ ♿ ☕ @ ❄

37 ch. Rockhurst
☎ 819-459-3939
www.lagrangecountryinn.com

Admirablement installée dans une ancienne grange, cette auberge propose de splendides chambres à un prix abordable dans un cadre littéralement enchanteur, très zen et dépouillé. Un studio et des séances de yoga y sont aussi offerts. Situé à un jet de pierre du parc de la Gatineau, l'établissement abrite également une agréable salle de séjour dotée d'un foyer.

Les Trois Érables
$$$-$$$$ ☕ ≡ △ ⤳

801 ch. Riverside
☎ 819-459-1118 ou 877-337-2253
www.lestroiserables.com

La petite auberge Les Trois Érables est l'une des surprises que vous réserve l'Outaouais. On y trouve cinq chambres classiques et très bien tenues, dont une suite avec foyer. Remarquez le travail investi dans la rénovation de cette maison datant de 1896. L'endroit est paisible, et plusieurs aires de détente sont mises à la disposition de la clientèle, à l'intérieur comme à l'extérieur. En face se dresse le magasin général, où l'on peut se ravitailler en nourriture et en boissons.

Le Moulin Wakefield
$$$$$ ☕ ≡ ♿ △ @ ◎ ♈ ♉ ⤳

60 ch. du Moulin
☎ 819-459-1838 ou 888-567-1838
www.wakefieldmill.com

Le Moulin Wakefield est un incontournable dans la région. Par le bon goût et la sobriété de son décor, toutefois très original et chaleureux, un séjour passé dans cette auberge de 27 chambres, toutes de grand cachet et confort, s'avère inoubliable. Les chambres ont été aménagées dans l'ancien moulin et profitent de fenêtres inhabituellement hautes. Des murs de pierres sont apparents un peu partout; la terrasse à deux niveaux et la verrière du restaurant donnent sur une chute d'eau en contrebas (moulin oblige…). Le restaurant et le pub valent le détour, ne serait-ce que pour leur impressionnante cave à vins. Finalement, le spa est digne d'un établissement de très haute gamme.

Messines

Maison La Crémaillère
$$ ☕ ≡ ◎ @ ♉ ⤳

24 ch. de la Montagne
☎ 819-465-2202 ou 877-465-2202
www.lacremaillere.qc.ca

La Maison la Crémaillère est un petit gîte touristique très accueillant. Dans cette petite localité tranquille, vous pourrez vous reposer en profitant de la vie douce et paisible de la campagne outaouaise et vous baigner dans un petit lac. On y propose aussi un très bon restaurant (voir p. 332).

Maniwaki

Auberge du Draveur
$$-$$$
≡ ◎ ♉ @ ♿ ⤳ ❄ ≋ ⫶⫶⫶ ♈

85 rue Principale Nord
☎ 819-449-7022 ou 877-449-7022
www.aubergedraveur.qc.ca

L'Auberge du Draveur n'a d'auberge que le nom. Cet établissement moderne de type motel offre une foule de services. Les chambres, très propres et confortables, sont bien équipées. Pour le prix, il s'agit d'un excellent choix.

La Forêt de l'aigle
$ camping, chambres et refuge
$$$ chalets
bc⚭❤❄
Km 11, ch. du Black Rollway Cayamant
☎ 819-449-7111 ou 866-449-7111
www.foretdelaigle.com
Située au sud-ouest de Maniwaki, La Forêt de l'aigle offre un vaste choix de chambres confortables mais rustiques, de chalets tout équipés de grand confort et d'emplacements de camping, avec ou sans services. Des forfaits comprenant les activités du parcours d'aventure en forêt (voir p. 327) ou en formule hébergement seulement sont disponibles.

Château Logue
$$$ @⚭♿≡◎⚭▲≋❄♨〰♉
12 rue Comeau
☎ 819-449-4848 ou 877-474-4848
www.chateaulogue.com
Le Château Logue abrite une cinquantaine de chambres et suites et offre une foule de services dans un cadre chaleureux. On y trouve un restaurant de fine cuisine, et différents forfaits sont proposés aux golfeurs.

Restaurants

Circuit A: La vallée des Outaouais

Papineauville

La Table de Pierre Delahaye
$$$
mer-dim
247 rue Papineau
☎ 819-427-5027
www.latabledepierredelahaye.ca
Une histoire de couple, avec Madame à l'entrée et Mon-

sieur à la cuisine, la Table de Pierre Delahaye mérite une escale. L'accueil est toujours cordial et chaleureux dans ce restaurant aménagé dans une maison de village historique (1880), et la cuisine exquise est d'inspiration normande : le chef est un vrai Normand! Si l'évocation du ris de veau vous fait saliver, pas besoin d'aller plus loin.

Saint-André-Avellin

Restaurant Le Solex
$-$$
juin à oct mer-lun, fin avr et mai horaire réduit, fermé le reste de l'année
548 route 323
☎ 819-983-4694
Improbable lieu en pleine campagne, Le Solex est un petit troquet de bord de route servant une fine cuisine… créole! L'intérieur vaut à lui seul le détour, et le propriétaire et sa femme (haïtienne, par ailleurs…) vous parleront assurément des nombreuses photos, pièces ou œuvres d'art du monde entier qui décorent la salle à manger. Un sympathique passage presque obligé si vous visitez la région de la Petite-Nation.

Chénéville
Le Parissi Resto Bistro
$-$$$
mer-dim
44 rue Principale
☎ 819-428-1200
Petit bistro central au service dynamique, Le Parissi propose un menu inventif, composé entre autres de plats de poisson et de fruits de mer, de pâtes et de la spécialité maison, le carré d'agneau. Belles terrasses avant et arrière (ombragée).

Hull
Voir carte p. 329.

Café Aux Quatre Jeudis
$-$$
44 rue Laval
☎ 819-771-9557
Le sympathique «café-resto-bar-galerie-ciné-terrasse» Aux Quatre Jeudis accueille une clientèle jeune et un peu bohème. Il dispose d'un écran sur lequel sont présentés des films. Sa jolie terrasse se révèle très populaire durant l'été. L'atmosphère y est très détendue.

Le Twist
$$
88 rue Montcalm
☎ 819-777-8886
www.letwist.com
Dans un cadre plutôt rétro et très sympathique, Le Twist comblera vos envies d'un bon hamburger et de frites maison. Bien sûr, le menu comporte d'autres excellents choix. En été, une grande terrasse vous accueille.

Le Tartuffe
$$$
lun-sam
133 rue Notre-Dame-de-l'Île
☎ 819-776-6424
À deux pas du Musée canadien des civilisations se trouve un merveilleux petit restaurant de gastronomie française : Le Tartuffe. Cette petite maison saura vous plaire par la gentillesse et la courtoisie de son personnel, ou grâce à son ambiance intime et délicieuse.

Le **Casino du Lac-Leamy** (voir p. 318) renferme deux restaurants où vous pourrez prendre un excellent repas loin du tapage des salles de jeu. Le **Banco** (**$$-$$$**; ☎ 819-772-6210) propose une formule buffet, à bon prix. Plus chic et plus cher, le **Baccara** (**$$$$**; *mer-dim dès 17h30;* ☎ 819-772-6210) a su se tailler une place parmi les meilleurs restos de la région. La table d'hôte affiche tous les jours des plats raffinés, que vous dégusterez tout en profitant d'une vue spectaculaire sur le lac. La cave à vins, bien garnie, et le service toujours impeccable concourent également à faire de votre repas une expérience culinaire mémorable.

Aylmer

À l'échelle de Jacob
$$$
mer-dim
27 boul. Lucerne
☎ 819-684-1040

Aménagé dans une jolie maison en pierre, À l'échelle de Jacob est fort agréable. Ce restaurant à l'ambiance chaleureuse convient bien aux dîners en tête-à-tête. On y concocte une délicieuse cuisine française. Chaque année, l'établissement ferme quelques semaines en été, lors des vacances annuelles; il est alors préférable d'appeler avant de s'y rendre.

Circuit B: La vallée de la Gatineau

Chelsea

L'Orée du bois
$$$
mai à nov mar-dim, nov à mai mar-sam
15 ch. Kingsmere, Old Chelsea
☎ 819-827-0332
www.oreeduboisrestaurant.com

Visiter l'Outaouais sans se rendre dans le parc de la Gatineau serait une hérésie, ne serait-ce que pour prendre un repas au restaurant L'Orée du bois, aménagé dans une maison rustique en plein cœur de la nature. On y savoure une cuisine française qui met en valeur les excellents produits de la région. Les prix sont raisonnables et les portions généreuses.

Les Fougères
$$$$
783 route 105
☎ 819-827-8942
www.fougeres.ca

Le restaurant Les Fougères propose une cuisine inventive et raffinée, basée sur les produits régionaux de saison, dans un environnement très sympathique. On y offre un alléchant menu dégustation, en plus de préparer des plats cuisinés pour emporter.

Messines

Maison La Crémaillère
$$$
mer-sam
24 ch. de la Montagne
☎ 819-465-2202 ou 877-465-2202
www.lacremaillere.qc.ca

Située dans un coin reculé de l'Outaouais, la Maison La Crémaillère figure parmi les plus illustres restaurants de la région. La salle à manger de cette magnifique maison d'époque dispose d'à peine 30 places et offre un service personnalisé et courtois. La table d'hôte de cinq services propose une cuisine française aussi artistique que délicieuse. Réservations requises.

Sorties

N'oubliez pas de consulter la version locale du journal *Voir* (version Gatineau/Ottawa) afin de planifier vos sorties. Le *Voir* est distribué chaque semaine gratuitement dans les bars, cafés et restaurants en Outaouais.

➤ Activités culturelles

Saint-André-Avellin

Salle de spectacle, le **Théâtre des Quatre Sœurs** *(156 rue Principale,* ☎ *819-983-4000, www.theatredes4soeurs.com)* présente des films originaux et des spectacles d'humour ou

de chansons. Certains grands noms de la musique québécoise sont passés par là, tel Richard Desjardins.

Gatineau

Tout au long de l'année, la **Maison de la culture de Gatineau** *(&; 855 boul. de la Gappe,* ☎ *819-243-2525)* offre des spectacles de bonne qualité.

Hull

La petite **Salle Jean-Despréz** *(25 rue Laurier, secteur de Hull,* ☎ *819-243-8000)*, aménagée dans la **Maison du Citoyen** (voir p. 318), affiche une programmation éclectique: concerts de musique classique et de jazz, théâtre et spectacles d'humour.

Pour assister à une bonne pièce de théâtre, rendez-vous au **Théâtre de l'Île** *(1 rue Wellington,* ☎ *819-243-8000).* En été, des forfaits souper-théâtre sont proposés.

Le **Théâtre du Casino Lac-Leamy** *(www.casinosduquebec.com)* comprend 1 000 sièges confortables offrant une bonne vue sur la scène.

Dans le vieux Hull se trouve **Le Petit Chicago** *(50 promenade du Portage,* ☎ *819-483-9843)*, un bar doublé d'une salle de spectacle pour les musiques émergentes locales. Une bonne adresse.

Aylmer

Le **Centre culturel du Vieux-Aylmer** *(&; 120 rue Principale,* ☎ *819-243-8000)* offre une programmation intéressante et variée et comprend une salle de spectacle, **La Basoche**.

À côté de l'ancienne Auberge Symmes, le **Centre d'exposition l'Imagier** *(9 rue Front,* ☎ *819-684-1445, www.limagier.qc.ca)* avoisine le parc de L'imaginaire, où, en été, on présente des concerts et des spectacles dans un joli petit kiosque. Le parc en lui-même est agréable avec ses œuvres d'art, dont des bancs-sculptures.

Wakefield

À Wakefield, on ne s'ennuie pas. On y trouve en effet quelques bistros pour se divertir, ainsi que le **Mouton Noir/Blacksheep** *(753 ch. Riverside, ♪ 819-459-3228, www. theblacksheepinn.com)*. Anciennement une auberge, ce bar comprend une salle de spectacle qui affiche une programmation variée et surprenante pour une aussi petite ville. Qu'ils soient de la région ou de renommée internationale, les artistes qui s'y produisent sont généralement intéressants et font vibrer toute la localité le temps d'un spectacle ou deux!

➤ Bars et boîtes de nuit

Hull

Café Aux Quatre Jeudis
44 rue Laval
♪ 819-771-9557

Depuis de très nombreuses années, le café Aux Quatre Jeudis est l'endroit privilégié par les habitués des cafés. Belle grande terrasse en été. Fort sympathique.

Le Fou du Roi
253 boul. St-Joseph
♪ 819-778-0516

Le Fou du Roi est le lieu de rencontre des gens qui ont dépassé la trentaine. Les vitrines s'ouvrent sur une petite terrasse en été. Également très fréquenté après les heures de bureau.

Le Troquet
41 rue Laval
♪ 819-776-9595

Le Troquet est un petit bistrobar de l'animée rue Laval. On y vient pour prendre un verre et discuter entre amis. En été, deux terrasses, l'une à l'arrière et l'autre à l'avant,

permettent aussi de casser la croûte agréablement.

Au **Casino du Lac-Leamy**, vous trouverez le **777** et **La Marina**, où l'on sert plusieurs bières produites par les microbrasseries québécoises et canadiennes. Vous pourrez aussi aller au **Bacchus**, installé dans le Hilton Lac-Leamy qui avoisine le casino.

➤ Casino

Les personnes qui désirent s'amuser tout en ayant la possibilité de gagner (ou de perdre!) de bons montants d'argent peuvent se rendre au **Casino du Lac-Leamy** *(&; tlj 24 heures sur 24; 1 boul. du Casino, Gatineau, ♪ 819-772-2100 ou 800-665-2274)*. Vaste, il renferme notamment des machines à sous, des tables de keno, de blackjack et de roulette ainsi que plusieurs restaurants (voir p. 331) et bars.

➤ Festivals et événements

Février

Bal de Neige au parc Jacques-Cartier
rue Laurier, près du pont Alexandria Gatineau
♪ 819-243-3383 ou 866-299-2002
www.gatineau.ca

Le plus grand terrain de jeux de neige en Amérique du Nord présente, au cours de l'événement Bal de Neige, un concours national de sculpture sur neige, des glissades géantes, des spectacles et de l'animation pour toute la famille

Juin

À la fin juin, le festival l'**Outaouais en fête** *(parc des Cèdres, Gatineau, secteur d'Aylmer, ♪ 819-684-8460, www. imperatif-francais.org)* célèbre la francophonie avec d'importants spectacles, feux de joie et d'artifice.

Août

À Gatineau (secteur de Hull), l'ouverture du Casino du Lac-Leamy est à l'origine d'un festival de feux d'artifice, **Les grands feux du Casino du Lac-Leamy** *(♪ 819-771-3389 ou 888-429-3389, www.feux.qc.ca)*, qui se déroule pendant le mois d'août chaque année.

Septembre

Le **Festival de montgolfières de Gatineau** *(♪ 819-243-2330 ou 800-668-8383, www. montgolfieresgatineau.com)* se déroule à Gatineau pendant la fin de semaine de la fête du Travail, au début septembre. Une féerie de couleurs inonde alors le ciel. En peu d'années, ce festival a acquis une réputation enviable et constitue le plus important du genre au Canada. Très bien organisé, il attire plusieurs grands artistes de la chanson en soirée.

Achats

➤ Alimentation

Gatineau

Le **Marché public Notre-Dame** *(mi-juin à fin août ven 11h à 18h; 266 rue Notre-Dame, ♪ 819-669-2224)* accueille les producteurs et artisans de la région. En plus des kiosques de produits alimentaires diversifiés (fruits, légumes, viandes, pains, sirop d'érable, vins et cidres), on y organise régulièrement des activités comme des soirées cinéma gratuites et de l'animation familiale.

Chelsea

En plus de présenter de nombreuses activités dont le Festival du vin (en juillet) et la Foire d'automne (en septembre), le **Marché Old Chelsea** *(juin à oct sam 9h à 14h; ch. Old Chelsea, près du chemin Boischatel, ♪ 613-296-1916, www. marcheoldchelseamarket.ca)*, qui se tient à l'extérieur, réunit les agriculteurs, producteurs (dont certains biologiques) et artisans de la région pour offrir d'excellents produits locaux.

Wakefield

La Confiserie *(817 ch. Riverside,* ☎ *819-459-1177)* constitue une halte gourmande à ne pas manquer. On y prépare sur place des chocolats, bonbons, fudges, confitures, gelées et chutneys.

➤ Art et artisanat

Hull

Les **boutiques du Musée canadien des civilisations** *(100 rue Laurier,* ☎ *819-776-7145)* sont définiti-vement à découvrir. Vous y dénicherez toutes sortes de trésors à prix accessible. En plus de l'artisanat, on y vend une foule de chouettes petits bibelots.

Wakefield

La petite ville de Wakefield réserve quelques plaisirs à ceux qui aiment déambuler tranquillement en fouinant dans des boutiques. Une riche communauté d'artistes et d'artisans s'y est en effet établie et a ouvert un bon nombre de boutiques prêtes à recevoir les visiteurs. Parmi celles-ci, la boutique **Jamboree** *(740 ch. Riverside,* ☎ *819-459-2537)* propose une belle sélection d'artisanat d'ici et d'ailleurs, ainsi que des meubles et décorations de style champêtre.

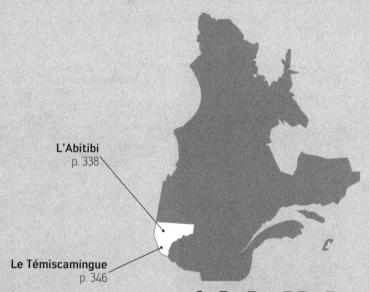

L'Abitibi
p. 338

Le Témiscamingue
p. 346

Abitibi-
Témiscamingue

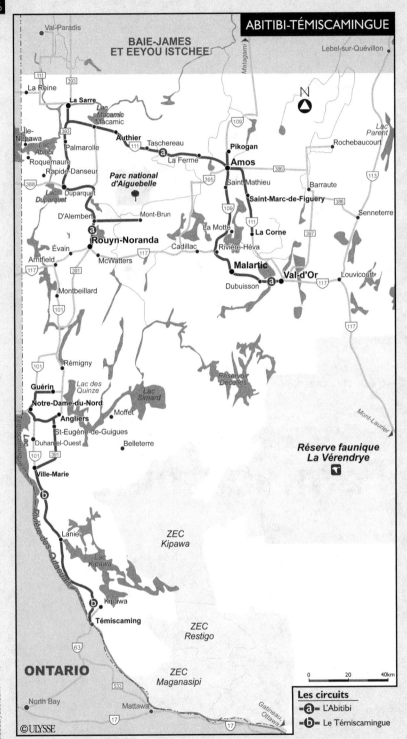

ABITIBI-TÉMISCAMINGUE

Val-Paradis

BAIE-JAMES
ET EEYOU ISTCHEE

Lebel-sur-Quévillon

Matagami

La Reine

La Sarre

Lac
Macamic
Macamic

Authier
Taschereau

Pikogan

Rochebaucourt

Lac
Parent

Île-
Nepawa

Palmarolle

La Ferme

Amos

Lac
Abitibi

Roquemaure

Rapide-Danseur

Saint Mathieu

Barraute

Senneterre

Lac
Duparquet

Duparquet

Parc national
d'Aiguebelle

Saint-Marc-de-Figuery

D'Alembert
Mont-Brun

La Motte

La Corne

Rouyn-Noranda

Cadillac

Rivière-Héva

Évain

McWatters

Arntfield

Montbeillard

Malartic

Val-d'Or

Louvicourt

Dubuisson

Rémigny

Réservoir
Decelles

Guérin

Lac des
Quinze

Lac
Simard

Notre-Dame-du-Nord

Moffet

Mont-Laurier

Angliers

St-Eugène-de-Guigues

Duhamel-Ouest

Belleterre

Réserve faunique
La Vérendrye

Ville-Marie

Laniel

ZEC
Kipawa

Lac
Témiscamingue

Lac
Kipawa

Rivière des Outaouais

Kipawa

Témiscaming

ZEC
Restigo

ONTARIO

ZEC
Maganasipi

0   20   40km

North Bay

Mattawa

Gatineau,
Ottawa

guidesulysse.com

©ULYSSE

Les circuits
- **a** L'Abitibi
- **b** Le Témiscamingue

Avec ses 20 000 lacs et ses 150 000 habitants, la région de l'**Abitibi-Témiscamingue** ★ peut sans doute être considérée comme la dernière frontière du Québec, en excluant le Grand Nord québécois et la Baie-James. Quoique les riches terres bordant le lac Témiscamingue et la rivière des Outaouais aient été occupées dès le XIXe siècle, la colonisation de la majeure partie de la région ne commença qu'au début du siècle dernier, avec l'arrivée de femmes et d'hommes déterminés à y vivre de l'agriculture.

Après de dures années de défrichage et de maigres récoltes, la découverte de gisements d'or au cours des années 1920 provoqua une seconde vague migratoire ayant l'allure d'une véritable ruée vers l'or. Des villes y poussèrent comme des champignons en quelques années, avec l'exploitation naissante des gisements d'or, mais aussi de cuivre et d'argent, dans ce que l'on nomme la «faille de Cadillac». La région conserve encore aujourd'hui une atmosphère de *boom town*, et le secteur minier emploie toujours un cinquième de la main-d'œuvre locale, les autres piliers de l'économie régionale étant l'agriculture et, surtout, le secteur forestier.

À l'époque des premiers balbutiements de l'Abitibi, une vague de colons s'y est rendue, espérant y trouver la richesse promise par le clergé catholique. La réalité s'est avérée différente. Ils ont été confrontés à un territoire vierge. Ils se voyaient octroyer des terres vers lesquelles ils devaient même ouvrir la route. Mais, au prix de la sueur de leur front et de dur labeur, ces pionniers ont défriché un coin de pays bien à eux.

Du point de vue touristique, l'Abitibi-Témiscamingue est encore un territoire à défricher! L'explorateur moderne qui s'y aventure découvrira une richesse inouïe, des espaces vierges à profusion et des cours d'eau aux possibilités quasi infinies! Fréquentée depuis plusieurs années par les chasseurs et les pêcheurs qui reconnaissent la générosité de la nature, la région offre beaucoup plus que du gibier et du poisson. Ses forêts, ses lacs et ses rivières se prêtent à une multitude d'aventures, douces ou extrêmes.

Même si l'Abitibi et le Témiscamingue font partie de la même région touristique, ces deux entités territoriales propres couvrent respectivement un vaste territoire. En conséquence, deux circuits distincts sont proposés:

Circuit A: L'Abitibi ★
Circuit B: Le Témiscamingue ★

Accès et déplacements

➤ En voiture

Circuit A: L'Abitibi

L'Abitibi est située à environ 500 km de Montréal. Il est recommandé de prévoir un arrêt à mi-parcours. Empruntez l'autoroute 15 Nord au départ de Montréal. À Sainte-Agathe, elle devient la route 117. Le circuit de l'Abitibi peut être combiné avec celui du «Royaume des vacanciers», dans les **Laurentides** (voir p. 288), et avec celui du **Témiscamingue** (voir p. 346).

Circuit B: Le Témiscamingue

Le Témiscamingue est accessible soit par l'Abitibi, soit par l'Ontario. Dans le premier cas, suivez la route 391 Sud au départ de Rouyn-Noranda. À Rollet, empruntez la route 101 puis la route 391 Sud jusqu'à Angliers. Dans le second cas, empruntez les routes 17, 533 et 63 en Ontario (sur la rive sud de la rivière des Outaouais). Puis rendez-vous à Témiscaming, et parcourez le circuit que nous vous proposons en sens inverse pour terminer à Guérin.

➤ En autocar (gares routières)

Circuit A: L'Abitibi
Val-d'Or
Terminus Maheux
1420 4e Avenue
☎ 819-874-2200

Rouyn-Noranda
Terminus Maheux
52 rue Horne
☎ 819-762-2200

Circuit B: Le Témiscamingue
Ville-Marie
19 rue Ste-Anne (Dépanneur au Cagibi)
☎ 819-629-2166

> ### En train (gare ferroviaire)

Circuit A : L'Abitibi

Senneterre
171 4ᵉ Rue O.
☎ 819-737-2979

> ### En bateau

Circuit B : Le Témiscamingue

Ceux qui possèdent leur propre embarcation peuvent se rendre au Témiscamingue par la **Voie navigable de la rivière des Outaouais** *(☎ 866-224-5244, www.ottawariverwaterway.com)*. Cette voie emprunte la rivière des Outaouais et se termine au lac Témiscamingue. Cet itinéraire retrace la voie de flottaison utilisée à l'époque pour faire descendre le bois vers les scieries et les usines de pâte et papier à Gatineau.

Attraits touristiques

Tourisme Abitibi-Témiscamingue *(155 av. Dallaire, bureau 100, Rouyn-Noranda, QC J9X 4T3, ☎ 819-762-8181 ou 800-808-0706, www.48nord.qc.ca)*

Circuit A : L'Abitibi ★

▲ *p. 348*   👜 *p. 350*   🍴 *p. 352*   🛏 *p. 352*

🕐 *Deux jours*

Nous sommes ici en pays neuf, puisque la colonisation de l'Abitibi ne débute véritablement qu'avec l'arrivée du chemin de fer en 1912. La région étant isolée du reste du Québec par la faille minéralisée de Cadillac, qui délimite le bassin hydrographique du Saint-Laurent, il était auparavant presque impossible de s'y rendre par voie d'eau. L'Abitibi est alors présentée comme la «terre promise» par le clergé catholique, qui veut y déverser le trop plein d'agriculteurs de la vallée du Saint-Laurent et enrayer l'émigration vers les États-Unis. La découverte de gisements de cuivre et d'or, au début des années 1920, précipite le développement de quelques villes, comme Val-d'Or, mais le reste du territoire demeure jusque-là peu peuplé.

Cependant, lorsque survient la crise économique de 1929, la colonisation de l'Abitibi est perçue comme un moyen de réduire le chômage grâce aux terres offertes aux miséreux des grandes villes. Dans les années 1930, l'élite politique voit donc l'Abitibi comme l'exutoire de la misère urbaine. Les mesures instituées par le gouvernement québécois

entre 1932 et 1939 permettront de doubler la population de la région en sept ans et de créer 40 nouveaux villages.

Des centaines de lacs et de rivières, la forêt à perte de vue et un relief de hauts plateaux relativement peu prononcé font de l'Abitibi un lieu idéal pour la chasse, la pêche et le camping sauvage. L'Abitibi-Témiscamingue est traversée par la ligne démarquant les eaux de la vallée du Saint-Laurent de celles de la Baie-James, et c'est d'ailleurs ce que le mot d'origine algonquine *Abitibi* signifie : «ligne de partage des eaux».

En arrivant des Laurentides par la route 117, vous avez certainement croisé pendant quelques heures la **réserve faunique La Vérendrye** ★★ *(3,50$; ☎ 819-736-7431 ou 800-665-6527, canot-camping ☎ 819-435-2331, www.sepaq.com)*. Couvrant 12 589 km², cette réserve représente le deuxième territoire naturel en importance au Québec. Elle est devenue, au fil des années, le paradis des amateurs de plein air de tout acabit. Ainsi, chaque été, de nombreux adeptes du canot, du canot-camping, de la pêche, et même des cyclistes et des vacanciers de villégiature (qui y garent leur véhicule motorisé ou y plantent leur tente), y affluent.

L'entrée Nord est située à 60 km au sud de Val-d'Or.

Val-d'Or

Office du tourisme et des congrès de Val-d'Or *(1070 3ᵉ Avenue E., ☎ 819-824-9646 ou 877-582-5367, www.ville.valdor.qc.ca)*

Qui aurait cru que sous le Régime français il y avait bel et bien de l'or au Québec? Après s'être fourvoyés en apportant à François Iᵉʳ de la vulgaire pyrite de fer, les explorateurs de l'Amérique française avaient abandonné la recherche du précieux métal doré. Ce n'est qu'en 1922 que des prospecteurs découvrent aux limites de la faille minéralisée de Cadillac un formidable gisement d'or.

Une ville champignon verra bientôt le jour dans cette vallée de l'or. Elle portera un nom qui lui convient à merveille : Val-d'Or. Au cours des années 1930, Val-d'Or fut le plus important site d'extraction d'or au monde. Ville de quelque 32 000 habitants, elle demeure encore de nos jours un important centre minier.

Vous pouvez monter au sommet (18 m) de la **Tour d'observation Rotary** *(☎ 819-824-9646)*, située à l'angle des boulevards des Pins et Sabourin, pour vous faire une idée des

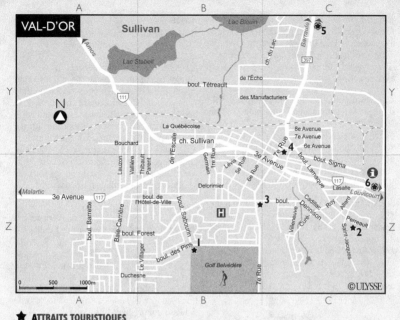

VAL-D'OR

Sullivan

© ULYSSE

★ **ATTRAITS TOURISTIQUES**

1.	BZ	Tour d'observation Rotary
2.	CZ	Cité de l'Or / Village minier de Bourlamaque
3.	CZ	Centre d'exposition de Val-d'Or
4.	CY	Centre d'amitié autochtone
5.	CY	Les jardins à fleur de peau
6.	CZ	Réserve faunique La Vérendrye

vastes horizons qui caractérisent le nord du Québec.

La **Cité de l'Or / Village minier de Bourlamaque** ★ ★ *(18$-37,50$ selon la durée de la visite; fin juin à début sept tlj 9h à 17h, reste de l'année sur réservation; 90 av. Perreault, ☎ 819-825-7616 ou 877-582-5367, www.citedelor.com)* permet aux visiteurs de descendre sous terre, d'explorer cinq bâtiments de l'ancienne mine Lamaque en plus de voir l'exposition permanente, de faire le Circuit d'interprétation du Village minier de Bourlamaque avec arrêt à la maison historique et de profiter des expositions temporaires. Pour les visites sous terre, notez que les enfants doivent être âgés d'au moins 6 ans et avoir une taille minimale de 1,09 m.

La firme canado-américaine Teck-Hughes Gold Mines amorce l'exploitation de la mine Lamaque en 1932, y attirant de nombreux chômeurs en quête d'un emploi. Le village minier de Bourlamaque surgit du sol au printemps de 1935 pour loger les mineurs et leur famille ainsi que les dirigeants. Ce témoin unique de la ruée vers l'or en Abitibi a été miraculeusement préservé dans ses moindres détails par l'entreprise Lamaque, qui l'a fait

construire, puis par la Ville de Val-d'Or. Le village sera annexé à Val-d'Or en 1965.

Classé arrondissement historique en 1978, ce quartier entier comporte 54 authentiques maisons de mineurs en bois rond, chacune pouvant se définir comme la fameuse «cabane au Canada». Les maisons sont toujours habitées et parfaitement entretenues.

Il faut aussi remarquer les demeures des dirigeants. Bâties selon une architecture de style anglo-saxon, ces résidences abritaient les patrons et leur famille. Il est intéressant de noter, comme souvent dans les plans d'urbanisme des villes de compagnie, que même l'emplacement des maisons des patrons (sur une petite colline) dominait celui des habitations des employés.

La visite d'une ancienne mine donne l'occasion de descendre 90 m sous terre. On y explique les différentes techniques d'extraction de l'or. Cette expérience intéressante permet de voir les incroyables conditions de travail des hommes-taupes. Pour la visite, mieux vaut porter un bon lainage car la température au fond d'une mine n'a rien à voir avec celle de l'extérieur en saison.

Abitibi-Témiscamingue – Attraits touristiques – L'Abitibi

À Val-d'Or, les œuvres des artistes de la région et d'ailleurs sont présentées au **Centre d'exposition de Val-d'Or** *(entrée libre; mar-ven 13h à 17h et 18h30 à 20h30, sam-dim 13h à 17h; Centre culturel de Val-d'Or, 600 7ᵉ Rue, ♪ 819-825-0942, www.expovd.ca).*

La culture autochtone est importante à Val-d'Or, et le **Centre d'amitié autochtone** *(entrée libre; toute l'année; ♿; 1272 7ᵉ Rue, ♪ 819-825-6857, www.caavd-vdnfc.ca)* vous ouvre un accès privilégié à l'histoire, aux légendes et aux traditions des nations amérindiennes de la région. Dans la boutique, vous pourrez voir les œuvres d'artisans autochtones.

À 5 km du centre-ville de Val-d'Or par la route 397, direction Barraute, se trouvent **Les jardins à fleur de peau** ★ *(6$; visites guidées 12$; fin juin à début sept ven-dim 10h à 17h; 67 ch. de la Baie-Jolie, ♪ 819-825-8697, www.lesjardinsafleurdepeau.com).* Ils consistent en une série de jolis jardins horticoles, avec une légère tendance asiatique, créés par des amoureux de l'agencement floral et de l'esthétique.

▸▸▸ *Poursuivez sur la route 117 en direction de Malartic.*

Malartic

En raison de la découverte de nouveaux gisements aurifères, la communauté minière de Malartic connaît un renouveau économique, après une longue période de vaches maigres (en témoignent ses bâtiments de la ruée vers l'or qui ont subsisté, donnant à la ville un air de Far West amusant). De l'ordre de 800 millions de dollars, le projet minier Canadian Malartic de la corporation minière Osisko *(www.osisko.com)* est donc en cours de développement, et une bonne partie du quartier sud de la ville doit être déménagée afin de permettre dès 2011 l'exploitation de la mine d'or à ciel ouvert.

Le **Musée minéralogique de l'Abitibi-Témiscamingue** ★ *(6$; ♿; juin à mi-sept tlj 9h à 17h; mi-sept à mai lun-ven 9h à 12h et 13h à 17h, fin de semaine sur réservation; 650 rue de la Paix, ♪ 819-757-4677, www.museemalartic.qc.ca)* a été fondé par un groupe de mineurs désireux de partager leur expérience avec le public. Aujourd'hui, il vit résolument au XXIᵉ siècle avec des expositions fort instructives. Un spectacle multimédia y explique les étapes de formation de notre planète ainsi que le rôle de ses nombreux minéraux dans notre vie quotidienne.

▸▸▸ *À Rivière-Héva, prenez la route 109 en direction d'Amos.*

Amos

Maison du tourisme d'Amos *(892 route 111 E., ♪ 819-727-1242 ou 800-670-0499, www.ville.amos.qc.ca)*

À l'été de 1912, les premiers colons de l'Abitibi s'installent sur les berges de la rivière Harricana après un voyage épuisant. Le premier village de cabanes rustiques, bâties avec le bois coupé pour défricher le site, fait rapidement place à une ville moderne qui n'a rien à envier aux autres villes du Québec. Aujourd'hui une ville de près de 13 000 habitants, Amos a été le point de départ de la colonisation de l'Abitibi. Elle en est toujours le centre administratif et religieux.

L'ancien palais de justice d'Amos, construit en 1922, est désormais le site du **Palais des arts Harricana** et du **Musée d'histoire de l'Abitibi** *(4$ pour les deux; mer-dim 10h à 18h; 101 3ᵉ Avenue E., ♪ 819-732-4497).* Le Palais des arts abrite plusieurs expositions des artistes œuvrant partout en région. Le musée, quant à lui, raconte l'épopée des bâtisseurs de l'Abitibi. L'architecture de l'édifice s'ajoute à toute cette richesse culturelle et historique.

La **cathédrale Sainte-Thérèse-d'Avila** ★ *(11 boul. Mgr-Dudemaine, ♪ 819-732-2110),* élevée à ce rang en 1939, a été construite en 1922. Sa structure circulaire inusitée, coiffée d'un large dôme, et son vocabulaire romano-byzantin ne sont pas sans rappeler l'église Saint-Michel-Archange de Montréal. L'intérieur est orné de marbres d'Italie, de belles mosaïques et de verrières françaises.

Dans le stationnement à étages situé tout juste à côté de la cathédrale, vous pourrez admirer le résultat d'une intéressante œuvre collective de graffitis intelligents, créée par des jeunes de la ville encadrés par des peintres professionnels. Tous les murs du stationnement sont devenus de véritables toiles géantes représentant les intérêts, les peurs et les sujets qui interpellent la jeunesse locale.

Vous désirez voir ce qu'Amos propose sur la scène artistique? Rendez-vous au **Centre d'exposition d'Amos** *(♿; entrée libre; mer-ven 13h30 à 17h et 19h à 21h, sam-dim 13h à 17h; Maison de la culture d'Amos, 222 1ʳᵉ Avenue E., ♪ 819-732-6070).* Outre l'exposition permanente, vous pourrez y faire une incursion dans l'histoire de l'art, de la préhistoire à nos jours, et y voir des travaux d'artistes de la région ainsi que des expositions itinérantes provenant d'autres musées québécois.

Le **Refuge Pageau** ★★ *(12,50$; fin juin à début sept tlj 10h à 16h, reste de l'année sur réservation; 4241 ch. Croteau, ♪ 819-732-8999, www.*

refugepageau.ca) recueille les animaux blessés (ours, loups, renards, orignaux, aigles et plusieurs autres représentants de la faune québécoise), les soigne et, une fois ces bêtes guéries, les remet en liberté. Malheureusement, ces bêtes ne peuvent pas toutes retourner dans la nature sans risques; alors certaines restent au refuge. Un sentier de 1 km longeant leurs enclos permet de mieux les connaître : les guides et les interprètes racontent l'histoire particulière de chaque animal et sensibilisent les visiteurs à l'importance d'une cohabitation harmonieuse avec les animaux. En automne, vous pourrez être témoin du magnifique spectacle des oiseaux migrateurs qui s'arrêtent au refuge. Une initiative louable qui mérite certainement une visite.

››› *À 10 km au sud-est d'Amos, sur la route 111 Est, vous attend le village de Saint-Marc-de-Figuery.*

Saint-Marc-de-Figuery

Les habitants de cette petite localité ont décidé de partager leur patrimoine culturel avec les visiteurs. Ils ont donc ouvert le **Musée de la Poste** et la **Boutique de forge** *(4$ pour les deux; fin juin à début sept tlj 9h à 17h; 449 route 111,* ☎ *819-732-8501)*, une reconstitution du bureau de poste de 1922. Sur le site se trouve également un atelier où l'on peut apprendre les rudiments du métier des forgerons. Vous pouvez aussi profiter du **parc Héritage**, situé devant le musée et qui constitue une jolie halte.

La Corne

La **Forêt ornithologique Saint-Benoît** *(entrée libre; toute l'année; accès aux sentiers : 185 rang 3 et 4 O., par la route 111; www.fosb.ca)* est un site naturel pour la randonnée pédestre (la raquette en hiver) et l'observation des oiseaux. Deux sentiers étroits se faufilent respectueusement au milieu d'une zone de conservation comprenant une colline et deux lacs : le sentier des Belvédères (1 km) au sommet de la colline et le sentier des Oiseaux (5 km) autour de la colline où plusieurs nichoirs ont été installés.

À La Corne même, juste au sud de Saint-Marc-de-Figuery, se trouve un attrait très intéressant : le **Dispensaire de la Garde de La Corne** ★★ *(6$; mi-juin à août tlj 9h à 17h; 339 route 111,* ☎ *819-799-2181, www.dispensairedelagarde.com)*. Aujourd'hui un lieu historique national, ce dispensaire a appartenu à une infirmière de colonie, l'une de ces femmes qui travaillaient aussi comme sages-femmes et même comme vétérinaires dans les coins les plus reculés du territoire en pleine colonisation. Le site nous rappelle leur vie et leur travail.

››› *À 3 km au nord d'Amos se trouve le village algonquin de Pikogan.*

Pikogan

Les Algonquins de l'Harricana ont préservé leur nomadisme jusqu'en 1954, année où ils s'installent sur un site qu'ils baptisent *Pikogan*, mot d'origine algonquine qui signifie «tente indienne». La chapelle du village retient l'attention par sa forme conique héritée du tipi. L'intérieur, aménagé par les Algonquins, comprend notamment un chemin de croix disposé sur des peaux de castors.

››› *La route 109 Nord, en direction de Matagami et du Nunavik, permet d'atteindre, au bout de 620 km, la Baie-James et ses installations hydroélectriques titanesques (voir le **Nord-du-Québec**, p. 673). Afin de poursuivre le circuit de l'Abitibi, revenez à Amos et empruntez la route 111 Ouest.*

Authier

L'**École du Rang II** ★ *(5$; fin juin à début sept tlj 9h30 à 17h30; 269 rang II/route 111,* ☎ *819-782-3289, www.lino.com/~ecolrgll)*. Au Québec, les villages sont parfois fort éloignés les uns des autres. Jusqu'au début des années 1960, les écoles de rang apporteront pour les plus jeunes une solution aux longs déplacements qu'ils doivent entreprendre pour se rendre dans les principales agglomérations. Ces établissements étaient construits en rase campagne et étaient administrés par le gouvernement québécois. Une «maîtresse d'école» enseignait aux enfants des différents niveaux, réunis dans une seule et même salle de classe. L'institutrice demeurait sur place, dans un logement attenant à la salle principale. L'École du Rang II, construite en 1937, a été transformée en centre d'interprétation des écoles de rang au Québec. L'intérieur, demeuré intact, abrite encore les pupitres, les manuels scolaires et le logement de l'institutrice.

››› *La route 111 traverse ensuite Macamic, située au bord du lac du même nom. Prenez à droite la route 393 Nord pour atteindre La Sarre.*

La Sarre

Bureau d'information touristique de La Sarre *(saisonnier; 600 rue Principale S.,* ☎ *819-333-3318 ou 866-660-3318, www.abitibi-ouest.net)*

Nous sommes au pays des terres ingrates et des routes sans fin, où acheter un litre de lait entraîne souvent une balade de 20 km en voiture! La forêt constitue encore la principale source de revenus pour les habitants de la région, même si cette ressource diminue et devient une source de tension entre les travailleurs et la société civile, de plus en plus sensible à la cause forestière et, plus largement, environnementale.

Le **Centre d'interprétation de la foresterie** *(entrée libre; tlj 10h à 18h; 600 rue Principale, ☎ 819-333-3318)*, au bureau de tourisme local, illustre le développement de l'industrie forestière à La Sarre.

La Sarre (7 500 hab.) ne vit pas que de bois. La culture s'y exprime au **Centre d'art Rotary** *(visites toute l'année, lun-ven 13h à 16h30 et 19h à 21h, sam-dim 13h à 17h; 195 rue Principale, ☎ 819-333-2294)*, qui abrite également la bibliothèque municipale Richelieu et le Centre d'art Rotary (&), où sont présentées des expositions d'œuvres d'artistes de l'Abitibi-Témiscamingue et de l'extérieur ainsi que des expositions itinérantes. Remarquez la **fresque** qui habille le hall de la maison; en y regardant de plus près, vous pourrez y lire plus de 70 ans d'histoire locale!

▸▸▸ *Reprenez la route 393 en sens inverse jusqu'à Duparquet, site d'une mine d'or abandonnée. Prenez à gauche la route 388 Est, puis à droite la route 101 Sud, que vous suivrez jusqu'à D'Alembert. Ensuite, tournez à gauche en direction de Saint-Norbert-de-Mont-Brun, où se trouve l'entrée du parc national d'Aiguebelle.*

Le **parc national d'Aiguebelle ★★** *(3,50$; &; 1702 rang Hudon, Mont-Brun, ☎ 819-637-7322 ou 800-665-6527, www.sepaq.com)* couvre un territoire de 268,3 km². En plus des multiples lacs et rivières, on y retrouve les plus hautes collines de la région. Les visiteurs peuvent y pratiquer plusieurs activités de plein air tout au long de l'année, dont les plus populaires sont le canot, la pêche, la randonnée à bicyclette et à pied durant la saison estivale, et le ski de fond ainsi que la raquette durant l'hiver. On peut aussi y séjourner en refuge ou en camping.

▸▸▸ *Reprenez la route 101 Sud en direction de Rouyn-Noranda.*

Rouyn-Noranda

Tourisme Rouyn-Noranda *(1675 av. Larivière, ☎ 819-797-3195 ou 888-797-3195, www.tourismerouyn-noranda.ca)*

Autrefois formée des deux municipalités autonomes de Rouyn et de Noranda, implantées respectivement sur les rives sud et nord du lac Osisko, cette ville minière a vu le jour à la suite de la découverte dans la région d'importants gisements d'or et de cuivre. En 1921, il n'y avait encore là que forêt et rochers. Cinq ans plus tard, une ville complète, avec églises, usines et résidences, était visible au même endroit. Si le secteur de Rouyn se veut davantage commerçant, en revanche, le secteur de Noranda, surtout résidentiel et institutionnel, a été bien planifié par la compagnie minière Noranda dès le milieu des années 1920. Même si les mines de Rouyn-Noranda sont aujourd'hui épuisées, cette ville de quelque 39 000 habitants demeure un important centre de transformation du minerai.

La ville de Rouyn-Noranda est devenue un pilier culturel national par son éclectisme et son audace. Plusieurs festivals d'envergure internationale y sont organisés, notamment le **Festival du cinéma international en Abitibi-Témiscamingue** (voir p. 352) et le **Festival de musique émergente en Abitibi-Témiscamingue** (voir p. 352).

Le site historique de la **Maison Dumulon** *(6$; fin juin à début sept tlj 8h30 à 17h; visites guidées à 9h, 10h, 13h30 et 14h30; reste de l'année merven 12h à 20h, sam-dim 12h à 17h; 191 av. du Lac, ☎ 819-797-7125, www.maison-dumulon.ca)* comprend une résidence et un magasin général construits en bois rond par le marchand Joseph Dumulon en 1924. La famille Dumulon a été au centre de la formation de la ville de Rouyn, car elle a regroupé sur ses terrains un commerce, une auberge ainsi que le bureau de poste local. Le bâtiment en rondins d'épinette abrite de nos jours un petit centre d'interprétation de l'histoire de Rouyn-Noranda et une boutique de produits régionaux.

L'**église orthodoxe russe** *(7$; fin juin à début sept tlj 8h30 à 17h, hors saison sur réservation; 201 rue Taschereau O., ☎ 819-797-7125)* nous rappelle que les villes minières de l'Abitibi ont attiré un fort contingent d'immigrants d'Europe de l'Est au cours des années 1930 et 1940. À l'intérieur, on y dresse le portrait de chacune de ces communautés qui ont joué un rôle important dans le développement de la ville. Nombre d'entre elles sont cependant en régression de nos jours. On notera, au hasard des rues, la présence de synagogues et autres temples de dénominations variées, la plupart reconvertis à d'autres usages.

Le **Centre d'exposition de Rouyn-Noranda** *(entrée libre; visites commentées de 40 min 2$; mar-ven 12h30 à 16h30, sam-dim 13h à 17h; 425 boul. du Collège, ☎ 819-762-6600, www.cern.ca)* présente des expositions qui touchent différentes facettes de la culture, qu'elle soit artistique, historique, ethnologique, scientifique ou autre. Sa collection d'œuvres d'art est représentative des diverses pratiques des artistes professionnels de la région de l'Abitibi-Témiscamingue.

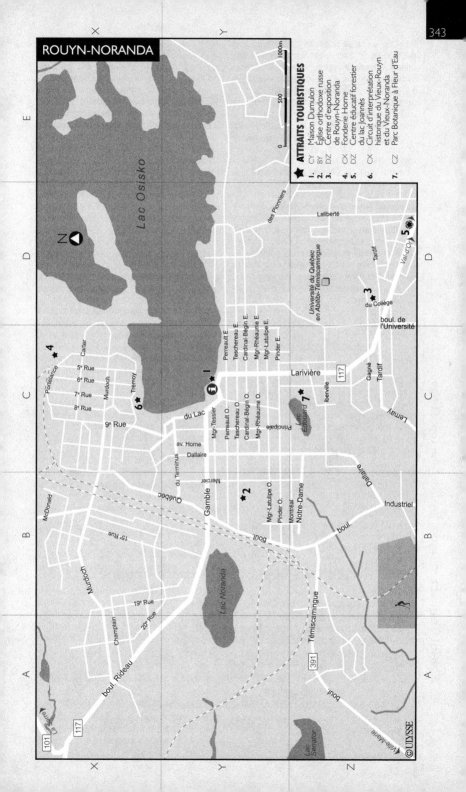

Pour en savoir plus sur les techniques d'extraction et de traitement du minerai, il faut visiter la **Fonderie Horne** ★ *(entrée libre; visites sur réservation; fin juin à début sept tlj 9h, 10h30, 13h30 et 15h; accueil: 1 av. Carter,* ☎ *819-797-3195 ou 888-797-3195).* Découvrez ce complexe ouvert en 1927 et toujours en activité (il appartient maintenant à la compagnie Xstrata Copper Canada). La fonderie est considérée comme l'un des plus importants producteurs mondiaux de cuivre et de métaux précieux et est le plus grand recycleur de matériaux électroniques en Amérique du Nord.

Le **Circuit d'interprétation historique du Vieux-Rouyn et du Vieux-Noranda** comporte 25 panneaux d'interprétation répartis en 13 stations sur le thème «Une mine, une ville» et 7 stations du circuit du Vieux-Rouyn. Les tableaux du parcours relatent l'histoire de la vieille ville de Noranda en présentant chacun des bâtiments importants construits depuis la fondation de la ville. Ce circuit de 3,3 km débute au parc Trémoy, se termine à l'usine Xstrata Copper Canada (Fonderie Horne) et prend 2h30 à parcourir à pied. Le plan est disponible au bureau d'information touristique *(1675 av. Larivière,* ☎ *819-797-3195).*

Le **Parc Botanique à Fleur d'Eau** *(entrée libre; mi-juin à août tlj 9h30 à 18h; 325 av. Principale,* ☎ *819-762-3178, www.corpodesfetes.ca)* est sillonné par un sentier pédestre permettant d'admirer la flore et la faune de ce site enchanteur situé le long du lac Édouard. Avis aux ornithologues, on y retrouve une grande variété d'oiseaux.

Les promoteurs du **Centre éducatif forestier du lac Joannès** *(entrée libre en été, 3$ en hiver pour l'accès au site; activités animées 2$; fin juin à début sept tlj 10h30 à 17h30, mi-jan à fin mars sam-dim 10h à 17h; 703 ch. des Cèdres, quartier McWatters,* ☎ *819-762-8867, www.ceflacjoannes.com)* privilégient les activités en famille, et c'est pourquoi on y retrouve des installations pour tous. Fondé en 1972, le centre tente de vulgariser les activités économiques du milieu forestier en proposant des sentiers pédestres, une piste d'hébertisme et un gigantesque labyrinthe de 3,5 km. Des guides d'observation sont offerts pour une meilleure compréhension de la faune et de la flore lors des randonnées. Les groupes doivent réserver. Le Centre éducatif se trouve à 33 km de Rouyn-Noranda par la route 117 en direction de Val-d'Or.

Activités de plein air

➤ Chasse et pêche

Dans ce royaume de lacs et de rivières, de grands espaces et de forêts sans fin, la chasse et la pêche dominent. La **Pourvoirie Balbuzard Sauvage** *(lac Trévet, Senneterre,* ☎ *819-737-8681, www.balbuzard.com)* a acquis une excellente réputation grâce à la qualité de sa table et de son confort. Les tarifs dépendent toujours de la saison que l'on choisit pour s'y rendre et de l'activité qu'on désire pratiquer.

La **Pourvoirie du lac Faillon** *(Senneterre,* ☎ *819-737-4429, www.pourvoiriedulacfaillon.com)* figure, elle aussi, parmi les plus populaires. En plus, vous y trouverez une jolie plage.

➤ Motoneige

En hiver, la région est un véritable paradis pour les motoneigistes. Ses 3 620 km de sentiers accessibles à la motoneige se partagent en circuits qui sillonnent les plus beaux

---

Richard Desjardins, artiste engagé

Né en 1948 à Rouyn-Noranda, Richard Desjardins est surtout connu comme musicien, mais ses prises de position à titre de citoyen engagé méritent tout autant l'admiration. En 1999, il a coréalisé avec Robert Monderie un documentaire-choc sur l'état des forêts du Québec, *L'Erreur boréale*, qui met en lumière la piètre gestion de cette ressource longtemps considérée comme «inépuisable». Depuis, une commission d'enquête a eu lieu, et elle a conclu que la forêt était effectivement surexploitée, et que le gouvernement devrait prendre des mesures afin de limiter sa dilapidation. En 2007, Richard Desjardins présentait un autre documentaire tout aussi dérangeant, intitulé *Le peuple invisible*, qui fait part de la détresse des Autochtones, en particulier des Algonquins. Au moment de mettre sous presse, il préparait un autre documentaire en collaboration avec Robert Monderie, cette fois-ci sur l'industrie minière, qui portera le titre de *Trou Story*.

coins de l'Abitibi-Témiscamingue. La neige (généralement) abondante, la température clémente, froide mais toujours sans humidité, et l'accueil chaleureux de la population régionale comblent les amateurs de beaux paysages et d'aventure nordique. Les itinéraires rejoignent plusieurs régions touristiques du Québec. Vous pouvez donc y accéder par les sentiers Trans-Québec des villes de Senneterre, Lebel-sur-Quévillon ou Belleterre. En venant de l'Ontario, vous passerez par Témiscaming, Notre-Dame-du-Nord, Arntfield ou La Reine. Plusieurs entreprises font la location des véhicules et des vêtements nécessaires au motoneigisme.

Notez toutefois que certaines agences de location imposent des restrictions, notamment un âge minimal et un permis de conduire valide, ainsi qu'une initiation à la motoneige si vous en n'avez jamais conduit.

Location Blais
792 boul. Québec
Rouyn-Noranda
☎ 819-797-9292
www.locationblais.com

Moto Sport du Cuivre
175 boul. Évain E.
Évain
☎ 819-768-5611 ou 866-768-5611
www.motosportducuivre.com

Pour une excursion encadrée, l'**Auberge de l'Orpailleur** (voir p. 348) propose des forfaits motoneige complets, avec transfert depuis Montréal, hébergement en pension complète, guide, motoneige, équipement, vêtements, etc.

> **Randonnée pédestre**

Le **parc national d'Aiguebelle** (voir p. 342) constitue l'un des lieux préférés des gens de la région pour la pratique de la randonnée pédestre. Les sentiers, qui s'étendent sur 50 km, vous invitent à fouler le sol le plus âgé du Bouclier canadien.

Pour pratiquer la randonnée dans le secteur de **Rouyn-Noranda**, rendez-vous au pied des **collines Kekeko** (*www.cegepat.qc.ca/sitekekeko*), à 11 km de la ville, où une aire de stationnement est accessible à partir de la route 391. Douze sentiers offrent des découvertes naturelles et des points de vue extraordinaires, des abris sous roches et de splendides cascades. La carte des sentiers est disponible sur le site Internet.

> **Raquette et ski de fond**

Le **camp Dudemaine** *(7$; mi-déc à mi-avr tlj 10h à 16h30; route 395, Amos,* ☎ *819-732-2781, www.cableamos.com/piedsfartesamos)* propose une salle de fartage et un comptoir de location de skis et de restauration. Vous pourrez y effectuer le pas de patin et le pas classique sur 22 km de pistes bien entretenues. En été, les pistes deviennent des sentiers pédestres ou de vélo de montagne. Trois sentiers de raquettes (11,6 km) y sont aussi accessibles.

Le **Mont-Vidéo** *(tlj 9h30 à 17h; 43 ch. Mont-Vidéo, Barraute,* ☎ *819-734-3193, www.mont-video.ca)* offre, outre ses pentes de ski alpin, près de 10 km pour le ski de randonnée (une piste facile de 7,6 km et une difficile de 1,8 km) en plus d'un sentier de raquettes de 6,9 km. Vous y trouverez une salle de fartage et un restaurant.

Le **Club de ski de fond de Val-d'Or** *(9,50$; lun-ven 10h à 20h, sam-dim 9h à 17h; ch. de l'Aéroport, direction 7e Rue vers le sud, Val-d'Or,* ☎ *819-825-4398, www.lino.com/skidefond)* propose 40 km de tracés, dont une piste «internationale» éclairée (4 km)! Vous y trouverez une salle de fartage, une boutique de location, un refuge chauffé et un casse-croûte.

> **Tourisme d'aventure**

Abitibi8inni Aventure et culture *(55 rue Migwan, Pikogan,* ☎ *819-732-3350, www.abitibiwinni.com)* organise, de début juin à fin septembre, des forfaits sur mesure d'expéditions en canot sur la rivière Harricana, avec des guides algonquins chevronnés. Les participants expérimenteront la vie autochtone à l'époque des grandes expéditions amérindiennes en canot, en plus d'avoir l'occasion de goûter la cuisine traditionnelle et de dormir sous le tipi ou dans un camp aménagé. Il faut réserver au moins trois semaines à l'avance. Ces forfaits sont hautement recommandés si vous voulez mieux connaître les descendants des premiers habitants du Québec. Splendide!

> **Vélo**

Toutes les régions du Québec s'y sont mises, et l'Abitibi-Témiscamingue n'échappe pas à la vague de popularité déclenchée par le vélo. En fait, la région a été le précurseur de cette vague en présentant depuis 40 ans le Tour de l'Abitibi, une compétition d'envergure qui rassemble aujourd'hui les meilleurs coureurs juniors du monde.

Une piste de 5 km relie **Amos** et La Ferme, une station de sports de plein air pour toute la famille. La piste sillonnant la forêt est

Abitibi-Témiscamingue - Activités de plein air - L'Abitibi

jalonnée de haltes, et un belvédère offre une vue magnifique sur la région environnante. Le départ s'effectue au croisement du chemin du vieux cimetière et de la route 111 Ouest. La balade se fait également en sens inverse à partir du camping municipal. La piste est ouverte de la mi-mai à la fin août, de 9h à 21h.

Pour permettre de belles randonnées à bicyclette à **Rouyn-Noranda**, une piste cyclable à deux voies, la piste Osisko, asphaltée et sécuritaire, a été aménagée sur la rue Perreault. Elle débute à l'angle de la rue Larivière et de la rue Perreault, et fait le tour du lac Osisko. Quelques autres petites pistes balisées sont aussi proposées dans la ville *(www.groupevelo. com)*. Les adeptes du vélo peuvent donc pratiquer leur activité préférée tout en découvrant ce coin de pays.

Le **parc linéaire Rouyn-Noranda–Taschereau** *(100 av. du Lac, Rouyn-Noranda, ☎ 819-762-0500 ou 866-306-0500, www.groupevelo.com)* permet une randonnée à vélo (ou à motoneige en hiver) qui relie Rouyn-Noranda à Taschereau sur 71 km. Ce tronçon fait aussi partie de la Route Verte.

Enfin, il y a le **Tour de l'Abitibi** *(www.tourabitibi. qc.ca)*. Cette épreuve est sanctionnée par la Fédération cycliste internationale amateur et regroupe une vingtaine d'équipes de niveau junior des quatre coins du monde. La France, les États-Unis et la Hollande demeurent les plus fidèles visiteurs, de même que les délégations des provinces canadiennes.

Circuit B: Le Témiscamingue ★

⛺ *p. 350*   🍴 *p. 351*

🕐 *Un jour et demi*

La rivière des Outaouais prend sa source dans le beau lac Témiscamingue, qui a laissé son nom à toute une région du Québec située à la frontière avec l'Ontario. Le Témiscamingue, mot d'origine amérindienne signifiant «l'endroit des eaux profondes», constituait autrefois le cœur des territoires algonquins.

Après avoir été le royaume des coureurs des bois pendant deux siècles, le Témiscamingue s'est tourné vers l'exploitation forestière à partir de 1850. L'hiver venu, les bûcherons de l'Outaouais «montaient dans le bois» pour couper la matière ligneuse que l'on croyait à tort inépuisable. En 1863, les pères oblats

s'installent dans la région. Ils fondent Ville-Marie en 1888, ce qui fait de cette ville la doyenne de toute la région de l'Abitibi-Témiscamingue.

Guérin

Le **Musée de Guérin** ★ *(5$; fin juin à début sept 10h à 17h; 932 rue Principale N., ☎ 819-784-7014, www.culture-at.org/musee-guerin)* présente une intéressante collection d'objets religieux et agricoles retraçant l'histoire locale. Dans ce musée de site, on retrouve entre autres un camp de bûcherons, la maison d'un cultivateur et l'église du village. Il s'agit d'une halte à ne pas manquer, ne serait-ce que pour voir ce qu'une poignée de gens peuvent faire lorsqu'ils sont fiers de leur culture.

▸▸▸ *Continuez par la route de Guérin-Nédélec jusqu'à la route 101, où vous prendrez la direction sud jusqu'à Notre-Dame-du-Nord.*

Notre-Dame-du-Nord

Bureau d'information touristique de Notre-Dame-du-Nord *(3 rue Principale, ☎ 819-723-2500)*

Située en bordure du majestueux lac Témiscamingue, la petite municipalité de Notre-Dame-du-Nord vit maintenant surtout des revenus des secteurs agroalimentaires et manufacturiers.

Le **Centre thématique fossilifère** *(5$; mai à fin juin lun-ven 10h à 17h, fin juin à début sept tlj 10h à 17h; 5 rue Principale, ☎ 819-723-2500, www.fossiles.qc.ca)* expose une série de fossiles d'animaux marins retrouvés dans la région. Certains de ces fossiles datent de près de 400 millions d'années. On y organise aussi des sorties de découverte.

▸▸▸ *Au départ de Notre-Dame-du-Nord, continuez sur la route 101 jusqu'à la montée Gamache, que vous suivrez jusqu'à Angliers.*

Angliers

Jusqu'en 1975, le bois coupé sur les terres du Témiscamingue était acheminé vers les scieries des villes par flottage sur les nombreuses rivières de la région. Le village d'Angliers, situé au bord du lac des Quinze, a d'ailleurs longtemps vécu du flottage du bois. Au cours des dernières années, Angliers a misé sur sa vocation touristique, le site étant idéal pour la chasse et la pêche.

T.E. Draper/Chantier de Gédéon *(droit d'entrée; fin juin à début sept tlj 10h à 18h; 11 rue T.E. Draper, ☎ 819-949-4431, www3.telebecinternet.com/ tedraper)*. Le remorqueur *T.E. Draper* a été mis en service en 1929. On s'en servait pour tirer les radeaux de bois. Lors de l'abandon des opérations de flottage, il a été remisé avant d'être acquis par des citoyens d'Angliers, qui l'ont amarré à proximité de l'ancien entrepôt de la Canadian International Paper Company (C.I.P.). Le Chantier de Gédéon, quant à lui, se présente comme une reconstitution d'un camp de bûcherons des années 1930-1940. L'ensemble fait partie d'un centre d'interprétation sur le flottage du bois. Durant la visite de l'ancien entrepôt de la C.I.P., remarquez la façon dont les travailleurs ont francisé plusieurs mots anglais, formant ainsi une partie du «joual» québécois.

▸▸▸ *Prenez la route 391 Sud jusqu'à Ville-Marie.*

Ville-Marie

Bureau d'information touristique de Ville-Marie *(1 boul. Industriel,* ☏ *819-629-2918 ou 866-538-3647, www.tourismetemiscamingue.ca)*

Lieu stratégique sur la route de la baie d'Hudson, le lac Témiscamingue est connu depuis le XVIIᵉ siècle. Déjà en 1686, le chevalier de Troyes s'y arrête brièvement lors d'une expédition pour déloger les Anglais de la baie.

Un poste de traite est aménagé au bord du lac la même année. Au XIXᵉ siècle, l'ouverture de chantiers au Témiscamingue attire une population saisonnière, bientôt remplacée par des colons qui s'établiront à proximité de la mission des oblats, donnant ainsi naissance à Ville-Marie. La ville occupe un bel emplacement au bord du lac, mis en valeur par l'aménagement d'un parc riverain.

La **Maison du Frère-Moffet** *(4$; mi-juin à début sept tlj 10h à 18h; 7 rue Notre-Dame-de-Lourdes,* ☏ *819-629-3533 ou 819-629-3534, www.maisondufreremoffet.com),* un bâtiment en pièce sur pièce de 1881, est la première maison de Ville-Marie. Plusieurs des colons y ont résidé temporairement à leur arrivée dans la région. On comprend donc qu'elle revêt un caractère particulier pour les gens du Témiscamingue. Après avoir été déménagée à quelques reprises, elle fut transportée sur son site actuel en 1978. Elle abrite depuis un centre d'interprétation de l'histoire du Témiscamingue et offre de belles vues sur le lac. L'édifice en pierre (1939), à l'arrière, logeait autrefois l'École d'agriculture du Témiscamingue. Tours de ville en vélo-taxi disponibles.

Le **Lieu historique national du Fort-Témiscamingue** ★ ★ *(5$;* ♿ *; début juin à début sept tlj 9h à 17h; 834 ch. du Vieux-Fort, Duhamel-Ouest,* ☏ *819-629-3222 ou 888-773-8888, www.*

pc.gc.ca) est situé à 8 km au sud de Ville-Marie. Ce site rappelle l'importance de la traite des fourrures dans l'économie québécoise. De la Compagnie du Nord-Ouest au Régime français, en passant par la Compagnie de la Baie d'Hudson, le fort Témiscamingue, habité de 1720 à 1902, fut un lieu de rencontre entre Occidentaux et Amérindiens.

Une exposition interactive met en valeur la collection archéologique et la trame historique du lieu. Vous retrouverez aussi des plates-formes et des scénographies rappelant l'emplacement des anciens bâtiments ainsi que leur fonction. Tout près, vous verrez la «Forêt enchantée», plantée de thuyas de l'Est déformés par la rigueur hivernale et bordée par le majestueux lac Témiscamingue, témoin de plusieurs millénaires d'histoire.

▸▸▸ *Suivez la route 101 Sud jusqu'à Témiscaming.*

Témiscaming

Bureau d'information touristique de Témiscaming *(451 ch. Kipawa,* ☏ *819-627-1846)*

Ville mono-industrielle, Témiscaming a été fondée en 1917 par la compagnie papetière Riordon. Le service d'aménagement de la compagnie a créé de toutes pièces une «ville nouvelle» à flanc de colline. Elle reprend à son compte le modèle des « cités-jardins » britanniques.

Les architectes Ross et Macdonald de Montréal concevront les plans des jolies maisons Arts & Crafts et la plupart des édifices publics que l'on peut encore admirer de nos jours. On note la présence d'une fontaine en marbre florentin et d'un puits vénitien en bronze en plein quartier résidentiel, apport charmant quoique anachronique à l'aménagement des lieux.

La gare de Témiscaming fut construite en 1927 et reconnue en 1979 par le gouvernement du Québec comme monument historique. Incendiée en 1994, elle a été restaurée en 1995 selon les plans d'origine. Aujourd'hui, le **Musée de la Gare** *(5$; fin juin à début sept tlj 10h à 17h; 15 rue Humphrey,* ☏ *819-627-1846),* aménagé à l'intérieur du bâtiment, présente une exposition permanente en trois thématiques : la gare et le chemin de fer, la ville et l'usine de pâte à papier de Témiscaming. À l'étage se trouve une aire pour les expositions temporaires.

Abitibi-Témiscamingue - Attraits touristiques - Le Témiscamingue

Activités de plein air

› Chasse et pêche

De réputation internationale, la **Réserve Beauchêne** *(Témiscaming, ☎ 888-627-3865, www. beauchene.com)* propose la formule dite de «pêche sportive», selon laquelle les poissons doivent être remis à l'eau. De cette façon, on vous assure une qualité de pêche supérieure. De plus, les chambres sont très confortables et la table est renommée. Site internet en anglais seulement.

› Randonnée pédestre

Le **Sentier de la Grande Chute** *(accès par la route 101, à 8 km au nord de Laniel)*, long de 10 km, offre aux randonneurs d'intéressants points de vue sur la rivière Kipawa, ses chutes, ses rapides et ses marmites de géants.

› Tourisme d'aventure

L'**Association faunique Kipawa** *(7C rue des Oblats N., Ville-Marie, ☎ 819-629-2002, www.zeckipawa.com)* gère la zec (zone d'exploitation contrôlée) de la région du Témiscamingue (2 500 km²) en ce qui a trait à la chasse, à la pêche, au camping sauvage et aux pourvoiries. On dénombre plusieurs pourvoiries sur le territoire, qui offrent un éventail d'activités selon la saison et le forfait choisi. S'y trouvent aussi six circuits de canot-camping.

Hébergement

Circuit A : L'Abitibi

Val-d'Or

Gîte Lamaque
$$ ⊗ ≋ ≡ @ ⅄
119 Perry Drive
☎ 819-824-4483 ou 800-704-4852
www.gitelamaque.com
Le Gîte Lamaque est aménagé dans une des maisons de dirigeants construites en 1936 au cœur du Village minier de Bourlamaque. Il comporte trois suites et une chambre, toutes situées au sous-sol. Le service est très discret, et le gîte dispose d'une entrée privée. Le petit déjeuner est simple et correct mais sans fantaisies.

Auberge Harricana
$$-$$$ ⊗ ≡ ⅏ ☞ @
1 ch. des Scouts
☎ 819-825-4414
www.aubergeharricana.ca
La gigantesque structure de bois rond qui abrite les chambres de l'Auberge Harricana est tout simplement magnifique! Seul établissement hôtelier situé sur le bord de l'eau à Val-d'Or, l'auberge profite d'un emplacement retiré tout en demeurant à proximité du centre-ville. On y propose quelques forfaits d'activités de plein air, surtout axés sur l'hiver et la motoneige, tout équipement fourni. Splendide et hautement abordable compte tenu de la qualité du service, du confort et de l'environnement (la terrasse est particulièrement spectaculaire). Une bonne table est aussi proposée aux villégiateurs, notamment un excellent brunch le dimanche.

Auberge de l'Orpailleur
$$-$$$ ⊗ ᵇᶜ/ᵇₚ ≡ @ ☞ ◎
104 av. Perreault
☎ 819-825-9518
www.aubergeorpailleur.com
L'Auberge de l'Orpailleur, située dans le Village minier de Bourlamaque, est aménagée dans l'ancienne *bunkhouse* qui accueillait les mineurs célibataires. En plus de l'attrait historique, les chambres sont agréablement décorées, chacune d'elles ayant un cachet particulier. L'établissement propose aussi une suite complète avec deux chambres et cuisine à l'étage. L'accueil et le petit déjeuner copieux rendent les séjours inoubliables. Les propriétaires proposent aussi des forfaits motoneige (voir p. 345).

Hôtel Continental
$$-$$$ ✳ ≡ @ ⅏
932 3ᵉ Avenue
☎ 819-824-9651 ou 800-567-6477
www.hmcontinental.ca
Situé au centre-ville de Val-d'Or, l'Hôtel Continental compte une soixantaine de chambres, dont certaines avec balcon. En hiver, il s'agit d'un endroit apprécié des motoneigistes.

Au Soleil Couchant
$$-$$$$ ⊗ ᵇᶜ/ᵇₚ @ ◎
301 ch. Val-du-Repos
☎ 819-856-8150
www.ausoleilcouchant.com
Les cinq chambres de cet établissement vous charmeront par leur décor splendide, quoiqu'un peu «kitsch», qui incite à la détente. Ce gîte offre l'accès à un bain à remous et à une plage privée, et comporte trois terrasses surplombant le lac Blouin. Quelques embarcations sont aussi disponibles pour une balade sur le lac.

Amos

Complexe Hôtelier Atmosphère
$$-$$$ ≡ ☞ ◉ ✳ ⅏ ≋ @ ⊛ ⅊
1031 route 111 E.
☎ 819-732-7777 ou 800-567-7777
www.atmosphere.com
Établissement se qualifiant «d'éco-responsable», l'Amos-

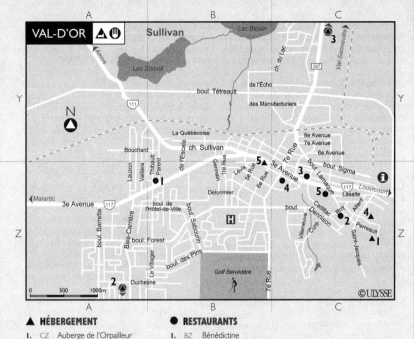

VAL-D'OR ▲ ⏟   Sullivan

(map labels: Lac Blouin, Lac Stabell, ch. du Lac, Val-Senneville, boul. Tétreault, de l'Écho, des Manufacturiers, La Québécoise, ch. Sullivan, 8e Avenue, 7e Avenue, 6e Avenue, boul. Sigma, Louvicourt, Lasalle, Allard, Perreault, Saint-Jacques, boul. de l'Hôtel-de-Ville, boul. Sabourin, boul. des Pins, Golf Belvédère, Duchesne, Le Villager, boul. Forest, Baie-Carrière, boul. Barrette, 3e Avenue, Malartic, Lauzon, Vallière, Thibault, Parent, de l'Escale, Germain, Lévis, 5e Rue, 6e Rue, 3e Avenue, 7e Rue, boul. Lamaque, Cadillac, Roy, Dennison, Curé, Villeneuve, Delorimier, Bouchard, Amos)

© ULYSSE

▲ HÉBERGEMENT

1.	CZ	Auberge de l'Orpailleur
2.	AZ	Auberge Harricana
3.	CY	Au Soleil Couchant
4.	CZ	Gîte Lamaque
5.	BZ	Hôtel Continental

● RESTAURANTS

1.	BZ	Bénédictine
2.	CZ	L'Amadeus
3.	CZ	L'Avantage Bar & Restaurant
4.	CZ	Maison du café l'Armorique
5.	CZ	Restaurant Fleur de Lotus

phère offre un hébergement de catégorie supérieure. En soirée, la salle à manger propose des spécialités de grillades et de fruits de mer. Le complexe hôtelier fait aussi office de relais de motoneigistes en hiver; on y trouve notamment des garages chauffés pour les motoneiges.

Hôtel des Eskers
$$$-$$$$ ≡ ◎ ⏟ @ ⅗
201 av. Authier
☎ 819-732-5386 ou 888-666-5386
www.hoteleskers.com

L'Hôtel des Eskers offre une variété de chambres de catégories différentes (standard, de luxe, studio, loft…), avec tout le confort auquel on peut s'attendre d'un établissement hôtelier moderne. Il renferme aussi un bon restaurant, le **Chat'O Resto-Bar-Café** (voir p. 350).

Senneterre
Motel Bell'Villa
$$ ≡ ❄ @
550 10ᵉ Avenue
☎ 819-737-2331 ou 877-737-2331
www.bellvilla.net

Situé au centre-ville, ce petit hôtel se dresse sur les berges de la rivière Bell. Les chambres sont confortables et spacieuses.

La Sarre
Motel Le Bivouac
$$ ≡ ❄ ↰ ◎ @
637 2ᵉ Rue E.
☎ 819-333-3241 ou 866-980-2241
www.motellebivouac.com

À l'entrée de La Sarre, le Motel Le Bivouac abrite des chambres confortables.

Motel Villa Mon Repos
$$-$$$ ≡ ↰ ⅗ ◎ ❄ ⏟ @
32 route 111 E.
☎ 819-333-2224 ou 888-417-3767
www.motelvillamonrepos.qc.ca

Plus grand établissement hôtelier de la région de La Sarre, le Motel Villa Mon Repos propose des chambres

de toutes catégories à proximité du centre-ville.

Rouyn-Noranda
Voir carte p. 351.

Gîte Le Passant
$$ ❧ ᵇ/ᵖ @
489 rue Perreault E.
☎ 819-762-9827
www.lepassant.com

Cinq charmantes chambres vous accueillent au gîte convivial qu'est le Gîte Le Passant. Réputé pour sa bonne table, Michel Bellehumeur, le propriétaire, vous offre un petit déjeuner fortifiant composé des produits de son potager.

Hôtel Gouverneur Le Noranda
$$$ ≡ ◎ ⏟ @ ↰ ❋ ❄ ⁗ ⅗
41 6ᵉ Rue (secteur Noranda)
☎ 819-762-2341
www.lenoranda.com

Fraîchement rénové, et relié par une passerelle intérieure au Centre des congrès de Rouyn-Noranda, l'Hôtel

Gouverneur Le Noranda est l'adresse la mieux cotée en ville, avec toute la classe et tout le confort relatifs à ce genre d'établissement. Studios, chambres feng-shui et spa relaxation. Chic et de bon goût. Une valeur sûre. Le restaurant de l'hôtel, **Le Cellier** (voir p. 351), est très agréable.

Circuit B: Le Témiscamingue

Notre-Dame-du-Nord

Au Repos du Bouleau
$$ ☞ ⬤ @ ≡
110 rue du Lac
☎ 819-723-2607
www.aureposdubouleau.com
Ce charmant petit gîte offrant toutes les commodités est situé aux portes de la région du Témiscamingue. Quatre chambres spacieuses, avec Internet sans fil, aire de travail, télévision et lecteur DVD, sont proposées aux passants, aux voyageurs et aux gens d'affaires. Le petit déjeuner met en valeur les produits de la région.

Ville-Marie

Motel Caroline
$$ ≡ ⚓ ⊌ @
2 ch. de Fabre
☎ 819-629-2965
Les 16 chambres du Motel Caroline sont simples et sans luxe excessif. Le rapport qualité/prix est intéressant, et certaines chambres offrent une belle vue sur le lac Témiscamingue.

Laniel

Chalets Pointe-aux-Pins
$$$$$/semaine ☞ △
fermé sept à début juin
1955 ch. du Ski
☎ 819-634-5211
www.temiscamingue.net/
pointe-aux-pins
Les Chalets Pointe-aux-Pins surplombent le lac Kipawa. Le site abritait autrefois une station entomologique où tra-

vaillait le père de la romancière canadienne Margaret Atwood. Aujourd'hui, il accueille les vacanciers en quête de paix. Ses trois chalets joliment décorés comptent de une à trois chambres et offrent la possibilité de pratiquer plusieurs activités de plein air dans les environs. Des kayaks, vélos, canots et pédalos sont mis à la disposition des clients. Près du lac, on a installé tout ce qu'il vous faut pour lézarder. Barbecue au propane, literie fournie. Les chalets se louent généralement à la semaine.

Témiscaming

Motel Au Bercail
$$ ☞ ≡ ◎ ⚓ ❄ @
1431 ch. Kipawa
☎ 819-627-3476 ou 800-304-9469
www.motelaubercail.com
Situé sur le chemin Kipawa, le Motel Au Bercail a acquis une bonne réputation dans la région pour son décor moderne et son service des plus courtois. Attention toutefois, les chambres situées près des escaliers peuvent être plus bruyantes en raison des travailleurs qui se lèvent tôt (ou se couchent tard).

Restaurants

Circuit A: L'Abitibi

Val-d'Or

Voir carte p. 349.

Bénédictine
$-$$
1645 3ᵉ Avenue
☎ 819-825-6383
Pour un repas santé le matin ou le midi (fruits frais, crêpes, yogourt, céréales…), rendez-vous chez Bénédictine. Notez que le restaurant ferme à 15h.

Maison du café l'Armorique
$-$$
805 2ᵉ Avenue
☎ 819-825-4300
Ce café-bar sert d'excellents petits déjeuners, avec crêpes, saucisses, bacon, omelettes

et café équitable. Terrasse agréable.

L'Avantage Bar & Restaurant
$$
576 3ᵉ Avenue
☎ 819-825-6631
L'Avantage propose un menu simple mais éclectique (pâtes italiennes, hamburgers, fruits de mer, etc) à prix raisonnable et une belle terrasse, ainsi qu'une ambiance et un service résolument jeunes et dynamiques. L'établissement devient très animé après 22h.

Restaurant Fleur de Lotus
$$-$$$ ☙
1666 3ᵉ Avenue
☎ 819-874-1137
Le Fleur de Lotus sert une cuisine asiatique santé. Vous pourrez y déguster de délicieuses spécialités thaïes et vietnamiennes.

L'Amadeus
$$-$$$
166 av. Perreault
☎ 819-825-7204
L'Amadeus prépare une excellente cuisine française. Le service est impeccable et le décor, des plus agréables.

Amos

Le Chat'O Resto-Bar-Café
$$-$$$
Hôtel des Eskers
201 av. Authier
☎ 819-732-5386 ou 888-666-5386
Une impressionnante collection de bouteilles de bière nous accueille à l'entrée du restaurant de l'**Hôtel des Eskers** (voir p. 348), dans un décor bric-à-brac. Le menu propose une cuisine québécoise typique et sans surprises, mais pleinement satisfaisant. Buffet. Belle ambiance. Bon choix de vins.

Latitude Bistro
$$-$$$
21 10ᵉ Avenue O.
☎ 819-727-3755
Installé dans une ancienne résidence, le restaurant Latitude surprend les visiteurs

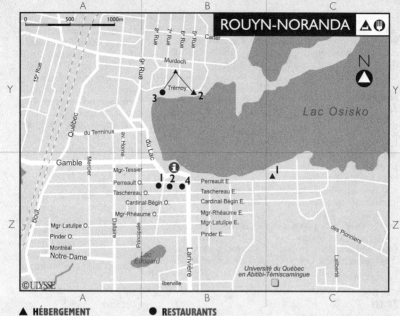

ROUYN-NORANDA

Lac Osisko

Université du Québec en Abitibi-Témiscamingue

▲ **HÉBERGEMENT**

1.	CZ	Gîte Le Passant
2.	BY	Hôtel Gouverneur Le Noranda

● **RESTAURANTS**

1.	BZ	Boulangerie-Pâtisserie Le St-Honoré	3.	BY	Le Cellier
2.	BZ	La Muse Gueule	4.	BZ	Olive et Basil

---

par son décor urbain. Le menu propose une cuisine santé qui favorise les produits locaux. Une belle grande terrasse permet de prendre un verre à l'extérieur en saison. Elle est particulièrement agréable au printemps, lorsque les lilas sont en fleur. Ambiance décontractée.

Restaurant Le Moulin
$$$
100 1ʳᵉ Avenue O.
☎ 819-732-8271
Le Restaurant Le Moulin sert une cuisine française et régionale raffinée. La truite fera le régal des palais les plus fins.

Rouyn-Noranda

Boulangerie-Pâtisserie Le St-Honoré
$
92 rue Perreault
☎ 819-764-9909
C'est l'endroit à Rouyn-Noranda pour se procurer pains et viennoiseries. On y offre aussi une table d'hôte en soirée.

La Muse Gueule
$-$$
140 rue Perreault E.
☎ 819-797-9686
Ce très beau restaurant à l'ambiance décontractée et au décor lambrissé attire une clientèle dynamique. Des plus variés, le menu propose une cuisine saine d'inspiration internationale. Tout est savoureux et servi en généreuses portions. Une très bonne adresse.

Olive et Basil
$-$$
mar-sam
164A rue Perreault E.
☎ 819-797-6655
Olive et Basil est un rayon de fraîcheur. Une bonne table d'hôte y est offerte à prix raisonnable. On y prépare une cuisine internationale, notamment de délicieux plats de couscous aux merguez et de moussaka.

Le Cellier
$$-$$$$
Hôtel Gouverneur Le Noranda
41 6ᵉ Rue (secteur Noranda)
☎ 819-762-2341
Au magnifique décor feutré et distingué, le bar à vin et restaurant Le Cellier renferme une cave à vin digne de ce nom et offre la possibilité de déguster au verre certains grands crus. La table est relativement raffinée et fantaisiste, et mise sur les produits régionaux. Bon rapport qualité/prix.

Circuit B: Le Témiscamingue

Ville-Marie
Brassette 101
$-$$
38 rue des Oblats N.
☎ 819-629-3420
La Brassette 101 sert des repas copieux dans une ambiance chaleureuse. Le mot d'ordre: beau, bon, pas cher. Le menu

se compose de mets traditionnels de brasserie, comme les ailes de poulet, la pizza et les hamburgers, en plus d'une table d'hôte qui change tous les jours.

La Bannik
$$
862 ch. du Vieux-Fort
☎ 819-622-0922
Le restaurant La Bannik est situé sur une colline qui surplombe le Lieu historique national du Fort-Témiscamingue. La vue depuis la terrasse est tout à fait exceptionnelle. On y sert surtout des grillades, des pizzas et des repas légers. Cependant, vous pourrez aussi profiter d'une table d'hôte qui propose des plats plus élaborés.

Chez Eugène
$$-$$$
8 rue Notre-Dame
☎ 819-622-2233
Le menu de Chez Eugène affiche des tapas et des plats principaux qui vont de l'autruche au homard, en passant par le foie gras.

Sorties

> Activités culturelles

La Sarre
Le Paradis du Nord
entre 25$ et 40$
Théâtre Desjardins du Colisée
550 rue Principale
☎ 819-333-4100
Ce spectacle regroupe 75 comédiens et relate l'histoire de la colonisation de l'Abitibi-Témiscamingue. Une belle façon de découvrir la région.

> Bars et boîtes de nuit

Rouyn-Noranda
Cabaret de la Dernière chance
146 8ᵉ Avenue
☎ 819-762-9222
Véritable institution locale, le Cabaret met sa salle à la dis-

position des artistes locaux depuis plus de 25 ans. Plusieurs grands noms y sont passés, tels Richard Desjardins (qui y joue encore, parfois…) et Michel Rivard. Murs colorés et soirées thématiques. Léger relent des années *peace and love*…

L'Abstracto
144 rue Perreault E.
☎ 819-762-8840
Café-bar attenant (et communiquant) au resto **La Muse Gueule** (voir plus haut), L'Abstracto dispose de la quasi complète sélection des bières de microbrasseries du Québec, en plus de ne servir, pour le café, que de l'équitable. Expositions d'arts visuels sur les grands murs de briques. Spectacles à l'occasion.

> Festivals et événements

Février
Le **Festival des Langues sales** *(fin fév; La Sarre,* ☎ *819-333-1110, www.leslanguessales.com)* est une célébration de la langue française aux accents de l'Abitibi. Des artistes de la région et d'ailleurs au Québec se relaient sur la scène et présentent des spectacles de musique, de chanson, de poésie, d'humour, de théâtre, de conte et de danse.

Juillet
Le **Festival du DocuMenteur de l'Abitibi-Témiscamingue** *(fin juil; Rouyn-Noranda,* ☎ *819-764-4435, www.documenteur.com)* consiste en une compétition pour couronner le meilleur faux reportage documentaire de l'année! Une série de reportages réalisés pour l'occasion est présentée en plein air devant un public nombreux. Événement unique au monde, où même certains apprentis cinéastes européens s'inscrivent. Prétexte à de bonnes rigolades.

Août
Le **Festival de musique émergente en Abitibi-Témiscamingue** *(fin août à début sept;* ☎ *819-797-0888 ou 877-797-0888, www.fmeat.org)* présente des artistes tant nationaux qu'internationaux œuvrant dans le domaine de la musique à contre-courant. Ce festival a su faire sa marque, et les billets s'envolent maintenant comme des petits pains chauds, d'autant plus que sa programmation est souvent étonnante. La plupart des concerts sont payants, mis à part ceux présentés à l'extérieur. Quelques-uns se tiennent à Val-d'Or, mais l'essentiel se passe à Rouyn-Noranda. Un incontournable.

Octobre
Le **Festival du cinéma international en Abitibi-Témiscamingue** *(fin oct à début nov; Rouyn-Noranda,* ☎ *819-762-6212, www.festivalcinema.ca)*, à caractère non compétitif, présente des films provenant de divers pays, diffusés pour la première fois en Amérique, et parfois même au monde. Une manifestation culturelle à l'envergure surprenante pour ce coin de pays.

Achats

> Artisanat, brocante et souvenirs

Rouyn-Noranda
La Fontaine des Arts
25 av. Principale
☎ 819-764-5555
www.fontainedesarts.qc.ca
La Fontaine des Arts est une galerie d'art qui permet à des artistes régionaux d'exposer leurs œuvres, pour le plus grand plaisir des amateurs. Il est possible d'acheter les tableaux qui y sont présentés, ainsi que du matériel d'art.

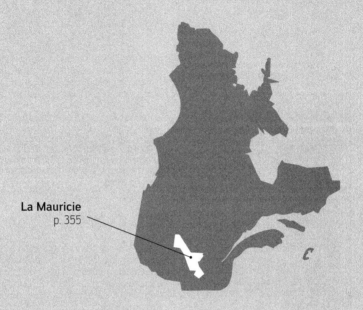

La Mauricie
p. 355

Mauricie

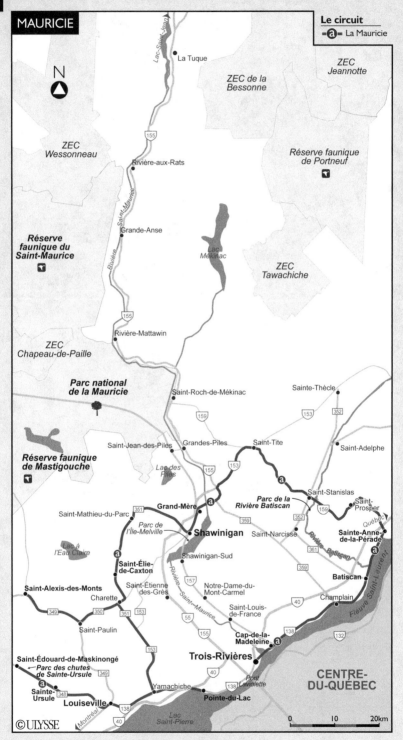

MAURICIE

Le circuit
—ⓐ— La Mauricie

La Tuque

ZEC de la Bessonne

ZEC Jeannotte

N

ZEC Wessonneau

Rivière-aux-Rats

Réserve faunique de Portneuf

155

Grande-Anse

Lac Mékinac

ZEC Tawachiche

Réserve faunique du Saint-Maurice

155

Rivière-Mattawin

ZEC Chapeau-de-Paille

Parc national de la Mauricie

Saint-Roch-de-Mékinac

Sainte-Thècle

159

153   352

Réserve faunique de Mastigouche

Saint-Jean-des-Piles

Grandes-Piles

Saint-Tite

Saint-Adelphe

Lac des Piles

155   153

Grand-Mère

Parc de la Rivière Batiscan

Saint-Stanislas

Saint-Prosper

Saint-Mathieu-du-Parc

351

159

Québec

Lac à l'Eau Claire

Parc de l'Île-Melville

Shawinigan

Saint-Narcisse

352

Sainte-Anne-de-la-Pérade

359

361

Saint-Élie-de-Caxton

Shawinigan-Sud

359

Batiscan

Saint-Alexis-des-Monts

Saint-Étienne-des-Grès

157

Notre-Dame-du-Mont-Carmel

40

Champlain

Charette

351   153

Saint-Louis-de-France

132

349   350

55

138

Saint-Paulin

155

Cap-de-la-Madeleine

153

Trois-Rivières

Saint-Édouard-de-Maskinongé
Parc des chutes de Sainte-Ursule

349

40

CENTRE-DU-QUÉBEC

Sainte-Ursule

348

Pont Laviolette

138

Louiseville

138

Yamachiche

138

Pointe-du-Lac

40

Lac Saint-Pierre

©ULYSSE

0   10   20km

guidesulysse.com

Située à mi-chemin entre Québec et Montréal, la ville de Trois-Rivières joue le rôle de pivot urbain de la région de la **Mauricie** ★★, sur la rive nord du fleuve. Seconde ville à avoir été fondée en Nouvelle-France (1634), Trois-Rivières fut d'abord un poste de traite des fourrures avant de devenir, avec l'inauguration en 1730 des Forges du Saint-Maurice, une ville à vocation industrielle.

Mais la région de la Mauricie ne se résume pas à la ville de Trois-Rivières. Plus au nord se trouve la ville de Shawinigan, dotée de centrales hydroélectriques et d'usines de transformation le long de la splendide vallée de la rivière Saint-Maurice, qui s'ouvre sur une vaste région sauvage de lacs, de rivières et de forêts, royaume de la chasse et de la pêche. Tout près s'étend le magnifique parc national de la Mauricie, qui offre de nombreuses activités de plein air, comme le canot-camping.

Accès et déplacements

➤ En voiture

De Montréal, empruntez l'autoroute Félix-Leclerc (40) puis l'autoroute de l'Énergie (55) en direction sud, sur une très courte distance, avant de bifurquer sur la route 138 Est jusqu'à Trois-Rivières. Suivez le boulevard Gene H. Kruger puis la rue Notre-Dame jusqu'au centre de la ville, à visiter préférablement à pied.

Puis le circuit s'enfonce à l'intérieur des terres par le biais de la route 159 jusqu'à Saint-Tite, et ensuite dévie vers Grand-Mère par la route 153. À partir de Grand-Mère, un circuit alternatif, qui suit la route 155, mène dans la vallée du Haut-Saint-Maurice jusqu'à La Tuque et, plus loin, vers la région du **Saguenay–Lac-Saint-Jean** (voir p. 605). Le circuit principal, de son côté, se poursuit par la route 153, qui permet, entre autres, de découvrir la région de Shawinigan. La portion du circuit comprise entre Trois-Rivières et Sainte-Anne-de-la-Pérade, le long de la route 138 Est, peut être intégrée à une excursion, le long du fleuve Saint-Laurent, jusqu'à Québec.

De Montréal, il est aussi possible de se rendre à Trois-Rivières par la rive sud du fleuve Saint-Laurent en passant par l'autoroute 20. Vous pouvez aussi emprunter le chemin du Roy (route 138), qui se rend jusqu'à Québec. Première route carrossable du Canada, le chemin du Roy offre des paysages des plus pittoresques et de jolis points de vue sur le fleuve. Il a toutefois l'inconvénient d'être beaucoup moins rapide. Votre choix dépendra du temps dont vous disposerez.

➤ En autocar (gares routières)

Trois-Rivières
275 rue St-Georges
☎ 819-374-2944

Grand-Mère
Dépanneur Couche-Tard
800 6ᵉ Avenue
☎ 819-533-5565

Shawinigan
Dépanneur Olco
4143 boul. des Hêtres
☎ 819-539-7739

Shawinigan-Sud
Dépanneur Couche-Tard/Pétro-Canada
2255 5ᵉ Avenue
☎ 819-536-3746

➤ En train (gares ferroviaires)

La Tuque
550 rue St-Louis
☎ 819-523-3257

Shawinigan
1560 ch. du CN
☎ 819-537-9007

Attraits touristiques

Tourisme Mauricie *(795 5ᵉ Rue, local 102, Shawinigan, Qc G9N 1G2,* ☎ *819-536-3334 ou 800-567-7603, www. tourismemauricie.org)*

Tourisme Haut-Saint-Maurice *(Parc des chutes de la Petite rivière Bostonnais, 3701 boul. Ducharme/route 155, La Tuque,* ☎ *819-523-5930 ou 877-424-8476, www.tourismehsm. qc.ca)*

La Mauricie ★★

▲ *p. 366* ● *p. 369* ✦ *p. 371* ▣ *p. 372*

⏱ *Trois jours*

La vallée de la rivière Saint-Maurice est située sur la rive nord du fleuve Saint-Laurent. Elle a vu naître la première industrie d'envergure au Canada et a toujours conservé une vocation largement industrielle au cours de son histoire.

Ses villes recèlent d'ailleurs plusieurs exemples d'une architecture ouvrière de qualité, conçue par des architectes à l'emploi des entreprises. Mais ne vous y trompez pas, la Mauricie est tout de même surtout constituée de zones sauvages aux montagnes couvertes d'une épaisse forêt, où il est possible entre autres activités de pratiquer la chasse ou la pêche, de faire du camping, du canot et de la randonnée.

Trois-Rivières ★★

Tourisme Trois-Rivières *(1457 rue Notre-Dame Centre, Trois-Rivières, ☎ 819-375-1122 ou 800-313-1123, www. tourismetroisrivieres.com)*

L'incendie qui a détruit en bonne partie la ville de Trois-Rivières en juin 1908 a considérablement modifié son apparence, qui faisait autrefois penser au Vieux-Québec, mais qui s'apparente maintenant davantage aux agglomérations du Midwest américain.

Cependant, trop souvent perçue comme un simple arrêt entre Montréal et Québec, la ville de Trois-Rivières n'est malheureusement pas considérée à sa juste valeur. Cette ville de quelque 128 000 habitants dégage un certain charme avec une âme européenne grâce à ses multiples cafés, restaurants et bars de la rue des Forges, ainsi qu'à sa terrasse dominant le fleuve Saint-Laurent. Aujourd'hui, Trois-Rivières comprend Cap-de-la-Madeleine, Sainte-Marthe-du-Cap, Saint-Louis-de-France, Trois-Rivières-Ouest et Pointe-du-Lac.

Implantée au confluent du fleuve et de la rivière Saint-Maurice, qui se divise en trois embranchements à son embouchure (d'où le nom donné à la ville), Trois-Rivières fut fondée par le sieur de Laviolette en 1634. Dès ses débuts, elle était entourée d'une palissade de pieux correspondant à l'arrondissement historique actuel.

À cette époque, on retrouve au Canada, outre le gouvernement de la Nouvelle-France, trois gouvernements régionaux dans la vallée du Saint-Laurent : celui de Québec, celui de Montréal et celui du lieu dit des Trois-Rivières. Cette dernière agglomération était cependant beaucoup plus modeste que ses consœurs, puisque à la fin du Régime français on ne dénombrait que quelque 600 habitants et environ 110 maisons sur les lieux. La véritable expansion de la ville survient au milieu du XIXe siècle, lorsqu'on y implante l'industrie papetière, ce qui a valu à Trois-Rivières le statut de capitale mondiale du papier pendant quelque temps.

Tous les automnes, Trois-Rivières accueille le **Festival international de la poésie** (voir p. 372), ce qui lui a valu le titre de « capitale de la poésie du Québec ». C'est la raison pour laquelle la ville a eu l'excellente idée d'instaurer un circuit pédestre qu'elle a baptisé **Promenade de la poésie**, avec quelque 300 plaques affichant des extraits de poèmes puisés à travers le répertoire de poètes provenant de tout le Québec. Le guide de la Promenade de la poésie est en vente au bureau d'information touristique de **Tourisme Trois-Rivières** (voir plus haut.

⁂ *Garez votre voiture aux environs de l'intersection des rues Notre-Dame et Laviolette. Remontez la rue Bonaventure (première rue à l'ouest de la rue Laviolette) jusqu'au manoir Boucher-de-Niverville.*

Le **manoir Boucher-de-Niverville** ★ *(168 rue Bonaventure)* a miraculeusement échappé à l'incendie de 1908. Heureusement, car il s'agit d'un exemple unique de l'architecture du XVIIe siècle qui en précède les différentes adaptations au contexte local. Érigé avant 1668 pour le gouverneur des Trois-Rivières, Jacques Leneuf, il a toutefois été modifié en 1729 par François Châtelain. En 1761, Claude-Joseph Boucher de Niverville hérite de la propriété qui portera désormais son nom. Le manoir loge maintenant la Chambre de commerce de Trois-Rivières.

À côté du manoir se dresse une statue de Maurice Le Noblet Duplessis (1890-1959),

★ **ATTRAITS TOURISTIQUES**

TROIS-RIVIÈRES

13

V

W

TROIS-RIVIÈRES

Père-Marquette

12

X

CAP-DE-LA-MADELEINE

Québec ►

◄ Montréal

Sanctuaire de Notre-Dame-du-Cap

Île Saint-Joseph

Pont Duplessis

Île Saint-Quentin

15

5

14

Y

Fleuve Saint-Laurent

Voir Trois-Rivières centre-ville

©ULYSSE

TROIS-RIVIÈRES centre-ville

rue Champlain

4 3 Parc Champlain 2

rue Hart

rue Badeaux

Palais de justice

6

Vieille Prison de Trois-Rivières

1

rue Notre-Dame

7

rue Craig

10

8

9

Jardin des Ursulines

11

Fleuve Saint-Laurent

Z

guidesulysse.com

premier ministre du Québec de 1936 à 1939 puis de 1944 à 1959. Ce conservateur est étroitement lié au puissant clergé catholique de l'époque, et son règne est souvent décrit comme l'époque de la « grande noirceur » qui a précédé la Révolution tranquille. On peut encore voir sa maison au 240 de la rue Bonaventure, l'une des artères les plus élégantes de Trois-Rivières.

➤➤➤ *Traversez la rue Hart et longez le parc Champlain jusqu'à la cathédrale.*

La **cathédrale de l'Assomption** ★ *(&; lun-sam 9h à 11h30 et 14h à 18h; dim 9h30 à 11h30 et 14h à 18h; visites guidées tous les premiers dimanches de chaque mois; 363 rue Bonaventure, ♪ 819-374-2409)* fut construite en 1858. Les traits néogothiques gras et trapus de la cathédrale s'inspirent vaguement du palais de Westminster, à Londres. Les vitraux, réalisés par Guido Nincheri entre 1923 et 1934, constituent sans contredit l'élément le plus intéressant de l'intérieur, autrement quelque peu froid et austère.

À l'autre extrémité du parc Champlain s'élèvent l'**hôtel de ville** moderne de Trois-Rivières, conçu en 1965 par des disciples de Le Corbusier (Leclerc, Villemure, Denoncourt, architectes), et la **Maison de la culture** ★★ *(1425 place de l'Hôtel-de-Ville)*, qui abrite la **bibliothèque Gatien-Lapointe**, le **centre d'exposition Raymond-Lasnier** et la **salle de spectacle Anaïs-Allard-Rousseau** (1986).

➤➤➤ *Tournez à droite dans la rue Royale puis à gauche dans la rue Laviolette.*

Le **Musée Pierre-Boucher** *(entrée libre; juin à début sept lun-ven 9h à 12h et 13h à 17h, sam dim 11h à 17h, début sept à mai mar-dim 13h30 à 16h30 et 19h à 21h; 858 rue Laviolette, ♪ 819-376-4459, www.museepierreboucher.com)* est installé dans l'imposant édifice du Séminaire de Trois-Rivières datant de 1929. Il présente des collections de peintures, de meubles et d'art sacré. La chapelle néoromane du Séminaire mérite aussi une petite visite.

➤➤➤ *Empruntez la rue Saint-François-Xavier en direction du fleuve.*

À l'angle de la rue de Tonnancour, on aperçoit l'ancien cimetière anglican, aujourd'hui transformé en parc public, qui nous rappelle que Trois-Rivières comptait une importante communauté anglo-saxonne jusqu'au milieu du XIXᵉ siècle.

Au sud de la rue Hart se trouve le **Musée québécois de culture populaire** ★★ *(9$, musée et prison 14$; &; sept à mai mar-dim 10h à 17h; juin à août tlj 10h à 18h; 200 rue Laviolette, ♪ 819-372-0406, www.culturepop.qc.ca)*, qui met en valeur ce que la culture populaire produit, consomme et lègue: les objets, les environnements, les connaissances et le savoir-faire. Ainsi, en plus de l'exposition permanente qui offre une véritable incursion dans l'histoire des produits d'usage courant au Québec grâce à la réserve ouverte du musée, les visiteurs parcourent différentes expositions thématiques pour découvrir la culture des Québécois autrement. Attenante au musée, la **Vieille Prison de Trois-Rivières** permet de vivre une expérience unique en présentant la vie en prison telle qu'elle était dans les années 1960 et 1970. Une exposition d'autant plus authentique que les guides sont des ex-détenus!

➤➤➤ *Tournez à droite dans la rue Saint-Pierre puis à gauche dans la place Pierre-Boucher avant d'emprunter la rue des Ursulines, seule artère du Vieux-Trois-Rivières à avoir été épargnée par l'incendie de 1908.*

Sur la place Pierre-Boucher se dresse le **monument du Flambeau**, érigé en 1934 à l'occasion des célébrations du tricentenaire de la ville. Remarquez au passage le panneau d'interprétation sur lequel figure une vue ancienne du splendide chœur de l'église paroissiale de Trois-Rivières (1716), détruite par le grand incendie.

Le **manoir de Tonnancour** *(entrée libre; visites guidées sur réservation, 2$/pers.; mar-ven 10h à 12h et 13h30 à 17h, sam-dim 13h à 17h; 864 rue des Ursulines, ♪ 819-374-2355)* a été érigé en 1725 pour René Godefroy de Tonnancour, seigneur de Pointe-du-Lac et procureur du roi. Remodelé à la suite d'un incendie survenu en 1784, il sera alors doté d'un toit mansardé, comme on en retrouve à l'époque en Nouvelle-Angleterre. Après avoir été transformé successivement en caserne, en presbytère et en école au XIXᵉ siècle, il accueille de nos jours une galerie d'art, la **Galerie d'art du Parc**, ainsi qu'une exposition sur l'histoire du manoir et de ses occupants. Une belle collection de livres anciens y est également présentée. En face se trouve une place d'armes.

L'ancien **couvent des Récollets** ★ *(811 rue des Ursulines)* est le seul ensemble conventuel des Récollets encore debout au Québec; le complexe doit probablement sa survie à sa transformation en église anglicane à la suite du décès du dernier récollet de Trois-Rivières en 1776. La construction du couvent actuel remonte à 1742, alors que celle de la chapelle attenante est entreprise 10 ans plus tard. En 1823, les anglicans apportent certaines modifications à l'édifice, lui donnant son aspect néoclassique actuel.

Le **monastère** et le **musée des Ursulines** ★ *(3,50$; fin juin à début sept tlj 10 à 17h, mars et avr mer-dim 13h à 17h, mai à fin juin et début sept à nov mar-dim 10h à 17h, nov à fév sur réservation; 734 rue des Ursulines, ♪ 819-375-7922, www.musee-ursulines.qc.ca).* Les Ursulines s'installent dans la maison de Claude de Ramezay en 1697. Celui-ci vient alors d'être nommé gouverneur de Montréal et doit donc déménager, laissant libre la demeure qui forme encore de nos jours le noyau du monastère. Les Ursulines, communauté de religieuses cloîtrées vouée à l'éducation des jeunes filles, y ouvrent également un hôpital connu sous le nom d'« Hôtel-Dieu de Trois-Rivières ». Si l'école et le couvent subsistent toujours, l'hôpital a, quant à lui, fermé ses portes en 1883, et c'est le musée qui occupe les lieux aujourd'hui. En 1717, les Ursulines font ériger une chapelle, puis agrandissent régulièrement leur complexe conventuel en lui donnant des proportions considérables. La visite du musée, qui présente des expositions thématiques préparées à même les collections des Ursulines (toiles, vêtements liturgiques, broderies, etc.), entraîne les visiteurs vers la chapelle, redécorée et coiffée d'un dôme en 1897.

''' *Traversez le beau parc qui s'étale devant le monastère des Ursulines pour rejoindre la terrasse Turcotte et le Parc portuaire.*

Le **Parc portuaire** *(&; au bord du fleuve St-Laurent).* La terrasse Turcotte était jusque dans les années 1920 le lieu de prédilection de la bourgeoisie locale. Tombée en décrépitude, la terrasse a été remplacée par un nouvel aménagement entre 1986 et 1990. La nouvelle terrasse en gradins est le point de départ des mini-croisières sur le fleuve. Un café, un restaurant et un centre d'exposition sur l'industrie des pâtes et papiers y sont intégrés.

''' *Descendez l'escalier qui mène à la rue des Forges, où se termine la balade dans le Vieux-Trois-Rivières. Empruntez cette rue jusqu'à la rue des Arts, au nord de la rue Notre-Dame, l'équivalent trifluvien de la rue du Trésor à Québec.*

En route vers les Forges du Saint-Maurice, situées à 10 km du centre de la ville, sur le boulevard des Forges, prolongement de la rue des Forges, on croisera le circuit du **Grand Prix de Trois-Rivières** (voir p. 371), le **moulin Day** (fin XVIIIᵉ siècle) et le **campus de l'Université du Québec à Trois-Rivières (UQTR)**.

Le **Lieu historique national des Forges-du-Saint-Maurice** ★ ★ *(3,90$; visites commentées avec guides-interprètes, réservations requises pour groupes; mi-mai à début oct tlj 9h30 à 17h30; 10000 boul. des Forges, ♪ 819-378-5116, www.pc.gc.ca/forges).* En 1730, François Poulin de

Francheville fut autorisé par Louis XV à exploiter les riches gisements de minerai de fer de sa seigneurie. La présence de pierre calcaire, d'un cours d'eau au débit rapide et d'un grand nombre d'arbres avec lesquels il était possible de faire du charbon de bois allait favoriser les opérations de la fonte. Originaires pour la plupart de Bourgogne et de Franche-Comté, les ouvriers de ce premier complexe sidérurgique canadien s'affairaient à couler des canons pour les vaisseaux du roi et à confectionner des poêles pour chauffer les maisons de Nouvelle-France.

À la Conquête, le complexe passe entre les mains du gouvernement colonial britannique, puis est cédé à des industriels qui l'exploitent jusqu'à sa fermeture définitive, en 1883. Il comprend alors la forge haute, la forge basse ainsi que la « grande maison » de 1737, qui loge le contremaître et autour de laquelle gravite tout un village ouvrier. À la suite de l'incendie de Trois-Rivières en 1908, les Trifluviens viennent y glaner des matériaux nécessaires à la reconstruction de leur ville, ne laissant en place que les fondations de la plupart des bâtiments. En 1973, le Service canadien des parcs acquiert le site, reconstruit la « grande maison » pour y créer un centre d'interprétation et en aménage un autre, très intéressant, à l'emplacement du haut fourneau. La visite commentée est intéressante car elle explique le mode de vie des forgerons à travers une belle exposition et un spectacle son et lumière. Puis elle se poursuit à l'extérieur, où l'on découvre le site et ce qui reste des installations.

''' *Revenez sur vos pas vers le centre de Trois-Rivières par le boulevard des Forges. Tournez à gauche dans le boulevard des Récollets et continuez jusqu'au boulevard des Chenaux, que vous suivrez en direction sud (après le boulevard du Saint-Maurice, le boulevard des Chenaux devient l'avenue des Draveurs).*

Longtemps considérée comme la principale activité économique de la Mauricie, l'industrie des pâtes et papiers occupait et occupe encore une place prédominante dans la vie des gens de la région. Pas étonnant qu'on y retrouve un centre d'histoire de l'industrie papetière : **Boréalis** *(9$; &; juin à déc tlj 10h à 18h, jan à mai mar-dim 10h à 17h; 200 av. des Draveurs; ♪ 819-372-4633, www.borealis3r.ca).* Au moment de mettre sous presse, ce musée qui explique toutes les facettes de l'industrie des pâtes et papiers ainsi que la façon dont elle a influencé le développement de la région se refaisait une beauté et emménageait dans ses nouveaux locaux dans l'ancienne usine de filtration de la Canadian International Paper, sur les berges de la rivière Saint-Maurice et tout près du fleuve. L'exposition permanente sera complètement remodelée, et la visite des « catacombes » promet d'être excitante. Une belle terrasse est aussi projetée. Ouverture prévue à l'automne 2010.

››› *Remontez l'avenue des Draveurs jusqu'au boulevard du Saint-Maurice, tournez à droite pour emprunter le pont Duplessis et prenez la sortie pour l'île Saint-Quentin.*

À l'embouchure de la rivière Saint-Maurice se trouve le **parc de l'île Saint-Quentin** *(4$; ♿; tlj 9h à 22h; ☎ 819-373-8151, www.ile-st-quentin.com)*. Sur cet îlot de nature et de tranquillité, on peut s'adonner à la promenade et à la baignade en été ainsi qu'au patin et au ski de fond en hiver. On y trouve également des aires de pique-nique.

››› *Reprenez le pont Duplessis et traversez la rivière Saint-Maurice, puis empruntez à droite la rue Notre-Dame, à Cap-de-la-Madeleine, qui fait désormais partie de la ville de Trois-Rivières.*

Cap-de-la-Madeleine

Le Québec, terre catholique par excellence au nord du Mexique, compte plusieurs lieux de pèlerinage importants qui attirent chaque année des milliers de pèlerins du monde chrétien. Le **sanctuaire Notre-Dame-du-Cap** ★★ *(entrée libre; visites guidées pour groupes sur réservation; ♿; 626 rue Notre-Dame, ☎ 819-374-2441, www.sanctuaire-ndc.ca)*, placé sous la responsabilité des missionnaires oblats de Marie-Immaculée, est consacré à la dévotion mariale. De mai à octobre, par beau temps, les visiteurs peuvent participer à la marche symbolique aux flambeaux.

L'histoire de ce sanctuaire débute en 1879, lorsque l'on décide d'ériger une nouvelle église paroissiale à Cap-de-la-Madeleine. Nous sommes en mars, et il faut transporter des pierres depuis la rive sud du fleuve. Mais, cet hiver-là, contrairement à son habitude, le fleuve n'a pas encore gelé. À la suite des prières et des chapelets récités devant la statue de la Vierge offerte à la paroisse en 1854, un pont de glace se forme « miraculeusement » en travers du fleuve, permettant de transporter en une semaine les pierres nécessaires à la construction du nouvel édifice. Le curé Désilets décide alors de conserver la vieille église et de la transformer en un sanctuaire dédié à la Vierge Marie. Ce vieux sanctuaire, construit entre 1714 et 1717, est considéré comme l'une des plus anciennes églises au Canada.

Le pont de glace est aujourd'hui symbolisé par le **pont des Chapelets** (1924), visible dans le jardin du sanctuaire. Un chemin de croix, un calvaire, un Saint Sépulcre et un petit lac complètent ce jardin situé en bordure du fleuve. Au fond d'une mer d'asphalte se trouve la vaste **basilique Notre-Dame-du-Rosaire**, que l'on dirait tout droit sortie du décor d'un film à grand déploiement. Sa construction fut entreprise en 1955. Les vitraux représentent l'histoire du sanctuaire, l'histoire du Canada et enfin les mystères du Rosaire.

››› *Empruntez la rue Notre-Dame vers l'est pour rejoindre la route 138 (boulevard Sainte-Madeleine). Traversez Sainte-Marthe-du-Cap et le village de Champlain, puis celui de Batiscan, où vous pourrez visiter un vieux presbytère.*

Batiscan

Le **Vieux presbytère de Batiscan** *(3,50$; fin mai à début oct tlj 10h à 17h; 340 rue Principale, ☎ 418-362-2051, www.presbytere-batiscan.com)* fut construit en 1816 avec les pierres du presbytère de 1696. Son isolement est imputable au fait que le noyau du village s'est déplacé plus à l'est après l'incendie de l'ancienne église en 1874. Le presbytère a été transformé en un musée où sont exposés des meubles québécois des XVIIIe et XIX siècles particulièrement bien conservés.

Un peu plus haut dans les terres se trouve le **Parc de la rivière Batiscan** ★ *(6,50$; mi-mai à mi-oct; 200 ch. du Barrage, St-Narcisse, ☎ 418-328-3599, www.parcbatiscan.com)*, réservé à la préservation de la faune et de ses habitats. Il demeure toutefois un endroit fort agréable pour pratiquer maintes activités de plein air, comme la randonnée pédestre, la pêche, le vélo de montagne et le camping. Le parc dispose également de circuits d'interprétation écologique et historique, et propose aussi de belles randonnées équestres. En son centre se trouve un des premiers grands ouvrages hydroélectriques du Québec : la **centrale Saint-Narcisse**. Cette centrale, qui produit toujours de l'électricité, fut bâtie en 1897. D'ailleurs, la Mauricie recèle plusieurs centrales hydroélectriques d'intérêt construites pour tirer profit des puissants courants des rivières de la région. À compter de la mi-juin 2010, on proposera des visites guidées gratuites de la centrale de Saint-Narcisse *(départs à l'annexe de la centrale tlj à 10h, 13h et 15h)*.

Sainte-Anne-de-la-Pérade ★

En hiver, ce joli village agricole se double d'un second village planté au milieu de la rivière Sainte-Anne qui le traverse. Des centaines de cabanes multicolores, chauffées et éclairées à l'électricité, abritent alors des familles venues pêcher le « poulamon », communément appelé « petit poisson des chenaux », sur la glace de la rivière. Cette pêche est devenue au fil des ans, à l'instar des parties de sucre et des épluchettes de blé d'Inde, l'une des principales activités du folklore vivant du Québec. La saison de la pêche blanche commence à la fin décembre et se termine vers la mi-février. L'**Association des pourvoyeurs de la rivière Sainte-Anne** a recréé l'ambiance de cette activité de façon ludique et colorée dans son **Centre thématique sur le poulamon** *(entrée libre; fin déc à mi-fév lun-jeu 8h à 21h, ven-sam 8h à 22h, dim 8h à 19h; reste de l'année lun-ven 8h15 à 16h15; 8 rue Marcotte, ☎ 418-325-2475, www.associationdespourvoyeurs. com)*, que l'on peut visiter toute l'année. On y apprend notamment comment se pêche le petit poisson des chenaux, depuis les débuts de cette pêche familiale en 1938 jusqu'à nos jours.

Le village est dominé par l'**église Sainte-Anne**, un imposant édifice néogothique datant de 1855 (රු) inspiré de la basilique Notre-Dame de Montréal.

''' *Empruntez la route 159, qui s'enfonce à l'intérieur des terres en direction de Saint-Prosper et de Saint-Stanislas, et continuez jusqu'à Grand-Mère, qui fait aujourd'hui partie de Shawinigan.*

Grand-Mère

Un rocher dont le profil est semblable à celui d'une vieille femme est à l'origine du nom de la ville. Autrefois situé sur un îlot au milieu de la rivière Saint-Maurice, il a été déplacé, morceau par morceau, dans un parc au centre de Grand-Mère, lors de la construction du barrage et de la centrale hydroélectrique en 1913. Grand-Mère et Shawinigan sont de bons exemples de « villes de compagnie », qui se définissent par l'omniprésence d'une ou plusieurs usines entourées de deux quartiers distincts, celui des cadres, à l'origine le plus souvent anglophones, et celui des ouvriers, presque exclusivement francophones.

L'industrie du bois a donné naissance à Grand-Mère à la fin du XIXᵉ siècle. Des usines de pâte et papier transforment le bois acheminé à cette époque par flottage ou *drave* – une dénomination populaire provenant de l'anglais *drive* – depuis les camps forestiers de la Haute-Mauricie. La Laurentide Pulp and Paper, propriété de John Foreman, de Sir William Van Horne et de Russell Alger, héros de la guerre de Sécession américaine, prend en main le développement de la ville en 1897. À la suite de la crise de 1929, l'économie se diversifie, et la ville gagne une certaine autonomie par rapport à l'entreprise qui lui a donné naissance.

On franchit la tumultueuse rivière Saint-Maurice en empruntant le **pont de Grand-Mère** ★, réalisé en 1928 selon les plans des ingénieurs américains Robinson et Steinman. Ils se rendront célèbres dans les années 1950 par la reconstruction du pont de Brooklyn, à New York. Sur la gauche, on aperçoit les installations de la compagnie Abitibi-Bowater, descendante de la Laurentide Pulp and Paper. Construite en 1914, la centrale hydroélectrique du vaste complexe industriel enjambe la rivière Saint-Maurice.

La **Maison de la culture Francis-Brisson** *(15 6ᵉ Avenue, en face du pont, ☎ 819-539-1888, www. cultureshawinigan.ca)* est installé dans l'ancien club Laurentide, club social privé des cadres de la Laurentide Pulp and Paper (1912). Son architecture rappelle celle des maisons du Régime français. Le chemin Riverside, en face, donne accès à un secteur résidentiel exclusif ainsi qu'au beau terrain de golf municipal dont le gazon provient du fameux golf de St. Andrews, en Écosse.

Empruntez la 3ᵉ Avenue à gauche. Elle est bordée de jolies maisons construites au début du XXᵉ siècle pour les dirigeants de la compagnie papetière. À l'angle de la 4ᵉ Avenue et de la 1ʳᵉ Rue se trouve la pittoresque **église anglicane St. Stephen**. En face (entre la 5ᵉ Avenue et la 6ᵉ Avenue) se dresse le **rocher de Grand-Mère**, au célèbre profil de vieille dame.

L'**église Saint-Paul** ★ *(angle 6ᵉ Avenue et 4ᵉ Rue)* présente une façade-écran à l'italienne érigée en 1908. L'intérieur, très coloré, est orné à la fois de toiles marouflées, exécutées par le peintre montréalais Monty au cours des années 1920, et d'une fresque de Guido Nincheri, *L'Apothéose de saint Paul*. Derrière cette église catholique s'élève le couvent des Ursulines, succursale de celui de Trois-Rivières.

''' *Grand-Mère constitue le point de départ idéal pour aller explorer la vallée du Haut-Saint-Maurice en suivant la belle route panoramique qui longe la rivière Saint-Maurice. Pour cette excursion facultative, empruntez la route 155 Nord vers Grandes-Piles et son Musée du Bûcheron, puis vers La Tuque. Afin de poursuivre le circuit principal, suivez la route 157 en direction de Shawinigan.*

La vallée du Haut-Saint-Maurice

Le **Parc national de la Mauricie** ★★ *(7,80$/pers./ jour, 19,60$/famille; ৬; ☎ 819-538-3232, www. pc.gc.ca)* a été créé en 1970 afin de préserver un segment de forêt boréale. Il constitue un site parfait pour s'adonner à diverses activités de plein air, comme le canot ou le canot-camping, la randonnée pédestre, le vélo de montagne, la raquette et le ski de fond. Ses forêts dissimulent plusieurs lacs et rivières de même que diverses richesses naturelles. Les visiteurs peuvent loger dans des gîtes de type dortoir tout au long de l'année. Les réservations se font au ☏ 819-537-4555.

À 500 m de l'entrée sud du parc, un peu avant Saint-Mathieu-du-Parc, se trouve le **Site de partage et de diffusion de la culture amérindienne Mokotakan ★★** *(11$; mai à oct et déc à mars tlj 10h à 17h; 2120 ch. St-François, St-Mathieu-du-Parc, ☏ 819-532-2600 ou 866-356-2600, www. mokotakan.com)*, où sont exposées certaines constructions et habitations de la plupart des 11 nations autochtones du Québec. Le nom *Mokotakan* veut dire « couteau croche », outil qui fut jadis indispensable dans la vie des Autochtones. Avec un des guides, vous en apprendrez beaucoup sur les modes de vie de ces peuplades, leur culture et leur spiritualité. L'entreprise se veut aussi un pont en emploi pour les quelques Autochtones qui y travaillent en rotation. On y offre aussi plusieurs forfaits de traîneau à chiens, de motoneige et de raquette, en plus de proposer l'hébergement à l'**Auberge refuge du Trappeur** (voir p. 368) ou en tipi, pour nourrir l'aventurier en vous.

On peut combiner la visite du site Mokotakan à celle du **Musée de la Faune ★** *(9$; mai à oct et déc à mars tlj 8h à 20h; 2120 ch. St-François, St-Mathieu-du-Parc, ☏ 819-532-2600 ou 866-356-2600, www.faunequebec.com)*. Situé au même endroit, le musée permet d'approfondir ses connaissances sur les animaux qui composent la faune canadienne boréale. Il est aussi possible d'y réserver des safaris en forêt pour côtoyer la faune dans son habitat naturel.

On accède à la **réserve faunique du Saint-Maurice ★** *(9$; 3773 route 155, Trois-Rives, ☏ 819-646-5687, www.sepaq.com)* par un pont à péage *(12$)* qui traverse la rivière Saint-Maurice. S'étendant sur plus de 750 km², elle compte plusieurs sentiers de randonnée pédestre le long desquels des refuges ont été aménagés. En automne, la chasse à l'orignal et au petit gibier est permise. Gîtes et camping sur place.

Petite municipalité juchée sur une falaise dominant la rivière, **Grandes-Piles** servait autrefois de port de transbordement pour les bateaux chargés de bois. Grandes-Piles doit son nom aux rochers en forme de piliers. Son **Musée du Bûcheron ★** *(13$; mi-juin à mi-sept tlj 9h30 à 18h; 780 route 155, ☏ 877-338-7895, www.museedubucheronlespiles.com)* est la reconstitution d'un authentique campement de bûcherons du début du XXe siècle. L'« office », la « cookerie », la « cache » et le « campe »

font partie des 25 bâtiments traditionnels en bois rond du camp.

Lieu d'origine de Félix Leclerc, l'ancien poste de traite des fourrures qu'est **La Tuque** (11 800 hab.) doit son existence, comme Shawinigan et Grand-Mère, à sa chute d'eau et à ses grands territoires boisés, qui accueillirent une centrale hydroélectrique et une usine de pâtes et papiers. Une colline en forme de bonnet est à l'origine de son nom.

⁂⁂⁂ *Fin de l'excursion facultative.*

Shawinigan

Corporation touristique et culturelle de Grand-Mère *(2333 8e Rue, Shawinigan, ☏ 819-538-4883 ou 800-667-4136)*

Première ville du Québec dotée d'un plan d'aménagement urbain dès sa fondation en 1901, Shawinigan (52 000 hab.) est une création de la puissante compagnie d'électricité Shawinigan Water and Power Company, qui fournissait en énergie électrique l'ensemble de la ville de Montréal. L'agglomération au relief accidenté, dont le nom algonquin signifie « le portage sur la crête », a beaucoup souffert du ralentissement économique des années 1989-1993, qui a laissé des traces indélébiles dans la trame urbaine (usines abandonnées, bâtiments incendiés, terrains vagues, etc.) Il n'en demeure pas moins que Shawinigan recèle de multiples édifices du premier tiers du XXe siècle à l'architecture fort intéressante. De plus, des efforts de revitalisation sont actuellement en cours. Certaines artères résidentielles présentent un aspect proche de celui des banlieues anglaises de l'entre-deux-guerres. Aujourd'hui Shawinigan comprend Shawinigan-Sud, Grand-Mère, Saint-Georges-de-Champlain, Lac-à-la-Tortue, Saint-Jean-des-Piles et Saint-Gérard-des-Laurentides.

⁂⁂⁂ *Pour vous rendre à la Cité de l'Énergie à partir du centre-ville de Shawinigan, empruntez la route 157 Sud jusqu'à l'île Melville.*

La **Cité de l'énergie ★★** *(17$; ♿; sept mar-dim 10h à 17h, juin à début sept tlj 10h à 18h; 1000 av. Melville, ☏ 819-536-8516 ou 866-900-2483, www.citedelenergie.com)* promet d'en initier plus d'un, petits et grands, à l'histoire du développement industriel de la Mauricie et du Québec. La ville de Shawinigan se trouve au cœur de ce développement car elle a été choisie, dès le début du XXe siècle, par des alumineries et des compagnies productrices d'électricité à cause de la présence d'un fort courant sur la rivière Saint-Maurice et de la proximité de chutes hautes de 50 m. Vaste parc thématique, la Cité de l'énergie regroupe

Fred Pellerin et le conte québécois

Pratique ancestrale remise au goût du jour, l'univers du conte au Québec a repris une place non négligeable dans l'imaginaire collectif depuis une dizaine d'années. Certains conteurs font maintenant dans le conte moderne d'inspiration ancienne. Le «conteux» Fred Pellerin est de ceux-ci. Diplômé en littérature de l'Université du Québec, il est devenu «conteur agréable par mégarde» après avoir été bercé par les histoires de sa grand-mère, de son père et de son voisin Eugène. Les histoires racontées par ce bonhomme d'à peine 30 ans se démarquent par leurs contextes totalement farfelus. Fred Pellerin amplifie et embellit les histoires que lui racontent les aînés de son patelin maintenant mythique, Saint-Élie-de-Caxton, faisant ainsi revivre par ses personnages attachants les légendes qui habitent la mémoire collective des villages québécois.

plusieurs attraits : l'Espace Shawinigan, deux centrales hydroélectriques, dont une encore en activité, la centrale Shawinigan 2, le Centre des sciences et une tour d'observation haute de 115 m qui offre, il va sans dire, une vue imprenable sur les environs.

La visite de ces attraits, facilitée par le transport en trolleybus et en bateau, ainsi que le visionnement d'un spectacle multimédia permettent de voyager à travers les 100 ans d'histoire des diverses industries de la région (hydroélectricité, pâtes et papiers, aluminium, etc.) Suivez pas à pas l'ébauche des innovations qui ont fait avancer la science dans ces domaines. Dans le Centre des sciences, où sont regroupés divers services tels que restaurant et boutique, vous pouvez en outre voir des expositions interactives.

En 2003, la Cité de l'énergie et le Musée des beaux-arts du Canada se sont associés pour aménager le magnifique site de l'**Ancienne-Aluminerie-de-Shawinigan**, l'**Espace Shawinigan** ★ ★ *(17$; juin à début sept tlj 10h à 18h, sept mar-dim 10h à 17h; 1882 rue Cascade, ♪ 819-537-5300 ou 866-900-2483, www.citedelenergie. com)* et y tenir de grandes expositions d'art contemporain d'envergure internationale. La qualité et le succès des dernières expositions sont de bon augure pour la vocation artistique de ce bâtiment de briques, dont les immenses salles aux très hauts plafonds se prêtent si bien aux arts visuels. Désigné lieu historique national, ce complexe, érigé au début des années 1900, constitue le plus ancien centre de production d'aluminium en Amérique du Nord. En 1986, la société Alcan qui l'exploitait a décidé de relocaliser ses opérations dans une nouvelle usine située dans le parc industriel de Shawinigan.

Situé à côté de la Cité de l'énergie, sur la route 157, le **parc de l'Île-Melville** ★ *(certaines activités sont gratuites et d'autres sont payantes; horaire variable selon les activités, la saison et les projets; ♪ 819-536-7155 ou 866-536-7155, www. ilemelville.com)* se compose d'un terrain riverain et de deux îles, ce qui lui donne une situation géographique enviable. La majestueuse rivière Saint-Maurice entoure le territoire, utilisé à des fins récréotouristiques. Il s'agit donc d'une véritable oasis en plein air, près de la ville, où les amateurs pratiquent des activités comme le camping *(à compter de 23$, ♿)*, le canot, la pêche, la randonnée, le vélo, l'observation du patrimoine naturel (il est possible de voir les chutes de Shawinigan seulement à certains moments de l'année, le plus souvent au printemps) et historique. Les **Jardins de la Synergie**, associés à la Cité de l'Énergie et également situés sur l'île Melville, sont proposés aux amateurs d'horticulture. Les visiteurs qui voudraient prolonger leur visite de l'île peuvent séjourner à l'**Auberge de l'île Melville** (voir p. 368).

Une excursion facultative à **Shawinigan-Sud**, mais qui vaut le détour, permet de visiter l'**église Notre-Dame-de-la-Présentation** *(6$; mi-juin à fin juin et début sept à fin sept mar-dim 10h à 17h, début juil à début sept tlj 10h à 18h; 825 2ᵉ Avenue, ♪ 819-536-3652, www.eglisendp.qc.ca)*, décorée d'œuvres du peintre Ozias Leduc. Des visites commentées et des expositions temporaires sont proposées pendant la période estivale.

⁂ Retournez à Shawinigan pour aller prendre la route 351 en direction du village de Saint-Élie-de-Caxton.

Saint-Élie-de-Caxton ★

Transformé en véritable conte vivant durant la belle saison, le petit village de Saint-Élie-de-Caxton est le lieu de naissance de Fred Pellerin, l'un des conteurs les plus connus au Québec. Le conte traditionnel a repris une place considérable au Québec, avec l'apparition de quelques festivals de conte un peu partout sur le territoire.

Vous pourrez vous promener dans le village avec un audioguide personnel *(10$; juin à sept tlj 10h à 15h; 52 ch. des Loisirs,* ☎ *819-221-2839, www.st-elie-de-caxton.com),* qui, par la voix du conteur Fred Pellerin, vous racontera les légendes des lutins et des « paparmanes » (mot local dérivé de l'anglais *peppermint* pour désigner les « bonbons à la menthe »), ainsi que l'histoire de quelques-uns des illustres citoyens de Saint-Élie. Une autre option consiste à faire la tournée guidée du village avec un accompagnateur *(10$ aussi)* à bord d'un véhicule adapté pour l'occasion (en l'occurrence, un tracteur de ferme avec un chariot à l'arrière pour transporter les gens). Une belle visite sympathique et un peu surréaliste. De plus, il semble que tous les gens du village auraient la fibre conteuse, car même les enfants rencontrés au hasard savent rendre intéressant le simple fait que le prix de la réglisse a grimpé au dépanneur d'à côté pour cause de hausse d'achalandage...

➤➤➤ *Une excursion facultative permet de visiter la réserve faunique Mastigouche, située à 24 km au nord de Saint-Alexis-des-Monts, par la route 349.*

Saint-Alexis-des-Monts

Comité touristique de Saint-Alexis-des-Monts *(10 rue St-Pierre, St-Alexis-des-Monts,* ☎ *819-265-4110 ou 819-265-2046, www.saint-alexis-des-monts.ca)*

La **réserve faunique Mastigouche** *(3,50$, accès gratuit pour les cyclistes; route 349,* ☎ *819-265-6055 ou 800-665-6527, www.sepaq.com)* couvre un territoire de 1 600 km². Parsemée de multiples lacs et rivières, elle est un véritable paradis pour l'amateur de canot-camping. La chasse et la pêche y sont également permises. En hiver, les sportifs ont à leur disposition 180 km de sentiers de ski de fond et 130 km de sentiers de motoneige. Il est alors possible de dormir dans les refuges. Les visiteurs peuvent également louer un petit chalet qui peut accueillir de quatre à huit personnes.

Saint-Alexis-des-Monts, Saint-Paulin et le secteur environnant regorgent d'hôtels en pleine nature et de pourvoiries intéressantes. Pour ne nommer que ceux-ci, l'Auberge Le Baluchon et l'Hôtel Sacacomie en sont des exemples incontournables (voir la section « Hébergement », p. 366).

➤➤➤ *Revenez sur vos pas pour reprendre la route 350 en direction est, et prenez à droite la route 153 Sud pour vous rendre à Yamachiche.*

Yamachiche

Nous sommes maintenant de retour dans la plaine du Saint-Laurent, ce fertile territoire agricole colonisé sous le Régime français. Mais, contrairement à la tradition, les villages de la région de Yamachiche ne bordent pas directement le fleuve, car, s'étant considérablement élargi entre Berthier et Pointe-du-Lac pour former le lac Saint-Pierre, il représente à cet endroit une vaste étendue d'eau capricieuse entourée de marécages que l'on n'approche que difficilement.

Yamachiche est une communauté paisible qui attire les chasseurs et les pêcheurs du lac Saint-Pierre. On y trouve de belles maisons de briques rouges érigées entre 1865 et 1890, entre autres celle du médecin-poète Nérée Beauchemin (1850-1931), située au n° 711 de la rue Sainte-Anne *(on ne visite pas).*

Pointe-du-Lac

Si vous prévoyez retourner vers Trois-Rivières par la route 138, il vaut la peine de faire un court arrêt au **Moulin seigneurial de Pointe-du-Lac** *(3,90$; fin mai à fin sept tlj 10h à 17h; 11930, rue Notre-Dame O.,* ☎ *819-377-1396, www.moulinpointedulac.com),* d'où vous jouirez d'une belle vue sur le lac Saint-Pierre. Construit vers 1780, ce pittoresque moulin à eau, tout en pierre, abrite une galerie d'art et un centre d'interprétation sur la transformation du blé en farine et sur le sciage, dans la section située en contrebas.

➤➤➤ *Si vous prévoyez par contre vous diriger vers Montréal, ou encore lier le présent circuit à celui de La Plaine, dans la région touristique de Lanaudière (voir p. 262), alors une visite de Louiseville est tout indiquée. À Yamachiche, empruntez la route 138 Ouest.*

Louiseville

Louiseville (7 500 hab.) fut fondée en 1665 par Charles du Jay, sieur de Manereuil, originaire du Grand Rozoy, près de Soissons. On y tient, chaque année, un festival de la galette de sarrasin.

L'**église Saint-Antoine-de-Padoue** *(50 av. St-Laurent,* ☎ *819-228-2739),* inaugurée en 1917, est reconnue pour son riche intérieur revêtu de marbres rares, réalisé entre 1950 et 1960 par le sculpteur-décorateur Sebastiano Aiello. Les verrières modernes, formées d'épaisses bulles de verre multicolores, représentent les litanies de la Vierge.

Sainte-Ursule

Situé sur la route 348 au nord de Louiseville, le **parc des Chutes de Sainte-Ursule** *(7,50$; 9h à 18h; 2575 rang des Chutes/route 348, Ste-Ursule, ☎819-228-3555 ou 800-660-6160, www.chutes-ste-ursule.com)* dispose d'aires de pique-nique et de jeux. Ses chutes, qui atteignent une hauteur de 70 m, constituent son attrait majeur. Durant l'hiver, on peut pratiquer le ski de randonnée dans le parc.

Saint-Édouard-de-Maskinongé

Le **Zoo de St-Édouard** *(15$; tlj 10h à 18h, fin mai à début sept; 3381 route 348 O., ☎819-268-5150, www.betes.com)* héberge plus de 80 espèces d'animaux sur un site dont l'aménagement vise à préserver les beautés naturelles de l'endroit. Installations et animations sont prévues pour divertir les enfants.

Activités de plein air

Les hôtels en pleine nature de la Mauricie (voir la section «Hébergement», p. 366) proposent tous à leurs clients une longue liste d'activités de plein air qu'il est possible de pratiquer sur leur territoire.

➤ Agrotourisme

Des cerises au Québec? Oui, en Mauricie! Chez **Le temps des cerises** *(477 1er Rang N., Charette, ☎819-221-3055, www.letempsdescerises.ca)*, on peut pratiquer l'autocueillette de la fin juillet au début d'août. Les fruits ne sont pas aussi sucrés que ceux que l'on retrouve au marché, mais les tartes que l'on en fait sont toujours délicieuses!

➤ Canot

Le **parc national de la Mauricie** (voir p. 361) se prête particulièrement bien aux excursions en canot. Sillonné de lacs, de tout petits et de très grands, ainsi que de rivières, il est reconnu depuis longtemps par les amateurs de canot-camping. Laissez-vous glisser dans d'étroits chenaux qui vous entraînent d'un lac à l'autre sous une végétation luxuriante en compagnie d'oiseaux aquatiques peu farouches! Vous pouvez y faire la location d'embarcations *(25$/jour)* et vous tracer un itinéraire à votre mesure.

Les deux réserves de la région, la **réserve faunique du Saint-Maurice** (voir p. 362) et la **réserve faunique Mastigouche** (voir p. 364) offrent elles aussi plusieurs possibilités aux amateurs de canotage.

➤ Croisières

Les **Croisières M/S Jacques-Cartier – M/V Le Draveur** *(30$; départs au Parc portuaire de Trois-Rivières, ☎819-375-3000 ou 800-567-3737, www.croisieres.qc.ca)* vous proposent de prendre place à bord d'un luxueux catamaran pour une croisière commentée qui vous permettra de découvrir les principaux points d'intérêt de Trois-Rivières : le port, le pont Laviolette, la pointe des Ormes, la rivière Saint-Maurice et l'île Saint-Quentin. Plusieurs autres croisières d'une plus longue durée sont aussi suggérées.

➤ Motoneige

En hiver, la **réserve faunique Mastigouche** (voir p. 364) fait le bonheur des amateurs de motoneige avec ses 130 km de sentiers balisés et les multiples refuges chauffés que l'on retrouve tout au long du parcours.

Associées au site amérindien **Mokotakan** (voir p. 362), les **Excursions du trappeur** proposent aussi plusieurs forfaits de motoneige dans les grandes étendues boisées du parc national de la Mauricie et au-delà.

➤ Parcours d'aventure en forêt

À Shawinigan a été aménagé un parcours d'aventure en forêt **Arbre en arbre** *(31$; parc de l'Île-Melville, ☎819-536-7155 ou 866-536-7155, www.arbreenarbre.com)*, avec ponts, cordages et tyroliennes longeant le Saint-Maurice. Le parcours est intéressant, moins difficile que dans d'autres lieux du même type, et conviendra parfaitement aux familles.

➤ Patin

Situé à Notre-Dame-du-Mont-Carmel, à mi-chemin entre Trois-Rivières et Shawinigan, le labyrinthe du **Domaine de la forêt perdue** *(12$; 1180 rang St-Félix, Notre-Dame-du-Mont-Carmel, ☎819-378-5946 ou 800-603-6738, www.domainedelaforetperdue.com)*, c'est plus de 10 km de sentiers glacés à parcourir en patins dans une pinède et d'autres types de forêts. Des heures de plaisir garanties en se promenant à travers toutes les boucles et tous les méandres, en observant les cervidés qu'on peut nourrir et les oiseaux qui nichent en grande quantité dans le secteur. Location de patins et casse-croûte sur place.

➤ Pêche sur la glace

En hiver, la rivière Sainte-Anne, riche en «poulamons» (mieux connus sous le nom de «petits poissons des chenaux»), attire des milliers d'amateurs. Du mois de décembre au mois de février, elle se couvre de cabanes de pêcheurs. Il est possible de louer une cabane et le matériel de pêche à l'**Association des pourvoyeurs de la rivière Sainte-Anne** *(25$, cabane, équipement et appâts inclus, sans limites de prises ni permis requis; réservations conseillées; 8 rue Marcotte, Ste-Anne-de-la-Pérade, ☎ 418-325-2475).*

> **Raquette et ski de fond**

La **réserve faunique Mastigouche** (voir p. 364) compte 200 km de sentiers de ski de fond bien entretenus. Le **parc national de la Mauricie** (80 km de sentiers; voir p. 361), qui comprend aussi 28 km de sentiers aménagés pour la raquette, est également agréable à parcourir.

> **Traîneau à chiens**

Parcourir un sentier enneigé en guidant un attelage de chiens lancé à vive allure est une expérience des plus enivrantes. Il est possible de s'y adonner dans la **réserve faunique du Saint-Maurice** (voir p. 362) puisqu'on y entretient, tout au long de l'hiver, plus de 150 km de sentiers balisés spécialement aménagés pour cette activité.

Aventures Chien-Loup Sacacomie *(St-Alexis-des-Monts, ☎ 819-265-2444, www.aventureschienloup. com)* propose toutes sortes de forfaits pour pratiquer cette belle activité en toute sécurité. Vous pourrez même conduire votre propre attelage de six chiens!

Hébergement

Trois-Rivières

Auberge de jeunesse La Flottille
$ b%bp @
497 rue Radisson
☎ 819-378-8010
L'auberge de jeunesse La Flottille est une jolie petite auberge près des lieux nocturnes de Trois-Rivières. Elle dispose d'une trentaine de places en dortoir ainsi que de quelques chambres privées. En hiver, elle reste ouverte, mais le nombre de lits est restreint. Réception ouverte 24h sur 24.

L'Émérillon
$$ ✆ @ ≡
890 terrasse Turcotte
☎ 819-375-1010
Cette élégante maison de style colonial a été érigée au début du XXe siècle et offre une vue sur le fleuve Saint-Laurent. Elle dispose de quatre chambres bien décorées.

Le Gîte Loiselle B&B
$$-$$$ ✆ ▲ ≡ @
836 rue des Ursulines
☎ 819-375-2121
www.giteloiselle.com
Cette belle maison au cœur du centre-ville propose quatre chambres très confortables.

L'accueil est sympathique et le déjeuner excellent. La rue des Ursulines offre par ailleurs de nombreuses options d'hébergement, principalement en gîte touristique.

Delta Trois-Rivières Hôtel et Centre des congrès
$$$ ⚹ ≡ ✆ ◎ ⇌ ≋ ψ))) @
1620 rue Notre-Dame
☎ 819-376-1991 ou 888-890-3222
www.deltahotels.com
Haute tour se dressant au centre-ville, l'hôtel Delta est facilement identifiable. Il dispose de chambres spacieuses, prévues pour loger confortablement les voyageurs, et de nombreuses installations sportives afin d'agrémenter leur séjour.

Cap-de-la-Madeleine

Motel Jacques
$$ ✳ ≡ @
2050 rue Notre-Dame E., Ste-Marthe-du-Cap
☎ 819-378-4031 ou 819-378-4032
www.moteljacques.com
Le Motel Jacques offre un confort bon marché. Sa piscine surplombant le fleuve Saint-Laurent compense le manque d'inspiration de la part du décorateur. Honnête et propre.

Grand-Mère

Auberge Santé Lac des Neiges
$$-$$$$ b%bp ◎ ▲ ≋ ¥ ψ))) @
100 ch. du Lac-des-Neiges
☎ 819-533-4518 ou 800-757-4519
www.lacdesneiges.ca
Dès que l'on s'approche de l'Auberge Santé Lac des Neiges, le stress du train-train quotidien bat déjà en retraite. L'architecture moderne du bâtiment lové sur une presqu'île est atténuée par la présence de stuc blanc, de poutres et d'escaliers en bois, ce qui n'est pas sans rappeler le style baroque. La salle de séjour commune est particulièrement invitante avec ses nombreux divans, ses fenêtres avec vue sur le lac et, surtout, son feu de foyer. D'ailleurs, plusieurs convives en peignoir s'y prélassent entre deux séances de soins. Le restaurant propose des tables d'hôte de cuisine française à la présentation raffinée.

Auberge Le Florès
$$$-$$$$$ ½p
≡ ⇌ ≋ ¥ ψ))) @
4291 50e Avenue
☎ 819-538-9340 ou 800-538-9340
www.leflores.com
L'Auberge Le Florès est installée dans une superbe maison d'époque à laquelle on a ajouté une partie

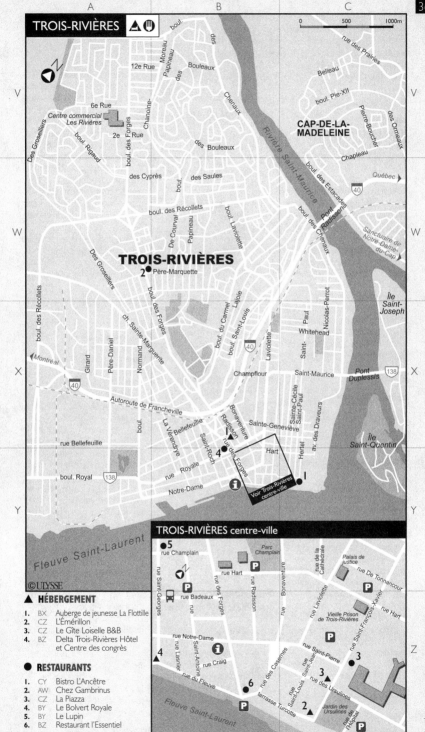

moderne. Les chambres ne sont pas spectaculaires, mais offrent un bon confort. Une gamme de soins santé (massages, soins du visage, etc.) y est aussi proposée.

Saint-Mathieu-du-Parc

Auberge du Trappeur
$$-$$$$ ½p bc/fp ⭘ 🍴

2120 ch. St-François
☏ 819-532-2600 ou 866-356-2600
www.bonjourmauricie.com

Établie sur le **Site de partage et de diffusion de la culture amérindienne Mokotakan** (voir p. 362), l'Auberge du Trappeur accueille les vacanciers dans un environnement très confortable et rustique, avec foyers, peaux d'animaux et lits douillets. En plus des chambres de l'auberge, des tipis et des chalets sont offerts en location. On y propose des excursions guidées pour l'observation de l'ours noir en été, ou en motoneige l'hiver venu.

Grandes-Piles

Auberge Le Bôme
$$$ ⭘ 🍴))) ✝ @ ≡ &

720 2ᵉ Avenue
☏ 819-538-2805 ou 800-538-2805
www.bome-mauricie.com

L'Auberge Le Bôme est un excellent choix dans la région. Les 10 chambres sont admirablement décorées, et le service amical rend cette auberge très chaleureuse. On y loue également un appartement tout équipé pouvant loger confortablement quatre personnes (**$$$$**). Vous pourrez aussi profiter d'un superbe salon qui devient souvent la scène de discussions prolongées avec les autres voyageurs.

Shawinigan

Auberge de l'île Melville
$ bc ⭘

parc de l'Île-Melville
☏ 819-536-7155 ou 866-536-7155
www.ilemelville.com

L'Auberge de l'île Melville est composée de dortoirs pouvant accueillir de quatre à six personnes. Une cuisine complète, des douches et une laverie y sont accessibles. Il faut apporter son sac de couchage. Sympathique et convivial.

Auberge Escapade Inn
$$-$$$ ⭘ ≡ ◎ 🍴 @

3383 rue Garnier
☏ 819-539-6911 ou 800-461-6911
www.aubergeescapade.qc.ca

L'Auberge l'Escapade possède plusieurs personnalités, malgré son allure tout à fait « motel ». Ainsi peut-on y louer une chambre toute simple à prix économique, autant qu'une chambre de luxe, garnie de meubles de style. Entre les deux, les « intermédiaires », jolies et confortables, présentent un bon rapport qualité/prix.

Auberge Gouverneur Shawinigan
$$$-$$$$ & ≡ ◎ ▲ ≈ ✝ 🍴 @

1100 promenade St-Maurice
☏ 819-537-6000 ou 888-922-1100
www.gouverneurshawinigan.com

Située en bordure de la rivière Saint-Maurice et tout près du centre-ville de Shawinigan, l'Auberge Gouverneur répond aussi bien aux besoins des gens d'affaires qu'à ceux des visiteurs de passage. On y propose entre autres des services de spa.

Saint-Élie-de-Caxton

Resto-Gîte Le lutin marmiton
$$ ⭘ 🍴

2410 av. Principale
☏ 819-221-2150

Ce petit gîte très abordable permet de dormir dans une chambre digne des années 1960. Lourdes catalognes, mobilier antique et ambiance du terroir. Un petit bistro sur place sert des plats mijotés. Un chouette détour.

Station touristique Floribell
$$-$$$$ ⭘ ▲ 🍴 @

391 ch. du Lac-Bell
☏ 819-221-5731
www.floribell.com

La Station touristique Floribell est idéale pour les voyageurs grégaires ou les familles en vacances. Cette station loue des emplacements de camping, des chambres régulières, des suites et des appartements donnant sur un lac aux eaux cristallines, où l'on peut s'adonner à la baignade, à des tours d'embarcation, ou tout simplement à la construction de châteaux de sable. De plus, on trouve à proximité une piste cyclable sillonnant la campagne environnante jusqu'aux portes du parc national de la Mauricie.

Saint-Paulin

Auberge Le Baluchon
$$$$ ½p

◎ 🍴 ✳ ▲ ≈ ✝ 🍴))) @ & ⌁

3550 ch. des Trembles
☏ 819-268-2555 ou 800-789-5968
www.baluchon.com

L'Auberge Le Baluchon se présente comme une véritable réussite qui allie le tourisme et l'écologie. Son vaste domaine bénéficie de divers aménagements qui ont pour but de faire profiter les visiteurs des beautés de son environnement. Baladez-vous le long de la rivière ou dans les bois, à pied ou en skis de fond, ou encore descendez la rivière en kayak ou en canot : les activités ne sauraient ici vous manquer. Les chambres, au luxe sobre et confortable, sont réparties dans quatre auberges situées à proximité l'une de l'autre. On loue également un chalet tout équipé situé près de la rivière et pouvant accueillir six personnes (⭘ ▲). Le spa est très bien équipé, et la fine cuisine de la salle à manger est un pur plaisir gastronomique (voir p. 370).

Saint-Alexis-des-Monts

Auberge Lac à l'Eau Claire
$$$-$$$$$ ½p
≡ 🍴 △ ≋ ❄ 🍽 @

500 ch. du Lac-à-l'Eau-Claire
📞 819-265-3185 ou 877-265-3185
www.lacaleauclaire.com
Vous planifiez un petit séjour de pêche? La pourvoirie du Lac à L'Eau Claire propose une magnifique expérience de villégiature, que vous soyez entre amis, en famille ou en couple. Détail pratique, à chacune des 25 chambres de l'auberge correspond un local au niveau du sol où vous pourrez entreposer vos articles de pêche ou vos habits de motoneige, si vous optez pour un séjour hivernal. Un réfrigérateur est aussi disponible dans cet espace pour y conserver vos prises journalières. Au même niveau, les enfants trouveront une superbe salle de jeux.

Hôtel Sacacomie
$$$$$ ½p 🔘 △ 🍽))) ♿ ⛵ ≋ ⚓

4000 ch. Yvon-Plante
📞 819-265-4444 ou 888-265-4414
www.sacacomie.com
L'Hôtel Sacacomie est un magnifique établissement en rondins niché au cœur de la forêt près de la réserve faunique Mastigouche. Surplombant le majestueux lac Sacacomie, l'endroit bénéficie d'un emplacement sans pareil avec une plage à proximité. On peut y pratiquer une foule d'activités, hiver comme été. Depuis peu, on y propose aussi un nouveau service, le Geos Spa Sacacomie, un superbe complexe de bains thermaux en pleine nature.

Pointe-du-Lac

Auberge du Lac Saint-Pierre
$$$ ≡ 🔘 ≋ 🍽))) ⛵ @

10911 rue Notre-Dame O.
📞 819-377-5971 ou 888-377-5971
www.aubergelacst-pierre.com
L'Auberge du Lac Saint-Pierre est située à Pointe-du-Lac,

qui, comme son nom l'indique, annonce la fin du lac Saint-Pierre. Ce «lac» est en fait un élargissement du fleuve Saint-Laurent qui, par ses caractéristiques propres aux marais, attire une faune et une flore particulières. Juchée sur un promontoire, l'auberge occupe un site idéal. Ce grand établissement abrite des chambres modernes et confortables. Certaines sont munies d'une mezzanine pour les lits, laissant ainsi tout l'espace voulu au salon, dans la pièce principale. La salle à manger sert une fine cuisine (voir p. 370). Si vous vous sentez l'âme à la découverte, vous pouvez emprunter un vélo pour explorer les alentours.

Louiseville

Le Gîte du Carrefour
$$ ❦ ≡ @

11 av. St-Laurent
📞 819-228-4932
Le Gîte du Carrefour propose de belles chambres décorées de meubles d'époque dans une splendide demeure de style éclectique située au cœur de la ville. Pour les amateurs d'histoire, il s'agit de l'ancienne demeure de la peintre Marcelle Ferron, l'une des signataires du manifeste du *Refus global*.

Restaurants

Trois-Rivières
Voir carte p. 367.

Le Bolvert Royale
$-$$
1556 rue Royale
📞 819-373-6161
Le Bolvert Royale est un petit restaurant où l'on peut manger de délicieux plats santé. La cuisine est simple et bonne.

Bistro L'Ancêtre
$$
603 rue des Ursulines
📞 819-373-7077
Ce petit bistro est situé au cœur du Vieux-Trois-Rivières, dans une belle maison ancestrale, avec ses recoins et foyers. La splendide terrasse sur le côté, qui se prolonge vers l'arrière, est parfaite pour les chaudes journées d'été. Le menu est simple, mais très agréable.

Chez Gambrinus
$$
3160 boul. des Forges
📞 819-691-3371
Situé un peu à l'écart du centre de la ville, près de l'université, le restaurant-microbrasserie Chez Gambrinus arrive quand même à attirer une clientèle d'habitués qui ne se gênent pas pour vanter l'endroit. Il faut dire qu'il s'agit d'un des rares établissements ou bières et huîtres sont mis à l'honneur. On y sert aussi des plats à base de gibier et des hamburgers. L'établissement est aménagé dans une vieille maison entourée d'une terrasse. Atmosphère et accueil chaleureux.

La Piazza
$$-$$$
142 rue St-François-Xavier
📞 819-373-7404
La Piazza, un restaurant fréquenté par une clientèle hétéroclite, s'inspire de l'Italie autant pour son menu que pour son décor sympathique. Dans cette maison datant de 1757, on sert de succulents plats de pâtes, une variété de pizzas et d'autres bonnes spécialités de la «botte». La terrasse située sous les arbres à l'arrière est très agréable.

Restaurant l'Essentiel
$$-$$$
10 rue des Forges
📞 819-693-6393
Au Restaurant l'Essentiel, on se laisse tout d'abord séduire

par la vue imprenable sur le Saint-Laurent. On s'abandonne ensuite aux doux plaisirs de la table grâce à un menu du terroir actualisé où l'on retrouve des plats d'autruche et de wapiti, ainsi qu'un fameux tartare de bœuf Angus. La terrasse est splendide.

Le Lupin
$$$ 🍷
376 rue St-Georges
📞 819-370-4740
www.lelupin.ca

Installé dans une coquette maison ancestrale, le restaurant Le Lupin sert sans doute l'une des meilleures cuisines des environs. En plus de faire d'excellentes crêpes bretonnes, il propose des plats de gibier et de perchaude, considérés comme de grandes spécialités de la région. De plus, la facture est toujours moins salée grâce à la formule «apportez votre vin».

Grand-Mère

Crêperie de Flore
$$-$$$
3580 50ᵉ Avenue
📞 819-533-2020

La Crêperie de Flore propose une spécialité de crêpes bretonnes et de veau dans une ambiance simple et informelle. Fraîchement rebâti, le resto avait été la proie des flammes en décembre 2008.

Auberge Le Florès
$$$-$$$$
4291 50ᵉ Avenue
📞 819-538-9340
www.leflores.com

Le restaurant de l'Auberge Le Florès affiche un menu classique sans surprise. Cependant, la décoration intimiste et la magnifique verrière agrémentent le plaisir du repas.

Grandes-Piles

Auberge Le Bôme
$$$-$$$$
720 2ᵉ Avenue
📞 819-538-2805
www.bome-mauricie.com

En plus d'offrir du confort et du charme, l'Auberge Le Bôme sert une cuisine française assortie de spécialités régionales, comme du cerf, du caribou ou de l'omble chevalier, tout à fait sensationnelle. Un incontournable!

Shawinigan

La Pointe à Bernard
$$-$$$
692 4ᵉ Rue
📞 819-537-5553

L'atmosphère détendue de La pointe à Bernard lui vaut bien son surnom de «resto sympathique». Le personnel efficace et chaleureux y sert une cuisine de bistro raffinée où les moules sont à l'honneur (le pavé de thon est aussi mémorable).

Restaurant La Piñata
$$-$$$
902 promenade St-Maurice
📞 819-537-7806

Situé face à la Cité de l'énergie, ce restaurant offre un cadre agréable pour s'offrir de bonnes spécialités mexicaines. Les plats sont copieux et les prix très raisonnables. La décoration est sobre mais soignée, et l'établissement est parfois animé par des mariachis.

Pointe-du-Lac

Auberge du Lac Saint-Pierre
$$$-$$$$
10911 rue Notre-Dame O.
📞 819-377-5971 ou 888-377-5971
www.aubergelacst-pierre.com

Si vous allez manger à l'**Auberge du Lac Saint-Pierre** (voir p. 369), vous pouvez, pour vous mettre en appétit, vous offrir une petite promenade sur la grève ou un apéro

à la terrasse avec vue sur le fleuve. La salle à manger offre un décor moderne quelque peu froid, mais la présentation des plats, quant à elle, n'a rien de fade et leur goût encore moins. Le menu de cuisine française et québécoise propose truite, saumon, agneau, faisan... tous finement apprêtés. Réservations requises.

Saint-Paulin

Auberge Le Baluchon
$$$-$$$$
3550 ch. des Trembles
📞 819-268-2555 ou 800-789-5968
www.baluchon.com

La table de l'**Auberge Le Baluchon** (voir p. 368) propose une fine cuisine française et du terroir québécois qui saura vous régaler. L'objectif avoué est de faire découvrir aux convives les produits de la Mauricie et de Lanaudière. Le tout dans une salle à manger au décor apaisant, avec vue sur la rivière, et située sur un magnifique domaine. Plus abordable mais partageant les même valeurs éco-gastronomiques, l'Éco-café Au bout du monde propose pour sa part un menu à la carte appétissant et varié. Au printemps, une cabane à sucre rustique permet de se sucrer le bec!

Saint-Alexis-des-Monts

Microbrasserie Nouvelle-France
$-$$
90 rang Rivière-aux-Écorces
📞 819-265-4000
www.lesbieresnouvellefrance.com

En passant la porte de cette microbrasserie, on se retrouve illico en Nouvelle-France. Que ce soit les nombreux objets décoratifs qui rappellent cette période (il y a même un canot accroché au plafond!), les costumes des gens qui y travaillent, ou le menu qui utilise le vocabulaire de l'époque, tout est mis en place afin d'offrir un voyage dans le temps. On s'attendrait presque à voir Samuel de Champlain attablé dans un coin. Le menu n'est pas très élaboré mais propose de bons classiques : ailes de poulet, hamburgers, soupes et sandwichs. Belle sélection de bières maison. Mention spéciale aux frites qui sont excellentes.

Sorties

➤ Activités culturelles

Trois-Rivières
Salle J.-Antonio-Thompson
♿
374 rue des Forges
☎ 866-416-9797
www.sallethompson.com
Cette salle de plus de 1 000 sièges accueille l'Orchestre symphonique de Trois-Rivières, qui y donne ses concerts. Plusieurs artistes québécois s'y arrêtent au cours de leurs tournées, et des pièces de théâtre y sont également présentées.

➤ Bars et boîtes de nuit

Trois-Rivières
La réputation du centre-ville de Trois-Rivières comme lieu culturel n'est plus à faire, et une simple balade suffit pour se laisser envoûter par la vie nocturne. Et cela est vrai particulièrement en été, lorsque les terrasses bondées débordent dans la rue. Pour de plus amples renseignements, consultez le journal *Voir*, édition Mauricie, distribué gratuitement toutes les semaines dans plusieurs commerces de la région. Voici une brève liste pour vous guider à travers quelques bars branchés de Trois-Rivières.

Café bar Le Zénob
171 rue Bonaventure
☎ 819-378-9925
Les chaudes soirées d'été se passent agréablement et avec beaucoup d'animation sous les grands arbres de la terrasse avant et arrière du Zénob. Ce café-bar accueille une bonne part de la population artistique locale, et s'y succèdent expositions et événements artistiques. Il s'agit aussi du quartier général du **Festival international de la poésie** (voir p. 372).

Le Temple
droit d'entrée pour la boîte de nuit à l'étage
300 rue des Forges
☎ 819-370-2005
www.letemple.ca
Haut lieu de trépidations nocturnes, Le Temple promet une soirée haute en sensations. Le complexe est divisé en plusieurs parties, son *lounge*, son salon japonais Kanpaï et son *nightclub* où les plus jeunes se démènent au rythme de la musique techno, hip-hop et house. Une terrasse sur le toit offrant une belle vue sur la ville est également offerte aux festifs.

Café Galerie l'Embuscade
1571 Badeaux
☎ 819-374-0652
www.embuscade.ca
Le Café Galerie l'Embuscade est un lieu de rencontre très populaire où artistes, étudiants et autres se donnent rendez-vous avec plaisir pour siroter une bière ou prendre un léger repas. L'établissement sert aussi de galerie d'art pour permettre à de nombreux créateurs de faire connaître leurs talents. On présente sur la terrasse, en période estivale, des événements artistiques tels que de la «peinture en direct» et des spectacles de groupes québécois.

Nord Ouest Café
1441 rue Notre-Dame
☎ 819-693-1151
Le Nord Ouest Café est un endroit décontracté, réparti sur plusieurs niveaux avec un bar au rez-de-chaussée, un petit salon privé, des tables de billard et des jeux. On y sert une grande variété de bières importées et microbrassées ainsi que des repas légers.

Shawinigan
Brasserie artisanale Le Trou du Diable
412 rue Willow
☎ 819-537-9151
www.troududiable.com
Cette microbrasserie propose une cuisine bistro du terroir et des bières artisanales de grande qualité. On y présente aussi de sympathiques soirées à thème et des concerts.

Saint-Alexis-des-Monts
Microbrasserie Nouvelle-France
90 rang Rivière-aux-Écorces
☎ 819-265-4000
www.lesbieresnouvellefrance.com
Une microbrasserie artisanale où il est possible de prendre une bière et un bon repas (voir p. 370), mais aussi de participer à une visite guidée du seul économusée de la bière au Canada! Boutique sur place.

➤ Festivals et événements

Juillet
C'est à la fin du mois de juillet que se tient habituellement le **Grand Prix de Trois-Rivières** (♿; ☎ *819-370-4787 ou 866-866-4787, www.gp3r. com)* dans les rues de la ville. Il s'agit d'une course automobile de formule Atlantique ou de séries locales. Des pilotes aujourd'hui réputés, notamment Jacques Villeneuve, y ont déjà participé.

Mauricie - Sorties

guidesulysse.com

Septembre

Le **Festival western de Saint-Tite** (*☎ 418-365-7524, www. festivalwestern.com*) donne l'occasion de découvrir l'attraction *western* la plus populaire de l'est du Canada. Chaque année, pendant la deuxième semaine de septembre, plusieurs activités sont proposées afin de satisfaire les amateurs de *western*, telles qu'un rodéo et une parade mettant en vedette plusieurs espèces animales, des concerts et de l'animation pour toute la famille.

Octobre

Chaque année, Trois-Rivières est le site d'un festival aussi original que populaire. Le **Festival international de la poésie** (*début oct; ☎ 819-379-9813, www.fiptr.com*), par ses multiples activités, aide à faire connaître cet art qui reste trop souvent l'apanage de groupes restreints. Lectures publiques dans les restaurants et les bars de la ville, entrevues et ateliers de création sont parmi les activités de ce festival qui attire autant les poètes que les amateurs de partout.

Achats

➤ Alimentation

Trois-Rivières

Nys Pâtissier
1449 rue Notre-Dame
☎ 819-691-9080

Remplie de petites gâteries pour vos envies salées ou sucrées, cette pâtisserie artisanale, fondée par un couple belge établi au Québec, constitue un arrêt de choix pour faire des provisions pour un pique-nique.

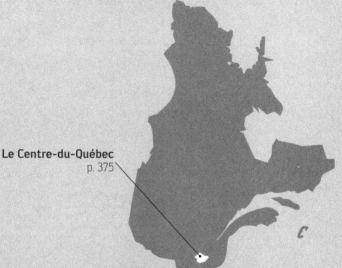

Le Centre-du-Québec
p. 375

Centre-du-Québec

CENTRE-DU-QUÉBEC

CHAUDIÈRE-APPALACHES

Saint-Ferdinand

Saint-Pierre-Baptiste

Vianney

Lyster

Sainte-Sophie

Chesterville

Plessisville

Princeville

Warwick

Villeroy

Sainte-Françoise

Richmond

Fortierville

Saint-Louis-de-Blandford

Victoriaville

Saint-Albert

Kingsey Falls

Deschaillons-sur-Saint-Laurent

Manseau

Saint-Pierre-les-Becquets

Lemieux

Daveluyville

Aston-Jonction

Sainte-Marie-de-Blandford

Sainte-Eulalie

Gentilly

Saint-Sylvère

Saint-Samuel

Batiscan

Champlain

Bécancour

Saint-Angèle-de-Laval

Drummondville

Saint-Maurice

Saint-Wenceslas

Sainte-Perpétue

Saint-Grégoire

Saint-Célestin

Saint-Louis-de-France

Cap-de-la-Madeleine

Saint-Joachim-de-Courval

Saint-Narcisse

La Visitation

Pont Laviolette

Trois-Rivières-Ouest

Nicolet

Baie-du-Febvre

Saint-Elphège

Shawinigan

Notre-Dame-du-Mont-Carmel

Saint-Pie-de-Guire

Grand-Mère

Saint-Étienne-des-Grès

Trois-Rivières

Saint-Séverin

Saint-Paulin

Odanak

Pierreville

Saint-Guillaume

Rivière Saint-François

Massueville

Saint-Alexis-des-Monts

Hunterstown

Yamachiche

Lac Saint-Pierre

Saint-François-du-Lac

MONTÉRÉGIE

Saint-Ours

Louiseville

Maskinongé

LANAUDIÈRE

Berthierville

Saint-Ignace-de-Loyola

Sorel-Tracy

Contrecœur

MAURICIE

Rivière Saint-Laurent

Fleuve Saint-Laurent

Montréal

Lévis Québec

Le circuit

a Le Centre-du-Québec

©ULYSSE

guidesulysse.com

20km

10

0

Située à mi-chemin entre Québec et Montréal, sur la rive sud du fleuve, la région du **Centre-du-Québec** ★ embrasse deux formations morphologiques du territoire québécois: la plaine du Saint-Laurent et la chaîne des Appalaches. S'y étendent des zones rurales ouvertes très tôt à la colonisation, et le territoire en conserve toujours le lotissement hérité de l'époque seigneuriale. L'extrême sud présente des paysages légèrement vallonnés qui annoncent la chaîne des Appalaches. Drummondville et Victoriaville sont les deux pôles urbains et industriels de la région, qui compte par ailleurs bon nombre d'exploitations agricoles.

Accès et déplacements

➤ En voiture

Le circuit proposé se concentre dans la plaine du Saint-Laurent, où se trouvent les principales villes du Centre-du-Québec. Ce circuit est facilement accessible au départ de Montréal par l'autoroute 20, du côté sud du fleuve Saint-Laurent à l'intérieur des terres. De Montréal ou de Québec, vous pouvez également emprunter l'autoroute Félix-Leclerc (40) puis l'autoroute 55 Sud. Traversez le pont Laviolette à Trois-Rivières.

Ce pont, inauguré en 1967, est le seul à relier les rives sud et nord du Saint-Laurent entre Montréal et Québec. Au-delà du pont, empruntez la route 132 Est jusqu'à Deschaillons-sur-Saint-Laurent. De là, vous vous dirigerez vers Plessisville par la route 265, puis vers Victoriaville par la route 116. Par la suite, la route 122 Ouest vous conduira jusqu'à Drummondville. Vous bouclerez la boucle en empruntant successivement les routes 255, 226 et 132 Est.

➤ En autocar (gares routières)

Victoriaville
475 boul. Jutras E.
☎ 819-752-5400

Drummondville
330 rue Heriot
☎ 819-477-2111

➤ En train (gare ferroviaire)

Drummondville
263 rue Lindsay
☎ 819-472-5383 ou 888-842-7245
www.viarail.ca

Attraits touristiques

Tourisme Centre-du-Québec *(20 boul. Carignan O., Princeville, QC G6L 4M4,* ☎ *819-364-7177 ou 888-816-4007, www. tcdq.com)*

Tourisme Bois-Francs *(231-A rue Notre-Dame E., Victoriaville, QC G6P 4A2,* ☎ *819-758-9451 ou 888-758-9451, www. tourismeboisfrancs.com)*

Le Centre-du-Québec ★

▲ *p. 383* ❶ *p. 386* ➷ *p. 386* ❚ *p. 387*

⏱ *Deux jours*

Peuplée jadis d'un mélange de colons français, acadiens, loyalistes américains et britanniques, la région du Centre-du-Québec a connu un développement lent avant le milieu du XIXᵉ siècle, alors que s'est amorcée une phase d'industrialisation qui n'a jamais connu de ralentissement depuis, à la suite de l'établissement du chemin de fer du Grand Tronc, dont l'emprise sert aujourd'hui de piste cyclable. Au cours des dernières années, on y a en effet construit certaines des usines les plus vastes et les plus modernes du Canada.

Bécancour

Tourisme Bécancour *(1005 boul. de Port-Royal, Bécancour, QC G9H 4Y2,* ☎ *819-233-4636 ou 888-233-4676, www. tourismebecancour.com)*

Bécancour, une municipalité très étendue de quelque 11 000 habitants, fut créée en 1965 par le regroupement de six villages beaucoup plus anciens s'étendant de Saint-Grégoire, à l'ouest, jusqu'à Gentilly inclusivement, à l'est. Son nom rappelle Pierre Robineau de Bécancour, qui, de 1684 à 1755, fut seigneur des lieux. On trouve à Bécancour un parc industriel où sont notamment regroupées l'aluminerie de Bécancour et la centrale nucléaire Gentilly, seule de ce type au Québec.

Le **Moulin Michel de Gentilly** ★ *(5$; sept à mi-oct sam-dim 11h à 16h, fin juin à début sept tlj 11h à 16h; 675 boul. Bécancour,* ☎ *819-298-2882, www.moulinmichel.qc.ca)* est l'un des très rares moulins à eau du Régime français à avoir survécu. Érigé en 1739 pour les censitaires de la seigneurie de Gentilly, il a fonctionné pendant plus de 200 ans. Son mécanisme est encore en place et est expliqué pendant les visites guidées organisées par la municipalité. Le moulin sert aujourd'hui de centre culturel et de centre d'interprétation portant sur les us et coutumes des gens de la région.

Construite entre 1845 et 1857, l'**église Saint-Édouard** ★ *(1920 boul. Bécancour)* illustre la persistance des modes de construction et de décoration développés au début du XIXe siècle par la famille Baillairgé de Québec. Hormis la façade, refaite en 1907, le reste de l'édifice a conservé son aspect premier.

Récemment rénové, le **Centre de la biodiversité du Québec** *(11$;* ♿ *; début mai à fin oct tlj 9h à 17h, nov à avr tlj 10h à 17h; 1800 av. des Jasmins, Ste-Angèle-de-Laval,* ☎ *819-222-5665 ou 866-522-5665, www.biodiversite.net)* explique aux visiteurs la diversité biologique québécoise par le biais d'expositions. On y trouve entre autres des stations d'observation, des bassins de manipulation et des aquariums et terrariums peuplés d'espèces indigènes et exotiques, sans oublier la reconstitution de l'habitat de la loutre et l'atelier d'horticulture. Boutique de cadeaux sur place.

Saint-Pierre-les Becquets ★

Ce charmant village, juché sur une falaise dominant le fleuve Saint-Laurent, était autrefois le chef-lieu de la seigneurie Levrard-Becquet, concédée en 1672. Le **manoir seigneurial** *(on ne visite pas)*, construit en 1792, subsiste au numéro 171 de la route Marie-Victorin.

▸▸▸ *Vous pouvez faire un petit crochet par Deschaillons-sur-Saint-Laurent avant de reprendre le circuit.*

Deschaillons-sur-Saint-Laurent

Le long de la route 132, la municipalité de Deschaillons-sur-Saint-Laurent surplombe le fleuve Saint-Laurent du haut de falaises élevées. Témoins d'une autre époque, les maisons ancestrales se dressent fièrement au cœur du village.

▸▸▸ *Prenez à droite la route 265 Sud, qui pénètre à l'intérieur des terres, afin de poursuivre le circuit du Centre-du-Québec. Il est toutefois possible de lier les deux portions du circuit situées entre Odanak et Deschaillons-sur-Saint-Laurent à une promenade le long du fleuve Saint-Laurent jusqu'à Québec, et même au-delà, en les greffant au circuit de* **La Côte-du-Sud** *de la région touristique Chaudière-Appalaches (voir p. 485).*

Plessisville

En quittant le territoire des anciennes seigneuries, on pénètre dans celui des premiers «cantons de l'Est», qui ont constitué la nouvelle façon d'octroyer les terres après la Conquête. C'est une région à la fois agricole (laitière) et industrielle où les petites et moyennes entreprises (PME) sont reines. Plessisville, entourée d'érablières, est surtout reconnue pour ses produits de l'érable et dispute d'ailleurs à la Beauce son statut de capitale mondiale de l'érable. On y tient chaque année, pendant le mois d'avril, un délicieux festival de l'érable, la plus ancienne manifestation populaire du Québec après le Carnaval de Québec.

▸▸▸ *Empruntez la route 265 en direction sud jusqu'à Saint-Ferdinand.*

Saint-Ferdinand

D'une superficie de 2 ha, les **Jardins de Vos Rêves** *(12$; fin juin à début sept tlj 13h à 16h; 466 4e Rang N.,* ☎ *418-428-3848, www.lesjardinsdevosreves. com)* se composent de magnifiques jardins d'inspiration asiatique. Le lieu est très reposant.

▸▸▸ *Revenez sur vos pas jusqu'à Plessisville, où vous prendrez la route 116 en direction ouest pour vous rendre à Victoriaville.*

Victoriaville

Cœur de l'économie du Centre-du-Québec, Victoriaville (42 000 hab.) doit son développement à l'essor des industries du bois et du métal.

L'ancienne ville d'**Arthabaska** ★ constitue la partie sud de Victoriaville, à laquelle elle est aujourd'hui annexée. Son nom d'origine amérindienne signifie «là où il y a des joncs et des roseaux». Plusieurs personnalités québécoises qui se sont illustrées en politique ou dans le monde des arts sont originaires d'Arthabaska, ou y ont vécu, donnant le ton au secteur qui a toujours arboré une architecture soignée, marquée par les modes américaines et européennes. Arthabaska est en effet renommée pour ses belles demeures victoriennes, plus particulièrement celles qui bordent la rue

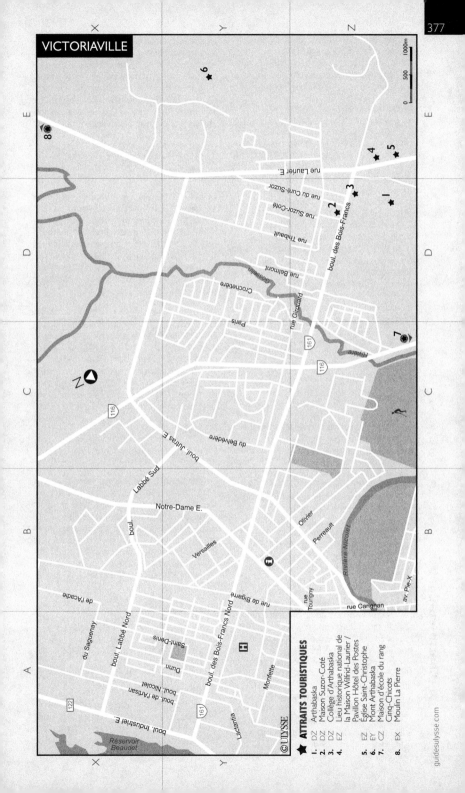

VICTORIAVILLE

0 500 1000m

rue Laurier E.

rue du Curé-Suzor

rue Suzor-Coté

rue Thibault

rue Belmont

Crochetière

Gosselin

Paris

rue Girardard

Rivière

boul. des Bois-Francs

du Belvédère

boul. Jutras E.

Labbé Sud

Notre-Dame E.

boul.

Versailles

Olivier

Perreault

Rivière Nicolet

rue Carignan

av. Pie-X

rue Tourigny

rue de Bigarré

de l'Acadie

du Saguenay

boul. Labbé Nord

Saint-Denis

boul. des Bois-Francs Nord

Dunn

boul. de l'Artisan

boul. Nicolet

Lactantia

Monfette

boul. Industriel E.

Réservoir Beaudet

© ULYSSE

ATTRAITS TOURISTIQUES

1. DZ Arthabaska
2. DZ Maison Suzor-Coté
3. DZ Collège d'Arthabaska
4. EZ Lieu historique national de la Maison Wilfrid-Laurier / Pavillon Hôtel des Postes
5. EZ Église Saint-Christophe
6. EY Mont Arthabaska
7. CZ Maison d'école du rang Cinq-Chicots
8. EX Moulin La Pierre

Laurier Ouest. En 1859, Arthabaska se voit propulsée au rang de district judiciaire du canton. Supplantée par Victoriaville au début du XXe siècle, Arthabaska a su conserver en partie son charme de la Belle Époque.

La **maison Suzor-Coté** *(on ne visite pas; 846 boul. des Bois-Francs S.)*. Le peintre paysagiste Marc-Aurèle de Foy Suzor-Coté, décédé en 1937, est né en 1869 dans cette humble maison, bâtie par son père 10 ans plus tôt. L'artiste, qui figure parmi les principaux peintres canadiens, a amorcé sa carrière par la décoration d'églises, entre autres celle d'Arthabaska. En 1891, il part pour Paris, où il étudie à l'École des beaux-arts. Premier Prix des académies Julian et Colarossi, il travaille à Paris avant de s'installer à Montréal en 1907. Mais à partir de cette date, il revient chaque année à Arthabaska, dans la maison paternelle, qu'il transforme graduellement en studio. Ses scènes d'hiver impressionnistes et ses couchers de soleil rouges par temps chaud de juillet sont bien connus. La maison est toujours une résidence privée.

L'imposant édifice que l'on aperçoit ensuite au numéro 905 est le **collège d'Arthabaska** des frères du Sacré-Cœur, qui se compose de trois sections disparates.

⁀⁀⁀ *Tournez à droite dans la rue Laurier Ouest (route 161).*

La création du **Lieu historique national de la Maison Wilfrid-Laurier** ★ *(5$ accès au lieu historique et au Pavillon Hôtel des Postes; juil et août lun-ven 10h à 17h, sam-dim 13h à 17h; sept à déc et mi-mars à juin mar-ven 10h à 12h et 13h à 17h, sam-dim 13h à 17h; 16 rue Laurier O., ☎ 819-357-8655, www.museelaurier.com)* a permis de préserver l'ancienne demeure de celui qui fut pendant ministre du Canada de 1896 à 1911. Premier Canadien français à occuper ce poste, Sir Wilfrid Laurier (1841-1919) est né à Saint-Lin, dans les Basses-Laurentides, mais s'est établi à Arthabaska aussitôt ses études de droit terminées. Sa maison d'Arthabaska fut convertie en musée à caractère politique par deux admirateurs dès 1929. Les pièces du rez-de-chaussée ont conservé leur mobilier victorien d'origine, alors que l'étage est en partie réservé à des expositions temporaires, en général fort intéressantes. On remarquera notamment le portrait de Lady Laurier de Suzor-Coté à l'intérieur et le buste de Sir Wilfrid Laurier par Alfred Laliberté à l'extérieur. Le **Pavillon Hôtel des Postes** *(949 boul. des Bois-Francs S., ☎ 819-357-2185)*, situé à quelques pas du musée dans un imposant édifice, abrite des expositions temporaires d'arts visuels d'artistes de renom.

L'**église Saint-Christophe** ★ *(2$; ♿; fin juin à fin août mar-sam 10h à 16h; dim 13h à 17h, sept à mai sur réservation; 40 rue Laurier O., ☎ 819-357-2376)* fut construite en 1871. Elle est surtout appréciée pour son intérieur polychrome, décoré par les peintres Marc-Aurèle de Foy Suzor-Coté et J. O. Rousseau de Saint-Hyacinthe. L'église a été classée monument historique en 2001.

⁀⁀⁀ *Revenez au boulevard des Bois-Francs Sud. Tournez à droite pour accéder au mont Arthabaska.*

Le belvédère aménagé au sommet du **mont Arthabaska** *(à l'extrémité du boulevard des Bois-Francs Sud, www.montarthabaska.com)* permet d'embrasser du regard l'ensemble de la région, au relief peu prononcé. Le mont est dominé par une croix lumineuse haute de 24 m érigée en 1928. Autour de l'observatoire partent des sentiers conduisant à des aires de pique-nique.

Peu d'écoles de rang du Québec ont survécu en aussi bon état. La **maison d'école du rang Cinq-Chicots** *(3$; fin juin à début sept mar-ven 9h à 12h et 13h30 à 17h, sam-dim 13h30 à 17h; 416 av. Pie-X, St-Christophe-d'Arthabaska, ☎ 819-752-9412, www.ecolecinqchicots.qc.ca)* a été rachetée par l'Association québécoise des amateurs d'antiquités. La visite de l'école et ses objets permettent de comprendre ce que représentait l'apprentissage scolaire à la campagne au début du XXe siècle.

⁀⁀⁀ *Retournez à la rue Laurier, que vous prendrez vers l'est sur environ 6 km.*

Le **moulin La Pierre** *(4$; ♿; mar-ven 8h30 à 17h30; 99 ch. Laurier, St-Norbert-d'Arthabaska, ☎ 819-369-9639)* est l'un des rares moulins à eau encore en fonction au Québec. Il fut érigé en 1845. Les samedis et dimanches après-midi, on offre des visites guidées de ce moulin qui utilise encore des méthodes artisanales pour fabriquer la farine. On peut d'ailleurs s'y procurer 15 variétés de farines biologiques.

⁀⁀⁀ *Remontez vers Victoriaville. Empruntez la route 122 Ouest en direction de Drummondville. Une excursion facultative permet cependant de vous rapprocher des Cantons-de-l'Est. Empruntez alors la route 116 en direction de Warwick et de Kingsey Falls.*

Kingsey Falls

Le nom anglais de cette municipalité révèle la présence, à cet endroit, d'une chute de la rivière Nicolet. Cette cataracte a permis aux premiers colons britanniques, arrivés peu après 1800, d'y exploiter des moulins à farine et à papier. De nos jours, le village est le siège de l'empire Cascades, un géant du papier qui possède plusieurs usines à travers le monde et se distingue comme un chef de file dans la protection de l'environnement.

Kingsey Falls, tout comme sa voisine Warwick, se targue d'être la ville la plus fleurie du Québec, prenant modèle sur un de ses plus illustres citoyens, Conrad Kirouac, mieux connu sous le nom de «frère Marie-Victorin». L'auteur de *La flore laurentienne* (un ouvrage de référence sur la diversité des espèces végétales dans la forêt boréale et subboréale) et fondateur du Jardin botanique de Montréal est en effet né en 1885 dans la maison située au numéro 405 de la rue qui a été dénommée «Marie-Victorin» en son hommage *(on ne visite pas).*

Le **parc Marie-Victorin** *(14-20 selon le forfait; &; mi-juin à début sept tlj 9h à 18h, sept sam-dim 9h30 à 17h30; 385 rue Marie-Victorin, ☎ 819-363-2528 ou 888-753-7272, www.parcmarievictorin.com)* fut inauguré en 1985 par l'entreprise Cascades pour commémorer le centenaire et l'œuvre du frère Marie-Victorin, originaire de Kingsey Falls. Cinq jardins thématiques (le jardin des cascades, le jardin des oiseaux, le jardin des plantes utiles, le jardin des découvertes et les milieux humides) sont aménagés sur un terrain d'environ 12 ha, et plusieurs mosaïques géantes parsèment les quelque 3 km de sentiers. La visite du complexe industriel de Cascades et des procédés de recyclage en industrie boucle la promenade.

▸▸▸ *Reprenez la route 116 jusqu'à Richmond. Prenez à droite la route 143 Nord pour rejoindre Drummondville, sur le circuit principal.*

Drummondville

Voir carte p. 380.

Tourisme Drummond
(1350 rue Michaud, Drummondville, QC J2C 2Z5, ☎ 819-477-5529 ou 877-235-9569, www.tourisme-drummond.com)

Drummondville a été fondée par Frederick George Heriot à la suite de la guerre canado-américaine de 1812. D'abord poste militaire sur la rivière Saint-François, l'endroit devient rapidement un centre industriel important grâce à l'implantation de moulins et de manufactures dans ses environs. Aujourd'hui, près de 70 000 personnes y vivent.

▸▸▸ *Tournez à droite dans la rue Montplaisir.*

Le **Village Québécois d'Antan** ★★ *(19,95$; &; début juin à août tlj 10h à 18h, sept ven-dim 10h à 18h; 1425 rue Montplaisir, ☎ 819-478-1441 ou 877-710-0267, www.villagequebecois.com)* retrace

100 ans d'histoire. Quelque 70 bâtiments de l'époque de la colonisation ont été reconstitués dans le but de recréer une atmosphère digne des années 1810-1910. Des artisans en costumes d'époque s'affairent à la fabrication de chandelles et de ceintures fléchées ou à la cuisson du pain. Plusieurs productions cinématographiques historiques y ont été tournées.

▸▸▸ *Poursuivez par la rue Montplaisir en suivant les indications vers le parc des Voltigeurs.*

Le **parc des Voltigeurs** a fait l'objet de divers projets d'aménagement et d'entretien qui visaient à améliorer ce grand espace vert laissé trop longtemps à l'abandon. On y retrouve maintenant divers aménagements, dont des terrains de jeux, une piscine, des sentiers pédestres qui longent la rivière et un camping géré par la Sépaq, le **Camping des Voltigeurs** (voir p. 383). Dans la partie sud du site se dresse le **manoir Trent**, érigé en 1848 pour un officier de la Marine anglaise à la retraite, George Norris Trent. Désigné erronément comme un manoir, il s'agit en réalité d'une grande maison de ferme.

▸▸▸ *Longez la rive est de la rivière Saint-François en direction de Saint-Joachim-de-Courval. Traversez d'abord la partie du Centre éducatif forestier de La Plaine avant d'accéder au village lui-même. Poursuivez en direction de Pierreville, à proximité de laquelle se trouve la réserve amérindienne d'Odanak.*

Odanak

Marguerite Hertel, propriétaire de la seigneurie de Saint-François au début du XVIIIe siècle, cède au gouvernement des Trois-Rivières une bande de terre sur la rive est de la rivière Saint-François afin qu'un village amérindien y soit aménagé. On désire y concentrer les Abénaquis du Maine, alliés indéfectibles des Français, ce qui sera fait en l'an 1700. Puis au moment de la Conquête, en 1759, le village amérindien d'Odanak est saccagé par les troupes britanniques en guise de représailles. Odanak est encore aujourd'hui une réserve amérindienne.

Le **Musée des Abénakis** ★ *(8,50$; juil et août lun-ven 10h à 17h, sam-dim 10h à 17h; mai, juin, sept et oct lun-ven 10h à 17h, sam-dim 13h à 17h; nov à avr lun-ven 10h à 17h; 108 Waban-Aki, route 132, ☎ 450-568-2600, www.museedesabenakis. ca)*, fondé en 1962, permet de découvrir la culture des Abénakis. Une exposition permanente relate la vie ancestrale des Abénaquis et leurs relations avec les colons français. Les animateurs du musée s'efforcent de faire revivre la culture des Abénaquis exposés à l'aide de chants et de légendes traditionnelles. Il faut aussi voir l'église du village, décorée de sculptures autochtones.

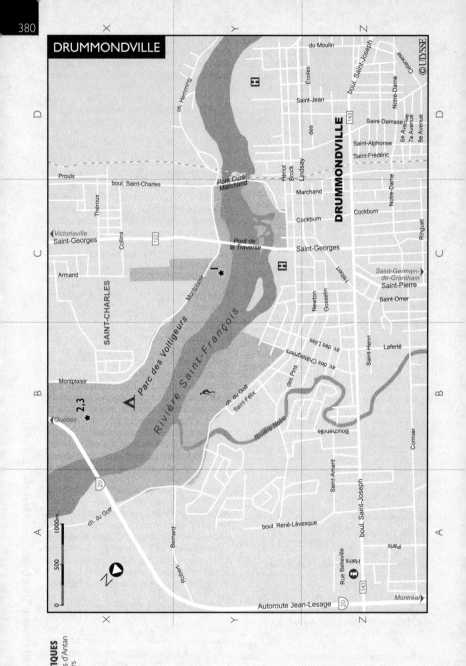

DRUMMONDVILLE

DRUMMONDVILLE

du Moulin

boul. Saint-Joseph

Écoles

ch. Hemming

Saint-Jean

Notre-Dame

143

Saint-Damase

6e Avenue
7e Avenue
8e Avenue

des

Saint-Alphonse

Saint-Frédéric

Proulx

boul. Saint-Charles

Pont Curé Marchand

Héroit
Brock

Lindsay

Notre-Dame

Marchand

Théroux

Victoriaville
Saint-Georges

Collins

122

Cockburn

Cockburn

Ringuet

Armand

Pont de la Traverse

Saint-Georges

Saint-Germain-
de-Grantham
Saint-Pierre

Montplaisir

SAINT-CHARLES

Newton

Gosselin

Hébert

Saint-Omer

Parc des Voltigeurs

Rivière Saint-François

av. des Châtaigniers

av. des Lilas

Saint-Henri

Laferté

Montplaisir

2,3

des Pins

ch. du Golf

Saint-Félix

Rivière Noire

Boucherville

Québec

Cormier

20

ch. du Golf

Bernard

Saint-Amant

boul. Saint-Joseph

1000m

500

Robert

boul. René-Lévesque

Rue Belleville

Hains

Paris

143

0

Autoroute Jean-Lesage

20

Montréal

N

© ULYSSE

★ **ATTRAITS TOURISTIQUES**

1. CY Village Québécois d'Antan
2. BX Parc des Voltigeurs
3. BX Manoir Trent

Saint-François-du-Lac

Premier noyau de peuplement de la rive sud du lac Saint-Pierre, Saint-François-du-Lac est situé en face d'Odanak sur la rive ouest de la rivière Saint-François. En 1849, on entreprend la construction de l'**église Saint-François-Xavier** *(438 rue Notre-Dame)*. On remarquera, à l'intérieur, de belles toiles anonymes du XVIIIe siècle provenant de France.

''' *Revenez sur la rive est de la rivière Saint-François.*

Une excursion au nord-ouest d'Odanak, à **Notre-Dame-de-Pierreville**, fait voir un véritable village de pêcheurs en plein centre du Québec. C'est que le lac Saint-Pierre, dont on se rapproche sans vraiment le voir, est suffisamment vaste pour justifier une pêche de type commercial. Cet élargissement soudain du fleuve Saint-Laurent fait donc vivre une communauté de pêcheurs qui y a ouvert des poissonneries.

''' *Revenez vers Pierreville, où vous emprunterez la route 132 Est en direction de Baie-du-Febvre puis de Nicolet.*

Baie-du-Febvre

Les **aires de repos de la sauvagine** ★ *(ch. de la Commune)* comptent parmi les plus importantes au Québec. Au printemps et en automne, profitez de la tour d'observation pour admirer les spectaculaires volées d'oiseaux.

Le **Centre d'interprétation de Baie-du-Febvre** *(6$; ; avr à nov mar-dim 10h à 16h, déc à mars sur réservation; 420 route Marie-Victorin/route 132, ♪ 450-783-6996, www.oies.com)* explique aux visiteurs pourquoi la plaine inondable du lac Saint-Pierre est la plus importante halte migratoire de l'oie des neiges, et ce, par le biais d'une exposition permanente, de vivariums et d'une présentation vidéo. Expositions, sentiers pédestres, halte routière, tour d'observation et volière vous y accueillent.

En 2000, le lac Saint-Pierre a été déclaré Réserve de la biosphère par l'UNESCO. Il est donc protégé désormais par la **Réserve de la biosphère du Lac-Saint-Pierre** *(♪ 450-783-6466, www.biospherelac-st-pierre.qc.ca)*. Plus grande plaine d'inondation, plus importante halte migratoire de sauvagines, première halte migratoire printanière de l'oie des neiges du Saint-Laurent et plus importante héronnière en Amérique du Nord, le lac Saint-Pierre renferme le plus important archipel du fleuve, avec une centaine d'îles, le cinquième de tous les marais du Saint-Laurent et la moitié des milieux humides du fleuve. On peut y faire l'observation de plantes rares, de près de 300 espèces d'oiseaux, dont plus d'une centaine sont considérées comme nicheuses, et d'une douzaine d'espèces menacées.

Nicolet

Tourisme Nicolet-Yamaska *(20 rue Notre-Dame, Nicolet, QC J3T 1G0, ♪ 819-293-6960 ou 866-279-0444, www.tourismenicolet-yamaska.net)*

On trouve, dans la vallée du fleuve Saint-Laurent, quelques villes et villages fondés par des Acadiens réfugiés au Québec à la suite de la déportation des colons français de l'Acadie par l'armée britannique en 1755. Nicolet a constitué l'un de ces refuges. Siège d'un évêché depuis 1877, la ville a connu un glissement de terrain majeur en 1955 ayant provoqué l'affaissement d'une partie du centre de la ville. Cette tragédie est imputable au sol glaiseux et marécageux qui borde le lac Saint-Pierre, interdisant l'aménagement d'agglomérations directement sur ses rives.

La **cathédrale de Nicolet** ★ *(tlj 9h à 16h30, mai à sept visites guidées 9h30 à 16h30; 671 boul. Louis-Fréchette, ♪ 819-293-5492)* remplace la cathédrale détruite lors du glissement de terrain de 1955. Ses formes ondoyantes, faites de béton armé, évoquent la voilure d'un navire. De l'intérieur, on peut mieux contempler l'immense verrière qui recouvre la façade (21 m sur 50 m).

Le **Musée des religions du monde** ★ *(6$; ; avr à oct tlj 10h à 17h; nov à mars mar-ven 10h à 16h30, sam-dim 13h à 17h; 900 boul. Louis-Fréchette, ♪ 819-293-6148, www.museedesreligions.qc.ca)* présente des expositions thématiques sur les différentes traditions religieuses à travers le monde.

L'**ancien séminaire** ★ *(350 rue D'Youville)* fut fondé dès 1803 à l'instigation de l'évêque de Québec, qui désirait que les futurs prêtres puissent être formés loin des tentations de la grande ville. Le séminaire de Nicolet occupait le troisième rang au Québec par son ancienneté. Ce fut également pendant longtemps l'un des plus prestigieux collèges d'enseignement supérieur. L'imposant édifice a été érigé entre 1827 et 1836. Fermé pendant la Révolution tranquille, il abrite de nos jours l'École nationale de police du Québec.

La **maison Rodolphe-Duguay** *(4$; mai à oct mar-dim 10h à 17h; 195 rang St-Alexis, Nicolet-Sud, ♪ 819-293-4103, www.rodolpheduguay.com)*. Le peintre québécois Rodolphe Duguay (1891-1973) affectionnait les paysages de sa région et les scènes du terroir, maintes fois représentés dans son œuvre, qui s'étale sur une période de 60 ans. D'abord inscrit aux cours d'art du Monument National, à Montréal, il traverse ensuite l'Atlantique pour se fixer à Paris, où il passera sept ans de sa vie. À son retour au Québec, il s'installe dans la demeure paternelle, qu'il habitera jusqu'à sa mort. En 1929, il érige un grand atelier attenant à la maison, dont l'intérieur rappelle étrangement son atelier parisien. Dans cette vaste pièce maintenant ouverte aux visiteurs, on présente une rétrospective de son œuvre ainsi que des expositions temporaires.

▸▸▸ Poursuivez par la route 132 Est afin de boucler la boucle qui vous ramènera à Saint-Grégoire, aujourd'hui intégré à Bécancour.

Saint-Grégoire

L'**église Saint-Grégoire** ★ ★ *(4200 boul. Port-Royal)* se trouve au centre de l'ancien village de Saint-Grégoire-de-Nicolet, fondé en 1757 par un groupe d'Acadiens originaires de Beaubassin. En 1803, les paroissiens entreprennent la construction de l'église actuelle. Deux architectes québécois célèbres laisseront par la suite leur marque sur l'édifice, Thomas Baillairgé d'abord, à qui l'on attribue la façade néoclassique ajoutée en 1851, et Victor Bourgeau, qui a refait les clochers avant de décorer la voûte de la nef.

En 1811, la fabrique acquiert le précieux retable ainsi que le somptueux tabernacle de l'église des Récollets de Montréal, autrefois située à l'angle des rues Sainte-Hélène et Notre-Dame. Le retable, réinstallé avec bonheur à Saint-Grégoire, est le plus ancien qui subsiste au Québec puisqu'il a été réalisé dès 1713 par Jean-Jacques Blœm dit Le Blond. Quant au tabernacle de style Louis XIII, il s'agit d'une œuvre majeure de l'ébéniste Charles Chaboulié, exécutée en 1703.

Activités de plein air

▸ Agrotourisme

Aménagé sous un chapiteau au centre du village de Saint-Louis-de-Blandford, le **Centre d'interprétation de la canneberge** *(5$; mi-sept à mi-oct mar-dim 10h à 16h; 80 rue Principale, St-Louis-de-Blandford, ☎ 819-364-5112, www.canneberge. qc.ca)* propose des visites chez des producteurs participants où l'on peut assister à une récolte de canneberges tout en admirant de beaux paysages. Les dates d'ouverture du centre correspondent au moment le plus approprié pour admirer les fruits mûrs prêts à être cueillis. Une boutique est proposée sur place. En même temps a lieu chaque année le **Festival de la Canneberge de Villeroy** (voir p. 387).

▸ Équitation

En plus de proposer les traditionnelles randonnées équestres d'une ou plusieurs heures, la **Ferme du Joual Vair** *(20$/1h, 50$/3h; 3225 route 261, Ste-Gertrude, ☎ 819-297-2107, www. fermedujoualvair.com)* pousse un peu plus loin l'expérience avec son jeu des «apprentis cowboys». On peut en effet, le temps d'une journée, y trier et rassembler du bétail à grand renfort de cris et chevauchées.

▸ Motoneige

La région du Centre-du-Québec compte plus de 1 200 km de sentiers balisés, bien entretenus et sécuritaires. Plusieurs sentiers Trans-Québec la desservent. Pour de plus amples renseignements ou encore pour commander la carte régionale des sentiers, communiquez sans frais avec **Tourisme Centre-du-Québec** (voir p. 375).

▸ Parcours d'aventure en forêt

Arbre en Arbre Drummondville *(27,50$; 526 rang Ste-Anne, Drummondville, ☎ 819-397-4544 ou 877-397-4544, www.arbreenarbre.com)* propose ses ponts, obstacles et tyroliennes dans les arbres, au gré de six parcours, tous ou presque donnant sur les rapides de la rivière Saint-François.

▸ Ski de fond

La **Courvalloise** et le **Club de Ski de Fond Saint-François** *(7$; lun-ven 9h à 16h, sam-dim 8h à 16h; 526 rang Ste-Anne, St-Joachim-de-Courval, ☎ 819-478-5475, www.skidefondstfrancois.org)* plairont aux amateurs de ski de fond. Certains opteront pour le parcours de la Courvalloise, qui longe sur 15 km la rivière Saint-François, alors que d'autres profiteront des sentiers traversant le **Village Québécois d'Antan**, sentiers aménagés par le Club de Ski de Fond Saint-François.

▸ Vélo

Tourisme Centre-du-Québec *(☎ 888-816-4007, www.tcdq.com/velo)* entretient plus de 25 circuits pour un total de près de 1 000 km de voies cyclables. L'organisme publie une carte qui comprend des descriptions des sentiers (piste cyclable, bande cyclable, chaussée désignée, etc.), des indications des pentes (sens des montées) et nombre de renseignements pratiques. Pour les cyclistes de niveau sportif, un nouveau circuit régional de quatre à cinq jours avec hébergement est aussi proposé.

Le **Parc linéaire des Bois-Francs** *(33 Pie-X, Victoriaville,* ♪ *819-758-6414, www.parclineairebf.com)* est en fait une piste cyclable aménagée sur le tracé d'une ancienne voie ferrée, comme on en trouve de plus en plus au Québec. Celle-ci, longue de 77 km, permet de contempler les paysages de la belle région du Centre-du-Québec, depuis Tingwick jusqu'à Lyster.

Le **Circuit des Traditions de la MRC de Drummond** *(Halte vélo La Plaine, sortie 179 de l'autoroute 20;* ♪ *819-475-1164, www.reseauxpleinair.com)* comporte 57,5 km balisés sur la Route Verte dont 25 km en terrain boisé, sur une ancienne emprise ferroviaire. Plusieurs espèces d'arbres rehaussent le plat relief du circuit. À ne pas manquer: les 7,5 km qui sillonnent la Forêt Drummond le long de la rivière Saint-François. Un bâtiment attenant à un grand stationnement a été converti en halte vélo.

Hébergement

Bécancour

Auberge Godefroy
$$$$
≡ ◎ ⌷ ● △ ≋ Y Ψ ⫴ @ ⅊
17575 boul. Bécancour
♪ 819-233-2200 ou 800-361-1620
www.aubergegodefroy.com
L'Auberge Godefroy est un imposant édifice aux multiples fenêtres. Son hall, tout aussi important, vous accueille en saison avec un bon feu de foyer. Les chambres sont spacieuses et offrent tout le confort qu'on attend d'un tel établissement. Certaines sont rénovées et ont un décor résolument moderne. Équipé d'un spa, l'hôtel propose différents forfaits pour se faire dorloter. Laissez-vous aussi gâter dans la salle à manger (voir p. 386)!

Irlande
Le Manoir d'Irlande
$$-$$$ ⌨ △
175 ch. Gosford
♪ 418-428-2874 ou 877-447-2027
www.manoirdirlande.com
Charmant petit gîte rustique situé dans les terres non loin des **Jardins de Vos Rêves** (voir p. 376) de Saint-Ferdinand, le Manoir d'Irlande a su conserver son magnifique charme suranné avec ses quatre chambres aux noms de personnalités royales britanniques. Le décor est enchanteur, et l'on s'y sent à une autre époque.

Victoriaville
Voir carte p. 384.

Auberge Au fil des Saisons
$$-$$$ ⌨ ≋ ❄ Ψ
14 rue Laurier O.
♪ 819-357-7307
www.aufildessaisons.qc.ca
Que dire de l'ambiance presque parfaite de cette grande demeure victorienne affectueusement surnommée *La Vieille Dame?* Les propriétaires souhaitent faire de leur gîte un incontournable dans la région et y parviennent grâce à une foule de détails raffinés et une attention sans faille. Les chambres sont très grandes et décorées avec goût. Le petit déjeuner est excellent et est servi à la même grande table pour tous les convives. En belle saison, les hôtes proposent un forfait «Théâtre et table champêtre», l'occasion rêvée de déguster les produits frais de la région. En tout point idéal pour un séjour radieux! Bain à remous extérieur en été.

Z Plaza Hôtel
$$-$$$ ≡ ◎ Ψ Y @
1000 boul. Jutras E.
♪ 819-357-1000 ou 866-537-8967
www.zplazahotel.com
Installé dans un bâtiment de construction moderne, le Z Plaza Hôtel propose des chambres spacieuses et agréables. Plusieurs services à proximité.

Saint-Félix-de-Kingsey
Auberge de santé Claire Lamarche
$$$ ⌨ ≡ Ψ @ Y ⫴
325 ch. de la Rivière
♪ 819-848-2259
www.aubergeclairelamarche.qc.ca
L'Auberge de santé Claire Lamarche est située dans une belle demeure et propose quatre chambres et une variété de soins de santé. Plusieurs forfaits y sont offerts. Lac privé et sentiers sur la propriété de l'auberge.

Drummondville
Camping des Voltigeurs
$ @
575 rue Montplaisir
♪ 819-477-1360
www.sepaq.com/ct/vol
Ce terrain de camping appartient à la Sépaq. Les emplacements sont grands et ombragés, et le lieu est situé tout près de la rivière Saint-François.

Motel Blanchet
$$ ⌨ ≡ ⌨ ● △ ❄ Ψ @
225 boul. St-Joseph O.
♪ 819-477-0222 ou 800-567-3823
www.motelblanchet.com
Le Motel Blanchet bénéficie d'une bonne situation géographique et offre de jolies chambres très propres à un prix plus que raisonnable. On y propose aussi des «condos» pour séjour prolongé.

Centre-du-Québec - Hébergement

VICTORIAVILLE ▲ ⊕

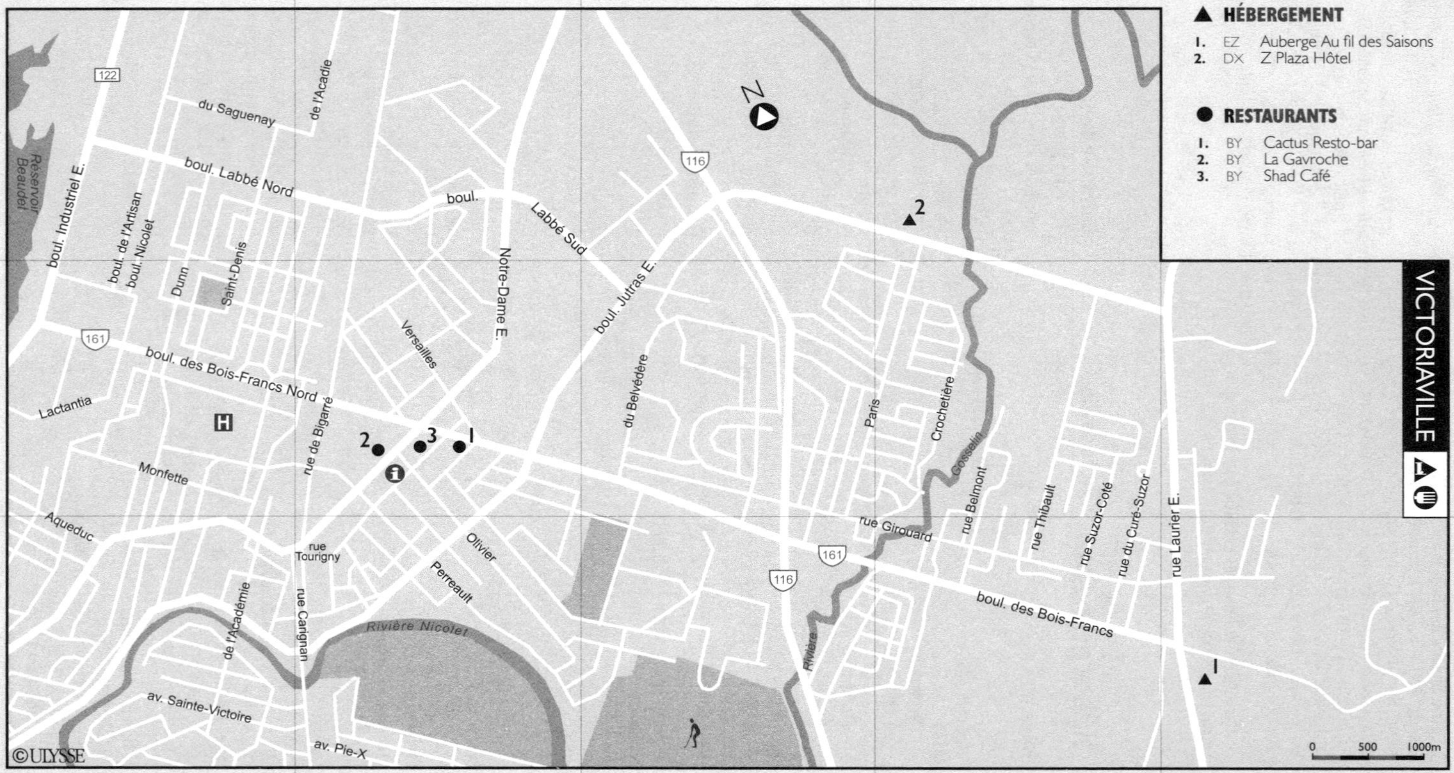

▲ HÉBERGEMENT

I. EZ Auberge Au fil des Saisons
2. DX Z Plaza Hôtel

● RESTAURANTS

I. BY Cactus Resto-bar
2. BY La Gavroche
3. BY Shad Café

rue Laurier E.

rue du Curé-Suzor

rue Suzor-Côté

rue Thibault

boul. des Bois-Francs

rue Belmont

Crochetière

Cossette

rue Girouard

Paris

Rivière

161

116

du Belvédère

boul. Jutras E.

Labbé Sud

Notre-Dame E.

boul.

Versailles

Olivier

Perreault

Rivière Nicolet

av. Pie-X

de l'Acadie

du Saguenay

boul. Labbé Nord

Saint-Denis

Dunn

boul. de l'Artisan

boul. Nicolet

boul. des Bois-Francs Nord

rue de Bigarré

rue Tourigny

rue Carignan

Monfette

de l'Académie

av. Sainte-Victoire

Lactantia

Aqueduc

boul. Industriel E.

Réservoir
Beaudet

161

122

© ULYSSE

0   500   1000m

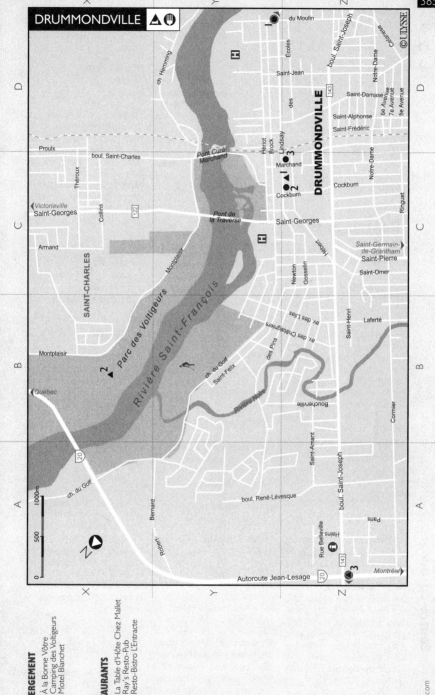

DRUMMONDVILLE

DRUMMONDVILLE

Rivière Saint-François

Parc des Voltigeurs

SAINT-CHARLES

Pont Curés Marchand

Pont de la Traverse

boul. Saint-Charles

Autoroute Jean-Lesage

guidesulysse.com

©ULYSSE

À la Bonne Vôtre

$$-$$$

207 rue Lindsay
☎ 819-474-0008 ou 866-474-0008
www.alabonnevotre.ca

Cette chaleureuse petite auberge de ville, doublée d'un sympathique resto qui sert de bons produits régionaux au rez-de-chaussée, propose ses chambres en formule gîte, avec le petit déjeuner inclus. Les chambres sont agréables et colorées quoique petites, et le lieu a beaucoup de charme.

Restaurants

Bécancour

Auberge Godefroy

$$$-$$$$

17575 boul. Bécancour
☎ 819-233-2200 ou 800-361-1620
www.aubergegodefroy.com

Dans la spacieuse salle à manger de l'**Auberge Godefroy** (voir p. 383), on sert une délicieuse cuisine française qui oscille entre les classiques et les créations originales à base de produits de la région. Les desserts sont succulents!

Victoriaville

Voir carte p. 384.

Shad Café

$

309 rue Notre-Dame E.
☎ 819-751-0848

Le Shad Café est un des rares endroits à Victoriaville où vous pourrez déguster des repas légers tout en sirotant une bière importée ou un café européen. L'endroit s'avère fort sympathique le jour comme le soir, alors qu'il devient essentiellement un débit d'alcool pour une clientèle qui apprécie son ambiance de café sans prétention.

Cactus Resto-bar

$$

139 boul. des Bois-Francs S.
☎ 819-758-5311
www.cactusrestobar.com

Au Cactus, on sert des hamburgers, des pâtes, des pizzas et des plats mexicains en portions généreuses. Comme plusieurs établissements à Victoriaville, ce restaurant se métamorphose en bar le soir venu. Des spectacles de groupes de musique connus y sont régulièrement présentés.

La Gavroche

$$

304 rue Notre-Dame E.
☎ 819-604-3077

À La Gavroche, on goûte les saveurs de la cuisine du terroir français dans une ambiance simple, chaleureuse et amicale. Une très grande terrasse se trouve à l'avant.

Drummondville

Voir carte p. 385.

Resto-Bistro L'Entracte

$-$$

247 rue Lindsay
☎ 819-477-4097
www.restobistrolentracte.com

Les bons prix et la localisation centrale en attirent plus d'un au restaurant L'Entracte, où l'on sert une cuisine cosmopolite composée de salades, saucisses, «pizzelles» et autres créations inattendues.

La Table d'Hôte Chez Mallet

$$-$$$
fermé dim

1320 boul. Mercure
☎ 819-475-6965
www.chezmallet.com

Si, au premier coup d'œil, Drummondville semble dépourvue de bonnes tables, il faut chercher encore un peu. Situé à l'écart du centre-ville, ce restaurant constitue l'option de gastronomie française à Drummondville, et l'on y affiche, comme son nom l'indique, des tables d'hôte, composées entre autres d'agneau et de ris de veau.

Ray's Resto-Pub

$$-$$$

195 rue Lindsay
☎ 819-474-0020

Fréquenté par une clientèle jeune mais distinguée, ce resto propose des plats simples mais bien apprêtés, avec hamburgers et autres mets du genre, dans une ambiance de bistro-*lounge*. Une immense terrasse y est aussi aménagée, et la carte des vins est surprenante. Une bonne adresse.

Sorties

› Festivals et événements

Avril

Le **Festival de l'érable de Plessisville** *(☎ 819-621-5285, www.festivaldelerable.com)* se tient tous les ans en avril ou au début de mai. Il est l'occasion de se sucrer le bec et de vérifier que les produits de l'érable sont une véritable industrie (concours de qualité de sirop).

Mai

Le **Festival international de musique actuelle de Victoriaville** *(☎ 819-752-7912, www.fimav. qc.ca)* a lieu chaque année à la mi-mai. Vous pourrez y entendre les ténors de la musique contemporaine. En fait, ce festival commence là où les autres se terminent, c'est-à-dire au seuil de l'exploration des nouvelles formes musicales.

Juillet

Pendant la deuxième semaine de juillet se déroule le **Mondial des Cultures de Drummondville** *(☎ 819-472-1184 ou 800-265-5412, www.mondialdescultures. com)*. Cet événement est organisé dans le but de favoriser un échange entre les différentes traditions et cultures du monde.

Août

Le **Festival du Cochon de Sainte-Perpétue** *(♪ 819-336-6190 ou 888-926-2466, www. festivalducochon.com)* présente des spectacles d'artistes connus et un concours de travaux agricoles, sans oublier la célèbre course du cochon graissé!

Septembre et octobre

Le **Festival de la Canneberge de Villeroy** *(mi-sept à mi-oct; ♪ 819-385-4748, www.festicanne.ca)* consiste en un événement familial qui met en place, en plus des activités récréatives, un important volet agroalimentaire avec des expositions, un concours de recettes et une dégustation de canneberges à la tire

d'érable. Quelques spectacles y sont aussi présentés.

Achats

➤ Alimentation

Bécancour
Fromagerie L'Ancêtre
1615 boul. Port-Royal
♪ 819-233-9157
www.fromagerieancetre.com
La Fromagerie L'Ancêtre, à la fois boutique et restaurant, vous propose de délicieux produits laitiers maison, entre autres plusieurs fromages, du beurre et de la crème glacée. Tous fabriqués selon des procédés biologiques, les produits vous sont servis en dégustation accompagnés de vins ou de bières artisanales.

➤ Artisanat, brocante et souvenirs

Une carte thématique, la ***Route des Antiquaires***, est proposée par **Tourisme Centre-du-Québec** *(www.tcdq.com)*. Elle recense les différents antiquaires de la région, où vous êtes assuré de faire quelques trouvailles intéressantes!

Bécancour
Chèvrerie et Boutique l'Angélaine
12285 boul. Bécancour (route 132)
♪ 819-222-5702 ou 877-444-5702
www.langelaine.com
Spécialisée dans l'élevage de chèvres angoras, la Chèvrerie l'Angélaine fabrique des tricots au moyen d'une fibre naturelle très prisée des connaisseurs: le mohair. La collection se compose d'une vaste gamme de chandails, de vestes, de châles, de manteaux et d'accessoires de mode.

Centre-du-Québec - Achats

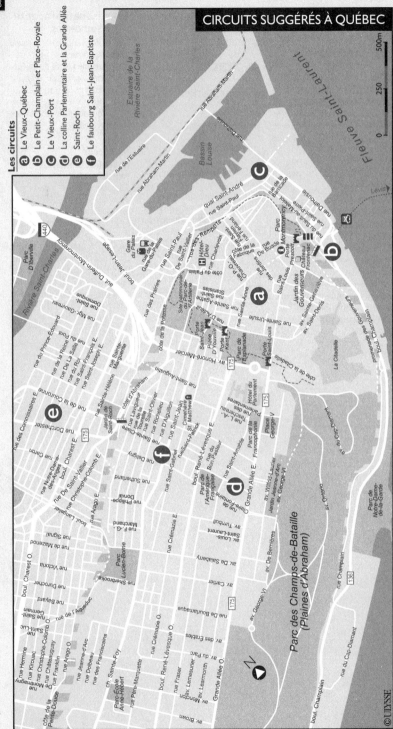

CIRCUITS SUGGÉRÉS À QUÉBEC

Les circuits

a Le Vieux-Québec
b Le Petit-Champlain et Place-Royale
c Le Vieux-Port
d La colline Parlementaire et la Grande Allée
e Saint-Roch
f Le faubourg Saint-Jean-Baptiste

Parc des Champs-de-Bataille
(Plaines d'Abraham)

Fleuve Saint-Laurent

© ULYSSE

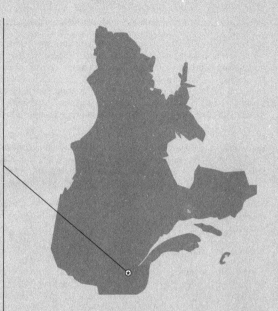

Ville de Québec

La beauté de son site et l'étonnante richesse de son patrimoine font de la **ville de Québec** ★ ★ ★ une capitale nationale exceptionnelle. Même si elle demeure l'une des plus vieilles villes d'Amérique du Nord et la plus ancienne du Canada, elle reste résolument tournée vers la modernité. Que l'on s'y balade en été ou en hiver, en automne ou au printemps, on ne peut faire autrement que de tomber sous son charme.

La Haute-Ville de Québec occupe un promontoire haut de plus de 98 m, le cap Diamant, qui surplombe le fleuve Saint-Laurent. Lors de son troisième voyage, Jacques Cartier donna le nom de «cap aux Diamants» à cette formation rocheuse, croyant avoir découvert des diamants et de l'or sur les flancs du cap. Mais il fut vite déçu, car ce qu'il avait cru être des pierres précieuses n'était en fait que de la vulgaire pyrite de fer et du quartz. Le cap Diamant deviendra néanmoins le site de la future ville de Québec, lorsque Champlain établit à son pied un comptoir de traite des fourrures et des bâtiments fortifiés, regroupés sous le nom d'«Abitation».

Ce site joua un rôle stratégique important dans le système défensif de la Nouvelle-France. À cet endroit, le fleuve se rétrécit pour ne plus faire qu'un kilomètre de largeur. Ce resserrement est d'ailleurs à l'origine du nom de la ville, puisque que le mot algonquin *Kebec* signifie «là où le fleuve se rétrécit». Juchée au sommet du cap Diamant, la ville se prête donc très tôt à des travaux de fortification importants qui en font le «Gibraltar d'Amérique».

Mais cette place forte n'est pas parvenue à repousser les forces britanniques, qui vont finalement s'emparer de la ville au cours de la bataille des plaines d'Abraham. Or même après avoir été conquise, la colonie française a réussi à protéger son identité culturelle. Bien à l'abri à l'intérieur de son enceinte, le cœur de Québec a continué à battre, et la ville est devenue le centre de la francophonie en Amérique.

En 1985, afin de protéger et de mieux faire connaître les trésors culturels que renferme la ville de Québec, la seule ville fortifiée de toute l'Amérique du Nord, l'Organisation des Nations Unies pour l'éducation, la science et la culture (UNESCO) déclara l'arrondissement historique de Québec «joyau du patrimoine mondial», une première en Amérique du Nord.

La ville de Québec couvre une superficie de 450 km². Elle regroupe huit arrondissements divisés en quartiers dont la population globale compte près d'un demi-million d'habitants majoritairement francophones. Ces arrondissements sont La Cité, Les Rivières, Sainte-Foy–Sillery, Charlesbourg, Beauport, Limoilou, La Haute-Saint-Charles et Laurentien.

Le centre-ville de Québec se trouve dans le quartier Saint-Roch, dans la Basse-Ville. Il est facile de situer la Haute-Ville et la Basse-Ville, souvent mentionnées dans le langage courant des Québécois. Vous n'aurez aucun mal, sur place, à distinguer la première, en général d'aspect bourgeois, juchée sur le cap Diamant, de la seconde, d'origine ouvrière, qui s'étend à ses pieds au nord.

Pour son 400e anniversaire de naissance, célébré en grande pompe en 2008, la ville de Québec a fait peau neuve. Aujourd'hui, ses arrondissements et quartiers sont plus attrayants que jamais. Avec son art public et ses aménagements urbains en tous genres, Québec donnera assurément le sourire à tous les promeneurs qui l'explorent. Six circuits sont proposés dans ce chapitre pour découvrir les différentes facettes de la ville :

Circuit A : Le Vieux-Québec ★ ★ ★
Circuit B : Le Petit-Champlain et Place-Royale ★ ★ ★
Circuit C : Le Vieux-Port ★
Circuit D : La colline Parlementaire et la Grande Allée ★ ★
Circuit E : Saint-Roch
Circuit F : Le faubourg Saint-Jean-Baptiste ★

Accès et déplacements

> En avion

La ville de Québec est desservie par l'**aéroport international Jean-Lesage** (voir p. 65).

> En voiture

Voies d'accès

Si vous partez de Montréal, vous pouvez emprunter l'autoroute Jean-Lesage (20 Est) jusqu'au pont Pierre-Laporte; une fois sur la rive nord du fleuve Saint-Laurent, prenez le boulevard Laurier, qui change de nom pour s'appeler successivement chemin Saint-Louis puis Grande Allée; cette voie vous mènera directement à la Haute-Ville.

Vous traverserez d'abord une banlieue nord-américaine typique, pour ensuite aborder un secteur très *British* aux rues bordées de grands arbres. Puis vous longerez les édifices gouvernementaux de la capitale du Québec, pour enfin pénétrer dans la vieille ville par l'une des monumentales portes d'enceinte.

Vous pouvez aussi arriver par l'autoroute Félix-Leclerc (40 Est), que vous devez suivre jusqu'à Sainte-Foy; de là, les indications vers le boulevard Charest Est vous conduiront au centre-ville. Pour monter à la Haute-Ville, il suffit de prendre la rue Dorchester puis la côte d'Abraham.

En ville

La ville de Québec étant bien desservie par les transports publics, il n'est pas nécessaire d'utiliser une voiture pour la visiter. D'autant plus que la majorité des attraits touristiques sont relativement rapprochés les uns des autres et que toutes les promenades que nous vous proposons se font à pied. Les circuits dans les environs de Québec doivent cependant être effectués en voiture ou à vélo (l'île d'Orléans par exemple), car les distances entre les attraits sont parfois grandes.

Il est cependant facile de se déplacer en voiture à Québec. Dans le Vieux-Québec, les parcs de stationnement, bien qu'assez chers, sont nombreux. Il est possible de se garer dans la rue un peu partout, mais il faut respecter les règlements limitant les périodes de stationnement et surtout ne pas oublier de mettre régulièrement de la monnaie dans le parcomètre.

Location de voitures

Avis
Aéroport Jean-Lesage
☎ 418-872-2861 ou 800-331-1084
www.avis.ca

Budget
29 côte du Palais
☎ 418-872-8413 ou 800-268-8970
www.budget.ca

Enterprise
690 boul. René-Lévesque E.
☎ 418-523-6661 ou 800-261-7331
www.enterprise.com

Hertz
Aéroport Jean-Lesage
☎ 418-871-1571 ou 800-654-3131
www.hertz.ca

National
Aéroport Jean-Lesage
☎ 418-877-9822 ou 800-227-7368
www.nationalcar.ca

> En autocar

La gare d'autocars de Québec est située dans la **gare du Palais** *(450 rue de la Gare-du-Palais)*. Une vingtaine de liaisons entre Montréal et Québec sont proposées tous les jours entre 5h30 et 22h30 dans les deux sens. Le trajet dure 3h15 et coûte 50$ pour l'aller simple.

Du côté de Sainte-Foy, on retrouve également le même service, les autocars en provenance de Montréal faisant d'ailleurs un arrêt à la **Gare d'autobus de Sainte-Foy** *(3001 ch. des Quatre-Bourgeois, ☎ 418-650-0087)* avant de se rendre à la gare du Palais.

> En train

La liaison Montréal-Québec de **VIA Rail** *(☎ 888-842-7245, www.viarail.com)* propose trois ou quatre départs par jour dans les deux sens, et le trajet dure 3h30 et coûte 58$ pour l'aller simple. À Québec, le voyage se termine dans la Basse-Ville, à la magnifique **gare du Palais** *(450 rue de la Gare-du-Palais)*.

> En traversier

Même si vous n'avez pas l'intention d'aller sur la rive sud du Saint-Laurent, du côté de Lévis, offrez-vous un aller-retour à bord du traversier. Situé juste en face de Place-Royale, le quai d'embarquement est facile à repérer. Au retour, en partant de Lévis, vous serez impressionné par le magnifique panorama de Québec. Coût pour un aller simple : 2,75$ pour un passager adulte, 6,25$ par voiture avec un conducteur et 10,80$ (avec au plus six passagers). Les horaires variant d'une saison à l'autre, il est préférable de se renseigner directement auprès de la Société des traversiers du Québec.

Société des traversiers du Québec
☎ 418-643-8420 ou 877-787-7483
www.traversiers.gouv.qc.ca

Gare fluviale de Québec
10 rue des Traversiers

Gare fluviale de Lévis
5995 rue St-Laurent

➤ En transport en commun

Il est facile de visiter Québec en ayant recours au transport en commun du Réseau de transport de la Capitale (RTC), car la ville est pourvue d'un réseau d'autobus qui couvre bien l'ensemble du territoire. Le réseau de **Métrobus**, quant à lui, propose des trajets qui partent de Beauport ou de Charlesbourg et qui se rendent jusqu'à Sainte-Foy et vice-versa, en passant près du Vieux-Québec, de la rue Saint-Jean, de l'avenue Cartier, à travers le campus de l'Université Laval, en face des grands centres commerciaux et près de la gare d'autocars de Sainte-Foy. Les Métrobus portent les n°s 800, 801 ou 802 et sont rapides puisqu'ils bénéficient de voies réservées, et ils s'arrêtent moins souvent que les autres autobus. De plus, les Métrobus passent à une fréquence d'environ 10 min.

Il est également possible de se déplacer gratuitement dans Québec en montant à bord des **Écolobus**. En service tous les jours de 5h à 1h (passages aux 10 à 20 min), ces petits autobus électriques peuvent accueillir jusqu'à 20 personnes et sont également accessibles aux fauteuils roulants. Ils desservent la plupart des sites touristiques de la capitale, de l'Hôtel du Parlement au Vieux-Port en passant par le Vieux-Québec et le terminus du traversier Québec-Lévis.

Un laissez-passer RTC mensuel permet d'utiliser ce réseau de transport public au prix de 71,55$ (en vente au début de chaque mois). Il est également possible d'acheter des billets à 2,45$ chacun ou d'opter pour payer 2,60$ en monnaie exacte à chaque voyage. Il existe aussi un laissez-passer d'un jour proposé au coût de 6,45$. Les étudiants et les aînés bénéficient de rabais. Le passage est gratuit pour les enfants âgés de moins de cinq ans. On peut acheter ces billets dans presque toutes les tabagies, pharmacies, dépanneurs ou marchés d'alimentation. On peut également obtenir dans ces établissements les dépliants

concernant différents itinéraires. **Notez que les chauffeurs d'autobus ne vendent pas de billets et ne font pas de monnaie.**

Lorsqu'un parcours nécessite un changement d'autobus, le passager doit demander une correspondance au chauffeur en payant son passage.

Pour plus de renseignements sur le réseau de transport en commun, composez le ☎ 418-627-2511 ou visitez le site Internet du Réseau de transport de la capitale (RTC), *www. rtcquebec.ca*.

➤ En taxi

Taxi Co-op
☎ 418-525-5191

Taxi Québec
☎ 418-525-8123

➤ À vélo

Le vélo demeure un des moyens les plus agréables pour se déplacer à Québec en été. Des pistes cyclables et des voies partagées ont été aménagées afin de permettre aux cyclistes de se promener en toute sécurité dans certains quartiers de la ville (voir p. 427).

Attraits touristiques

Centre Infotouriste de Québec *(12 rue Ste-Anne, en face du Château Frontenac, ☎ 877-266-5687)*

Office du tourisme de Québec *(399 rue St-Joseph E., Québec, QC, G1K 8E2, ☎ 418-641-6654, www.regiondequebec.com)*

Circuit A:
Le Vieux-Québec ★★★

▲ *p. 428* ● *p. 437* ➤ *p. 444* ◘ *p. 447*

⏱ *deux jours*

Une promenade à travers les petites rues pavées du Vieux-Québec, sous le soleil, sous la pluie ou sur un tapis de neige, demeure un circuit classique indétrônable que résidants et touristes peuvent parcourir à pied avec bonheur. Dans la cité, la proximité d'attraits magnifiques, l'hospitalité des cafés ainsi que les arômes et les saveurs des grandes tables sauront ravir les gens de passage. Certes, la beauté du Vieux-Québec s'inscrit *intra-muros* dans ses vieilles pierres, mais également, et surtout, elle apparaît dans la chaleur et la courtoisie de ses habitants.

Suivez le guide!

Voici quelques suggestions de visites guidées que vous pourrez faire à Québec.

En calèche

Il est possible de découvrir le Vieux-Québec en faisant l'une des promenades proposées par les **Calèches du Vieux-Québec** (*℡ 418-683-9222, www.calecheduvieuxquebec. com*), et ce, tout au long de l'année. Cette façon originale de découvrir la ville ajoute au charme du séjour.

En autocar

Les Tours Voir Québec (voir ci-dessous).

L'entreprise **Les Tours du Vieux-Québec** (*℡ 418-664-0460 ou 800-267-8687, www. toursvieuxquebec.com*) propose des tours guidés de la ville ou dans les environs dans un confortable petit autocar climatisé.

À pied

Au **Lieu historique national des Fortifications-de-Québec** (*100 rue St-Louis, Vieux-Québec, ℡ 418-648-7016 ou 888-773-8888, www.pc.gc.ca/fortifications*), on peut entre autres participer à la visite guidée «Québec, ville fortifiée». Cette visite permet de s'initier aux différents projets de fortifications et aux stratégies de défense mises en place du XVIIe au XIXe siècle.

Les Tours Voir Québec (*12 rue Ste-Anne, Vieux-Québec, ℡ 418-694-2001 ou 866-694-2001, www.toursvoirquebec.com*) proposent des promenades qui permettent de revivre les faits historiques et les petites anecdotes qui ont transformé la ville. On y organise aussi des visites en autocar dans la ville et dans les environs.

La vieille ville est divisée en deux parties par le cap Diamant. La partie qui s'étend au bas du cap entre le fleuve et la falaise fait l'objet du prochain circuit (voir p. 404). La section emmurée sur le cap est celle que l'on appelle affectueusement le «Vieux-Québec». Cité administrative et institutionnelle, elle se pare de couvents, de chapelles et de bâtiments publics dont la construction remonte parfois au XVIIe siècle. Elle est enserrée dans ses murailles dominées par la Citadelle, qui lui confèrent le statut de place forte et qui, pendant longtemps, ont contenu son développement, favorisant une densité élevée de l'habitat bourgeois et aristocratique. Enfin, l'urbanisme pittoresque du XIXe siècle a contribué à lui donner son image actuelle par la construction d'édifices, comme le Château Frontenac, ou par l'aménagement d'espaces publics, telle la terrasse Dufferin, de style Belle Époque.

*⁂ Le circuit du Vieux-Québec commence dans la rue Saint-Louis, au pied de la porte du même nom, près de l'**Hôtel du Parlement** (voir p. 413).*

Entre 1870 et 1875, les marchands de Québec multiplient les pressions afin que le gouvernement procède à la démolition des fortifications entourant la ville. Lord Dufferin, alors gouverneur général du Canada, s'oppose à l'idée et soumet plutôt un projet d'embellissement, préparé par l'Irlandais William H. Lynn, qui mettra en valeur les murs de la ville tout en facilitant la circulation. Conçu dans l'esprit romantique de l'ère victorienne, le projet comprend l'érection de nouvelles portes, plus larges, évocatrices de châteaux forts et de chevaliers. La **porte Saint-Louis ★**, construite en 1878, constitue, avec sa tourelle en poivrière, une merveilleuse introduction à la visite du Vieux-Québec.

Tout juste passé la porte Saint-Louis, sur la gauche, devant le parc de l'Esplanade, on aperçoit les **bustes** du premier ministre anglais

Winston Churchill et du président américain Franklin Roosevelt. Les deux sculptures commémorent les Conférences de Québec tenues par les Alliés dans la capitale québécoise pendant la Seconde Guerre mondiale en 1943 et 1944.

Sur la droite, de l'autre côté de la rue, se trouve le **Club de la Garnison** *(97 rue St-Louis)*, réservé aux officiers de l'Armée canadienne. À côté commence le chemin qui mène à la Citadelle. Comme la visite de la Citadelle peut durer deux ou trois heures à elle seule, il est recommandé de lui réserver une demi-journée et de l'effectuer à part (voir p. 403).

Au **Lieu historique national des Fortifications-de-Québec ★★** *(3,90$; mai à mi-oct tlj 10h à 17h, mi-oct à avr sur réservation; 100 rue St-Louis, ♪ 418-648-7016, www.pc.gc.ca/fortifications)*, on peut voir des maquettes et des cartes qui retracent l'évolution du système défensif de Québec au centre d'interprétation et visiter la **poudrière de l'Esplanade**. On peut même participer à des randonnées guidées sur les murs de la ville *(9,80$)*. Deux visites avec guide-interprète sont proposées : *Québec, ville fortifiée* et *Québec, ville défensive*, d'une durée de 1h30 chacune. Il est en effet possible de se balader au sommet des murs, où sont disposés des panneaux d'interprétation relatant l'histoire des fortifications. On y accède par les escaliers attenants aux portes de la ville.

L'origine de ces murs remonte à une première enceinte faite de terre et de pieux, suffisante pour repousser les attaques des Iroquois, qui fut érigée sur la face ouest de Québec en 1693, d'après les plans de l'ingénieur Dubois Berthelot de Beaucours. Ce mur primitif est remplacé par une enceinte de pierres au moment où s'annoncent de nouveaux conflits entre la France et l'Angleterre. Les plans de

l'ingénieur Chaussegros de Léry sont mis à exécution en 1745, mais les travaux ne sont toujours pas terminés au moment de la prise de Québec en 1759. Ce sont les Britanniques qui achèveront l'ouvrage à la fin du XVIIIe siècle. Quant à la Citadelle, entreprise timidement en 1693, on peut dire qu'elle a véritablement été érigée entre 1820 et 1832. L'ensemble adopte cependant les principes mis en avant par le Français Vauban au XVIIe siècle, lesquels conviennent parfaitement au site de Québec.

❯❯❯ *Poursuivez dans la rue Saint-Louis, puis tournez à droite dans la rue D'Auteuil (qui devient plus loin la rue Saint-Denis), à gauche dans l'avenue Sainte-Geneviève et encore à gauche dans la rue Sainte-Ursule.*

Jusqu'à la fin du XIXe siècle, on retrouvait à Québec une petite mais influente communauté écossaise presbytérienne, composée surtout d'armateurs et de commerçants de bois. L'**église unie Chalmers-Wesley** *(dons appréciés; 78 rue Ste-Ursule, ♪ 418-692-2640)*, une belle église néogothique qui partage maintenant ses murs avec la paroisse francophone Saint-Pierre, témoigne de sa vitalité passée. Elle a été construite en 1852 selon les plans de John Wells, à qui l'on doit de célèbres bâtiments comme le siège social de la Banque de Montréal.

L'église arbore une flèche néogothique élancée qui renforce l'image pittoresque de Québec. Son orgue, qui date de 1890, a été restauré en 1985. Pour la petite histoire, au cours de la Seconde Guerre mondiale, une station radiophonique retransmettait en direct de l'église Chalmers-Wesley un concert d'orgue de 30 min les dimanches soir. Des événements musicaux, comme le chant choral, y sont maintenant présentés tout au long de l'année.

★ **ATTRAITS TOURISTIQUES**

1.	AX	Club de la Garnison
2.	AX	Lieu historique national des Fortifications-de-Québec / Poudrière de l'Esplanade
3.	BX	Église unie Chalmers-Wesley
4.	BX	Maison Cirice-Têtu
5.	BX	Parc du Cavalier-du-Moulin
6.	BX	Jardin des Gouverneurs
7.	CX	Terrasse Dufferin
8.	CX	Château Frontenac
9.	CX	Place d'Armes
10.	CX	Musée du Fort
11.	BX	Ancien palais de justice
12.	BX	Maison Kent
13.	BX	Maison Jacquet
14.	BX	Monastère des Ursulines
15.	BX	École des Ursulines du Québec
16.	BX	Chapelle des Ursulines / Musée des Ursulines
17.	BX	Cathédrale anglicane Holy Trinity
18.	BX	Hôtel Clarendon
19.	BW	Édifice Price

20.	BW	Place de l'Hôtel-de-Ville / Hôtel de ville / Jardins de l'hôtel de ville
21.	CW	Basilique-cathédrale Notre-Dame de Québec
22.	CW	Séminaire de Québec / Musée de l'Amérique française
23.	BW	Les Promenades du Vieux-Québec
24.	CX	Rue du Trésor
25.	CX	Québec Expérience
26.	CX	Ancien bureau de poste / Service d'information touristique de Parcs Canada / Monument en l'honneur de Mgr François de Laval
27.	CW	Palais archiépiscopal
28.	CX	Parc Montmorency
29.	CW	Rue des Remparts
30.	CW	Maison Montcalm
31.	CW	Musée Bon-Pasteur
32.	AW	Site patrimonial du Parc-de-l'Artillerie
33.	AW	Chapelle des Jésuites
34.	AY	Citadelle
35.	AY	Musée du Royal 22e Régiment

LE VIEUX-QUÉBEC

BASSE-VILLE

Bassin Louise

VIEUX-QUÉBEC

Parc de l'Esplanade

Parc Bastion-de-la-Reine

Parc des Champs-de-Bataille (Plaines d'Abraham)

Fleuve Saint-Laurent

Porte Saint-Jean

Porte Kent

Porte Saint-Louis

Porte Prescott

Place D'Youville

Grande Allée E.

quai Saint-André

rue des Remparts

rue De Saint-Vallier

rue Saint-Paul

rue de la Gare-du-Palais

rue des Prairies

rue Vallière

boul. Jean-Lesage

aut. Dufferin-Montmorency

côte de la Potasse

rue des Glacis

rue Richelieu

rue McMahon

rue Elgin

rue Saint-Jean

rue Sainte-Anne

rue Cook

rue Sainte-Angèle

rue Saint-Stanislas

rue Sainte-Ursule

ruelle des Ursulines

rue D'Auteuil

rue Dauphine

av. Honoré-Mercier

175

côte de la Citadelle

av. Sainte-Geneviève

av. Saint-Denis

rue des Grisons

rue de la Porte

rue Saint-Louis

rue Mont-Carmel

rue des Carrières

rue de la Terrasse-Dufferin

rue du Petit-Champlain

rue des Traversiers

boul. Champlain

promenade des Gouverneurs

rue Champlain

côte du Palais

côte Charlevoix

rue Christie

rue Hamel

rue Saint-Flavien

rue Couillard

rue Garneau

rue Ferland

côte de la Fabrique

rue De Buade

rue des Jardins

rue Sainte-Anne

rue du Trésor

rue du Fort

rue Saint-Famille

rue Hébert

rue de la Vieille-Université

rue Port-Dauphin

côte de la Montagne

rue du Sault-au-Matelot

rue Saint-Pierre

rue Sous-le-Fort

rue P.-O.-Chauveau

rue Donnacona

rue du Parloir

côte de la Fabrique

© ULYSSE

0   100   200m

guidesulysse.com

▸▸▸ *Revenez à l'avenue Sainte-Geneviève, puis tournez à gauche.*

Ce qui fait le charme du Vieux-Québec ce sont non seulement ses grands monuments, mais aussi chacune de ses maisons, auxquelles se rattache une histoire particulière et pour lesquelles tant d'efforts et de raffinement ont été déployés. Il est agréable de se promener dans les rues étroites, le nez en l'air, pour observer les nombreux détails d'une architecture dense et compacte, et de s'imprégner de cette urbanité étrangère à la plupart des Nord-Américains.

La **maison Cirice-Têtu** ★ *(25 av. Ste-Geneviève)* a été érigée en 1852 selon les plans de Charles Baillairgé, membre de la célèbre dynastie d'architectes qui, depuis le XVIIIe siècle, a marqué l'architecture de Québec et sa région. Sa façade de style néogrec, véritable chef-d'œuvre du genre, est ornée de palmettes en acrotère et de couronnes de laurier, disposées avec goût et une certaine retenue. L'étage noble comporte de larges baies vitrées qui s'ouvrent sur un seul grand salon à la londonienne. La maison a été dotée dès sa construction de toutes les commodités: multiples salles de bain, chauffage central à air chaud, eau courante froide et chaude. C'est également à cette adresse que séjourna Antoine de Saint-Exupéry (l'auteur du *Petit Prince*), dans la famille De Koninck, au début des années 1940.

Un court détour sur la gauche, par la rue des Grisons, permet de se rendre à l'extrémité de la rue Mont-Carmel (sur la gauche) pour voir un des vestiges des premières défenses de Québec, bien dissimulé à l'arrière des maisons. Il s'agit du cavalier du Moulin construit en 1693. Un cavalier est un ouvrage situé derrière une fortification principale, permettant au besoin de détruire cette dernière si jamais l'ennemi s'en emparait. Ce cavalier était autrefois coiffé d'un moulin à vent, d'où son nom. Aujourd'hui le **parc du Cavalier-du-Moulin** est bien aménagé pour y flâner, avec ses bancs, ses canons et sa promenade.

▸▸▸ *Revenez à la rue Mont-Carmel et dirigez-vous vers le fleuve.*

Le **jardin des Gouverneurs** ★ était à l'origine le jardin privé du gouverneur de la Nouvelle-France. Aménagé pour Charles Huault de Montmagny en 1647, il s'étendait à l'ouest du château Saint-Louis, aujourd'hui disparu, qui fut la résidence officielle des gouverneurs. Un obélisque inusité, qui rend hommage à la fois au vainqueur et au vaincu de la Conquête, les généraux Wolfe et Montcalm, fut érigé dans la portion sud du square lors de son réaménagement en 1827.

Habitués que l'on est de marcher sur des surfaces revêtues, il est amusant de sentir sous ses pas les planches de bois de la **terrasse Dufferin** ★★★. Cette large promenade fut créée en 1879 à l'instigation du gouverneur général du Canada, Lord Dufferin. Charles Baillairgé en a dessiné les kiosques et les lampadaires de fonte en s'inspirant du mobilier urbain installé à Paris sous Napoléon III. La terrasse est l'un des principaux attraits de la ville et le lieu des rendez-vous de la jeunesse québécoise. Elle offre un panorama superbe sur le fleuve et sa rive sud et sur l'île d'Orléans. En hiver, une longue glissoire (voir p. 427), réservée aux amateurs de toboggan, est installée dans sa portion ouest.

À l'extrémité est de la terrasse Dufferin se dressent deux monuments. Le premier fut élevé en 1898 à la mémoire de Samuel de Champlain, fondateur de Québec et père de la Nouvelle-France. Il est l'œuvre du sculpteur parisien Paul Chevré. Le second rappelle que le Vieux-Québec a été déclaré «Joyau du patrimoine mondial» par l'UNESCO en 1985. Notons qu'il s'agit de la première ville nord-américaine à avoir été inscrite sur la prestigieuse liste de l'UNESCO. Un escalier, à ce bout-ci (nord) de la terrasse, conduit au quartier de **Place-Royale** (voir p. 407), tandis qu'à l'autre extrémité (sud) un escalier mène à la **promenade des Gouverneurs** (voir p. 419).

La vocation touristique de Québec s'affirme dès la première moitié du XIXe siècle. Ville romantique par excellence, elle attire très tôt de nombreux visiteurs américains désireux d'y retrouver un peu de l'Europe. En 1890, la compagnie ferroviaire du Canadien Pacifique, dirigée par William Cornelius Van Horne, décide d'implanter un réseau d'hôtels prestigieux à travers le Canada. Le premier de ces établissements voit le jour à Québec. On le nomme **Château Frontenac** ★★★ *(1 rue des Carrières; voir aussi p. 430)* en l'honneur de l'un des plus célèbres gouverneurs de la Nouvelle-France, Louis de Buade, comte de Frontenac (1622-1698).

Ce magnifique hôtel est l'ambassadeur du Québec le plus connu à l'étranger et le symbole de sa capitale. Ironiquement, il a été conçu par un architecte américain, Bruce Price (1845-1903), célèbre pour ses gratte-ciel new-yorkais. Plus étonnant encore, il est devenu le modèle du style «national» du Canada, baptisé style «château». Il s'agit d'un croisement à grande échelle entre les manoirs écossais et les châteaux de la Loire. Bruce

Le plan lumière

La Ville de Québec a eu la bonne idée, inspirée sans doute par d'autres villes du monde comme Paris, Londres ou Montréal, de mettre en place un plan à long terme qui vise à illuminer ses plus beaux sites la nuit. Munis d'un éclairage judicieux, les formes et les reliefs des lieux et des édifices ainsi mis en valeur viennent égayer la vie nocturne des Québécois. L'Hôtel du Parlement, le pont de Québec, le Musée national des beaux-arts du Québec, le Château Frontenac, les fortifications, le cap Diamant, la chute Montmorency et certaines œuvres d'art public, comme la splendide fontaine de Tourny, brillent le soir venu pour révéler une ville séduisante aux contours différents.

Price, à qui l'on doit la gare Windsor de Montréal, fut inspiré dans son projet par le site pittoresque et par le mélange des cultures française et britannique au Canada.

Le Château Frontenac a été construit par étapes. À l'aile initiale de Price donnant sur la terrasse Dufferin, que l'on a inaugurée en 1893, trois autres sections furent ajoutées, la plus importante étant la tour centrale édifiée en 1923. Pour mieux apprécier le Château, il faut y pénétrer et parcourir l'allée centrale, décorée dans le goût des hôtels particuliers parisiens du XVIIIᵉ siècle, jusqu'au bar maritime, situé dans la grosse tour ronde qui donne sur le fleuve Saint-Laurent. Au fil des ans, le Château Frontenac fut le théâtre de nombreux événements prestigieux, dont les Conférences de Québec de 1943 et 1944, où le président américain Roosevelt, le premier ministre britannique Winston Churchill et son homologue canadien Mackenzie King définirent la configuration de l'Europe de l'après-guerre. On remarquera au sortir de la cour intérieure une pierre gravée de l'ordre de Malte datée de 1647, seul morceau rescapé du vieux château Saint-Louis. Des **visites** *(8,50$; mai à mi-oct tlj 10h à 18h, mi-oct à avr sam-dim 12h à 17h; ♪ 418-691-2166, www.tourschateau. ca)* du Château Frontenac sont animées par des personnages historiques en beaux habits d'époque.

Terrain d'exercice pour les militaires jusqu'à la construction de la Citadelle, la **place d'Armes ★** devient un square d'agrément en 1832. En 1916, on y élève le monument de la Foi pour commémorer le tricentenaire de l'arrivée des Récollets à Québec. David Ouellet est l'auteur de la base néogothique soutenant la statue dessinée par l'abbé Adolphe Garneau.

▸▸▸ *À l'autre extrémité de la place se trouvent le Centre Infotouriste de Québec ainsi qu'un musée. Vous pouvez également apercevoir l'arrière de la* **cathédrale anglicane Holy Trinity** *(voir p. 399).*

Le **Centre Infotouriste** *(12 rue Ste-Anne)* est installé dans l'édifice blanc au toit de cuivre qui abritait autrefois l'hôtel Union. Celui-ci fut construit en 1803 pour un groupe de notables qui désiraient doter la ville d'un établissement hôtelier de grande classe.

À proximité du Centre Infotouriste se trouve une institution touristique traditionnelle: le **Musée du Fort** *(8$; avr à oct tlj 11h à 17h; nov, fév et mars jeu-dim 11h à 16h; fermé déc et jan sauf pendant le congé des Fêtes, ouvert tlj 11h à 16h; spectacles aux 30 min en français, aux heures en anglais; 10 rue Ste-Anne, ♪ 418-692-2175, www. museeuдufort.com)*. Il recrée, par des effets de son et de lumière autour d'une maquette représentant la ville vers 1750, les six sièges de Québec, de la prise de la ville par les frères Kirke, en 1629, en passant par la tristement célèbre bataille des plaines d'Abraham de 1759, jusqu'à l'invasion américaine de 1775.

▸▸▸ *Remontez vers la rue Saint-Louis.*

L'**ancien palais de justice ★** *(12 rue St-Louis)* a été érigé en 1883 selon les plans d'Eugène-Étienne Taché, auteur de l'Hôtel du Parlement, avec lequel le Palais a plusieurs ressemblances. Son style néo-Renaissance française précède le style château comme architecture «officielle» des grands édifices de la ville. L'intérieur, réaménagé entre 1922 et 1930, est constitué de plusieurs salles dotées de belles boiseries. Aujourd'hui connu sous le nom d'édifice Gérard-D.-Lévesque, l'ancien Palais loge le ministère des Finances.

Le siège de la Chambre de commerce de Québec est situé dans la **maison Maillou** *(17*

Ville de Québec - Attraits touristiques - Le Vieux-Québec

rue St-Louis), cette belle maison du Régime français bâtie par l'architecte Jean Maillou en 1736. Elle a été épargnée de la démolition par la crise des années 1930, qui a fait avorter un projet d'agrandissement du Château Frontenac sur le site.

L'histoire se fait nébuleuse autour de la **maison Kent** *(25 rue St-Louis)*, où aurait séjourné le duc de Kent, père de la reine Victoria. On ne connaît pas sa date de construction exacte, fixée au XVIIe siècle selon certains ou au siècle suivant selon d'autres. Elle a certainement été considérablement modifiée au XIXe siècle, comme en témoignent ses fenêtres à guillotine de type anglais et sa toiture dont la pente est peu prononcée. Quoi qu'il en soit, c'est sur ce site qu'a été signée la capitulation de Québec aux mains des Britanniques en 1759. Ironiquement, la maison loge aujourd'hui le consulat général de France.

››› *Continuez dans la rue Saint-Louis.*

La **maison Jacquet** ★ *(34 rue St-Louis)*, ce petit bâtiment coiffé d'un toit rouge et revêtu de crépi blanc, est la plus ancienne maison de la Haute-Ville et la seule du Vieux-Québec qui a conservé son apparence du XVIIe siècle. Elle se différencie des habitations du siècle suivant par son haut toit pentu recouvrant une petite surface habitable sous des plafonds très bas. Construite par l'architecte François de la Joüe pour son propre usage, elle date de 1679. Son nom lui vient de ce qu'elle a été érigée sur un terrain ayant auparavant appartenu à François Jacquet. En 1815, elle est acquise par Philippe Aubert de Gaspé, auteur du célèbre roman *Les Anciens Canadiens*, nom qui inspira les propriétaires du restaurant qu'elle abrite actuellement (voir p. 439).

››› *Tournez à droite dans la petite rue du Parloir.*

À l'angle de la rue Donnacona, vous trouverez l'entrée du **monastère des Ursulines** ★ ★ ★ *(18 rue Donnacona)*. En 1535, Angèle Merici fonde à Brescia, en Italie, la communauté des Ursulines. Après son installation en France, celle-ci devient un ordre cloîtré, voué à l'enseignement (1620). Grâce à une bienfaitrice, Madame de la Peltrie, les Ursulines débarquent à Québec en 1639 et fondent dès 1641 leur monastère et leur couvent, où des générations de jeunes filles recevront une éducation exemplaire. L'**École des Ursulines du Québec** *(4 rue du Parloir)* est aujourd'hui la plus ancienne maison d'enseignement pour filles en Amérique du Nord toujours en activité. On ne peut voir qu'une partie des vastes installations où vivent encore quelques dizaines de religieuses. Ainsi, seuls le musée et la chapelle demeurent accessibles au public.

La **chapelle des Ursulines** *(entrée libre; mai à oct lun-sam 10h à 11h30 et 13h30 à 16h30)* a été reconstruite en 1901 sur le site de celle de 1722. On a cependant conservé le décor intérieur du XVIIIe siècle, le plus ancien qui subsiste au Québec. L'œuvre magistrale de Pierre-Noël Levasseur, sculptée entre 1726 et 1736, comprend notamment une chaire surmontée d'un ange à trompette et un beau retable en arc de triomphe de style Louis XIV. Le tabernacle du maître-autel, entièrement doré par les Ursulines, est un chef-d'œuvre de dextérité. Quant au tabernacle du Sacré-Cœur, il est attribué à Jacques Leblond dit Latour (vers 1710). Aux murs de la chapelle sont accrochés quelques tableaux provenant de la collection de l'abbé Desjardins, ancien chapelain des Ursulines. En 1820, ce dernier achète chez un marchand d'art parisien plusieurs dizaines de tableaux religieux autrefois suspendus dans les églises de Paris, puis dispersés à la Révolution française. De nos jours, on retrouve ces œuvres dans plusieurs églises à travers le Québec. On remarquera, au-dessus de l'entrée, *Jésus chez Simon le Pharisien* de Philippe de Champaigne et, du côté droit de la nef, *La parabole des dix vierges* de Pierre de Cortone.

La chapelle a été le lieu de sépulture du marquis de Montcalm jusqu'en 2001, alors que ses restes furent transférés au cimetière de l'Hôpital Général de Québec. Le commandant des troupes françaises lors de la décisive bataille des plaines d'Abraham fut, comme son rival le général Wolfe, blessé mortellement lors de l'affrontement. Dans la chapelle se trouve aussi la tombe de la bienheureuse mère Marie de l'Incarnation, fondatrice du monastère des Ursulines en terre canadienne. Une ouverture permet de contempler le chœur des religieuses, reconstruit en 1902 par David Ouellet, qui l'a doté de puits de lumière en forme de coupole. Un intéressant tableau anonyme, intitulé *La France apportant la Foi aux Indiens de la Nouvelle-France*, y est accroché.

L'entrée du **Musée des Ursulines** *(6$; mai à sept mar-dim 10h à 17h; mars, avr, oct et nov mar-dim 13h à 17h; déc, jan et fév sur réservation; 12 rue Donnacona,* ☎ *418-694-0694)* fait face à celle de la chapelle. On présente dans ce musée près de quatre siècles d'histoire des moniales à travers les meubles Louis XIII, des toiles, d'admirables travaux de broderie au fil d'or, des parements d'autel et des vêtements d'église des XVIIe et XVIIIe siècles.

››› *Poursuivez dans la rue Donnacona pour emprunter la rue des Jardins à gauche.*

À la suite de la Conquête, un petit groupe d'administrateurs et de militaires britanniques s'installe à Québec. Les conquérants désirent marquer leur présence par la construction de bâtiments prestigieux à l'image de l'Angleterre, mais leur nombre insuffisant retardera la réalisation de projets majeurs jusqu'au début du XIXᵉ siècle, alors que l'on entreprend l'édification de la **cathédrale anglicane Holy Trinity** ★★ *(entrée libre; mi-mai à mi-oct tlj 10h à 17h, reste de l'année dim 10h à 14h; visites commentées mi-mai à mi-oct tlj; 31 rue des Jardins, ♪ 418-692-2193, www.cathedral.ca)* selon les plans de deux ingénieurs militaires qui s'inspirèrent de l'église St. Martin in the Fields à Londres. L'édifice palladien, achevé en 1804, modifiera la silhouette de la ville, dont l'image française était jusque-là demeurée intacte. Il s'agit de la première cathédrale anglicane érigée hors des îles Britanniques et d'un bel exemple d'architecture coloniale anglaise, à la fois gracieuse et simple. La pente du toit fut exhaussée en 1815 afin de permettre un meilleur écoulement de la neige.

L'intérieur, plus sobre que celui des églises catholiques, fut gratifié de nombreux trésors par le roi George III. Celui-ci a notamment fait don de plusieurs pièces d'orfèvrerie ainsi que de bois de chêne provenant de la forêt de Windsor pour la fabrication des bancs. Quant au trône épiscopal, il est, selon la légende, fait de l'orme sous lequel aimait s'asseoir Samuel de Champlain. Des vitraux et des plaques commémoratives sont venus s'ajouter à l'ensemble au fil des ans. On y trouve aussi un orgue Casavant de 1909 qui fut restauré en 1959. Son carillon de huit cloches figure parmi les plus anciens du Canada.

››› *Poursuivez dans la rue des Jardins, d'où vous pourrez admirer la portion piétonne de la rue Sainte-Anne, sur votre droite, et l'Hôtel Clarendon puis l'édifice Price, sur votre gauche.*

L'**Hôtel Clarendon** *(57 rue Ste-Anne)* est le plus vieil hôtel de Québec encore en activité (voir p. 430). Il a ouvert ses portes en 1870 dans l'ancienne imprimerie Desbarats (1858). Le restaurant **Charles Baillargé** (voir p. 439), au rez-de-chaussée, est quant à lui le plus ancien restaurant au Canada. Avec ses boiseries sombres au charme victorien, il constitue un lieu évocateur de la Belle Époque. L'hôtel a été augmenté en 1929 par la construction d'une tour en briques brunes où se trouve un gracieux hall de style Art déco.

Tout en s'inscrivant avec sensibilité dans le cadre du Vieux-Québec, l'**édifice Price** ★ *(65 rue Ste-Anne)* tient de la tradition du gratte-ciel nord-américain. Les architectes Ross et Mac-

donald, de Montréal, qui l'ont conçu en 1929, ont modelé une silhouette discrète et élancée, surmontée d'un toit de cuivre rappelant le style château. Le hall, autre belle réalisation de style Art déco, est recouvert de travertin poli et de bas-reliefs en bronze illustrant les différentes activités de la compagnie Price, spécialisée dans la fabrication du papier. Il renferme à ce jour le siège social de la Caisse de dépôt et placement du Québec.

Toujours rue Sainte-Anne, à proximité de l'édifice Price, se dresse *L'Envol*, une œuvre de granit et de bronze de Jules Lasalle rendant hommage à tous ces religieux qui ont participé à l'éducation des enfants au fil des siècles.

››› *Revenez à la rue des Jardins, que vous emprunterez à gauche.*

La **place de l'Hôtel-de-Ville** ★ occupe depuis 1900 l'emplacement du marché Notre-Dame, créé au XVIIIᵉ siècle. Un monument en l'honneur du cardinal Taschereau, œuvre du Français André Vermare (1923), en agrémente le flanc ouest.

La composition de l'**hôtel de ville** *(2 rue des Jardins)*, influencée par le courant néoroman américain, surprend dans une ville où les traditions françaises et britanniques ont toujours prévalu dans la construction d'édifices publics. George-Émile Tanguay en a réalisé les plans en 1895, à la suite d'un difficile concours où aucun des projets primés ne reçut un appui majoritaire des conseillers et du maire. On ne peut que regretter la disparition du collège des Jésuites de 1666, qui occupait auparavant le site.

Les agréables **jardins de l'Hôtel-de-Ville** qui entourent la mairie de Québec recouvrent un stationnement souterrain et sont le lieu de maints événements populaires pendant la saison estivale.

À l'autre extrémité de la place de l'Hôtel-de-Ville, la **basilique-cathédrale Notre-Dame de Québec** ★★★ *(entrée libre, 4$ visites guidées de la cathédrale et de sa crypte sur réservation de mai à août; lun-ven 8h à 16h, sam 8h à 18h, dim 9h à 17h; 20 rue De Buade, ♪ 418-694-0665, www.patrimoine-religieux.com)* est un livre sur les difficultés que rencontrèrent les bâtisseurs de la Nouvelle-France et sur la détermination des Québécois à travers les pires épreuves. On pourrait presque parler d'architecture organique, tant la forme définitive du bâtiment est le résultat de multiples campagnes de construction et de tragédies qui laissèrent l'édifice en ruine à deux reprises.

La première église à occuper le site fut érigée en 1633 à l'instigation de Samuel de Champlain, lui-même inhumé à proximité quatre ans plus tard. Ce temple de bois est remplacé en 1647 par l'église Notre-Dame-de-la-Paix, bâtiment de pierres en croix latine, qui servira de modèle pour les paroisses rurales des alentours. Puis en 1674, Québec accueille l'évêché de la Nouvelle-France. Mᵍʳ François de Laval (1623-1708), premier évêque, choisit la petite église comme siège épiscopal, tout en souhaitant une reconstruction digne du vaste territoire couvert par son ministère. Or, seule la base de la tour ouest subsiste de cette époque. En 1742, l'évêché la fait reconstruire en lui donnant son plan actuel, composé d'une longue nef éclairée par le haut et encadrée de bas-côtés à arcades. La cathédrale de Québec se rapproche alors des églises urbaines érigées à travers la France à la même époque.

Lors du siège de Québec, en septembre 1759, la cathédrale est bombardée sans ménagement. Gravement endommagée, elle ne sera réparée que lorsque le statut des catholiques sera régularisé par la Couronne britannique. Les membres de la plus ancienne paroisse catholique au nord de México entreprennent finalement de relever leur église en 1770 selon les plans de 1742. Jean Baillairgé (1726-1805) accepta de se charger des travaux. En 1786, la décoration de l'intérieur est confiée à son fils François (1759-1830), de retour d'un séjour de trois ans à Paris, où il s'est consacré à l'étude de l'architecture à l'Académie royale. Quatre ans plus tard, il livre le superbe baldaquin doré à cariatides ailées du chœur. Le maître-autel, premier au Québec à être conçu comme une façade de basilique, est installé en 1797. Suivent le banc d'œuvre baroque et la voûte en plâtre, qui offrent un intéressant contraste de sobriété. L'intérieur ainsi parachevé est éclatant et exprime une tradition typiquement québécoise qui privilégie la dorure, le bois et le plâtre.

En 1843, Thomas Baillairgé (1791-1859), fils de François, installe l'actuelle façade néoclassique. Enfin, Charles Baillairgé (1826-1906), cousin de Thomas, dessine l'enclos de fonte du parvis en 1858. Entre 1920 et 1922, l'église est restaurée avec soin, mais, quelques semaines seulement après la fin des travaux, un incendie dévaste l'édifice. Raoul Chênevert et Maxime Roisin, de Paris, déjà occupés à la reconstruction de la basilique Sainte-Anne-de-Beaupré, se chargent de restaurer l'édifice et de reconstituer les parties détruites. En 1959, une crypte est aménagée au sous-sol pour recevoir les sépultures des évêques et des gouverneurs (Frontenac, Vaudreuil, de Callière et Jonquière).

Pénétrez ensuite dans la cour intérieure du **Séminaire de Québec** ★ ★ ★ *(1 côte de la Fabrique, ☎ 418-692-3981)* par la porte cochère (décorée aux armes de l'institution), qui fait face à la grille d'entrée, afin de mieux voir ce complexe religieux qui constituait au XVIIᵉ siècle un havre de civilisation au milieu d'une contrée rude et hostile.

Le Séminaire fut fondé en 1663 par Mᵍʳ François de Laval à l'instigation du Séminaire des Missions étrangères de Paris, auquel il a été affilié jusqu'en 1763. On en fit le centre névralgique du clergé dans toute la colonie, puisqu'en plus d'y former les futurs prêtres on y administrait les fonds des paroisses et y répartissait les cures. Colbert, ministre de Louis XIV, obligea en outre la direction du Séminaire à fonder un petit séminaire voué à l'évangélisation et à l'éducation des Amérindiens. Après la Conquête, le Séminaire devient aussi un collège classique, à la suite de l'interdiction qui frappe les Jésuites, et loge pendant un certain temps l'évêque dépourvu de son palais, détruit par les bombardements. En 1852, le Séminaire met sur pied l'Université Laval, dont le campus est aujourd'hui établi à Sainte-Foy, en faisant la première université de langue française en Amérique. Le vaste ensemble de bâtiments du Séminaire comprend actuellement la résidence des prêtres, un collège privé pour garçons et filles, l'École d'architecture de l'Université Laval, de même que le Musée de l'Amérique française (voir ci-dessous).

Affligé par les incendies et les bombardements, le Séminaire que l'on peut contempler de nos jours est le résultat de multiples chantiers. En face de la porte cochère, on aperçoit l'aile de la Procure, avec son cadran solaire, dont les caves voûtées ont servi de refuge à la population de Québec lors de l'attaque de l'amiral Phips en 1690. On y trouve également la chapelle personnelle de Mᵍʳ Briand (1785), décorée de branches d'olivier sculptées. La belle aile des Parloirs de 1696 fait équerre avec la précédente, sur la droite. L'emploi de la fenêtre à arc segmentaire autour de cette cour carrée, extrêmement rare sous le Régime français, traduit une architecture directement empruntée aux modèles français, avant que ne survienne une nécessaire adaptation au contexte québécois.

Dirigez-vous vers le Musée de l'Amérique française, d'où partent les visites guidées du Séminaire. La chapelle extérieure du Séminaire, qui date de 1890, a d'ailleurs été rebaptisée la «chapelle du Musée de l'Amérique française». Elle avait remplacé celle de 1752, incendiée en 1888. Pour éviter un nouveau sinistre, l'intérieur, semblable à celui de

Rue du Trésor, rue des artistes

Le nom de la rue du Trésor serait étroitement lié à la Compagnie des Cent-Associés, qui administra la Nouvelle-France entre 1627 et 1663 tout en exerçant le monopole du commerce. Les avoirs de la compagnie auraient alors été désignés de «Trésor». À l'époque, le bureau de la compagnie était situé rue Sainte-Anne, près de l'endroit où se dresse aujourd'hui la cathédrale anglicane Holy Trinity. Pour s'y rendre, il fallait emprunter un petit chemin qui deviendra en 1689 la «rue du Trésor».

Galerie d'art à ciel ouvert depuis une quarantaine d'années, la rue du Trésor accueille les œuvres d'une trentaine d'artistes (aquarellistes, graveurs, etc.), et elle est devenue l'un des lieux les plus fréquentés de la ville de Québec. La prochaine fois que vous parcourrez les rues étroites et sinueuses du Vieux-Québec, faites donc un crochet par la rue des artistes: vous y découvrirez un véritable trésor...

l'église de la Trinité, à Paris, fut recouvert de zinc et de fer blanc, peints en trompe-l'œil. On y trouve la plus importante collection de reliques en Amérique du Nord, au sein de laquelle figurent des reliques de saint Anselme et de saint Augustin, des martyrs du Tonkin, de saint Charles Borromée et de saint Ignace de Loyola. Certaines sont authentiques et d'une taille appréciable, d'autres sont incertaines et minuscules.

Le **Musée de l'Amérique française** ★ ★ *(7$, entrée libre début nov à fin mai les mar et jan et fév sam 10h à 12h; fin juin à début sept tlj 9h30 à 17h, début sept à fin juin mar-dim 10h à 17h; 2 côte de la Fabrique, ♪ 418-692-2843 ou 866-710-8031, www. mcq.org)* se consacre à l'histoire du rayonnement de la Francophonie en Amérique du Nord par l'entremise des collections des prêtres du Séminaire de Québec, notamment dans son exposition permanente *L'Œuvre du Séminaire de Québec*, qui évoque l'apport économique et social des prêtres dans la société québécoise. Deux expositions temporaires se tiennent aussi au musée, qui propose par ailleurs un **forfait découverte** *(18$)* comprenant l'accès au **Musée de la civilisation** (voir p. 409) et au **Centre d'interprétation de Place-Royale** (voir p. 409).

Aménagées dans l'ancien pensionnat de l'Université Laval, les salles d'exposition du musée sont réparties sur trois étages, où sont présentés des trésors d'orfèvrerie, de peinture, d'art oriental, de numismatique, de même que des instruments scientifiques.

››› *De retour à la place de l'Hôtel-de-Ville, tournez à gauche dans la rue De Buade.*

Face à la basilique-cathédrale s'élève l'ancien **magasin Holt-Renfrew** *(43 rue De Buade)*, ouvert dès 1837. D'abord spécialisé dans la vente des fourrures, dont il fut le fournisseur attitré auprès de Sa Majesté britannique, le magasin détiendra pendant longtemps l'exclusivité de la distribution canadienne des créations de Dior et de Saint Laurent. Il a fait place aux boutiques **Les Promenades du Vieux-Québec**.

Un peu plus loin se trouve l'entrée de la pittoresque **rue du Trésor**, qui débouche sur la place d'Armes et la rue Sainte-Anne. Des artistes y vendent peintures, dessins et sérigraphies, dont plusieurs représentent des vues de Québec.

Québec Expérience *(7,50$; mi-mai à mi-oct tlj 10h à 22h, mi-oct à mi-mai tlj 10h à 17h; Les Promenades du Vieux-Québec, 8 rue du Trésor, 2e étage, ♪ 418-694-4000, www.quebecexperience.com)* est un spectacle multimédia sur l'histoire de la ville de Québec. Projeté en trois dimensions, ce spectacle animé vous fera voyager à travers le temps et revivre les grands moments qui ont marqué la ville, et ce, en compagnie des personnages légendaires qui l'ont sillonnée. Une belle façon d'en apprendre plus, particulièrement appréciée des jeunes. Les spectacles, en français ou en anglais, durent 30 min.

››› *Revenez à la rue De Buade, puis tournez à droite.*

L'ancien **bureau de poste** ★ *(3 passage du Chien-d'Or)* de Québec fut construit entre 1871 et 1873 sur le site de l'ancien Hôtel du Chien d'Or, une solide demeure construite vers 1735 pour un riche marchand de Bordeaux qui fit placer un bas-relief à l'effigie d'un chien rongeant son os au-dessus de l'entrée. L'inscription suivante apparaît sous le bas-relief, réinstallé au fronton du bureau de poste en 1872 : *Je suis un chien qui ronge l'os; en le rongeant, je prends mon repos. Un temps viendra qui n'est pas venu, où je mordray qui m'aura mordu.* On raconte que le message était destiné à l'intendant Bigot, filou s'il en fut un, qui, outré, fit assassiner le marchand.

Le bureau de poste reçut son dôme et sa façade sur le fleuve lors d'un agrandissement au début du XXᵉ siècle. Rebaptisé «édifice Louis-S.-St-Laurent» en l'honneur du premier ministre canadien, le bâtiment abrite aujourd'hui le **Service d'information touristique de Parcs Canada** *(entrée libre; lun-ven 8h30 à 12h et 13h à 16h30, sam-dim 10h à 17h; 3 passage du Chien-d'Or, ☎ 418-648-4177)*, où l'on fait état de la mise en valeur du patrimoine canadien, en plus d'un comptoir postal dont l'entrée se trouve sur l'autre façade *(5 rue du Fort)*. De l'entrée du Service d'information touristique, on obtient une jolie vue sur le fleuve et le parc Montmorency (voir ci-dessous).

Tout près du bureau de poste se dresse le **monument en l'honneur de Mᵍʳ François de Laval** (1623-1708), premier évêque de Québec, dont le diocèse couvrait les deux tiers du continent nord-américain. L'œuvre de Philippe Hébert, installée en 1908, avoisine un bel escalier donnant accès à la côte de la Montagne qui descend jusqu'au fleuve.

Le monument fait face au **palais archiépiscopal** *(2 rue Port-Dauphin)*, soit l'archevêché de Québec, reconstruit par Thomas Baillairgé en 1844. Le premier palais épiscopal était situé dans l'actuel parc Montmorency. Érigé entre 1692 et 1700, il était, selon les commentateurs de l'époque, l'un des plus beaux du royaume français. Les dessins montrent en effet un bâtiment impressionnant comportant une chapelle à niches, dont l'intérieur rappelait celui du Val-de-Grâce, à Paris. Les bombardements de 1759 entraînèrent la perte de la chapelle. Le reste de l'édifice fut rétabli et logea l'Assemblée législative du Bas-Canada de 1792 à 1840. Il fut démoli en 1848 pour faire place au nouveau parlement, rasé par les flammes quatre ans plus tard.

Lors du rabaissement des murs de la ville, le long de la rue des Remparts, le gouverneur général du Canada, Lord Dufferin, découvrit les superbes vues dont on bénéficie depuis ce promontoire et décida, en 1875, d'y aménager le **parc Montmorency** ★. Par la suite, deux monuments y furent érigés, le premier en l'honneur de George-Étienne Cartier, premier ministre du Canada-Uni et l'un des pères de la Confédération canadienne, le second à la mémoire de Louis Hébert, de Guillaume

Couillard et de Marie Rollet, premiers agriculteurs de la Nouvelle-France, arrivés en 1617 et à qui le fief du Sault-au-Matelot, situé à l'emplacement du Séminaire, fut concédé dès 1623. Le sculpteur montréalais Alfred Laliberté est l'auteur des belles statues de bronze.

▸▸▸ *Poursuivez dans la rue Port-Dauphin, qui mène directement à la rue des Remparts.*

Suivez la **rue des Remparts**, qui aligne de vieux canons et d'où vous pourrez contempler la ville au bas du cap. Les belles demeures patriciennes qui bordent cette rue font écran au vieux «quartier latin» qui s'étend derrière. Ses rues étroites, bordées de maisons du XVIIIᵉ siècle, valent bien un petit détour.

La **maison Montcalm** *(45 à 51 rue des Remparts)*, aujourd'hui un ensemble de trois maisons distinctes, formait à l'origine une seule grande habitation, construite en 1727. Elle fut habitée par le marquis de Montcalm, commandant des troupes françaises lors de la célèbre bataille des plaines d'Abraham.

▸▸▸ *Remontez la rue Saint-Flavien et tournez à gauche dans la rue Couillard.*

Le **musée Bon-Pasteur** ★ *(3$; mar-dim 13h à 17h; 14 rue Couillard, ☎ 418-694-0243, www. museebonpasteur.com)* raconte l'histoire de la communauté des religieuses du Bon-Pasteur, au service des démunis de Québec depuis 1850. Il est installé dans la maison Béthanie, un édifice éclectique en brique érigé vers 1878 pour héberger les filles-mères et leur progéniture. Le musée occupe les trois étages d'une annexe de 1887. Le visiteur y verra des pièces de mobilier et des objets d'art sacré, amassés ou fabriqués par les religieuses, ainsi qu'un documentaire relatant une adoption.

▸▸▸ *Revenez sur vos pas dans la rue Couillard. Descendez la rue Hamel jusqu'à la rue Charlevoix, que vous emprunterez à gauche. Tournez à droite dans la côte du Palais et à gauche dans la rue McMahon, puis rendez-vous au Site patrimonial du parc de l'Artillerie, situé à l'angle de la rue D'Auteuil.*

Le **Site patrimonial du Parc-de-l'Artillerie** ★★ *(4$; début mai à début oct tlj 10h à 17h; 2 rue D'Auteuil, ☎ 418-648-4205 ou 888-773-8888, www.pc.gc.ca)* occupe une partie d'un vaste site à vocation militaire situé en bordure des murs de la ville. Le centre d'interprétation loge dans l'ancienne fonderie de l'Arsenal, où l'on a fabriqué des munitions jusqu'en 1964. On peut y voir une fascinante maquette de Québec exécutée de 1806 à 1808 par l'ingénieur militaire Jean-Baptiste Duberger aux fins de planification tactique. Expédiée en Angleterre en 1810 puis à Ottawa en 1910, elle est de retour à Québec depuis 1981. La maquette est une source d'information sans pareille sur l'état de la ville dans les années qui ont suivi la Conquête.

La visite nous amène à la **redoute Dauphine**, un beau bâtiment fortifié, revêtu d'un crépi blanc et situé à proximité de la rue McMahon. En 1712, l'ingénieur militaire Dubois Berthelot de Beaucours trace les plans de la redoute, qui sera achevée par Chaussegros de Léry en 1747. Une redoute est un ouvrage de fortification autonome qui sert en cas de repli des troupes. Jamais véritablement utilisée à cette fin, elle sera plutôt à l'origine de la vocation de casernement du secteur. En effet, on retrouve derrière la redoute un ensemble de casernes érigées par l'Armée britannique au XIXᵉ siècle, auquel s'ajoute une cartoucherie, aujourd'hui fermée. La visite *(juil et août seulement)* du mess des officiers (1820), reconverti en un centre d'initiation au patrimoine, termine le parcours. Toujours durant cette période estivale, vous pouvez assister en après-midi à une démonstration de tir à la poudre noire. Des guides en costumes d'époque, un caporal et un soldat animent bruyamment cette activité. On peut participer à une visite commentée par des guides en costumes d'époque, ou faire la visite de façon autonome aidé d'un audioguide.

⁑⁑ *Remontez la rue D'Auteuil.*

La plus récente des portes de Québec, la **porte Saint-Jean** ★ a pourtant les origines les plus anciennes. Dès 1693, on trouve à cet endroit l'une des trois seules entrées de la ville. Elle sera renforcée par Chaussegros de Léry en 1757, puis reconstruite par les Anglais. En 1867, on aménage une porte «moderne» à deux tunnels carrossables jouxtés de passages piétonniers, pour faire taire les marchands qui réclament la démolition pure et simple des fortifications. Cette porte, non conforme au projet romantique de Lord Dufferin, est supprimée en 1898. Elle ne sera remplacée par la porte actuelle qu'en 1936.

⁑⁑ *Entreprenez l'ascension de l'abrupte pente de la rue D'Auteuil.*

Notez au passage, dans le parc de l'Esplanade face au nᵒ 57, les deux bustes élevés à la mémoire d'Émile Nelligan et d'Alexandre Pouchkine, inaugurés en août 2004 conjointement par les villes de Saint-Pétersbourg et de Québec.

Le dernier des jésuites de Québec meurt en 1800, sa communauté ayant été frappée d'interdit, d'abord par le gouvernement britannique, à qui sa puissance politique fait peur, ensuite par le pape lui-même (1774). Mais elle ressuscite en 1814 et elle est de retour en force à Québec en 1840. Son collège et son église de la place de l'Hôtel-de-Ville n'étant plus disponibles, la communauté trouve un havre accueillant chez les congréganistes. Ces paroissiens, membres d'une confrérie fondée par le jésuite Ponert en 1657 regroupant de jeunes laïcs désireux de propager la dévotion mariale, ont pu ériger une chapelle dans la rue D'Auteuil. François Baillairgé trace les plans de la **chapelle des Jésuites** ★ *(20 rue Dauphine, ✆ 418-694-9616)*, qui sera terminée en 1818. En 1930, la façade est complètement refaite à l'image de la cathédrale. L'ornementation de l'intérieur débute en 1841 par la construction de la fausse voûte. L'autel de Pierre-Noël Levasseur (1770) en constitue la pièce maîtresse.

La **porte Kent** ★★, tout comme la porte Saint-Louis, est le fruit des efforts déployés par Lord Dufferin pour donner à Québec une allure romantique. Les plans de la plus jolie des portes du Vieux-Québec ont été élaborés en 1878 par Charles Baillairgé d'après les propositions de l'Irlandais William H. Lynn.

⁑⁑ *Gravissez l'escalier qui conduit au sommet de la porte Kent, puis marchez sur le mur d'enceinte en direction de la porte Saint-Louis, soit vers la gauche.*

Hors les murs, on aperçoit l'Hôtel du Parlement et, à l'intérieur, plusieurs maisons patriciennes le long de la rue D'Auteuil.

⁑⁑ *Descendez du mur à la porte Saint-Louis. La côte de la Citadelle se trouve de l'autre côté de la rue Saint-Louis.*

La **Citadelle** ★★★ *(à l'extrémité de la côte de la Citadelle, www.lacitadelle.qc.ca)* représente trois siècles d'histoire militaire en Amérique du Nord. Depuis 1920, elle est le siège du Royal 22ᵉ Régiment de l'Armée canadienne, qui s'est distingué par sa bravoure au cours de la Seconde Guerre mondiale. On y trouve quelque 25 bâtiments distribués sur le pourtour de l'enceinte, dont le mess des officiers, l'hôpital, la prison et la résidence officielle du gouverneur général du Canada, sans oublier le premier observatoire astronomique du pays. L'histoire de la Citadelle débute en 1693, alors que l'ingénieur Dubois Berthelot de Beaucours fait ériger la redoute du cap Diamant au point culminant du système défensif de Québec, quelque 100 m au-dessus du niveau du fleuve. Cet ouvrage solide se trouve de nos jours contenu à l'intérieur du bastion du Roi.

Tout au long du XVIIIᵉ siècle, les ingénieurs français, puis britanniques, élaboreront des projets de citadelle qui demeureront sans suite. L'aménagement d'une poudrière par Chaussegros de Léry en 1750, bâtiment qui abrite maintenant le Musée du Royal 22ᵉ Régiment, et le terrassement temporaire à l'ouest (1783) sont les seuls travaux d'envergure effectués pendant cette période. La citadelle, telle qu'elle apparaît au visiteur, est une œuvre du colonel Elias Walker Durnford et fut édifiée entre 1820 et 1832. Même si la ville de Québec est surnommée «le Gibraltar d'Amérique» en raison de la présence de la Citadelle, l'ouvrage, conçu selon les principes élaborés par Vauban au XVIIᵉ siècle, n'a jamais eu à essuyer le tir d'un seul canon, mais fut pendant longtemps un élément dissuasif important.

Le **Musée du Royal 22ᵉ Régiment** *(10$; nov à mars sur réservation, avr tlj 10h à 16h, mai et juin tlj 9h à 17h, juil à début sept tlj 9h à 18h, sept tlj 9h à 16h, oct tlj 10h à 15h; ☏ 418-694-2815, www. lacitadelle.qc.ca)* présente une intéressante collection d'armes, d'uniformes, de décorations et de documents officiels du XVIIᵉ siècle à nos jours. Il est aussi possible de se joindre à une visite commentée de l'ensemble des installations et d'assister à la relève de la garde. D'une durée de 35 min, la relève s'effectue tous les jours à 10h, de la fin de juin au début de septembre, sauf en cas de pluie. La retraite, d'une durée de 30 min, se fait selon un horaire variant d'une année à l'autre.

Circuit B:
Le Petit-Champlain
et Place-Royale ★ ★ ★

▲ *p. 430*   🍴 *p. 439*   🛍 *p. 444*   🎭 *p. 447*

🕐 *une journée et demie*

Le très populaire quartier historique du Petit-Champlain, dont la jolie rue éponyme renferme théâtre, cafés, restos, ateliers, galeries et boutiques, demeure un lieu sans égal pour la flânerie, la contemplation et les rencontres

entre amis. Plusieurs artistes et artisans de renom y ont pignon sur rue.

Le secteur de Place-Royale, le plus européen de tous les quartiers d'Amérique du Nord, rappelle un village du nord-ouest de la France. Le lieu est lourd de symboles puisque c'est à cet emplacement même que Québec a été fondée en 1608. Après de multiples tentatives infructueuses, ce fut le véritable point de départ de l'aventure française en Amérique. Sous le Régime français, le site représentait le seul secteur densément peuplé d'une colonie vaste et sauvage, et c'est aujourd'hui la plus importante concentration de bâtiments des XVIIᵉ et XVIIIᵉ siècles en Amérique au nord du Mexique.

▸▸▸ *Ce circuit débute à la porte Prescott, qui enjambe la côte de la Montagne. Les personnes à mobilité réduite devraient plutôt prendre le funiculaire, dont l'accès est situé sur la terrasse Dufferin, afin de commencer le circuit au pied de la rue du Petit-Champlain.*

Le **funiculaire** *(1,75$; mi-juin à début sept tlj 7h30 à 24h, début avr à mi-juin et début sept à fin oct tlj 7h30 à 23h30, fin oct à début avr tlj 7h30 à 23h; ☏ 418-692-1132, www.funiculaire-quebec.com)* fut exploité dès novembre 1879 par l'entrepreneur W.A. Griffith afin de faciliter les déplacements entre la Haute-Ville et la Basse-Ville. Au départ, le funiculaire fonctionnait à l'eau, laquelle se transvidait d'un réservoir à l'autre. Il fut converti à l'électricité en même temps qu'on illumina la terrasse Dufferin, soit en 1906. Aussi appelé «ascenseur», il évite d'emprunter l'escalier et de faire le détour par la côte de la Montagne.

La **porte Prescott** *(côte de la Montagne)* est directement accessible du parc Montmorency ou de la terrasse Dufferin par un charmant escalier situé à gauche du pavillon d'entrée du funiculaire. La structure discrètement postmoderne a été réalisée en 1983 en souvenir de la première porte érigée à cet endroit en 1797 par Gother Mann. Les piétons peuvent passer directement de la terrasse Dufferin au parc Montmorency, et vice-versa, grâce à la passerelle juchée sur son linteau.

★ ATTRAITS TOURISTIQUES

1.	AX	Funiculaire
2.	BX	Escalier Casse-Cou
3.	AY	Rue du Petit-Champlain
4.	AY	Maison Louis-Jolliet
5.	AY	Parc Félix-Leclerc
6.	AZ	Fresque du Petit-Champlain
7.	AY	Maison Demers
8.	BY	Anse du Cul-de-Sac
9.	BY	Hôtel Jean-Baptiste-Chevalier / Maison de l'armateur Chevalier / Maison Frérot / Maison Dolbec
10.	BY	Maison Chevalier / Centre d'interprétation de la vie urbaine de la ville de Québec

11.	BY	Maison Grenon
12.	BY	Batterie royale
13.	BX	Place Royale / Buste en bronze de Louis XIV
14.	BX	Église Notre-Dame-des-Victoires
15.	BX	Maison Barbel
16.	BX	Galerie d'art Les Peintres Québécois
17.	BX	Fresque des Québécois
18.	BX	Centre d'interprétation de Place-Royale
19.	CX	Place de Paris
20.	BW	Maison Estèbe
21.	CW	Musée de la civilisation
22.	CW	Ex Machina

LE PETIT-CHAMPLAIN ET PLACE-ROYALE

quai Saint-André

rue Saint-Paul
rue Sous-le-Cap
rue des Remparts
rue Saint-Pierre
rue Sainte-Famille
rue de la Ménagerie
rue Monseigneur-De Laval
rue Hébert
rue de la Vieille-Université
rue Saint-Paul
rue du Sault-au-Matelot
rue Bell
rue Dalhousie

22 ★

rue de la Barricade

N

Séminaire de Québec

rue des Remparts
rue du Sault-au-Matelot

rue Saint-Pierre **20** ★

21 ★

rue Dalhousie

P

rue Saint-Antoine

rue Port-Dauphin

rue De Buade

rue du Trésor

rue du Fort

Parc
Montmorency

côte de la Montagne

rue du Don-de-Dieu
rue Isidore-Thibaudeau
rue du Porche

rue du Marché-Finlay

rue Ste-Anne ℹ

17 ★

16 ★

18 ★

rue Notre-Dame

rue de la Place

19 ★

rue du Marché-Finlay

Place
d'Armes

Porte
Prescott

15 ★ **13** ★
14 ★

Place
de Paris

rue Dalhousie

1 ★ **2**

rue Saint-Pierre

Château
Frontenac

rue Sous-le-Fort

12 ★

rue du Cul-de-Sac

9,10
8 ★

rue du Marché-Champlain

11 ★

4 ★

5 ★
3 ★

boul. Champlain

rue des Traversiers

rue du Petit-Champlain

7 ★

rue de la Terrasse-Dufferin

Lévis

6 ★

Fleuve Saint-Laurent

Parc du
Bastion-de-
la-Reine

0   50   100m

©ULYSSE

▸▸▸ *Descendez la côte de la Montagne jusqu'à l'escalier Casse-Cou, sur votre droite.*

Il existe un escalier à l'endroit où se trouve aujourd'hui l'**escalier Casse-Cou** *(côte de la Montagne)* depuis 1682. Jusqu'au début du XXe siècle, il était fait de planches de bois qu'il fallait constamment réparer ou remplacer. Il relie la Basse-Ville et la Haute-Ville. Certains commerces se sont installés au niveau de ses différents paliers.

Au pied de l'escalier s'allonge la **rue du Petit-Champlain** ★, autrefois habitée par des Irlandais travaillant au port qui la nommaient «Little Champlain Street». Cette étroite voie piétonne est bordée de jolies boutiques et d'agréables cafés installés dans des maisons des XVIIe et XVIIIe siècles. Certains bâtiments, au pied du cap, ont été détruits par des éboulis, avant que la falaise ne soit stabilisée au XIXe siècle.

La **maison Louis-Jolliet** ★ *(16 rue du Petit-Champlain)* est une des plus anciennes demeures de Québec (1683) et l'une des rares œuvres de Claude Baillif encore debout. Elle fut construite après le grand incendie de 1682 qui détruisit la Basse-Ville. La tragédie incita les autorités à imposer la pierre comme matériau pour bâtir. La maison fut habitée par Louis Jolliet (1645-1700), qui, avec le père Marquette, découvrit le Mississippi et explora la baie d'Hudson. Pendant les dernières années de sa vie, il enseigna l'hydrographie au Séminaire de Québec. L'intérieur du bâtiment a été complètement chambardé, puisque l'on y retrouve maintenant l'entrée inférieure du funiculaire.

Un peu plus loin dans la rue du Petit-Champlain, vous croiserez le joli petit **parc Félix-Leclerc**, dédié au célèbre chanteur québécois. On y retrouve une œuvre de la sculpteure Hélène Rochette, *Le souffle de l'île*, suspendue à même le roc de la falaise.

▸▸▸ *Suivez la rue du Petit-Champlain jusqu'au bout, là où elle rejoint le boulevard Champlain. Sur la façade de la dernière maison de la rue, vous verrez apparaître une fresque multicolore.*

Vous aurez sans doute besoin de plusieurs minutes pour admirer les nombreux détails que recèle la belle **fresque du Petit-Champlain** *(102 rue du Petit-Champlain)*. Quelque 35 personnages, connus ou anonymes, qui ont façonné l'histoire du Québec, et plus particulièrement de Québec et du quartier du Petit-Champlain, sont mis en scène dans six pièces, du rez-de-chaussée au grenier, faisant revivre des lieux différents de leur vie quotidienne tels que des ateliers d'artisans ou une

auberge. Comme si les murs de la maison que vous avez sous les yeux s'étaient soudain ouverts sur des pans de l'histoire!

▸▸▸ *Revenez un peu sur vos pas pour descendre l'escalier qui mène vers le boulevard Champlain. Au bas de l'escalier, retournez-vous et contemplez l'exceptionnelle vue en contre-plongée du Château Frontenac.*

La **maison Demers** *(28 boul. Champlain)*, cette imposante maison de marchand érigée en 1689 par le maçon Jean Lerouge, est typique des habitations bourgeoises de la Basse-Ville. Elle présente une façade résidentielle à deux étages dans la rue du Petit-Champlain, dont seul le rez-de-chaussée n'est pas d'origine, alors que l'arrière, haut de quatre étages, permettait d'emmagasiner les biens dans les voûtes des niveaux inférieurs, qui donnaient directement sur l'anse du Cul-de-Sac. Ce havre naturel est aujourd'hui remblayé et construit, et une boutique servant des «queues de castor», ces fameuses pâtisseries québécoises, occupe maintenant l'arrière de la maison sur le bouvelard Champlain.

L'**anse du Cul-de-Sac**, aussi appelée «anse aux Barques», fut le premier port de Québec. En 1745, l'intendant Gilles Hocquart fait aménager dans sa partie ouest un important chantier naval, où seront construits plusieurs vaisseaux de guerre français avec du bois canadien.

Au XIXe siècle, on érige, sur les remblais, le terminus ferroviaire du Grand Tronc (1854) et le marché Champlain (1858), détruit par le feu en 1899. Le site comprend actuellement des bâtiments administratifs et le **terminus du traversier Québec-Lévis** (voir p. 392). Il est recommandé d'effectuer le bref aller-retour sur le traversier afin de jouir d'un des meilleurs points de vue sur Québec. En hiver, la traversée est une rare occasion de se confronter aux glaces du Saint-Laurent.

▸▸▸ *Suivez le boulevard Champlain jusqu'à la rue du Marché-Champlain, vers l'est. L'accès au traversier est situé à l'extrémité sud de cette large artère.*

Si vous désirez contempler une vue magnifique du fleuve Saint-Laurent et de la ville de Lévis à l'abri des intempéries, franchissez les portes qui donnent accès au traversier. L'espace portuaire, bien aménagé avec de larges baies vitrées, permet l'observation de ce splendide site naturel.

L'**Hôtel Jean-Baptiste-Chevalier** ★★ *(60 rue du Marché-Champlain)*, un ancien hôtel particulier, fut le premier des immeubles du secteur de Place-Royale à retenir l'attention des restaurateurs de bâtiments. Il comprend en réalité trois maisons érigées à des époques différentes : la **maison de l'armateur Chevalier**, en forme d'équerre (1752), la **maison Frérot**, au toit mansardé (1683), et la **maison Dolbec** (1713). Tous ces bâtiments seront réparés ou en partie reconstruits après la Conquête. L'ensemble a été tiré de l'oubli en 1955 par Gérard Morisset, directeur de l'Inventaire des œuvres d'art, qui suggère alors son rachat et sa restauration par le gouvernement du Québec. Cette démarche aura un effet d'entraînement bénéfique et évitera que Place-Royale ne soit rasée.

La **maison Chevalier** *(entrée libre; fin juin à début sept tlj 9h30 à 17h, début sept à fin juin mar-dim 10h à 17h; 50 rue du Marché-Champlain,* ☎ *418-692-5550)* abrite une annexe du Musée de la civilisation : le **Centre d'interprétation de la vie urbaine de la ville de Québec**. Ce centre propose des circuits pédestres dans la ville et des activités éducatives. Son exposition permanente, *Vieux-Québec, secrets et anecdotes*, et son parcours sonore convient à la découverte des coups de cœur de l'historien Jean Provencher. Sur place, vous pourrez également vous procurer les écouteurs *(15$)* qui vous permettront de profiter du circuit pédestre autonome *Circuit-Québec*. Cette exposition urbaine accessible toute l'année comprend 32 bornes sonores qui diffusent de l'information sur l'histoire de la ville en français, en anglais et en espagnol.

D'inspiration classique française, de la deuxième moitié du XVIIIᵉ siècle, la maison Chevalier témoigne de l'architecture urbaine en Nouvelle-France. En plus de rappeler l'histoire de ce bâtiment, l'exposition *Ambiances d'autrefois* présente des reconstitutions d'intérieurs des XVIIIᵉ et XIXᵉ siècles aménagés grâce aux pièces de la collection du Musée de la civilisation.

▸▸▸ *Empruntez la rue Notre-Dame, puis tournez à droite dans la rue Sous-le-Fort.*

Avant d'accéder à la Batterie royale, traversez le petit passage de la Batterie qui mène à la jolie cour de la **maison Grenon** (1763), pour une vue en contre-plongée du Château Frontenac et une autre sur le fleuve et les traversiers.

La Basse-Ville n'étant pas emmurée, il fallut trouver d'autres solutions pour la protéger des tirs provenant des navires. Au lendemain de l'attaque de William Phips en 1690, on décida d'aménager la **Batterie royale ★** *(à l'extrémité de la rue Sous-le-Fort)*. Son emplacement stratégique permettait en outre de mener une

offensive sur la flotte ennemie, si jamais elle s'aventurait dans l'étranglement du fleuve Saint-Laurent en face de Québec. En 1974, les vestiges de la batterie, longtemps camouflés sous des entrepôts, sont mis au jour. On doit alors reconstituer les créneaux supprimés au XIXᵉ siècle ainsi que le portail de bois, visible sur un dessin de 1699.

▸▸▸ *Longez la rue Saint-Pierre, puis grimpez à gauche la petite ruelle de la Place menant à la place Royale.*

La partie basse de la vieille ville, commerçante et portuaire, est une étroite bande de terre en forme de *U* coincée entre les eaux du fleuve Saint-Laurent et l'escarpement du cap Diamant. Elle constitue le berceau de la Nouvelle-France puisque c'est sur le site de la place Royale que Samuel de Champlain (1567-1635) choisit en 1608 d'ériger son «Abitation», à l'origine de la ville de Québec. À l'été de 1759, elle est aux trois quarts détruite par les bombardements anglais. Il faudra 20 ans pour réparer et reconstruire les maisons.

Au XIXᵉ siècle, de multiples remblais élargissent la Basse-Ville et permettent de relier par des rues les secteurs de Place-Royale et du palais de l'Intendant. Le déclin des activités portuaires, au début du XXᵉ siècle, a provoqué l'abandon graduel de Place-Royale, que l'on a entrepris de restaurer en 1959. Le quartier du Petit-Champlain, avec sa rue du même nom, a quant à lui été récupéré par des artisans qui y ont ouvert leurs ateliers.

Place-Royale ★★★ renferme 27 caves voûtées parmi les plus anciennes et les plus belles de Québec. En comparaison, on dénombre quelque 65 caves voûtées résidentielles dans toute la ville, dont la plupart furent érigées au XVIIᵉ siècle sous le Régime français.

La **place Royale** même est inaugurée en 1673 par le gouverneur Frontenac, qui en fait une place de marché. Celle-ci occupe l'emplacement du jardin de l'«Abitation» de Champlain, sorte de château fort incendié en 1682 en même temps que toute la Basse-Ville. En 1686, l'intendant Jean Bochart de Champigny fait ériger, au centre de la place, un **buste en bronze de Louis XIV**, conférant de la sorte au lieu le titre de place Royale. Le buste disparaît sans laisser de traces après 1700. En 1928, François Bokanowski, ministre français du Commerce et des Communications, offre au Québécois Athanase David une réplique en bronze du buste en marbre de Louis XIV se trouvant dans la Galerie de Diane, à Versailles, afin de remplacer la statue disparue. L'œuvre du fondeur Alexis Rudier ne fut installée qu'en 1931, car on craignait par ce geste d'insulter l'Angleterre!

L'église Notre-Dame-des-Victoires ★ ★ *(entrée libre; début mai à mi-oct tlj 9h à 17h; fermé lors des mariages, des baptêmes et des funérailles; 32 rue Sous-le-Fort, ♪ 418-692-1650)*, cette petite église sans prétention, est la plus ancienne qui subsiste au Canada. Sa construction a été entreprise en 1688 selon les plans de Claude Baillif à l'emplacement de l'«Abitation» de Champlain, dont elle a intégré une partie des murs. D'ailleurs, sur le sol à côté de l'église, on a marqué de granit noir le site des vestiges des fondations de la seconde Abitation de Champlain, découverts en 1976.

D'abord placée sous le vocable de l'Enfant-Jésus, l'église est rebaptisée «Notre-Dame-de-la-Victoire» à la suite de l'attaque infructueuse de l'amiral Phips en face de Québec (1690), puis Notre-Dame-des-Victoires en rappel de la déconfiture de l'amiral Walker, dont la flotte fit naufrage à l'île aux Œufs lors d'une tempête en 1711. Les bombardements de la Conquête ne laisseront debout que les murs, ruinant du coup le beau décor intérieur des Levasseur. L'église est rétablie en 1766, mais ne sera achevée qu'avec la pose du clocher actuel en 1861.

Raphaël Giroux exécute la majeure partie du décor intérieur entre 1854 et 1857, mais l'étrange tabernacle «forteresse» du maître-autel est une œuvre plus tardive de David Ouellet (1878). Enfin, en 1888, Jean Tardivel peint les scènes historiques sur la voûte et sur le mur du chœur. Mais ce sont les pièces autonomes qui retiennent davantage l'attention: on remarque d'abord l'ex-voto suspendu au centre de la voûte et représentant le *Brézé*, un navire venu au Canada en 1664 avec à son bord les soldats du régiment de Carignan-Salières, puis le beau tabernacle déposé dans la chapelle Sainte-Geneviève, attribué à Pierre-Noël Levasseur (vers 1730). Parmi les tableaux accrochés aux murs, il faut signaler la présence d'œuvres de Boyermans et de Van Loo provenant de la collection de l'abbé Desjardins.

Sous le Régime français, la place Royale attire de nombreux marchands et armateurs qui s'y font construire de belles demeures. Haute maison formant l'angle sud-ouest de la place Royale et de la ruelle de la Place, la **maison Barbel** fut érigée en 1755 pour la redoutable femme d'affaires Anne-Marie Barbel, veuve de Louis Fornel. Elle était à l'époque propriétaire d'une manufacture de poteries sur la rivière Saint-Charles et détenait le bail du lucratif poste de traite de Tadoussac.

La maison Paradis, rue Notre-Dame, abrite la galerie d'art **Les Peintres Québécois** *(entrée libre; en été tlj 9h à 21h30, reste de l'année lun-sam 9h à 18h, dim 11h à 18h; 42 rue Notre-Dame, ♪ 418-648-9292, www.lespeintresquebecois.com)*. La galerie regroupe plusieurs œuvres d'artistes qui ont déjà fait leur marque dans l'univers artistique du Québec comme Clarence Gagnon et Jean-Paul Lemieux, mais elle accueille également les œuvres d'artistes de la relève.

Si vous continuez dans la rue Notre-Dame vers la côte de la Montagne et que vous

---

Les petits pains bénits

Si vous visitez la capitale québécoise dans le temps des Fêtes, allez faire un tour sur la place Royale dans la Basse-Ville. Le 3 janvier, on y célèbre sainte Geneviève, patronne de Paris, à l'église Notre-Dame-des-Victoires, où une chapelle avec autel lui avait été dédiée en 1724.

Ce jour-là, on bénit des pains qui sont ensuite distribués aux fidèles. La tradition veut que les petits pains bénits à la fête de sainte Geneviève protègent de façon particulière les mères et les chômeurs. Lors du siège de Paris par les Francs, la courageuse sainte s'était assurée de bien nourrir les assiégés, et aujourd'hui elle est invoquée pour la protection contre la famine.

La petite rue qui longe un des murs de l'église porte d'ailleurs le nom de la «rue des Pains-Bénits». Et n'oubliez pas d'aller jeter un coup d'œil sur la crèche exposée à l'intérieur.

vous retournez, vous serez surpris par un spectacle multicolore. Sur le mur aveugle de la maison Soumande, devant le parc de la Cetière, s'étalent les couleurs de la **Fresque des Québécois** ★ ★. En fait, les passants pourraient fort bien ne pas la remarquer puisqu'il s'agit d'un trompe-l'œil! Cette fresque a été créée par des artistes de la Cité de la Création de Lyon (France), en collaboration avec la Sodec et la Commission de la capitale nationale du Québec, assurant à l'œuvre une qualité réaliste fort instructive. Dans cette fresque, qui a nécessité 600 litres de peinture (!), on a amalgamé sur 420 m² des architectures et des lieux caractéristiques de Québec tels le cap Diamant, les remparts, une librairie, les maisons du Vieux-Québec, bref, tous ces lieux que côtoient chaque jour les habitants de la ville. On peut s'amuser de longues minutes, comme la foule de passants admiratifs qui s'amasse à ses pieds beau temps mauvais temps, à repérer les personnages historiques et à tenter de se remémorer le rôle qu'ils ont joué. De haut en bas et de gauche à droite, on aperçoit Marie Guyart, Catherine de Longpré, François de Laval, Jacques Cartier, Thaïs Lacoste-Frémont, François-Xavier Garneau, Louis-Joseph Papineau, Jean Talon, le comte de Frontenac, Marie Fitzbach, Marcelle Mallet, Louis Jolliet, Alphonse Desjardins, Lord Dufferin, Félix Leclerc et, finalement, Samuel de Champlain, par qui tout a commencé!

Revenez à la place Royale et arrêtez-vous pour une visite au **Centre d'interprétation de Place-Royale** ★ ★ *(6$, entrée libre début nov à fin mai les mar et jan et fév sam 10h à 12h; un forfait découverte est également proposé, voir p. 401; début sept à fin juin mar-dim 10h à 17h, fin juin à début sept tlj 9h30 à 17h; 27 rue Notre-Dame,* ☎ *418-646-3167 ou 866-710-8031, www.mcq.org).* Pour le loger, les maisons Hazeur et Smith, qui avaient été incendiées, ont été remises à neuf dans un style moderne laissant une bonne place aux matériaux d'origine. Le verre y est omniprésent, permettant d'admirer de partout les pièces exposées autant que l'architecture des bâtiments. Plusieurs expositions permanentes ludiques et instructives y sont présentées pour le plaisir des petits et des grands. Différentes activités, comme un atelier de costumes d'époque et des visites commentées, permettent de revivre les 400 ans d'histoire de l'un des plus anciens quartiers en Amérique du Nord.

Entre les deux maisons du centre d'interprétation, un escalier descend de la côte de la Montagne jusqu'à la place Royale en longeant des murs vitrés qui laissent déjà entrevoir les trésors qu'abrite le centre. Sur chacun de ses trois niveaux, une exposition dévoile des pans de l'histoire de Place-Royale. Y sont présentés des vestiges découverts lors des fouilles effectuées sous la place. Objets intacts ou minuscules pièces difficilement identifiables, ils restent tous instructifs.

Vous pourrez aussi assister à un spectacle multimédia et admirer des maquettes comme celle représentant la seconde «Abitation» de Champlain en 1635. On y apprend, entre autres choses, que la première auberge à avoir vu le jour à Québec fut ouverte en 1648 par un certain Jacques Boisdon, au nom prédestiné! La tradition hôtelière de la place se poursuit jusqu'au milieu du XXe siècle, alors que Place-Royale perd son dernier hôtel dans un incendie. Par ailleurs, vous pourrez faire la rencontre de Samuel de Champlain grâce à un film et à des maquettes. Ses récits de voyage, ses cartes et ses dessins vous permettront de suivre ses aventures pour y découvrir à votre tour un Nouveau Monde.

▸▸▸ *Redescendez la ruelle de la Place, qui débouche sur la place de Paris.*

La **place de Paris** *(en bordure de la rue du Marché-Finlay)*, belle réussite d'intégration de l'art contemporain à un contexte ancien, a été aménagée en 1987 par l'architecte québécois Jean Jobin. Au centre trône une œuvre de l'artiste français Jean-Pierre Raynault, offerte par la Ville de Paris à l'occasion du passage à Québec de son maire. Le monolithe de marbre blanc et de granit noir avec support lumineux, baptisé *Dialogue avec l'histoire*, rend hommage aux premiers Français qui débarquèrent en ce lieu. De la place, autrefois occupée par un marché public, on jouit d'une vue magnifique sur la Batterie royale et le fleuve Saint-Laurent.

▸▸▸ *Remontez vers la rue Saint-Pierre, que vous emprunterez à droite.*

Au numéro 92 de la rue Saint-Pierre se dresse une imposante demeure de marchand datant de 1752, la **maison Estèbe**, aujourd'hui intégrée au Musée de la civilisation.

À l'angle de la rue de la Barricade se trouvent l'ancien édifice de la **Banque de Québec** (1861) et, en face, l'ancienne **Banque Molson**, installée dans une maison du XVIIIe siècle.

▸▸▸ *Tournez à droite dans la rue de la Barricade. L'entrée du Musée de la civilisation se trouve dans la rue Dalhousie, sur la droite.*

Le **Musée de la civilisation** ★ ★ *(11$, entrée libre début nov à fin mai les mar et jan et fév sam 10h à 12h; un forfait découverte est également proposé, voir p. 401; début sept à fin juin mar-dim 10h à 17h, fin juin à début sept tlj 9h30 à 18h30; 85 rue Dalhousie,* ☎ *418-643-2158 ou 866-710-8031, www.mcq.org)*

Ville de Québec – Attraits touristiques – Le Petit-Champlain et Place-Royale

se veut une interprétation de l'architecture traditionnelle de Québec, à travers ses toitures et lucarnes stylisées et son campanile rappelant les clochers des environs. L'architecte Moshe Safdie, à qui l'on doit également le révolutionnaire Habitat 67 de Montréal et le Musée des beaux-arts du Canada à Ottawa, a créé là un édifice sculptural, au milieu duquel trône un escalier extérieur, véritable monument en soi. Le hall central offre une vue charmante sur la maison Estèbe et son quai, tout en conservant une apparence contemporaine, renforcée par la sculpture d'Astri Reuch, intitulée *La Débâcle*.

Le Musée de la civilisation propose des expositions temporaires des plus variées. L'humour, le cirque et la chanson par exemple ont déjà fait l'objet de présentations des plus vivantes. On y accueille aussi des expositions venues raconter les grandes civilisations de ce monde.

Parallèlement, les expositions permanentes dressent un portrait des civilisations d'ici. *Le Temps des Québécois* suit l'histoire de l'évolution du peuple québécois. *Nous, les Premières Nations*, une exposition à grand déploiement élaborée conjointement avec des Autochtones, retrace l'histoire des 11 nations qui peuplent le territoire québécois. On y voit une foule d'objets ainsi que des documents audiovisuels comme ceux du cinéaste Arthur Lamothe. Enfin, l'exposition *Territoires* vous convie à explorer de grands thèmes comme l'occupation du territoire (Un territoire habité), l'exploitation des ressources naturelles (Un territoire de ressources), la quête de nature (Un territoire de loisirs) et l'adaptation à l'hiver (Un territoire nordique).

Parmi les objets les plus intéressants, on notera la présence d'une grande barque du Régime français dégagée lors des fouilles sur le chantier du musée, de corbillards à chevaux très ornés datant du XIXe siècle et d'objets d'art et d'ébénisterie chinois provenant de la collection des Jésuites, incluant un beau lit impérial. Une cave voûtée du XVIIIe siècle abrite la boutique du musée.

▸▸▸ *Dirigez-vous vers le nord-est, en direction du Vieux-Port, par la rue Dalhousie.*

Juste à côté du Musée de la civilisation, on aperçoit un imposant édifice de style Beaux-Arts datant de 1912. Il s'agit d'une ancienne caserne de pompiers qui a été rénovée pour accueillir **Ex Machina** *(103 rue Dalhousie,* ☎ *418-692-5323, www.lacaserne.net)*, un centre de production artistique multidisciplinaire parrainé par l'homme de théâtre Robert Lepage.

Une haute tour coiffée d'un dôme en cuivre se dresse à l'angle sud-est, tel un clocher d'église, et s'inspire de la tour du Parlement. Les pompiers s'en servaient pour suspendre leurs longs boyaux d'arrosage, faits de tissu à cette époque, pour qu'ils sèchent sans risquer de s'abîmer. L'édifice a été agrandi et, afin de préserver son caractère, on a érigé devant la nouvelle partie un faux mur rappelant le mur de pierres d'origine. Coiffant cette partie, une petite installation de verre et de métal s'illumine le soir venu. En façade, dans une vitrine sont exhibées les nombreuses statuettes qui représentent autant de prix remportés par Robert Lepage tant au Québec qu'ailleurs dans le monde dans les domaines du théâtre et du cinéma.

Circuit C: Le Vieux-Port ★

▲ *p. 432* 🍽 *p. 440* 🛍 *p. 445* 🛏 *p. 447*

🕐 *une demi-journée*

Souvent critiqué pour son caractère trop nord-américain dans une ville à sensibilité tout européenne, le Vieux-Port a d'abord été réaménagé par le gouvernement du Canada dans le cadre de l'événement maritime «Québec 1534-1984», puis à nouveau à l'occasion des festivités entourant le 400e anniversaire de la ville de Québec.

▸▸▸ *Débutez votre visite du secteur du Vieux-Port à l'angle de la rue Dalhousie et du quai Saint-André.*

Le secteur situé entre la rue Dalhousie et le fleuve porte le nom de **Pointe-à-Carcy**. Il comporte entre autres les quais 19, 21 et 22.

Le **Musée naval de Québec** *(entrée libre; juil à nov horaire variable; 170 rue Dalhousie,* ☎ *418-694-5387, www.mnq-nmq.org)* a été inauguré en mai 1995 en l'honneur du lieutenant-commandeur Joseph Alexis Stanislas Déry, vétéran de la Seconde Guerre mondiale. Situé à la jonction du bassin Louise et du fleuve Saint-Laurent, ce musée fait partie intégrante du Complexe naval de la Pointe-à-Carcy, qui abrite les édifices de la Réserve navale du Canada. Son exposition permanente se consacre à faire découvrir l'histoire navale du fleuve Saint-Laurent tout en conscientisant les visiteurs aux valeurs pacifiques. Dehors, au bout du quai, le fleuve et les navires se laissent tout simplement admirer.

▸▸▸ *Revenez sur le quai Saint-André et empruntez la rue Saint-Pierre à gauche.*

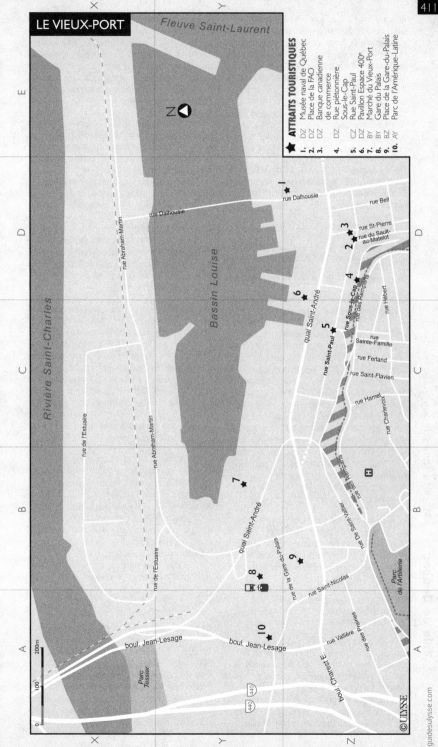

LE VIEUX-PORT

Fleuve Saint-Laurent

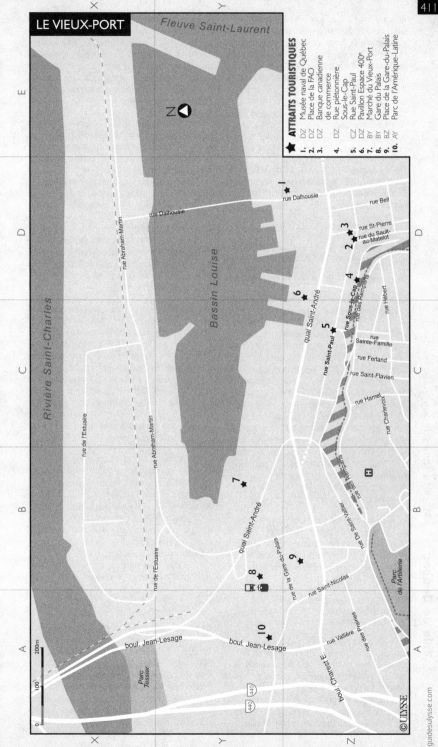

ATTRAITS TOURISTIQUES

1.	DZ	Musée naval de Québec
2.	DZ	Place de la FAO
3.	DZ	Banque canadienne de commerce
4.	DZ	Rue piétonnière
5.	CZ	Sous-le-Cap
6.	DZ	Rue Saint-Paul
7.	DZ	Pavillon Espace 400e
8.	BY	Marché du Vieux-Port
9.	BY	Gare du Palais
10.	BZ	Place de la Gare-du-Palais
	AY	Parc de l'Amérique-Latine

©ULYSSE

guidesulysse.com

Au carrefour formé par les rues Saint-Pierre, Saint-Paul du Sault-au-Matelot se trouve la **place de la FAO**. Cette place rend hommage à l'Organisation des Nations Unies pour l'agriculture et l'alimentation (FAO), dont la première assemblée eut lieu en 1945 au Château Frontenac. Au centre de la place se dresse une sculpture représentant la proue d'un navire semblant émerger des flots. Sa figure de proue féminine, *La Vivrière*, tient à bras le corps des fruits, des légumes et des céréales de toutes sortes.

Devant la place de la FAO, à l'angle de la rue Saint-Pierre, l'ancien édifice de la **Banque canadienne de commerce** en impose par son large portique arrondi.

*** *Empruntez la rue du Sault-au-Matelot jusqu'à la rue de la Barricade, ainsi nommée en l'honneur de la barricade qui repoussa l'invasion des révolutionnaires venus de ce qui allait devenir les États-Unis, pour tenter de prendre Québec le 31 décembre 1775.*

La rue de la Barricade, sur la droite, mène à la **rue piétonnière Sous-le-Cap ★**. Cet étroit passage, qui était autrefois coincé entre les eaux du Saint-Laurent et l'escarpement du cap Diamant, fut pendant longtemps le seul chemin pour rejoindre le quartier du palais de l'Intendant. À la fin du XIXe siècle, cette rue abritait des familles ouvrières d'origine irlandaise. Les habitants d'aujourd'hui, qui disposent de trop peu d'espace, ont aménagé des cabanons du côté de la falaise, qui rejoignent les maisons par des passerelles enjambant la rue à la hauteur des cordes à linge. On emprunte la rue Sous-le-Cap presque sur la pointe des pieds, tant on a l'impression qu'elle fait partie d'un petit monde à part! Au bout de la rue, vous déboucherez dans la côte du Colonel-Dambourgès puis dans la rue Saint-Paul.

La **rue Saint-Paul** est aussi des plus charmantes et agréables. S'y alignent plusieurs boutiques d'antiquaires et des galeries d'art, qui exhibent de belles pièces du patrimoine québécois, sans oublier quelques bons restaurants populaires ou gastronomiques.

*** *Pour atteindre le Pavillon Espace 400e, rejoignez le quai Saint-André par la rue Rioux ou par la rue des Navigateurs.*

À l'époque des bateaux à voiles, Québec était une des principales portes d'entrée de l'Amérique, plusieurs navires ne pouvant affronter les courants contraires du fleuve plus à l'ouest. Son port, très fréquenté, était entouré de chantiers navals importants, dont l'existence était justifiée par l'abondance et la qualité du bois canadien. Les premiers chantiers

royaux apparaissent sous le Régime français à l'anse du Cul-de-Sac. Le blocus napoléonien de 1806 force les Britanniques à se tourner vers leur colonie du Canada pour l'approvisionnement en bois et pour la construction de vaisseaux de guerre, donnant le coup d'envoi à de multiples chantiers qui feront la fortune de leurs propriétaires.

Le **Pavillon Espace 400e** *(100 quai St-André, ☎ 418-648-3300, www.quebec400.gc.ca/pc-fra.cfm)*, où se sont déroulées une partie des festivités reliées au 400e anniversaire de Québec, est maintenant sous la gouverne de Parcs Canada, qui compte y installer des expositions permanentes traitant de l'histoire maritime de Québec, en particulier celles du fleuve Saint-Laurent et de l'immigration au Canada. Le pavillon héberge déjà différents événements ponctuels, comme la célèbre exposition internationale *Bodies* qui était à l'affiche lors de notre passage à la fin 2009, et le salon **Plein art** (voir p. 447), présenté tous les ans au début août.

Derrière le pavillon, de l'autre côté du bassin Louise, vous ne manquerez pas de remarquer les immenses silos Bunge, sur lesquels on a présenté en 2008 et 2009 la splendide mégaprojection sur l'histoire du Québec, *Le Moulin à Images* ★★, signée Robert Lepage. Ce spectacle sera à nouveau présenté jusqu'en 2013, tous les soirs de la fin juin au début septembre (les heures projection varient de 21h à 22h). D'une durée d'une quarantaine de minutes, on promet que ce projet sera revu et amélioré chaque année pour présenter un spectacle quelque peu modifié.

Depuis octobre 2009, et ce jusqu'en 2013, les silos Bunge servent également d'écran pour une autre création de Robert Lepage, *Aurora Borealis* ★. Cet éclairage permanent, présenté tous les soirs de la tombée du jour à 23h30, s'inspire des véritables couleurs des aurores boréales pour témoigner de la grandeur et de la beauté de la nature. En été, l'éclairage débute quelques minutes après la projection du *Moulin à Images* (voir ci-dessus).

*** *Empruntez la promenade qui serpente le long du bassin jusqu'au Marché du Vieux-Port.*

La plupart des marchés publics du Québec ont fermé leurs portes au début des années 1960, car ils étaient perçus comme des services obsolètes. Mais l'attrait des produits frais de la ferme et celui du contact avec le producteur sont demeurés, de même que la volonté de vivre en société dans des lieux publics. Aussi les marchés publics ont-ils réapparu timidement au début des années

1980. Le **Marché du Vieux-Port** ★ *(angle rue St-Thomas et quai St-André, ♪ 418-692-2517, www.marchevieuxport.com)*, érigé en 1987, succède à deux marchés de la Basse-Ville, aujourd'hui disparus (marchés Finlay et Champlain). Il est agréable d'y flâner en été et de jouir des vues sur la marina du bassin Louise, accolée au marché.

⁂ *Prenez la rue Saint-Paul, puis tournez à droite dans la rue Abraham-Martin pour emprunter la rue de la Gare-du-Palais jusqu'à la gare même.*

Pendant plus de 50 ans, les citoyens de Québec ont réclamé qu'une gare prestigieuse soit construite pour desservir leur ville. Leur souhait sera finalement exaucé par le Canadien Pacifique en 1915. Érigée selon les plans de l'architecte new-yorkais Harry Edward Prindle dans le même style que le Château Frontenac, la superbe **gare du Palais** ★★ donne au passager qui arrive à Québec un avant-goût de la ville romantique et pittoresque qui l'attend. Le hall, haut de 18 m, qui s'étire derrière la grande verrière de la façade, est baigné de lumière grâce aux puits en verre plombé de sa toiture. Ses murs sont recouverts de carreaux de faïence et de briques multicolores, conférant un aspect éclatant à l'ensemble.

En face, la **place de la Gare-du-Palais** offre un petit espace de détente marqué par une impressionnante sculpture-fontaine de Charles Daudelin, *Éclatement II*.

Un peu plus loin sur le boulevard Jean-Lesage s'étend le petit **parc de l'Amérique-Latine**. S'y dressent deux monuments honorant la mémoire de deux des personnages les plus importants de l'histoire de l'Amérique latine, si proche du Québec. Les monuments des deux grands libérateurs que sont Simón Bolívar et José Martí ont été offerts respectivement par le gouvernement du Venezuela et par la République de Cuba.

⁂ *Pour retourner à la Haute-Ville, grimpez la côte du Palais, prolongement de la rue Saint-Nicolas.*

Circuit D: La colline Parlementaire et la Grande Allée ★★

▲ *p. 433* ♨ *p. 441* ♫ *p. 444* ▣ *p. 448*

🕐 *une journée*

La colline Parlementaire accueille des milliers de fonctionnaires provinciaux venus travailler dans les divers édifices qui la parsèment.

Grâce à son bel aménagement, elle attire également des milliers de touristes qui apprécient son patrimoine architectural et paysager.

La magnifique Grande Allée, située *extra-muros*, est une des agréables voies d'accès au Vieux-Québec. Elle relie entre autres les différents ministères de la capitale, ce qui ne l'empêche pas d'avoir jour et nuit la mine plutôt joyeuse, même que, sur sa dernière portion est, plusieurs des demeures bourgeoises qui la bordent ont été reconverties en cafés, en restaurants ou en discothèques pour tous les goûts, toutes les bourses et tous les groupes d'âge.

⁂ *Le circuit débute sous la porte Saint-Louis et s'éloigne graduellement de la ville fortifiée vers l'ouest.*

Sur la droite s'élève le **monument à l'historien François-Xavier Garneau** du sculpteur Paul Chevré. Sur la gauche, on aperçoit la **croix du Sacrifice**, en face de laquelle se tient tous les ans la cérémonie du Souvenir, qui a lieu le jour de l'Armistice (11 novembre).

L'**Hôtel du Parlement** ★★★ *(entrée libre; visites guidées fin juin à début sept lun-ven 9h à 16h30, sam-dim 10h à 16h30; début sept à fin juin lun-ven 9h à 16h30; en raison des travaux parlementaires l'horaire est sujet à changement, il est donc préférable d'appeler la veille ou le matin même de la visite; angle av. Honoré-Mercier et Grande Allée E., ♪ 418-643-7239 ou 866-337-8837, www.assnat.qc.ca)* est mieux connu des habitants de Québec sous le nom d'**Assemblée nationale**; ce vaste édifice construit entre 1877 et 1886 est en effet le siège du gouvernement. Il arbore un fastueux décor second empire qui se veut le reflet de la particularité ethnique du Québec dans le contexte nord-américain. Eugène-Étienne Taché (1836-1912), son architecte, s'est inspiré du palais du Louvre à la fois pour le décor et pour le plan, développé autour d'une cour carrée. Conçu à l'origine pour loger l'ensemble des ministères ainsi que les deux Chambres d'assemblée calquées sur le modèle du système parlementaire britannique, il s'inscrit de nos jours en tête d'un groupe d'immeubles gouvernementaux s'étirant de part et d'autre de la Grande Allée.

La façade principale aux nombreuses statues constitue une sorte de panthéon québécois. Les 22 bronzes de personnages marquants de la nation qui occupent les niches et les piédestaux ont été réalisés par des sculpteurs réputés tels que Louis-Philippe Hébert et Alfred Laliberté. Une élévation annotée de la façade, placée à proximité de l'allée centrale, permet d'identifier ces figures. Devant l'entrée principale, un bronze d'Hébert, intitulé *La halte dans la forêt*, qui représente une famille amérindienne, honore la mémoire des premiers habitants du Québec. L'œuvre a été présentée à l'Exposition universelle de Paris en 1889. *Le pêcheur à la Nigog*, du même auteur, est disposé dans la niche de la fontaine. L'intérieur de l'édifice, véritable recueil iconographique de l'histoire du Québec, recèle de belles boiseries dorées, dans la tradition de l'architecture religieuse.

Les députés siègent dans la salle de l'Assemblée nationale, ou Salon bleu, où l'on peut voir *Débat sur les langues à l'Assemblée législative du Bas-Canada le 21 janvier 1793*, du peintre Charles Huot, au-dessus du trône du président de l'Assemblée. La grande composition du même artiste, au plafond, évoque la devise du Québec, *Je me souviens*. Le Salon rouge, aménagé à l'origine pour le Conseil législatif, seconde Chambre non élue, supprimée en 1968, fait pendant au Salon bleu. Il est maintenant utilisé lors des commissions parlementaires. Une toile intitulée *Le Conseil souverain*, qui rappelle le mode de gouvernement en Nouvelle-France, y est accrochée.

Des verrières magnifiques aux accents Art nouveau ornent plusieurs fenêtres de l'hôtel du Parlement. La plus spectaculaire est sans contredit celle de l'entrée du très beau restaurant **Le Parlementaire** (voir p. 442), conçue en forme de porte cochère lumineuse. Il est possible d'assister aux séances de l'Assemblée et des commissions parlementaires en obtenant préalablement un laissez-passer.

Dans le parc de l'Hôtel du Parlement, il faut encore signaler la présence de trois monuments importants: celui à la mémoire d'Honoré Mercier, premier ministre de 1887 à 1891; celui de Maurice Duplessis, premier ministre à l'époque de la «grande noirceur» (1936-1939 et 1944-1959); et celui représentant René Lévesque, qui occupe une place privilégiée dans le cœur des Québécois et qui fut premier ministre de 1976 à 1985. De plus, la **promenade des Premiers-Ministres ★** nous informe, à l'aide de panneaux d'interprétation, sur les premiers ministres qui ont marqué le Québec depuis 1867.

Signalons, devant l'Hôtel du Parlement, la belle **place de l'Assemblée-Nationale ★**, coupée en deux par l'élégante avenue Honoré-Mercier. Chaque année, Le Palais de glace du Carnaval de Québec y est érigé près des remparts.

Depuis le 3 juillet 2007, jour du 399ᵉ anniversaire de la ville de Québec, on peut admirer la magnifique **fontaine de Tourny ★★★** (*www. fontainedetourny.ca*) au centre de l'avenue Honoré-Mercier, qui forme un carrefour giratoire qui permet à la fois aux automobilistes et aux piétons d'en contempler la beauté. Sa base repose dans un bassin circulaire.

Issue des fonderies françaises Barbezat en 1854, cette fontaine de 7 m de haut constitue un des six exemplaires créés par le sculpteur Mathurin Moreau. Les décorations qui l'ornent sont du sculpteur animalier Alexandre Lambert Léonard. Moreau remporte en 1855 la médaille d'or à l'Exposition universelle de Paris. En 1857, le maire de Bordeaux veille à l'installation de deux fontaines aux extrémités des allées de Tourny, du nom d'un marquis qui fut jadis intendant de la ville sous Louis XV.

Près d'un siècle et demi passe avant que Peter Simons, un homme d'affaires connu des gens de la capitale, ne découvre, en 2003, une des deux fontaines de Tourny aux puces de Saint-Ouen, et ce, en pièces détachées. Il en fait don à Québec. Aujourd'hui, on peut admirer cette œuvre magnifique comprenant à sa base trois femmes et un homme qui incarnent fleuves et rivières, surmontés d'une vasque octogonale parée de poissons et d'éléments marins.

★ ATTRAITS TOURISTIQUES

LA COLLINE PARLEMENTAIRE ET LA GRANDE ALLÉE

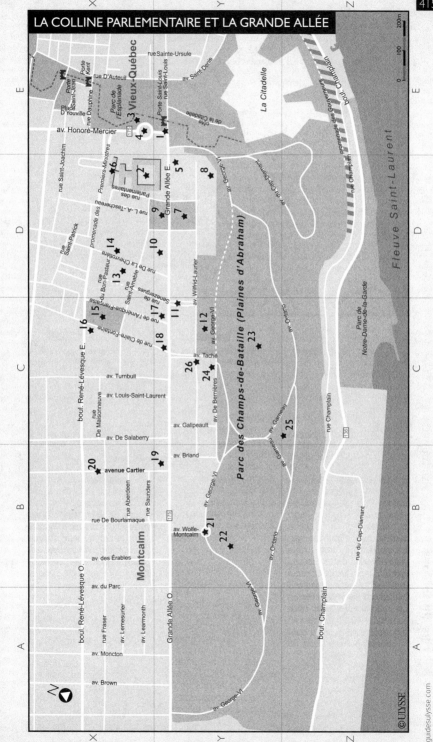

De cette vasque surgit un groupe de quatre figures d'enfants qui représentent la pêche et la navigation. Enfin, une dernière vasque circulaire possède en son centre un vase orné. À la nuit tombée, la fontaine s'illumine pour notre plus grand plaisir. La plaque commémorative de la fontaine de Tourny est signée d'un texte de Marie Laberge, auteure à succès originaire de Québec.

La croissance fulgurante de la fonction publique dans le contexte de la Révolution tranquille des années 1960 va obliger le gouvernement à construire plusieurs immeubles modernes pour abriter les différents ministères. Une belle rangée de demeures Second Empire a dû être sacrifiée pour faire place aux **complexes H et J** *(sur la Grande Allée, en face de l'Hôtel du Parlement)*, un ensemble réalisé en 1970.

Les bureaux du Conseil exécutif et du cabinet du premier ministre se trouvent depuis le printemps 2002 dans le bel **édifice Honoré-Mercier** ★ *(835 boul. René-Lévesque E.)*, du côté nord de l'Hôtel du Parlement. En fait, il s'agit d'un retour, puisque l'édifice a abrité les bureaux du premier ministre jusqu'en 1972. Avant le déménagement, le bâtiment a eu droit à une cure de rajeunissement qui respecte la beauté de son architecture soulignée par ses marbres, ses moulures de plâtre et ses boiseries. Il fut construit entre 1922 et 1925 selon les plans de l'architecte Chênevert.

▸▸▸ *Prenez la Grande Allée vers l'ouest en vous éloignant du Vieux-Québec. Vous croiserez, sur votre gauche, la rue Place-George-V, qui longe la place du même nom. Empruntez-la jusqu'à l'avenue Wilfrid-Laurier.*

La **place George-V**, un espace de verdure, servait de terrain d'exercice et de parade aux soldats du Manège militaire, qui fut la proie des flammes en avril 2008.

Sur l'avenue Wilfrid-Laurier, derrière les complexes H et J, à l'orée des plaines d'Abraham, se trouve le centre d'interprétation du parc des Champs-de-Bataille. Aménagée dans un bâtiment de la Citadelle, la **Maison de la découverte des plaines d'Abraham** ★ *(10$, comprend le spectacle Odyssée, la visite guidée Bus d'Abraham et la visite de la tour Martello nº 1; fin juin à mi-sept tlj 8h30 à 17h30; mi-sept à fin juin lun-ven 8h30 à 17h, sam 9h à 17h, dim 10h à 17h; 835 av. Wilfrid-Laurier, niveau 0,* ☏ *418-648-4071, www.ccbn-nbc.gc.ca)* saura plaire autant aux visiteurs qu'aux gens de Québec. Au rez-de-chaussée, doté d'une entrée sur les plaines, on pourra, en plus de vous offrir quelques services, répondre à vos questions concernant le parc des Champs-de-Bataille, son his-toire ainsi que les activités multiples qui s'y déroulent. Y sont présentés une exposition sur la bataille des plaines d'Abraham ainsi que l'*Odyssée*, un spectacle multimédia. De là partent diverses visites guidées dont l'une à bord du *Bus d'Abraham*, où vous serez accompagné par Abraham Martin en personne!

▸▸▸ *Retournez sur la Grande Allée.*

Le **parc de la Francophonie** *(entre la rue des Parlementaires et la rue D'Artigny)* et le complexe G (voir ci-dessous), qui se profile à l'arrière-plan, occupent l'emplacement du quartier Saint-Louis, aujourd'hui presque entièrement détruit. Le parc est aménagé pour la présentation de spectacles en plein air. Il s'anime entre autres pendant le **Festival d'été** (voir p. 447). On l'appelle communément «Le Pigeonnier», nom qui lui vient de l'intéressante structure de béton érigée en son centre (1973), d'après une idée des architectes paysagistes Schreiber et Williams.

▸▸▸ *Continuez sur la Grande Allée vers l'ouest, le long de sa section la plus animée.*

La Grande Allée apparaît déjà sur les cartes du XVIIᵉ siècle, mais son urbanisation survient dans la première moitié du XIXᵉ siècle, alors que Québec s'étend en dehors de ses murs. D'abord route de campagne reliant Québec au chemin du Roy, qui conduit vers Montréal, la voie était à l'origine bordée de grandes propriétés agricoles appartenant à la noblesse et aux communautés religieuses du Régime français. À la suite de la Conquête, de nombreux terrains sont aménagés en domaines champêtres, au milieu desquels sont érigées des villas pour les marchands anglophones. Puis la ville néoclassique s'approprie le territoire, avant que la ville victorienne ne lui donne son cachet particulier.

La **terrasse Stadacona** *(nᵒˢ 640 à 664)* correspond à la première phase d'urbanisation de la Grande Allée. L'ensemble néoclassique, construit en 1847, se définit comme une «terrasse», type d'habitat emprunté à l'Angleterre qui est formé d'un groupe de maisons unifamiliales mitoyennes, aménagées derrière une façade unique. Les maisons ont depuis été reconverties en restaurants et bars, devant lesquels sont déployées des terrasses aux multiples parasols. En face *(nᵒˢ 661 à 695)*, un groupe de maisons Second Empire, érigées en 1882, à l'époque où la Grande Allée était l'artère à la mode auprès de la bourgeoisie de Québec, dénotent l'influence du Parlement sur l'architecture résidentielle du quartier. Trois autres demeures de la Grande Allée retiennent l'attention pour l'éclectisme de leur façade: la **maison du manufacturier de chaussures**

W.A. Marsh *(n° 625)*, érigée en 1899 selon les plans de l'architecte torontois Charles John Gibson; la **maison Garneau-Meredith** *(n°ˢ 600 à 614)*, construite la même année que la précédente; la **maison William-Price** *(n° 575)*, véritable petit palais à la manière de Roméo et Juliette qui abrite aujourd'hui restaurants et discothèques, et qui est malheureusement écrasée par la masse de l'**Hôtel Loews Le Concorde** (voir p. 434). Du restaurant panoramique **L'Astral** (voir p. 442) de cet hôtel, on a cependant une vue magnifique sur la Haute-Ville et les plaines d'Abraham.

À côté de l'Hôtel Loews Le Concorde se trouve la petite **place Montcalm**, où un monument commémore la mort du général français survenue lors de la bataille des plaines d'Abraham le 13 septembre 1759. Tournant le dos à Montcalm est érigée une **statue du général français Charles de Gaulle** (1890-1970), qui a soulevé une vive controverse lors de son installation au printemps de 1997.

Plus loin, à l'entrée des plaines d'Abraham, le **jardin Jeanne-d'Arc** ★★ dévoile aux yeux des promeneurs de magnifiques parterres de même qu'une statue de la pucelle d'Orléans montée sur un fougueux destrier, et qui honore la mémoire des soldats tués en Nouvelle-France au cours de la guerre de Sept Ans. Vous vous trouvez présentement au-dessus d'un immense réservoir d'eau potable, niché sous cette partie des plaines d'Abraham!

⟩⟩⟩ *Revenez à la Grande Allée vers l'est et tournez à gauche dans la rue De La Chevrotière.*

Derrière l'austère façade de la maison mère des sœurs du Bon-Pasteur, communauté vouée à l'éducation des jeunes filles abandonnées ou délinquantes, se cache une souriante chapelle néobaroque conçue par Charles Baillairgé en 1866. Il s'agit de la **chapelle historique Bon-Pasteur** ★★ *(1080 rue De La Chevrotière)*. Haute et étroite, elle sert de cadre à un authentique tabernacle baroque de 1730, réalisé par Pierre-Noël Levasseur. Cette pièce maîtresse de la sculpture sur bois en Nouvelle-France est entourée de petits tableaux peints par les religieuses et disposés sur les pilastres.

Au dernier niveau des 31 étages de l'**édifice Marie-Guyart** du **complexe G**, surnommé «le calorifère» par les Québécois, se trouve l'**Observatoire de la Capitale** ★ *(5$; fin jan à mi-oct tlj 10h à 17h, mi-oct à fin jan mar-dim 10h à 17h; 1037 rue De La Chevrotière, ☎ 418-644-9841 ou 888-497-4322, www.observatoirecapitale.org)*, d'où l'on bénéficie d'une vue exceptionnelle sur Québec. À 221 m d'altitude, c'est le point d'observation le plus haut de la ville. Mais pour une vue encore plus perçante, utilisez les lunettes d'approche mises à votre disposition.

⟩⟩⟩ *Revenez sur vos pas jusqu'à la rue Saint-Amable, que vous emprunterez à droite jusqu'au parc de l'Amérique-Française.*

Connu sous le nom de «parc Claire-Fontaine» jusqu'en 1985, le **parc de l'Amérique-Française** fut inauguré par René Lévesque, alors premier ministre du Québec, quelques mois avant sa défaite face à Robert Bourassa. En plus de ses grands arbres, l'espace de verdure voit flotter un alignement de fleurdelisés.

Le **Grand Théâtre** *(269 boul. René-Lévesque E., ☎ 418-643-8131 ou 877-643-8131, www.grandtheatre.qc.ca)*, situé à l'autre extrémité du parc, constituait au moment de son inauguration, en 1971, le fleuron de la haute société de Québec. Aussi le scandale fut-il grand lorsque la murale du sculpteur Jordi Bonet arborant la phrase de Claude Péloquin: *Vous êtes pas écœurés de mourir, bande de caves? C'est assez!* fut dévoilée pour orner le hall. Le théâtre, œuvre de Victor Prus, architecte d'origine polonaise, comprend en réalité deux salles (Louis-Fréchette et Octave-Crémazie), où l'on présente les concerts de l'Orchestre symphonique de Québec, des spectacles de variétés, du théâtre et de la danse. En 2007, la salle Louis-Fréchette a été complètement rénovée pour en améliorer l'éclairage, le son et le confort grâce à de nouveaux fauteuils.

⟩⟩⟩ *Du boulevard René-Lévesque Est, rendez-vous jusqu'à la rue de l'Amérique-Française, où vous tournerez à droite pour rejoindre la Grande Allée.*

L'**église Saint-Cœur-de-Marie** *(530 Grande Allée E.)* a été construite pour les eudistes en 1919 selon les plans de Ludger Robitaille. Elle fait davantage référence à un ouvrage militaire, en raison de ses tourelles, de ses échauguettes et de ses mâchicoulis, qu'à un édifice à vocation religieuse. On dirait une forteresse méditerranéenne percée de grands arcs. Lui fait face la plus extraordinaire rangée de maisons Second Empire qui subsiste à Québec *(n°ˢ 455 à 555, Grande Allée E.)*, baptisée à l'origine **terrasse Frontenac**. Ses toitures fantaisistes et élancées, qui pourraient être celles d'un conte illustré pour enfants, sont issues de l'imagination de Joseph-Ferdinand Peachy (1895).

⟩⟩⟩ *Continuez sur la Grande Allée vers l'ouest.*

Les sœurs franciscaines de Marie sont membres d'une communauté de religieuses à demi cloîtrées qui se consacrent à l'adoration du Seigneur. En 1901, elles font ériger le sanctuaire de l'Adoration perpétuelle, qui accueille les fidèles en prière. L'exubérante **chapelle des Franciscaines de Marie** ★, de style néobaroque, célèbre la présence permanente de Dieu. On y voit une coupole à colonnes, soutenue par des anges, et un somptueux baldaquin en marbre.

••• *Poursuivez votre balade dans la même direction.*

La **Maison Henry-Stuart** *(7$; fin juin à début sept visites tlj aux heures entre 11h et 16h; mai, juin, sept et oct visites dim aux heures entre 13h et 16h; 82 Grande Allée O., angle av. Cartier,* ♪ *418-647-4347 ou 800-494-4347, www.cmsq.qc.ca)*, entourée de son jardin, est un des rares exemples de cottage anglo-normand Regency encore debout à Québec. Cette architecture de type colonial britannique se caractérise par une large toiture en pavillon recouvrant une galerie basse qui court sur le pourtour du bâtiment. La maison, élevée en 1849, marquait autrefois la limite entre la ville et la campagne. Son intérieur, qui comprend plusieurs pièces de mobilier provenant du manoir de Philippe Aubert de Gaspé à Saint-Jean-Port-Joli, incendié en 1909, n'a pratiquement pas été modifié depuis 1914. La Maison Henry-Stuart et son joli jardin, qui fait partie de l'Association des jardins du Québec, accueillent aussi les visiteurs pour le service du thé en saison. La maison loge le Conseil des monuments et sites du Québec.

L'**avenue Cartier** est une des belles rues commerçantes de la ville. Épine dorsale du quartier résidentiel Montcalm, elle aligne restaurants, boutiques et épiceries fines qui attirent une clientèle qui aime y déambuler.

On remarquera, dans les environs, la **maison Pollack** *(1 Grande Allée O.)*, d'inspiration américaine, le **Foyer néo-Renaissance des dames protestantes** *(111 Grande Allée O.)*, élevé en 1862 par l'architecte Michel Lecourt, et la **maison Krieghoff** *(115 Grande Allée O.)*, habitée en 1859 par le peintre d'origine hollandaise Cornelius Krieghoff.

••• *Tournez à gauche dans l'avenue Wolfe-Montcalm, qui constitue à la fois l'entrée au parc des Champs-de-Bataille et l'accès au Musée national des beaux-arts du Québec.*

Au rond-point se dresse le **monument à la mémoire du général Wolfe**, vainqueur de la décisive bataille des plaines d'Abraham. C'est, dit-on, le lieu exact où il s'écroula mortellement. Le monument élevé en 1832 fut maintes fois la cible des manifestants et des vandales. Renversé de nouveau en 1963, il sera reconstruit

l'année suivante et muni pour la première fois d'une inscription... en français.

Dans le splendide parc des Champs-de-Bataille (voir ci-dessous), a été érigé en 1933 le Musée de la province de Québec, aujourd'hui le **Musée national des beaux-arts du Québec** ★★★ *(15$, entrée libre pour les expositions permanentes; début juin à début sept tlj 10h à 18h, mer jusqu'à 21h; début sept à début juin mar-dim 10h à 17h, mer jusqu'à 21h; parc des Champs-de-Bataille,* ♪ *418-643-2150 ou 866-220-2150, www. mnba.qc.ca)*. Plafonds sculptés, colonnes surmontées de chapiteaux, matériaux nobles et formes élégantes, bref, l'architecture du musée ne manquera pas de vous impressionner.

L'espace muséal a été agrandi et rénové de 1989 à 1991. Il renferme à ce jour trois pavillons : le pavillon Gérard-Morisset, de style néoclassique, le pavillon Charles-Baillairgé, qui a abrité pendant près d'un siècle la prison de Québec, et le Grand Hall, un pavillon tout en transparence qui relie les deux autres et qui sert de lieu d'accueil pour les visiteurs. Le musée s'illumine à la brunante pour révéler ses plus beaux éléments architecturaux.

La visite de cet important musée permet de se familiariser avec la peinture, la sculpture et l'orfèvrerie québécoise, depuis l'époque de la Nouvelle-France jusqu'à aujourd'hui. On y trouve près de 35 000 œuvres et objets d'art datant du XVIIᵉ siècle à nos jours, dont seulement 2% sont actuellement exposés. Les visiteurs ont accès à 12 salles d'exposition, dont une consacrée en permanence à Jean Paul Riopelle, dans laquelle trône entre autres son imposante murale (42 m) intitulée *Hommage à Rosa Luxembourg*, et une autre entièrement dédiée à Alfred Pellan.

Les collections d'art religieux provenant de plusieurs paroisses rurales du Québec sont particulièrement intéressantes. On y trouve également des documents officiels, dont l'original de la capitulation de Québec (1759). Le musée accueille fréquemment des expositions temporaires en provenance des États-Unis ou de l'Europe.

D'ici quelques années, le Musée national des beaux-arts du Québec, devenu la mémoire vivante de l'art québécois, continuera de s'étendre grâce à son grand projet d'agrandissement. Il se dotera ainsi de nouveaux espaces pour mettre en valeur une part plus importante de sa collection.

••• *Prenez l'avenue George-VI à gauche puis l'avenue Garneau à droite.*

Juillet 1759: la flotte britannique, commandée par le général Wolfe, arrive devant Québec. L'attaque débute presque aussitôt. Au total, 40 000 boulets de canon s'abattront sur la ville assiégée qui résiste à l'envahisseur. La saison avance, et les Britanniques doivent bientôt prendre une décision, avant que des renforts, venus de France, ne les surprennent ou que leurs vaisseaux ne restent pris dans les glaces de décembre. Le 13 septembre, à la faveur de la nuit, les troupes britanniques gravissent le cap Diamant à l'ouest de l'enceinte fortifiée. Pour ce faire, elles empruntent les ravins qui tranchent, çà et là, la masse uniforme du cap, ce qui permet ainsi de dissimuler leur arrivée tout en facilitant leur escalade. Au matin, elles occupent les anciennes terres d'Abraham Martin, d'où le nom de **plaines d'Abraham** également donné à l'endroit. La surprise est grande en ville, où l'on attendait plutôt une attaque directe sur la citadelle. Les troupes françaises, aidées de quelques centaines de colons et d'Amérindiens, se précipitent sur l'occupant. Les généraux français (Montcalm) et britannique (Wolfe) sont tués. La bataille se termine dans le chaos et dans le sang. La Nouvelle-France est perdue!

Le **parc des Champs-de-Bataille** ★ ★ ★ *(entrée libre; ♪ 418-648-4071, www.ccbn-nbc.gc.ca)*, créé en 1908, commémore cet événement en plus de donner aux Québécois un espace vert incomparable. Dominant le fleuve Saint-Laurent, ce parc est à Québec ce que le parc du Mont-Royal est à Montréal ou ce que Central Park est à New York: une oasis de verdure urbaine. Il couvre une superficie de 101 ha, jusque-là occupés par un terrain d'exercice militaire, par les terres des Ursulines ainsi que par quelques domaines champêtres. L'aménagement définitif du parc, selon les plans de l'architecte paysagiste Frederick Todd, s'est poursuivi pendant la crise des années 1930, procurant ainsi de l'emploi à des milliers de chômeurs de Québec. Les plaines constituent aujourd'hui un large espace vert sillonné de routes et de sentiers pour permettre hiver comme été des balades de toutes sortes. On y trouve aussi de beaux aménagements paysagers ainsi que des sites d'animation historique et culturelle, tel le **kiosque Edwin-Bélanger**, qui présente des spectacles en plein air.

La **Maison de la découverte des plaines d'Abraham** (voir p. 416), à l'entrée est du parc, s'avère une bonne introduction à la visite des plaines avec ses expositions diverses et ses animations axées sur l'histoire et les sciences naturelles.

Les **tours Martello n°s 1 et 2** ★ sont des ouvrages caractéristiques du système défensif britan-

nique au début du XIXe siècle. La tour n° 1 (1808) est visible en bordure de l'avenue Ontario, et la tour n° 2 (1815) s'inscrit dans le tissu urbain à l'angle des avenues Laurier et Taché. À l'intérieur de la tour n° 1, une exposition *(10$, comprend l'accès au spectacle* Odyssée *et à la visite guidée* Bus d'Abraham, *voir p. 416; fin juin à fin sept tlj 10h à 17h; ♪ 418-648-4071)* retrace certaines stratégies militaires utilisées au XIXe siècle. Dans la tour Martello n° 2, on vous propose de participer à des soupers mystère où des personnages vous transportent en 1814, et de démasquer avec eux le coupable d'une sombre intrigue qui se trouve dans la salle *(réservations requises)*. Une troisième tour se dresse plus au nord, à l'autre extrémité du cap, dans le faubourg Saint-Jean-Baptiste.

▸▸▸ *Ainsi s'achève ce circuit de la Grande Allée. Pour retourner dans la ville fortifiée, suivez l'avenue Ontario, qui mène à l'avenue George-VI, à l'est, ou encore empruntez l'avenue du Cap-Diamant (dans le secteur vallonné du parc), qui donne accès à la **promenade des Gouverneurs**. Celle-ci longe la Citadelle et surplombe l'escarpement du cap Diamant pour aboutir à la terrasse Dufferin. Elle offre des points de vue panoramiques exceptionnels sur Québec, le Saint-Laurent et la rive sud du fleuve.*

Circuit E: Saint-Roch

▲ *p. 434*   🍴 *p. 443*   🛍 *p. 445*   ☐ *p. 447*

⏱ *quatre heures*

Le quartier Saint-Roch, situé entre le cap Diamant au sud et la rivière Saint-Charles au nord, et entre le boulevard Langelier à l'ouest et l'autoroute Dufferin-Montmorency à l'est, a été l'objet d'une heureuse revitalisation au fil des dernières années et connaît aujourd'hui un essor de popularité sans pareil. Le «Nouvo» Saint-Roch, rajeuni, électrisé, embourgeoisé même, constitue un milieu dynamique et vivant, et le centre-ville de Québec.

C'est au milieu des années 1990 que les projets de construction et de revitalisation ont commencé, d'abord tranquillement, puis à une vitesse surprenante, à transformer le visage de Saint-Roch. En 1992, en effet, la Ville lance un plan d'action pour que le quartier redevienne le centre-ville qu'il était, mais en mieux et en plus beau. Cette régénération a en fait débuté par l'aménagement d'un beau parc urbain. Le jardin de Saint-Roch, qui invite à la promenade, a aussi incité habitants et promoteurs à reconsidérer le quartier. Des entreprises, entre autres dans le domaine du multimédia, des écoles, telles l'École des arts visuels de l'Université Laval et l'École nationale d'administration publique (ENAP), des théâtres et autres lieux de culture ont ainsi décidé de porter leurs pénates à Saint-Roch.

*** *Du Vieux-Québec, descendez la côte du Palais pour sortir de la ville fortifiée, puis tournez à gauche dans la rue De Saint-Vallier, que vous suivrez sous les bretelles de l'autoroute Dufferin-Montmorency. Ce circuit peut facilement être jumelé au circuit « Le Vieux-Port », qui se termine à la rue De Saint-Vallier.*

La **rue De Saint-Vallier** est, entre la côte du Palais et la côte d'Abraham, une artère du Régime français située hors des limites du quartier historique. Elle a été défigurée en maints endroits, notamment lors de la construction des bretelles de l'autoroute Dufferin-Montmorency en 1970, mais présente tout de même des témoins du passé fort intéressants.

Coincés entre la rue De Saint-Vallier et la côte d'Abraham, se trouvent les locaux de **Méduse** ★ *(541 rue De St-Vallier E., ♪ 418-640-9218, www.meduse.org)*, un regroupement de divers ateliers d'artistes qui soutiennent la création et la diffusion de la culture à Québec. Le complexe formé de maisons restaurées et de bâtiments modernes intégrés à l'architecture de la ville s'accroche au cap et fait un lien entre la Haute-Ville et la Basse-Ville. Y cohabitent plusieurs groupes qui agissent dans différents domaines comme la photographie, l'estampe, la vidéo, etc. On y trouve donc des salles d'exposition et des ateliers. S'y logent aussi Radio Basse-Ville, une radio communautaire, et le café-bistro L'Abraham-Martin. Le long de son côté est, un escalier relie la côte d'Abraham et la rue De Saint-Vallier Est.

*** *Marchez vers l'ouest dans la rue De Saint-Vallier jusqu'à la rue de la Couronne.*

L'angle de la côte d'Abraham et de la rue de la Couronne est souligné par un parc en rocaille doté d'une cascade d'eau, baptisé **jardin de Saint-Roch** ★. C'est l'aménagement de ce parc urbain qui a lancé, en quelque sorte, la revitalisation de tout le quartier.

*** *Traversez la côte d'Abraham.*

À l'angle opposé au jardin s'élève l'édifice du Soleil, baptisé ainsi parce qu'il a abrité pendant des années les locaux du grand quotidien de Québec, *Le Soleil*. Devant, l'escalier et l'ascenseur du Faubourg mènent au **faubourg Saint-Jean-Baptiste** (voir p. 423).

Attardez-vous un instant du côté de l'escalier du Faubourg. Pour dompter la falaise

et pour habiller le stationnement attenant à l'immeuble d'habitation voisin, l'artiste Florent Cousineau a imaginé *La falaise apprivoisée*. Cette imposante structure de bandes d'acier est coiffée d'un toit végétal qui, la nuit venue, s'illumine d'un «champ de lucioles».

La rue De Saint-Vallier est égayée, entre les rues Dorchester et Langelier, d'une jolie auberge, ainsi que de bistros, de bars, de restaurants, de boutiques sympathiques et de salons de coiffure.

*** *Tournez à droite dans la rue Dorchester.*

À l'angle de la rue Victor-Révillon, on observe une autre œuvre d'art public de Florent Cousineau sur le coin d'un édifice, *La Chute de mots*. Les mots reposent sur des bandes métalliques qui, éclairées, forment une manière de cascade.

La Fabrique ★ *(295 boul. Charest E., angle rue Dorchester)* loge dans l'ancienne usine de la Dominion Corset, qui était, comme son nom l'indique, une fabrique de corsets et, plus tard, de soutiens-gorge. Georges Amyot, son président, a fait aménager l'énorme usine de la rue Dorchester entre 1897 et 1911 pour y faire travailler une main-d'œuvre abondante, féminine et obligatoirement célibataire. Le mariage signifiait pour ces jeunes demoiselles le congédiement immédiat, car, pour Amyot, leur devoir était alors à la maison et non plus à l'usine.

L'ancienne usine Dominion Corset a été restaurée, puis rebaptisée «La Fabrique» en 1993. Elle abrite de nos jours notamment le **Service du développement économique**, de même que l'**École des arts visuels de l'Université Laval**. On remarquera les jeux de briques complexes de la façade, l'horloge et la tour du château d'eau, éléments qui rappellent l'architecture des manufactures américaines de la fin du XIXe siècle.

*** *Traversez le boulevard Charest.*

Le **boulevard Charest** a été créé dès 1928 afin de décongestionner le quartier dont les rues étroites, tracées entre 1790 et 1840, n'arrivaient plus à contenir toute l'activité commerciale et industrielle. Le boulevard Charest Est est dominé par quelques édifices qui abritaient autrefois les grands magasins de Québec.

*** *Empruntez le boulevard Charest vers l'ouest, sur votre gauche, et tournez à droite dans la rue Caron.*

L'**église Notre-Dame-de-Jacques-Cartier** ★ *(angle rue St-Joseph et rue Caron)* était à l'origine la chapelle des congréganistes de Saint-Roch. Elle

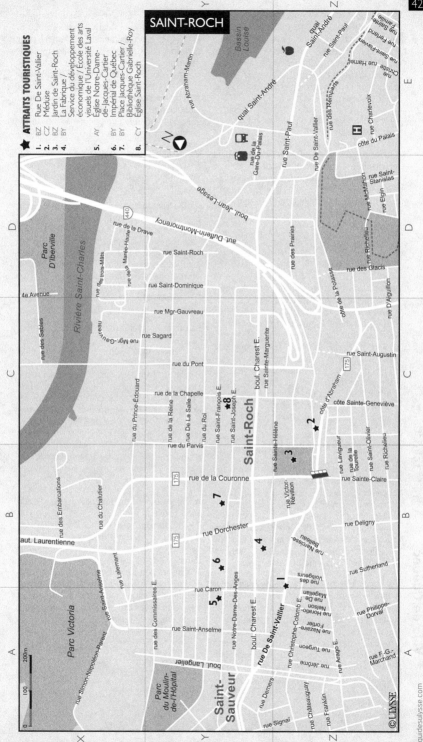

SAINT-ROCH

ATTRAITS TOURISTIQUES

★		
1.	BZ	Rue De Saint-Vallier
2.	CZ	Méduse
3.	BZ	Jardin de Saint-Roch
4.	BY	La Fabrique / Service du développement économique / École des arts visuels de l'Université Laval
5.	AY	Église Notre-Dame-de-Jacques-Cartier
6.	BY	Impérial de Québec
7.	BY	Place Jacques-Cartier / Bibliothèque Gabrielle-Roy
8.	CY	Église Saint-Roch

Parc D'Iberville

Rivière Saint-Charles

Parc Victoria

Parc du Moulin-de-l'Hôpital

Saint-Sauveur

Saint-Roch

Bassin Louise

0   100   200m

© ULYSSE

fut construite en 1853 puis agrandie en 1875. Elle a regroupé en 1901 une paroisse à part entière. Son décor intérieur très riche, exécuté par Raphaël Giroux, comprend notamment des jubés latéraux encadrés de colonnes dorées. On remarquera à l'arrière de l'église l'imposant presbytère en pierres bossagées de 1902, mais surtout son clocher incliné!

Si vous vous baladez un peu dans les rues des alentours, vous verrez les maisons ouvrières de Saint-Roch, uniques à la Basse-Ville de Québec. Compactes et érigées directement en bordure du trottoir, elles sont revêtues de briques brunâtres ou, plus rarement, de bois. Elles sont coiffées de toits à deux versants ou en mansarde et sont dotées de fenêtres à vantaux à la française.

▸▸▸ *Empruntez la rue Saint-Joseph Est en direction de la rue Dorchester.*

L'**Impérial de Québec** ★ *(240 rue St-Joseph E., ♪ 418-523-3131 ou 877-523-3131, www. imperialdequebec.com)* est une salle de spectacle qui a connu plusieurs visages avant sa réouverture en 2003. D'abord érigée en 1917, puis détruite par un incendie en 1933 et reconstruite la même année, elle devient le Cinéma de Paris. En 1971, on l'appelle le Midi-Minuit, pour ensuite y ouvrir en 1996 Les Folies de Paris. Bref, l'Impérial, avec sa salle aux allures d'un autre âge et son bistro La Casbah, a su reconquérir le quartier au même titre que le **Capitole de Québec** (voir p. 423), dans le faubourg Saint-Jean-Baptiste.

▸▸▸ *Poursuivez votre promenade jusqu'à l'angle de la rue de la Couronne.*

En 1831, on décide de l'aménagement d'une place de marché à cet endroit, mais il faut attendre jusqu'en 1857 pour que deux halles y soient érigées. L'une d'entre elles brûle en 1911, alors que l'autre est démolie vers 1930 pour l'aménagement de la **place Jacques-Cartier**, au centre de laquelle on peut voir une statue de l'illustre explorateur malouin Jacques Cartier, offerte par la Ville de Saint-Malo.

Au fond de la place se trouve la **bibliothèque Gabrielle-Roy** *(lun-ven 8h30 à 21h, sam-dim 10h à 17h; 350 rue St-Joseph E., ♪ 418-641-6789)*, construite en 1982-1983. Elle porte le nom de l'un des plus illustres écrivains canadiens-français, auteure entre autres du roman *Bonheur d'occasion*, qui décrit la misère d'un quartier ouvrier de Montréal pendant la crise des années 1930. Gabrielle Roy a habité la ville de Québec pendant de nombreuses années.

La portion de la **rue Saint-Joseph** qui file vers l'est était autrefois recouverte d'une verrière et

faisait partie du Mail Centre-Ville, qu'on appelait aussi «Mail Saint-Roch». Depuis l'an 2000, le toit a été graduellement retiré du mail, pour redonner à la rue des airs de petite rue commerçante où cafés et boutiques se côtoient et égaient la promenade. Ce vent de renouveau a aussi soufflé, vous l'aurez remarqué, sur la portion de la rue qui s'étend à l'ouest de la bibliothèque. Des théâtres, librairies, auberges et restos y ouvrent leurs portes les uns après les autres.

▸▸▸ *Continuez votre promenade vers l'est dans la rue Saint-Joseph en traversant la rue de la Couronne. Vous verrez bientôt apparaître une église sur votre gauche.*

L'**église Saint-Roch** ★ *(590 rue St-Joseph E.)* était presque oubliée depuis plusieurs années, coincée qu'elle était derrière le Mail Centre-Ville. En réaménageant la rue Saint-Joseph, on a redonné à l'église et à son parvis une place de choix au sein du quartier. Sa façade s'inspire de Notre-Dame de Paris.

▸▸▸ *Continuez toujours vers l'est dans la rue Saint-Joseph.*

La **rue du Pont** fut baptisée ainsi au moment de l'inauguration en 1789 du premier pont Dorchester, situé à son extrémité nord. Celui-ci, reconstruit maintes fois, franchit toujours la rivière Saint-Charles, permettant de rejoindre Limoilou et le secteur nord de Québec. À l'est de la rue du Pont, il est possible de retrouver des fragments de l'occupation des lieux sous le Régime français. C'est en effet dans ce secteur, qui s'étend jusque sous les bretelles de l'autoroute Dufferin-Montmorency, qu'était situé l'ermitage Saint-Roch des pères Récollets, qui a donné son nom au quartier tout entier.

Après avoir cédé en 1692 leur monastère de Saint-Sauveur à Mgr de Saint-Vallier, en vue de sa transformation en hôpital général, les Récollets s'installent plus à l'est, où ils aménagent une maison de repos (ermitage) pour leurs prêtres. L'ermitage consistait en une grande maison jouxtée d'une chapelle, deux bâtiments disparus depuis fort longtemps. Viennent bientôt s'y ajouter un hameau et des commerces qui seront à l'origine de la densification du quartier.

▸▸▸ *Tournez à droite dans la rue du Pont afin de rejoindre le boulevard Charest, que vous emprunterez en direction est si vous désirez retourner vers la côte du Palais.*

Circuit F : Le faubourg Saint-Jean-Baptiste ★

▲ *p. 435*   ⓦ *p. 443*   ⤶ *p. 445*   ▯ *p. 448*

⏱ *deux heures*

Depuis toujours un quartier vivant ponctué de salles de spectacle, de bars, de cafés, de bistros et de boutiques, le sympathique faubourg Saint-Jean-Baptiste, très animé de jour comme de nuit, est juché sur un coteau entre la Haute-Ville et la Basse-Ville. S'y presse une foule hétéroclite composée de résidants affairés et de promeneurs nonchalants.

Si l'habitat rappelle celui de la vieille ville par l'abondance des toitures mansardées ou pentues, la trame orthogonale des rues est en revanche on ne peut plus nord-américaine. Malgré un terrible incendie en 1845, cet ancien faubourg de Québec a conservé plusieurs exemples de l'architecture de bois, interdite à l'intérieur des murs de la ville.

›› *Le présent circuit débute sous la porte Saint-Jean, hors les murs de la cité. Il suit ensuite la rue Saint-Jean, véritable épine dorsale du quartier.*

La **place D'Youville** ★, appelée communément «carré d'Youville» par les Québécois, est cet espace public à l'entrée de la vieille ville, qui était autrefois la plus importante place du marché de Québec. Elle constitue de nos jours un carrefour très fréquenté et un pôle culturel majeur. Un réaménagement à la fin des années 1980 lui a donné une large surface piétonne, agrémentée de quelques arbres et de bancs ainsi que d'un large kiosque qui sert de lieu de rendez-vous. L'emplacement du mur de contrescarpe, ouvrage avancé des fortifications nivelé au XIXᵉ siècle, a été souligné par l'intégration de blocs de granit noir au revêtement de la place. Dès la fin du mois d'octobre, une portion de la place se recouvre de glace pour le grand plaisir des patineurs.

À l'extrémité ouest de la place D'Youville, on aperçoit *Les Muses*, un bronze étonnant d'Alfred Laliberté (1878-1953). Ces six muses représentent la musique, l'éloquence, la poésie, l'architecture, la sculpture et la peinture.

Inauguré en 1903 sous le nom d'Auditorium de Québec, et connu aujourd'hui comme le **Capitole de Québec** ★ *(972 rue St-Jean, www.lecapitole.com)*, ce théâtre constitue l'une des plus étonnantes réalisations de style Beaux-Arts au Canada.

En 1927, le célèbre architecte de cinémas américain Thomas W. Lamb fit du théâtre un luxueux cinéma de 1 700 places. Rebaptisé le «Capitole de Québec», il continua tout de même à présenter des spectacles jusqu'à l'ouverture du Grand Théâtre, en 1971. Délaissé, le Capitole fut abandonné plusieurs années, avant d'être restauré en 1992 selon les plans de l'architecte Denis Saint-Louis. L'édifice comprend, de nos jours, la grande salle transformée en un vaste café-concert ainsi qu'un luxueux hôtel (voir p. 437) et un restaurant (voir p. 444). Le Capitole a aussi fait l'acquisition du cinéma attenant, sur la devanture duquel trône une grande enseigne ronde. Ce cinéma a été converti en cabaret.

Le pavillon du marché Montcalm fut rasé en 1932 pour la construction du **Palais Montcalm** ★★ *(995 place D'Youville, ☎ 418-641-6040 ou 877-641-6040, www.palaismontcalm.ca)*. Autrefois un lieu privilégié des assemblées politiques et des manifestations en tout genre, le Palais Montcalm adopte une architecture dépouillée qui s'inspire à la fois du Renouveau classique et de l'Art déco. Depuis 2007, le Palais a été réaménagé pour recevoir les mélomanes de tous les horizons musicaux dans une splendide salle de concerts : la salle Raoul-Jobin. Il accueille également l'orchestre de chambre de renommée internationale Les Violons du Roy. La façade arrière du palais a été ranimée par l'artiste québécois Florent Cousineau. Son œuvre, *Le fil rouge*, est formée de trois bas-reliefs de pierre traversés par une ligne lumineuse que l'on peut voir de la rue Dauphine.

›› *Continuez vers l'ouest dans la rue Saint-Jean et traversez l'avenue Honoré-Mercier, réaménagée avec goût.*

Au nᵒ 888 de la rue Saint-Jean, on remarque l'édifice de briques rouges qui renferme les studios de radio et de télévision de la **Société Radio-Canada de Québec**. Du trottoir, on peut entendre l'émission radiophonique en cours.

Au centre de l'avenue Honoré-Mercier, on observe l'œuvre de Paul Béliveau, *Les vents déferlants* (2002). Il s'agit d'une allégorie formée de six mâts alignés en groupe de trois de part et d'autre de la rue Saint-Jean, et qui rappellent les vaisseaux de Jacques Cartier accostant au village iroquoien de Stadaconé en 1535.

›› *Plus haut, à l'angle de la rue Saint-Joachim, commence le large complexe formé par le Centre des congrès, le centre commercial Place Québec ainsi que les hôtels Hilton Québec et Delta Québec.*

Le **Centre des congrès de Québec** ★ *(1000 boul. René-Lévesque E., ♪ 418-644-4000 ou 888-679-4000, www.convention.qc.ca)*, qui s'élève au nord de l'Hôtel du Parlement, a été inauguré en 1996. Ce grand bâtiment est pourvu de murs vitrés qui laissent pénétrer toute la lumière à l'intérieur. Il s'agit d'un complexe moderne qui dispose d'une grande salle d'exposition, en plus de plusieurs autres salles à fonctions multiples. Il est relié au centre commercial Place Québec ainsi qu'aux hôtels Hilton Québec et Delta Québec. Sa construction a permis la réfection de toute cette partie du boulevard René-Lévesque.

Entre l'hôtel Hilton Québec et le Centre des congrès se déroule la **promenade Desjardins**, qui rappelle la vie et l'œuvre d'Alphonse Desjardins, fondateur des célèbres caisses populaires du même nom. Au bout de la promenade, on a une belle vue sur la ville et les montagnes au loin. À l'entrée du Centre des congrès se dresse une sculpture tout en mouvement, *Le Quatuor d'airain*, réalisée par Lucienne Payan-Cornet.

''' *De la rue Saint-Joachim, empruntez la rue Saint-Augustin, qui vous ramène à la rue Saint-Jean, où vous tournerez à gauche.*

Il existe un cimetière à l'endroit où se trouvent aujourd'hui l'**église** et le **cimetière St. Matthew** ★ *(755 rue St-Jean)* depuis 1771, alors que les protestants de Québec, qu'ils soient d'origine française huguenote ou britannique anglicane et presbytérienne, se regroupent afin de trouver un lieu de sépulture adéquat pour leurs défunts. Plusieurs pierres tombales du début du XIXe siècle subsistent, faisant de ce cimetière un des seuls de cette époque qui n'ait pas été rasé. Le cimetière a été transformé en jardin public. À ses monuments, soigneusement restaurés, se sont ajoutées quelques sculptures.

La jolie église anglicane, qui occupe la portion congrue du site en bordure de la rue Saint-Jean, est une œuvre néogothique influencée par les ecclésiologistes, ces mandarins de l'Église d'Angleterre qui voulaient renouer avec les traditions moyenâgeuses. Aussi, plutôt que d'avoir l'apparence d'un bâtiment neuf au décor gothique, l'église St. Matthew rappelle dans son plan, et jusque dans ses matériaux, une très vieille église de village anglais. La nef a d'abord été érigée en 1848; puis, en 1870, l'architecte William Tutin Thomas de Montréal, à qui l'on doit notamment la maison Shaughnessy du Centre Canadien d'Architecture, dessine un agrandissement qui donnera au temple son clocher et son intérieur actuels.

L'atrophie de la communauté anglicane de Québec au XXe siècle a entraîné l'abandon de l'église St. Matthew, qui a été habilement recyclée en une succursale de la Bibliothèque municipale en 1980 et qui comprend aussi la Galerie du faubourg. Plusieurs éléments décoratifs, exécutés par des artistes britanniques, ont été conservés à l'intérieur, dont la très belle clôture du chœur sculptée dans le chêne par Percy Bacon, la chaire en albâtre exécutée par Felix Morgan et les beaux vitraux de Clutterbuck. La sombre voûte à poutres apparentes présente également beaucoup d'intérêt.

''' *Poursuivez vers l'ouest dans la rue Saint-Jean.*

Au n° 699 se trouve l'**Épicerie J. A. Moisan**, fondée en 1871, qui s'autoproclame «la plus vieille épicerie en Amérique du Nord». Elle a en effet des allures de magasin général d'autrefois avec ses planchers et ses étagères tout en bois, ses anciennes publicités et ses multiples boîtes en fer blanc.

La chocolaterie Érico, déjà bien connue des «chocoholiques» comme ils se le disent si bien, a eu la bonne idée de doubler son local d'un tout petit musée relatant l'histoire du chocolat. Si vous voulez en savoir plus sur le chocolat, faites une halte au **Choco-Musée Érico** *(entrée libre; lun-mer et sam 10h à 17h30, jeu-ven 10h à 21h, dim 11h à 17h30; 634 rue St-Jean, ♪ 418-524-2122, www.chocomusee.com)*, où vous apprendrez comment les Mayas utilisaient le cacao, comment pousse le fruit (la cabosse), le secret de différentes recettes et plus encore. Vous pourrez même observer, par une fenêtre donnant sur les cuisines, les artisans-chocolatiers à l'œuvre. Et surtout, n'oubliez pas de goûter!...

L'**église Saint-Jean-Baptiste** ★ *(410 rue St-Jean)* est sans contredit le chef-d'œuvre de Joseph Ferdinand Peachy. Fidèle à l'éclectisme français, Peachy est un admirateur inconditionnel de l'église parisienne de la Trinité, qui lui servira plus d'une fois de modèle. Ici, la ressemblance est frappante tant dans le portique extérieur que dans la disposition de l'intérieur. L'édifice, achevé en 1885, entraînera la faillite de son auteur, malencontreusement tenu responsable des fissures apparues dans la façade au cours des travaux. Le parvis de l'église a été réaménagé en une jolie place.

Pour un beau point de vue sur la ville, grimpez les escaliers de la rue de Claire-Fontaine à votre gauche jusqu'à l'angle de la rue Lockwell. La montée est abrupte mais le coup d'œil en vaut la peine, surtout le soir, alors que les lumières de la Basse-Ville dan-

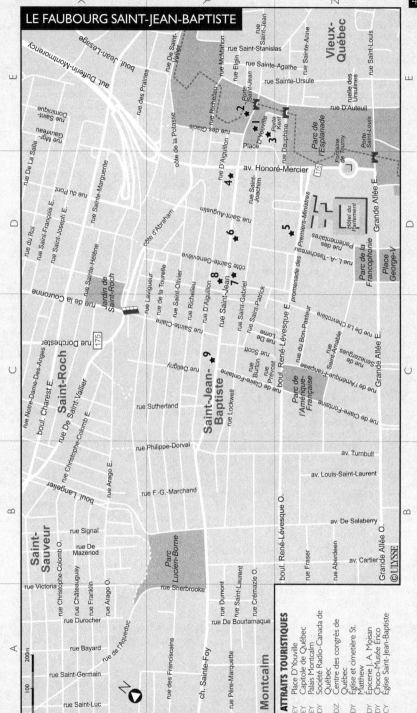

LE FAUBOURG SAINT-JEAN-BAPTISTE

425

Vieux-Québec

rue Saint-Louis
rue Sainte-Anne
ruelle des Ursulines
rue D'Auteuil
rue Sainte-Ursule
rue Sainte-Agathe
rue Saint-Stanislas
rue Saint-Jean
rue McMahon
rue Elgin
rue De Saint-Vallier

boul. Jean-Lesage
rue des Prairies
aut. Dufferin-Montmorency
rue Saint-Dominique
rue Mgr-Gauvreau
rue De La Salle
rue du Roi
rue Saint-François E.
rue Saint-Joseph E.
rue Sainte-Marguerite
rue du Pont
rue Sainte-Hélène
rue de la Couronne

Porte Saint-Jean
rue Richelieu
côte de la Potasse
rue des Glacis
Place D'Youville
Porte Kent
Porte Dauphine
Parc de l'Esplanade
Fontaine de Tourny
Porte Saint-Louis
Grande Allée E.

2
1
3
4
5
6
7
8
9

rue D'Aiguillon
av. Honoré-Mercier
rue Saint-Joachim
rue Saint-Augustin
côte d'Abraham
côte Sainte-Geneviève
rue des Parlementaires
rue des Premiers-Ministres
Hôtel du Parlement
Parc de la Francophonie
Place George-V

rue L.-A.-Taschereau
promenade des
rue Lavigueur
rue de la Tourelle
rue Sainte-Claire
rue Saint-Olivier
rue Richelieu
rue D'Aiguillon
rue Saint-Jean
rue Saint-Gabriel
rue Saint-Patrick
rue De l'Arme
rue Scott
rue Prévost
rue Burton
boul. René-Lévesque E.
rue de La Chevrotière
rue du Bon-Pasteur
rue Saint-Amable
rue de Senezergues
rue de l'Amérique-Française
Grande Allée E.

Saint-Roch
Jardin de Saint-Roch
rue Dorchester
boul. Charest E.
rue De Saint-Vallier
rue Christophe-Colomb E.
rue Notre-Dame-Des-Anges
rue Deligny
rue Sutherland
rue Lockwell
rue de Claire-Fontaine
Parc de l'Amérique-Française
rue de Claire-Fontaine

Saint-Jean-Baptiste

rue Philippe-Dorval
boul. Langelier
rue Arago E.
rue F.-G.-Marchand
av. Turnbull
av. Louis-Saint-Laurent
av. De Salaberry
av. Cartier
Grande Allée O.
boul. René-Lévesque O.
rue Fraser
rue Aberdeen

Saint-Sauveur
rue Signaï
rue De Mazenod
Parc Lucien-Borne
rue Victoria
rue Christophe-Colomb O.
rue Châteauguay
rue Franklin
rue Arago O.
rue Durocher
rue Sherbrooke
rue Dumont
rue Saint-Laurent
rue Crémazie O.
rue De Bourlamaque
rue Bayard
rue des Franciscains
rue Père-Marquette
ch. Sainte-Foy
rue Saint-Germain
rue Saint-Luc

Montcalm

0 100 200m

© ULYSSE

★ **ATTRAITS TOURISTIQUES**

1. EY Place D'Youville
2. EY Capitole de Québec
3. EY Palais Montcalm
4. DY Société Radio-Canada de Québec
5. DZ Centre des congrès de Québec
6. DY Église et cimetière St. Matthew
7. DY Épicerie J. A. Moisan
8. DY Choco-Musée Érico
9. CY Église Saint-Jean-Baptiste

guidesulysse.com

sent à vos pieds derrière l'imposante église. D'ailleurs, en vous promenant dans les jolies rues du faubourg, vous retrouverez cette vue en maints endroits. Entre autres, vous pouvez descendre la rue Sainte-Claire jusqu'à l'escalier ou l'ascenseur du Faubourg qui mènent au **quartier Saint-Roch** (voir p. 419), que vous apercevez avec les Laurentides pour toile de fond.

Activités de plein air

> ### Croisières

Les **Croisières AML** *(124 rue St-Pierre, Vieux-Port, ☎ 418-692-1159 ou 866-856-6668, www. croisieresaml.com)* organisent tout l'été des croisières qui vous feront voir Québec et les environs sous un autre angle. Cette compagnie maritime est propriétaire entre autres du *Louis Jolliet (embarquements à 11h, 13h30 et 15h30)*, dont le port d'attache est Québec. Les croisières de jour durent 1h30 et vous mènent jusqu'au pied de la chute Montmorency. Le soir ont lieu des croisières jusqu'à la pointe de l'île d'Orléans, durant lesquelles vous pourrez dîner dans l'une des deux salles à manger du bateau. Ces croisières nocturnes, d'une durée de quelques heures, sont toujours animées par des musiciens, et vous pourrez danser sur le pont du navire!

Au départ de Québec, les **Croisières Groupe Dufour** *(22 quai St-André, ☎ 800-463-5250, www. familledufour.com)* proposent entre autres de naviguer jusque dans la belle région de Charlevoix, à Pointe-au-Pic ou à l'île aux Coudres,

---

Les attraits favoris des enfants à Québec

Le magnifique **Musée de la civilisation** (voir p. 409) présente toujours une ou plusieurs expositions qui interpellent les enfants, des plus petits aux plus grands.

Au **Musée national des beaux-arts du Québec** (voir p. 418), la création est à l'honneur! Les après-midi de fin de semaine, les enfants sont invités à s'adonner aux arts plastiques (sculpture, dessin, etc.) en lien avec l'exposition-vedette du moment. Ils pourront s'en donner à cœur joie!

Le **Choco-Musée Érico** (voir p. 424) est un centre d'interprétation qui se consacre aux différentes méthodes de fabrication du chocolat couvrant une période historique importante, des Mayas jusqu'à nos jours.

Le **Centre d'interprétation de Place-Royale** (voir p. 409) cache dans ses voûtes l'Espace Découverte, une salle de jeux où petits et grands peuvent se costumer pour jouer le rôle des anciens occupants des lieux.

Surveillez sans contredit les festivals (voir p. 447)! Du célèbre **Carnaval** et son nom moins célèbre bonhomme au **Festival d'été** en passant par les **Fêtes de la Nouvelle-France**, il y a toujours des activités pour les enfants. De plus, en été, même en dehors des périodes de festivals, le **Vieux-Québec** (Place-Royale, terrasse Dufferin, place de l'Hôtel-de-Ville, etc.; voir p. 392) sert de scène à divers amuseurs de rue.

Notez qu'à la **place D'Youville** (voir p. 423), à partir de la fin d'octobre, parents et enfants peuvent se partager une patinoire à ciel ouvert fort agréable et, plus tard dans la saison, s'offrir une journée «joues rouges» sur la glissoire de la **terrasse Dufferin** (voir p. 396), avec vue sur le fleuve.

Le **Théâtre Les Gros becs** (voir p. 445) est, quant à lui, un centre de diffusion de théâtre pour la jeunesse. Certaines représentations sont suivies d'une rencontre avec les artistes.

Et n'oubliez pas de faire le trajet aller-retour entre Québec et Lévis par le **traversier** (voir p. 391) pour découvrir avec les enfants le magnifique fleuve Saint-Laurent sous un angle nouveau. Enfin, une promenade en **calèche** (voir p. 393) en famille demeure toujours réjouissante aux yeux des petits.

ou jusqu'au cœur de l'époustouflant fjord du Saguenay.

> Glissade

Sur la terrasse Dufferin, derrière le Château Frontenac, est érigée, en hiver, une longue glissoire sur laquelle vous pouvez vous laisser descendre dans une traîne sauvage (toboggan). Vous pouvez vous procurer des billets dans le petit kiosque des **Glissades de la Terrasse** *(2$/descente; mi-déc à mi-mars tlj 11h à 23h; 52 rue St-Louis, Vieux-Québec, ♪ 418-829-9898)* avant d'entreprendre la montée jusqu'au haut de la glissoire. Une fois rendu, n'oubliez pas de jeter un coup d'œil autour de vous: la vue est magnifique!

Les collines des **plaines d'Abraham** se prêtent magnifiquement à la glissade en hiver. Habillez-vous chaudement et suivez les enfants tirant une traîne sauvage pour connaître les pentes les plus intéressantes!

> Jogging

Sur les **plaines d'Abraham**, en face du Musée national des beaux-arts du Québec, un grand anneau revêtu se prête à la pratique du jogging. De même, les rues revêtues et les sentiers des plaines sont parcourus par les joggeurs.

> Patin

Par les belles journées d'hiver, la **place D'Youville** offre un spectacle féerique avec la neige qui la recouvre, la porte Saint-Jean givrée, Le Capitole illuminé, les décorations de Noël suspendues à ses lampadaires et les patineurs. En effet, le centre de la place se pare d'une petite patinoire qui reçoit les amateurs au son d'une musique d'ambiance. Si le courage vous manque pour embarquer dans la valse, vous pourrez toujours profiter du spectacle! Grâce à son système de réfrigération, la patinoire ouvre le plus tôt possible, soit vers la fin du mois d'octobre, et ferme le plus tard possible au printemps, pour permettre aux Québécois d'en profiter longtemps! Un vestiaire (apportez votre cadenas) où l'on trouve des toilettes permet aux gens de chausser leurs patins *(entrée libre; location et aiguisage de patins sur place; lun-jeu 12h à 22h; ven-dim 10h à 22h; ♪ 418-641-6256)*.

Sur la rivière Saint-Charles, la **patinoire du parc de la Pointe-aux-Lièvres** *(entrée libre; location et aiguisage de patins sur place; lun-jeu 12h à 22h, ven-dim 10h à 22h; 25 rue de la Pointe-aux-Lièvres, ♪ 418-691-4710 ou 418-641-6253)* offre aux amoureux du patin un agréable sentier glacé en boucle de plus de 1,5 km serpentant à travers la pointe du même nom.

> Patin à roues alignées

Sur les **plaines d'Abraham**, en face du Musée national des beaux-arts du Québec, un grand anneau revêtu permet la pratique du patin à roues alignées. Il s'agit d'ailleurs du seul endroit où l'on a le droit de faire du patin à roues alignées sur les plaines. Petits et grands juchés sur leurs patins et munis d'un casque de protection défilent en grand nombre par les beaux jours d'été. Un petit kiosque fait la location d'équipement sur place.

> Ski de fond

Les **plaines d'Abraham** enneigées offrent un site enchanteur aux skieurs de fond. Plusieurs pistes les sillonnent d'un bout à l'autre, se faufilant tantôt sous les arbres, tantôt sur un promontoire avec vue sur le fleuve et ses glaces. Tout ça en plein cœur de la ville!

> Vélo

La ville de Québec travaille depuis quelques années au développement de son infrastructure cyclable. Aujourd'hui, plus d'une centaine de kilomètres de pistes cyclables parcourent la ville et ses environs.

Pour faciliter ses déplacements, on peut se procurer un dépliant ainsi qu'une carte des pistes cyclables et des voies partagées sillonnant la capitale et ses environs dans les offices de tourisme ou sur le site Internet de la ville *(www.ville.quebec.qc.ca)*. Les librairies vendent également des guides et des cartes des pistes cyclables à Québec et dans les environs. Les guides *Le Québec cyclable* et *Cyclotourisme au Québec*, tous deux publiés par les Guides de voyage Ulysse, vous fourniront sûrement des renseignements précieux.

L'association **Promo-Vélo** *(C. P. 700, succ. Haute-Ville, Québec, QC, G1R 4S9, ♪ 418-780-4356, www.promo-velo.org)* peut fournir de nombreuses informations sur différents types de randonnées dans la région. De plus, cet organisme publie une carte des parcours cyclables de la région de Québec.

Location de vélos

Cyclo Services
160 quai St-André, Marché du Vieux-Port
♪ 418-692-4052
www.cycloservices.net
Cyclo Services organise aussi des excursions dans la ville et ses environs.

Bicycles Falardeau
174 rue Richelieu
♪ 418-522-8685

Hébergement

Grands hôtels de luxe, hôtels-boutiques au décor créatif, auberges aux murs anciens, gîtes touristiques fleuris, auberges de jeunesse, bref, on trouve à Québec tous les types d'hébergement. Sans doute dénicherez-vous un petit coin à votre goût dans la capitale nationale pour une ou plusieurs nuitées.

Bien qu'il puisse être un peu rudimentaire dans les petites auberges, en général, dans les hôtels, le niveau de confort est élevé, et plusieurs services sont également proposés. Il existe de nombreux gîtes touristiques à Québec. Ces derniers offrent l'avantage, outre le prix, de pouvoir vous faire partager une ambiance familiale et chaleureuse.

Circuit A: Le Vieux-Québec

Auberge de la Paix
$ ✆ bc✆@
4$ de frais de literie si vous n'avez pas la vôtre
31 rue Couillard
✆ 418-694-0735
www.aubergedelapaix.com
Derrière une belle façade blanche du Vieux-Québec, l'Auberge de la Paix offre une atmosphère propre aux auberges de jeunesse. Convivialité et découvertes priment dans cet établissement qui porte bien son nom. On y trouve 60 lits répartis dans 12 chambres pouvant accueillir de deux à huit personnes, ainsi qu'une cuisinette et un salon. En été, une jolie cour fleurit à l'arrière. Les enfants sont les bienvenus!

Auberge internationale de Québec
$-$$ bc/bp@
19 rue Ste-Ursule
✆ 418-694-0755 ou 866-694-0950
www.cisq.org
La sympathique Auberge internationale de Québec propose des lits en dortoir et des chambres privées pouvant accueillir de deux à cinq personnes. Agréables salles communes et café-bistro sur place.

Au Petit Hôtel
$$ ≡ @
3 ruelle des Ursulines
✆ 418-694-0965
www.aupetithotel.com
Nichée au cœur du Vieux-Québec, cette grande maison rouge et jaune au toit vert, cachée dans la ruelle des Ursulines, dispose de 16 chambres qui respirent le bonheur et la tranquillité. Stationnement payant.

Maison Sainte-Ursule
$$ bc/bp
40 rue Ste-Ursule
✆ 418-694-9794
www.quebecweb.com/maisonste-ursule
La Maison Sainte-Ursule est une mignonne petite habitation aux volets verts qui compte 15 jolies chambres toutes différentes, bien que certaines pourront vous sembler biscornues et sombres. En basse saison, on peut les louer à bon prix.

Auberge Saint-Louis
$$-$$$ ✆ bc/bp ≡ ✋
48 rue St-Louis
✆ 418-692-2424 ou 888-692-4105
www.aubergestlouis.ca
Située dans la trépidante rue Saint-Louis, l'auberge éponyme se présente comme un petit hôtel convenable et bien tenu. Le prix des chambres aux tons neutres et chaleureux varie, les moins chères n'ayant pas de salle de bain privée.

Marquise de Bassano
$$-$$$ ✆ bc/bp @
15 rue des Grisons
✆ 418-692-0316 ou 877-692-0316
www.marquisedebassano.com
Le Vieux-Québec a abrité, au cours de son histoire, des personnages hauts en couleur. À l'angle de la rue des Grisons et de l'avenue Sainte-Geneviève s'élève une petite maison victorienne qui, dit-on, fut bâtie pour l'un d'entre eux. Les sombres boiseries qui ornent l'intérieur préservent encore, assurément, les secrets de la marquise de Bassano. Aujourd'hui transformée en gîte touristique, la maison est des plus accueillantes avec ses chambres coquettes et son salon égayé d'un piano et d'un foyer. Au petit déjeuner, vos hôtes se feront un plaisir d'animer la discussion! Stationnement payant.

Auberge La Chouette
$$-$$$ ≡ ✋
71 rue D'Auteuil
✆ 418-694-0232
www.aubergelachouette.com
Occupant deux étages au-dessus du restaurant **Apsara** (voir p. 437), les 10 chambres de l'Auberge La Chouette sont toutes simplement décorées et meublées d'antiquités. La famille d'origine vietnamienne qui gère le restaurant et l'auberge vous accueille avec le sourire.

Hôtel Acadia
$$$ ✆ bc/bp ≡ ❄ ◉ @ ▲ ▼
43 rue Ste-Ursule
✆ 418-694-0280 ou 800-463-0280
www.hotelsnouvellefrance.com
Le long de la rue Sainte-Ursule se dressent plusieurs anciennes demeures dans lesquelles ont été aménagés de petits hôtels. Parmi ceux-ci, l'Hôtel Acadia se démarque clairement par sa grande façade blanche. Il abrite de confortables chambres et suites parées de murs de pierres et décorées de belles boiseries. La même entreprise familiale tient également quelques autres établissements qui allient habilement cachet d'époque et confort moderne: l'**Hôtel Château Grande-Allée** (voir p. 434), l'**Hôtel Ermitage** (*$$$* ✆ ≡ ❄ @; *60 rue Ste-Ursule,* ✆ *418-694-0968 ou 800-463-0280*) et l'**Hôtel Louisbourg** (*$$$* ✆ ≡ ❄ @; ✆ *418-694-0656 ou 800-463-0280*).

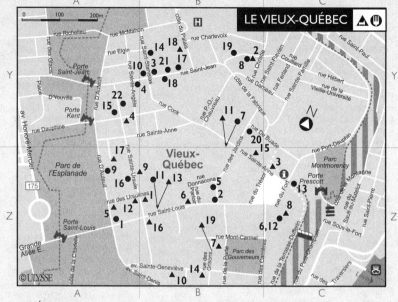

LE VIEUX-QUÉBEC

Vieux-Québec

▲ HÉBERGEMENT

1.	BZ	Au Petit Hôtel
2.	BY	Auberge de la Paix
3.	CZ	Auberge du Trésor (R)
4.	AY	Auberge internationale de Québec
5.	AZ	Auberge La Chouette
6.	BZ	Auberge Saint-Louis
7.	BZ	Château de Léry
8.	CZ	Fairmont Le Château Frontenac
9.	BZ	Hôtel Acadia
10.	BZ	Hôtel Cap-Diamant
11.	BY	Hôtel Clarendon

12.	AZ	Hôtel Ermitage
13.	BZ	Hôtel Louisbourg
14.	BZ	Hôtel Maison du Fort
15.	BZ	Hôtel Sainte-Anne
16.	BZ	Le Clos Saint-Louis
17.	AZ	Maison Sainte-Ursule
18.	BY	Manoir Victoria
19.	BZ	Marquise de Bassano

(R): établissement avec restaurant décrit

● RESTAURANTS

1.	AZ	Apsara
2.	BZ	Aux Anciens Canadiens
3.	BY	Brûlerie Tatum
4.	AY	Café d'Europe
5.	BZ	Café de la Paix
6.	CZ	Café de la Terrasse
7.	BY	Charles Baillargé
8.	BY	Chez Temporel
9.	AZ	Élysée Mandarin
10.	BY	L'Entrecôte Saint-Jean
11.	BZ	L'Omelette

12.	CZ	Le Champlain
13.	CZ	Le Gambrinus
14.	BY	Le Patriarche
15.	AY	Le Petit Coin Latin
16.	AZ	Le Saint-Amour
17.	BY	Les Frères de la Côte
18.	BY	Paillard
19.	BY	Portofino Bistro Italiano
20.	BY	Restaurant-Pub D'Orsay
21.	BY	Resto-Bistro Saint-James
22.	AY	Un Thé au Sahara

Auberge du Trésor
$$$ ₩ ≡ @
20 rue Ste-Anne
☎ 418-694-1876 ou 800-566-1876
www.quebecweb.com/aubergedutresor
Le bâtiment qui abrite l'Auberge du Trésor a été érigé en 1679. Sans doute rénové à maintes reprises depuis lors, il a maintenant fière allure. Ses chambres, malgré un certain âge, offrent un confort contemporain, et son restaurant (voir p. 439)

propose une cuisine française de qualité.

Château de Léry
$$$ ≡ @ ❄
8 rue Laporte
☎ 418-692-2692 ou 800-363-0036
www.quebecweb.com/chateaudelery
Construit à côté du parc des Gouverneurs, en face du fleuve, le Château de Léry abrite des chambres confortables. Celles qui donnent sur la rue offrent une jolie

vue. L'hôtel se trouve dans un quartier tranquille du Vieux-Québec, mais à deux pas de l'animation de la place d'Armes.

Hôtel Cap-Diamant
$$$-$$$$ ☎ ≡ ❄ @
39 av. Ste-Geneviève
☎ 418-694-0313 ou 888-694-0313
www.hotelcapdiamant.com
L'Hôtel Cap-Diamant est installé dans une maison ancestrale du Vieux-Québec. Une

de ces maisons qui piquent la curiosité et qui d'une certaine manière nous racontent des histoires passées dans ses murs... C'est l'endroit tout désigné si vous désirez vous tremper dans une ambiance d'autrefois. Le long escalier, les planchers qui craquent, le papier peint: son style d'un autre âge lui donne beaucoup de cachet. Vous pouvez profiter d'une jolie galerie et d'une cour fleurie où coule une petite source.

Hôtel Maison du Fort
$$$-$$$$ ♨ ≡ ⚓ @
21 av. Ste-Geneviève
☎ 418-692-4375 ou 888-203-4375
www.hotelmaisondufort.com
Rénovée, cette résidence de style géorgien, construite en 1851 par l'architecte Charles Baillargé, saura vous plonger au cœur d'une autre époque. L'accueil y est fort sympathique, ce qui rend le séjour bien agréable. Café, thé et muffins sont servis gracieusement le matin. Il y a deux chats.

Hôtel Sainte-Anne
$$$-$$$$ ♨ ♨ @ ❄
32 rue Ste-Anne
☎ 418-694-1455 ou 877-222-9422
www.hotelste-anne.com
Cet établissement a l'avantage d'offrir un confort contemporain dans un cadre historique. La décoration se caractérise par ses lignes épurées. Aussi, l'hôtel renferme le restaurant Le Grill, dont la terrasse déborde gaiement dans la rue Sainte-Anne.

Hôtel Clarendon
$$$$ ♨ ≡ ◎ @ ♿
57 rue Ste-Anne
☎ 418-692-2480 ou 888-222-3304
www.dufour.ca
Construit en 1870, l'**Hôtel Clarendon** (voir p. 399) est le plus ancien hôtel de Québec. Il appartient désormais au Groupe Dufour, qui a fait son beurre des croisières aux baleines. Quoique l'extérieur du bâtiment soit d'aspect très simple, sa décoration intérieure, de style Art déco,

se révèle gracieuse. Le hall est d'ailleurs fort beau. Les chambres sont spacieuses et confortables à souhait.

Le Clos Saint-Louis
$$$$-$$$$$ ◎ ≡ ⚠ @
71 rue St-Louis
☎ 418-694-1311 ou 800-461-1311
www.clossaintlouis.com
Rue Saint-Louis, deux imposantes maisons victoriennes qui datent de 1844 abritent Le Clos Saint-Louis. Les 18 chambres de cet hôtel situé au cœur du Vieux-Québec se répartissent sur quatre étages. Toutes sont aménagées afin de rendre leur cachet historique encore plus chaleureux, avec, ici un lit à baldaquin, là une vieille cheminée ou une bibliothèque. Celles de l'étage sont particulièrement attrayantes avec leurs murs de pierres et leurs poutres apparentes. En revanche, les salles de bain sont modernes et bien équipées. Croissants et café sont servis au sous-sol le matin.

Manoir Victoria
$$$$-$$$$$
◎ ≡ ⚒ ⚠))) ♨ @ ✗
44 côte du Palais
☎ 418-692-1030 ou 800-463-6283
www.manoir-victoria.com
Le Manoir Victoria, un grand hôtel niché dans la côte du Palais, présente un décor résolument de style victorien dont le chic vous assure un bon confort. Son hall, en haut d'un long escalier, est accueillant, et s'y trouvent un bar et deux salles à manger, La Table du Manoir et le **Resto-Bistro Saint-James** (voir p. 439). On y loue des suites bien équipées. Plusieurs forfaits culturels et sportifs y sont proposés.

Fairmont Le Château Frontenac
$$$$$ ≡ ♨ ⚒ ◎ ♿ ❄ @ ✗
1 rue des Carrières
☎ 418-692-3861 ou 888-610-7575
www.fairmont.com/frontenac

Se dressant fièrement dans le Vieux-Québec, sur le célèbre cap Diamant qui surplombe le fleuve Saint-Laurent, le **Château Frontenac** (voir p. 396) est sans doute le bâtiment le plus populaire et le plus photographié de la ville de Québec. Pénétrez dans son hall élégant aux couleurs chaudes et orné de boiseries, et laissez-vous entraîner aux confins de l'histoire. Le Château Frontenac, initialement construit en 1893, fut en effet l'hôte de plusieurs événements historiques d'importance. Partout le décor est d'une richesse classique et raffinée, réellement digne des palaces. Son restaurant peut aussi vous faire goûter la vie de château (voir **Le Champlain**, p. 439). Le luxe des chambres et suites, dont les dimensions et avantages varient, procure aux visiteurs le meilleur confort possible. Certaines du côté du fleuve possèdent de beaux oriels qui dévoilent, il va sans dire, une vue magnifique.

Circuit B: Le Petit-Champlain et Place-Royale

Hôtel 71
$$$ ♨ ≡ ⚓ ♨ @
71 rue St-Pierre
☎ 418-692-1171 ou 888-692-1171
www.hotel71.ca
L'Hôtel 71 s'inscrit, malgré une façade d'un autre âge, dans le style des nouveaux établissements modernes de type hôtel-boutique, avec des chambres vastes aux lignes épurées et aux tons neutres. Le bois, le granit et la pierre apparente dominent dans le décor. De certaines chambres, on peut admirer une vue splendide en contre-plongée du Château Frontenac. L'hôtel abrite aussi un café et un bar.

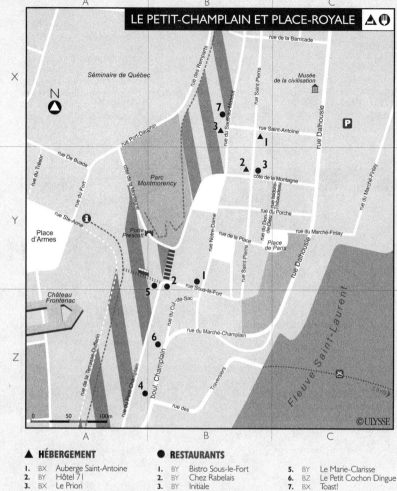

LE PETIT-CHAMPLAIN ET PLACE-ROYALE

▲ HÉBERGEMENT

1.	BX	Auberge Saint-Antoine
2.	BY	Hôtel 71
3.	BX	Le Priori

● RESTAURANTS

1.	BY	Bistro Sous-le-Fort	5.	BY	Le Marie-Clarisse
2.	BY	Chez Rabelais	6.	BZ	Le Petit Cochon Dingue
3.	BY	Initiale	7.	BX	Toast!
4.	AZ	Le Cochon Dingue			

Le Priori
$$$$ ❀ ◎ ♨ ▲ ✳ ≡ ⅙ @
15 rue du Sault-au-Matelot
☎ 418-692-3992 ou 800-351-3992
www.hotellepriori.com

Dans la Basse-Ville, dans une rue paisible, se trouve Le Priori. L'hôtel est installé dans une maison ancienne qui a été rénovée avec minutie. La décoration marie harmonieusement les murs d'une autre époque au mobilier très moderne. L'aménagement est fort original, et même l'ascenseur est innovateur. L'hôtel abrite également l'un des meilleurs restaurants en ville, **Toast!** (voir p. 440).

Auberge Saint-Antoine
$$$$$ ≡ ◎ ▲ ☂ ❤ ⅙ ♨ @ ☞
8 rue St-Antoine
☎ 418-692-2211 ou 888-692-2211
www.saint-antoine.com

L'Auberge Saint-Antoine est située près du Musée de la civilisation. Cette superbe auberge occupe deux bâtiments. Les chambres plus anciennes sont époustouflantes, toutes décorées sur un thème différent. Chacune a un charme bien à elle. L'hôtel compte aussi des chambres plus modernes et un restaurant déjà fameux, le Panache.

Circuit C:
Le Vieux-Port

Hôtel Belley
$$-$$$ ● ≡ @
249 rue St-Paul
☎ 418-692-1694 ou 888-692-1694
www.oricom.ca/belley
Le sympathique Hôtel Belley est situé près du Marché du Vieux-Port et de la gare du Palais, dans un bel édifice qui abrite une auberge depuis 1877. Il se présente de fait comme un petit hôtel particulier auquel on s'attache facilement! S'y trouvent huit chambres douillettes, décorées avec simplicité et arborant qui un mur de briques, qui des poutres en bois et des lucarnes. Elles sont situées au-dessus de la Taverne Belley, qui fait office de bar et sert, dans deux belles salles du rez-de-chaussée, des petits déjeuners et des déjeuners appréciés par les gens du quartier. Dans une autre

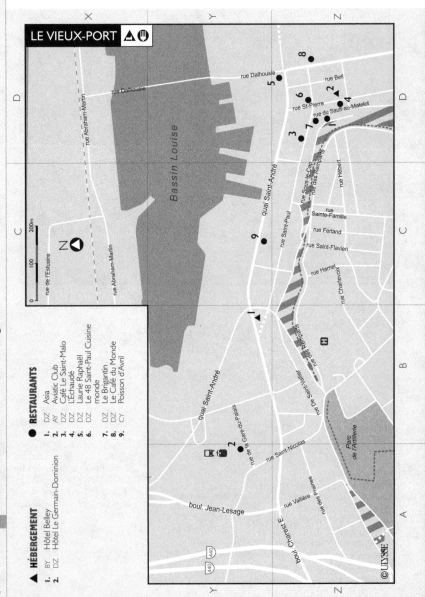

▲ HÉBERGEMENT

1. BY   Hôtel Belley
2. DZ   Hôtel Le Germain-Dominion

● RESTAURANTS

1. DZ   Asia
2. AY   Aviatic Club
3. DZ   Café Le Saint-Malo
4. DZ   L'Échaudé
5. DZ   Laurie Raphaël
6. DZ   Le 48 Saint-Paul Cuisine monde
7. DZ   Le Brigantin
8. DZ   Le Café du Monde
9. CY   Poisson d'Avril

LE VIEUX-PORT ▲ ●

maison située tout près, on a aménagé des studios confortables à souhait et joliment décorés. On les loue à la nuitée, à la semaine ou au mois.

Hôtel Le Germain-Dominion
$$$$$ ✆ ≡ ♿ ⚇ @ ⵏ 🛏
126 rue St-Pierre
☎ 418-692-2224 ou 888-833-5253
www.hoteldominion.com

Dans l'un des beaux édifices de la rue Saint-Pierre, celui-là datant de 1912 mais rénové, se trouve un hôtel qui saura charmer les amateurs d'établissements chics. Le luxueux Hôtel Le Germain-Dominion affiche un côté moderne, avec des matériaux tels que le verre et le fer forgé, tout en respectant le cachet des lieux. Des éléments du décor,

comme les teintes crème et sable, les grandes draperies ou les coussins, sofas et couvre-lits moelleux, en font un lieu confortable à souhait. Les derniers étages offrent une vue magnifique, d'un côté sur le fleuve et de l'autre sur le cap.

Circuit D:
La colline Parlementaire et la Grande Allée

B&B De La Tour
$$ ✆ bc
1080 av. Louis-St-Laurent
☎ 418-525-8775 ou 877-525-8775
www.bbdelatour.com

Les hôtes de ce charmant gîte touristique proposent quatre charmantes chambres

dans une belle demeure. La chambre rouge, située à l'avant, est la plus spacieuse, bien que les trois autres possèdent autant de charme. Au petit matin, le petit déjeuner exquis s'accompagne de beaux et bons fruits. Stationnement gratuit.

Auberge Café Krieghoff
$$-$$$ ✆ ♨ ❄ ≡ @
1091 av. Cartier
☎ 418-522-3711
www.cafekrieghoff.qc.ca

À l'Auberge Café Krieghoff, le petit déjeuner est servi dans la salle du café même (voir p. 441), ce qui vous garantit d'un coup une bonne bouffe et une bonne ambiance! Le personnel chaleureux se fera d'ailleurs un plaisir de vous mettre à l'aise dans cette atmosphère presque familiale.

▲ HÉBERGEMENT

1.	AY	Auberge Café Krieghoff
2.	AZ	Auberge du Quartier
3.	BY	B&B De La Tour
4.	CZ	Hôtel Château Grande-Allée
5.	BZ	Hôtel Loews Le Concorde
6.	AZ	Relais Charles-Alexandre

● RESTAURANTS

1.	AY	Aux 2 Violons Resto-Café
2.	AY	Bügel
3.	BZ	L'Astral
4.	BY	Le 47e Parallèle
5.	AY	Le Cochon Dingue

6.	AY	Le Graffiti
7.	CY	Le Parlementaire
8.	AY	Oh! Pino
9.	AZ	Restaurant du Musée
10.	AY	Sushi Taxi
11.	CZ	Voo Doo Grill

Ville de Québec - Hébergement - La colline Parlementaire et la Grande Allée

Les sept chambres, nichées au-dessus du restaurant, sont simples et propres. Elles ont chacune accès à une salle de bain privée (même si elle ne communique pas avec la chambre) et partagent entre elles un petit salon et un balcon avec vue sur l'animation de l'avenue Cartier.

Auberge du Quartier
$$$ ☙ ≡ @ ⛺

170 Grande Allée O.

☎ 418-525-9726 ou 800-782-9441

www.aubergeduquartier.com

Vous recherchez une mignonne petite auberge de quartier? Campée face à l'imposante église Saint-Dominique, donc à 5 min des plaines et du Musée national des beaux-arts du Québec, l'Auberge du Quartier saura vous plaire. Cette grande maison lumineuse renferme une quinzaine de chambres propres, coquettes et modernes, réparties sur trois étages, dont une suite sous les combles. On a ajouté une charmante terrasse sur le toit. L'accueil est fort sympathique. Stationnement payant.

Hôtel Château Grande-Allée
$$$ ☙ ≡ @ ✳

601 Grande Allée E.

☎ 418-647-4433 ou 800-263-1471

www.hotelsnouvellefrance.com

Le Château Grande-Allée est bien situé sur la trépidante Grande Allée, à proximité du Vieux-Québec. Ses chambres sont vastes, si bien que le mobilier ne parvient pas à les remplir. Néanmoins, le service empressé et les grandes salles de bain compensent amplement ce petit défaut.

Relais Charles-Alexandre
$$$ ☙ @

91 Grande Allée E.

☎ 418-523-1220

www.quebecweb.com/rca

Le Relais Charles-Alexandre propose une vingtaine de chambres confortables répar-ties sur trois étages. Le petit déjeuner est servi dans ce qui fut une galerie d'art, soit une salle lumineuse et décorée de multiples reproductions. L'accueil est gentil.

Hôtel Loews Le Concorde
$$$-$$$$ ≡ ≋ ⇆ ⫙ ⫙ ⛵ ♿ @

1225 cours du Général-De Montcalm

☎ 418-647-2222 ou 800-463-5256

www.loewshotels.com

Se dressant aux abords du Vieux-Québec, l'Hôtel Loews Le Concorde dispose de chambres spacieuses et confortables offrant une vue magnifique sur tout Québec. Au sommet de la tour se trouve un restaurant tournant (voir **L'Astral**, p. 442).

Circuit E: Saint-Roch

Appartements-Hôtel Bonséjours
$$$ ≡ ☙ ⛵ @

237 rue St-Joseph E.

☎ 418-681-4375 ou 866-892-8080

www.bonsejours.com

Face au théâtre Impérial, les Appartements-Hôtel Bonséjours se trouvent au cœur du quartier Saint-Roch. Les 15 suites peuvent accueillir jusqu'à six personnes chacune et renferment tout ce qu'il faut pour un séjour en autonomie.

Auberge Le Vincent
$$$-$$$$ ☙ ≡ ✳ @

295 rue De St-Vallier E.

☎ 418-523-5000 ou 888-523-5005

www.aubergelevincent.com

Accolée à la falaise pour dominer ainsi la rue De Saint-Vallier Est, la charmante et chaleureuse Auberge Le Vincent saura vous plaire grâce, bien entendu, à son accueil, mais également ses chambres aux murs de bri-ques et aux persiennes de bois. Le mobilier de bois sombre aux lignes douces et la salle de bain avec douche de verre transparent (large pommeau central et pom-meau conventionnel) vous garantissent un confort de premier plan. L'auberge est située à proximité du jardin de Saint-Roch.

Hôtel Royal William
$$$-$$$$ ☙ ⫙ ≡ ⛵ ⇆ @

360 boul. Charest E.

☎ 418-521-4488 ou 888-541-0405

www.royalwilliam.com

L'Hôtel Royal William affiche sa façade sur le boulevard Charest. Il propose des cham-bres dont l'aspect pratique plaira particulièrement aux gens d'affaires. On y retrouve en effet des tables de travail avec prises de téléphone et accès Internet, sans parler de sa localisation près de tout. Son décor se veut moderne et confortable, comme celui de la plupart des hôtels de cette catégorie. Le restaurant de l'hôtel, **Le Sainte-Victoire** (voir p. 443), est situé à côté de l'hôtel.

L'Autre Jardin
$$$-$$$$ ☙ ≡ ⛵ ✳ @

365 boul. Charest E.

☎ 418-523-1790 ou 877-747-0447

www.autrejardin.com

L'Autre Jardin est une auberge pas ordinaire. Elle est née grâce à une initiative de Carrefour Tiers-Monde, une ONG qui travaille dans le domaine du développement international. Tous les pro-fits de l'auberge sont donc réinvestis dans des projets de solidarité internationale. N'est-ce pas là une formidable manière de dépenser votre argent: vous faire dorloter dans une auberge confor-table et appuyer du même coup des réalisations visant l'amélioration des conditions sociales, au Nord comme au Sud? Le décor de l'auberge, qui compte trois étages, est simple mais chaleureux, avec quelques petites touches d'originalité. Le service est souriant et accueillant.

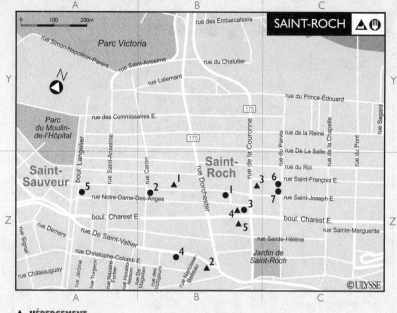

SAINT-ROCH

▲ HÉBERGEMENT

1.	BZ	Appartements-Hôtel Bonséjours
2.	BZ	Auberge Le Vincent
3.	BZ	Hôtel PUR

4.	BZ	Hôtel Royal William
5.	BZ	L'Autre Jardin

● RESTAURANTS

1.	BZ	Brûlerie Saint-Roch
2.	BZ	Café du clocher penché
3.	BZ	Le Sainte-Victoire
4.	BZ	Les Salons d'Edgar

5.	AZ	Tam Tam Café
6.	CZ	Versa
7.	CZ	Yuzu

Hôtel PUR

$$$$ ≡ ⛟ ≋ @ ⫘ ⛆

395 rue de la Couronne

☎ 418-647-2611 ou 800-267-2002

www.hotelpur.com

Dans un univers dépouillé où dominent le blanc, le noir et le rouge, l'Hôtel PUR propose des chambres confortables avec une bonne fenestration et munies de tous les attraits technologiques d'aujourd'hui. Plusieurs services pour les gens d'affaires.

Circuit F: Le faubourg Saint-Jean-Baptiste

Bed and Breakfast Chez Pierre

$$-$$$ 🐾 ᵇᶜ/ₚₚ ✳ ≡ @

636 rue D'Aiguillon

☎ 418-522-2173

www.chezpierre.qc.ca

Chez Pierre est un gîte touristique comptant deux spacieux studios. Pierre, votre sympathique hôte, est un artiste peintre dont les larges toiles colorées égaient la maison. Il vous sert, le matin venu, un copieux petit déjeuner.

Hilton Québec

$$$$ ≋ ⛟ ⫘ ≡ ⛆ @

1100 boul. René-Lévesque E.

☎ 418-647-2411 ou 800-447-2411

www.hiltonquebec.com

Situé tout près du Vieux-Québec, le Hilton Québec propose des chambres offrant un confort qui répond aux normes d'une grande chaîne d'hôtels. Au rez-de-chaussée se trouve le centre commercial Place Québec, relié au Centre des congrès.

Delta Québec

$$$$-$$$$$ ≡ ≋ ⛟ ⫘ ⛆ @

690 boul. René-Lévesque E.

☎ 418-647-1717 ou 888-890-3222

www.deltahotels.com

Le Delta Québec est relié au Centre des congrès de

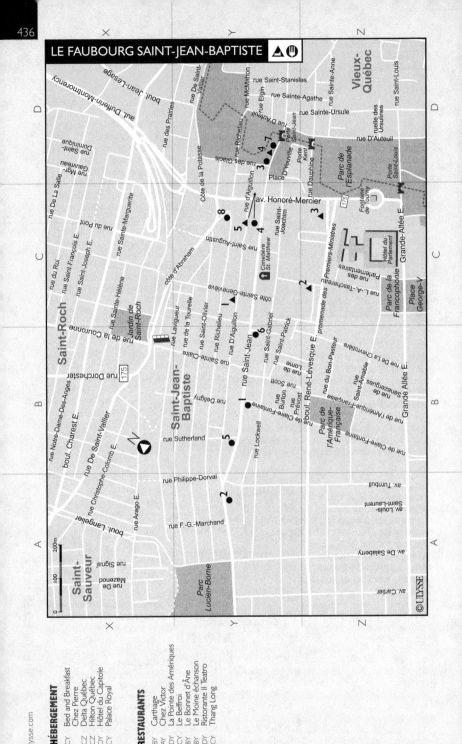

LE FAUBOURG SAINT-JEAN-BAPTISTE ▲ ⊞

© ULYSSE

Québec et au centre commercial Place Québec. Cette tour abrite des chambres confortables et joliment décorées. Tout au long de l'année, les clients peuvent profiter d'une piscine extérieure chauffée.

Palace Royal
$$$$-$$$$$ ≋))) Ƴ ♨ ⚊ @ &.
775 av. Honoré-Mercier
☎ 418-694-2000 ou 800-567-5276
www.jaro.qc.ca

Le Palace Royal offre de belles chambres feutrées où domine une décoration victorienne à la fois simple et luxueuse. Le jardin intérieur, aux accents méditerranéens, est doté d'une piscine et d'un bain à remous que vient encadrer un décor cintré d'arbres et dominé par une grande verrière.

Hôtel du Capitole
$$$$$ ≡ ◎ ♨ @
972 rue St-Jean
☎ 418-694-4040 ou 800-363-4040
www.lecapitole.com

Adjacent au magnifique théâtre du même nom, l'Hôtel du Capitole occupe les pièces qui ceinturent le bâtiment. Sa petite entrée, cachée dans l'imposante structure, se fait fort discrète. Le décor de cet hôtel n'a rien de luxueux, mais il est amusant. Ainsi, le mobilier des chambres rappelle un décor de théâtre. À l'entrée, on aperçoit le **Ristorante Il Teatro** (voir p. 444).

Restaurants

Repas gastronomiques, cuisine du monde et créative, restauration rapide ou simple espresso, vous aurez à Québec l'embarras du choix parmi une vaste sélection de restaurants romantiques ou thématiques et de cafés charmants.

Si vous désirez vous rendre en voiture dans le Vieux-Québec, vérifiez, en faisant votre réservation, que le restaurant où vous voulez aller manger offre un service de voiturier. Cela pourrait vous éviter bien des soucis. Si ce n'est pas le cas, le plus simple est de vous rabattre sur les stationnements intérieurs, facilement repérables.

Circuit A:
Le Vieux-Québec
Voir carte p. 429.

Chez Temporel
$
25 rue Couillard
☎ 418-694-1813

Chez Temporel, que vous choisissiez un croissant au beurre, un croque-monsieur, une salade ou le plat du jour, vous êtes assuré que ce sera bon et frais. On y trouve en prime un des meilleurs espressos en ville! Cachés dans un détour de la petite rue Couillard depuis 1974, les deux étages du Temporel ont vu défiler une clientèle de tous les âges et de toutes les tendances. Ouvert tôt le matin jusque tard dans la soirée.

Le Petit Coin Latin
$
8½ rue Ste-Ursule
☎ 418-692-2022

Le Petit Coin Latin propose une cuisine maison dans une ambiance de café parisien. Banquettes et miroirs créent ici une atmosphère conviviale et détendue. Au menu, des classiques comme les quiches et les pâtés qui constituent des valeurs sûres. En été, une jolie terrasse entourée de pierres s'ouvre à l'arrière; on peut s'y rendre directement de la rue en passant par la porte cochère.

Paillard
$
1097 rue St-Jean
☎ 418-692-1221

Si vous cherchez un endroit où prendre une bouchée ou un bon café pendant que vous explorez le Vieux-Québec, faites un arrêt chez Paillard, une pâtisserie-boulangerie-café-sandwicherie où vous pourrez entre autres déguster de délicieux sandwichs dans une grande salle de style cafétéria qui ne semble jamais se désemplir.

Brûlerie Tatum
$-$$
1084 rue St-Jean
☎ 418-692-3900

La Brûlerie Tatum est installée dans un beau local tout en long. On y sert des petits déjeuners copieux, des plats en tous genres tels que croque-monsieur, sandwichs, hamburgers, salades et pâtes, ainsi que des desserts et toute une sélection de cafés et de chocolats chauds joliment présentés. L'établissement propose également une gamme de cafés équitables. La torréfaction du café s'effectue dans une usine du parc industriel de Vanier.

Un Thé au Sahara
$$ Ƴ
7 rue Ste-Ursule
☎ 418-692-5315

Aménagé dans un sous-sol de la rue Sainte-Ursule, ce petit restaurant marocain est sympathique et romantique à souhait. Les odeurs agréables de couscous, tajines, merguez et harissa débordent de la cuisine et dépaysent à souhait.

Apsara
$$
71 rue D'Auteuil
☎ 418-694-0232

Les mets du Cambodge, de la Thaïlande et du Vietnam vous font saliver? Le restaurant Apsara, qui porte le nom d'une déesse de la danse cambodgienne, prépare une cuisine asiatique aux arômes toujours séduisants. Le midi comme le soir, on y sert des repas complets à bon prix.

L'Entrecôte Saint-Jean
$$
1080 rue St-Jean
418-694-0234

Dans un magnifique décor de vieilles pierres et de tons chauds rehaussés d'un éclairage feutré, L'Entrecôte Saint-Jean propose évidemment des entrecôtes, mais apprêtées de multiples façons et accompagnées de pommes de terre allumettes, le tout présenté de bien belle manière. Rapport qualité/prix intéressant.

Les Frères de la Côte
$$
1190 rue St-Jean
418-692-5445

Le restaurant Les Frères de la Côte offre une savoureuse cuisine réconfortante aux accents de Provence. On y mange des pizzas à pâte mince cuites au four à bois et garnies de délicieux ingrédients frais, des pâtes, des grillades, etc. Lors d'une soirée d'hiver, pourquoi ne pas essayer l'osso buco ou le gigot d'agneau? L'atmosphère animée est décontractée et l'endroit souvent bondé, comme la rue Saint-Jean que l'on peut observer par ses grandes fenêtres.

L'Omelette
$$
66 rue St-Louis
418-694-9626

L'Omelette se présente comme un établissement fort sympathique. Très tôt le matin, on y prépare de copieux petits déjeuners, servis toute la journée. Au menu, une grande variété d'omelettes de tradition française, de pâtes, de pizzas, de sous-marins, de poisson et de moules. Bon rapport qualité/prix.

Café de la Paix
$$-$$$
44 rue des Jardins
418-692-1430

Rue des Jardins, dans une salle tout en longueur, quelques marches plus bas que le trottoir, se trouve le Café de la Paix. Ce restaurant ouvert depuis de nombreuses années a acquis une solide réputation auprès des gens de Québec. On y sert une cuisine française classique dignement concoctée.

Élysée Mandarin
$$-$$$
65 rue D'Auteuil
418-692-0909

L'Élysée-Mandarin propose une fine cuisine sichuanaise, cantonaise et pékinoise dans un décor rehaussé d'un petit jardin intérieur et de sculptures et vases chinois. Les plats sont toujours succulents, et le service, dans ce restaurant qui a aussi élu domicile à Paris, est des plus courtois. Si vous faites partie d'un groupe, essayez le menu dégustation: il serait dommage de ne pas goûter le plus de mets possible!

Le Gambrinus
$$-$$$
15 rue du Fort
418-692-5144

Le Gambrinus est un beau restaurant au décor apaisant dont la réputation n'est plus à faire auprès de la population de Québec. Vous serez accueilli dans une salle à manger arborant des fenêtres à carreaux garnies de plantes vertes, où de magnifiques assiettes décoratives agrémentent les murs. Certains soirs, on a le plaisir d'entendre les ballades d'un troubadour. Une terrasse donne directement sur le Château Frontenac. Cuisine française et italienne et grande variété de poissons et de fruits de mer.

Le Patriarche
$$-$$$
17 rue St-Stanislas
418-692-5488

Pour un rendez-vous réussi avec la cuisine du terroir québécois, attablez-vous au Patriarche, un établissement au décor de vieilles pierres et à l'éclairage discret qui contribuent résolument à une ambiance détendue et agréable. Au menu, une invitante cuisine française composée de gibier et de fruits de mer.

Portofino Bistro Italiano
$$-$$$
54 rue Couillard
418-692-8888

Du Portofino, on a voulu faire un bistro à l'ambiance typiquement italienne. Le long bar, les verres à eau bleus, les miroirs au mur et les drapeaux d'équipes de soccer au plafond font partie de cette atmosphère chaude et animée. À tout cela s'ajoutent les arômes provenant du four à bois napolitain d'où sortent les *pizze* dont on raffole tant. Pendant la saison touristique, le lieu ne désemplit pas. L'établissement possède une cave à vin généreuse et un salon de cigares. Il va sans dire que les amateurs de cépages italiens y sont choyés. Les soirées sont animées par un chanteur qui s'accompagne à la guitare. Service de voiturier.

Restaurant-Pub D'Orsay
$$-$$$
65 rue De Buade
418-694-1582

Le D'Orsay est un établissement où les gourmands se donnent rendez-vous à l'étage, tandis que le rez-de-chaussée attire une clientèle très animée à l'apéritif. Au menu figurent pâtes, moules et poissons, mais aussi la côte de bœuf au jus de romarin, tendre à souhait. En été, une vaste terrasse à l'arrière reçoit un chansonnier tous les jours de beau temps. En hiver, un grand foyer contribue à réchauffer l'ambiance.

Resto-Bistro Saint-James
$$-$$$
Manoir Victoria
1110 rue St-Jean
☎ 418-692-1030

Le Saint-James est la formule «bistro décontracté» du **Manoir Victoria** (voir p. 430), mais il dispose de sa propre entrée, rue Saint-Jean. Son décor rappelle justement celui de bon nombre de bistros parisiens avec tableaux noirs, long comptoir et carrelage en damier. Sachez que vous pouvez combiner un large choix de pâtes avec différentes sauces. On y propose aussi des steaks, des sandwichs et une intéressante table d'hôte.

Charles Baillargé
$$-$$$$
57 rue Ste-Anne
☎ 418-692-2480

Le Charles Baillargé est aménagé au rez-de-chaussée du très bel **Hôtel Clarendon** (voir p. 430). Une clientèle distinguée vient y savourer une cuisine française et québécoise d'une grande qualité tout en profitant d'un décor chaleureux fort agréable.

Auberge du Trésor
$$$
20 rue Ste-Anne
☎ 418-694-1876

C'est dans une maison construite en 1679 sous le Régime français qu'est aménagée l'Auberge du Trésor. La clientèle y savoure une cuisine française classique et réconfortante dans une ambiance romantique de vieux manoir. Le chef pâtissier de l'auberge propose des desserts alléchants pour terminer un repas en beauté. Pendant la belle saison, il peut être agréable de prendre un verre à la terrasse, qui offre un point de vue magnifique sur le Château Frontenac et sur toute l'animation de la

place d'Armes, juste en face. Une seconde salle à manger, Le Relais de la Place d'Armes, sert une cuisine plus familiale, avec pâtes, pizza et hamburgers, et également avec vue.

Café d'Europe
$$$
27 rue Ste-Angèle
☎ 418-692-3835

Le Café d'Europe présente un décor sobre et un peu vieillot. L'exiguïté des lieux et l'achalandage durant certains jours peuvent rendre le lieu assez bruyant. Le service s'avère courtois et personnalisé. Fine cuisine européenne, traditionnelle dans sa présentation, raffinée dans ses sauces et généreuse dans ses portions. Service de flambées impeccable et sauces onctueuses au goût relevé qui rendent le tout inoubliable pour les papilles.

Le Saint-Amour
$$$-$$$$
48 rue Ste-Ursule
☎ 418-694-0667

Le Saint-Amour est, depuis plusieurs années déjà, l'un des meilleurs restaurants de Québec. Le chef Jean-Luc Boulay y élabore une succulente cuisine créative qui ravit aussi bien la vue que le goût. Le chef pâtissier, Éric Lessard, confectionne des desserts absolument divins. Une vraie expérience gastronomique! De plus, les trois salles à manger sont magnifiques, confortables et chaleureuses. L'une est égayée par une verrière, ouverte à longueur d'année et décorée de plantes et de fleurs de toutes sortes. On peut aussi rêver devant la splendide cave à vin du Saint-Amour, qui compte plus de 12 000 bouteilles. Service de voiturier.

Aux Anciens Canadiens
$$$$
34 rue St-Louis
☎ 418-692-1627

Situé dans la plus ancienne maison de la Haute-Ville (voir **maison Jacquet**, p. 398), le restaurant Aux Anciens Canadiens propose les spécialités traditionnelles du Québec et se spécialise aussi dans les viandes de gibier. On peut se laisser tenter par l'Assiette du Pays (traditionnel), les fèves au lard, la tarte au sirop d'érable et la tarte aux bleuets, selon la saison.

Café de la Terrasse
$$$$
Château Frontenac
1 rue des Carrières
☎ 418-691-3763

Le Château Frontenac abrite le Café de la Terrasse, dont les baies vitrées ont vue sur la terrasse Dufferin. Son décor est agréable et sa cuisine française délicieuse.

Le Champlain
$$$$
Château Frontenac
1 rue des Carrières
☎ 418-266-3905

Le Champlain est le grand restaurant du Château Frontenac. Son décor est, il va de soi, des plus luxueux et sied bien au faste de l'hôtel. Sous la direction du chef exécutif Jean Soulard, la fine cuisine française du Champlain est évidemment à la hauteur de la renommée du Château. Un service impeccable est offert par des serveurs en livrée d'époque.

Circuit B: Le Petit-Champlain et Place-Royale

Voir carte p. 431.

Deux restaurants sont accrochés dans le pittoresque escalier Casse-Cou qui mène au quartier du Petit-Champlain. Tout en haut, sur deux étages, **Chez Rabelais** *($$$; 2 rue du Petit-Champlain, ♪ 418-694-9460)* propose un menu de cuisine française et fusion avec beaucoup de fruits de mer ainsi que du gibier mettant en valeur les produits du terroir de la région. Un peu plus bas se trouve **Le Marie-Clarisse** *($$$-$$$$; 12 rue du Petit-Champlain, ♪ 418-692-0857)*, où tout est bleu comme la mer, sauf les murs de pierres. Et pour cause, puisqu'on s'y spécialise dans les poissons et fruits de mer. L'hiver venu, on réchauffe les «convives-passagers» avec un bon feu de foyer.

Le Petit Cochon Dingue
$

24 boul. Champlain
♪ 418-694-0303
Ce petit café-sandwicherie, sans chichi et gentil, prépare de petits plats et des pâtisseries à consommer sur place ou à emporter. La tarte au sucre est un pur délice!

Le Cochon Dingue
$$

46 boul. Champlain
♪ 418-692-2013
Le Cochon Dingue est un bistro-café fort sympathique. S'étalant entre le boulevard Champlain et la rue du Petit-Champlain, il présente un décor agréable et rigolo. Il propose des petits déjeuners copieux et une cuisine bistro, telles ses formules steaks-frites et moules-frites. Ses desserts maison préparés quotidiennement vous rendront... dingue!

Bistro Sous-le-Fort
$$-$$$

48 rue Sous-le-Fort
♪ 418-694-0852
Le Bistro Sous-le-Fort présente une décoration aérée et colorée avec son grand miroir qui sert d'ardoise. Il propose une délicieuse cuisine à prix abordable que l'on peut déguster, selon la saison, en profitant de la chaleur du

foyer ou de la fraîcheur de la terrasse.

Toast!
$$$-$$$$
Le Priori
17 rue du Sault-au-Matelot
♪ 418-692-1334
Aménagé dans le très bel édifice de pierres de l'hôtel **Le Priori** (voir p. 431), le Toast! se démarque depuis l'extérieur par un bel agencement d'éclairage rouge. À l'intérieur, le secret de la décoration réside dans la fusion des murs de pierres et des néons. La cuisine s'inspire des parfums d'ailleurs pour faire découvrir les bons produits du terroir québécois. Terrasse estivale à l'arrière.

Initiale
$$$$
54 rue St-Pierre
♪ 418-694-1818
C'est dans une ancienne banque de la rue Saint-Pierre, avec ses hauts plafonds et ses moulures, que le restaurant Initiale a installé ses quartiers. Autrefois situé à Sillery, l'établissement a entraîné avec lui sa clientèle grâce aux mets créés par le chef Yvan Lebrun. Celui-ci sait concocter une fine cuisine où l'agneau, le saumon, le filet mignon et les rognons côtoient le foie gras poêlé et même, pour les curieux, le pigeon! Le décor classique, ponctué des rectangles de lumière dessinés par les hautes fenêtres et par le demi-cercle du bar, se double d'une ambiance légèrement guindée, mais à l'accueil aimable.

Circuit C: Le Vieux-Port

Asia
$$
89 rue du Sault-au-Matelot
♪ 418-692-3799
Le restaurant Asia sert une excellente cuisine thaïlandaise et vietnamienne. Les végétariens pourront en outre y déguster des mets qui les régaleront. Parmi les spécialités, notons les grillades et les plats sautés, frais et légers.

Le Brigantin
$$
97 rue du Sault-au-Matelot
♪ 418-692-3737
Le Brigantin, qui tire son nom d'un navire à deux mâts, vous accueille dans une ambiance très chaleureuse avec son personnel souriant. Le beau bar lambrissé, sur lequel brûle un grand chandelier, se veut le point de mire de la salle au plancher carrelé. Au menu: pâtes, pizzas et plats de viande et de poisson.

Café Le Saint-Malo
$$-$$$
75 rue St-Paul
♪ 418-692-2004
Le Café Le Saint-Malo est un petit resto qui réside rue Saint-Paul depuis de nombreuses années. De son décor agrémenté de multiples objets hétéroclites se dégage une atmosphère chaleureuse rehaussée par le plafond bas, les banquettes et la cheminée. On s'y régale de spécialités de la cuisine française. Le cassoulet et le boudin aux pommes sont particulièrement bien réussis.

Aviatic Club
$$$
450 rue de la Gare-du-Palais
♪ 418-522-3555
La magnifique gare du Palais abrite depuis plusieurs années l'Aviatic Club, qui vous convie au voyage grâce à son décor sorti de l'Angleterre du milieu du XXe siècle et à son menu

eurasien créatif. Le bar à vins est invitant et élaboré pour tous les goûts.

Le 48 Saint-Paul Cuisine monde
$$$
48 rue St-Paul
☎ 418-694-4448

Voici une adresse à retenir pour une ambiance sous le signe de la bonne humeur et de la courtoisie. Les serveurs s'activent dans un décor vivant, coloré et hétéroclite, composé entre autres de banquettes avec coussins confortables et de tables de verre. La carte comprend toutes sortes de mets comme les salades, les pâtes et les pizzas assaisonnées aux saveurs du monde.

L'Échaudé
$$$
73 rue du Sault-au-Matelot
☎ 418-692-1299

L'Échaudé, qui avoisine le Musée de la civilisation de Québec, est un attrayant restaurant où l'on a opté pour un cadre Art déco et une ambiance détendue. Fine cuisine composée au jour le jour au gré des arrivages du marché, et délicieuse à souhait.

Le Café du Monde
$$$-$$$$
84 rue Dalhousie
☎ 418-692-4455

Dans cette grande brasserie à la parisienne, on prépare des plats typiques tels que confit de canard, tartare, bavette, boudin et, bien sûr, diverses préparations de moules. Les brunchs de fin de semaine ne laissent pas leur place non plus, avec leurs apéros adaptés, leurs œufs bénédictine et leurs crêpes. Le décor clair invite à la détente et à la discussion avec son plancher carrelé de noir et blanc, ses banquettes de cuir, ses grandes fenêtres donnant sur le fleuve et son long bar orné d'une imposante machine à café en cuivre. Les serveurs, habillés d'un long tablier blanc, sont attentionnés.

Poisson d'Avril
$$$-$$$$
115 quai St-André
☎ 418-692-1010

Depuis 1991, le Poisson d'Avril se trouve au Vieux-Port et fait plutôt la promotion des produits de la mer d'ici et d'ailleurs, sans négliger toutefois ceux qui apprécient les grillades de viande et, pourquoi pas, les deux à la fois. Il est aménagé dans une ancienne fonderie qui arbore pierres et poutres de bois pour le plaisir de tous. Le décor est rehaussé d'un éclairage judicieux et du tissu à motifs de coquillages des chaises.

Laurie Raphaël
$$$$
117 rue Dalhousie
☎ 418-692-4555

Le chef et copropriétaire du Laurie Raphaël, Daniel Vézina, a obtenu, entre autres récompenses, le prix Renaud-Cyr 2001 pour son apport au développement de la gastronomie régionale. Pour composer ses délices, il s'inspire de toutes les cuisines du monde et apprête les produits du terroir pour offrir, avec audace, une expérience culinaire dont se souvient longtemps. Au menu de cette cuisine évolutive figurent du foie gras, des huîtres, du flétan et du thon, ainsi que du cerf et du cochonnet. Donc pas besoin de vous préciser qu'au Laurie Raphaël on mange bien!

Circuit D: La colline Parlementaire et la Grande Allée
Voir carte p. 433.

Aux 2 Violons Resto-Café
$ ☕
122 rue Crémazie O.
☎ 418-523-1111

Caché dans la rue Crémazie, Aux 2 Violons est exactement

le genre d'endroit minuscule que les habitués gardent secret et que les visiteurs aiment découvrir. Ce petit resto de cuisine maghrébine et libanaise est dépaysant à souhait avec ses couleurs suggérant le contraste entre le désert et la mer. Les propriétaires servent du *fayrouz* (boisson maltée) et du thé à la menthe. Sur le menu méditerranéen, on a eu la bonne idée d'inscrire une poutine exotique, avec *shish taouk*, oignons et poivrons verts!

Bügel
$
164 rue Crémazie O.
☎ 418-523-7666

Vous avez envie d'un *bagel*? Dans la jolie petite rue Crémazie, la fabrique de *bagels* Bügel vous en propose de toutes les sortes. Sur place, dans une ambiance chaleureuse qui sent bon le feu de bois, vous pourrez en grignoter garnis de salami, de fromage à la crème ou de végépâté, ou bien faire des provisions à rapporter à la maison!

Café Krieghoff
$-$$
1089 av. Cartier
☎ 418-522-3711

Le Café Krieghoff, du nom du peintre d'origine hollandaise dont la demeure historique s'élève au bout de l'avenue Cartier, loge dans une maison ancienne de la même artère. On y offre une cuisine légère (quiches, salades, etc.) de qualité ainsi qu'un bon menu du jour et une table d'hôte plus élaborée. Vous pouvez accompagner le tout d'un excellent espresso. Son atmosphère conviviale et détendue évoque les cafés d'Europe du Nord. En été, ses deux terrasses sont souvent bondées. Ne manquez pas les bons petits déjeuners incluant des œufs bénédictine.

Le Parlementaire
$-$$

rue des Parlementaires,
bureau 0.22
☎ 418-643-6640

Les visiteurs qui souhaitent côtoyer les membres de l'Assemblée nationale peuvent aller déjeuner au restaurant de l'hôtel du Parlement, Le Parlementaire. Le menu affiche des mets québécois. Le lieu est souvent bondé, surtout le midi, mais on y mange bien. Ouvert seulement pour le petit déjeuner et le déjeuner. Fermé la fin de semaine.

Le Cochon Dingue
$$

46 boul. René-Lévesque O.
☎ 418-523-2013

Le Cochon Dingue (voir p. 440) du boulevard René-Lévesque possède une jolie terrasse arrière.

Restaurant du Musée
$$-$$$

1 av. Wolfe-Montcalm
☎ 418-644-6780

Au Musée national des beaux-arts du Québec se trouve le sympathique Restaurant du Musée. Il se fait un devoir de toujours proposer des mets bien apprêtés et d'offrir un service hors pair. De larges baies vitrées permettent de contempler les plaines d'Abraham et le fleuve; l'été venu, on a cette vue depuis la terrasse. Le restaurant a le même horaire que le musée, qui abrite également un petit café qui prépare des repas légers.

Oh! Pino
$$-$$$

1019 av. Cartier
☎ 418-525-3535

Voici la preuve qu'il n'est pas nécessaire de jeter de la poudre aux yeux pour se distinguer. Malgré une apparente sobriété, l'originalité du Oh! Pino émane de mille petits détails, entre autres son nom qui vient simplement de la carte des vins (elle offre une intéressante sélection de pinots en provenance de plusieurs continents). De petites surprises, il y en a jusque dans votre assiette, colorée au gré des fantaisies du chef. Tartares, fruits de mer, boudin noir et entrecôte se côtoient sur le menu.

Sushi Taxi
$$-$$$

813 av. Cartier
☎ 418-529-0068

Maki, sashimi, temaki... Envie de petites bouchées de poisson cru? Faites un saut au comptoir de Sushi Taxi ou encore, vous l'aurez deviné, faites-vous livrer à votre hôtel ces délices japonais. Vous pouvez aussi déguster les mets préparés sous vos yeux, sur place, dans une salle à l'ambiance zen. Sushi Taxi possède plusieurs succursales à Québec et dans les environs.

L'Astral
$$$

Hôtel Loews Le Concorde
1225 cours du Général-De Montcalm
☎ 418-647-2222

Juché au sommet d'un des plus grands hôtels de Québec (voir **Hôtel Loews Le Concorde**, p. 434), le restaurant tournant L'Astral propose, en plus d'une cuisine française raffinée, une vue imprenable sur le fleuve, les plaines d'Abraham, les Laurentides et la ville. Le tour complet s'effectue en 1h. Son copieux brunch du dimanche vaut le déplacement.

Le Graffiti
$$$

1191 av. Cartier
☎ 418-529-4949

Au fil des années, Le Graffiti a su conserver, en plus de ses belles poutres de bois naturel et ses murs de briques, son ambiance chaleureuse. Cela surprend, dans un environnement si moderne, de se sentir à la fois enveloppé par ce bel intérieur et, grâce à une magnifique terrasse, ouvert sur le monde extérieur. Sa fine cuisine a des accents français et italiens.

Voo Doo Grill
$$$

575 Grande Allée E.
☎ 418-647-2000

La maison ancienne qui abrite le Voo Doo Grill était autrefois celle du club social de l'Union nationale, parti politique du coloré Maurice Duplessis. D'où, d'ailleurs, le nom de la discothèque occupant les deux derniers étages du bâtiment (voir p. 446). Au premier étage est en effet installé un restaurant qui, bien qu'il ait conservé quelques caractéristiques de l'architecture originale, affiche un décor résolument original. Une collection d'objets africains, masques, sculptures et poupées, mettent en scène le décor envoûtant du Voo Doo Grill. Au menu: une variété de plats qui combinent habilement saveurs asiatiques, européennes et latino-américaines. Le tout se révèle savoureux, créatif et joliment présenté.

Le 47ᵉ Parallèle
$$$-$$$$

333 rue St-Amable
☎ 418-692-4747

Dans une grande salle à manger aérée au décor sobre et moderne, le 47e Parallèle propose un savoureux tour du monde culinaire avec son intéressant menu dégustation qui fait découvrir une différente région du monde tous les mois. Lors de notre passage, on s'attardait sur l'Asie du Sud-Est, alors que le mois précédent c'était la cuisine cubaine qui était sous les projecteurs. Un concept qui pourrait tomber dans le cliché, mais qui est ici habilement réalisé par le chef Joseph Sarrazin.

Circuit E: Saint-Roch

Voir carte p. 435.

Brûlerie Saint-Roch
$
375 rue St-Joseph E.
☎ 418-529-1559
Ce petit café de la rue Saint-Joseph est un bon endroit pour déguster un espresso préparé selon les règles de l'art ou un bon chocolat chaud en feuilletant son journal le matin.

Tam Tam Café
$
421 boul. Langelier
☎ 418-523-4810
Le Tam Tam Café est un lieu intéressant. Il s'intègre à un centre communautaire pour les jeunes et sert d'atelier de formation en restauration à ceux qui le désirent. On peut y déguster de bons petits plats diversifiés tout en encourageant la relève! Son décor est sympathique, et l'établissement expose de temps en temps les œuvres de jeunes artistes. Le centre communautaire propose d'autres formations aux jeunes, ainsi que l'accès Internet. Fermé la fin de semaine.

Les Salons d'Edgar
$$
263 De St-Vallier E.
☎ 418-523-7811
Dans les attrayants Salons d'Edgar, qui font aussi office de bar (voir p. 446), on sert une cuisine simple et fortifiante. L'ambiance feutrée crée un décor un peu théâtral, propice à la détente et aux rencontres. Ouvert dès 16h30, et ce, du mercredi au dimanche.

Café du clocher penché
$$$
203 rue St-Joseph E.
☎ 418-640-0597
Dans une ancienne banque du quartier Saint-Roch, près de l'église Notre-Dame-de-Jacques-Cartier avec son clocher penché, le Café du clocher penché propose de bons plats préparés avec une touche d'originalité tout en privilégiant les produits frais du Québec. Situé à l'angle d'une rue, il bénéficie de plusieurs fenêtres qui donnent du caractère au lieu. On y offre également un excellent choix de vins au verre. Dégustation et plaisirs dans un décor chaleureux, voilà ce qui vous attend dans ce café.

Le Sainte-Victoire
$$$-$$$$
380 boul. Charest E.
☎ 418-648-6666
Au milieu du restaurant de l'**Hôtel Royal William** (voir p. 434) trône un piano à queue d'où émanent des airs de jazz les vendredis et samedis soir. Ça donne le ton. Le reste du décor rouge et or de ce bistro a été créé sur le même rythme : banquettes, boiseries, grandes fenêtres... Derrière le rideau, en cuisine, officie le talentueux chef Samuel Hars. Il semble qu'il aime particulièrement exercer son art avec les poissons, mais sa carte prouve qu'il connaît d'autres mélodies : pintades, agneau, canard, cheval... Tous ses plats s'accordent en une belle symphonie!

Versa
$$$-$$$$
432 rue du Parvis
☎ 418-523-9995
La toute petite rue du Parvis est résolument l'hôte de restos au décor luxueux et invitant. Le Versa contribue au raffinement du quartier grâce à une cuisine alléchante et bien présentée.

Yuzu
$$$-$$$$
438 rue du Parvis
☎ 418-521-7253
Ce très joli «bar à sushis», au dynamisme urbain et aux très belles lignes, affiche toutes les déclinaisons de cette spécialité nippone, en plus de présenter des menus dégustation et d'autres mets du pays du soleil levant.

Circuit F: Le faubourg Saint-Jean-Baptiste

Voir carte p. 436.

Chez Victor
$
145 rue St-Jean
☎ 418-529-7702
Installé dans un demi-sous-sol au décor rétro, Chez Victor propose des salades et des hamburgers. Mais pas n'importe quels hamburgers! Gros et appétissants, ils sont garnis d'ingrédients frais, et le menu en propose plusieurs variétés, dont quatre délicieux végétariens. Les frites maison, à l'huile d'arachide, sont parfaites! Le service est cordial.

Thang Long
$-$$ ☿
869 côte d'Abraham
☎ 418-524-0572
Le Thang Long, accroché à la côte d'Abraham, est tout petit, mais on y trouve une cuisine venue du Vietnam, de la Thaïlande, de la Chine et même du Japon! Le décor de ce restaurant de quartier est simple et sans prétention; et la cuisine, vraiment à la hauteur. De plus, le service est empressé. Ne manquez pas les *chaki* comme entrée, et essayez l'une des soupes-repas; en plus d'être peu coûteuses, elles sont réconfortantes.

Le Bonnet d'Âne
$$
298 rue St-Jean
☎ 418-647-3031
C'est l'enfance de l'art d'être original avec une idée comme celle du Bonnet d'Âne. Le thème de la petite

école colore le menu, aussi diversifié que les matières scolaires qui donnent leur nom aux plats. Hamburgers, pizzas et petits plats servis dans de belles grandes assiettes régaleront petits et grands. Le décor se prête aussi au jeu avec ses multiples objets évocateurs et ses belles boiseries chaleureuses. Jolie terrasse en été.

La Pointe des Amériques
$$
964 rue St-Jean
☎ 418-694-1199
La Pointe des Amériques est au cœur de l'animation de la place D'Youville. Ce vaste établissement au décor esthétique et raffiné, où règnent la brique et le bois, vous sert en spécialité de la pizza haut de gamme. Laissez-vous tenter par les multiples garnitures inspirées par les cuisines du monde. Originalité du lieu: le vin est vendu au poids, votre bouteille est pesée avant et après votre repas et vous payez pour la différence.

Carthage
$$-$$$ ⏳
399 rue St-Jean
☎ 418-529-0576
Le Carthage est un superbe restaurant au décor typiquement maghrébin. Le plafond est travaillé et garni de dorures. Les boiseries, de couleur acajou, sont partout présentes, de même que de nombreux objets de décoration tunisiens. Une belle expérience gastronomique vous y attend. Assis au ras du sol sur un coussin, sur un tabouret ou tout simplement à une table, vous serez ravi par les spécialités tunisiennes, tels la soupe *chorba* comme entrée et le couscous aux légumes, aux merguez, au poulet ou Royal comme plat de résistance. Durant les fins de semaine, des spectacles de danse du ventre animent parfois la salle et invitent à la célébration.

Le Beffroi
$$$
Palace Royal
775 av. Honoré-Mercier
☎ 418-380-2638
Restaurant de l'hôtel **Palace Royal** (voir p. 437), Le Beffroi propose un menu sur lequel le bœuf bien vieilli et grillé sur des charbons de bois est à l'honneur. Des fruits de mer ornent aussi la carte. La large baie vitrée, orientée vers l'entrée de la ville fortifiée, ainsi que de belles boiseries confèrent à la salle à manger un très grand charme.

Le Moine échanson
$$$
585 rue St-Jean
☎ 418-524-7832
Échanson: officier chargé de servir à boire à un roi, à un prince ou à tout autre personnage de haut rang. Heureusement, l'échanson éponyme de cette petite «boîte à vins» sert également le commun des mortels! Véritable trouvaille dans le faubourg Saint-Jean-Baptiste, ce petit bistro convivial propose une cuisine raffinée mais chaleureuse, aussi classique que créative, qui met en valeur les vins qu'il propose, dont 90% des crus sont des importations privées. Fortement recommandé.

Ristorante Il Teatro
$$$
Capitole de Québec
972 rue St-Jean
☎ 418-694-9996
Dans le magnifique **Capitole de Québec** (voir p. 423), Il Teatro prépare une fine cuisine italienne. Dans une belle salle au fond de laquelle s'étale un long bar et autour de laquelle miroitent de grandes fenêtres, cette délicieuse cuisine vous sera servie avec courtoisie. En été, on aménage une terrasse protégée du va-et-vient de la place D'Youville. Service de voiturier.

Sorties

Vous trouverez, dans plusieurs boutiques, restaurants et bars de Québec, deux publications gratuites qui traitent de la vie culturelle de la ville. Le *Québec Scope Magazine* est publié tous les 15 jours. Il s'agit là d'un petit magazine bilingue qui fait un survol de la scène artistique de Québec. L'hebdomadaire *Voir*, édition de Québec, contient, en plus de l'horaire des principales activités culturelles, des articles sur plusieurs sujets d'actualité.

> Activités culturelles

Salles de spectacle
Palais Montcalm
995 place D'Youville
☎ 418-641-6040 ou 877-641-6040
www.palaismontcalm.ca
On se donne rendez-vous à la salle Raoul-Jobin du Palais Montcalm pour des concerts classiques et des spectacles variés.

Le Capitole de Québec
972 rue St-Jean
☎ 418-694-4444 ou 800-261-9903
www.lecapitole.com
Ce théâtre avait été inauguré une première fois en 1903; en 1992, il a retrouvé son aspect d'époque.

Grand Théâtre de Québec
269 boul. René-Lévesque E.
☎ 418-643-8131 ou 877-643-8131
www.grandtheatre.qc.ca
Les salles du Grand Théâtre demeurent des lieux de diffusion de la musique, du théâtre et de la danse.

Théâtre Petit Champlain
68-78 rue du Petit-Champlain
☎ 418-692-2631
www.theatrepetitchamplain.com
Dans cet établissement, on assiste à d'excellents spectacles intimistes.

Ville de Québec - Restaurants - Le Faubourg Saint-Jean-Baptiste

Impérial de Québec
240 rue St-Joseph E.
☏ 418-523-2227 ou 877-523-3131
www.imperialdequebec.com
L'Impérial, avec sa salle aux tons de rouge, accueille des spectacles de variétés.

Salle Albert-Rousseau
Cégep de Sainte-Foy
2410 ch. Ste-Foy
Ste-Foy
☏ 418-659-6710 ou 877-659-6710
www.sallealbertrousseau.com
Des spectacles variés y sont présentés.

Théâtres

Théâtre de la Bordée
315 rue St-Joseph E.
☏ 418-694-9721
www.bordee.qc.ca
La programmation du Théâtre de la Bordée est toujours fascinante et flirte sans gêne avec le théâtre expérimental.

Théâtre Périscope
2 rue Crémazie E.
☏ 418-529-2183
www.theatreperiscope.qc.ca
Le beau Théâtre Périscope présente essentiellement des pièces expérimentales.

Théâtre du Trident
Grand Théâtre de Québec
269 boul. René-Lévesque E.
☏ 418-643-5873
www.letrident.com
Le Théâtre du Trident est une véritable institution à Québec. Il présente, en plus du répertoire classique, des pièces d'auteurs contemporains.

Théâtre Les Gros Becs
1143 rue St-Jean
☏ 418-522-7880
www.lesgrosbecs.qc.ca
Ce lieu culturel est un centre de diffusion de théâtre jeunesse. Certaines représentations sont suivies d'une rencontre avec les artistes, pour une découverte du théâtre en famille.

➤ Bars et boîtes de nuit

Les bars et discothèques de Québec ne prélèvent généralement pas de droit d'entrée. Il peut arriver qu'il y ait des frais surtout lors d'événements spéciaux ou de spectacles. En hiver, on exige la plupart du temps que vous laissiez votre manteau au vestiaire moyennant quelques dollars.

Le Vieux-Québec

Le Chantauteuil
1001 rue St-Jean
☏ 418-692-2030
Situé au pied de la côte de la rue D'Auteuil, Le Chantauteuil est un bar sympathique. Les clients y discutent pendant des heures, assis sur une banquette autour d'une bouteille de vin ou d'un verre de bière. Autrefois boîte à chansons, l'établissement a vu se produire de grands noms, notamment Félix Leclerc et Claude Gauthier, alors qu'il faisait partie des incontournables rendez-vous de la culture québécoise dans les années 1960.

L'Ostradamus
29 rue Couillard
☏ 418-694-9560
Pour une ambiance nonchalante, il faut aller à L'Ostradamus. Tous les styles non conformistes s'y côtoient. D'ailleurs, c'est précisément cette atmosphère étrange qui fait l'intérêt de l'endroit. Une musique qui sort également de l'ordinaire permet de s'éclater sans réserve.

Le Saint-Alexandre
1087 rue St-Jean
☏ 418-694-0015
Le Saint-Alexandre est un pub typiquement anglais. Les murs verts côtoient les murs de pierres qui, eux, se marient parfaitement bien avec les boiseries d'acajou et l'ameublement de même essence. Ici, on a le souci du détail et de l'authenticité.

L'alignement impressionnant de bières importées derrière le bar frappe l'œil et nous fait traverser plusieurs frontières. On y sert, en effet, plus de 200 variétés de bières, entre autres une vingtaine à la pression dont les robinets ornent le long bar. Une cuisine légère de qualité y est servie.

Le Petit-Champlain et Place-Royale

Le Pape Georges
8 rue du Cul-de-Sac
☏ 418-692-1320
Le Pape Georges est un sympathique bistro à vins. Installé sous les voûtes d'une maison ancienne du Petit-Champlain, il propose un large choix de vins à déguster et des accompagnements tels qu'assiette de fromages et charcuteries. L'atmosphère est chaleureuse, surtout lorsque réchauffée par des musiciens qui envoûtent la salle au son de folk et de blues.

L'Oncle Antoine
29 rue St-Pierre
☏ 418-694-9176
L'Oncle Antoine niche sous des voûtes non loin de la place Royale. Avec son cadre entièrement de pierres et ses longues bougies blanches enfoncées dans des bouteilles sur les tables en bois, on se croirait revenu au Moyen Âge. En hiver, on réchauffe le lieu avec un bon feu de foyer.

Le Vieux-Port

Taverne Belley
249 rue St-Paul
☏ 418-692-4595
La Taverne Belley, en face de la place du Marché-du-Vieux-Port, présente quelques particularités propres aux tavernes telles que jeu de billard et petites tables rondes en métal. Le décor de ses deux salles est chaleureux et amusant, avec ses murs de briques parsemés de toiles colorées.

La colline Parlementaire et la Grande Allée

Soñar
1147 av. Cartier
418-640-7333
On descend un escalier caché au coin des rues Cartier et Aberdeen pour se retrouver éjecté dans un sous-sol de béton où se cache une de ces petites surprises dont on ne se lasse pas de découvrir à Québec : le Soñar. D'abord on baigne dans un éclairage hétéroclite pour étourdir l'atmosphère, puis on s'imprègne de rythmes latins servis par des DJ. Comment deviner l'influence espagnole ici? Par les tapas, bien entendu! Et le nom : Soñar signifie «rêver»... Puis on y plonge, frénétiquement et joyeusement. Terrasse estivale.

Le Dagobert
600 Grande Allée E.
418-522-0393
Mieux connu sous le nom du Dag, Le Dagobert est l'une des plus grandes boîtes en ville. Au dire des habitués, il s'agit là d'une des meilleures discothèques pour draguer. Aménagé dans une ancienne demeure sur trois étages, le Dag a effectivement beaucoup de gueule, tout comme sa clientèle! La piste de danse est grande à souhait, et une mezzanine en forme de fer à cheval permet aux «voyeurs» d'observer la faune urbaine qui s'y trémousse. Un écran géant surplombe les lieux et présente les clips de l'heure. En été, la terrasse est toujours bondée. À l'étage, des spectacles y sont présentés.

L'Inox
655 Grande Allée E.
418-692-2877
Installée dans le secteur du Vieux-Port depuis 1987, la brasserie L'Inox a déménagé au printemps 2009 au cœur de l'action sur la Grande Allée, où elle propose toujours ses excellentes bières maison, ainsi qu'un petit menu de bouchées pour accompagner ses libations.

Jules et Jim
1060 av. Cartier
418-524-9570
Le petit Jules et Jim est établi sur l'avenue Cartier depuis de nombreuses années. Il offre une douce atmosphère avec ses banquettes et ses tables basses qui évoquent le Paris des années 1920.

Complexe Maurice Nightclub
575 Grande Allée E.
418-647-2000
La discothèque Maurice ne ressemble à rien d'autre en ville. Le décor est absolument original, à tel point qu'il est difficile de le qualifier. Le rouge est partout présent. Le mobilier aux lignes avant-gardistes se veut on ne peut plus étonnant. Partout des recoins avec des sofas comme autant de salons. La grande piste de danse, au centre, est bordée de petits comptoirs ici et là. Les portiers prennent un malin plaisir à trier la clientèle sur le volet. Cette dernière est bigarrée, belle et âgée de 20 à 35 ans. Pour un changement d'ambiance, le complexe renferme également le **Charlotte Lounge** et le salon de cigares **Société Cigare**. Certaines soirées ont des accents latinos. Droit d'entrée exigé.

Saint-Roch

La Barberie
310 rue St-Roch
418-522-4373
www.labarberie.com
La Barberie est une microbrasserie artisanale et une coopérative de travail qui ouvre au public un local peint de couleurs chaudes. Leur salon de dégustation vous entraîne à goûter huit bières quotidiennes affichées à la carte, à l'intérieur ou en terrasse durant la belle saison. Pour ce faire, vous aurez le choix entre un carrousel de galopins (140 ml) ou un carrousel de verres (308 ml)! Les différentes bières proposées, que vous pouvez également goûter dans différents établissements de la capitale et des environs, se révèlent toutes délicieuses et originales.

Le Café Babylone
181 rue De St-Vallier E.
418-523-0700
Aménagé dans une salle chaleureuse aux tables et aux chaises dépareillées, le Café Babylone propose des soirées-concerts qui flirtent avec le jazz et les musiques du monde.

Les Salons d'Edgar
263 rue De St-Vallier E.
418-523-7811
Vous ne savez trop si vous avez envie de manger une bouchée, de prendre un verre entre amis ou de jouer au billard? Rendez-vous alors aux **Salons d'Edgar** (voir aussi p. 443), où toutes les possibilités s'offrent à vous. Le beau décor, rehaussé de paravents et de grandes draperies blanches, vous donnera un peu l'impression d'être sur la scène d'un théâtre. À l'arrière, dans une salle tout en long au plafond haut, se trouvent des fauteuils, des tables de billard et, comme dans tout salon qui se respecte, un foyer! La musique est bien choisie. Fermé les lundi et mardi.

Le Scanner
291 rue De St-Vallier E.
418-523-1916
Vous êtes envahi par une irrépressible envie de naviguer? Pas de panique, Québec, époque oblige, a ses bars et cafés électroniques. Le Scanner, au nom évocateur, met à votre disposition deux ordinateurs pour vous assouvir. Il s'agit d'un bar sur deux étages où l'on trouve, outre les jeux informatiques, des jeux sur table (soccer, billard) et des jeux de société. Lors des soirées à thème musical, il serait surprenant que vous restiez river à votre écran cathodique!

➤ Festivals et événements

Février

Le **Carnaval de Québec** (*☎ 866-422-7628, www.carnaval.qc.ca*) a lieu tous les ans durant les deux premières semaines de février. Il est l'occasion pour les résidants de Québec et les visiteurs de fêter les beautés de l'hiver. Il a sans doute également pour but d'égayer cette période de l'année, où l'hiver semble n'en plus finir. Ainsi, plusieurs activités sont organisées tout au long de ces saisons. Parmi les plus populaires, mentionnons le défilé de nuit, la traversée du fleuve en canot à glace et le concours de sculptures de glace et de neige.

Mars

À la fin mars dans plusieurs salles de cinéma de la ville, le **Festival de cinéma des trois Amériques** (*☎ 418-647-1234, www.fc3a.com*) présente des œuvres de cinéastes du Québec, du Canada, des États-Unis, et d'un peu partout en Amérique latine.

Mai et juin

Présenté de la fin mai à la mi-juin, le **Carrefour international de théâtre** (*☎ 418-692-3131, www.carrefourtheatre.qc.ca*) propose une riche programmation théâtrale nationale et internationale dans différents salles de la ville, ainsi qu'un grand événement extérieur gratuit.

Juillet et août

Le **Festival d'été de Québec** (*☎ 418-529-5200 ou 888-992-5200, www.infofestival.com*) se tient pendant 10 jours au début de juillet. La ville s'égaie alors de musique et de chansons, de danse et d'animation, tous offerts par des artistes aux quatre coins du monde. Les arts de la scène et de la rue enfièvrent un public ravi. Tout est au rendez-vous pour faire de cette activité le plus important événement culturel de Québec. Les spectacles en plein air sont particulièrement appréciés. La plupart des spectacles en salles sont payants, ceux présentés en plein air étant gratuits.

Au début du mois d'août, Québec se souvient des premiers temps de la colonie à l'occasion des **Fêtes de la Nouvelle-France** (*☎ 418-694-3311 ou 866-391-3383, www.nouvellefrance.qc.ca*). Personnages en costumes d'époque, reconstitution d'un marché sur la place Royale et activités nombreuses marquent ces quelques jours de fête.

À l'exposition **Plein art** (*☎ 418-694-0260, www.salonpleinart.com*) sont présentés une foule d'objets d'art et d'artisanat dont on peut faire l'acquisition. L'exposition se tient les deux premières semaines d'août dans le **Pavillon Espace 400ᵉ** (voir p. 412) du Vieux-Port.

À la fin du mois d'août, chaque année depuis près de 100 ans, **Expo Québec** (*Expo-cité, ☎ 418-691-3976 ou 888-866-3976, www.expocite.com*) revient divertir les gens de la région. Devant le Colisée Pepsi, cette énorme foire agricole, doublée d'un parc d'attractions, est très courue durant la dizaine de jours de sa tenue.

Octobre

Au mois d'octobre, des bars et des théâtres de la ville accueillent les spectacles de musique et les soirées de contes et légendes du **Festival international des arts traditionnels** (*☎ 418-647-1598, www.estrad.qc.ca*). Certaines institutions, comme le Musée de la civilisation et la bibliothèque Gabrielle-Roy, présentent aussi des volets de ce festival qui réserve une place aux métiers d'art.

Achats

➤ Grandes artères commerciales

La jolie **rue Saint-Jean**, à l'intérieur comme à l'extérieur des fortifications, est toujours très fréquentée durant les quatre saisons. Elle présente des boutiques diversifiées pour ceux qui cherchent vêtements et accessoires, chaussures, disques, livres, objets décoratifs, bijoux, etc.

L'**avenue Cartier**, joliment aménagée et éclairée, constitue une halte magasinage agréable et débouche sur la Grande Allée. D'ailleurs, les Halles du Petit Quartier donneront une touche européenne à vos achats.

La **rue Saint-Paul**, dans le quartier du Vieux-Port, est réputée pour ses nombreux antiquaires et ses galeries d'art intéressantes. La **rue du Petit-Champlain**, dans le mignon quartier éponyme, est le rendez-vous des arts traditionnels.

La **rue Saint-Joseph**, dans le «Nouvo» Saint-Roch, n'a pas perdu sa vocation commerciale, bien au contraire! On y trouve de tout, à bon prix comme à prix plus épicé...

➤ Alimentation

Le Petit-Champlain et Place-Royale

Madame de la Courge
20 rue du Cul-de-Sac
☎ 418-692-1689
Cette boutique originale du quartier du Petit-Champlain propose des plats cuisinés et des pâtisseries qui mettent en valeur la diversité des produits québécois. On y vend évidemment aussi plusieurs produits dont l'ingrédient

premier est la courge, entre autres de la crème glacée, des potages et toutes sortes de sucreries.

Le Vieux-Port

Pour des fruits et légumes frais ainsi qu'un variété de produits du terroir, rendez-vous au **Marché du Vieux-Port** (voir p. 413), où les cultivateurs de la région viennent chaque jour proposer leurs savoureux produits.

La colline Parlementaire et la Grande Allée

Arnold
1190-A av. Cartier
☎ 418-522-6053
Sur l'avenue Cartier, Arnold annonce ses «chocolats cochons» par une enseigne où trône… un cochon! Ses chocolats mais aussi sa crème glacée durant la belle saison (goûtez celle aux fraises fraîches) vous donneront envie d'en manger encore et encore…

Halles du Petit Quartier
1191 av. Cartier
Les Halles du Petit Quartier regorgent de bonnes choses! Une charcuterie, une boulangerie, une fruiterie, une boucherie, une poissonnerie, une pâtisserie, et plus encore! De quoi vous concocter un bon petit gueuleton ou un pique-nique!

Saint-Roch

Dans la **rue Saint-Joseph**, les gourmands sont servis! Parmi nos adresses préférées: la boulangerie artisanale **Le Croquembouche** (235 rue St-Joseph E., ☎ 418-523-9009), pour ses délicieux pains, pâtisseries, gelatos et chocolats; la fromagerie **L'Artisan et son pays** (241 rue St-Joseph E., ☎ 418-522-6924), pour sa sélection de fromages artisanaux québécois; à la même adresse, le comptoir-boucherie de la **Ferme Eumatimi**, dont le bœuf primé est servi dans certains

des meilleurs restaurants du Québec; et pour couronner le tout, la pâtisserie fine **De Blanchet** (435 rue St-Joseph E., ☎ 418-525-9779), pour sa grande variété de macarons, tous plus savoureux les uns que les autres.

Le faubourg Saint-Jean Baptiste

Choco-Musée Érico
634 rue St-Jean
☎ 418-524-2122
La rue Saint-Jean abrite une caverne d'Ali Baba pour les amateurs de chocolat. Le Choco-Musée Érico est une petite fabrique qui concocte des délices avec les meilleurs produits: du cacao bien sûr, mais aussi de la vanille, du caramel, des noisettes, etc. Le sympathique établissement comporte également un musée (voir p. 424). En été, il sait aussi vous régaler avec ses crèmes glacées et ses sorbets maison. En hiver, on y propose, bien entendu, de bonnes boissons au chocolat chaud. Si vous n'avez pas le bec sucré, prenez quand même le temps de vous arrêter devant sa vitrine: ses arrangements sont toujours originaux et rigolos, tout en chocolat!

CRAC / La Carotte joyeuse
680 et 690 rue St-Jean
☎ 418-647-6881
CRAC et La Carotte joyeuse sont deux boutiques jumelées remplies de toute une gamme d'aliments naturels, entre autres de beaux fruits et légumes, des cafés équitables et de la viande, ainsi que des mets cuisinés.

Épicerie J. A. Moisan
699 rue St-Jean
☎ 418-522-0685
Quel plaisir de faire son épicerie chez **J. A. Moisan** (voir p. 424)! Cette épicerie «historique» propose toutes sortes de produits frais, des fruits et légumes aux fruits de mer, en passant par les épices, le pain, les fromages fins et

les produits du terroir. Elle est aussi dotée de quelques petites tables pour casser la croûte.

Paingruël
375-B rue St-Jean
☎ 418-522-7246
Le Paingruël, ouvert du mardi au samedi, figure parmi les boulangeries favorites des Québécois de la capitale. Il déborde des odeurs de la fournée du jour: pains, brioches et pâtisseries, tous concoctés avec beaucoup de doigté et d'originalité.

➤ Antiquités

Le Vieux-Port

Si vous êtes amateur d'antiquités, vous devez arpenter la jolie **rue Saint-Paul**. Elle est en effet reconnue pour abriter plusieurs antiquaires et brocanteurs qui vous promettent de belles trouvailles.

➤ Art et artisanat

Le Vieux-Québec

Dans le Vieux-Québec, la **rue du Trésor**, malgré une vocation éminemment touristique, reste l'endroit par excellence pour se procurer des œuvres d'artistes locaux.

Galerie Brousseau et Brousseau
35 rue St-Louis
☎ 418-694-1828
Cette jolie galerie bien aérée permet d'admirer un grand nombre d'œuvres, essentiellement des sculptures inuites des grandes régions du Grand Nord, tel le Nunavut.

Transparence
1193 rue St-Jean
☎ 418-692-3477
Transparence porte bien son nom. Il s'agit d'une petite boutique qui vend des objets de verre en majorité fabriqués par des artisans. Admirez ces beaux objets dans lesquels se reflète la lumière colorée des différentes teintes données au verre.

Les Trois Colombes
46 rue St-Louis
☏ 418-694-1114
Les Trois Colombes de la rue Saint-Louis proposent de l'artisanat ainsi que des vêtements de qualité. Entre autres pièces, de beaux manteaux de laine faits à la main.

Le Petit-Champlain et Place-Royale
Ateliers La Pomme
47 rue Sous-le-Fort
☏ 418-692-2875
Les Ateliers La Pomme, où l'on confectionne des articles et des vêtements de cuir, sont l'un des plus anciens regroupements d'ateliers d'artisans du quartier du Petit-Champlain. Les divers cuirs employés et leurs différentes couleurs rehaussent l'originalité et la qualité des vêtements: du manteau à la jupe en passant par les chapeaux et les mitaines.

Boutique Métiers d'art
29 rue Notre-Dame
☏ 418-694-0267
58 rue Sous-le-Fort
☏ 418-694-3000
La Boutique Métiers d'art offre toute une gamme d'objets fabriqués par des artisans québécois, des céramiques aux bijoux. Mentionnons que la boutique appartient au Conseil des métiers d'art. Originaux, les objets sont tous le résultat de la transformation d'une matière première.

Boutique du Musée de la civilisation
85 rue Dalhousie
☏ 418-643-2158
À l'intérieur du Musée de la civilisation se trouve une petite boutique pleine à craquer de beaux objets d'artisanat provenant de tous les pays. Il y a vraiment de belles trouvailles à faire ici, et ce, dans toutes les gammes de prix.

L'Oiseau du Paradis
80 rue du Petit-Champlain
☏ 418-692-2679
Jolie boutique du quartier du Petit-Champlain, L'Oiseau du Paradis vend toutes sortes d'objets fabriqués en papier ainsi que du papier fait main dans des ateliers québécois.

La colline Parlementaire et la Grande Allée
Boutique du Musée national des beaux-arts du Québec
parc des Champs-de-Bataille
☏ 418-644-1036
La boutique du Musée national des beaux-arts du Québec offre une belle collection d'objets et de reproduction d'œuvres d'art.

➤ Disquaires

Le Vieux-Québec
Archambault Musique et Livres
1095 rue St-Jean
☏ 418-694-2088
Chez Archambault, vous pourrez vous procurer disques et vidéos d'à peu près tous les styles de musique.

La colline Parlementaire et la Grande Allée
Sillons Le Disquaire
1149 av. Cartier
☏ 418-524-8352
Pour un service plus personnalisé, rendez-vous chez Sillons, où vous pourrez vous faire suggérer les dernières nouveautés.

➤ Galeries d'art
Québec, ville adulée par les artistes, compte plusieurs galeries d'art présentant des œuvres de toutes les époques et de toutes les écoles.

Le Vieux-Québec
Galerie Le Chien D'Or
8 rue du Fort
☏ 418-694-9949

Le Petit-Champlain et Place-Royale
Beauchamp & Beauchamp
10 rue du Sault-au-Matelot
☏ 418-694-2244 ou 877-694-2444

Galerie d'art Royale
53 rue St-Pierre
☏ 418-692-2244 ou 877-694-2444

Le Vieux-Port
Galerie Tzara
375 rue St-Paul
☏ 418-692-0330

Galerie d'art Buade
137 rue St-Paul
☏ 418-694-4443

Galerie Lacerte art contemporain
1 côte Dinan
☏ 418-692-1566

La colline Parlementaire et la Grande Allée
Galerie Linda Verge
1049 av. des Érables
☏ 418-525-8393

Saint-Roch
Atelier Engramme
Méduse
501 rue De St-Vallier E.
☏ 418-529-0972

➤ Jouets

Saint-Roch
Benjo
543 rue St-Joseph E.
☏ 418-640-0001
On trouve décidément chez Benjo une pléiade de jouets en provenance d'ici et d'ailleurs, et des vêtements (0-12 ans) pour un horizon de couleurs et de plaisirs. L'entrée du magasin a ceci de particulier et d'amusant qu'elle comprend des portes à hauteur d'enfants et d'autres pour les adultes.

Ville de Québec - Achats

➤ Librairies

Le Vieux-Québec
Librairie Générale Française
10 côte de la Fabrique
☎ 418-692-2442
Littérature, essais.

Librairie Pantoute
1100 rue St-Jean
☎ 418-694-9748
Littérature, essais, bandes dessinées. Cette institution de Québec possède également une succursale dans le quartier Saint-Roch *(286 rue St-Joseph E., ☎ 418-692-1175)*.

Le Vieux-Port
Librairie du Nouveau-Monde
103 rue St-Pierre
☎ 418-694-9475
Éditions québécoises.

La colline Parlementaire et la Grande Allée
La Bouquinerie de Cartier
1120 av. Cartier
☎ 418-525-6767
Romans, livres pratiques.

Librairie du Musée national des beaux-arts du Québec
parc des Champs-de-Bataille
☎ 418-644-6460
Beaux livres, livres sur l'art.

➤ Plein air

Saint-Roch
Mountain Equipment Co-op
405 rue St-Joseph E.
☎ 418-522-8884
Pour les inconditionnels des activités de plein air, voici une adresse à fréquenter car on y trouve tout le matériel lié à la randonnée pédestre, au cyclisme, à la raquette, à l'escalade, etc., et ce, à des prix concurrentiels. C'est aussi un bon endroit pour vous procurer des vêtements chauds si vous n'avez pas prévu d'en apporter et que le temps tourne au froid pendant votre séjour à Québec.

➤ Vêtements et accessoires

Le Vieux-Québec
Simons
20 côte de la Fabrique
☎ 418-692-3630
Les magasins Simons, qui ont pignon sur rue depuis 1840, font presque partie du folklore québécois. Vous y trouverez de quoi habiller hommes, femmes et enfants de la tête aux pieds. On y vend aussi des accessoires et de la literie.

Louis Laflamme
1192 rue St-Jean
☎ 418-692-3774
Louis Laflamme présente sur deux étages des créations chics pour hommes.

Le Petit-Champlain et Place-Royale
Ateliers La Pomme
Voir p. 449.

O'Clan
52 boul. Champlain (vêtements pour femmes)
67½ rue du Petit-Champlain (vêtements pour hommes)
☎ 418-692-1214
Chez O'Clan, vous trouverez des vêtements de qualité et du tout dernier cri pour la femme et l'homme branchés.

La colline Parlementaire et la Grande Allée
Paris Cartier
1180 av. Cartier
☎ 418-529-6083
Cette boutique propose de beaux vêtements pour femmes.

Saint-Roch
BLANK
233 rue St-Joseph E.
☎ 418-977-6718
BLANK offre des vêtements décontractés à prix abordable et entièrement fabriqués au Québec, des tissus à la couture en passant par la teinture.

Tohu Bohu
775 rue St-Joseph E.
☎ 418-522-1118
Installée dans le quartier Saint-Roch en 2009, la boutique Tohu Bohu est vite devenue l'endroit en ville pour se procurer des chaussures branchées. Et si vous avez passé la journée à magasiner, pourquoi ne pas vous laisser dorloter au salon de manucure et pédicure situé sur la mezzanine?

Le faubourg Saint-Jean-Baptiste
Boutique Séraphin
738 rue St-Jean
☎ 418-522-2533
Spécialisée dans le prêt-à-porter urbain et branché, la boutique Séraphin vend des créations de designers du Québec et d'ailleurs à prix raisonnable.

Exil
714 rue St-Jean
☎ 418-524-4752
Exil est une agréable boutique qui propose des vêtements de qualité sélectionnés avec soin provenant de collections de designers québécois.

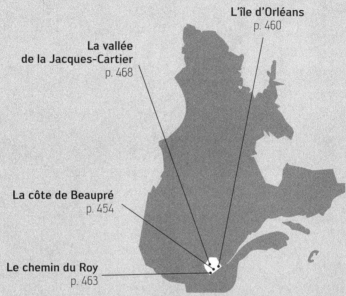

L'île d'Orléans
p. 460

La vallée
de la Jacques-Cartier
p. 468

La côte de Beaupré
p. 454

Le chemin du Roy
p. 463

Région de Québec

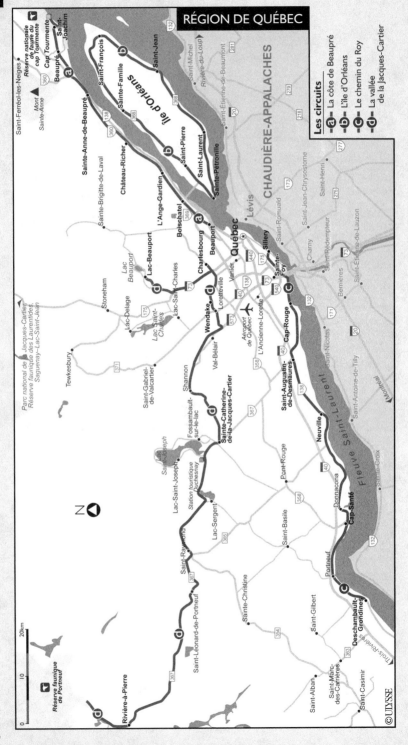

RÉGION DE QUÉBEC

Les circuits

- **a** La côte de Beaupré
- **b** L'île d'Orléans
- **c** Le chemin du Roy
- **d** La vallée de la Jacques-Cartier

CHAUDIÈRE-APPALACHES

Saint-Ferréol-les-Neiges
Réserve nationale de faune du cap Tourmente
Cap Tourmente
Saint-Joachim
Beaupré
Mont Sainte-Anne
Saint-François
Saint-Famille
Saint-Jean
Île d'Orléans
Sainte-Anne-de-Beaupré
Sainte-Brigitte-de-Laval
Château-Richer
Saint-Pierre
L'Ange-Gardien
Boischatel
Saint-Laurent
Saint-Pétronille
Charlesbourg
Beauport
Québec
Sillery
Lévis
Saint-Michel
Rivière-du-Loup
Saint-Étienne-de-Beaumont
Saint-Romuald
Saint-Jean-Chrysostome
Saint-Henri
Saint-Redempteur
Charny
Saint-Étienne-de-Lauzon
Bernières
Vanier
Sainte-Foy
L'Ancienne-Lorette
Loretteville
Aéroport de Québec
Lac-Beauport
Lac Beauport
Lac-Saint-Charles
Wendake
Val-Bélair
Cap-Rouge
Saint-Augustin-de-Desmaures
Stoneham
Lac-Delage
Lac Saint-Charles
Shannon
Saint-Gabriel-de-Valcartier
Tewkesbury
Parc national de la Jacques-Cartier
Réserve faunique des Laurentides
Saguenay–Lac-Saint-Jean
Neuville
Saint-Antoine-de-Tilly
Fossambault-sur-le-lac
Sainte-Catherine-de-la-Jacques-Cartier
Lac-Saint-Joseph
Lac Saint-Joseph
Station touristique Duchesnay
Pont-Rouge
Lac-Sergent
Saint-Basile
Donnacona
Cap-Santé
Saint-Raymond
Sainte-Christine
Portneuf
Réserve faunique de Portneuf
Saint-Léonard-de-Portneuf
Saint-Gilbert
Saint-Alban
Saint-Marc-des-Carrières
Rivière-à-Pierre
Deschambault-Grondines
Sainte-Croix
Saint-Casimir
Trois-Rivières
Fleuve Saint-Laurent
Saint-Nicolas
Montréal

N

0   10   20km

© ULYSSE

guidesulysse.com

452

Sous le Régime français, Québec est la principale agglomération du Canada et le siège de l'administration coloniale. Pour approvisionner la ville et ses institutions, des fermes sont aménagées dans les environs dès le milieu du XVIIe siècle. Cette région constitue aussi la première zone de peuplement rural dans la vallée du Saint-Laurent. Il est donc normal d'y retrouver les vestiges des premières seigneuries concédées en Nouvelle-France et d'y éprouver, plus que partout ailleurs dans la campagne québécoise, le sentiment de l'histoire et du passage du temps. Les fermes s'y révèlent les plus anciennes du Québec, et dans leurs maisons vécurent les ancêtres des familles dont la nombreuse progéniture allait essaimer à travers toute l'Amérique au cours des siècles suivants.

Quatre circuits sont proposés dans ce chapitre:

Circuit A: La côte de Beaupré ★★
Circuit B: L'île d'Orléans ★★
Circuit C: Le chemin du Roy ★★
Circuit D: La vallée de la Jacques-Cartier ★

À l'exception du circuit de la vallée de la Jacques-Cartier, plus sauvage et plus long, les autres excursions peuvent être effectuées en une seule journée.

Accès et déplacements

➤ En voiture

Circuit A: La côte de Beaupré

De Québec, empruntez l'autoroute Dufferin-Montmorency (440) en direction de Beauport (sortie 24) puis la rue d'Estimauville. Tournez à droite dans le chemin Royal (route 360), qui devient par la suite l'avenue Royale et que vous suivrez tout au long du circuit.

Circuit B: L'île d'Orléans

De Québec, empruntez l'autoroute Dufferin-Montmorency (440) en direction du pont de l'Île. Traversez le fleuve et prenez à droite la route 368, aussi appelé «chemin Royal», qui permet de faire le tour de l'île d'Orléans.

Aucun autobus public ni autocar ne dessert l'île d'Orléans. Certaines entreprises privées organisent des tours de l'île. Pour s'y promener seul et à son gré, il faut donc se déplacer en voiture, en moto ou à vélo.

Circuit C: Le chemin du Roy

De Québec, empruntez la Grande Allée vers l'ouest, qui prend ensuite le nom de «chemin Saint-Louis». Celui-ci se détache de la route principale sur la gauche devant la villa Bagatelle à Sillery. Après avoir suivi le chemin Saint-Louis jusqu'à Cap-Rouge, vous prendrez la route 138, que vous suivrez pour le reste du circuit.

Il est également possible d'effectuer le circuit en sens inverse depuis Montréal (sortie 236 de l'autoroute 40) ou de le lier à une visite du village de Sainte-Anne-de-La Pérade, inclus dans le circuit **La Mauricie** (voir p. 355).

Circuit D: La vallée de la Jacques-Cartier

De Québec, empruntez la côte d'Abraham qui tourne dans la rue de la Couronne, puis rejoignez la route 175, que vous suivrez jusqu'à la sortie 150. Prenez à droite la 80e Rue Ouest (route 369), qui conduit au cœur du Trait-Carré de Charlesbourg. Ou continuez par l'autoroute 73, qui vous permettra de poursuivre le circuit et de vous rendre jusqu'au parc national de la Jacques-Cartier.

➤ En autobus et en autocar

Circuit A: La côte de Beaupré

L'autobus n° 53 part de la place Jacques-Cartier à Québec (*2,50$; rue du Roi, angle de la Couronne*) et emmène les visiteurs près de la chute Montmorency. Les circuits express 250 et express 350 se rendent aussi jusqu'à Beauport et le circuit 50 jusqu'à Boischatel, près de Château-Richer.

Vous pouvez vous rendre à Sainte-Anne-de-Beaupré (*9272 boul. Ste-Anne, dépanneur Olco, ☎ 418-827-3621*) en prenant l'autocar à Québec (*8,50$; trois départs par jour; gare du Palais, 320 rue Abraham-Martin, ☎ 418-525-3000*).

Quand on ne se déplace pas en voiture, le seul moyen pour se rendre à la station touristique Mont-Sainte-Anne, au Canyon Sainte-Anne ou à la réserve nationale de faune du cap Tourmente est de prendre l'autocar de Québec jusqu'à Sainte-Anne-de-Beaupré, pour ensuite faire le dernier bout de chemin (environ 10 km) en taxi.

Circuit C : Le chemin du Roy

Gare routière – Sainte-Foy
3001 ch. des Quatre-Bourgeois
☎ 418-650-0087

Circuit D : La vallée de la Jacques- Cartier

Pour aller à Charlesbourg au départ de Québec, il faut prendre l'autobus nº 801 (métrobus), dont les arrêts sont bien identifiés (par exemple à la place D'Youville). Du terminus Charlesbourg, on prend l'autobus nº 72, qui mène à la réserve de Wendake. Le village historique d'Onhoüa Chetek8e étant situé au nord de la réserve, il faut faire les derniers kilomètres en taxi.

➤ En train (gares ferroviaires)

Circuit C : Le chemin du Roy

Gare de Sainte-Foy
3255 ch. de la Gare, angle ch. St-Louis
☎ 888-842-7245

Circuit D : La vallée de la Jacques-Cartier

Rivière-à-Pierre
470 rue Principale
☎ 888-842-7245

Attraits touristiques

Office du tourisme de Québec *(399 rue St-Joseph E., Québec, QC G1K 8E2,* ☎ *418-641-6654 ou 877-783-1608, www.regiondequebec.com)*

Circuit A :
La côte de Beaupré ★ ★

▲ *p. 473*   🍽 *p. 477*   🛏 *p. 480*

Bureau d'information touristique de la Côte-de-Beaupré *(saisonnier; 3 rue de la Seigneurie, Château-Richer,* ☎ *418-824-3439 ou 877-224-3439, www.cotedebeaupre.com)*

⏱ *Un jour*

Cette longue et étroite bande de terre, coincée entre le Saint-Laurent et le massif laurentien, représente encore de nos jours un écrin de

peuplement ancien, en contrebas de zones sauvages peu développées. Elle illustre de la sorte la répartition limitée des populations en bordure immédiate du fleuve, dans plusieurs régions du Québec, et rappelle la fragilité du développement à l'époque de la Nouvelle-France. De Beauport à Saint-Joachim, la côte de Beaupré est traversée par le premier chemin du Roy de la colonie, aménagé au XVIIe siècle et le long duquel s'agglutinent les maisons typiques de la côte, avec leur rez-de-chaussée surélevé et revêtu de stuc, leur longue galerie de bois et leurs encadrements de fenêtres en dentelle. Depuis 1960 cependant, la banlieue a progressivement envahi la côte, amenuisant quelque peu la belle homogénéité du lieu. Mais le chemin du Roy reste tout à fait agréable à parcourir. Tour à tour juché sur un cap, dernier soubresaut des Laurentides, ou courant dans la plaine du Saint-Laurent, il offre des vues magnifiques sur les montagnes, le fleuve, les champs et l'île d'Orléans.

Beauport ★

Aujourd'hui un arrondissement de la ville de Québec, Beauport a su combiner trois types de développement urbain au cours de son histoire. D'abord village agricole, celui-ci devient au XIXe siècle une importante ville industrielle, avant de se métamorphoser en l'une des principales villes de la banlieue de Québec au cours des années 1960. La seigneurie de Beauport, à l'origine de la ville actuelle, a été concédée dès 1634 à Robert Giffard, médecin-chirurgien originaire de l'ancienne province française du Perche. Enthousiaste, Giffard fait construire manoir, moulin et bourg dans les années qui suivent, faisant de sa seigneurie l'une des plus considérables de la Nouvelle-France. Malheureusement, les guerres et les conflagrations entraîneront la perte de plusieurs bâtiments de cette époque, dont le vaste manoir fortifié de 1642 qui sera incendié en 1879.

Le **chemin Royal ★** *(route 360 E.)* correspond au chemin du Roy, tracé au milieu du XVIIe siècle, qui suit tantôt la partie supérieure, tantôt la partie inférieure de la côte de Beaupré. Il traverse diagonalement les terres de l'ancienne seigneurie de Beauport, ce qui explique l'implantation en dents de scie des bâtiments limitrophes. Au-delà du pont de la rivière Beauport, il devient l'avenue Royale, le long de laquelle on peut y voir plusieurs maisons ancestrales, telle la **maison Marcoux** *(on ne visite pas; 588 av. Royale)*, construite au XVIIIe siècle.

▸▸▸ *Tournez à droite dans la rue du Couvent, à proximité de laquelle vous pouvez garer votre voiture.*

Le **bourg du Fargy** ★, un secteur de Beauport, a été constitué en bourg fortifié au milieu du XVIIᵉ siècle. En 1669, le seigneur Giffard dresse même un plan d'aménagement comprenant une place du marché. La **maison Girardin** *(entrée libre; juin à oct mar-ven 10h à 17h, sam-dim 13h à 17h; 600 av. Royale, ♪ 418-821-7049)*, érigée en 1727 par la famille Marcoux sur une terre concédée à Nicolas Bellanger, originaire de Normandie, est l'un des seuls vestiges du bourg. Ses rares et petites ouvertures ainsi que son épais carré de pierres, conçus pour affronter le rude climat, témoignent des conditions de vie difficiles de l'époque. La maison abrite aujourd'hui la Société d'art et d'histoire de Beauport. Le groupe de maisons victoriennes de la rue du Couvent (vers 1910) offre un contraste intéressant avec cette demeure du Régime français.

À l'extrémité de la rue du Couvent se dresse l'**ancien couvent des Sœurs de la congrégation Notre-Dame-de-Beauport** (1886). Sur la gauche trône l'**église de La Nativité-de-Notre-Dame**, maintes fois rebâtie. Lors de sa dernière reconstruction, en 1916, on a omis les clochers, donnant au bâtiment une apparence trapue.

Le **manoir Montmorency** ★ *(2490 av. Royale, ♪ 418-663-3330)*, une grande maison blanche, a été construit en 1780 pour le gouverneur britannique Sir John Haldimand. Cette maison est parvenue à la célébrité en devenant, à la fin du XVIIIᵉ siècle, la résidence du duc de Kent, fils de George III et père de la reine Victoria. Le manoir, qui abritait un établissement hôtelier, a été gravement endommagé lors d'un incendie en mai 1993, mais fut reconstruit selon les plans d'origine. Aujourd'hui, on y retrouve un centre d'interprétation, quelques boutiques et un restaurant, le **Gril-Terrasse** (voir p. 477), d'où l'on bénéficie de vues exceptionnelles sur la chute Montmorency, le fleuve et l'île d'Orléans. Entouré de jardins, le manoir est niché dans le **parc de la Chute-Montmorency** ★★ *(entrée libre, stationnement 9,25$, téléphérique 10,50$ aller-retour; ⚹; accessible toute l'année, horaire variable pour les stationnements et le téléphérique; ♪ 418-663-3330, www.sepaq.com/chutemontmorency)*, aménagé afin de permettre l'observation du spectacle grandiose de la chute.

La rivière Montmorency, qui prend sa source dans les Laurentides, coule paisiblement en direction du fleuve, jusqu'à ce qu'elle atteigne une dénivellation soudaine de 83 m qui la projette dans le vide, ce qui donne lieu à la plus haute chute du Québec et l'un des phé-

nomènes naturels les plus impressionnants du pays. Une fois et demie plus élevée que les chutes du Niagara, la **chute Montmorency** ★★ a un débit qui atteint les 125 000 litres d'eau par seconde lors des crues printanières. Samuel de Champlain, fondateur de Québec, avait été impressionné par cette chute à laquelle il a donné le nom du vice-roi de la Nouvelle-France, Henri II, duc de Montmorency.

Il est possible de faire le tour de la chute: à partir du manoir Montmorency, empruntez la charmante promenade de la falaise, où se trouve le belvédère de la Baronne, qui donne une vue en plongée sur la chute. Cette courte randonnée conduit au pont «Au-dessus de la chute» et au pont «Au-dessus de la faille». Il va sans dire que les panoramas sont tout à fait extraordinaires. En hiver, la vapeur d'eau cristallisée par le gel forme des cônes de glace dénommés «pains de sucre», que les plus audacieux peuvent escalader.

▸▸▸ *La partie basse du parc, située en face de la chute, est accessible par un très long escalier en bois (487 marches) ou par le téléphérique. Pour l'atteindre en voiture, il est nécessaire d'effectuer un détour complexe: il faut alors poursuivre par l'avenue Royale, tourner à droite dans la côte de l'Église, puis encore à droite dans l'autoroute 40. Le stationnement se trouve du côté droit. Pour retourner à l'avenue Royale, il faut emprunter le boulevard Sainte-Anne vers l'ouest, puis la côte Saint-Grégoire et finalement le boulevard des Chutes sur la droite.*

▸▸▸ *Reprenez l'avenue Royale en direction est.*

La **maison Laurent-dit-Lortie** ★ *(on ne visite pas; 3200 av. Royale)* aurait été en partie construite à la fin du XVIIᵉ siècle. Au début du siècle suivant, elle est acquise par Jean Laurent dit Lortie. Les dimensions imposantes du bâtiment témoignent d'ajouts successifs, alors que la pente prononcée de la toiture rappelle l'ancienneté du carré original. La galerie de bois typique de la région fut probablement installée vers 1880.

Boischatel

La municipalité de Boischatel occupe l'ancienne terre concédée à un certain Jean Le Barbier en 1654. Baptisé «fief de Charleville», le secteur conserva sa vocation agricole jusqu'au début des années 1970, moment où la banlieue l'envahit.

Le **manoir de Charleville** ★ *(on ne visite pas; 5580 av. Royale)* est l'un des plus anciens bâtiments qui subsistent au Canada. Il a été construit vers 1670 pour le fermier engagé par les propriétaires de la terre. Son profil bas, sa haute toiture et la petitesse de ses ouvertures trahissent son grand âge. Il faut cependant déplorer le voisinage qui masque partiellement cette vénérable propriété.

L'Ange-Gardien

L'une des plus vieilles paroisses de la côte de Beaupré, L'Ange-Gardien a conservé en partie sa vocation agricole. On peut y voir quelques maisons centenaires et jouir de belles percées sur l'île d'Orléans, au milieu du Saint-Laurent.

Les **chapelles de procession** ★, érigées de part et d'autre de l'église *(6357 av. Royale)*, sont les plus anciennes du genre au Québec, puisqu'elles sont les seules dont la construction remonte au Régime français (vers 1750). Ces petits bâtiments, qui servaient de reposoirs lors des processions de la Fête-Dieu, contribuent au charme de l'avenue Royale.

Dans la petite rue de la Mairie, on peut voir l'une des plus anciennes maisons du Québec, la **maison Laberge** *(24 rue de la Mairie)*, demeure ancestrale de la famille Laberge, érigée en 1674 et agrandie maintes fois par la suite. Douze générations de cette famille, dont le patronyme s'est très répandu à travers le Québec au fil des siècles, ont habité la maison jusqu'en 1970.

Château-Richer ★

Sous le Régime français, Château-Richer était le centre névralgique de l'immense seigneurie de Beaupré, qui s'étendait de Saint-Jean-de-Boischatel jusqu'à Baie-Saint-Paul, au pays de Charlevoix. Concédée en 1636, la seigneurie devait passer entre les mains du Séminaire de Québec 30 ans plus tard et y demeurer jusqu'à l'abolition de la tenure seigneuriale en 1854. La direction du Séminaire y fit construire au XVIIᵉ siècle un véritable château doté d'une tour servant de prison, le château Richer. L'ensemble, qui fut bombardé par les Britanniques à la Conquête, n'était plus que ruine lors de sa démolition vers 1860.

Le village occupe un emplacement au charme pittoresque, accentué par l'implantation inusitée de l'église sur un promontoire. La campagne environnante est bucolique et procure d'agréables surprises, telle la présence de ces îlots boisés plantés de main d'homme au XVIIIᵉ siècle, une rareté dans un pays de défricheurs. Des fours à pain en pierre et des caveaux à légumes centenaires sont visibles de la route et, parfois, encore utilisés. Dans tout le village, on a apposé de petites pancartes de bois devant les bâtiments historiques. Ces panneaux explicatifs informent les passants sur l'époque de construction de l'édifice et sur ses particularités architecturales, agrémentant ainsi leur promenade. Une brève excursion sur les hauteurs de la côte permet d'apercevoir les montagnes, dans le lointain, et les terres en culture, qui sont la raison de vivre des habitants de Château-Richer.

Le **Centre d'interprétation de la Côte-de-Beaupré** ★ *(6$; ♿; tlj 9h30 à 16h30; 7976 av. Royale, ☎ 418-824-3677 ou 877-824-3677, www.histoire-cotedebeaupre.org)* a emménagé au centre du village, dans une ancienne école. Le centre présente une exposition renouvelée portant sur l'histoire et la géographie de la côte de Beaupré, ainsi que des expositions temporaires.

Le **Moulin du Petit-Pré** *(6,50$; mi-avr à mi-oct tlj 9h à 17h; 7007 av. Royale, ☎ 418-824-7007, www.moulin-petitpre.com)* fut le premier moulin à farine commercial en Amérique du Nord. En fonction jusqu'à la fin des années 1950, le moulin fut construit en 1695 sous les ordres du Mgr François de Laval et du Séminaire de Québec. Remis en activité par la Corporation de la mise en valeur du Moulin du Petit-Pré en 2003, il accueille maintenant les visiteurs qui viennent découvrir les tâches traditionnelles du meunier grâce à une visite guidée intéressante et éducative. Les farines qui y sont produites peuvent être achetées sur place.

▸▸▸ *Prenez vers l'est le boulevard Sainte-Anne (route 138), qui longe le fleuve parallèlement à l'avenue Royale.*

Le miel et les abeilles ont toujours piqué votre curiosité? Voici pour vous un petit économusée des plus intéressants. Le **Musée de l'abeille** *(entrée libre, « safari-abeilles » 4,50$; ♿; fin juin à début sept tlj 9h à 18h, horaire variable le reste de l'année; 8862 boul. Ste-Anne, ☎ 418-824-4411, www.musee-abeille.com)* vous propose une brève intrusion dans le monde de ces ouvrières infatigables. Vous pouvez choisir d'y déambuler à votre guise en lisant les panneaux explicatifs et en observant les objets exposés, ou encore participer à un « safari-abeille » en compagnie d'un apiculteur qui vous initiera à son art. Vous pourrez ainsi y apprendre les étapes de fabrication du miel et même de l'hydromel (vin de miel). On y trouve une pâtisserie et une boutique (voir p. 480).

▸▸▸ *Reprenez l'avenue Royale (route 360) vers l'est.*

Sainte-Anne-de-Beaupré ★

Ce village tout en longueur est l'un des principaux lieux de pèlerinage en Amérique du Nord. Dès 1658, une première église catholique y fut dédiée à sainte Anne, à la suite du sauvetage de marins bretons qui avaient prié la mère de Marie afin d'éviter la noyade lors d'une tempête sur le fleuve Saint-Laurent. Les pèlerins affluèrent bientôt en grand nombre. À la seconde église, construite en pierre vers 1676, on a substitué en 1872 un vaste lieu de culte, détruit par un incendie en 1922. C'est alors que fut entreprise la construction de la basilique actuelle au centre d'un véritable complexe de chapelles, de monastères et d'équipements aussi divers qu'insusités, tel le Bureau des bénédictions ou le Cyclorama. Chaque année, Sainte-Anne-de-Beaupré accueille plus d'un million de pèlerins qui fréquentent les hôtelleries et les nombreuses boutiques de souvenirs, au goût parfois douteux, qui bordent l'avenue Royale.

La **basilique Sainte-Anne-de-Beaupré ★ ★ ★** *(début mai à début juin tlj 6h à 19h; début juin à mi-juil et août à mi-oct tlj 6h à 21h; mi-juil à fin juil tlj 6h à 22h; mi-oct à début mai lun-sam 6h à 17h, dim 6h à 18h; 10018 av. Royale, ☎ 418-827-3781, www. ssadb.qc.ca)*, qui surgit du paysage de petits bâtiments de bois et d'aluminium colorés qui bordent la route sinueuse, étonne par ses dimensions importantes, mais aussi par l'activité fébrile qui y règne tout l'été. L'église, dont le revêtement de granit prend des teintes variées selon la lumière ambiante, a été dessinée dans le style néoroman français. Ses flèches s'élèvent à 91 m dans le ciel de la côte de Beaupré, alors que sa nef s'étend sur 129 m de longueur et sur plus de 60 m de largeur aux transepts.

L'intérieur est divisé en cinq vaisseaux, supportés par de lourdes colonnes au chapiteau abondamment sculpté par Maître Émile Brunet. La voûte de la nef principale est décorée de mosaïques scintillantes racontant la vie de sainte Anne. Dans un beau reliquaire, à l'arrière-plan, on peut voir la Grande Relique, soit une partie du supposé avant-bras de sainte Anne provenant de la basilique Saint-Paul-Hors-les-Murs, à Rome. Enfin, il faut emprunter le déambulatoire, qui contourne le chœur, pour voir les 10 chapelles rayonnantes d'inspiration Art déco, qui ont été conçues au cours des années 1930. La basilique est ouverte toute l'année.

On s'est servi des matériaux récupérés lors de la démolition de l'église de 1676 pour ériger, en 1878, la **chapelle commémorative ★** *(entrée libre; début mai à mi-oct tlj 8h à 17h; en bordure de l'avenue Royale, ☎ 418-827-3781)*, dont le clo-

cher date de 1696. Au pied de la chapelle se trouve la fontaine de sainte Anne, aux vertus jugées curatives par certains.

La **Scala Santa ★** *(entrée libre; début mai à mi-oct tlj 8h à 17h; à droite de la chapelle commémorative, ☎ 418-827-3781)*, étrange bâtiment en bois peint en jaune et blanc (1891), abrite un escalier que les pèlerins gravissent à genoux en récitant des prières. Il s'agit d'une réplique du Saint-Escalier qu'emprunta le Christ en se rendant au prétoire de Ponce Pilate. Dans chacune des contremarches est inséré un souvenir de la Terre sainte.

Le **chemin de Croix** *(derrière la chapelle commémorative)* est situé à flanc de colline. Ses statues, grandeur nature, ont été coulées dans le bronze à Bar-le-Duc, en France.

Le **Cyclorama de Jérusalem ★ ★** *(9$; début mai à fin oct tlj 9h à 18h; 8 rue Régina, à proximité du stationnement, ☎ 418-827-3101, www.cyclorama. com)*. Dans cet édifice circulaire, décoré à l'orientale dans un style plutôt kitsch, on peut voir un panorama à 360° de Jérusalem, *Le jour de la Crucifixion*, immense toile en trompe-l'œil de 14 m sur 110 m peinte à Munich vers 1880 par le Français Paul Philippoteaux et ses assistants. Ce spécialiste du panorama a exécuté là une œuvre remarquable de réalisme, qui fut d'abord exposée à Montréal, avant d'être déménagée à Sainte-Anne-de-Beaupré à la fin du XIXe siècle. Autrefois populaires, très peu de ces panoramas et cycloramas ont survécu jusqu'à nos jours.

Le **Musée de sainte Anne ★** *(2$; &; mai à mi-oct tlj 9h à 16h; 9803 boul. Ste-Anne, ☎ 418-827-3782, poste 2700)* se voue à l'art sacré qui honore la mère de la Vierge Marie. Ces œuvres sont d'une intéressante diversité. On y trouve des sculptures, des peintures, des mosaïques, des vitraux et des travaux d'orfèvrerie dédiés au culte de sainte Anne, ainsi que des écrits formulant une prière ou un remerciement pour une faveur obtenue. Y sont aussi expliqués des pans de l'histoire des pèlerinages à Sainte-Anne-de-Beaupré. Le tout est exposé sur deux niveaux, d'une façon agréable et aérée.

Pour en savoir davantage sur les légendes qui peuplent l'imaginaire québécois, il faut se rendre à l'**Atelier Paré** *(entrée libre, présentation animée 2,50$; mi-mai à mi-oct tlj 9h à 17h30, mi-oct à mi-mai mer-dim 13h à 16h; 9269 av. Royale, ☎ 418-827-3992, www.atelierpare.com)*. Cet atelier de sculpture sur bois fait office d'économusée des contes et légendes puisque les œuvres exposées s'inspirent toutes de ce monde fascinant.

Région de Québec – **Attraits touristiques** – La côte de Beaupré

››› *Une excursion alternative conduit à Beaupré, où l'on retrouve la station touristique Mont-Sainte-Anne et le Canyon Sainte-Anne, ainsi qu'au charmant village de Saint-Ferréol-les-Neiges. Pour vous y rendre, empruntez la route 360 Est, qui se sépare de l'avenue Royale à Beaupré.*

Beaupré

La **station touristique Mont-Sainte-Anne** ★ *(horaire et tarifs variables selon les activités; 2000 boul. Beau-Pré, ☎ 418-827-4561 ou 888-827-4579, www.mont-sainte-anne.com)* englobe un territoire de 77 km² et un mont (le mont Sainte-Anne) d'une hauteur de 800 m qui compte parmi les plus beaux centres de ski alpin (voir p. 460) au Québec. Pour héberger les visiteurs, quelques hôtels ont été construits. Par ailleurs, plusieurs autres activités de plein air peuvent y être pratiquées; le site possède notamment un réseau de plus de 200 km de pistes pour vélo de montagne (voir p. 460) ou de sentiers de ski de fond (voir p. 460). Sur place, des comptoirs de location d'équipement sportif permettent à tous de s'adonner à ces activités vivifiantes.

Le **Canyon Sainte-Anne** ★ *(11$; ♿; début mai à fin juin et sept-oct tlj 9h à 16h30, fin juin à début sept tlj 9h à 17h30; 206 route 138, ☎ 418-827-4057, www.canyonste-anne.qc.ca)* est composé de torrents aux flots agités, d'une chute atteignant une hauteur de 74 m ainsi que d'une marmite de géants d'un diamètre de 22 m, formée dans le roc par les tourbillons d'eau. Les visiteurs ont l'occasion de contempler cet impressionnant spectacle grâce aux belvédères et aux ponts suspendus installés sur les lieux, telle la passerelle qui conduit au fond de la gorge.

Saint-Ferréol-les-Neiges

À l'extrémité est de Saint-Ferréol-les-Neiges se trouve un complexe hydroélectrique qui fut en activité de 1916 à 1984, soit **Les Sept-Chutes** *(11$; ♿; mi-mai à fin juin et mi-août à mi-oct tlj 10h à 16h30, fin juin à mi-août tlj 9h à 17h45; 4520 av. Royale, ☎ 418-826-3139 ou 877-724-8837, www.septchutes.com)*, aujourd'hui transformé en centre d'interprétation. Sur ce site, vous pourrez en apprendre davantage sur les étapes de production de l'hydroélectricité ainsi que sur la vie des travailleurs dans une telle centrale. De plus, des sentiers de randonnée vous feront longer la rivière Sainte-Anne-du-Nord jusqu'aux chutes, impressionnantes du haut de leurs 130 mètres.

››› *Pour poursuivre le circuit principal au départ de Sainte-Anne-de-Beaupré, suivez l'avenue Royale jusqu'à Saint-Joachim (cap Tourmente). Traversez la route 138 puis la municipalité de Beaupré. Tournez à droite dans la rue de l'Église à Saint-Joachim.*

Saint-Joachim

À l'origine, le village de Saint-Joachim était situé sur la rive du fleuve à proximité de la ferme du Séminaire. Brûlé à la Conquête, il a été transféré à son emplacement actuel dans les années qui ont suivi afin de le soustraire au tir des canons. Son isolement, en contrebas du mont Sainte-Anne, a permis de sauvegarder en partie son allure champêtre d'autrefois.

La première **église de Saint-Joachim** ★★ *(mi-mai à mi-oct tlj 9h à 17h; 165 rue de l'Église, ☎ 418-827-4020)*, qui datait du XVIIᵉ siècle, a été incendiée par les troupes britanniques en 1759. L'église actuelle, déplacée à l'intérieur des terres au même moment que le village, fut terminée en 1779. Sa façade, refaite en 1895, n'a malheureusement aucun rapport avec le reste de l'édifice. De l'extérieur, cette église n'a en fait rien d'exceptionnel, mais il en va autrement de l'intérieur, qui constitue un véritable chef-d'œuvre d'art religieux au Québec. Le sanctuaire offre une grande unité, une rigueur et un équilibre exceptionnels, mais aussi une richesse rarement atteinte dans une église de cette époque. Lorsque l'on pénètre dans l'église, le regard est attiré vers le chœur et son retable triomphal. En face de l'église, on peut voir le presbytère de 1828, avec ses deux portails néoclassiques donnant respectivement accès à la cure et à la salle des habitants.

››› *Au-delà de l'église, prenez à gauche le chemin du Cap.*

Cap-Tourmente ★★

Ce cap est le dernier soubresaut de la plaine du Saint-Laurent sur la rive nord, avant que le massif laurentien n'entre directement en contact avec le fleuve Saint-Laurent. Sa colonisation, qui commence dès le début du XVIIᵉ siècle, est liée aux premières tentatives de peuplement de la Nouvelle-France. Samuel de Champlain, fondateur de Québec, y établit une ferme en 1626, dont les vestiges ont été mis au jour. Les terres du cap Tourmente sont ensuite acquises par le Séminaire de Québec, qui aménage au fil des ans une maison de repos pour les prêtres, une école, une colonie de vacances et, surtout, une vaste ferme qui doit subvenir aux besoins alimentaires de l'institution, en plus de lui procurer des revenus appréciables. À la suite de la Conquête, le Séminaire déplace le siège de sa seigneurie de Beaupré au cap Tourmente, laissant derrière les ruines du château Richer. Il fait construire, entre 1777 et 1781, le **Château Bellevue** ★, superbe bâtiment doté d'un portail néoclassique en pierres de taille. La **chapelle de**

Saint-Louis-de-Gonzague (1780) s'ajoute à l'ensemble, trop bien dissimulé dans les arbres.

La **réserve nationale de faune du cap Tourmente** ★★ *(6$, entrée libre lorsque le centre d'interprétation est fermé; avr à nov tlj 8h30 à 17h, nov à mi-déc lun-ven 8h30 à 16h, jan à mars sam-dim 8h30 à 16h; 570 ch. du Cap-Tourmente, St-Joachim, ☎ 418-827-4591, www.qc.ec.gc.ca/faune/faune/html/rnf_ct.html)* est un lieu pastoral et fertile dont les battures sont fréquentées chaque année par des nuées d'oies blanches (également connues sous le nom de «grandes oies des neiges»). Les oies s'y arrêtent pendant quelque temps, en automne et au printemps, afin de reprendre les forces nécessaires pour continuer leur voyage migratoire. La réserve dispose d'installations permettant l'observation de ces oiseaux. Au moins 300 autres espèces d'oiseaux et 30 espèces de mammifères y vivent. Sur place, des naturalistes répondent à vos questions. On peut également profiter des sentiers de randonnée pédestre.

➤➤➤ *Pour retourner à Québec, complétez la boucle formée par le chemin du Cap jusqu'à Saint-Joachim, puis poursuivez en direction de Beaupré avant d'emprunter la route 138 Ouest. Il est possible de lier la visite de la côte de Beaupré à celle de la région voisine, Charlevoix, dont on retrouve le circuit à la page 581. Pour ce faire, rejoignez la route 138 Est par le chemin sinueux en pente prononcée qui s'étend au nord-est du village de Saint-Joachim. Tournez enfin à droite en direction de Baie-Saint-Paul.*

Activités de plein air

➤ Canyoning et escalade

De juin à octobre, les guides professionnels de **Canyoning-Québec** *(réservations requises; rabais pour groupes et étudiants; cellulaire: ☎ 418-998-3859, soir: ☎ 418-827-8110, www.canyoning-quebec.com)* rencontrent, au Centre Info-Villégiature de la station touristique Mont-Sainte-Anne, les participants (venus seuls ou en groupes) qui ont réservé leurs excursions. Celles-ci durent de trois à quatre heures et ont lieu le matin ou l'après-midi, au choix des participants. On crée alors des équipes de cinq à huit personnes accompagnées de deux guides chacune.

Le lieu de prédilection de Canyoning-Québec est la chute Jean-Larose *(89$ équipement compris)*, au pied du mont Sainte-Anne, de même que la Vieille Rivière et Les Éboulements *(129$ pour une journée complète, équipement compris, transport et repas non compris)*. Aussi, stages de formation de trois jours pour se familiariser avec les technique de base.

L'entreprise **Aventurex** *(2350 av. du Colisée, Québec, ☎ 418-647-4422, www.aventurex.net)* organise des excursions près de Québec qui permettent de goûter aux joies de l'escalade en tout genre. Que ce soit sur la glace en hiver ou sur des parois rocheuses en été, en *via ferrata* ou en canyoning, vous trouverez certainement votre compte parmi les forfaits proposés. L'entreprise est basée à Québec, mais tient ses activités sur la côte de Beaupré et dans la région de Charlevoix.

➤ Chasse

Dans la région de Québec, on peut pratiquer la chasse à l'oie blanche à la **réserve nationale de faune du cap Tourmente** (voir plus haut).

➤ Équitation

Le **Centre équestre des Pionniers** *(toute l'année; 2140 av. Royale, St-Ferréol-les-Neiges, ☎ 418-826-2520)* organise, depuis plus de 45 ans, des randonnées équestres au pied du mont Sainte-Anne.

➤ Golf

Terrain de golf de la station touristique Mont-Sainte-Anne, **Le Grand Vallon** *(100 rue Beau-Mont, Beaupré, ☎ 418-827-4653 ou 888-827-4579, www.legrandvallon.com)* offre un parcours à normale 72 agrémenté de plusieurs fosses de sable et de quatre lacs. Il est reconnu comme l'un des plus intéressants de l'est du Canada.

➤ Observation des oiseaux

Pour observer la faune ailée, l'un des meilleurs endroits de la région est sans contredit la **réserve nationale de faune du cap Tourmente** (voir plus haut). Au printemps et en automne, le site est envahi par des milliers d'oies blanches en migration qui offrent un spectacle fascinant. La proximité de ces oiseaux et leur nombre soulèveront certes plusieurs questions auxquelles vous pourrez trouver réponse sur place. La réserve abrite en outre plusieurs autres espèces d'oiseaux que vous observerez à loisir grâce aux nichoirs et aux mangeoires qui les attirent été comme hiver.

➤ Randonnée pédestre

À la **réserve nationale de faune du cap Tourmente** (voir plus haut), vous pouvez arpenter l'un des sentiers qui gravissent le cap et qui offrent des vues magnifiques sur le fleuve et la campagne environnante. On peut aussi déambuler sur les trottoirs de bois, adaptés pour les personnes à mobilité réduite, qui sillonnent les battures tout en constituant une promenade profitable.

La **station touristique Mont-Sainte-Anne** *(3,50$; tlj 9h à 17h; coordonnées voir p. 458)* dispose de plusieurs sentiers de randonnée, dont le magnifique sentier **Mestashibo** *(12,5 km, difficile; www.mestashibo.com)*, qui s'étend du cœur du village de Saint-Ferréol-les-Neiges (stationnement à côté de l'église du village) jusqu'à la chute Jean-Larose, au pied du mont Sainte-Anne.

Le site **Les Sept-Chutes** à Saint-Ferréol-les-Neiges (voir p. 458) est aussi agrémenté de sentiers de randonnée pédestre.

> ### Ski alpin

La **station touristique Mont-Sainte-Anne** *(62$/jour, 29$/soir; ski de jour lun-ven 9h à 16h, sam-dim 8h30 à 16h; ski de soirée fin déc à fin fév mer-sam 16h à 21h, fin fév à fin mars tlj 16h à 21h; coordonnées voir p. 458)* est l'une des plus importantes stations de ski au Québec. Elle compte 66 pistes pouvant atteindre une dénivelée de 625 m. On peut y faire du ski de soirée car 17 pistes sont éclairées. Elle fait aussi le bonheur des amateurs de surf des neiges. Il est aussi possible de louer de l'équipement tout près, à la boutique **Sports Alpins** *(28$/jour pour le ski, 38$/jour pour la planche à neige; ☎ 418-827-3708)*, située au pied des pentes.

> ### Ski de fond et raquette

La **station touristique Mont-Sainte-Anne** *(21$; lun-ven 9h à 16h, sam-dim 8h30 à 16h; coordonnées voir p. 458)* est sillonnée par 300 km de sentiers de ski de fond bien entretenus et ponctués de refuges chauffés. Elle compte également quelque 50 km de sentiers aménagés pour la raquette, dont 10 sentiers faciles et 2 plus difficiles. La boutique Sports Alpins, située au pied des pentes loue de l'équipement de ski *(21$/jour; ☎ 418-827-3708)*.

> ### Vélo

L'entreprise **Cyclo Services** *(289 rue St-Paul, Québec, ☎ 418-692-4146, www.cycloservices.net)*, située près du Marché du Vieux-Port, propose une série d'excursions à vélo dans la région de Québec. On y fait aussi la location de bicyclettes *(14$/h)*.

Depuis le Vieux-Port de Québec, une piste cyclable se rend jusqu'au parc de la Chute-Montmorency en passant par Beauport. De plus, le chemin Royal, sur la côte de Beaupré et sur l'île d'Orléans, est censé être une voie partagée entre cyclistes et automobilistes. La prudence est toujours de mise, mais ces promenades valent certes l'effort qu'elles requièrent!

Pour le vélo de montagne, la **station touristique Mont-Sainte-Anne** *(10$/jour; télécabine : une remontée 24$, remontées illimitées 36$; mi-juin à début sept tlj 10h30 à 16h, fin mai à mi-juin et début sept à mi-oct ven-dim 10h30 à 16h; coordonnées voir p. 458)* offre 200 km de sentiers aux vrais amateurs! Grimpez les pistes de ski alpin pour vous rendre au sommet du mont ou encore montez à bord des télécabines munies de supports à vélos.

Circuit B : L'île d'Orléans ★★

▲ *p. 474* 🍴 *p. 478* 🛍 *p. 480* 🏠 *p. 480*

Bureau d'accueil touristique de l'Île d'Orléans *(490 côte du Pont, St-Pierre-de-l'Île-d'Orléans, QC G0A 4E0, ☎ 418-828-9411 ou 866-941-9411, www.iledorleans.com)*

🕐 *Un jour*

Cette île de 32 km sur 5 km, située au milieu du fleuve Saint-Laurent et en aval de Québec, est synonyme de vieilles pierres. C'est en effet, de toutes les régions du Québec, l'endroit le plus évocateur de la vie rurale en Nouvelle-France. Lorsque Jacques Cartier l'aborde en 1535, elle est couverte de vignes sauvages, d'où son premier nom d'«île de Bacchus». Elle sera toutefois rebaptisée en hommage au duc d'Orléans quelque temps après. À l'exception de Sainte-Pétronille, les paroisses de l'île voient le jour au XVIIe siècle, entraînant une colonisation rapide de l'ensemble du territoire. En 1970, le gouvernement du Québec faisait de l'île d'Orléans un arrondissement historique, afin de la soustraire au développement effréné de la banlieue et, surtout, afin de mettre en valeur ses églises et maisons anciennes. Depuis 1936, l'île est reliée à la terre ferme par un pont suspendu. L'île d'Orléans est également connue pour être le pays de Félix Leclerc (1914-1988), le plus célèbre poète et chansonnier québécois.

››› *De Québec, empruntez l'autoroute Dufferin-Montmorency (440) en direction du pont de l'île. Traversez le fleuve et prenez à droite la route 368, aussi appelé «chemin Royal», qui permet de faire le tour de l'île d'Orléans.*

Sainte-Pétronille ★

Paradoxalement, Sainte-Pétronille est à la fois le site du premier établissement français de l'île d'Orléans et sa plus récente paroisse. Dès 1648, une ferme y est établie et accueillera une mission huronne. Mais les attaques incessantes des Iroquois inciteront les colons à s'installer plus à l'est, en face de Sainte-Anne-de-Beaupré. Ce n'est qu'au milieu du XIXe siècle que Sainte-Pétronille voit le jour, grâce à la beauté de son site, qui attire de nombreux estivants. Les marchands anglophones de Québec s'y font construire de belles résidences secondaires. Plusieurs d'entre elles ont survécu aux outrages du temps et sont visibles en bordure de la route.

▸▸▸ *Tournez à droite dans la rue Horatio-Walker, qui mène à la berge et à une promenade.*

La rue tire son nom de la **maison Horatio-Walker** ★ *(11 et 13 rue Horatio-Walker).* Le bâtiment de briques rouges et la maison recouverte de stuc furent respectivement l'atelier et le lieu de résidence du peintre Horatio Walker de 1904 à 1938. L'artiste d'origine ontarienne affectionnait la culture canadienne-française et le calme propice à la méditation de l'île d'Orléans. Son atelier, œuvre d'Harry Staveley, est un bel exemple d'architecture anglaise.

La famille Porteous, d'origine anglaise, s'est installée à Québec dès la fin du XVIIIe siècle. En 1900, elle fait aménager le **Domaine Porteous** ★ *(253 ch. Royal),* entouré de superbes jardins qu'elle baptise «La Groisardière». Le domaine, aujourd'hui propriété du Foyer de Charité Notre-Dame-d'Orléans, a été augmenté en 1961-1964 par l'ajout d'une aile supplémentaire et d'une chapelle dans l'axe de l'entrée.

Saint-Laurent-de-l'Île-d'Orléans

Jusqu'en 1950, on fabriquait à Saint-Laurent des chaloupes (barques) et des yachts à voiles dont la renommée s'étendait aux États-Unis et à l'Europe. Quelques vestiges de cette activité, aujourd'hui totalement disparue, sont conservés en retrait de la route à proximité de la berge. Le village, fondé en 1679, recèle quelques bâtiments anciens tels que la belle **maison Gendreau** de 1720 *(on ne visite pas; 2387 ch. Royal, à l'ouest du village)* et le **moulin Gosselin** *(754 ch. Royal, à l'est du village),* qui abrite un restaurant (voir p. 478).

Le tout petit économusée de **La Forge à Pique-Assaut** *(entrée libre; juin à mi-oct tlj 9h à 17h, mi-oct à mai lun-ven 9h à 12h et 13h30 à 17h; 2200 ch. Royal, ☎ 418-828-9300, www.forge-pique-assaut.com)* permet de se familiariser avec le métier des forgerons, en les observant à l'ouvrage devant le grand four ou en prenant part à une visite guidée. On trouve une boutique à l'étage (voir p. 481).

Le **Parc maritime de Saint-Laurent** *(3$; mi-juin à début sept tlj 10h à 17h, début mai à mi-juin et début sept à fin oct sur réservation; 120 ch. de la Chalouperie, ☎ 418-828-9672, www.parcmaritime.*

ca) a été aménagé sur le site du chantier maritime Saint-Laurent. On peut y voir l'atelier de la «chalouperie» familiale Godbout, érigé vers 1840, de même qu'un ensemble de près de 200 outils artisanaux.

Saint-Jean-de-l'Île-d'Orléans ★★

Saint-Jean était, au milieu du XIXe siècle, le lieu de prédilection des pilotes du Saint-Laurent, qui guidaient les navires dans leur difficile cheminement à travers les courants et les rochers du fleuve. Certaines de leurs maisons subsistent le long du chemin Royal, témoignant du statut privilégié de ces marins, indispensables à la bonne marche de la navigation commerciale.

Saint-Jean abrite le plus important manoir du Régime français encore existant, le **Manoir Mauvide-Genest** ★★ *(8$; mi-mai à fin oct tlj 10h à 17h; 1451 ch. Royal, ☎ 418-829-2630, www.manoirmauvidegenest.com).* Il a été construit en 1734 pour Jean Mauvide, chirurgien de l'armée du roi, et son épouse, Marie-Anne Genest. Le beau bâtiment en pierre, revêtu d'un crépi blanc, adopte le style traditionnel de l'architecture normande. Le lieu est maintenant un centre d'interprétation du régime seigneurial de la Nouvelle-France.

L'**église Saint-Jean** ★ *(2001 ch. Royal)* a été construite en 1734, mais a subi de multiples modifications et agrandissements par la suite. Le presbytère, la salle des habitants et le cimetière complètent l'ensemble institutionnel, par ailleurs fort bien situé dans la perspective du chemin Royal.

Saint-François-de-l'Île-d'Orléans ★

Le plus petit village de l'île d'Orléans a conservé plusieurs bâtiments de son passé. Certains d'entre eux sont cependant éloignés du chemin Royal et sont donc difficilement visibles depuis la route 368. La campagne environnante est charmante et offre quelques points de vue agréables sur le fleuve, Charlevoix et la côte de Beaupré.

L'**église Saint-François** ★ *(341 ch. Royal),* érigée en 1734, a retrouvé sa simplicité du Régime français à la suite d'un incendie dévastateur survenu en 1988, qui ne laissa debout que les épais murs de moellons du temple. Derrière l'église, on peut voir une ancienne école en bois construite vers 1830 pour la fabrique de la paroisse.

Sur la pointe de l'île, une halte routière, avec une **tour d'observation** ★★, offre une vue remarquable vers le nord et l'est. On peut apercevoir les îles Madame et au Ruau, au milieu du Saint-Laurent, qui marquent la limite entre l'eau douce et l'eau salée du fleuve, le mont Sainte-Anne, couvert de pistes de ski, et dans le lointain, Charlevoix, sur la rive nord, ainsi que les seigneuries de la Côte-du-Sud, sur la rive sud.

Le **Parc des Bisons de l'île d'Orléans** ★ ★ *(13$; fin juin à début sept tlj10h à 17h30; 156 ch. Royal,* ☏ *418-829-1234, www.parcdesbisons.com)*, unique en son genre, permet d'observer de près ces bêtes majestueuses que sont les bisons. À la fois un milieu naturel (trois lacs aménagés pour le canot, le kayak, le pédalo et le radeau pneumatique) et un ranch (pâturage de 120 ha), le Parc des Bisons compte le plus gros troupeau de bisons au Québec.

Vous pourrez parcourir le parc à l'intérieur de votre propre véhicule sur un chemin de terre de 4 km avec panneaux d'interprétation aux abords des lacs. Un sentier pédestre (randonnée de 45 min aller-retour, également accessible aux fauteuils roulants) mène à un endroit surélevé d'où s'offre une vue panoramique sur les environs (le mont Sainte-Anne,

le cap Tourmente, la Côte-du-Sud et le parc même). Pour un dépaysement total... sur l'île d'Orléans!

Sainte-Famille ★

La doyenne des paroisses de l'île d'Orléans a été fondée en 1666 afin de regrouper, en face de Sainte-Anne-de-Beaupré, les colons jusque-là concentrés dans les environs de Sainte-Pétronille. Sainte-Famille recèle plusieurs témoins du Régime français, entre autres sa célèbre église, l'une des meilleures réalisations de l'architecture religieuse en Nouvelle-France et l'une des plus anciennes églises du Québec.

La belle **église Sainte-Famille** ★ ★ *(&; 3915 ch. Royal)* a été construite entre 1743 et 1747, en remplacement de la première église de 1669. Flanqué de deux tours en façade, son unique clocher se trouvait étrangement au faîte du pignon. Au XIXe siècle, deux nouveaux clochers sont construits au sommet des deux tours, ce qui porte leur nombre à trois, un cas unique au Québec. Bien que modifié à quelques reprises, le décor intérieur comporte plusieurs éléments d'intérêt. Sainte-Famille

Félix Leclerc

Félix Leclerc, l'un des plus grands chansonniers et poètes québécois, est né en août 1914 à La Tuque, en Mauricie. Mais c'est de l'île d'Orléans, près de Québec, qu'il fit sa dernière demeure. Lui qui avait commencé sa carrière à la radio a toujours été un homme de paroles. Par ses chansons, ses poèmes et ses contes, il a su exprimer, de la plus belle des façons, le monde et les hommes.

Lauréat de plusieurs prix internationaux, il vécut une partie de sa vie à Paris, où il a interprété ses chansons «Le P'tit Bonheur», «Moi mes souliers», etc., sur les plus grandes scènes. En plus de chanter, il a écrit de la poésie (*Calepin d'un flâneur, Chansons pour tes yeux*), des pièces de théâtre (*Qui est le père?, Dialogues d'hommes et de bêtes*), des contes (*Adagio, Allegro, Andante*), des romans (*Le fou de l'île, Pieds nus dans l'aube*). Il a fondé des compagnies théâtrales, monté des séries radiophoniques, enregistré des disques, publié... Cet homme fougueux savait par-dessus tout s'émouvoir et émouvoir.

C'est en 1969, à son retour au Québec, qu'il bâtit sa maison à Saint-Pierre, sur l'île d'Orléans, où il s'installe avec sa famille. Cette île, qui l'avait ensorcelé lors d'un premier séjour en 1946, il a su l'explorer et en tirer son inspiration. Dans sa chanson «Le tour de l'île», il en dit : *L'île, c'est comme Chartres, c'est haut et propre, avec des nefs, avec des arcs, des corridors et des falaises.*

Dans cette île, il habita pendant près de 20 ans. Il s'est éteint le 8 août 1988, entouré de sa femme et de ses enfants, laissant, à eux et à tous les Québécois, un important héritage à chérir.

est au XVIIIᵉ siècle une paroisse riche; elle peut donc se permettre d'entreprendre les travaux de décoration de son église dès le gros œuvre terminé. Du terrain de l'église, on bénéficie de belles vues sur le fleuve et la côte de Beaupré.

La plupart des maisons de ferme du Régime français de l'île d'Orléans ont été construites à une bonne distance de la route. En outre, elles sont aujourd'hui des propriétés recherchées dont le caractère privé est jalousement gardé par leurs propriétaires, ce qui rend toute visite improbable. Heureusement, grâce à une fondation de citoyens, la **maison Drouin ★ ★** *(3,50$; mi-juin à mi-août tlj 10h à 18h, mi-août à la fin sept sam-dim 11h à 17h; 4700 ch. Royal, ♪ 418-829-0330, www.fondationfrancoislamy.org)* ouvre ses portes chaque été aux visiteurs curieux. Il s'agit d'une des plus vieilles maisons de l'île, puisqu'elle fut bâtie vers 1725. Construite de grosses pierres des champs et de poutres de bois, elle fut habitée jusqu'en 1984 et n'a jamais été modernisée. Son histoire vous sera racontée par des guides en costumes d'époque mimant la vie quotidienne des anciens habitants de la demeure.

Cette maison possède toutes les caractéristiques de l'architecture rustique, encore mal adaptée au contexte climatique difficile et soumis à l'isolement par rapport à la mère patrie, loin de l'autre côté de l'Atlantique. Le carré de pierres est bas, et donc à demi enfoui sous la neige en hiver. Les pièces du rez-de-chaussée ainsi que le grenier respirent ce qui fut autrefois l'environnement des premiers colons. Une belle visite!

Saint-Pierre-de-l'Île-d'Orléans

La plus populeuse (2 000 hab.) et la plus urbanisée des paroisses de l'île a quelque peu perdu de son charme, avant que l'ensemble du site ne soit classé. Elle demeure néanmoins un lieu important dans la mémoire collective des Québécois, car la chansonnier et poète Félix Leclerc (1914-1988) y a longtemps vécu. L'auteur du «P'tit Bonheur» a été le premier à faire connaître la chanson québécoise en Europe dans les années 1950. Il est inhumé dans le cimetière local.

L'**Espace Félix-Leclerc ★ ★** *(7$; fin mars à mi-déc tlj 9h à 17h; début jan à fin mars lun-ven 9h à 11h, sam-dim 9h à 17h; 682 ch. Royal, ♪ 418-828-1682, www.felixleclerc.com)* abrite une exposition permanente sur la vie et l'œuvre de Félix Leclerc, la reconstitution de son bureau de travail, une boîte à chansons et une boutique. À l'extérieur, vous pourrez profiter des sentiers et des vues sur le fleuve.

L'**ancienne église Saint-Pierre ★** *(entrée libre; mai à oct; 1249 ch. Royal)*, cet humble mais fort joli édifice érigé en 1716, est la plus vieille église villageoise qui subsiste au Canada. Elle est aussi l'une des rares survivantes d'un modèle fort répandu en Nouvelle-France, avec son unique portail surmonté d'un œil-de-bœuf en façade. La plupart de ces petites églises au toit pointu ont été détruites au XIXᵉ siècle pour être remplacées par des structures plus élaborées. L'intérieur de l'église Saint-Pierre, saccagé à la Conquête, a été refait à la fin du XVIIIᵉ siècle.

L'église a été abandonnée en 1955, au moment de l'inauguration du lieu de culte actuel, situé à proximité. Menacé de démolition, le vénérable petit édifice a été pris en charge par le gouvernement du Québec. Conservé intact depuis cette date, il renferme des équipements aujourd'hui disparus de la plupart des églises du Québec tels qu'un poêle central, doté d'un long tuyau de tôle, et des bancs à portes permettant d'afficher la propriété privée de ces espaces fermés et de les chauffer à l'aide de briques chaudes.

➤➤➤ *La boucle est maintenant complétée. Reprenez le pont de l'île pour regagner Québec.*

Activités de plein air

➤ Vélo

L'entreprise **Cyclo Services** propose une excursion à vélo sur l'île d'Orléans (voir p. 460).

Si vous voulez vous attaquer aux côtes et aux vallons de la magnifique île d'Orléans, la boutique **Écolo Cyclo** *(20$/3h; mi-juin à début sept tlj 9h à 18h, mi-mai à mi-juin et début sept à mi-oct sam-dim 9h à 18h; 1979 ch. Royal, St-Laurent, ♪ 418-828-0370, www.ecolocyclo.net)* a ce qu'il vous faut. Service de location, réparation et transport aller-retour de Québec. Vélos électriques et tandems aussi à louer.

Circuit C: Le chemin du Roy ★ ★

▲ *p. 475*   ⬤ *p. 478*   ⤳ *p. 480*   ▯ *p. 481*

⏱ *Un jour*

Les villes et villages de ce circuit bordent le chemin du Roy, première route carrossable tracée entre Montréal et Québec à partir de 1734. Ce chemin, qui longe le fleuve Saint-Laurent (dont plusieurs tronçons subsistent en parallèle avec la route 138) est l'un des plus pittoresques du Canada avec ses belles maisons d'inspiration française, ses églises et ses moulins du XVIIIᵉ siècle.

Sillery ★★

Sillery, ancienne banlieue cossue aujourd'hui fusionnée à Québec, conserve plusieurs témoins des épisodes contrastés de son histoire, influencée par la topographie dramatique des lieux. La ville est en effet répartie entre la base et le sommet de la haute falaise qui s'étend depuis le cap Diamant (est) jusqu'à Cap-Rouge (ouest). En 1637, les Jésuites y fondent, sur les berges du fleuve Saint-Laurent, une mission destinée à convertir les Algonquins et les Montagnais qui viennent chaque été pêcher dans les anses en amont de Québec. Ils baptisent leur domaine fortifié du nom du bienfaiteur de la mission, Noël Brulart de Sillery.

Au siècle suivant, Sillery est déjà un lieu recherché pour la beauté de son site. Les Jésuites reconvertissent leur mission en maison de campagne, et une première villa est construite en 1732. À la suite de la Conquête, Sillery devient le lieu de prédilection des administrateurs, militaires et marchands britanniques, qui se font construire de luxueuses villas sur la falaise, dans l'esprit romantique, alors en vogue en Angleterre. Le faste de ces habitations, entourées de vastes parcs à l'anglaise, fait contraste avec les maisons ouvrières qui s'agglutinent au bas de la falaise. Les occupants des lieux font fortune en fabriquant les vaisseaux de la Marine britannique avec le bois acheminé de l'Outaouais.

Le **parc du Bois-de-Coulonge** ★ *(entrée libre; tlj; 1215 Grande Allée O.,* ☎ *418-528-0773)* se trouve à l'est en bordure du chemin Saint-Louis. Ce beau parc à l'anglaise entourait jadis la résidence du lieutenant-gouverneur du Québec. À la limite est du parc, on peut voir un ravin au fond duquel coule le ruisseau Saint-Denys. C'est par cette ouverture dans la falaise que les troupes britanniques purent accéder aux plaines d'Abraham, où devait se jouer le sort de la Nouvelle-France. Aujourd'hui, le parc du Bois-de-Coulonge, membre de l'Association des jardins du Québec, offre aux promeneurs de magnifiques jardins ainsi qu'un petit arboretum bien aménagé.

La **Villa Bagatelle** ★ *(entrée libre; juin à août mardim 11h à 17h, reste de l'année horaire variable; 1563 ch. St-Louis,* ☎ *418-654-0259)* logeait autrefois un attaché du gouverneur britannique, lequel habitait la propriété voisine du parc du Bois-de-Coulonge. La villa, construite en 1848, est un bon exemple de l'architecture résidentielle néogothique du XIXᵉ siècle. La maison, aujourd'hui un centre d'exposition, et son jardin victorien ont été admirablement restaurés en 1984 et sont maintenant ouverts au public.

▸▸▸ *Pour une courte excursion facultative au cimetière de Sillery, suivez le chemin Saint-Louis jusqu'à l'avenue Maguire et tournez à droite, puis à gauche plus loin dans le boulevard René-Lévesque Ouest.*

C'est au **cimetière Saint-Michel** qu'est inhumé René Lévesque, fondateur du Parti québécois et premier ministre du Québec de 1976 à 1985.

▸▸▸ *Revenez sur vos pas sur l'avenue Maguire, qui devient la côte de Sillery au sud du chemin Saint-Louis. Suivez la côte de Sillery jusqu'à la rue Cardinal-Persico.*

De style néogothique, la vaste **église Saint-Michel** ★ *(angle rue Cardinal-Persico et côte de Sillery)* a été érigée en 1852.

Du promontoire de la **Pointe à Puiseaux,** situé en face du parvis de l'église, on embrasse du regard un vaste panorama du fleuve Saint-Laurent et de sa rive sud. On remarquera sur la droite le pont de Québec, en avant-plan, et le pont Pierre-Laporte, en arrière-plan.

En bas de la côte de Sillery, le long du fleuve, on en profite pour aller se balader sur la **promenade Samuel-De Champlain** ★ *(www.promenade2008.qc.ca),* qui longe la portion du boulevard Champlain jusqu'à la route de l'Église. L'aménagement de cette promenade, longue de 2,5 km et comptant trois secteurs thématiques (les stations des Cageux, des Sports et des Quais), vise à redonner vie aux berges du fleuve Saint-Laurent afin que tous les Québécois profitent de vastes espaces verts, d'une piste cyclable et de sentiers de randonnée pédestre. Naturellement, plusieurs activités récréatives et sportives y sont proposées.

▸▸▸ *En bas de la côte de Sillery, tournez à droite dans le chemin du Foulon, qui tire son nom d'un moulin à carder et à fouler la laine, autrefois en activité dans le secteur.*

La **Maison des Jésuites de Sillery** ★★ *(entrée libre; ♿; juin à sept mar-dim 11h à 17h, oct à déc et avr à mai mer-dim 13h à 17h, mars sam-dim 13h à 17h; 2320 ch. du Foulon,* ☎ *418-654-0259, www. maisondesjesuites.org),* faite de pierres revêtues de crépi blanc, occupe le site de la mission des Jésuites, dont on peut encore voir les ruines tout autour. Au XVIIᵉ siècle, la mission comprenait une fortification de pierres, une chapelle et une maison pour les pères, en plus des habitations des Amérindiens. Les maladies européennes comme la variole et la rougeole ayant décimé les populations autochtones, la mission fut transformée en maison de repos en 1702. C'est à cette époque que fut construit le fier bâtiment actuel.

En 1824, la chapelle disparaît alors que la demeure sert de brasserie (les Jésuites ont créé la première brasserie en Nouvelle-France en 1647). Elle abritera par la suite les bureaux de divers chantiers navals. En 1929, la maison des Jésuites devient l'un des trois premiers édifices classés historiques par le gouvernement du Québec. Depuis 1948 s'y trouve un musée qui met en relief l'intérêt patrimonial du site, riche de plus de 350 ans d'histoire.

''' *Poursuivez par le chemin du Foulon, puis remontez sur la falaise, sur votre droite, en empruntant la côte à Gignac. Vous rejoindrez ainsi le chemin Saint-Louis, que vous reprendrez vers l'ouest.*

Sainte-Foy

La **maison Hamel-Bruneau** *(entrée libre;* &; *début juin à mi-sept mar-dim 11h à 17h, mars à début juin et mi-sept à mi-déc mer-dim 13h à 17h; 2608 ch. St-Louis,* ♪ *418-641-6280)* est un bel exemple du style colonial britannique du début du XIXᵉ siècle. Celui-ci se définit notamment par la présence de larges toitures à croupes couvrant une galerie basse et enveloppante. La maison Hamel-Bruneau a été restaurée avec soin et transformée en centre d'exposition.

''' *Continuez par le chemin Saint-Louis vers l'ouest jusqu'à l'avenue des Hôtels.*

L'**Aquarium du Québec** ★★★ *(adultes 15,50$, enfants 5,50$-8,25$;* &; *tlj 10h à 17h; 1675 av. des Hôtels,* ♪ *418-659-5264 ou 866-659-5264, www.sepaq.com/ct/paq)* a été fondé en 1959. Riche de plus de près de 10 000 spécimens, il étale sur 16 ha les écosystèmes du Saint-Laurent et des régions polaires. À l'extérieur, vous n'aurez qu'à suivre les circuits pour rencontrer diverses espèces de mammifères. Et vous parcourrez, à travers une vallée rocheuse, les rives du Saint-Laurent dans un décor naturalisé. Autre secteur à ne pas manquer : le monde polaire du Nord. Dans cet Arctique reconstitué, ours blancs, morses et phoques vous impressionneront.

Vous pourrez pénétrer, sous un tunnel de verre, dans un immense bassin circulaire où se révélera à vos yeux le Grand Océan, dans lequel vous serez entouré de 350 000 litres d'eau où vivent 3 000 spécimens. Vous pourrez même assister aux repas des pensionnaires et manipuler de petits invertébrés comme les étoiles de mer et les oursins.

L'Aquarium du Québec dispose d'aires de repos, de jeux pour les enfants avec entre autres un parcours d'aventure «en forêt», des jeux d'eau et des rallyes interactifs ainsi que d'une boutique de souvenirs.

''' *Revenez au chemin Saint-Louis, que vous emprunterez vers l'ouest en direction de Cap-Rouge, où vous suivrez la rue Louis-Francœur, sur votre droite, avant de descendre la côte de Cap-Rouge, sur votre gauche.*

Cap-Rouge

Jacques Cartier et le sieur de Roberval tentent d'implanter une colonie française à Cap-Rouge dès 1541. Ils baptisent leurs campements «Charlesbourg-Royal» et «France-Roy». Les malheureux qui les accompagnent ne se doutent pas encore qu'il fait froid en janvier au Canada et construisent de frêles habitations de bois dotées de fenêtres en papier! La plupart mourront au cours de l'hiver, victimes du froid mais aussi du scorbut, maladie provoquée par une carence en vitamine C dans l'organisme. Les autres rentreront en France au printemps.

Le site où Jacques Cartier et Jean François de La Rocque, sieur de Roberval, ont fait une tentative de colonisation entre 1541 et 1543 a été découvert à l'automne 2005 sur le promontoire de Cap-Rouge. Depuis, le gouvernement du Québec a investi plusieurs millions de dollars pour mettre en valeur le **chantier archéologique Cartier-Roberval** *(5$; fin juin à mi-oct ven-dim visites guidées aux heures 10h à 16h; 4079 ch. St-Louis,* ♪ *888-726-8080, www.cartier-roberval.gouv.qc.ca)*. Les fouilles archéologiques, toujours en cours, ont déjà permis de découvrir plusieurs artéfacts témoignant de la présence d'Européens et d'Amérindiens. Les visiteurs peuvent prendre part à une intéressante visite guidée du site.

''' *Empruntez la rue Saint-Félix vers l'ouest. Tournez à gauche dans le chemin du Lac puis encore à gauche dans le rang de la Butte, qui devient la route Tessier. Prenez à gauche la route 138 en direction de Saint-Augustin-de-Desmaures.*

Saint-Augustin-de-Desmaures

Cette banlieue de Québec était au centre de la seigneurie «De Maure», concédée en 1647 aux pauvres de l'Hôtel-Dieu. Au XVIIIᵉ siècle, on y fait passer le chemin du Roy, qui conduit de Québec à Montréal. La municipalité est surtout connue pour le décor intérieur de son église, un beau travail d'ébénisterie québécoise.

L'apparence extérieure de l'**église de Saint-Augustin-de-Desmaures** ★ *(325 route 138)*, construite entre 1809 et 1816, a été modifiée à plusieurs reprises. La dernière réfection de la façade, qui lui a donné cette allure vaguement *pueblo* du Nouveau-Mexique, remonte à 1933. Le décor intérieur est cependant plus attrayant. Il a été réalisé à partir de 1816 et constitue un bon exemple de la persistance de l'art baroque au Québec.

⁊⁊⁊ *Poursuivez sur la route 138 en direction de Neuville.*

Neuville ★

La région qui s'étend de Neuville à Deschambault-Grondines est traversée par une veine de pierre calcaire, exploitée depuis le Régime français pour la construction d'édifices prestigieux à travers le Québec. Il n'est donc pas étonnant de retrouver un fort contingent de bâtiments en moellons et en pierres de taille dans les villages environnants. De nos jours, c'est à Saint-Marc-des-Carrières, à l'ouest de Deschambault-Grondines, que sont concentrées les quelques carrières où l'on procède encore à l'extraction et à la taille de la «pierre grise».

Le village de Neuville est réparti sur différents paliers en bordure desquels sont érigées les maisons, favorisant ainsi les vues sur le fleuve Saint-Laurent. Cette disposition confère un charme particulier à cette portion du chemin du Roy.

Le **«château» de Neuville** *(on ne visite pas; 205 route 138)*, sur la gauche à l'entrée du village, est une demeure fantaisiste érigée entre 1964 et 1972 avec des matériaux provenant de la démolition d'une centaine de maisons de la Grande Allée à Québec.

La **maison Darveau** *(on ne visite pas; 210 route 138)* a été construite en 1785 pour un des principaux tailleurs de pierres de Neuville, ce qui explique la présence d'encadrements en pierres de taille autour des ouvertures. À cet élément, inhabituel dans l'architecture rurale de l'époque, s'ajoute un portail classique d'un type commun en France, mais qui, réalisé dans un contexte colonial et apposé sur une simple habitation, représente quelque chose de tout à fait exceptionnel au Québec.

⁊⁊⁊ *Tournez à droite dans la rue des Érables, 50 m plus loin.*

La **rue des Érables** ★ ★ *(visites guidées en été; ☎ 418-286-3002)* se caractérise par une des plus importantes concentrations de maisons en pierres hors des grands centres. Cela s'explique, bien sûr, par l'abondance du matériau, mais aussi par la volonté des propriétaires d'illustrer les talents de constructeurs et de tailleurs de pierres de la main-d'œuvre locale. Au numéro 500, on peut voir la **maison du seigneur Larue** *(on ne visite pas)*, érigée pour Édouard Larue, qui se porte acquéreur de la seigneurie de Neuville en 1828. Cette vaste «québécoise» est représentative de l'architecture rurale traditionnelle avec son carré de pierres surélevé et sa galerie qui court sur toute la longueur de la façade.

La **chapelle Sainte-Anne** *(666 rue des Érables)* est l'une des plus vastes chapelles de procession du Québec. Elle a été construite vers le milieu du XVIIe siècle par des paroissiens qui vouaient un culte particulier à sainte Anne.

En 1696, les villageois entreprennent la construction toute simple de l'**église Saint-François-de-Sales** ★ ★ *(visites guidées; 644 rue des Érables, ☎ 418-286-3002)*, qui sera augmentée et modifiée au cours des siècles suivants, au point que presque toutes les composantes du bâtiment initial disparaîtront. L'intérieur comporte une pièce remarquable de l'art baroque en Nouvelle-France. Il s'agit d'un baldaquin en bois, commandé en 1695 pour la chapelle du palais épiscopal de Québec. En 1717, l'évêché échange le baldaquin contre du blé de Neuville afin de nourrir la population de la ville, alors en pleine disette.

⁊⁊⁊ *À l'extrémité ouest de la rue des Érables, reprenez la route 138 à droite. Poursuivez vers l'ouest en direction de Donnacona et Cap-Santé.*

Cap-Santé ★

Ce village agricole occupe un site admirable qui surplombe le fleuve Saint-Laurent. Faisant autrefois partie de la seigneurie de Portneuf, Cap-Santé se peuple lentement à partir de la fin du XVIIe siècle. S'il existe un village québécois typique, c'est peut-être celui-là...

Autrefois, lors de sa migration, le saumon de l'Atlantique remontait la rivière Jacques-Cartier. Au cours des ans, avec la construction de barrages et le flottage du bois qui furent entrepris sur cette rivière, le nombre de saumons de l'Atlantique qui y venaient diminua peu à peu, jusqu'à disparaître complètement en 1910. En 1979, on tenta, avec succès, de réintégrer l'espèce dans cet environnement. Le débit de l'eau s'étant transformé en raison des multiples constructions, on dut construire la **passe migratoire de Cap-Santé** *(fin juin à début sept mer-dim 9h à 12h et 15h à 19h; 1 route 138, ☎ 418-285-2210)* pour favoriser sa migration. Aujourd'hui, on vient sur ce site pour observer les saumons remonter la rivière. La meilleure période pour en apercevoir est le mois de juillet.

Le **Site historique du Fort-Jacques-Cartier-et-du-Manoir-Allsopp** *(non loin du 15 rue Notre-Dame)* est souligné par une plaque au bord de la route. L'ouvrage, érigé à la hâte en 1759, au plus fort de la guerre de Sept Ans, doit servir à retarder les Anglais dans leur progression vers Montréal. Le courageux chevalier de Lévis tente désespérément par ces mesures de sauver ce qui reste de la Nouvelle-France. L'attaque du fort ne durera qu'une petite heure, avant que les Français, mal équipés, ne capitulent. Il ne subsiste du fort de bois que des vestiges. Cependant, le manoir Allsopp, érigé vers 1740 sur le même site, est toujours debout, bien dissimulé derrière une forêt.

▸▸▸ *Reprenez la route 138 vers l'ouest.*

Le chantier de l'**église de la Sainte-Famille ★ ★** *(visites guidées de fin juin à début sept; ☎ 418-285-2311)* de Cap-Santé, qui s'étire de 1754 à 1767, est grandement perturbé par la Conquête. Ainsi, les matériaux amassés pour compléter l'édifice sont réquisitionnés pour la construction du fort Jacques-Cartier. Néanmoins, l'église, avec ses deux clochers et sa haute nef éclairée par deux rangées de fenêtres superposées, constitue une œuvre ambitieuse pour l'époque et peut être considérée comme la plus vaste église villageoise construite sous le Régime français. On remarquera, avant de pénétrer dans l'église, le beau cimetière boisé, à l'arrière, et le **presbytère**.

Le **Vieux Chemin ★**, aujourd'hui une simple rue isolée devant l'église, faisait à l'origine partie du chemin du Roy entre Montréal et Québec. C'est pourquoi on peut encore voir, en face du fleuve Saint-Laurent, plusieurs **maisons du XVIIIᵉ siècle** fort bien conservées, qui ont valu au Vieux Chemin d'être classé parmi les rues les plus pittoresques du Canada.

▸▸▸ *Traversez Portneuf avant de vous arrêter à Deschambault, aujourd'hui fusionnée à Grondines.*

Deschambault-Grondines ★ ★

Bureau d'accueil touristique de la MRC de Portneuf *(12 rue des Pins, Deschambault-Grondines, QC G0A 1S0, ☎ 418-286-3002 ou 800-409-2012, www.portneuf.com)*

Deschambault ★ ★ a vu le jour grâce au seigneur Fleury de La Gorgendière, qui fit construire une première église sur le cap

Lauzon en 1720. Le village s'est très lentement développé au gré des saisons, ce qui a permis d'en préserver les atouts. La tranquillité de ce charmant village agricole situé au bord du fleuve Saint-Laurent a par ailleurs été un peu troublée par la construction d'une aluminerie dans les années 1990.

La **maison Deschambault** *(128 route 138)* est visible au fond d'une longue allée bordée d'arbres. Il s'agit d'une grande maison de pierres dotée de murs coupe-feu et probablement construite à la fin du XVIIIᵉ siècle. En 1936, elle n'était plus que ruine. Le gouvernement du Québec, qui en était alors propriétaire, entreprit de la restaurer, démarche fort inhabituelle à cette époque, qui a vu disparaître plusieurs morceaux du patrimoine québécois. Le manoir abrite de nos jours une charmante auberge (voir p. 475) ainsi qu'un restaurant de fine cuisine française (voir p. 479).

▸▸▸ *Tournez à gauche dans la rue de l'Église, qui donne accès à la place du village.*

Unique en son genre au Québec, l'**église Saint-Joseph ★** *(♿; 120 rue St-Joseph)* de Deschambault présente une large façade comportant deux tours massives disposées légèrement en retrait et un toit à croupe orné d'une statue. Cette solide construction a été réalisée entre 1835 et 1841.

Le **Vieux Presbytère ★** *(4$; ♿; fin juin à début sept tlj 9h30 à 17h30; 117 rue St-Joseph, ☎ 418-286-6891)* occupe un emplacement privilégié d'où l'on bénéficie d'un beau panorama sur le fleuve Saint-Laurent et sa rive sud. Le petit bâtiment, isolé au milieu d'une vaste pelouse, a été érigé à partir de 1815. On y trouve un centre d'interprétation du patrimoine et des expositions d'art contemporain.

▸▸▸ *Reprenez la route 138 vers l'ouest. Ce tronçon du chemin du Roy est bordé par de nombreuses demeures québécoises traditionnelles bien conservées. Tournez à droite dans la rue de Chavigny.*

Le magnifique **moulin de La Chevrotière ★** *(4$; ♿; mi-juin à fin sept tlj 9h30 à 17h30, sur réservation le reste de l'année; 109 rue de Chavigny, ☎ 418-286-6862)* abrite de nos jours des expositions thématiques à caractère patrimonial. L'imposant bâtiment est situé en bordure d'un ancien tronçon du chemin du Roy, rebaptisé rue de Chavigny en l'honneur de Joseph Chavigny de La Chevrotière, qui fit construire le moulin en 1802.

▸▸▸ *Reprenez la route 138 en direction de Grondines.*

Au XVIIIᵉ siècle, le village de **Grondines ★** était situé directement sur la rive du fleuve

Saint-Laurent. On décida de le déplacer à l'intérieur des terres en 1831 pour en faciliter l'accès et pour le soustraire aux crues du fleuve. On trouve ainsi des vestiges d'esprit français entre le fleuve et la route 138, alors que le noyau, qui gravite autour de la rue Principale, est plus volontiers victorien. Les citoyens de Grondines ont démontré une grande sensibilité à l'égard de leur environnement au cours des années 1980, alors qu'ils ont mené une chaude lutte en vue de contrer un projet de traversée fluviale aérienne des lignes d'Hydro-Québec. Ils ont finalement obtenu gain de cause et sont les premiers à bénéficier d'une traversée sous-fluviale qui permet de préserver intactes les beautés du paysage.

Les vestiges de la première église en pierre de Grondines (1716) sont visibles à proximité du moulin. Après le déménagement du village, il fallut, bien sûr, ériger une nouvelle église, l'**église Saint-Charles-Borromée ★** *(490 route 138)*, construite entre 1838 et 1840. Son intérieur comporte quelques tableaux intéressants, dont *La Madone du Rosaire* de Théophile Hamel, au-dessus de l'autel latéral droit, et *Saint Charles Borromée* de Jean-Baptiste Roy-Audy. Il ne faut pas oublier, en ressortant, de jeter un coup d'œil sur le **presbytère néoclassique** de 1842, avec sa belle lucarne-fronton.

Même s'il a perdu de sa prestance depuis qu'il a été transformé en phare, à l'instar de plusieurs de ses semblables, le **moulin de Grondines** *(entrée libre; fin juin à fin sept; 535 ch. des Ancêtres, ☎ 418-268-6005)* demeure important puisqu'il est le plus ancien ouvrage du genre au Québec à être parvenu jusqu'à nous. Le moulin a été construit dès 1672 pour les religieuses hospitalières de l'Hôtel-Dieu de Québec, à qui la seigneurie de Grondines avait été concédée en 1637.

▸▸▸ *Le circuit du chemin du Roy prend fin à Grondines, mais peut être combiné à une visite de la région de la Mauricie, que l'on aborde à* **Sainte-Anne-de-la-Pérade** *(voir p. 360).*

Activités de plein air

➤ Chasse et pêche

Dans la région de Québec, on peut pratiquer la chasse et la pêche dans la **réserve faunique de Portneuf** *(☎ 418-323-2021 ou 800-665-6527, www.sepaq.com).*

Circuit D : La vallée de la Jacques-Cartier ★

▲ *p. 476* 🛏 *p. 479* 🍴 *p. 480* 🎫 *p. 481*

Tourisme Jacques-Cartier *(60 rue St-Patrick, Shannon, QC G0A 4N0, ☎ 418-844-2160, www.jacques-cartier.com)*

⏱ *Trois jours*

Après un court passage au milieu des premières zones de peuplement de la Nouvelle-France, ce circuit aborde les secteurs de villégiature des Laurentiennes, pour enfin s'enfoncer dans la nature sauvage de la vallée de la rivière Jacques-Cartier et de la réserve faunique des Laurentides. Idéal pour le camping, les descentes de rivière et autres activités de plein air, le circuit de la vallée de la Jacques-Cartier illustre à quel point la forêt vierge est proche de la grande ville.

Charlesbourg ★

En Nouvelle-France, les seigneuries prennent habituellement la forme de longs rectangles quadrillés que parcourent les «montées» et les «côtes»: le rang. La plupart d'entre elles sont également implantées perpendiculairement à un cours d'eau important. Charlesbourg est la seule véritable exception à ce système, et quelle exception! En 1665, les Jésuites, à la recherche de différents moyens pour peupler la colonie, tout en assurant sa prospérité et sa sécurité, développent sur leurs terres de la seigneurie de Notre-Dame-des-Anges un modèle d'urbanisme tout à fait original. Il s'agit d'un vaste carré, à l'intérieur duquel des lopins de terre distribués en étoile convergent vers le centre, où sont regroupées les habitations. Celles-ci font face à une place délimitée par un chemin appelé le «Trait-Carré» où se trouvent l'église, le cimetière et le pâturage communautaire. Ce plan radioconcentrique, qui assure alors une meilleure défense contre les Iroquois, est encore perceptible de nos jours dans le Vieux-Charlesbourg.

▸▸▸ *La seigneurie de Notre-Dame-des-Anges a été concédée aux Jésuites dès 1626, ce qui en fait l'une des premières zones habitées en permanence par les Européens au Canada. Malgré cette présence ancienne et ce développement original, Charlesbourg conserve peu de bâtiments antérieurs au XIX⁰ siècle. Cela s'explique par la fragilité des constructions et la volonté de se moderniser. Aujourd'hui, Charlesbourg est devenue l'une des principales composantes de Québec et a perdu beaucoup de son unité.*

▸▸▸ *Il est recommandé de garer sa voiture à proximité de l'église Saint-Charles-Borromée et de parcourir à pied le Trait-Carré.*

L'**église Saint-Charles-Borromée** ★ ★ *(7950 1re Avenue)* a révolutionné l'art de bâtir en milieu rural au Québec. Son architecture innove surtout par la disposition rigoureuse des ouvertures de la façade. En outre, l'église de Charlesbourg a l'avantage d'avoir été réalisée d'un trait et d'être demeurée intacte depuis. Rien n'est donc venu contrecarrer le projet original. La construction est entreprise en 1828, et le magnifique décor intérieur est mis en place à partir de 1833.

Au sortir, on aperçoit le vaste presbytère de 1876, témoin du statut privilégié des curés de village au XIXe siècle, et la Bibliothèque municipale, installée dans l'ancien collège des Frères Maristes (1904).

▸▸▸ *Prenez la 1re Avenue vers le sud, puis tournez à gauche dans la rue du Trait-Carré Est, qui conduit au chemin Samuel.*

La **maison Éphraïm-Bédard** *(entrée libre; mi-juin à mi-août mer-dim 10h à 17h, mi-août à mi-juin mar et jeu 13h30 à 16h; 7655 ch. Samuel, ☎ 418-624-7745)*, est l'une des rares survivantes du Vieux-Charlesbourg. La société historique locale y est installée depuis 1986 et présente une exposition sur l'évolution du Trait-Carré. Les cartes anciennes et les photos aériennes exposées permettent de mieux comprendre la physionomie particulière de Charlesbourg. La société organise aussi des visites guidées du secteur.

Si l'on reprend la rue du Trait-Carré Est, on peut voir, au numéro 7985, la **maison Pierre-Lefebvre** (1846), qui abrite la **Galerie d'art du Trait-Carré** *(entrée libre; juin à fin août mer-dim 10h30 à 17h30; sept à mai ven 19h à 21h, sam-dim 13h à 17h; ☎ 418-623-1877)*, où sont présentées des œuvres d'artistes locaux.

▸▸▸ *Tournez à droite dans le boulevard Louis-XIV. À l'angle du boulevard Henri-Bourassa se trouve l'ancien moulin des Jésuites.*

Le joli **moulin des Jésuites** ★ *(3$; mi-juin à début sept mer-dim 10h à 18h, début sept à mi-juin sam-dim 10h à 17h; 7960 boul. Henri-Bourassa, ☎ 418-624-7720, www.moulindesjesuites.org)*, un moulin à eau en moellons crépis, est le plus ancien bâtiment de Charlesbourg. Il a été érigé en 1740 pour les Jésuites, alors seigneurs des lieux. Après plusieurs décennies d'abandon, le bâtiment de deux niveaux a enfin été restauré en 1990 pour accueillir le **Centre d'interprétation du Trait-Carré**. On y organise aussi des concerts et des expositions.

▸▸▸ *Prenez la route 73, qui devient la route 175 vers Lac-Beauport.*

En chemin, faites une halte à l'**Insectarium de Québec** *(7$ adultes, 5$ enfants; mai à août tlj 9h à 17h, début sept à mi-sept sam-dim 9h à 17h; 335 boul. du Lac, Centre de plein air Notre-Dame-des-Bois, ☎ 418-841-2828 ou 866-689-8748, www.insectariumdequebec.ca)*, qui propose plusieurs collections d'insectes naturalisés et vivants, en provenance d'un peu partout dans le monde, ainsi qu'une volière à papillons.

▸▸▸ *Reprenez la route 175 vers Lac-Beauport.*

Lac-Beauport

Lieu de villégiature fort prisé tout au long de l'année, la région du lac Beauport attire les skieurs en hiver avec sa station de ski **Le Relais** (voir p. 472) et les amateurs de sports nautiques avec ses belles plages en été.

▸▸▸ *La route 175 passe en bordure des centres de villégiature de **Lac-Delage**, de **Stoneham** et de **Tewkesbury**. Elle donne accès, plus loin, au parc national de la Jacques-Cartier et à la réserve faunique des Laurentides.*

Le **parc national de la Jacques-Cartier** ★ ★ *(3,50$; route 175 N., ☎ 418-848-3169 en été ou ☎ 800-665-6527 en tout temps, www.sepaq.com)*, qui se trouve enclavé dans la réserve faunique des Laurentides, à 40 km au nord de Québec, accueille toute l'année une foule de visiteurs. Il est sillonné par la rivière du même nom, laquelle serpente entre les montagnes escarpées qui lui méritent le nom de «vallée de la Jacques-Cartier». Le site, qui bénéficie d'un microclimat dû à cet encaissement de la rivière, est propice à la pratique de plusieurs activités de plein air. On y trouve une faune et une flore abondantes et diversifiées qu'il fait bon prendre le temps d'admirer. Les détours des sentiers bien aménagés réservent parfois des surprises, comme un orignal et son petit en train de se nourrir dans un marécage. Un centre d'accueil et d'interprétation permet de bien s'informer avant de se lancer à la découverte de toutes ces richesses. Location d'emplacements de camping (voir p. 476) et de chalets pour 2 à 14 personnes, avec accès à diverses installations sportives (voir «Activités de plein air» p. 471).

La **réserve faunique des Laurentides** *(3,50$; route 175 N., Km 94, accueil Mercier, ☎ 418-848-2422 ou 800-665-6527, www.sepaq.com/rf/lau)* couvre un territoire de près de 8 000 km². Vaste étendue sauvage composée de forêts et de rivières, elle abrite une faune diversifiée comprenant des espèces telles que l'ours noir et l'orignal. La chasse et la pêche (à la truite mouchetée) y sont possibles à certaines périodes de l'année. La réserve possède de beaux sentiers de ski de fond, de courte et de longue randonnée, et afin d'accueillir les skieurs, on y propose des chalets *(réservations : ☎ 800-665-6527)* pouvant loger de 2 à 14 personnes.

▸▸▸ *Retournez sur vos pas sur la route 175 , que vous emprunterez en direction sud. Prenez la sortie 154 vers la rue de la Faune pour vous rendre à Wendake.*

Wendake ★

Chassées de leurs terres ontariennes par les Iroquois au XVIIᵉ siècle, 300 familles huronnes s'installent en divers lieux autour de Québec avant de se fixer définitivement, en 1700, à La Jeune-Lorette, aujourd'hui Wendake. Le visiteur sera charmé par le village aux rues sinueuses de cette réserve amérindienne sur les berges de la rivière Saint-Charles. En visitant ses musées et ses boutiques d'artisanat, il en apprendra beaucoup sur la culture des Hurons-Wendat, peuple sédentaire et pacifique. **Onhoüa Chetek8e** ★ *(12$; ♿ ; mars à oct tlj 9h à 17h, nov à fév tlj 10h à 16h; 575 rue Stanislas-Koska, ☎ 418-842-4308, www.huron-wendat.qc.ca)* est une reconstitution d'un village huron tel qu'il en existait aux débuts de la colonisation. On y retrouve l'aménagement du village avec ses maisons longues en bois et ses palissades. Le site a pour but de faire découvrir aux visiteurs le mode de vie et d'organisation sociale de la nation huronne-wendat. Sur place, on peut entre autres goûter à divers mets amérindiens et assister à des séances de contes et légendes et de danses traditionnelles.

L'**Hôtel-Musée Premières Nations** ★ ★ *(5 place de la Rencontre, ☎ 418-847-2222 ou 866-551-9222, www.hotelpremieresnations.com)* rappelle les maisons longues iroquoises. En plus d'abriter un superbe hôtel (voir p. 476), il renferme le **Musée huron-wendat** ★ *(9$; fin juin à début sept tlj 9h à 20h, début sept à début nov dim-mer 9h à 16h et jeu-sam 9h à 20h, nov à fin juin dim et mer 9h à 16h et jeu-sam 9h à 20h; 15 place de la Rencontre, ☎ 418-847-2260, www.museehuronwendat. com)*, où la richesse de la culture huronne-

wendat est mise en valeur par une collection qui explore les thèmes du territoire, de la mémoire et du savoir.

On peut se procurer au Musée huron-wendat le **forfait découverte** *(13$; fin juin à début sept visites à 10h et 13h, début sept à fin juin visite à 10h; réservations requises)*, qui permet de visiter trois autres attraits en plus du musée: l'église Notre-Dame-de-Lorette, la Maison Tsawenhohi et la chute Kabir Kouba (voir ci-dessous).

L'**église Notre-Dame-de-Lorette** ★ *(140 boul. Bastien)*, l'église des Hurons-Wendat, terminée en 1730, rappelle les premières églises de Nouvelle-France. L'humble édifice, revêtu d'un crépi blanc, recèle des trésors insoupçonnés que l'on peut voir dans le chœur et dans la sacristie. Certains de ces objets ont été donnés à la communauté huronne par les Jésuites et proviennent de la première chapelle de L'Ancienne-Lorette (fin XVIIᵉ siècle).

La **Maison Tsawenhohi** *(75 Chef Nicolas Vincent Tsawenhohi, ☎ 418-847-2260, www. museehuronwendat.com, voir le forfait découverte)*, dont le nom huron-wendat signifie «celui qui voit clair, le faucon», a été achetée en 1804 par le grand chef Nicolas Vincent Tsawenhohi. Elle fait maintenant partie du patrimoine de la nation huronne-wendat et abrite un centre d'interprétation des savoirs-faire traditionnels. De nombreuses activités y sont organisées été comme hiver, entre autres de l'initiation à la raquette, des excursions en canot et de la dégustation de produits du terroir.

Au **parc de la Falaise et de la chute Kabir Kouba** ★ *(stationnement à l'arrière du restaurant **Sagamité**, voir p. 479)*, quelques petits sentiers longent le bord de la falaise, haute de 42 m, au fond de laquelle coule la rivière Saint-Charles. En empruntant un escalier, vous pourrez admirer de plus près cette magnifique chute haute de 28 m. Le site a longtemps été exploité par des entrepreneurs qui y ont installé plusieurs

La rivière et la chute Kabir Kouba

À la suite des nombreuses guerres que leur ont déclarées les Iroquois, les Hurons-Wendat ont abandonné leur Huronie natale (environs de la baie Georgienne) pour finalement s'installer sur les abords de la rivière Kabir Kouba (la section sinueuse de la rivière Saint-Charles) en 1697. La légende raconte qu'un jour un très long serpent céleste aux écailles d'argent se serait couché dans une vallée pour s'y reposer. Le nom huron Kabir Kouba signifie «rivière aux mille détours».

types de moulins (à farine, à scie, à papier…) et une centrale électrique. Le lieu est aussi très chargé de signification pour les Hurons-Wendat, la rivière et la chute étant protectrices de leur nation. Le **Centre d'interprétation Kabir Kouba** *(entrée libre; visite guidée du site 5$, réservations requises; début juin à fin oct lun-ven 10h à 16h; 14 rue St-Amand, Loretteville, ☎ 418-842-0077, www.chutekabirkouba.com)* est situé de l'autre côté de la rivière, à Loretteville. Il retrace l'histoire du lieu à travers fossiles, photographies et autres artéfacts trouvés sur les lieux.

''' *De Wendake, vous pouvez vous rendre dans la région du lac Saint-Joseph, au nord-ouest, une populaire région de villégiature auprès des Québécois qui utilisent ce plan d'eau pour la baignade et les sports nautiques tout au long de l'été.*

Sainte-Catherine-de-la-Jacques-Cartier

À 45 km de Québec, au bord du plus grand lac de la région, le lac Saint-Joseph, la **Station touristique Duchesnay** ★ *(toute l'année; 140 montée de l'Auberge, ☎ 418-875-2122 ou 877-511-5885, www.sepaq.com/duchesnay)* permet de se familiariser avec la forêt laurentienne. Situé sur un territoire de 90 km², ce centre de recherche sur la faune et la flore de nos forêts fait partie des stations touristiques de la Sépaq. Reconnu depuis longtemps pour ses sentiers de ski de fond, il s'avère idéal pour pratiquer toutes sortes d'activités de plein air telles que la randonnée pédestre, grâce à ses 25 km de sentiers aménagés, les sports nautiques, etc. La piste cyclable Jacques-Cartier/Portneuf passe par Duchesnay. De plus, l'Auberge Duchesnay offre aux visiteurs des lieux d'hébergement et de restauration très confortables.

À l'intérieur de la station se trouve le célèbre **Hôtel de Glace** ★ *(16$; début jan à fin mars tlj 10h à 24h, visites guidées tlj 10h30 à 16h30; ☎ 418-875-4522 ou 877-505-0423, www.hoteldeglace.qc.ca; voir p. 476)*, une époustouflante réalisation! Inspiré du modèle suédois original, l'hôtel de glace est le seul du genre en Amérique du Nord et figure sans contredit parmi les attractions incontournables du continent! Bien sûr, sa durée de vie est limitée (début janvier à fin mars), mais, chaque année, les bâtisseurs se remettent à la tâche pour ériger ce magnifique complexe à l'aide de plusieurs tonnes de glace et de neige. Et l'on ne se contente pas d'empiler des blocs de glace, on s'en sert aussi pour décorer! Le hall d'entrée, par exemple, se voit surmonté d'un splendide lustre de glace. L'hôtel abrite une galerie d'art où les sculptures de neige et de glace

rivalisent d'originalité, une salle d'exposition, une glissade, une chapelle et un bar où l'on sert de la vodka dans des verres de glace! Émerveillement garanti!

''' *De Sainte-Catherine-de-la-Jacques-Cartier, empruntez la route 367 Ouest jusqu'à Rivière-à-Pierre, où se trouve le poste d'accueil de la réserve faunique de Portneuf.*

Réserve faunique de Portneuf ★

La **réserve faunique de Portneuf** *(3,50$; 229 rue du Lac-Vert, Rivière-à-Pierre, ☎ 418-323-2021 ou 800-665-6527, www.sepaq.com)* propose des kilomètres de sentiers destinés à la pratique de maintes activités de plein air, entre autres la motoneige, le ski de fond et la raquette. En outre, son territoire est sillonné de rivières et de lacs. On peut aussi y séjourner dans d'agréables chalets *(réservations ☎ 800-665-6527)*. Bien équipés pour 2 à 14 personnes, les chalets permettent de profiter pleinement des beautés de la réserve faunique.

Activités de plein air

➤ Canot

On peut louer des canots dans la **réserve faunique de Portneuf** (voir plus haut) pour se promener sur les lacs et rivières, dans le **parc national de la Jacques-Cartier** (voir p. 469) pour descendre la rivière.

➤ Chasse et pêche

Dans la région de Québec, on peut pratiquer la chasse et la pêche dans la **réserve faunique des Laurentides** (voir p. 469).

➤ Descente de rivière

La rivière Jacques-Cartier sait depuis longtemps faire sauter et sursauter les braves qui s'y aventurent au printemps et au début de l'été. Deux entreprises installées depuis longtemps dans la région proposent des expéditions de rafting bien encadrées et tout l'équipement nécessaire. Le **Village Vacances Valcartier** *(à partir de 40$; horaire variable; 1860 boul. Valcartier, St-Gabriel-de-Valcartier, ☎ 418-844-2200 ou 888-384-5524, www.valcartier.com)* vous promet une bonne dose d'émotions fortes sur un trajet de 8 km au fil de la rivière Jacques-Cartier. On y propose aussi des descentes en luge d'eau. Avec les **Excursions Jacques-Cartier** *(à partir de 40$; mai à fin sept, tlj départs à 8h et 13h; 860 av. Jacques-Cartier N., Tewkesbury, ☎ 418-848-7238, www.excursionsj-cartier.com)*, vous pourrez aussi faire de belles descentes hautes en couleur.

On fait aussi du rafting sur la rivière Batiscan, dans la **réserve faunique de Portneuf** (voir plus haut).

➤ Équitation

Les **Excursions Jacques-Cartier** (voir ci-dessus) proposent de l'équitation dans un bel environnement au bord de la rivière Jacques-Cartier et en forêt. Avant le départ, on vous initie aux techniques de base de l'entretien de votre cheval, ce qui vous permet de faire connaissance.

➤ Glissade

Le **Mont-Tourbillon** *(15,50$ adultes, 13$ enfants, tarifs réduits ven-sam après 16h; tlj; 55 montée du Golf, Lac-Beauport, ☎ 418-849-4418, www.monttourbillon.com)* propose de la descente en chambre à air pendant la saison froide. On peut aussi y pratiquer la raquette et on y trouve un restaurant et un bar.

Le spécialiste de la glissade, été comme hiver, est sans contredit le **Village Vacances Valcartier** *(♿; horaire variable; coordonnées voir plus haut)*, une base de plein air qui dispose de toutes les installations pour s'amuser. En été, les toboggans aquatiques *(30$)* et la piscine à vagues attirent les foules. En hiver, les glissoires glacées *(23$)* vous feront oublier le froid pendant un moment. On peut aussi y faire du rafting des neiges *(24$)* et du patin à glace *(6$)* sur la longue patinoire de 2,5 km qui serpente dans le boisé. On y trouve aussi un restaurant et un bar. Un énorme camping de 700 places y a aussi été aménagé.

➤ Randonnée pédestre

Les sentiers du **parc national de la Jacques-Cartier** (voir p. 469) figurent parmi les favoris des gens de la région. Paisibles ou abrupts, ils vous font découvrir de jolis petits coins de forêt ou dévoilent des vues magnifiques sur la vallée et la rivière qui y coule.

La **réserve faunique de Portneuf** (voir p. 471), la **Station touristique Duchesnay** (voir p. 471) et la **Station touristique Stoneham** (voir plus bas) disposent toutes de nombreux sentiers de randonnée pédestre des plus agréables.

➤ Ski alpin

Le **Relais** *(33$/jour, 20$/soir; lun-jeu 9h à 21h30, ven 9h à 22h, sam 8h30 à 22h, dim 8h30 à 21h30; 1084 boul. du Lac, Lac-Beauport, ☎ 418-849-1851 ou 866-373-5247, www.skirelais.com)* offre 29 pistes, dont 25 sont éclairées pour le ski en soirée.

La **Station touristique Stoneham** *(54$/jour, 30$/soir; lun-ven 9h à 22h, sam 8h30 à 22h, dim 8h30 à 19h30; 600 ch. du Hibou, Stoneham, ☎ 418-848-2411 ou 800-463-6888, www.ski-stoneham.com)* peut recevoir des visiteurs tout au long de l'année. En hiver, elle propose 39 pistes de ski alpin, dont 19 sont éclairées.

➤ Ski de fond et raquette

Niché au cœur de la réserve faunique des Laurentides, le **Camp Mercier** *(8$; tlj 8h30 à 16h; route 175 N., Km 94, réserve faunique des Laurentides, ☎ 418-848-2422 ou 800-665-6527)* est sillonné par 192 km de sentiers bien entretenus dans un paysage des plus apaisants. Vu sa situation idéale, il est skiable de l'automne au printemps. Les possibilités de longues randonnées sont intéressantes, et le parcours est jalonné de refuges chauffés. Un réseau de huit sentiers totalisant 20 km est aussi proposé aux amateurs de raquette. Parmi ceux-ci, celui du Grand Circuit mène à un sommet d'où la vue se révèle exceptionnelle. Des chalets à louer pouvant loger de 2 à 14 personnes sont également proposés.

Au centre de ski de fond **Les Sentiers du Moulin** *(13$ ski de fond, 6$ raquette; tlj 8h30 à 16h; 99 ch. du Moulin, Lac-Beauport, ☎ 418-849-9652, www.sentiersdumoulin.com)*, 38 km de sentiers sont entretenus. Sur le site, six refuges chauffés accueillent les skieurs de tous types. Il est possible de prendre une bouchée au casse-croûte. En saison estivale, les pistes deviennent des sentiers de randonnée pédestre et de vélo de montagne.

La **Station touristique Duchesnay** *(8$; tlj 8h30 à 16h; coordonnées voir p. 471)* est très populaire, l'hiver venu, auprès des fondeurs de la région. Dans une vaste et riche forêt, on parcourt 70 km de sentiers bien entretenus en compagnie des petites mésanges et d'autres oiseaux qui n'ont pas peur du froid!

➤ Traîneau à chiens

La meute d'**Aventure Inukshuk** *(mi-déc à mi-mars; 30 rue des Aventuriers, Station touristique Duchesnay, ☎ 418-875-0770, www.aventureinukshuk.qc.ca)* et ses propriétaires vous proposent des forfaits de courte et longue durée dans la magnifique Station touristique Duchesnay. Vous guidez l'attelage pendant les randonnées.

Chez **Aventures Nord-Bec Stoneham** *(99$/demi-journée; 4 ch. des Anémones, Stoneham, ☎ 418-848-3732)*, on organise des excursions en traîneau à chiens pendant lesquelles vous guidez l'attelage.

➤ Vélo

L'entreprise **Cyclo Services** offre plusieurs excursions à vélo dans la région de Québec (voir p. 460).

Utilisant les anciennes emprises de voies ferrées et traversant la **Station touristique Duchesnay** (voir p. 471) et la **réserve faunique de Portneuf** (où il est possible de garer sa voiture et de louer des vélos) et longeant certains lacs de la région, la **véloroute Jacques-Cartier/Portneuf** *(☎ 418-337-7525 ou 800-321-4992, www.velopistejcp.com)* compte 68 km de trajet, depuis Rivière-à-Pierre jusqu'à Saint-Gabriel-de-Valcartier. Son environnement envoûtant et son parcours sécuritaire attirent de nombreux cyclistes. En hiver, la piste est utilisée par les motoneigistes. On peut prolonger la balade par le **corridor des Cheminots**, qui part de Shannon et se rend jusque dans le Vieux-Québec.

Dans le **parc national de la Jacques-Cartier** (voir p. 469), les marcheurs et les mordus de vélo de montagne pourront profiter de nombreux sentiers, partagés ou non. On y fait la location de vélos.

À la **Station touristique Stoneham** (voir plus haut), une station de ski alpin reconnue, les cyclistes partagent avec les marcheurs les nombreux sentiers qui la sillonnent.

Hébergement

Circuit A : La côte de Beaupré

Une bonne option existe pour ceux qui désirent profiter du côté un peu plus convivial de l'hébergement. L'organisation locale **Hébergement touristique en famille** *($$ ☎; ☎ 418-822-4323, www.familles-hotes.com)* permet à ceux qui le souhaitent d'être hébergés dans une famille lors de leur séjour sur la côte de Beaupré. Une occasion unique et sympathique de fraterniser avec les «gens de la place»! Tout le confort est assuré, car les familles sont triées sur le volet, et l'hébergement respecte les normes de la Corporation de l'industrie touristique du Québec (CITQ).

Beauport

Ambassadeur Hôtel et suites
$$$ ≡ ⊌ ⑅ ◎ ⊷ @ ♿ ♨
321 boul. Ste-Anne
☎ 418-666-2828 ou 800-363-4619
www.hotelambassadeur.ca

L'hôtel Ambassadeur a été construit à l'entrée de la ville dans un secteur où les voyageurs ne font généralement halte que pour la nuit. Ses 145 chambres sont jolies et spacieuses. Le rez-de-chaussée renferme par ailleurs trois restaurants.

Château-Richer

Auberge du Petit-Pré
$$ ☎ @ ♿
7126 av. Royale
☎ 418-824-3852
www.aubergedupetitpre.com

L'Auberge du Petit-Pré est aménagée dans une maison du XVIIIᵉ siècle. Ici vous aurez droit à un accueil des plus attentionnés. Ses quatre chambres sont douillettes et décorées avec goût. On y trouve une verrière, ouverte durant les beaux jours, deux salons, l'un avec téléviseur et l'autre avec foyer. Le petit déjeuner est généreux et finement préparé. L'aubergiste cuisinier pourra d'ailleurs, s'il est prévenu d'avance, vous concocter, pour le dîner, l'un de ses délicieux repas dont l'arôme envahira la maison, ajoutant ainsi à la chaleur de l'endroit.

Auberge du Sault-à-la-Puce
$$-$$$ ☎ ◎ ⊌ △ ❄ ♿ ⌂ @
8365 av. Royale
☎ 418-824-5659 ou 866-424-5659
http://home.total.net/~alapuce

Marie-Thérèse Rousseau et Michel Panis ont quitté la ville pour s'installer sur la côte de Beaupré, dans une belle demeure du XIXᵉ siècle coiffée d'un toit en mansarde. Ils ont baptisé l'endroit «l'Auberge du Sault-à-la-Puce», car l'établissement est voisin d'une petite rivière ponctuée de minuscules rapides. Les clients peuvent se prélasser sur sa véranda victorienne, équipée de meubles de jardin, tout en écoutant le doux clapotis de l'eau. Les cinq chambres que compte l'auberge sont dotées d'élégants lits de cuivre qui offrent un contraste intéressant avec les boiseries rustiques des murs. Excellente table (voir p. 477).

Auberge Baker
$$-$$$$ ☎ ≡ ♿ ◎ △ ⊌ ⊷ @
8790 av. Royale
☎ 418-824-4478 ou 886-824-4478
www.auberge-baker.qc.ca

L'Auberge Baker est installée dans une maison centenaire de la côte de Beaupré. Ses murs de pierres, ses plafonds bas, ses planchers de bois et ses fenêtres à large encadrement charment les visiteurs. Ses cinq chambres occupent des combles un peu sombres, mais, à cet étage, on trouve aussi une cuisinette et une terrasse attenante. Les chambres sont décorées avec soin, par souci d'authenticité, et meublées d'antiquités. L'auberge possède aussi **La petite maison du village**, dont il est possible de louer une chambre ou qu'on peut louer en entier, moyennant des frais un peu plus élevés.

Sainte-Anne-de-Beaupré

Auberge La Grande Ourse
$$ ✆ *auberge*
$$ *motel*
≡ ❄ @
9717 av. Royale
☎ 418-827-1244 ou 877-775-1244
www.quebecweb.com/grandeourse

L'Auberge La Grande Ourse propose des unités de très bon confort dans une belle vieille maison située dans le centre de Sainte-Anne-de-Beaupré. Les chambres de l'auberge sont plus sympathiques, mais celles du motel sont plus grandes. Toutes sont joliment décorées.

La Bécassine
$$ ≡ ♨ @ ➤
9341 boul. Ste-Anne
☎ 418-827-4988 ou 877-727-4988
www.labecassine.com

L'auberge La Bécassine a l'avantage d'être située à moins de 10 min du mont Sainte-Anne. Il s'agit en fait d'un motel puisque la plupart des chambres, au décor simple mais assez agréable, sont situées côte à côte près du bâtiment principal. Celui-ci abrite une vaste salle à manger. Une bonne adresse peu chère.

Beaupré

Auberge La Camarine
$$-$$$ ✆ ≡ ♨ ◎ ▲ ❧ @
10947 boul. Ste-Anne
☎ 418-827-5703 ou 800-567-3939
www.camarine.com

La Camarine se dresse en face du fleuve Saint-Laurent. Cette mignonne petite auberge de qualité supérieure loue une trentaine de chambres. Le décor allie harmonieusement l'aspect rustique de la maison avec un mobilier de bois aux lignes modernes. L'endroit est charmant.

Hôtel Val-des-Neiges
$$-$$$ ≈))) ♨ ◎ ≡ ❧ @
201 rue Val-des-Neiges
☎ 418-827-5711 ou 888-222-3305
www.dufour.ca

Autour du mont Sainte-Anne, plusieurs chalets ont été construits. L'hôtel Val-des-Neiges côtoie ainsi les résidences des vacanciers. Il dispose de chambres au décor rustique qui sont assez jolies. On y propose des forfaits croisière.

Château Mont-Sainte-Anne
$$$
≈ ☙))) ♨ ◎ 🔒 ➤ ❧ ❧ ❧ ⚅ ≡ ▲ @
500 boul. Beau-Pré
☎ 418-827-5211 ou 800-463-4467
www.chateaumsa.ca

Le Château Mont-Sainte-Anne est situé au bas des pentes de ski; on ne pourrait être plus près du mont. Les chambres sont spacieuses, et certaines comportent une mezzanine. On y trouve un spa.

Saint-Ferréol-les-Neiges

Camping Mont-Sainte-Anne
$ @
rang St-Julien
☎ 418-826-2323 ou 800-463-1568

Le Camping Mont-Sainte-Anne, situé à la station touristique Mont-Sainte-Anne, dispose de 166 emplacements dans un site boisé traversé par la rivière Jean-Larose et doté des services essentiels. Vous y êtes, bien sûr, à proximité de toutes les activités de plein air qu'offre le site. On y offre aussi la formule prêt-à-camper: une roulotte tout équipée située près de la rivière et prête à vous accueillir.

Circuit B: L'île d'Orléans

Sur l'île d'Orléans, on dénombre près d'une cinquantaine de gîtes touristiques! On peut s'en procurer la liste au bureau d'information touristique. On y trouve

aussi quelques auberges dont la réputation n'est plus à faire, de même qu'un camping. Vous avez donc toutes les possibilités de faire durer le plaisir d'un séjour dans cette île ensorceleuse.

Sainte-Pétronile

Gîte Au Toit Rouge
$$ ✆ ➤
41 rue Horatio-Walker
☎ 418-828-9654 ou 800-430-9946
www.toitrouge.com

Située sur le bord de l'eau, cette ancienne maison de repos de religieuses propose trois charmantes chambres offrant une superbe vue sur le Château Frontenac et la chute Montmorency.

Auberge La Goéliche
$$$-$$$$ ✆
♨ ≈ ▲ ≡ ◎ ➤ @
22 ch. du Quai
☎ 418-828-2248 ou 888-511-2248
www.goeliche.ca

Malgré ses installations modernes, l'Auberge La Goéliche s'empreint d'un certain cachet champêtre. Ses 16 chambres sont confortables et ont une vue imprenable sur Québec, et les clients peuvent profiter d'un petit salon avec foyer et jeux de société. On peut aussi y louer des «condos» à la nuitée ou pour de plus longs séjours. La salle à manger (voir p. 478) vaut le déplacement.

Saint-Laurent-de-l'Île-d'Orléans

Le Canard Huppé
$$$-$$$$ ✆ ≡ ♨ ❄ @
2198 ch. Royal
☎ 418-828-2292 ou 800-838-2292
www.canard-huppe.com

L'auberge Le Canard Huppé a acquis une très bonne réputation. Ses chambres, propres et confortables, offrent un décor champêtre parsemé de canards de bois. La table du restaurant est tout aussi réputée et agréable (voir p. 478). L'accueil est attentionné, et, puisque l'établissement est situé sur l'île d'Orléans, il s'entoure de beaux paysages.

Saint-Jean-de-l'Île-d'Orléans

Auberge Le p'tit bonheur
$ en dortoir
$$ en chambre privée ☛
bc
186 côte Lafleur
☎ 418-829-2588
www.leptitbonheur.qc.ca

L'Auberge Le p'tit bonheur, campée sur l'île d'Orléans, porte le nom d'une chanson de Félix Leclerc, qui fut amoureux de cette île située au milieu du fleuve Saint-Laurent. Cette auberge de jeunesse est un bon choix abordable pour qui souhaite découvrir ce coin de pays. On peut même dormir sous un tipi ou dans un igloo, selon la saison. De la maison principale, tricentenaire, et du site se dégage une atmosphère conviviale. Plusieurs activités de plein air y sont possibles, été comme hiver. À noter que les draps sont fournis dans le dortoir et que les sacs de couchage sont interdits.

Saint-François-de-l'Île-d'Orléans

Camping Orléans
$ ≈ @ ☛
357 ch. Royal
☎ 418-829-2953 ou 888-829-2953
www.campingorleans.com

Le Camping Orléans compte plus de 150 emplacements, la plupart ombragés et avec vue sur le fleuve. Plusieurs services sont disponibles sur place. On a accès à la grève pour faire de belles promenades.

Auberge Chaumonot
$$$-$$$$$ ☛ ≡
fermé nov à fin avr
425 ch. Royal
☎ 418-829-2735 ou 800-520-2735
www.aubergechaumonot.com

L'Auberge Chaumonot dispose de huit chambres.

Petite auberge construite sur le côté sud de l'île, tout près des berges du fleuve, elle accueille les visiteurs durant l'été seulement. Elle est située loin des villages et de la route dans un cadre champêtre charmant. Les chambres, au décor rustique, offrent un bon confort.

Sainte-Famille

Gîte Au Toit Bleu
$$-$$$ ☛ bc/bp @ ☛ ♿ ♿
3879 ch. Royal
☎ 418-829-1078

D'ambiance tout à fait bohème, la belle vieille maison au toit bleu qui abrite le gîte éponyme est remplie d'objets du monde entier, recueillis par la propriétaire des lieux au fil de ses voyages. On s'y sent tout de suite à l'aise. Le petit déjeuner, qui peut être végétarien, est créé sous l'inspiration du moment, et le grand terrain mène jusqu'au fleuve. Cinq chambres.

Saint-Pierre-de-l'Île-d'Orléans

Le Vieux Presbytère
$$-$$$ ☛ bc/bp ♨ ♿ ≡
1247 av. Monseigneur-D'Esgly
☎ 418-828-9723 ou 888-828-9723
www.presbytere.com

L'auberge Le Vieux Presbytère est aménagée de fait dans un ancien presbytère juste derrière l'église du village. Ici règnent la pierre et le bois. Les plafonds bas traversés de larges poutres, les fenêtres à large encadrement, les antiquités telles que les catalognes et les tapis tressés, vous transporteront à l'époque de la Nouvelle-France. La salle à manger (voir p. 478) et le salon sont invitants. Il s'agit d'un endroit tranquille au charme rustique.

Circuit C:
Le chemin du Roy

Sainte-Foy

Hôtel ALT Québec
$$$ ♨ ≡ @
1200 av. Germain-des-Prés
☎ 418-658-1224 ou 800-463-5253
www.quebec.althotels.ca

Ouvert depuis plusieurs années, l'Hôtel ALT Québec était auparavant connu sous le nom d'Hôtel Germain-des-Prés. Il a changé de nom depuis qu'il est sous la bannière de la chaîne ALT, qui appartient toujours au groupe Germain, et a intensifié ses actions afin de devenir un hôtel écologique. C'est le premier mandat de cette chaîne. Ses chambres modernes, décorées avec grand soin, sont on ne peut plus accueillantes et offrent toutes les commodités pour se détendre. Peignoirs dans les salles de bain, fauteuils confortables, couette et oreillers en duvet... Sans oublier toutes les petites attentions caractéristiques des hôtels-boutiques où le service est personnalisé.

Deschambault-Grondines

Maison Deschambault
$$$-$$$$ ♨ @ ⚓
128 du Roy
Deschambault
☎ 418-286-3386
www.quebecweb.com/deschambault

La Maison Deschambault propose cinq chambres de grand confort, décorées de motifs fleuris dans des tons pastel. On y trouve aussi un petit bar et une salle à manger servant une fine cuisine (voir p. 479). Le tout dans le cadre enchanteur d'une ancienne gentilhommière et sur un site paisible invitant à la détente.

Neuville

Manoir de Neuville
$$-$$$ ≡ ◎ ▲ ♨ ⚌ @
469 route 138
☎ 418-876-2424 ou 866-871-2424
www.manoirdeneuville.com

En plus d'une vue imprenable sur le fleuve (de la terrasse, on a littéralement l'impression d'être dans un bateau!), cette auberge d'aspect un peu vieillot au premier abord abrite de charmantes chambres vêtues de bois. Elles ont toutes une thématique particulière, comme la chambre égyptienne, asiatique ou western. Des chalets sont aussi disponibles pour location *(mai à oct)*.

Circuit D: La vallée de la Jacques-Cartier

Wendake

Hôtel-Musée Premières Nations
$$$-$$$$ ≡ ▲ ❄ ⚐ ⛺ ⚒
5 place de la Rencontre
☎ 418-847-2222 ou 866-551-9222
www.hotelpremieresnations.com

Avec son splendide décor composé de panaches, de peaux d'animaux, d'arbres apparents et de bûches qui font office de tables de chevet, l'Hôtel-Musée Premières Nations sort de l'ordinaire! Les confortables chambres, magnifiquement décorées, offrent toutes une vue sur la rivière Akiawenrahk (ou Saint-Charles) et ont chacune un capteur de rêve pour nous rappeler que nous sommes en pays huron. Le hall n'est pas en reste avec son foyer, ses œuvres d'artistes autochtones et sa grande baie vitrée qui rappelle que la nature n'est jamais bien loin. Son restaurant, La Traite (voir p. 480), fait partie des bonnes tables de la région, et son musée (voir p. 470) permet de découvrir la riche culture huronne-wendat.

Parc national de la Jacques-Cartier

Camping Stoneham
$ ⛺ ⛟ ♨ ⚅
71 ch. St-Edmond
☎ 418-848-2233 ou 866-547-0233
www.campingstoneham.ca

Au cœur même du parc national de la Jacques-Cartier, il est possible de planter sa tente sur un des 250 emplacements dans un environnement absolument magnifique. De nombreux emplacements réservés au camping le long de la rivière sont soit rustiques, soit semi-aménagés. Bien entendu, vous n'y manquerez pas d'activités!

Lac-Delage

Manoir du Lac Delage
$$$-$$$$
≡ ⛺ ♨ ▲ 〰 ⚐ ◎ ❄ @
40 av. du Lac
☎ 418-848-2551 ou 888-202-3242
www.lacdelage.com

Le Manoir du Lac Delage offre une foule d'installations qui enchanteront les amateurs de sport, été comme hiver. Le centre dispose d'une patinoire et se trouve à proximité des sentiers de ski de fond et des glissoires. En été, les rives du lac permettent la pratique de plusieurs sports nautiques. Les chambres, garnies de meubles en bois, sont confortables. Bonne table.

Lac-Beauport

Auberge Quatre Temps
$$-$$$ ❄ ≡ 〰 ⚐ ◎ ⛟ ▲ ♨
161 ch. Tour-du-Lac
☎ 418-849-4486 ou 800-363-0379
www.aubergequatretemps.qc.ca

Située directement au bord du lac Beauport, l'Auberge Quatre Temps compte 29 chambres et quatre appartements dans un site enchanteur. Les chambres sont belles et décorées avec goût. Douillettes, certaines ont vue sur le lac, alors que d'autres ont une baignoire à remous. Une plage est aussi accessible aux clients, et un spa offre ses services de soins. Classe et confort.

Sainte-Catherine-de-la-Jacques-Cartier

Chaumière Juchereau-Duchesnay
$$-$$$ ♨ ⛺ @
5050 route de Fossambault
☎ 418-875-2751
www.cjduchesnay.ca

Tout près de la Station touristique de Duchesnay, où l'on peut pratiquer une foule d'activités de plein air, se dresse la Chaumière Juchereau-Duchesnay, qui propose le gîte et le couvert. Les neuf chambres, toutes décorées de façon similaire dans des tons pastel, offrent un bon confort, même si l'on n'y retrouve pas le charme antique de la salle à manger. L'endroit, avec ses arbres, sa piscine et sa terrasse, profite d'une tranquillité propice à la détente.

Station touristique Duchesnay
$$$-$$$$
♨ ≡ ⚐ ❄ ⚅ ❄ ⛟ @ ◎
140 montée de l'Auberge
☎ 418-875-2122 ou 877-511-5885
www.sepaq.com

Au cœur d'une forêt couvrant 90 km² au bord du grand lac Saint-Joseph, outre l'auberge de 48 chambres, plusieurs pavillons et villas peuvent accueillir les visiteurs. Plusieurs formules sont disponibles, le tout sous le signe de la nature et du confort. Si vous louez une villa en famille, pour profiter du lac et des sentiers pédestres, ou une chambre en amoureux, pour sillonner les nombreuses pistes de ski de fond, vous risquez fort de tomber sous le charme des lieux. On y propose aussi un service de spa scandinave.

Hôtel de Glace
$$$$$ ❄ bc ▲ ◎ 〰
jan à mars
Station touristique Duchesnay
Pavillon Ukiuk, 75 montée de l'Auberge
☎ 418-875-4522 ou 877-505-0423
www.hoteldeglace.qc.ca

Vous n'oseriez pas prendre son nom au pied de la lettre, et pourtant il s'agit bel et bien d'un hôtel de glace (voir p. 471)! Eh oui, entièrement bâti à même des milliers de tonnes de glace et de neige. Une époustouflante réalisation! Les téméraires accourent d'un peu partout sur le continent pour avoir la chance de vivre l'expérience d'une nuit dans cette oasis du froid. Mais grâce à l'isolation naturelle que procure la glace, il fait toujours entre –3°C et –5°C à l'intérieur des murs. On dort donc tout de même assez confortablement dans les 36 chambres, bien emmitouflé dans un épais sac de couchage étendu sur des peaux de chevreuil. Si vous êtes un novice en camping d'hiver, rassurez-vous car vous serez très bien encadré par une équipe disponible jour et nuit. Notez aussi que les salles de bain communes sont chauffées et que le petit déjeuner et le dîner se prennent à l'Auberge Duchesnay. Une expérience inoubliable!

Saint-Raymond

Auberge La Bastide
$$$ **☕@♨≡◎**
567 rue St-Joseph
☏ 418-337-3796 ou 877-337-3796
www.bastide.ca
Les sept chambres de cette auberge sont chaleureuses, tout comme l'accueil, d'ailleurs. Ce petit établissement représente une étape incontournable si vous êtes de passage dans la région. Splendide terrain, petits déjeuners créatifs et oreillers moelleux sont au rendez-vous. De plus, la table est excellente (voir p. 480). Une heureuse adresse en tous points.

Restaurants

Circuit A: La côte de Beaupré

Beauport
Le Gril-Terrasse du Manoir
$$-$$$
mai à oct
2490 av. Royale
☏ 418-663-3330
Planté en haut de la chute Montmorency, le **Manoir Montmorency** (voir p. 455) bénéficie d'un site superbe. Depuis sa salle à manger et sa terrasse, on a une vue absolument magnifique sur la chute ainsi que sur le fleuve et l'île d'Orléans, en face. Vous pourrez y savourer viande, volaille et poisson cuits sur le gril. Une belle expérience pour la vue et pour le goût! Sur réservation, vous éviterez de payer les frais d'entrée et de stationnement du parc de la Chute-Montmorency, où se trouve le manoir.

Château-Richer
Le Café du Moulin
$-$$
mi-avr à mi-oct
7007 av. Royale
☏ 418-824-7007
www.moulin-petitpre.com
Le **Moulin du Petit-Pré** (voir p. 456), en plus de proposer la visite de ses installations, offre un service de restauration dont le menu comporte crêpes-repas, paninis et autres mets légers. La salle à manger et la terrasse sont très accueillantes. Boulangerie sur place.

Auberge Baker
$$-$$$$
8790 av. Royale
☏ 418-824-4478 ou 866-824-4478
L'**Auberge Baker** (voir p. 473) possède deux salles à manger, l'une aux murs de pierres et avec foyer, et l'autre vitrée. Au menu figure une

cuisine traditionnelle québécoise honnête. Gibier, viande et volaille sont bien apprêtés et présentés avec soin.

Auberge du Sault-à-la-Puce
$$$$
8365 av. Royale
☏ 418-824-5659
Le chef de l'Auberge du Sault-à-la-Puce prépare avec soin chacun des plats qu'il concocte et y intègre les fruits et les légumes de son jardin. Il met également à l'honneur les produits locaux, comme les viandes et les volailles des villages voisins. L'établissement, qui compte aussi cinq chambres d'hôte (voir p. 473), offre une table d'hôte à quatre services.

Beaupré
Resto-Pub Le St-Bernard
$$
252 boul. Beau-Pré
☏ 418-827-6668
Le Resto-Pub Le St-Bernard propose une cuisine de type pub, avec steaks, ailes de poulet, pizzas fines et autres mets du genre. L'ambiance animée se prête bien aux repas en famille. Les portions sont très généreuses, et l'établissement offre un bon choix de bières importées. À quelques minutes du mont Sainte-Anne.

Auberge La Camarine
$$$
10947 boul. Ste-Anne
☏ 418-827-5703
L'**Auberge La Camarine** (voir p. 474) abrite un excellent restaurant où l'on sert une nouvelle cuisine québécoise. La salle à manger a un lieu paisible au décor très simple. Toute votre attention sera portée sur les petits plats originaux que l'on vous présentera. Au sous-sol de l'auberge se trouve un autre petit restaurant, le sympathique **Bistro**, qui propose un menu semblable à la grande tablée. Pourvu d'un

foyer, ce lieu chaleureux est particulièrement apprécié après une journée de ski. En fin de soirée, c'est aussi un bel endroit pour prendre un verre.

Circuit B : L'île d'Orléans

Sainte-Pétronille

Café-Resto Chocolaterie de l'Île d'Orléans
$-$$
mi-mai à mi-oct
148 ch. du Bout-de-l'Île
☏ 418-828-0382

Ce petit troquet combine une chocolaterie et une glacerie au sous-sol. Au rez-de-chaussée se trouve un comptoir santé pour le midi qui se transforme en «bar à pâtes» le soir. Une belle ambiance sans prétention et une terrasse invitante.

La Goéliche
$$$-$$$$
22 ch. du Quai
☏ 418-828-2248

La salle à manger de l'**Auberge La Goéliche** (voir p. 474) est agréable, et sa verrière dévoile l'une des plus belles vues de la ville de Québec. Vous pourrez y déguster une fine cuisine française.

Saint-Laurent-de-l'Île-d'Orléans

La Cuisine d'Été
$-$$
2135 ch. Royal
☏ 418-828-2587

La vue qu'offre ce petit bistro saisit tout de suite en y entrant. En effet, le bâtiment s'ouvre sur le fleuve, et sa grande salle à manger se déploie de l'intérieur jusqu'à l'extérieur en terrasse. Le menu est simple mais convivial. Une boutique d'artisanat partage les lieux avec le bistro, et un casse-croûte typique avec ses frites maison avoisine le tout. Sympathique.

Auberge Le Canard Huppé
$$$-$$$$
2198 ch. Royal
☏ 418-828-2292

La salle à manger de l'**Auberge Le Canard Huppé** (voir p. 474) sert une nouvelle cuisine régionale. Apprêtés à partir des produits frais qui abondent dans la région et des spécialités de l'île comme le canard, la truite et les produits de l'érable, ses petits plats sauront ravir les plus exigeants. L'endroit est agréable et champêtre, avec le bois qui y prédomine. Réservations requises.

Moulin de Saint-Laurent
$$$-$$$$
début mai à mi-oct
754 ch. Royal
☏ 418-829-3888

Le Moulin de Saint-Laurent propose une cuisine québécoise dans un agréable décor antique. À l'intérieur d'une vaste salle à manger qui accueille régulièrement les groupes de visiteurs, les chaises et les poutres de bois, les murs de pierres ainsi que les chaudrons de cuivre suspendus çà et là mettent en valeur ce vieil édifice. La nourriture est bien présentée et variée. Les beaux jours permettent de s'attabler à l'une des deux terrasses qui ont toutes deux vue sur la chute qui coule juste à côté du moulin.

Saint-Pierre-de-l'Île-d'Orléans

Le Vieux Presbytère
$$$-$$$$
1247 av. Mgr-d'Esgly
☏ 418-828-9723

La table du **Vieux Presbytère** (voir p. 475) se spécialise dans les viandes de gibier. Le restaurant apprête ces viandes et autres plats de délicieuse façon. La coquette salle à manger de ce bâtiment historique est accueillante et offre une belle vue sur le fleuve, particulièrement à travers la verrière.

Circuit C : Le chemin du Roy

Sillery

Brynd
$
1360 av. Maguire
☏ 418-527-3844

On va au Brynd pour manger un *smoked meat*. Il y en a pour satisfaire tous les goûts et tous les appétits. Son menu affiche aussi d'autres plats, pour ceux qui ne voudraient pas mordre dans sa spécialité. La viande est fumée et tranchée sous vos yeux comme dans les vrais *delicatessens*!

Montego Resto Club
$$$
1460 av. Maguire
☏ 418-688-7991

À Sillery, le Montego vous fera vivre une «expérience ensoleillée», comme le dit si bien sa publicité. Le décor aux couleurs chaudes, les grandes assiettes colorées et la présentation des mets sauront charmer votre vue. La cuisine, quant à elle, réjouira vos papilles avec ses saveurs épicées, sucrées et piquantes inspirées de la cuisine californienne et d'autres cuisines... ensoleillées!

Paparazzi
$$$
1363 av. Maguire
☏ 418-683-8111

Aussi surprenant que cela puisse paraître, le Paparazzi propose une délicieuse cuisine italienne... et un bar à sushis! On peut donc profiter du meilleur des deux mondes. Ambiance zen et sympathique.

Sainte-Foy

Michelangelo
$$$-$$$$
3111 ch. St-Louis
☎ 418-651-6262
www.restomichelangelo.com
Le Michelangelo sert une fine cuisine italienne qui ravit le palais autant que l'odorat. Sa salle à manger au décor Art déco, bien qu'achalandée, reste intime et chaleureuse. Le service attentionné et courtois ajoute aux délices de la table. Très bonne carte des vins.

La Fenouillière
$$$$
3100 ch. St-Louis
☎ 418-653-3886
www.fenouilliere.com
À La Fenouillière, le menu de cuisine française raffinée et créative vous promet de succulentes expériences. Qui plus est, le restaurant s'enorgueillit de posséder l'une des meilleures caves à vins de la région de Québec. Le tout dans un décor sobre et confortable.

Le Bistango
$$$$-$$$$$
1200 av. Germain-des-Prés
☎ 418-658-8780
Restaurant de l'**Hôtel ALT Québec** (voir p. 475), Le Bistango allie savoir-faire culinaire et ambiance branchée. La salle, assez vaste, est achalandée le midi comme le soir, et décorée avec goût et originalité. Confortablement installé dans un fauteuil ou sur une banquette, vous pourrez déguster une cuisine inventive préparée et servie avec attention.

La Tanière
$$$$$
mer-dim
2115 rang St-Ange
☎ 418-872-4386
www.restaurantlataniere.com
La Tanière se spécialise, on l'aura deviné, dans le gibier. Ce qui surprend, c'est la créativité avec laquelle les délicieuses spécialités de la forêt québécoise et autres produits du terroir sont réinventés et déclinés en 8, 14 ou 24 services. Belle carte des vins. Une expérience en soi.

Deschambault-Grondines

L'Angelus Bistro
$-$$
241 ch. du Roy
Deschambault
☎ 418-286-4848
www.angelusbistro.com
Ce bistro situé en plein cœur du charmant village de Deschambault propose des mets simples mais bien apprêtés qui mettent en valeur les produits de la région de Portneuf. Le lieu est chaleureux et sympathique.

Maison Deschambault
$$$
128 ch. du Roy
Deschambault
☎ 418-286-3386
L'auberge qu'est la **Maison Deschambault** (voir p. 475) est dotée d'un restaurant réputé pour l'excellence de son menu mettant en valeur la fine cuisine française et certaines des spécialités de la région. Ce restaurant bénéficie d'un cadre tout à fait enchanteur (voir p. 467).

Circuit D : La vallée de la Jacques-Cartier

Wendake

Nek8arre
$$-$$$
mi-mai à mi-oct midi seulement
575 rue Stanislas-Kosca
☎ 418-842-4308
Au village huron **Onhoüa Chetek8e** (voir p. 470) se trouve un agréable restaurant dont le nom amérindien signifie « le chaudron est cuit ». Nek8arre nous initie à la cuisine traditionnelle des Hurons-Wendat. De bons plats tels que truite cuite dans l'argile, brochette de caribou ou chevreuil, accompagnés de maïs et de riz sauvage, figurent au menu. Plusieurs objets disséminés çà et là viennent piquer notre curiosité, mais heureusement les serveuses sont un peu « ethnologues » et peuvent aussi apaiser notre soif de savoir. Le tout dans une douce ambiance. Il est possible d'éviter de payer le droit d'entrée au village huron si l'on désire se rendre uniquement au restaurant.

Sagamité
$$-$$$
10 boul. Maurice-Bastien
☎ 418-847-6999
Au Sagamité, les totems nous rappellent que nous sommes bien dans la communauté huronne-wendat. On y sert entre autres une potence, une grillade traditionnelle, et la sagamité, une soupe salée composée de courges, haricots, maïs et steak haché. Les convives peuvent accompagner le tout d'une rafraîchissante bière Kwe (nom qui signifie « bonjour »), à base de maïs et brassée par la microbrasserie Archibald. Une très belle terrasse agrémente les lieux.

La Traite
$$$
Hôtel-Musée Premières Nations
5 place de la Rencontre
☎ 418 847-0624, poste 2012

À l'Hôtel-Musée Premières Nations (voir p. 470, 476), le restaurant La Traite favorise les produits du terroir québécois agrémentés d'ingrédients qui rappellent la cuisine autochtone. On pourra bien sûr y goûter les traditionnelles banique et sagamité, mais aussi différents plats de gibier et de poisson. Le décor allie habilement modernité et bois rond.

Lac-Beauport
Restaurant Le Laké
$$$
Auberge Quatre Temps
161 ch. Tour-du-Lac
☎ 418-849-4486 ou 800-363-0379
www.aubergequatretemps.qc.ca

La salle à manger de l'Auberge Quatre Temps propose un menu raffiné d'inspiration principalement française. La table d'hôte est un peu chère, mais vaut le détour. Terrasse ensoleillée avec vue sur le lac.

Saint-Raymond

Restaurant Les Secrets d'Alice
$$$
567 rue St-Joseph
☎ 418-337-3796 ou 877-337-3796

Pascal Cothet, le chef propriétaire de l'**Auberge La Bastide** (voir p. 477), a publié un livre de ses recettes, toutes plus créatives les unes que les autres. En effet, le menu du jour, dit «du Terroir», composé de wapiti, de sanglier ou de pintade, est tout simplement irrésistible. Une valeur exceptionnelle compte tenu du prix.

Sorties

> Activités culturelles

Plusieurs bons théâtres d'été animent les belles soirées de la région. Voici quelques adresses (consultez les journaux locaux pour savoir ce qu'on y présente).

Le **Théâtre La Fenière** *(1500 rue de la Fenière, L'Ancienne-Lorette,* ☎ *418-872-1424, www.lafeniere. qc.ca)* se spécialise dans les productions humoristiques.

Le **Moulin Marcoux** *(1 boul. Notre-Dame, Pont-Rouge,* ☎ *418-873-3425, billetterie* ☎ *418-873-2149, www.moulin-marcoux. org)* accueille divers spectacles et expositions.

On présente du théâtre et des spectacles de bonne qualité tout au long de l'année à la **Salle Albert-Rousseau** *(2410 ch. Ste-Foy,* ☎ *418-659-6710 ou 877-659-6710, www. sallealbertrousseau.com)* du cégep de Sainte-Foy.

> Bars et boîtes de nuit

Île d'Orléans

D'inspiration anglaise, le joli **Pub Le Mitan** *(3887 ch. Royal, Ste-Famille,* ☎ *418-829-0408, www. microorleans.com)* propose ses propres bières, dont certaines sont disponibles à longueur d'année et d'autres selon les saisons. De plus, un menu, restreint mais délicieux, est offert. Belle ambiance décontractée et heureuse terrasse dont la vue sur le fleuve et la côte de Beaupré est prenante.

Lac-Beauport

Au pied des pentes de la station de ski **Le Relais** (voir p. 472), la microbrasserie et restaurant **Archibald** *($-$$; 1021 boul. du Lac,* ☎ *418-841-2224, www.archibaldmicrobrasserie. com)*, toute de bois revêtue, offre un service de resto-bar

le midi et le soir. Sa belle terrasse avec foyer et bar extérieur est invitante. L'établissement brasse ses propres bières dont les noms évocateurs (La Matante, La Tit'Kriss, La Veuve Noire) laissent songeur… L'endroit se transforme en un bar très animé le soir, avec à l'occasion de la musique en direct. Une belle adresse.

> Festivals et événements

Juilllet

De la fin juillet à la mi-août, les mercredi et samedi soirs, le parc de la Chute-Montmorency s'anime des **Grands Feux Loto-Québec** *(fin juil à mi-août;* ☎ *418-523-3389 ou 800-923-3389, www.lesgrandsfeux.com)*. Les feux d'artifice éclatent au-dessus de la chute dans un spectacle féerique, tandis que, sur le fleuve, se rassemble une flottille d'embarcations de toutes sortes venues les admirer.

Achats

> Alimentation

Château-Richer

Attenante au **Musée de l'abeille** *(8862 boul. Ste-Anne,* ☎ *418-824-4411, www.musee-abeille. com)*, une petite boutique vend une foule d'objets se rattachant au monde des abeilles, depuis les produits de beauté à base de miel jusqu'à l'hydromel, en passant par le matériel scolaire à l'effigie de l'insecte jaune et noir. Vous y trouverez, il va sans dire, toutes sortes de miel que vous pourrez goûter et vous procurer en différentes quantités.

Île d'Orléans

La **Chocolaterie de l'Île d'Orléans** *(150 ch. Royal, Ste-Pétronille,* ☎ *418-828-2250, www.chocolaterieorleans.com)*

offre toute une gamme de petites gâteries délectables. Sa crème glacée maison, préparée en été seulement, est tout aussi délicieuse.

À la boutique **Les Fromages de l'Isle d'Orléans** *(4696 ch. Royal, St-Laurent, ♪ 418-829-0177)*, on peut se procurer le délicieux fromage à rôtir Le Paillasson, le premier fromage fabriqué en Amérique, il y a plus de 350 ans!

La Boulange *(2001 ch. Royal, St-Jean, ♪ 418-829-3162*, est une boulangerie artisanale qui vaut le détour!

Cassis Monna et filles *(721 ch. Royal, St-Pierre, ♪ 418-828-2525, www.cassismonna.com)* vend toutes sortes de liqueurs à base de cassis, ce petit fruit habituellement associé au célèbre apéritif qu'est le kir. Un petit musée sur place permet d'en apprendre davantage sur ce petit fruit méconnu.

Deschambault-Grondines

La boulangerie **Les blés sont mûrs** *(206A ch. du Roy Deschambault,, ♪ 418-286-6265, www.lesblessontmurs.com)* propose de magnifiques pains et viennoiseries faits à partir de farines bios. Aussi repas

légers comme pizzas et paninis.

Charlesbourg

Pour de délicieux fudges, chocolats ou nougats, rendez-vous à la **Fudgerie Les Mignardises Doucinet** *(717 boul. Louis-XIV, ♪ 418-622-9595, www.lafudgerie.com)*, située au Trait-Carré.

➤ Art amérindien

Wendake

Raquettes et artisanat Gros-Louis *(75 boul. Maurice-Bastien, ♪ 418-842-2704, www.raquettesgroslouis.com)* offre un choix de raquettes et de mocassins pour tous les goûts et de très grande qualité. On y vend les modèles traditionnels, mais surtout des modèles plus modernes qui n'ont toutefois pas le charme des raquettes fabriquées à la main.

➤ Artisanat, brocante et souvenirs

Sainte-Anne-de-Beaupré

L'**Atelier Paré** *(9269 av. Royale, ♪ 418-827-3992, www.atelierpare.com)* se spécialise dans la sculpture sur bois. Un petit économusée atte-

nant vous permet de mieux comprendre cet art fin.

L'île d'Orléans

Sur l'île d'Orléans, vous trouverez quelques boutiques d'artisanat ainsi que des antiquaires et des ateliers d'ébénisterie. On déniche entre autres, dans l'église de Saint-Pierre, la **Corporation des artisans de l'Île d'Orléans** *(1249 ch. Royal, ♪ 418-828-9824)*. De nombreuses galeries d'art parsèment aussi l'île, une bonne quantité se trouvant dans le village de Saint-Jean.

La boutique de **La Forge à Pique-Assaut** *(2200 ch. Royal, St-Laurent, ♪ 418-828-9300, www.forge-pique-assaut.com, voir p. 461)* présente divers objets en fer forgé, des chandeliers aux meubles en passant par les bibelots.

Deschambault-Grondines

La boutique **Souris des Champs** *(105 rue de l'Église, Deschambault, ♪ 418-286-2426)* regroupe les œuvres d'une centaine d'artistes et d'artisans de la région, et propose de beaux objets décoratifs ou utilitaires.

CHAUDIÈRE-APPALACHES

MAINE
(ÉTATS-UNIS)

Les circuits
- **a** — La Côte-du-Sud
- **b** — La Beauce

0   15   30 km

La Pocatière

Saint-Jean-Port-Joli
Saint-Roch-des-Aulnaies

Tourville

Sainte-Perpétue-de-l'Islet
Sainte-Félicité
Saint-Pamphile
Saint-Adalbert

L'Islet-sur-Mer
L'Islet
Saint-Cyrille-de-Lessard
Saint-Eugène
Bras-d'Apic
Sainte-Marcel

Île aux Oies
Île aux Grues
L'Islet-sur-Ignace
Cap-Saint-Ignace

204

Fleuve Saint-Laurent

Grosse Île
Berthier-sur-Mer

Montmagny
Saint-Vallier
Saint-Michel-de-Bellechasse

Notre-Dame-du-Rosaire
Sainte-Apolline-de-Patton
Sainte-Euphémie
Lac-Frontière

204

Saint-Paul-de-Montminy
Saint-Fabien-de-Panet
Daaquam
204

Île d'Orléans

Saint-Raphaël
La Durantaye
Saint-Nérée
Armagh
Saint-Philémon
Saint-Camille-de-Lellis

Saint-Damien-de-Buckland
Buckland
Saint-Cyprien
281

Parc régional du Massif du Sud

Lévis
Beaumont
Saint-Charles-de-Bellechasse
Saint-Henri
Saint-Anselme
Saint-Lazare-de-Bellechasse
Saint-Édouard-de-Frampton
Saint-Léon-de-Standon
Lac-Etchemin
Sainte-Rose-de-Watford
Sainte-Justine
277

Québec
Charny
Saint-Romuald

Saint-Rédempteur
Saint-Lambert-de-Lauzon
Saint-Odilon
Saint-Benjamin
Saint-Prosper
Sainte-Aurélie
277

Sainte-Marie
Vallée-Jonction
Scott
112
216

Saint-Antoine-de-Tilly
Bernières
Saint-Nicolas
Saint-Agapit
Saint-Sylvestre
Saint-Pierre-de-Broughton

Saint-Joseph-de-Beauce
Sainte-Clotilde-de-Beauce
Notre-Dame-des-Pins
Beauceville
173

Jersey Mills
Saint-Martin

Saint-Georges
Saint-Honoré
La Guadeloupe

Sainte-Croix
Issoudun
Saint-Apollinaire
Saint-Gilles
Saint-Narcisse
Saint-Frédéric
Saint-Victor
Saint-Méthode-de-Frontenac
108
271

Leclerceville, Lotbinière
Laurier-Station
Dosquet
Saint-Jacques-de-Leeds
East Brougton
Robertsonville

CANTONS-DE-L'EST

Sainte-Agathe-de-Lotbinière
Inverness
Saint-Jean-de-Brébeuf
Black Lake
Saint-Daniel

Parc national de Frontenac

Thetford Mines
267
Coleraine
Disraéli

Saint-Julien
263

CENTRE-DU-QUÉBEC

© ULYSSE

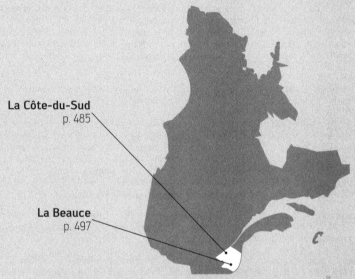

La Côte-du-Sud
p. 485

La Beauce
p. 497

Chaudière-Appalaches

D e charmantes villes au caractère géographique très distinct se regroupent dans la région de **Chaudière-Appalaches** ★ ★. Sur la rive sud du Saint-Laurent, face à Québec, la région s'ouvre sur une vaste plaine fertile avant de lentement grimper vers les contreforts des Appalaches jusqu'à la frontière avec les États-Unis. La rivière Chaudière, qui prend sa source dans le lac Mégantic, traverse la région et se jette dans le fleuve Saint-Laurent à la hauteur des ponts de Québec.

Les rives du fleuve Saint-Laurent, entre Leclercville et Saint-Roch-des-Aulnaies, invitent à de charmantes balades au fil desquelles défile un joli paysage pastoral. Plaine fertile coincée entre la chaîne des Appalaches et le fleuve, ce territoire fut très tôt une zone d'occupation française. On peut y visiter d'agréables petites bourgades, faire une halte à Saint-Jean-Port-Joli, important centre d'artisanat québécois, ou prendre le large, à la découverte de l'archipel de L'Isle-aux-Grues.

Plus au sud se déploie, sur les berges de la rivière Chaudière, la pittoresque Beauce. Connaissant de fortes crues printanières, la rivière Chaudière inonde, presque chaque année, certains villages bordant ses rives. Au milieu du XIXe siècle, la découverte de pépites d'or dans le lit de la rivière y attira d'innombrables prospecteurs. Le paysage de la Beauce est constitué d'harmonieuses collines verdoyantes où prospèrent de nombreuses fermes depuis des siècles. Malheureusement, la présence d'usines gâche parfois ce paysage pastoral. Les clochers d'églises annoncent de petits villages qui rythment de façon régulière la campagne beauceronne. La Beauce possède par ailleurs la plus grande concentration d'érablières au Québec, faisant de cette région un véritable royaume de la «cabane à sucre». Le printemps venu, alors que coule la sève des érables, on y vit à l'heure des «parties de sucre».

Un peu plus à l'ouest de la rivière Chaudière, dans la région aux abords de Thetford Mines, le «pays de l'amiante» présente un paysage assez diversifié, jalonné d'impressionnantes mines à ciel ouvert.

Deux circuits sont proposés dans la région de Chaudière-Appalaches, soit le **Circuit A: La Côte-du-Sud** ★ ★, qui longe le fleuve Saint-Laurent, de Leclercville à Saint-Roch-des-Aulnaies, et le **Circuit B: La Beauce** ★, qui explore la vallée de la rivière Chaudière de même que le «pays de l'amiante».

Accès et déplacements

➤ En avion

Circuit A: La Côte-du-Sud

La fréquence du traversier pour l'île aux Grues étant tributaire des marées et des saisons, il peut être parfois difficile de se rendre sur l'île. La traversée en avion peut alors être à la fois une solution pratique et une expérience différente. **Air Montmagny** *(21,75$/pers., groupe d'au moins 3 pers.; 640 boul. Taché E., Montmagny, ☎ 418-248-3545, www.airmontmagny.com)* fait la liaison avec l'île en Cessna 206 (pour 5 passagers) en moins de 5 min. On peut aussi choisir un forfait avec survol de l'archipel de L'Isle-aux-Grues.

➤ En voiture

Circuit A: La Côte-du-Sud

Au départ de Montréal, prenez l'autoroute 20 puis empruntez la sortie 253 pour prendre la route 265 Nord jusqu'à Deschaillons-sur-Saint-Laurent. Prenez ensuite à droite la route 132 Est, qui longe le fleuve Saint-Laurent. Au départ de Québec, traversez le fleuve par le pont de Québec afin de prendre la route 132 vers Lotbinière en direction ouest ou vers Saint-Roch-des-Aulnaies à l'est.

Circuit B: La Beauce

De Québec, empruntez l'autoroute 73 Sud (traversez le pont Pierre-Laporte). Sur la droite apparaît bientôt la chute de la rivière Chaudière. Continuez jusqu'à la sortie 101 vers Scott, d'où vous emprunterez la route 173 jusqu'à Saint-Georges. De Montréal, prenez l'autoroute 20 en direction de Québec jusqu'à la sortie 312. Vous vous retrouverez sur l'autoroute 73 Sud, qui mène au cœur de la Beauce.

> En autocar (gares routières)

Circuit A: La Côte-du-Sud

Lévis
5401 boul. de la Rive-Sud
☏ 418-837-5805

Montmagny
Station-service Irving
20 boul. Taché E.
☏ 418-248-1850

Saint-Jean-Port-Joli
Épicerie Pelletier
10 av. De Gaspé E.
☏ 418-598-6808

Circuit B: La Beauce
Saint-Georges
11655 promenade Chaudière
☏ 418-228-4040

Thetford Mines
127 rue St-Alphonse O.
☏ 418-335-5120

> En train (gares ferroviaires)

Circuit A: La Côte-du-Sud
Charny
2326 rue de la Gare
☏ 418-832-0784 ou 888-842-7245
www.viarail.ca

Montmagny
4 rue de la Station
☏ 888-842-7245

> En traversier

Circuit A: La Côte-du-Sud
Le traversier *(piéton ou cycliste 2,75$, voiture 6,25$ et plus selon le nombre de passagers;* ☏ *418-644-3704 à Québec, 418-837-2408 à Lévis, www. traversiers.gouv.qc.ca)* reliant Québec à Lévis permet d'arriver à destination en seulement 10 min. L'horaire varie grandement d'une saison à l'autre, mais les liaisons sont très fréquentes.

Le traversier pour l'île aux Grues, le **N.M. Grue-des-Îles** *(gratuit; avr à début déc, la fréquence varie selon les marées;* ☏ *418-248-9196 à Montmagny,* ☏ *418-234-1735 à l'île aux Grues, www.traversiers. gouv.qc.ca)*, part du quai de Montmagny et s'y rend en une vingtaine de minutes.

Attraits touristiques

Tourisme Chaudière-Appalaches *(800 autoroute Jean-Lesage, St-Nicolas, QC G7A 1C9,* ☏ *418-831-4411 ou 888-831-4411, www.chaudiereappalaches.com)*

Circuit A: La Côte-du-Sud ★ ★

▲ *p. 502* 🖐 *p. 505* 🍴 *p. 507* 🛏 *p. 508*

Office du tourisme de la Côte-du-Sud *(45 av. du Quai, Montmagny,* ☏ *418-248-9196 ou 800-463-5643, www. cotedusud.ca)*

⏱ *Deux jours*

De charmants villages, disposés à intervalles réguliers, ponctuent ce circuit qui longe le majestueux fleuve Saint-Laurent. Englobant à la fois la région de Lévis et la Côte-du-Sud, il prend graduellement un caractère maritime à mesure que le fleuve s'élargit. À plusieurs endroits, on bénéficie de points de vue saisissants sur ce vaste cours d'eau qu'est le Saint-Laurent, dont la teinte varie selon la température et l'heure, ainsi que sur l'île d'Orléans et les montagnes de Charlevoix. Le circuit permet en outre de voir quelques-uns des plus beaux spécimens d'architecture traditionnelle du Québec, qu'il s'agisse d'églises, de manoirs seigneuriaux, de moulins ou simplement de maisons anciennes, dont les petites fenêtres s'ouvrent sur un espace qui semble démesuré. Somme toute, il s'agit peut-être de la région qui incarne le mieux le Québec rural.

Leclercville

En 1755, l'armée britannique expulse les colons acadiens de leurs terres pour ensuite les déporter vers de lointaines contrées. Certains d'entre eux réussiront à gagner le Québec, où ils s'établiront dans de nouveaux villages. Ils seront bientôt rejoints par des compatriotes de retour d'exil. Leclercville est un des seuls villages acadiens de la région. L'**église Sainte-Emmélie** *(166 rue de l'Église; tournez à gauche à partir de la route 132)*, érigée en 1863 sur un promontoire dominant le fleuve, est un bel exemple d'architecture néogothique réalisée avec de faibles moyens. Ses murs latéraux sont en briques peintes, alors que sa façade est revêtue de tôle imitant la pierre de taille.

⋙ *Poursuivez sur la route 132 Est en direction de Lotbinière.*

Lotbinière ★

La seigneurie de Lotbinière est un des rares domaines à être demeurés entre les mains de la même famille depuis sa concession, en 1672, à René-Louis Chartier de Lotbinière. Même s'il n'habite pas les lieux car il siège au Conseil souverain, René-Louis voit alors au développement de ses terres et du bourg de Lotbinière, qui devient vite l'un des plus importants villages de la région. Le cœur de Lotbinière, qui recèle plusieurs maisons anciennes en pierre et en bois, est de nos jours protégé par le gouvernement du Québec.

➤➤➤ *Prenez à droite la route du Vieux-Moulin pour voir le moulin du Portage.*

Le **moulin du Portage** ★ *(&; rang St-François, ♪ 418-796-3134, www.moulinduportage.com)*, un moulin à farine élevé en 1815 pour Michel-Eustache-Gaspard-Alain Chartier de Lotbinière, s'inscrit dans un site bucolique en bordure de la rivière du Chêne. Le parc entourant le moulin est d'ailleurs un lieu de promenade agréable où il est également possible de pique-niquer. Le moulin est aussi une salle de spectacle qui présente des concerts et des événements à longueur d'année.

Revenez à la route 132 Est, qui prend le nom de «rue Marie-Victorin» dans les limites de Lotbinière. La monumentale **église Saint-Louis** ★★ *(7510 rue Marie-Victorin)*, disposée parallèlement au Saint-Laurent, compose avec le presbytère et l'ancien couvent un ensemble institutionnel admirable sur un site offrant de belles vues sur le fleuve. Sa construction fut entreprise en 1818. Les flèches, de même que le couronnement de la façade, sont cependant le résultat de modifications apportées en 1888. La polychromie de l'édifice (blanc pour les murs, bleu pour les clochers et rouge pour la toiture) crée un effet «tricolore» étonnant. Le décor intérieur de l'église est un chef-d'œuvre de l'art religieux québécois traditionnel, dont la pièce maîtresse est sans contredit le retable néoclassique en arc de triomphe, sculpté par Thomas Baillairgé en 1824, et au sein duquel se trouvent trois toiles de 1730, attribuées au frère François Brékenmacher, récollet du couvent de Montréal.

➤➤➤ *Avant d'arriver au village de Sainte-Croix, prenez à gauche la route de la Pointe-Platon, qui mène au Domaine Joly-De Lotbinière.*

Sainte-Croix

Les origines de la famille Chartier de Lotbinière remontent au XIᵉ siècle. Au service des rois de France pendant de nombreuses géné-rations, elle maintiendra ses contacts avec la mère patrie une fois établie au Canada, et ce, malgré la Conquête et l'éloignement. En 1828, Julie-Christine Chartier de Lotbinière épouse Pierre-Gustave Joly, un riche marchand huguenot de Montréal. En 1840, celui-ci acquiert une partie du fief Sainte-Croix des ursulines de Québec afin d'y ériger un manoir seigneurial, connu depuis sous les noms de «Manoir de la Pointe-Platon» ou de «Domaine Joly-De Lotbinière».

Le **Domaine Joly-De Lotbinière** ★★ *(13,50$; &; jardins: mi-mai à mi-oct tlj 10h à 17h; centre d'interprétation: fin juin à début sept tlj 11h à 17h; route de Pointe-Platon, ♪ 418-926-2462, www.domainejoly.com)* fait partie de l'Association des jardins du Québec. On s'y rend avant tout pour son site superbe en bordure du Saint-Laurent. Il faut emprunter les sentiers pédestres qui conduisent vers la plage pour contempler le fleuve, les falaises d'ardoise et l'autre rive, sur laquelle on aperçoit l'église de Cap-Santé. De nombreux arbres centenaires d'espèces rares, plusieurs aménagements floraux présentant plus de 2 200 espèces de végétaux, un jardin d'oiseaux et divers pavillons ornent le parc du domaine. Dans un de ceux-ci, on a aménagé une boutique-café près d'une terrasse. Des concerts en plein air sont présentés au Domaine à l'occasion. Le manoir, érigé en 1840, présente l'aspect d'une villa entourée de galeries dominant le fleuve. L'intérieur accueille une petite exposition qui nous renseigne sur la famille du marquis de Lotbinière.

➤➤➤ *À la sortie du stationnement, prenez à gauche le chemin qui rejoint la route 132 Est.*

Le village de Sainte-Croix est dominé par l'**église Sainte-Croix** *(en bordure de la route 132 E.)*, érigée en 1911. D'allure néobaroque, celle-ci présente un intérieur doté d'un plafond à caissons.

➤➤➤ *Poursuivez sur la route 132 Est. Tournez à gauche dans le chemin de Tilly, qui mène au centre du village de Saint-Antoine-de-Tilly.*

Saint-Antoine-de-Tilly ★

La seigneurie d'Auteuil fut acquise par Pierre-Noël Le Gardeur de Tilly en 1702, qui lui laissa son nom. Le hameau créé à l'époque est devenu ce tranquille petit village surplombant le fleuve que l'on traverse aujourd'hui. On y retrouve encore de petites entreprises de construction navale.

La façade actuelle de l'**église Saint-Antoine** ★ *(3870 ch. de Tilly)*, ajoutée en 1902 lors d'un agrandissement par l'avant, masque l'édifice érigé à la fin du XVIIIe siècle. L'intérieur met en valeur de belles toiles provenant des Ventes révolutionnaires, parmi lesquelles figurent *La Sainte Famille* ou *Intérieur de Nazareth*, d'Aubin Vouet, qui ornait autrefois l'église abbatiale de Saint-Germain-des-Prés à Paris. Une balade dans le cimetière voisin permet de découvrir un beau panorama du fleuve Saint-Laurent et de mieux apprécier le profil de la petite église.

Quatre générations de la famille de Tilly ont habité le **manoir de Tilly** *(3854 ch. de Tilly)*, construit à la fin du XVIIIe siècle. Le bâtiment, transformé en auberge (voir p. 502), comporte une galerie basse dotée de fins treillis de bois. Un peu plus loin, le manoir Dionne, avec sa galerie ornée de fer forgé, fut la résidence d'Henriette de Tilly, épouse du marchand Charles François Dionne, famille propriétaire de plusieurs seigneuries de la Côte-du-Sud.

''' *Poursuivez vers l'est sur le chemin de Tilly, qui rejoint de nouveau la route 132 Est. Traversez Saint-Nicolas, et suivez les indications vers Charny. Il faut être vigilant à l'approche des ponts de Québec car les entrecroisements s'y multiplient.*

Charny

Aujourd'hui partie intégrante de la municipalité de Lévis, l'ancienne ville de Charny doit son existence au chemin de fer. Elle demeure, aujourd'hui même, un centre ferroviaire d'une grande importance. On y trouve la plus grande **rotonde** (hangar ferroviaire de forme circulaire) au Québec.

La **rivière Chaudière** prend sa source dans le lac Mégantic. Longue de 185 km, elle se jette dans le fleuve Saint-Laurent juste après les chutes de la Chaudière, lesquelles relèvent d'une formation géologique particulière : un banc de grès, très résistant, se trouve dans un ensemble de roches sédimentaires formé il y a plus de 570 millions d'années.

La rivière a longtemps été une voie de communication importante. Les Abénaquis l'empruntaient pour venir vendre leurs fourrures à Québec ou pour se réfugier auprès des Français, pourchassés qu'ils étaient par les Anglais. Les Américains du général Arnold l'ont aussi empruntée en 1775, alors qu'ils cherchaient à conquérir Québec. On peut imaginer le campement qu'ils établirent dans la nuit du 8 au 9 novembre 1775 aux abords des chutes.

Le **parc des Chutes-de-la-Chaudière** ★ *(&; entrée libre; autoroute 73, sortie 130, suivez les indications vers le parc; 330 av. Joseph-Hudon,* ☎ *418-838-*6026) comprend tout le site des chutes. Une passerelle installée au-dessus de la rivière Chaudière offre une vue impressionnante sur les chutes. Au printemps, le débit atteint près de 1 700 000 l/seconde, soit 15 fois plus qu'en temps normal. C'est à ce moment que les chutes sont les plus impressionnantes. Une petite centrale hydroélectrique a été construite au niveau des chutes. Heureusement, le barrage n'a pas trop altéré la beauté sauvage du site.

Lévis ★★

Tourisme Lévis *(5995 rue St-Laurent,* ☎ *418-838-6026, www.tourismelevis.com)*

La ville de Lévis (135 000 hab.) s'est développée rapidement dans la seconde moitié du XIXe siècle, avec la venue du chemin de fer (1854) et l'implantation de chantiers navals qui s'alimentaient en bois auprès des scieries des familles Price et Hamilton. L'absence de voies ferrées sur la rive nord du fleuve Saint-Laurent à cette époque amène en outre un déplacement partiel des activités portuaires de Québec vers Lévis. D'abord baptisée « Ville d'Aubigny », Lévis acquiert son nom actuel en 1861, lorsque l'on décide d'honorer la mémoire du chevalier François de Lévis, vainqueur des Britanniques lors de la bataille de Sainte-Foy en 1760. La ville haute, institutionnelle et bourgeoise, offre des points de vue intéressants sur le Vieux-Québec, de l'autre côté du fleuve, alors que la ville basse, très étroite, accueille le traversier qui relie Lévis à la capitale québécoise.

''' *Tournez à gauche dans la côte du Passage pour rejoindre le secteur du Vieux-Lévis, qu'il est plus agréable de visiter à pied. Prenez à gauche la rue Desjardins, puis tournez à gauche dans la rue William-Tremblay afin d'accéder à la terrasse de Lévis.*

La **terrasse de Lévis** ★★ *(rue William-Tremblay)*, aménagée pendant la crise de 1929, offre des points de vue spectaculaires, tant sur Québec que sur le centre de Lévis. On distingue notamment, dans le Vieux-Québec, le secteur de Place-Royale, au bord du fleuve, que surplombent le Château Frontenac et la Haute-Ville, où quelques gratte-ciel modernes se profilent à l'arrière, le plus élevé étant l'édifice gouvernemental Marie-Guyart.

''' *Revenez à la rue Desjardins, tournez à droite, puis à gauche dans la rue Saint-Louis. Enfin, prenez à gauche la côte du Passage avant de vous engager sur la rue Wolfe, sur votre droite, où vous pouvez voir de belles demeures victoriennes.*

Chaudière-Appalaches - Attraits touristiques - La Côte-du-Sud

Le **Centre d'art de Lévis** ★ *(entrée libre; mar-ven 11h à 17h, sam-dim 13h à 17h; 33 rue Wolfe, ♪ 418-838-6000, www.diffusionculturelledelevis. ca)* regroupe sur un même site une salle de spectacle aménagée dans une ancienne église anglicane (1848), baptisée simplement **L'Anglicane** (voir p. 507), une demeure ayant également servi de presbytère à l'église voisine et abritant de nos jours un centre d'exposition appelé la **Galerie Louise-Carrier**, du nom d'une artiste-peintre originaire de Lévis, et enfin d'un beau parc où l'on retrouve quelques sculptures.

>>> *Tournez à droite dans la rue Carrier. À l'angle de la rue du Mont-Marie et de la rue Guénette se trouve la maison Alphonse-Desjardins, où vécut le fondateur du Mouvement Desjardins.*

La **Maison Alphonse-Desjardins** *(entrée libre; &; lun-ven 10h à 12h et 13h à 16h30, sam-dim 12h à 17h; 6 rue du Mont-Marie, ♪ 418-835-2090 ou 866-835-8444, poste 2090)*. Alphonse Desjardins (1854-1920) était un homme entêté. Désireux de faire progresser le peuple canadien-français, il s'est battu pendant de nombreuses années pour que soit acceptée l'idée des caisses populaires, ces institutions financières coopératives contrôlées par leurs membres, donc par tous les petits épargnants qui y ouvrent un compte. Aujourd'hui, Desjardins est le plus grand groupe coopératif au Canada.

La maison néogothique habitée par les Desjardins pendant près de 50 ans, dans laquelle a débuté la caisse populaire de Lévis, a été construite en 1882. Admirablement bien restaurée lors de son centenaire, elle a par la suite été transformée en un centre d'interprétation relatant la carrière et l'œuvre de Desjardins. On y présente un documentaire de même qu'une reconstitution de certaines pièces de la maison. La société historique Alphonse-Desjardins occupe, quant à elle, l'étage.

L'**église Notre-Dame-de-la-Victoire** ★ *(18 rue Notre-Dame)*. En 1851, le curé Joseph Déziel décide de construire un vaste lieu de culte catholique pour desservir la ville, alors en plein essor. Thomas Baillairgé, l'architecte de tant d'églises dans la région de Québec, en dessine les plans. Ceux-ci sont l'expression d'une maîtrise exemplaire du vocabulaire néoclassique québécois, à la jonction des styles français et anglais. L'intérieur, divisé en trois vaisseaux, comporte de hautes galeries à colonnes. Sur le terrain de l'église, une plaque signale l'emplacement des canons anglais qui bombardèrent Québec en 1759.

Au centre de la place publique située en face de l'église trône le monument du sculpteur Louis-Philippe Hébert à la mémoire du curé de Lévis, Joseph Déziel, qui a transformé le paysage de sa ville par la fondation non seulement de la paroisse, mais aussi du collège de Lévis (1853), du couvent Notre-Dame-de-Toute-Grâce (1858) et de l'Hôtel-Dieu (1877).

>>> *Si vous voulez visiter le Lieu historique national des Forts-de-Lévis, reprenez la route 132 vers l'est, puis tournez à gauche dans le chemin du Gouvernement. Sinon empruntez la côte du Passage vers le sud (en vous éloignant du fleuve), et tournez à gauche dans la rue Saint-Georges, qui devient la rue Saint-Joseph dans le « vieux Lauzon ».*

Le **Lieu historique national des Forts-de-Lévis** ★ *(3,90$; &; début mai à août tlj 10h à 17h, sept sam-dim 13h à 16h; 41 ch. du Gouvernement, ♪ 418-835-5182 ou 800-463-6769, www.pc.gc. ca/levis)*. Craignant une attaque surprise des Américains à la fin de la guerre de Sécession, les gouvernements britannique puis canadien font ériger à Lévis, entre 1865 et 1872, une série de trois forts détachés, intégrés au système défensif de Québec. Seul le Fort-Numéro-Un est resté intact. Fait de terre et de pierres, il illustre l'évolution des ouvrages fortifiés au XIXᵉ siècle, alors que les techniques de guerre progressent rapidement. On peut y voir notamment le canon rayé, pièce d'artillerie imposante, les casemates voûtées et les caponnières, ouvrage de maçonnerie destiné à protéger le fossé extérieur. Une exposition raconte l'histoire du fort. Du sommet de la muraille, on bénéficie d'une belle vue sur Québec et l'île d'Orléans. On peut aussi profiter du terrain pour se balader et des aires de pique-nique pour se restaurer.

La paroisse Saint-Joseph, fondée en 1673, est la plus ancienne de toute la région de Lévis. Elle englobait, à cette époque, l'ensemble du territoire. La première église, détruite par le feu en 1830, fut remplacée peu après par l'actuelle **église Saint-Joseph-de-Lauzon** ★ *(rue St-Joseph)*. On remarquera les deux jolies chapelles de procession de part et d'autre de l'église. Ce sont la **chapelle Sainte-Anne** (1789) et la **chapelle Saint-François-Xavier** (1822). En face de cette dernière se trouve le chantier naval Davie.

>>> *La rue Saint-Joseph rejoint la route 132 Est (boulevard de la Rive-Sud). Poursuivez en direction de Beaumont. Un chemin, sur la gauche, permet d'accéder au centre du village.*

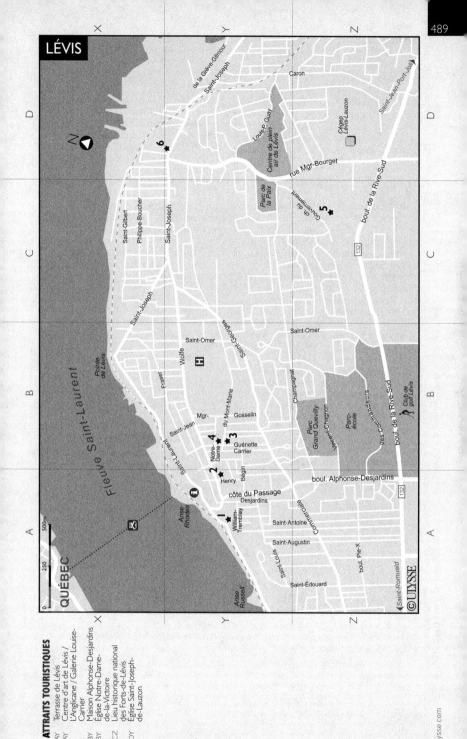

LÉVIS

N

Fleuve Saint-Laurent

QUÉBEC

Pointe
de Lévis

Anse
Rhodes

Anse
Russell

0   250   500m

de la Grève-Gilmour
Saint-Joseph
Caron
Louis-P.-Gauy
Centre de plein
air de Lévis
rue Mgr-Bourget
Cégep
Lévis-Lauzon
Saint-Jean-Port-Joli

Saint-Gilbert
Philippe-Boucher
Saint-Joseph
Parc de
la Paix
ch. du
Gouvernement
boul. de la Rive-Sud
132

Saint-Joseph
Saint-Omer
Saint-Omer
132

Wolfe
Saint-Georges
Champagnat
Parc
Grand Queville
Parc-
école
des Commandeurs
boul. de la Rive-Sud
Club de
golf Lévis

Fraser
Saint-Jean
Mgr-
du Mont-Marie
Gosselin
Vincent-Chagnon

Notre-
Dame
Guénette
Carrier
3
4

Saint-Laurent
Henry
Bégin
boul. Alphonse-Desjardins

côte du Passage
Desjardins
Commerciale

William-
Tremblay
Saint-Antoine
Saint-Augustin
boul. Pie-X
Saint-Romuald

Saint-Louis
Saint-Édouard

ATTRAITS TOURISTIQUES

1. AY Terrasse de Lévis
2. AY Centre d'art de Lévis /
        L'Anglicane / Galerie Louise-
        Carrier
3. BY Maison Alphonse-Desjardins
4. BY Église Notre-Dame-
        de-la-Victoire
5. CZ Lieu historique national
        des Forts-de-Lévis
6. DY Église Saint-Joseph-
        de-Lauzon

guidesulysse.com

489

Beaumont ★

À Beaumont débute véritablement la Côte-du-Sud, constituée des premières seigneuries de la Nouvelle-France. Ses églises aux toits argentés, ses chapelles de procession pour la Fête-Dieu et ses manoirs, disposés dans un paysage plus grand que nature, en font l'authentique terroir du Canada français avec la Côte-de-Beaupré. La seigneurie de Beaumont, concédée en 1672, est exemplaire à cet égard.

La ravissante petite **église Saint-Étienne ★ ★** *(ch. du Domaine)* de 1733 est en fait l'une des plus anciennes églises de village subsistant au Québec. Son emplacement, dans l'axe du chemin principal, tout juste avant que celui-ci ne se recourbe vers l'intérieur des terres, formant de la sorte une placette triangulaire à l'avant du parvis, est typique de l'urbanisme classique français du XVIIIᵉ siècle. En 1759, à la Conquête, les Britanniques affichèrent sur l'église de Beaumont la proclamation du général Wolfe décrétant la chute de la Nouvelle-France. Des villageois s'empressèrent de déchirer le document. Pour les punir, le général Monkton, responsable de la déportation des Acadiens en 1755, ordonna à ses soldats de mettre le feu à l'église. Par trois fois, ils disposèrent des torches enflammées contre ses portes de bois, sans succès. On raconte qu'à chaque tentative une «main mystérieuse» éteignit les flammes miraculeusement (sans préciser toutefois s'il pleuvait cette journée-là…).

Deux **chapelles de procession du Régime français**, l'une à l'entrée du village (de Sainte-Anne, 1734) et l'autre à sa sortie (de la Vierge, vers 1740), ajoutent au cachet ancien de Beaumont.

▸▸▸ *Suivez le chemin du Domaine vers l'est jusqu'à ce qu'il rejoigne la route 132 Est. Un peu plus loin, sur la gauche, se trouve le moulin de Beaumont.*

Le **moulin de Beaumont ★** *(7$; début mai à fin juin sam-dim 10h à 16h30, fin juin à fin août ven-lun 10h à 16h30, début sept à fin oct sam-dim 10h à 16h30; 2 rue du Fleuve/route 132, ♪ 418-833-1867).* Érigé en 1821 au niveau de la chute à Maillou, le moulin ne révèle que ses étages supérieurs depuis la route. Les terrains du moulin, sur lesquels une aire de pique-nique a été aménagée, descendent graduellement vers le Saint-Laurent en offrant de belles vues sur l'île d'Orléans et les Laurentides. Un escalier donne même accès aux battures du fleuve ainsi qu'aux ruines d'un moulin plus ancien, le moulin Péan.

Le moulin de Beaumont, coiffé d'un toit mansardé de couleur rouge, sert toujours à la mouture du grain et au sciage du bois. On y vend des muffins et du pain à base de farine moulue sur place, cuits selon les méthodes ancestrales. S'y trouve aussi un petit café-terrasse (voir p. 505).

▸▸▸ *Quelques kilomètres plus loin, prenez à gauche la petite route qui mène au cœur du village de Saint-Michel-de-Bellechasse.*

Saint-Michel-de-Bellechasse ★

Les rues ombragées de Saint-Michel-de-Bellechasse sont bordées de jolies maisons blanches au décor de bois peint. Parmi celles-ci, on découvre plusieurs exemples d'archi-

---

La Corriveau

Marie-Josephte Corriveau, dite La Corriveau, était une femme originaire du village de Saint-Vallier qui a vécu au XVIIIᵉ siècle, à l'époque de la conquête britannique. Elle fut accusée, lors du premier procès civil sous le Régime anglais, d'avoir tué son deuxième mari, le premier étant décédé quelques années plus tôt dans des circonstances troubles (selon la légende, elle aurait tué plus de sept hommes!). Elle fut déclarée coupable et fut pendue, et sa dépouille fut exposée (comme une sorcière) à un croisement de routes de la Côte-du-Sud. On se servait à l'époque de cette histoire afin de faire peur aux jeunes enfants lorsque, par exemple, ils ne voulaient pas se coucher le soir. L'effet était, paraît-il, instantané! Récemment, par souci de rétablir la mémoire de cette femme, le procès fut reconduit par des étudiants en droit de l'Université Laval avec les documents disponibles, au Québec comme en Angleterre. Elle fut acquittée par manque de preuves.

tecture marqués par le passage d'influences étrangères, qu'elles soient britanniques ou américaines. À l'entrée du village se trouve la **chapelle votive Notre-Dame-de-Lourdes**, bâtie au début du XXᵉ siècle. Plus loin, on aperçoit l'**église Saint-Michel**, de style néoclassique et érigée en 1858, ainsi que son presbytère, reconstruit en 1789, soit 30 ans après les bombardements anglais de la Conquête. Saint-Michel-de-Bellechasse a en effet été complètement dévasté en 1759, alors que l'armée britannique, avançant vers Québec, brûlait et pillait les villages de la Côte-du-Sud un à un.

Derrière le presbytère, une **marina** régionale a été aménagée pour accueillir les voiliers et les amateurs de sports nautiques.

▸▸▸ *La route du village rejoint la route 132 Est. À Saint-Vallier, tournez à gauche pour traverser le centre de l'agglomération par la vieille route (rue Principale).*

Saint-Vallier

Au printemps et en automne, époques des grandes migrations, des dizaines de milliers d'oies blanches envahissent la côte entre Saint-Vallier, à l'ouest, et Cap-Saint-Ignace, à l'est, offrant un spectacle surprenant. Plusieurs sites d'observation saisonniers, parfois équipés de tables de pique-nique, parsèment cette portion du trajet. La rue Principale de Saint-Vallier est bordée de plusieurs maisons coquettes construites au XIXᵉ siècle, dont l'ancienne **maison du docteur Joseph Côté** (1851), au nº 350, mélange d'architecture québécoise traditionnelle et coloniale britannique.

Le **Musée des voitures à chevaux** *(3$; juin à sept sam-dim 9h à 18h, lun-ven sur réservation; 293 route 132, ☎ 418-884-2238)* retrace à l'aide d'attelages, d'instruments aratoires et d'outils reliés à la vie domestique, l'histoire de l'époque des voitures à chevaux d'été et d'hiver. De juin à septembre, le site accueille toutes les fins de semaine un agréable marché aux puces.

▸▸▸ *Reprenez la route 132 Est jusqu'à Berthier-sur-Mer. Quittez encore une fois la route principale pour entrer dans le village.*

Berthier-sur-Mer ★

Le lieu porte bien son nom puisqu'en arrivant de l'ouest on y sent pour la première fois l'air marin. L'île d'Orléans s'étant retirée du paysage, le fleuve y prend d'ailleurs des allures de mer aux flots bleus. La vue des montagnes de Charlevoix, en face, est admirable par temps clair depuis la plage ou le port

de plaisance tout équipé de ce petit centre de villégiature estival, fondé à l'époque seigneuriale. C'est aussi à cet endroit que l'eau du fleuve Saint-Laurent devient saumâtre et que débute l'estuaire.

De Berthier-sur-Mer, il est possible de s'embarquer pour une croisière (**Croisières Lachance**, voir p. 496) sur le fleuve Saint-Laurent autour de l'archipel de L'Isle-aux-Grues, aussi appelé «archipel de Montmagny», au cours de laquelle on peut visiter le Lieu historique national de la Grosse-Île-et-le-Mémorial-des-Irlandais de même que l'île aux Grues.

Juste à côté du Motel-Restaurant de la Plage, à Berthier-sur-Mer, un chemin mène à une… plage. Pas très grande, elle offre cependant un beau sable et un site tranquille d'où l'on peut profiter du fleuve. En face, on aperçoit deux îles privées (l'île Madame et l'île aux Ruaux), ainsi que la Grosse Île; la vue sur l'autre rive est magnifique. L'extrémité ouest de la plage est fermée par des roches sur lesquelles on peut grimper pour jouir encore mieux du paysage.

Montmagny

La ville de Montmagny (11 000 hab.) apparaît déprimante aux yeux de certains, et quelque peu déstructurée à l'arrivée par la route 132, qui prend ici le nom de «boulevard Taché». En effet et malheureusement, la route 132 draine tous les commerces vers la périphérie et laisse le joli petit centre-ville de Montmagny exsangue. Non pas qu'elle soit sans potentiel, cette ville représente plutôt un bon exemple d'urbanisme médiocre découlant d'un certain manque de vision. Heureusement, elle recèle néanmoins quelques recoins plus intéressants et donne accès à des sites d'envergure sur le fleuve Saint-Laurent. Chaque année, en automne, Montmagny accueille le **Festival de l'oie blanche** (voir p. 508), qui donne lieu à diverses dégustations de mets à base d'oie. La ville est aussi renommée pour son esturgeon fumé.

▸▸▸ *Après avoir traversé la rivière du Sud, tournez à gauche dans la rue du Bassin-Nord pour accéder au stationnement du manoir Couillard-Dupuis.*

Le **manoir Couillard-Dupuis**, situé près du fleuve, a été reconstruit en 1764 sur les fondations d'une demeure plus ancienne détruite à la Conquête. Aujourd'hui, cet ancien manoir abrite le **Musée de l'accordéon ★** *(6$; ⚭; fin juin à début sept tlj 10h à 16h, sept à fin juin sam-ven 10h à 16h; 301 boul. Taché E., ☎ 418-248-7927, www.montmagny.com)*, où l'on offre au visiteur la possibilité de se familiariser avec la fabrication et le fonctionnement de l'accordéon. Des expositions de photos et une salle de visionnement soulignent notamment les faits saillants des différentes éditions du **Carrefour mondial de l'accordéon** (voir p. 508).

▸▸▸ *Suivez la rue du Bassin-Nord en direction du fleuve Saint-Laurent.*

Le **Centre éducatif des migrations** ★ *(7,50$; &; juin à oct tlj 10h à 17h; 53 rue du Bassin-Nord, ♪ 418-248-4565, www.centredesmigrations.com)* est situé sur le terrain de camping de la Pointe-aux-Oies; ce musée est aussi un centre d'interprétation de la sauvagine (également appelée «oie blanche» ou «oie des neiges») où sont présentés des documentaires, des expositions, des conférences et des spectacles.

▸▸▸ *Traversez le boulevard Taché pour prendre la rue du Bassin-Sud, qui rejoint bientôt la rue Saint-Ignace. Après avoir traversé un premier pont, juste avant l'église, tournez à droite dans la rue de la Fabrique. Au-delà d'un second pont, tournez à gauche dans la rue Saint-Jean-Baptiste.*

On remarquera qu'à l'instar de la plupart des villes québécoises, et contrairement aux villes européennes, le centre de Montmagny tourne le dos à la rivière (du Sud) et au fleuve (Saint-Laurent). Car les cours d'eau représentent une source de vents froids en hiver et causent des inondations au printemps au moment de la fonte des neiges, produisant aussi des débâcles. En outre, ils étaient strictement perçus dans le passé comme un élément utilitaire pour le transport, l'industrie et le déversement des déchets. Leurs berges n'étaient donc pas aménagées pour la promenade.

Les rues Saint-Jean-Baptiste et Saint-Thomas, qui se rejoignent en pointe à l'ouest de l'église, sont bordées par quelques cafés, terrasses et boutiques agréables, tous aménagés dans de vieilles maisons. L'avenue Sainte-Marie donne, quant à elle, accès à la **maison historique Sir Étienne-Paschal-Taché** *(4$; mai jeu-dim 10h à 17h30, juin à début sept mar-dim 10h à 17h30, début sept à mi-oct sam-dim 10h à 17h30; 37 av. Ste-Marie, ♪ 418-248-0993)*, dissimulée derrière des immeubles commerciaux. Ce beau manoir, construit en 1759, a été habité par Sir Étienne Paschal Taché (1795-1865), premier ministre du Canada-Uni pendant quelques années. C'est lui qui a fait ajouter les deux tours pittoresques qui regardent vers le fleuve. On y propose une visite guidée qui permet de découvrir ce personnage important de l'époque, et des expositions d'arts visuels y sont aussi présentées.

▸▸▸ *Revenez à la rue de la Fabrique, que vous emprunterez à gauche en direction du boulevard Taché. Prenez celui-ci à droite avant de tourner à gauche dans l'avenue du Quai.*

Devant l'avenue du Quai se dresse le **manoir Couillard de L'Espinay**, érigé en 1817, qui sert maintenant de cadre à un hôtel luxueux, le **Manoir des Érables** (voir p. 503). L'avenue du Quai longe une belle promenade aménagée en bordure du bassin de Montmagny. Il fait bon s'y arrêter pour un pique-nique ou flâner avant de s'embarquer pour une excursion en bateau. Le **quai de Montmagny** est un lieu d'observation privilégié des oies blanches au printemps et en automne, en plus d'être un des points de départ des traverses pour l'île aux Grues. Juste avant le quai se dresse la gare fluviale où a été aménagé un comptoir de renseignements touristiques.

L'excursion au **Lieu historique national de la Grosse-Île-et-le-Mémorial-des-Irlandais** ★★ *(&; le prix varie selon le transporteur maritime; voir Croisières Lachance, p. 496; accessible en visite libre ou guidée de mai à oct; service de restauration disponible sur place; il est conseillé de prévoir un pique-nique sur la grève, tables de pique-nique à la disposition des visiteurs; ♪ 418-234-8841 ou 800-463-6769, www.pc.gc.ca/grosseile)* est un retour dans le passé douloureux de l'immigration en Amérique. Fuyant les épidémies et la famine, les émigrants irlandais furent particulièrement nombreux à venir au Canada au cours des années 1830-1850. Afin de limiter la propagation du choléra et du typhus dans le Nouveau Monde, les autorités décidèrent d'obliger les passagers des transatlantiques à subir une quarantaine avant de débarquer dans le port de Québec. La Grosse Île s'impose alors comme un choix logique, étant donné sa position rapprochée et son éloignement des côtes. C'est sur cette «île de la Quarantaine» que chacun des immigrants était scruté à la loupe. Les passagers en bonne santé résidaient dans des «hôtels» dont le degré de luxe était lié à la classe qu'ils avaient choisie pour voyager sur les navires. Les malades étaient aussitôt hospitalisés.

Au total, quelque quatre millions d'immigrants en provenance de 42 pays différents transitèrent par le port de Québec entre 1832 et 1937. De ce nombre, on ne sait pas exactement combien résidèrent un temps à la Grosse Île, mais près de 7 000 personnes y périrent. Durant l'année 1847, l'épidémie de typhus fut particulièrement impitoyable envers les immigrants irlandais; des 7 000 décès recensés en 105 ans, 5 434 furent comptés ce seul été. En 1997, on a célébré le 150e anniversaire de la Grande Famine, qui fut l'une des principales causes du départ de ces immigrants. La même année, le 17 mars, jour de la saint Patrick, le ministère du Patrimoine canadien souligna à sa façon cette tragédie en rebaptisant le site «Grosse-Île-et-le Mémorial-des-Irlandais», auparavant désigné seulement du nom de l'île. Chaque année depuis 1909, des gens d'origine irlandaise se rendent à la Grosse Île, où est érigée une croix celtique, pour commémorer la tragédie.

La visite de la Grosse Île, qui se fait à bord d'un petit train motorisé ou à pied, nous entraîne donc autour de l'île, de ses beautés naturelles et de ses installations. Sur la trentaine de bâtiments encore debout, quelques-uns sont ouverts aux visiteurs : le bâtiment de désinfection donne un bon aperçu de la technologie canadienne à la fin du XIXᵉ siècle, sans oublier l'intérieur du lazaret, seul témoin de l'épidémie de typhus de 1847. Ces témoins précieux racontent on ne peut plus clairement une page de l'histoire du continent.

L'île aux Grues ★★

Corporation de développement touristique de l'Isle-aux-Grues (☎ *418-241-5117, www.isle-aux-grues.com*)

L'île aux Grues, seule île de l'archipel de L'Isle-aux-Grues habitée toute l'année, offre aux visiteurs un magnifique cadre champêtre ouvert sur le fleuve. C'est le lieu idéal pour l'observation des oies blanches au printemps, pour la chasse en automne et pour la balade en été. En hiver, l'île est prisonnière des glaces, et les habitants doivent alors utiliser l'avion pour avoir accès au continent. Quelques gîtes touristiques parsèment cette île longue de 10 km et vouée à l'agriculture. S'y promener à bicyclette, au milieu des champs de blé dorés et le long du fleuve, est des plus agréables. On peut aussi y accéder en voiture au moyen du traversier le **N.M** *Grue-des-Îles* (voir p. 485). Au centre de l'île se dresse le hameau de **Saint-Antoine-de-l'Isle-aux-Grues**, avec sa petite église et ses jolies maisons. On y trouve une boutique d'artisanat, une fromagerie qui produit, avec du lait des vaches de l'île, de délicieux fromages, ainsi qu'un tout petit musée où sont racontées les vieilles traditions qui animaient ou animent toujours la vie des insulaires. À l'est, on aperçoit le **manoir seigneurial MacPherson-LeMoine**, reconstruit pour Louis Liénard Villemonde de Beaujeu à la suite du saccage de l'île par l'armée britannique en 1759. L'historien James MacPherson-LeMoine a fait de cette invitante demeure, précédée d'une longue galerie, sa résidence d'été à la fin du XIXe siècle. Le peintre Jean Paul Riopelle, qui en avait fait son havre pendant plusieurs années, y est décédé en 2002. En haute saison, un petit kiosque d'information touristique vous accueille au bout du quai, et on peut y louer des vélos. Une île à découvrir pour ceux qui sentent le besoin de prendre un certain recul par rapport à la vie mouvementée et stressante qui est souvent la norme en ville!

▸▸▸ *Reprenez la route 132 Est en direction de Cap-Saint-Ignace. Prenez à droite la route du village (rue du Manoir).*

Cap-Saint-Ignace

La Côte-du-Sud, de même que Charlevoix, sur l'autre rive du fleuve, sont des régions propices aux tremblements de terre. Leurs villages ont d'ailleurs été endommagés à maintes reprises par des séismes de forte intensité. À Cap-Saint-Ignace, quatre secousses ont terrorisé les habitants du village entre 1791 et 1925. On a pu malgré tout conserver plusieurs témoins du passé dont le manoir Gamache, seul manoir seigneurial du Régime français encore debout sur la Côte-du-Sud.

Le **manoir Gamache** ★ *(on ne visite pas; 120 rue du Manoir, sur la droite, à l'entrée du village)* a été construit en 1744 pour servir de presbytère-chapelle. Sauvé miraculeusement lors de la Conquête, il devient, peu après, la résidence du seigneur Gamache. Le manoir est représentatif de l'architecture rurale du Régime français, caractérisée par d'épais carrés de maçonnerie au ras du sol et par de hautes toitures percées de petites lucarnes. Seul élément peu orthodoxe, la porte principale s'ouvre du côté des terres plutôt que vers le fleuve. Un aménagement paysager met en valeur ce manoir fort bien restauré.

L'**église Saint-Ignace** ★ *(au centre du village)* a été reconstruite entre 1880 et 1894 en remplacement de l'église de 1772. Sa longue nef sans transepts, ses clochetons à angles et son magnifique intérieur doré, pourvu de galeries latérales à colonnes, en font certes l'une des plus intéressantes réalisations de David Ouellet, un architecte de Québec qui a beaucoup travaillé en Beauce, dans le Bas-Saint-Laurent et en Gaspésie.

▸▸▸ *Poursuivez par la vieille route du village, puis tournez à gauche pour rejoindre la route 132.*

L'Islet-sur-Mer ★

L'activité du joli village qu'est L'Islet-sur-Mer est, comme son nom l'indique, tournée vers la mer. Depuis le XVIIIᵉ siècle, ses habitants se transmettent de père en fils les métiers de marin et de pilote sur le Saint-Laurent. Certains sont même devenus capitaines ou explorateurs émérites sur les océans lointains. La seigneurie de L'Islet a été concédée par le gouverneur Frontenac en 1677 à deux familles, les Bélanger et les Couillard, qui ont eu tôt fait de mettre leurs terres en valeur, faisant de L'Islet-sur-Mer, au bord du fleuve Saint-Laurent, et de L'Islet, à l'intérieur de la seigneurie, deux communautés prospères qui jouent toujours un rôle important dans la région.

Du parvis de l'**église Notre-Dame-de-Bonsecours** ★ ★ *(15 ch. des Pionniers E., route 132)*, on sent le vent du large, puissant et doux à la fois, et l'on peut bien mesurer l'immensité du fleuve tout proche. L'église actuelle, entreprise en 1768, est un vaste édifice en pierre sans transept. L'intérieur a été réalisé entre 1782 et 1787. Contrairement aux églises antérieures, le retable épouse complètement la forme du chœur en hémicycle. Le plafond plat, découpé en caissons, est un ajout du XIXᵉ siècle, tout comme les flèches des clochers, refaites en 1882. Au-dessus du tabernacle qui provient de la première église (1728), on remarquera *L'Annonciation* de l'abbé Aide-Créquy, peint en 1776. Sur la gauche, des portes vitrées s'ouvrent sur l'ancienne chapelle des congréganistes, rattachée à l'église en 1853, où l'on organise parfois des expositions estivales à caractère religieux.

Le **Musée maritime du Québec** ★ ★ *(droit d'entrée; ᶜ; 55 ch. des Pionniers E., ☎ 418-247-5001, www.mmq.qc.ca)* a pour mission la sauvegarde, l'étude et la mise en valeur du patrimoine maritime du fleuve Saint-Laurent. Au moyen d'une très belle exposition sur les marins québécois qui ont marqué le fleuve, d'un parc d'interprétation de la mer, d'une chalouperie,

de centaines d'objets et de deux véritables navires, le visiteur est plongé dans l'histoire du fleuve Saint-Laurent du XVIIᵉ siècle à nos jours. L'institution, fondée par l'Association des marins du Saint-Laurent, est installée dans l'ancien couvent de L'Islet-sur-Mer (1877) et rend hommage à l'un de ses plus illustres citoyens, le capitaine J.-E. Bernier (1852-1934), qui fut l'un des premiers à explorer l'Arctique, assurant de la sorte la souveraineté du Canada sur ces territoires septentrionaux. Des expositions temporaires y sont aussi proposées chaque année. Au moment de mettre sous presse, d'importants travaux de rénovation avaient nécessité la fermeture du musée, dont on prévoit la réouverture pour la fin de l'année 2010.

Saint-Jean-Port-Joli ★

Tourisme Saint-Jean-Port-Joli *(20 route 132 O., ☎ 418-598-3747 ou 800-278-3555, www.saintjeanportjoli.com)*

Saint-Jean-Port-Joli est devenu synonyme d'artisanat et de sculpture sur bois grâce à la famille Bourgault, qui en a fait sa raison de vivre au début du XXᵉ siècle. La route 132 est bordée, à l'arrivée, d'une formidable concentration de boutiques où l'on peut acheter un «grand-père fumant la pipe» ou une «paysanne qui tricote». Outre cet artisanat plus vivant que jamais et son célèbre festival qu'est **La Biennale de Sculpture Saint-Jean-Port-Joli** (voir p. 508), le village est connu pour son église ainsi que pour le roman *Les Anciens Canadiens*,

---

Joseph-Elzéar Bernier (1852-1934)

Joseph-Elzéar Bernier est l'un des marins les plus célèbres du Québec. Il est né en 1852 dans le joli village de L'Islet-sur-Mer d'une lignée de capitaines au long cours.

En 1869, à l'âge de 17 ans, Joseph-Elzéar est nommé capitaine d'un navire auparavant piloté par son père, le *Saint-Joseph*. Il devient ainsi le plus jeune capitaine du monde. Pendant les années qui suivirent, il navigua sur toutes les mers de la planète, établissant même des records de vitesse de traversée.

En 1904, il effectue un premier voyage d'exploration, financé par le gouvernement canadien, dans l'océan Arctique. Ces voyages seront couronnés par la prise de possession officielle des territoires arctiques canadiens au nom du gouvernement. Une plaque érigée sur l'île Melville commémore cet événement.

Par la suite, Bernier reprendra ses habits de marin à son propre compte pour sillonner l'Arctique, où il fait du commerce, et le golfe du Saint-Laurent, où il fait du transport de marchandises. Jusqu'à la fin de sa vie, à l'âge de 82 ans, il restera en étroite relation avec la mer qui l'a vu naître, grandir et repousser les frontières des exploits humains.

écrit au manoir seigneurial (incendié en 1909) de Philippe Aubert de Gaspé.

À l'entrée du village, le **moulin seigneurial** est visible sur la droite. Plus loin, la belle **maison Saint-Pierre**, érigée vers 1820, précède, sur la gauche, un belvédère installé en bordure du fleuve Saint-Laurent.

Le **Musée de la mémoire vivante** ★ ★ *(6$; fin juin à début sept tlj 9h à 17h30, début sept à fin juin mar-dim 10h à 17h; 710 av. De Gaspé O., ☎ 418-358-0518, www.memoirevivante.org)* loge dans le manoir seigneurial (reconstitué en 2007-2008) de Philippe Aubert de Gaspé (1786-1871), auteur du célèbre roman *Les Anciens Canadiens*, publié en 1863. Considérée comme le premier roman canadien-français, l'œuvre, dont l'importance littéraire est aussi grande que son aspect ethnologique, décrit la vie quotidienne à la fin du régime seigneurial.

De toute beauté, le site Philippe-Aubert-de-Gaspé recèle, en plus du manoir actuel, plusieurs attraits historiques, tels le fournil, avec four à pain et puits, les vestiges du manoir seigneurial datant de 1763, un cellier d'avant la Conquête ainsi qu'un caveau à légumes du XIXᵉ siècle. Des sentiers courant jusqu'aux berges du fleuve et un promontoire offrant une vue exceptionnelle permettent aux promeneurs d'admirer l'ensemble des aménagements d'époque, sans oublier la flore indigène des lieux. À l'intérieur du manoir, les expositions mettent en lumière plusieurs pans de la société québécoise. *Souvenirs de table* offre un panorama des habitudes alimentaires des Québécois d'hier et d'aujourd'hui; *Saint-Jean-Port-Joli : une histoire d'amour* décrit les origines de la villégiature et de l'artisanat du village; *Poterie du régime français jusqu'au XXᵉ siècle* présente une magnifique collection d'objets comptant des pièces uniques; et *Monsieur Philippe, nos hommages* honore la mémoire du seigneur de Saint-Jean-Port-Joli, qui a légué les us et coutumes de son époque par ses écrits.

Le **Musée de sculpture sur bois des Anciens Canadiens** ★ *(4$; mai, juin, sept et oct tlj 8h30 à 17h30; juil et août tlj 8h30 à 21h; 332 av. De Gaspé O., ☎ 418-598-3392, www.museedesancienscanadiens.com)* présente une série de sculptures en bois figuratives qui racontent l'histoire locale. Les visiteurs peuvent observer un sculpteur à l'œuvre pendant la haute saison, et une petite boutique se trouve également sur place.

La **maison Médard-Bourgault** ★ *(entrée libre; mi-juin à début sept tlj 9h à 17h; 322 av. De Gaspé O., ☎ 418-598-3880)*. Médard Bourgault (1877-1967) fut le premier d'une lignée d'artisans

sculpteurs renommés de Saint-Jean-Port-Joli. Ce capitaine au long cours a délaissé la navigation pour se consacrer entièrement à son art lorsqu'il a acheté cette maison en 1920. Au fil des années, il en a sculpté les murs et le mobilier pour en faire une œuvre très personnelle. La maison appartient aujourd'hui à son fils qui y a installé son atelier de sculpture. Si vous désirez voir son travail et celui de son père, il peut vous faire la visiter sur demande.

L'**église Saint-Jean-Baptiste** ★ ★ *(&; 2 av. De Gaspé O.)*. Cette coquette église, construite entre 1779 et 1781, se reconnaît à son toit rouge vermillon, coiffé de deux clochers dont l'emplacement (l'un à l'avant et l'autre à l'arrière, au début de l'abside) est tout à fait inusité dans l'architecture québécoise. Autre élément particulier, les chapelles des transepts, à peine suggérés, ne sont que les timides réponses des paroissiens aux exigences d'un évêque, visiblement non partagées. L'église présente un exceptionnel intérieur en bois sculpté et doré, qui aura probablement joué un rôle dans la popularité de cette forme d'art à Saint-Jean-Port-Joli, même s'il constitue une œuvre exécutée par divers artistes du Québec, bien antérieure aux sculptures de la famille Bourgault.

Sur un tout autre registre, **L'Épopée de la Moto** *(6,50$; mi-juin à mi-sept tlj 9h à 17h, fin mai à fin juin ven-dim 9h à 17h, mi-sept à mi-oct mar-dim 9h à 17h; 309 av. De Gaspé O., ☎ 418-598-1333, www.epopeedelamoto.com)* présente une exposition d'anciens modèles de ce véhicule à deux roues qui plaît tant aux aficionados. Intéressant et original.

Au centre du village se trouve le **parc des Trois-Bérets**, qui accueille l'exposition **Sculptures en Jardin** ★ ★ du début de juillet à la fin de septembre. On y retrouve les meilleures œuvres des éditions récentes de **La Biennale de Sculpture Saint-Jean-Port-Joli** (voir p. 508). Plus d'une centaine d'œuvres y sont exposées, et plusieurs, dont le bois a vieilli après quelques années, sont fascinantes. L'emplacement, en bordure du fleuve, offre un contexte visuel saisissant, et le parc comporte quelques aires de pique-nique.

''' *Poursuivez par la route 132 en direction de Saint-Roch-des-Aulnaies.*

Saint-Roch-des-Aulnaies ★ ★

Joli village en bordure du fleuve Saint-Laurent, Saint-Roch-des-Aulnaies tire son nom de l'abondance d'aulnes tout le long de la rivière Ferrée, qui alimente le moulin seigneurial. Nicolas Juchereau a reçu la seigneurie en 1656. D'abord connue sous le nom de la «Grande-Anse», elle demeurera la propriété de la famille Juchereau jusqu'en 1837, alors qu'elle passe entre les mains d'Amable Dionne, riche marchand de Kamouraska détenant déjà plusieurs autres seigneuries de la Côte-du-Sud. Le manoir qu'il a fait ériger en 1850 pour son fils, Pascal-Amable, alors que ce dernier n'était âgé que de 25 ans, a été restauré par le gouvernement du Québec. Ouvert au public, le domaine seigneurial a été cédé à la municipalité en 1974.

La **Seigneurie des Aulnaies ★★** *(10,75$; mi-juin à début sept tlj 9h à 18h; début juin à mi-juin et début sept à mi-oct, sam-dim 10h à 16h; 525 ch. de la Seigneurie, ♪ 418-354-2800 ou 877-354-2800, www.laseigneuriedesaulnaies.qc.ca)*. Le domaine des Dionne a été transformé en un captivant centre d'interprétation du régime seigneurial. Le visiteur est d'abord accueilli dans l'ancienne maison du meunier, reconvertie en boutique et en café (Le Clapotis). On y sert entre autres des galettes et des muffins à base de farine provenant du moulin voisin, vaste bâtiment en pierre reconstruit en 1842 à l'emplacement d'un moulin plus ancien. Des visites guidées du moulin en activité permettent de comprendre le fonctionnement complexe de son engrenage, qui dépend de la force motrice de la rivière Ferrée. Sa roue principale, d'origine, est la plus grande roue à godets encore en activité au Québec.

On accède au manoir, érigé sur un promontoire, par un long escalier. Tout comme le manoir du **Domaine Joly-De Lotbinière** (voir p. 486), celui des Dionne s'apparente davantage à une villa pittoresque qu'à une austère résidence seigneuriale. Il a été dessiné par Charles Baillairgé, membre de la célèbre dynastie de Québec, au début de l'ère victorienne. Des bornes interactives, qui expliquent de façon détaillée les principes du régime seigneurial et son impact sur le paysage rural québécois sont disposées dans différentes pièces. L'étage, plutôt sobre, abrite les pièces de réception, meublées à la mode du XIXe siècle. On remarquera tout particulièrement la belle salle à manger, décorée de palmettes, et les deux tours d'angle, la tour de Madame et la tour de Monsieur, où seigneur et seigneuresse pouvaient se retirer du monde. En 1893, il fut racheté par la famille Miville-Deschênes (Miville-Dechêne selon certains) pour en faire sa résidence secondaire. Un beau jardin faisant partie de l'Association des jardins du Québec ainsi que des sentiers sauvages entourent le manoir. Des guides et des personnages en costumes d'époque animent le site.

La région touristique de Chaudière-Appalaches se termine ici, mais la Côte-du-Sud se poursuit jusqu'à Saint-André-de-Kamouraska; aussi est-il recommandé de jumeler le circuit qui s'achève avec celui du **Pays de Kamouraska ★★** (voir p. 513), dans la région touristique du Bas-Saint-Laurent.

``` *Pour rentrer rapidement à Québec ou à Montréal, reprenez l'autoroute 20 vers l'ouest (sortie 430), située tout juste derrière le village de Saint-Roch-des-Aulnaies.*

# Activités de plein air

### ➤ Agrotourisme

Avec ses 3 500 pommiers et sa jolie vue sur le fleuve, le verger de la **Cidrerie La Pomme du Saint-Laurent** (voir p. 509) est un lieu bucolique à souhait. De la mi-août à la fin septembre, vous pourrez y faire l'autocueillette d'une dizaine de variétés de pommes.

### ➤ Chasse

La **région de Montmagny** est reconnue depuis belle lurette pour la chasse à l'oie. Si cette activité vous intéresse, vous pourrez la pratiquer sur la Côte-du-Sud ou sur une île du Saint-Laurent, comme l'île aux Grues. Au printemps et en automne, les rives du fleuve sont littéralement envahies par les oies blanches en migration et par les chasseurs. Plusieurs pourvoyeurs louent des caches directement sur les berges, dans lesquelles vous pourrez vous camoufler, accompagné ou non d'un guide expérimenté.

### ➤ Croisières

Au départ de la marina de Berthier-sur-Mer, les **Croisières Lachance** *(47$; visite de 5h sur la Grosse Île et croisière; 110 rue de la Marina, Berthier-sur-Mer, ♪ 418-259-2140 ou 888-476-7734, www.croisiereslachance.ca)* proposent des sorties commentées sur le fleuve à bord de confortables navires. Marins de pères en fils depuis trois générations, les Lachance vous feront découvrir l'archipel de L'Isle-aux-Grues et sa riche histoire à travers leurs anecdotes qui vous replongeront dans la vie des insulaires au début du XXe siècle. C'est aussi un des seuls moyens d'aller visiter le **Lieu historique national de la Grosse-Île-et-le-Mémorial-des-Irlandais** (voir p. 492).

### ➤ Golf

Le **Golf de l'Aubervière** *(40$ semaine, 46$ fin de semaine; 777 rue Alexandre, Lévis, ♪ 418-*
```

*835-0480, www.golflauberiviere.com) est situé à quelques minutes des ponts de Québec, dans un bel espace vert sillonné par deux rivières et ponctué de quelques petits lacs. Il a l'avantage d'être facilement et rapidement accessible.

➤ Kayak

Que ce soit au lever ou au coucher du soleil, la petite entreprise **Kayaks et Nature** *(40$ pour 3h sur l'eau avec guide; début mai à fin oct; St-Antoine-de-Tilly, réservations: ☏ 418-886-2218)* vous fera découvrir quelques-unes des richesses du fleuve Saint-Laurent en glissant sur l'eau. Pour ses propriétaires fort sympathiques, ce qui prime, après le plaisir, bien sûr, c'est la sécurité. L'encadrement et l'initiation se font dans les meilleures conditions possibles, à un rythme qui convient à chacun.

➤ Observation des oiseaux

Ornitour *(prix variables selon les forfaits, comprenant prêt de jumelles, transport et guide; sur réservation seulement; visites individuelles et en groupe; 35 ch. du Vieux-Quai, Montmagny, ☏ 418-241-5368, www.ornitour.net).* Seule entreprise privée au Québec à offrir des forfaits d'observation des oiseaux, Ornitour vous invite à différentes excursions selon les saisons: au printemps, l'observation de l'oie blanche; de mai à novembre, des visites axées sur le patrimoine et l'observation des oiseaux sur l'île aux Grues (départs au quai de Montmagny); en hiver, des excursions en autoneige B-12 qui permettent d'aller nourrir les oiseaux en forêt (les petites mésanges iront jusque dans votre main!).

➤ Randonnée pédestre

Le **parc régional des Appalaches** *(entrée libre; 105 rue Principale, Ste-Lucie-de-Beauregard, ☏ 418-223-3423 ou 877-827-3423, www.parcappalaches. com)* propose plus de 100 km de sentiers pédestres.

➤ Raquette et ski de fond

Dans le **parc régional des Appalaches** (voir ci-dessus), un des endroits les plus méconnus du Québec, il est agréable de se perdre en raquettes ou en skis de fond. Les amateurs de randonnées paisibles et tranquilles peuvent pratiquer ces sports d'hiver dans un très grand nombre de sentiers. Pour les amateurs de sensations fortes, gravir le mont Sugar Loaf à partir de l'entrée du parc, dans le village de Sainte-Lucie-de-Beauregard, est un beau défi, mais ils devront être en bonne condition physique.

➤ Vélo

Les routes qui bordent le fleuve offrent aux cyclistes un spectacle d'une pure splendeur. Plusieurs circuits et parcours sont disponibles à l'adresse suivante: *www.velochaudiereappalaches. com.*

L'île aux Grues se prête magnifiquement à la balade à vélo. Ses petites routes plates qui longent le fleuve ou de grands champs de blé offrent des vues à couper le souffle!

Circuit B: La Beauce ★

▲ *p. 504* 🛏 *p. 507* 🍴 *p. 508*

Bureau d'information touristique de La Nouvelle-Beauce *(901 boul. Vachon N., Ste-Marie, ☏ 418-386-4499 ou 866-386-4499, www.nouvellebeauce.com)*

⏱ *Deux jours*

Après les timides tentatives de colonisation du Régime français, la Beauce, ou «Nouvelle-Beauce» comme on l'appelait fréquemment au XVIIIe siècle, connaît un essor important grâce à l'ouverture du chemin Kennebec (entre 1810 et 1830) puis de la voie ferrée (1870-1895), deux routes qui relieront le Québec et sa capitale à la Nouvelle-Angleterre en passant par la vallée de la rivière Chaudière. Le long du parcours, les hameaux agricoles tireront profit de ces voies de communication et deviendront dès la fin du XIXe siècle de petites villes industrielles prospères. Reconnus pour leur esprit d'entreprise et favorisés par le destin, les Beaucerons ont créé plusieurs entreprises aux noms familiers à l'oreille des Québécois, comme Vachon et Canam Manac.

▸▸▸ *Prenez l'autoroute 73 Sud en direction de Scott. Empruntez la sortie 101 pour rejoindre la route 173, qui longe la rivière Chaudière jusqu'à la frontière canado-américaine. Cette route a été baptisée «route du Président-Kennedy» en 1970.*

Scott

L'un des premiers promoteurs du chemin de fer Lévis & Kennebec Railway, Charles Armstrong Scott, a laissé son nom à ce village dont la prospérité relève, en partie, de sa gare, qui servit pendant quelque temps de terminal ferroviaire pour la Beauce. L'**église Saint-Maxime** (1904), tout en bois, est coiffée d'un élégant clocher.

▸▸▸ *Poursuivez en direction de Sainte-Marie. Quittez momentanément la route du Président-Kennedy (route 173) pour suivre la rue Notre-Dame Nord, qui mène au centre de la ville.*

Sainte-Marie

Maison du tourisme de Sainte-Marie (*901 boul. Vachon N., Ste-Marie, ☎ 418-387-3233 ou 866-389-3233, www.ville. sainte-marie.qc.ca*)

Thomas Jacques Taschereau reçoit, en 1736, la première seigneurie concédée en Beauce. Ses descendants, qui la conserveront jusqu'à la fin du régime seigneurial (1854), feront de Sainte-Marie le centre de leur domaine. La petite ville va devenir un pôle d'attraction important dans la région au cours du XIXe siècle. Les commerces et les institutions s'y multiplient le long de la rue Notre-Dame. Deux incendies dévastateurs, l'un en 1908 et l'autre en 1926, viendront cependant effacer les traces de cette période faste. Aujourd'hui, Sainte-Marie (12 000 hab.) est surtout connue pour les «petits gâteaux Vachon» de l'entreprise fondée sur place en 1923 par Rose-Anna Giroux et Joseph-Arcade Vachon.

La **maison J.A. Vachon** (*5$; juin à mi-oct tlj 9h à 16h, mi-oct à mai lun-ven 9h à 16h; 383 rue de la Coopérative, ☎ 418-387-4052*) constitue un centre d'interprétation qui retrace l'histoire des «petits gâteaux Vachon» en proposant une visite de l'usine ainsi que de la maison qu'habitait la famille Vachon lorsqu'elle mit sur pied l'entreprise. La maison est classée monument historique.

L'historique **maison Pierre-Lacroix** (*entrée libre; mi-juin à début sept tlj 12h à 17h; 552 rue Notre-Dame N., ☎ 418-386-3821*) est reconnaissable entre toutes puisqu'il s'agit de la seule habitation en moellons de la Beauce et qu'elle s'impose par sa grosseur. Elle fait aujourd'hui office de centre culturel surtout axé sur l'artisanat traditionnel. On y expose et vend le travail des artisans de la région. Y sont aussi organisées des démonstrations de techniques artisanales.

Au numéro 640 de la rue Notre-Dame se dresse la **maison Dupuis** (*6$; juin à sept mar-ven 9h à 16h30, sam et lun 10h à 16h, dim 13h à 16h, hors saison sur réservation; 640 rue Notre-Dame S., ☎ 418-387-7221*), une jolie petite maison de bois blanche et noire. À l'intérieur sont présentées deux expositions. La première nous fait revivre les débuts de l'aviation au Québec en racontant l'histoire des pionniers de l'air originaires de Sainte-Marie. La seconde exposition relate, quant à elle, l'histoire du Père Gédéon, personnage mémorable créé par Doris Lussier. Des jardins et d'agréables petits sentiers sont aussi accessibles aux visiteurs.

Légèrement désaxée par rapport à la rue Notre-Dame, l'élégante **église Sainte-Marie** ★ (*av. Marguerite-Bourgeoys*) de style néogothique

a été construite en 1859. Son décor intérieur en trompe-l'œil a été réalisé par le peintre décorateur F.E. Meloche en 1887.

➤➤➤ *Suivez la rue Notre-Dame Sud jusqu'à l'embranchement avec la route du Président-Kennedy, que vous reprendrez vers le sud.*

Un circuit facultatif vous mène de l'autre côté de la rivière Chaudière, près du petit village de Saint-Elzéar, plus exactement à l'**Observatoire Mont Cosmos** (*6$ soir, 3$ jour; fin juin à début sept, réservations requises; 750 rang Haut-Ste-Anne, St-Elzéar, ☎ 418-386-2880 ou 418-654-1577, www. montcosmos.com*): un véritable observatoire muni d'un télescope moderne, pour avoir la tête dans les étoiles! Les activités d'interprétation qu'on y propose sont très instructives et vous laisseront, une fois de plus, pantois d'admiration devant le monde céleste. On peut aussi déambuler dans les sentiers d'interprétation autour de l'observatoire. Si vous y allez au mois d'août, peut-être pourrez-vous participer au festival organisé pour célébrer les perséides et vous émerveiller devant cette pluie d'étoiles filantes. Des journées d'observation du soleil avec un télescope spécial sont aussi organisées. N'oubliez pas de réserver et de vous habiller chaudement. Un site de camping rustique est proposé sur place.

➤➤➤ *À l'approche de Saint-Joseph-de-Beauce, quittez la route 173 (route du Président-Kennedy) pour vous rendre au centre de la ville en longeant la rivière.*

Saint-Joseph-de-Beauce ★

À Saint-Joseph, une plaque (*347 av. du Palais*) commémore la «route du Président-Kennedy», baptisée ainsi en 1970. Cette importante voie de pénétration (route 173) a connu des débuts modestes, lorsque l'on demanda en 1737 aux premiers seigneurs de la Beauce de tracer un sentier pour relier les terres nouvellement défrichées à Lévis, sur la rive sud du fleuve Saint-Laurent en face de Québec. En 1758, cette première voie fut remplacée par la route Justinienne, plus large et plus droite. Ce n'est qu'en 1830 que la route traversa la frontière pour se rendre jusqu'à Jackman, dans l'État du Maine.

La ville de Saint-Joseph est reconnue pour son ensemble institutionnel fort bien conservé de la fin du XIXe siècle. Celui-ci est établi sur un coteau à une bonne distance de la rivière Chaudière; il est donc à l'abri des inondations. Seuls quelques aménagements légers (terrains de jeu, aires de pique-nique) bordent aujourd'hui la rivière.

L'**église Saint-Joseph** ★ *(rue Ste-Christine)*, de style néoroman et en pierre, a été construite en 1865. Le presbytère fut, quant à lui, réalisé au cours des années 1880, époque qui marque l'apogée du style néo-Renaissance française dans la région parisienne. L'architecte George-Émile Tanguay s'est inspiré de cette mode pour le dessin du presbytère en brique et en pierre, véritable petit palais pour le curé et ses vicaires.

Le **Musée Marius-Barbeau** ★ *(6$; &; en été lun-ven 8h30 à 12h et 13h à 16h30, sam-dim 10h à 17h; en hiver lun-ven 8h30 à 12h et 13h à 16h30, dim 13h à 16h; 139 rue Ste-Christine, ♪ 418-397-4039, www.museemariusbarbeau.com).* Ce centre d'interprétation de l'histoire de la Beauce relate les différentes étapes du développement de la vallée de la Chaudière, des premières seigneuries au percement des voies de communication, en passant par la ruée vers l'or du XIXᵉ siècle. Les arts et traditions populaires étudiés par l'ethnologue et folkloriste beauceron Marius Barbeau y tiennent également une grande place. Le musée est installé dans l'ancien couvent des sœurs de la Charité (1887), bel édifice en briques polychromes. L'ancien orphelinat, qui loge aujourd'hui des organismes sociaux, avoisine le couvent au sud.

À Saint-Joseph-de-Beauce, prenez la route 276 sur quelques kilomètres jusqu'à Lac-Etchemin, où a été aménagé l'**Éco-Parc des Etchemins** *(8,50$ parc, 16$ parc aquatique et plage; mi-juin à fin août tlj 10h à 18h; 213 1ʳᵉ Avenue, Lac-Etchemin, ♪ 418-625-3272 ou 800-463-8489, www.eco-parc. qc.ca).* On y trouve une plage de sable, des sentiers pédestres, des terrains de volleyball et de basketball, des glissades d'eau, des aires de pique-nique et un casse-croûte. Location de kayaks, de pédalos et de chaloupes.

Beauceville

En 1846, on trouva une énorme pépite d'or dans le lit d'un affluent de la Chaudière, la rivière Gilbert. Dès lors commença une ruée vers l'or qui ne prit fin qu'au début du XXᵉ siècle, lorsque l'on réalisa que la précieuse ressource était sans doute épuisée. Beauceville se situait au cœur de cette frénésie, qui fit quelques chanceux, mais en ruina plus d'un. Plusieurs Beaucerons s'étant fait chercheurs d'or déménagèrent alors au Klondike (Yukon) afin de poursuivre leurs activités. William Chapman (1850-1917), poète, lauréat de l'Académie française et officier d'Instruction publique de France, est originaire de Beauceville. On lui doit notamment *Les Québécoises* (1876) et *Les feuilles d'érable* (1890), œuvres en vers, lyriques et patriotiques.

Le **parc des Rapides-du-Diable** *(entrée libre; mai à oct; par la route du Président-Kennedy/route 173, à l'est, en sortant de Beauceville; ♪ 418-774-9137)* est pourvu de sentiers aboutissant à la Chaudière ainsi qu'aux rapides du Diable. Vous aurez l'occasion d'admirer les vestiges d'un moulin datant de l'époque de la ruée vers l'or beauceronne.

▸▸▸ *Poursuivez en direction de Notre-Dame-des-Pins.*

Notre-Dame-des-Pins

Point de départ de plusieurs chercheurs d'or au XIXᵉ siècle, Notre-Dame-des-Pins est de nos jours un tranquille petit village dont le principal attrait est son **pont couvert** érigé en 1928, sur lequel on peut se promener à pied. Il s'agit du plus long pont du genre au Québec (154 m).

Saint-Georges

Maison du tourisme de Saint-Georges (13055 boul. Lacroix, St-Georges, ♪ 418-227-4642 ou 877-923-2823, www. destinationbeauce.com)

Divisée en Saint-Georges-Ouest et Saint-Georges-Est, de part et d'autre de la rivière Chaudière, la capitale industrielle de la Beauce rappelle les «villes de manufactures» de la Nouvelle-Angleterre. Le marchand d'origine allemande Johann George Pfozer (1752-1848) est considéré comme le véritable père de Saint-Georges, ayant tiré profit de l'ouverture de la route Lévis-Jackman en 1830 pour y faire naître une industrie forestière. Au début du XXᵉ siècle, des filatures (Dionne Spinning Mill) et des manufactures de chaussures se sont installées dans la région, favorisant une augmentation importante de la population. Saint-Georges est de nos jours une ville tentaculaire de quelque 30 000 habitants dont la périphérie est quelque peu rébarbative, mais dont le centre recèle quelques trésors.

L'**église Saint-Georges** ★★ *(1re Avenue, St-Georges-Ouest)* est juchée sur un promontoire dominant la rivière Chaudière. Sa construction a été entreprise en 1900. L'art de la Belle Époque y trouve ses lettres de noblesse, que ce soit à l'examen de la flèche de son clocher central culminant à 75 m ou dans son magnifique intérieur à trois niveaux, abondamment sculpté et doré. Devant l'église trône la statue de *Saint Georges terrassant le dragon*. L'original de Louis Jobin, réalisé en bois recouvert de métal (1909), est exposé au **Musée national des beaux-arts du Québec** (voir p. 418), à Québec. La statue visible à l'extérieur est une copie en fibre de verre qui remplace le modèle devenu trop fragile.

Le **parc des Sept-Chutes** *(49ᵉ Rue O., ♪ 418-228-8155)*, d'une superficie de 81 ha, propose une belle randonnée de presque 10 km. Le principal attrait est le sentier des gorges de la Pozer, qui longe la rivière du même nom. Vous pourrez admirer les sept chutes qui ont donné leur nom au parc. Arrivé à la septième, vous verrez une passerelle d'une longueur de 40 m qui surplombe la rivière d'une hauteur de 25 m et qui permet de relier les sentiers pédestres des deux côtés de la rivière. Le long des sentiers, on peut observer une cinquantaine d'espèces d'oiseaux et une quarantaine d'espèces d'arbres. Une piscine extérieure est aussi accessible, ainsi que quelques aires de pique-nique.

Le **barrage Sartigan** *(à la sortie de la ville)* a été construit en 1967 afin de régulariser le débit de la rivière Chaudière, pour ainsi atténuer dans la mesure du possible les crues printanières.

⁞⁞⁞ *Prenez la route 204 vers l'est, puis la route 275 vers le sud pour rejoindre Saint-Prosper.*

Saint-Prosper

Le **Village des défricheurs** *(10$, 15$ avec La Forêt légendaire; mi-juin à fin août tlj 11h à 18h, fin août à mi-sept sam-dim 11h à 18h, reste de l'année sur réservation; 3821 route 204, ♪ 418-594-6009 ou 866-594-6009, www.village-des-defricheurs.qc.ca)* constitue un centre d'interprétation relatant la vie rurale de la région au XIXᵉ siècle de même que celle de la première partie du XXᵉ siècle. Il compte une dizaine de bâtiments anciens rappelant les différents métiers de l'époque, notamment la scierie, la forge, l'école et la fromagerie. Un impressionnant manoir se dresse sur le site et abrite les collections d'œuvres d'artistes et d'objets de la région. Un autre attrait proposé sur place est **La Forêt légendaire**. Il consiste en une chasse au trésor dans la forêt, à la recherche de certains vestiges du passé. Amusant avec les enfants. Un petit café où l'on organise des soirées de contes et légendes s'y trouve aussi.

⁞⁞⁞ *Revenez à Saint-Georges et suivez la route 173 Sud jusqu'à Jersey Mills, où vous bifurquerez à droite sur la route 204 pour longer la rivière Chaudière jusqu'à Saint-Martin. Suivez la route 269 vers le nord en direction de Saint-Méthode-de-Frontenac. À Robertsonville, prenez à gauche la route 112 pour une visite du «pays de l'amiante», minerai apprécié pour ses propriétés isolantes et sa résistance thermique, mais entouré d'une vive controverse.*

Thetford Mines

Tourisme région de Thetford *(2600 boul. Frontenac O., ♪ 418-423-3333 ou 877-335-7141, www.tourismeregionthetford.com)*

La découverte d'amiante dans la région en 1876, cet étrange minerai filamenteux et blanchâtre, allait permettre le développement d'une portion du Québec jusque-là considérée comme fort éloignée. Les grandes entreprises américaines et canadiennes qui ont exploité les mines d'Asbestos, de Black Lake et de Thetford Mines, jusqu'à leur nationalisation au début des années 1980, ont érigé des empires industriels qui ont hissé le Québec au premier rang des producteurs mondiaux d'amiante.

Souvent dépeinte comme un milieu désolant, où les gens vivent misérablement entre des montagnes de débris noirs (les terrils) provenant des immenses carrières à ciel ouvert, la région de Thetford Mines (26 000 hab.) a servi de cadre au film *Mon oncle Antoine* de Claude Jutra. Cette grisaille ne manque toutefois pas d'exotisme pour le visiteur qui désire explorer l'Amérique industrielle et connaître les méthodes d'extraction de même que les diverses utilisations de l'amiante dans la recherche et dans l'aérospatiale. L'amiante chrysotile est encore utilisé aujourd'hui dans plusieurs produits, malgré l'interdiction dont il fait l'objet dans plusieurs pays du monde.

De superbes collections de pierres et de minéraux provenant du monde entier se retrouvent au **Musée minéralogique et minier de Thetford Mines** *(8,25$; ⚭; fin juin à début sept tlj 9h30 à 18h, reste de l'année lun-ven 9h30 à 16h30, sam-dim 13h à 17h; 711 boul. Smith S., ♪ 418-335-2123, www.mmmtm.qc.ca)*. Le musée présente notamment des échantillons d'amiante de plus de 25 pays. Des expositions expliquent aux visiteurs l'histoire du développement des mines ainsi que les différentes caractéristiques des minéraux et roches du Québec.

Au bord du Grand lac Saint-François se trouve le **parc national de Frontenac ★** *(3,50$; ⚭; 599 ch. des Roy, St-Daniel-Lambton, ♪ 418-486-2300 ou 800-665-6527, www.sepaq.com)*, qui comprend plusieurs aires de pique-nique, quelques plages et des sentiers d'interprétation. La plus grande partie de son territoire se trouve dans la région des Cantons-de-l'Est.

Black Lake *(8 km au sud-ouest de Thetford Mines par la route 112)*, situé à côté de Thetford Mines, offre un des plus impressionnants panoramas miniers en Amérique du Nord. Un belvédère d'observation accessible toute l'année permet de profiter d'une vue imprenable sur ce paysage façonné par la main de l'homme.

▸▸▸ *Revenez à la route 269, que vous emprunterez vers le nord en direction de Kinnear's Mills et de Saint-Jacques-de-Leeds. Isolé à l'écart de la route principale, le hameau de Kinnear's Mills mérite une petite visite.*

Kinnear's Mills

Entre 1810 et 1830, le gouvernement colonial britannique ouvre des cantons, aux noms à consonance anglaise, sur les terres qui n'ont pas encore été concédées aux seigneurs. Des émigrants irlandais, anglais et écossais viennent s'y fixer en petit nombre, bientôt supplantés par les Canadiens français. Ce mélange donnera parfois des noms de village qui semblent étranges aux visiteurs (Saint-Jacques-de-Leeds, Saint-Hilaire-de-Dorset, etc.).

Le village de Kinnear's Mills, sur les berges de la rivière Osgoode, a été fondé par des Écossais en 1821. On y trouve une étonnante concentration d'églises de différentes dénominations reflétant la diversité ethnique de la région : l'église presbytérienne (1873), l'église méthodiste (1876), l'église anglicane (1897), de même que l'église catholique, de construction plus récente.

▸▸▸ *Poursuivez en direction de Saint-Jacques-de-Leeds, où vous pourrez voir d'autres églises coquettes. Quelques kilomètres plus loin, bifurquez sur la route 271 en direction nord pour rejoindre Sainte-Agathe-de-Lotbinière.*

Sainte-Agathe-de-Lotbinière

À Sainte-Agathe-de-Lotbinière se trouve le **parc de la Chute Sainte-Agathe-de-Lotbinière** *(voiture 5$, camping 15$; 342 rang Gosford O., ☎ 418-599-2661)*, qui offre un agréable site pour la baignade et la randonnée pédestre. À certains endroits, il faut être assez dégourdi pour se rendre de pierre en pierre jusqu'à l'eau, mais on a créé une petite plage pour permettre à tous d'en profiter. Les cascades et les bassins

de la rivière Palmer vous promettent un bon rafraîchissement. De la rivière, on aperçoit un pont couvert datant de 1928 qui enjambe la chute.

▸▸▸ *Poursuivez votre chemin par la route 271 pour rejoindre l'autoroute 20 et regagner Québec, quelque 30 km à l'est.*

Activités de plein air

➤ Canot

Dans le **parc national de Frontenac** (voir plus haut), il est possible de faire de belles excursions en canot sur le Grand lac Saint-François. On y loue des embarcations à prix modique.

➤ *Randonnée pédestre*

Dans le **parc de la Chute Sainte-Agathe-de-Lotbinière** (voir plus haut), vous pouvez déambuler le long de la rivière Palmer ou dans les bois environnants.

Dans le **parc national de Frontenac** (voir plus haut), de belles randonnées en forêt ou au bord du Grand lac Saint-François s'offrent aux visiteurs.

➤ *Vélo*

Les routes qui bordent le fleuve offrent aux cyclistes un spectacle d'une pure splendeur. Plusieurs circuits et parcours sont disponibles à l'adresse suivante : *www.velochaudiereappalaches.com*.

À **Saint-Georges** débute une belle et longue piste cyclable qui parcourt les rives ouest et est de la rivière Chaudière, des chutes de la Chaudière jusqu'à Saint-Georges. Cette voie vous fera découvrir les beautés des petits coins cachés de la Beauce, qui valent à coup sûr le coup de pédales!

Hébergement

Circuit A:
La Côte-du-Sud

Lotbinière

Aux Saisons du Fleuve
$$ ✿ @
7410 route Marie-Victorin (route 132)
☎ 418-796-2373
www.auxsaisonsdufleuve.com
Le gîte touristique Aux Saisons du Fleuve, un établissement moderne et sans caractère, offre par contre une très belle vue sur le fleuve et un excellent petit déjeuner concocté à partir de produits locaux. L'accueil est somme toute sympathique et sans prétention. On y retrouve trois chambres.

Sainte-Croix

Camping Belle-Vue
$ 🛏 ≋ 🖐
6939 route Marie-Victorin
☎ 418-926-3482
www.quebecweb.com/campingbellevue
Le Camping Belle-Vue offre bel et bien une vue superbe sur le Saint-Laurent. Situé on ne peut plus au bord du

fleuve, au pied d'un cap, il bénéficie d'un très bel environnement. Tout près se trouve le **Domaine Joly-De Lotbinière** (voir p. 486). On peut pratiquer au camping plusieurs activités telles que la baignade et le tennis, et l'on y trouve tous les services. Quelques sites rustiques (sans services et plus loin dans les bois) y sont aussi proposés.

Saint-Antoine-de-Tilly

Le Marquis des Phares
$$ ✿ bc @ ≋
705 place des Phares, à l'ouest du village
☎ 418-886-2319
L'auberge Le Marquis des Phares, construit vers les années 1980, n'a aucun cachet, mais son emplacement en bas de la falaise, presque les pieds dans l'eau, offre une vue incroyable sur le fleuve.

La Maison Normand
$$$ ✿
3894 ch. de Tilly
☎ 418-886-1314
La Maison Normand se dresse fièrement au cœur du village. D'inspiration victorienne, cet

ancien magasin général a été reconverti en un très paisible gîte. Le grand salon aux hauts plafonds de bois invite à la détente. La belle bibliothèque truffée de livres sur les pays du monde rappelle que les propriétaires sont des voyageurs passionnés et expérimentés qui connaissent bien les attentes de leurs clients. Cinq chambres agréables ont été aménagées, et un copieux petit déjeuner végétarien aux saveurs d'ici et d'ailleurs complète les atouts de cette bonne adresse.

Manoir de Tilly
$$$-$$$$ ✿ ≡ 🚲 ◎ ▲ 丫 🖐 @
3854 ch. de Tilly
☎ 418-886-2407 ou 888-862-6647
www.manoirdetilly.com
Le **manoir de Tilly** (voir p. 487) est une ancienne résidence datant de 1786. Les chambres ne sont toutefois pas aménagées dans la partie historique, mais dans une aile moderne qui offre cependant tout le confort et la tranquillité voulus. Elles sont toutes munies d'un foyer et offrent

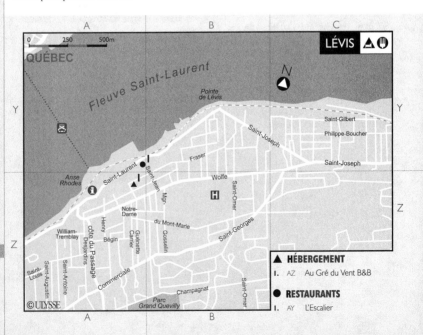

une belle vue. L'accueil est empressé, et la salle à manger propose une fine cuisine de qualité (voir p. 505). L'auberge possède aussi un spa et des salles de réunion.

Lévis

Au Gré du Vent B&B
$$$ ☙ ≋ ⌂ @
2 rue Fraser
☎ 418-838-9020
www.au-gre-du-vent.com

En plein centre du vieux Lévis se trouve ce grand gîte touristique hautement coté. Il abrite cinq chambres très chaleureuses, spacieuses et confortables, à quelques pas d'une vue imprenable sur le fleuve et sur le vieux Québec. Une piscine, une salle de séjour au grenier et des meubles d'un peu partout au Québec et de toutes les époques complètent ce beau tableau.

Beaumont

Manoir de Beaumont
$$-$$$ ☙ ≋ @
485 route du Fleuve
☎ 418-833-5635 ou 800-302-5635
www.manoirdebeaumont.qbc.net

Juché sur une colline et entouré d'arbres (et de pylônes électriques…), le Manoir de Beaumont offre l'usuelle formule des gîtes touristiques dans le confort et la tranquillité. Les cinq chambres sont joliment décorées dans un style qui respecte l'âge de la maison. Un vaste salon ensoleillé, une piscine et une aire de jeux comprenant billard et babyfoot sont mis à votre disposition. Il est par contre malheureux que les petits déjeuners soient servis au sous-sol.

Montmagny

Camping Pointe-aux-Oies
☀ ☛ ≋ @
45 rue du Bassin N.
☎ 418-248-9710
www.campingpointeauxoies.com

Non loin du quai de Montmagny, près du Centre éducatif des migrations et surtout au bord de l'eau, le Camping Pointe-aux-Oies dispose d'un site remarquable en plus d'offrir tous les services et nombre d'activités.

Gîte Les deux Marquises
$$ ☙ bc/bp @
153 rue St-Joseph
☎ 418-248-2178

Cette grande maison qui a beaucoup de charme accumule depuis le début du XXe siècle les souvenirs de la famille de l'ancienne enseignante qui vous y accueille. Quatre chambres disponibles.

Chez Octave
$$-$$$ ☙ ☛ ♨ @
100 rue St-Jean-Baptiste E.
☎ 418-248-3373
www.epoque.qc.ca

L'ambiance cossue et chaleureuse de Chez Octave laisse un excellent souvenir aux visiteurs. Anciennement l'auberge La Belle Époque, l'établissement a non seulement changé de mains en 2009, mais aussi de nom et d'ambiance. Les sept chambres qu'on y propose sont chaleureuses et très confortables. La table est également très agréable (voir p. 506).

Manoir des Érables
$$$$ ½p ☙ ☛ ◎ ≋ ♨ @ ⚐
220 boul. Taché E.
☎ 418-248-0100 ou 800-563-0200
www.manoirdeserables.com

Le Manoir des Érables est aménagé dans un ancien logis seigneurial à l'anglaise, le **manoir Couillard de L'Espinay** (voir p. 492). L'opulence de sa décoration d'époque et son accueil courtois et chaleureux vous assurent un séjour de roi. Les chambres

sont belles et confortables, et plusieurs d'entre elles ont un foyer. Au rez-de-chaussée, on a aménagé un agréable salon orné de multiples trophées de chasse où l'on propose une grande variété de scotchs et de whiskeys. Vous pourrez, de plus, profiter de la salle à manger (voir p. 506), qui sert une excellente cuisine. On loue aussi des chambres de motel, situées un peu à l'écart sous les érables, et quelques chambres dans un pavillon tout aussi invitant que le manoir même. Services de soins corporels.

Saint-Paul-de-Montminy

Appalaches Lodge - SPA et Villégiature
$$$-$$$$$ ½p ◎☙△≋Ψ≋ ⚄
1 ch. de la Coulée
☎ 418-469-0100 ou 866-661-0106
www.appalachesspa.com

Situé à l'intérieur des terres au sud de Montmagny, l'Appalaches Lodge propose de magnifiques chalets de grand luxe en montagne. Comportant quatre ou cinq chambres chacun, ces chalets de bois sont très chaleureux et confortables, en plus d'être bien équipés afin que vous soyez complètement autonome. Si vous le désirez, vous pourrez descendre la montagne jusqu'au bâtiment principal, pour passer la soirée dans la belle salle à manger avec toit cathédrale, où l'on vous offrira une table d'hôte composée de plats de gibier et de produits régionaux. Après une belle journée au grand air dans l'arrière-pays de la Côte-du-Sud, vous pourrez vous laisser couler tranquillement dans les bains extérieurs en pierre ou réchauffer vos muscles dans le hammam ou le sauna sec. Un petit bijou perdu dans les montagnes.

Île aux Grues

Auberge des Dunes
$ 🐾 bc

118 ch. de la Basse-Ville
St-Antoine-de-L'Isle-aux-Grues
☎ 418-248-0129
www.auberge-des-dunes.com

L'Auberge des Dunes propose quatre chambres de bon confort, toutes garnies avec du mobilier d'origine, et cinq chambres de type motel. Le lieu dispose d'une vue imprenable sur le fleuve, mais surtout, d'une des salles à manger les plus originales du Québec : **Le Bateau Ivre** (voir p. 506).

Maisons du Grand Héron
$$$$

199 ch. du Rivage
St-Antoine-de-L'Isle-aux-Grues
☎ 418-248-9679
www.maisonsdugrandheron.com

Il est aussi possible de rester plus longtemps sur l'île aux Grues en louant une petite maison ou une yourte moderne tout équipée auprès des Maisons du Grand Héron, où l'on propose des séjours de quelques jours ou quelques semaines.

L'Islet-sur-Mer

Gîte du Docteur
$$ 🐾 bc/bp ≡ ⚠ @

81 ch. des Pionniers E.
☎ 418-247-3112

Au bord de la route 132, on ne peut manquer la grosse demeure recouverte de vigne qu'est le Gîte du Docteur. Cette belle vieille maison vous offre une halte agréable avec ses quatre chambres confortables. Vous pourrez en outre y profiter d'une verrière et d'un foyer. Fermé en hiver.

Auberge La Marguerite
$$$ 🐾 ≡ ❄ 🍴 @

88 ch. des Pionniers E.
☎ 418-247-5454 ou 877-788-5454
www.aubergelamarguerite.com

Cette auberge champêtre propose cinq chambres et une petite suite charmante. Vives et colorées, les unités disposent de salles de bain complètes et sont décorées avec goût. Une table champêtre à cinq services est aussi disponible pour les convives, faisant la part belle à la cuisine d'inspiration française à partir de produits du terroir. La très belle maison jaune qui abrite l'auberge est presque impossible à manquer.

Saint-Eugène-de-L'Islet

Auberge des Glacis
$$$-$$$$ 🐾 ≡ 🍴 @

46 route de la Tortue
☎ 418-247-7486 ou 877-245-2247
www.aubergedesglacis.com

Installée dans un ancien moulin seigneurial au bout d'une petite route bordée d'arbres, l'Auberge des Glacis a un charme bien particulier. Les chambres sont confortables et possèdent toutes une décoration bien à elles. La salle à manger offre une délicieuse cuisine française (voir p. 506). Le tout a conservé les beaux atours du moulin, comme ses fenêtres de bois à large encadrement et ses murs de pierres. Le site est lui aussi des plus agréables; on y trouve un lac, des sentiers aménagés pour l'observation des oiseaux, une petite terrasse et, bien sûr (moulin oblige), une rivière. L'endroit est exceptionnellement tranquille et de bon goût.

Saint-Jean-Port-Joli

Camping de la Demi-Lieue
$ 🚐 ≋ @

589 av. De Gaspé E.
☎ 418-598-6108 ou 800-463-9558
www.campingunion.com

Le Camping de la Demi-Lieue occupe une ancienne seigneurie mesurant précisément une demi-lieue de long, ce qui offre amplement d'espace pour que chacun puisse profiter de ce beau site au bord de l'eau. On y trouve tous les services nécessaires, et même l'Internet sans fil!

Maison de L'Ermitage
$$ 🐾 bc/bp ❄ @

56 rue de l'Ermitage
☎ 418-598-7553 ou 877-598-7553
www.maisonermitage.com

Dans une vieille maison rouge et blanche à quatre tours d'angle et entourée d'une galerie avec vue sur le fleuve, le gîte de la Maison de L'Ermitage propose cinq chambres douillettes de style grand-mère, ainsi qu'un bon petit déjeuner. On pourra y profiter de nombreux petits coins ensoleillés, aménagés pour la lecture ou la détente, ainsi que du terrain qui descend jusqu'au fleuve. Juste à côté se tient chaque année **La Biennale de Sculpture Saint-Jean-Port-Joli** (voir p. 508).

Auberge du Faubourg
$$$ 🐾 ≡ 🍴 ♥ 👁 @

280 av. De Gaspé O.
☎ 418-598-6455 ou 800-463-7045
www.aubergedufaubourg.com

L'Auberge du Faubourg est établie à Saint-Jean-Port-Joli depuis plus de 50 ans. Il s'agit davantage d'un motel que d'une auberge puisqu'elle met à votre disposition des unités situées plus ou moins près du fleuve. On y trouve une vaste salle à manger décorée de sculptures, un bar et une boutique d'artisanat. Services de spa. Ouvert en été seulement.

Circuit B :
La Beauce

Saint-Joseph-de-Beauce

Camping municipal Saint-Joseph
$ 🚐 ≋

221 route 276
☎ 418-397-5953

Ce camping compte près de 70 emplacements situés au bord d'une rivière et ses cascades. Dans ce beau décor, on peut se baigner dans le cours d'eau et profiter de plusieurs activités.

Entre Rivière et Montagnes
$$ ✆ ≋ @
593 av. du Palais
☎ 418-397-8489
www.entreriviereetmontagnes.com
La rivière Chaudière, les montagnes, de beaux couchers de soleil... C'est ce que vous pourrez admirer des balcons de cette belle maison victorienne. À l'arrière s'étend un beau jardin où trône un bain à remous pour se détendre tranquillement. On y prend le petit déjeuner gourmand à l'extérieur, une fois la belle saison venue. Trois chambres.

Saint-Georges
Gîte La Sérénade
$$ ✆ bc
8835 35e Avenue (par la 90e Rue)
☎ 418-228-1059
www.gitelaserenade.com
Un très bel accueil vous est offert dans cette maison où l'histoire de la famille reste au cœur des discussions et de la décoration. Situé un peu à l'écart du centre, ce gîte est idéal pour une douce nuit et s'entoure d'arbres matures.

Le Georgesville
$$$-$$$$
≡ ◎ ✆ ✈ ≋ ⵣ 》 ✳ @ &
300 118e Rue
☎ 418-227-3000 ou 800-463-3003
www.georgesville.com
Il est facile de trouver Le Georgesville, car c'est le plus grand bâtiment de la ville. D'ailleurs, cette construction trop moderne détonne un peu dans la ville de Saint-Georges... Les chambres sont néanmoins confortables, et une variété de soins de détente et de santé sont proposés sur place (sauna, bain vapeur, massages, etc.).

Lac-Etchemin
Manoir Lac-Etchemin
$$$-$$$$ ≡ ◎ ≋ ⵙ @
1415 route 277
☎ 418-625-2101 ou 800-463-8489
www.manoirlacetchemin.com
Un peu en dehors de nos circuits, mais situé au bord du beau lac Etchemin, dans un environnement agréable, se trouve le Manoir Lac-Etchemin. Il s'agit d'un hôtel moderne pourvu d'une quarantaine de chambres, d'un bar, d'une discothèque, de salles de réunion et d'une salle à manger. On peut y pratiquer une foule d'activités été comme hiver. Certaines chambres ont un balcon avec vue sur le lac.

Restaurants

Circuit A: La Côte-du-Sud

Saint-Antoine-de-Tilly
Du côté de chez Swann
$-$$
3897 ch. de Tilly
☎ 418-886-1313
Ce petit café-crêperie du centre du village de Saint-Antoine est chaleureux et sans prétention. Le menu décline plusieurs types de crêpes, salées ou sucrées, le tout selon votre humeur... Tous les ingrédients utilisés sont bios, entre autres les farines qui proviennent d'une meunerie artisanale locale. Une petite section à l'intérieur de l'établissement propose des articles de vannerie, surtout des paniers.

Manoir de Tilly
$$$$
3854 ch. de Tilly
☎ 418-886-2407 ou 888-862-6647
www.manoirdetilly.com
La table du **Manoir de Tilly** (voir p. 502) présente une cuisine française raffinée, mariée à des produits d'ici, tels l'agneau et le canard, ou à des mets plus inusités, comme l'autruche et le daim. Dans la salle à manger, il est difficile de s'imaginer qu'on se trouve à l'intérieur d'un bâtiment historique. L'endroit est toutefois agréable, et vous pourrez y déguster des plats finement apprêtés et présentés, tout en ayant les yeux rivés sur la vue qui s'offre derrière les grandes fenêtres du mur nord.

Lévis
Voir carte p. 502.

L'Escalier
$$
6120 rue St-Laurent
☎ 418-835-1865
De biais avec la traverse Lévis-Québec, ce sympathique petit restaurant offre depuis longtemps à ses clients la vue de la forteresse de Québec et du Château Frontenac. Il tire son nom de l'abrupt escalier adjacent reliant le Vieux-Lévis au bord du fleuve. Tant la terrasse que la salle intérieure sont joliment décorées, et l'endroit est particulièrement agréable dans la belle lumière du soleil couchant. Parmi les spécialités de la maison, l'escalope de veau à la sauce au fromage bleu vaut certainement le détour.

Beaumont
Moulin de Beaumont
$
fin juin à fin août
2 route du Fleuve
☎ 418-833-1867
Au Moulin de Beaumont se trouve un sympathique petit café avec une belle vue sur le fleuve et le moulin. On y mange de bons petits plats tels que croque-monsieur et pâté de viande, servis avec le délicieux pain maison (à base de farine du moulin). On peut d'ailleurs faire provision de ce pain à la boulangerie attenante au café.

Saint-Vallier
La levée du jour
$
344 rue Principale
☎ 418-884-2715
À la boulangerie de La levée du jour, on peut commander un sandwich ou une quiche

accompagnés d'un bon café. N'oubliez pas de faire des provisions à la boulangerie : la tarte aux tomates et le pain sont délicieux.

Berthier-sur-Mer

Café du Havre
$$
120 rue de la Marina
☎ 418-259-2364
À la marina de Berthier-sur-Mer, le Café du Havre sert des plats tels que hamburgers et pizzas, et propose des tables d'hôte affichant des plats de poisson, de fruits de mer ou de volaille. La terrasse et la salle à manger ont une vue imprenable sur le Saint-Laurent et la marina.

Montmagny

L'Épi d'Or
$
117 rue St-Jean-Baptiste E.
☎ 418-248-3021
L'Épi d'Or est un comptoir doublé d'un café sympathique où l'on peut s'offrir les meilleurs croissants et les meilleures crêpes bretonnes à des kilomètres à la ronde. Ne manquez pas le *kouign amann*, un gâteau breton au sucre et au beurre !

Au Coin du Monde
$-$$
130 rue St-Jean-Baptiste E.
☎ 418-248-0001
www.aucoindumonde.ca
Le petit café-bistro Au Coin du Monde constitue un lieu tranquille et sans prétention au cœur du village de Montmagny. On y sert des spécialités de bistro revisitées, et plusieurs bonnes bières importées sont aussi au menu.

Chez Octave
$$-$$$
100 rue St-Jean-Baptiste E.
☎ 418-248-3373 ou 800-490-3373
www.epoque.qc.ca
L'auberge **Chez Octave** (voir p. 503) bénéficie d'une belle terrasse ombragée et d'une salle à manger joliment

décorée. La table d'hôte inspirée propose quelques plats originaux, comme les ailes de poulet au Jack Daniels et le pâté chinois de canard confit aux bleuets.

Manoir des Érables
$$$$
220 boul. Taché E.
☎ 418-248-0100 ou 800-563-0200
À la table du **Manoir des Érables** (voir p. 503), le poisson et le gibier sont à l'honneur. L'oie, l'esturgeon, la lotte, l'agneau ou le faisan sont ici mijotés selon la pure tradition française. Servis dans la magnifique salle à manger de l'auberge, ces produits de la région sauront vous enchanter. En automne et en hiver, un feu de foyer réchauffe les convives. Il s'agit d'une des meilleures tables de la région.

Île aux Grues

Sur l'île aux Grues, vous pourrez vous restaurer au bon petit casse-croûte situé près du quai ou à la table des auberges de l'île.

Le Bateau Ivre
$$
mai à début sept
118 ch. de la Basse-Ville
St-Antoine-de-L'Isle-aux-Grues
☎ 418-248-0129
www.auberge-des-dunes.com
Du côté ouest de l'île se trouve un grand bateau échoué dont la coque proclame : *Oh! que ma quille éclate! Oh! que j'aille à la mer!* Il s'agit d'un ancien remorqueur échoué là il y a des années, dont on se sert depuis 1969 pour accueillir les convives, choyés de goûter une fine cuisine du terroir agrémentée de plusieurs produits régionaux, qui fait d'ailleurs la belle part aux fromages locaux. Les soirées sont parfois animées par un petit orchestre, et la vue du fleuve est, il va sans dire, très belle !

L'Islet-sur-Mer

La Salicorne Café
$-$$
16 ch. des Pionniers
☎ 418-247-1244
Initiative locale en plein cœur du village, ce petit café propose un menu simple mais de bon goût. Tous les plats se composent de produits locaux, et le service est jeune et sympathique. De plus, une étonnante sélection de thés et d'épices est offerte du côté boutique. La salle à manger est conviviale et fait joliment vieillotte avec ses murs de lattes peintes.

Saint-Eugène-de-l'Islet

Auberge des Glacis
$$$$
46 route de la Tortue
☎ 418-247-7486 ou 877-245-2247
À l'**Auberge des Glacis** (voir p. 504), vous avez rendez-vous avec une fine cuisine française agrémentée de délicieux produits du terroir de la région qui risque bien de faire partie de vos meilleurs souvenirs gastronomiques ! La salle à manger, aménagée dans un moulin historique, est lumineuse, agréable et agrémentée d'un poêle à bois. Vous pourrez y déguster des plats de viande ou de poisson tout aussi beaux que bons. Le midi, on peut aussi prendre un repas plus léger sur la terrasse, au bord de la rivière. Brunch à volonté les samedis et dimanches. Dégustation de thé en après-midi. Réservations requises.

Saint-Jean-Port-Joli

Boulangerie Sibuet
$
22 av. De Gaspé O.
☎ 418-598-7890
Le propriétaire de cette jolie boulangerie aux couleurs chaudes vient d'une véritable famille française d'artisans boulangers. C'est une chance pour Saint-Jean-Port-Joli qu'il

y ait exporté son art du vrai bon pain. Or, on n'y sert pas que d'excellents pains et de succulentes viennoiseries : le midi, un choix de délicieux duos soupes-sandwichs aux portions généreuses est offert. Une excellente adresse pour le lunch.

Café Bistro O.K.
$-$$
247 rue du Quai
☎ 418-598-7087
Devant la marina de Saint-Jean-Port-Joli se trouve un bistro des plus agréables. Le Café Bistro O.K. est décoré de façon originale et meublé de vieux bancs d'église sculptés et colorés : après tout, on est à Saint-Jean-Port-Joli ! Le menu affiche de bons petits plats tels que hamburgers et fines pizzas. Par les belles soirées d'été, sa « galerie-terrasse » est bondée.

La Boustifaille
$-$$
547 av. De Gaspé O.
☎ 418-598-3061 ou 877-598-7409
www.rocheaveillon.com
Dans la grange qui abrite aussi le théâtre d'été **La Roche à Veillon** (voir p. 508), le restaurant La Boustifaille sert une cuisine canadienne généreuse. Avec son décor pittoresque, cette grande salle à manger vous fera bien débuter une soirée au théâtre. Le restaurant est toutefois ouvert tous les jours, du petit matin jusqu'au soir, de la mi-mai à la mi-octobre. Un comptoir vend aussi les produits frais de la maison tels que pains, moutardes et confitures.

La Coureuse des Grèves
$$-$$$$
300 route de l'Église (route 204)
☎ 418-598-9111
Le restaurant La Coureuse des Grèves offre une ambiance chaleureuse et des cafés mémorables. En été, c'est la terrasse fleurie qui compte. N'oubliez pas de demander

qu'on vous raconte la légende de *La Coureuse*... Un petit bar se trouve à l'étage.

Saint-Roch-des-Aulnaies

Le Café du Bon Dieu
$-$$
974 route de la Seigneurie
☎ 418-354-1305
www.lecafedubondieu.ca
Le Café du Bon Dieu représente une initiative hors du commun. Il s'agit là d'une petite coopérative d'économie sociale ayant pour but la mise en valeur du patrimoine paroissial et touristique de Saint-Roch-des-Aulnaies, ainsi que l'exploitation du presbytère, où le café est installé et qui est encore habité par l'abbé, d'ailleurs. Ce sympathique petit café sert toutes sortes de boissons chaudes (avec une machine à espresso !) ou froides, notamment une excellente limonade maison aux fleurs d'oranger, ainsi qu'une bonne sélection de gâteaux, de pâtisseries et de légers casse-croûte.

Circuit B : La Beauce

Sainte-Marie

Les Pères Nature
$$
590 boul. Vachon N.
☎ 418-387-2659
Les propriétaires du restaurant La Table du Père Nature de Saint-Georges possèdent aussi Les Pères Nature de Sainte-Marie, un marché de fruits et légumes où l'on peut prendre un repas léger préparé à partir d'aliments sains.

Saint-Georges

Mondo Resto Bar
$$-$$$
11615 1re Avenue
☎ 418-228-4133
Le Mondo présente un joli décor dernier cri avec céra-

mique, bois et fer forgé. On y mange de petits mets d'inspiration internationale tels que *picatas*, *tapas* et *paninis*. On peut aussi y prendre un délicieux café.

La Table du Père Nature
$$$
10735 1re Avenue
☎ 418-227-0888
La Table du Père Nature est certes l'un des meilleurs restaurants en ville. On y sert une cuisine française d'inspiration nouvelle, apprêtée avec art et raffinement. La simple lecture du menu saura vous mettre en appétit. On y propose aussi à l'occasion des plats de gibier.

Sorties

➤ Activités culturelles

Lévis
L'Anglicane
33 rue Wolfe
☎ 418-838-6000
www.diffusionculturelledelevis.ca
À Lévis, L'Anglicane est une salle de spectacle d'environ 50 places aménagée dans une ancienne église... anglicane. Datant de la fin du XIXe siècle, elle offre une acoustique particulièrement bonne qui donne aux concerts un côté intimiste des plus agréables. On y présente des artistes de tous les milieux. Devant l'église, un arbre gigantesque pousse comme une fleur en éclosion, ajoutant au pittoresque de l'endroit !

Beaumont
Théâtre Beaumont-Saint-Michel
fin mai à début sept
51 route 132
☎ 418-884-3344 ou 866-884-3344
www.theatrebeaumontstmichel.com
Entre les villages de Beaumont et de Saint-Michel-de-Bellechasse, sur la route 132, se trouve le Théâtre d'été Beaumont-Saint-Michel, qui,

Chaudière-Appalaches - Sorties

grâce à une bonne réputation acquise au fil des années, attire non seulement les villégiateurs et les gens de la région, mais aussi les résidants de la capitale québécoise.

Saint-Jean-Port-Joli

La Roche à Veillon
mi-juin à début sept
547 av. De Gaspé E.
☎ 418-598-7409 ou 877-598-7409
www.rocheaveillon.com
Le théâtre d'été La Roche à Veillon présente, dans une ambiance toute campagnarde créée par la grange dans laquelle il loge depuis plus de 30 ans, des pièces de théâtre de qualité qui sauront ajouter au plaisir de vos vacances. Un petit resto y est aussi proposé (voir p. 507).

➤ Bars et boîtes de nuit

Saint-Jean-Port-Joli

Café La Coureuse des Grèves
300 route de l'Église
☎ 418-598-9111
À l'étage du Café La Coureuse des Grèves se trouve un petit bar sous les combles, au mobilier de cuir et de bois. On peut y profiter d'un joli «balcon-terrasse» entouré d'arbres.

➤ Festivals et événements

Février

Le **Carnaval d'Hiver de Beauceville** *(☎ 418-774-6252, www.ville.beauceville.qc.ca)* met en vedette un concours de sculpture sur neige, de l'animation familiale, du rafting sur neige, des balades en carriole et en traîneau à chiens, des séances de contes, un défilé, des feux d'artifice et, surtout, les réconfortants chocolats chauds et les guimauves à griller sur le feu de camp.

Présentant d'abord un concours de sculpture sur neige, la **Fête d'hiver de Saint-Jean-Port-Joli** *(parc des Trois-Bérêts, ☎ 418-598-9465 ou 866-598-9465, www.fete-hiver.com)* donne aussi lieu à une foule d'activités familiales, sportives (randonnée en raquettes de montagne) et culturelles («cinq à sept» avec chansonnier et soirées dansantes).

Mars

Festins, buffets, kiosques, veillées traditionnelles, soirées country, démonstrations culinaires… Le **Festival beauceron de l'érable** *(200 17e Rue, St-Georges, ☎ 418-228-7476, www.festivalbeaucerondelerable.com)* est un événement rassembleur qui rappelle l'importance de l'acériculture dans la région et du patrimoine festif qui lui est rattaché.

Juin

Chaque année, à la fin du mois de juin, Saint-Jean-Port-Joli accueille un grand rassemblement de sculpteurs venus de partout dans le monde. **La Biennale de Sculpture Saint-Jean-Port-Joli** *(☎ 418-598-7288, www.internationale-sculpture.com)* est un événement qui fait beaucoup de bruit et qui anime la ville de la plus belle des façons. Des artistes reconnus créent des œuvres sous vos yeux, dont certaines seront ensuite exposées tout l'été pour permettre à tous de les admirer.

Juillet

Le **Festivent** *(☎ 418-839-0285, www.festivent.net)* qui se tient à la fin du mois de juillet à Saint-Jean-Chrysostome, attire les petits et les grands qui ont un jour rêvé de planer au-dessus des nuages. Parachutes, cerfs-volants et montgolfières se donnent rendez-vous pour égayer le ciel du village. Plusieurs animations et concerts sont aussi prévus pour toute la famille.

Septembre

Au début de septembre, Montmagny est l'hôte du **Carrefour mondial de l'accordéon** *(☎ 418-248-7927, www.accordeon.montmagny.com)* où se rassemblent des accordéonistes venus de partout dans le monde. C'est alors le moment de partager et faire découvrir, par des concerts et des ateliers, les secrets de leur art à soufflet et bretelles!

Octobre

Chaque automne, les oies blanches reviennent des régions nordiques où elles ont passé l'été et donné naissance à leur progéniture, pour se diriger vers le sud où les températures sont plus clémentes. En chemin, elles font halte sur les rives du fleuve Saint-Laurent, surtout à certains endroits leur offrant une nourriture abondante, comme les battures de Montmagny. C'est donc l'occasion pour la ville de célébrer le **Festival de l'oie blanche** *(deux semaines en octobre; ☎ 418-248-3954, www.festivaldeloie.qc.ca)*, en offrant toutes sortes d'activités reliées à l'observation de ce bel oiseau migrateur et de sa migration.

Achats

➤ Alimentation

Lévis

Rassemblant sous un même toit un confiseur-chocolatier et un glacier à l'ancienne, **Les Chocolats Favoris** et **La Glacerie à l'Européenne** *(32 av. Bégin, Vieux-Lévis, ☎ 418-833-2287)* proposent un vrai paradis des «becs sucrés» pour les chocolats fins ou les sorbets. Un beau choix… difficile à faire!

Berthier-sur-Mer

Le **Joyeux Pétrin** *(37 rue Principale E., ☎ 418-259-2223)* est une boulangerie-pâtisserie fine qui offre un très grand choix de pains au levain et autres gâteries. Petite aire de pique-nique sur place. Café équitable et produits bios.

Cap-Saint-Ignace

À la **Cidrerie La Pomme du Saint-Laurent** *(503 ch. Bellevue O., ♪ 418-246-5957, www. lapommedustlaurent.ca)*, vous pourrez vous procurer des cidres maintes fois primés, notamment la Rosée des Appalaches, le cidre fort Le Saint-Laurent et le cidre de glace Verger de glace.

➤ Artisanat, brocante et souvenirs

Cap-Saint-Ignace

Les Créations du Berger *(1008 ch. des Pionniers O., ♪ 418-246-3400, www.lescreationsduberger. com)* offrent toute une gamme de produits douillets. Ces articles en peau de mouton sont souvent bienvenus l'hiver venu!

Saint-Jean-Port-Joli

Saint-Jean-Port-Joli étant reconnue pour son artisanat, de nombreuses petites boutiques présentent les produits des artisans de la région. Si fouiner dans ce genre de commerce est une activité qui vous plaît, vous aurez certes ici de quoi vous amuser. On y trouve de plus quelques boutiques de brocanteurs où l'on peut dénicher des trésors. Vous verrez plusieurs de ces adresses le long de la

route 132; en voici quelques-unes.

Entre le Musée des Anciens Canadiens et la maison Médard-Bourgaut se trouve l'atelier du fils de Médard. Il abrite aussi la **Boutique Jacques-Bourgault**, *(326 av. De Gaspé O., ♪ 418-598-6511)*, qui propose ses œuvres d'art contemporain ou religieux.

Entr'Art *(812 av. De Gaspé O., ♪ 418-598-9841, www. galerieentrart.com)*, qui sert à la fois de galerie et de boutique, dispose d'une bonne sélection de sculptures, de peintures et de vitraux.

Il ne faut pas hésiter à s'arrêter au bord de la route 132 entre L'Islet et Saint-Jean-Port-Joli pour aller voir la trentaine de très belles **Sculptures en Jardin** *(768 av. De Gaspé O., ♪ 418-598-6005)*. Galerie d'art en plein air aménagée sur le bord du fleuve, ce jardin de sculptures est accessible toute l'année. En plus de l'atelier du sculpteur, la maison abrite aussi une boutique d'artisanat dont les produits ont été spécialement choisis par la patronne pour leur originalité. De juillet à septembre, ne manquez pas les *Nocturnes*.

La boutique **Les Enfants du Soleil** *(avr à oct; 4 place de l'Église, ♪ 418-598-9318, www. enfantsdusoleil.ca.tc)* vend des produits fabriqués un peu partout à travers le monde,

allant des tissus d'Indonésie aux bijoux péruviens, mais aussi des articles bien de chez nous. Vous pourrez aussi vérifier si vous avez des ancêtres dans la région, car la boutique dispose d'un coin généalogie.

Artisanat Chamard *(601 av. De Gaspé E., ♪ 418-598-3425, www. artisanatchamard.com)* a une bonne réputation depuis plus d'un demi-siècle. On peut s'y procurer des tricots et tissus, des céramiques ainsi que des objets d'art amérindiens et inuits.

Saint-Roch-des-Aulnaies

La boutique **Les Jouets de Bois Richard Émond** *(835 route de la Seigneurie, ♪ 418-354-2867 ou 877-245-9643, www. jouetsboisemond.com)* est une véritable institution locale. Elle propose des articles traditionnels faits à la main pour les petits, de la marionnette à l'avion de bois: le genre de petits jouets simples qui rendent les enfants heureux.

Saint-Antoine-de-Tilly

L'atelier Myriam Bouchard *(4262 route Marie-Victorin, ♪ 418-886-2177, www.atelierdestourelles. com)* présente ses splendides poteries. Le lieu est magnifique et vaut le déplacement.

Chaudière-Appalaches – Achats

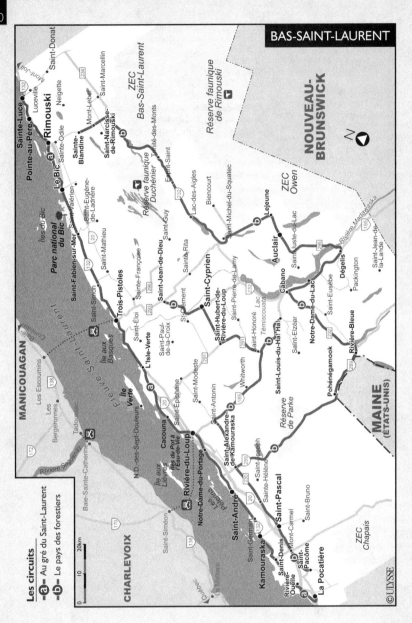

BAS-SAINT-LAURENT

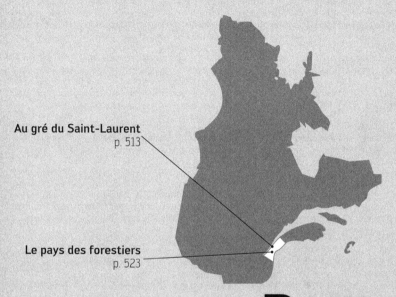

Au gré du Saint-Laurent
p. 513

Le pays des forestiers
p. 523

Bas-Saint-Laurent

Très pittoresque, le **Bas-Saint-Laurent** ★★ s'étire le long du fleuve, depuis la petite ville de La Pocatière jusqu'à Sainte-Luce, et s'étend jusqu'aux frontières avec les États-Unis et le Nouveau-Brunswick. En plus de sa zone riveraine, aux terres très propices à l'agriculture, le Bas-Saint-Laurent comprend également une grande région agroforestière, aux paysages légèrement vallonnés et riches de nombreux lacs et cours d'eau.

Le peuplement permanent des terres du Bas-Saint-Laurent débuta dès les origines de la Nouvelle-France, puis se fit par étapes selon la succession des différents modes de mise en valeur du territoire. La traite des fourrures y attira les premiers colons qui fondèrent, avant la fin du XVIIe siècle, les postes de Rivière-du-Loup, du Bic, de Cabano et de Notre-Dame-du-Lac.

Les riches terres bordant le fleuve Saint-Laurent furent défrichées puis cultivées dès le siècle suivant. Le paysage de ces plaines reste d'ailleurs structuré selon le mode de division du sol hérité de l'époque seigneuriale. Les terres de l'intérieur furent colonisées un peu plus tard, vers 1850, alors que l'exploitation des richesses forestières se faisait de pair avec la culture du sol.

Il y eut finalement une dernière vague de peuplement au cours de la crise économique des années 1930, alors que la campagne devenait le refuge des chômeurs des villes. Ces différentes étapes de colonisation du Bas-Saint-Laurent se reflètent d'ailleurs dans son riche patrimoine architectural.

Cette région se trouve à l'extrémité orientale des terres de la vallée du Saint-Laurent, défrichées et cultivées sous le Régime français. Comme ailleurs en Nouvelle-France, la zone habitée formait à l'origine une étroite lisière le long du fleuve. Au XIXe siècle, le Bas-Saint-Laurent devient l'un des principaux lieux de villégiature des riches Montréalais, qui s'y font construire de luxueuses résidences victoriennes.

Un premier circuit, intitulé **Circuit A: Au gré du Saint-Laurent** ★★, longe le fleuve, de La Pocatière à Sainte-Luce, offrant de très belles vues sur les vastes étendues d'eau du Saint-Laurent ainsi que sur les montagnes de Charlevoix et du Saguenay. L'intérieur des terres, parsemé de lacs et de villages où l'industrie forestière domine, est traité dans un second circuit, baptisé **Circuit B: Le pays des forestiers** ★. Pour plus de renseignements, vous pouvez consulter le Guide Ulysse *Gaspésie, Bas-Saint-Laurent, Îles de la Madeleine*.

Accès et déplacements

➤ En voiture

Pour accéder aux deux circuits proposés dans la région, quittez l'autoroute 20 à La Pocatière et prenez la route 132 Est qui longe le fleuve. Les routes 232, 185 et 289 vous permettront d'entrer à l'intérieur des terres et de voir les superbes forêts et vallées du Bas-Saint-Laurent.

➤ En autocar (gares routières)
Rivière-du-Loup
Station-service Pétro-Canada
317 rue de l'Hôtel-de-Ville O.
☏ 418-862-4884

Rimouski
Terminus Orléans Express
90 rue Léonidas
☏ 418-723-4923

➤ En train (gares ferroviaires)
La Pocatière
95 av. de la Gare
☏ 418-856-2424 ou 888-842-7245
www.viarail.ca

Rimouski
57 de l'Évêché E.
☏ 418-722-4737 ou 888-842-7245
www.viarail.ca

Rivière-du-Loup
615 rue Lafontaine
☏ 418-867-1525 ou 888-842-7245
www.viarail.ca

Trois-Pistoles
231 rue de la Gare
☏ 418-851-2881 ou 888-842-7245
www.viarail.ca

➤ En traversier

Rivière-du-Loup à Saint-Siméon
adultes 15,30$, vélos 5,80$, voitures 38,80$
toute l'année
☏ 418-862-5094 ou 418-638-2856 (de Rivière-du-Loup ou de Saint-Siméon)
☏ 514-989-4425 (de Montréal)
www.travrdlstsim.com
Le traversier relie Rivière-du-Loup à Saint-Siméon, dans la région de Charlevoix. La traversée se fait en 1h.

Rimouski à Forestville
adultes 25$, voitures 39$
mai à sept
☏ 418-725-2725 ou 800-973-2725
www.traversier.com
Le traversier relie Rimouski à Forestville, sur la Côte-Nord. Compte tenu de la largeur du fleuve à cet endroit, il s'agit du traversier le plus rapide sur le Saint-Laurent car il fait le trajet en 1h.

Trois-Pistoles à Les Escoumins
adultes 22,25$, voitures 39$
fin mai à oct
☏ 418-851-4676 ou 877-851-4677
www.traversiercnb.ca
Ce traversier relie la ville de Trois-Pistoles à Les Escoumins sur la Haute-Côte-Nord en 1h30.

L'Isle-Verte à Notre-Dame-des-Sept-Douleurs
adultes 7$, vélos 1$, voitures 36$
avr à nov
☏ 418-898-2843
www.inter-rives.qc.ca
Le traversier *La Richardière* quitte la municipalité de L'Isle-Verte, sur la rive du Saint-Laurent, pour se rendre à Notre-Dame-des-Sept-Douleurs, sur l'île Verte. La traversée dure 30 min. Si vous n'avez pas de voiture, vous pouvez vous embarquer sur un bateau-taxi *(7$; ☏ 418-898-2199)*.

Attraits touristiques

Tourisme Bas-Saint-Laurent *(148 rue Fraser, 2ᵉ étage, Rivière-du-Loup, QC G5R 1C8, ☏ 418-867-1272 ou 800-563-5268, www.tourismebas-st-laurent.com)*

Circuit A: Au gré du Saint-Laurent ★ ★

⏱ *Deux jours*

La région de Kamouraska ne constitue que la porte d'entrée de ce circuit, qui s'étend en

fait bien au-delà. Mais sa notoriété, acquise notamment grâce au roman *Kamouraska* d'Anne Hébert, a dicté le choix du titre. Le circuit s'inscrit logiquement à la suite de celui des seigneuries de la Côte-du-Sud, dans la région de **Chaudière-Appalaches** (voir p. 485). Il est donc possible de jumeler les deux trajets afin d'avoir un aperçu complet de la Côte-du-Sud.

➤➤➤ *Suivez la route 132 Est en direction de La Pocatière.*

La Pocatière

L'ancienne seigneurie de La Pocatière fut concédée en 1672 à Marie-Anne Juchereau, veuve d'un officier du régiment de Carignan-Salières. L'ouverture d'un collège classique en 1827, puis de la première école d'agriculture au Canada en 1859, devait faire de son bourg une ville d'études supérieures, vocation qu'elle conserve encore de nos jours.

On y trouve également l'une des usines québécoises de la multinationale Bombardier, spécialisée dans le matériel de transport en commun et l'avionnerie.

➤➤➤ *Tournez à gauche dans la 4ᵉ Avenue, qui mène à la cathédrale et à l'ancien séminaire, imposant édifice Beaux-Arts de 1922 devenu le cégep de La Pocatière.*

Le **Musée François-Pilote ★** *(4,50$; ♿; lun-sam 9h à 12h et 13h à 17h, dim 13h à 17h; sept à juin fermé sam; 100 4ᵉ Avenue, ☏ 418-856-3145, www.museefrancoispilote.ca)* porte le nom du fondateur de l'École d'agriculture de La Pocatière. On y présente, dans l'ancien couvent des sœurs de la Sainte-Famille, différentes collections qui racontent la vie rurale au Québec au tournant du XXᵉ siècle (bureau de médecin, instruments aratoires, intérieur bourgeois, histoire des sucres, etc.).

Sur l'avenue Painchaud, au centre de la ville, se trouvent quelques boutiques et cafés agréables.

➤➤➤ *Empruntez l'avenue Painchaud pour rejoindre la route 132 Est en direction de Rivière-Ouelle.*

Rivière-Ouelle

Ce charmant village, situé de part et d'autre de la rivière qui lui a donné son nom, fut fondé dès 1672 par le seigneur François de La Bouteillerie. En 1690, un détachement de l'amiral britannique William Phips tenta un débarquement à Rivière-Ouelle, qui fut aussitôt repoussé par l'abbé Pierre de Francheville, à la tête d'une quarantaine de colons.

Construite en 1931, l'**école Delisle** *(2$; fin juin à fin août mer-dim 10h à 16h; 214A route 132, ♪ 418-856-2793)* rappelle l'époque des écoles de rang.

L'**église Notre-Dame-de-Liesse** ★ *(100-102 rue de l'Église, ♪ 418-856-2603)* fut reconstruite en 1877 sur les fondations de celle érigée en 1792. L'intérieur recèle quelques trésors dont le maître-autel importé de France (1716) et sept tableaux de Louis Dulongpré.

▸▸▸ *Suivez la route 132 Est en direction de Saint-Denis.*

Saint-Denis

Au cœur du Pays de Kamouraska, Saint-Denis est un bourg typique, dominé par son église. En face de celle-ci se dresse le monument à l'abbé Édouard Quertier (1796-1872), fondateur de la «Croix noire de la Tempérance», qui fit campagne contre l'alcoolisme. À chaque personne qui s'engageait à ne plus boire d'alcool, il remettait solennellement une croix noire...

La **Maison Chapais** ★ *(6$; fin mai à mi-oct tlj 10h à 18h; 2 route 132 E., ♪ 418-498-2353, www. maisonchapais.com)* a été construite en 1833 pour Jean-Charles Chapais, un important commerçant de la région. En 1866, il l'a fait agrandir afin de lui donner une prestance équivalente à sa prestigieuse carrière politique. Son fils, Sir Thomas Chapais (1858-1946), ministre dans le gouvernement Duplessis, y est né et y a vécu la majeure partie de son existence. L'intérieur de la maison a conservé son apparence d'origine. On peut notamment voir les jardins et les splendides meubles de la famille Chapais, et il y a aussi une visite guidée d'une durée de 45 min.

Kamouraska ★★

Le 31 janvier 1839, le jeune seigneur de Kamouraska, Achille Taché, est assassiné par un «ami», le docteur Holmes de Sorel. L'épouse du seigneur, Joséphine-Éléonore d'Estimauville, avait comploté avec son amant médecin afin de supprimer un mari devenu gênant, pour ensuite s'enfuir vers de lointaines contrées. Ce fait divers a inspiré Anne Hébert pour son roman *Kamouraska*, porté à l'écran par Claude Jutra.

Le village où s'est déroulé le drame qui devait le rendre célèbre fut pendant longtemps le poste le plus avancé de la Côte-du-Sud. Son nom d'origine algonquine, qui signifie «il y a des joncs au bord de l'eau», est depuis toujours associé au pittoresque de la campagne québécoise. À l'arrivée, une plaine côtière

sert de préambule au spectacle étonnant de l'agglomération, répartie sur une série de monticules rocailleux, témoins de la force des formations géologiques dans la région. Kamouraska est aujourd'hui un village très agréable à visiter, avec ses restaurants et ses petites boutiques d'artisanat et de produits fins.

La **maison Langlais** *(on ne visite pas; 376 rang du Cap)*, construite en 1751, fut réparée à la suite de la Conquête, ce qui en fait l'un des plus anciens bâtiments encore debout dans le Bas-Saint-Laurent. Isolée dans un champ, sur la droite, cette grande demeure a servi au tournage des scènes extérieures du film de Jutra.

L'**Ancien Palais de justice** *(4$, entrée libre en sept; mi-juin à fin août mar-dim 10h à 17h, sept jeu-dim 10h à 17h; 111 av. Morel, ♪ 418-492-9458, www.kamouraska.org)* a été construit en 1888 à l'emplacement du premier palais de justice de l'est du Québec. Son architecture d'inspiration médiévale se démarque de l'habituelle tournure néoclassique de ce genre d'édifice en Amérique du Nord. Il sert aujourd'hui de centre d'art et d'histoire et présente des expositions temporaires. En été, des visites guidées permettent de se familiariser avec l'histoire du bâtiment. L'archipel de Kamouraska, composé de cinq îles, est visible dans le lointain depuis le parvis du Palais.

▸▸▸ *Descendez la rue faisant face au Palais, puis promenez-vous sur l'étroite avenue Leblanc jusqu'au quai pour bien saisir les charmes de Kamouraska.*

Le **Musée régional de Kamouraska** *(5$; début juin à début oct tlj 9h à 17h; début oct à mi-déc mar-ven 9h à 17h, sam-dim 13h à 16h30; 69 av. Morel, ♪ 418-492-9783, www.museekamouraska.com)*, centre d'ethnologie, d'histoire et de traditions populaires, est installé dans ce qui était autrefois le couvent de Kamouraska. Ses collections sont du même ordre que celles du Musée François-Pilote de La Pocatière, quoique moins élaborées. On peut y voir des objets glanés dans la région, dont un beau retable de François-Noël Levasseur (1737) qui ornait l'ancienne église de Kamouraska. À noter que l'**église** actuelle, derrière laquelle est situé le musée, fut construite en 1914.

▸▸▸ *Une route conduit de Kamouraska à Saint-Pascal, permettant ainsi, par ce détour, de voir l'intérieur des terres.*

Au numéro 154 du chemin Paradis se trouve le **moulin Paradis**, construit en 1804 au bord de la rivière aux Perles, mais considérablement remanié vers 1880. Il a fonctionné jusqu'en

1977 avant d'être loué pour de multiples tournages.

La famille Taché acquiert la seigneurie de Kamouraska en 1790. Peu de temps après, elle fait construire le **Domaine seigneurial Taché**, qui sera le théâtre du drame décrit plus haut. La maison est aujourd'hui une auberge.

Le **Site d'interprétation de l'anguille de Kamouraska** ★ *(5$; début juin à mi-oct tlj 9h à 18h; 205 av. Morel, ♪ 418-492-3935, http://anguillekam. iquebec.com)* propose des visites guidées et des excursions de pêche. La visite, avec la dégustation d'anguille fumée, dure en moyenne 30 min. La pêche à l'anguille représente une activité économique importante dans la région. La saison de pêche s'étend de septembre à la fin d'octobre.

Saint-Pascal ★

La petite ville de Saint-Pascal a connu la prospérité au XIXe siècle grâce à la force des courants de la rivière aux Perles, qui a incité des entrepreneurs à construire des moulins à farine, à scie et à carder sur ses berges. On peut y voir quelques résidences bourgeoises de même qu'une église construite en 1845. Son décor intérieur comprend un beau baldaquin à colonnes torsadées, enjolivé de guirlandes à motifs floraux.

''' *Retournez à la route 132. Tournez à droite.*

Le **berceau de Kamouraska** *(route 132 E., 3 km à l'est du village, www.berceaudekamouraska.com)*. Une petite chapelle marque l'emplacement du premier village de Kamouraska, fondé en 1674 par le sieur Morel de La Durantaye. En 1790, un violent séisme anéantit le village, que l'on décide alors de déplacer en des lieux moins vulnérables, donnant ainsi naissance à l'agglomération actuelle.

Saint-André ★

Des collines abruptes qui plongent directement dans le fleuve Saint-Laurent voisinent ici avec les champs plats, composant un paysage agréable, complété en automne par les clôtures de piquets enfoncés dans les fonds marins, à proximité du rivage, et habillés de filets et de cages pour la pêche à l'anguille. Les habitants de Saint-André ont à cœur la beauté de ce paysage, c'est pourquoi les fils électriques ont tous été enterrés. Au large, les îles Pèlerins laissent voir leurs flancs dénudés, abritant des milliers d'oiseaux (cormorans, guillemots noirs) ainsi qu'une colonie de petits pingouins. Les chanceux pourront même apercevoir un béluga ou un faucon pèlerin.

L'**église Saint-André** ★★ *(&; fin juin à début sept tlj 9h30 à 12h et 13h à 16h30; 128 rue Principale, ♪ 418-493-1064)*, érigée de 1805 à 1811, est la plus ancienne église de la région. Son plan à la récollette, caractérisé à la fois par l'absence de chapelles latérales et par un rétrécissement de la nef au niveau du chœur, auquel s'ajoute un chevet plat, se distingue de l'habituel plan en croix latine des églises du Québec. Le profil gracieux de l'édifice, couronné d'un clocher élancé, en fait un élégant exemple d'architecture québécoise traditionnelle.

La **Maison de la Prune** *(entrée libre; début août à mi-oct tlj 9h à 17h30, visites guidées dim à 10h30 sur réservation seulement; 129 route 132, ♪ 418-493-2616)* vous invite à visiter un verger et un ancien magasin général où vous pourrez acheter de savoureux produits du verger tels que gelées, confitures et prunes en sirop.

La **Société d'écologie de la batture du Kamouraska** (SEBKA) *(3$ randonnée pédestre; début mai à fin juin et début sept à fin oct tlj 10h à 18h, fin juin à début sept tlj 8h à 21h; 273 route 132 O., ♪ 418-493-9984, www.sebka.ca)* explique l'importance des battures filtrant l'eau du fleuve, servant ainsi d'habitat à de nombreuses espèces d'oiseaux ainsi qu'à plusieurs espèces invertébrés. Vous pouvez parcourir le site, y pique-niquer ou tout simplement observer les marais salés de même que la faune et la flore locales. Le centre dispose de belvédères offrant une vue imprenable sur le fleuve, en plus d'entretenir des sentiers pour la randonnée pédestre. Location de kayak de mer et de chalets. Emplacements de camping. Les **Falaises de Saint-André** (voir p. 522), situées tout près, sont aussi gérées par la SEBKA et offrent de belles parois pour l'escalade.

Aménagé dans une ancienne école datant de 1937 et géré par la Fondation Armand-Vaillancourt, le centre d'art **La Vieille-École** *(entrée libre; fin juin à mi-oct; 143 rue Principale, ♪ 418-714-0075, www.lesjardinsdelamer.org)* présente des expositions d'artistes de la région. Le bâtiment abrite aussi le café **Les Jardins de la Mer** (voir p. 530) et une boutique (voir p. 532).

On quitte maintenant le Pays de Kamouraska pour aborder l'ancienne seigneurie de la Rivière-du-Loup. Le premier village traversé est **Notre-Dame-du-Portage** ★. L'un des beaux villages du Québec, c'est un bon endroit pour contempler les couchers de soleil et se balader à vélo. Notre-Dame-du-Portage compte plusieurs auberges dont la magnifique **Auberge du Portage** (voir p. 526), qui abrite un spa reconnu dans la région.

Dans le village voisin, **Saint-Patrice**, aujourd'hui fusionné à Rivière-du-Loup, on aperçoit à travers les arbres de belles résidences d'été, érigées à une époque où l'on recherchait davantage le vent frais du Saint-Laurent que la chaleur accablante des plages de la Côte Est américaine. Parmi ces maisons figure la **Villa Les Rochers** *(336 rue Fraser)*, résidence d'été de Sir John A. Macdonald, premier ministre du Canada de la Confédération de 1867 jusqu'en 1873 puis de 1878 à 1891. Une plaque, apposée à proximité de la maison, rappelle aux passants son prestigieux occupant. La maison est aujourd'hui un gîte touristique.

Rivière-du-Loup ★

Tourisme Rivière-du-Loup *(saisonnier; 189 boul. de l'Hôtel-de-Ville,* ☎ *418-862-1981 ou 888-825-1981, www. tourismeriviereduloup.ca)*

On la dirait voguant sur une mer déchaînée, tant sa topographie de collines disposées à intervalles réguliers, de part et d'autre de l'embouchure de la rivière du Loup, fait valser ses habitants de bas en haut et de haut en bas.

Rivière-du-Loup est devenue l'une des principales agglomérations du Bas-Saint-Laurent grâce à une situation géographique particulière, faisant de la ville un carrefour de communications d'abord maritime, entre le fleuve Saint-Laurent et l'océan Atlantique via le lac Témiscouata et le fleuve Saint-Jean (Nouveau-Brunswick), puis ferroviaire, alors que la ville devient, pendant quelque temps, le terminal de l'Est du chemin de fer canadien.

De nos jours, cette ville de quelque 18 000 habitants est le point de départ de la route conduisant au Nouveau-Brunswick de même que le point d'ancrage du traversier qui se rend à Saint-Siméon, sur la rive nord du fleuve Saint-Laurent.

Malgré toutes ses qualités, la région se peuplera lentement sous le Régime français. En 1765, près d'un siècle après sa fondation, le poste de traite de Rivière-du-Loup ne compte que 68 habitants. Il faut attendre l'ouverture de la scierie d'Henry Caldwell, en 1799, et l'acquisition de la seigneurie par Alexander Fraser, en 1802, pour que naisse véritablement la ville.

''' *Afin d'apprécier pleinement la visite de Rivière-du-Loup, il est préférable de garer sa voiture dans la rue Fraser pour effectuer le trajet à pied. En plus du circuit proposé ici, le bureau de tourisme local a installé une série de panneaux d'interprétation qui permettent aux visiteurs de connaître l'histoire de la ville et de ses bâtiments.*

Le **Manoir seigneurial Fraser** ★ *(5$;* ♿ *; fin juin à fin sept tlj 9h30 à 17h; 32 rue Fraser,* ☎ *418-867-3906, www.manoirfraser.com)*, érigé en 1830 pour Timothy Donohue, est devenu la résidence seigneuriale de la famille Fraser à partir de 1835. Restauré avec l'aide de la population locale, le manoir offre aujourd'hui, en plus de visites commentées, une projection vidéo sur l'histoire du lieu, une boutique, un salon de thé et de beaux jardins.

''' *Tournez à droite dans la rue du Domaine.*

À l'époque où l'**église St. Barthelemy** *(on ne visite pas; rue du Domaine)* fut érigée (1841), Rivière-du-Loup s'appelait Fraserville et comptait une importante population d'origine écossaise dont faisait partie son seigneur, Alexander Fraser. Le temple presbytérien, digne représentant de l'église officielle d'Écosse, est un édifice sobre en bois, aux traits vaguement néogothiques. Il est de nos jours le fantôme d'une communauté presque totalement disparue.

''' *Tournez à droite dans la rue Iberville.*

L'**ancien consulat américain** *(1 rue Iberville)* abrite aujourd'hui une résidence pour personnes âgées. Cette ancienne demeure bourgeoise a servi de consulat américain au début du XXe siècle, à l'époque où Rivière-du-Loup entretenait de nombreux échanges commerciaux avec l'État du Maine. L'**ancien bureau de poste** *(5 rue Iberville)*, bel édifice en pierre datant de 1888, se trouve à proximité.

''' *Tournez à gauche dans la rue Lafontaine.*

L'**église Saint-Patrice** ★ *(121 rue Lafontaine)* fut reconstruite en 1883 sur le site de l'église de 1855. L'intérieur recèle quelques trésors qui méritent une visite, dont un chemin de croix de Charles Huot, des verrières de la compagnie Castle (1901) et des statues de Louis Jobin. La rue de la Cour, en face de l'église, mène au **palais de justice** *(33 rue de la Cour)*, érigé en 1882. Plusieurs juges et avocats se sont fait construire de belles maisons le long des rues ombragées du voisinage.

''' *Retournez à la rue Fraser en empruntant la rue Deslauriers, située dans l'axe du Palais.*

Le **Musée du Bas-Saint-Laurent** ★ *(5$;* ♿ *; mi-juin à fin août tlj 9h à 18h, sept tlj 13h à 17h, reste de l'année mer-dim 13h à 17h; 300 rue St-Pierre,* ☎ *418-862-7547, www.mbsl.qc.ca)* présente des expositions qui mettent en valeur la photographie ethnographique et l'art moderne tout en favorisant les artistes de la région. Le bâtiment qui abrite le musée est lui-même une intéressante réalisation d'architecture moderne en béton.

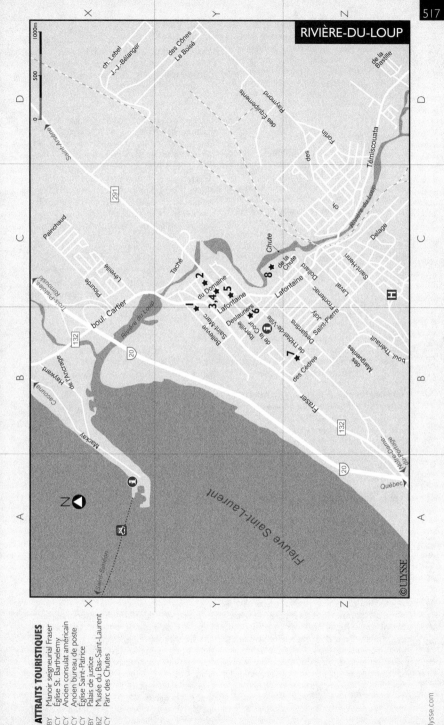

RIVIÈRE-DU-LOUP

★ **ATTRAITS TOURISTIQUES**

I. BY Manoir seigneurial Fraser
2. CY Église St. Barthélemy
3. CY Ancien consulat américain
4. CY Ancien bureau de poste
5. CY Église Saint-Patrice
6. BY Palais de justice
7. BZ Musée du Bas-Saint-Laurent
8. CY Parc des Chutes

Le **parc des Chutes** ★ *(toute l'année tlj; accès par la passerelle Frontenac en empruntant la rue de la Chute)* dispose d'un belvédère juché sur la falaise, offrant une vue superbe sur la ville, le fleuve et les îles, ainsi que de passerelles au-dessus des spectaculaires chutes qui alimentaient autrefois Rivière-du-Loup en électricité.

Cacouna ★

Le toponyme Cacouna, d'origine malécite, signifie «le pays du porc-épic». Les villas réparties sur toute la longueur du village rappellent l'âge d'or de la villégiature victorienne au Québec, alors que Cacouna était l'une des destinations estivales favorites de l'élite montréalaise. Dès 1840, on s'y presse pour profiter du paysage et des bains de mer, dont les bienfaits ont, dit-on, des vertus curatives. Même si les grands hôtels du XIXᵉ siècle ont disparu, Cacouna n'en conserve pas moins sa vocation récréotouristique.

Construite pour l'armateur Sir Hugh Montague Allan et sa famille, la **villa Montrose** ★ *(on ne visite pas; 383 rue du Patrimoine)* est aujourd'hui une maison de prière. Son architecture néocoloniale américaine traduit l'influence des stations balnéaires de la Nouvelle-Angleterre sur leurs contreparties canadiennes.

Autre célèbre villa de Cacouna, le **Pine Cottage** *(on ne visite pas; 520 rue du Patrimoine)*, mieux connu sous le nom de «Château Vert», a été érigé en 1867 pour la famille Molson, brasseurs, banquiers et entrepreneurs de Montréal. Il s'agit d'un bel exemple d'architecture résidentielle néogothique, comme il en subsiste peu au Québec.

L'**église Saint-Georges** et son **presbytère** ★ *(455 rue de l'Église, ☎ 418-862-4338)*. Le presbytère est érigé en 1838 dans le style des maisons rurales traditionnelles de la région de Montréal, soit avec des murs coupe-feu décoratifs et une toiture à pente relativement douce et sans courbures. L'église Saint-Georges suit quelques années plus tard (1845). Elle représente l'aboutissement d'une longue tradition architecturale québécoise qui disparaîtra à l'arrivée, dans les paroisses rurales, des styles historicistes. Il faut en visiter le riche intérieur, qui contient des œuvres intéressantes, notamment les autels dorés, les vitraux et les toiles des peintres romains Porta (au-dessus du maître-autel) et Pasqualoni (chapelle de droite).

L'Isle-Verte ★

Ce village a conservé plusieurs témoins de son passé glorieux, alors qu'il était un centre de services important pour le Bas-Saint-Laurent. Le calme des environs reflète, quant à lui, un mode de vie ancestral, rythmé par les marées.

La **réserve nationale de faune de la baie de L'Isle-Verte** ★ *(entrée libre, 5$ visites guidées d'environ 2h, réservations requises; toute l'année, centre d'interprétation ouvert de mi-juin à mi-sept; 371 route 132, ☎ 418-898-2757, www.qc.ec.gc.ca)* possède de grandes étendues herbeuses formant un site privilégié pour la reproduction du canard noir ainsi que des marais où pullulent les invertébrés. Des sentiers aménagés permettent de profiter de ces lieux exceptionnels.

En face du village apparaît l'île Verte, baptisée ainsi par Jacques Cartier, qui, en apercevant son tapis de verdure au milieu de l'eau, s'exclama: *Quelle île verte!* Seule île du Bas-Saint-Laurent habitée toute l'année, elle est plus facilement accessible que les autres îles des environs (voir p. 513).

La quarantaine d'habitants que compte l'**île Verte** ★★ *(15$ pour l'accès au phare, à l'école et au Musée du squelette, ne comprend pas le transport sur l'île; fin juin à mi-sept tlj 9h à 12h et 13h à 17h, hors saison sur réservation; route du Phare, ☎ 418-898-2730, www.ileverte.net)*, pourtant longue de 12 km, vivent pour la plupart dans la petite municipalité de Notre-Dame-des-Sept-Douleurs. L'isolement et les vents qui la balaient constamment ont eu raison de plus d'un colon. Cependant, l'île fut abordée très tôt, d'abord par les pêcheurs basques (l'île aux Basques se trouve à proximité), puis par les missionnaires français, qui fraternisèrent avec les Malécites, lesquels s'y rendaient chaque année pour commercer et pêcher.

Vers 1920, l'île a connu un boom économique grâce à la récolte du «foin de mer», sorte de mousse marine que l'on faisait sécher pour ensuite s'en servir comme matériel de rembourrage de matelas et de sièges de voitures.

La faune et la flore de l'île attirent de nos jours les visiteurs de partout, qui peuvent alors observer le salage de l'esturgeon et du hareng dans de petits fumoirs, goûter l'agneau des prés salés, observer les bélugas blancs et les baleines bleues, et photographier les sauvagines, les canards noirs ou les hérons. Le **phare** (1809), situé sur la pointe est de l'île, est le plus ancien du fleuve Saint-Laurent. De 1827 à 1964, sa garde fut assurée pendant 137 ans par quatre générations de la famille Lindsay. De son sommet, on ressent une impression d'espace infini.

''' *Reprenez la route 132 Est en direction de Trois-Pistoles.*

Trois-Pistoles

On raconte qu'un marin français, de passage dans la région au XVIIe siècle, échappa son gobelet d'argent, d'une valeur de trois pistoles, dans la rivière toute proche, donnant du coup un nom très pittoresque à celle-ci et, plus tard, à cette petite ville industrielle du Bas-Saint-Laurent dominée par une église colossale.

La taille et l'opulence de l'**église Notre-Dame-des-Neiges** ★★ *(fin juin à début sept tlj; 30 rue Notre-Dame E.,* ✆ *418-851-1391),* coiffée de trois clochers recouverts de tôle argentée, sont plutôt impressionnantes pour une église paroissiale.

La **Maison du notaire** *(5$, galerie et boutique entrée libre; mi-juin à mi-oct tlj 9h30 à 17h, mi-mai à mi-juin et mi-oct à fin déc mar-sam 9h à 16h, fév à mi-mai lun-ven 9h30 à 16h; 168 rue Notre-Dame E.,* ✆ *418-851-1656, www.maisondunotaire.ca),* de type Kamouraska avec ses larmiers cintrés et sa façade symétrique, fait office de musée et de centre d'art et d'artisanat. Une visite guidée de la maison vous fera revivre les lieux tels qu'ils étaient au tournant du XIXe siècle.

Le **Musée Saint-Laurent** *(4$; fin juin à mi-sept tlj 9h à 17h; 552 rue Notre-Dame O.,* ✆ *418-851-2345)* expose une collection de voitures anciennes, d'instrument aratoires ainsi que d'autres antiquités.

Au **Parc de l'aventure basque en Amérique** *(6$;* ♿*; fin juin à début sept tlj 10h à 20h, reste de l'année horaire variable; 66 rue du Parc,* ✆ *418-851-1556 ou 877-851-1556, www.aventurebasque. ca),* on fait l'interprétation de la pêche à la baleine que pratiquaient les Basques venus dans la région au XVIe siècle. On y propose aussi l'unique fronton de pelote basque au Canada, ainsi qu'un bistro-terrasse où l'on peut prendre une bouchée tout en contemplant le fleuve Saint-Laurent.

Des excursions à l'**île aux Basques** ★★ *(début juin à début sept; consultez le site Internet pour de l'information sur les tarifs et les activités courantes; sur réservation seulement; marina de Trois-Pistoles,* ✆ *418-554-8636, www.provancher.qc.ca)* sont proposées par la Société Provancher, qui assure la sauvegarde de cette réserve ornithologique. Les amateurs de faune ailée y trouveront leur compte, tout comme les fervents d'archéologie, puisqu'on a découvert les installations des pêcheurs basques qui venaient ici chaque année pour la chasse à la baleine bien avant que Jacques Cartier n'y mette les pieds. Des vestiges des fours, destinés à faire fondre la graisse de baleine, sont d'ailleurs visibles sur la grève. On peut y pratiquer la randonnée pédestre sur 2 km de sentiers.

''' *Suivez la route 132 Est. Après avoir traversé Saint-Simon, prenez à gauche la route de Saint-Fabien-sur-Mer si vous désirez vous rapprocher de l'eau, ou à droite celle de Saint-Fabien si vous voulez voir le village à vocation agricole.*

Saint-Fabien-sur-Mer et Le Bic ★★

Corporation de Développement Touristique Bic/Saint-Fabien *(33 route 132 O., St-Fabien,* ✆ *418-869-3333, www.parcdubic.com)*

Le paysage devient tout à coup plus tourmenté et plus rude, donnant au visiteur un avant-goût de la Gaspésie, plus à l'est. À Saint-Fabien-sur-Mer, les cottages forment une bande étroite coincée entre la plage et une falaise haute de 200 m.

Au village de **Saint-Fabien**, situé à l'intérieur des terres, on peut visiter la **Grange octogonale Adolphe-Gagnon** *(7$; juin à sept tlj 9h30 à 16h30; 129A rue du Parc,* ✆ *418-869-2599),* érigée vers 1888 et portant le nom de son constructeur et premier propriétaire. Ce type de bâtiment de ferme importé des États-Unis, relativement peu pratique quoique original, n'a connu qu'une diffusion limitée au Québec. La grange abrite un économusée agricole qui présente l'histoire de l'agriculture au Québec.

''' *Pour vous rendre au très beau parc national du Bic, reprenez la route 132 Est puis tournez à gauche dans le chemin de l'Orignal.*

Le **parc national du Bic** ★★ *(3,50$;* ♿*; fermé aux voitures en hiver; Le Bic,* ✆ *418-736-5035 ou 800-665-6527, www.sepaq.com ou www.parcdubic. com)* couvre 33 km² et se compose d'un enchevêtrement d'anses, de presqu'îles, de promontoires, de collines, d'escarpements et de marais, ainsi que de baies profondes dissimulant tous une faune et une flore des plus diversifiées. Ce parc côtier se prête bien à la randonnée pédestre (25 km de sentiers), au ski de fond de même qu'au vélo de montagne et dispose d'un centre d'interprétation *(mi-mai à mi-oct tlj 9h à 17h).*

''' *Vous longerez ensuite le village du Bic (Le Bic) avant d'arriver à Rimouski, principale agglomération urbaine du Bas-Saint-Laurent.*

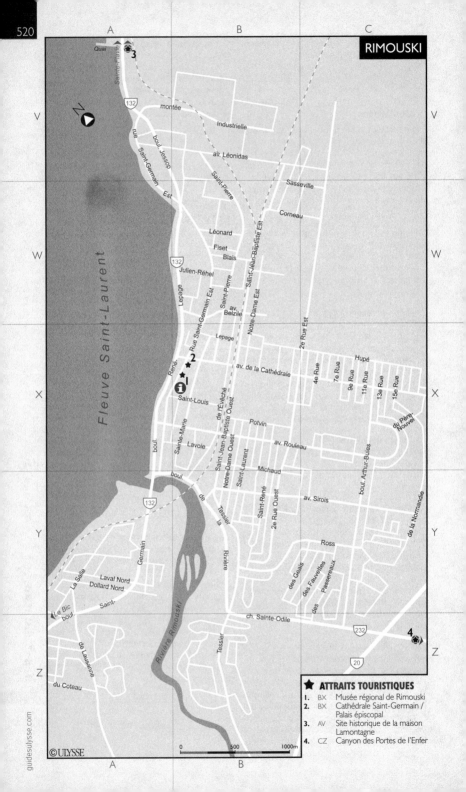

RIMOUSKI

Fleuve Saint-Laurent

Quai
Sainte-Flavie

montée

Industrielle

av. Léonidas

Saint-Pierre

Sasseville

Corneau

Léonard

Fiset

Blais

Julien-Réhel

Lepage

Rue Saint-Germain Est

Saint-Pierre

Saint-Jean-Baptiste Est

Notre-Dame Est

2e Rue Est

av. Belzile

Lepage

René-

av. de la Cathédrale

4e Rue

7e Rue

9e Rue

11e Rue

13e Rue

15e Rue

Hupé

du Père
Nouvel

Saint-Louis

de l'Évêché

Saint-Jean-Baptiste Ouest

Notre-Dame Ouest

Potvin

av. Rouleau

boul. Arthur-Buies

de la Normandie

boul.

Sainte-Marie

Lavoie

Saint-Laurent

Michaud

av. Sirois

boul.

de

la

Tessier

Saint-René

2e Rue Ouest

Ross

des Geais

des Fauvettes

des Passereaux

des

Germain

La Salle

Laval Nord

Dollard Nord

Saint-

ch. Sainte-Odile

Le Bic
boul.

Rivière Rimouski

Tessier

de Lausanne

du Coteau

boul. Jessop

rue Saint-Germain Est

montée

132

132

132

132

232

20

© ULYSSE

0   500   1000m

★ **ATTRAITS TOURISTIQUES**

1. BX Musée régional de Rimouski
2. BX Cathédrale Saint-Germain /
       Palais épiscopal
3. AV Site historique de la maison
       Lamontagne
4. CZ Canyon des Portes de l'Enfer

guidesulysse.com

Rimouski ★

Tourisme Rimouski *(50 rue St-Germain O., ☎ 418-723-2322 ou 800-746-6875, www.tourisme-rimouski.org)*

Le développement de la seigneurie de Rimouski (mot d'origine micmaque qui signifie «le pays de l'orignal») fut laborieusement entrepris par le marchand René Lepage, originaire d'Auxerre en France, dès la fin du XVIIe siècle, constituant de la sorte le point le plus avancé de la colonisation dans le golfe du Saint-Laurent sous le Régime français.

En 1919, la ville devient un important centre de transformation du bois grâce à l'ouverture d'une usine de la compagnie Price. Aujourd'hui, Rimouski (42 500 hab.) est considérée comme le centre administratif de l'Est du Québec et se targue d'être à la fine pointe de la culture et des arts.

Le **Musée régional de Rimouski** ★ *(4$; ♿; juin à sept mer-ven 9h30 à 20h, sam-mar 9h30 à 18h; reste de l'année mer-dim 12h à 17h, jeu jusqu'à 21h; 35 rue St-Germain O., ☎ 418-724-2272, www.museerimouski.qc.ca)*, musée d'art contemporain et d'ethnologie, est installé dans l'ancienne église Saint-Germain, construite entre 1823 et 1827. Par son volume simple et son clocheton disposé au centre de la toiture, elle rappelle l'architecture de plusieurs des églises du Régime français.

La **cathédrale Saint-Germain** et l'immense **palais épiscopal** de 1901 sont visibles à proximité. Enfin, dans un parc voisin, se dresse le monument au seigneur Lepage.

››› *Suivez la route 132 Est, qui prend ici différents noms, d'abord celui de rue Saint-Germain Ouest, puis de boulevard René-Lepage, le long duquel se trouve la Promenade de la mer, et enfin de boulevard du Rivage.*

Le **Site historique de la maison Lamontagne** ★ *(4$; fin juin à début sept tlj 9h à 18h, début sept à mi-oct jeu-dim 9h à 18h; 707 boul. du Rivage, Rimouski-Est, ☎ 418-722-4038, www.maisonlamontagne.com)* protège l'une des seules constructions du Régime français à l'est de Kamouraska et un rare exemple d'architecture en colombage pierroté en Amérique du Nord. Sa partie gauche, où alternent poteaux et hourdis faits de cailloux et d'argile, daterait de 1745, alors que la portion de droite serait un ajout du début du XIXe siècle. S'y trouve un excellent centre d'interprétation de l'architecture domestique du Québec, décrite en détail sur le site internet.

Le **Canyon des Portes de l'Enfer** ★★ *(8,50$; fin juin à fin août tlj 8h30 à 18h30; mi-mai à fin juin et début sept à mi-oct tlj 9h à 17h; 1280 ch. Duchénier, St-Narcisse-de-Rimouski, faites 5,6 km sur une route de terre, ☎ 418-735-6063, www.canyonportesenfer.qc.ca)* offre un spectacle naturel fascinant. Amorcées par la chute Grand Sault (20 m), les «portes» s'étendent sur près de 5 km et encaissent la rivière Rimouski avec des falaises atteignant parfois une hauteur de 90 m.

››› *Dirigez-vous ensuite vers le village de Pointe-au-Père. Tournez à gauche dans la rue Père-Nouvel puis à droite dans la rue du Phare.*

Pointe-au-Père

C'est en face de Pointe-au-Père, dans la nuit du 29 mai 1914, que l'*Empress of Ireland* fit naufrage, faisant 1 012 victimes. Ce paquebot de la Canadien Pacifique assurait la liaison entre la ville de Québec et l'Angleterre. Sur la vieille route en bord de mer, on retrouve le **monument à l'*Empress of Ireland***, qui marque le lieu de sépulture de quelques-unes des nombreuses victimes. La tragédie fut causée par les brumes épaisses qui recouvrent parfois le fleuve et qui provoquèrent la collision fatale entre le paquebot et un charbonnier.

Le **Site historique maritime de la Pointe-au-Père** (anciennement le Musée de la Mer) comprend le **pavillon de l'*Empress of Ireland***, le **sous-marin *Onondaga*** et le **Lieu historique national du Phare-de-Pointe-au-Père** ★★ *(22$ pour les trois attraits; ♿; fin mai à mi-oct tlj 9h à 17h; 1000 rue du Phare O., ☎ 418-724-6214, www.museedelamer.qc.ca)*. Le pavillon de l'*Empress of Ireland* présente une belle collection d'objets récupérés dans l'épave de l'*Empress of Ireland* et raconte la tragédie de manière détaillée. Une projection holographique y est aussi proposée, recréant ainsi la tragédie du naufrage. Le phare, situé à proximité, peut être visité. Quant à l'*Onondaga*, il offre l'opportunité de visiter le seul sous-marin canadien accessible au public. Il permet de découvrir la vie à bord dans ce type de navire très particulier, mais aussi d'en connaître plus sur les différentes technologies, tant au niveau de la propulsion que des instruments de navigation et de la sécurité. Les plus curieux pourront même passer une nuit à bord et expérimenter la vie de sous-marinier.

Sainte-Luce

Petite station balnéaire, Sainte-Luce est reconnue pour sa superbe plage de 2,5 km. La **promenade de l'Anse-aux-Coques** permet de déambuler en contemplant le fleuve. En été, on y organise un amusant concours de châteaux de sable au bord de l'eau. Quelques auberges accueillent les visiteurs pendant la saison estivale.

L'**église Sainte-Luce** ★ *(20 route du Fleuve)*, érigée en 1840, a été dotée en 1914 d'une nouvelle façade, à l'éclectisme surchargé. L'intérieur, par contre, présente un décor intéressant, réalisé entre 1845 et 1850. On remarquera les belles verrières ajoutées en 1917, ainsi que le tableau du retable, intitulé *Sainte Luce priant pour la guérison de sa mère sur le tombeau de sainte Agathe*, peint en 1842 par Antoine Plamondon. L'église avoisine un très beau cimetière.

▸▸▸ *Le Bas-Saint-Laurent fait ensuite place à la Gaspésie, dont le village de **Sainte-Flavie** (voir p. 536) constitue la porte d'entrée.*

Activités de plein air

Croisières et observation des baleines

Diverses croisières et excursions sont organisées par l'entreprise **Duvetnor** *(début juin à mi-sept tlj; sortie 507 de l'autoroute 20, 200 rue Hayward, marina de Rivière-du-Loup, réservations, ♪ 418-867-1660, www.duvetnor.com)*. Vous pourrez visiter les îles du Bas-Saint-Laurent et voir des guillemots à miroir, des eiders à duvet et de petits pingouins. Les départs se font à la marina de Rivière-du-Loup. Les excursions durent de 1h30 à 9h selon la destination choisie et peuvent même s'étendre sur six jours pour les plus passionnés. Vous pouvez séjourner au **Phare du Pot à l'Eau-de-Vie** (voir p. 526), en plein milieu du fleuve Saint-Laurent.

Les **Croisières AML** *(64$; ♿; mi-juin à mi-oct 9h à 13h; sortie 507 de l'autoroute 20, 200 rue Hayward, marina de Rivière-du-Loup, réservations ♪ 418-692-1159 ou 866-856-6668, www.croisieresaml.com)* vous emmènent voir les bélugas à bord du *Cavalier des Mers*. Vous découvrirez le béluga, le petit rorqual et peut-être même la baleine bleue. N'oubliez pas d'apporter des vêtements chauds. La croisière dure environ 3h30.

▸ Escalade

À Saint-André, il existe un magnifique site d'escalade: les **Falaises de Saint-André** *(pour information, contactez la SEBKA, ♪ 418-493-9984, www.sebka.ca)*. En plus d'être sécuritaires grâce à une roche particulièrement dure, elles offrent plus de 100 voies de tous niveaux à ceux qui relèvent le défi. En prime, vous aurez une vue extraordinaire sur les environs.

Surveillez les panneaux indicateurs qui vous y conduiront.

▸ Kayak

Kayak-Zodiac Archipel du Bic *(90$ journée complète; mi-mai à mi-oct tlj, 3 départs: 8h, 13h et 17h; marina du Bic, route 132; ♪ 418-731-0114 ou 800-665-6527, www.kayakzodiacarchipeldubic.com)* organise des excursions guidées en kayak de mer dans l'archipel du Bic. Vous apprendrez ainsi à découvrir les oiseaux et les mammifères marins qui peuplent le magnifique **parc national du Bic** (voir p. 519). Des excursions sont aussi offertes autour de l'île Verte et sur la rivière Rimouski.

La **Société d'écologie de la batture du Kamouraska** (SEBKA) (voir p. 515) propose des sorties en kayak de mer de l'archipel de Kamouraska, avec guides-interprètes. Les départs se font au quai de Kamouraska.

▸ Observation des oiseaux

Le **Site ornithologique du marais de Gros-Cacouna** *(♪ 418-898-2757, www.cacouna. net/siteOrnithologique.htm)* est idéal pour l'observation de la faune ailée avec ses 5 km de sentiers pédestres, ses deux tourelles et sa cache. Partie intégrante du port de Cacouna, il est né d'une tentative de concilier les activités portuaires et la richesse de l'environnement du marais. Pour participer à l'une des visites guidées d'une durée de 2h, informez-vous auprès de la **Société de conservation de la Baie-de-L'Isle-Verte** *(5$; mi-juin à mi-sept; ♪ 418-898-4075)*.

L'île Verte et ses marais constituent un site idéal pour l'ornithologie. La faune et la flore, d'une richesse remarquable, vous y réservent d'agréables surprises. La **réserve nationale de faune de la baie de L'Isle-Verte** (voir p. 518), sillonnée de sentiers de randonnée, se prête particulièrement bien à l'observation de la nature.

Le **parc national du Bic** (voir p. 519) est lui aussi fréquenté par plusieurs espèces d'oiseaux marins et forestiers. Une randonnée dans ses sentiers vous permettra sûrement de bien les observer.

▸ Parcours d'aventure en forêt

À la Station de plein air de Saint-Pacôme, **D'Arbre en Arbre** *(25$; fin juin à fin août tlj 9h à 16h; 35 rue Caron, St-Pacôme, ♪ 418-852-2430, www.stationpleinair.com)* propose différents parcours d'obstacles à la cime des arbres. Certaines plateformes offrent une belle vue sur tout le Pays de Kamouraska et le fleuve Saint-Laurent.

La **Forêt de Maître Corbeau** *(29$; mi-mai à mi-sept; 300 ch. des Écorchis, Domaine Valga, St-Gabriel-de-Rimouski, ☎ 418-739-4000, www.domainevalga. com)* compte quatre parcours aériens de différents niveaux de difficulté. On y trouve la plus longue tyrolienne au Québec, d'une longueur de plus de 360 m.

> **Randonnée pédestre**

La **Société d'écologie de la batture du Kamouraska (SEBKA)** (voir p. 515) offre 12 km de sentiers pour la randonnée pédestre. Une belle occasion de découvrir la faune et la flore vivant le long des battures.

> **Raquette, ski de fond et ski nordique**

Le **parc du Mont-Comi** *(6$; 300 ch. du Plateau, St-Donat, 31 km au sud-est du centre-ville de Rimouski, ☎ 418-739-4858 ou 866-739-4859, www.mont-comi.qc.ca)* compte 20 km de sentiers de ski de fond. Location sur place.

Le **parc national du Bic** (voir p. 519) offre 30 km de sentiers pour la raquette et plus de 20 km de sentiers pour le ski nordique. Deux relais chauffés permettent de se reposer au chaud avant de poursuivre l'excursion.

Quant aux **sentiers du Littoral et de la rivière Rimouski** *(à moins de 2 km du centre-ville de Rimouski, ☎ 418-723-0480, www.rimouskiweb. com/espverts)*, ils proposent plus de 30 km pour le ski de fond et 3,7 km pour la raquette.

> **Ski alpin**

La **Station de plein air de Saint-Pacôme** *(18$/demi-journée, 22$/journée complète; mer 17h à 22h, sam 9h à 16h et 19h à 22h, dim 9h à 16h; 35 rue Caron, St-Pacôme, ☎ 418-852-2430, www.stationpleinair. com)* compte 11 pistes dont 7 sont éclairées pour le ski de soirée. La montagne offre un dénivelé de seulement 150 m, mais permet de bénéficier d'une vue époustouflante sur la région du Kamouraska et le fleuve.

Meilleure adresse pour le ski alpin dans la région, le **parc du Mont-Comi** *(29$; 300 ch. du Plateau, St-Donat, 31 km au sud-est du centre-ville de Rimouski, ☎ 418-739-4858 ou 866-739-4859, www.mont-comi.qc.ca)* propose 26 pentes et un dénivelé de 306 m. Par temps clair, on peut voir une dizaine de clochers des villages des alentours depuis le sommet de la montagne.

> **Vélo**

Le **parc national du Bic** (voir p. 519) est sans contredit le plus bel endroit de la région pour faire du vélo de montagne. Vous y trouverez 15 km de sentiers aménagés. Malheureusement, il n'est pas possible de gravir le pic Champlain à vélo. Vous pouvez cependant vous y rendre à pied afin d'y contempler le coucher du soleil.

Le **parc Beauséjour** *(boul. de la Rivière, route 132, Rimouski, ☎ 418-724-3167)* compte de nombreuses voies cyclables. Les **sentiers du Littoral et de la rivière Rimouski** *(à moins de 2 km du centre-ville, ☎ 418-723-0480, www.rimouskiweb. com/espverts)* regroupent plus de 10 km de pistes en bordure de la rivière Rimouski et du fleuve Saint-Laurent.

Circuit B : Le pays des forestiers ★

▲ *p. 529* ⬤ *p. 531*

⏱ *Un ou deux jours*

L'industrie forestière règne en maître dans cet arrière-pays du Bas-Saint-Laurent situé au nord de la frontière canado-américaine (État du Maine), étonnamment proche du fleuve aux environs de Rivière-du-Loup. Cette région de collines boisées et de lacs, connue sous le nom de **Témiscouata ★**, est prisée des amateurs de plein air qui apprécient particulièrement les milieux sauvages éloignés des grands centres.

Le circuit proposé décrit une boucle presque complète, partant et aboutissant à proximité du fleuve Saint-Laurent. Sur la route transcanadienne au-delà de Dégelis, ce circuit peut également être interprété dans sa partie est comme une étape sur la route du Nouveau-Brunswick et des autres provinces de l'Est canadien *(voir le guide Ulysse Provinces atlantiques du Canada)*.

> À partir de Rivière-du-Loup, suivez la route transcanadienne (route 185 Sud) jusqu'à la sortie conduisant à Saint-Louis-du-Ha! Ha!.

Saint-Louis-du-Ha! Ha!

Nom d'origine amérindienne, Ha! Ha! signifie «quelque chose d'inattendu». Ce terme est tout à fait à propos, lorsque, du sommet du mont Aster, on découvre soudainement le lac Témiscouata dans le lointain.

Aster, la station scientifique du Bas-Saint-Laurent *(10$; début juil à début sept mar-sam 18h à 24h; 59 ch. Bellevue,* ☎ *418-854-2172 ou 877-775-2172, www.asterbsl.ca)* organise des soirées d'observation au télescope et présente des expositions scientifiques qui traitent de sismologie, d'énergies douces, de météorologie et de géologie.

➤➤➤ *Reprenez la route 185 Sud jusqu'à Cabano.*

Cabano ★

Seule une partie de l'agglomération du XIXᵉ siècle, appelée «Fraser Village», subsiste, le reste ayant été détruit par un terrible incendie survenu en 1950. La ville de Cabano occupe cependant un très beau site en bordure du lac Témiscouata, entouré de collines et de rivières.

Le **Fort Ingall** ★ ★ *(8$; fin juin à début sept tlj 9h à 17h; 81 ch. Caldwell,* ☎ *418-854-2375 ou 866-242-2437, www.fortingall.ca)* n'est situé qu'à quelques dizaines de kilomètres des États-Unis. En 1839, à la suite d'un différend sur le tracé de la frontière canado-américaine, le gouvernement britannique fait construire une série de fortins dans les environs du lac Témiscouata afin de défendre les territoires de l'Amérique du Nord britannique et de protéger la précieuse ressource qu'est le bois d'œuvre. En effet, les Américains profitent de l'isolement de la région à l'époque pour constamment reporter plus au nord la limite entre les deux pays, d'abord pour s'approprier davantage de forêts mais aussi afin de créer une ouverture éventuelle sur le fleuve Saint-Laurent.

Le fort Ingall, qui porte le nom du lieutenant qui le commandait autrefois, faisait partie du système de dissuasion mis en place par les Britanniques. Il n'a jamais connu la guerre et sera abandonné graduellement à la suite du règlement pacifique du conflit par le traité Webster-Ashburton en 1842, pour ensuite sombrer dans l'oubli. Ce n'est qu'en 1973 que l'on entreprend de reconstituer 8 des 11 bâtiments à partir des vestiges archéologiques. Les structures de bois, construites en pièce sur pièce, comprennent une caserne et un blockhaus de même que le logement des officiers. L'ensemble, ouvert au public, est entouré d'une palissade de bois et de terre. Une instructive exposition sur l'histoire du fort et de la région est présentée dans un bâtiment.

Au moment de mettre sous presse, on annonçait la création du **parc national du Lac-Témiscouata**. Avec ses 175 km², il s'agira du deuxième parc québécois en importance,

derrière celui de la Gaspésie. Il comprendra deux secteurs, l'un au nord-est et l'autre au sud-est du lac Témiscouata. Dès le printemps 2010, on débutera la construction des infrastructures d'accueil et de services du parc.

➤➤➤ *Longez le lac Témiscouata par la route 185 Sud, puis prenez à droite la route 232 en direction de Rivière-Bleue. Si vous choisissez plutôt de poursuivre sur la route 185 Sud, vous aborderez alors **Notre-Dame-du-Lac** avant d'arriver à Dégelis, au bord de la rivière Madawaska. Cette excursion facultative permet en outre, à ceux qui le désirent, de se rendre au Nouveau-Brunswick, terre acadienne.*

Dégelis

La vallée de la rivière Madawaska a été au centre des disputes frontalières du milieu du XIXᵉ siècle. Des villages autrefois québécois ou acadiens se retrouvent aujourd'hui du côté américain, formant un îlot francophone dans la partie nord de l'État du Maine. Dégelis, principale porte d'entrée du Québec dans la région, est une petite ville dominée par les scieries. «Dégelis» (en vieux français) et «Madawaska» (en langue micmaque) signifient «ne gèle pas». En effet, les forts courants qui prédominent à l'embouchure de la rivière Madawaska l'empêchent de geler pendant l'hiver.

Rivière-Bleue

Autre agglomération née de l'exploitation forestière, Rivière-Bleue est surtout connue pour avoir été l'un des principaux points de passage à l'époque de la Prohibition aux États-Unis (1920-1933). Les *bootleggers*, ces contrebandiers d'alcool qui prenaient des risques énormes pour acheminer les bouteilles de gin, de whisky et de rhum vers les bars et cabarets clandestins de New York et de Chicago, en avaient fait en quelque sorte leur siège social.

Rivière-Bleue a aussi connu un passé ferroviaire important. Aujourd'hui seul témoin de cette époque, l'ancienne **gare de Rivière-Bleue** *(entrée libre; mi-mai à mi oct mar-sam 9h à 17h, dim-lun 13h à 17h; 85 rue St-Joseph N.,* ☎ *418-893-5354)*, construite en 1913, présente une collection de photos anciennes et abrite un musée ainsi qu'un centre d'interprétation. Une boutique d'artisanat et de produits du terroir se trouve également sur place.

➤➤➤ *Prenez à droite la route 289 en direction de Pohénégamook.*

Pohénégamook ★

Cette ville est née de la fusion de trois municipalités pourtant assez éloignées les unes des autres: Sully, Saint-Pierre d'Estcourt et Saint-Éleuthère. Les deux premières ont été fondées au bord de la rivière Pohénégamook, qui délimite la frontière entre le Maine et le Québec, alors que la troisième est située à proximité du lac du même nom, reconnu pour sa belle plage et ses activités de plein air. À Saint-Pierre d'Estcourt, une borne marque l'emplacement de la ligne frontalière qui traverse le village en diagonale, faisant de certaines de ses maisons des citoyens américains. Quelques maisons se retrouvent même à cheval sur la frontière. On est alors aux États-Unis lorsque l'on regarde la télé dans le salon, et l'on rentre au Québec pour le dîner dans la salle à manger. Il va sans dire que le tout se fait dans l'harmonie la plus complète et que, hormis la présence de la borne et de quelques drapeaux, il est difficile de croire que l'on a véritablement changé de pays en traversant la rue.

▶▶▶ *Suivez la route 289 jusqu'à la route 132.*

Saint-Alexandre-de-Kamouraska

Avant d'arriver au bord du fleuve, on traverse Saint-Alexandre-de-Kamouraska, village intérieur du Pays de Kamouraska, où se trouve une jolie église construite en 1851. Son beau maître-autel est une réplique de celui de la basilique-cathédrale Notre-Dame de Québec.

Aménagé dans une ancienne grange, le **Musée Normantique** *(7$; mi-mai à mi-sept; 564 rang St-Charles O.,* ☎ *418-495-2606)* nous plonge dans l'histoire du Québec avec sa collection de livres, de radios, de machineries agricoles et d'outils de forge.

Activités de plein air

➤ Raquette et ski de fond

L'un des meilleurs endroits pour faire du ski de fond est **Pohénégamook Santé Plein Air** *(1723 ch. Guérette, Pohénégamook,* ☎ *418-859-2405 ou 800-463-1364, www.pohenegamook.com).* On y trouve de nombreux sentiers balisés traversant un «ravage» où errent des chevreuils (cerfs de Virginie).

➤ Vélo

Le Québec et le Nouveau-Brunswick ont uni leurs efforts pour offrir aux amateurs une longue piste cyclable qui sillonne la campagne entre ces deux provinces, de Rivière-du-Loup à Edmundston. Situé sur une ancienne emprise de voie ferrée, le **parc linéaire interprovincial Petit Témis** *(mi-mai à mi-oct;* ☎ *418-853-3593, Edmundston:* ☎ *506-739-1992, www.petit-temis.com)* compte quelque 130 km de sentiers relativement plats, où la dénivellation ne dépasse jamais 4%, donc accessibles à toute la famille. Le long du parcours se trouvent des stationnements et divers services.

Hébergement

Circuit A: Au gré du Saint-Laurent

Rivière-Ouelle

Camping Rivière-Ouelle
$ 🚐 @
176 ch. de la Pointe
☎ 418-856-1484
www.campingriviereouelle.com
Bénéficiant d'un site exceptionnel en bordure du fleuve, le Camping Rivière-Ouelle propose plus de 200 emplacements (avec ou sans services) et diverses activités

aux campeurs qui désirent profiter de l'air du large.

Kamouraska

Gîte Chez Jean et Nicole
$$ 🌿 ⌀ @ ≡
81 av. Morel/route 132
☎ 418-492-2921
www.gitechezjeanetnicole.ca
Dans cette maison centenaire entretenue avec un soin amoureux, Jean et Nicole ont ouvert un gîte de quatre chambres pour le plaisir de rencontrer les gens. Petits déjeuners mémorables... Tout près du village et surtout de la mer. Plage.

Auberge Foin de Mer
$$$ 🌿 @
85 av. Leblanc
☎ 418-492-7081 ou 888-492-7085
www.aubergefoindemer.com
Petite auberge de quatre chambres faisant face au fleuve, l'Auberge Foin de Mer offre un séjour agréable.

La Grand Voile
$$$-$$$$ 🌿 ✲ @
168 av. Morel/route 132
☎ 418-492-2539
www.lagrandvoile.ca
L'auberge La Grand Voile est aménagée dans une magnifique maison dont le style rappelle un presbytère. Ses

cinq chambres sont splendidement décorées et ont chacune une salle de bain privée ainsi qu'un grand balcon avec une vue sur le fleuve à couper le souffle. L'établissement propose aussi de nombreux soins thérapeutiques, une véranda ensoleillée et des petits déjeuners créatifs et très copieux. Une magnifique adresse.

Saint-André

Auberge des Aboiteaux
$$ 📱
280 route 132 O.
📞 418-493-2495
www.aubergedesaboiteaux.com
Située en pleine campagne directement en face du fleuve, l'Auberge des Aboiteaux, joliment décorée, dispose de belles chambres spacieuses avec salle de bain privée et douche en céramique. Les petits déjeuners sont généreux et inventifs. Une table d'hôte est proposée aux convives le soir de septembre à la fin juin. Les propriétaires sont très sympathiques.

Auberge La Solaillerie
$$$ 📱 @ ⚠
112 rue Principale
📞 418-493-2914
www.aubergelasolaillerie.com
Aménagée dans une grande maison de la fin du XIXe siècle, l'auberge La Solaillerie présente une magnifique façade blanche qui est cintrée, à l'étage, d'une large galerie. À l'intérieur, un riche décor évoquant l'époque d'origine de la demeure confère à l'auberge une ambiance chaleureuse. Les chambres sont douillettes et confortables, décorées avec goût dans le respect de la tradition des vieilles auberges où l'on entend les planchers craquer! La construction d'un pavillon a ajouté à l'auberge des chambres modernes, plus intimes et chaleureusement décorées. Sa table est réservée aux clients de l'auberge, sur réservation.

Saint-Pascal

Maison Chapleau
$$-$$$ 📱 bc @
595 rue Taché
📞 418-492-1368
www.gitemaisonchapleau.com
Magnifique demeure centenaire située au cœur du village, la Maison Chapleau compte quatre chambres sympathiques et douillettes. Les salles de bain sont partagées. Un salon complet est mis à la disposition de la clientèle, et le lieu respire le charme et l'authenticité.

Notre-Dame-du-Portage

Auberge du Portage
$$$-$$$$ ≡ 📱 ⚌ ❄ ⵣ ♨ @
fermé nov à fin avr
671 route du Fleuve
📞 418-862-3601 ou 877-862-3601
www.aubergeduportage.qc.ca
La splendide Auberge du Portage, située au cœur du magnifique village de Notre-Dame-du-Portage, a littéralement les pieds dans l'eau et offre plusieurs unités de grand confort disséminées autour du pavillon principal blanc, d'aspect victorien. Ce lieu possède plein de charme, toutes les commodités imaginables, un spa et une belle piscine extérieure donnant sur le fleuve. Les couchers de soleil, surnommés «ponts d'or» dans la région, y sont par ailleurs majestueux.

Rivière-du-Loup

Plusieurs motels très corrects bordent la route 132 à Rivière-du-Loup.

Auberge internationale de Rivière-du-Loup
$ 📱 bc @
46 rue de l'Hôtel-de-Ville
📞 418-862-7566 ou 866-461-8585
www.aubergerdl.ca
www.hihostels.ca
L'Auberge internationale de Rivière-du-Loup est le lieu d'hébergement le moins

coûteux en ville. Les dortoirs sont simples mais propres.

Auberge de la Pointe
$$-$$$
🚗 📱 ≡ ⚌ ❄ ❋ ⵣ ♨))) @ ⚠
fermé mi-oct à fin avr
10 boul. Cartier
📞 418-862-3514 ou 800-463-1222
www.aubergedelapointe.com
En bordure du fleuve Saint-Laurent, l'Auberge de la Pointe se dresse sur un site exceptionnel et propose, outre des chambres confortables, des soins d'hydrothérapie, d'algothérapie ainsi que de massothérapie. Depuis les belvédères, vous pourrez admirer de superbes couchers de soleil. On y trouve même un théâtre d'été.

Îles du Pot à l'Eau-de-Vie

Phare du Pot à l'Eau-de-Vie
$$$$/pers. pc et croisière
bc
Duvetnor: 200 rue Hayward, marina de Rivière-du-Loup
📞 418-867-1660
www.duvetnor.com
Sur une petite île au milieu du fleuve Saint-Laurent, le Phare du Pot à l'Eau-de-Vie expose à tous vents sa façade blanche et son toit rouge. Propriété de Duvetnor, organisme sans but lucratif voué à la protection des écosystèmes locaux, l'archipel du Pot à l'Eau-de-Vie fourmille d'oiseaux marins que vous pourrez admirer à loisir lors d'un séjour au phare. Duvetnor offre un forfait comprenant l'hébergement, les repas ainsi qu'une croisière sur le fleuve en compagnie d'un guide naturaliste. Le phare, plus que centenaire, a été restauré avec soin. On y trouve trois chambres douillettes dont le décor conserve l'atmosphère historique de l'endroit. Les repas sont délicieux, et l'on apporte son vin. Si vous avez envie d'un séjour empreint de sérénité, voilà l'endroit tout indiqué.

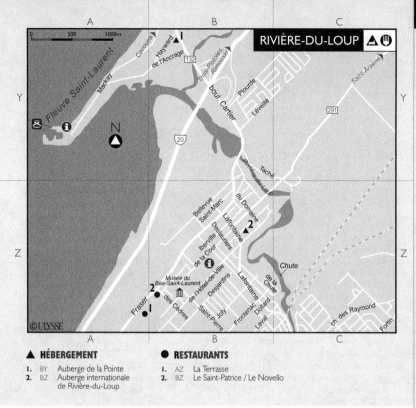

▲ HÉBERGEMENT

1. BY Auberge de la Pointe
2. BZ Auberge internationale de Rivière-du-Loup

● RESTAURANTS

1. AZ La Terrasse
2. BZ Le Saint-Patrice / Le Novello

Île Verte

Les Maisons du Phare
$$ ☎ bc ✆
28B ch. du Phare
☎ 418-898-2730
www.ileverte.net/maisonsduphare

Sur la très jolie île Verte, le gîte Les Maisons du Phare donne l'occasion de séjourner dans les deux anciennes maisons du phare, soit la Maison du Gardien et la Maison de l'Assistant-Gardien. Accès à la plage.

Trois-Pistoles

Camping Plage Trois-Pistoles
$ ☞ ♨ @
fin mai à fin sept
130 ch. Rioux
☎ 418-851-2403
www.info-basques.com/camping

Le Camping Plage Trois-Pistoles est à 5 min en voiture de Trois-Pistoles. Ce site unique, directement au bord du fleuve, offre un des plus beaux panoramas de la région. Il est également possible d'y faire des randonnées sur la plage et dans les bois environnants. Au mois d'août, des «pêches» à anguilles sont tendues à proximité de la rive, conférant un caractère pittoresque aux environs. Laverie.

Saint-Simon

Auberge St-Simon
$$ ⌖/⌖ ♨
fermé mi-oct à début juin
18 rue Principale/route 132
☎ 418-738-2971 ou 866-873-2971
www.aubergestsimon.com

La charmante Auberge St-Simon est une maison d'époque (1830) au toit mansardé renfermant neuf chambres aménagées avec goût et desquelles émane un cachet d'antan fort agréable.

Le Bic

Camping du Bic
$-$$$
parc national du Bic
3382 route 132 O.
☎ 418-736-5035 ou 800-665-6527
www.parcdubic.com

Le Camping du Bic propose une centaine d'emplacements dans le magnifique parc national du Bic, mettant ainsi à votre disposition ses beautés et ses activités. Malheureusement, de la plupart des emplacements, la route, même si elle n'est pas visible, reste audible. Possibilité de dormir dans une tente-roulotte ou une tente Huttopia en formule prêt-à-camper.

Auberge du Mange Grenouille
$$-$$$ ✆ bc/op 🖐 🀫 @ ◎
fermé nov à début mai
148 rue Ste-Cécile
☎ 418-736-5656
www.aubergedumangegrenouille.qc.ca

D'un romantisme fou, l'Auberge du Mange Grenouille, beaucoup plus grande qu'elle ne le paraît au premier abord, comporte plusieurs unités décorées selon des thématiques différentes. Sensuellement débridées, elles proposent un très grand lit, une salle de bain complète et, surtout, une décoration et un aménagement follement originaux et exotiques. Les chambres côté jardin sont hautement recommandées: un de leurs murs consiste en une verrière donnant sur un petit jardin et plus loin sur le fleuve. Les propriétaires sont très sympathiques, le salon est chaleureux à souhait, et l'ambiance rappelle un vieux théâtre des années 1920… Une des plus belles adresses de la région, sinon du Québec!

Rimouski

Résidences du Cégep de Rimouski
$ bc ❄
320 rue St-Louis
☎ 418-723-4636 ou 800-463-0617
www.cegep-rimouski.qc.ca/residenc

Les Résidences du Cégep de Rimouski sont ouvertes en juin et juillet aux visiteurs qui désirent se loger pour un court séjour à bon prix. Chambres simples ou doubles disponibles.

Auberge de l'Évêché
$$ ✆ @ 🖐
37 rue de l'Évêché O.
☎ 418-723-5411 ou 866-623-5411
www.centralcaferimouski.com

L'Auberge de l'Évêché propose huit chambres au centre-ville. Chaque chambre porte le nom d'un attrait de la région et dispose d'une salle de bain privée. Petit déjeuner sommaire mais correct. Chocolaterie sur place.

Hôtel Rimouski
$$$-$$$$
≡ ◎ ⊷ ≋ 🍴 Y 🖐 @ ▲ ⚲
225 boul. René-Lepage E.
☎ 418-725-5000 ou 800-463-0755
www.hotelrimouski.com

L'Hôtel Rimouski est d'un chic assez particulier; son grand escalier et sa longue piscine en charmeront plus d'un. Les chambres sont confortables.

Pointe-au-Père

Auberge La Marée Douce
$$$
fermé oct à début mai
1329 boul. Ste-Anne
☎ 418-722-0822
www.aubergelamareedouce.com

L'Auberge La Marée Douce se dresse en bordure du fleuve à Pointe-au-Père, près du Site historique maritime de la Pointe-au-Père. Aménagée dans un bâtiment datant de 1860, elle renferme des chambres plutôt vieillottes. Elle compte aussi quelques chambres dans un pavillon moderne de type motel.

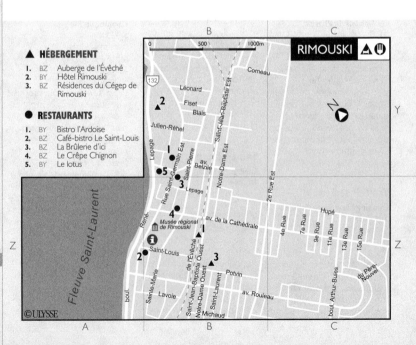

▲ **HÉBERGEMENT**
1.	BZ	Auberge de l'Évêché
2.	BY	Hôtel Rimouski
3.	BZ	Résidences du Cégep de Rimouski

● **RESTAURANTS**
1.	BY	Bistro l'Ardoise
2.	BZ	Café-bistro Le Saint-Louis
3.	BZ	La Brûlerie d'ici
4.	BZ	Le Crêpe Chignon
5.	BY	Le lotus

RIMOUSKI ▲ 🖐

Sainte-Luce

Gîte Le Moulin Banal du Ruisseau à la Loutre
$$-$$$ ✿ bp/bp @
fermé fin oct à fin mai
156 route du Fleuve O.
☎ 418-739-3076 ou 866-939-3076
www.cedep.ca

Ancien moulin construit en pierres de taille, ce gîte offre un séjour dans un environnement antique et maritime. En effet, il a presque les pieds dans l'eau du fleuve, en plus d'avoir un petit ruisseau à ses côtés. Les trois chambres ont été meublées et décorées par les artisans de la région. Les propriétaires sont très accueillants. Charme d'antan assuré.

Auberge Sainte-Luce
$$-$$$ ☞ @
46 route du Fleuve O.
☎ 418-739-4955
www.auberge-ste-luce.com

L'Auberge Sainte-Luce est installée dans une maison centenaire abritant des chambres simples mais confortables. Elle propose un belvédère et une plage à sa clientèle. Des chalets sont aussi disponibles.

Circuit B: Le pays des forestiers

Cabano

Auberge du Chemin Faisant
$$$ ✿ ≡ ♨ @
12 Vieux-Chemin
☎ 418-854-9342 ou 877-954-9342
www.cheminfaisant.qc.ca

La maison de l'Auberge du Chemin Faisant est une résidence de type Art déco qui a été construite dans les années 1950. Les actuels propriétaires ont conservé le cachet typique du lieu. Certaines chambres présentent une décoration fidèle à l'époque

de la construction de la résidence, et la «chambre verrière» est particulièrement magnifique. Toutes les unités sont de grand luxe et offrent tout le confort recherché. De la grande classe.

Pohénégamook

Pohénégamook Santé Plein Air
$$-$$$/pers. pc
bp/bp ≈ ⚓ ❄ ♨ ᴋ ☞ ⟫⟫
1723 ch. Guérette
☎ 418-859-2405 ou 800-463-1364
www.pohenegamook.com

Pohénégamook Santé Plein Air est un centre de vacances qui met l'accent sur les séjours de détente et de plein air, et qui dispose de chambres confortables. Parmi les nombreuses activités figurent entre autres les baignades rapides au sauna finlandais, les sorties à la cabane à sucre au printemps, les balades en montagne et les randonnées à skis. Possibilité de louer des maisonnettes et des chalets.

Notre-Dame-du-Lac

Auberge La Dolce Vita
$$-$$$ ✿ ≡ ♨ @
fermé mi-oct à début mai
693 rue Commerciale
☎ 418-899-0333 ou 877-799-0333
www.aubergeladolcevita.ca

Simple et sans prétention, l'Auberge La Dolce Vita propose huit chambres sympathiques offrant tout le confort recherché. Le service est personnalisé et très accueillant. La piste cyclable du Petit Témis passe en face de l'auberge. On y loue d'ailleurs des vélos, et un hangar à vélos est disponible pour y ranger votre bicyclette.

Restaurants

Circuit A: Au gré du Saint-Laurent

Kamouraska

Pizza Mag
$
fermé en hiver
52 av. Morel
☎ 418-492-9111
www.pizzamag.com

Chez Pizza Mag, on sert de bonnes pizzas avec des choix de garnitures qui rivalisent d'originalité: la Biquette et son fromage de chèvre, la Crème et poireaux, la Parmentière et ses pommes de terre saupoudrées de parmesan, la Louloutte escargots ou la Kamouraska à l'esturgeon fumé.

Auberge des Îles
$$-$$$
198 av. Morel (route 132)
☎ 418-492-7561
www.aubergedesiles.ca

Café-resto très abordable au cœur du petit village de Kamouraska, l'Auberge des Îles propose un petit menu le midi et des repas plus complets le soir en formule table d'hôte ou bistro. La cuisine est simple mais délicieuse, et la vue depuis le solarium est incroyable!

L'Amuse-Bouche
$$-$$$$
6 rue Chassé
☎ 418-492-1892

L'Amuse-Bouche est un petit restaurant dont le menu est essentiellement composé de tapas. Selon certains, le prix est un peu élevé pour les portions, plutôt modestes, mais la terrasse vaut à elle seule le détour. Vous prenez votre repas les pieds dans l'eau du fleuve!

Saint-Pascal

Resto-Pub Le Saint-Pascal
$$
535 boul. Hébert
☎ 418-492-5535
Dans ce petit bistro du centre-ville, on peut manger simplement mais avec goût. Une particularité : il est possible de choisir toutes les garnitures de sa pizza européenne, et même la croûte et le fromage! Donc un menu original, sans prétention et sympathique. Belle sélection de bières québécoises. Le service est chaleureux.

Saint-André

Les Jardins de la Mer
$
fermé mi-oct à fin juin
143 rue Principale
☎ 418-714-0075
www.lesjardinsdelamer.org
Bien nommé, le café Les Jardins de la Mer prépare une cuisine qui met en valeur les plantes marines. Salicorne, persil de mer, sabline : autant de nouvelles saveurs à découvrir.

Notre-Dame-du-Portage

Auberge sur Mer
$$$-$$$$
fermé mi-oct à début mai
363 route du Fleuve
☎ 418-862-0642 ou 866-622-0642
www.aubergesurmer.ca
Depuis la salle à manger de l'Auberge sur Mer, on a bel et bien une vue exceptionnelle sur le fleuve, qui commence sérieusement à ressembler à la mer. La fine cuisine qu'on y déguste saura ravir les plus exigeants. Poissons et fruits de mer sont servis avec les meilleurs accompagnements tout au long de l'été. En automne, le gibier est à l'honneur. Réservations requises.

Rivière-du-Loup

Voir carte p. 527.

La Terrasse
$$-$$$
Hôtel Lévesque
171 rue Fraser
☎ 418-862-6927 ou 800-463-1236
www.hotellevesque.com
Tous les dimanches soir, le restaurant de l'Hôtel Lévesque dresse un copieux et délicieux buffet italien; le reste de la semaine, la cuisine mitonne de savoureux plats d'inspiration régionale. N'oubliez pas de goûter au saumon préparé dans les fumoirs de l'hôtel selon une méthode ancestrale. Menu pour enfants.

Le Saint-Patrice
$$$
169 rue Fraser
☎ 418-862-9895
www.restaurantlestpatrice.ca
Le Saint-Patrice est sans doute l'une des meilleures tables du Bas-Saint-Laurent, où le poisson, les fruits de mer, le lapin et l'agneau dominent le menu. À la même adresse, **Le Novello** *($$)* sert des pâtes et une fine pizza dans une ambiance bistro.

Cacouna

Les Glaces Ali-Baba
$
fermé nov à fin mars
1600 rue du Patrimoine
☎ 418-862-1976
Ce glacier vend des glaces et des sorbets d'excellente qualité. Il faut dire que le propriétaire a suivi une formation en Italie, paradis de la *gelato*.

Trois-Pistoles

Le Michalie
$$$
55 rue Notre-Dame E.
☎ 418-851-4011
Le Michalie, un petit restaurant coquet, propose une cuisine régionale des plus appréciées ainsi que les délices de la gastronomie italienne.

Saint-Simon

Auberge St-Simon
$$$
fermé mi-oct à début juin
18 rue Principale
☎ 418-738-2971 ou 866-873-2971
www.aubergestsimon.com
L'**Auberge St-Simon** (voir p. 527) vous invite à prendre un repas dans un chaleureux décor ancestral. Elle vous offre une des expériences culinaires les plus savoureuses du Bas-Saint-Laurent, alliant lapin, agneau, flétan et fruits de mer aux légumes frais provenant du petit jardin attenant au bâtiment.

Le Bic

Auberge du Mange Grenouille
$$$-$$$$
fermé nov à début mai
148 rue Ste-Cécile
☎ 418-736-5656
www.aubergedumangegrenouille.qc.ca
Reconnu comme une des meilleures tables régionales, le restaurant de l'**Auberge du Mange Grenouille** (voir p. 528) a emménagé dans un ancien magasin général, garni de vieux meubles soigneusement choisis afin d'agrémenter les lieux. Le menu est créatif à l'extrême et d'une qualité irréprochable. Tous les jours, on offre un choix de plusieurs tables d'hôte, composées de plats de gibier, de poisson, de volaille et d'agneau, dont une grande partie met à l'honneur les produits régionaux. La salle à manger, romantique à souhait, est doucement éclairée et chargée d'objets décoratifs : même si le restaurant est plein, chaque table possède sa propre intimité. La carte des vins est magnifique. Un incontournable dans la région, sinon au Québec.

Chez Saint-Pierre
$$$-$$$$
fermé jan à avr et nov
129 rue Mont-St-Louis
☎ 418-736-5051

En plus d'une chaleureuse ambiance de bistro, Chez Saint-Pierre offre une expérience gastronomique du terroir pas trop prétentieuse et surtout très abordable. Une bonne sélection de bières est aussi au menu. Expositions d'œuvres d'artistes locaux.

Rimouski
Voir carte p. 528.

La Brûlerie d'ici
$
91 rue St-Germain
☎ 418-723-3424

C'est l'endroit à Rimouski où aller prendre un bon café. On y propose aussi des repas légers.

Le Crêpe Chignon
$$
140 av. de la Cathédrale
☎ 418-724-0400
www.crepechignon.com

Le Crêpe Chignon se spécialise dans l'univers de la crêpe : salée, sucrée ou les deux à la fois! Ambiance branchée et éclectique très réussie. Le service est sympathique. Belle terrasse en été.

Bistro l'Ardoise
$$-$$$
152 rue St-Germain
☎ 418-732-3131

Le menu du Bistro l'Ardoise allie classiques français et terroir québécois, pour notre plus grand plaisir.

Café-bistro Le Saint-Louis
$$-$$$
97 rue St-Louis
☎ 418-723-7979

Le Café-bistro Le Saint-Louis possède tous les airs et les arômes de ses cousins parisiens. Vous y trouverez une grande sélection de bières importées et de microbrasseries. Les plats sont délicieux et servis dans une ambiance agréable.

Le lotus
$$$
124 rue St-Germain
☎ 418-725-0822

Si vous avez envie de manger thaïlandais, vietnamien ou cambodgien, rendez-vous au restaurant Le lotus. Les plats y sont délicieux et bien présentés. Petits salons tatami privés disponibles. Réservations recommandées.

Sainte-Luce
Café-Bistro L'Anse aux Coques
$$-$$$
fermé mi-oct à début mai
31 route du Fleuve O.
☎ 418-739-4815
www.anseauxcoques.com

Le Café-bistro L'Anse aux Coques est un petit lieu de restauration agréable, niché dans le décor charmant et bien connu de Sainte-Luce. On y sert des steaks, des pizzas, des quiches ainsi que du poisson et des fruits de mer. Deux terrasses, dont une chauffée, agrémentent les lieux.

Circuit B : Le pays des forestiers

Cabano

Auberge du Chemin Faisant
$$-$$$$
12 Vieux-Chemin
☎ 418-854-9342 ou 877-954-9342
www.cheminfaisant.qc.ca

La table de l'**Auberge du Chemin Faisant** (voir p. 529) est très originale et propose plusieurs thématiques selon les saisons. Belle sélection de vins. Un beau détour.

Notre-Dame-du-Lac
Auberge Marie Blanc
$$-$$$$
fermé mi-oct à début juin
1112 rue Commerciale
☎ 418-899-6747

L'Auberge Marie Blanc vous invite à déguster ses petits déjeuners et ses dîners dans une jolie maison victorienne. Ce site historique se trouve sur un promontoire surplombant le lac, et une galerie de bois superbe fait office de terrasse. Vous pouvez vous y offrir de bons plats de cuisine régionale se composant de poisson, de fruits de mer, de chevreuil, de perdrix, de canard ou de lapin.

Sorties

➤ Activités culturelles

Le Bic

Le **Théâtre du Bic** *(&; 50 route du Golf, ☎ 418-736-4141, www.theatredubic.com)* produit chaque année plusieurs pièces de grande qualité. Le paysage environnant est superbe.

Rimouski

La **Salle Desjardins-Telus** *(25 rue St-Germain O., ☎ 418-725-4990, www.spectart.com)* propose des spectacles de tout type à longueur d'année. La salle présente une belle architecture et se trouve en plein centre-ville.

➤ Bars et boîtes de nuit

Rivière-du-Loup
L'Estaminet
299 rue Lafontaine
☎ 418-867-4517

L'Estaminet est un resto-pub qui se transforme en un bar achalandé le soir. Sympathique et chaleureux.

Rimouski

Brasserie artisanale Le Bien, le Malt
141 av. Belzile
☎ 418-723-1339
Ouverte en 2009, cette brasserie fabrique sur place plusieurs bières que vous pourrez accompagner d'un plateau de charcuteries ou d'une assiette de fromages québécois. Bon choix de cocktails à base de bière. Internet sans fil gratuit.

Sens Unique Resto Bar Tapas
160 av. de la Cathédrale
☎ 418-722-9400
Le Sens Unique offre une des atmosphères les plus chouettes à Rimouski avec sa musique et sa terrasse. La clientèle, très variée, se compose de gens âgés de 18 à 45 ans.

➤ Festivals et événements

Septembre

Le **Festi Jazz international de Rimouski** *(Rimouski, ☎ 418-724-7844, www.festijazzrimouski. com)* présente plusieurs spectacles d'artistes de jazz ou de musique du monde, tant québécois qu'internationaux. Les activités se tiennent aussi bien dans les bars et les salles que dans la rue. Le Festi Jazz dure quatre jours et a toujours lieu durant la fin de semaine de la fête du Travail (première fin de semaine de septembre).

Le **Carrousel international du film de Rimouski** *(Rimouski, ☎ 418-722-0103, www.carrousel. qc.ca)* est un festival de cinéma pour jeune public. Ce festival se tient la troisième semaine de septembre et dure sept jours.

Achats

➤ Alimentation

Kamouraska

Boulangerie Niemand
fermé oct à mai
82 av. Morel
☎ 418-492-1236
www.boulangerieniemand.com
Située en face de l'église du village dans une superbe résidence de style victorien datant de 1900, cette boulangerie biologique fait des viennoiseries et des pains succulents. Ne serait-ce que pour profiter de la vue sur le fleuve qui inspire les artisans, une visite s'impose.

Poissonnerie Lauzier
tlj 9h à 18h
57 av. Morel
☎ 418-492-7988
Cette poissonnerie familiale propose du poisson frais, des fruits de mer, des plats cuisinés et du poisson fumé «à l'ancienne» dans leur fumoir artisanal (les anguilles et les esturgeons sont particulièrement recommandés).

Saint-André

Les Jardins de la Mer
143 rue Principale
☎ *418-714-0075*
www.lesjardinsdelamer.org
À la boutique des **Jardins de la Mer** (voir p. 530), vous pourrez vous procurer de nombreuses plantes marines qui agrémenteront vos plats.

La Boucanerie
fin mars à fin déc
111 rue Principale
☎ 418-493-2929
Un incontournable à Saint-André, la poissonnerie La Boucanerie est reconnue pour son délicieux poisson fumé sur place.

Rimouski

Les Baguettes en l'air
3 rue St-Paul
☎ 418-723-7246
Cette boulangerie artisanale vend des pains, fougasses et viennoiseries, tous produits à base de farines et de grains biologiques.

➤ Artisanat, brocante et souvenirs

Kamouraska

Le fil bleu
fermé fin déc à mi-mai
88 av. Morel
☎ 418-308-0646
www.lefilbleu.ca
Face à l'église et installé dans une maison centenaire, Le fil bleu met en valeur le travail de plus de 50 artisans de la région. On peut s'y procurer entre autres des tableaux, des photographies, de la joaillerie et de la céramique.

Le Bic

Les Antiquités du Bic
fermé nov à mai
18 du Vieux-Chemin
☎ 418-736-8374
www.lebic.net/antiquitesdubic
Chez Les Antiquités du Bic, vous trouverez toutes sortes d'objets antiques, de l'amarre de bateau à la chaise berçante.

Rimouski

La Samare
84 rue St-Germain O.
☎ 418-723-0242
La Samare dispose d'un vaste choix d'articles de cuir de poisson. Vous y trouverez également un grand choix de sculptures, de vases et de bibelots, tous issus de la tradition artisanale inuite.

Sainte-Luce

Boutique Nomade
33 route du Fleuve O.
☎ 418-739-3585
Le Nomade propose des bijoux et des vêtements exclusifs, en plus d'un bon nombre d'autres petits trésors. La boutique est située sur le quai en face du fleuve. Autre adresse à Rimouski *(96 rue St-Germain O., ☎ 418-722-3777)*.

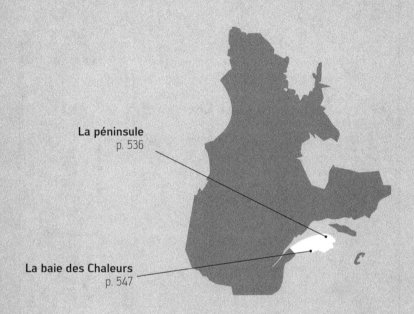

La péninsule
p. 536

La baie des Chaleurs
p. 547

Gaspésie

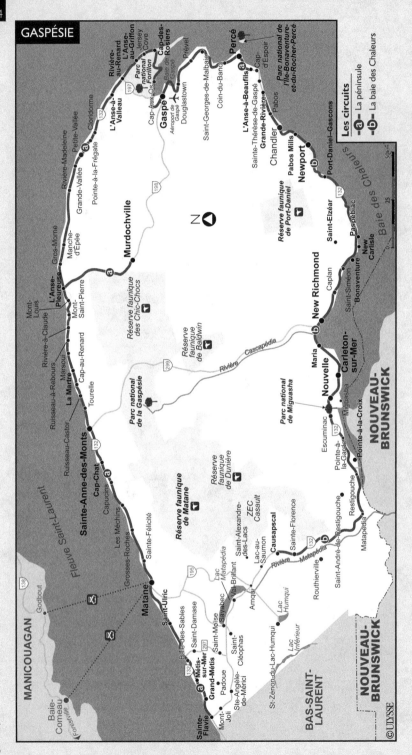

GASPÉSIE

Les circuits
- **a** - La péninsule
- **b** - La baie des Chaleurs

MANICOUAGAN

Baie-Comeau

Godbout

Fleuve Saint-Laurent

Sainte-Flavie
Mont-Joli
Métis-sur-Mer
Grand-Métis
Ste-Angèle-de-Mérici
Padoue
Baie-des-Sables
Saint-Ulric
Saint-Damase
Saint-Moïse
Sayabec
Saint-Cléophas
St-Zénon-du-Lac-Humqui
Matane
Saint-Noël
Amqui
Lac Humqui
Lac Inférieur

BAS-SAINT-LAURENT

NOUVEAU-BRUNSWICK

Les Méchins
Grosses-Roches
Sainte-Félicité
Sainte-Anne-des-Monts
Cap-Chat
Capucins
Tourelle
Cap-au-Renard
La Martre
Marsoui
Ruisseau-Castor
Ruisseau-à-Rebours
Rivière-à-Claude
Mont-Saint-Pierre
Mont-Louis
L'Anse-Pleureuse
Gros-Morne
Manche-d'Epée
Madeleine
Pointe-à-la-Frégate
Rivière-Madeleine
Grande-Vallée
Petite-Vallée
Cloridorme
L'Anse-à-Valleau
Rivière-au-Renard
L'Anse-au-Griffon
Jersey Cove
Cap-des-Rosiers
Prével
Baie de Gaspé
Parc national Forillon
Cap-aux-Os
Cap-Bon-Ami
Gaspé
Aéroport de Gaspé
Douglastown
Saint-Georges-de-Malbaie
Coin-du-Banc
Percé
Parc national de l'Île-Bonaventure-et-du-Rocher-Percé
Cap-d'Espoir
L'Anse-à-Beaufils
Sainte-Thérèse-de-Gaspé
Grande-Rivière
Pabos
Chandler
Pabos Mills
Newport
Port-Daniel-Gascons
Saint-Elzéar
Paspébiac
New Carlisle
Bonaventure
Saint-Siméon
Caplan
New Richmond
Carleton-sur-Mer
Maria
Nouvelle
Pointe-à-la-Croix
Escuminac
Pointe-à-la-Garde
Restigouche
Saint-André-de-Restigouche
Matapédia
Routhierville
Saint-Florence
Causapscal
ZEC Casault
Lac-au-Saumon
Saint-Alexandre-des-Lacs
Val-Brillant

Murdochville

Réserve faunique des Chic-Chocs
Réserve faunique de Baldwin
Réserve faunique de Port-Daniel
Réserve faunique de Matane
Réserve faunique de Dunière
Parc national de la Gaspésie
Parc national de Miguasha

Rivière Cascapédia
Rivière Matapédia
Lac Matapédia

Baie des Chaleurs

NOUVEAU-BRUNSWICK

© ULYSSE

guidesulysse.com

T erre mythique à l'extrémité est du Québec, la **Gaspésie** ★★ fait partie des rêves de ceux qui caressent, souvent longtemps à l'avance, le projet d'en faire enfin le «tour». Ou encore de traverser ses splendides paysages côtiers, là où les monts Chic-Chocs plongent abruptement dans les eaux froides du fleuve Saint-Laurent, qui à cet endroit vaut bien l'océan tant il est vaste; de se rendre, bien sûr, jusqu'au fameux rocher Percé; de prendre le large pour l'île Bonaventure et de visiter l'extraordinaire parc national Forillon; enfin de lentement revenir en longeant la baie des Chaleurs et en sillonnant l'arrière-pays par la vallée de la Matapédia.

Gaspé, mot d'origine amérindienne, est «le bout du monde» pour les Micmacs qui habitent ces terres depuis des millénaires. Malgré son isolement, la péninsule a su attirer au cours des siècles des pêcheurs de maintes origines, particulièrement des Acadiens, chassés de leurs terres par les Anglais en 1755.

Dans ce beau «coin» du Québec, aux paysages si pittoresques, des gens fascinants et accueillants tirent encore leur subsistance, en grande partie, des produits de la mer. La grande majorité des quelque 135 000 Gaspésiens habitent de petits villages côtiers, laissant le centre de la péninsule recouvert d'une riche forêt boréale. Le plus haut sommet du Québec méridional, le mont Jacques-Cartier, se trouve dans cette partie de la chaîne des Appalaches que l'on nomme «les monts Chic-Chocs».

Les deux circuits proposés dans la région touristique de la Gaspésie longent la côte: le **Circuit A: La péninsule** ★★ et le **Circuit B: La baie des Chaleurs** ★. Pour plus de renseignements, vous pouvez consulter le Guide Ulysse *Gaspésie, Bas-Saint-Laurent et Îles de la Madeleine*.

Accès et déplacements

➤ En voiture

Circuit A: La péninsule
Pour entamer cet itinéraire, rendez-vous à Sainte-Flavie par l'autoroute Jean-Lesage (20) puis par la route 132, qui mène à Percé en longeant le fleuve Saint-Laurent tout en passant par Matane, Sainte-Anne-des-Monts et Gaspé. Toutefois, rendu à L'Anse-Pleureuse, vous pourrez vous permettre un détour par Murdochville si vous désirez passer par les terres.

Circuit B: La baie des Chaleurs
Ce circuit succède au précédent itinéraire; il débute à Grande-Rivière sur la route 132. De fait, de Grande-Rivière à Causapscal, où le parcours se termine, vous suivrez la route 132. Vous croiserez Newport, Bonaventure et Carleton-sur-Mer le long de la baie des Chaleurs, puis Matapédia, porte d'entrée de la vallée du même nom que vous côtoierez le long de la rivière Matapédia jusqu'à Causapscal.

➤ En autocar (gares routières)

Circuit A: La péninsule
Matane
Dépanneur Couche-Tard
521 av. du Phare E.
☏ 418-562-4085

Sainte-Anne-des-Monts
Station-service Pétro-Canada
85 boul. Ste-Anne O.
☏ 418-763-9176

Gaspé
Motel Adams
20 rue Adams
☏ 418-368-1888

Percé
Gaz Bar Crevier
896 route 132
L'Anse-à-Beaufils
☏ 418-782-5417

Circuit B: La baie des Chaleurs
Bonaventure
Dépanneur Express
127 route 132
☏ 418-534-2777

Carleton-sur-Mer
Restaurant Le Héron
561 boul. Perron
☏ 418-364-3881

Amqui
Dépanneur Chez Laurie
219 boul. St-Benoît E.
☏ 418-629-6767

➤ En train (gares ferroviaires)

Circuit A : La péninsule
Gaspé
8 rue de la Marina
☏ 418-368-4313 ou 888-842-7245
www.viarail.ca

Percé
44 rue de L'Anse-à-Beaufils
☏ 418-782-2747 ou 888-842-7245
www.viarail.ca

Circuit B : La baie des Chaleurs
Bonaventure
rue de la Gare, près de l'avenue Grand-Pré
☏ 418-534-3517 ou 888-842-7245
www.viarail.ca

Carleton-sur-Mer
rue de la Gare
☏ 418-364-7734 ou 888-842-7245
www.viarail.ca

Matapédia
10 rue MacDonnell
☏ 418-865-2327 ou 888-842-7245
www.viarail.ca

➤ En traversier

Circuit A : La péninsule
Baie-Comeau–Matane : le traversier *(adultes 14$, voitures 33$; toute l'année; ☏ 418-562-2500 ou 877-562-6560, www.traversiers.gouv.qc.ca)* quittant Baie-Comeau, sur la rive nord du Saint-Laurent, en direction de Matane, permet d'arriver à destination en 2h20. L'horaire des traversiers varie d'une année à l'autre; renseignez-vous avant de planifier un voyage. Réservez à l'avance en saison estivale.

Godbout–Matane : le traversier *(adultes 14$, voitures 33$; toute l'année; ☏ 418-562-2500 ou 877-562-6560, www.traversiers.gouv.qc.ca)* de Godbout, sur la rive nord du Saint-Laurent, en direction de Matane, permet d'arriver à destination en 2h10. L'horaire des traversiers varie d'une année à l'autre; renseignez-vous avant de planifier un voyage. Réservez à l'avance en saison estivale.

Attraits touristiques

Tourisme Gaspésie *(357 route de la Mer, Ste-Flavie, QC G0J 2L0, ☏ 418-775-2223 ou 877-775-2463, www.gaspesiejetaime.com)*

Circuit A : La péninsule ★★

▲ *p. 552* ● *p. 559* ⬥ *p. 562* ◼ *p. 563*

⏱ *Deux ou trois jours*

Avant même la découverte de l'Amérique, les Européens venaient pêcher dans les eaux du golfe du Saint-Laurent. Il ne reste plus de traces aujourd'hui des campements qu'ils ont établis sur la côte, mais on se prend à imaginer leurs réactions devant ce continent inconnu et leurs rencontres inévitables avec les Autochtones. Le circuit de la péninsule longe des falaises abruptes avant d'atteindre des zones plus clémentes, là même où Jacques Cartier a pris possession du Canada au nom du roi de France.

Sainte-Flavie

Surnommé «la porte d'entrée de la Gaspésie», le village de Sainte-Flavie a été fondé en 1829. Il doit son appellation à la seigneuresse Angélique-Flavie Drapeau, fille du seigneur Joseph Drapeau. On y trouve des boutiques d'artisanat et plusieurs lieux d'hébergement avec vue sur l'estuaire du Saint-Laurent. Malheureusement, certains de ces motels et hôtels déparent le paysage, car leur architecture est totalement étrangère au caractère des lieux. S'y trouve aussi le principal bureau d'information touristique de la Gaspésie *(357 route de la Mer)*, où vous pourrez vous procurer une petite carte thématique qui permet de parcourir la **Route des Arts** et ainsi découvrir les artistes et artisans de la localité dans leurs ateliers respectifs.

Le **Centre d'Art Marcel Gagnon** ★ *(entrée libre; mai à fin sept tlj 7h30 à 22h, hors saison 7h30 à 21h; 564 route de la Mer, ☏ 418-775-2829 ou 866-775-2829, www.centredart.net)* comprend à la fois une boutique d'artisanat, un centre d'exposition, un restaurant et une auberge. À l'arrière, une œuvre de Marcel Gagnon intitulée *Le Grand Rassemblement*, composée d'une centaine de personnages de béton émergeant du fleuve Saint-Laurent, surprend le visiteur. Les jours de brume, le lieu devient complètement surréel… Une belle occasion de prendre des photos mémorables.

Grand-Métis ★

Grand-Métis bénéficie d'un microclimat qui attirait autrefois les estivants fortunés. L'horticultrice Elsie Reford a ainsi pu y créer un jardin à l'anglaise où poussent plusieurs espèces d'arbres et de fleurs, introuvables ailleurs à cette latitude en Amérique, et qui constitue de nos jours le principal attrait de la région. Les Malécites ont baptisé l'endroit *Mitis*, qui signifie «petit peuplier», appellation qui s'est transformée en «Métis» avec les années.

Les **Jardins de Métis ★★★** *(16$; ♿; juin, sept et oct tlj 8h30 à 17h, juil et août tlj 8h30 à 18h; 200 route 132, ☏ 418-775-2222, www.jardinsmetis. com)* font partie des plus beaux jardins du Québec, et leur nom a fait le tour du monde. En 1927, Elsie Stephen Meighen Reford entreprend de créer un jardin à l'anglaise sur son domaine, qu'elle entretiendra et augmentera jusqu'à sa mort, en 1954. Sept ans plus tard, le gouvernement du Québec se porte acquéreur du domaine et l'aménage pour l'ouvrir au public. Les Jardins de Métis ont été rachetés par le petit-fils de la fondatrice, Alexander Reford, qui leur a transmis son goût marqué pour le design et leur a inculqué une énergie nouvelle grâce à des réalisations remarquables telles que le **Festival international de jardins** (voir p. 563). Les jardins sont divisés en plusieurs ensembles ornementaux distincts que l'on parcourt à son gré. Comptez entre une et trois heures pour la visite des jardins et une heure de plus pour la visite du site du festival annuel.

La **Villa Estevan ★★**, ancienne demeure magnifiquement restaurée de la famille Reford, se dresse au milieu des Jardins de Métis. On y présente l'exposition permanente *La Villa Estevan: au cœur de la villégiature*, qui dresse un portrait de la vie d'Elsie et Robert Wilson Reford, horticulteurs, photographes et pêcheurs passionnés. On peut aussi s'y restaurer dans une agréable salle à manger (voir p. 560). Avant de quitter, allez faire un tour à la boutique d'artisanat et à celle consacrée à l'horticulture, qui méritent toutes deux une visite (voir p. 563).

⟩⟩⟩ *Poursuivez en direction de Matane. Un arrêt à Métis-sur-Mer permet de vous rapprocher de l'eau en quittant momentanément la route 132 Est.*

Métis-sur-Mer ★★

Ce centre de villégiature était, au tournant du XXᵉ siècle, le lieu de prédilection des professeurs de l'université McGill de Montréal qui louaient d'élégants cottages en bord de mer

pour la durée des vacances estivales. Des familles anglo-saxonnes plus fortunées s'y sont également fait construire de vastes résidences apparentées aux styles de la Nouvelle-Angleterre. Elles ont été attirées par la beauté du paysage, mais aussi par la présence d'une petite communauté écossaise établie dans les environs, dès 1820, par le seigneur de Métis, John McNider. Par sa cohésion et la qualité de son architecture de bois, cette municipalité, aussi connue sous le nom de «Metis Beach», se démarque des villages environnants.

⟩⟩⟩ *Vous traverserez ensuite Les Boules, puis les charmants villages de Baie-des-Sables et de Saint-Ulric avant d'arriver à Matane.*

Matane

Bureau d'accueil touristique de Matane *(968 av. du Phare O., ☏ 418-562-1065, www.tourismematane.com)*

Le principal attrait de Matane, mot d'origine micmaque qui signifie «vivier de castors», est sa gastronomie, fondée sur le saumon et sur les fameuses crevettes de Matane. Cette ville de quelque 15 000 habitants est le centre administratif de la région et son principal moteur économique grâce à la présence d'une industrie diversifiée, axée à la fois sur la pêche, l'exploitation forestière, les cimenteries et le transport maritime. Les sous-marins allemands se rendirent jusqu'aux abords du quai de Matane pendant la Seconde Guerre mondiale.

L'**ancien phare** *(♿; 968 av. du Phare)* de 1911 accueille les visiteurs à l'entrée de la ville. La maison du gardien abrite le bureau de tourisme ainsi qu'un mini-musée sur l'histoire locale.

La rivière Matane traverse la ville en son centre. On y a aménagé le **barrage Mathieu-D'Amours ★** *(à proximité du parc des Îles)*, doublé d'une **passe migratoire** pour le saumon qui remonte la rivière afin d'aller frayer en amont. Le **Centre d'observation de la montée du saumon** *(3$; mi-juin à fin sept)*, situé sous le niveau de l'eau, permet d'observer le spectacle fascinant des saumons qui luttent avec acharnement contre le courant. Le **parc des Îles** avoisine le barrage. On y trouve une plage et une aire de pique-nique.

Les architectes Paul Rousseau et Philippe Côté réalisèrent avec l'**église Saint-Jérôme ★** *(527 av. St-Jérôme)* l'un des monuments précurseurs du modernisme dans l'art religieux du Québec en réutilisant les murs de l'ancienne église de Matane, incendiée en 1932. Comme on ne pouvait faire porter la nouvelle structure sur les ruines trop fragiles du temple détruit,

MATANE

ATTRAITS TOURISTIQUES

★
1. Ancien phare — CX
2. Barrage Mathieu-D'Amours / Centre d'observation de la montée du saumon — DY
3. Église Saint-Jérôme — DX

Fleuve Saint-Laurent

Rivière Matane

Rivière Matane

Réserve faunique de Matane

Parc des Îles

Baie-Comeau
Godbout
Pointe-au-Père

Rues et lieux:

av. du Phare Est
Gaspé
av. du Phare Ouest
du Barachois
132
195
boul. du Père-Lamarche
du Sault
Boucher
Bélanger
Bouillon
Collin
Meunier
du Buisson
Saint-Robert
du Vallon
Simard
de Courtemanche
boul. Jacques-Cartier
Champlain
Dionne
av. Saint-Rédempteur
du Busquet
Saint-Joseph
Côté
Bouffard
av. D'Amour
de la Marée
Rivière Matane
av. St-Jérôme
Saint-Jérôme
av. Saint-Jérôme
av. Desjardins
Ruisseau
Belvédère
des Pins
Trembles
du Bois-Joli
195
Gagnon
Fournier
av. Fraser
de la Fabrique
Saint-Christophe
Saint-Pierre
Soucy
Bergeron
Saint-Jean
Price
Saint-Pierre
av. Henri-Dunant
Gaspé
Grant
Paradis
Dion
Saint-Pierre
boul. Dion
Saint-Jean
Goyer
Quimper
Fournier
boul.
Saint-Aubin
W.-Russel
av. du Parc-Industriel
av. Henri-Dunant
de Matane-sur-Mer
132
195
Brillant
Durette
Savard
du Port
du Port

N

0   250   500m

©ULYSSE

de grands arcs paraboliques en béton furent construits pour supporter la totalité du poids de la toiture.

Une excursion facultative à l'intérieur des terres permet de se rendre à la **réserve faunique de Matane** *(administration : 257 rue St-Jérôme, ☎ 418-562-3700 ou 800-665-6527, www.sepaq.com)*, un ensemble de montagnes et de collines boisées s'étendant sur 1 282 km², parcourue de rivières et de lacs prisés pour la pêche au saumon. L'**Auberge de montagne des Chic-Chocs** (voir p. 553) se trouve à l'est de la réserve à 615 m d'altitude, ce qui permet aux heureux visiteurs de s'adonner au ski de haute route, à la raquette, à la randonnée pédestre, au vélo de montagne, à la pêche ou à l'observation de la faune. On y fait aussi la location de chalets.

▸▸▸ *Reprenez la route 132 Est en direction de Cap-Chat et de Sainte-Anne-des-Monts. Vous longerez alors de coquets hameaux de pêcheurs aux noms évocateurs : Sainte-Félicité, Grosses-Roches et Les Méchins.*

Cap-Chat

La **baie des Capucins** est reconnue pour abriter une flore et une faune (particulièrement des oiseaux) très riches et typiques des marais salés. Il s'agit en effet du seul marais d'eau salée des environs. La promenade qui suit le tracé de la baie est vraiment des plus agréables.

Selon les uns, le nom de «Cap-Chat» serait attribuable à Champlain, qui a baptisé les environs *Cap de Chatte*, en l'honneur du commandeur de Chatte, lieutenant général du roi, alors que d'autres affirment que c'est plutôt la forme d'un rocher rappelant étrangement un chat accroupi, situé à proximité du phare, qui en serait à l'origine.

L'énergie électrique peut être obtenue de différentes façons. L'une des plus originales et dont la popularité va croissant sera sans contredit l'énergie éolienne. Cap-Chat, de par sa situation géographique idéale, sert de site, depuis plusieurs années, à diverses installations d'éoliennes. Vous ne pourrez d'ailleurs pas manquer, depuis la route, ce spectacle un peu surnaturel! Le centre d'interprétation, de recherche et de développement de l'énergie éolienne **Éole Cap-Chat** ★ *(12$; ♿; fin juin à fin sept tlj 9h à 17h; route 132, ☎ 418-786-5719, www.eolecapchat.com)* abrite une éolienne de 110 m de haut, **Grande Éole**, la plus haute éolienne à axe vertical du monde, ainsi que le **Nordais**, un des plus importants parcs d'éoliennes de l'Est canadien.

Sainte-Anne-des-Monts ★

La municipalité de Sainte-Anne-des-Monts possède quelques bâtiments intéressants, notamment l'**église Sainte-Anne** et l'ancien palais de justice de 1885. On y trouve également de belles demeures de capitaines et d'industriels. Sainte-Anne-des-Monts constitue le point de départ des excursions en forêt dans le parc national de la Gaspésie, dans la réserve faunique des Chic-Chocs et à la rivière Sainte-Anne.

Exploramer ★ *(12,75$; ♿; juin à mi-oct tlj 9h à 17h; 1 rue du Quai, ☎ 418-763-2500, www.exploramer.qc.ca)* vous propose de découvrir, grâce à plusieurs expositions, le monde marin du Saint-Laurent. On y organise aussi des excursions écotouristiques en mer.

Une excursion qui vaut le détour conduit au cœur de la péninsule gaspésienne. Empruntez la route 299, qui mène à l'entrée du **parc national de la Gaspésie** ★★★ *(3,50$; administration : 1981 route du Parc, ☎ 418-763-7494 ou 800-665-6527, www.sepaq.com)*. Couvrant 802 km² et abritant une partie des célèbres monts Chic-Chocs, il fut créé en 1937 afin de sensibiliser les gens à la sauvegarde du territoire naturel gaspésien. Le parc est constitué de zones de préservation réservées à la protection des éléments naturels de la région et de la zone d'ambiance, formée d'un réseau de routes, de sentiers ainsi que de lieux d'hébergement. Les monts Chic-Chocs s'étendent sur plus de 90 km depuis Matane jusqu'au mont Albert. Les monts McGerrigle se dressent perpendiculairement aux Chic-Chocs et couvrent plus de 100 km². Les sentiers traversent trois zones de paysages en se rendant jusqu'aux sommets des quatre plus hauts monts de l'endroit, le **mont Jacques-Cartier**, le **mont Richardson**, le **mont Xalibu** et le **mont Albert**. C'est le seul endroit au Québec où l'on retrouve à la fois des cerfs de Virginie (dans la riche végétation de la première strate), des orignaux (dans la forêt boréale) et des caribous (dans la toundra, sur les sommets). Les amateurs de randonnée doivent s'enregistrer avant le départ.

Au centre du parc se trouve le **Gîte du Mont-Albert** (voir p. 555), réputé pour sa table, son architecture de bois délicate inspirée du Régime français et ses panoramas saisissants.

▸▸▸ *De retour à la route 132, vous traverserez les villages de **Tourelle**, de **Ruisseau-Castor** et de **Cap-au-Renard** avant d'arriver à La Martre.*

La route de La Martre à L'Anse-Pleureuse ★★★

Village de pêcheurs typique, avec son **église en bois** (1914) et son **phare** (1906), **La Martre** est situé à la limite de la plaine littorale. Au **Musée des phares** ★ *(10$ pour la visite du phare et du musée; mi-juin à mi-sept tlj 9h à 17h; 10 av. du Phare, La Martre,* ♪ *418-288-5698)*, on présente, dans l'ancien phare rouge de forme octogonale et dans la maison du gardien, tout aussi éclatante, une intéressante exposition sur l'histoire des phares de la Gaspésie et sur leur fonctionnement.

Au-delà de La Martre, la côte devient beaucoup plus accidentée et abrupte. La route doit donc épouser le découpage en profondeur des baies et les avancées des caps aux escarpements dénudés. Vous aurez droit alors à un magnifique spectacle qui dévoile la Gaspésie dans toute sa splendeur, culminant avec les falaises du parc national Forillon. À plusieurs endroits, la route longe directement la mer, dont les vagues viennent lécher l'asphalte par «gros temps». Il est suggéré d'emprunter pendant quelques kilomètres certaines des rares routes qui conduisent à l'intérieur des terres, à partir des villages, afin d'apprécier pleinement la rudesse des paysages et la force des rivières, notamment les routes de gravier qui longent la rivière à Claude et la rivière Mont-Saint-Pierre.

Vous traverserez ensuite Marsoui, Ruisseau-à-Rebours, Rivière-à-Claude et Mont-Saint-Pierre, où se trouvent des rampes de lancement de vol libre (voir p. 547), et enfin un village au nom que l'on croirait tiré d'un roman peuplé de fantômes, L'Anse-Pleureuse.

▸▸▸ *Une excursion facultative, à 40 km de L'Anse-Pleureuse par la route 198, conduit à Murdochville, ancienne capitale québécoise du cuivre. Il s'agit là de l'unique agglomération d'importance à l'intérieur de la péninsule gaspésienne.*

Murdochville

Murdochville fut créée en pleine forêt, à 40 km de toute civilisation. Sa fondation ne remonte qu'à 1951, alors que la Gaspésie Mines décida d'exploiter les importants gisements de cuivre de cette région isolée. L'agglomération a été aménagée par l'entreprise selon un plan plus ou moins précis. En 1957, les mineurs de Murdochville ont mené une grève difficile pour la reconnaissance de leur droit à se pourvoir d'un syndicat, écrivant ainsi l'une des pages importantes de l'histoire du syndicalisme québécois.

Malheureusement, en 2002 c'est une triste page de la ville qui s'est écrite: la mine a fermé ses portes. Après 50 années de travail dans les entrailles de la terre, les mineurs ont été remerciés, et l'exploitation du minerai de cuivre a cessé.

Cependant, on peut encore visiter le **Centre d'interprétation du cuivre de Murdochville** ★★ *(14$;* ♿ *; juin à fin sept tlj 9h à 17h; 345 route 198,* ♪ *418-784-3335 ou 800-487-8601, www. cicuivre.com)* pour en apprendre plus sur la vie des mineurs et sur l'histoire et les méthodes de l'extraction du cuivre. Les visites guidées du site de l'ancienne mine, agrémentées de plusieurs explications, ainsi que la visite de l'exposition, demeurent des expériences très enrichissantes.

▸▸▸ *La route 198 se prolonge à travers la forêt sur près de 90 km jusqu'à Gaspé. À moins d'être pressé par le temps, il vaut mieux revenir sur ses pas en direction de L'Anse-Pleureuse et poursuivre le circuit de la péninsule. Prenez à droite la route 132 Est pour atteindre d'autres hameaux aux noms savoureux tels que Gros-Morne, Manche-d'Épée, Pointe-à-la-Frégate et L'Échouerie.*

À **Madeleine-Centre**, on peut voir une des plus anciennes églises de la région, dotée d'un clocher élégamment galbé (1884), alors qu'à **Grande-Vallée** se trouve, outre l'**église Saint-François-Xavier**, le **pont couvert Galipeault**, long de 44 m, qui donne un air vieillot à tout le village. Il s'agit d'une construction de bois de type Town à une seule travée, installée en 1923.

▸▸▸ *À l'est de Rivière-au-Renard et jusqu'à Gaspé, vous longerez le parc national Forillon, l'un des plus beaux parcs nationaux du pays.*

Rivière-au-Renard

Rivière-au-Renard, centre de transformation du poisson, est dominé par ses usines. Quant à son port de pêche, il est le plus important du côté nord de la péninsule gaspésienne.

Bardeau et Bateau ★ *(5$; fin juin à sept lun-sam 9h30 à 17h30; Centre d'interprétation des pêches, 17 rue de la Langevin, et Moulin des Plourde, 5 rue du Moulin,* ♪ *418-269-3788)* permet de découvrir la fabrication de bardeaux au Moulin des Plourde, le dernier moulin à vapeur de l'est du Québec, ainsi que les multiples facettes de la pêche contemporaine au Centre d'interprétation des pêches. La visite guidée des usines et, surtout, la dégustation des produits marins valent particulièrement le détour.

L'Anse-au-Griffon ★

À la suite de la conquête britannique de la Nouvelle-France, la pêche commerciale en Gaspésie est prise en charge par un petit groupe de marchands anglo-normands, originaires de l'île de Jersey. L'un d'entre eux, John LeBoutillier, bâtit des entrepôts de sel, de farine et de morue séchée à L'Anse-au-Griffon vers 1840. La morue est alors exportée en Espagne, en Italie et au Brésil.

Le **Manoir Le Boutillier** ★ *(7$; &; mi-juin à mi-oct tlj 9h à 17h; 578 boul. Griffon, ☎ 418-892-5150, www.lanseaugriffon.ca)*, une belle maison de bois peinte d'un jaune éclatant, fut construit vers 1850 pour servir de résidence et de bureau aux gérants de l'entreprise de Le Boutillier, qui emploiera jusqu'à 2 500 personnes dans la région en 1860. Sa toiture à larmiers cintrés rappelle les maisons de Kamouraska. On y trouve un centre d'interprétation sur l'histoire de la maison et des marchands originaires de Jersey ainsi qu'une boutique d'artisanat, un café et un théâtre d'été.

Le **Centre culturel Le Griffon** *(557 boul. du Griffon, ☎ 418-892-0115, www.lanseaugriffon.ca)* loge dans l'ancien entrepôt frigorifique de la municipalité, sauvé *in extremis* d'un incendie en 1973. Ouvert en 2005, il propose une exposition permanente sur la vie des pêcheurs en Gaspésie et abrite une galerie d'art, une petite salle de spectacle et un café. Afin de souligner l'arrivée de Jacques Cartier en Gaspésie en 1534, on y a inauguré, en 2009, l'«Escalier du 475ᵉ», un escalier monumental qui combine l'escalier original de l'édifice et une œuvre d'art en aluminium du sculpteur Michel Ste-Croix, de Cap-des-Rosiers.

▸▸▸ *Après avoir traversé Jersey Cove, vous arriverez à Cap-des-Rosiers, porte d'entrée du secteur Sud du parc national Forillon, là où les paysages sont les plus tourmentés et la mer plus présente que jamais.*

Cap-des-Rosiers ★

Occupant un site admirable, Cap-des-Rosiers a été le théâtre de nombreux naufrages. Deux monuments rappellent un naufrage particulier, celui du voilier *Carrick*, au cours duquel 87 des quelque 200 immigrants irlandais qui prenaient place à bord périrent et furent enterrés au cimetière local. La plupart des autres s'établirent à Cap-des-Rosiers, donnant une couleur nouvelle et inattendue à cette communauté. Des noms d'origine irlandaise tels que Kavanagh et Whalen sont encore bien présents dans les environs. C'est également du haut de ce cap que les Canadiens (les premiers Québécois de l'époque) aperçurent la flotte du général Wolfe se dirigeant vers Québec en 1759. On y trouve par ailleurs le plus haut phare au pays, qu'il est possible de visiter *(2,50$; mi-juin à mi-sept)*.

Le thème du **parc national Forillon** ★★★ *(7,80$; &; toute l'année, tlj; administration: 122 boul. de Gaspé, ☎ 418-368-5505 ou 888-773-8888, www.pc.gc.ca)* est «l'harmonie entre l'homme, la terre et la mer». La succession de forêts et de montagnes, sillonnées de sentiers et bordées de falaises le long du littoral, fait rêver plus d'un amateur de plein air. Le parc abrite une faune assez diversifiée: renards, ours, orignaux, porcs-épics ainsi que d'autres mammifères sont représentés en grand nombre. Plus de 200 espèces d'oiseaux y sont répertoriées, notamment le goéland argenté, le cormoran, le pinson, l'alouette et le fou de Bassan. À partir des sentiers du littoral, on peut apercevoir, selon les saisons, des baleines et des phoques. Il dissimule aussi différentes plantes rares qui aident à comprendre le passé du sol dans lequel elles poussent. On y retrouve donc non seulement des éléments naturels mais aussi des rappels de l'activité humaine. Dans ce vaste périmètre de 244 km² se trouvaient autrefois quatre hameaux, dont les quelque 200 familles furent déplacées lors de la création de ce parc fédéral en 1970. Cette expropriation ne s'est d'ailleurs pas faite sans heurt. Malgré tout, les bâtiments les plus intéressants sur le plan ethnographique furent conservés et restaurés: le site patrimonial de Grande-Grave et celui de l'Anse-Blanchette, le **phare de Cap-Gaspé**, l'ancienne église protestante de **Petit-Gaspé** et la batterie du **fort Péninsule**, partie du système défensif mis en place lors de la Seconde Guerre mondiale pour protéger le Canada contre les incursions des sous-marins allemands.

Le site patrimonial de Grande-Grave et celui de l'Anse-Blanchette, peuplés à l'origine d'immigrants anglo-normands originaires de l'île de Jersey, dans la Manche, comprennent notamment l'**ancien magasin Hyman & Sons** de 1845, dont l'intérieur a été soigneusement reconstitué afin de lui redonner son apparence du début du XXᵉ siècle, ainsi que la **maison Blanchette**, en bord de mer, dont les bâtiments forment avec le paysage environnant une véritable carte postale.

▸▸▸ *Après avoir contourné le cap Gaspé, on entre dans la baie du même nom. Le relief rude des falaises abruptes fait soudainement place à de doux vallons entrecoupés de rivières.*

Gaspé ★

Bureau d'accueil touristique de Gaspé *(27 boul. York E.,* ☏ *418-368-8525, www.tourismegaspe.org)*

C'est ici que, le 24 juillet 1534, Jacques Cartier prend possession du Canada au nom du roi de France, François Ier. Il faut cependant attendre le début du XVIIIe siècle avant que ne soit implanté le premier poste de pêche à Gaspé, et la fin du même siècle pour voir apparaître un véritable village à cet endroit. Au cours de la Seconde Guerre mondiale, Gaspé s'est préparée à devenir la base principale de la Royal Navy, en cas d'invasion de la Grande-Bretagne par les Allemands, ce qui explique la présence des quelques infrastructures militaires imposantes aménagées à cette fin sur le pourtour de la baie. Le 24 décembre 1970, la fusion de 12 localités situées au bout de la péninsule gaspésienne est décrétée par le gouvernement du Québec, faisant de Gaspé l'une des villes nord-américaines les plus étendues avec ses quelque 1 440 km² et ses 150 km de littoral!

Gaspé est aujourd'hui une ville dynamique de quelque 15 000 habitants. Elle a su développer sa vocation industrielle en s'appuyant sur ses avantages portuaires, ses liens ferroviaires et aéroportuaires et ses parcs industriels. Une industrie touristique en plein essor et la présence du Cégep de la Gaspésie et des Îles, qui accueille chaque année quelque 600 étudiants, confèrent à Gaspé une vie urbaine animée avec ses boutiques, ses cafés et ses bars, principalement concentrés autour de la rue de la Reine.

La croix de Gaspé

En face de la cathédrale du Christ-Roi se dresse la croix de Gaspé, qui commémore l'arrivée de Jacques Cartier au Canada. Ce navigateur breton, maître pilote du roi de France, a quitté Saint-Malo le 20 avril 1534 avec deux navires et 61 hommes. Lorsqu'il débarqua à Gaspé, où l'attendaient 200 Amérindiens désireux de faire commerce avec les Européens, Cartier fit planter une croix de bois que rappelle cette croix faite d'un seul morceau de granit et installée en 1934.

▸▸▸ *Les deux attraits qui suivent sont situés le long de la route 132, une dizaine de kilomètres avant d'atteindre le centre-ville de Gaspé. Prenez à gauche après avoir traversé le pont qui relie les deux rives du bassin entre Saint-Majorique et Pointe-Navarre, et vous apercevrez sur votre droite le Site d'interprétation micmac de Gespeg.*

Le **Site d'interprétation micmac de Gespeg** ★ *(8$;* ♿ *; juin à sept tlj 9h à 17h; 783 boul. Pointe-Navarre,* ☏ *418-386-7568 ou 418-368-7449)* retrace les origines et les différents outils et habitats de la nation micmaque. Un petit musée est proposé, mais ce qui retient surtout l'attention est le site extérieur, beaucoup plus intéressant car il permet d'être témoin du savoir-faire des Autochtones dans la fabrication des différents outils de piégeage d'animaux et de préparation de la nourriture, et de voir aussi de véritables huttes amérindiennes.

Fondée en 1942, l'église du **Sanctuaire Notre-Dame-des-Douleurs** *(3$;* ♿ *; fin juin à début sept lun-ven 9h30 à 16h30, sam-dim 13h à 16h; début sept à fin juin lun-ven 9h30 à 16h30, dim 13h à 16h; 765 boul. de la Pointe-Navarre,* ☏ *418-368-2133)* renferme des œuvres de Médard Bourgault de Saint-Jean-Port-Joli ainsi qu'un chemin des «Douleurs de Marie» de la céramiste Rose-Anne Monna. Une boutique et d'autres bâtiments, dont l'apparence laisse parfois à désirer, complètent l'ensemble.

▸▸▸ *Poursuivez par la route 132 vers le centre-ville de Gaspé.*

Le **Musée de la Gaspésie** ★★ *(7$; fin juin à fin oct tlj 9h à 17h; début nov à fin mai lun-ven 9h à 17h, sam 13h à 17h; 80 boul. de Gaspé,* ☏ *418-368-1534, www.museedelagaspesie.ca)* fut érigé en 1977, à l'initiative de la société historique locale, sur la pointe Jacques-Cartier dominant la baie de Gaspé. Il s'agit d'un musée d'histoire et de traditions populaires où l'on présente une exposition permanente sur l'histoire gaspésienne, intitulée *Gaspésie... Le grand voyage.* Des expositions temporaires complètent la vocation de l'institution. En 2009, le musée subissait des travaux de rénovation afin de doubler sa superficie. La nouvelle architecture du bâtiment permet désormais d'admirer la baie de Gaspé grâce à une immense fenêtre panoramique.

Le superbe **monument à Jacques Cartier** ★ qui avoisine le musée est une œuvre de la famille Bourgault de Saint-Jean-Port-Joli. Sur les six stèles en bronze rappelant des objets mythiques sortis de la nuit des temps sont inscrits des textes relatant l'arrivée de Cartier, la prise de possession du Canada et la première rencontre avec les Amérindiens.

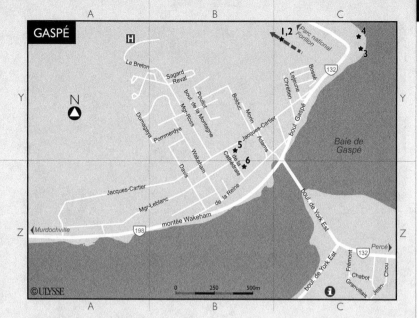

GASPÉ

Baie de
Gaspé

Murdochville

Percé

Frément
Chabot
Granvillais
Jean-
Chou

©ULYSSE

0   250   500m

››› *Suivez le boulevard de Gaspé jusqu'à la rue Jacques-Cartier et bifurquez vers la rue de la Cathédrale.*

La **cathédrale du Christ-Roi ★** *(20 rue de la Cathédrale)*, seule cathédrale en bois d'Amérique du Nord, adopte un parti contemporain. Elle a été érigée en 1968 sur les fondations de la basilique entreprise en 1932 pour commémorer le quatrième centenaire de l'arrivée de Jacques Cartier en sol canadien, mais jamais terminée faute de fonds. L'intérieur est baigné d'une douce lumière provenant d'un beau vitrail de Claude Théberge fait de verre ancien. On y trouve aussi une fresque illustrant la prise de possession du Canada par Jacques Cartier, donnée par la France en 1934. En face de la cathédrale se dresse la **croix de Gaspé**, qui commémore l'arrivée de Jacques Cartier au Canada.

En quittant Gaspé, on reprend la route 132 en direction de Percé. On longe alors le côté sud de la baie de Gaspé, où se trouvent de charmants villages aux origines anglo-saxonnes et protestantes. Parmi ces villages, on remarque plus particulièrement **Barachois**, dont l'**église St. Mary** de 1895 occupe un site agréable, de même que **Cape Cove**, avec son

église néogothique St. James de 1875. Entre ces villages se dresse le **fort Prével**, aménagé lors de la Seconde Guerre mondiale. Il fut transformé en hostellerie par le gouvernement du Québec à la fin du conflit, mais a conservé ses énormes canons, les plus gros de cette catégorie en Amérique du Nord, qui pointent toujours en direction du large.

››› *Poursuivez sur la route 132 jusqu'à Percé.*

Percé ★★

Bureau d'accueil touristique de Percé *(142 route 132 O., ☎ 418-782-5448, www.perce.info)*

Percé occupe un site admirable qui présente divers phénomènes naturels dans un périmètre restreint, le principal étant le fameux rocher Percé, qui est au Québec ce que le Pain de Sucre de Rio est au Brésil. Depuis le début du XXe siècle, les artistes et les voyageurs, charmés par la beauté des paysages et par le pittoresque de la population, viennent nombreux à Percé chaque été. Malgré une industrie hôtelière quelque peu débridée, les charmes de Percé sont nombreux, et un voyage en Gaspésie ne saurait être complet sans y faire étape.

544

PERCÉ

guidesulysse.com

★ **ATTRAITS TOURISTIQUES**

1. BY   Musée le Chafaud
2. CY   Villa Frederick-James
3. CY   Mont Joli
4. BX   Église Saint-Michel
5. BY, CY, DZ   Parc national de l'Île-
       Bonaventure-et-du-Rocher-
       Percé / La Neigère

En arrivant à Percé, l'œil est attiré par le célèbre **rocher Percé** ★ ★ ★, véritable muraille longue de plus de 400 m et haute de 85 m à sa pointe extrême. Son nom lui a été donné à l'époque où deux ouvertures arrondies, entièrement naturelles, perçaient la base de la paroi, dont une seule subsiste depuis l'effondrement de la partie est du rocher au milieu du XIXe siècle. Le rocher est aujourd'hui protégé par le parc national de l'Île-Bonaventure-et-du-Rocher-Percé (voir plus loin). À la suite d'un incident il y a quelques années, l'accès au rocher à marée basse depuis la plage du mont Joli n'est plus permis. Les visiteurs qui désirent s'en approcher le font à leurs risques, car environ 300 tonnes de roche se détachent annuellement du rocher! Les autres admireront le rocher et le paysage grandiose des environs depuis la côte, sur la pointe du mont Joli et sur le quai.

Le **Musée le Chafaud** ★ *(5$; fin juin à fin sept tlj 10h à 20h; 142 route 132 ou par la rue du Quai, ☎ 418-782-5100, www.musee-chafaud.com)* est aménagé dans la plus grande des structures formant les installations de Charles Robin à Percé. Le «chafaud» était un bâtiment dans lequel on transformait et entreposait le poisson. Il présente de nos jours une exposition sur le patrimoine local de même que diverses activités liées aux arts visuels et des expositions d'œuvres contemporaines. L'entrepôt de sel et la glacière subsistent également à proximité du quai.

L'un des premiers artistes attirés par la beauté du paysage de Percé, Frederick James, était Américain d'origine. Sa résidence d'été à Percé, la **Villa Frederick-James** ★ *(27 rue du Mont-Joli)*, construite vers 1900, occupe un promontoire faisant partie d'un ensemble de falaises de part et d'autre du **mont Joli**, qui est davantage un cap s'avançant dans la mer. La villa abrite aujourd'hui l'École internationale d'été de Percé en arts visuels et en architecture de l'Université Laval.

Construite avec la pierre locale d'une belle teinte rosée, l'**église Saint-Michel** ★ *(57 rue de l'Église)* de Percé a été réalisée au tournant du XIXe siècle et présente un style éclectique et hautement pittoresque. Il s'agit de l'une des seules églises en pierre de la Gaspésie et de la plus vaste d'entre elles. Le sentier du mont Sainte-Anne, qui mène à une grotte, débute juste derrière l'église.

Sur le quai de Percé, plusieurs bateliers proposent de vous emmener jusqu'à l'île Bonaventure. Les départs se font fréquemment de 8h à 17h en haute saison. La traversée comporte souvent une courte excursion autour de l'île et du Rocher pour vous permettre de bien en observer les beautés. La plupart des entreprises vous laissent passer le temps que vous voulez sur l'île et revenir avec un de leurs bateaux qui font régulièrement l'aller-retour.

Protégée par le **parc national de l'Île-Bonaventure-et-du-Rocher-Percé** ★ ★ *(3,50$ transport vers l'île Bonaventure non inclus; fin mai à mi-oct 9h à 17h; 4 rue du Quai, ☎ 418-782-2240 ou 800-665-6527, www.sepaq.com)*, l'**île Bonaventure** abrite d'importantes colonies d'oiseaux (plus de 350 000 oiseaux marins dont quelque 60 000 couples de fous de Bassan) et est ponctuée de maisons rustiques le long de ses nombreux sentiers de randonnée. Vu l'absence de milieu humide, il n'y a pas d'insectes piqueurs dans l'île. Toutefois, veillez à emporter votre gourde car aucun point d'eau n'est présent le long des sentiers.

Situé au rez-de-chaussée du Musée le Chafaud (voir ci-dessus), le Centre de découverte du parc présente un court métrage retraçant l'histoire de l'île Bonaventure et de ses fous de Bassan. Il dispose d'une salle d'exposition, d'aquariums d'eau salée ainsi que de deux courts sentiers de randonnée. Une boutique de plein air, tenue par le club des ornithologues, vend des livres et des souvenirs. À côté se trouve **La Neigère**, qui abrite le bureau d'accueil du parc.

★★★ *Quelques kilomètres passé Percé se trouve le charmant village de L'Anse-à-Beaufils.*

L'Anse-à-Beaufils

Le **Magasin Général Historique Authentique 1928** ★ ★ ★ *(8$; fin juin à fin sept tlj 10h à 17h; 32 rue à Bonfils, ☎ 418-782-2225 ou 418-782-5286, www.magasinhistorique.com)* propose une splendide incursion dans l'univers d'un magasin général des années 1920 au Québec. S'inspirant des contes traditionnels québécois, le guide-propriétaire Rémi Cloutier vous convie, avec ses acolytes conteurs, à une visite qui ne manquera pas de charmer même ceux qui n'ont pas l'habitude d'aimer ce genre de sorties patrimoniales. Ce lieu vaut réellement le détour, et la manière si dynamique de présenter les divers éléments, qui comprend quelques savoureuses mises en situation, rend la visite tout à fait captivante. Comptez 2h pour prendre pleinement le pouls de ce merveilleux endroit.

Après votre visite, vous pouvez descendre la rue vers **La Vieille Usine de L'Anse-à-Beaufils** *(ᴨ; 55 rue à Bonfils, ☎ 418-782-2277, www. lavieilleusine.qc.ca)*, un charmant lieu pluridisciplinaire qui comprend un café, un petit bistro, une galerie d'art, une salle de spectacle (voir p. 562), un atelier d'artiste, un studio d'enregistrement et une boutique!

▸▸▸ *Le circuit de la péninsule se termine ici. Pour effectuer une boucle complète, appelée familièrement «le tour de la Gaspésie», et ainsi revenir en direction de Québec ou de Montréal sans avoir à retourner sur vos pas, vous pouvez jumeler le circuit de la péninsule au circuit de la baie des Chaleurs.*

Activités de plein air

➤ Agrotourisme

Pour le plaisir de flâner dans les jardins et d'en apprendre davantage sur l'agriculture biologique, les **Bio-jardins Rocher-Percé** *(397 route des Pères, Val-d'Espoir, Percé, ☎ 418-782-2777, www.biojardins.com)* vous ouvrent leurs champs et leur centre d'interprétation agro-écologique.

➤ Baignade

La pointe de la Gaspésie compte plusieurs plages agréables. La longue bande de sable du secteur de **Penouille**, dans le **parc national Forillon** (voir p. 541), vaut le détour pour son caractère sauvage; la **plage Cassivi**, à Cap-aux-Os, est située dans une petite baie propice à la baignade; la **plage Haldimand**, à Gaspé, est l'une des rares plages surveillées de la péninsule.

➤ Canot et kayak

Valmont plein air *(18$/1h, 36$/3h; 10 rue Notre-Dame E., Cap-Chat, ☎ 418-786-1355, www.valmontpleinair.com)* propose une belle activité d'initiation au kayak de rivière: la descente de la rivière Cap-Chat.

Eskamer Aventure *(40$/3h; 292 boul. Perron E./route 132, Ruisseau-Castor, 14 km à l'est de Ste-Anne-des-Monts, ☎ 418-763-2999 ou 866-963-2999, www.eskamer.ca)* fait des sorties en kayak de mer pour aller observer les baleines. Eskamer loge au même endroit que l'**Auberge Festive Sea Shack** (voir p. 555).

Aube Aventure *(40$/2h30; 2172 boul. Grande-Grève, Cap-aux-Os, ☎ 418-892-0003, www.aubeaventure.com)* propose des excursions en kayak de mer dans la baie de Gaspé et ses environs. Elles permettent d'aller à la rencontre des phoques pour quelques heures ou s'offrir une véritable expédition de trois à six jours dans le golfe du Saint-Laurent (littéralement la mer à cet endroit) entre Cap-aux-Os et Percé.

À L'Anse-au-Griffon, **Griffon Aventure** *(829 boul. du Griffon/route 132, L'Anse-au-Griffon, ☎ 418-360-6614, www.griffonaventure.com)* organise la descente, en canot ou en rafting, de trois des rivières cristallines des environs. Une foule d'autres activités sont aussi offertes (canyoning, kayak de mer, etc.). Refuges et tentes prospecteur disponibles sur le site.

➤ Croisières et observation des baleines

Les **Croisières Baie de Gaspé** *(55$; quai de Grande-Grave, secteur Sud du parc national Forillon, ☎ 418-892-5500 ou 866-617-5500, www.baleines-forillon.com)* proposent, à bord du *Narval III*, des croisières d'observation des baleines dans les eaux qui baignent le parc national Forillon. Ouvrez l'œil, car vous pourriez aussi voir des phoques et des dauphins!

Des excursions d'observation des baleines sont également organisées par **Les Bateliers de Percé** *(50$/2h30; mi-mai à fin oct; près de l'Hôtel La Normandie, 162 route 132, Percé, ☎ 418-782-2974 ou 877-782-2974)*. Pendant ces excursions, vous aurez l'occasion de voir des baleines et, avec un peu de chance, des dauphins à flancs blancs. Des lois sévères régissent d'ailleurs les organisateurs d'excursions, et de lourdes amendes leur sont imposées lorsqu'ils ne tiennent pas leurs distances.

➤ Observation de la faune

Valmont plein air *(100$; 10 rue Notre-Dame E., Cap-Chat, ☎ 418-786-1355, www.valmontpleinair.com)* propose une activité très originale: l'observation de ce grand mammifère qu'est l'original. D'une durée de 6h, cette sortie en forêt, accompagnée d'un guide chevronné, vous assure presque à tous coups d'apercevoir au moins un animal. Réservations requises.

➤ Observation des oiseaux

La **baie des Capucins**, à Cap-Chat, est un marais d'eau salée qui abrite une faune ailée nombreuse que l'on peut observer en déambulant le long du sentier qui la borde.

Le **parc national de la Gaspésie** (voir p. 539) compte plus de 150 espèces d'oiseaux nichant sous différents climats. Vous pourrez facilement les observer en arpentant les sentiers du parc.

Le **parc national de l'Île-Bonaventure-et-du-Rocher-Percé** (voir p. 545), un site naturel visant à préserver les lieux de nidification des cormorans et des fous de Bassan sur l'île de Bonaventure, est un paradis pour les amateurs d'ornithologie.

➤ Parcours d'aventure en forêt

À Cap-Chat, **D'Arbre en Arbre** *(26,50$; fin juin à mi-oct; 11 ch. du Phare, Cap-Chat,* ☏ *418-786-2112 ou 866-786-2112, www.arbreenarbre.com)* offre plusieurs parcours d'aventure en forêt. Un des circuits consiste en plusieurs tyroliennes, dont une qui passe presque au-dessus du fleuve! Un petit labyrinthe est aussi proposé pour les plus jeunes et les familles.

➤ Pêche

Un peu partout en Gaspésie, on peut pratiquer la pêche sur les quais. Le **quai de Grande-Grave**, dans le **parc national Forillon** (voir p. 541), est particulièrement prisé pour la pêche au maquereau.

➤ Randonnée pédestre

Le **parc national de la Gaspésie** (voir p. 539) compte un superbe réseau de sentiers. Nous recommandons, entre autres, les randonnées du mont Jacques-Cartier (difficile) et du mont Albert (très difficile). Pour les marcheurs néophytes, la randonnée du lac aux Américains constitue un choix fort intéressant. Les randonneurs doivent s'enregistrer avant leur départ. À Saint-Léandre, entre Mont-Joli et Matane, les **Sentiers La Grotte des fées** *(mi-juin à mi-oct; suivre les panneaux touristiques bleus sur la route Centrale au départ de St-Ulric; www.grottedesfees.org)* permettent d'admirer un canyon et une chute.

Le **parc national Forillon** (voir p. 541), avec ses falaises sculptées par la mer et son paysage extraordinaire, vous assure de magnifiques randonnées. Le sentier des Graves (facile) et le Mont Saint-Alban (intermédiaire) sont des incontournables et se complètent en moins de 3h.

Dans le **parc national de l'Île-Bonaventure-et-du-Rocher-Percé** (voir p. 545), vous trouverez quelque 15 km de sentiers parcourant la splendide île Bonaventure.

➤ Raquette, ski de fond et ski nordique

Les possibilités de ski de fond et de raquette sont presque sans fin dans le **parc national de la Gaspésie** (voir p. 539), où des centaines de kilomètres de sentiers sont proposés. Plusieurs refuges sont disponibles pour les expéditions de quelques jours (réservations requises).

La Grande Traversée de la Gaspésie *(*☏ *418-361-3576, www.brisebise.ca/tdlg),* organisée une fois par année en février, permet de découvrir en ski de fond, pendant une semaine, la Gas-

pésie sous son manteau blanc, de village en village, sur 300 km. Pour les sportifs avides de sensations fortes, de dépassement de soi et de belles rencontres.

➤ Vol libre

Mont-Saint-Pierre est un endroit unique en Amérique du Nord pour le vol libre (voir aussi le **Festival du Vol Libre**, p. 563). **Carrefour Aventure** *(fin juin à fin août tlj; 106 rue Prudent-Cloutier, Mont-St-Pierre,* ☏ *418-797-5033)* et **Vue du ciel** *(66 rue Prudent-Cloutier, Mont-St-Pierre,* ☏ *418-797-2025)* proposent aux débutants des vols d'initiation au deltaplane en tandem. Émotions fortes garanties!

Circuit B : La baie des Chaleurs ★

▲ *p. 558* 🍴 *p. 562* 🍽 *p. 562* 🎪 *p. 563*

⏱ *Deux jours*

En 1604-1606, le sieur de Monts et Samuel de Champlain fondent les établissements de l'île Sainte-Croix et de Port-Royal, peuplés de colons poitevins qui seront à l'origine du développement de l'Acadie, jadis une vaste colonie correspondant aux territoires actuels de la Nouvelle-Écosse, de l'Île-du-Prince-Édouard et du Nouveau-Brunswick. En 1755, au cours de la guerre de Sept Ans, les Britanniques traquent et capturent les Acadiens, qu'ils déportent ensuite vers de lointaines contrées. Plusieurs de ceux qui n'auront pas péri au cours du voyage tenteront de revenir sur leurs terres, malheureusement confisquées et octroyées à de nouveaux colons britanniques. Certains s'installeront alors au Québec, plus particulièrement dans la baie des Chaleurs. Paradoxalement, des immigrants irlandais, écossais et anglais viendront bientôt les y rejoindre dans une paix relative, créant un damier de villages tantôt français, tantôt anglais.

Contrairement au circuit de la péninsule, celui de la baie des Chaleurs aborde des paysages doux et davantage de terres en culture. On y trouve en outre des plages de sable caressées par une eau plus calme et plus chaude que celle de Percé. La baie elle-même pénètre profondément à l'intérieur des terres, séparant le Nouveau-Brunswick, au sud, du Québec, au nord. Ce circuit peut servir de tremplin à une visite des Îles de la Madeleine et des Provinces atlantiques.

▸▸▸ Peu après L'Anse-à-Beaufils, sur la route 132, vous croiserez Grande-Rivière.

Grande-Rivière

Inauguré en 2007, le **Carrefour national de l'aquaculture et des pêches** ★★ *(12$; mi-juin à fin juin et début à mi-sept tlj 9h à 17h, juil et août tlj 9h à 18h; 70 rue du Parc, ♪ 418-385-1583, www.canaq.qc.ca)* est un splendide et très étonnant musée qui explique les manières de procéder dans le milieu de l'aquaculture et l'importance des écosystèmes marins en général. Le bâtiment qui abrite le musée est impressionnant et presque surréaliste tant la structure, qui représente un bateau, est innovatrice et artistique. On peut voir dans le musée des espèces de poissons que l'on a rarement la chance d'apercevoir, et comprendre la reproduction et la culture en milieu aquatique. Les visites guidées sont très intéressantes, et la salle multimédia vaut à elle seule le détour.

▸▸▸ Suivez la route 132 en direction de Pabos Mills.

Pabos Mills

À Pabos Mills, on a effectué plusieurs fouilles archéologiques dans le **Parc du Bourg de Pabos** *(9$; début juin à mi-sept tlj 8h à 16h; 75 rue de la Plage, ♪ 418-689-6043, www.lebourgdepabos.com)*, où se trouvait le site du poste de pêche en activité de 1729 à 1758, représentant l'un des très rares efforts de peuplement permanent en Gaspésie sous le Régime français. Les objets découverts sont présentés dans le centre d'interprétation.

Sur l'**île Beauséjour**, au centre de la baie de Pabos, se trouvent les vestiges archéologiques du **manoir de Bellefeuille**, érigé au XVIIIᵉ siècle pour cette famille de seigneurs aventuriers, active de Terre-Neuve jusqu'à l'île du Cap-Breton.

▸▸▸ Reprenez la route 132 en direction de Newport.

Newport

Newport est un important port de pêche commerciale. C'est aussi la patrie de Mary Travers (1894-1941), auteure, compositrice et chansonnière avant la lettre, mieux connue sous le nom de «La Bolduc». Ses chansons populaires et entraînantes, qui décrivent le quotidien des Québécois d'alors, connurent un vif succès pendant la crise des années 1930. C'était la première fois qu'un artiste d'ici connaissait le succès sans emprunter au répertoire américain ou européen.

Le **Site Mary Travers dite «La Bolduc»** *(8$; ♿; mi-juin à fin sept tlj 9h à 17h, juil et août tlj 9h à 17h; 124 route 132, ♪ 418-777-2401, www.labolduc.qc.ca)* vous fait découvrir la vie et l'œuvre de cette chanteuse à travers une salle d'exposition et d'animation.

Port-Daniel–Gascons

En plus d'offrir une belle plage de sable aménagée pour recevoir les baigneurs, Port-Danie–Gascons recèle quelques bâtiments intéressants, entre autres l'**église anglicane St. James** de 1907 et son presbytère (1912), doté d'une tour octogonale et de larges galeries en bois qui rappellent l'architecture des villas de bord de mer de la Côte Est américaine. Deux attraits liés aux transports avoisinent le village: le **tunnel ferroviaire du cap de l'Enfer**, dernier tunnel ferroviaire toujours en activité dans l'est du Québec, creusé sur 190 m de longueur à même le roc, et le **pont couvert en bois** de 1938, sur la route menant à la réserve faunique de Port-Daniel, située au nord du village.

Créée en 1953, la **réserve faunique de Port-Daniel** ★ *(à 8 km de la route 132 depuis Port-Daniel, ♪ 418-396-2789 en saison ou 418-396-2232 hors saison, www.sepaq.com)* présente un intérêt certain pour quiconque s'intéresse à la nature. Vous y trouverez une faune et une flore particulièrement riches. La réserve, d'une superficie de 57 km², est sillonnée de sentiers et parsemée de lacs et de chalets. Certains belvédères offrent de très belles vues.

Paspébiac

Petite ville industrielle, Paspébiac était autrefois le quartier général de la compagnie Robin, spécialisée dans la transformation et le commerce de la morue. Cette compagnie a été fondée dès 1766 par le marchand Charles Robin, originaire de l'île de Jersey. Son entreprise essaimera par la suite en plusieurs points sur la côte gaspésienne et même sur la Côte-Nord.

Le **Site historique du Banc-de-Pêche-de-Paspébiac** ★★ *(7$; ♿; mi-juin à fin sept tlj 9h à 17h; 3ᵉ Rue, ♪ 418-752-6229, www.shbp.ca)*. Un «banc» est une langue de sable et de gravier propice au séchage du poisson. Voisin d'un port naturel profond et bien protégé, le banc de Paspébiac se prêtait admirablement bien au développement d'une véritable industrie de la pêche. En 1964, il subsistait encore sur le banc quelque 70 bâtiments des entreprises Robin et LeBoutillier. Cette année-là, un incendie en détruisit cependant la majeure partie. Seuls 11 bâtiments sont parvenus jusqu'à nous; ils ont été soigneusement restaurés et sont ouverts au public.

La plupart des bâtiments subsistants ont été construits dans la première moitié du XIXe siècle, notamment l'ancienne charpenterie, la forge, les cuisines, le bureau de l'entreprise Robin et une poudrière, de même que le «B.B.» (LeBoutillier and Brothers) de 1850, cette structure destinée à l'entreposage de la morue dont le haut toit pointu domine les installations. On présente, dans certains des bâtiments, des expositions thématiques consacrées aux constructions navales, au commerce international du poisson et à l'histoire des compagnies de Jersey. Une boutique et un restaurant où l'on sert des mets typiques s'ajoutent à l'ensemble.

New Carlisle ★

La région de New Carlisle fut colonisée par des loyalistes américains qui s'y fixèrent à la suite de la signature du traité de Versailles, qui reconnaissait l'indépendance des États-Unis en 1783. Le coquet village, doté de quelques églises de diverses dénominations, n'est pas sans rappeler ceux de la Nouvelle-Angleterre. Il faut absolument voir les trois églises protestantes, fierté des gens de New Carlisle. Ces temples sont distribués le long de la route 132, qui devient la «rue Principale» au centre du village.

L'**église anglicane St. Andrew ★** fut construite vers 1890. Plus vaste que la plupart des temples de l'Église d'Angleterre érigés dans les villages de taille comparable, elle témoigne de l'importance de la communauté protestante à New Carlisle. La **Zion United Church ★**, dont il ne reste plus beaucoup de membres, adopte une forme curieuse, alors que la **Knox Presbyterian Church ★**, une église de tradition écossaise, reproduit un plan typique des années 1850.

On trouve peu de demeures bourgeoises du XIXe siècle en Gaspésie, contrée de pêcheurs et de travailleurs forestiers. Le **Manoir Hamilton ★** *(entrée libre, visites sur réservation; 115 boul. Gérard-D.-Lévesque, ☎ 418-752-6498, www.manoirhamilton.com)*, érigé en 1852 pour John Robinson Hamilton, avocat et député, en est un rare exemple. Il comporte en outre un carré de maçonnerie, ce qui ajoute à son caractère exceptionnel. En plus d'abriter un gîte touristique, le manoir comprend une galerie d'art, un salon de thé, un café Internet et un petit théâtre (cinéma et spectacles).

Beaucoup plus modeste que la précédente, la **maison natale de René Lévesque** (1922-1987)

(on ne visite pas; 16 rue de Mount Sorel), premier ministre du Québec de 1976 à 1985, grand responsable de la nationalisation de l'électricité et fondateur du Parti québécois, témoigne des brassages de population dans la région au XIXe siècle, alors que New Carlisle était le centre administratif de la baie des Chaleurs.

▸▸▸ *Poursuivez par la route 132 en direction de Bonaventure.*

Bonaventure ★

Des Acadiens réfugiés à l'embouchure de la rivière Bonaventure (l'une des meilleures rivières à saumons en Amérique) ont fondé le village du même nom à la suite de la chute de Restigouche aux mains des Britanniques en 1760. Aujourd'hui, Bonaventure est l'un des bastions de la culture acadienne dans la baie des Chaleurs, en plus d'accueillir une petite station balnéaire qui bénéficie à la fois d'une plage sablonneuse et d'un port en eaux profondes.

On estime qu'un million de Québécois sont d'origine acadienne. Le **Musée acadien du Québec ★** *(8$; ♿; fin juin à début sept tlj 9h à 18h; début sept à mi-oct tlj 9h à 17h; le reste de l'année lun-ven 9h à 12h et 13h à 16h30, sam-dim 13h à 16h30; 95 av. Port-Royal, ☎ 418-534-4000, www.museeacadien.com)* retrace le périple des Acadiens du Québec et d'ailleurs en Amérique. La collection du musée comprend des meubles du XVIIIe siècle, des toiles et des photographies d'époque, et une présentation audiovisuelle à caractère ethnographique donne une excellente idée du rayonnement des Acadiens.

La construction de l'**église Saint-Bonaventure ★** *(99 av. Grand-Pré)* a été entreprise en 1855. L'intérieur très coloré est garni de toiles du peintre Georges S. Dorval de Québec ainsi que de plusieurs ornements en bois imitant le marbre.

Le **Bioparc de la Gaspésie** *(13$; ♿; juin et sept à mi-oct tlj 9h à 17h, juil et août tlj 9h à 18h; 123 rue des Vieux-Ponts, ☎ 418-534-1997 ou 866-534-1997, www.bioparc.ca)* est un lieu idéal à visiter en famille. À l'aide de présentations multimédias et de guides-interprètes, vous pourrez découvrir les secrets des animaux vivant en Gaspésie tels que l'ours, le phoque, la loutre, le lynx et le caribou. Sur un parcours d'environ 1 km, on a recréé le milieu naturel où vivent ces animaux: la toundra, la rivière, le «barachois», la forêt et la baie. La visite dure 2h.

▸▸▸ *Une excursion facultative conduit au village de Saint-Elzéar, situé à l'intérieur des terres.*

Saint-Elzéar

La **grotte de Saint-Elzéar** *(37$, enfants de moins de 6 ans non admis; mi-juin à mi-oct, départs à 8h, 10h, 13h et 15h; 136 ch. Principal, ♪ 418-534-3905, www.lagrotte.ca)* vous fera découvrir 500 000 années d'histoire gaspésienne. À travers ce voyage spéléologique et géomorphologique, vous aurez l'occasion de visiter les deux plus grandes salles souterraines du Québec. Des vêtements chauds et une bonne paire de chaussures sont requis, car la température se maintient à 4°C.

''' *Reprenez la route 132 à droite en direction de New Richmond. Quittez la route principale pour emprunter le boulevard Perron Ouest à gauche.*

New Richmond ★

Les premiers colons anglais de la Gaspésie s'installent ici au lendemain de la Conquête. Ils seront bientôt rejoints par des loyalistes puis par des immigrants écossais et irlandais. Cette forte présence anglo-saxonne se traduit dans l'architecture de la ville aux rues proprettes, ponctuées de petites églises protestantes de diverses dénominations.

Avant d'entrer dans la ville, on trouve, du côté gauche, le **Village Gaspésien de l'Héritage Britannique** ★ *(12$; ♿; fin juin à fin août tlj 10h à 17h; 351 boul. Perron O., ♪ 418-392-4487, www.villagegaspesien.com)*. Il est situé sur la pointe Duthie et regroupe des bâtiments de la baie des Chaleurs sauvés de la démolition et transportés ici, site de l'ancien domaine Carswell. Ces constructions ont été restaurées afin d'accueillir des expositions thématiques portant sur le développement industriel de la région et les différents arrivants anglophones en Gaspésie, qu'ils soient Britanniques, Écossais ou Irlandais. En 2009, un salon de thé ouvrait dans le magasin général Willett. Les projets ne manquent pas au village : on envisage aussi d'y ajouter un resto-pub, une boulangerie et un jardin à l'anglaise.

Au centre de la ville se dresse une des plus anciennes églises de la baie des Chaleurs. Il s'agit de l'**église St. Andrew** ★ *(211 boul. Perron O.)*, construite en 1839. À la suite des fusions entre communautés protestantes au XXe siècle, le temple fait aujourd'hui partie de l'Église unie du Canada.

Maria

En reprenant la route 132 en direction de Carleton-sur-Mer, on traverse la rivière Cascapédia, à l'embouchure de laquelle s'étendent le village de Maria et la **réserve amérindienne de Gesgapegiag**, avec son **église en forme de tipi**. On

y trouve également la **Coopérative d'artisanat micmac** *(120 boul. Perron E./route 132, ♪ 418-759-3504)*, qui vend des produits fabriqués sur place. Depuis plusieurs générations, les paniers de frêne et de jonc sont une spécialité des Micmacs.

Carleton-sur-Mer ★

Bureau d'accueil touristique de Carleton-sur-Mer *(629 boul. Perron, ♪ 418-364-3544, www.carletonsurmer.com)*

Tout comme Bonaventure, Carleton-sur-Mer est un important centre de la culture acadienne au Québec, de même qu'une station balnéaire dotée d'une belle plage de sable caressée par des eaux calmes relativement plus chaudes qu'ailleurs en Gaspésie, d'où le nom donné à la baie des Chaleurs. Les montagnes qui s'élèvent derrière la ville contribuent à lui donner un cachet particulier. Carleton a été fondée dès 1756 par des réfugiés acadiens sous le nom de «Tracadièche», puis rebaptisée au XIXe siècle par l'élite d'origine britannique en l'honneur de Sir Guy Carleton, troisième gouverneur du Canada.

Près du sommet du **mont Saint-Joseph**, à 555 m d'altitude, se trouve l'**oratoire Notre-Dame-du-Mont-Saint-Joseph** *(4,75$; fin juin à début sept tlj 9h à 19h, sept tlj 9h à 17h; 837 rue de la Montagne)*, construit en 1924 et décoré de mosaïques et de verrières. Profitez de la visite de l'oratoire pour vous promener aux alentours, car la vue est exceptionnelle. Plusieurs sentiers de randonnée pédestre commencent à cet endroit.

Prenez la rue du Quai (perpendiculaire à la route 132) vers la mer; après le *Saint-Barnabé*, un bateau échoué, suivez la route de gravier jusqu'aux abords de la **tour d'observation**. En haute saison, un guide y donne parfois quelques explications sur la faune ailée. Vers l'ouest, on aperçoit l'ancienne paroisse de Saint-Omer, avec sa belle église néogothique érigée en 1900.

''' *Une fois arrivé dans le village de Nouvelle, prenez à gauche la route de Miguasha.*

Nouvelle

Le **parc national de Miguasha** ★ ★ *(3,50$, accès au parc plus musée 11,75$; juin à mi-juil et mi-août à mi-oct tlj 9h à 17h, mi-juil à mi-août tlj 9h à 18h, reste de l'année lun-ven 8h30 à 12h et 13h à 16h30; 231 route Miguasha O., ♪ 418-794-2475 ou 800-665-6527, www.sepaq.com)* intéressera les amateurs de paléontologie mais aussi tous les visiteurs, car il s'agit d'un important site fossile, d'ailleurs reconnu depuis 1999 par l'UNESCO en tant que Patrimoine mondial. Le

Musée d'histoire naturelle *(&)* du parc expose les fossiles découverts dans les falaises environnantes qui constituaient le fond d'une lagune il y a 380 millions d'années. Les visites guidées s'avèrent passionnantes.

''' *À l'ouest de Miguasha, la baie des Chaleurs se rétrécit considérablement jusqu'à l'embouchure de la rivière Ristigouche, qui se déverse dans la baie.*

Pointe-à-la-Croix

Bureau d'accueil touristique de Pointe-à-la-Croix *(2000 boul. Inter-Provincial, ✒ 418-788-5670)*

Le 10 avril 1760, une flotte française quitte Bordeaux à destination du Canada afin de libérer la Nouvelle-France, tombée aux mains des Anglais. Seuls trois navires parviennent dans la baie des Chaleurs, les autres ayant été victimes des canons anglais à la sortie de la Gironde. Ce sont *Le Machault*, *Le Bienfaisant* et *Le Marquis-de-Malauze*, des vaisseaux de 350 tonneaux en moyenne. Peine perdue, les troupes anglaises rejoignent les Français dans la baie des Chaleurs à l'embouchure de la rivière Ristigouche. La bataille s'engage. Les Anglais, beaucoup plus nombreux, déciment la flottille française en quelques heures...

Le **Lieu historique national de la Bataille-de-la-Ristigouche** ★ *(4$; &; début juin à mi-oct tlj 9h à 17h; route 132, ✒ 418-788-5676 ou 888-773-8888, www.pc.gc.ca)* présente plusieurs objets repris aux épaves de même que quelques morceaux de la frégate *Le Machault*. Une intéressante reconstitution audiovisuelle donne une idée des différentes étapes de l'affrontement.

''' *Entre Pointe-à-la-Croix et Restigouche, un pont traversant la baie des Chaleurs relie le Québec au Nouveau-Brunswick.*

''' *Poursuivez par la route 132 pour atteindre Causapscal, dans le cœur de la vallée de la Matapédia.*

Causapscal

Les scieries de Causapscal dominent le village traversé en son centre par la rivière Matapédia, l'une des meilleures rivières à saumons en Amérique du Nord. Chaque année, les amateurs de pêche sportive séjournent dans la région afin de pratiquer leur sport favori. Longtemps source de conflits entre la population locale et les clubs privés qui détenaient l'exclusivité des droits de pêche sur la rivière, la pêche au saumon constitue de nos jours un apport économique régional appréciable. Causapscal, mot d'origine micmaque qui signifie «pointe rocheuse», a été fondé en 1839 à la suite de l'ouverture d'un relais baptisé «Les Fourches» à la jonction des

rivières Matapédia et Causapscal. Au centre du village se dresse l'imposante **église Saint-Jacques-le-Majeur**, réalisée dans le style néogothique au début du XXᵉ siècle.

Dès 1873, Donald Smith, futur Lord Mount Stephen, acquiert les droits de pêche de la rivière Matapédia. Quelques années plus tard, les droits sont rachetés par le Matamajaw Salmon Club. Les membres de ces clubs sont en général des hommes d'affaires américains ou canadiens-anglais qui viennent passer trois ou quatre jours par année au milieu des bois dans une ambiance de détente et de fête. Ultime luxe, ils envoient leurs prises à la maison dans des wagons réfrigérés qui les attendent à la gare de Causapscal. Le club cesse ses activités vers 1950, et les bâtiments du domaine Matamajaw seront classés monuments historiques et ouverts au public en 1984. Le **Site historique Matamajaw** ★ *(6$; fin juin à début sept mar-dim 9h30 à 17h; 53 rue St-Jacques S., ✒ 418-756-5999, www.sitehistoriquematamajaw.com)* présente une exposition retraçant l'histoire de la pêche au saumon et la vie au club. On peut faire l'observation du saumon de l'Atlantique grâce à une fosse reconstituée. Des sentiers mènent au **parc Les Fourches**, où se rencontrent les rivières Matapédia et Causapscal et où l'on peut voir des pêcheurs à l'œuvre.

Les berges de la rivière Causapscal constituent l'endroit rêvé pour observer plus de 200 saumons dans la fosse du **Marais** et aux **Falls**, où on peut les voir travailler pour remonter les chutes. Deux sentiers d'interprétation et d'observation s'étalant sur 25 km sont aménagés pour accueillir les amateurs de plein air. Les deux sites se trouvent à environ 25 min de Causapscal et font partie de la **Corporation de gestion des rivières Matapédia et Patapédia (CGRMP)** *(✒ 418-756-6174 ou 888-730-6174, www.cgrmp.com)*.

Il faut se promener dans les environs, sur les routes secondaires, afin de pouvoir apprécier pleinement le paysage constitué de chutes, de rapides et de falaises. Reprenez la route 132 en direction d'**Amqui**, où vous pourrez apercevoir un pont couvert érigé en 1931. Plus loin, à **Saint-Moïse**, s'élève l'église la plus originale de toutes les églises anciennes de la Gaspésie. Réalisée en 1914 selon les plans du chanoine Georges Bouillon, elle adopte un vocabulaire romano-byzantin exprimé à travers un plan polygonal.

Vous traverserez ensuite **Mont-Joli**, d'où vous bénéficierez d'un beau panorama sur le fleuve Saint-Laurent. La boucle est bouclée et le tour de la Gaspésie terminé.

Gaspésie - **Attraits touristiques** - La baie des Chaleurs

Activités de plein air

➤ Agrotourisme

À l'érablière de l'**Auberge de la Pente Abrupte** *(centre d'interprétation et dégustation 7$; 40 ch. Sayabec, Ste-Paule, ☎ 418-737-9150 ou 877-737-9150, www.aubergepenteabrupte.com)*, c'est le temps des sucres toute l'année! En plus de proposer des dégustations, l'établissement, qui offre le gîte et le couvert, dispose d'un centre d'interprétation de l'érable et propose plusieurs activités dont l'équitation et la randonnée pédestre.

➤ Canot et kayak

À Bonaventure, **Cime Aventures** *(200 ch. Athanase-Arsenault, Bonaventure, ☎ 418-534-2333 ou 800-790-2463, www.cimeaventures.com)* organise des excursions, autonomes ou guidées, sur la cristalline rivière Bonaventure, en kayak ou en canot, d'une durée allant de quelques heures à six jours. Location d'embarcations sur place.

➤ Observation des oiseaux

À Carleton-sur-Mer, le **barachois de Carleton** est un lieu privilégié pour l'observation de la sauvagine, de la sterne et du grand héron. D'ailleurs, vous verrez une grande colonie de sternes à l'extrémité sud du banc de Carleton. Une petite tour d'observation, agrémentée de panneaux d'interprétation, permet de bien observer les oiseaux.

➤ Pêche

La **réserve faunique de Port-Daniel** (voir p. 548) est parsemée d'une vingtaine de lacs où il

est possible de pêcher la truite. Les amateurs de saumon pourront quant à eux pêcher dans sept lacs ou dans la rivière Port-Daniel. Vous avez le choix entre la pêche d'un jour et la pêche avec hébergement dans les chalets situés au bord des lacs. Des chaloupes sont mises à la disposition des usagers. Il faut réserver 48 heures à l'avance.

À **Causapscal**, le poste d'accueil de la **Corporation de gestion des rivières Matapédia et Patapédia** (voir p. 551) émet des permis de pêche pour ces deux rivières. Pour la pêche au saumon, de la mi-mai à la mi-septembre, vous pouvez bénéficier d'un service de location d'équipement et de la présence d'un guide. On vend des droits d'accès à la journée, et il y a possibilité de forfaits.

➤ Ski alpin

Le **Parc régional de Val-d'Irène** *(31$; 115 route Val-d'Irène, Ste-Irène, ☎ 418-629-3450 ou 877-629-3450 ou pour connaître les conditions de ski ☎ 418-629-3101, www.val-direne.com)* offre 274 m de dénivelé sur 26 pistes.

➤ Ski de fond

Le **Parc régional de Val-d'Irène** *(entrée libre; coordonnées voir ci-dessus)* propose 15 km de sentiers entretenus.

➤ Voile

Écovoile Baie-des-Chaleurs *(499 boul. Perron, Carleton-sur-Mer, ☎ 418-364-7802, www.ecovoile. com)*, une petite coopérative de solidarité, organise des excursions en voilier sur la baie des Chaleurs. On peut aussi y faire la location de dériveurs.

Hébergement

Circuit A: La péninsule

Sainte-Flavie

Le village de Sainte-Flavie marque le début de la Gaspésie. Il peut être agréable de s'y attarder un peu avant d'entamer le tour de cette péninsule qui réserve de belles découvertes.

Centre d'Art Marcel Gagnon
$$-$$$ ♨ @ ⚓
début mai à fin sept
564 route de la Mer
☎ 418-775-2829
www.centredart.net
L'auberge du Centre d'Art Marcel Gagnon, en bordure de la route 132, mais ayant accès à la grève, dispose de chambres tranquilles dont certaines offrent une vue sur la centaine de statues grandeur nature baignant dans le fleuve. On y trouve aussi un bon restaurant.

Motel le Gaspésiana
$$$
$$$$ ½p
≡ ⚓ ❄ ◎ ♨ @ ⚓ ⚓
460 route de la Mer
☎ 418-775-7233 ou 800-404-8233
www.gaspesiana.com
Le Motel Gaspésiana propose des chambres lumineuses, récemment rafraîchies ou rénovées.

Métis-sur-Mer

Camping Annie
$ ♿ ≋

mai à sept
394 route 132
☎ 418-936-3825
www.campingunion.com

Le Camping Annie est pourvu de 150 emplacements (dont le tiers est équipé de raccordements pour véhicules récréatifs). Situé en bordure de sentiers pédestres et cyclables et à 8 km des Jardins de Métis, cet endroit est chaleureux et très sympathique.

Auberge Métis-sur-Mer
$$-$$$ ⁵⁄₀₀))) ❋ ☛ ♨ ⫫

mi-mai à mi-sept
387 ch. Patton
☎ 418-936-3563 ou 877-338-3683
www.aubergemetissurmer.qc.ca

L'Auberge Métis-sur-Mer est dotée de chambres spacieuses, en auberge et en motel, bien éclairées par la lumière du jour, et d'installations simples. Plusieurs chalets *($$$-$$$$* ☛ ⬟ ☞) situés près de la mer sur une plage privée sont aussi offerts en location.

Auberge du Grand Fleuve
$$$-$$$$ ½p ♨ @ ♿

mi-mai à début oct
131 rue Principale
☎ 418-936-3332
www.aubergedugrandfleuve.qc.ca

L'Auberge du Grand Fleuve se qualifie de «bouquin-couette». Tenue par un couple franco-québécois amoureux des lettres et de l'art de l'accueil, cette auberge aménagée avec goût et simplicité directement devant le fleuve propose le gîte et une fine cuisine (voir p. 560) dans un environnement largement inspiré de la mer. Une magnifique adresse pour tout gourmand en quête de repos et d'art de vivre.

Matane

Voir carte p. 554.

Auberge La Seigneurie
$$ ☞
$$$ ½p
ᵇᶜ⁄ₚₚ @ ◎ ❋ ♨

621 av. St-Jérôme
☎ 418-562-0021 ou 877-783-4466
www.aubergelaseigneurie.com

Lieu idéal pour se reposer au confluent du fleuve et de la rivière Matane, l'Auberge La Seigneurie, érigée sur l'ancien site de la seigneurie Fraser, abrite des chambres confortables au décor classique et romantique. Les clients bénéficient d'une table d'hôte en soirée, sur réservation.

Hôtel Belle Plage
$$-$$$
$$$$ ½p
♨ @ ♿ ☛ ❋

1310 rue de Matane-sur-Mer
☎ 418-562-2323 ou 888-244-2323
www.hotelbelleplage.com

Situé en bordure du fleuve, l'hôtel Belle Plage propose des chambres simples dans un décor parfois un peu vieillot. Les chambres dites «Grand Luxe» ont été rénovées. Elles possèdent toutes un balcon donnant sur le fleuve. L'hôtel dispose d'un restaurant qui se spécialise dans les fruits de mer et d'un fumoir à poisson. Leur saumon fumé est tout simplement irrésistible.

Riotel Matane
$$$
$$$$ ½p
≡ ⬤⬤ ≋ ♨))) @ ❋ ⫫

250 av. du Phare E.
☎ 418-566-2651 ou 800-463-7468
www.riotel.qc.ca

Dans le hall du Riotel Matane, l'escalier de bois en colimaçon et les fauteuils de cuir témoignent qu'un certain effort a été apporté à la décoration de cet établissement. En traversant le restaurant et le bar, vous aurez droit à une superbe vue du fleuve. Les chambres à l'étage offrent un bon confort, et un court de tennis est mis à la disposition des clients.

Réserve faunique de Matane

Auberge de montagne des Chic-Chocs
$$$$$ pc))) ⫫ ♿ ◎ @

mi-juin à mi-oct et jan à début avr
à 55 km au sud de Cap-Chat
☎ 800-665-3091 (pour réservation)
www.sepaq.com/chc/fr/auberge.html

Sans contredit un incontournable dans la région, l'Auberge de montagne des Chic-Chocs est située à plus de 600 m d'altitude au cœur d'une nature sauvage et accueille les visiteurs venus profiter des nombreuses activités de plein air offertes dans la réserve. Misant sur l'intimité, elle ne compte que 18 chambres ainsi qu'un salon commun avec foyer, un sauna, un bain à remous extérieur et une salle à manger. L'auberge met à la disposition des visiteurs une équipe de guides qui ont le mandat d'encadrer les activités de plein air et de faire découvrir le magnifique territoire de la réserve. Le bureau d'accueil et de départ de la navette pour l'auberge (vous ne pouvez pas vous y rendre par vos propres moyens) se trouve au bistro **Valmont plein air** (voir p. 560), à Cap-Chat. Le bistro est fermé d'octobre à avril, mais le bureau d'accueil demeure ouvert.

Cap-Chat

Fleur de Lys
$$-$$$
$$$ ½p

mi-mai à début oct
@ ♿ ☛ ☛ ♨ ⫫

184 route 132 E.
☎ 418-786-5518
www.motelfleurdelys.com

Le motel Fleur de Lys propose des chambres propres, mais un peu vieillottes. Le motel abrite aussi un restaurant (voir p. 560).

Gaspésie – **Hébergement** – La péninsule

guidesulysse.com

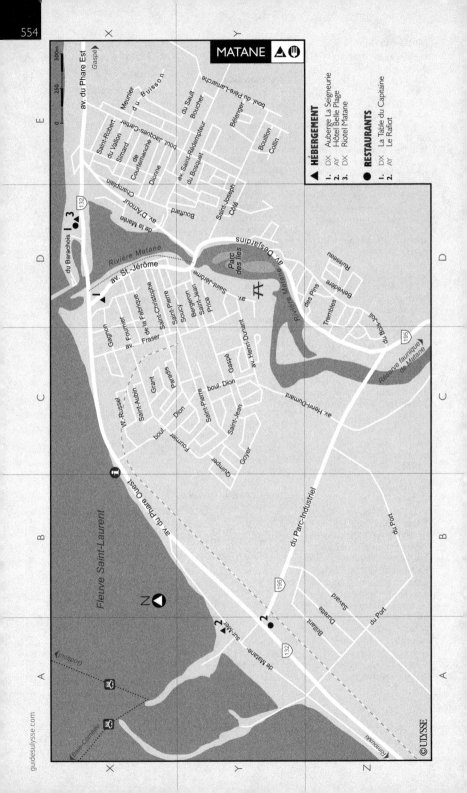

MATANE

HÉBERGEMENT
1. DX Auberge La Seigneurie
2. AY Hôtel Belle Plage
3. DX Riotel Matane

RESTAURANTS
1. DX La Table du Capitaine
2. AY Le Rafiot

av. du Phare Est
Gaspé

boul. du Père-Lamarche
du Sault
Boucher
Bélanger
Bouillon
Collin
du Buisson
Meunier
Saint-Robert
du Vallon
Simard
Saint-Rédempteur
boul. Jacques-Cartier
de Courtemanche
Dionne
av. Saint-Joseph
Côté
Champlain
Bouffard
av. Saint-Réal
du Bosquet
av. D'Amour
de la Marée
du Barachois
132

Rivière Matane
av. St-Jérôme
Saint-Jérôme
Parc
des Îles
av. Desjardins
Ruisseau
Belvédère
des Pins
Trembles
du Boisé
195

Gagnon
Fournier
av. Fraser
de la Fabrique
Saint-Christophe
Saint-Pierre
Soucy
Bergeron
Saint-Jean
Price
av. Henri-Dunant
Gaspé
W.-Russel
Saint-Aubin
Grant
Paradis
Dion
boul. Fournier
Saint-Pierre
boul. Dion
Saint-Jean
Goyer
Quimper

av. du Phare Ouest

Fleuve Saint-Laurent

N

av. Henri-Dunant
Réserve faunique
de Matane
195

du Parc-Industriel

du Port

de Matane-sur-Mer
2
132
Brillant
Durette
Savard
du Port

©ULYSSE

Témiscouata
(Rimouski)
(Baie-Comeau)
(Godbout)

0 250 500m

X E D C B A X

guidesulysse.com

Sainte-Anne-des-Monts

Auberge Internationale Sainte-Anne-des-Monts – La Vieille École
$-$$ 🛏️ bc/bp @ ≡ ⚫

295 1re Avenue E.

☎ 418-763-7123

www.aubergesgaspesie.com

Située dans une ancienne école, cette adresse offre un gîte économique dans une ambiance relâchée. L'établissement dispose de formules d'hébergement très variées (des petites chambres jusqu'aux suites tout équipées). Bain à remous extérieur, cuisine commune, aires de détente et laverie.

Parc national de la Gaspésie

Dans le parc national de la Gaspésie, différents emplacements de **camping** (*$; mi-juin à oct*) sont mis à votre disposition dont les formules prêt-à-camper (tentes-roulottes et tentes Huttopia **$$-$$$**). On y trouve aussi des **chalets** (**$$-$$$**) pouvant accueillir de deux à huit personnes (☎ *800-665-6527, www.sepaq. com*). Si vous prévoyez faire de la randonnée pédestre sur les flancs des monts Albert ou Jacques-Cartier, il est préférable de louer l'un des chalets du Gîte du Mont-Albert (voir ci-dessous). Les autres chalets sont situés plus loin des sentiers, soit près du lac Cascapédia.

Gîte du Mont-Albert
$$$$

$$$$$ ½p

mi juin à fin oct et fin déc à mi-avr

≡ @ ≋ 🍴 〉〉〉 ⅙

☎ 418-763-2288 ou 866-727-2427

www.sepaq.com

Situé dans le **parc national de la Gaspésie** (voir p. 539), le Gîte du Mont-Albert s'entoure d'un panorama splendide. Comme l'auberge est construite en forme de fer à cheval, chacune des chambres vous offre, en plus d'un

bon confort, une vue imprenable sur le mont Albert. Location de chalets (**$$$$$** ⚫ ⚠).

Ruisseau-Castor

Auberge Festive Sea Shack
$-$$ 🛏️ bc/bp @ 🍴

route 132, à 14 km à l'est de Sainte-Anne-des-Monts

☎ 418-763-2999 ou 866-963-2999

www.aubergefestive.com

Situé directement au bord du fleuve, cet établissement est typique des auberges où les jeunes voyageurs se retrouvent pour faire la fête et profiter des activités organisées sur place. Plusieurs types d'hébergement sont proposés, comme le tipi, la yourte, le dortoir, les chalets et le camping. En haute saison, un restaurant sert des petits déjeuners et des dîners thématiques. Sur place, **Eskamer Aventure** (voir p. 546) propose des sorties en kayak de mer et du canyoning.

Petite-Vallée

La Maison Lebreux
$$ 🛏️ bc @ 🍴

2 Longue Pointe

☎ 418-393-2662

www.lamaisonlebreux.com

Cette auberge propose huit chambres sobres et sept chalets (**$$$** ⚫ 🍴). Bon rapport qualité/prix.

Parc national Forillon

Vous trouverez trois campings saisonniers dans le parc (*$; mi-mai à mi-oct*; ☎ 877-737-3783, www.pccamping.ca; le tiers des quelque 360 emplacements du parc sont disponibles sans réservation, selon la politique du « premier arrivé, premier servi »): dans le secteur Nord, le **Camping Des-Rosiers**, doté d'environ 150 emplacements pour tentes et véhicules récréatifs sur un terrain semi-boisé en face de la mer, et le **Camping Cap-Bon-Ami**, avec

une quarantaine d'emplacements pour tentes seulement situés sur un terrain à découvert; dans le secteur Sud, le **Camping Petit-Gaspé**, avec près de 170 emplacements pour tentes et véhicules récréatifs sur un terrain boisé recouvert de gravillon. Également situé dans le secteur Sud, le **Camping de groupe de Petit-Gaspé** (*$*; ☎ 418-892-5911 en été, ☎ 418-368-5505 le reste de l'année), pour les groupes de 10 personnes et plus, est ouvert toute l'année. Des yourtes (**$$$**) et des chalets (**$$$**) sont également offerts en location dans le parc par l'entremise du concessionnaire **Les Petites Maisons du Parc** (☎ 418-892-5873 ou 866-892-5873, www. gesmat.ca).

Cap-aux-Os

Auberge Internationale Forillon
$ bc 🍴 @ ⅙

mai à fin oct

2095 boul. Grande-Grève

☎ 418-892-5153

www.aubergeforillon.com

Si vous ne recherchez pas le grand luxe, l'Auberge Internationale Forillon vous conviendra parfaitement. On y retrouve quatre chambres privées et des dortoirs, petits et grands. D'ambiance vraiment conviviale, tant à la terrasse, au restaurant (*mi-juin à mi-sept*), au grand salon que dans la cuisine commune, l'auberge est située aux portes du parc national Forillon et propose plusieurs activités (observation des phoques, des castors et des ours) et une belle plage.

Auberge la Petite École de Forillon
$-$$ bc

1826 boul. Forillon

☎ 418-892-5451 ou 418-892-5276

www.hebergementtouristiqueforillon. com

Attendez-vous à une ambiance familiale dans cette ancienne école reconvertie en auberge. Chambres pour deux à cinq personnes, dortoirs et même un appartement en location à la semaine. Cuisine commune, laverie et salle de jeux, évidemment!

Gaspé

Auberge L'Ancêtre
$$$ ♥ @ ⌇
55 boul. York E.
☎ 418-368-4358 ou 888-368-4358
www.aubergeancetre.com

L'Auberge l'Ancêtre est aménagée dans une jolie maison datant de 1837. Quatre chambres avec salle de bain privée sont offertes en location. L'auberge est décorée avec goût et un souci de conservation. Concocté à partir de produits régionaux, le petit déjeuner maison est santé et copieux. Baignade possible tout près, à la rivière York.

Motel Adams
$$$ ≋ ✳ ♨ @ &
20 rue Adams
☎ 418-368-2244 ou 800-463-4242
www.moteladams.com

Situé au centre-ville, le Motel Adams propose des chambres agréables et spacieuses.

Maison William Wakeham
$$$ ♥
$$$$ ½p
fin mars à fin déc
@ & ≋ ◎ ⏶ ♨ ✳
186 rue de la Reine
☎ 418-368-5537
www.maisonwakeham.ca

L'un des joyaux du patrimoine architectural de Gaspé, la Maison William Wakeham (1860), aussi connue sous le nom d'Ash Inn, abrite des chambres au confort suranné mais irréprochable. La chambre de la Reine et la

chambre rustique *($$$$)* sont tout simplement magnifiques! On loue également un appartement tout équipé, pourvu de deux chambres, d'un foyer et d'une buanderie. Le restaurant de l'auberge (voir p. 561) est l'une des tables prisées de la région.

Fort Prével

Auberge Fort-Prével
$$$ ≋ ♨ & @
mi-juin à mi-sept
2053 boul. Douglas
St-Georges-de-Malbaie
☎ 418-368-2281 ou 888-377-3835
www.sepaq.com

L'Auberge Fort Prével est administrée par la Société des établissements de plein air du Québec (Sépaq). La batterie de Fort Prével servit pendant la Seconde Guerre mondiale,

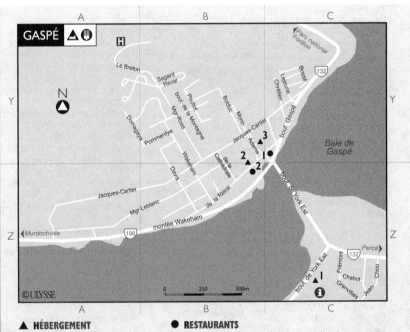

GASPÉ ▲ 🖐

© ULYSSE

0   250   500m

▲ HÉBERGEMENT

1.	CZ	Auberge L'Ancêtre
2.	BY	Maison William Wakeham (R)
3.	BY	Motel Adams

● RESTAURANTS

1.	CY	Brûlerie du Café des Artistes
2.	BZ	Le Brise Bise

(R) : établissement avec restaurant décrit

et aujourd'hui un circuit d'interprétation nous rappelle son rôle. Plusieurs formules d'hébergement sont proposées en plus des chambres de l'auberge : dans le pavillon et le motel voisins, mais aussi dans des chalets, dans une maison pouvant accueillir jusqu'à 12 personnes et sur différents emplacements de camping. Très belle vue sur la mer.

Percé

La Maison Rouge
$ bc ♿ @
mai à fin oct
125 route 132 O.
☎ 418-782-2227
www.lamaisonrouge.ca

Quelques dortoirs et des chambres privées se partagent cette belle maison d'antan selon la formule de l'auberge de jeunesse. La vue est magnifique tout autour.

Auberge du Gargantua
$-$$ 🍴 ⤸
début juin à fin sept
222 route des Failles
☎ 418-782-2852

Depuis une cinquantaine d'années qu'elle domine Percé du haut de son promontoire, l'Auberge du Gargantua n'a plus besoin d'introduction pour les habitués de la péninsule gaspésienne. Sa table (voir p. 561) fait partie des meilleures de la région. Le site et la vue qu'elle offre laisseront dans votre mémoire un souvenir impérissable. Le décor des chambres est simple, mais elles sont confortables. Un petit camping adjacent est aussi disponible.

Gîte du Capitaine
$$ 🖐 bc/bp @
début juin à mi-oct
10 ch. du Belvédère
☎ 418-782-5559
www.giteducapitaine.com

Le très sympathique Gîte du Capitaine propose trois chambres et une vue imprenable sur le rocher Percé et l'île Bonaventure. Les petits déjeuners sont copieux, et un léger goûter (thé et petites douceurs maison) est servi à la clientèle en après-midi.

Auberge Le Coin du Banc
$$ bc/bp
315 route 132 (8 km au nord de Percé)
☎ 514-645-2907

L'Auberge Le Coin du Banc est un véritable musée historique de la Gaspésie. On y trouve une quantité impressionnante de meubles d'antan, d'instruments aratoires et de bric-à-

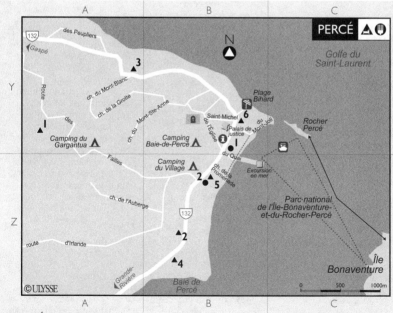

▲ HÉBERGEMENT

1.	AY	Auberge du Gargantua (R)
2.	BZ	Auberge Le Coin du Banc
3.	AY	Chalets au Pic de l'Aurore
4.	BZ	Gîte du Capitaine
5.	BZ	Hôtel La Normandie
6.	BY	La Maison Rouge

(R) : établissement avec restaurant décrit

● RESTAURANTS

1.	BY	La Maison du Pêcheur / Le Café de l'Atlantique
2.	BZ	La Normandie

brac dans toutes les pièces. Située devant une plage de galets, on reconnaît facilement cette belle maison en bardeaux de cèdre grâce à son toit vert. Les 11 chambres ont toutes un cachet particulier. Six agréables petits chalets *($$ ☀)* construits près de la plage sont aussi offerts en location.

Chalets au Pic de l'Aurore
$$$ ☛ ☀ ⚠ ≡ @
mi-mai à mi-oct
1 route 132
☎ 866-882-2151
www.resperce.com
Les Chalets au Pic de l'Aurore sont situés en haut de la côte, au nord de Percé, et surplombent toute la ville. Chacun des 17 chalets bénéficie d'une jolie terrasse. On y loue également des unités de motel avec cuisinette, un studio, un appartement et une maison.

Hôtel La Normandie
$$$-$$$$
$$$$$ ½p
fin mai à mi-oct
♨ @ ⚓
221 route 132
☎ 418-782-2112 ou 800-463-0820
www.normandieperce.com
L'Hôtel La Normandie a acquis une excellente réputation à Percé. Cet établissement de luxe est complet plus souvent qu'à son tour durant la haute saison; du restaurant et du balcon de certaines chambres, vous pouvez admirer le célèbre rocher Percé.

Port-Daniel–Gascons

Bleu sur Mer
$$$$ ☀ @
début juil à fin août
504 route 132
☎ 418-396-2538
www.bleusurmer.com
Le gîte Bleu sur Mer, une splendide maison située directement sur le barachois de Port-Daniel, compte trois

chambres et deux suites sous les combles offrant un confort total. Les salles de bain sont modernes à souhait et les petits déjeuners, délicieux et créatifs. Il faut pouvoir y mettre le prix, mais l'ambiance générale, très détendue, plutôt branchée et même sensuelle, se révèle d'un goût irréprochable.

Circuit B: La baie des Chaleurs

Paspébiac

Auberge du Parc
$$-$$$ @ ♨ ♨ ☂ ♨ ☀ ⚓ ⚓
début fév à fin nov
68 boul. Gérard-D.-Lévesque O.
☎ 418-752-3355 ou 800-463-0890
www.aubergeduparc.com
Installée dans un manoir qui fut érigé par l'entreprise Robin au XIXᵉ siècle, l'Auberge du Parc est entourée d'un vaste terrain bien aménagé et semiboisé formant un cadre parfait pour la détente. Soins de thalassothérapie, bains à remous, saunas, deux piscines d'eau de mer chauffées (intérieur et extérieur), ainsi que court de tennis, cinémathèque et salle à manger offrant un menu raffiné agrémenteront votre séjour.

New Carlisle

Manoir Hamilton
$$ ☀ bc @
début mai à fin déc
115 boul. Gérard-D.-Lévesque
☎ 418-752-6498 ou 866-542-6498
www.manoirhamilton.com
Le Manoir Hamilton, une magnifique demeure bourgeoise du XIXᵉ siècle (voir p 549), abrite cinq chambres qui ont beaucoup de cachet et de confort. Tous les meubles sont d'époque. Le petit déjeuner est sublime, et les hôtes s'avèrent très sympathiques.

Bonaventure

Camping Plage Beaubassin
$ ♿
début juin à mi-sept
154 rue Beaubassin
☎ 418-534-3246
En bordure de la baie des Chaleurs, sur une petite presqu'île, le Camping Plage Beaubassin est pourvu de 238 emplacements ainsi que d'une plage surveillée. Une laverie, une salle communautaire et un petit magasin font partie des installations. Animation pour toute la famille et théâtre d'été.

Cime Aventure
$-$$$$ ❄ ♨ @ ♿ ≡ ♨ ⫽ ⚓ ⚓
mi-juin à fin sept
200 ch. Athanase-Arsenault
☎ 418-534-2333 ou 800-790-2463
www.cimeaventure.com
Plusieurs possibilités d'hébergement s'offrent à vous chez Cime Aventure. Vous pouvez opter pour le simple camping, avec votre propre tente, mais il est aussi possible de louer un tipi, une yourte, un «écologis» ou un chalet. Exotiques et luxueux à la fois, les écologis sont des structures surélevées sur pilotis dont l'empreinte écologique est limitée. Un excellent restaurant se trouve aussi sur place, qui se transforme en bar le soir et propose quelques spectacles les fins de semaine. De plus, la clientèle dispose d'un sauna, d'un bain à remous et d'une piscine extérieure.

Maria

Gîte du Patrimoine
$$ ☀ ❄ @ ⚓
mai à oct
759 boul. Perron
☎ 418-759-3743
Le Gîte du Patrimoine est installé dans une belle maison ancestrale où le bois est à l'honneur. Le terrain se pare d'un grand jardin et d'une gloriette. Les sympathiques propriétaires louent cinq chambres agréables.

Carleton-sur-Mer

Camping Carleton
$ ᕕ @
mi-juin à fin sept
382 rue du Phare
☎ 418-364-3992

Bien situé sur une langue de terre, tout près de la plage, le Camping Carleton a peu d'emplacements ombragés, mais il demeure un lieu fort agréable et calme. On y retrouve entre autres une aire de jeux, une piste cyclable et un phare.

Hostellerie Baie Bleue
$$$ @ ᕕ ≡ ➤ ◎ ♨ ▲ ✳ ⤙
482 boul. Perron
☎ 418-364-3355 ou 800-463-9099
www.baiebleue.com

Face à la mer et tout près de la plage, l'Hostellerie Baie Bleue compte une centaine de chambres dispersées dans quelques pavillons, toutes bien tenues et à la décoration moderne.

Aqua-Mer Thalassothérapie
$$$$$ *pc* ⤙ ✕ ≋ @ ♨ ≡
début mai à début nov
868 boul. Perron
☎ 418-364-7055 ou 800-463-0867
www.aquamer.ca

Aqua-Mer Thalassothérapie est situé dans un cadre enchanteur. Ce centre de thalassothérapie propose plusieurs forfaits-traitements d'une journée à une semaine. Les chambres au décor dénudé sont apaisantes, et le restaurant offre une cuisine santé raffinée. En été, des vélos, pédalos, kayaks et canots sont mis à la disposition des clients.

Escuminac

Auberge Wanta-Qo-Ti
$$ ℰ ≡ ➤ ✳ ✳
77 ch. Pointe-Fleurant (2 km après le parc national de Miguasha)
☎ 418-788-5686

Située directement sur la plage de Miguasha, face à la baie des Chaleurs, l'Auberge Wanta-Qo-Ti (un nom composé qui veut dire «sérénité»

en langue micmaque) est un gîte comme on les aime: un accueil simple et chaleureux, des chambres douillettes et un petit déjeuner créatif et copieux.

Pointe-à-la-Garde

Auberge du Château Bahia
$-$$ ½p ᵇ⁄ₚ ♨ ᕕ @
dortoirs (section auberge) toute l'année
chambres privées (section château) mai à fin oct
152 boul. Perron
☎ 418-788-2048
www.chateaubahia.com

L'auberge du Château Bahia se trouve en retrait de la route, à mi-chemin entre Carleton-sur-Mer et Matapédia; il s'agit d'un endroit unique et magique, un lieu de détente par excellence pour un séjour en camping, dortoir ou chambre privée à prix modique. Les randonneurs apprécieront le «sentier de la poésie», une boucle de 5 km jalonnée d'extraits de poèmes, qui mène à une tour d'observation.

Pointe-à-la-Croix

La Maison Verte du Parc Gaspésien
$$-$$$ ℰ ᵇ⁄ₚ ≡ @ ⤙
216 ch. de la Petite-Rivière-du-Loup
☎ 418-788-2342 ou 866-788-2342

Le gîte est aménagé dans une grande maison verte en bardeaux de cèdre. Les quatre chambres sont confortables et l'accueil des propriétaires, sans faille. Un grand terrain de camping (**$** ➤) est disponible à l'arrière, où plusieurs emplacements sont situés en pleine forêt. Pêche, location de vélos, randonnée pédestre et baignade (lac et rivière).

Causapscal

Camping de Causapscal
$ ≋ ➤
juin à sept
601 route 132 O.
☎ 418-756-5621

Le Camping de Causapscal a aménagé une soixantaine

d'emplacements pour tentes et véhicules récréatifs. Activités familiales et aire de jeux.

Auberge La Coulée Douce
$$-$$$
$$$$ ½p
toute l'année, réservations requises de nov à mi-jan
♨ ≡ @ ⤙
21 rue Boudreau
☎ 418-756-5270 ou 888-756-5270
www.lacouleedouce.com

Cette sympathique petite auberge familiale, située au centre de la vallée de la Matapédia, propose des chambres chaleureusement garnies de meubles anciens, ainsi que des chalets (**$$$$** ➤ ➤).

Restaurants

Circuit A: La péninsule

Sainte-Flavie

Capitaine Homard
$$-$$$
fin avr à début sept
180 route de la Mer
☎ 418-775-8046
www.capitainehomard.com

Capitaine Homard propose une délicieuse carte avec un bon choix de poissons et de crustacés: bourgots (buccins communs), crevettes, pétoncles, moules, saumon, crabe, morue et, bien sûr, homard se déclinent sous plusieurs formes. Les carnivores purs et durs peuvent jeter leur dévolu sur le sempiternel hamburger. Halte idéale pour calmer une petite faim ou satisfaire les gros appétits.

Centre d'Art Marcel Gagnon
ᕕ
$$-$$$
début mai à fin sept
564 route de la Mer
☎ 418-775-2829

En bordure de la route 132, tout près de la grève, le restaurant du Centre d'Art Marcel

Gagnon offre une belle vue sur le fleuve et un menu simple, à prix abordable, qui saura plaire à tous.

Grand-Métis

Café Jardin
$-$$
Jardins de Métis
200 route 132
☎ 418-775-2222
www.jardinsmetis.com
Doté d'une belle terrasse, le Café Jardin des **Jardins de Métis** (voir p. 537) propose des soupes, des salades, des sandwichs et quelques plats élaborés à partir de produits régionaux.

Villa Estevan
$$-$$$
mi-juin à fin août lun-sam 11h30 à 15h, ven soir sur réservation
Jardins de Métis
200 route 132
☎ 418-775-2222
www.jardinsmetis.com
Les produits régionaux et du jardin forment le cœur de la cuisine de la Villa Estevan. Les plats raffinés incorporent ingénieusement le parfum et la saveur des différentes fleurs et herbes fraîchement cueillies. Une bonne table à prix raisonnable dans le cadre magnifique d'une maison patrimoniale.

Métis-sur-Mer

Auberge du Grand Fleuve
$$$-$$$$
mi-juin à mi-sept
131 rue Principale
☎ 418-936-3332
www.aubergedugrandfleuve.qc.ca
En soirée, la table d'hôte à cinq services de l'**Auberge du Grand Fleuve** (voir p. 553) surprend agréablement par son originalité et son raffinement. Le cadre est chaleureux, les propriétaires sont accueillants, et la cuisine d'inspiration française et bretonne s'avère excellente. La seule bonne

raison de ne pas y aller est d'oublier d'avoir réservé!

Matane
Voir carte p. 554.

La Table du Capitaine
$$-$$$
juin à sept
260 rue du Barachois, près du Riotel Matane
☎ 418-562-3131
www.riotel.com
Ce restaurant du **Riotel Matane** (voir p. 553) attire une clientèle friande de poissons et de fruits de mer frais, toujours servis en grosses portions. La pizza aux fruits de mer est très prisée. La terrasse offre une jolie vue sur le fleuve.

Le Rafiot
$$-$$$
fin oct à avr lun-sam, mai à fin oct tlj
1415 av. du Phare O., angle route 132 et route 195
☎ 418-562-8080
Le restaurant Le Rafiot attire beaucoup de visiteurs grâce à sa grande salle à manger vitrée, à l'ambiance maritime apaisante. Au menu: les classiques plats de poisson, fruits de mer et grillades.

Cap-Chat

Valmont plein air
$-$$$
mai à fin sept
10 Notre-Dame E. (route 132)
☎ 418-786-1355
www.valmontpleinair.com
Ce sympathique et chaleureux bistro prépare une cuisine simple et essentiellement régionale. Des spectacles y sont présentés à l'occasion. On y trouve un accès Internet, une machine à espresso (rare dans la région!), une bonne sélection de bières québécoises et d'importation ainsi qu'une belle terrasse. Le bistro dispose de grandes verrières donnant directement sur le fleuve et les montagnes. L'endroit est

aussi le point de rencontre des participants aux activités de plein air organisées par les propriétaires (voir p. 546). Ce petit restaurant sert en outre de bureau d'accueil et de point de départ de la navette pour la magnifique **Auberge de montagne des Chic-Chocs** (voir p. 553). Une petite boutique d'équipement de plein air et d'artisanat régional se trouve aussi sur place.

Fleur de Lys
$$-$$$$
mi-mai à début oct
184 route 132 E.
☎ 418-786-5518
www.motelfleurdelys.com
Le Fleur de Lys propose une cuisine française et internationale. Le menu gastronomique est concocté à partir de produits régionaux.

Parc national de la Gaspésie

Gîte du Mont-Albert
$$$-$$$$
mi juin à fin oct et fin déc à mi-avr
☎ 418-763-2288
Au Gîte du Mont-Albert, il faut absolument vous laisser tenter par les fruits de mer, préparés de façon inventive. Une cuisine continentale basée sur les produits régionaux et saisonniers est servie dans les deux magnifiques salles à manger, dotées de foyer. Charmant et feutré, l'endroit dispose également d'un bar et d'une terrasse.

Sainte-Anne-des-Monts

Poissonnerie du Quai
$-$$
3 1re Avenue O.
☎ 418-763-7407
Pour un plat de poisson simple et bon dans un cadre sans artifice, la Poissonnerie du Quai n'a pas son pareil. Une valeur sûre!

Mont-Louis

La Broue dans l'Toupet
$-$$$
20 1re Avenue E. (route 132)
☎ 418-797-2008
Ce bistro d'un petit village de la Haute-Gaspésie s'illustre par la créativité de son menu, qui change chaque semaine, selon la saison. La cuisine d'inspiration régionale est simple mais très bonne, et la salle à manger est chaleureuse à souhait avec ses recoins intimes et son ambiance feutrée. Le bistro sert aussi du café équitable, y compris un bon espresso. On ne s'attend pas à retrouver ce genre d'établissement dans un hameau gaspésien comme Mont-Louis. Ouvert toute l'année.

Gaspé

Voir carte p. 556.

Brûlerie du Café des Artistes
$
101 rue de la Reine
☎ 418-368-3366
Les propriétaires de la Brûlerie du Café des Artistes, eux-mêmes artistes, proposent un concept tout à fait sympa. Dans ce centre d'art aux poutres apparentes, vous pourrez, à votre aise, prendre le temps de vous offrir un bon café ou un repas léger, pour ensuite aller admirer les œuvres de divers artistes. Café équitable et accès Internet sans fil gratuit.

Le Brise Bise
$-$$$
135 rue de la Reine
☎ 418-368-1456
www.brisebise.ca
Le Brise Bise est l'un des bistros-bars les plus sympathiques de Gaspé. En plus, des saucisses, des fruits de mer, des salades et des sandwichs, le choix de bières et de cafés est varié et le cinq à sept agréable. Des specta-

cles y sont présentés toute l'année, et l'on y danse en fin de soirée. Crémerie sur place en été.

Maison William Wakeham
$$-$$$$
fin mars à fin déc
186 rue de la Reine
☎ 418-368-5537
www.maisonwakeham.ca
La table de la Maison William Wakeham est probablement la meilleure de Gaspé. Le menu d'inspiration française est inventif et affiche une cuisine du marché d'un bon rapport qualité/prix. La carte des vins, mainte fois primée, est impressionnante. Le restaurant est ouvert le midi et le soir. De la salle à manger, les convives ont une vue sur la mer et la rivière York. De plus, une terrasse surplombe la baie.

Fort Prével

Le Bastion
$$$-$$$$
mi-juin à mi-sept
&
Auberge Fort-Prével
2053 boul. Douglas
☎ 418-368-2281 ou 888-377-3835
www.sepaq.com
Dans une ambiance historique, on peut savourer ici une délicieuse cuisine française et québécoise apprêtée et présentée avec raffinement. Au menu figurent des plats de poisson et de fruits de mer, bien sûr, mais aussi toutes sortes de spécialités, telle la bouillabaisse, à faire pâlir d'envie tous les gourmets.

Percé

Voir carte p. 557.

La Maison du Pêcheur / Le Café de l'Atlantique
$$-$$$$
début juin à mi-oct
155 place du Quai
☎ 418-782-5331
La Maison du Pêcheur se trouve en plein centre du

village. Elle regroupe deux restaurants en un. Le rez-de-chaussée abrite le Café de l'Atlantique café-bistro (ouvert tard le soir) donnant sur la mer, qui sert entre autres d'excellents petits déjeuners, tandis que le restaurant de l'étage est aménagé pour recevoir les gens à déjeuner et à dîner et se spécialise dans les fruits de mer. Les prix sont un peu élevés, mais tout y est de première qualité.

Auberge du Gargantua
$$$
début juin à fin sept
222 rue des Failles
☎ 418-782-2852
L'**Auberge du Gargantua** (voir p. 557) offre un décor qui rappelle la vieille France campagnarde, d'où sont issus les propriétaires. De la salle à manger, dotée d'un foyer, on a une vue superbe sur les montagnes environnantes et la mer, et il serait sage d'arriver assez tôt pour en bénéficier. Les plats sont tous gargantuesques et savoureux. Le menu affiche aussi bien les fruits de mer que le carré d'agneau, la bouillabaisse et le turbot en croûte, sans oublier un grand favori, les pétoncles au poivre.

La Normandie
$$$-$$$$
début juin à début oct
221 route 132 O.
☎ 418-782-2112
www.normandieperce.com
Considérée par plusieurs comme l'une des meilleures tables de Percé, La Normandie propose des mets savoureux dans un lieu tout à fait charmant. On dit beaucoup de bien du feuilleté de homard au champagne. Un grand choix de vins est disponible. La salle à manger offre une vue splendide sur le rocher Percé.

Gaspésie - Restaurants - La péninsule

Circuit B: La baie des Chaleurs

Bonaventure

Café Acadien
$$-$$$
fin juin à début sept
168 rue Beaubassin
☎ 418-534-4276

Le Café Acadien sert de bons petits plats (pâtes, poissons et fruits de mer) dans un cadre charmant. Cet établissement est très populaire auprès des résidants et des touristes, ce qui explique peut-être les prix un peu élevés.

Carleton-sur-Mer

Bistro Le Pic Assiette
$$
début avr à début oct, mar-sam
681 boul. Perron
☎ 418-364-2211

Le menu de ce petit bistro est composé essentiellement de tapas et de plats généralement préparés à partir de produits régionaux. L'ambiance est décontractée et la vue depuis la magnifique terrasse, à couper le souffle.

Le Marin d'Eau Douce
$$$
215 route du Quai
☎ 418-364-7602
www.marindeaudouce.com

Le chef d'origine marocaine du Marin d'Eau Douce concocte dans sa cuisine des petits plats de fine cuisine européenne, mais aussi exotique, comme des tajines de poisson et d'autres mets du Maghreb à base d'agneau. Le lieu est charmant et très chaleureux.

Causapscal

Auberge La Coulée Douce
$$-$$$
toute l'année, réservations requises de nov à mi-jan
21 rue Boudreau
☎ 418-756-5270
www.lacouleedouce.com

Le restaurant de l'**Auberge La Coulée Douce** (voir p. 559) pro-
pose un menu de mets délicieux dont la spécialité est le saumon de l'Atlantique. Le service est sympathique.

Sorties

> Activités culturelles

Petite-Vallée
Théâtre de la Vieille Forge
4 Longue-Pointe
☎ 418-393-2222
www.festivalenchanson.com

Le Théâtre de la Vieille Forge présente des spectacles musicaux et des pièces de théâtre à saveur gaspésienne ou québécoise. De plus, les humoristes et les chanteurs professionnels en tournée y donnent des spectacles tout l'été.

L'Anse-à-Beaufils
La Vieille Usine de L'Anse-à-Beaufils
55 rue à Bonfils
☎ 418-782-2277
www.lavieilleusine.qc.ca

Le site de La Vieille Usine est multivocationnel et comprend une belle salle de spectacle où sont présentés, pendant la belle saison, des pièces de théâtre, des spectacles d'humour et des concerts d'artistes renommés. La Vieille Usine abrite également un petit café-bistro, une salle d'exposition, une savonnerie artisanale et une boutique qui vend des instruments de musique artisanaux de très grande qualité.

Carleton-sur-Mer
Quai des Arts
774 boul. Perron
☎ 418-364-6822
www.carletonsurmer.com/culture

Le Quai des Arts est un centre multidisciplinaire qui participe au développement des artistes locaux et régionaux, ainsi qu'un lieu de diffusion des arts visuels et de la scène. Une belle salle ouvre ses portes ici toute l'année pour accueillir divers
spectacles (contes, poésie, etc.), concerts et autres événements culturels.

Gaspé
La Petite Églize
208 montée Wakeham
☎ 418-368-0440
www.eglize.qc.ca

Une toute petite «église» anglicane reconvertie sobrement en une chaleureuse salle pour concerts intimes ou endiablés. Programmation estivale seulement.

> Bars et boîtes de nuit

Matane
Billbard
366 av. St-Jérôme
☎ 418-562-3227

Au Billbard, vous entendrez des airs de jazz et de blues. On y sert de l'espresso, des bières de microbrasseries et de la restauration rapide. Terrasse et tables de billard.

Au Vieux Loup de Mer
389 av. St-Jérôme
☎ 418-562-2577

Le Vieux Loup de Mer est un bar très couru à Matane. On y reçoit des chansonniers les fins de semaine. Terrasse.

Sainte-Anne-des-Monts
Pub Chez Bass
170 1re Avenue O.
☎ 418-763-2613

Depuis de nombreuses années, Chez Bass est le repaire d'une clientèle éclectique, tant locale que touristique. Bonne adresse pour discuter tout en prenant un verre. Hébergement et restauration sur place.

Gaspé
La Voûte
114 rue de la Reine
☎ 418-368-1219

Le bar La Voûte reçoit surtout une clientèle étudiante. On y accueille des chansonniers régulièrement.

Bonaventure

Bistro-Bar Le Fou du Village
119 av. Grand-Pré
☎ 418-534-4567
Situé au cœur de Bona-
venture, Le Fou du Village
propose des bières de
microbrasseries québécoises,
comme la Pit Caribou, bière
locale, et présente des
concerts variés chaque fin de
semaine. Une belle terrasse
complète le décor.

> Festivals et événements

Juin

Organisé par les **Jardins de
Métis** (voir p. 537), le **Festival
international de jardins** *(200
route 132, Grand-Métis,* ☎ *418-
775-2222, www.jardinsmetis.
com)*, désormais connu à travers le monde pour la qualité
des œuvres artistiques qui
y sont exposées, présente
chaque année des jardins
contemporains au design
recherché et à la créativité
débordante.

Tous les ans, le **Festival en
chanson de Petite-Vallée** *(&;
fin juin à début juil; Petite-
Vallée,* ☎ *418-393-2592, www.
festivalenchanson.com)* accueille
une belle brochette d'artistes
de la relève.

Juillet

Le **Festival du Vol Libre** *(fin
juillet; Mont-St-Pierre,* ☎ *418-
797-2222, www.vol-libre.ca)* de
Mont-Saint-Pierre souligne
la vocation sportive de ce
hameau. Tout l'été, les amateurs de vol libre accourent
de partout pour se lancer
au-dessus de la baie, mais,
à la fin de juillet, lors de cet
événement, leur nombre est
particulièrement élevé, et les
activités ne manquent pas.

Août

Le **Festival International
Maximum Blues** *(début août,
plage municipale,* ☎ *418-364-
6008, www.maximumblues.net)*
de Carleton-sur-Mer présente

une belle variété de spectacles de musiciens de blues de
renommée locale et internationale, le tout sur une scène
aménagée sur la plage municipale de Carleton.

Octobre

Le **Festival La Virée** *(début oct;
774 boul. Perron, Carleton-
sur-Mer,* ☎ *418-364-6822 poste
354, www.carletonsurmer.
com/culture)* propose des
spectacles de musique traditionnelle québécoise et acadienne. Chanteurs, danseurs,
«violoneux», «tapeux de pied»,
conteurs (québécois et de la
francophonie), artisans et
artistes se donnent rendez-
vous pour perpétuer la tradition d'un passé pas si lointain.
Marché public et activités
pour toute la famille font aussi
partie des célébrations.

Achats

> Alimentation

Gaspé

**Le Marché des saveurs
gaspésiennes**
119 rue de la Reine
☎ 418-368-7705
Cette échoppe gourmande
(fromagerie, charcuterie et
épicerie fine) vend des produits régionaux, d'importation et biologiques de grande
qualité. Repas simples, sandwichs, et plats à emporter.

> Artisanat, brocante et souvenirs

Grand-Métis

Ateliers Plein Soleil
début juin à début oct
&
Jardins de Métis
200 route 132
☎ 418-775-2222
Cette boutique propose entre
autres un assortiment de
nappes, de napperons et de
serviettes de table tissés à la
main, des herbes salées, du
miel de la région et même du
ketchup maison.

Boutique horticole
début juin à début oct
&
Jardins de Métis
200 route 132
☎ 418-775-2222
La Boutique horticole des Jardins de Métis offre une bonne
collection de livres traitant
de l'horticulture ainsi qu'une
sélection de semences de
plantes qu'on retrouve dans
les jardins du site.

Percé

En raison de sa situation très
centrale, vous ne pourrez
pas manquer la **Place du Quai**.
Regroupement d'une quin-
zaine de commerces, elle
compte des restaurants, des
boutiques d'artisanat et de
souvenirs, une confiserie et
un comptoir de la Société des
alcools du Québec.

Bonaventure

Atelier-Boutique Verre et Bulles
*mi-juin à mi-sept tlj, le reste de
l'année mar-sam*
Musée acadien du Québec
95G av. Port-Royal
☎ 418-534-4220
www.verreetbulles.com
À l'Atelier-Boutique Verre et
Bulles, les visiteurs ont souvent la chance d'observer la
fabrication artisanale d'œuvres de verre thermoformé et
de savonnettes réalisées dans
l'atelier, qui occupe par ailleurs
la plus grande partie du lieu.
La boutique offre également
un vaste choix d'artisanat
régional ainsi que des objets
d'importation équitables.

Carleton-sur-Mer

Le Serpent à Plumes
756 boul. Perron
☎ 418-364-2010
Le Serpent à Plumes dispose
d'un magnifique éventail d'artisanat régional. La boutique
regorge de produits allant de
la poterie aux bijoux, en passant par une petite sélection
d'épicerie fine. On y trouve
aussi de très jolis vitraux, des
jeux et des vêtements griffés.
Une belle adresse.

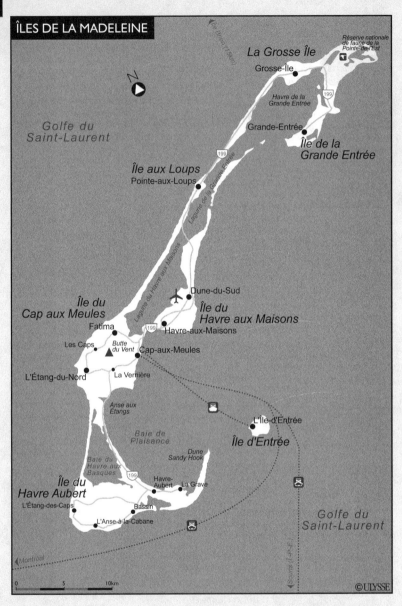

ÎLES DE LA MADELEINE

La Grosse Île

Réserve nationale
de faune de la
Pointe-de-l'Est

Grosse-Île

Havre de la
Grande Entrée

199

Grande-Entrée

Île de la
Grande Entrée

Golfe du
Saint-Laurent

Île aux Loups
Pointe-aux-Loups

199

Lagune de la Grande Entrée

Lagune du Havre aux Maisons

Dune-du-Sud

Île du
Cap aux Meules

Île du
Havre aux Maisons

Fatima

199

Havre-aux-Maisons

Les Caps

Butte
du Vent

Cap-aux-Meules

L'Étang-du-Nord

La Vernière

Anse aux
Étangs

L'Île-d'Entrée

Baie de
Plaisance

Île d'Entrée

Dune
Sandy Hook

Baie du
Havre aux
Basques

199

Havre-
Aubert

La Grave

Île du
Havre Aubert

L'Étang-des-Caps

Bassin

L'Anse-à-la-Cabane

Golfe du
Saint-Laurent

Montréal

Souris (Î.-P.-É.)

0   5   10km

©ULYSSE

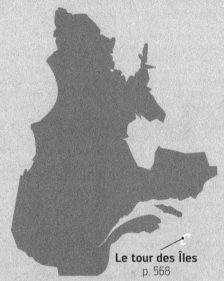

Le tour des Îles
p. 568

Îles de la Madeleine

Comme vous le diront les Madelinots, *« Aux Îles, c'est pas pareil! »*. Émergeant du golfe du Saint-Laurent à plus de 200 km des côtes de la péninsule gaspésienne, les **Îles de la Madeleine** ★★ séduisent. Balayées par les vents du large, elles deviennent une destination coup de cœur pour tous les voyageurs qui la découvrent.

Ici, le blond des dunes et des longues plages sauvages se marie au rouge des falaises de grès et au bleu de la mer. Quelques jolies bourgades, aux maisons souvent peintes de vives couleurs, caractérisent le paysage madelinot. D'ailleurs, les pittoresques maisons des îles ont une histoire semblable à celle de leurs occupants : elles se sont éparpillées au hasard du paysage comme les Acadiens.

L'archipel est composé d'une douzaine d'îles. Sept sont habitées, mais seulement six sont reliées entre elles, formant un hameçon de près de 100 km : l'île de la Grande-Entrée, la Grosse Île, l'île aux Loups, l'île du Havre aux Maisons, l'île du Cap aux Meules, l'île du Havre Aubert et l'île d'Entrée. Parmi celles-ci, seule l'île d'Entrée, où vivent quelques familles d'origine irlandaise, n'est pas reliée par voie terrestre au reste de l'archipel. L'ensemble des villages et localités des Îles est regroupé sous la grande municipalité des Îles-de-la-Madeleine, sauf la municipalité de Grosse-Île, qui s'est défusionnée en 2004.

En grande majorité de souche acadienne et française, les 13 000 Madelinots et Madeliniennes, depuis toujours tournés vers la mer, vivent encore principalement de la pêche et de l'industrie touristique. Les Îles furent d'abord habitées sporadiquement par les Micmacs, surnommés les «Indiens de la mer». Dès le XVe siècle, elles étaient régulièrement visitées par des chasseurs de morses et de phoques, ainsi que par des pêcheurs et des baleiniers principalement d'origine bretonne ou basque.

En 1534, Jacques Cartier y fit escale lors de sa première expédition en Amérique du Nord. L'occupation permanente de l'archipel ne débuta toutefois qu'après 1755, lorsque des familles acadiennes vinrent s'y réfugier après avoir échappé au Grand Dérangement. À la suite de la Conquête, les Îles furent annexées à la province de Terre-Neuve, avant d'être intégrées au territoire québécois en 1774.

On ne repart pas des Îles indifférent. On y revient !

Accès et déplacements

➤ En avion
Air Canada Jazz
☎ 888-247-2262
www.aircanada.com

Pascan Aviation
☎ 888-313-8777
www.pascan.com
Ces deux compagnies proposent des vols réguliers vers les Îles au départ de Québec ou de Montréal. La plupart des vols faisant escale à Québec ou à Gaspé selon le cas, il faut compter environ 4h pour le voyage.

➤ En voiture et en traversier
Environ 1 420 km de route séparent Montréal de Souris (Île-du-Prince-Édouard), d'où le traversier mène à Cap-aux-Meules en 5h. Voici deux façons de se rendre à Souris :

1) La **route 185** dans le Bas-Saint-Laurent (à partir de Rivière-du-Loup) est la plus rapide. À partir de Rivière-du-Loup, il faut prendre la route 185 vers Dégelis, qui devient l'autoroute 2 (Transcanadienne Est) au Nouveau-Brunswick. On passe par Edmundston, Fredericton puis Moncton, d'où l'on prend l'autoroute 15 jusqu'à Shediac et, plus loin, la route 16, qui mène au pont de la Confédération.

2) La **route 132** à travers la vallée de la Matapédia (Gaspésie) est la plus jolie. De Rivière-du-Loup, il faut prendre la route 132 jusqu'à Pointe-à-la-Croix. Après avoir traversé le pont de Pointe-à-la-Croix, on se retrouve sur la route 11, au Nouveau-Brunswick. On la suit de Campbellton jusqu'à Bathurst, puis on prend la route 8 jusqu'à Miramichi, de nouveau la route 11 jusqu'à Shediac, et enfin les routes 15 et 16 vers le pont de la Confédération.

Ces parcours mènent tous deux au Nouveau-Brunswick, au bout de la route 16, où se trouve le **pont de la Confédération** *(voiture 42,50$ aller-retour, payable au retour; il est interdit aux piétons et aux cyclistes d'y circuler, mais un service de navette est offert; www.confederationbridge.com)*, qui conduit à l'Île-du-Prince-Édouard. Pour

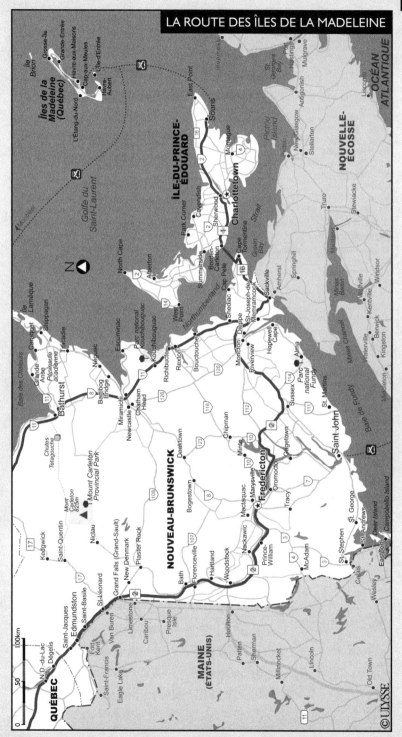

LA ROUTE DES ÎLES DE LA MADELEINE

Îles de la Madeleine (Québec)

Grosse-Île
Grande-Entrée
Havre-aux-Maisons
Île-d'Entrée
Cap-aux-Meules
Havre-Aubert
L'Étang-du-Nord

Île Brion

OCÉAN ATLANTIQUE

NOUVELLE-ÉCOSSE

Golfe du Saint-Laurent

ÎLE-DU-PRINCE-ÉDOUARD

Charlottetown

Souris
East Point
Montague
Cavendish
Sherwood
Park Corner
North Cape
Summerside
Borden-Carleton
Cap Egmont
Cap Tormentine
Green Bay
West Point
Alberton

Pictou Island
Inverness
St. Georges Bay
Mulgrave
Port Hastings
Liscomb
Antigonish
New Glasgow
Stellarton
Truro
Stewiacke
Springhill
Amherst
Sackville
Windsor
Kentville
Berwick
Kingston
Wolfville
Middleton
Minas Basin
Maitland

Northumberland

Parc national Kouchibouguac
Escuminac
Shediac
St-Joseph-de-Memramcook
Dieppe
Moncton
Riverview
Hopewell Cape
Alma
Parc national Fundy

Richibouctou
Rexton
Bouctouche
Kouchibouguac

NOUVEAU-BRUNSWICK

Péninsule acadienne
Île Lamèque
Shippagan
Caraquet
Grande Anse
Tracadie
Néguac
Bathurst
Beresford
Petit-Rocher

Baie des Chaleurs

Chutes Tetagouche
Mont Carleton 825m
Mount Carleton Provincial Park

Baie de Fundy

Saint John
Sussex
St. Martins

Bagtog Bridge
Miramichi
Newcastle
Chatham Head
Doaktown
Chipman
Minto
Marysville
Mactaquac
Oromocto
Fredericton

St. George
St. Andrews
Deer Island
Campobello Island
Eastport
St. Stephen
Calais

Kedgwick
Saint-Quentin
Nictau
Plaster Rock
New Denmark
Grand Falls (Grand-Sault)
St-Léonard
Saint-Basile
Edmundston

Prince-William
McAdam
Bath
Florenceville
Hartland
Woodstock
Nackawic

QUÉBEC

N.D.-du-Lac
Dégelis
Saint-Jacques

Fort Kent
Van Buren
Limestone
Caribou
Presque Isle
Saint-François
Eagle Lake

MAINE (ÉTATS-UNIS)

Houlton
Patten
Sherman
Millinocket
Lincoln
Old Town

0   50   100km

© ULYSSE

atteindre Souris, d'où le traversier N.M. *Madeleine* part vers les Îles, il faut alors suivre la route 1 de Borden à Charlottetown, puis la route 2.

C'est le groupe CTMA qui assure la liaison entre Souris et les Îles de la Madeleine. Il est en tout temps fortement conseillé de réserver, surtout en haute saison (début juillet à fin août). Sinon, mieux vaut arriver au quai plusieurs heures avant le départ.

Traversier N.M. *Madeleine*
44,75$/personne, plus 83,75$/voiture, 29$/moto et 10,75$/vélo
avr à jan
☎ 418-986-3278 ou 888-986-3278
www.ctma.ca

Location de voitures

Vous pouvez louer une voiture aux adresses suivantes:

Hertz
210 ch. de l'Aéroport
Havre-aux-Maisons
☎ 418-969-4229 ou 888-818-4537
357 ch. Principal
Cap-aux-Meules
☎ 418-986-6565 ou 888-818-4537

Location d'autos Nadine Leblanc
188 ch. de l'Aéroport
Havre-aux-Maisons
☎ 418-969-9006

Cap-aux-Meules Honda
1-1190 ch. de La Vernière
L'Étang-du-Nord
☎ 418-986-4085 ou 418-937-7878

➤ En bateau

CTMA Vacancier
☎ 418-986-3278 ou 888-986-3278
www.ctma.ca

CTMA Vacancier propose une croisière thématique hebdomadaire au départ de Montréal. Les tarifs varient selon le forfait choisi (type de cabine, avec ou sans salle de bain, etc.).

Attraits touristiques

La visite que nous vous proposons vous entraîne à la découverte de chacune des îles. Pour plus de renseignements, vous pouvez consulter le guide Ulysse *Gaspésie, Bas-Saint-Laurent, Îles de la Madeleine*.

Note: sachez que les Madelinots vivent à l'heure normale de l'Atlantique, soit une heure de plus qu'ailleurs au Québec; n'oubliez pas d'avancer l'heure sur votre montre.

Tourisme Îles de la Madeleine *(début juin à fin juin et fin août à fin sept tlj 9h à 20h, fin juin à fin août tlj 7h à 21h, fin sept à fin mai lun-ven 9h à 17h, 128 ch. Principal, Cap-aux-Meules, QC, G4T 1C5,* ☎ *418-986-2245 ou 877-624-4437, www.tourismeilesdelamadeleine.com)*

Le tour des Îles ★★

▲ *p. 574* 🍴 *p. 575* 🛍 *p. 576* 🏠 *p. 577*

Île du Cap aux Meules ★

L'île centrale, composée des villages de **Fatima**, de **L'Étang-du-Nord** et de **Cap-aux-Meules**, constitue le cœur de l'activité économique locale. Les maisons qui y sont bâties affichent souvent de belles couleurs vives. D'ailleurs, certains racontent que, grâce à ces coloris, les marins pouvaient apercevoir leurs maisons depuis la mer.

Cap-aux-Meules est la seule agglomération urbaine des Îles. En plus des traversiers menant à Souris et à l'île d'Entrée, le port de Cap-aux-Meules accueille des bateaux de pêche de même que des voiliers de passage aux Îles. Vous pouvez gravir le cap qui surplombe le port grâce à un escalier qui mène à un belvédère. Au pied de ce cap qui a donné le nom à la ville et à l'île débute le **Sentier du littoral de Cap-aux-Meules**, un circuit asphalté qui, sur 2 km, vous fait découvrir le côté insoupçonné de la localité: des falaises de grès rouge et deux charmantes petites plages.

De la route 199, tournez à gauche dans le **chemin Gros-Cap ★★**: vous longerez la baie de Plaisance et découvrirez des paysages splendides. Si vous avez un peu de temps, allez au **Restaurant la Factrie de Cap sur Mer** *(521 ch. Gros-Cap, L'Étang-du-Nord,* ☎ *418-986-2710)*, d'où vous pourriez observer les préposés à la transformation du poisson, en plus de déguster un excellent homard fraîchement pêché.

Puis, de l'autre côté du chemin, un arrêt s'impose à la **Galerie L'Espace Bleu** *(juil et août tlj 10h à 18h, juin et sept mar-sam 11h à 17h; 518 ch. Gros-Cap, L'Étang-du-Nord,* ☎ *418-986-4361)*. On y expose les œuvres contemporaines de plusieurs artistes madelinots.

▸▸▸ *En poursuivant votre chemin, vous arriverez de nouveau à l'intersection avec la route 199. Tournez à gauche.*

Chemin faisant, remarquez la splendide **église Saint-Pierre de La Vernière** ★ *(1329 ch. de La Vernière, L'Étang-du-Nord, ☎ 418-986-2410)*. Classée monument historique en 1992, elle est la deuxième plus grande église en bois en Amérique du Nord. Datant de 1876, l'église fut plusieurs fois reconstruite, notamment en raison de la foudre qui l'avait frappée. Une légende raconte que le bois utilisé à l'époque était maudit; il provenait d'une cargaison échouée sur laquelle le capitaine avait jeté un sort.

Poursuivez sur la route 199 et empruntez le premier chemin à droite, soit le chemin de l'Église. Tournez ensuite à gauche dans le chemin Cormier, puis à droite dans le chemin de la Butte-du-Vent, qui mène au pied de la **Butte du Vent** ★★★ *(Fatima)*. Vous trouverez ici un stationnement où garer votre voiture. Ne craignez pas le petit effort physique que demande la montée, puisque au sommet vous attendent le légendaire vent des Îles et un panorama saisissant de l'archipel et du golfe du Saint-Laurent. C'est parmi ces buttes et vallons que l'entreprise **Vert et Mer** *(633 ch. des Caps, ☎ 418-986-3555 ou 866-986-3555, www.vertetmer.com)* a établi son «écolodge», un campement de yourtes alliant confort, rusticité et le privilège d'un contact unique avec la nature.

Revenez à l'intersection avec la route 199 et tournez à droite. Deux kilomètres plus loin, la route change de nom pour devenir le chemin de l'Étang-du-Nord, que vous suivrez jusqu'au bout pour atteindre le **Site de La Côte** ★★ *(499 ch. Boisville O., L'Étang-du-Nord, ☎ 418-986-5085)*, face à l'anse de l'Étang du Nord et à son joli petit port de pêche. Le site est soigneusement aménagé et accueille, par beau temps, bon nombre de visiteurs venus pour pique-niquer ou flâner sur le quai. De charmantes boutiques l'agrémentent, comme la boutique de cerfs-volants **Au Gré du Vent** (voir p. 577).

Le **sentier de l'Anse de l'Étang-du-Nord**, qui longe les falaises sur 1 km et mène au phare de l'Étang-du-Nord, sur le cap Hérissé, débute au Site de La Côte. Du haut de ces escarpements rocheux, vous contemplerez l'impressionnant spectacle de la mer se fracassant sans relâche sur les côtes madeliniennes.

Quelques kilomètres plus loin, les magnifiques **falaises de la Belle Anse** ★★★ offrent aussi une vue imprenable sur la mer. Accessible par le chemin Belle-Anse, le site est particulièrement séduisant en fin de journée avec le spectacle du soleil couchant. De là débute également la **piste cyclo-pédestre de la Belle-Anse**, qui fait 3,6 km de long, tantôt bordée d'arbres, tantôt ouverte sur la mer.

▸▸▸ *Revenez sur vos pas jusqu'à L'Étang-du-Nord et au Site de La Côte. Empruntez le chemin Boisville Ouest, puis tournez à droite dans le chemin Molaison, au bout duquel vous atteindrez le chemin Coulombe. Tournez enfin à droite pour vous rendre à la plage de la Dune de l'Ouest.*

La **plage de la Dune de l'Ouest** ★★ est également connue sous le nom de **plage du Corfu** en raison du navire *Corfu Island* qui y a fait naufrage en 1963. Impossibles à extraire du sable, ses vestiges y sont toujours visibles. S'étendant sur 8,7 km, cette magnifique plage est idéale pour marcher ou se baigner dans les eaux qui la bordent. Mais attention aux courants marins quand les vents sont forts.

▸▸▸ *Reprenez le chemin Coulombe, puis suivez le chemin Chiasson jusqu'à la jonction avec la route 199, que vous prendrez vers le sud en direction de Havre-Aubert (la route 199 longe la baie du Havre aux Basques jusqu'à l'île du Havre Aubert).*

Sur la route 199, deux haltes donnent accès à la **plage du Havre-aux-Basques**, idéale pour les enfants car l'eau demeure peu profonde sur une bonne distance. Petit secret: l'autre extrémité de la plage, face à Portage-du-Cap, est un site de prédilection pour la cueillette de «dollars de sable» (coquillages).

Île du Havre Aubert ★★★

L'île du Havre Aubert a su garder un charme bien pittoresque. C'est ici que débuta le véritable peuplement permanent de l'archipel, avec l'arrivée de quelques familles acadiennes au début des années 1760.

La localité de **Havre-Aubert** est le premier arrêt sur cette île. Son attrait majeur est sans conteste le **Site historique de La Grave** ★★★, petit quartier d'art et d'artisanat qui s'est développé sur la grève où jadis pêcheurs et marchands se donnaient rendez-vous pour le débarquement des prises.

La Grave tire son charme de ses bâtiments traditionnels revêtus de bardeaux de cèdre qui abritaient des magasins, des entrepôts et des salines. Boutiques et cafés s'y succèdent, et vous y passerez, même pendant les jours de pluie, d'excellents moments.

Premier arrêt sur le site de La Grave, l'**Économusée du sable** ★★ *(fin juin à début sept tlj 10h à 21h, début sept à fin juin lun-sam 10h à 17h30; 907 route 199, Havre-Aubert, ☎ 418-937-2917, www.artisansdusable.com)* permet de comprendre comment les Artisans du sable arrivent à sculpter et façonner cette matière jusqu'à en faire des œuvres uniques plus remarquables les unes que les autres.

Îles de la Madeleine - Attraits touristiques - Le tour des îles

Si vous désirez explorer le monde fascinant de la vie marine, la visite de l'**Aquarium des Îles** ★ *(7,50$; juin à août tlj 10h à 18h, sept tlj 10h à 17h; 982 route 199, Havre-Aubert, ✆ 418-937-2277)* s'impose. Vous aurez alors tout le loisir d'observer un grand nombre d'espèces marines locales offertes par les pêcheurs, notamment des phoques du Groenland. Activités de jour pour les enfants (sur réservation) et bassin tactile.

L'exposition permanente *Laboureurs du Golfe* du **Musée de la Mer** ★ *(5$; mi-juin à mi-sept lun-ven 9h à 18h, sam-dim 10h à 18h; 1023 route 199, Havre-Aubert, ✆ 418-937-5711)* retrace l'histoire du peuplement des Îles et de la relation unissant le destin des Madelinots à la mer. Toute l'année, des expositions temporaires s'y succèdent.

Les **buttes des Demoiselles**, qui s'élèvent au loin, offrent un panorama bucolique idéal pour un pique-nique.

En quittant La Grave, suivez le chemin du Sable jusqu'à la **dune du Havre-Aubert** ★★★, que les Madelinots nomment communément la **plage de Sandy Hook** ou la **plage du Bout du banc**. Vous devrez marcher pendant 2h30 pour en atteindre l'extrémité (12 km), mais vos efforts seront récompensés puisque vous aurez l'impression d'arriver au bout du monde.

⟩⟩⟩ *Reprenez la route 199 vers l'ouest jusqu'au chemin du Bassin pour vous rendre à Bassin.*

En suivant la route qui longe la mer et mène à **Bassin**, vous jouirez d'une superbe vue sur le golfe du Saint-Laurent. Vous passerez devant l'**église de Bassin et son presbytère**, le plus ancien ensemble architectural église-presbytère de

Blanchons

Symbole de l'écotourisme aux Îles de la Madeleine, le blanchon est le petit du phoque du Groenland, le «loup marin» pour les gens des Îles. En effet, le phoque du Groenland vient mettre bas sur les banquises des Îles durant les premières semaines de mars, après un long périple le long des côtes du Labrador et dans le golfe du Saint-Laurent. Près de trois millions de phoques font ce voyage chaque année et remontent, après le sevrage, dans l'Arctique, où ils passent la majeure partie de leur vie.

Les phoques arrivent aux Îles en janvier après avoir suivi les côtes du Labrador pendant environ quatre mois. Ils demeurent dans le golfe deux ou trois mois, au cours desquels ils augmentent leur masse en matières grasses. Le mois de mars voit naître par milliers ces petites boules de fourrure, qui attendrirent le monde entier dans les années 1970, alors que les groupes écologiques manifestaient contre leur chasse. Les blanchons doivent attendre un mois et demi avant leur premier plongeon, ce qui nous permet de les observer facilement. Durant cette période, les blanchons connaissent une croissance hors du commun. Au cours des 12 jours d'allaitement, ils triplent leur poids, le lait maternel étant cinq fois plus riche que le lait de vache.

Les blanchons ne sont plus menacés par la chasse, mais les phoques sont toujours chassés. Ceux-ci constituent de redoutables prédateurs pour les bancs de poissons et abîment les filets de pêche remplis de belles prises. D'ailleurs, plusieurs pêcheurs les tiennent même responsables de la diminution des stocks de poissons. Ainsi, les Madelinots et les Terre-Neuviens en tuent presque 50 000 annuellement. Malgré tout, le phoque du Groenland est loin d'être en voie de disparition. À la suite des pressions des pêcheurs, le gouvernement fédéral a relancé la chasse au phoque en établissant les quotas annuels (280 000 prises pour l'année 2009).

La viande de «loup marin» est une viande brune fort appréciée. Vous en trouverez en conserve dans plusieurs coopératives d'alimentation des Îles. Il est aussi possible d'en trouver sous d'autres formes, comme des terrines ou des saucisses (notamment à la **Boucherie spécialisée Côte à Côte**, voir p. 577). Plusieurs restaurants des Îles ont également du «loup marin» au menu.

l'archipel. Notez le toit et les clochers de l'église. Vous apercevrez ensuite le **phare de l'Anse-à-la-Cabane** ★ ★ ★ *(ch. du Phare, Bassin)*, érigé dans un décor saisissant d'où l'on peut admirer l'anse, le port de pêche et le littoral.

''' *Poursuivez par le chemin du Bassin, qui devient ensuite le chemin de l'Étang-des-Caps.*

Vous atteindrez ensuite le hameau de **L'Étang-des-Caps**, d'où vous pourrez apercevoir, par temps clair, la petite île du Corps-Mort. Un peu plus loin se trouve l'extrémité sud de la magnifique plage de la Dune de l'Ouest.

Poursuivez votre route par le chemin de la Montagne à travers la forêt et rendez-vous au **Site d'autrefois** *(10$; mi-juin à fin août tlj 9h à 17h, sept tlj 10h à 16h; 3106 ch. de la Montagne, Bassin, ♪ 418-937-5733, www.ilesdelamadeleine.com/ autrefois)*. Dans ce «village d'antan» reconstitué, un ancien pêcheur vous racontera, en histoires et en chansons, la vie traditionnelle des Madelinots d'autrefois. De beaux moments pour toute la famille.

''' *Tournez à droite pour rejoindre le chemin du Bassin. Retournez sur l'île du Cap aux Meules en reprenant la route 199, qui se rend jusqu'à l'île du Havre aux Maisons.*

Île du Havre aux Maisons ★ ★ ★

L'île du Havre aux Maisons, très dénudée, est l'une des plus mignonnes de l'archipel. Sur ses buttes et vallons verdoyants se déposent, çà et là, de jolies maisons le long de routes sinueuses. Portant le même nom que l'île, le village de **Havre-aux-Maisons** est sa principale agglomération.

De la route 199, tournez à gauche dans le chemin de la Petite-Baie, puis dans le chemin des Cyr, et offrez-vous le plaisir d'une promenade autour de la **butte à Mounette** ★ ★. Grimpez-y au coucher du soleil pour une vue à couper le souffle.

Revenez sur la route 199 pour rejoindre le chemin de la Pointe-Basse, qui borde la baie de Plaisance et révèle de fort beaux points de vue. Ne manquez pas de vous arrêter à la **Fromagerie du Pied-de-Vent** *(lun-ven 8h à 17h, sam-dim 8h à 16h30; 149 ch. de la Pointe-Basse, Havre-aux-Maisons, ♪ 418-969-9292)*, qui fait la fierté des Îles. Tournez dans le chemin du Quai pour aller admirer le charmant petit havre de Pointe-Basse. Entrez au **Fumoir d'Antan – Économusée du hareng fumé** *(27 ch. du Quai, Havre-aux-Maisons, ♪ 418-969-4907)*, où la famille Arseneau fume le poisson (hareng, saumon, pétoncles, maquereau) depuis trois générations. Leur maquereau fumé est particulièrement délicieux.

Reprenez le chemin de la Pointe-Basse jusqu'au **phare du Cap Alright** ★ ★ ★. Remarquez l'imposant escarpement rocheux où se mêlent l'argile, le calcaire et le gypse. L'érosion, véritable menace pour l'archipel, a forcé la fermeture de la route à cet endroit. Il vous faudra donc emprunter le chemin des Buttes puis le **chemin des Montants** ★ ★ ★ pour apprécier l'un des plus beaux panoramas de l'île du Havre aux Maisons.

Juste avant de quitter le chemin des Montants, on s'émerveille devant l'immensité en apercevant la Dune du Sud, qui s'étend à perte de vue. De là, on peut également contempler les **Sillons**, ces empreintes qui témoignent de l'avancée progressive de la dune vers la mer.

Vous atteindrez la **plage de la Dune du Sud** ★ ★ par le chemin du même nom. Ceinturée de falaises rouges et de grottes accessibles à marée basse, cette plage offre 22 km de sable fin. Une halte routière y facilite l'accès, et des toilettes et des tables de pique-nique sont mises à la disposition des visiteurs.

''' *Continuez par la route 199, qui se rend jusqu'à Grosse-Île en traversant l'île aux Loups.*

Île aux Loups

Posée entre deux dunes, l'île aux Loups montre la fragilité du milieu madelinot. Elle est reconnue pour son abondance de mollusques côté lagune et pour la baignade dans les vagues côté mer. Prenez garde aux forts courants marins qui peuvent sournoisement vous entraîner au large.

La Grosse Île

Les côtes particulièrement accidentées de la Grosse Île furent la cause de bien des naufrages, et nombre de rescapés durent s'y arrêter. C'est ainsi que des descendants écossais s'y établirent, et quelque 500 anglophones y habitent toujours aujourd'hui.

La route 199 continue jusqu'à la **réserve nationale de faune de la Pointe-de-l'Est** ★ ★ *(www. qc.ec.gc.ca)*, où vous accueille une végétation dunaire unique. Si vous vous y rendez pour observer sa riche faune ailée, comme le pluvier siffleur (espèce menacée), le canard pilet, le martin-pêcheur d'Amérique, le macareux moine et l'alouette cornue, prenez garde de ne pas endommager les lieux de nidification (ils sont indiqués). Deux sentiers d'interprétation, accessibles gratuitement par deux entrées sur la route 199 après le village de Grosse-Île, permettent de parcourir la réserve. Profitez des visites guidées proposées par **La**

Îles de la Madeleine - Attraits touristiques - Le tour des îles

Salicorne *(377 route 199, Grande-Entrée, ♪ 418-985-2833 ou 888-537-4537, www.salicorne.ca).*

Plus loin, vous trouverez l'une des plus belles plages des Îles, la **plage de la Grande Échouerie** ★★★, qui semble s'étendre vers l'infini. La plage compte le seul stationnement payant de l'archipel, ainsi que des toilettes et des douches. Puis, poussez votre randonnée jusqu'à la splendide pointe **Old-Harry** ★★.

''' *Poursuivez sur la route 199 jusqu'à l'île de la Grande Entrée.*

Île de la Grande Entrée ★★★

Tout au bout de la route 199, vous arriverez au bourg principal de l'île, **Grande-Entrée**. Allez vous promener sur le quai de ce port très fréquenté durant la saison de pêche, d'où partent une centaine de bateaux multicolores.

Revenez sur vos pas et tournez dans le chemin du Bassin Ouest, d'où vous pourrez faire une randonnée facile d'environ 2 km qui vaut absolument le détour. Elle mène à l'**île Boudreau** ★★★, un joyau naturel qui cache des veines d'argile et qui abrite une colonie de phoques.

En revenant sur la route 199, ne manquez pas de visiter le **Centre d'interprétation du phoque** ★ *(7,50$; juin à sept tlj 10h à 18h; 377 route 199, Grande-Entrée, ♪ 418-985-2833, www.ilesdelamadeleine.com/cip)*, pour en connaître davantage sur les habitudes de vie de ce mammifère et l'importance de cette chasse aux Îles.

Île d'Entrée ★★★

L'île d'Entrée constitue une destination en soi. Le traversier *Ivan-Quinn (30$ aller-retour; mai à déc lun-sam deux départs par jour du port de Cap-Aux-Meules à 7h30 et 14h, retours de l'île d'Entrée à 9h et 15h30; ♪ 418-986-3278)* assure le lien entre Cap-aux-Meules et l'île d'Entrée. La traversée dure environ 1h, et les réservations sont requises.

Cette petite communauté anglophone, qui vit presque exclusivement de la pêche, compte quelque 100 résidants, tous de descendance écossaise ou irlandaise. Ses paysages champêtres et ses chevaux sauvages lui donnent tout son charme. Allez goûter l'incroyable sérénité qui règne sur cet îlot vallonné. Du port, en suivant les chemins Main et Post Office puis en empruntant le sentier Ivan Quinn, vous gravirez le plus haut sommet des Îles, **Big Hill** (174 m), d'où vous pourrez contempler l'archipel d'un bout à l'autre. Par temps clair, il

vous est même possible d'apercevoir l'île du Cap-Breton au large.

Île Brion ★★★

C'est sur cette île, située à quelque 16 km de la Grosse Île, que l'on peut observer la riche diversité de la nature madelinienne à l'état originel. Réserve écologique depuis 1984, l'île Brion abrite plus de 140 espèces d'oiseaux et une impressionnante forêt de conifères rabougris. L'accès y est restreint, et l'entreprise **Vert et Mer** (voir p. 569), la seule à détenir un permis d'accès, offre différents séjours éducatifs sur l'île.

Activités de plein air

➤ Cerf-volant de traction

L'entreprise récréotouristique **Aérosport Carrefour d'Aventures** *(mi-juin à mi-sept tlj 9h à 18h; 1390 ch. de La Vernière, L'Étang-du-Nord, ♪ 418-986-6677 ou 866-986-6677, www.aerosport.ca)* offre des initiations au surf cerf-volant ou *kitesurf (250$/3h).*

➤ Golf

Club de golf des Îles
9 trous, tlj 7h à 21h
321 ch. Boisville O.
L'Étang-du-Nord
♪ 418-986-3665

➤ Kayak

Voici quelques entreprises qui organisent des excursions guidées près des grottes et des falaises de l'archipel:

Centre nautique de L'Istorlet *(50$/3h; mi-juin à mi-sept; 100 ch. L'Istorlet, Havre-Aubert, ♪ 418-937-5266 ou 888-937-8166, www.istorlet.com).*

Parc de Gros-Cap *(40$/3h; juin à fin sept; 74 ch. du Camping, L'Étang-du-Nord, ♪ 418-986-4505 ou 800-986-4505, www.parcdegroscap.ca).*

Aérosport Carrefour d'Aventures *(59$/3h; juin à oct tlj 8h30 à 18h; 1390 ch. de La Vernière, L'Étang-du-Nord, ♪ 418-986-6677 ou 866-986-6677, www.aerosport.ca).*

La Salicorne *(♪ 418-985-2833 ou 888-537-4537, www.salicorne.ca)* propose quant à elle des sorties en kayak de surf *(43$)* au pied de saisissantes falaises. Et si vous êtes de nature aventureuse, vivez l'expérience unique de l'exploration des grottes *(49$)* en habit isothermique!

Îles de la Madeleine - Attraits touristiques - Le tour des Îles

Vert et Mer (voir p. 569) organise des sorties en kayak de mer, entre autres à l'île d'Entrée.

➤ Pêche

Vivez une expérience unique avec la **Pourvoirie Mako** (24 ch. Pealey, Grande-Entrée, ☎ 418-985-2895): pêcher le requin au large des Îles. La pourvoirie organise également des excursions de pêche au homard et d'observation ornithologique.

➤ Plongée sous-marine

Vous pourrez louer de l'équipement de plongée sous-marine à l'adresse suivante:

Le Repère du Plongeur
début juil à mi-sept et mi-fév à fin mars
18 allée Léo-Leblanc
L'Étang-du-Nord
☎ 418-986-3862
www.repereduplongeur.com

➤ Randonnée pédestre

Une quinzaine de sentiers sillonnent l'archipel, chacun offrant des points de vue remarquables. Parmi ceux-ci, retenons le **Sentier du littoral de Cap-aux-Meules** (voir p. 568), celui qui mène à l'**île Boudreau** à partir de l'île de la Grande Entrée (voir p. 572), la **piste cyclo-pédestre de la Belle-Anse** (voir p. 569) et le **sentier de l'Anse de l'Étang-du-Nord** (voir p. 569). N'hésitez pas à les explorer et à en découvrir d'autres.

Vert et Mer (voir p. 569) offre des randonnées pédestres lors de la visite éducative de la réserve écologique de l'île Brion et de la découverte de l'île d'Entrée.

La Salicorne (☎ 418-985-2833 ou 888-537-4537, *www.salicorne.ca*) organise des randonnées pour vous faire découvrir les divers écosystèmes de l'est des Îles.

➤ Sorties en mer et observation des phoques

Excursions en Mer *(mai à oct tlj 8h à 20h; 70 ch. Principal/route 199, Cap-aux-Meules, billetterie à la marina de Cap-aux-Meules; ☎ 418-986-4745, www. excursionsenmer.com)* propose tous les jours de magnifiques excursions en bateau et en canot pneumatique pour faire la découverte des falaises avec des guides interprètes, ainsi que des balades en mer jusqu'à l'île d'Entrée et l'île Brion.

Le **Centre nautique de L'Istorlet** *(mi-juin à août; 100 ch. L'Istorlet, Havre-Aubert, ☎ 418-937-5266 ou 888-937-8166, www.istorlet.com)* organise une

excursion en canot pneumatique pour aller plonger avec tuba et côtoyer les phoques près de la petite île du Corps-Mort *(excursion de 3h, 65$/observation et 95$/plongée)*.

Les **Excursions de la Lagune** *(20$; juin à sept, départs tlj à 9h, 11h et 14h; quai de la Pointe, route 199, Havre-aux-Maisons, ☎ 418-969-4550)* font des sorties à bord d'un bateau à fond vitré. L'excursion permet d'aller à la rencontre des phoques, en plus d'assister à des démonstrations de pêche au homard et de culture de pétoncles et de moules.

➤ Vélo

Le vélo est une belle façon de visiter les Îles si le vent est tranquille... La Route Verte permet de sillonner l'archipel tout en contemplant de beaux points de vue, mais elle emprunte fréquemment la route principale (route 199) où les accotements ne sont pas tous asphaltés.

Trois parcours panoramiques sont proposés aux amateurs de vélo: le Tour de l'île du Cap aux Meules (25 km), le Tour de la Pointe-Basse (8 km), sur l'île du Havre aux Maisons, et le Tour de la montagne (20 km), sur l'île du Havre Aubert. Une carte des pistes cyclables des Îles est publiée par Tourisme Îles de la Madeleine et disponible sur leur site Internet *(www.tourismeilesdelamadeleine.com)*. Notez que les sentiers pédestres du littoral de Cap-aux-Meules, de l'île Boudreau et de l'Anse de l'Étang-du-Nord (voir ci-dessus) sont également aménagés pour les cyclistes.

Pour louer un vélo:
Le Pédalier
545 ch. Principal
Cap-aux-Meules
☎ 418-986-2965
www.lepedalier.com
Tous les vélos sont munis d'un porte-bagages. Comptez 6$/h, 24$/jour ou 90$/semaine, casque et cadenas inclus.

➤ Voile et planche à voile

Les Îles sont le paradis des sports de voile et de glisse grâce à la constance des vents et à la variété des plans d'eau. Le **Centre nautique de L'Istorlet** *(mi-juin à août; 100 ch. L'Istorlet, Havre-Aubert, ☎ 418-937-5266 ou 888-937-8166, www. istorlet.com)* propose des cours et loue des embarcations. Tout autour du Centre nautique de l'Istorlet, les eaux sont sécuritaires et peu agitées. Comptez 50$ l'heure pour la location d'une planche ou d'un dériveur. Des camps nautiques pour les jeunes, d'un jour ou d'une semaine, sont aussi offerts.

Hébergement

En été, les Madelinots vous ouvrent littéralement leurs portes. Car en plus des gîtes et des hôtels, plusieurs maisons et chalets sont à louer. Vous trouverez toute l'information et leurs coordonnées sur le site Internet *www.tourismeilesdelamadeleine.com*. Mais n'oubliez pas de réserver très tôt!

Île du Cap aux Meules

Camping du Parc de Gros-Cap
Auberge internationale de jeunesse des Îles
$ bc @
début juin à fin sept
74 ch. du Camping
L'Étang-du-Nord
☏ 418-986-4505 ou 800-986-4505
www.parcdegroscap.ca

Le Parc de Gros-Cap gère à la fois un camping et l'auberge de jeunesse des Îles. Ainsi, vous trouverez, nichée au bout d'une petite péninsule, une auberge calme et conviviale comptant neuf chambres propres et lumineuses (trois privées et six partagées). Accès à la cuisine, salle à manger et Internet haute vitesse. Plage à deux pas. Le camping du parc compte 100 emplacements où l'on goûte bien les Îles, le vent et la mer.

Auberge chez Sam
$ bc/bp
1767 ch. de l'Étang-du-Nord
L'Étang-du-Nord
☏ 418-986-5780

En entrant dans la jolie maison de bois de l'Auberge chez Sam, on est tout de suite frappé par la gentillesse de l'accueil. On est ensuite ravi de découvrir les chambres, cinq au total, toutes mignonnes et bien tenues.

Camping Le Barachois
$
début mai à fin sept
87 ch. du Rivage
Fatima
☏ 418-986-6065

Situé au cœur d'un petit boisé donnant sur la mer, le Camping Le Barachois compte environ 180 emplacements bien abrités du vent.

La Maison du Cap-Vert
$$ bc/bp
202 ch. L.-Aucoin
Fatima
☏ 418-986-5331
www.maisonducapvert.ca

L'auberge familiale La Maison du Cap-Vert propose cinq chambres tout à fait charmantes, dotées de lits douillets, le tout dans une ambiance marine. Avec le délicieux petit déjeuner offert à volonté tous les matins, cet établissement représente sans contredit une valeur sûre.

Château Madelinot
$$$ ≋))) &
323 route 199
Cap-aux-Meules
☏ 418-986-3695 ou 800-661-4537
www.hotelsilesdelamadeleine.com

Vous serez peut-être d'abord surpris d'apercevoir ce grand bâtiment qui tient lieu de Château Madelinot. Mais le confort des chambres et la vue superbe de la mer tendent à faire oublier cette première image, et l'on y offre une foule de services et d'installations: piscine, sauna, en plus de différents forfaits.

Île du Havre Aubert

Camping Plage du Golfe
$
mi-juin à début sept
535 ch. du Bassin
Bassin
☏ 418-937-5224

Situé aux abords de la dune du Bassin, ce camping compte 72 emplacements, et on y loue également quelques chalets.

Camping Belle Plage
$
mi-juin à mi-sept
445 ch. du Bassin
Bassin
☏ 418-937-5408

Le Camping Belle Plage propose une centaine d'emplacements donnant directement sur la plage de la Dune du Bassin.

Auberge Havre-sur-Mer
$$-$$$$ @))) @ △
mai à mi-oct
1197 ch. du Bassin
L'Anse-à-la-Cabane
☏ 418-937-5675
www.havresurmer.com

L'Auberge Havre sur Mer est perchée au bord d'une falaise sur un site magnifique. Les chambres, qui donnent sur une terrasse commune d'où chacun des occupants peut profiter de la belle vue, attirent bon nombre de visiteurs amoureux des Îles et du calme. Sauna, spa et massages.

Île du Havre aux Maisons

Auberge de la Petite Baie
$$
187 route 199
Havre-aux-Maisons
☏ 418-969-4073

Pour un accueil chaleureux, rendez-vous à l'Auberge de la Petite Baie, où vous trouverez quatre chambres meublées avec goût. Charmant restaurant au rez-de-chaussée.

Domaine du Vieux Couvent
$$$$-$$$$$ @ Ψ
avr à jan
292 route 199
Havre-aux-Maisons
☏ 418-969-2233
www.domaineduvieuxcouvent.com

Le Domaine du Vieux Couvent vous offre calme, confort, et une vue imprenable sur la mer. Couettes en duvet d'oie, service de repas aux chambres et Internet haute vitesse. Voisin et appartenant également au domaine, le Presbytère abrite de petits appartements pouvant accueillir jusqu'à six personnes chacun.

Île de la Grande Entrée

La Salicorne
$-$$$ ♨ &.
377 route 199
Grande-Entrée
☎ 418-985-2833 ou 888-537-4537
www.salicorne.ca

Anciennement le Club Vacances Les Îles, La Salicorne est à la fois un camp de vacances familial et un lieu de détente. L'auberge propose l'hébergement dans de belles grandes chambres confortables, avec forfaits d'au moins trois jours en pension complète. Les repas sont variés et savoureux. Son camping compte une vingtaine d'emplacements, et un dortoir est mis à la disposition des visiteurs pour les jours de pluie.

Restaurants

Île du Cap aux Meules

Chez Armand
$
1342 ch. des Caps
Fatima
☎ 418-986-4579

Ce restaurant de style casse-croûte est très fréquenté par les Madelinots. Ici, la soupe aux fruits de mer et le généreux sandwich club au homard valent le détour, de même que la vue saisissante sur la mer et les couchers de soleil.

Les Pas Perdus
$$-$$$
juin à sept tlj, fin sept à juin lun-sam
169 route 199
Cap-aux-Meules
☎ 418-986-5151
www.pasperdus.com

Bistro-Dodo-C@fé... Deux établissements, quatre vocations, l'adresse branchée des Îles. Que ce soit au restaurant/auberge ou au bar/salle de spectacle (voir p. 576), c'est le lieu où faire des rencontres au détour d'un café ou d'une bière des Îles. Bonne

table : goûtez le hamburger au requin ou la poutine au Pied-de-Vent. Six chambres à louer à l'étage.

Le Clair de Lune
$$-$$$
mi-juin à mi-sept
1003 ch. des Caps
Fatima
☎ 418-986-2770

On se rend au restaurant Le Clair de Lune pour la chaleur de ses dîners-spectacles (musique, contes et légendes) et les brunchs du dimanche. Typique.

La Table des Roy
$$$$
juin à sept, fermé dim
1188 ch. de La Vernière
L'Étang-du-Nord
☎ 418-986-3004
www.latabledesroy.com

La Table des Roy propose une cuisine raffinée dans un cadre d'une élégance unique aux Îles. Haute gastronomie du terroir agrémentée de fleurs et de plantes comestibles de la région. Réservations requises.

Île du Havre Aubert

Café de La Grave
$-$$
mai à oct
969 route 199
La Grave, Havre-Aubert
☎ 418-937-5765

Laissez-vous envoûter par l'atmosphère unique de cet ancien magasin général où l'on passe des veillées à fredonner avec les habitués. On y va aussi bien en journée qu'en soirée pour boire une bière ou un café, ou encore pour déguster une bonne chaudrée de palourdes ou un morceau de gâteau. Un incontournable!

Bistro du bout du monde
$$$$
mar-dim dès 17h
951 route 199
La Grave, Havre-Aubert
☎ 418-937-2000
www.bistroduboutdumonde.com

Réserver une table au Bistro du bout du monde, c'est

entrer dans l'univers de la gastronomie. Ne vous laissez pas tromper par la simplicité du décor et du menu. Dans ce joyeux petit bistro ouvert sur la mer, la cuisine du jeune chef madelinot séduit les plus fins gourmets.

Île du Havre aux Maisons

Le Sablier
$$-$$$
257 route 199
Havre-aux-Maisons
☎ 418-969-9299

Restaurant familial. Bons déjeuners et bon rapport qualité/prix.

Le Réfectoire
$$$
mars à jan tlj
Domaine du Vieux Couvent
292 route 199
☎ 418-969-2233

Le **Domaine du Vieux Couvent** (voir p. 574) est une véritable institution aux Îles. Ce joyau patrimonial abrite aujourd'hui l'une des tables les plus courues de la région. Ici, la chef propose des mets inspirés de la mer (calmars au parmesan, bouillabaisse, moules), mais aussi de la terre, tel le sanglier d'élevage local. La sélection de vins est reconnue. Ambiance bistro conviviale et animée, agrémentée d'un magnifique solarium donnant sur la mer.

Auberge de la Petite Baie
$$$-$$$$
juin à mi-sept
187 route 199
☎ 418-969-4073

À l'Auberge de la Petite Baie, la table et la vaisselle anglaise ravissent les papilles et les pupilles à coup de «loup marin» et pot-en-pot des Îles. On y sert des mets bien apprêtés tels que grillades, fruits de mer et poissons. Certains plats de bœuf, de porc et de poulet figurent également au menu. Le service s'avère chaleureux et attentionné, et le décor est très soigné.

Sorties

> Activités culturelles

Pour connaître le calendrier complet des spectacles et événements, procurez-vous la brochure *Programmation culturelle*, publiée chaque année par **Arrimage, la Corporation culturelle des Îles de la Madeleine** (☎ *418-986-3083, www.arrimage-im.qc.ca).*

Île du Cap aux Meules

Les Pas Perdus
185 route 199
Cap-aux-Meules
☎ 418-986-6002

Les groupes québécois de l'heure se succèdent sur la scène de la salle de spectacle des Pas Perdus. L'acoustique est excellente dans cette salle de style cabaret qui attire surtout la jeune génération.

Site de La Côte
499 ch. Boisville O. (à côté du quai)
L'Étang-du-Nord
☎ 418-986-5085

Sur le **Site de La Côte** (voir p. 569), la boîte à chansons du Site de La Côte propose des spectacles variés, et la scène extérieure accueille régulièrement des spectacles gratuits.

Île du Havre Aubert

Centre culturel de Havre-Aubert
316 ch. d'En Haut
Havre-Aubert
☎ 418-937-2588
www.mesilesmonpays.com

Au Centre culturel de Havre-Aubert, 50 comédiens madelinots vous présentent le spectacle *Mes îles, mon pays*, une impressionnante reconstitution de l'histoire des Îles de la Madeleine. Une manière fort agréable de s'initier au patrimoine des Îles et de l'Acadie. Le mercredi en été, on y présente la pièce *Péril sur la banquise*, à propos de la chasse aux phoques.

Au Vieux Treuil
971 route 199
La Grave, Havre-Aubert
☎ 418-937-5138

Au Vieux Treuil est une petite salle de spectacle où vous vous sentirez privilégié d'assister, dans un cadre intimiste, à des concerts de grande qualité. Programmation aussi riche que diversifiée. Réservez vos places.

> Bars et boîtes de nuit

Île du Cap aux Meules

Bar du Théâtre des Pas Perdus
185 route 199
Cap-aux-Meules
☎ 418-986-6002

Le théâtre des Pas Perdus abrite un bar branché où les planchers de bois et les sofas lui confèrent un charme unique et donnent envie d'y passer des heures. Bière des Îles, Internet sans fil et ordinateurs sur place.

Microbrasserie à l'Abri de la Tempête
début juin à début oct tlj 11h à 23h
286 ch. Coulombe
L'Étang-du-Nord
☎ 418-986-5005
www.alabridelatempete.com

Derrière la **plage du Corfu** (voir p. 569), vous trouverez la première microbrasserie québécoise à malter ses céréales de façon artisanale. Dégustez l'Écume, la Pas Perdus, la Vieux Couvent, La Grave et la Corne de Brume, toutes brassées à partir d'orge des Îles. Visites guidées et pub sur place. Soirées musicales les samedis d'été.

Au Débaris
360 route 199
Cap-aux-Meules
☎ 418-986-3777

La clientèle locale s'y rend pour écouter les chansonniers, danser ou profiter de la terrasse donnant sur la mer.

Île du Havre Aubert

Café de La Grave
mai à oct
969 route 199
La Grave, Havre-Aubert
☎ 418-937-5765

Vous perdrez le fil du temps au chaleureux **Café de La Grave** (voir p. 575), là où les voix s'élèvent en chansons souvent jusqu'aux petites heures.

Le Petit Mondrain
983 route 199
La Grave, Havre-Aubert
☎ 418-937-2499

C'est petit, c'est bruyant, mais c'est surtout festif. Les Madelinots s'y entassent pour entendre le répertoire local et les chansons acadiennes et country interprétées par des musiciens et chansonniers locaux. Frites et fruits de mer.

> Festivals et événements

Juillet

Pendant une semaine, à la fin de juillet, une dizaine d'artistes peintres sillonnent les Îles pour capter, chaque jour sur leur toile, la lumière et les coloris uniques des paysages madelinots. En fin de journée, allez à leur rencontre au **Site de La Côte** (voir p. 569) pendant le **Symposium de peinture figurative de L'Étang-du-Nord** (☎ *418-986-5085).*

Août

Pourriez-vous, en 3h et avec 200$ de matériaux, construire un bateau qui devra ensuite participer à une course en mer? Voilà le défi du **Concours de construction de petits bateaux**, où ingéniosité rime souvent avec humour. L'événement donne le coup d'envoi au coloré **Festival acadien** (*La Grave, Havre-Aubert,* ☎ *418-937-2525).* Plaisir assuré pour toute la famille**.**

Le **Concours des châteaux de sable** a lieu sur la plage de la **dune du Havre-Aubert** (voir p. 570). Des œuvres éphémères, souvent impressionnantes, surgissent en bord de mer et attirent les foules. Pour participer au concours, appelez au ☎ 418-986-6863.

Septembre

La vague effrénée de la haute saison touristique passée, tout s'apaise aux Îles, et il n'y a pas moment plus propice pour se laisser bercer par la voix, les mots et l'imaginaire des conteurs d'ici et d'ailleurs. À la fin de septembre, ils sont habituellement une trentaine à débarquer aux Îles pour le **Festival International Contes en Îles** *(☎ 418-986-5281, www. conteseniles.com)*.

Achats

➤ Alimentation

Microbrasserie À l'abri de la Tempête
286 ch. Coulombe
L'Étang-du-Nord
☎ 418-986-5005
Cette microbrasserie locale propose des bières de qualité issues du terroir madelinot. Visites guidées des installations et vente et dégustation sur place.

Boucherie spécialisée Côte à Côte
295 route 199
Cap-aux-Meules
☎ 418-986-3322
À la Boucherie spécialisée Côte à Côte, il faut rencontrer Réjean, le boucher, et lui laisser vous présenter ses terrines de «loup marin» et son «loup marin» fumé. Excellents plats cuisinés le midi. Épicerie fine.

Boulangerie artisanale La Fleur de sable
102 route 199
Havre-Aubert
☎ 418-937-2224
Ici tous les pains sont façonnés à la main à partir de farines bios. C'est également un café-bistro ouvert tous les jours.

Boulangerie Madelon
355 ch. Petitpas
Cap-aux-Meules
☎ 418-986-3409
En plus des pains et des pâtisseries, vous trouverez ici des charcuteries et la plus vaste sélection de fromages aux Îles. C'est le commerce à visiter si vous planifiez des pique-niques gourmands.

Les Cochons Tout Ronds
33 ch. de l'École
Havre-Aubert
☎ 418-937-5444
www.cochonstoutronds.com
La charcuterie artisanale Les Cochons Tout Ronds prépare de délicieux saucissons, pâtés et autres charcuteries.

➤ Artisanat

Les Artisans du sable
tlj 10h à 21h
907 route 199
La Grave, Havre-Aubert
☎ 418-937-2917
www.artisansdusable.com
Ne manquez surtout pas cette boutique qui présente des pièces originales et uniques au monde. Une profusion de créations en sable pour offrir en cadeau ou pour se faire plaisir. À visiter aussi sur place, l'Économusée du sable.

Boutique d'art Tendance
715 route 199
Cap-aux-Meules
☎ 418-986-5111
Pour des souvenirs ou des cadeaux, cette jolie boutique propose des œuvres inspirées et de qualité: bijoux en coquilles de moules, verre recyclé, objets décoratifs et utilitaires en pierre d'albâtre et bois de plage.

Galerie Boutique Le Flâneur
juin à sept jeu-mar 9h30 à 21h30
1944 ch. de l'Étang-du-Nord
L'Étang-du-Nord
☎ 418-986-6526
www.leflaneur.com
Dans un cadre exceptionnel, un salon de thé aux allures classiques côtoie des poupées totalement excentriques. Venez voir!

La Maison du Héron
021 ch. du Quai S.
Pointe-aux-Loups
☎ 418-969-4819
www.la-maison-du-heron.com
Cette boutique, trois fois trop petite pour ce qu'elle contient, mérite bien une visite. Les artéfacts et les fossiles s'entremêlent aux créations d'artistes locaux (bijoux, peintures, tricots, articles en cuir de «loup marin»).

Verrerie La Méduse
638 route 199
Havre-aux-Maisons
☎ 418-969-4681
www.meduse.qc.ca
La Verrerie La Méduse permet aux visiteurs d'admirer les artisans souffleurs à l'œuvre *(3$/pers., 7$/famille)*. Attenantes à l'atelier, une galerie d'art et une petite boutique présentent diverses pièces fabriquées sur place, et l'on y expose également celles d'autres artisans.

➤ Plein air

Au Gré du Vent
499 ch. Boisville O.
L'Étang-du-Nord
☎ 418-986-5069
www.greduvent.com
La boutique Au Gré du Vent est le paradis du cerf-volant pour qui veut acheter, fabriquer ou bien initié aux techniques de vol conventionnelles ou acrobatiques. Le personnel est passionné et compétent.

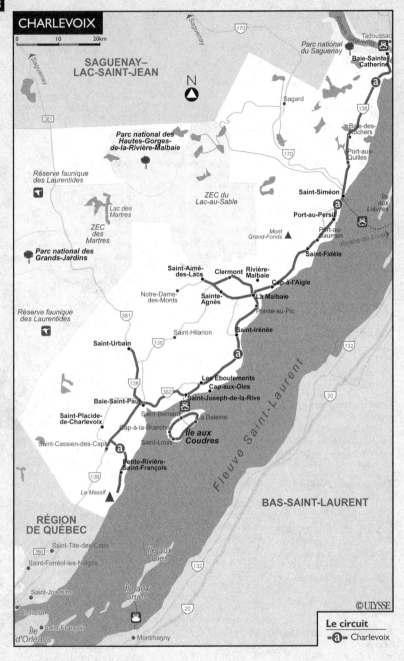

CHARLEVOIX

0   10   20km

SAGUENAY–
LAC-SAINT-JEAN

N

Parc national
du Saguenay

Tadoussac

Baie-Sainte-
Catherine

138

Sagard

Baie-des-
Rochers

Parc national des
Hautes-Gorges-
de-la-Rivière-Malbaie

170

Port-aux-
Quilles

381

Réserve faunique
des Laurentides

ZEC du
Lac-au-Sable

Saint-Siméon

Île
aux
Lièvres

Lac des
Martres

Port-au-Persil

ZEC
des
Martres

Mont
Grand-Fonds

Port-au-
Saumon

Rivière-du-Loup

Parc national des
Grands-Jardins

Saint-Fidèle

Saint-Aimé-
des-Lacs

Clermont

Rivière-
Malbaie

Cap-à-l'Aigle

Notre-Dame-
des-Monts

Sainte-
Agnès

La Malbaie

Réserve faunique
des Laurentides

381

Saint-Hilarion

Pointe-au-Pic

Saint-Irénée

132

Saint-Urbain

138

20

Fleuve Saint-Laurent

Les Eboulements

362

Cap-aux-Oies

Baie-Saint-Paul

Saint-Joseph-de-la-Rive

Saint-Placide-
de-Charlevoix

Saint-Bernard

La Baleine

Cap-à-la-Branche

Île aux
Coudres

Saint-Cassien-des-Caps

Saint-Louis

138

Petite-Rivière-
Saint-François

BAS-SAINT-LAURENT

Le Massif

RÉGION
DE QUÉBEC

Saint-Tite-des-Caps

360

Île aux
Oies

132

Saint-Ferréol-les-Neiges

Saint-Joachim

Île aux
Grues

20

Beaupré

Saint-François

Montmagny

Île
d'Orléans

© ULYSSE

Le circuit

a – Charlevoix

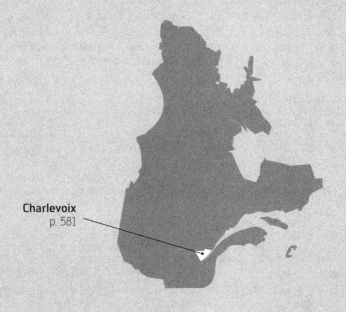

Charlevoix
p. 581

Charlevoix

La singulière beauté des paysages de **Charlevoix** ★ ★ ★ séduit les artistes depuis des générations. Depuis Petite-Rivière-Saint-François jusqu'à l'embouchure de la rivière Saguenay, la rencontre du fleuve et des montagnes a su y sculpter des paysages envoûtants et poétiques. Tout au long de la rive qu'agrémente un chapelet de vieux villages se succèdent d'étroites vallées et des montagnes plongeant abruptement dans les eaux salées du Saint-Laurent. En quittant le bord du fleuve, on pénètre alors dans un territoire sauvage au relief accidenté où la taïga se substitue parfois à la forêt boréale. Les vieilles habitations et églises qui jalonnent le pays, tout comme le lotissement du territoire, hérité de l'époque seigneuriale, rappellent que Charlevoix fut l'une des premières régions de colonisation française.

À la richesse du patrimoine architectural et aux paysages exceptionnels s'allient une faune et une flore d'une éblouissante variété. Déclarée Réserve mondiale de la biosphère par l'UNESCO en 1988, la région de Charlevoix abrite des espèces animales et végétales uniques. Près des berges, à l'embouchure de la rivière Saguenay, des baleines de différentes espèces viennent se nourrir tout au long de l'été.

Profondément nichée dans l'arrière-pays, une partie du territoire est constituée d'un environnement ayant les propriétés de la taïga, ce qui est tout à fait remarquable à cette latitude, et abrite différentes espèces florales et animales, entre autres le caribou et le grand loup d'Arctique.

Charlevoix est sans aucun doute un lieu de séjour fort apprécié au Québec. Dès la fin du XVIIIe siècle, la beauté des paysages y attirait déjà de nombreux visiteurs. Un peu plus tard, au début du XXe siècle, la belle société québécoise, canadienne et américaine se donnait rendez-vous, après une agréable croisière sur le fleuve Saint-Laurent, au Manoir Richelieu de Pointe-au-Pic. Cette longue tradition d'hospitalité s'est perpétuée, et l'on retrouve désormais un peu partout dans cette belle région de charmantes auberges et d'excellents restaurants.

Le circuit qui vous est proposé pour visiter Charlevoix longe la rive du Saint-Laurent, mais offre également quelques excursions dans l'arrière-pays. Assurez-vous avant le départ que le moteur de votre voiture ne risque pas de surchauffer dans les ascensions et que les freins sont en bon état, car les côtes de Charlevoix sont parfois à pic et sinueuses.

Accès et déplacements

➤ En voiture

De Québec, empruntez la route 138, qui constitue le principal axe routier de Charlevoix avec la route 362 (surnommée la «route du Fleuve»). Il est cependant possible, et même souhaitable, de joindre ce circuit à celui de la **côte de Beaupré** (voir p. 454), dans la région de Québec, qui suit plutôt la route 360 jusqu'à Beaupré. Après avoir traversé les étendues horizontales des battures du fleuve Saint-Laurent, la route 138 grimpe soudainement dans les montagnes de Charlevoix à l'endroit précis (cap Tourmente) où les Laurentides rejoignent le fleuve, refermant ainsi la vallée du Saint-Laurent à l'est. Si l'on jette un regard derrière soi, on aperçoit alors, par temps clair, l'île d'Orléans et la ville de Québec dans le lointain.

➤ En autocar (gares routières)

Baie-Saint-Paul
centre commercial Le Village
2 ch. de l'Équerre
☏ 418-435-6569

Saint-Hilarion
épicerie A&M Audet
354 route 138
☏ 418-457-3855

Saint-Siméon
Restaurant L'Horizon
775 rue St-Laurent
☏ 418-638-2671

Clermont
Marché Richelieu
46 rue Lapointe
☏ 418-439-3601

La Malbaie
dépanneur Otis
46 rue Ste-Catherine
☏ 418-665-2264

➤ En traversier

Saint-Siméon: le traversier *(adultes 16$, voitures 39$; avr à jan; ☏ 418-638-2856, www.travrdlstsim. com)* qui quitte Rivière-du-Loup et se rend à Saint-Siméon arrive à destination en 1h.

Baie-Sainte-Catherine: un traversier *(gratuit; ☏ 418-235-4395, www.traversiers.gouv.qc.ca)* fait la navette entre Tadoussac et Baie-Sainte-Catherine, et permet d'arriver à destination en 10 min. Puisqu'il n'y a pas de pont sur la route 138 pour franchir la profonde rivière Saguenay, ce traversier fait office de lien obligé entre la Côte-Nord et Charlevoix.

Un traversier *(gratuit; ☏ 418-438-2743, www. traversiers.gouv.qc.ca)* permet de se rendre en une quinzaine de minutes à l'île aux Coudres au départ du quai de Saint-Joseph-de-la-Rive.

Attraits touristiques

Tourisme Charlevoix *(495 boul. de Comporté, La Malbaie, QC G5A 3G3, ☏ 418-665-4454 ou 800-667-2276, www. tourisme-charlevoix.com)*

Charlevoix ★ ★ ★

▲ *p. 594*   🍴 *p. 599*   🛏 *p. 601*   🎭 *p. 602*

🕑 *Deux jours*

Dans ce pays que l'on dirait conçu pour les géants, les villages au creux des baies ou au sommet des caps ont l'apparence de jouets oubliés là par un enfant. À flanc de colline, les humbles maisons des fermiers se mêlent aux luxueuses résidences secondaires des villégiateurs, parfois transformées en auberges. Même si Charlevoix est l'une des premières régions où s'est développé le tourisme en Amérique du Nord, elle recèle néanmoins dans son arrière-pays des coins sauvages aux profondes vallées escarpées et entrecoupées de lacs.

Petite-Rivière-Saint-François

Jolis paysages charlevoisiens et cottages de bois composent le décor du paisible village linéaire de Petite-Rivière-Saint-François, qui s'étire entre mer et montagnes. La romancière Gabrielle Roy (1909-1983) y avait sa maison

d'été, où elle se retirait pour écrire. Du quai, on jouit de belles vues sur les environs.

Un gigantesque projet de développement résidentiel et récréatif du même type que celui que l'on retrouve à la station touristique Mont-Tremblant, dans la région des Laurentides, est en cours à la station de ski **Le Massif** (voir p. 593). La station prendra son allure finale vers 2012, et l'offre de services des alentours sera également élargie : une nouvelle ligne de train est prévue pour relier Québec à La Malbaie en passant par la station de ski Le Massif et Baie-Saint-Paul, et un complexe de villégiature de luxe est en construction à Baie-Saint-Paul, près de la grève, qui se nommera **La Ferme** (voir p. 594).

Saint-Placide-de-Charlevoix

Dans le secteur de Saint-Placide-de-Charlevoix, entre Petite-Rivière-Saint-François et Baie-Saint-Paul, se trouve le site d'interprétation **Teueikan** *(10-15 visites guidées avec dégustation et atelier; juin à oct tlj sur réservation seulement; 18 ch. Léo-Cauchon, secteur St-Placide-de-Charlevoix, ☏ 418-240-3103, www.teueikan. com)*, dont la mission éducative et ludique vise à présenter au public le mode de vie des Algonquins avant et après l'arrivée des Européens. On y retrouve plus d'une quinzaine de tipis en tous genres, coniques ou ronds, garnis d'objets traditionnels que les visiteurs peuvent manipuler à leur guise. La visite, qui se termine par une dégustation de banique et de tisane, peut être jumelée à un atelier de fabrication de capteur de rêve traditionnel. On propose aussi des forfaits incluant le dîner, la veillée autour du feu avec contes, légendes, chants et musique amérindiens, la nuitée en tipi et le petit déjeuner (gargantuesque!). Une boutique d'artisanat amérindien se trouve aussi sur place (voir p. 603).

⋙ *Poursuivez par la route 138 jusqu'à Baie-Saint-Paul.*

Baie-Saint-Paul ★ ★

Bureau d'information touristique de Baie-Saint-Paul *(6 rue St-Jean-Baptiste, ☏ 800-667-2276)*

Le relief tourmenté de Charlevoix ne favorisera pas le développement de l'agriculture dans cette région sous le Régime français. Seules quelques percées colonisatrices sont effectuées aux XVIIᵉ et XVIIIᵉ siècles sur ce vaste territoire qui dépend en partie du Séminaire de Québec, tout comme la côte de Beaupré. La vallée de la rivière du Gouffre, à l'embouchure de laquelle se trouve Baie-Saint-Paul, est la première région à être colonisée à partir de 1678. Le Séminaire y aménage une métairie et en fait le poste oriental de son domaine.

Plusieurs tremblements de terre viendront cependant troubler le calme pastoral des lieux. En effet, même si l'on trouve dans les environs les plus anciennes formations rocheuses de la planète, la terre continue, malgré tout, de bouger fréquemment. Voici ce que disait, dans l'édition du 22 octobre 1870 du *Journal de Québec*, Jean-Baptiste Plamondon, alors vicaire de Baie-Saint-Paul : *Environ une demi-heure avant midi [...], une énorme détonation a jeté tout le monde dans la stupeur, et la terre s'est mise, non pas à trembler, mais à bouillonner de manière à donner le vertige [...]. Toutes les habitations semblaient être sur un volcan, et la terre, se fendillant, lançait des colonnes d'eau à quinze pieds en l'air [...].*

La grande municipalité de Baie-Saint-Paul compte 7 300 habitants et comprend les anciennes municipalités voisines de Saint-Placide-de-Charlevoix, Petite-Rivière-Saint-François et Saint-Cassien-des-Caps. On découvre la ville de Baie-Saint-Paul même au détour de la route. Une longue pente mène au cœur de la ville qui conserve un air vieillot, ce qui rend agréable la promenade dans les rues Saint-Jean-Baptiste, Saint-Joseph et Sainte-Anne, bordées de petites maisons de bois au toit mansardé qui abritent de nos jours boutiques et cafés. L'endroit attire depuis longtemps des artistes paysagistes nord-américains séduits par les montagnes et la lumière particulière de Charlevoix. Aussi trouve-t-on à Baie-Saint-Paul une grande concentration de galeries et centres d'art où l'on peut voir et acheter des peintures et gravures québécoises. Voir le **Circuit des galeries d'art**, p. 603.

Le **Belvédère Baie-Saint-Paul** *(444 boul. Mgr-De Laval, route 138, ☎ 418-435-6275)*, une halte routière, offre un point de vue des plus spectaculaires qui permet d'embrasser en un coup d'œil la vallée de la rivière du Gouffre, Baie-Saint-Paul et l'île aux Coudres.

Aménagé dans un bâtiment moderne datant de 1967, le **Carrefour culturel Paul-Médéric** ★ *(entrée libre; mi-juin à mi-oct et mi-déc à fin déc mar-dim 10h à 17h, mi-oct à mi-déc et jan à mi-juin jeu-ven 13h30 à 17h, sam-dim 10h à 17h; 4 rue Ambroise-Fafard, ☎ 418-435-2540, www.baiestpaul.com/carrefour)* présente des expositions d'arts visuels dont des toiles et des photographies d'artistes de Charlevoix, en plus d'organiser des spectacles et différentes activités dans une foule de domaines artistiques.

Le **Musée d'art contemporain de Baie-Saint-Paul** ★ *(6$; ♿ ; visites guidées sur demande; fin juin à*

début sept mar, mer, dim 11h à 17h et jeu-sam 11h à 20h; début sept à fin juin mar-dim 12h à 17h; 23 rue Ambroise-Fafard, ☎ 418-435-3681, www.macbsp.com) accueille des expositions d'artistes du Québec et d'ailleurs. Un symposium international de peinture (voir p. 602), au cours duquel on peut voir à l'œuvre de jeunes artistes, est organisé par le musée tous les mois d'août.

La **maison René-Richard** ★ *(galerie d'art entrée libre, visites guidées 4$; tlj 10h à 18h; 58 rue St-Jean-Baptiste, ☎ 418-435-5571, www.baiestpaul.com/maisonRR)*. Au début du XXe siècle, François-Xavier Cimon hérite de cette maison entourée d'un parc donnant sur la rivière du Gouffre. Le portraitiste Frederick Porter Vinton, qui se lie d'amitié avec la famille Cimon, fait aménager un atelier de peinture à proximité. Celui-ci sera plus tard utilisé par les Clarence Gagnon, A.Y. Jackson, Frank Johnston, Marc-Aurèle Fortin et Arthur Lismer, dont on peut aujourd'hui voir les œuvres dans les principaux musées canadiens. Enfin, en 1942, le peintre René Richard obtient le domaine par son mariage avec la fille Cimon. Depuis la mort de Richard en 1982, la propriété est ouverte au public et fait office de musée et de galerie d'art. La visite des lieux plonge le promeneur dans l'ambiance qui prévalait dans la région de Charlevoix au tournant des années 1940, alors qu'artistes et collectionneurs avertis, venus de New York ou de Chicago, fraternisaient pendant les vacances estivales.

Si vous quittez la ville par la route 138, vous pourrez faire une halte agréable au **Moulin de la Rémy** *(5$ incluant la visite guidée; mi-juin à mi-oct tlj 10h30 à 16h30; 235 Terrasse de la Rémy, ☎ 418-435-6579, www.moulindelaremy.com)*. Bien restauré, ce moulin érigé en 1827 abrite la plus grande roue au Québec. Une boulangerie *(mi-juin à mi-oct tlj 8h à 18h, mi-oct à mi-juin tlj 10h à 17h30)* se trouve à l'entrée du site. On peut aussi emprunter des sentiers de randonnée longeant une rivière et accéder à des aires de pique-nique.

Si vous quittez Baie-Saint-Paul par la route 362 *(rue Leclerc)* pour rejoindre Saint-Joseph-de-la-Rive et Les Éboulements, faites un arrêt à la petite halte panoramique installée à flanc de montagne tout juste à la sortie de la ville. Vous y jouirez d'une vue imprenable sur la ville et la baie.

★★★ *Une excursion facultative au départ de Baie-Saint-Paul suit plutôt les routes 138 et 381, en direction de Saint-Urbain et de l'arrière-pays de Charlevoix.*

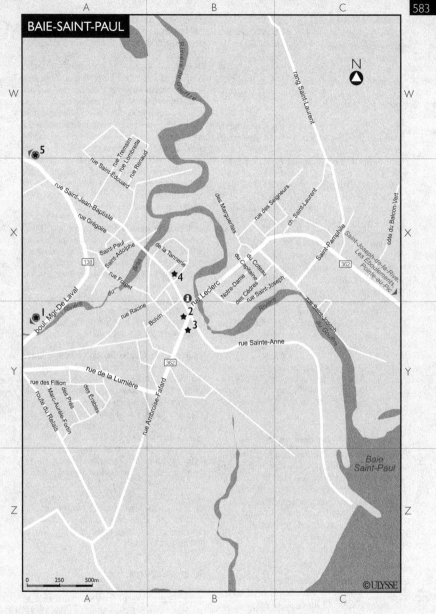

BAIE-SAINT-PAUL

N

Baie
Saint-Paul

0   250   500m

©ULYSSE

★ **ATTRAITS TOURISTIQUES**

1.	AY	Belvédère Baie-Saint-Paul
2.	BY	Carrefour culturel Paul-Médéric
3.	BY	Musée d'art contemporain de Baie-Saint-Paul

4.	BX	Maison René-Richard
5.	AW	Moulin de la Rémy

Saint-Urbain

Plusieurs activités de plein air sont proposées dans les environs du village de Saint-Urbain, qu'il s'agisse de ski de randonnée, d'escalade ou de pêche au saumon. Le village et les rangs des alentours offrent de multiples points de vue sur les montagnes de l'arrière-pays de Charlevoix.

Situé à l'extrémité est de la réserve faunique des Laurentides, le **parc national des Grands-Jardins** ★★ *(3,50$; mi-mai à fin oct tlj 8h à 20h; centre de services Thomas-Fortin, route 381, Km 31,* ☎ *418-439-1227 ou 800-665-6527, www. sepaq.com)*, d'une superficie de 310 km², est riche d'une faune et d'une flore de taïga et de toundra, tout à fait inusitées pour la région. Une randonnée pédestre, commentée par des naturalistes et visant à en faire découvrir les beautés naturelles, est organisée tout au long de l'été. En outre, la piste du Mont du lac des Cygnes compte parmi les plus beaux sentiers au Québec. Des activités hivernales sont également proposées dans le parc.

Les villages de l'arrière-pays de Charlevoix, notamment **Saint-Hilarion** (voir p. 596), offrent quelques options d'hébergement à ceux qui passent quelques jours dans le parc.

▸▸▸ *Retournez à Baie-Saint-Paul et empruntez la route 362 vers l'est. Plus loin, à droite de la route, une pente abrupte mène à Saint-Joseph-de-la-Rive, en contrebas du village des Éboulements, auquel Saint-Joseph est fusionné.*

Saint-Joseph-de-la-Rive ★

Situé en bordure du fleuve Saint-Laurent, le village de Saint-Joseph-de-la-Rive a longtemps vécu au rythme de la mer. Les goélettes qui parsèment le rivage en témoignent avec éloquence. Depuis quelques décennies toutefois, la villégiature et l'artisanat ont remplacé la pêche et les constructions navales. À l'est du quai, où s'amarre le traversier menant à l'île aux Coudres, une plage de sable fin invite à la baignade en eau salée (mais très froide…).

L'**église catholique Saint-Joseph** ★ *(ch. de l'Église)* rappelle, par son gabarit et son revêtement de bois peint blanc, les églises anglicanes des Cantons-de-l'Est. Son intérieur, très original, est orné de différents éléments d'inspiration marine. Par exemple, l'autel est soutenu par des ancres, et le baptistère est formé d'une immense coquille pêchée au large de la Floride.

La **Papeterie Saint-Gilles** ★ *(entrée libre;* &. *; début mai à début nov tlj 9h à 17h, nov à fin avr jeu-dim 10h à 16h, lun-mer sur rendez-vous; 304 rue Félix-Antoine-Savard,* ☎ *418-635-2430 ou 866-635-2430, www.papeteriesaintgilles.com)* est un atelier de fabrication de papier artisanal fondé en 1965 par le prêtre-poète Félix-Antoine Savard (1896-1982), auteur de *Menaud maître-draveur*. Pendant la visite des lieux, qui se doublent de l'**Économusée du papier**, on apprend les différentes étapes de la fabrication du papier selon les techniques du XVIIᵉ siècle. Il est aussi possible d'observer les artisans à l'œuvre *(mai à nov lun-ven)*. La boutique propose plusieurs produits de papeterie artisanale faits sur place, du matériel d'artiste (papier à gravure et estampes) ainsi que des sérigraphies. Le papier Saint-Gilles est reconnaissable à son grain épais et à ses fleurs ou ses feuilles d'arbre insérées dans chaque pièce.

Le **Musée maritime de Charlevoix** ★★ *(5$;* &. *; mi-mai à fin juin et début sept à mi-oct lun-ven 9h à 16h, sam-dim 11h à 16h; fin juin à début sept tlj 10h à 18h; 305 rue de l'Église,* ☎ *418-635-1131 ou 635-2803, www.musee-maritime-charlevoix. com)*, installé sur le site d'un chantier naval, raconte la grande époque des fameuses goélettes. On peut visiter les bateaux sur place, et la goélette *Saint-André* est agrémentée d'une animation son et lumière.

Les Santons de Charlevoix *(entrée libre, groupes 1$/pers. sur réservation; mi-mai à début nov tlj 10h à 17h; 303 rue de l'Église,* ☎ *418-635-2521 ou 418-635-1362 hors saison, www.quebecweb. com/santons)*. Depuis plusieurs années, Saint-Joseph-de-la-Rive s'est mis à la confection des santons, ces figurines en terre cuite représentant non seulement la Sainte Famille de la crèche de Noël, mais aussi tous les personnages d'un village pouvant graviter autour d'une crèche. Cette tradition provençale a été transposée ici, à la différence que nos personnages sont costumés à la manière des Québécois d'antan et que les maisons qui les abritent sont des représentations en miniature des maisons traditionnelles de Charlevoix et de l'île aux Coudres.

Île aux Coudres ★★

Certains visiteurs seront peut-être surpris d'apprendre que l'on trouve quantité de baleines dans le fleuve Saint-Laurent. La vie économique de l'île aux Coudres a gravité autour de la chasse aux cétacés pendant plusieurs générations, plus particulièrement la chasse au béluga. On extrayait la graisse des baleines pour ensuite la faire fondre afin de produire une huile destinée aux lampes d'éclairage. On peut voir, à ce sujet, le très beau film de Pierre Perreault, *Pour la suite du monde* (1962). Les constructions navales, principalement les goélettes, appelées «voitures d'eau » dans la région de Charlevoix, constituaient également une industrie importante. Ces navires, d'abord à voiles, et plus récemment à moteur, servaient non seulement à la chasse aux baleines, mais aussi au cabotage. Cette époque est aujourd'hui révolue, mais des souvenirs impérissables y sont rattachés. Un autre film de Perreault, *Les Voitures d'eau* (1968), raconte la construction des goélettes. Seuls les chasseurs d'images les pourchassent désormais, les dernières chasses aux baleines ayant eu lieu au début des années 1960.

C'est Jacques Cartier qui, ayant remarqué les nombreux coudriers (noisetiers) s'y trouvant, lui a donné le nom d'île aux Coudres en 1535. La colonisation de l'île s'est amorcée vers 1710 sous la direction du Séminaire de Québec. Au fil des ans, la population de l'île a acquis une certaine autonomie du fait de son isolement, ce qui lui a permis ainsi de conserver vivantes certaines traditions ancestrales disparues depuis bien longtemps dans les autres régions du Québec. La récolte de la mousse de sphaigne dans les tourbières du centre de l'île, la pêche à l'anguille ainsi que le tourisme constituent de nos jours la raison d'être des habitants de l'île aux Coudres, qui a néanmoins su conserver son cachet et sa tranquillité.

L'Isle-aux-Coudres constitue l'unique municipalité de l'île, formée à la suite de la fusion des villages de La Baleine, de Saint-Bernard et de Saint-Louis. Le traversier s'amarre au quai de Saint-Bernard, où commence la visite de l'île. C'est le meilleur endroit d'où contempler les montagnes de Charlevoix. On remarquera sur la grève un des derniers chantiers navals de l'île encore en activité. Un audioguide, à insérer dans le lecteur CD de votre voiture, anime très bien l'exploration de l'île et est en vente dans les bureaux d'information touristique de la région et au quai de Saint-Joseph-de-la-Rive.

▸▸▸ Suivez le chemin Royal, qui devient le chemin des Coudriers. Le long du parcours, vous pourrez voir plusieurs goélettes échouées sur les berges, doux souvenirs d'une époque révolue. Au cap à Labranche, vous apercevrez Baie-Saint-Paul par temps clair. La visite de l'île aux Coudres s'effectue très bien en bicyclette. Mais il faut savoir lutter contre le vent du large!

Le **Musée Les Voitures d'Eau** ★ *(4,50$; mi-mai à mi-juin sam-dim 10h à 17h, mi-juin à mi-sept tlj 10h à 17h; 1929 ch. des Coudriers, ♪ 418-438-2000 ou 800-463-2118, www.quebecweb.com/voitureau)* raconte l'aventure des voitures d'eau, de leurs constructeurs et de leurs équipages. Il a été fondé en 1973 par le capitaine Éloi Perron, qui a récupéré la goélette *Mont-Saint-Louis*,

laquelle peut d'ailleurs être visitée de la cale à la timonerie.

Les **chapelles de procession** *(à l'entrée et à la sortie du village de St-Louis)*, construites en 1836, servaient pendant la procession de la Fête-Dieu, qui se tient encore dans certaines paroisses de la **Côte-du-Sud** (voir p. 485). La chapelle Saint-Pierre, à l'entrée de Saint-Louis, a été restaurée en 1953. Quant à la chapelle Saint-Isidore, située à l'autre extrémité de l'agglomération, elle abrite l'ancien tabernacle de l'église paroissiale Saint-Louis, réalisé en 1771.

▸▸▸ Tournez à gauche dans le chemin du Moulin.

Il est extrêmement rare de retrouver moulin à eau et moulin à vent dans un même voisinage. Les **Moulins de l'Isle-aux-Coudres** ★★ *(8$; mi-mai à mi-oct tlj 9h30 à 17h30; 36 ch. du Moulin, ♪ 418-438-2184, www.lesmoulinsiac.com)* forment, en fait, un ensemble unique au Canada. Le site réunit un moulin à eau (1825) et un moulin à vent (1836) qui sont toujours en fonction, ainsi que l'**Économusée de la meunerie**, où les visiteurs peuvent assister à la fabrication de farine, jeter un coup d'œil aux salles d'exposition et se procurer des produits cuits sur place dans un antique four à bois.

▸▸▸ Revenez au chemin des Coudriers, que vous suivrez vers l'est jusqu'à La Baleine. Un second chemin parallèle longe le haut du cap. Vous pouvez cependant vous rendre à la maison Leclerc par le chemin des Coudriers.

La **maison Leclerc** *(126 route Principale)*, construite vers 1750 à l'aide de galets, est depuis toujours propriété de la famille Leclerc. Son profil, très bas, s'inscrit dans la tradition des premières habitations paysannes du Régime français, conçues pour offrir une résistance minimale aux vents violents du Saint-Laurent.

En poursuivant votre route pour boucler le tour de l'île, vous passerez devant d'étranges piquets plantés dans l'eau à proximité de la plage, utilisés pendant la saison de la pêche à l'anguille (pêche à la fascine).

▸▸▸ Reprenez le traversier pour Saint-Joseph-de-la-Rive et remontez vers Les Éboulements.

Les Éboulements ★

En 1663, un violent tremblement de terre entraîna un gigantesque glissement de terrain. On raconte que la moitié d'une petite montagne s'affaissa alors dans le fleuve, ce qui valut à la région le nom des Éboulements. La terre s'étant stabilisée, l'endroit fut concédé à Pierre Tremblay en 1710 et mis en valeur par le seigneur de Sales-Laterrière un siècle plus tard, au moment de la construction de la route des caps pour relier Québec et La Malbaie. Le moulin et le manoir de la seigneurie des Éboulements se trouvent à l'ouest du village et de la route conduisant à Saint-Joseph-de-la-Rive. Il faut donc revenir sur ses pas sur la route 362 sur quelques centaines de mètres pour atteindre le site (sur la gauche).

Le **Moulin seigneurial des Éboulements** ★ ★ *(4$; fin juin à début sept tlj 10h à 17h; 157 rang St-Joseph, ♪ 418-635-2239)* a été érigé en 1790 au sommet d'une chute haute de 30 m. Son mécanisme est encore en place et fonctionnel et fait l'objet de visites guidées en été, qui se terminent par une petite exposition. Il est à noter que la moitié gauche du bâtiment accueille encore le logement du meunier.

À l'est du moulin, le **manoir de Sales-Laterrière** (vers 1810) est visible depuis l'agréable sentier d'interprétation aménagé sur le domaine seigneurial. Le manoir, lambrissé de bois et décoré de volets rouges, ne peut cependant être visité puisqu'il sert maintenant de camp de vacances pour les jeunes pendant l'été. On remarquera sur la droite l'étrange appentis cubique qui servait autrefois de prison. Le sentier longe la rivière jusqu'au fond du ravin, d'où l'on jouit de belles vues sur la chute et le moulin.

L'admirable bâtiment (1891) installé au 194, rue du Village, abrite **La Forge du Village** *(droit d'entrée; mi-juin à fin août tlj 10h à 18h; ♪ 418-635-1651)*. Cette ancienne forge truffée d'outils antiques, doublée d'une chocolaterie artisanale *(mi-juin à fin août tlj 10h à 18h, sept à mi-juin mar-dim 10h à 18h)*, constitue un véritable centre d'interprétation où les visiteurs peuvent observer les chocolatiers à l'œuvre. On y trouve également une boutique de poteries artisanales *(mi-juin à fin août tlj 10h à 18h)*.

Cap-aux-Oies

À partir de la route 362, il faut prendre le chemin de Cap-aux-Oies vers le sud, puis le rang de Cap-aux-Oies à gauche et se rendre jusqu'à la plage. Assez étendue, celle-ci permet de jeter un coup d'œil différent sur le fleuve et offre de belles promenades.

‴ *La route 362 mène ensuite à Saint-Irénée, que vous rejoindrez après une descente spectaculaire en face du fleuve. Une fois rendu au niveau de l'eau, surveillez l'entrée du Domaine Forget sur votre gauche.*

Saint-Irénée ★

Saint-Irénée, ou Saint-Irénée-les-Bains, comme on l'appelait à la Belle Époque, constitue la porte d'entrée de la portion de Charlevoix traditionnellement reconnue comme la première région de villégiature en Amérique du Nord. Les *sportsmen* britanniques furent les premiers, à la fin du XVIIIe siècle, à goûter les plaisirs de la vie simple et sauvage de la région, suivis de riches Américains désireux de fuir la chaleur suffocante qui sévissait, pendant l'été, aux États-Unis. Les membres de la bourgeoisie canadienne-anglaise et canadienne-française ont aussi adopté Charlevoix, où ils se sont fait construire des villas entourées de jardins. Saint-Irénée est renommée pour ses paysages de carte postale et son festival de musique classique.

Le **Domaine Forget** ★ *(le prix d'entrée et l'horaire varient selon l'activité choisie; 5 rang St-Antoine, ♪ 418-452-8111 ou 888-336-7438, www.domaineforget.com)*. Sir Rodolphe Forget (1861-1919) fut l'un des grands hommes d'affaires canadiens-français au tournant du XXe siècle. En plus de diriger les destinées d'une dizaine d'entreprises et d'occuper son poste de président de la Bourse de Montréal, il se fait élire député de Charlevoix (1904-1917), qu'il relie à Québec par un chemin de fer. À partir de 1901, il passe ses étés à Gil'Mont, son domaine distribué sur trois plateaux au-dessus du fleuve et du village de Saint-Irénée. La vaste propriété possède sa propre centrale électrique, de même qu'une dizaine de bâtiments secondaires des plus intéressants.

L'endroit accueille depuis 1978 l'**Académie de musique et de danse du Domaine Forget**, où maîtres et élèves viennent se perfectionner pendant la saison estivale. Le domaine, d'où l'on jouit de vues magnifiques sur le fleuve et la campagne environnante, est aussi l'hôte d'un festival annuel de musique classique, le **Festival International du Domaine Forget** (voir p. 602), qui tient un rôle primordial dans la vie sociale des estivants de Charlevoix. La salle de concerts du Domaine Forget, soit la Salle Françoys-Bernier, peut accueillir 600 mélomanes qui découvriront avec plaisir ses qualités acoustiques uniques. Les visiteurs peuvent se promener librement sur le site, à condition de ne pas troubler la concentration des artistes, disséminés sur la propriété, que l'on entend parfois au détour d'un sentier. Des panneaux d'interprétation expliquent en détail l'histoire du domaine.

Avant d'arriver à Pointe-au-Pic, la route longe le **Club de golf Fairmont Le Manoir Richelieu**, certainement l'un des plus beaux parcours d'Amérique (voir p. 592).

Alexis le Trotteur

Alexis Lapointe, dit «le Trotteur», est né en 1860 à La Malbaie. Très tôt, il se distingue comme un original puisqu'il croyait qu'il était un cheval qui avait pris une forme humaine. Il est difficile de séparer la réalité de la légende tellement ses exploits à la course sont quelquefois énormes. L'anecdote la plus célèbre à son sujet veut qu'il ait couru les 146 km qui séparent La Malbaie de Bagotville pour arriver avant son père, parti en même temps que lui, mais par bateau! Plus tard, il se serait mesuré à des automobiles et à des trains. C'est d'ailleurs sur une voie ferrée à Alma qu'il mourut en 1924. Les témoignages divergent sur les raisons de sa mort. Selon certains, il aurait trébuché et serait tombé sur les rails en tentant de battre le train à la course. Selon d'autres, comme il perdait l'ouïe, il n'aurait pas entendu le train arriver derrière lui.

Auparavant exposés au musée de la Pulperie de Chicoutimi dans la région du Saguenay, et ce, depuis plus de 30 ans, les ossements du célèbre personnage ont été rapatriés et enterrés en 2009 à Clermont, son village natal dans la région de Charlevoix.

»» Au bas de la côte Bellevue, tournez à droite dans la rue Richelieu.

La Malbaie ★

Maison du tourisme de La Malbaie *(495 boul. de Comporté,* ☎ *418-665-4454 ou 800-667-2276)*

Par un beau jour de 1608, Samuel de Champlain, en route pour Québec, mouille dans une baie de Charlevoix pour la nuit. Quelle ne fut pas sa surprise de constater en se réveillant au petit matin que sa flotte reposait sur la terre et non dans l'eau. En effet, à chaque marée basse, l'eau s'en retire complètement, prenant au piège les navires qui s'y trouvent. Il se serait alors exclamé *Ah! La malle baye!*, ce qui veut dire «mauvaise baie». En plus de regrouper Pointe-au-Pic, Rivière-Malbaie, Saint-Fidèle, Sainte-Agnès et Cap-à-l'Aigle, La Malbaie forme, de nos jours, une communauté de quelque 9 000 habitants et un tissu continu de rues et de maisons, distribué dans les terres et sur le pourtour de cette fameuse baie.

La seigneurie de la Malbaie dut être concédée par trois fois avant que l'on ne se décide à la développer sérieusement. Jean Bourdon la reçut une première fois pour service rendu en 1653. Trop occupé par son poste de procureur du roi au Conseil souverain, il n'y touche pas. Elle sera ensuite concédée à Philippe Gaultier de Comporté en 1672. À la suite du décès de ce dernier, elle est vendue par sa famille aux marchands Hazeur et Soumande, qui exploitent son bois pour la construction de vaisseaux en France. La seigneurie

est rattachée au domaine royal en 1724 et sera concédée de nouveau sous l'occupation anglaise, un cas exceptionnel, en 1762. Le capitaine John Nairne et l'officier Malcolm Fraser se partagent alors le territoire, s'y établissent et entreprennent de le coloniser.

Les seigneurs Nairne et Fraser ont inauguré une tradition d'hospitalité qui ne s'est jamais démentie par la suite, hébergeant dans leur manoir respectif amis ou simples étrangers venus d'Écosse et d'Angleterre. Prenant modèle sur ses seigneurs, l'habitant canadien-français se met lui aussi à recevoir chez lui des visiteurs de Montréal ou de Québec pendant l'été. Puis des auberges de plus en plus vastes sont érigées pour accueillir les citadins qui débarquent, en nombre toujours croissant, des vapeurs venus de la «grande ville» qui s'amarrent au quai de Pointe-au-Pic.

Au début du XXᵉ siècle, de riches Américains et Canadiens anglais se font construire des villas dans les environs du **chemin des Falaises**, qu'il faut parcourir d'un bout à l'autre.

Seul parmi les grands hôtels de Charlevoix à avoir survécu, le **Manoir Richelieu ★ ★** *(181 rue Richelieu)* a vu le jour en 1899 sur la falaise de Pointe-au-Pic. Au premier hôtel de bois a succédé l'hôtel actuel (le **Fairmont Le Manoir Richelieu**, voir p. 597) en pierre et en béton, à l'épreuve du feu et des tremblements de terre. Nombre de personnalités y ont séjourné, de Charlie Chaplin au roi de Siam (aujourd'hui la Thaïlande), en passant par les richissimes Vanderbilt de New York. Même si l'on ne réside pas au Manoir, il est permis de parcourir discrètement son allée intérieure, bordée d'élégants salons, et de flâner dans ses jardins surplombant le fleuve Saint-Laurent.

Le **Casino de Charlevoix** *(&; 183 rue Richelieu, ♪ 418-665-5300 ou 800-665-2274, www.casinosduquebec.com)* est un casino à l'européenne voisin du Manoir Richelieu, agréablement aménagé et très fréquenté.

Dans le secteur du quai de Pointe-au-Pic, on a développé des installations pour accueillir les paquebots de croisière et les bateaux de plaisance. On y a aussi construit plusieurs infrastructures, un parc et des équipements récréotouristiques, afin que les visiteurs puissent circuler facilement dans un environnement agréable. Accès direct au Manoir Richelieu et au casino par un escalier à partir du secteur du quai.

▸▸▸ *Revenez en direction de la côte Bellevue. Tournez à droite pour rejoindre le chemin du Havre, qui longe la baie. L'accès au stationnement du Musée de Charlevoix se trouve sur la droite.*

Le **Musée de Charlevoix** *(7$; &; juin à mi-oct tlj 9h à 17h, mi-oct à fin mai lun-ven 9h à 17h, sam-dim 13h à 17h; 10 ch. du Havre, ♪ 418-665-4411, www.museedecharlevoix.qc.ca)*, à l'intérieur duquel il est agréable de déambuler, est réservé à l'histoire et à l'ethnologie charlevoisienne ainsi qu'à l'art populaire. Il se trouve dans le secteur du quai de Pointe-au-Pic.

▸▸▸ *En plus du trajet principal, deux excursions facultatives sont proposées au départ de La Malbaie.*

Ainsi, si l'on poursuit son chemin sur le boulevard Bellevue puis de Comporté, on rejoint la route 138 Ouest en direction des villages de **Clermont**, de **Sainte-Agnès** et surtout de **Saint-Aimé-des-Lacs**, qui donne accès au très beau parc national des Hautes-Gorges-de-la-Rivière-Malbaie. En revanche, si l'on traverse le pont reliant La Malbaie et Cap-à-l'Aigle, puis que l'on tourne à gauche dans le chemin de la Vallée, on rejoindra **Rivière-Malbaie** (voir ci-après) et son chemin des Loisirs, qui mène au **Mont Grand-Fonds** (voir p. 593). Afin de poursuivre la découverte de Charlevoix sur le circuit principal, il faut emprunter le même pont, mais tourner plutôt à droite en direction de Cap-à-l'Aigle.

La première excursion suit donc la route 138 Ouest, qui pénètre profondément à l'intérieur des terres. Le paysage de cet arrière-pays est montagneux, mais offre aussi de larges percées visuelles sur des vallées et des plateaux boisés.

L'**église Sainte-Agnès** ★ *(3 rue du Patrimoine, au centre de Ste-Agnès)* est un bon exemple des églises de colonisation en bois du XIXe siècle, construites dans les villages isolés, loin à l'intérieur des terres. Elle abrite un joli décor sculpté ainsi que trois toiles d'Antoine Plamondon. L'église Sainte-Agnès a servi de décor lors du tournage du feuilleton *Le Temps d'une paix*, très populaire durant les années 1980.

L'histoire de la **Maison du Bootlegger** *(8$; mi-juin à mi-sept tlj 10h à 20h; 110 Ruisseau des Frênes, Ste-Agnès, ♪ 418-439-3711, www.maisonbootlegger.com)* a de quoi étonner. Construite en 1860 au bord de la rivière Malbaie dans le plus pur style traditionnel québécois, cette maison a été démantelée puis déménagée en 1933 par un Américain de Pennsylvanie, un dénommé Sellar, qui en fit un château fort de la contrebande d'alcool au temps de la Prohibition. Il y aménagea un dédale de couloirs et de cachettes qui dissimulaient de luxueux bars, un restaurant de grande classe ainsi qu'une salle de jeux. Aujourd'hui il est possible de visiter les lieux, en plus d'y prendre un bon repas dans les combles (voir p. 601).

D'une grande richesse écologique, le **parc national des Hautes-Gorges-de-la-Rivière-Malbaie** ★★★ *(3,50$; fin mai à mi-oct tlj 8h à 19h; accès par la rue Principale qui traverse St-Aimé-des-Lacs; bureau: 25 boul. Notre-Dame, Clermont, ♪ 418-439-1227 ou 800-665-6527, www.sepaq.com)*, qui s'étend sur quelque 225 km², fut créé afin de protéger le site de l'exploitation commerciale. Il y a 800 millions d'années, une cassure terrestre forma de magnifiques gorges qui furent, par la suite, modelées par les glaciers. Les types de forêts couvrant la région sont en outre d'une incroyable diversité, allant des érablières à la toundra alpine. Le centre de location du parc propose des vélos hybrides *(32$/jour)* et des canots *(40$/jour)* afin de faire profiter les visiteurs des magnifiques sentiers et rivières du parc.

La route d'accès au parc est fermée du 1er décembre au 1er mai: les raquetteurs et skieurs doivent alors stationner à l'Auberge Le Relais des Hautes-Gorges et faire 15 km à skis ou en raquettes pour rejoindre le parc.

▸▸▸ *La seconde excursion facultative au départ de La Malbaie suit le chemin de la Vallée, qui longe la rivière Malbaie.*

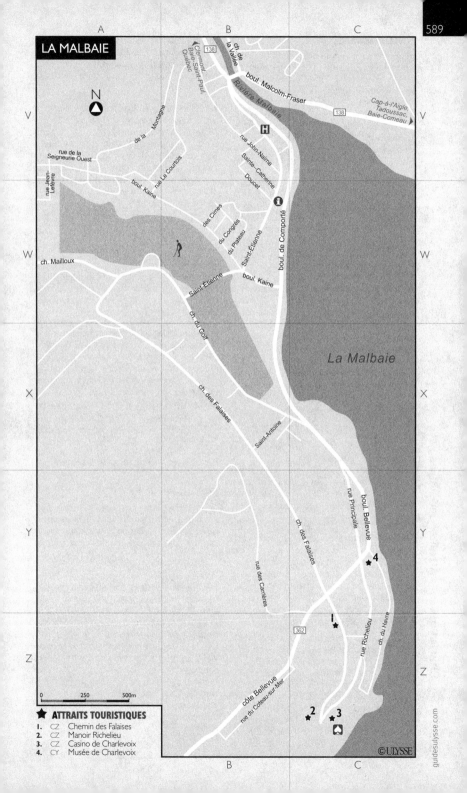

LA MALBAIE

N

W — ch. Mailloux

La Malbaie

Cap-à-l'Aigle,
Tadoussac,
Baie-Comeau

boul. Malcolm-Fraser

Rivière Malbaie

Clermont,
Baie-Saint-Paul,
Québec

ch. de
la Vallée

de la Montagne

rue de la
Seigneurie Ouest

rue Jean-
Lefèvre

boul. Kaine

rue Le Courtois

rue John-Naime

Sainte-Catherine

Doucet

rue des Cimes

du Congrès

du Plateau

saint-Étienne

boul. de Comporté

Saint-Étienne

boul. Kaine

ch. du Golf

ch. des Falaises

Saint-Antoine

ch. des Falaises

rue des Carrières

rue Principale

boul. Bellevue

rue Richelieu

ch. du Havre

côte Bellevue

rue du Coteau-sur-Mer

4

1

2

3

★ ATTRAITS TOURISTIQUES

1.	CZ	Chemin des Falaises
2.	CZ	Manoir Richelieu
3.	CZ	Casino de Charlevoix
4.	CY	Musée de Charlevoix

0   250   500m

©ULYSSE

guidesulysse.com

Rivière-Malbaie

Si l'on traverse le pont qui relie La Malbaie à Cap-à-l'Aigle, puis que l'on tourne à gauche dans le chemin de la Vallée, on rejoint Rivière-Malbaie et son chemin des Loisirs, qui mène au Mont Grand-Fonds. Cette région pastorale est connue des anciens sous le nom de «Vallée Saint-Étienne». Après qu'elle eut été défrichée à la fin du XVIII⁺ siècle, les colons découvrirent que les terres agricoles de la Vallée étaient les meilleures de Charlevoix.

La **Forge-menuiserie Cauchon** *(5$; début juin à début oct tlj 10h à 17h; 323 ch. de la Vallée, ☎ 418-665-2160, www.forgecauchon.com)* loge dans un bâtiment situé en bordure de la route. La rapidité des changements technologiques au XX⁺ siècle donne à cette entreprise artisanale de 1882 des allures d'ancêtre précambrien. Les forges de ce type disparaissant rapidement, le gouvernement du Québec a décidé de classer le bâtiment, avec tout son contenu, afin de le préserver pour la postérité.

▸▸▸ *Reprenez le circuit principal à Cap-à-l'Aigle.*

Cap-à-l'Aigle

Depuis le boulevard de Comporté, à La Malbaie, on aperçoit déjà au loin une noble maison de pierres, élevée sur les escarpements du cap à l'Aigle. Il s'agit de l'ancien manoir de la seigneurie de Malcolm Fraser, baptisée Mount Murray. Celle-ci faisait pendant, à l'est de la rivière Malbaie, à la seigneurie de John Nairne, établie à l'ouest du cours d'eau et baptisée simplement «Murray Bay», en l'honneur du gouverneur britannique de l'époque, James Murray. Cap-à-l'Aigle, dont la vocation touristique remonte à la fin du XVIII⁺ siècle, formait le cœur de la seigneurie de Mount Murray.

Le **manoir Fraser** ★ *(on ne visite pas; route 138)* a été construit pour le fils de Malcolm Fraser en 1827. Endommagé par un incendie en 1975, il a été restauré par la famille Cabot, propriétaire des titres de la seigneurie de Cap-à-l'Aigle depuis 1902.

▸▸▸ *Tournez à droite dans la rue Saint-Raphaël.*

Dans un pays où le climat est si rigoureux, les exemples de granges en bois équarri à toiture de chaume ne sont pas légion. La plupart de celles construites aux XVIII⁺ et XIX⁺ siècles ont disparu depuis longtemps, s'étant affaissées sous le poids de la neige ou ayant tout simplement brûlé au cours d'un des multiples incendies dont le Québec a été affligé. Aussi la **grange Bhérer** *(on ne visite pas; 215 rue St-Raphaël)*, érigée en 1840, constitue-t-elle un phénomène de conservation exceptionnel dans Charlevoix. Le bâtiment en pièce sur pièce possède, de plus, un étage en encorbellement, un mode de construction remontant au Moyen Âge.

Les Jardins du Cap-à-l'Aigle ★ *(6$; juin à oct tlj 9h à 17h; 623 rue St-Raphaël, ☎ 418-665-6060, www.villagedeslilas.com)* consistent en de magnifiques arrangements floraux et paysagers. S'y trouvent une collection de plus de 200 variétés de lilas ainsi que quatre jardins thématiques, un café-terrasse et des promenades avec vue sur le fleuve.

▸▸▸ *Poursuivez par la rue Saint-Raphaël jusqu'à la jonction avec la route 138 Est. Celle-ci traverse Saint-Fidèle puis Port-au-Persil.*

Saint-Fidèle

À l'est de Cap-à-l'Aigle, les montagnes se resserrent encore davantage contre la mer, offrant peu de percées vers l'intérieur des terres.

Le **Centre écologique de Port-au-Saumon** ★ *(8$ visites guidées de 2h; fin juin à fin août tlj visites à 10h et 14h; sur réservation pour groupes; 3330 boul. Malcolm-Fraser, ☎ 418-434-2209, www.cepas.qc.ca)* est voué à la préservation de l'environnement et cherche à sensibiliser les gens sur les différents sujets touchant l'écologie. Il organise des visites guidées éducatives sur des sentiers qui traversent différents écosystèmes et qui offrent de magnifiques points de vue. Durant la saison estivale, le centre accueille un camp de vacances scientifique pour les jeunes.

Port-au-Persil ★★

Ce charmant petit port doit sa notoriété à sa chute d'eau, à sa chapelle anglicane ainsi qu'à la route qui sillonne la montagne, dévoilant des paysages pittoresques d'une grande beauté.

Fondée en 1974 par le maître potier Pierre Legault, la **Poterie de Port-au-Persil** *(galerie-boutique: juin à sept tlj 9h à 18h, mai et mi-sept à fin oct tlj 10h à 16h; ateliers: fin juin à fin août tlj 9h30 à 16h30 sur réservation, hors saison sur demande; 1001 rue St-Laurent/route 138, ☎ 418-638-2349, www.poteriedeportaupersil.com)*, plus vieille institution de céramique au Québec, comprend une galerie-boutique, un atelier de production où l'on peut créer sa propre pièce d'argile et, du côté jardin, un agréable café-terrasse où l'on peut déguster un espresso ou un dessert maison tout en contemplant le fleuve.

Saint-Siméon

Le sympathique village de Saint-Siméon constitue la jonction des routes du Saguenay, de la Côte-Nord et de Charlevoix. Il est aussi possible de rejoindre Rivière-du-Loup, sur la rive sud du Saint-Laurent, en prenant le traversier ici.

Baie-Sainte-Catherine ★

Cette petite municipalité est bornée par une baie à l'embouchure du Saguenay et dispose d'une jolie plage sablonneuse et de bon nombre de gîtes. On y prend le bateau pour se rendre à Tadoussac.

Activités de plein air

> ### Agrotourisme

La **Laiterie Charlevoix** ★ *(entrée libre; fin juin à début sept tlj 8h à 19h; début sept à fin juin lun-ven 8h à 17h30, sam-dim 9h à 17h; 1167 boul. Mgr-De Laval, Baie-St-Paul ☎ 418-435-2184, www. fromagescharlevoix.com)*, fondée en 1948, a conservé le caractère artisanal des méthodes de fabrication du fromage cheddar et de fromages fins. Elle abrite l'**Économusée du fromage**. Chaque jour, avant 11h, vous pouvez voir les fromagers en action et apprendre les rudiments de la fabrication du fromage ainsi que de son processus de maturation. Une visite interprétative *(10$)* d'une durée d'une heure comprend entre autres la visite de la maison d'affinage et d'une exposition à thématique laitière ainsi qu'une dégustation.

Plusieurs excellents fromages, dont les savoureux Migneron de Charlevoix, Ciel de Charlevoix et le Deo Gratias, faits de lait de brebis, sont produits par la **Maison d'affinage Maurice Dufour** ★ *(entrée libre; fin juin à début sept tlj 9h à 18h; début sept à fin juin lun-ven 8h à 16h, sam-dim 9h à 17h; 1339 boul Mgr-De Laval, Baie-St-Paul; ☎ 418-435-5692, www.fromagefin. com)*, fondée en 1994. En plus des visites interprétatives, on offre un service de boîte à lunch gastronomique à déguster sur place ou à emporter.

Le **Centre de l'émeu de Charlevoix** *(visites guidées 5$; début juin à mi-oct tlj 9h à 17h; 706 rue St-Édouard, St-Urbain, ☎ 418-639-2205, www. emeucharlevoix.com)* est la plus grande ferme écologique d'émeus au Canada. La visite de la ferme permet d'observer des émeus de tous les âges, et la boutique propose différents produits allant de la viande aux cosmétiques en passant par de l'artisanat dérivé de l'émeu! Dégustation sur place.

À la **Ferme Éboulmontaise** *(juin à oct tlj; 350-A route 362/rang St-Godfroy, Les Éboulements, ☎ 418-635-2682, www.fermeeboulmontaise.com)*, on peut visiter la bergerie où est engraissé l'agneau de Charlevoix, une appellation maintenant contrôlée. On trouve aussi sur place des sentiers pédestres et une fantastique table champêtre, **Les Saveurs Oubliées** (voir p. 600).

Sur l'île aux Coudres, le sympathique **Verger Pedneault** *(entrée libre; début juin à fin oct tlj; 3384 ch. des Coudriers, L'Isle-aux-Coudres, ☎ 418-438-2365, www.vergerspedneault.com)* vous accueille dans le monde de la pomme à boire! Le cidre, véritable passion familiale, est ici roi. Sur place, on peut faire le tour de l'Économusée de la pomiculture, qui explique le processus de fermentation de la pomme, mais la boutique (voir p. 602) demeure sans conteste le lieu-vedette. Il est également possible de cueillir ses propres pommes *(sept et oct)* et prunes *(fin août à début sept)* dans le verger.

> ### Baignade

Le village de **Saint-Irénée** renferme en son centre une plage agréable malgré la température de l'eau qui avoisine souvent les 4°C à 8°C en été. Un véritable bain de fraîcheur par temps caniculaire!

> ### Croisières et observation des baleines

Au quai des villes de Baie-Sainte-Catherine et de Saint-Siméon, quelques entreprises organisent des excursions sur le fleuve.

On peut observer les baleines à bord de grands bateaux confortables qui peuvent accueillir jusqu'à 300 personnes ou d'embarcations pneumatiques très sécuritaires. L'entreprise **Croisières AML** *(57$; début mai à fin oct; départ aux quais de Tadoussac et de Baie-Sainte-Catherine, ☎ 418-235-4642 ou 800-463-1292, www.croisieresaml.com)* propose ce genre d'excursion qui dure en moyenne 3h.

Croisières Charlevoix *(57-62; début mai à fin oct; départ au quai de St-Siméon, ☎ 418-638-1483 ou 866-638-1483, www.baleines.ca)* organise une sortie sur le fleuve à bord de ce qui est probablement le meilleur navire d'observation sillonnant les eaux du parc marin du Saguenay–Saint-Laurent : l'*Explorathor*. Il s'agit d'un bateau écologique fabriqué dans la région, fait de matériaux recyclés, qui utilise 25% moins de carburant et dont on a remplacé l'hélice par une tuyère sans danger pour la faune marine. Il est par ailleurs le plus rapide et le plus silencieux. La vue à 360° permet d'observer tout ce qui se déroule tout autour, et le bateau n'est pas surchargé.

Les croisières durent environ 2h30. De petits canots pneumatiques sont aussi disponibles pour ceux qui veulent voir de plus près les immenses cétacés!

Dans le **parc national des Hautes-Gorges-de-la-Rivière-Malbaie**, on propose des croisières en bateau-mouche *(30$; durée 1h30; mi-mai à mi-oct;* ☎ *418-439-1227 ou 800-665-6527, www.sepaq. com)* qui permettent de tirer pleinement profit du site en parcourant la magnifique rivière Malbaie.

➤ Équitation

Le **Centre Équestre Nature** *(73 rang St-Jean-Baptiste, Ste-Agnès,* ☎ *418-439-2076, www.quebecweb. com/equitation)* offre une expérience équestre tout à fait agréable dans le décor enchanteur de Charlevoix, tapissé de prairies et de vallons. Le cavalier pourra prendre le temps de brosser sa monture afin de l'apprivoiser tout doucement... avant de partir au pas, au trot ou au galop!

➤ Escalade

Le **parc national des Hautes-Gorges-de-la-Rivière-Malbaie** (voir p. 588) renferme les plus hautes parois rocheuses de l'est du Canada. Ces parois, qui atteignent jusqu'à 800 m par endroits et entre lesquelles serpente la rivière, offrent plusieurs voies propices à l'escalade. La plus connue est certes la «Pomme d'or», de niveau expert et haute de 350 m, dont le parc permet l'escalade en hiver seulement, sur la glace. Vous devez disposer de votre propre équipement.

➤ Golf

Le **Club de golf Fairmont Le Manoir Richelieu** *($; fin mai à mi-oct; Fairmont Le Manoir Richelieu, 181 rue Richelieu, La Malbaie,* ☎ *418-665-2526 ou 800-665-8082)*, avec chalet et restaurants, est classé parmi les meilleurs parcours de golf au monde.

➤ Kayak

Katabatik Kayak de Mer *(50$/demi-journée en été, 80$ kayak d'hiver; 595 rue St-Raphaël, La Malbaie,* ☎ *418-665-2332 ou 800-453-4850, www.katabatik. ca)* est une petite compagnie dynamique qui propose toutes sortes d'excursions en kayak de mer et de rivière sur le fleuve, sur la rivière Malbaie et sur la rivière du Gouffre, variant généralement d'une demi-journée à cinq jours. Les départs se font surtout à Baie-Saint-Paul et Saint-Irénée. L'environnement est sécuritaire, et toutes les expéditions en kayak de mer sont encadrées par des guides sympathiques (celles en kayak de rivière sont

autonomes). Katabatik propose aussi le kayak d'hiver, une expérience formidable! Cette excursion, d'une durée de 4h, a son point de départ en alternance à Petite-Rivière-Saint-François et Cap-à-l'Aigle. On vous fournira des vêtements isothermiques et un soutien professionnel avisé, et vous pagaierez, en toute sécurité à travers les parcelles glacées du fleuve ou de la rivière Malbaie.

Pour arpenter les méandres de la baie de Baie-Saint-Paul, l'**Air du Large** *(210 rue Ste-Anne, Baie-St-Paul,* ☎ *418-435-2066, www.airdularge.com)* loue des embarcations, en plus d'organiser des croisières sur le fleuve ou des descentes en kayak sur la rivière du Gouffre. Installé au quai de Baie-Saint-Paul, l'Air du large loue aussi des vélos et offre des initiations au cerf-volant acrobatique et au parapente. Avis aux amateurs d'eau et de vent!

Azimut Aventure *(185 route 138, Baie-Ste-Catherine,* ☎ *418-237-4477 ou 888-843-1110, www. azimutaventure.com)* propose aussi des aventures en kayak de mer, de quelques heures à quatre jours. Comme l'entreprise est située à Baie-Sainte-Catherine, tout près de Tadoussac, l'accent est mis sur l'observation des baleines et l'exploration du fjord du Saguenay.

➤ Randonnée pédestre

Outre les magnifiques parcs de la région, Charlevoix attire les randonneurs avec son magnifique **Sentier des caps** *(7$; 2 rue Leclerc, St-Tite-des-Caps,* ☎ *418-823-1117 ou 866-823-1117, www.sentierdescaps.com)*. De la réserve nationale de faune du cap Tourmente à Petite-Rivière-Saint-François, le sentier couvre 48 km sur des sommets de 500 m à 800 m se jetant dans le fleuve. Des refuges et des emplacements de camping parsèment le parcours et permettent de prendre le temps qu'on veut pour y déambuler. Ses dénivelés importants conviennent surtout aux marcheurs aguerris. Les vues qui s'ouvrent sur le fleuve tout au long du tracé, et particulièrement depuis les belvédères aménagés, sont littéralement époustouflantes.

Dans le **parc national des Hautes-Gorges-de-la-Rivière-Malbaie** (voir p. 588), le sentier de L'Acropole des Draveurs est particulièrement apprécié (et difficile!). Il grimpe sur 4 km, avec un dénivelé de près de 900 m. La vue depuis le sommet récompense largement l'effort.

➤ Raquette et ski de fond

Le centre d'activités **Le Genévrier** *(4,50$; 1175 boul. Mgr-De Laval, Baie-St-Paul,* ☎ *418-435-6520 ou 877-435-6520, www.genevrier.com)* se trouve à quelques kilomètres au nord de Baie-Saint-Paul. Il dispose de 15 km de sentiers de ski de fond et de raquettes. Il compte quatre pistes de fond: deux faciles, une intermédiaire et une difficile. En outre, Le Genévrier offre des installations pour le patin et la glissade, et ouvre les portes de son chalet pour que les visiteurs se réchauffent à la fin de la journée.

Au **parc national des Grands-Jardins** (voir p. 584), un réseau de sentiers de 50 km a été aménagé pour le ski de fond et la raquette. Il est possible de louer de petits chalets ou des refuges. Pour ce faire, il faut réserver auprès de la Sépaq.

Le centre **Les Sources Joyeuses** *(10$; lun-ven 9h à 16h, sam-dim 8h30 à 16h30; 141 rang Ste-Madeleine, La Malbaie, ♪ 418-665-4858, www. lessourcesjoyeuses.com)* propose quelque 35 km de très belles pistes pour tous les niveaux de skieurs. Toutes les pistes sont tracées, autant pour le pas classique que pour le pas de patin, et sont très bien entretenues.

Le **Mont Grand-Fonds** *(14$; lun-ven 10h à 16h, sam-dim 9h à 16h; 1000 ch. des Loisirs, La Malbaie, ♪ 418-665-0095 ou 877-665-0095, www. montgrandfonds.com)* compte quelque 160 km de magnifiques sentiers de ski de fond.

➤ Ski alpin

Le Massif *(61$; 1350 rue Principale, Petite-Rivière-St-François, ♪ 418-632-5876 ou 877-536-2774, www. lemassif.com)* est l'une des stations de ski les plus intéressantes du Québec. D'abord parce qu'elle offre le dénivelé le plus haut de l'est du Canada, soit 770 m, ensuite parce qu'elle reçoit chaque hiver des chutes de neige abondantes qui, ajoutées à la neige artificielle, créent des conditions idéales. Sans parler de la nature environnante! La montagne, qui se jette presque dans le fleuve, offre depuis son sommet une vue extraordinaire. Elle compte pas moins de 49 pistes pour tout type de skieurs, et le sommet abrite un pavillon d'accueil pour une pause agréable avec vue.

Le **Mont Grand-Fonds** *(32$; lun-ven 10h à 16h, sam-dim 9h à 16h; 1000 ch. des Loisirs, La Malbaie, ♪ 418-665-0095 ou 877-665-0095, www. montgrandfonds.com)* propose 14 pistes de ski alpin d'une dénivellation de 335 m. La plus longue piste s'étend sur 2 500 m.

➤ Traîneau à chiens

Le **Chenil du Sportif** *(160$/jour/pers., 80$/ demi-journée/pers.; 65 rang Ste-Marie, Les Éboulements, ♪ 418-635-2592, www.quebecweb.com/ chenildusportif)* organise des excursions qui peuvent s'étendre d'une demi-journée à trois jours et être agrémentées d'une expérience de pêche sur la glace (pêche blanche) ou de balades en raquettes. Il permet aux amateurs de traîneau à chiens de conduire eux-mêmes l'attelage dans une nature magnifique entre Les Éboulements et Saint-Hilarion. Les guides sont expérimentés et affables. Les forfaits d'un jour comprennent le déjeuner, qu'on déguste dans une sympathique cabane de bois rond. Des couchers en refuge et en caravane font partie des séjours plus longs.

➤ Vélo

L'**île aux Coudres** est l'un de ces endroits que l'on a avantage à visiter à bicyclette. Le terrain est assez plat, et la vitesse du vélo permet de savourer la beauté du superbe paysage et de profiter du fleuve, envoûtant et omniprésent. La pointe de l'Islet, à l'extrémité ouest, offre un paysage grandiose sur le fleuve Saint-Laurent, avec ses rochers qui ne sont pas sans rappeler la Bretagne. Du côté est de l'île, **Vélo-Coudres** *(2926 ch. des Coudriers, La Baleine, ♪ 418-438-2118, www.charlevoix.qc.ca/velocoudres)* loue des vélos pour tous les goûts. N'oubliez pas que le traversier de l'île aux Coudres est gratuit!

➤ Via ferrata

Le centre d'aventure **Les Palissades de Charlevoix** *(42-84 selon les activités; début mai à fin oct tlj; 1000 route 170, St-Siméon, ♪ 418-638-3833 ou 800-762-4967, www.rocgyms.com/palissades)* propose deux superbes *vias ferratas*, des parcours d'escalade sans risque où les aventuriers sont toujours rattachés à un câble métallique. On peut notamment grimper une falaise, traverser un pont suspendu au-dessus d'une crevasse, descendre en rappel une paroi verticale de 70 m et filer sur une tyrolienne au-dessus d'un lac glaciaire. L'une des *vias ferratas* abrite un parcours pour les enfants de 10 à 13 ans.

➤ Voile

L'entreprise l'**Air du Large** *(billetterie au 210 rue Ste-Anne, Baie-St-Paul, ♪ 418-435-2066, www.air-dularge.com)* organise de belles escapades de deux jours à bord d'un quillard de 8,5 m, sous l'œil bienveillant d'un skipper aguerri qui choisira pour vous un itinéraire selon les conditions météo. Vous pourrez pousser l'aventure jusqu'à l'île aux Lièvres, ou pourquoi pas jusque dans le fjord du Saguenay, si le temps le permet. La nourriture est sous la responsabilité du groupe, qui ne doit pas excéder quatre personnes car le voilier ne comporte que cinq couchettes. Il est aussi possible de louer un dériveur pour s'initier à la navigation à voile.

Charlevoix - **Activités de plein air**

Hébergement

Petite-Rivière-Saint-François

Auberge La Côte d'Or
$$-$$$ 🍴 🛏 ♨ @
348 rue Principale
☎ 418-632-5520 ou 877-632-5520
www.quebecweb.com/lacotedor

La Côte d'Or est une auberge de neuf chambres et suites qui offre un accueil chaleureux aux visiteurs et skieurs de passage. Abondamment décorée de boiseries, on s'y sent un peu comme chez grand-mère… Son restaurant **La Bourgogne** (voir p. 599) propose de bons repas qui mettent en valeur les produits du terroir.

Auberge La Courtepointe
$$-$$$ 🍴 🛏 ♨ @ ⚓
début juin à mi-oct et début déc à mi-avr
8 rue Racine
☎ 418-632-5858 ou 888-788-5858
www.aubergelacourtepointe.com

L'Auberge La Courtepointe est située tout près du Massif. L'aménagement général est très bien, et les enfants adorent loger sous les combles. La table est bonne, avec un petit déjeuner particulièrement délicieux. Belle collection de tableaux et vue sur le fleuve.

Villa Marvic
$$$$$ ≋ ≡ ● ⫶ ⛺ @
45 ch. de la Vieille-Rivière
☎ 514-570-6441
www.villamarvic.com

La Villa Marvic, par son luxe, son confort, son emplacement époustouflant et ses magnifiques espaces intérieurs et extérieurs, figure parmi les plus beaux chalets de ski au Québec. Il est possible de louer la villa, qui peut accueillir jusqu'à 14 personnes, pour une fin de semaine ou pour un séjour d'au moins trois nuits en semaine. Évidemment, les tarifs pendant la saison de ski sont particulièrement salés…

Baie-Saint-Paul

Plusieurs gîtes, chalets de montagne et auberges ponctuent la région du Massif et de Petite-Rivière-Saint-François, mais en raison du développement recréo-touristique effréné de la station de ski Le Massif, le village peine à contenir toute cette affluence, et c'est à Baie-Saint-Paul que se concentre la majorité des solutions d'hébergement. Un nouveau projet en construction, nommé **La Ferme**, consiste en un hôtel de luxe qui sera situé tout près du centre-ville de Baie-Saint-Paul, avec des boutiques vendant des produits du terroir et une salle de spectacle, le tout relié par train à la ville de Québec en passant par la station de ski. Au moment de mettre sous presse, le projet du train était bien avancé, et l'hôtel, dont les travaux ont débuté à l'automne 2009, doit ouvrir ses portes à l'été 2011.

Le Balcon Vert
$ ♨ ⚓ @
mi-mai à mi-oct
22 côte du Balcon-Vert (route 362)
☎ 418-435-5587
www.balconvert.com

L'adresse la plus économique en ville est sans doute l'auberge de jeunesse Le Balcon Vert. Elle dispose, en plus de petits chalets pouvant recevoir quatre personnes chacun, d'emplacements pour les campeurs, des chambres privées et des dortoirs. Il est possible d'y prendre le petit déjeuner, préparé sur place, et le dîner est en formule prêt-à-manger (choix de repas sous vide préparés par un traiteur et que l'on réchauffe). Certains soirs d'été, des spectacles y sont présentés. Ambiance conviviale assurée.

Parc national des Grands-Jardins
$-$$$ ⚓ ● ❄
Centre de services Thomas-Fortin, Km 31 de la route 381
☎ 418-439-1227 ou 800-665-6527
www.sepaq.com

En plus du camping, avec ou sans services, le parc national des Grands-Jardins offre en location des chalets, des refuges, des tentes Huttopia et des tentes-caravanes par l'entremise de la Sépaq. Par ailleurs, le parc est réputé pour la pêche; donc, si vous voulez y loger durant la période estivale, il est préférable de réserver bien à l'avance.

Le Genévrier
$ *camping*
$$$-$$$$ *chalet pour 1 à 4 pers.*
● ❄ ⚓ ⛺ @ 🛏 ⚓ 🏖
1175 boul. Mgr-De Laval (route 138)
☎ 418-435-6520 ou 877-435-6520
www.genevrier.com

Le Genévrier est un vaste complexe récréotouristique qui s'intègre magnifiquement à son milieu naturel. Les campeurs de toute tendance sont assurés d'y trouver chaussure à leur pied. On y dénombre 450 emplacements, principalement en terrain boisé, accueillant les plus grosses autocaravanes jusqu'aux tentes des amateurs de camping sauvage. Plusieurs chalets sont proposés, dont une dizaine de chalets scandinaves en rondins tout équipés, modernes et confortables, situés au bord d'un lac ou d'une rivière. En été, on offre en location deux chalets plus rustiques en bois rond, tout équipés, avec literie et douche. Un programme étoffé d'activités sportives et de loisirs est disponible chaque jour. Sentiers pour la randonnée pédestre et le vélo de montagne.

Domaine Belle Plage
$$ ● ⛺ 🍴 ◎ ≋ ⚓ Y @ ⫶
192 rue Ste-Anne
☎ 418-435-3321 ou 888-463-6030
www.lecormoran.ca

Le Domaine Belle Plage abrite deux auberges: l'Auberge le Cormoran et l'Auberge Belle Plage, cette dernière comptant des installations plus modernes. Le Domaine propose aussi quelques chambres de type motel.

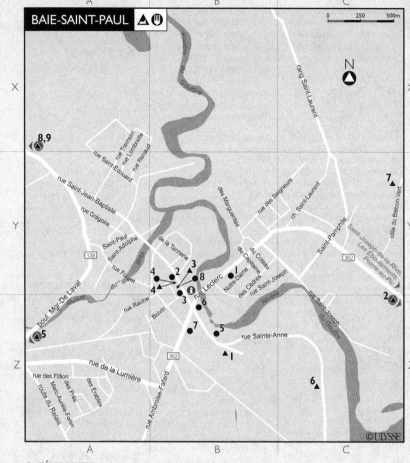

BAIE-SAINT-PAUL

250   500m

N

©ULYSSE

▲ HÉBERGEMENT

1.	BZ	À La Chouette
2.	CZ	Auberge Cap-aux-Corbeaux
3.	BY	Auberge La Maison Otis
4.	BY	Auberge La Muse
5.	AZ	Auberge La Pignoronde
6.	CZ	Domaine Belle Plage
7.	CY	Le Balcon Vert
8.	AX	Le Genévrier
9.	AX	Parc national des Grands-Jardins

● RESTAURANTS

1.	BY	Al Dente
2.	BY	Au 51
3.	BY	Café des Artistes
4.	BY	Chez Bouquet Éco-bistro
5.	BZ	Le Mouton Noir
6.	BZ	Le Vice Café
7.	BZ	L'Orange Bistro
8.	BY	Mon ami Alex

À La Chouette
$$$ ✱ @
mi-avr à fin déc
2 rue Leblanc
☎ 418-435-3217 ou 888-435-3217
www.alachouette.com
Située un peu à l'écart de la ville (à 5 min à pied), la grande maison charmante du gîte À La Chouette compte cinq chambres (avec possibilité de suite à deux chambres), chacune décorée selon une saison (la cinquième étant «L'été des Indiens»). Toutes les unités disposent d'une salle de bain privée et offrent un excellent confort. On y loue également un grand et lumineux appartement *($$$$ ➳)* à aire ouverte. Le petit déjeuner est original et composé de produits maison, régionaux et bios. Il règne une belle ambiance dans cette maison ancestrale sans prétention dotée d'un magnifique terrain fleuri. Sans parler des livres un peu partout, du poêle à

bois pour se réchauffer en hiver, de l'Internet sans fil… Hautement recommandé, le lieu est aussi disponible en formule «maison à louer».

Auberge Cap-aux-Corbeaux
$$$

62 rue du Nordet
☎ 418-435-5676 ou 800-595-5676
www.cap-aux-corbeaux.com

Plantée au bout d'une petite route accrochée au cap qui surplombe Baie-Saint-Paul, l'Auberge Cap-aux-Corbeaux offre une vue époustouflante. On y a privilégié l'utilisation du bois. Les chambres se trouvent toutes du côté du fleuve pour la vue. Dans l'une d'elles, la baignoire à remous double est même entourée de fenêtres pour des petits moments de véritable détente.

Auberge La Muse
$$$

$$$$

39 rue St-Jean-Baptiste
☎ 418-435-6839 ou 800-841-6839
www.lamuse.com

L'Auberge La Muse se trouve au centre de Baie-Saint-Paul. Elle est installée dans une maison d'époque pourvue d'un joli balcon et nichée sous de grands arbres ainsi que dans un ancien magasin général. Certaines des chambres sont décorées dans un style victorien, d'autres sont plus contemporaines. Les petits déjeuners sont servis à la carte au restaurant de l'auberge, **Chez Bouquet Écobistro** (voir p. 600). Service de massothérapie sur réservation.

Auberge La Maison Otis
$$$-$$$$

23 rue St-Jean-Baptiste
☎ 418-435-2255 ou 800-267-2254
www.maisonotis.com

Ancienne banque située au cœur de la ville, l'Auberge La Maison Otis conjugue une ambiance suave et un décor de bon goût à une savoureuse table d'inspiration méditerranéenne (voir p. 600). L'ancienne section abrite de petites chambres douillettes, avec le lit en mezzanine, alors que, dans la section plus récente, les chambres sont grandes.

Auberge La Pignoronde
$$$$

$$$$$½p

750 boul. Mgr-De Laval
☎ 418-435-5505 ou 888-554-6004
www.aubergelapignoronde.com

Étrange bâtiment circulaire, l'Auberge La Pignoronde abrite un hall pourvu d'un foyer, qui s'avère fort accueillant. On y jouit d'une vue superbe en plongée sur la baie et le fleuve. Les chambres, un peu vieillottes, demeurent confortables.

Saint-Hilarion
L'Aubergine
$$

179 rang 6
☎ 418-457-3018 ou 877-457-3018
www.aubergeinn.com

Établissement au joli nom, L'Aubergine offre tranquillité et grand air. Les cinq chambres sont toutes dotées d'une entrée privée avec terrasse et vue sur les montagnes, et le terrain comprend un lac propice à la baignade. Les délicieux petits déjeuners sont copieux.

Saint-Joseph-de-la-Rive
Auberge Beauséjour et Motels
$$-$$$

début mai à mi-oct
569 ch. du Quai
☎ 418-635-2895 ou 800-265-2895
www.aubergebeausejour.com

Aménagée dans une vaste demeure pourvue d'une superbe terrasse, l'Auberge Beauséjour et Motels bénéficie d'un site à faire rêver. Les chambres, quoique un peu austères, sont confortables.

Île aux Coudres
Auberge Les Églantiers
$$

82 ch. de la Baleine
☎ 418-438-2500
www.quebecweb.com/eglantiers

Sans prétention, l'Auberge Les Églantiers propose de grandes chambres avec salle de bain privée, qui peuvent accueillir en général quatre personnes chacune. La vue y est superbe et le prix, très abordable pour la région de Charlevoix. Petit déjeuner copieux et produits régionaux. En hiver, on offre un forfait avec dîner champêtre (**$$$$**).

Auberge La Coudrière et Motels
$$

$$$$ ½p

mi-mai à mi-oct

2891 ch. des Coudriers
☎ 418-438-2838 ou 888-438-2882
www.aubergelacoudriere.com

L'Auberge La Coudrière et Motels offre des chambres confortables. Elle se trouve près du fleuve, donnant ainsi aux visiteurs l'occasion de faire de belles promenades.

Hôtel Cap-aux-Pierres
$$-$$$

mai à oct
444 ch. de la Baleine
☎ 418-438-2711 ou 888-222-3308
www.dufour.ca

Un long bâtiment, orné d'une multitude de lucarnes, abrite l'Hôtel Cap-aux-Pierres. Les chambres, au décor rustique, sont agréables.

Saint-Irénée
Hôtel Le Rustique
$$

102 rue Principale
☎ 418-452-8250
www.lerustique.ca

L'Hôtel Le Rustique est situé en plein centre du vieux village de Saint-Irénée, un peu en hauteur, ce qui permet de jouir d'une sublime vue sur le fleuve en contrebas. Le lieu est sans prétention, confortable et sympathique. La table est simple mais inventive. Un bon choix économique.

Hôtel Motel de la Plage
$$$ @ ⊜ ⚬
début mai à mi-oct
180 ch. Les Bains (route 362)
☎ 418-452-8148
www.hotel-motel-charlevoix.com
L'Hôtel Motel de la Plage, un sympathique petit établissement, compte une quinzaine de chambres confortables, toutes avec une belle vue sur le fleuve et une salle de bain privée. Peu cher.

La Malbaie
Voir carte p. 598.

Camping des Chutes Fraser
$ ⇆ ⚬ ⚬
mi-mai à mi-oct
500 ch. de la Vallée
☎ 418-665-2151
www.campingchutesfraser.com
Au Camping des Chutes Fraser, les campeurs sous la tente bénéficient d'emplacements au bord de la rivière Comporté et à proximité des chutes Fraser. Parmi les nombreuses installations du camping: douches, laverie, casse-croûte, épicerie, mini-golf, boucherie et piscine surveillée.

Auberge La Châtelaine
$$-$$$ ⚬ ᵇ⁄ₚ @
830 ch. des Falaises
☎ 418-665-4064 ou 888-840-4064
www.aubergelachatelaine.com
L'Auberge La Châtelaine est une grande demeure où les souvenirs meublent chaque recoin. Antiquités, couvre-lits fleuris, baignoires sur pattes, lucarnes, murs en lattes, grand escalier, tout cela lui donne un certain cachet. Quelque peu surannées, certaines chambres pourraient toutefois bénéficier d'un petit rafraîchissement. Une longue véranda, une belle terrasse et un joli terrain permettent en outre de profiter des beaux jours.

Auberge La Romance
$$$-$$$$ ⚬ @ ◎ △ ⇆ ≡ & @
415 ch. des Falaises
☎ 418-665-4865
www.aubergelaromance.com
L'Auberge La Romance est effectivement orientée, de la cave au grenier, vers les séjours romantiques. Tout y a été prévu, peut-être trop, pour entourer les clients d'un nuage de douceur. Par exemple, chaque chambre est pourvue d'une double porte pour insonoriser et d'un haut-parleur qui diffuse, jour et nuit (le contrôle est accessible à l'occupant), une musique romantique... La maison, revêtue de clins de cèdre, abrite huit chambres dotées d'installations qui rehaussent leur côté romantique, comme un foyer, un balcon, un lit à baldaquin, des fenêtres à carreaux ou une baignoire à remous. Au moment de mettre sous presse, l'établissement subissait une cure de jouvence afin de se mettre au goût du jour pour l'été 2010.

Auberge des 3 Canards
$$$$-$$$$$
⇆ ◎ ⚬ △ ≋ Υ ⚬ ✳ @
115 côte Bellevue
☎ 418-665-3761 ou 800-461-3761
www.auberge3canards.com
L'Auberge des 3 Canards offre une vue superbe sur toute la région et propose neuf chambres chaleureusement décorées et munies d'un foyer, de tapis douillets et d'une baignoire à remous. Son motel adjacent est pourvu de chambres moins bien aménagées, mais qui offrent néanmoins une belle vue sur l'eau et un bon rapport qualité/prix. Le restaurant est toujours aussi excellent (voir p. 601).

Auberge sur la Côte
$$$$$ ½p ⚬ ≡ Υ
205 ch. des Falaises
☎ 800-853-3972
www.aubergesurlacote.com
L'Auberge sur la Côte est aménagée dans une belle

demeure de villégiature centenaire et offre un confort un peu plus champêtre que certaines autres auberges de la région. Un chalet très confortable est aussi en location; il est situé derrière l'auberge et peut accueillir de deux à six personnes. Un bon restaurant se trouve également sur place. Très charmant et accueillant.

Fairmont Le Manoir Richelieu
$$$$$
≡ ⇆ ◎ ⚬ ⚬ △ ≋ Υ ⚬ ⟩⟩⟩ @ &
181 rue Richelieu
☎ 418-665-3703 ou 888-610-7575
www.fairmont.com/fr/richelieu
Véritable institution hôtelière au Québec, le Manoir Richelieu demeure un des centres de villégiature les plus recherchés et les plus appréciés du Québec. Doté de tourelles, de gâbles et d'un toit aigu, ce joyau architectural d'inspiration normande dispose de quelque 400 chambres et suites. Plusieurs boutiques sont aménagées au rez-de-chaussée, de même qu'un lien souterrain avec le casino. Les trois restaurants du Manoir Richelieu, dont **Le Charlevoix** (voir p. 601), font le bonheur des gourmets.

Cap-à-l'Aigle

Auberge des Eaux Vives
$$$ ⚬ ᵇ⁄ₚ ◎ @
39 rue de la Grève
☎ 418-665-4808 ou 888-565-4808
www.eauxvives.wordpress.com
Cette magnifique auberge de bois compte quatre belles chambres très originales. Son décor est singulier et tranche complètement avec le caractère champêtre que l'on retrouve habituellement dans la région de Charlevoix. Grâce aux intérieurs d'inspiration asiatique, avec rideaux de bambous, tapis épais et lit rond, l'ambiance est de bon goût, raffinée et confortable. Comme on est à deux pas

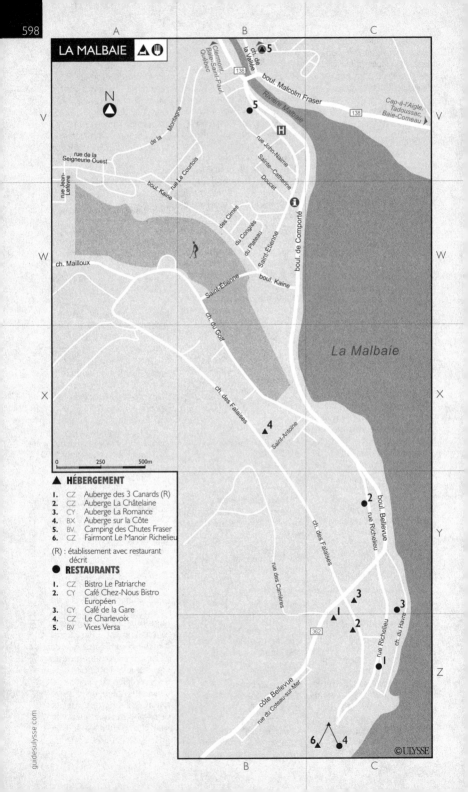

LA MALBAIE

▲ HÉBERGEMENT

1.	CZ	Auberge des 3 Canards (R)
2.	CZ	Auberge La Châtelaine
3.	CY	Auberge La Romance
4.	BX	Auberge sur la Côte
5.	BV	Camping des Chutes Fraser
6.	CZ	Fairmont Le Manoir Richelieu

(R) : établissement avec restaurant décrit

● RESTAURANTS

1.	CZ	Bistro Le Patriarche
2.	CY	Café Chez-Nous Bistro Européen
3.	CY	Café de la Gare
4.	CZ	Le Charlevoix
5.	BV	Vices Versa

©ULYSSE

du fleuve, la vue est imprenable.

Auberge des Peupliers
$$$$-$$$$$ ⚠ ☥ ♨))) ◎ @
381 rue St-Raphaël
☎ 418-665-4423 ou 888-282-3743
www.aubergedespeupliers.com

L'Auberge des Peupliers est construite à flanc de colline et surplombe le fleuve. Les chambres sont garnies de meubles en bois qui leur donnent un air charmant. L'auberge dispose de salons paisibles, bien agréables pour se détendre, ainsi que d'un restaurant gastronomique (voir p. 601).

La Pinsonnière
$$$$-$$$$$
≡ ◎ ☥ ⚠ ≋ ♨))) @
124 rue St-Raphaël
☎ 418-665-4431 ou 800-387-4431
www.lapinsonniere.com

Le luxueux hôtel La Pinsonnière, membre de l'association des Relais & Châteaux, repose sur un site enchanteur près du fleuve. Les chambres, chacune différente des autres, sont décorées avec goût mais dans un style très classique. L'endroit est paisible et sa table courue.

Port-au-Persil

Auberge Petite-Madeleine
$$ ☙ ❄
400 ch. Port-au-Persil
☎ 418-638-2460
www.petitemadeleine.com

Cette petite auberge propose quatre très belles suites dans l'ancien hôtel Port-au-Persil, qui retrouve ainsi sa vocation première. La vue du fleuve est à couper le souffle, et l'immense terrasse est magnifique. Très reposant.

Saint-Siméon

Auberge des Palissades
$-$$$ ◎))) ♨
début mai à fin oct
1000 route 170
☎ 418-638-3833 ou 800-762-4967
www.rocgyms.com/palissades

Le parc d'aventure en montagne **Les Palissades de Char-**

levoix (voir p. 593) offre diverses formules d'hébergement directement sur son site. On peut y loger dans les dortoirs de l'auberge *($,* bc @ ⚖*)*, en camping avec ou sans service *($)*, en refuge rustique *($ ⚠)* ou en chalet *($$$ ☙ ❄)*. Un café servant des repas légers, une cuisine commune, un sauna et une «spa nordique» sont mis à la disposition des clients.

Gîte Aux Tournesols
$$ ☙
571 rue St-Laurent (route 138)
☎ 418-471-0552

Le Gîte Aux Tournesols dispose de quatre chambres sympathiques et sans prétention, en plus d'une grande salle de repos et d'une cuisine tout équipée que les clients peuvent utiliser à loisir, sans parler de la belle vue sur le fleuve. Une petite boutique attenante vend des articles maritimes.

Restaurants

Petite-Rivière-Saint-François

La Bourgogne
$$
Auberge La Côte D'Or
348 rue Principale
☎ 418-632-5520 ou 877-632-5520
www.quebecweb.com/lacotedor

L'Auberge La Côte d'Or propose sa table du terroir, La Bourgogne. On y sert une fine cuisine santé d'inspiration française, apprêtée à partir de produits régionaux de qualité. Bonne sélection de vins.

Baie-Saint-Paul

Voir carte p. 595.

Al Dente
$-$$
30 rue Leclerc
☎ 418-435-6695

Derrière la façade d'un cottage quelconque se cache un joli petit restaurant qui vaut le

détour pour les amateurs de pâtes fraîches. Al Dente, où l'on peut aussi faire des provisions de pâtes préparées sur place, de sauces maison et d'autres produits fins d'épicerie, offre un menu de plats de pâtes, certes, mais les mets se veulent originaux et sont à base de produits régionaux.

Café des Artistes
$-$$
25 rue St-Jean-Baptiste
☎ 418-435-5585
www.lecafedesartistes.com

Le Café des Artistes, un café arborant un beau bar acajou et des fauteuils en osier, sert entre autres des pizzas européennes et des paninis. Derrière les grandes fenêtres de sa devanture en hiver ou aux tables de ses terrasses en été, vous passerez d'agréables moments durant les belles journées.

Le Vice Café
$-$$
1 rue Ste-Anne
☎ 418-435-0006

Le Vice Café fait face à l'église, en plein centre du village, et propose un petit menu invitant composé de crêpes et autres hamburgers. Spectacles occasionnels et belle terrasse sympathique. Zone d'accès sans fil à Internet.

Au 51
$$
51 rue St-Jean-Baptiste
☎ 418-435-6469

Au 51 est un petit bistro du centre-ville qui offre un menu d'inspiration française composé essentiellement de plats de gibier, et ce, dans un cadre épuré et de très bon goût. En face, Le Culinarium, associé au 51, prépare des plats prêts-à-manger et à emporter. Le service est accueillant et très sympathique. Une belle adresse en tous points.

Charlevoix – Restaurants

Chez Bouquet Éco-bistro
$$-$$$
41 rue St-Jean-Baptiste
📞 418-435-6839 ou 800-841-6839
www.lamuse.com

Le restaurant de l'**Auberge La Muse** (voir p. 596) propose une alléchante cuisine santé aux accents italiens, concoctée à partir des produits du terroir. Il s'agit là d'un «éco-bistro» où l'on utilise entre autres la géothermie comme moyen de chauffage et de climatisation. Contemporaine et épurée, la salle à manger lumineuse donne sur la grande terrasse.

L'Orange Bistro
$$-$$$
29 rue Ambroise-Fafard
📞 418-240-1197
www.orangebistro.com

Rue Ambroise-Fafard, les terrasses se suivent mais ne se ressemblent pas toutes! Celle de L'Orange Bistro, tout comme son agréable salle à manger, offre un menu principalement composé de plats de viande et de pâtes où les produits régionaux occupent une bonne place. Si vous êtes un amateur de sandwichs chauds, goûtez au délicieux hamburger à la viande de veau. L'établissement propose aussi deux chambres pour la nuit.

Le Mouton Noir
$$$
fermé en nov, déc et jan
43 rue Ste-Anne
📞 418-240-3030
www.moutonnoirresto.com

Le Mouton Noir est l'une des révélations de Baie-Saint-Paul. Sa cuisine française épouse les saisons et les nouveaux arrivages de produits régionaux frais. Le menu est inventif, et les plats sont aussi raffinés que bons. En été, une grande terrasse permet de manger à proximité de la rivière du Gouffre.

Mon ami Alex
$$$-$$$$
La Maison Otis
23 rue St-Jean-Baptiste
📞 418-435-2255 ou 800-267-2254
www.maisonotis.com

Le restaurant de la **Maison Otis** (voir p. 596) propose un menu où les saveurs régionales prennent de nouveaux accents méditerranéens. Dans un décor invitant, le convive est invité à vivre une expérience culinaire réjouissante. Service impeccable et bonne sélection de vins.

Les Éboulements

Les Saveurs Oubliées
$$$-$$$$ 🍷
mai à oct, sur réservation
350 route 132
📞 418-635-9888
www.saveursoubliees.com

Le restaurant Les Saveurs Oubliées mise sur le savoir-faire de son chef Régis Hervé pour servir une fine cuisine préparée à partir de produits frais (l'agneau et les légumes biologiques proviennent de la ferme voisine). Vous pourrez aussi vous procurer de petites douceurs dans la boutique adjacente.

Saint-Irénée

La Flacatoune
$$
début avr à fin oct
Hôtel Motel de la Plage
180 ch. Les Bains (route 362)
📞 418-452-8148
www.hotel-motel-charlevoix.com

Le sympathique restaurant La Flacatoune de l'**Hôtel Motel de la Plage** (voir p. 597) offre une formule unique: la guinguette. Sous des airs de valse musette, cueillez votre assiette près du foyer central, choisissez le plat que vous désirez en consultant l'ardoise au centre et dirigez-vous vers les cuistots, auxquels vous indiquerez votre préférence et qui vous le concocteront

sous vos yeux. Tous les produits sont locaux (la provenance des produits est même indiquée sur le napperon en papier), et le propriétaire fait brasser sa propre bière, La Flacatoune, qui a d'ailleurs remporté quelques prix. Le décor est charmant. Si la salle consiste en une sorte de terrasse couverte, un foyer central réchauffe les lieux par temps frais.

Le St-Laurent Café
$$
mai à oct
128 rue Principale
📞 418-452-3408

À Saint-Irénée, le sympathique St-Laurent Café est juché sur un coteau, comme il y en a tant dans la région de Charlevoix, et juste à côté de l'église. À l'intérieur, la petite salle se révèle invitante, et l'on peut s'asseoir à de belles tables recouvertes de céramique. À l'extérieur, la terrasse, suspendue au-dessus du cap, dévoile une vue superbe. Le menu est varié et créatif.

La Malbaie

Voir carte p. 598.

Café Chez-Nous Bistro Européen
$-$$
1075 rue Richelieu
📞 418-665-3080
www.cafecheznous.com

Le Café Chez-Nous est un petit établissement sans prétention qui propose un menu bistro comportant soupes, pâtes, croque-monsieur et d'excellents espressos. Belle ambiance décontractée et bon choix de bières, de portos et de vins. On y loue aussi deux chambres.

Bistro Le Patriarche
$$
30 rue du Quai
📞 418-665-9692
www.bistrolepatriarche.com

Jolie maison faisant face au fleuve et datant des années 1860, ce restaurant vous charmera par son atmosphère d'antan. Faisant honneur au cachet et à la beauté de la demeure, le service est assuré par un personnel courtois en costume d'époque. On goûte ici une cuisine sans prétention, où les ragoûts et autres plats mijotés sont à l'honneur.

Café de la Gare
$$-$$$
fin juin à mi-oct tlj, reste de l'année mer-sam, fermé jan
100 ch. du Havre
☎ 418-665-4272

Ce beau restaurant, qui n'a de café que le nom, n'est pas situé près de la gare mais plutôt près du quai de Pointe-au-Pic. On peut manger des paninis, des hamburgers et d'autres plats de cuisine familiale dans sa grande salle vitrée ou dans la rotonde en été.

Vices Versa
$$$-$$$$
216 rue St-Étienne
☎ 418-665-6869
www.vicesversa.com

Monsieur et Madame (Éric Bertrand et Danielle Guay, pour les nommer) sont tous les deux des chefs d'expérience, aussi leur menu comporte-t-il deux volets distincts (le vice et le versa) que vous pouvez agencer à votre goût. La cuisine est hautement créative et gastronomique tout en restant sans prétention. Comme ils le disent eux-mêmes : *Ici, ce n'est ni fusion, ni tendance, ni international, bref, c'est bon.* Un menu à plusieurs services dénommé «L'expérience gourmande» est aussi offert. Tous les produits sont par ailleurs québécois ou canadiens. L'ambiance est très chic et épurée. Un incontournable, et probablement la meilleure table d'une région qui en compte déjà plusieurs excellentes.

Auberge des 3 Canards
$$$$
115 côte Bellevue
☎ 418-665-3761 ou 800-461-3761
www.auberge3canards.com

Les maîtres-queux de l'Auberge des 3 Canards ont toujours fait preuve d'audace et d'invention pour intégrer à leur cuisine raffinée des éléments du terroir ou des gibiers. Ils y ont toujours réussi avec brio, dotant «les 3 Canards» d'une réputation enviable. Le service s'y démarque par sa cordialité de bon aloi et l'information qu'on y offre sur les plats servis. Bonne carte des vins.

Le Charlevoix
$$$$
Fairmont Le Manoir Richelieu
181 rue Richelieu
☎ 418-665-3703 ou 888-610-7575
www.fairmont.com/fr/richelieu

Le restaurant gastronomique du Fairmont Le Manoir Richelieu, Le Charlevoix, s'impose comme l'une des meilleures tables de la région. En plus de sa vue imprenable sur le fleuve, il propose un superbe menu du terroir composé de produits presque exclusivement régionaux.

Sainte-Agnès
Restaurant Le Bootlegger
$$$
mi-juin au début sept
Maison du Bootlegger
110 Ruisseau-des-Frênes
☎ 418-439-3711
www.maisondubootlegger.com

Véritable institution locale, le restaurant de la **Maison du Bootlegger** (voir p. 588) offre une ambiance bien particulière avec ses couloirs secrets et ses petites pièces qui abritaient, au début du XXᵉ siècle, le premier «casino» de Charlevoix! Grilladerie fort courue (on y vient de loin), l'établissement promet assurément la soirée la plus animée des environs.

En soirée, le coût du repas inclut une visite guidée de la maison et un spectacle de musique rock. Assiettes très copieuses et ambiance de bar tapageuse mais chaleureuse. Réservations requises.

Auberge des Peupliers
$$$$
381 rue St-Raphaël
☎ 418-665-4423 ou 888-282-3743
www.aubergedespeupliers.com

La table de l'**Auberge des Peupliers** (voir p. 599) réserve de belles surprises à ses clients, fruits des audaces et de l'imagination fertile de son chef. Les convives n'ont qu'à s'abandonner à ces découvertes excitantes : les saveurs françaises et locales ne risquent pas de les décevoir.

La Pinsonnière
$$$$
124 rue St-Raphaël
☎ 418-665-4431 ou 800-387-4431
www.lapinsonniere.com

La table de **La Pinsonnière** (voir p. 599) a très longtemps été considérée comme le summum du raffinement gastronomique dans la région de Charlevoix. La Pinsonnière offre une carte gastronomique classique de très haut niveau, et les repas y sont une véritable expérience gustative qui demande qu'on leur consacre la soirée. La cave à vins demeure la plus riche de la région et l'une des meilleures au Québec.

Sorties

➤ Activités culturelles

Saint-Irénée
Salle Françoys-Bernier du Domaine Forget
5 rang St-Antoine
☎ 418-452-3535 ou 888-336-7438, postes 224 et 225
www.domaineforget.com

Une programmation classique variée est proposée, surtout

l'été, à la salle de spectacle du Domaine Forget : la Salle Françoys-Bernier, du nom d'un grand chef d'orchestre québécois mort en 1993.

Baie-Saint-Paul

Dans le courant de l'année 2011, une salle de spectacle d'envergure ouvrira ses portes à Baie-Saint-Paul, à l'hôtel **La Ferme** (voir p. 594).

Le Cabaret
25 rue St-Jean-Baptiste
☎ 418-435-2255 ou 800-267-2254
www.lecafedesartistes.com
On y propose des spectacles d'artistes renommés à l'occasion.

➤ Bars et boîtes de nuit

Baie-Saint-Paul
Saint-Pub
2 rue Racine, angle St-Jean-Baptiste
☎ 418-240-2332
www.microbrasserie.com
Fleuron de la Microbrasserie Charlevoix, le Saint-Pub est un sympathique restaurant qui sert une bonne cuisine de bistro. La microbrasserie y fait de bonnes bières qu'elle brasse pour tous les goûts. Dans la belle rue Saint-Jean-Baptiste, vous reconnaîtrez aisément son architecture originale et colorée, égayée d'une terrasse en été.

➤ Casino

La Malbaie
Casino de Charlevoix
183 rue Richelieu
☎ 418-665-5300 ou 800-665-2274
www.casinosduquebec.com
Le Casino de Charlevoix, situé à côté du Manoir Richelieu, est un casino à l'européenne qui attire les foules. Une tenue vestimentaire appropriée est suggérée. Un beau bar y est aussi accessible.

➤ Festivals et événements

Juin
Chaque été, de la mi-juin à la fin août, le **Festival International du Domaine Forget** (☎ *418-452-3535 ou 888-336-7438, www.domaineforget.com*) accueille à Saint-Irénée de nombreux musiciens et chanteurs classiques de réputation nationale et internationale. Ils viennent présenter leur spectacle sur la scène de la Salle Françoys-Bernier ou pendant les brunchs musicaux qui se déroulent en plein air tous les dimanches.

Août
Présenté durant tout le mois d'août au **Musée d'art contemporain de Baie-Saint-Paul** (voir p. 582), le **Symposium international d'art contemporain de Baie-Saint-Paul** permet d'admirer les talents d'artistes du Québec, du Canada et d'ailleurs qui viennent créer sur place des œuvres sur un thème suggéré.

Septembre
À Baie-Saint-Paul, **Rêves d'automne** (☎ *418-435-5875 ou 800-761-5150, www.revesautomne.qc.ca*) remporte un succès considérable chaque année durant la dernière semaine de septembre et la première d'octobre. Ce festival multidisciplinaire met tout en œuvre pour permettre au public d'apprécier pleinement les beautés de l'automne dans la région de Charlevoix, avec toute une série de spectacles musicaux et théâtraux, en plus de suggestions gastronomiques irrésistibles.

Achats

Charlevoix est une région rêvée pour les amateurs d'art et d'artisanat, sans oublier les produits du terroir. Ses petits villages débordent de boutiques de produits gastronomiques et d'ateliers de sculpteurs, de peintres ou de potiers qui n'attendent que votre visite. Gardez l'œil ouvert !

➤ Alimentation

Baie-Saint-Paul
Chocolaterie Cynthia
3-66 rue St-Jean-Baptiste
☎ 418-435-6060

Île aux Coudres
Verger Pedneault
3384 ch. des Coudriers
☎ 418-438-2365
www.vergerspedneault.com
Dans la boutique du Verger Pedneault, pas moins de 30 produits sont proposés, du simple jus de pomme brut au cidre élaboré selon la méthode champenoise.

Les Éboulements
Les Saveurs Oubliées
350 route 362
☎ 418-635-9888
www.agneausaveurscharlevoix.com
Adjacente au restaurant du même nom (voir p. 600) et à la ferme, une petite boutique vend les créations (charcuteries, gelées, confitures, etc.) de Régis Hervé, élaborées à partir des produits frais de la région.

La Chocolaterie du Village
194 rue du Village
☎ 418-635-1651
Cette boutique offre quelque 40 sortes de chocolats de toutes les saveurs. Attention toutefois : leurs chocolats peuvent créer une dépendance !

Sainte-Agnès
Auberge boulangerie des Grands Jardins
4 rue du Patrimoine
☎ 418-439-5882
www.aubergeboulangerie.com
Installée dans l'ancien presbytère de Sainte-Agnès, cette boulangerie prépare de

savoureux pains et pâtisseries bios, cuits à l'ancienne à même un four extérieur en terre cuite. Quelques chambres sont également proposées en formule gîte (petit déjeuner inclus).

La Malbaie
Boulangerie artisanale Pains d'exclamation
302 rue John Nairne
☎ 418 665-4000
www.painsdexclamation.com
Bons pains biologiques et agréable salle à manger pour les petits déjeuners.

Cap-à-L'Aigle
Fumoir Charlevoix
25 rang Ste-Mathilde O.
☎ 418-665-6662
Poissons fumés selon une technique traditionnelle.

➤ Artisanat, brocante et souvenirs

Saint-Placide-de-Charlevoix
Teueikan
juin à oct tlj, sur réservation
18 ch. Léo-Cauchon
☎ 418-240-3103
www.teueikan.com
Dans le secteur de Saint-Placide-de-Charlevoix, entre Petite-Rivière-Saint-François et Baie-Saint-Paul, se trouve le site d'interprétation **Teueikan** (voir p. 581), qui abrite une belle boutique d'artisanat amérindien. La plupart des objets, bijoux et vêtements présentés sont fabriqués sur place et se révèlent être d'une grande qualité.

Baie-Saint-Paul
Baie-Saint-Paul est particulièrement intéressante pour son **Circuit des galeries d'art**. On y trouve de tout, chaque boutique ayant sa spécialité. Huiles, pastels, aquarelles, eaux-fortes..., tableaux de grands noms et artistes à la mode, originaux et reproductions, sculptures et poésie..., l'idéal quoi! C'est un plaisir de chaque instant que de flâner dans les rues Saint-Jean-Baptiste, Sainte-Anne ou ailleurs, et de s'arrêter dans toutes ces galeries où le personnel ne demande pas mieux que de parler art.

Saint-Joseph-de-la-Rive
Papeterie Saint-Gilles
♿
304 rue Félix-Antoine-Savard
☎ 418-635-2613 ou 866-635-2430
www.papeteriesaintgilles.com
Les magnifiques papiers fabriqués à la Papeterie Saint-Gilles sont vendus sur place. Vous y trouverez un papier de coton d'une qualité remarquable. Certains de ces papiers chinés sont incrustés de feuilles d'arbres ou de fougères ou de pétales de fleurs. On y vend aussi une collection de récits, de contes et de chansons québécoises imprimés sur ce précieux papier.

Île aux Coudres
Charlotte! Atelier-boutique
1292 ch. des Coudriers
☎ 418-438-2321
www.ateliercharlotte.com
Dans cette sympathique boutique-atelier, vous trouverez des vêtements et accessoires, des toiles, des couvertures et plusieurs autres créations originales des artisans de l'île aux Coudres.

Cap-à-L'Aigle
La Folklorique
623 rue St-Raphaël
☎ 418-665-5395
Bois et métaux sculptés, vêtements, bijoux et autres articles, tous fabriqués par des artisans locaux. Un agréable petit café attenant offre une belle vue sur les **Jardins du Cap-à-l'Aigle** (voir p. 590) et le fleuve en contrebas.

Port-au-Persil
Poterie de Port-au-Persil
mai à oct
1001 rue St-Laurent (route 138)
☎ 418-638-2349
www.poteriedeportaupersil.com
Plusieurs des meilleurs artisans potiers du Québec sont représentés dans cette magnifique galerie-boutique (voir aussi p. 590). Du petit café à l'arrière, on a une splendide vue.

SAGUENAY–LAC-SAINT-JEAN

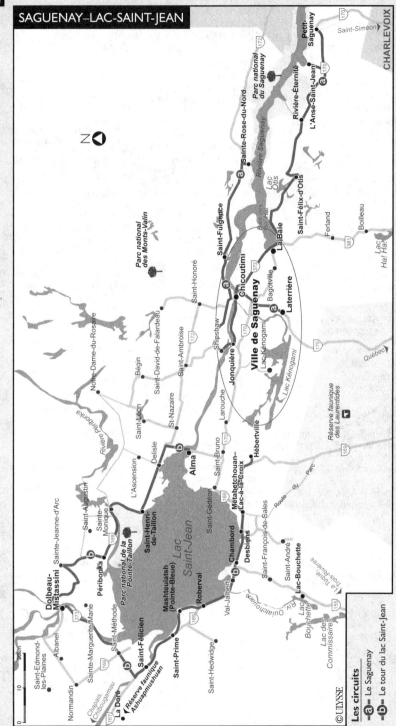

Les circuits

a Le Saguenay
b Le tour du lac Saint-Jean

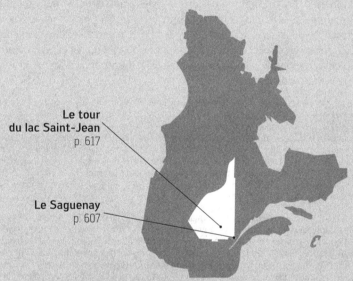

**Le tour
du lac Saint-Jean**
p. 617

Le Saguenay
p. 607

Saguenay–
Lac-Saint-Jean

La rivière Saguenay prend sa source dans le lac Saint-Jean, une véritable mer intérieure de plus de 35 km de diamètre. Ce formidable plan d'eau et cette imposante rivière constituent en quelque sorte le pivot d'une superbe région touristique. Gagnant rapidement le fleuve Saint-Laurent, la rivière Saguenay traverse un paysage très accidenté où se dressent falaises et montagnes : le fjord du Saguenay, qui s'étend sur environ 100 km de Saint-Fulgence à Tadoussac et qui est l'un des fjords les plus méridionaux du monde. En croisière ou depuis les rives, on peut y admirer un défilé de splendides panoramas à la beauté sauvage. Jusqu'à Chicoutimi, le Saguenay est navigable et subit le rythme perpétuel des marées. Sa riche faune marine comprend, en été, des mammifères marins de différentes espèces. Au cœur de cette région, la ville de Chicoutimi est un endroit très animé et le principal centre urbain.

Le lac Saint-Jean impressionne par sa superficie et la couleur de ses eaux. Les jolies plaines aux abords du lac sont très propices à l'agriculture et attirèrent les premiers colons au XIXᵉ siècle. La vie rude de ces défricheurs, paysans en été et bûcherons en hiver, fut d'ailleurs immortalisée dans le roman *Maria Chapdelaine* de Louis Hémon. Le bleuet, un fruit tout à fait savoureux que l'on trouve en grande quantité dans la région, fait la renommée de la région du Lac-Saint-Jean. Le bleuet est à ce point identifié à cette région que, partout au Québec, on utilise son appellation pour surnommer affectueusement les gens de ce pays. Tout comme ceux de la région du Saguenay, les habitants du Lac-Saint-Jean sont reconnus pour être accueillants et fort colorés.

Des colons, venus principalement de Charlevoix et de la Côte-du-Sud au milieu du XIXᵉ siècle, ont peuplé les régions jumelles du Saguenay et du Lac-Saint-Jean, jusque-là fréquentées sporadiquement par des tribus innues nomades, des missionnaires jésuites et des chasseurs de fourrures. Ces derniers étaient rattachés à de petits postes de traite fondés au XVIIᵉ siècle et étaient disséminés sur un territoire densément boisé. Quelques-unes des familles québécoises établies au Saguenay–Lac-Saint-Jean se sont illustrées par leur fertilité exceptionnelle, dont les Tremblay, tellement nombreux que leur patronyme est aujourd'hui étroitement associé à la région.

L'exploitation forestière au Saguenay et l'agriculture aux abords du lac Saint-Jean (les deux activités économiques ayant été à l'origine de l'arrivée des premiers colons vers le milieu du XIXᵉ siècle) emploient toujours une partie appréciable de la main-d'œuvre locale. D'autres industries sont toutefois venues s'y joindre au cours du XXᵉ siècle, notamment des fonderies d'aluminium, énergivores à l'excès et donc attirées par la grande disponibilité de l'énergie hydroélectrique.

Le **Saguenay–Lac-Saint-Jean** ★★ est le pays du gigantisme, par ses rivières, ses lacs, mais aussi ses complexes industriels, qu'il est parfois possible de visiter. Gigantisme illustré aussi par le cataclysme de juillet 1996, alors que plus de 200 mm de pluie tombent sur la région. Les torrents commencent à déferler par-dessus les barrages, bien au-delà du lit des rivières. Les lacs et les réservoirs débordent. La base militaire de Bagotville évacue 15 000 personnes. Une digue se rompt sur le lac Ha! Ha!, provoquant une vague dévastatrice qui va emporter une grande part des villages de Boilleau et de Ferland, les submerger de boue puis ravager deux secteurs de La Baie. À Chicoutimi, c'est le plus ancien quartier, le Bassin, qui est peu à peu emporté par les eaux. À L'Anse-Saint-Jean, la rupture en chaîne de barrages de castors transforme les ruisseaux en torrents qui détruisent tout sur leur passage.

Ce drame a profondément marqué la société saguenéenne. Cinq municipalités touchées par ses inondations ont alors aménagé des panneaux d'interprétation en différents lieux stratégiques : La Baie, Chicoutimi, Jonquière, L'Anse-Saint-Jean et Ferland-et-Boilleau, avec présentations photographiques, cartes et indications sur les particularités de chacun des endroits.

Deux circuits sont proposés dans ce chapitre :

Circuit A: Le Saguenay ★★
Circuit B: Le tour du lac Saint-Jean ★★

Accès et déplacements

➤ En voiture

Circuit A: Le Saguenay

De Québec, vous pouvez vous rendre directement à Saguenay en empruntant la route 175 Nord, qui traverse la réserve faunique des Laurentides. Cette route sera élargie et comptera quatre voies sur toute sa longueur d'ici 2012. Vous pouvez également emprunter la route 138 Est jusqu'à Saint-Siméon et ainsi visiter du même coup la belle région de **Charlevoix** (voir p. 581). À Saint-Siméon, prenez à gauche la route 170, qui traverse le village de Sagard avant d'atteindre le parc national du Saguenay. Cette même route permet de continuer jusqu'à Chicoutimi, où, après avoir traversé la rivière, vous pourrez vous rendre à Sainte-Rose-du-Nord par la route 172.

Circuit B: Le tour du lac Saint-Jean

Le tour du lac Saint-Jean peut très bien s'effectuer à la suite d'une visite du Saguenay. Au départ de Jonquière, suivez la route 170 Ouest jusqu'à Saint-Bruno. Prenez à gauche la route d'Hébertville et poursuivez par la route 169, qui fait le tour du lac. Vous pouvez également atteindre la région directement au départ de Trois-Rivières en empruntant la route 155 Nord, qui vous mènera à Chambord.

➤ En autocar (gares routières)

Circuit A: Le Saguenay
Chicoutimi
Terminus Intercar
55 rue Racine E.
☎ 418-543-1403

Jonquière
Terminus Intercar
2249 rue St-Hubert
☎ 418-547-2167

Circuit B: Le tour du lac Saint-Jean
Alma
Terminus Intercar
430 rue du Sacré-Cœur
☎ 418-662-5441

Saint-Félicien
Terminus Intercar
1119 rue St-Jean-Baptiste
☎ 418-679-3856

➤ En train (gares ferroviaires)

Circuit A: Le Saguenay
Jonquière
2439 rue St-Dominique
☎ 418-542-9676 ou 888-842-7245
www.viarail.ca

Circuit B: Le tour du lac Saint-Jean
Hébertville
15 rue St-Louis
☎ 418-343-3383 ou 888-842-7245
www.viarail.ca

Chambord
78 rue de la Gare
☎ 418-342-6973 ou 888-842-7245
www.viarail.ca

Attraits touristiques

Tourisme Saguenay–Lac-Saint-Jean *(412 boul. Saguenay E., bureau 100, Saguenay, QC G7H 7Y8, ☎ 418-543-9778 ou 877-253-8387, www.saguenaylacsaintjean.ca)*

Circuit A: Le Saguenay ★★

▲ *p. 623*   ◉ *p. 627*   ➤ *p. 630*   ■ *p. 631*

⏱ *Deux jours*

Le «royaume du Saguenay», comme le désignent souvent avec fierté ses habitants, sans une once de modestie, est réparti de part et d'autre de la rivière Saguenay et de son fjord cyclopéen. Le Saguenay se compose avant tout de paysages grandioses, riches d'une faune et d'une flore exceptionnelles. La région fut d'abord exploitée pour ses fourrures, ensuite pour son bois, avant d'être colonisée par des sociétés créées à cette fin. Depuis le début du XXe siècle, l'industrie de l'aluminium est implantée massivement aux abords des villes afin de profiter à la fois de l'abondante énergie hydroélectrique, que fournissent les rivières environnantes, et des ports en eaux profondes, où accostent les bateaux transportant la bauxite, minerai duquel on extrait l'aluminium.

Petit-Saguenay ★

En plus d'offrir une vue spectaculaire sur le fjord, le quai du village de Petit-Saguenay est le point de départ d'un très beau sentier de randonnée de 10 km, le sentier Les Caps, qui longe la rivière Saguenay et son fjord jusqu'au quai de L'Anse-Saint-Jean, d'où il se rend à Baie-Éternité, 15 km plus loin. Petit-Saguenay est entouré de montagnes couvertes d'une épaisse forêt.

▸▸▸ *Reprenez la route 170. Prenez à droite la route de L'Anse-Saint-Jean.*

L'Anse-Saint-Jean ★★

Au printemps de 1838, une première goélette affrétée par la Société des Vingt-et-Un quitte la région de Charlevoix dans le but de débarquer des colons en divers endroits sur les rives du Saguenay. Le premier site visité fut L'Anse-Saint-Jean, ce qui fait de ce charmant village, aux nombreux fours à pain artisanaux, la plus ancienne municipalité du Saguenay–Lac-Saint-Jean et l'un des plus beaux villages du Québec. En plus de quelques jolies maisons ancestrales, on peut y voir une **église** en pierre (1890) ainsi qu'un pont couvert, baptisé **pont du Faubourg** et érigé en 1929. Le village et son pont ont été reproduits à l'endos du billet canadien de 1 000 dollars des années 1950 et 1960. Il faut ensuite se rendre au **belvédère de l'Anse-de-Tabatière ★★★** *(3,50$; passez le pont couvert et suivez les indications sur 6 km)*, qui offre un point de vue spectaculaire sur les falaises abruptes du fjord. Depuis peu sous la gouverne de la Sépaq, le belvédère a été réaménagé en 2009 et avoisine un court sentier de randonnée de 500 m. Le village s'enorgueillit aussi d'une rivière à saumons, d'un club nautique et de sentiers de randonnée pédestre et équestre. Il constitue en outre un des multiples points de départ pour les croisières sur le Saguenay.

▸▸▸ *Reprenez la route 170 en direction de Rivière-Éternité.*

Rivière-Éternité ★

Avec un nom pareil, comment ne pas se laisser emporter par la poésie du Saguenay, d'autant plus que Rivière-Éternité constitue la porte d'entrée du secteur sud du parc national du Saguenay (voir ci-dessous), en plus de donner accès à l'un des secteurs du merveilleux **parc marin du Saguenay–Saint-Laurent** (voir p. 639), où l'on peut observer les baleines et autres mammifères marins dans leur habitat naturel.

Le **parc national du Saguenay ★★★** *(3,50$; secteur Baie-Éternité, 91 ch. Notre-Dame, ☎ 418-272-1556 ou 800-665-6527, www.sepaq.com/pq/sag)* couvre une partie des berges de la rivière Saguenay. Il s'étend des rives de l'estuaire (situé dans la région touristique de Manicouagan) jusqu'à Sainte-Rose-du-Nord, où d'abruptes falaises se jettent dans la rivière, créant de magnifiques paysages. Des sentiers de randonnée pédestre, qui s'étendent sur une centaine de kilomè-

tres, permettent de découvrir cette fascinante région. Parmi eux, mentionnons le petit sentier de 1,6 km, situé au bord du Saguenay, qui s'avère assez facile à parcourir; le sentier de la Statue, d'une longueur de 3,5 km, qui offre une ascension difficile; et le superbe sentier Les Caps, long de 25 km (de Baie-Éternité à L'Anse-Saint-Jean), pour lequel il faut compter trois jours de marche. Pour loger les visiteurs, des emplacements de camping et des refuges ont été aménagés. Sur la rive gauche du Saguenay se trouvent les deux autres secteurs du parc national du Saguenay: le secteur Baie-du-Moulin-à-Baude, 750 ch. Moulin-à-Baude, Tadoussac; et le secteur Baie-Sainte-Marguerite, 1121 route 172 N., Sacré-Cœur.

Sur la première des trois corniches formant le cap Trinité se dresse une statue de la Vierge, baptisée **Notre-Dame-du-Saguenay**. Cette œuvre en bois de pin fut installée là en 1881, en guise de remerciement pour faveur obtenue par un commis voyageur sauvé in extremis d'une mort certaine après que la glace eut cédé sous son poids. La statue a une taille suffisamment importante (8,5 m de hauteur) pour la rendre nettement visible depuis le pont des navires remontant la rivière.

▸▸▸ *Revenez à la route 170. Vous traverserez Saint-Félix-d'Otis, situé au bord du lac du même nom, avant d'atteindre La Baie.*

Saint-Félix-d'Otis

À Saint-Félix-d'Otis, le **Site de la Nouvelle-France ★★** *(15$; mi-juin à mi-août mar-dim, mi-août à début sept jeu-dim; 370 Vieux Chemin, ☎ 418-544-8027 ou 888-666-8027, www.sitenouvellefrance.com)* est un magnifique site d'interprétation sur la vie des premiers arrivants en Amérique du Nord. On peut y visiter entre autres la boulangerie, l'église, où le Jésuite faisait son office habituel, et le village huron reconstitué, avec ses habitations traditionnelles. Des fouilles archéologiques sur le site ont permis de mettre au jour certains vestiges amérindiens vieux de plus de 5 000 ans, qui sont aussi mis en valeur lors de la visite guidée.

Le site a été choisi au départ par une compagnie de production cinématographique, pour sa similitude géographique avec le site de la ville de Québec. Il a donc été plateau de tournage à des films comme *Robe Noire* et à la série télévisée *Shehaweh*. Il se dédie maintenant au seul aspect touristique. Les guides adoptent tous un personnage théâtral, ce qui rend la visite très dynamique. Un spectacle équestre captivant, *Terra, les chevaux du Nouveau Monde (19$; représentations mi-juin à début sept tlj à 11h)*, est aussi présenté sur le site.

Saguenay ★

La ville de Saguenay, la plus importante de toute la région du Saguenay–Lac-Saint-Jean avec quelque 145 000 habitants, est partagée entre sept arrondissements : La Baie, Chicoutimi, Laterrière, Jonquière, Lac-Kénogami, Shipshaw et Canton-Tremblay.

La Baie ★

Tourisme Saguenay–Arrondissement de La Baie *(Pavillon des Croisières, 900 rue Mars,* ☎ *418-698-3167 ou 800-463-6565, www.saguenay.ca)*

La Baie, qui s'est donné une vocation industrielle, occupe un site admirable au creux de la baie des Ha! Ha! Ce terme savoureux, qui désigne une «impasse» en vieux français, aurait été employé par les premiers explorateurs de la région qui, s'étant engagés dans la baie, croyaient avoir affaire à une rivière. Jusqu'à La Baie, la rivière Saguenay est sous l'emprise des marées d'eau salée, ce qui confère à l'agglomération un caractère maritime. La Baie possède d'ailleurs un important port de mer qu'il est possible de visiter. L'ancienne ville autonome de La Baie fut en 1976 le résultat de la fusion, de trois municipalités limitrophes, soit Bagotville, Port-Alfred et Grande-Baie. Cette dernière est la plus ancienne, ayant été fondée en 1838 par la Société des Vingt-et-Un.

La Société des Vingt-et-Un fut constituée à La Malbaie (Charlevoix) en 1837, dans le but secret de trouver de nouvelles terres agricoles, pour déplacer le trop-plein de colons canadiens-français des rives du fleuve Saint-Laurent. Sous le prétexte d'effectuer la coupe de bois pour le compte de la Compagnie de la Baie d'Hudson, elle fit défricher différentes anses du Saguenay, y installant hommes, femmes et enfants. Le 11 juin 1838, la goélette de Thomas Simard, qui transportait les premiers colons, mouilla dans la baie des Ha! Ha!. Les hommes débarquèrent et construisirent, sous la gouverne d'Alexis Tremblay, une première cabane en bois de 4 m sur 6 m, donnant ainsi naissance à La Baie.

Le **Musée du Fjord** ★ *(10$;* ♿ *; fin juin à mi-sept tlj 9h à 18h; reste de l'année mar-ven 9h à 16h30, sam-dim 13h à 17h; 3346 boul. de la Grande-Baie S.,* ☎ *418-697-5077 ou 866-697-5077, www.museedufjord.com)* est installé dans un magnifique complexe qui remplace celui qui avait été détruit lors du déluge de 1996. Il présente des expositions à caractère scientifique et éducatif, mais aussi sur l'interprétation de l'histoire régionale et locale. Très intéressantes, les expositions sont bien montées

et plairont tant aux adultes qu'aux enfants. Un bon endroit aussi pour tout savoir sur le déluge de 1996.

En passant par La Baie, vous ne pourrez pas manquer de remarquer une construction un peu singulière. Une grande pyramide a en effet été érigée au milieu d'un petit parc près de la rivière, à l'aide de panneaux routiers indiquant de céder le passage. L'idée derrière cette **Pyramide des Ha! Ha!** *(visites 3$; fin juin à mi-sept tlj 9h à 18h, reste de l'année mar-ven 9h à 16h30, sam-dim 13h à 17h; 4675 boul. de la Grande-Baie S.,* ☎ *418-697-5077 ou 866-697-5077, www.museedufjord.com)* n'a pourtant rien d'étrange. Elle vient de Jean-Jules Soucy, un artiste reconnu, natif de la région, et son œuvre souligne de façon audacieuse un épisode important de l'histoire du Saguenay. Les panneaux routiers triangulaires «céder» rappellent en effet l'expression «s'aider», ce qui a été essentiel lors du «déluge» qui a dévasté la région en 1996. On peut faire une visite guidée de la pyramide et monter au sommet. La pyramide sert également de scène pour des concerts en plein air l'été venu.

L'**église Saint-Alphonse-de-Liguori** *(290 rue de la Fabrique)* dessert la paroisse de Bagotville, nommée ainsi en souvenir du gouverneur britannique du Canada-Uni de 1841 à 1843, Charles Bagot (une belle façon d'amadouer les marchands anglo-saxons, qui ne pouvaient exiger que l'on rase une agglomération baptisée ainsi). L'église Saint-Alphonse, construite entre 1860 et 1862, est la plus ancienne de tout le Saguenay.

Région neuve et relativement prospère, le Saguenay–Lac-Saint-Jean a vu s'élever de nombreuses églises modernes aux lignes audacieuses au cours des années 1940 et 1950. La série des «églises blanches» est particulièrement remarquable. L'une d'entre elles est l'**église Saint-Marc** ★ *(260 rue Sirois)*, construite en 1955 selon les plans de l'architecte Paul-Marie Côté. On s'assurera de pénétrer à l'intérieur pour admirer sa haute voûte de béton.

La **passe migratoire à saumons de la Rivière-à-Mars** ★ *(3$; mi-juin à mi-sept tlj 8h à 20h, mi-sept à mi-oct tlj 8h à 17h; 3232 ch. St-Louis,* ☎ *418-697-5093, www.riviereamars.qc.ca)*, installée sur une portion de la rivière qui coule au cœur même de La Baie, a pour but d'aider les saumons à remonter la rivière au moment de leur migration. Autour, un agréable parc a été aménagé, et l'on peut y observer les saumons, selon la saison, les pêcher!

››› *À l'ouest de La Baie, empruntez la route 372, qui conduit au centre de Chicoutimi. Comme il est plus agréable de visiter cette partie de Chicoutimi à pied, il est recommandé de garer sa voiture aux environs de la cathédrale, rue Racine.*

Chicoutimi ★

Tourisme Saguenay–Arrondissement de Chicoutimi *(295 rue Racine E., ♪ 418-698-3167 ou 800-463-6565, www.saguenay.ca)*

D'origine innue, le mot *Chicoutimi* signifie «là jusqu'où c'est profond», une allusion aux eaux du Saguenay, navigables jusqu'à la hauteur de cette ancienne ville autonome. Lieu de rassemblements, de fêtes et d'échanges pour les tribus amérindiennes nomades pendant plus de 1 000 ans, Chicoutimi deviendra l'un des plus importants postes de traite des fourrures en Nouvelle-France à partir de 1676. Celui-ci demeurera en activité jusqu'au milieu du XIXᵉ siècle, alors que les industriels Peter McLeod et William Price ouvrent en 1842 une scierie à proximité, permettant l'aménagement d'une véritable ville à cet endroit, favorisé par la présence de trois rivières au fort débit: les rivières du Moulin, Chicoutimi et Saguenay. Le centre de Chicoutimi est dominé par des édifices religieux et institutionnels. La rue Racine en est la principale artère commerciale. De la

---

Les Tremblay

Le nom «Tremblay», qui est le plus commun au Québec, est tout particulièrement abondant au Saguenay–Lac-Saint-Jean et même dans Charlevoix: environ 8% de la population porterait ce patronyme dans ces deux régions. C'est le 6 août 1647 que l'ancêtre des Tremblay, Pierre Tremblay, est débarqué en Nouvelle-France en provenance de Randonnai, en Normandie. Âgé de 21 ans, il a alors travaillé pour les commerçants Robert Giffard et Noël Juchereau avant d'épouser Ozane Achon en 1657. Ils se sont d'abord établis sur une terre de L'Ange-Gardien, sur la côte de Beaupré, où ont grandi leurs 12 enfants. Leur descendance, aujourd'hui essaimée à travers l'Amérique du Nord, compte 80 000 Tremblay au Québec. Ils ont pour devise: *Tremble et va sans biais.*

---

ville victorienne du XIXᵉ siècle, il ne subsiste que bien peu de choses, la majeure partie de Chicoutimi ayant été détruite lors d'un violent incendie en 1912 et le reste ayant été «modernisé» ou banalisé au cours des 30 dernières années. Le long des rues, on retrouvera, sur les enseignes des magasins, des noms typiques du Saguenay, comme Tremblay ou Claveau, mais aussi des noms à consonance anglaise, comme Harvey et Blackburn, symboles d'un phénomène unique au Canada: l'assimilation de familles anglophones aux francophones.

La **cathédrale Saint-François-Xavier** ★ *(514 rue Racine E.)* fut reconstruite à deux reprises à la suite d'incendies. L'édifice actuel, érigé entre 1919 et 1922, est l'œuvre de l'architecte Alfred Lamontagne. Il est surtout remarquable pour sa haute façade à deux tours coiffées de clochers métalliques qui dominent le Vieux-Port. En face de la cathédrale, on remarquera l'ancien bureau de poste en granit rose, de style Second Empire (1905).

Le **Vieux-Port de Chicoutimi** *(en bordure du boulevard du Saguenay)*. On y trouve le quai d'embarquement pour les croisières sur le Saguenay de même qu'un agréable marché public.

››› *Reprenez votre voiture afin de visiter la pulperie de Chicoutimi. Remontez la rue Bégin, à l'ouest de la cathédrale, puis tournez à droite dans la rue Price Est. Tournez à gauche dans le boulevard Saint-Paul puis à droite dans la rue Dubuc.*

La **Pulperie de Chicoutimi** ★★ *(musée 10$, entrée libre pour les sentiers et le circuit d'interprétation; ; fin juin à début sept tlj 9h à 18h, le reste de l'année mer-dim 10h à 16h; 300 rue Dubuc, ♪ 418-698-3100 ou 877-998-3100, www.pulperie.com).* Au tournant du XXᵉ siècle naissent quelques entreprises canadiennes-françaises d'envergure au Saguenay–Lac-Saint-Jean, les plus grosses étant les usines de pâte à papier de Val-Jalbert (Chambord) et de Chicoutimi. La pulperie de Chicoutimi fut fondée en 1896 par Dominique Guay et agrandie à plusieurs reprises par la puissante North American Pulp and Paper Company. L'entreprise fut pendant 20 ans le plus important fabricant de pâte à papier mécanique au Canada, fournissant les marchés français, américain et britannique. Le vaste complexe industriel, aménagé en bordure de la bouillonnante rivière Chicoutimi, comprenait quatre usines de pâte dotées de turbines et de défibreurs, deux centrales hydroélectriques, une fonderie, un atelier de réparation et un centre ferroviaire. L'effondrement du prix de la pâte en 1921 et le krach de 1929 ont entraîné la fermeture de la

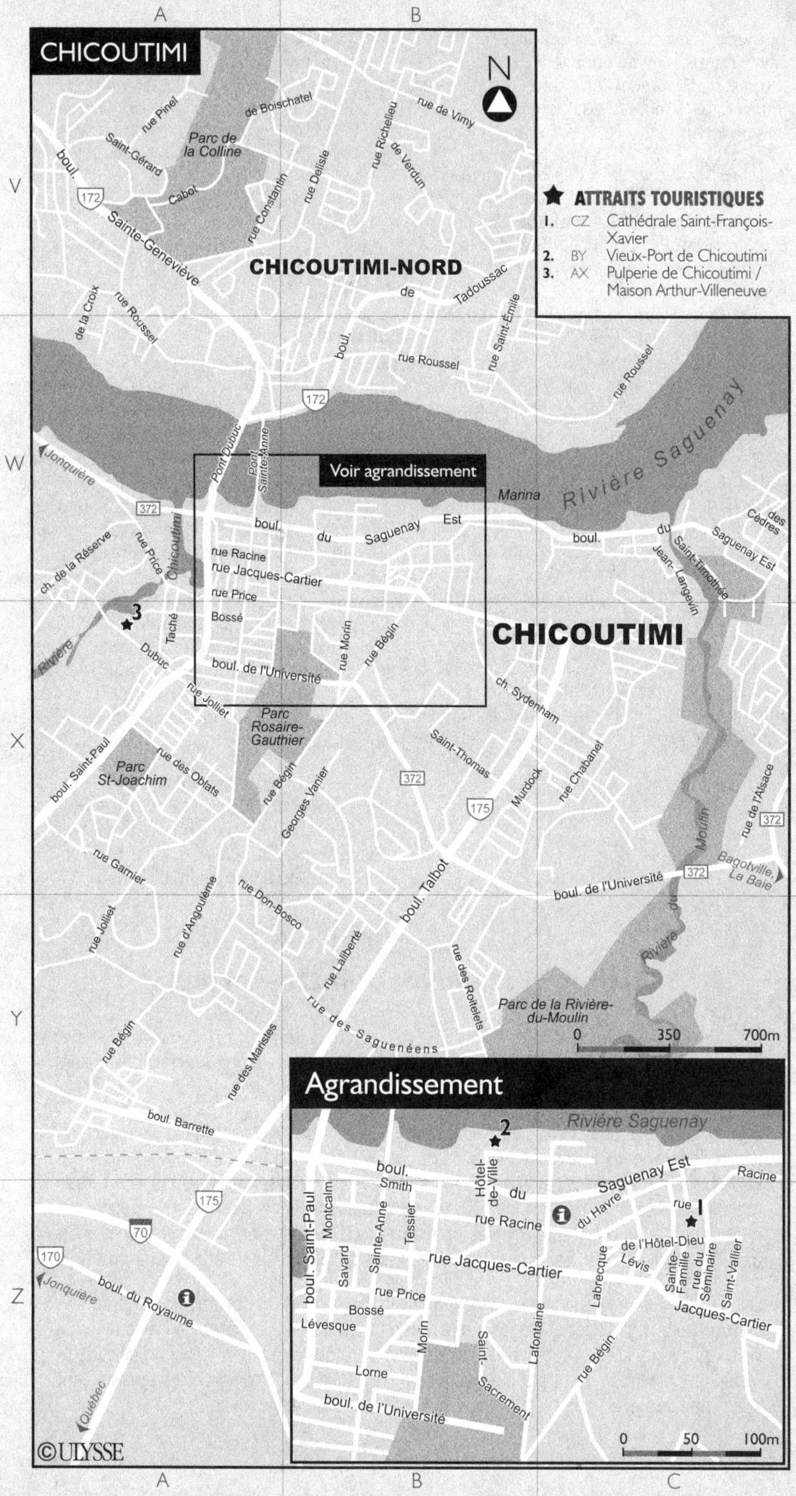

CHICOUTIMI
N
★ ATTRAITS TOURISTIQUES
1. CZ Cathédrale Saint-François-Xavier
2. BY Vieux-Port de Chicoutimi
3. AX Pulperie de Chicoutimi / Maison Arthur-Villeneuve
CHICOUTIMI-NORD
CHICOUTIMI
Parc de la Colline
Rivière Saguenay
Voir agrandissement
Marina
Parc Rosaire-Gauthier
Parc St-Joachim
Parc de la Rivière-du-Moulin
Jonquière
Bagotville, La Baie
Québec
boul. Sainte-Geneviève
boul. du Saguenay Est
boul. de l'Université
boul. Talbot
boul. Saint-Paul
boul. Barrette
boul. du Royaume
0 350 700m
Agrandissement
Rivière Saguenay
boul. du Saguenay Est
rue Racine
rue Jacques-Cartier
rue Price
boul. de l'Université
0 50 100m
©ULYSSE

pulperie, laissée à l'abandon jusqu'en 1980. Entre-temps, des incendies avaient laissé la plupart des bâtiments en ruine, mettant à nu leurs épaisses murailles de pierres qu'on pouvait observer.

Aujourd'hui, le site de la Pulperie, qui s'étend sur plus de 1 ha, constitue un immense parc en plein cœur de Chicoutimi. Un circuit d'interprétation ponctué de 12 stations en illustre l'histoire ancienne. De plus, d'autres sentiers y sont aménagés, offrant des vues sur la rivière Chicoutimi, le Saguenay, le quartier du Bassin et même les monts Valin au loin, sans compter qu'ils sont bordés à certains endroits de vestiges des premières installations de la Compagnie de pulpe de Chicoutimi. Vous verrez sur le site un gigantesque bâtiment datant de 1921 : il abrite le musée régional, qui renferme la plus grande collection d'objets historiques dans la région, en plus de la **maison Arthur-Villeneuve** ★ et des expositions artistiques et historiques, avec au programme toute l'histoire de la Compagnie de pulpe de Chicoutimi. La maison Arthur-Villeneuve, humble maison ouvrière, serait le plus important exemple d'art populaire du Québec, sinon du Canada. Elle fut habitée jusqu'en 1990 par le peintre-barbier Arthur Villeneuve, qui en fit une véritable œuvre d'art en recouvrant ses murs, tant extérieurs qu'intérieurs, de fresques naïves racontant la petite histoire du Saguenay.

▸▸▸ *Une excursion facultative à Laterrière est proposée au départ de Chicoutimi. De la rue Dubuc, prenez à gauche le boulevard Saint-Paul puis immédiatement à droite le boulevard de l'Université, que vous suivrez jusqu'au boulevard Talbot (route 175). Tournez à droite en direction de Laterrière. Si vous optez plutôt pour le circuit principal, empruntez à gauche le boulevard Saint-Paul, puis tournez à gauche dans la rue Price Ouest (route 372), où se trouvent l'ancien bureau de la Price Brothers ainsi que le Site archéologique du poste de traite de Chicoutimi.*

Laterrière

Située à environ 5 km au sud de Chicoutimi, Laterrière abrite quelques-uns des plus intéressants vestiges de la colonisation du Saguenay. L'ancien village forestier, autrefois baptisé «Grand-Brûlé», a été fondé par le père Jean-Baptiste Honorat, missionnaire oblat arrivé de France en 1841. Celui-ci voulut en faire une «colonie libre», comme on en retrouvait déjà de rares exemples en France. Le père Honorat se charge alors de l'aménagement du hameau, procédant même à la construction d'un moulin à scie, ce qui amènera William Price à exiger son départ en 1849. Ce dernier détient alors le monopole sur toute l'activité économique et politique de la région et voit d'un mauvais œil la concurrence de ce prêtre qui bafoue l'autorité.

La coquette **église Notre-Dame** ★ *(6157 rue Notre-Dame)* fut érigée entre 1863 et 1865. À l'intérieur, on peut voir un beau baldaquin, trois tableaux du peintre Édouard Martineau et un autre de Charles Gill, intitulé *La Pietà*.

Arthur Villeneuve, peintre-barbier

Barbier devenu peintre, Arthur Villeneuve voit le jour à Chicoutimi le 4 janvier 1910 et meurt à Montréal le 24 mai 1990. En 1950, Arthur Villeneuve achète une maison qui sera pour son entourage un grand objet de curiosité.

À partir d'avril 1957, à la suite d'un appel mystique qu'il prétend avoir reçu, il en recouvre les murs intérieurs et extérieurs de peintures naïves. Durant près de deux ans, il travaille jusqu'à 100 heures par semaine sur ses œuvres murales. Puis, en 1959, il fait de sa maison, entièrement peinte, un musée ouvert au public : les visiteurs peuvent ainsi admirer sa création artistique peuplée non seulement de représentations réalistes, mais aussi de figures étranges, humaines ou animales, aux allures souvent surprenantes.

Depuis 1994, la maison d'Arthur Villeneuve, reconnue objet du patrimoine historique et culturel de la région, est protégée par le grand bâtiment de la Pulperie de Chicoutimi. La visite guidée de la «Maison Arthur-Villeneuve» permet de découvrir les sources d'inspiration du peintre en admirant les fresques qui en tapissent les murs, fresques portant aussi bien sur un Saguenay pittoresque que sur un Saguenay ouvrier.

» Revenez au boulevard Saint-Paul. Tournez à gauche dans la rue Price, qui rejoint le boulevard du Saguenay (route 372 O.). Prenez à droite la route du Pont à Jonquière.

Jonquière

Voir carte p. 614.

Tourisme Saguenay–Arrondissement de Jonquière *(3919 boul. Harvey,* ☎ *418-698-3167 ou 800-463-6565, www.saguenay.ca)*

En 1847, la Société des défricheurs du Saguenay obtient l'autorisation de s'implanter en bordure de la rivière aux Sables. Le nom de Jonquière est choisi en souvenir de l'un des gouverneurs de la Nouvelle-France, le marquis de Jonquière. Les débuts de cette ancienne ville autonome ont été marqués par l'histoire de Marguerite Belley, de La Malbaie, qui alla reconduire à dos de cheval trois de ses fils à Jonquière, pour éviter qu'ils ne soient tentés d'émigrer aux États-Unis. En 1870, tout le territoire compris entre Jonquière et Saint-Félicien, au Lac-Saint-Jean, fut détruit lors d'une conflagration majeure. La région prendra plus de 40 ans à s'en remettre. De nos jours, Jonquière est essentiellement moderne, dominée par son usine d'aluminium Rio Tinto Alcan. Cette entreprise multinationale possède plusieurs usines au Saguenay–Lac-Saint-Jean, remplaçant les fils Price et leur empire du bois comme principal employeur de la région. Les villes d'Arvida et de Kénogami avaient déjà fusionné avec Jonquière en 1975, formant à l'époque une agglomération suffisamment importante pour rivaliser avec Chicoutimi, toute proche. Jonquière est reconnue pour ses visites industrielles.

» Franchissez le Pont d'aluminium et tournez à gauche dans la rue Price.

Le **Pont d'aluminium**, inauguré en 1948, pèse le tiers du poids d'un pont identique en acier, soit 164 tonnes. Il fut érigé dans le but de promouvoir l'utilisation de l'aluminium, encore peu répandue dans la construction de structures à cette époque.

Le **Centre d'histoire Sir-William-Price** *(6$;* ♿ *; mi-juin à début sept tlj 9h à 17h, hors saison lun-ven 9h à 16h; 1994 rue Price,* ☎ *418-695-7278, www.sirwilliamprice.com)* est consacré à l'histoire de l'ancienne ville de Kénogami, fondée en 1912 par Sir William Price III, propriétaire de la compagnie papetière Abitibi-Price et descendant de William Price. L'institution loge dans l'ancienne église anglicane St. James de Jonquière, située au centre du parc Ball. On peut aussi choisir un forfait *(13$)* qui permet de visiter la **Pulperie de Chicoutimi** (voir p. 610) et l'usine de pâtes et papiers d'AbitibiBowater à Lac-Kénogami.

» Au sud du boulevard du Royaume, la rue Price devient la rue Saint-Dominique. Il s'agit, avec la rue de la Rivière-aux-Sables, de la plus ancienne artère de Jonquière.

De facture contemporaine, l'**église Notre-Dame-de-Fatima** ★ *(3635 rue Notre-Dame)* fut érigée en 1963 et est reconnue comme l'une des plus célèbres «églises blanches» du Saguenay. De l'intérieur, on pourra admirer l'effet de lumière des verrières de l'artiste Guy Barbeau sur le béton brut.

» De la rue Saint-Dominique, empruntez la rue du Vieux-Pont afin de traverser la rivière aux Sables et de gravir la colline, appelée «mont Jacob», au sommet de laquelle se trouve le Centre national d'exposition.

Le **Centre national d'exposition** *(entrée libre;* ♿ *; juil et août tlj 10h à 18h; sept à juin lun-ven 9h à 17h, sam-dim 12h à 17h; 4160 rue du Vieux-Pont,* ☎ *418-546-2177, www.centrenationalexposition.com)*. Derrière ce nom pompeux se cache un centre culturel régional où l'on présente des expositions temporaires à caractère artistique, scientifique et historique.

Le **parc et promenade de la Rivière-aux-Sables** relie la place des Nations de la Francité et la place Nikitoutagan au secteur immédiat du pont du boulevard Harvey. On y retrouve Les Halles, qui abritent les étals de plusieurs producteurs machaîchers de la région en plus de quelques établissements de restauration. La promenade le long de la rivière est accessible aux marcheurs et aux cyclistes.

» Si vous désirez effectuer le Circuit B: Le tour du lac Saint-Jean, prenez à gauche le boulevard du Royaume (route 170 O.) depuis la rue Saint-Dominique, puis dirigez-vous vers Larouche et Alma. Si vous désirez plutôt explorer la rive nord du Saguenay et visiter la région de **Tadoussac** (voir p. 636), traversez le pont de la rue Price en direction de Chicoutimi Nord. Prenez à droite la route 172 Est, qui conduit à Saint-Fulgence puis à Sainte-Rose-du-Nord.

Saint-Fulgence

Le petit village de Saint-Fulgence, qui s'accroche aux vallons en face de Chicoutimi et à l'orée du fjord, offre plusieurs possibilités intéressantes aux amateurs de plein air grâce à la proximité du parc national des Monts-Valin et du Parc Aventures Cap Jaseux .

Le **parc national des Monts-Valin** ★ *(3,50$; accessible par la route 172, à 27 km de Chicoutimi et à 17 km de St-Fulgence; 360 rang St-Louis, accueil Petit-Séjour,* ☎ *418-674-1200 ou 800-665-6527, www.sepaq.com/pq/mva)*, avec ses hauts sommets, offre une foule d'activités quatre-saisons. Randonnée pédestre, vélo de montagne,

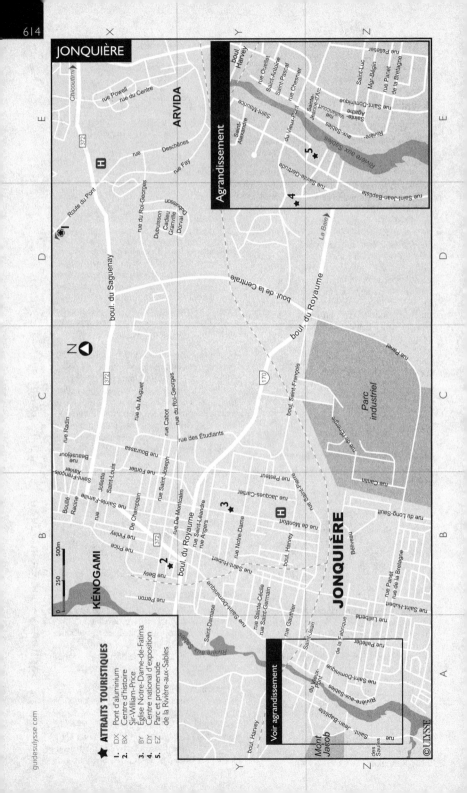

JONQUIÈRE

ARVIDA

Agrandissement

KÉNOGAMI

Parc industriel

JONQUIÈRE

Mont Jacob

Voir agrandissement

©ULYSSE

★ ATTRAITS TOURISTIQUES

1. DX Pont d'aluminium
2. BX Centre d'histoire
      Sir-William-Price
3. BY Église Notre-Dame-de-Fatima
4. DY Centre national d'exposition
5. EZ Parc et promenade
      de la Rivière-aux-Sables

Route du Pont

boul. du Saguenay

rue Powell
rue du Centre

rue Deschênes
rue Fay

rue du Roi-Georges

Dubuisson
Cadieu
Granville
Donval

372

boul. de la Centrale

boul. du Royaume

La Baie

rue Radin
rue Beauséjour
rue Saint-François-Xavier
Boullé
Racine

rue du Muguet

rue Cabot
rue du Roi-Georges

rue des Étudiants

rue Bourassa

rue Fortier
rue Saint-Joseph
rue De Champlain
rue Sainte-Famille
Joliette
Saint-Louis
rue Finlay
De Champlain
rue Price
rue Besy
rue Perron

rue De Montcalm
rue Saint-Léandre
rue Angers
rue Notre-Dame
rue Saint-Hubert
rue Sainte-Cécile
rue Saint-Germain
rue Saint-Domingue
Saint-Damase

372

boul. du Royaume

boul. Saint-François

170

rue Jacques-Cartier
rue Pasteur
rue Saint-Pierre

boul. Harvey

Béliveau

rue de Montfort

rue du Long-Sault
rue Cantin
rue de l'Énergie
rue Panet

rue Panet
rue de la Bretagne
rue Saint-Hubert
rue Liberté
Saint-Jean
rue Gauthier
rue Pelletier
de la Fabrique
rue Saint-Dominique

du Vieux-Pont
Rivière-aux-Sables
Saint-Jean-Baptiste
rue des Saules

boul. Harvey

Rivière aux Sables

Saint-Alexandre
rue Ouellet
Saint-Antoine
Saint-Pascal
rue Chesnier
Sainte-Jean-d'Arc
rue du Vieux-Pont
aux-Sables
Sainte-Vaillancourt
Agathe
rue Saint-Dominique

Saint-Luc
Mgr-Bégin
rue Panet
de la Bretagne

rue Pelletier

Saint-Maurice
Rivière

rue Saint-Jean-Baptiste

N

Chicoutimi

372

H

E X Y Z E
D   D
C   C
B   B
A   A

canotage, villégiature en chalets et pêche sportive sont les vedettes estivales. En hiver, l'accumulation de neige égale des niveaux records pouvant atteindre 7 m. Ce territoire sauvage et spectaculaire dominant la région devient alors un haut lieu du ski hors-piste, du ski de fond, de la raquette et de l'escalade de glace.

Au bout d'une petite route de terre qui s'accroche aux falaises du fjord, le **Parc Aventures Cap Jaseux** ★★ *(mi-mai à mi-oct tlj; ch. de la Pointe-aux-Pins, ☎ 418-674-9114 ou 888-674-9114, www.capjaseux.com)* propose des activités de plein air «terre-mer-air» (voir plus loin): parcours d'aventure en forêt, canyoning, voile, kayak, randonnée, etc., et de l'hébergement original (maisons dans les arbres, camping, cabanes de bois rond).

Pour leur part, les amoureux des oiseaux pourront faire une halte au CIBRO ou **Centre d'interprétation des battures et de réhabilitation des oiseaux** ★★ *(10$; mai à mi-nov tlj 8h30 à 18h, mi-nov à avr sur réservation; 100 ch. Cap-des-Roches, ☎ 418-674-2425, www.cibro.ca)*. Les battures qui s'étendent au pied de la grande maison qui abrite le centre d'interprétation sont remplies d'une foule d'espèces d'oiseaux. Une randonnée pédestre dans les sentiers aménagés est l'occasion de les observer au cœur d'un paysage magnifique. De plus, le CIBRO se veut aussi un lieu de réhabilitation pour les oiseaux de proie blessés trouvés dans les environs. Ces oiseaux reprennent des forces et se laissent admirer à l'intérieur des volières dispersées sur le terrain.

Sainte-Rose-du-Nord ★

Charmant hameau fondé en 1942, Sainte-Rose-du-Nord a pourtant l'apparence d'un village plus ancien. Il est adossé aux escarpements rocheux du Saguenay, ce qui lui donne l'air irréel des villages de carton que l'on dispose au pied des arbres de Noël. On s'assurera d'entrer dans ses boutiques d'artisanat et de visiter l'**église Sainte-Rose-de-Lima**, dont l'intérieur est décoré sur le thème de la forêt, avec branches, racines et écorce de bouleau.

Activités de plein air

➤ Canyoning

À Saint-Fulgence, le **Parc Aventures Cap Jaseux** *(35$; ch. de la Pointe-aux-Pins, St-Fulgence, ☎ 418-674-9114 ou 888-674-9114, www.capjaseux.com)* comporte une paroi rocheuse verticale qui surplombe la rivière Saguenay et son fjord.

Vous pourrez la descendre à partir d'un belvédère situé 35 m plus haut. Cette «descente en rappel» de la paroi se veut spectaculaire, et le retour se fait par la *via ferrata* à flanc de falaise.

➤ Croisières

Les **Croisières du Fjord** *(45$ et plus; boul. Saguenay E., port de Chicoutimi, ☎ 418-543-7630 ou 800-363-7248, www.croisieresdufjord.com)* organisent des excursions en bateau sur le Saguenay. La promenade s'avère des plus agréables pour découvrir le spectacle fascinant du fjord. Une des excursions part de Chicoutimi et va jusqu'à Sainte-Rose-du-Nord. Le retour se fait en autocar, sauf aux mois de juin et de septembre (l'aller et le retour se font alors en bateau). La croisière dure toute la journée. On peut également partir de Sainte-Rose-du-Nord pour se rendre à Chicoutimi.

Voir le chapitre «La Côte-Nord», p. 645, pour d'autres croisières sur la rivière Saguenay.

➤ Équitation

Le **Centre équestre des plateaux** *(60$/3h, 25$/1h; 34 ch. des Plateaux, L'Anse-St-Jean, ☎ 418-272-3231, www.cedp.ca)* permet de traverser le célèbre pont couvert de L'Anse-Saint-Jean accompagné de l'écho sourd du bruit des sabots, avant d'arpenter les rangs de l'arrière-pays qui bordent la baie. Possibilité de longues randonnées de plusieurs jours.

➤ Kayak

Établi dans le joli petit village de L'Anse-Saint-Jean, au creux de la baie qui lui donne son nom, **Fjord en kayak** *(48$/3h; 359 rue St-Jean-Baptiste, L'Anse-St-Jean, ☎ 418-272-3024 ou 866-725-2925, www.fjord-en-kayak.ca)* propose des excursions en kayak sur le fjord, pour tous les goûts et tous les âges. Imaginez-vous tout petit dans votre embarcation, devant ces falaises qui plongent dans le fjord... Inoubliable!

Du **Parc Aventures Cap Jaseux** *(50$/3h; ch. de la Pointe-aux-Pins, St-Fulgence, ☎ 418-674-9114 ou 888-674-9114, www.capjaseux.com)*, il est possible de partir en randonnée de kayak de mer sur le fjord. Le «sportyak», une embarcation pneumatique beaucoup plus stable que le kayak mais aussi manœuvrable, permet, quant à lui, de voguer sur les eaux de la rivière Shipshaw.

➤ Observation des oiseaux

Les amateurs d'ornithologie en visite au Saguenay ne devraient pas manquer de se rendre au **Centre d'interprétation des battures et de réhabilitation des oiseaux** (voir p. 615) à Saint-Fulgence.

➤ Parcours d'aventure en forêt

Le **Parc Aventures Cap Jaseux** *(30$; tlj mi-mai à mi-oct; ch. de la Pointe-aux-Pins, St-Fulgence, ☎ 418-674-9114 ou 888-674-9114, www.capjaseux.com)* propose le circuit **Fjord en Arbres**, qui compte cinq parcours différents avec 73 ponts-défis: *Les petits aventuriers, Découverte, Sensation, Émotion* et *No-Limit.* Ces parcours d'aventure en forêt nous entraînent tous dans les airs, à travers divers jeux ludiques et sportifs (ponts de singe, poutres, filets, cordes, passerelles, tyroliennes, etc.), offrant des vues saisissantes sur le fjord ou, du faîte des arbres, sur une végétation luxuriante! Pour une expérience tout à fait différente, on organise également des sorties de nuit les vendredis sur trois des parcours *(nombre de places limité, réservations requises)*.

Le parc propose aussi un autre parcours très particulier: **Fjord en Arbres Extrême**. Il s'agit d'un tout nouveau concept de parcours aérien, qui n'est pas plus haut que les autres parcours offerts ici ou ailleurs dans les parcs semblables, mais qui porte très bien son nom puisqu'il demande un peu plus d'équilibre et d'engagement de la part des participants, d'autant plus qu'ils ne sont pas attachés! On dispose seulement de filets de sécurité, situés presque au niveau du sol. Alors gare aux mouvements imprécis! Le parcours se compose de 24 jeux suspendus et de grandes tyroliennes qui offrent de plus une vue imprenable sur l'immensité du fjord.

➤ Pêche sur la glace

Le **parc national du Saguenay** (voir p. 608) et la rivière Saguenay attirent une foule d'amateurs de pêche blanche. De décembre à la mi-mars, lorsque la rivière est gelée, elle se couvre de petites cabanes en bois colorées qui accueillent les pêcheurs. La rivière contient plusieurs espèces de poissons, entre autres le sébaste, la morue, le flétan du Groenland et l'éperlan. Vous pouvez louer du matériel de pêche à **Rivière-Éternité** (voir p. 608) et à **La Baie** *(1352 Anse-à-Benjamin, ☎ 418-544-4176).*

➤ Randonnée pédestre

À L'Anse-Saint-Jean, le **sentier Les Caps** *(après le pont du Faubourg, prenez le chemin Thomas N.*

à droite sur 3 km) mène au pied d'un pylône soutenant la première ligne de 735 kW d'Hydro-Québec. Deux belvédères dont le **belvédère de l'Anse-de-Tabatière** (voir p. 608) y ont été aménagés, offrant une vue extraordinaire sur le fjord. Le sentier se prolonge toutefois sur 25 km, reliant L'Anse-Saint-Jean à Baie-Éternité. Il faut compter trois jours de marche. Pour loger les randonneurs, des emplacements de camping et des refuges ont été aménagés le long du parcours.

➤ Raquette et ski de fond

Situé à 7 km de La Baie et en bordure de la rivière à Mars, le **Centre de Plein air Bec-Scie** *(8,50$ ski de fond, 3,50$ raquette; 7400 ch. des Chutes, La Baie, ☎ 418-697-5132, www.becscie.com)* dispose d'un réseau de 10 sentiers totalisant quelque 90 km.

Le **Club de Ski le Norvégien** *(8,50$; 4885 ch. St-Benoît, Jonquière, ☎ 418-546-2344, www.skidefondlenorvegien.com)* offre un grand réseau de 60 km de sentiers aux skieurs de tous les niveaux.

En hiver, quelque 60 km de sentiers de raquettes et 75 km de sentiers de ski de fond sont entretenus dans le **parc national des Monts-Valin** (voir p. 613). Certains sentiers sont aménagés pour de courtes randonnées, alors que d'autres, ponctués de refuges et de chalets, permettent de faire des randonnées d'une ou plusieurs journées.

➤ Ski alpin

La **station touristique Mont-Édouard** *(37$; 67 rue Dallaire, L'Anse-St-Jean, ☎ 418-272-2927, www.montedouard.com)* propose le plus haut dénivelé de la région, soit un respectable 450 m. Vingt pistes de ski alpin, destinées aux skieurs de tous les types, y sont aménagées, ainsi que quelques intéressantes pistes en sous-bois. Une tour d'observation a été installée au sommet, d'où l'on a une vue magnifique sur la région.

Les monts Valin, où s'étend le parc du même nom, abritent aussi une station de ski alpin. Reconnu pour la qualité de sa poudreuse, **Le Valinouët** *(36$; 200 route du Valinouët, St-David-de-Falardeau, ☎ 418-673-6455 ou 800-260-8254, www.valinouet.qc.ca)* compte 27 pistes sur un dénivelé de 350 m.

➤ Tourisme d'aventure

Okwari Aventures *(les prix varient selon l'activité; mai à oct; 7400 ch. des Chutes, La Baie, ☎ 418-697-5132, www.okwariaventures.com)* organise des sorties en forêt pour se familiariser avec la faune et la flore locales, ainsi qu'avec le mode de vie ancestral des Amérindiens. On peut aussi se promener sur la rivière à Mars en rabaska, un grand canot autochtone à huit places.

Circuit B : Le tour du lac Saint-Jean ★★

▲ *p. 626* ❶ *p. 630* 🍴 *p. 631*

⏱ *Deux jours*

Différentes communautés innues formant la nation du Porc-Épic gravitaient autrefois autour du vaste lac Saint-Jean (1 350 km²). L'existence de ce lac fut longtemps cachée aux Blancs, puisqu'il faut attendre 1647 pour que le missionnaire jésuite Jean de Quen le découvre en se rendant soigner des malades. Longtemps considérée comme un réservoir inépuisable de fourrures, la contrée jeannoise, aux terres agricoles riches, aux plages sablonneuses et au climat estival relativement doux, ne fut véritablement colonisée qu'à une date beaucoup plus récente, soit dans la seconde moitié du XIXᵉ siècle. En 1926, le niveau d'eau du lac Saint-Jean fut augmenté de façon significative lors de la construction des barrages sur le Saguenay, ce qui entraîna la perte de plusieurs kilomètres carrés de terres agricoles. Le circuit proposé fait le tour du lac dans l'ordre chronologique de sa colonisation, puis revient finalement tout près du point de départ.

Hébertville

Le village d'Hébertville est considéré comme le berceau de la région du Lac-Saint-Jean. Il fut fondé en 1849 par une société de colons originaires de la **Côte-du-Sud** (voir p. 485), dirigée par le curé Hébert. On y retrouve la seule concentration de demeures québécoises traditionnelles de toute la région. Un bref arrêt sur le parvis de l'**église Notre-Dame** (1879) permet de voir l'ensemble de l'agglomération. On remarquera notamment le **moulin à scie** de 1851, raison d'être du village, qui trône toujours près de la rivière des Aulnaies.

▸▸▸ *Remontez par la route 169 Nord jusqu'à la route de Métabetchouan et tournez à gauche.*

Métabetchouan–Lac-à-la-Croix

Dès l'arrivée à Métabetchouan–Lac-à-la-Croix, on est saisi par l'immensité du lac Saint-Jean, auréolé d'une belle plage de sable beige où la baignade est possible pendant les trop courts mois d'été. *Métabetchouan*, mot d'origine innue, signifie «lieu de rencontre». C'est en effet à l'embouchure de la rivière qui porte ce nom (auquel a cependant été ajouté un *e*) que se regroupaient les nations amérindiennes, venant du sud et du nord, lors des célébrations et des échanges commerciaux.

▸▸▸ *Suivez la route 169, qui fait le tour du lac Saint-Jean.*

Desbiens

Situé de part et d'autre de la rivière Métabetchouane, Desbiens fut habité dès 1652 par une mission d'évangélisation des Amérindiens établie par les Jésuites, à laquelle se joindra un poste de traite des fourrures en 1676. Le poste, qui comprenait un magasin, une chapelle et des bâtiments de ferme, va prospérer jusqu'en 1880, alors que ses bâtiments sont démontés et transportés à Pointe-Bleue (Mashteuiatsh).

Le **Centre d'histoire et d'archéologie de la Métabetchouane** ★ *(7$; ♿ ; fin juin à début sept tlj 10h à 17h, début sept à fin juin sur réservation; 243 rue Hébert, ☎ 418-346-5341, www.chams. com)*. De multiples chantiers de fouilles ont été entrepris autour de l'embouchure de la rivière Métabetchouane, et l'on a mis au jour divers vestiges archéologiques de l'occupation millénaire du site par les Amérindiens ainsi que ceux de la mission des Jésuites et du poste de traite des fourrures. Plusieurs des objets découverts au cours des fouilles sont exposés au Centre d'histoire et d'archéologie de la Métabetchouane, ouvert depuis 1983. À proximité du centre, on peut voir une petite poudrière en pierre, seul vestige du poste de traite construit par le marchand Pierre Bécart de Granville au XVIIᵉ siècle. Non loin de là, un monument rend hommage au père Jean de Quen, découvreur du lac Saint-Jean. Ce jésuite originaire d'Amiens, qui parlait couramment l'innu, fut l'un des principaux rédacteurs des fameuses *Relations des Jésuites*, considérées aujourd'hui encore comme l'ouvrage le plus solide sur les mœurs et coutumes des Amérindiens sous le Régime français.

Des guides entraînent les visiteurs à la découverte de la grotte de granit appelée le **Trou de la Fée** *(13$; mi-juin à mi-août tlj 9h à 17h, mi-août à début sept 10h à 16h, reste de l'année sur réservation; ch. du Trou de la Fée, ☎ 418-346-1242 ou 418-346-5632 hors saison, www.cavernetroudelafee. ca)*.

▸▸▸ *Poursuivez sur la route 169 en direction de Chambord, où se trouve Val-Jalbert. Une excursion facultative à l'Ermitage Saint-Antoine de Lac-Bouchette est proposée au départ de*

Chambord. Dans ce dernier village se trouve une croix à la mémoire des victimes de l'incendie dévastateur de 1870, qui a détruit l'ensemble des maisons, des cultures et des forêts entre Jonquière et Saint-Félicien.

Lac-Bouchette

L'**Ermitage Saint-Antoine-de-Lac-Bouchette** ★ *(avr à oct et début déc à début jan tlj 7h à 23h; 250 route de l'Ermitage, ☎ 418-348-6344 ou 800-868-6344, www.st-antoine.org)*, situé aux limites de la région du Lac-Saint-Jean et de la Haute-Mauricie, est dédié d'abord à saint Antoine de Padoue puis à Notre-Dame de Lourdes. Ce populaire centre de retraite et de pèlerinage, placé sous la gouverne des pères capucins, a été aménagé au bord du lac Bouchette, en pleine forêt, à l'instigation du supérieur du Séminaire de Chicoutimi, le père Elzéar Delamarre. On y trouve, regroupés autour de la première chapelle de 1908, le monastère, une hostellerie, une chapelle mariale à l'architecture audacieuse (1950) et une grotte de Lourdes, conçue à même une anfractuosité naturelle. On s'y rend pour se recueillir, mais également pour voir l'intérieur de la chapelle Saint-Antoine-de-Padoue, décoré de 23 toiles marouflées. Chemin de croix et calvaire remarquables.

Chambord

Le **Village historique de Val-Jalbert** ★★ *(19$; mi-mai à mi-juin et fin août à mi-oct tlj 10h à 16h, mi-juin à fin août tlj 9h30 à 17h30; début mai à fin oct, groupes sur réservation; 95 rue St-Georges, route 169, ☎ 418-275-3132 ou 888-675-3132, www.sepaq.com/ct/val)*. En 1901, l'industriel Damase Jalbert construit une usine de pulpe au pied de la chute de la rivière Ouiatchouane. L'entreprise prospère rapidement, au point de devenir la plus importante société industrielle entièrement placée sous contrôle canadien-français. En quelques années, une ville modèle voit le jour autour de l'usine. On y trouve un couvent, un moulin, un magasin général, un hôtel, des maisons, le tout réalisé selon un plan d'urbanisme précis. La chute du prix de la pulpe en 1921 et son remplacement par la pâte synthétique dans la fabrication du papier entraînent la fermeture de l'usine en 1927. Le village est alors complètement déserté par ses habitants. Le site demeure abandonné jusqu'à ce que le gouvernement du Québec en fasse une base de plein air, au milieu des années 1960.

Val-Jalbert est un riche morceau du patrimoine industriel nord-américain figé dans le temps. Le site a conservé en partie son aspect de village fantôme, alors que le reste a été soigneusement restauré pour loger certains services d'hébergement de même qu'un centre d'interprétation fort instructif. Il s'inscrit en outre dans un cadre naturel d'une grande beauté. Les visiteurs sont accueillis au stationnement par un guide qui leur fait faire le tour du village en autobus (optionnel) avant de les laisser flâner à leur guise entre les maisons en bois de type *boom town*. Différents points d'observation, reliés par un téléphérique *(4$)*, ont été aménagés pour révéler pleinement le paysage. Un terrain de camping avoisine le village, et il est même possible de séjourner dans les anciennes maisons restaurées (voir p. 626). Un petit bistro sert des spécialités régionales, telles la tourtière et la tarte aux bleuets.

Jusqu'à 2009, Val-Jalbert était un centre touristique géré par la Société des établissements de plein air du Québec, la Sépaq. Désigné Parc régional de Val-Jalbert, le site sera dorénavant géré par la Municipalité régionale de comté du Domaine-du-Roy *(www.domaineduroy.ca)*, qui le réaménagera totalement. À partir du printemps 2010, de nombreux changements seront déjà visibles, comme un nouveau centre d'accueil. Parmi les projets qui étaient prévus au moment de mettre sous presse, figurent notamment la remise en marche du moulin à pulpe et la transformation du magasin général en hôtel pour les visiteurs.

▸▸▸ *Reprenez la route 169 en direction de Roberval.*

Roberval

Roberval, ville industrielle de quelque 10 500 habitants, était autrefois le carrefour du chemin de fer et de la navigation sur le lac Saint-Jean. Elle est, de nos jours, le point d'arrivée des nageurs lors de la fameuse Traversée internationale du lac Saint-Jean, épreuve de natation tenue chaque année en juillet. La région de Roberval est reconnue pour son granit, utilisé pour le parement des gratte-ciel nord-américains. La ville fut baptisée en l'honneur du premier vice-roi de la Nouvelle-France, Jean-François La Rocque de Roberval, qui tenta sans succès de pénétrer au Saguenay dès le XVIᵉ siècle. Elle s'est développée au tournant du XXᵉ siècle, alors que le millionnaire Horace Beemer, de Philadelphie, en fit le terminal d'un train reliant Québec au Lac-Saint-Jean.

▸▸▸ *Prenez à droite l'avenue Lizotte, qui mène au boulevard Saint-Joseph, que vous suivrez vers l'ouest.*

Le long du boulevard Saint-Joseph, on voit certains des principaux édifices de la ville, entre autres la **maison Donaldson** *(464 boul.*

Petit lexique innu

Atiku	Caribou	*Ninan*	Nous
Eshe	Oui	*Nipi*	Eau
Iame!	Au revoir!	*Nukum*	Ma grand-mère
Innu	Être humain	*Nutaui*	Mon père
Kuei!	Bonjour!	*Tan eshinikashin?*	Comment t'appelles-tu?
Makushan	Grand festin	*Tshekuan ne?*	Qu'est-ce que c'est?
Mauat	Non	*Tshekuan?*	Quoi?
Minuat	Encore	*Tshekuen tshin?*	Qui est-ce?
Nikaui	Ma mère	*Tshekuen?*	Qui?
Nimushum	Mon grand-père	*Tshin*	Toi
Nin	Moi	*Tshinashkumitin*	Merci

St-Joseph) de 1873, qui a servi de magasin général. En face se trouve l'**église Notre-Dame-Immaculée**, (1966) œuvre moderne typique de la période des «églises-tentes».

Arrivées de Trois-Rivières en 1881, mère Saint-Raphaël et ses compagnes ursulines fondent à Roberval la première école ménagère au Canada (cours de cuisine et de couture). L'actuel **couvent des Ursulines** *(720 boul. St-Joseph)* fut réalisé par étapes, dans le premier quart du XXᵉ siècle selon les plans des architectes Joseph-Pierre et David Ouellet. Il est possible de visiter la chapelle (1909) sous le dôme argenté. À l'ouest du couvent se trouve le **palais de justice** en granit local *(750 boul. Saint-Joseph)*, dont la tour s'inspire de celle de l'Assemblée nationale à Québec.

▸▸▸ *Poursuivez sur le boulevard Saint-Joseph. Empruntez à droite la petite route qui borde le lac en direction de Mashteuiatsh (Pointe-Bleue).*

Mashteuiatsh ★

Durant plus de 1 000 ans, les Innus ont vécu en communautés nomades tout autour du lac Saint-Jean. L'avancée de la colonisation et l'exploitation forestière auront cependant raison de ce mode de vie. En 1856, une réserve sédentaire est créée à Pointe-Bleue, sur la rive ouest du lac, où vivent aujourd'hui 1 800 des quelque 15 000 Innus du Québec. D'abord appelée **Pointe-Bleue**, elle a été rebaptisée Mashteuiatsh en 1983. Le visiteur ne doit toutefois pas s'attendre à y retrouver les villages de wigwams dépeints dans les livres d'histoire. Mashteuiatsh ressemble davantage à une banlieue pavillonnaire où l'aluminium

coloré prédomine, comme d'ailleurs un peu partout au Lac-Saint-Jean. Le site offre cependant de beaux points de vue sur le lac. Depuis quelques années, les Innus tentent de faire revivre leurs traditions à travers un musée qui captive les visiteurs, mais aussi à travers des événements (*pow wow*) et des formules d'hébergement (*kukum*) particulières qui peuvent rendre le séjour à Mashteuiatsh tout simplement inoubliable.

Entièrement réalisée par les artisans de la communauté, l'exposition permanente du **Musée amérindien de Mashteuiatsh ★★** *(10$; ⓑ; mi-mai à mi-oct tlj 9h à 18h, mi-oct à mi-mai lun-ven 9h à 16h; 1787 rue Amishk, ☎ 418-275-4842 ou 888-875-4842, www.museeilnu.ca)* évoque les us et coutumes des premiers habitants du Saguenay–Lac-Saint-Jean, en plus de présenter une ode à leur lieu de vie, la forêt. Il arrive parfois que des artisans, qui travaillent selon des techniques anciennes, se regroupent sur les terrains du musée pour communiquer leur savoir-faire. Des expositions temporaires font également découvrir aux visiteurs certaines autres nations autochtones du Canada.

▸▸▸ *La route qui longe le lac Saint-Jean à l'ouest de Mashteuiatsh rejoint bientôt la route 169, que vous emprunterez en direction de Saint-Prime.*

Saint-Prime

C'est à Saint-Prime que l'on fabrique l'excellent fromage cheddar Perron. Le petit **Musée du Fromage Cheddar** *(8,45$; début juin à fin juin et début sept à fin sept tlj 10h15 à 17h30, fin juin à début sept 9h15 à 17h30; 148 av. Albert-Perron, ☎ 418-251-4922 ou 888-251-4922, www.*

museecheddar.org) vous en dévoile l'historique à travers une visite guidée des installations de la fromagerie Perron et une dégustation de ses produits.

▸▸▸ *Continuez par la route 169 en direction de Saint-Félicien et de son célèbre jardin zoologique.*

Saint-Félicien

Bureau d'information touristique de Saint-Félicien *(1209 boul. du Sacré-Cœur,* ☏ *418-679-9888, www.ville. stfelicien.qc.ca)*

Les terres situées au sud-ouest du lac Saint-Jean furent habitées graduellement entre 1850 et 1870. Saint-Félicien se trouvait alors à la limite septentrionale du peuplement de la région. C'est ici que débuta le grand feu de 1870, qui détruisit tout sur son passage jusqu'à Jonquière. On remarquera, au centre de cette ville de 10 500 habitants, l'imposante **église néoromane Saint-Félicien** *(boul. du Sacré-Cœur)*, construite en 1913. Sous les flèches de ses clochers, hautes de 55 m, se déploie un intérieur éclectique aux multiples galeries et balustrades.

Le **Zoo sauvage de Saint-Félicien** ★ ★ *(34$;* ♿ *; mai, sept et oct tlj 9h à 17h, juin à août tlj 9h à 18h, mi-juil à mi-août fermeture à 20h; en hiver, la partie pédestre est accessible du lundi au vendredi de 9h à 17h, jan à mars sam-dim 11h à 16h; 2230 boul. du Jardin,* ☏ *418-679-0543 ou 800-667-5687, www.borealie.org)* abrite plus de 80 espèces animales de la Boréalie que vous pourrez observer dans leur habitat naturel. En effet, il tient sa particularité du fait que les animaux ne sont pas en cage. Ils circulent librement, et ce sont plutôt les visiteurs qui font le tour du zoo dans un petit train-bus grillagé. La reconstitution d'un camp de bûcherons, d'un campement innu, d'un poste de traite des fourrures et d'une ferme coloniale, avec des bâtiments authentiques regroupés sur le site, ajoute un élément historique à la visite de ce zoo non traditionnel.

▸▸▸ *Une excursion facultative vers **Chibougamau** (voir p. 675), les réserves fauniques et les territoires de chasse amérindiens du lac Mistassini, à n'entreprendre que si l'on s'est bien préparé, est proposée au départ de Saint-Félicien (route 167 Nord). Ainsi, on devra être équipé d'un véhicule tout-terrain, de bidons d'essence bien remplis, d'une tente, de vêtements chauds et de nourriture pour s'aventurer sur les territoires qui s'enfoncent dans la forêt boréale au centre du lac Mistassini. La route 167 est toutefois très bien entretenue, et Chibougamau peut servir de point de ravitaillement. Sinon, de Saint-Félicien, suivez la route 169 en direction de Saint-Méthode et de Dolbeau-Mistassini.*

La **réserve faunique Ashuapmushuan** *(mai à sept tlj 7h à 21h; accès par la route 167, Km 33, La Doré,* ☏ *418-256-3806, www.sepaq.com/rf/ash)*, vaste territoire de près de 3 400 km², est un site privilégié pour la chasse (orignal et lièvre). Elle offre l'avantage de mettre à la disposition des visiteurs des chalets confortables.

▸▸▸ *Une petite excursion facultative permet de se rendre, par la route 167 à partir de Saint-Félicien, au village de La Doré, où se trouve le Moulin des Pionniers.*

La Doré

Le **Moulin des Pionniers** ★ ★ *(12$; juin à oct tlj 10h à 17h; 4201 rue des Peupliers,* ☏ *418-256-8242 ou 866-272-8242, www.moulindespionniers.qc.ca)* est le plus vieux moulin à scie encore en activité au Québec. Avec les sympathiques guides de l'endroit, vous pourrez apprendre le fonctionnement de ce type de moulin et découvrir la véritable force motrice de l'eau. Vous serez témoin de toutes les étapes de la transformation du bois, du tronc d'arbre frais coupé jusqu'au planage de la planche de bois d'œuvre. La visite dure 1h30 et est très intéressante. Ce très beau site comprend aussi une vieille maison ancestrale que l'on peut visiter, une tour d'observation, une ferme avec des animaux, des sentiers de randonnée pédestre et de vélo de montagne, ainsi qu'un bon restaurant et une auberge (voir p. 627).

▸▸▸ *Revenez jusqu'à Saint-Félicien et empruntez la route 169 en direction de Dolbeau-Mistassini.*

Dolbeau-Mistassini

Dolbeau fait partie de la seconde vague de colonisation du Lac-Saint-Jean, celle qui verra se développer le croissant nord-ouest du lac entre 1875 et 1900. C'est le pays de *Maria Chapdelaine*, du dur labeur et d'une vie faite de choses simples qui a marqué les gens d'ici. Dolbeau porte le nom du récollet Jean Dolbeau (duché d'Anjou 1586 – Orléans 1652), qui fut responsable de la mission de Tadoussac.

Mistassini et Dolbeau ont fusionné il y a quelque temps, et il ne faut surtout pas confondre le nom de Mistassini avec celui du village cri de Mistissini, situé au bord du lac Mistassini, car plus de 300 km les séparent. La ville de Dolbeau-Mistassini (14 500 habitants) est implantée sur les berges de la rivière Mistassini, le long de la route 169. Elle se définit comme la «capitale mondiale du bleuet» et accueille d'ailleurs chaque année le populaire **Festival du Bleuet de Dolbeau-Mistassini** (voir p. 631).

Mistassini a été fondée en 1892 par des moines cisterciens (trappistes) venus d'**Oka** (voir p. 285) qui y ont construit une grande abbaye (1935), devenue en 1989 une résidence pour personnes âgées à la suite du déplacement des moines dans un bâtiment plus petit *(en saison seulement; Monastère Notre-Dame de Mistassini; 100 route des Trappistes,* ✆ *418-276-0491, www.monasteremistassini.org).* Les moines de Mistassini continuent cependant à fabriquer des gâteries, notamment de délicieux bleuets enrobés de chocolat (en saison seulement).

▸▸▸ *Poursuivez par la route 169 en direction de Péribonka.*

Péribonka ★

Louis Hémon naît à Brest (France) en 1880. Après des études au lycée Louis-LeGrand à Paris, il obtient une licence en droit de la Sorbonne. En 1903, il s'installe à Londres, où il entame sa carrière d'écrivain. L'esprit aventurier d'Hémon le conduit au Canada. Il vit à Québec puis à Montréal, où il rencontre des investisseurs désireux de construire un chemin de fer dans la partie nord du Lac-Saint-Jean. Il se rend sur place pour faire du repérage, mais c'est davantage la vie quotidienne du pays qui l'intéresse. En juin 1912, il rencontre Samuel Bédard, qui l'invite chez lui, à Péribonka. Hémon participe alors aux travaux de la ferme et recueille secrètement dans un cahier ses impressions de voyage, qui donneront naissance à son chef-d'œuvre, le roman *Maria Chapdelaine*.

Hémon n'aura cependant pas le loisir de goûter à l'immense succès du roman. Le 8 juillet 1913, alors qu'il marche sur une voie ferrée près de Chapleau, en Ontario, il est frappé par un train. L'écrivain décède, quelques minutes plus tard, dans les bras de ses compagnons de voyage.

Maria Chapdelaine fut d'abord publié en feuilleton dans *Le Temps* de Paris, puis sous forme de roman chez Grasset, en 1916, avant d'être traduit dans plusieurs langues. Nul autre ouvrage ne fit autant connaître le Québec à l'étranger. Le roman fut même porté à l'écran à trois reprises, par Jean Duvivier en 1934 (avec Madeleine Renaud et Jean Gabin), par Marc Allégret en 1949 (avec Michèle Morgan dans le rôle-titre) et par Gilles Carle en 1983 (avec Carole Laure dans le rôle-titre). Péribonka est un coquet village qui sert de point de départ aux nageurs lors de la Traversée internationale du lac Saint-Jean.

Musée Louis-Hémon – Complexe touristique Maria-Chapdelaine ★★ *(5,50$;* ♿*; juin à sept tlj 9h à 17h, sept à juin mar-ven 9h à 16h; 700 route 169,* ✆ *418-374-2177, www.museelh.destination.ca).* La maison de Samuel Bédard et de son épouse, Laura Bédard, née Bouchard, où a séjourné Louis Hémon durant l'été 1912, subsiste toujours en bordure de la route 169. Il s'agit d'un des trop rares exemples d'habitation de colons du Lac-Saint-Jean ayant survécu à l'amélioration du niveau de vie dans la région. La maison au confort minimal, qui a inspiré Hémon tout en donnant naissance au mythe de la «cabane au Canada», a été construite en 1903. Elle devient un musée dès 1938, ce qui permettra de conserver intact son mobilier, voire la disposition initiale de celui-ci à travers les humbles pièces d'habitation. Un grand bâtiment postmoderne a été érigé à proximité pour abriter les objets personnels de Louis Hémon, différents souvenirs liés aux villageois ayant inspiré l'œuvre d'Hémon, de même que des rappels du succès du roman *Maria Chapdelaine*.

▸▸▸ *La route traverse ensuite les villages de Sainte-Monique, de Saint-Henri-de-Taillon (où se trouve l'accès au parc national de la Pointe-Taillon) et de Delisle. En route vers Alma, vous franchirez le Saguenay au pont de l'Isle-Maligne, qui domine le barrage hydroélectrique de la compagnie Rio Tinto Alcan.*

Saint-Henri-de-Taillon

Le **parc national de la Pointe-Taillon ★** *(3,50$; 825 3ᵉ Rang O.,* ✆ *418-347-5371 ou 800-665-6527, www.sepaq.com/pq/pta)* se trouve sur la bande de terre qui s'est formée par la rivière Péribonka et qui avance dans le lac Saint-Jean. Le site est un endroit privilégié pour pratiquer divers sports nautiques tels que le canot et la voile. En outre, le parc possède de magnifiques plages de sable. Des pistes cyclables et des sentiers de randonnée pédestre permettent de se promener tout en découvrant les beautés des lieux. On peut y camper sur de multiples emplacements.

Alma

Tourisme Alma *(1682 av. du Pont N.,* ✆ *418-668-3611 ou 877-668-3611, www.tourismealma.com)*

Dans la ville industrielle d'Alma (30 000 habitants), on trouve une vaste aluminerie et une papeterie entourées par des quartiers ouvriers et bourgeois. Le parc Falaise nous rappelle qu'Alma est jumelée, depuis 1969, à la ville de Falaise, en Normandie.

Initiative de la Société d'histoire du Lac-Saint-Jean, le **Parc thématique L'Odyssée des**

Bâtisseurs ★★ *(12$, début juin à fin sept tlj 9h à 17h30; 7$, début oct à début juin lun-ven 9h à 16h30; 1671 av. du Pont N., ✆ 418-668-2606 ou 866-668-2606, www.odysseedesbatisseurs.com)* présente, dans la Maison des Bâtisseurs, sa collection permanente et des expositions temporaires. Des circuits d'interprétation sillonnent tout autour le secteur historique de l'Isle-Maligne, que vous pouvez parcourir par le biais d'une visite guidée, en plus du Parcours des Bâtisseurs (belvédère et Château d'eau avec présentation multimédia en haute saison), unique en son genre et accessible jusqu'à la fin du mois d'octobre. Axé sur l'importance de l'eau au cœur du développement, le parc bénéficie d'un environnement patrimonial exceptionnel.

Activités de plein air

➤ Agrotourisme

Évidemment, au pays où il ne suffit que de trois bleuets pour faire une tarte (!), nous vous recommandons quelques adresses où vous pourrez cueillir vos propres bleuets : **Bleuetière touristique** *(fin juil à début sept tlj 9h à16h30; s'informer au bureau touristique de Dolbeau-Mistassini : 400 boul. des Pères, ✆ 418-276-7646 ou 866-276-7646)* et **Bleuetière Saint-François-de-Sales** *(en saison tlj 8h à 18h, selon la température; ch. du Moulin, 15 km à l'ouest du village de St-François-de-Sales, ✆ 418-348-6790)*

➤ Équitation

Le **Centre Équestre de Dolbeau** *(45$/3h; 505 23ᵉ Avenue, Dolbeau-Mistassini, ✆ 418-276-9501, www.centreequestredolbeau.com)* permet de pratiquer l'équitation sous toutes ses formes. L'entreprise dispose d'un manège pour les compétitions et d'une multitude de sentiers pour les promeneurs occasionnels.

➤ Pêche

La **réserve faunique Ashuapmushuan** (voir p. 620) dispose de bons lacs poissonneux pour la pêche, entre autres au doré jaune.

➤ Surf cerf-volant

La **coopérative O'soleil** *(45$/1h30; 505 ch. 5, Métabetchouan—Lac-à-la-Croix, ✆ 418-345-8080, www.osoleil.ca)* permet d'apprivoiser le principe du surf cerf-volant, cette discipline visant à se tenir à flot sur l'eau et de filer à l'aide d'un cerf-volant pour la traction et d'un planche de surf pour la glisse. Le lieu propose un petit cours d'initiation : 45 min pour se rendre compte qu'on a envie d'y revenir!

➤ Tourisme d'aventure

Aventuraid *(les tarifs varient selon les activités; 2395 rang de la Pointe, Girardville, ✆ 418-258-3529, www.aventuraid.qc.ca)*, une entreprise de haut niveau spécialisée en tourisme d'aventure, propose des séjours de longue durée en forfait «tout compris» dans la région. Différentes activités sont offertes selon les saisons (canot sur les rivières Mistassibi ou Ouasiemisca, excursions de traîneau à chiens ou de motoneige, observation de loups). Les paysages que sillonnent les excursionnistes sont tout simplement saisissants, idéaux pour se déconnecter totalement du monde extérieur.

➤ Traîneau à chiens

Avis aux explorateurs! L'entreprise **Attractions Boréales** *(les tarifs varient selon les activités; 16 ch. du Lac-Pelletier, Girardville, ✆ 418-679-6946, www.attractionsboreales.com)* organise des séjours dans la forêt boréale variant de quelques heures de traîneau à 12 jours en totale autonomie au cœur du Québec sauvage et profond… Nuitées en tente prospecteur avec chauffage au bois ou en camp de bois rond, selon les conditions météorologiques, et repas inclus.

➤ Trottinette des neiges

Le **Domaine et sentier sauvage Ouasiemska** *(Girardville, ✆ 418-671-1037, www.trottinette.ca)* est situé à Girardville, tout au nord de la région du Lac-Saint-Jean. On peut s'y initier à la pratique de la trottinette des neiges, qui permet de sillonner des sentiers sur neige ou sur glace, ou encore d'effectuer des descentes comme en ski alpin. Sensations fortes assurées!

➤ Vélo

Le Lac-Saint-Jean s'est doté d'une des plus importantes infrastructures cyclistes du Québec avec la **Véloroute des Bleuets** *(La maison du vélo de la Véloroute des Bleuets, 1692 av. du Pont N., Alma, ✆ 418-668-4541 ou 866-550-4541, www.veloroute-bleuets.qc.ca)*. Ce réseau ceinture tout le lac Saint-Jean sur 256 km de pistes cyclables et de voies partagées. La plus belle section va de Saint-Gédéon à Roberval où les cyclistes longent le lac de près. Selon les capacités de chacun, on peut facilement faire le tour du lac en trois ou quatre jours. Il est suggéré de débuter à Alma et de filer jusqu'à Métabetchouan–Lac-à-la-Croix pour la nuit, avant de se diriger le lendemain vers Saint-Prime. De là, on poursuit vers le parc national de la Pointe-Taillon, pour boucler le dernier jour à Alma. La traversée de la décharge du lac, à Alma, se fait par bateau.

L'Échappée Bleue *(☎ 418-251-9000, www. lechappeebleue.com)*, une jeune initiative originale formée en coopérative, a pour objectif de proposer quatre «gîtes d'étape écologiques» le long de la Véloroute des Bleuets, sur le même mode que les gîtes d'étape du chemin de Compostelle en France et en Espagne. Au moment de mettre sous presse, le gîte d'étape (voir p. 626) et le restaurant (voir p. 630) de L'Échappée Bleue à Saint-Prime demeuraient les premières réalisations de cette coopérative. Vous pouvez communiquer avec l'organisation afin d'obtenir plus d'information, ou devenir membre de la coopérative *(20$)*.

Hébergement

Circuit A: Le Saguenay

Petit-Saguenay

Site récréopatrimonial de la rivière Petit-Saguenay
$-$$$ bc ⚹ ☂ ⊕ ▲
100 rue Eugène-Morin
☎ 418-272-1169 ou 877-262-1169
www.petitsaguenay.com

La ZEC de la Rivière-Petit-Saguenay est dotée de chalets rustiques extrêmement agréables et d'un petit camping aménagé près de la rivière. Randonnée pédestre. Pêche au saumon. On y loue aussi des canots pour descendre la rivière Petit-Saguenay.

Auberge Les 2 Pignons
$$-$$$ ⚹ ♨ ▲
117 rue Dumas
☎ 418-272-3091 ou 877-272-3091
www.pignons.ca

Une hôtellerie accueillante, chaleureuse, sobre et économique au cœur du village. Le lieu a conservé son charme d'époque. Bonne table.

L'Anse-Saint-Jean

Auberge du bout du monde
$ bc
40 ch. des Plateaux
☎ 418-272-9979
www.boutdumonde.ca

L'Auberge du bout du monde est située en retrait du village, sur les hauteurs des plateaux. L'établissement se veut écologique, et l'on ne peut pas y accéder directement en véhicule. L'auberge propose des lits en dortoir, des chambres privées et quelques emplacements de camping. Aussi, séances de yoga. Convivial, sympathique et très propre.

Camping de L'Anse
$ ♨
325 rue St-Jean-Baptiste
☎ 418-272-2554 ou 418-272-2633
(hors saison)
www.campingdelanse.ca

Le Camping de L'Anse, en plus de donner directement sur le fjord, a l'avantage de disposer d'emplacements très bien équipés.

Auberge La Fjordelaise
$$-$$$ ⚹ ⁿ‰ ♨ @ ▲
370 rue St-Jean-Baptiste
☎ 418-272-2560 ou 866-372-2560
www.fjordelaise.com

L'Auberge La Fjordelaise se trouve à la pointe du très beau village de L'Anse-Saint-Jean. Les lits sont d'un confort décadent, les petits déjeuners sont aussi délicieux que copieux, le service est gentil et attentionné, la vue est belle… En somme, parfait et sympathique. La maison voisine compte quatre chambres, dont deux partagent une salle de bain.

Auberge des Cévennes
$$-$$$ bc‰ ▲ ❄ ≡ ♨ @
294 rue St-Jean-Baptiste
☎ 418-272-3180 ou 877-272-3180
www.auberge-des-cevennes.qc.ca

L'Auberge des Cévennes se trouve dans la rue Saint-Jean-Baptiste depuis nombre d'années. Cette grande maison centenaire abrite de jolies petites chambres bien décorées qui donnent sur les longues vérandas entourant la demeure. En plus de ces espaces propices à la détente, un salon commun est mis à la disposition des clients qui ont aussi accès au grand terrain. Le forfait en demi-pension qui comprend la table d'hôte du soir (voir p. 628) se révèle avantageux.

Maison de Vébron
$$-$$$ ⅄ @ ⊕
56 rue de Vébron
☎ 418-272-3232 ou 877-472-3232
www.maisondevebron.com

Une autre belle adresse dans le village de L'Anse-Saint-Jean est la Maison de Vébron. Sa vingtaine de chambres disséminées dans plusieurs pavillons offrent une belle intimité aux amateurs de plein air et aux familles.

Les Gîtes du Fjord
$$-$$$$$ ⊕ ▲ ≋ ♨ @
344 rue St-Jean-Baptiste
☎ 418-272-3430 ou 800-561-8060
www.lesgitesdufjord.com

Juchés sur une falaise du fjord, Les Gîtes du Fjord se composent de chalets et d'appartements, parfaits pour les vacances en famille.

Rivière-Éternité

Parc national du Saguenay

$$-$$$$ ⊕ ⚠

91 rue Notre-Dame

☎ 418-272-1556 ou 877-272-5229

www.sepaq.com/pq/sag

Le parc national du Saguenay offre plusieurs possibilités d'hébergement, notamment de très beaux chalets, des tentes Huttopia et d'autres options plus rustiques.

La Baie

Gîte Les treize Lunes

$$ ⊕ bc/bp

2261 sentier David-Gauthier

☎ 418-544-5784

Après avoir longé La Baie par le boulevard de la Grande-Baie Sud, qui devient la route 170, et avoir pris, quelques kilomètres plus loin, le sentier David-Gauthier à gauche, on arrive dans un environnement retiré et très tranquille, où se trouve le Gîte Les treize Lunes. Situé tout juste à quelques mètres du Saguenay, ce gîte propose cinq chambres correctes et reposantes. Une

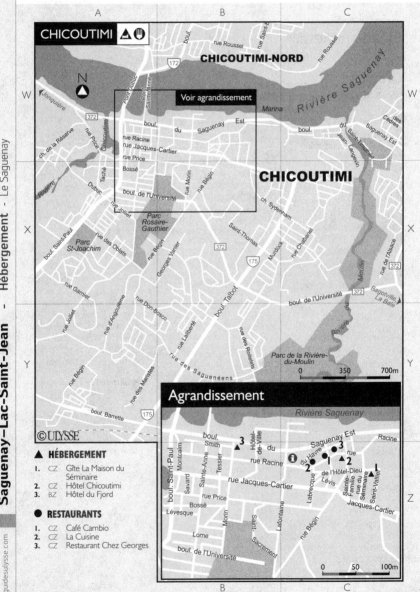

▲ HÉBERGEMENT

1. CZ Gîte La Maison du Séminaire
2. CZ Hôtel Chicoutimi
3. BZ Hôtel du Fjord

● RESTAURANTS

1. CZ Café Cambio
2. CZ La Cuisine
3. CZ Restaurant Chez Georges

©ULYSSE

petite plage privée permet de se reposer au bord de l'eau. Rares sont les endroits disposant d'une vue aussi exceptionnelle. Un beau lieu de ressourcement.

Auberge des 21
$$$ ≡ ◎ ⌣ ⛱ △ ≋ ⍑ ⍦))) @
621 rue Mars
☎ 418-697-2121 ou 800-363-7298
www.aubergedes21.com

La coquette Auberge des 21 dispose, en plus d'une vue magnifique sur la baie des Ha! Ha!, de chambres confortables et d'un spa qui vous aidera à profiter au maximum de vos moments de détente. Un restaurant de fine cuisine est aussi proposé (voir p. 628).

Auberge des Battures
$$$-$$$$ ≡ ◎ ⍑ @ ⌁
6295 boul. de la Grande-Baie S.
☎ 418-544-8234 ou 800-668-8234
www.hotel-saguenay.com

L'Auberge des Battures n'offre pas seulement un point de vue extraordinaire sur la baie des Ha! Ha!, mais aussi des chambres confortables (quoique sans grand charme) et une cuisine raffinée. L'aubergiste propriétaire est par ailleurs bien sympathique.

Chicoutimi

Gîte La Maison du Séminaire
$$ ℮ bc/bp ≡ @
285 rue du Séminaire
☎ 418-543-4724
www.lamaisonduseminaire.com

Aménagé dans une maison ancestrale située au beau milieu de la ville, et tenu par de sympathiques propriétaires, ce gîte dispose de cinq chambres très accueillantes et décorées de toiles créées par des artistes locaux. Le petit déjeuner est sublime. Une belle adresse.

Hôtel du Fjord
$$-$$$ ≡ ⍑ @
241 rue Morin
☎ 418-543-1538 ou 888-543-1538
www.hoteldufjord.qc.ca

Situé en dehors du regroupement des grands hôtels de la ville, l'Hôtel du Fjord se trouve à deux pas du parc du Vieux-Port, de la rivière Saguenay et du centre de Chicoutimi. Un bon choix pour les longs séjours.

Hôtel Chicoutimi
$$-$$$$ ⍑ ⊛ ⌁ ✦ ⍦ ⍑
460 rue Racine E.
☎ 418-549-7111 ou 800-463-7930
www.hotelchicoutimi.qc.ca

Complètement rénové, l'hôtel Chicoutimi est bien situé et a gagné de nombreux prix pour ses politiques de développement durable. Les chambres sont spacieuses et décorées avec goût.

Jonquière

Voir carte p. 629.

Camping Jonquière
$ ⌁ ⍑
3553 ch. du Quai
☎ 418-542-0176
www.campingjonquiere.com

Au Camping Jonquière, grâce à sa situation géographique avantageuse au bord du lac Kénogami, on peut s'adonner à une foule d'activités nautiques et avoir accès à une petite marina. Une plage (très fréquentée) s'y trouve aussi.

Auberge des deux tours
$$-$$$ ℮ bc/bp ≡ @ ⍑
2522 rue St-Dominique
☎ 418-695-2022 ou 888 454-2022
www.aubergedeuxtours.qc.ca

En face de l'église, dans l'animée rue Saint-Dominique, se dresse une maison dont l'architecture ne passe pas inaperçue. Ses deux tours ont inspiré les propriétaires qui ont aménagé une auberge dans cette grande demeure dont les couloirs, les escaliers et les salles communes conservent le souvenir des anciens habitants. Les chambres, simples, ont été

rafraîchies: leurs nouveaux tons leur donnent de l'éclat. Des galeries et balcons sont accessibles aux occupants pour prendre le frais en été. Sur place, un petit restaurant offre une belle sélection de fondues.

Auberge Villa Pachon
$$$ ℮ ⍑ @
1904 rue Perron
☎ 418-542-3568 ou 888-922-3568
www.aubergepachon.com

L'Auberge Villa Pachon est réputée pour son charme et pour son restaurant, **Chez Pachon** (voir p. 628). On y trouve cinq chambres et une suite, aménagées dans une des plus belles résidences historiques de tout le Saguenay–Lac-Saint-Jean: la villa patrimoniale de Price Brothers. Classique et de bon goût.

L'hôtellerie Cepal Villégiature
$$$ ℮ ≡ ⍑ ≋ @
3350 rue St-Dominique
☎ 418-547-5728 ou 800-361-5728
www.cepalaventure.com

En pleine nature, au bord de la rivière aux Sables et non loin de l'impressionnant lac Kenogami, le centre organise des séjours plein air. De la motoneige au canot, en passant par la pêche, la randonnée pédestre et le kayak, toute la famille pourra s'en donner à cœur joie! Les chambres, simplement aménagées, se révèlent confortables. Une foule de forfaits comprenant les repas et les activités y sont proposés.

Saint-Fulgence

Gîte de l'Artisan
$$-$$$ ℮ bc/bp @ ⍑
119 ch. de la Pointe-aux-Pins
☎ 418-674-1344
www.gitedelartisan.ca

Surplombant la vallée du Saguenay, le Gîte de l'Artisan a été construit en pièce sur pièce par son propriétaire, ébéniste de formation. On s'y retrouve donc au cœur d'un univers très chaleureux et reposant. Un service de table champêtre est disponible le soir. Sans prétention et sympathique.

Parc Aventures Cap Jaseux
$$-$$$$ ᵇ⁄ₚₚ
253 rue Saguenay
☎ 418-674-9114 ou 888-674-9114
www.capjaseux.com

Le très complet **Parc Aventures Cap Jaseux** (voir p. 615) propose aussi l'hébergement selon trois formules différentes. Vous pouvez camper sur le site dans des secteurs aménagés ou sauvages ou louer un petit chalet rustique et très sympathique, mais les vedettes sont incontestablement les maisons dans les arbres! Perchées suffisamment haut pour se sentir vraiment dans les arbres, elles offrent un excellent confort. Une belle expérience!

Sainte-Rose-du-Nord

Pourvoirie Cap au Leste
$$$$-$$$$$ *pc*
551 ch. du Cap à l'Est
☎ 418-675-2000 ou 866-675-2007
www.capauleste.com

Située sur un promontoire qui domine le fjord, la Pourvoirie Cap au Leste dispose d'un admirable site, unique au Québec, et offre avec ses forfaits une foule d'activités de plein air dans les environs. L'hébergement est assuré par une trentaine de chambres dispersées dans cinq grands chalets en bois de haut confort, et toutes les chambres offrent une vue à couper le souffle. De charmantes petites allées entre les chalets permettent de parcourir le site en entier. La restauration est typique et régionale, sous forme de table d'hôte tout en finesse. Le terme de «pourvoirie» peut porter à confusion, car aucune pêche ni chasse n'y est pratiquée. Ici, on cherche

plutôt à profiter de la grande nature environnante, sans la dégrader d'aucune façon.

Circuit B: Le tour du lac Saint-Jean

Hébertville

Auberge Presbytère Mont-Lac-Vert
$$$ ☁ ⊌ @
335 rang du Lac-Vert
☎ 418-344-1548 ou 800-818-1548
www.aubergepresbytere.com

L'Auberge Presbytère Mont-Lac-Vert est située dans un très beau cadre, et y règne une atmosphère chaleureuse propice à la détente. La décoration gagnerait toutefois à être rafraîchie. Bonne table.

Métabetchouan–Lac-à-la-Croix

Auberge La Maison Lamy
$$ ☁ ᵇ⁄ₚₚ
56 rue St-André
☎ 418-349-3686 ou 888-565-3686
www.bbcanada.com/lamaisonlamy

Magnifique résidence bourgeoise au cœur d'un village très pittoresque, la Maison Lamy possède un charme tout à fait victorien. L'accueil est chaleureux et la décoration soignée. Près du lac Saint-Jean et de la Véloroute des Bleuets. Plage.

Chambord

Le **camping** (*$*; ☎ 418-275-3132 ou 888-675-3132, www.sepaq. com) du **Village historique de Val-Jalbert** (voir p. 618) est exceptionnel. Son vaste terrain offre de beaux emplacements naturels qui raviront les amateurs de camping rustique. Des **appartements**, des **chambres d'hôtel** ainsi que des **mini-chalets** (*$$-$$$* ᵇ⁄ₚₚ ≡ ● ⊌; ☎ 418-275-3132 ou 888-675-3132 www.sepaq.com) sont également disponibles sur le site. De nouvelles solutions d'hébergement s'ajouteront sur le site courant 2010-2011.

Roberval

Gîte Belle Maison
$$-$$$ ☁ ᵇ⁄ₚₚ @
621 boul. St-Joseph
☎ 418-275-3543

La magnifique maison dans laquelle est niché le Gîte Belle Maison est l'ancienne demeure du notaire local, entièrement retapée avec des matériaux d'origine, dans la mesure du possible. Elle est donc devenue, en plus d'un gîte, un véritable petit musée d'époque. Situé au centre-ville de Roberval, le gîte compte quatre chambres, et son terrain est agréablement aménagé.

Saint-Prime

L'Échappée Bleue
$-$$ ᵇ⁄ₚₚ
en été seulement
75 ch. du Quai
☎ 418-251-9000
www.lechappeebleue.com

L'Échappée Bleue propose un premier gîte d'étape le long de la Véloroute des Bleuets. Connus surtout en Europe pour jalonner le chemin de Compostelle, les gîtes d'étape consistent en de rudimentaires mais confortables points de chute après une longue journée de marche ou de vélo, comme dans le cas présent. Quelques chambres privées et dortoirs y sont aménagés, avec tous les services que l'on retrouve par exemple dans une auberge de jeunesse. Cuisine commune.

Saint-Félicien

Camping de Saint-Félicien
$ ⇝ ⊌
2206 boul. du Jardin
☎ 418-679-1719 ou 866-679-1719
www.campingstfelicien.com

Le Camping de Saint-Félicien est situé à côté du zoo de Saint-Félicien; aussi, durant la nuit, pourrez-vous entendre les animaux. Il dispose d'un vaste terrain et d'installations complètes pour recevoir les campeurs.

Gîte À Fleur d'Eau
$$ ≡ @
1016 boul. du Sacré-Cœur
☎ 418-679-0784

Situé au cœur de Saint-Félicien, le Gîte À Fleur d'Eau compte cinq chambres tout confort avec salle de bain privée, couettes et oreillers de duvet. Deux grandes terrasses avec une belle vue sur la rivière en contrebas permettent aux clients de relaxer au retour d'une journée de vélo (le gîte se trouve directement sur la Véloroute des Bleuets), et tout cela au cœur de la ville. Les propriétaires sont sympathiques.

Hôtel du jardin
$$-$$$ ≡ ⚲ ◎ ⚬ ≈ ⛄ ⛵ ⚲))) @
1400 boul. du Jardin
☎ 418-679-8422 ou 800-463-4927
www.hoteldujardin.com

L'Hôtel du jardin accueille les personnes qui désirent loger près du zoo. Les chambres sont confortables, mais sans aucun charme ni caractère.

La Doré

Auberge La Nuit Boréale
$$ ☙ ⛵
Moulin des Pionniers
4201 des Peupliers
☎ 418-256-8242 ou 866-272-8242
www.moulindespionniers.qc.ca

Les six chambres spacieuses et confortables de l'auberge du **Moulin des Pionniers** (voir p. 620) sont joliment décorées et s'entourent d'un cadre tout à fait champêtre. Une bonne table est aussi proposée, composée essentiellement de plats typiques de la région (tourtière, tarte aux bleuets, etc.). Service sympathique.

Péribonka

Auberge de l'Île-du-Repos
$-$$ ⚬ ⛵ &
juin à sept
105 ch. de l'Île-du-Repos
☎ 418-347-5649
www.iledurepos.com

L'Auberge de l'Île-du-Repos est une grande auberge de jeunesse qui se dresse seule sur son île au milieu de la rivière dans un décor enchanteur. Elle offre une belle ambiance et un milieu propice aux échanges et aux activités de plein air. Emplacements de camping disponibles.

Saint-Henri-de-Taillon

Parc national de la Pointe-Taillon
$-$$
825 3e Rang O.
☎ 418-347-5371 ou 800-665-6527
www.sepaq.com/pq/pta

Le parc national de la Pointe-Taillon propose d'intéressantes solutions d'hébergement en nature, comme des tentes Huttopia et autres formules prêt-à-camper. De nombreux emplacements de camping rustique y sont aussi offerts.

Alma

Complexe Touristique de la Dam-en-Terre
$-$$$ ≡ ⚬ ≈ ❄ ⛵ @
1385 ch. de la Marina
☎ 418-668-3016 ou 888-289-3016
www.damenterre.qc.ca

Le Complexe Touristique de la Dam-en-Terre loue des chalets bien aménagés offrant une belle vue sur le lac Saint-Jean. Les personnes disposant d'une tente et d'un petit budget peuvent opter pour le camping.

Almatoit Gîte
$$ ☙ ℅pp @
755 rue Price O.
☎ 418-668-4125 ou 888-668-4125
www.almatoit.com

Niché dans une splendide maison ancestrale, le magnifique gîte Almatoit compte cinq chambres. Le terrain est splendide, la maison est chauffée par un foyer de masse (foyer dissipant sa chaleur dans toute la maison), et le propriétaire peut vous suggérer toutes sortes d'activités de plein air à pratiquer dans les environs. Un hangar est mis à la disposition des clients pour ranger leur vélo ou leur kayak. L'établissement offre un petit déjeuner à base de produits régionaux bios et fait preuve d'une belle sensibilité générale à l'environnement.

Hôtel Universel
$$-$$$ ≡ ⛵ @ ⛵ ⛵ &
1000 boul. des Cascades
☎ 418-668-5261 ou 800-263-5261
www.hoteluniversel.com

En plein cœur de la ville, l'Hôtel Universel propose 75 chambres tout confort et favorise plusieurs initiatives de développement durable.

Restaurants

Circuit A: Le Saguenay

Petit-Saguenay

Auberge du Jardin
$$$-$$$$
71 rue Dumas
☎ 418-272-3444 ou 888-272-3444
www.aubergedujardin.com

Bâtie au pied d'une falaise, dans un cadre enchanteur, l'Auberge du Jardin dispose d'une bonne table et d'une ambiance chaleureuse.

L'Anse-Saint-Jean

Bistro de l'Anse
$-$$
mai à oct
319 rue St-Jean-Baptiste
☎ 418-272-4222
www.bistrodelanse.com

Aménagé dans un ancien camp de pêche, le Bistro de l'Anse offre une ambiance chaleureuse. On s'y rend en soirée pour boire un verre en assistant aux spectacles, pour prendre l'apéro sur la galerie ou pour manger un sandwich ou une salade. Le grand terrain derrière la maison plonge dans l'estuaire de la rivière Saint-Jean, où l'on pêchait autrefois et où l'on pêche encore! Le bistro renferme aussi un café Internet.

Auberge des Cévennes
$$-$$$
294 rue St-Jean-Baptiste
☎ 418-272-3180 ou 877-272-3180
www.auberge-des-cevennes.qc.ca
À l'**Auberge des Cévennes** (voir p. 623), on peut goûter une cuisine du terroir raffinée avec quelques accents modernes. Rapport qualité/prix très avantageux.

La Baie

Auberge de la Rivière Saguenay
$$$$
9122 ch. de la Batture
☎ 418-697-0222 ou 866-697-0222
www.aubergesaguenay.com
Le chef cuisinier de l'Auberge de la Rivière Saguenay a développé un menu axé sur les produits de la région, avec plusieurs fruits et légumes cultivés à même le site. Profitant d'une belle vue sur le fjord, cette auberge dispose d'un site fort agréable même si le décor de la salle à manger est plutôt quelconque.

Auberge des Battures
$$$$
6295 boul. de la Grande-Baie S.
☎ 418-544-8234 ou 800-668-8234
www.hotel-saguenay.com
La salle à manger de l'Auberge des Battures offre une vue panoramique sur la baie des Ha! Ha!. On y savoure une délicieuse cuisine d'inspiration française. Bar, terrasses, salon avec foyer et piano.

Le Doyen
$$$$
Auberge des 21
621 rue Mars
☎ 418-697-2121 ou 800-363-7298
www.aubergedes21.com
Le restaurant Le Doyen de l'**Auberge des 21** (voir p. 625) propose un des meilleurs menus de la région, sur lequel figurent de savoureux plats de gibier. La salle à manger bénéficie d'une vue exceptionnelle s'étendant sur toute la baie des Ha! Ha!.

Le brunch du dimanche est excellent. Dirigé par un chef de renom, Marcel Bouchard, qui a remporté plusieurs prix régionaux, nationaux et internationaux, Le Doyen contribue tangiblement à l'évolution de la cuisine régionale et à son raffinement, jusqu'à lui valoir ses lettres de noblesse.

Chicoutimi
Voir carte p. 624.

Café Cambio
$-$$
405 rue Racine E.
☎ 418-549-9084
www.cafecambio.ca
Au centre-ville, ce petit resto importateur-torréfacteur de café équitable offre un grand espace feutré et agréable, ainsi qu'un petit menu de type bistro. Tous les établissements de la région conscientisés au commerce équitable s'y approvisionnent en café.

Chez Georges
$$-$$$
433 rue Racine E.
☎ 418-543-2875
www.chezgeorges.qc.ca
De prime abord, vous serez peut-être surpris par le décor de Chez Georges, qui n'a rien d'extraordinaire. Mais sa réputation repose avant tout sur ses grillades, parmi les meilleures dans la région. Autre adresse à Alma (voir p. 630).

La Cuisine
$$$-$$$$
387-A rue Racine E.
☎ 418-698-2822
www.restaurantlacuisine.ca
À La Cuisine, on prépare une cuisine qui met en valeur les produits de la région. Nous recommandons particulièrement le tartare, les moules, le lapin, le ris de veau et le steak-frites. Belle ambiance, directement au centre-ville.

Jonquière

Le Bergerac
$$$
3919 rue St-Jean
☎ 418-542-6263
www.lebergerac.ca
L'une des meilleures tables de Jonquière, le restaurant Le Bergerac a développé une excellente carte de fine cuisine créative qu'il propose en menu du jour le midi ou en table d'hôte le soir.

Chez Pachon
$$$$
Auberge Villa Pachon
1904 rue Perron
☎ 418-542-3568 ou 888-922-3568
www.aubergepachon.com
Chez Pachon est le restaurant de l'**Auberge Villa Pachon** (voir p. 625), aménagée dans la magnifique villa patrimoniale de Price Brothers, à l'environnement champêtre vraiment exceptionnel. Son chef, déjà renommé dans toute la région, présente une gastronomie teintée de traditions culinaires françaises et influencée par les saveurs régionales. Spécialités de cassoulet de Carcassonne, de confit et de foie de canard, de filet et de carré d'agneau, de ris de veau, et de plats de poisson et de fruits de mer. Le soir seulement, sur réservation.

Larouche

Restaurant Margot
$$-$$$$
567 boul. du Royaume
☎ 418-547-7007
www.restaurantmargot.ca
Le Restaurant Margot sert une étonnante cuisine internationale, plutôt inspirée pour un établissement de bord de route. Le décor est de très bon goût, et vous dégusterez votre repas en contemplant des toiles d'artistes québécois reconnus internationalement (Riopelle, Lemieux...). Une belle galerie d'art contemporain est d'ailleurs attenante au resto.

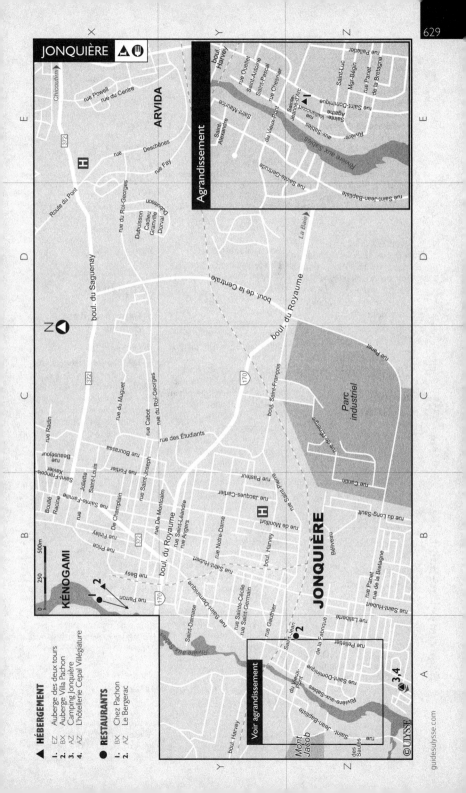

JONQUIÈRE ▲⬛

Agrandissement

ARVIDA

KÉNOGAMI

JONQUIÈRE

Parc industriel

Mont Jacob

Voir agrandissement

▲ HÉBERGEMENT

1. EZ Auberge des deux tours
2. BX Auberge Villa Pachon
3. AZ Camping Jonquière
4. AZ L'hôtellerie Cepal Villégiature

● RESTAURANTS

1. BX Chez Pachon
2. AZ Le Bergerac

© ULYSSE

guidesulysse.com

Sainte-Rose-du-Nord

Café de la Poste
$-$$
308 rue du Quai
☎ 418-675-1053
www.cafedelaposte.ca

Situé à deux pas du quai d'où il est possible de contempler le fjord, le chaleureux Café de la Poste offre un décor intérieur avec boiseries, une terrasse enchanteresse ainsi qu'une ambiance familiale unique. En plus d'une cuisine hors pair, les cuistots propriétaires de cet ancien bureau de poste concoctent un savoureux pain artisanal, des boissons alcoolisées fruitées (cassis ou framboises) ainsi que de délicieuses pâtisseries. On y propose, sur réservation seulement, quelques chambres pour la nuit.

Circuit B: Le tour du lac Saint-Jean

Roberval

Château Roberval
$$-$$$
1225 boul. Marcotte
☎ 418-275-7511 ou 800-661-7611
www.chateau-roberval.qc.ca

Le restaurant de l'hôtel Château Roberval figure parmi les tables jeannoises traditionnelles les plus renommées. Le menu de spécialités régionales est rempli d'agréables surprises.

Saint-Prime

L'Échappée Bleue
$-$$
en été seulement
75 ch. du Quai
☎ 418-251-9000
www.lechappeebleue.com

L'Échappée Bleue consiste en une grande initiative de développement touristique durable (voir p. 623), et le restaurant en est la première manifestation réelle. On y sert des petits plats, surtout froids, et essentiellement composés de produits locaux et biologiques.

Dolbeau-Mistassini

Note Café
$-$$
130 rue de l'Église
☎ 418-706-6028
www.notecafe.ca

Le petit Note Café se trouve dans le secteur Mistassini de la ville. Il propose des plats simples et délicieux. Il s'agit là d'une petite coopérative formée par des jeunes dynamiques et créatifs. S'il y a un seul endroit où vous devez vous arrêter pour casser la croûte à Dolbeau-Mistassini, c'est bien ici!

Saint-Nazaire

À l'Orée des Champs
$$-$$$
795 rang 7 E.
☎ 418-669-3038
www.aloree.com

Le restaurant À l'Orée des Champs est une table champêtre certifiée. Les propriétaires ont créé une belle salle à manger aux accents traditionnels (poutres de bois géantes, lustres rustiques, imposant foyer de maçonnerie), et le menu à base de produits régionaux met en vedette l'agneau d'élevage local. Sympathique et convivial.

Alma

Café Sofa
$-$$
La Boîte à Bleuets
525 Sacré-Coeur O.
☎ 418-668-8448
www.boiteableuets.com

Le Café Sofa est un bel établissement qui sert d'excellents cafés équitables et de succulents petits déjeuners, en plus de proposer un menu de type bistro le reste de la journée. Exposition d'œuvres d'art sur place et spectacles de groupes de la relève à l'occasion. Internet sans fil gratuit.

Bar-restaurant chez Mario Tremblay
$$-$$$
534 rue Collard O.
☎ 418-668-7231
www.lerbmt.com

On ne va pas au Bar restaurant chez Mario Tremblay

pour y prendre le repas de sa vie, mais à cause de la réputation de cet ex-hockeyeur surnommé «le Bleuet bionique». Cet établissement de type brasserie est un temple populaire à la gloire du hockey.

Chez Georges
$$-$$$
85 St-Joseph S.
☎ 418-480-4444
www.chezgeorges.qc.ca

On y va pour de bonnes grillades, parmi les meilleures dans la région, comme chez son grand frère de Chicoutimi (voir p. 628).

Sorties

➤ Bars et boîtes de nuit

Petit-Saguenay

Le **Café Bistro Boutique Léz'Arts** *(59 rue Dumas,* ☎ *418-272-3000)* propose aux passants un café-resto, une boutique d'artisanat, une galerie d'art, une salle de spectacle où se produisent des groupes de la relève, ainsi que des ateliers d'art et d'expression. Un excellent espresso est servi dans ce sympathique établissement aménagé dans une ancienne grange.

Chicoutimi

La Voie Maltée
777 boul. Talbot
☎ 418-549-4141
www.lavoiemaltee.com

La Voie Maltée est un beau pub qui brasse d'excellentes bières, notamment la Soutien-Gorge (!), une magnifique ale à l'anglaise. Autre adresse à Jonquière (voir ci-dessous).

Jonquière

La Voie Maltée
2509 rue St-Dominique
☎ 418-542-4373
www.lavoiemaltee.com

Adresse d'origine et brasserie, le pub de La Voie Maltée brasse et sert de très bonnes bières. L'établissement est sympathique et organise fréquemment des spectacles de la jeune relève musicale québécoise.

Café-Théâtre Côté-cour
4014 rue de la Fabrique
☎ 418-542-1376
www.cotecour.ca

Surveillez la programmation du Café-Théâtre Côté-cour, qui fait partie de la Maison communautaire, elle-même installé dans un vieux bâtiment de briques rouges qui a toujours joué un rôle important dans la vie communautaire de Jonquière. Depuis les années 1960, sa salle de spectacle veille à la diffusion locale des arts et de la culture.

Saint-Gédéon
Microbrasserie du Lac Saint-Jean
120 rue de la Plage
☎ 418-345-8758
www.microdulac.com

La Microbrasserie du Lac Saint-Jean est un magnifique pub qui sert d'excellentes bières brassées selon la méthode belge. Ambiance réussie et assurée: on a envie d'y être et d'y revenir. Des bouchées et des repas légers sont aussi proposés sur place. Service sympathique.

› Festivals et événements

Mars
Le **festival REGARD sur le court métrage au Saguenay** *(mi-mars; Chicoutimi, ☎ 418-698-5854, www.caravane.tv)* porte un regard neuf sur le court métrage et projette les nombreuses œuvres en compétition. La renommée de ce festival grandit avec les années. À découvrir.

Juin
Au Palais municipal de La Baie, on présente **Les aventures d'un Flo** *(50$; fin juin à mi-août mer-sam 20h; 591 5ᵉ Rue, La Baie, ☎ 418-697-5151 ou 888-873-3333, www.fabuleuse.com)*, un spectacle historique à large déploiement. Plus de 200 comédiens, 1 400 costumes, des animaux, des voitures, des jeux de lumière et des décors donnent vie à cette fresque haute en couleur qui plaira aux amateurs de revues musicales de type Broadway.

Juillet
Depuis 1955 à Roberval, la dernière semaine de juillet (neuf jours) est consacrée à la **Traversée internationale du lac Saint-Jean** *(☎ 418-275-2851, www.traversee.qc.ca)*. Les nageurs font 32 km en 8h (ou moins) entre Péribonka et Roberval.

Août
Le **Festival International des Rythmes du Monde** *(début août; ☎ 418-545-1115, www.rythmesdumonde.com)* consiste en un festival de *world music* en plein cœur du Saguenay! Des musiciens de l'Afrique, de l'Amérique du Sud et de l'Asie se donnent rendez-vous à Chicoutimi pour célébrer la musique en pleine rue, sous toutes ses sonorités! Ambiance de carnaval réussie et très joyeuse.

Chaque année, au début d'août, est présenté le **Festival du Bleuet de Dolbeau-Mistassini** *(☎ 418-276-1241, www.festivaldubleuet.qc.ca)*, qui constitue autant une manifestation culinaire qu'une fête de retrouvailles entre les «Bleuets» qui ont essaimé à travers l'Amérique. Au programme: dégustation de produits du bleuet, concerts, jeux et animation pour les enfants, etc.

Achats

› Alimentation

La Baie
À La Baie, ne manquez pas de faire un saut à la **Fromagerie Boivin** *(2125 ch. St-Joseph, ☎ 418-544-2622)*, reconnue pour son bon fromage cheddar en grains.

Chicoutimi
Pour ceux qui s'ennuient de l'alimentation saine et naturelle, **Le garde-manger** *(1415 rue des Champs-Élysées, ☎ 418-696-1597, www.legardemanger.ca)* est l'endroit idéal pour préparer leur pique-nique.

› Artisanat et souvenirs

L'Anse-Saint-Jean
En face de la marina, la boutique **Le Coquill'Art** *(356 rue St-Jean-Baptiste, ☎ 418-272-3284)* déborde d'une multitude de produits d'artisanat d'ici et d'ailleurs. Bijoux, poteries, etc.

La petite boutique **Créations Rebelles des Bois** *(224 rue St-Jean-Baptiste, ☎ 418-272-1694, www.rebellesdesbois.com)* propose des créations originales d'artisans locaux. Bijoux en bois, vêtements originaux, reliures d'art, etc.

› Librairies

Chicoutimi
Chicoutimi compte quelques excellentes librairies où l'on pourra vous conseiller les meilleures œuvres d'auteurs régionaux ou de superbes ouvrages sur la région, comme la **Librairie Les Bouquinistes** *(392 rue Racine E., ☎ 418-543-7026)* et **Archambault** *(1120 boul. Talbot, ☎ 418-698-1586)*. Si vous collectionnez les livres anciens, ne manquez pas d'aller fouiner dans les rayons de la **Bouquinerie Jacques-Cartier** *(366 rue Savard, ☎ 418-696-1534)*.

CÔTE-NORD

Les circuits
- **a** — Manicouagan
- **b** — La Minganie
- **c** — Au pays de Gilles Vigneault

Golfe du Saint-Laurent

Détroit de Jacques-Cartier

Île d'Anticosti

Parc national d'Anticosti

Détroit d'Honguedo

GASPÉSIE

BAS-SAINT-LAURENT

DUPLESSIS

MANICOUAGAN

SAGUENAY—LAC-SAINT-JEAN

Fleuve Saint-Laurent

Réservoir Manicouagan

Réservoir Outardes-4

Réservoir Manic-2

Réservoir Manic-3

Île René-Levasseur

Barrage Daniel-Johnson (Manic-5)

Blanc-Sablon
La Romaine
Kégaska
Natashquan
Pointe-Parent
Aguanish
Baie-Johan-Beetz
Havre-Saint-Pierre
Pointe-Carleton
McDonald
Chute Kalimazoo
Port-Menier
Baie-du-Renard
Rivière-aux-Saumons
Havre-du-Brick
Cap-de-Rabast
Rivière-de-la-Chaloupe
Mingan
Magpie
Sheldrake
Longue-Pointe-de-Mingan
Rivière-Saint-Jean
Rivière-au-Tonnerre
Rivière-Manitou
Rivière-à-la-Chaloupe
Moisie
Sept-Îles
Gallix
Port-Cartier
Rivière-Pentecôte
Pointe-aux-Anglas
Les Îlets-Caribou
Petit-Mai
Baie-Trinité
Pointe-des-Monts
Godbout
Franquelin
Baie-Comeau
Pointe-Lebel
Pointe-aux-Outardes
Baie-Outardes
Chute-aux-Outardes
Ragueneau
Betsiamites
Colombier
Labrieville
Forestville
Portneuf-sur-Mer
Longue-Rive
Les Escoumins
Les Bergeronnes
Tadoussac
Parc marin du Saguenay–Saint-Laurent
Sainte-Catherine
Saint-Fabien-sur-Mer
Le Bic
Trois-Pistoles
Rimouski
Sainte-Luce
Sainte-Flavie
Grand-Métis
Métis-sur-Mer
Matane
Cap-Chat
Sainte-Anne-des-Monts
La Martre
L'Anse-Pleureuse
Grande-Vallée
Gaspé
Anse-au-Griffon
Cap-des-Rosiers
Percé
Chandler
Newport
Bonaventure
New Richmond
Carleton-sur-Mer
Causapscal
Amqui
Réservoir de parc national de l'Archipel-de-Mingan
Réserve faunique de Port-Cartier–Sept-Îles
Réservoir Sainte-Anne

N

guidesulysse.com

©ULYSSE

0   50   100 km

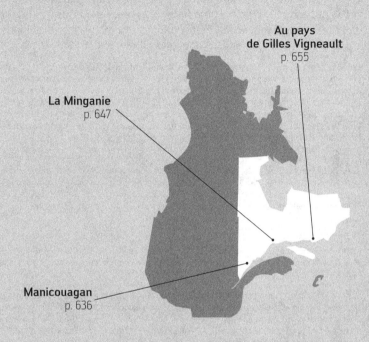

Au pays
de Gilles Vigneault
p. 655

La Minganie
p. 647

Manicouagan
p. 636

Côte-Nord

L'immense **Côte-Nord** ★★ est subdivisée en deux régions touristiques distinctes : Manicouagan et Duplessis. Bordant le fleuve sur 300 km, la région de Manicouagan s'enfonce dans le plateau laurentien jusqu'au nord des monts Groulx et du réservoir Manicouagan. L'infinie contrée sauvage qu'est la région de Duplessis longe quant à elle le golfe du Saint-Laurent sur près d'un millier de kilomètres jusqu'au Labrador, et sa population, composée de francophones, d'anglophones et d'Innus, vit dispersée sur le littoral et dans quelques villes minières de l'arrière-pays.

Point de convergence des Inuits et de nations amérindiennes depuis des temps immémoriaux, grâce notamment à son réseau hydrographique tentaculaire et à ses importants territoires de chasse aux mammifères marins, la Côte-Nord était également connue des Européens avant même la découverte du Canada par Jacques Cartier en 1534. Dès le début du XVIe siècle, elle était fréquentée par les pêcheurs basques et bretons qui faisaient, eux aussi, la chasse aux cétacés : la précieuse graisse de baleine, fondue sur place dans de grands fours, servait à la fabrication de bougies et de pommades.

La présence humaine, bien que très ancienne, n'a cependant laissé que peu de traces sur la Côte-Nord avant le XXe siècle. De nos jours, les petits ports de pêche alternent avec les villes papetières et minières. Le tourisme, lié à l'observation des baleines, occupe une place de plus en plus grande dans l'économie de la région depuis que ces espèces sont protégées. La Côte-Nord est faite sur mesure pour les amateurs de grands espaces et de nature sauvage.

Manicouagan

Couverte d'une riche forêt boréale, la région de Manicouagan est aussi dotée d'un fabuleux réseau hydrographique servant à alimenter les huit centrales électriques du complexe Manic-Outardes.

Suivant le littoral depuis l'embouchure de la rivière Saguenay jusqu'à Baie-Trinité, la route 138 permet d'admirer de beaux panoramas, constitués de falaises escarpées et de plages sauvages. Pour les amants du plein air, le parc nature de Pointe-aux-Outardes rend possible l'observation d'une multitude d'espèces d'oiseaux, alors que les monts Groulx, loin dans l'hinterland, offrent de belles occasions d'expéditions aux plus aventureux.

L'une des principales attractions de la région demeure incontestablement le parc marin du Saguenay–Saint-Laurent, où l'on peut aisément voir, en saison estivale, de nombreuses baleines de différentes espèces.

L'histoire de la région a toujours été intimement liée à l'exploitation des richesses naturelles du territoire. Avant même la fondation de la ville de Québec, les Européens y établirent de nombreux postes afin d'y traiter avec les Amérindiens. Par la suite, au cours du XIXe siècle, l'industrie de la coupe et de la transformation du bois devint le principal créateur d'emplois de la région de la Manicouagan.

L'UNESCO a désigné en septembre 2007 la plus grande réserve mondiale de la biosphère au Canada : la Réserve mondiale de la biosphère Manicouagan-Uapishka, qui couvre quelque 54 800 km². Le territoire inclut l'environnement marin du fleuve Saint-Laurent le long de la région de Manicouagan et toute la portion littorale habitée, y compris la ville de Baie-Comeau, jusqu'aux terres subarctiques du 52e parallèle.

En plus de la présence d'éléments naturels et humains remarquables sur cet immense territoire tels que les monts Groulx, le cratère de Manicouagan et le barrage Daniel-Johnson, l'intérêt de la démarche réside dans la préservation des paysages. La vision de la Réserve mondiale de la biosphère Manicouagan-Uapishka représente un pas prometteur pour l'évolution des réserves de la biosphère modernes, car elle contribuera de façon significative à en inspirer d'autres dans la poursuite d'objectifs visant le développement durable.

Duplessis

La région de Duplessis étant éloignée des grands centres, l'exploitation des richesses naturelles constitue son moteur économique. Pendant des milliers d'années, les Amérindiens et les Inuits y vécurent essentiellement de la chasse et de la pêche. Vinrent ensuite les Basques et les Bretons, pêcheurs ou baleiniers, qui, dès le XVIᵉ siècle, y érigèrent des postes saisonniers.

Aujourd'hui, les gens du pays vivent surtout de la pêche, de l'industrie forestière, de l'exploitation des mines de fer ou de titane et d'une importante fonderie d'aluminium, venue s'installer à Sept-Îles pour bénéficier de la grande disponibilité d'hydroélectricité.

Le fils le plus réputé de cette région, le poète Gilles Vigneault, raconte souvent dans son œuvre la vie des gens de ce coin du Québec. Le long de la côte, quelques milliers de Québécois vivent dans une série de petites agglomérations qui, à partir de Pointe-Parent, au-delà de Natashquan, ne sont plus reliées au reste du Québec par le réseau routier.

Pays de grands espaces et de nature sauvage, Duplessis offre au visiteur la jouissance de son calme, la richesse de sa faune et de sa flore, ou la pratique de la chasse et de la pêche. On y vient aussi, et avec raison, pour s'émerveiller devant les splendeurs de l'île d'Anticosti et du magnifique archipel de Mingan.

Trois circuits sont proposés pour découvrir ce coin isolé du Québec. Le circuit A couvre la région de Manicouagan, alors que les circuits B et C explorent celle de Duplessis :

Circuit A : Manicouagan ★ ★
Circuit B : La Minganie ★ ★ ★
Circuit C : Au pays de Gilles Vigneault ★ ★

Accès et déplacements

Il est possible de relier le circuit de Manicouagan à celui de **Charlevoix** (voir p. 581) ou à celui du **Saguenay** (voir p. 607) en prenant le traversier qui relie Baie-Sainte-Catherine à Tadoussac, à l'embouchure du Saguenay.

➤ En avion

Circuit A : Manicouagan

La compagnie aérienne **Air Liaison** (♪ 888-589-8972, www.airliaison.ca), qui dessert Baie-Comeau au départ de Montréal et de Québec, offre plusieurs vols par semaine.

Circuit B : La Minganie et Circuit C : Au pays de Gilles Vigneault

La compagnie aérienne **Exactair** (♪ 418-589-8923 ou 800-463-8923, www.exactair.ca) de Baie-Comeau propose des vols quotidiens en été ainsi que durant la période de Noël au départ de Rimouski, Sept-îles, Baie-Comeau, Havre-Saint-Pierre, Longue-Pointe-de-Mingan et de l'île d'Anticosti.

➤ En voiture

Circuit A : Manicouagan

De Beauport, dans la région de Québec, empruntez la route 138, qui longe la rive nord du fleuve Saint-Laurent. À Baie-Sainte-Catherine, un bateau (gratuit) vous fera tra-

verser la rivière Saguenay pour vous déposer à Tadoussac.

Circuit B : La Minganie

On accède à la Minganie en poursuivant sur la route 138.

Circuit C : Au pays de Gilles Vigneault

La route 138 s'arrête tout juste après le village de Pointe-Parent, à quelques kilomètres à l'est de Natashquan. Par ailleurs, la distance entre Natashquan et Montréal est de presque 1 300 km! Comptez donc entre 15h et 16h afin de parcourir cette route.

En hiver, les glaces et la neige tracent une route naturelle pour les motoneiges; aussi est-il paradoxalement plus simple de se déplacer d'un village à l'autre pendant la saison froide.

➤ En autocar (gares routières)

De Québec, la compagnie **Intercar** (gare du Palais, Québec, ♪ 418-525-3000, 418-627-9108 ou 888-861-4592) relie toutes les villes principales le long de la rive nord du fleuve Saint-Laurent jusqu'à Havre-Saint-Pierre.

Circuit A : Manicouagan

Tadoussac
Auberge de jeunesse de Tadoussac
158 rue du Bateau-Passeur
♪ 418-235-4372

Les Bergeronnes
Magasin GLR
121 rue Principale
☎ 418-232-6262

Baie-Comeau
Terminus Intercar
212 boul. LaSalle
☎ 418-296-6921

Circuit B : La Minganie
Sept-Îles
Terminus Intercar
126 rue Mgr-Blanche
☎ 418-962-2126

Havre-Saint-Pierre
Variétés Jomphe
843 rue de l'Escale
☎ 418-538-2033

➤ En train

Circuit B : La Minganie
Transport ferroviaire Tshiuetin
1005 boul. Laure, bureau 305-C
Sept-Îles
☎ 418-960-0982, 418-962-5530 ou 866-962-0988
Le train relie Sept-Îles à Schefferville. Le voyage vous fera traverser le Bouclier canadien jusqu'aux abords de la toundra. Réservations préférables.

➤ En bateau

Circuit A : Manicouagan
Sauf pour le traversier Baie-Sainte-Catherine–Tadoussac, il vaut mieux réserver un passage quelques jours à l'avance en été.

Baie-Sainte-Catherine–Tadoussac

Le traversier *(gratuit; ☎ 418-235-4395, www. traversiers.gouv.qc.ca)* qui part de Baie-Sainte-Catherine et qui se rend à Tadoussac permet d'arriver à destination en seulement 10 min. L'horaire des traversées varie grandement d'une saison à l'autre; renseignez-vous avant de planifier un voyage.

Les Escoumins–Trois-Pistoles

Géré par la Compagnie de navigation des Basques *(voitures 39$; mi-mai à mi-oct; réservations ☎ 877-851-4677, www.traversiercnb.ca)*, le traversier entre Les Escoumins et Trois-Pistoles, dans la région du Bas-Saint-Laurent, rejoint la rive sud du fleuve en 90 min.

Forestville–Rimouski

Le traversier *CNM Évolution*, qui relie Forestville à Rimouski *(voitures 39$, passagers et conducteur en sus; réservations sur carte de crédit obligatoires; ☎ 418-725-2725 ou 800-973-2725, www.traversier. com)* est une solution de rechange intéressante pour se rendre sur la rive sud du fleuve Saint-Laurent. Horaires flexibles et traversée rapide (1h).

Baie-Comeau – Matane/Godbout – Matane

Les traversiers *(adultes 14$, voitures 33$; ☎ 877-562-6560 ou 418-562-2500 de Matane, en Gaspésie)* qui desservent les rives du Saint-Laurent font le trajet en moins de 2h30.

**Circuit B : La Minganie
et Circuit C : Au pays de Gilles Vigneault**
Le cargo mixte **N/M *Nordik Express*** du **Relais Nordik** *(le tarif est déterminé selon la destination; avr à jan; réservations requises; 149 rue Maltais, Sept-Îles, ☎ 418-723-8787 ou 800-463-0680, www. desgagnes.com)* quitte Sept-Îles pour atteindre Port-Menier (île d'Anticosti), Havre-Saint-Pierre, Natashquan, Kegaska, La Romaine, Harrington Harbour, Tête-à-la-Baleine, La Tabatière, Saint-Augustin et Blanc-Sablon. Comme il n'y a qu'un seul départ par semaine, renseignez-vous avant de planifier votre voyage.

Attraits touristiques

Association touristique régionale de Manicouagan *(337 boul. LaSalle, bureau 304, Baie-Comeau, QC G4Z 2Z1, ☎ 418-294-2876 ou 888-463-5319, www. tourismemanicouagan.com)*

Association touristique régionale de Duplessis *(312 av. Brochu, Sept-Îles, QC G4R 2W6, ☎ 418-962-0808 ou 888-463-0808, www.tourismeduplessis.com)*

Circuit A : Manicouagan ★★

▲ *p. 658* 🍽 *p. 666* 🛏 *p. 667* 🎭 *p. 667*

🕐 *Trois jours*

Tadoussac ★★

Maison du tourisme de Tadoussac *(197 rue des Pionniers, Tadoussac, ☎ 418-235-4744 ou 866-235-4744, www. tadoussac.com)*

L'emplacement stratégique de Tadoussac, à l'embouchure du Saguenay, lui vaudra d'être choisi pour l'établissement du premier poste français de traite des fourrures en Amérique

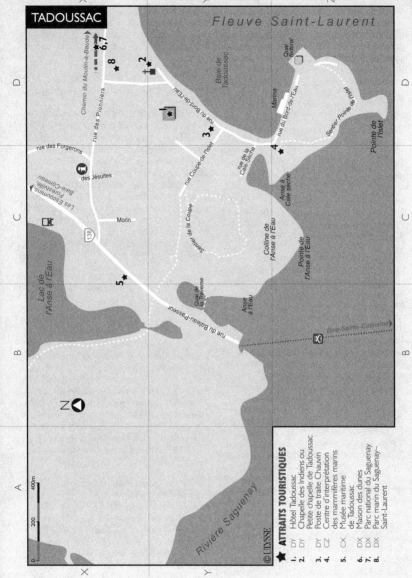

TADOUSSAC

Fleuve Saint-Laurent

Côte-Nord – Attraits touristiques – Manicouagan

dès 1600, soit huit ans avant la fondation de la ville de Québec. Tadoussac est en fait le plus ancien site d'occupation blanche au nord du Mexique.

En 1615, les Récollets y implantent une mission d'évangélisation qui sera en activité jusqu'au milieu du XIXᵉ siècle. Le village acquiert sa vocation touristique en 1864, lorsqu'on inaugure le premier grand hôtel Tadoussac, au bord du fleuve Saint-Laurent,

afin de mieux loger les visiteurs, de plus en plus nombreux à venir profiter de l'air marin et des paysages grandioses de ces deux cours d'eau que sont le fleuve Saint-Laurent et la rivière Saguenay. Tadoussac est en outre un lieu privilégié pour l'observation des baleines. Bien qu'il ait un âge plus que respectable dans le contexte nord-américain, le village de Tadoussac donne une impression de précarité, comme si un fort vent pouvait un jour tout balayer sans laisser de traces... Néanmoins, le lieu est très vivant, surtout en été lorsque nombre d'estivants viennent y passer quelques jours et que les festivaliers s'y rendent pour assister au **Festival de la chanson de Tadoussac** (voir p. 667).

''' *En raison de la présence de nombreux sentiers et de la faible étendue de l'agglomération, il est recommandé de visiter Tadoussac à pied. Vous pouvez garer votre voiture dans le stationnement du parc national du Saguenay, situé à proximité du quai du traversier.*

Dominant le désordre du village, l'**Hôtel Tadoussac** ★ *(mi-avr à fin oct; 165 rue du Bord-de-l'Eau, ✆ 418-235-4421, www.hoteltadoussac. com)* est à cette communauté ce que le Château Frontenac est à Québec, soit son emblème et son point de repère dans les brumes hivernales. L'hôtel actuel, construit entre 1942 et 1949 pour la Canada Steamship Lines, succède au premier hôtel de 1864. Sa forme allongée et son revêtement à clins de bois, dont la blancheur contraste violemment avec sa toiture de tôle peinte en rouge, ne sont pas sans rappeler les hôtels de villégiature de la Nouvelle-Angleterre érigés dans la seconde moitié du XIXe siècle. D'ailleurs, cet hôtel servit de toile de fond au long métrage américain *Hotel New Hampshire* (1984). Cependant, le décor intérieur, composé de boiseries cirées et de meubles anciens, s'inspire davantage du terroir canadien-français.

La vieille **chapelle des Indiens**, aussi dénommée la **Petite chapelle de Tadoussac** *(2$; mi juin à mi-oct tlj 9h à 21h; 169 rue du Bord-de-l'Eau, ✆ 418-235-4324)*. Les Jésuites succèdent aux Récollets à la tête de la mission de Tadoussac en 1640. Ils feront construire plusieurs chapelles, qui brûleront ou pourriront, avant de faire élever en 1747 celle qui nous est finalement parvenue. Le père Claude-Godefroy Coquart, originaire de Melun, en France, fut chargé de sa construction. Il assumait alors un très vaste ministère, car il était à la fois responsable de la cure de Tadoussac, du Saguenay, du Lac-Saint-Jean et de toute la Côte-Nord. La chapelle des Indiens de Tadoussac est le plus ancien édifice religieux en bois qui subsiste au Canada. Son intérieur dépouillé renferme un tabernacle du XVIIIe siècle.

Le **Poste de traite Chauvin** ★ *(droit d'entrée; juin et début sept à début oct tlj 10h à 18h, juil à début sept tlj 9h à 20h; 157 rue du Bord-de-l'Eau, ✆ 418-235-4657)* consiste en une reconstitution du premier poste de traite de Tadoussac. Ce petit bâtiment de billots équarris, ouvert aux visiteurs, rappelle le premier poste de traite des fourrures de Nouvelle-France, établi par le huguenot Pierre Chauvin de Tonnetuit en 1600. Imaginons pendant quelques instants

que, durant ses premières années, l'ancêtre de ce bâtiment était la seule structure érigée et habitée par des Européens en Amérique! On y présente une intéressante exposition sur la traite des fourrures entre Français et Innus.

Le **Centre d'interprétation des mammifères marins** ★ *(8$; mi-mai à mi-juin tlj 12h à 17h, mi-juin à fin sept tlj 9h à 20h, fin sept à mi-oct tlj 12h à 17h; 108 rue de la Cale-Sèche, ✆ 418-235-4701, www.gremm.org)* fut créé afin de faire connaître les mammifères marins qui viennent tous les ans se nourrir dans l'estuaire du Saint-Laurent. La majeure partie de l'exposition traite des baleines et tente de démythifier divers aspects de leur comportement. Le centre s'avère fort instructif. D'ailleurs, sur place, des naturalistes répondent à vos questions. En outre, on y trouve des squelettes d'animaux marins, des vidéos et un aquarium contenant divers poissons vivant dans le fleuve.

Tadoussac a toujours été tourné vers la mer. Le **Musée maritime de Tadoussac** *(3$; fin juin à début sept tlj 10h à 18h; 145 rue du Bateau-Passeur, ✆ 418-235-4657)* évoque les grands moments de la navigation et des chantiers navals du village.

Les **dunes** sont situées à environ 5 km au nord de la ville. Elles furent formées, il y plusieurs milliers d'années, lors de la fonte des glaces. Sur le site, on trouve un petit centre d'interprétation, la **Maison des dunes** ★ *(4$; début juin à début oct tlj 9h30 à 16h30; 750 ch. du Moulin-à-Baude, ✆ 418-235-4238)*. Pour vous y rendre, prenez la rue des Pionniers, à droite de la route 138, et faites 6 km pour atteindre le stationnement de la Maison des dunes.

Dans la région de Manicouagan, le **parc national du Saguenay** ★ ★ ★ *(3,50$; secteur Baie-du-Moulin-à-Baude: 750 ch. Moulin-à-Baude, Tadoussac; secteur Baie-Sainte-Marguerite: 1121 route 172 N., Sacré-Cœur, ✆ 800-665-6527, www.sepaq.com)* s'étend sur la rive gauche de la rivière du même nom, de Tadoussac jusqu'en face de la baie des Ha! Ha!, sur l'autre rive où s'étend le troisième secteur du parc: le secteur Baie-Éternité, dans la région du Saguenay–Lac-Saint-Jean. Des sentiers de randonnée pédestre permettent de découvrir la végétation recouvrant ces abruptes falaises. D'ailleurs, au haut des falaises, il est intéressant de constater la présence d'une végétation rabougrie. On dénombre dans les secteurs de la rive gauche du Saguenay plusieurs sentiers, entre autres le sentier du Fjord, le sentier de la Colline de l'Anse à l'Eau et le sentier de la Pointe de l'Islet. Ce dernier offre une vue magnifique sur le fleuve Saint-Laurent.

Le territoire du **parc marin du Saguenay–Saint-Laurent** ★ ★ ★ *(⚮; 182 rue de l'Église, Tadoussac, ☏ 418-235-4703 ou 800-463-6769, www.parcmarin.qc.ca)*, entièrement constitué d'eau, couvre une section de l'estuaire du Saint-Laurent et du fjord du Saguenay. Il a été créé afin de protéger l'exceptionnelle vie aquatique qui y habite. Ce parc spécifique, créé selon des lois provinciale et fédérale, s'étend sur 1 138 km².

Le merveilleux fjord du Saguenay est l'un des fjords les plus méridionaux du monde. Creusé par les glaciers, il a une profondeur de 276 m près du cap Éternité (sur la rive droite du Saguenay) et de 10 m à peine à son embouchure. Cette configuration particulière, créée par l'amoncellement de matériaux charriés par les glaciers, a laissé un bassin où l'on retrouve la faune et la flore marines de l'Arctique. En effet, l'eau à la surface du Saguenay, dans les premiers 20 m, est douce et se trouve à une température variant entre 15°C et 18°C, alors que l'eau en profondeur est salée et se maintient autour de 1,5°C. Ce milieu, reliquat de la mer de Goldthwait, a conservé ses habitants, comme le requin arctique ou le béluga, qu'on rencontre aussi beaucoup plus au nord dans l'Arctique.

En outre, grâce à une oxygénation constante, y prolifèrent une multitude d'organismes vivants dont se nourrissent plusieurs mammifères marins, comme le petit rorqual, le rorqual commun et le rorqual bleu. Ce dernier pouvant atteindre 30 m, il constitue le plus grand mammifère du monde. Dans les eaux du parc, on peut également apercevoir des phoques et parfois des dauphins.

Très tôt les pêcheurs venus d'Europe tirèrent parti de ces richesses marines. Certaines espèces telles que la baleine franche furent malheureusement trop chassées. Aujourd'hui, on peut s'aventurer sur le fleuve pour contempler de plus près ces impressionnants animaux. Toutefois, afin de les protéger de certains abus, des règles strictes ont été édictées, et les bateaux ne peuvent pas les approcher de trop près. Le kayak de mer demeure le moyen de déplacement privilégié dans ce parc. Totalement écologique et très petit, il n'effraie pas les baleines, ce qui peut occasionner des rencontres mémorables!

Les Bergeronnes ★

La municipalité des Bergeronnes est formée des hameaux des Petites-Bergeronnes et des Grandes-Bergeronnes, où se trouve un chantier de fouilles archéologiques. Sur ce site de dépeçage amérindien ont été découverts des couteaux datant du sylvicole supérieur (de 200 à 1100 de notre ère) qui servaient à découper la peau des phoques et des baleines. Le littoral des Bergeronnes est, par ailleurs, le meilleur endroit d'où observer certaines espèces de cétacés, car c'est précisément ici que les baleines bleues s'approchent le plus de la côte.

Le **Centre d'interprétation Archéo-Topo** ★ *(5,50$; mi-mai à mi-oct tlj 9h à 19h; 498 rue de la Mer, ☏ 418-232-6286, www.archeotopo.qc.ca)* présente de façon moderne et vivante toute la richesse archéologique de ce secteur de la Côte-Nord.

Le **Centre d'interprétation et d'observation de Cap-de-Bon-Désir** ★ *(7,80$; ⚮; début juin à mi-juin 9h à 18h, mi-juin à début sept 8h à 20h, début sept à mi-oct 9h à 18h; 13 ch. du Cap-de-Bon-Désir, ☏ 418-232-6751, www.parcmarin.qc.ca)* s'est installé autour du phare du cap Bon-Désir, encore en activité. On y présente une intéressante exposition sur la vie des cétacés, en plus d'y trouver un point d'observation des baleines.

Les Escoumins ★

Aux abords des Escoumins, d'agréables sentiers permettent d'observer les oiseaux et les poissons. Le site est également reconnu pour la plongée sous-marine. La croix métallique des Escoumins, plantée sur une pointe qui avance dans le fleuve, commémore l'érection de la croix de bois par les Montagnais en 1664, à l'arrivée du père missionnaire Henri Nouvel. Au cours de la Seconde Guerre mondiale, des soldats allemands seraient débarqués de leur sous-marin à la faveur de la nuit pour participer à une fête foraine dans les environs.

Le **Quai des pilotes** est l'un des lieux les plus fréquentés aux Escoumins. Situé à l'entrée ouest de la municipalité, il constitue l'endroit de prédilection des plongeurs, mais, surtout, il est le point de départ des pilotes qui vont rejoindre les bateaux marchands au large. Ces navires de transport sont obligés de faire monter à bord un pilote; il les guide à travers les très nombreux périls du fleuve qui, contrairement à ce qu'on pourrait penser, est très peu profond pour ces bateaux ayant généralement un fort tirant d'eau. Vous remarquerez que tous ces navires s'arrêtent devant Les Escoumins, en attendant le pilote qui sera transporté par un des bateaux rapides accostés au quai.

Le **Centre de découverte du milieu marin** *(7,80$; mi-juin à mi-oct lun-ven 8h à 12h et 13h à 16h30; 41 rue des Pilotes, ☏ 418-235-4703, www.parcmarin.*

qc.ca) dessert surtout la clientèle nombreuse des plongeurs, mais on peut également s'y rendre pour observer les préparatifs de ces mêmes plongeurs ou le déplacement des pilotes qui se rendent sur les navires marchands. Des passerelles permettent d'accéder aux sites de plongée et aux aires de pique-nique. On y présente aussi une exposition sur les grands fonds marins. Un belvédère pour l'observation des mammifères marins y a été construit.

La **réserve amérindienne Essipit**. La Côte-Nord est habitée depuis longtemps par la nation innue. Les communautés nomades, dispersées sur le rivage, vivaient autrefois exclusivement de la chasse et de la pêche. Au milieu du XIXe siècle, l'arrivée de nombreuses familles blanches des Îles de la Madeleine et de la Gaspésie a entraîné leur sédentarisation.

La réserve Essipit a été créée en 1903. On y trouve des sentiers pédestres pour l'observation de la faune et de la flore, de l'hébergement (voir p. 660), une pourvoirie, des boutiques d'artisanat et une tour d'observation des baleines.

La route 138 traverse ensuite les villages de pêcheurs de Longue-Rive et de Portneuf-sur-Mer avant de parvenir à Forestville. Entre Forestville et Colombier, on trouve les accès à trois zones d'exploitation contrôlée (zec), dotées de réseaux de sentiers, de même qu'aux barrages Bersimis-1 et Bersimis-2 d'Hydro-Québec.

▸▸▸ *Poursuivez par la route 138 Est en direction de Betsiamites, de Chute-aux-Outardes et de Baie-Comeau.*

Betsiamites

Betsiamites (Pessimit, en innu) est la principale agglomération innue du Québec. Son nom signifie «là où il y a des lamproies». Elle fut désignée réserve amérindienne dès 1861. L'année suivante, le père Charles Arnaud de la communauté des oblats de Marie-Immaculée y ouvre une mission. Ce prêtre, originaire de Visan, en France, s'y dévouera jusqu'en 1911. Un monument s'élevant en face de l'église de la mission honore sa mémoire.

▸▸▸ *Traversez le village de Chute-aux-Outardes, puis tournez à droite en direction de Pointe-aux-Outardes.*

Pointe-aux-Outardes

Au bout de la pointe se trouve le beau **Parc Nature de Pointe-aux-Outardes** ★ *(5$; début juin à mi-oct tlj 8h à 17h, début sept à fin oct 8h à 17h; 4 rue Labrie O., ☎ 418-567-4227, www. parcnature.com)*, qui donne sur le fleuve. Les visiteurs peuvent s'y rendre pour profiter de ses belles plages. Cependant, il est surtout connu comme un des plus importants sites de migration et de nidification du Québec. D'ailleurs, plus de 175 espèces d'oiseaux y ont déjà été observées. Le parc abrite des sentiers de randonnée, un marais salé, des dunes ainsi qu'une plantation de pins rouges.

▸▸▸ *Reprenez la route 138 Est vers Baie-Comeau.*

Baie-Comeau

Bureau d'information touristique de Baie-Comeau *(3503 boul Laflèche, ☎ 418-589-3610 ou 888-589-6497, www.ville.baie-comeau.qc.ca)*

Le colonel Robert McCormick, éditeur et rédacteur en chef du quotidien américain *The Chicago Tribune*, en avait assez de dépendre

---

Les barrages de la Côte-Nord

Depuis 1959, le fort débit des rivières aux Outardes et Manicouagan a été mis à profit pour y aménager huit grandes centrales hydroélectriques. L'important volume d'eau contenu dans les réservoirs derrière ces immenses structures peut toutefois se faire menaçant. En juillet 1996 par exemple, une très forte pluie tombe inlassablement durant deux jours sur le nord-est du Québec et provoque des crues aussi subites que puissantes. Les ruisseaux deviennent des torrents et arrachent tout sur leur passage. Les réservoirs créés par les nombreux barrages s'emplissent à une vitesse folle et débordent ou provoquent des coups d'eau qui décuplent le débit de toutes les rivières. Les liens routiers sont recréés en quelques jours, mais ces événements marqueront pour toujours la mémoire collective de la Côte-Nord.

des compagnies papetières étrangères pour son approvisionnement en papier journal. Il a donc choisi de bâtir sa propre usine à papier à Baie-Comeau en 1936, donnant du coup naissance à la ville industrielle de 23 000 habitants que l'on connaît aujourd'hui.

Au fil des ans, d'autres entreprises tout aussi importantes ont été attirées par l'abondance et le faible coût de l'énergie électrique, grâce aux barrages des rivières aux puissants courants qui se jettent dans le fleuve aux environs de Baie-Comeau. La ville, encore toute jeune, a été baptisée en l'honneur de Napoléon Comeau (1845-1923), célèbre trappeur, géologue et naturaliste de la Côte-Nord. Cette petite ville de la Côte-Nord vit aussi grandir Brian Mulroney, premier ministre canadien de 1984 à 1993.

Baie-Comeau se divise en deux secteurs distincts, séparés l'un de l'autre par une zone rocailleuse longue de 4 km. Le secteur Ouest correspond aux quartiers commercial et ouvrier, dominés par la **cathédrale Saint-Jean-Eudes** *(987 boul. Joliet)*, seul siège épiscopal de la Côte-Nord. Le secteur Est est un quartier à la fois résidentiel aisé et industriel lourd, où habitaient traditionnellement les cadres des entreprises érigées à proximité. Un traversier fait la navette régulièrement entre Baie-Comeau et Matane, sur l'autre rive du fleuve Saint-Laurent. La traversée, d'une durée de 2h30, est une bonne façon de mesurer la largeur incroyable du fleuve à cet endroit (environ 50 km).

Situé dans le secteur Est, le **quartier résidentiel Sainte-Amélie**, aux coquettes maisons néo-georgiennes, rappelle les banlieues américaines de l'entre-deux-guerres et témoigne du fort contingent de cadres américains à Baie-Comeau au cours des années 1930 et 1940. Cette omniprésence avait provoqué un certain ressentiment dans la population canadienne-française qui n'avait pas accès aux postes supérieurs des entreprises étrangères, ce qui fut par ailleurs un des éléments déclencheurs de la Révolution tranquille des années 1960. L'**église Sainte-Amélie** *(37 av. Marquette)* est décorée de fresques et de vitraux de l'artiste montréalais d'origine italienne Guido Nincheri.

Le **Jardin des glaciers** ★★ *(accès aux sentiers 7$, spectacle multimédia avec accès au Cybercarrefour 30$, plusieurs autres forfaits tarifés; 3 rue Denonville, ☎ 418-296-0182 ou 877-296-0182, www.jardindesglaciers.ca)* comprend la Station d'exploration glaciaire, aménagée dans une ancienne église, et le Parc d'aventure maritime. Situé au bord du fleuve Saint-Laurent à Baie-

Comeau, dans un environnement inusité et exceptionnel, et au cœur de la Réserve mondiale de la biosphère Manicouagan-Uapishka, le Jardin des glaciers se définit comme un site intégré d'interprétation, d'exploration et d'éducation dont les valeurs reposent sur un contenu scientifique. On y traite de l'ère glaciaire, des changements climatiques et de la migration des premiers peuples.

Il est entre autres possible d'y voir les traces spectaculaires laissées par la dernière glaciation sur les paysages de la Côte-Nord, que plus de 2 km d'épaisseur de glace recouvrait il y a 20 000 ans, et de comprendre l'effet de la fonte des glaces sur l'augmentation du niveau de la mer. Dans le Parc d'aventure maritime, il y a de nombreuses activités de plein air à pratiquer, du kayak à la tyrolienne des mers, en passant par les *vias ferratas* et la randonnée dans les sentiers (voir p. 647). Des emplacements de camping sont aussi disponibles sur réservation, dont certains ne sont accessibles que par la mer.

Les premiers barrages hydroélectriques du Québec furent construits par des entreprises privées, que ce soit pour l'usage de l'industrie ou pour l'éclairage des maisons. Certaines de ces entreprises détenaient le monopole de l'énergie électrique sur des régions entières, ce qui a amené le gouvernement québécois à nationaliser la plupart des compagnies d'électricité en 1964. Dès lors, Hydro-Québec a pris la relève et entrepris un formidable programme d'expansion destiné à attirer les industries énergivores et à exporter une partie de la production d'électricité vers les États-Unis.

Les centrales Manic-2 et Manic-5 (barrage Daniel-Johnson) se dressent sur la rivière Manicouagan. Un parcours de 30 min de route, à travers des panoramas saisissants du rocheux Bouclier canadien, aboutit au premier barrage du complexe, soit **Manic-2** ★★ *(entrée libre; ♿; tlj fin juin à début sept, visites guidées de 90 min à 9h, 11h, 13h30 et 15h30; Km 21 de la route 389, ☎ 866-526-2642, www.hydroquebec. com)*. À l'époque, il était le plus grand barrage-poids à joints évidés au monde. La visite guidée du barrage vous entraînera à l'intérieur de l'imposante structure.

Sachez toutefois qu'un spectacle encore plus surprenant vous attend à 3h de route plus au nord : **Manic-5 et le barrage Daniel-Johnson** ★★★ *(entrée libre; ♿; tlj fin juin à début sept, visites guidées de 90 min à 9h, 11h, 13h30 et 15h30; Km 211 de la route 389; ☎ 866-526-2642, www. hydroquebec.com)*. Érigé en 1968, ce barrage porte le nom du premier ministre québécois

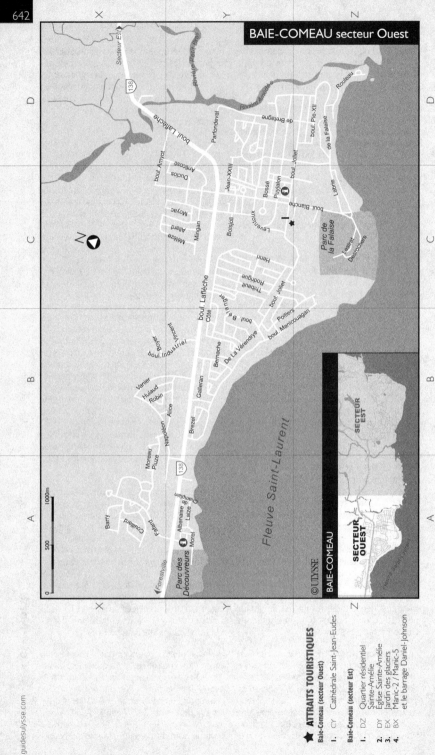

BAIE-COMEAU secteur Ouest

Fleuve Saint-Laurent

©ULYSSE

BAIE-COMEAU

SECTEUR OUEST

SECTEUR EST

Fleuve Saint-Laurent

★ **ATTRAITS TOURISTIQUES**

Baie-Comeau (secteur Ouest)
1. CY Cathédrale Saint-Jean-Eudes

Baie-Comeau (secteur Est)
1. DZ Quartier résidentiel
   Sainte-Amélie
2. DY Église Sainte-Amélie
3. EX Jardin des glaciers
4. BX Manic-2 / Manic-5
   et le barrage Daniel-Johnson

guidesulysse.com

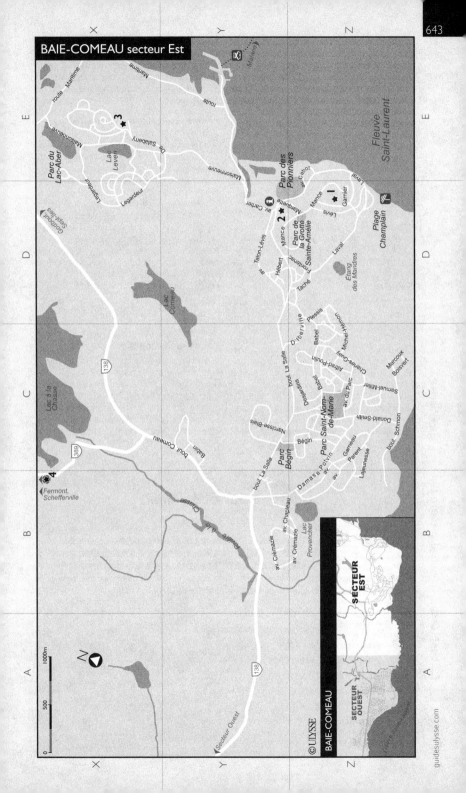

BAIE-COMEAU secteur Est

Fleuve Saint-Laurent

Parc du Lac-Aber

Lac Leven

★ 3

Parc des Pionniers

Plage Champlain

Parc de la Grotte Sainte-Amélie

★ 2

Étang des Mandres

Lac Comeau

Lac à la Chasse

Parc Saint-Nom-de-Marie

Parc Bégin

Lac Provencher

138

389

★ 4

Fermont, Schefferville

Secteur Ouest

138

route Maritime

Maisonneuve

De Salaberry

Legardeur

Legardeur

Godbout, Sept-Îles

boul. Comeau

Babin

Rivière de la Chasse

boul. La Salle

boul. La Salle

av. Crémazie

av. Crémazie

av. Chapleau

Narcisse-Blais

Desjardins

Bégin

Damase-Potvin

Talon-Lévis

Hébert

Taché

av. Cartier

av. Hébert

av. Cabot

Marguerite

Mance

Frontenac

Lévis

Laval

Laval

Garnier

Mance

av. du Parc

Donald-Smith

Charies-Guay

Alfred-Poulin

D'Iberville

Plessis

Babel

Babel

Michel-Hémon

Samuel-Miller

Marcoux

Boisvert

boul. Schmon

Garneau

Parent

Lajeunesse

N

1000m 500 0

© ULYSSE

BAIE-COMEAU

SECTEUR EST

SECTEUR OUEST

Fleuve Saint-Laurent

guidesulysse.com

qui mourut sur les lieux le matin de la cérémonie d'inauguration. Doté d'une arche centrale de 214 m, il constitue, avec ses 1 314 m de long, le plus grand barrage à voûtes multiples et à contreforts du monde. Il a pour but de régulariser l'alimentation en eau de toutes les centrales du complexe Manic-Outardes. La visite mène les curieux au pied du barrage et sur les collines environnantes, d'où l'on a une vue panoramique sur la vallée de la Manicouagan et le réservoir de 2 000 km². Une petite navette fait la liaison entre la centre-ville de Baie-Comeau et Manic-5 *(départ au restaurant L'Orange Bleue, 905 rue Bossé, ☎ 418-296-8178).*

▸▸▸ *La route 389, achevée depuis 1987, permet d'atteindre Fermont et Schefferville en voiture au départ de Baie-Comeau. Ces villes sont très éloignées du circuit principal.*

Godbout ★

Le village de Godbout occupe un site pittoresque au fond d'une baie. Il est reconnu pour ses activités liées à la pêche sportive, que ce soit en haute mer ou le long de la rivière Godbout, aux tumultueux rapides. La pêche, à cet endroit, peut même parfois être qualifiée de miraculeuse. Pas étonnant que Napoléon Comeau ait choisi de s'y installer pour mener à bien ses activités de garde-pêche, de guide et de naturaliste. Il connaissait la médecine traditionnelle des Amérindiens et fit découvrir plusieurs nouvelles espèces de poissons

aux scientifiques canadiens et américains. Une plaque à sa mémoire, réalisée par le sculpteur Jean Bailleul, a été érigée près de l'église du village. De Godbout, un traversier se rend à Matane, sur la rive sud du fleuve Saint-Laurent.

Le **Musée amérindien et inuit** ★ ★ *(5$; fin juin à fin sept tlj 9h à 22h; 134 rue Pascal-Comeau, ☎ 418-568-7306, www.vitrine.net/godbout).* Contrairement à ce que l'on pourrait croire, la majorité des objets exposés dans ce petit musée privé proviennent non pas de la Côte-Nord, mais du Grand Nord canadien (Yukon, Territoires du Nord-Ouest et Nunavut). Il n'en demeure pas moins que les collections d'art inuit, amassées par le chaleureux fondateur de l'institution, Claude Grenier, sont fort intéressantes. On peut notamment y voir de bons exemples de sculptures inuites en «pierre à savon» (stéatite), et même suivre un atelier sur cette technique *(réservations requises).*

▸▸▸ *Prenez à droite la petite route menant à Pointe-des-Monts.*

Pointe-des-Monts ★

Après Pointe-des-Monts, le fleuve s'élargit soudainement pour atteindre les proportions d'une véritable mer (près de 100 km de largeur en face de Sept-Îles). Le long de la côte, les vents soufflent en permanence sur les villages de plus en plus dispersés. Même si le secteur fut fréquenté régulière-

---

Georges Dor et *La Manic*

La vie des travailleurs à l'œuvre sur les grands chantiers d'Hydro-Québec dans le nord du Québec n'est pas sans rappeler le temps où nos ancêtres passaient leurs hivers dans les camps de bûcherons, loin de leurs familles. Georges Dor, poète et chansonnier québécois des années 1960, illustra à merveille ce type de vie dans les régions éloignées avec sa célèbre chanson *La Manic*, qui raconte l'histoire d'un jeune homme qui s'ennuie de son amoureuse alors qu'il travaille sur le chantier de la centrale Manic-5 :

Si tu savais comme on s'ennuie à la Manic
Tu m'écrirais bien plus souvent à la Manicouagan
Parfois je pense à toi si fort
Je récrée ton âme et ton corps
Je te regarde et m'émerveille
Je me prolonge en toi
Comme le fleuve dans la mer
Et la fleur dans l'abeille

ment par les Européens dès le XVIe siècle, les conditions climatiques rébarbatives n'ont pas suscité l'enthousiasme des colons. Mis à part quelques postes de traite des fourrures et quelques fragiles missions établies sous le Régime français, il faut attendre le début du XIXe siècle pour voir arriver une autre forme d'occupation permanente du sol, celle des phares et de leur gardien.

Le **phare de Pointe-des-Monts** ★ *(droit d'entrée; mi-juin à mi-sept tlj 9h à 17h; 1830 ch. du Vieux-Phare,* ☎ *418-939-2400, www.pharepointe-des-monts.com).* De nombreux vaisseaux se sont abîmés sur les côtes aux environs de la pointe des Monts. En 1805, les autorités du port de Québec décident de baliser le fleuve afin de réduire le risque de naufrage. Le phare de Pointe-des-Monts est l'un des premiers construits (1829). Ses sept étages comportent des pièces d'habitation circulaires dotées de cheminées et d'armoires encastrées. Ils accueillent de nos jours l'**Auberge La Maison du Gardien** (voir p. 660) et un centre d'interprétation portant sur la vie de gardien de phare, pas aussi solitaire qu'on pourrait le croire...

➤➤➤ *Poursuivez par la route 138 jusqu'à Baie-Trinité.*

Baie-Trinité

Le **Centre national des naufrages du Saint-Laurent** ★★ *(droit d'entrée; mi-juin à mi-sept tlj 9h à 19h; 27 route 138,* ☎ *418-939-2679, www.centrenaufrages.ca)* offre, en plus d'une exposition d'artéfacts, une expérience multimédia spectaculaire. On y convie les visiteurs à revivre l'épopée dramatique des naufrages qui ont jalonné l'histoire de 1600 jusqu'à nos jours. De plus, il est possible de se rendre sur les lieux mêmes où fut mise au jour l'épave du *Elizabeth and Mary*, brigantin qui faisait partie de la flotte du major-général Phips en 1690, dont la découverte fut à l'origine du projet de ce centre d'interprétation unique au Québec.

➤➤➤ *Reprenez la route 138 vers l'est. On quitte maintenant la région touristique de Manicouagan pour pénétrer dans celle encore plus sauvage de Duplessis où le paysage prend parfois des allures de taïga. Pour amorcer le Circuit B: La Minganie, continuez sur la route 138, tout simplement!*

Activités de plein air

➤ Croisières et observation des baleines

Au quai de la ville de **Tadoussac**, plusieurs entreprises organisent des excursions sur le fleuve.

On peut observer les baleines à partir de grands bateaux confortables pouvant accueillir jusqu'à 300 personnes ou d'embarcations pneumatiques très sécuritaires. Les **Croisières AML** *(58$; début mai à fin oct; 177 rue des Pionniers, Tadoussac, départ au quai de Tadoussac et de Baie-Sainte-Catherine,* ☎ *418-235-4642 ou 800-563-4643, www.croisieresaml.com)* proposent ce genre d'excursion qui dure en moyenne 3h.

Le **Groupe Dufour** *(59$; mai à oct, 3 départs par jour, durée 2h30; 165 rue du Bord-de-l'Eau, Tadoussac,* ☎ *418-235-1584 ou 800-463-5250, www.dufour.ca)* organise des excursions tout confort sur de grands bateaux, notamment le superbe catamaran *Famille Dufour II.* L'entreprise possède aussi quelques embarcations pneumatiques de grandes dimensions, performantes et pouvant se rendre plus proches de l'action. Les croisières peuvent se rendre jusqu'à Québec par le fleuve Saint-Laurent et jusqu'à Chicoutimi par la rivière Saguenay. Différents forfaits sont offerts. Interprétation par des naturalistes.

Les **Croisières Essipit** *(50$; 46 rue de la Réserve, Les Escoumins,* ☎ *888-868-6666, www.essipit.com)* vous invitent à bord d'un bateau pneumatique pour une excursion sur le fleuve Saint-Laurent.

➤ Kayak

Le kayak vous donne la liberté, seul ou à deux, d'approcher les baleines et les phoques de très près. Évidemment, vous aurez aussi besoin de chance!

Souvenez-vous que de forts vents et de grosses vagues peuvent se produire à l'embouchure du fjord du Saguenay. Les kayakistes inexpérimentés devraient toujours se laisser diriger par un guide professionnel.

L'entreprise **Mer et Monde Écotours** *(148 rue du Bord-de-l'Eau, Tadoussac, et 53 rue Principale, Les Bergeronnes,* ☎ *418-232-6779 ou 866-637-6663, www.mer-et-monde.qc.ca)* propose des excursions de un à cinq jours accompagnées de guides. Les tarifs varient selon le forfait.

➤ Observation des oiseaux

Le secteur de **Tadoussac** est l'un des plus propices du Québec en ce qui a trait à l'observation des oiseaux rapaces. Les spécialistes en dénombrent des quantités phénoménales sur ce qui pourrait être un couloir migratoire. Ouvrez l'œil!

En entrant dans le village des Bergeronnes par la voie d'accès de gauche, avant le viaduc, on passe derrière l'église pour emprunter la rue de la Mer jusqu'au petit parc aménagé à la **pointe à John**. De ce lieu d'observation privilégié, on verra, en plus des baleines, nombre d'oiseaux marins et d'oiseaux riverains rassemblés sur les battures. L'hiver y est une saison particulièrement active.

Au **parc du Cap-de-Bon-Désir** *(Les Bergeronnes)*, les visiteurs sont surtout attirés par l'observation des baleines qu'ils font à partir du rivage, mais les ornithologues et randonneurs remarqueront un sentier qui mène à un point de vue superbe sur la baie de Bon-Désir, située à l'ouest du cap.

Si vous avez l'intention de vous rendre au grand **marais de Longue-Rive** pour y observer la faune ailée particulièrement abondante, arrêtez-vous d'abord au **Centre d'interprétation des marais salés** *(741 route 138, Longue-Rive, ☎ 418-231-1077)* afin de bien entreprendre toute activité d'ordre ornithologique dans le secteur. On a aménagé un sentier d'interprétation autoguidé qui facilite la visite du marais salé et qui contribue à mieux faire connaître cet écosystème captivant. Un peu plus en aval, la route 138 croise, côté mer, le chemin Boisvert, qui mène à une zone de marais délimitée par la **pointe au Boisvert**. Un sentier pénètre dans la zone marécageuse, à 1,4 km de la route 138.

On trouve à Portneuf-sur-Mer l'un des sites ornithologiques les plus recherchés du Québec: la **barre de Portneuf**, aussi appelée le «banc de Portneuf». Il s'agit d'une longue pointe sablonneuse de 4 km, très facilement accessible et visible de la terre ferme. On y a déjà dénombré jusqu'à 15 000 oiseaux en une journée durant la migration. La meilleure période d'observation s'étend entre la fin de juillet et la fin de septembre. Il faut choisir, de préférence, la marée montante pour s'y promener, alors que les oiseaux sont plutôt regroupés sur le rivage intérieur. On accède au banc de sable par son extrémité nord à partir du stationnement.

La **péninsule Manicouagan**, cette large avancée de sable et de forêt, regroupe plusieurs pôles d'intérêt que sont la baie Henri-Grenier, la pointe Lebel, la pointe aux Outardes et son parc nature (voir p. 640) et la plage de la pointe Paradis, toutes fréquentées par de nombreux oiseaux riverains. Le territoire permet de faire des observations intéressantes de la mi-avril à la fin de septembre.

Les environs de **Pointe-des-Monts** ont la réputation de constituer un endroit exceptionnel pour l'observation de nombreuses espèces d'oiseaux marins. En raison de sa situation géographique très avancée dans le fleuve ainsi que de son isolement, la pointe des Monts, avec le vieux phare, est aussi fréquentée par une multitude de canards plongeurs ainsi que par le huart à queue rousse.

➤ Plongée sous-marine

Situé sur le territoire du parc marin du Saguenay–Saint-Laurent, le secteur des Escoumins est fréquenté 12 mois par année par les plongeurs. Quatre sites sont accessibles par voie terrestre, alors qu'une vingtaine d'autres le sont par bateau. Les plongeurs qui vont plus au large doivent prendre garde à la force des courants qui, conjuguée au mouvement des marées, peuvent les emporter rapidement. Aux Escoumins, sur le **Quai des pilotes** (voir p. 639), le paysage marin est surprenant. Anémones, étoiles de mer et oursins sont présents en quantité phénoménale tout le long de la paroi sous-marine, très raide ici.

Un réseau de passerelles permet l'accès aux sites et services, alors que le **Centre de découverte du milieu marin** (voir p. 639) propose des vestiaires, des douches de rinçage pour l'équipement, des chariots, de l'information et une boutique.

Le secteur sous-marin de **Pointe-des-Monts** (voir p. 645) est reconnu pour son cimetière d'épaves, puisqu'une foule de bateaux se sont échoués dans ce lieu stratégique où l'estuaire devient golfe, et ce, depuis l'arrivée des Européens au Nouveau Monde.

➤ Randonnée pédestre

Les nombreux sentiers de courte et moyenne randonnée qui sillonnent le territoire de **Tadoussac** sont particulièrement intéressants parce qu'ils traversent des écosystèmes radicalement différents les uns des autres.

Tadoussac est aussi le point de départ de l'un des sentiers de longue randonnée les plus remarquables du Québec: le **sentier du Fjord**, d'une beauté prenante. D'une longueur de 45 km et de difficulté intermédiaire, il débute près de la baie de Sainte-Marguerite (☎ 418-272-1556, *réservations pour le camping ☎ 800-665-6527, www.sepaq.com*). Ce sentier spectaculaire offre une vue presque plongeante sur l'embouchure du Saguenay, les falaises, les caps, le fleuve et le village. On trouve un terrain de camping sauvage vers le neuvième kilomètre. Il est également possible de poursuivre la marche au-delà vers la Passe-Pierre, où est situé un autre terrain de camping, merveilleusement aménagé dans un lieu idyllique.

Tout près de Baie-Comeau, le **Camping de la Mer** *(72 rue Chouinard, Pointe-Lebel, ♪ 418-589-6576)* a aménagé 5 km de larges sentiers agréables. On peut également faire 30 km à pied sur la divine plage de la **péninsule Manicouagan** jusqu'à la pointe aux Outardes et son parc nature. La péninsule Manicouagan s'étend sur un territoire de 150 km² de sable fin, recouvert de forêts, de champs en friche, de marais, de dunes et de plages.

Véritable paradis naturel, le **Parc Nature de Pointe-aux-Outardes** (voir p. 640) protège et met en valeur un milieu naturel fascinant qui regroupe huit écosystèmes sur 1 km². Un circuit de randonnée pédestre de 6 km permet de découvrir cet environnement extraordinaire.

Le **Jardin des Glaciers** (voir p. 641) propose 35 km de sentiers pédestres qui offrent des paysages à couper le souffle.

› Tourisme d'aventure et parcours d'aventure en forêt

Le **Jardin des Glaciers** (voir p. 641) organise plusieurs activités pour tous les goûts. Il est possible de faire des excursions guidées d'une journée ou plus, selon le forfait. On choisira le kayak ou la marche comme déplacement primaire. Par la suite, on aura accès à deux *vias ferratas*, dont l'une, longue de 1 300 m, serait la plus longue en Amérique du Nord. Les tyroliennes sont tout aussi impressionnantes, car elles sont très longues et passent au-dessus d'un lac. Tout au long de cette petite expédition, un guide vous fait remarquer le paysage torturé par les glaciers lors de la dernière période glaciaire. Les tarifs varient selon le forfait.

› Traîneau à chiens

Le **Centre de vacances Ferme 5 Étoiles** *(excursions d'une demi-journée à trois jours avec guide; 465 route 172 O., Sacré-Cœur, ♪ 418-236-4833 ou 877-236-4551, www.ferme5etoiles.com)* propose des sorties en traîneau à chiens dans les sentiers enneigés surplombant le majestueux fjord du Saguenay. Les clients sont accompagnés et peuvent conduire eux-mêmes les attelages.

Circuit B : La Minganie ★★★

▲ *p. 663*   ● *p. 666*   ♪ *p. 667*   🗂 *p. 667*

Tourisme du 50ᵉ parallèle *(62 route 138, Port-Cartier, ♪ 418-766-4414 ou 888-766-6944, www.villeport-cartier.com)*

⏱ *Quatre jours*

Le premier village abordé dans le circuit de la Minganie est Pointe-aux-Anglais, inclus depuis quelques années dans les limites de la municipalité de Rivière-Pentecôte, dont le centre est situé 12 km plus au nord. Ce circuit se termine à Havre-Saint-Pierre.

Au-delà de Pointe-des-Monts (dans la région de Manicouagan), le paysage se désertifie. Les forêts et les falaises font place en maints endroits à des plaines septentrionales de bord de mer, balayées par des vents incessants. L'intérieur des terres demeure, quant à lui, exclusivement une région de nature sauvage.

La Minganie, qui tient son nom de l'étrange mais splendide archipel de Mingan, décrit vers la fin du présent circuit, est reconnue pour ses tumultueuses rivières à saumons, perpendiculaires au fleuve Saint-Laurent. La chasse à la baleine, à la base du peuplement de la Côte-Nord, a maintenant fait place à l'observation des cétacés, possible depuis le quai de chaque village.

La Minganie est parsemée de rêves d'empires dont les morceaux ne sont plus que de fragiles souvenirs. Qu'il s'agisse des Basques, des colons de Nouvelle-France ou d'Henri Menier, l'archéologie peut aujourd'hui nous révéler leur passage en Minganie.

Au cours de la Seconde Guerre mondiale, des sous-marins allemands se sont aventurés près des côtes de la Minganie, coulant, au passage, des navires de ravitaillement du front européen, mais aussi de simples cargos circulant dans le golfe du Saint-Laurent. Des villageois racontent avoir vu des sous-marins émerger des eaux du fleuve devant leurs maisons. Des soldats seraient même descendus à terre secrètement pour se procurer des victuailles et de l'alcool.

Rivière-Pentecôte

Avant la Conquête, l'armée britannique a tenté, à plusieurs reprises, de s'approprier le Canada par la force. En 1711, au cours de la guerre de Sécession d'Espagne, elle envoie une flotte importante, commandée par l'amiral Walker,

Côte-Nord – **Attraits touristiques** – La Minganie

dans le but de prendre Québec. Mais le brouillard sur le fleuve Saint-Laurent entraîne les vaisseaux de guerre britanniques vers les récifs de l'île aux Œufs, où ils s'abîment les uns après les autres. Pointe-aux-Anglais, en face de l'île aux Œufs, venait d'être baptisée. Le hameau de Pointe-aux-Anglais fait maintenant partie de Rivière-Pentecôte.

Le **Musée Louis-Langlois** ★ *(2$; mi-juin à fin août, horaire variable; 2088 route Mgr-Labrie, Pointe-aux-Anglais, ♪ 418-799-2212)*, installé dans une ancienne résidence datant de 1873, présente entre autres une exposition sur le naufrage de la flotte anglaise de l'amiral Walker, en 1711. Des vestiges ramenés à la surface témoignent de cette catastrophe maritime, qui aura tout de même donné un sursis à la Nouvelle-France, marqué par une période de paix durable au cours des décennies suivantes.

Port-Cartier

La coupe de bois et l'extraction du minerai de fer constituent les principales activités économiques de la ville industrielle de Port-Cartier, dotée d'un important port en eaux profondes, principalement utilisé pour le transbordement des céréales et l'expédition du minerai de la Compagnie minière Québec Cartier. La ville est divisée en deux par la rivière aux Rochers, à l'embouchure de laquelle se trouvent les îles Patterson et McCormick, sillonnées de sentiers panoramiques.

La **réserve faunique de Port-Cartier–Sept-Îles** ★ *(3,50$; administration: 24 boul. des Îles, bureau 109, ♪ 418-766-2524 ou 800-665-6527, www.sepaq.com)* s'étend sur 6 423 km² et est surtout fréquentée par les chasseurs, les pêcheurs à la ligne ainsi que les canoteurs d'expérience qui aiment chevaucher les rapides de la rivière aux Rochers.

••• *Poursuivez par la route 138 en direction de Sept-Îles.*

Sept-Îles

Tourisme Sept-Îles *(1401 boul. Laure O., ♪ 418-962-1238, ou 888-880-1238, www.tourismeseptiles.ca)*

La ville de Sept-Îles (21 000 hab.) est répartie dans différents quartiers entourant la vaste baie de Sept-Îles (45 km²). Ancien poste de traite des fourrures sous le Régime français, elle connaît un âge d'or industriel au début du XXᵉ siècle grâce à l'exploitation des forêts de l'arrière-pays. Vers 1950, Sept-Îles devient la plaque tournante du transport du fer et du charbon, extraits des mines de Schefferville et de Fermont, auxquelles elle est reliée par un chemin de fer (voir p. 636). Son port en eaux profondes, libre de glaces en hiver, est le troisième en importance au Québec, après Montréal et Québec, pour le tonnage manutentionné.

L'archipel, formé de sept îles à l'embouchure de la baie, a donné son nom à cette ville qui agit en outre comme le centre administratif pour l'ensemble de la Côte-Nord. Sept-Îles constitue un bon point de départ pour l'exploration des régions septentrionales du Québec.

Le **Vieux-Poste** ★ *(3$; fin juin à fin août tlj 9h à 17h; des Montagnais, ♪ 418-968-2070, www.mrcn.qc.ca)* nous rappelle que Sept-Îles a été un important poste de traite des fourrures sous le Régime français. L'ensemble a été reconstitué, à partir de fouilles archéologiques et de documents d'époque. Le poste est tel qu'il était au milieu du XVIIIᵉ siècle, avec sa chapelle, son magasin et ses maisons entourées d'une palissade de bois. La culture innue y est racontée à travers les expositions et les activités saisonnières se déroulant à l'extérieur.

Le **Musée régional de la Côte-Nord** ★ *(5$; en été tlj 9h à 17h; reste de l'année mar-ven 10h à 12h et 13h à 17h, sam-dim 13h à 17h; 500 boul. Laure, ♪ 418-968-2070, www.mrcn.qc.ca)*, construit en 1986, vise à la fois des objectifs anthropologiques et artistiques. Il présente certaines des 40 000 pièces provenant des fouilles archéologiques réalisées sur la Côte-Nord, quelques animaux naturalisés, des objets amérindiens ainsi que des œuvres d'artistes contemporains (peintures, sculptures, photographies) provenant de différentes régions du Québec.

En bordure de la baie des Sept-Îles, le **parc du Vieux-Quai** occupe le cœur de l'activité estivale. On y trouve entre autres des sites remarquables d'où l'on peut admirer les îles dispersées à l'horizon, ainsi que plusieurs artisans locaux venus exposer leurs créations.

Shaputuan ★ *(4$; ♿; en été lun-ven 8h à 16h30, sam-dim 10h à 16h; hors saison lun-ven 8h à 16h30; 290 boul. des Montagnais, Uashat, ♪ 418-962-4000, www.museeshaputuan.org)*, la maison de transmission de la culture innue, présente de façon captivante l'histoire et la culture des Innus de la Côte-Nord. Le musée est jumelé à un restaurant des plus agréables dont la carte présente de savoureux mets locaux et où le service s'avère tout à fait impeccable. Une initiative remarquable et prometteuse.

L'**archipel des Sept Îles** ★★ est composé des îles Petite et Grande Boule, Dequen, Manowin, Corossol et Grande et Petite Basque. La

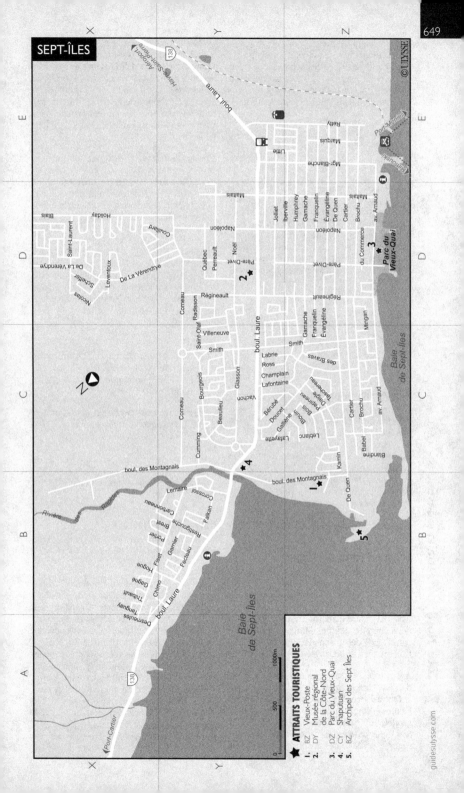

SEPT-ÎLES

ATTRAITS TOURISTIQUES

1. BZ Vieux-Poste
2. DY Musée régional de la Côte-Nord
3. DZ Parc du Vieux-Quai
4. CY Shaputuan
5. BZ Archipel des Sept Îles

Baie de Sept-Îles

Parc du Vieux-Quai

©ULYSSE

crevette étant abondante aux alentours, la pêche demeure une activité populaire. Sur l'île Grande Basque, des sentiers d'interprétation de la nature et des emplacements de camping ont été aménagés. Pour participer à une croisière dans l'archipel, voir p. 654.

▸▸▸ *Reprenez la route 138 Est. Après De Grasse, tournez à droite en direction de Maliotenam et de Moisie.*

Moisie

Les berges marécageuses et humides de la rivière Moisie ont servi de prétexte à la dénomination de ce village qui fut le site d'importantes forges au XIXᵉ siècle, mais dont il ne subsiste plus que quelques vestiges. Au nord-est du village se trouve l'embouchure de la rivière, considérée par les spécialistes comme la meilleure rivière à saumons du Québec!

▸▸▸ *Revenez à la route 138. Tournez à droite vers Sheldrake, Rivière-au-Tonnerre, Magpie et Longue-Pointe-de-Mingan. Entre Sept-Îles et Longue-Pointe-de-Mingan, les distances à parcourir entre les villages augmentent et les services offerts diminuent. Aussi faut-il s'assurer d'avoir fait le plein d'essence et d'avoir bien mangé avant de quitter la région de Sept-Îles.*

Rivière-au-Tonnerre

Construite en bois au début du XXᵉ siècle, la petite **église de Rivière-au-Tonnerre** ★ *(début juin à mi-sept tlj 9h à 17h)*, qui trône dans un des plus beaux villages de la Côte-Nord, est ouverte aux visiteurs durant l'été. Il faut prendre le temps d'aller la découvrir car sa décoration intérieure est magnifique et bien conservée. Un enregistrement qui explique son histoire y joue en continu. Sa voûte, haute de plus de 8 m, est ornée d'une soixantaine de motifs taillés au canif.

Longue-Pointe-de-Mingan

Située sur une pointe de sable avançant dans le Saint-Laurent, Longue-Pointe-de-Mingan fut une importante base aérienne de l'Armée américaine pendant la Seconde Guerre mondiale. Le Centre d'interprétation de la Station de recherche des îles Mingan, spécialisée dans l'étude des mammifères marins du Saint-Laurent, y est situé.

À l'entrée ouest de la réserve de parc national de l'Archipel-de-Mingan se trouve le **Centre d'accueil et d'interprétation de Longue-Pointe-de-Mingan** *(mi-juin à début sept horaire variable; 625 rue du Centre, ☎ 418-949-2126 ou 888-773-8888, www.pc.gc.ca/mingan)*, où vous pourrez poser toutes les questions qui vous

chicotent, qu'elles soient d'ordre touristique ou scientifique. Vous y trouverez de plus le **Centre d'interprétation de la Station de recherche des îles Mingan** *(7,50$; mi-juin à fin sept; 378 rue du Bord-de-la-Mer, ☎ 418-949-2845, www.rorqual. com)*, qui propose des activités d'animation et même une journée en mer (voir p. 654) pour observer les grandes baleines dans leur milieu naturel.

L'**île aux Perroquets** ★ est dominée par son phare au large de Longue-Pointe-de-Mingan. Au XIXᵉ siècle, quelques aristocrates et bourgeois excentriques élirent domicile sur la Côte-Nord, soit pour s'isoler du monde, soit pour tirer profit des énormes ressources de la région. Le comte Henry de Puyjalon, né au château de l'Ort, à Gluges, près de Bordeaux, en 1840, est l'un d'entre eux. En 1888, il devient le gardien du nouveau phare de l'île aux Perroquets, puis, pour profiter de ses dernières années, il se construit un camp de chasse sur l'île à la Chasse, où il demeura jusqu'à sa mort, en 1905.

Mingan

Des Innus et des Blancs cohabitent dans ce village situé en face des îles Mingan. On trouve à Mingan un important site de pêche au saumon.

L'**église montagnaise de Mingan** *(toute l'année; 15 rue Nashipetimit, au centre du village, ☎ 418-949-2272)* fut construite en 1918 par John Maloney, qui a inspiré à Gilles Vigneault le personnage de Jack Monoloy dans sa célèbre chanson «Jack Monoloy». L'église a été entièrement décorée par des artisans innus d'Ekuanitshit (Mingan).

Havre-Saint-Pierre ★

Portail Pélagie-Cormier *(marina de Havre-St-Pierre, 1010 promenade des Anciens, ☎ 418-538-2512, www. havresaintpierre.com)*

Petite ville pittoresque d'environ 3 000 habitants, Havre-Saint-Pierre a été fondée en 1857 par des pêcheurs madelinots (originaires des îles de la Madeleine, dans le golfe du Saint-Laurent). En 1948, à la suite de la découverte d'importants gisements d'ilménite (titane), à 43 km à l'intérieur des terres, son économie se voit transformée du jour au lendemain par la firme QIT-Fer-et-Titane. Havre-Saint-Pierre devient, dès lors, un centre industriel et portuaire très fréquenté. Depuis l'ouverture de la réserve de parc national de l'Archipel-de-Mingan en 1983, elle a également acquis une vocation touristique non négligeable. Havre-Saint-Pierre est un excellent point de départ pour l'exploration des îles Mingan et de la grande île d'Anticosti.

La **Maison de la culture Roland-Jomphe** ★ *(2$; mi-juin à début sept tlj 9h à 21h; 957 rue de la Berge, ♪ 418-538-2450 ou 538-2512)* est installée dans l'ancien magasin général de la famille Clarke, restauré avec talent. On y raconte l'histoire locale, de 1857 à nos jours, à travers une exposition. En juillet et août, une soirée *Contes et légendes* y a lieu.

À l'entrée est de la réserve de parc national de l'Archipel-de-Mingan se trouve le **Centre d'accueil et d'interprétation de Havre-Saint-Pierre** *(début juin à début sept; Portail Pélagie-Cormier, marina de Havre-St-Pierre, 1010 promenade des Anciens, ♪ 418-538-3285 ou 888-773-8888, www.pc.gc.ca/mingan)*, où vous pourrez demander tous les renseignements que vous désirez sur la faune, la flore et la géologie des îles, les services de transport maritime et les services d'interprétation. Des cartes marines et topographiques y sont en vente, et les campeurs peuvent y acheter leur permis. Une belle exposition de photos donne un bon avant-goût des beautés du parc. Vous pourrez aussi y louer un **CD routier** qui, le long du parcours entre Havre Saint-Pierre et Natashquan, vous explique le paysage et les légendes locales ou vous fait entendre des chansons traditionnelles de la région. Vous pourrez rapporter le CD à votre retour à Havre-Saint-Pierre ou le laisser à la **COPACTE** (voir p. 656) de Natashquan.

Composée d'une série d'îles et d'îlots s'étendant sur 152 km à quelque distance de la côte entre Longue-Pointe-de-Mingan et Aguanish, la **réserve de parc national de l'Archipel-de-Mingan** ★★ *(5,80$; administration: 1340 rue de la Digue, ♪ 418-538-3285 ou 888-773-8888, www.pc.gc.ca/mingan)* recèle de formidables richesses naturelles. Sa particularité vient des falaises, des arches et des monolithes qui ont été façonnés par les éléments naturels au fil du temps.

Ces formations proviennent de sédiments marins qui, aux environs de l'équateur, il y a de cela 250 millions d'années, furent propulsés au-dessus du niveau de la mer, avant d'être recouverts d'un manteau de glace de plusieurs kilomètres d'épaisseur; en fondant, les glaces dérivèrent, et c'est ainsi que les îles émergèrent de nouveau à leur emplacement actuel, il y a 7 000 ans, formant d'impressionnants monolithes de pierre. Outre cet aspect fascinant, le climat et la mer ont favorisé le développement d'une flore rare et variée.

De plus, entre la mi-avril et la mi-août, quelque 35 000 couples d'oiseaux marins répartis en 12 espèces différentes peuvent y être observés. Parmi les espèces qu'on peut apercevoir, mentionnons le joli macareux moine, le fou de Bassan et la sterne arctique. Dans le fleuve, on note la présence de baleines telles que le petit rorqual et le rorqual bleu.

La réserve compte deux **centres d'accueil et d'interprétation**, un premier à l'ouest, à Longue-Pointe-de-Mingan (voir p. 650), et un second à l'est, à Havre-Saint-Pierre (voir ci-dessus), ouverts en été seulement, ainsi qu'une quarantaine de sites de camping sauvage répartis sur six îles de l'archipel, pour un séjour paisible et rempli de découvertes.

Les amateurs de randonnée pédestre ont accès à près de 25 km de sentiers situés sur quatre îles de l'archipel. Les sentiers longent souvent le bord de mer, mais parfois font une incursion au cœur des îles, dans la forêt, la lande et les tourbières.

En plus d'offrir des attraits naturels considérables, la réserve recèle quelques vestiges d'une occupation humaine très ancienne remontant à plus de 4 000 ans. Les ancêtres des Innus du village d'Ekuanitshit (Mingan) furent les premiers à visiter régulièrement cet endroit pour y faire la chasse aux phoques et cueillir de petits fruits.

Mis à part les explorateurs vikings, dont les traces d'occupation ont été mises en valeur sur l'île de Terre-Neuve, les premiers Européens connus à mettre les pieds sur le sol canadien sont les baleiniers basques et bretons, lesquels ont laissé des témoignages de leur passage dans les îles Mingan. Les archéologues ont notamment retrouvé les vestiges de leurs fours circulaires en pierre et en terre cuite rouge (XVIe siècle), destinés à faire fondre la graisse des cétacés avant de l'exporter vers l'Europe où elle servait principalement à la fabrication de bougies.

En 1679, les Français Louis Jolliet et Jacques de Lalande se portent acquéreurs de l'archipel, qu'ils transforment en un poste de traite des fourrures doublé d'une pêcherie pour la morue. Ces installations, détruites par les Anglais à la Conquête, n'ont jamais été reconstruites.

▸▸▸ *Nous vous proposons un circuit facultatif sur l'île d'Anticosti.*

Côte-Nord - **Attraits touristiques** – La Minganie

Île d'Anticosti ★★

Sépaq Anticosti (♪ 418-890-0863 ou 800-463-0863, www. sepaq.com/anticosti)

La présence amérindienne sur l'île d'Anticosti remonte à la nuit des temps. Les Innus l'ont fréquentée de façon sporadique, le climat rigoureux de l'île ne leur permettant pas de s'y établir en permanence.

Ce sont des pêcheurs basques de passage qui l'ont baptisée «Anti Costa» en 1542, ce qui signifie en quelque sorte «anti-côte» ou bien: *Non! Après tout ce chemin parcouru à travers l'Atlantique, ce n'est pas encore la terre ferme!*

En 1679, Louis Jolliet obtient l'île en concession du roi de France en guise de remerciement pour ses expéditions révélatrices au centre du continent nord-américain. Bien que quelques colons s'installent alors sur l'île, son isolement et ses terres pauvres battues par les vents donnèrent un air de modestie à l'entreprise de Jolliet. Ses gens furent décimés par les troupes de l'amiral Phips, au retour de l'attaque ratée sur Québec en 1690. La rage de la défaite fut augmentée lorsque la flotte britannique fit naufrage aux abords de l'île. Anticosti est crainte par les marins, car, depuis le XVIIᵉ siècle, plus de 400 navires s'y sont échoués.

En 1895, l'île d'Anticosti devient le domaine exclusif d'Henri Menier, magnat du chocolat en France au XIXᵉ siècle. Le «baron Cacao» fait transporter sur l'île des cerfs de Virginie (aujourd'hui formant un cheptel de plus de 160 000 bêtes) et des renards roux afin de se constituer une réserve de chasse personnelle. Il voit, en outre, au développement de l'île en aménageant un premier village modèle à Baie-Sainte-Claire (aujourd'hui abandonné), puis un second à Port-Menier, qui constitue encore la principale agglomération de l'île.

Menier gouvernait l'île comme un monarque absolu régnant sur ses sujets. Il dota l'île d'une entreprise d'exploitation forestière de même que d'une flotte de pêche à la morue. En 1926, après une dizaine d'années difficiles dans l'industrie chocolatière, ses héritiers vendent Anticosti à un consortium de compagnies forestières canadiennes, appelé Wayagamack, qui y poursuivront leurs opérations de coupe de bois jusqu'en 1974, date à laquelle l'île est cédée au gouvernement du Québec.

Parc national d'Anticosti ★★

D'une superficie de quelque 570 km², le **parc national d'Anticosti** *(Sépaq Anticosti, information et réservation de forfaits: ♪ 418-890-0863 ou 800-* 463-0863, *www.sepaq.com/anticosti; administration sur place: 25 ch. des Forestiers, Port-Menier, ♪ 418-535-0156)* a été créé au centre de l'île d'Anticosti pour en protéger les plus beaux sites, entre autres la rivière Vauréal et sa chute, la grotte à la Patate, la baie de la Tour et le canyon de l'Observation.

Sépaq Anticosti offre plusieurs forfaits (qui incluent en été l'avion, l'hébergement, le transport terrestre sur l'île et l'autorisation d'accès au parc national d'Anticosti) dont le forfait NaturExpress, qui comprend l'avion aller-retour au départ de Havre-Saint-Pierre, deux nuits sur l'île à l'Auberge Port-Menier, tous les repas et les excursions en minibus aux différents attraits de l'île.

Le parc national d'Anticosti permet à chaque personne une utilisation rationnelle du territoire afin de s'adonner à son activité préférée. Plusieurs kilomètres de sentiers de randonnée sillonnent ce havre de verdure qui se prête bien à la marche, à la baignade ou à la pêche. Réputé pour ses cerfs de Virginie, il offre également des panoramas à couper le souffle. En effet, plages immenses, chutes, grottes, escarpements et rivières composent son magnifique décor.

À quelque 12 km de Pointe-Carleton (voir plus loin), vous trouverez le chemin pour accéder à la **grotte à la Patate**. Si vous disposez d'un véhicule à quatre roues motrices, vous pourrez parcourir les 2 km suivants, mais vous devrez en faire deux autres à pied. Cette grotte, dont les galeries font près de 625 m de long, fut découverte en 1981 puis visitée par une équipe de géographes en 1982.

Le **canyon de l'Observation** ★ est situé à 130 km à l'est de Port-Menier. D'une longueur de 4 km, ses parois ont d'une hauteur variant de 30 m à 50 m. Il est visible de la route sur la moitié de sa longueur.

À 152 km à l'est de Port-Menier se trouve la **chute Vauréal** ★★, qui compte parmi les sites naturels les plus impressionnants de l'île d'Anticosti. D'une hauteur de 76 m, elle se jette dans un canyon en offrant un spectacle saisissant. Il est possible de faire une courte randonnée (1h) le long de la rivière Vauréal, au creux du canyon, jusqu'à la base de la chute. Vous y découvrirez de magnifiques falaises de calcaire gris striées de schistes rouge et vert. En faisant encore 10 km sur la route principale, vous arriverez à l'embranchement donnant accès à la **baie de la Tour** ★★, qui se trouve 14 km plus loin. Il s'agit d'une longue plage adossée à de superbes parois de calcaire.

ÎLE D'ANTICOSTI

653

Golfe du Saint-Laurent

Rivière Natashquan

Natashquan

Aguanish

Baie-Johan-Beetz

Havre-Saint-Pierre

Mingan

Réserve de parc national de l'Archipel-de-Mingan

Détroit de Jacques-Cartier

Pointe-Parent

Pointe de l'Est

Pointe Heath

Baie-du-Renard

Rivière aux Loups-Marins

Pointe au Cormoran

Rivière Prinsta

Cap de la Table

Rivière Bell

Rivière-aux-Saumons

Rivière-de-la-Chaloupe

Riv. de la Chaloupe

route Transanticostienne

Riv. aux Saumons

Cap Robert

Baie de la Tour

Cap de l'Ours

Canyon et chute Vauréal

Cap Observation

Rivière Vauréal

Vauréal

Parc national d'Anticosti

Rivière Chicoine

Canyon de l'Observation

Grotte à la Patate

Pointe à la Vache

McDonald

Pointe-Carleton

Chute Kalimazoo

Rivière Jupiter

Riv.-du-Brick

Cap Ottawa

Pointe du Sud-Ouest

Détroit d'Honguedo

Havre-du-Brick

route Transanticostienne

Rivière la Loutre

Fayette-Brown (épave)

Cap-de-Rabast

Bec-Scie

Rivière-Sainte-Marie

Chute à Boulay

Port-Menier

Baie-Sainte-Claire

L'Anse-aux-Fraises

0   25   50km

©ULYSSE

guidesulysse.com

Port-Menier

Il s'agit du seul village habité de l'île. C'est ici qu'accoste le N/M *Nordik Express* du Relais Nordik une fois par semaine. La plupart des maisons ont été construites sous l'ère Menier, ce qui donne au village une certaine homogénéité architecturale.

Le long de la route en direction de Baie-Sainte-Claire, on aperçoit les fondations du **château Menier** (1899), qui se présentait comme une extravagante villa de bois de style américain. Bâti à la fin du XIXᵉ siècle pour assurer un grand confort à son entourage, le château renfermait un vitrail en forme de fleur de lys, des antiquités norvégiennes, des tapis orientaux et de la fine porcelaine. Avec la vente de l'île en 1926, le mobilier fut réparti entre les nouveaux propriétaires, ou tout simplement vendu. Malheureusement, en 1953, faute de pouvoir l'entretenir adéquatement, les responsables de la Wayagamack mettent le feu à la superbe demeure de Menier, réduisant en cendres ce morceau de patrimoine irremplaçable. À **Baie-Sainte-Claire,** on a reconstruit, en 1985, un four à chaux érigé en 1897, seul vestige de ce village à l'existence éphémère.

À l'**Écomusée d'Anticosti** ★ *(entrée libre; début juin à fin août tlj 8h à 17h;* ☎ *418-535-0250 ou 418-535-0311),* on peut admirer des photographies prises à l'époque où Menier était propriétaire de l'île d'Anticosti. Tout en faisant revivre l'histoire de l'île, l'Écomusée présente ses milieux écologiques.

Au nord de l'île

À 65 km de Port-Menier, vous trouverez la **chute Kalimazoo**. Un peu plus loin, vous arriverez à **McDonald**, nommée en mémoire d'un pêcheur de la Nouvelle-Écosse, Peter McDonald, qui y vécut en ermite plusieurs années. La baie McDonald constitue un superbe site entouré d'une longue plage de sable fin.

Continuez sur la route qui longe cette magnifique plage, et vous croiserez plus loin **Pointe-Carleton**, avec son phare datant de 1918. Non loin de la pointe, vous verrez l'épave de cet ancien dragueur de mines que fut le **M.V. Wilcox**, échoué depuis juin 1954.

▸▸▸ *Vous pouvez poursuivre sur la route 138 vers l'est, jusqu'à Baie-Johan-Beetz, où s'amorce le Circuit C : Au pays de Gilles Vigneault.*

Activités de plein air

▸ Chasse et pêche

Sépaq Anticosti *(information et réservations de forfaits :* ☎ *418-890-0863 ou 800-463-0863, www. sepaq.com/anticosti)* propose différents forfaits de chasse et de pêche dans le **parc national d'Anticosti** (voir p. 652). Les forfaits comprennent notamment le transport par avion, l'hébergement, les repas et le prêt d'un véhicule tout-terrain.

▸ Croisières et observation des baleines

La **Tournée des îles** *(1010 promenade des Anciens, Havre-St-Pierre,* ☎ *418-538-2547 ou 866-538-2547, www.tourismeduplessis.com/sites/tourneedesiles)* organise des excursions en bateau d'une durée de 3h dans l'archipel des Sept Îles. La croisière donne aussi l'occasion de prendre connaissance de la richesse marine du Saint-Laurent, qui compte plusieurs variétés de mammifères marins, en particulier des baleines. Elle se rend jusqu'à l'île Corossol, une importante réserve ornithologique.

Sur toute la Côte-Nord, la plus belle expérience que puisse vivre quiconque aime les baleines, c'est d'aller à la rencontre des rorquals à bosse en compagnie des biologistes du **Centre d'interprétation de la Station de recherche des îles Mingan** *(110$; 378 rue du Bord-de-la-Mer, Longue-Pointe-de-Mingan,* ☎ *418-949-2845, www.rorqual.com).* À bord de canots pneumatiques de 7 m à coque rigide, les observateurs participent à une journée de recherche qui consiste, entre autres choses, à identifier les animaux par les marques que l'on distingue sous la queue. Il faut avoir le cœur solide toutefois, puisque les sorties, qui débutent par un rendez-vous matinal à 7h30 au quai de Mingan, à 8 km du Centre d'interprétation, durent au moins 6h et, parfois, plus longtemps, et ce, dans une mer houleuse.

▸ Kayak

Si vous ne possédez pas d'embarcation, contactez **Expédition Agaguk** *(1062 rue Boréale, Havre-St-Pierre,* ☎ *418-538-1588 ou 866-538-1588, www.expedition-agaguk.com),* qui propose de belles randonnées guidées sécuritaires. L'entreprise organise aussi des balades en voilier.

▸ Motoneige

Afin de satisfaire les amateurs, une carte indiquant les sentiers de motoneige de la région est disponible à l'**Association touristique régionale de Duplessis** (voir p. 636). De plus, pour connaître l'état des sentiers, rendez-vous au *www.tourismecote-nord.com/fr/sentiers.asp.*

➤ Observation des oiseaux

Toute la **baie de Sept-Îles** permet à l'ornithologue amateur de faire un grand nombre d'observations d'oiseaux riverains et palustres ainsi que de canards. Sur le rivage dans la ville de Sept-Îles, on peut souligner quelques bons lieux d'observation, comme la pointe du Poste, au bout de la rue De Quen, et le parc du Vieux-Quai; deux haltes se trouvent aussi sur la route 138 à l'ouest de la ville. En croisière autour des îles qui ponctuent la baie, on peut voir sur l'île Corossol diverses colonies d'oiseaux marins.

La **réserve de parc national de l'Archipel-de-Mingan** (voir p. 651) abrite de nombreuses merveilles naturelles uniques au Québec, voire de tout l'est de l'Amérique. Il en est de même sur le plan ornithologique. On y reconnaît par exemple l'une des rares colonies de macareux moines du golfe, sur l'île aux Perroquets, à l'extrémité ouest de l'archipel. On les observe principalement à partir des bateaux d'excursion dont le port d'attache est soit à Havre-Saint-Pierre, à Mingan ou à Longue-Pointe-de-Mingan.

Dans la forêt de cette partie de la Côte-Nord, on remarque plus spécialement la paruline à calotte noire, la paruline rayée, la mésange à tête brune, le bruant fauve, le bruant de Lincoln et la grive à joues grises.

➤ Plongée sous-marine

Protégée par les îles qui l'entourent, la baie de Sept-Îles rend le milieu marin plus favorable à la plongée sous-marine. Plus de 75 sites de plongée ont été répertoriés dans la baie: on en trouve de tous les niveaux de difficulté. Deux épaves artificielles y ont même été créées et immergées en 1995.

L'entreprise **Plongée Boréale** *(1039 rue Titane, Havre-St-Pierre,* ✆ *418-538-3202, www. plongeeboreale.com)* offre un service de location, de forfait et de formation en plongée sous-marine. Pour les plus modérés, la plongée libre (avec tuba) est très agréable, même si l'eau dans ce secteur est à 4°C! Tout l'équipement est fourni. Aussi, un bateau-taxi peut aller vous chercher pour une randonnée autonome sur les îles Mingan; on vous dépose et on revient vous prendre à l'heure convenue.

➤ Randonnée pédestre

L'entreprise **La Tournée des Îles** *(1010 promenade des Anciens, Havre-St-Pierre,* ✆ *418-538-2547 ou 866-538-2547, www.tourismeduplessis.com/sites/ tourneedesiles)* organise entre autres une expédition de nuit, la *Randonnée aux capailloux,* sur la Petite île au Marteau. Un capailloux est une ancienne lanterne artisanale fabriquée avec un contenant de métal troué et une chandelle. Une belle expérience.

➤ Ski alpin

Pour le ski alpin, la **Station récréotouristique Gallix** *(30$; mi-déc à mi-avr mer et ven 10h à 15h et 18h à 21h, sam-dim 9h à 15h; 600 ch. du Club de ski, Sept-Îles,* ✆ *418-766-5900, www.skigallix.com)* offre une dénivellation de 185 m et compte 21 pistes dont 6 éclairées en soirée.

Circuit C: Au pays de Gilles Vigneault ★★

▲ *p. 664* 🍴 *p. 666* 🛍 *p. 667* 🎭 *p. 668*

🕐 *De trois à six jours, selon le mode de transport utilisé*

Mon pays, ce n'est pas un pays, c'est l'hiver, voilà comment Gilles Vigneault, fier fils de la Basse-Côte-Nord, décrit son coin de pays subarctique, où l'on voit flotter des icebergs en plein mois de juillet. Les animaux (ours, orignaux, phoques, baleines) peuvent y être admirés à plusieurs endroits, non pas derrière les barreaux d'un zoo, mais dans la vie de tous les jours, aux abords des villages, sur les rochers dénudés, sur les plages de sable fin et dans l'eau. «Au pays de Gilles Vigneault» est un véritable circuit pour les aventuriers qui recherchent le dépaysement complet.

Le territoire fut colonisé à partir du milieu du XIXᵉ siècle, car, auparavant, ces zones étaient exclusivement réservées aux compagnies de traite des fourrures et de pêche à la morue. Les hameaux francophones, innus et anglo-normands alternent sur la côte. Certains des villages à majorité anglophone, peuplés de pêcheurs originaires de l'île de Jersey (dans la Manche), n'ont que peu d'attachement au Québec. Le bâti de la Basse-Côte-Nord a conservé son cachet ancien à travers ses cabanes de pêcheurs en bois et ses vieux quais.

Baie-Johan-Beetz ★

Appelé à l'origine «Piastrebaie» en raison de sa situation géographique, à l'embouchure de la rivière Piashti, le village sera renommé en 1918 «Baie-Johan-Beetz» en l'honneur de l'artiste et sculpteur belge Johan Beetz (1874-1949). Piastrebaie fut fondée vers 1860 par Joseph Tanguay. Avec sa femme, Marguerite Murduck, il vécut de la pêche au saumon.

Dans les années qui suivirent arrivèrent des immigrants des îles de la Madeleine: les familles Bourque, Loyseau, Desjardins et Devost. Aujourd'hui encore, les descendants de ces familles vivent principalement de chasse et de pêche.

La **maison Johan-Beetz** ★ *(5$; fin juin à début sept tlj 10h à 12h et 13h30 à 16h; 15 rue Johan-Beetz, ♪ 418-648-0557, www.baiejohanbeetz.com)* fait revivre l'histoire de l'aristocrate qu'était Johan Beetz et celle de son village. Johan Beetz est né en 1874 au château d'Oudenhouven, dans le Brabant (Belgique). Le chagrin causé par le décès de sa fiancée l'amène à vouloir partir pour le Congo. Un ami l'incite plutôt à émigrer au Canada. Passionné de chasse et de pêche, il visite la Côte-Nord, où il décide bientôt de s'installer.

En 1897, il épouse une Canadienne et construit cette coquette maison Second Empire qu'il décore lui-même. En 1903, il fait figure de pionnier en entreprenant l'élevage d'animaux à fourrure, dont les peaux sont vendues à la Maison Révillon de Paris.

Au cours de sa vie sur la Côte-Nord, Johan Beetz a contribué à améliorer la vie de ses voisins. Grâce à ses études universitaires, pendant lesquelles il apprit les rudiments de la médecine, il fut l'homme de science auquel les villageois faisaient confiance. Muni de livres et d'instruments de fortune, il réussit à soigner, tant bien que mal, les habitants de la Côte-Nord. Il réussit même à préserver le village de la grippe espagnole grâce à une quarantaine savamment contrôlée. Ainsi, si vous demandez aux aînés de vous parler de monsieur Beetz, vous n'entendrez que des éloges.

D'une superficie de près de 120 km², le **refuge d'oiseaux de Watshishou** ★ *(à l'est du village)* protège une importante aire de nidification pour les sternes et l'eider à duvet, et abrite plusieurs autres colonies d'oiseaux aquatiques.

Aguanish

Le **Trait de scie** ★★ *(40$; début juin à début sept tlj, départs à 9h et 13h; Association chasse et pêche d'Aguanish, 250 route Jacques-Cartier, ♪ 418-533-2228)* est un canyon naturel creusé par la rivière Aguanish qu'il est possible d'admirer en excursion guidée, dans une embarcation motorisée. La sortie est d'une durée de deux à trois heures. Le lieu est saisissant de par sa profondeur et son débit d'eau. Vous apercevrez aussi des marmites de géants creusées par la force du courant dans le roc. Impressionnant!

Natashquan ★★★

Corporation de développement patrimonial, culturel et touristique de Natashquan (COPACTE) *(24 ch. d'en Haut, ♪ 418-726-3054 ou 866-726-3054, www.copactenatashquan.net)*

Charmant petit village de pêcheurs aux maisons de bois usé par le vent salé, Natashquan a vu naître le célèbre poète et chansonnier Gilles Vigneault en 1928. Plusieurs de ses chansons ont pour thème les gens et les paysages de la Côte-Nord. Vigneault vient périodiquement se ressourcer à Natashquan, où il possède toujours une résidence d'été. Natashquan, mot d'origine innue, signifie «l'endroit où l'on chasse l'ours». Le village voisin, Pointe-Parent, au-delà duquel la route 138 se termine, est surtout peuplé d'Innus.

Ce lieu éloigné comptant quelques centaines d'habitants est étrangement vivant, et plusieurs initiatives touristiques intéressantes s'y déroulent. De bons petits restos, de belles auberges, un paysage nordique hallucinant et une hospitalité exemplaire vous assurent un dépaysement hors de l'ordinaire. Afin de ne rien manquer de ce magnifique coin de pays, débutez votre visite à la **Corporation de développement patrimonial, culturel et touristique de Natashquan (COPACTE)** *(24 ch. d'en Haut, ♪ 418-726-3054 ou 866-726-3054, www.copactenatashquan.net)*. Vous pourrez vous procurer ici (ou le remettre, si vous l'avez emprunté à Havre-Saint-Pierre) le **CD routier** (voir p. 651) qui fournit des renseignements le long du parcours entre Havre-Saint-Pierre et Natashquan.

La COPACTE loge dans la **Vieille École de Natashquan** ★ *(5$; fin juin à début sept tlj 10h à 12h et 13h à 17h)*. On y fait l'interprétation de certains des personnages les plus célèbres du poète chanteur qu'est Gilles Vigneault. Un guide sur place relate d'ailleurs quelques anecdotes impliquant M. Vigneault et plus généralement la vie à Natashquan.

Classés site historique en 2006, **Les Galets de Natashquan** ★★ *(allée des Galets,* ♪ *418-726-3054)* sont ces petites maisons pittoresques que l'on aperçoit de loin sur la pointe. Aujourd'hui abandonnés, ce sont les bâtiments où les pêcheurs préparaient autrefois leur poisson. Il faut dire que le secteur de la pêche commerciale a périclité dans la région au cours des dernières années à cause de la surpêche de la morue. Faute de débouchés économiques viables pour la région, trop éloignée, les habitants se sont donc tournés vers le tourisme.

Le **Centre d'interprétation Le Bord du Cap** ★ *(5$; mi-juin à début sept tlj 10h à 17h; 32 ch. d'en Haut,* ♪ *418-726-3233, http://cafe.rapidus.net/annlapie)* est une reconstitution de l'ancien magasin général du village. On y voit les registres comptables, d'anciennes marchandises et des outils. Une autre pièce est dédiée à Gilles Vigneault, où sont exposés la plupart de ses albums (en 33 tours) et où l'on projette un petit film sur la vie du poète et sur l'histoire du magasin général.

›››› *Les municipalités situées à l'est de Pointe-Parent ne sont pas accessibles par la route. Aussi faut-il prendre le bateau ou l'avion afin de visiter les lieux décrits ci-dessous. Il faut également noter qu'à l'est de Kegaska, deuxième escale du navire de ravitaillement, on change de fuseau horaire (une heure de décalage en plus par rapport au reste du Québec).*

La Romaine

Innus, Naskapis et Inuits cohabitaient autrefois sur ce territoire aux paysages rocailleux. De nos jours, les Blancs et les Innus y vivent en harmonie. La pêche constitue la principale activité économique de l'endroit, comme d'ailleurs de la plupart des villages de la Basse-Côte-Nord.

Harrington Harbour ★

Les trottoirs de bois font la renommée d'Harrington Harbour, ce village de pêcheurs anglo-saxons isolés sur une petite île. Le sol, composé de gros rochers inégaux, rendait difficile l'aménagement d'une agglomération conventionnelle : les habitants ont donc relié les maisons entre elles par des passerelles de bois légèrement surélevées. Le quai est la place centrale de l'île.

Près du village de **Chevery**, accessible en bateau-taxi depuis Harrington Harbour, se trouvent les vestiges archéologiques du poste de traite des fourrures et du site de pêche au «loup marin» de Nantagamiou, tous deux implantés en 1733 par le commerçant Jacques Bellecourt, sieur de Lafontaine.

›››› *Le bateau de ravitaillement se faufile ensuite entre une multitude d'îles dénudées aux parois rocheuses. Ce paysage extraordinaire pourrait être celui d'une autre planète.*

Tête-à-la-Baleine ★

Tête-à-la-Baleine est un village pittoresque où l'on pratique toujours la chasse au «loup marin». On peut y observer un phénomène particulier à la Basse-Côte-Nord : la migration saisonnière des habitants. En effet, les pêcheurs possèdent deux maisons, l'une sur la terre ferme et l'autre, plus modeste, érigée sur une île au large et habitée par toute la famille durant la saison de la pêche. Cette dernière porte le nom de «maison de mer».

Ainsi, les pêcheurs de Tête-à-la-Baleine se rendent sur l'**île Providence**, pendant l'été, pour se rapprocher des bancs de poissons. Cette tradition est en perte de vitesse, ce qui a entraîné l'abandon de plusieurs maisons insulaires ces dernières années.

La belle **chapelle de l'île Providence** *(♪ 418-242-2015)*, la plus ancienne chapelle de la Basse-Côte-Nord, érigée en 1895, a été joliment conservée. Quant au vieux presbytère attenant, il a été reconverti en auberge estivale, avec cuisine typique de la Basse-Côte-Nord francophone. Des visites guidées d'environ 2h sont offertes sur l'île Providence, chaque samedi, quand le *Nordik Express* fait escale à Tête-à-la-Baleine.

›››› *Le bateau s'arrête à La Tabatière avant d'atteindre Saint-Augustin.*

Saint-Augustin

Saint-Augustin se trouve à une dizaine de kilomètres en amont sur la rivière Saint-Augustin. On y accède en passant par un havre très impressionnant, protégé à l'ouest par l'archipel Kécarpoui et à l'est par l'archipel Saint-Augustin. En face du village vit et habite la communauté innue Pakuashipi.

Lourdes-de-Blanc-Sablon

Village de pêcheurs, Lourdes-de-Blanc-Sablon dispose de plusieurs bureaux administratifs et d'un centre hospitalier qui dessert tous cette partie de la Basse-Côte-Nord, et la municipalité regroupe entre autres Blanc-Sablon. Tout près du littoral, sur l'île Verte, se trouvent les restes du *Bremen*, un avion allemand qui effectua en 1928 l'une des premières traversées aériennes de l'Atlantique.

La Basse-Côte-Nord est encore desservie par des prêtres missionnaires, comme au temps

Côte-Nord – Attraits touristiques – Au pays de Gilles Vigneault

de la colonie. Mgr Scheffer fut nommé en 1946 premier vicaire apostolique de la région de Schefferville-Labrador. Le *Musée Scheffer (entrée libre; fin juin à fin août tlj 8h à 21h; église de Lourdes-de-Blanc-Sablon, ☎ 418-461-2707)* raconte la vie de Mgr Scheffer ainsi que l'histoire de la région de Blanc-Sablon.

Blanc-Sablon

Tourisme Basse-Côte-Nord (1550 boul. Docteur-Camille-Marcoux, ☎ 418-461-3515 ou 866-461-3515, www.bassecotenord.com)

Cette région isolée a pourtant été fréquentée, dès le XVIe siècle, par les pêcheurs basques et portugais, qui y ont établi des pêcheries où l'on faisait fondre la graisse des «loups marins» et où la morue était salée avant d'être expédiée en Europe. Les Vikings, dont le principal établissement a été retrouvé sur l'île de Terre-Neuve, toute proche, auraient peut-être implanté un village dans les environs de Blanc-Sablon vers l'an 1000. À **Brador**, le site du poste de Courtemanche (XVIIIe siècle) a été mis au jour.

Blanc-Sablon n'est qu'à environ 4 km de la frontière avec le Labrador, ce territoire subarctique dont une large portion est constituée de terres amputées au Québec et qui est aujourd'hui partie intégrante de la province de Terre-Neuve-et-Labrador. Une route y conduit directement en suivant le littoral. Cette province est aussi accessible par traversier au départ de Blanc-Sablon.

Activités de plein air

> ### Observation des oiseaux

Au **refuge d'oiseaux de Watshishou** de Baie-Johan-Beetz, on peut, en déambulant sur des trottoirs de bois, observer la faune ailée.

Hébergement

Circuit A : Manicouagan

Tadoussac

Auberge de jeunesse de Tadoussac
$ ᵇᶜ/ₚ ⚠ ❄ ☞ @
158 rue du Bateau-Passeur
☎ 418-235-4372
www.ajtadou.com

L'Auberge de jeunesse de Tadoussac comprend les maisons Majorique (édifice principal) et Alexis (située à proximité, au 389 rue des Pionniers). Vous y trouverez des lits en dortoir ou en chambre privée ainsi que des emplacements de camping (en été). Vous pourrez y profiter de repas communautaires à très bas prix. De plus, une foule d'activités de plein air y sont organisées, et des spectacles animent les soirées estivales.

Camping Tadoussac
$ ☞
428 rue du Bateau-Passeur
☎ 418-235-4501 ou 888-868-6666
www.essipit.com

Aucun panorama ne surpasse celui qu'offre le Camping Tadoussac, qui surplombe la baie et le village.

Auberge La Mer Veilleuse
$$ ☞ bc ♨ ⚓
113 rue de la Coupe-de-L'Islet
☎ 418-235-4396
www.lamerveilleuse.com

Petite auberge de six chambres décorées avec goût, l'Auberge La Mer Veilleuse offre une belle vue sur le fleuve. On y prépare d'excellents petits déjeuners. Le service est efficace et sympathique. Plage.

Gîte la Maison Hovington
$$ ☞
mi-mai à fin oct
285 rue des Pionniers
☎ 418-235-4466 ou 450-671-4656 (hors saison)
www.maisonhovington.com

Jolie résidence centenaire construite en face du fleuve, la Maison Hovington offre une vue superbe et des chambres fort bien tenues.

La Galouïne
$$ ☞/ₚ bc/ₚ ♨ @
mi-avr à mi-oct
251 rue des Pionniers
☎ 418-235-4380
www.lagalouine.com

Galouïne est un mot acadien désignant un vent de tempête. Rassurez-vous : vous serez tout de même bien à l'abri sous le toit de cet agréable petite auberge! Les couleurs chaudes et vives qui priment un peu partout, même à l'extérieur, ajoutent au charme de l'établissement. Deux des chambres sont aménagées sous les combles, pour encore plus de cachet!

Maison Clauphi
$$ ☞ bc @ ♨ ⚠
mi-mai à mi-oct
188 rue des Pionniers
☎ 418-235-4303 ou 866-883-4303
www.clauphi.com

La Maison Clauphi se compose d'une auberge, d'un motel avec petites chambres et de quelques petits chalets. L'établissement est très bien situé dans le village et propose de nombreuses activités de plein air. Location de vélos.

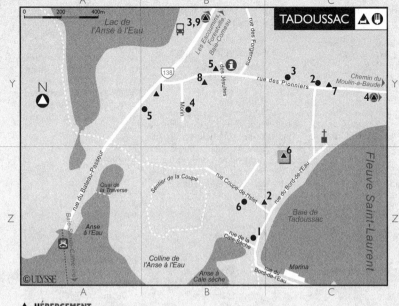

TADOUSSAC

▲ HÉBERGEMENT

1.	BY	Auberge de jeunesse de Tadoussac
2.	BZ	Auberge La Mer Veilleuse
3.	BY	Camping Tadoussac
4.	CY	Gîte la Maison Hovington
5.	BY	Hôtel-Motel Le Béluga

6.	CZ	Hôtel Tadoussac
7.	CY	La Galouïne
8.	BY	Maison Clauphi
9.	BY	Maison Harvey-Lessard

● RESTAURANTS

1.	BZ	Café-Bar Le Gibard
2.	CY	Café Bohème
3.	CY	Chez Mathilde

4.	BY	La Bolée
5.	BY	Le Café du Fjord
6.	BZ	Père Coquart Café

Maison Harvey-Lessard
$$ ❦ ≡ ☺ ❤ @
début juin à fin oct
16 rue Bellevue
☎ 418-235-4802 ou 418-827-5505
www.harveylessard.com

Située sur les hauteurs de Tadoussac, la Maison Harvey-Lessard profite indiscutablement du point de vue le plus spectaculaire de Tadoussac avec ses balcons. Pour vous y rendre, tournez à gauche dans la rue des Forgerons (sur la route 138) en haut de la côte qui se trouve à la sortie du traversier. Les chambres sont agréables et décorées avec goût.

Hôtel-Motel Le Béluga
$$-$$$ ♨ @ ≡
191 rue des Pionniers
☎ 418-235-4784
www.le-beluga.qc.ca

Bien situé dans le village, l'Hôtel-Motel Le Béluga dispose de chambres spacieuses et confortables.

Hôtel Tadoussac
$$$$$ ≋ ♨ ≡
mi-avr à fin oct
165 rue du Bord-de-l'Eau
☎ 418-235-4421 ou 800-561-0718
www.hoteltadoussac.com

Face au fleuve dans un long bâtiment blanc évoquant vaguement un manoir de la fin du XIXᵉ siècle, l'**Hôtel Tadoussac** (voir p. 638) se distingue aisément par son toit rouge vif. L'hôtel est célèbre pour avoir servi de toile de fond au film *Hotel New Hampshire*. Une verrière avoisine la salle à manger où l'on propose un menu «découverte» gastronomique.

Les Bergeronnes
Camping Mer et Monde
$ ⛺ ♨
270 route 138
☎ 418-232-6779 ou 866-637-6663
www.mer-et-monde.qc.ca

Donnant sur le fleuve, le camping de la jeune entreprise **Mer et Monde Écotours** (voir p. 645) bénéficie d'un panorama exceptionnel et permet aux kayakistes d'accéder directement à la mer. D'ici, on peut facilement faire l'observation des baleines. Un petit café est aussi pro-

Côte-Nord – **Hébergement** – Manicouagan

posé, le **Mer et Monde Café** (voir p. 665).

Auberge La Rosepierre
$$-$$$$
66 rue Principale
☎ 418-232-6543 ou 888-264-6543
www.rosepierre.com
La Rosepierre est une superbe auberge dont les chambres confortables ont été décorées avec raffinement. Une véritable collection de granits du Québec a été intégrée à l'auberge: les propriétaires en parlent avec passion. Le granit ne dépouille pas les lieux de leur chaleur, bien au contraire, et l'on se sent à l'aise dès l'entrée. Location de vélos.

Les Escoumins

Aux Berges Orange
$$
291 route 138
☎ 418-233-9922
Le joli gîte Aux Berges Orange est situé en plein centre du pittoresque village des Escoumins. Les quatre chambres avec salle de bain privée sont très chaleureuses.

Le Natakam condos-détente sur mer / Chalets de l'anse à Yves / Chalets de l'anse à Joe / Chalets Shipek
$$-$$$$
46 rue de la Réserve
☎ 418-233-2266 ou 888-868-6666
www.essipit.com
Chez les Innus d'Essipit, on trouve plusieurs types d'hébergement, du «condo» de grand confort au chalet familial. Certaines unités sont situées en bordure du fleuve et sont tout équipées. Si vous êtes chanceux, vous pourrez même voir des bélugas ou des baleines! Une autre option, pour les plus aventuriers, consiste à louer un chalet au bord d'un lac privé plus loin dans les terres, où ils pourront pêcher tranquillement, loin de toute activité humaine. Le service

et l'accueil sont partout très sympathiques.

Forestville

Auberge de la Voûte
$$
75 1re Avenue
☎ 418-587-6966
www.aubergedelavoute.com
Bien située, l'Auberge de la Voûte bénéficie d'une vue impressionnante sur la baie et du calme que lui procure son emplacement, un peu en retrait de la ville. Plage. Une bonne adresse entre Tadoussac et Baie-Comeau.

Baie-Comeau
Voir carte p. 661.

Hôtel-Motel La Caravelle
$$
202 boul. Lasalle
☎ 418-296-4986 ou 800-463-4986
www.hotelmotellacaravelle.com
Tous les voyageurs qui ont régulièrement l'occasion de s'arrêter à Baie-Comeau connaissent l'Hôtel-Motel La Caravelle, qui domine toute la ville du haut d'une colline. On y trouve des chambres confortables à prix raisonnable. La grande piscine intérieure est invitante.

Auberge Le Petit Château
$$-$$$$
2370 boul. Laflèche
☎ 418-295-3100
Quelle grande et magnifique résidence que cette auberge installée dans une oasis en pleine ville! L'Auberge Le Petit Château est un gîte accueillant même si elle privilégie une atmosphère simple et champêtre.

Hôtel Le Manoir
$$-$$$$
8 av. Cabot
☎ 418-296-3391 ou 800-463-8567
www.manoirbc.com
En bordure de l'eau s'allonge le beau bâtiment en pierre de l'Hôtel Le Manoir, qui abrite des chambres spacieuses et

lumineuses, et qui s'avère un digne représentant d'une tradition hôtelière de bon goût. La décoration intérieure est magnifique, et la terrasse arrière donnant sur le fleuve vaut le déplacement. De belles œuvres d'art parsèment les couloirs, le salon et le bar. Service très attentionné. Plage.

Godbout

Gîte Aux Berges
$ bc
mai à mi-sept
180 rue Pascal-Comeau
☎ 418-568-7816
www.maisonnettes-chalets-quebec.com
Le Gîte Aux Berges demeure, à tout point de vue, l'un des meilleurs lieux d'hébergement de la Côte-Nord. Les chambres sont pourtant aménagées sans prétention, et l'établissement est loin d'être luxueux, mais la qualité et la chaleur de l'accueil et les services touristiques proposés font toute la différence. Vous trouverez ici un lieu de détente et de repos au cœur d'un village fascinant. On y fait aussi la location de chalets de bois rond situés près de l'auberge. Plage.

Pointe-des-Monts

Auberge La Maison du Gardien
$$
mi-juin à mi-sept
ch. du Vieux-Phare
☎ 418-939-2332
www.pointe-des-monts.com
L'Auberge La Maison du Gardien propose quatre chambres confortables dans un site classé monument historique. Sa situation, sur les rives du fleuve Saint-Laurent, en fait une halte inoubliable. Restaurant gastronomique.

Côte-Nord – Hébergement – Manicouagan

BAIE-COMEAU secteur Ouest ▲ ⬤

Fleuve Saint-Laurent

Piuze
Napoléon
Alice
Hulaud
Robin
Vanier
Boyer
boul. Vincent
boul. Industriel
Brezel
Galleran
Bélanger
Côté
boul. Laflèche
Bernache
De La Vérendrye
boul. Bélanger
Thibault
Rodrigue
Henri
boul. Joliet
Poitiers
boul. Manicouagan
Maleze
Allard
Moyac
Mingan
Boisjoli
Jean-XXIII
Leventoux
Duclos
Anticosti
boul. Amyot
boul. Laflèche
138
Secteur Est
Parfondeval
Rivière Amédée
2
Bossé
Puyjalon
boul. Joliet
boul. Blanche
de Bretagne
boul. Pie-XII
Parc de
la Falaise
Labrie
de la Falaise
Rouleau
Leatrat
Desrochers

0   500   1000m

©ULYSSE

BAIE-COMEAU secteur Est ▲ ⬤

Lac Comeau

boul. Comeau
Babin
Lepardeur
De Salaberry
◄ Secteur Ouest
boul. La Salle
av. Chapleau
Lac Provencher
Parc Bégin
Narcisse-Blais
Bégin
Damase-Potvin
av.
Parent
Garneau
Lajeunesse
Parc Saint-Nom-
de-Marie
Desjardins
Babel
av. du Parc
Donald-Smith
Samuel-Miller
Alfred-Poulin
Charles-Guay
Michel-Hémon
Marcoux
Boisvert
boul. Schmon
boul. La Salle
D'Iberville
Plessis
Taché
Babel
Frontenac
Hébert
Talon-Lévis
av.
Mance
Étang
des Mandres
Laval
Parc de
la Grotte
Sainte-Amélie
Marquette
av. Cartier
Maisonneuve
Lévis
Mance
Parc des
Pionniers
2
av. Cabot
Garnier
Laval
Plage
Champlain
Fleuve Saint-Laurent

0   500   1000m

©ULYSSE

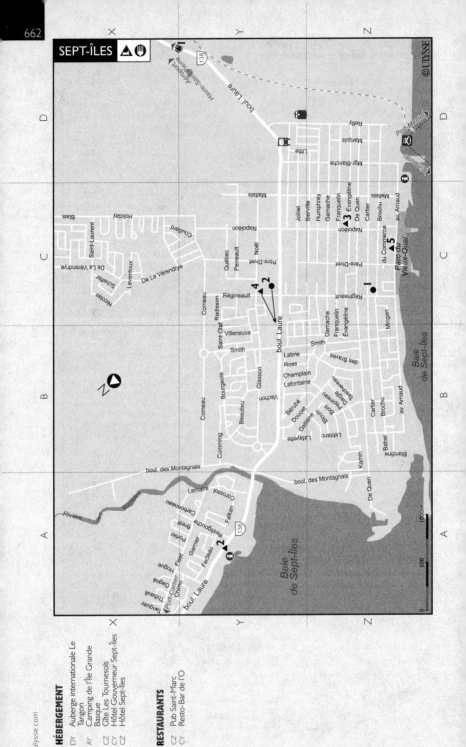

Circuit B : La Minganie

Sept-Îles

Voir carte p. 662.

Auberge internationale Le Tangon
$ bc
555 rue Cartier
☏ 418-962-8180
www.aubergeletangon.net

L'Auberge internationale Le Tangon est l'auberge de jeunesse de Sept-Îles, l'endroit où les jeunes aiment s'arrêter pour dormir à très petit prix, pour faire des rencontres imprévisibles et pour profiter d'une chaude ambiance.

Camping de l'Île Grande Basque Archipel des Sept Îles
$
mi-mai à mi-sept
Renseignements : Tourisme Sept-Îles
1401 boul. Laure O.
☏ 418-962-1238 ou 888-880-1238
www.tourismeseptiles.ca

Camper sur une île sauvage, dans la tranquillité de la nature, c'est le fantasme de plusieurs citadins. Le camping rustique aménagé sur l'île Grande Basque rend ce rêve possible dans l'environnement superbe de la baie de Sept-Îles. Cette île étant la plus rapprochée de la rive, elle représente une belle étape pour les kayakistes et les canoteurs. Foyers, avec bois disponible sur place. Pas d'eau potable.

Hôtel Sept-Îles
$-$$ ◎ ✳ ♨ ⇔ @
451 av. Arnaud
☏ 418-962-2581 ou 800-463-1753
www.hotelseptiles.com

L'Hôtel Sept-Îles se dresse au bord du fleuve et bénéficie d'un beau panorama. Les chambres sont simplement décorées, mais offrent un confort adéquat.

Gîte Les Tournesols
$$ ❦ bc ♨ @
388 av. Évangéline
☏ 418-968-1910
www.7tournesols.com

Situé dans un quartier résidentiel tranquille, ce petit gîte

de trois chambres est coquet et bien confortable. L'accueil est chaleureux.

Hôtel Gouverneur Sept-Îles
$$$-$$$$ ≡ ⇔ ≈ ♨ @
666 boul. Laure
☏ 418-962-7071 ou 888-910-1111
www.gouverneur.com

L'Hôtel Gouverneur Sept-Îles est situé sur un boulevard très passant, près d'un centre commercial. Il dispose de chambres modernes et confortables.

Magpie

Gîte du Toutouila
$$ ❦
507 des Anciens
☏ 418-949-2602

Valentine, la sympathique propriétaire d'origine française du Gîte du Toutouila, propose quatre chambres sympathiques dans son gîte à l'ambiance résolument maritime, au cœur du petit village de Magpie. Petit déjeuner continental copieux.

Longue-Pointe-de-Mingan

Camping de la Minganie
$
109 rue de la Mer
☏ 418-949-2320 ou 866-949-2307
www.tourisme-loiselle.com

Ce très beau terrain de camping compte 85 emplacements situés directement au bord de la mer et offre tous les services.

Havre-Saint-Pierre

Auberge de la Minganie
$ bc @ ⇔
mai à oct
3980 route 138
☏ 418-538-1538

L'Auberge de la Minganie, une sympathique auberge de jeunesse, se trouve près de la ville, à côté de la réserve de parc national de l'Archipel-de-Mingan. Si vous arrivez en autocar, il faut demander au chauffeur de s'arrêter devant

l'auberge. On peut participer ici à plusieurs activités culturelles et de plein air.

Camping de la Réserve de parc national de l'Archipel-de-Mingan
$
mai à mi-sept
☏ 418-538-3285 (Havre-St-Pierre) ou 418-949-2126 (Mingan)
www.pc.gc.ca/mingan

La réserve de parc national de l'Archipel-de-Mingan dispose de 42 emplacements de camping sauvage situés sur six îles de l'archipel, lesquelles ont leurs propres caractéristiques. Les campeurs qui recherchent la paix totale et l'isolement au sein d'un environnement marin éblouissant seront comblés par ces emplacements. Ils doivent toutefois faire preuve d'une grande autonomie et d'un sens de l'organisation sans faille. Sur les îles, les services et installations consistent en une plate-forme pour tentes, des toilettes sèches, des tables, des grils, des abris pour le bois et du bois de chauffage.

Gîte 4 Saisons
$$ ❦
1264 rue Boréale
☏ 418-538-1329

Sympathique gîte au cœur de la ville, tenu par la tout aussi sympathique Cécile. Quoique petites, les cinq chambres sont toutes très confortables et dotées de salles de bain privées. Petit déjeuner très copieux et délicieux. Accueil amical.

Gîte La Maré
$$-$$$ ❦ bc♨p
2630 route 138
☏ 418-538-1659
www.gitelamare.com

Très confortable et bien tenu, le Gîte La Maré comprend, en plus de deux chambres et une suite, un pavillon (avec une chambre) qui donne directement sur le fleuve et une magnifique terrasse avec vue sur la «mer». Situé dans un coin paisible bordé de kilomètres de plages de sable fin, idéal pour se balader en admirant les paysages. Tout près d'une piste cyclable. Une belle découverte.

Hôtel-Motel du Havre
$$-$$$ ≡ @ ♨ ⚠
970 rue de l'Escale
☎ 418-538-2800 ou 888-797-2800
Il y a un établissement qu'on ne peut manquer de voir en entrant à Havre-Saint-Pierre, puisqu'il est situé à l'intersection de la route principale et de la rue de l'Escale, qui traverse le village et mène au quai. L'Hôtel-Motel du Havre est définitivement le grand hôtel de la ville. Accueil sympathique.

Île d'Anticosti

Pour connaître les différents forfaits hébergement offerts par Sépaq Anticosti, visitez le site *www.sepaq.com/anticosti*.

Port-Menier
Hôtel de l'Île
$$ ♨
143 rue des Forestiers
☎ 418-535-0279
L'Hôtel de l'Île, qui s'élève au centre du village, dispose de 10 chambres propres et confortables.

Auberge Port-Menier
$$$ ♨ ⚠
rue des Menier
☎ 418-535-0122 ou 800-665-6527
www.sepaq.com/anticosti
L'Auberge Port-Menier est une institution de longue date sur l'île. Dans un décor sommaire, l'auberge propose des chambres propres. Plusieurs circuits de visites guidées en forfait. Le hall est décoré des quelques magnifiques reliefs sur bois provenant du Château Menier. Location de vélos.

Circuit C: Au pays de Gilles Vigneault

Natashquan
Camping Mantéo Matikap
$
route 138 E.
☎ 418-726-3529
Pour une aventure à la montagnaise, venez passer la nuit sous la tente innue, avec poêle à bois et parterre de sapinage inclus! Le lieu est magnifique, et tous les services sont offerts.

Gîte et Chalets Paulette Landry
$-$$
78 rue du Pré
☎ 418-726-3206
Cet établissement offre une vue magnifique et met à la disposition des voyageurs deux chambres en formule gîte et deux petits chalets situés à l'arrière de la propriété. Fort sympathique et peu cher.

Auberge La Cache
$$-$$$
183 ch. d'en Haut
☎ 418-726-3347 ou 888-726-3347
www.aubergelacache.com
Ouverte toute l'année, l'Auberge La Cache propose 18 chambres agréables aux voyageurs.

Kegaska

Auberge Brion
$$ bc
av. Kegaska
☎ 418-726-3738
www.kegaska.com
À Kegaska, un petit gîte familial vraiment sympathique vous assure un accueil chaleureux ainsi qu'un bon repas. Ambiance détendue et service attentionné. Ouvert toute l'année. Plage.

Restaurants

Circuit A: Manicouagan

Tadoussac
Voir carte p. 659.

Café-Bar Le Gibard
$
début avr à fin oct
137 rue du Bord-de-l'Eau
☎ 418-235-4534
Le Gibard est un petit café-bar où il fait bon prendre son temps en sirotant un bon bol de café au lait le matin ou une bière fraîche l'après-midi. On peut aussi s'y offrir une cuisine simple. L'établissement est joli, et ses grandes fenêtres donnent sur le port et le fleuve. Grande terrasse estivale.

Café Bohème
$
239 rue des Pionniers
☎ 418-235-1180
Blotti dans l'ancien magasin général, le Café Bohème offre effectivement un bel endroit pour vivre la bohème. Installé sur sa terrasse au cœur de l'animation du village, ou entre ses murs de bois parés de jolies photographies, on peut y flâner un moment en sirotant un espresso ou en avalant un sandwich, une salade et, surtout, un dessert.

Le Café du Fjord
$-$$
début juin à fin sept
154 rue du Bateau-Passeur
☎ 418-235-4626
Le Café du Fjord est très populaire. À l'heure du dîner, on y propose un buffet de fruits de mer. L'endroit est animé en soirée, et des spectacles sont parfois présentés.

Père Coquart Café
$-$$
début juin à fin sept
115 rue de la Coupe-de-L'Islet
☎ 418-235-1170

Dans une petite rue perpendiculaire à la rue du Bord-de-l'Eau se trouve un sympathique café dénommé en l'honneur du père jésuite qui fit bâtir la vieille chapelle de Tadoussac. Le Père Coquart Café propose des mets simples ainsi que des spécialités régionales, dans la même ambiance détendue que l'on retrouve un peu partout dans le village. Sa jolie terrasse est bondée durant les beaux jours. Le matin, y sont servis de bons petits déjeuners.

Chez Mathilde
$$$-$$$$
début juin à fin oct
227 rue des Pionniers
☎ 418-235-4443

Jeune entreprise dynamique en plein cœur du village, Chez Mathilde offre un petit menu de fine gastronomie très créative, qui varie selon les arrivages. L'ambiance est épurée et agrémentée des toiles du peintre Simon Philippe Turcot. Le lieu dispose en plus d'un casse-croûte qui prépare des hot-dogs européens et autres frites belges pour le repas du midi. Une glacerie est aussi attenante, ainsi qu'une boutique d'artisanat. Terrasse.

La Bolée
$$$-$$$$
début juin à fin sept
164 rue Morin
☎ 418-235-4750

On va à La Bolée pour savourer une fine cuisine d'inspiration française. En soirée, l'endroit est parfait pour prendre un verre. Juste au-dessous du restaurant se trouve une boulangerie.

Les Bergeronnes

Mer et Monde Café
$-$$
87 rue Principale
☎ 418-232-6779 ou 866-637-6663
www.mer-et-monde.qc.ca

Le petit café de l'entreprise **Mer et Monde Écotours** (voir p. 645) est très agréable, et s'y attabler permet de s'offrir une bonne soupe chaude après une sortie en kayak, ou de prendre un petit repas et une bière en soirée.

Auberge La Rosepierre
$$-$$$
66 rue Principale
☎ 418-232-6543 ou 888-264-6543

Gîte au charme singulier, l'**Auberge La Rosepierre** (voir p. 660) abrite une salle à manger aménagée avec beaucoup de goût et propose une table d'hôte où les saveurs et la façon de faire régionales sont à l'honneur. Naturellement, les plats de poisson et de fruits de mer sont au menu et toujours apprêtés avec une touche particulière.

Les Escoumins

Restaurant – Pêcherie Manicouagan
$$
fin mars à mi-oct
152 rue St-Marcellin
☎ 418-233-3122
www.fruitsdemeretpoissons.com

Familial et sans prétention, ce sympathique troquet en bord de route permet de déguster à prix honnête tout ce qui vient de la mer. Vous pourrez même repartir avec un filet de morue, un pâté aux bleuets ou un fromage local, selon la saison, puisque l'établissement est aussi une poissonnerie et une épicerie. Autre adresse à Tadoussac (☎ 418-235-1515), sur la route 138, près du Camping Tadoussac.

Restaurant Chocolaterie belge Le Rêve Doux
$$
287 route 138
☎ 418-233-3724

Les spécialités belges sont à l'honneur dans ce petit bistro établi au cœur du village, où l'on offre également un grand choix de plats pour le petit déjeuner. Boulangerie et chocolaterie sur place. Terrasse et jardin en été.

Baie-Comeau
Voir carte p. 661.

Resto-pub l'Orange Bleue
$$
905 rue Bossé
☎ 418-589-8877
www.orangebleue.com

En plein centre-ville de Baie-Comeau, dans le secteur de Hauterive, se trouve ce sympathique café-resto-pub qui propose une cuisine internationale. L'ambiance est plutôt urbaine, une belle terrasse est attenante du côté jardin, et l'établissement est ouvert du matin aux petites heures de la nuit. Soupers thématiques et spectacles à l'occasion. Impressionnant choix de bières importées et de microbrasseries, dans une région où la bière de production industrielle domine généralement. Service jeune et dynamique.

Nori
$$-$$$
790 rue Bossé
☎ 418-589-9227
www.noriresto.ca

Unique sur la Côte-Nord, ce petit resto asiatique au décor chic et épuré permet de déguster une très fine cuisine japonaise et thaïlandaise. Les sushis sont préparés devant vous, et l'établissement offre une ambiance et un produit qui étonnent dans la région.

Hôtel Le Manoir
$$$
8 av. Cabot
☎ 418-296-3391 ou 800-463-8567
www.manoirbc.com

La renommée de la salle à manger de l'**Hôtel Le Manoir** (voir p. 660) n'est plus à faire. Dans un décor extrêmement chaleureux et luxueux, on y fait une fine cuisine élaborée, à laquelle peuvent être attribués les qualificatifs les plus élogieux. Ce rendez-vous des gens d'affaires et des industriels peut également plaire à la clientèle touristique, qui appréciera le point de vue unique sur la baie et l'ambiance de vacances qui règne sur la terrasse. Remarquable choix de vins.

La Cache d'Amélie
$$$$
37 av. Marquette
☎ 418-296-3722

La Cache d'Amélie est le relais gastronomique par excellence à Baie-Comeau. Dans le pittoresque ancien presbytère de la plus belle paroisse de la ville, vous aurez droit à une intimité heureuse qui prédispose admirablement aux fins plaisirs de la table. Vue magnifique sur le fleuve. Cuisine du marché. Réservations recommandées.

Pointe-des-Monts
Auberge La Maison du Gardien
$$$
mi-juin à fin août
ch. du Vieux-Phare
☎ 418-939-2332

Situé sur une petite baie tranquille, le restaurant de l'**Auberge La Maison du Gardien** (voir p. 660) offre un menu constitué essentiellement de fruits de mer frais. La cuisine est excellente, le service impeccable et le cadre tout à fait enchanteur.

Circuit B : La Minganie

Sept-Îles
Voir carte p. 662.

Pub Saint-Marc
$$-$$$
588 av. Brochu
☎ 418-962-7770

L'agréable Pub Saint-Marc est une référence à Sept-Îles. Dans un décor chaleureux, on y sert une quinzaine de bières pression, et le restaurant à l'étage propose un menu impressionnant et audacieux, à base de moules et de frites, de sandwichs italiens et de pâtes.

Resto-Bar de l'O
$$-$$$$
Hôtel Gouverneur Sept-Îles
666 boul. Laure
☎ 418-962-3330
www.gouverneur.com

Le Resto-Bar de l'O sert des plats aux saveurs du terroir, savamment mijotés, ainsi que de savoureux desserts maison.

Havre-Saint-Pierre
La Promenade
$-$$
1197 promenade des Anciens
☎ 418-538-2637

Excellent petit bistro pour s'offrir une cuisine sans prétention, de type *hamburger steak*, frites et pizzas. Fruits de mer. Ambiance familiale.

Chez Julie
$-$$$$
1023 rue Dulcinée
☎ 418-538-3070

La réputation du restaurant Chez Julie n'est plus à faire, car ses excellents plats de fruits de mer en ont ravi plus d'un. Son décor, avec sièges en vinyle, ne parvient pas à refroidir l'ardeur des inconditionnels, qui y reviennent pour savourer la pizza aux fruits de mer et au saumon fumé. Ayez un bon appétit car certaines assiettes sont gargantuesques !

Île d'Anticosti

Port-Menier
Hôtel de l'Île
$$
143 rue des Forestiers
☎ 418-535-0279

Situé au centre du village, l'Hôtel de l'Île propose une bonne cuisine familiale, avec un menu du midi différent chaque jour. Vins et bières.

Auberge Port-Menier
$$-$$$
☎ 418-535-0122
www.sepaq.com/anticosti

L'Auberge Port-Menier abrite une salle à manger où l'on sert une cuisine populaire de qualité.

Circuit C : Au pays de Gilles Vigneault

Natashquan

Café de l'Échouerie
$$
55 allée des Galets
☎ 418-726-3054
http://echourie.jimdo.com

Projet écosocial et communautaire, ce petit resto situé sur la plage offre une cuisine internationale. On y vient surtout pour ses soirées animées par un conteur ou une chanteuse. Le lieu est magnifique et a littéralement les pieds dans l'eau !

Sorties

> Bars et boîtes de nuit

Tadoussac

Café du Fjord
152 rue du Bateau-Passeur
☎ 418-235-4626
Surveillez la programmation du Café du Fjord. Des noms importants du rock, du jazz et du blues s'y produisent de juin à la fin d'août. Les événements spéciaux s'y succèdent. On peut aussi y danser et prendre un verre.

Port-Cartier

Café-théâtre Graffiti
50 ch. des Îles
île McCormick
☎ 418-766-0101 ou 866-766-0101
www.legraffiti.ca
Avec sa programmation de spectacles et d'expositions, son bar et son restaurant, le Café-théâtre Graffiti reste l'un des endroits les plus animés et les plus courus en ville.

> Festivals et événements

Juin

À la mi-juin, le **Festival de la chanson de Tadoussac** *(dans une douzaine de lieux de diffusion,* ☎ *418-235-2002 ou 866-861-4108, www.chansontadoussac. com)* se tient dans plusieurs aires de spectacle dans ce petit village. Dans un feu roulant de spectacles, des grands noms de la chanson partagent la vedette avec des artistes de la relève, ce qui donne des airs de véritable happening à Tadoussac.

Juillet

À la mi-juillet, des conteurs d'un peu partout au Québec vont à Natashquan pour participer au **Festival du conte et de la légende de l'Innucadie** *(55 allée des Galets, Natashquan,* ☎ *418-726-3054 ou 418-726-3060,*

www.copactenatashquan.net). Une bonne place est faite aux conteurs autochtones. *Innucadie* est une contraction entre *Acadiens* et *Innus*, les deux principales populations présentes dans la région. Le festival se passe principalement au **Café de l'Échouerie** (voir p. 666).

Août

La réserve innue de Maliotenam est l'hôte, au début du mois d'août, du **Festival Innu Nikamu** *(☎ 418-927-2181, www.innunikamu.net),* célébration intimiste de la musique autochtone traditionnelle et contemporaine de tout le Canada. *Tshima Minutakushinin!*

Achats

> Alimentation

Rivière-au-Tonnerre

La **Maison de la Chicoutai** *(6 rue de l'Église,* ☎ *418-465-2140, www.chicoutai.com)* a pour mandat de faire connaître aux voyageurs ce petit fruit méconnu au goût frais. Le beurre de chicoutai est particulièrement délicieux!

> Artisanat, livres et souvenirs

Tadoussac

Dans un village où l'on trouve absolument de tout comme souvenirs, la **Boutique Nima** *(231 rue des Pionniers,* ☎ *418-235-4858)* vend des objets de qualité. Elle présente de superbes pièces d'art inuit et amérindien.

Au rez-de-chaussée de **La Galouïne** (voir p. 658), la très jolie boutique **L'Aquilon Marché du Terroir** *(251 rue des Pionniers,* ☎ *418-235-4380)* propose des produits du terroir et de soins santé.

Attenante au restaurant **Chez Mathilde** (voir p. 665), la **Boutique Vermeille** *(230 rue des Pionniers,* ☎ *418-235-4684)* présente de l'artisanat textile et sculptural exclusivement québécois sinon local. On y trouve de belles pièces.

Forestville

L'**Atelier ÉCO-ART** *(182 route 138,* ☎ *418-587-4373, www.route-crea.com)* est la boutique de l'association «Les Créateurs Associés», un regroupement d'artisans de la Côte-Nord. Vous pourrez entre autres vous y procurer de beaux objets de verre, notamment des lampes et des bijoux. Quelques peintres y exposent aussi leurs œuvres.

Betsiamites

À l'entrée de la réserve amérindienne de Pessamit, vous remarquerez sur votre gauche un bâtiment qui abrite le **Centre d'artisanat Opessamo** *(59 Ashini),* où l'on vend les créations des artisans locaux.

Baie-Comeau

Chez **ÉcoBois L'Art D'Éco** *(55 Place La Salle,* ☎ *418-298-0444),* on trouve essentiellement des objets d'art en bois et en sable sculpté, ainsi que de beaux bijoux. Tout est produit par les artisans de la région.

Sept-Îles

La Côte-Nord vous fascine suffisamment pour que vous ayez le goût de lire encore plus sur le sujet? La **Librairie Côte-Nord** *(Mail Place de Ville, 770 boul. Laure,* ☎ *418-968-8881)* offre une bonne sélection de livres sur la région. Vous y serez bien conseillé.

Les artisans et artistes régionaux vous proposent leurs produits à la **Boutique de souvenirs de la Terrasse du Vieux-Quai** (*en saison*) et dans **Les abris de la promenade du Vieux-Quai**, situés à l'extrémité ouest de la promenade du Vieux-Quai.

Les amateurs de produits artisanaux amérindiens trouveront un choix intéressant et typiquement innu à la **boutique du Musée régional de la Côte-Nord** (*500 boul. Laure, ☎ 418-968-2070*).

Île d'Anticosti

Les Artisans d'Anticosti (*début juin à fin déc 8h à 18h; 16 rue des Olympiades, Port-Menier, ☎ 418-535-0270*) ont une superbe sélection de produits artisanaux et de vêtements de cuir de chevreuil (cerf de Virginie) ainsi que des bijoux en bois de cerf. T-shirts et cartes géographiques.

Natashquan

À la **Galerie d'artisane Un air de par ici** (*24 allée des Galets, ☎ 418-726-3165, www.unairdeparici.com*), on trouve une foule de beaux objets, de photos, de peintures et de savons fabriqués par des artisans locaux, ainsi que bon nombre d'articles et de livres de ou sur Gilles Vigneault, la célébrité locale.

Gagnez du temps et économisez!
Découvrez nos **guides numériques par chapitre**.

www.guidesulysse.com

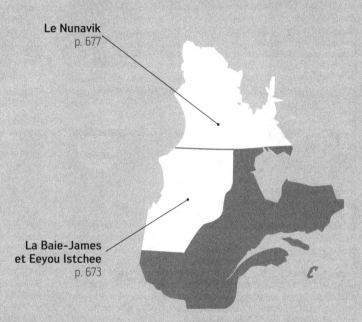

Le Nunavik
p. 677

La Baie-James
et Eeyou Istchee
p. 673

Nord-
du-Québec

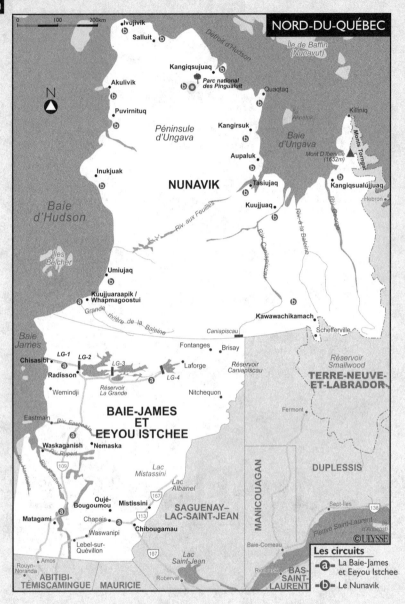

0 100 200km

Ivujivik

Salluit

Kangiqsujuaq

Akulivik

Parc national
des Pingualuit

Quaqtaq

Île de Baffin
(Nunavut)

Détroit d'Hudson

Puvirnituq

Péninsule
d'Ungava

Kangirsuk

Baie
d'Ungava

Killiniq

Monts Torngat

Aupaluk

Mont D'Iberville
(1652m)

Inukjuak

NUNAVIK

Tasiujaq

Kangiqsualújjuaq

Hebron

Baie
d'Hudson

Kuujjuaq

Riv. aux Feuilles

Riv. à la Baleine

Riv. Caniapiscau

Riv. George

Îles
Belcher

Umiujaq

Kuujjuaraapik /
Whapmagoostui

Grande rivière de la Baleine

Kawawachikamach

Caniapiscau

Schefferville

Baie
James

Fontanges

Brisay

Réservoir
Smallwood

LG-1

LG-2

Chisasibi

Radisson

LG-3

Laforge

LG-4

Réservoir
Caniapiscau

TERRE-NEUVE-
ET-LABRADOR

Wemindji

Réservoir
La Grande

Nitchequon

Eastmain

BAIE-JAMES
ET
EEYOU ISTCHEE

Fermont

Riv. Eastmain

Waskaganish

Nemaska

Riv. Rupert

Riv. Harricana

Riv. Nottaway

Lac
Mistassini

Lac
Albanel

MANICOUAGAN

DUPLESSIS

Sept-Îles

Matagami

Oujé-
Bougoumou

Mistissini

Chapais

Waswanipi

Chibougamau

SAGUENAY–
LAC-SAINT-JEAN

Baie-Comeau

Fleuve Saint-Laurent

Île
d'Anticosti

©ULYSSE

Lebel-sur-
Quévillon

Rouyn-
Noranda

Amos

Lac
Saint-Jean

Roberval

Rimouski

BAS-
SAINT-
LAURENT

ABITIBI-
TÉMISCAMINGUE

MAURICIE

Les circuits

La Baie-James
et Eeyou Istchee

Le Nunavik

Gigantesque territoire septentrional s'étendant depuis le 49e parallèle jusqu'au nord du 62e parallèle, le **Nord-du-Québec** ★ constitue 51% du territoire du Québec et ne compte qu'environ 40 000 habitants (Inuits, Amérindiens et autres Jamésiens). Cet ensemble géographique comprend les régions touristiques de la Baie-James et Eeyou Istchee et du Nunavik.

La singulière beauté de ses paysages dénudés, la rudesse de son climat hivernal ainsi que sa végétation, où la toundra succède à la taïga et à la forêt boréale, en font une région résolument différente du reste du Québec. Les gens du sud la jugent sans doute très difficile d'accès, et, quoique certains s'y aventurent, ce vaste territoire demeure toujours le royaume des peuples autochtones du Nord.

Les 14 localités qui ponctuent les rivages de la baie d'Hudson, du détroit d'Hudson et de la baie d'Ungava regroupent quelque 11 000 habitants, dont 90% d'Inuits. En inuktitut, la langue des Inuits, ce territoire a pour nom le Nunavik, et il est géré en grande partie par les Inuits eux-mêmes. Quant aux Cris, ils sont environ 13 000 à vivre dans neuf villages de la taïga, dont cinq aux abords immédiats de la baie James. Leurs communautés ont par ailleurs formé leur propre association touristique, Tourisme Eeyou Istchee.

Dans cette vaste région, Français et Anglais rivalisèrent pour le contrôle de la traite des fourrures dès les premières années de la colonisation de l'Amérique du Nord. Mais, depuis maintenant une quarantaine d'années, c'est le gouvernement du Québec qui s'intéresse au Nord, notamment à la puissance de certaines de ses rivières. Grâce à de spectaculaires exploits technologiques, on érigea, dans la région de la Baie-James, de formidables barrages hydroélectriques dont les centrales atteignent aujourd'hui une puissance installée de 16 021 mégawatts (MW).

De plus en plus, le Nord-du-Québec attire les visiteurs, ses vastes régions sauvages et sa faune unique agissant comme des aimants sur les amateurs de grands espaces et de nature vierge, toujours davantage nombreux aux quatre coins du monde. Parallèlement, les citadins des régions plus méridionales qui souhaitent faire l'expérience d'un mode de vie tenu pour plus près de la nature se laissent volontiers fasciner par la culture des peuples cri et inuit du Nord québécois, lesquels leur proposent d'ailleurs des façons créatives et passionnantes pour assouvir leur curiosité, qu'il s'agisse d'une expédition en traîneau à chiens à travers la toundra ou d'une nuitée sous un tipi.

Si l'infrastructure touristique du Nord-du-Québec se développe de plus en plus, il demeure difficile d'y partir à l'improviste. Il est recommandé de réserver à l'avance les hôtels ainsi que toutes les visites envisagées. D'ailleurs, pour découvrir ces terres lointaines de même que pour aller à la chasse ou à la pêche, il est fortement recommandé de louer les services d'un pourvoyeur.

Sachez aussi que les prix des biens et services sont plus élevés dans le Nord-du-Québec que dans les régions au sud, et encore davantage dans la région du Nunavik. La grande majorité des biens de consommation doivent en effet y être acheminés par la voie des airs, et le coût de la vie y est relativement cher, d'où une différence marquée dans les prix courants.

Le chapitre du Nord-du-Québec se divise en deux circuits:

Circuit A: La Baie-James et Eeyou Istchee ★
Circuit B: Le Nunavik ★

Nord-du-Québec - Introduction

Accès et déplacements

› En avion

Circuit A : La Baie-James et Eeyou Istchee

Air Creebec

☎ 819-825-8375 ou 800-567-6567

www.aircreebec.ca

Air Creebec est une des seules compagnies aériennes à desservir les villages cris de la Baie-James au départ de Montréal ou de Val-d'Or. Mistissini, Oujé-Bougoumou et Waswanipi sont accessibles par taxi ou par voiture de location depuis l'aéroport de Chibougamau. Des vols sont aussi offerts jusqu'à La Grande, à Radisson.

Air Inuit

☎ 800-361-2965

www.airinuit.com

Air Inuit propose aussi des vols directs au départ de Montréal, vers l'aéroport La Grande, à Radisson.

Circuit B : Le Nunavik

L'avion constitue le seul moyen de transport pour se déplacer d'une communauté à l'autre.

Air Inuit

☎ 800-361-2965

www.airinuit.com

Air Inuit dessert tous les villages inuits du Nord québécois et les relie aussi au reste du Québec avec des vols chaque jour de Montréal vers la côte de l'Hudson et trois fois par semaine de Québec et Montréal vers Kuujjuaq (d'où l'on peut rejoindre les autres villages inuits).

First Air

☎ 800-267-1247

www.firstair.ca

First Air est la compagnie aérienne qui relie Montréal à Kuujjuaq, porte d'entrée du Nunavik.

Quelques compagnies aériennes de vols nolisés ont leur siège social à Kuujjuaq. Elles permettent aux visiteurs d'aller pratiquer leurs activités préférées hors des sentiers battus. **Johnny May's Air Charters** (☎ 819-964-2662) offre un service de transport à bord d'hydravions pour des voyages de chasse et de pêche dans la région de l'Ungava et du détroit d'Hudson, ainsi qu'aux monts Torngat et au cratère des Pingualuit, jadis connu sous le nom de « cratère du Nouveau-Québec » (parc national des Pingualuit).

› En voiture

Circuit A : La Baie-James et Eeyou Istchee

Il peut être risqué de circuler en simple voiture de tourisme dans la région, surtout si l'on quitte la route de la Baie-James pour aller visiter les villages côtiers. Il est recommandé de se déplacer, de préférence, en véhicule de gros calibre (4 x 4, mini-fourgonnettes, camions). Comme les poids lourds qui y circulent ne sont pas du genre à céder le passage, on doit donc conduire de façon très préventive et garder la droite en cédant la place aux camions que l'on croise et qui, souvent, ont tendance à rouler au milieu de la route.

La route 109, en partance d'Amos en Abitibi-Témiscamingue, pénètre dans l'ouest de cet immense territoire. À Matagami, la route 109 change de nom pour devenir la route de la Baie-James et se rend jusqu'à Radisson. Longue de 620 km et entièrement revêtue, cette route est parsemée de haltes routières. Un seul établissement touristique s'y trouve, le relais routier au Km 381, et vous pourrez y prendre une bouchée et faire le plein d'essence. Il faut donc partir bien préparé pour cette expédition. D'ailleurs, nous vous conseillons de faire un arrêt à Matagami, où l'on trouve hébergement, restauration, essence et activités, avant de faire route vers Radisson.

La route Transtaïga, orientée est-ouest, dessert les installations hydroélectriques du complexe La Grande : La Grande-2, rebaptisée «Robert-Bourassa», La Grande-3, La Grande-4, La Forge-1, La Forge-2, Brisay et Caniapiscau. Il est cependant impossible de dépasser le Km 358 sans l'autorisation d'Hydro-Québec. Il existe également une portion de route reliant Radisson à Chisasibi et à La Grande-1. De plus, des routes de gravier relient la route de la Baie-James à chacun des villages autochtones côtiers.

À l'est du territoire s'allonge la route du Nord, qui couvre 407 km et relie Chibougamau à la route de la Baie-James à la hauteur de la rivière Rupert. Vous trouverez de l'essence au poste Nemiscau d'Hydro-Québec et à la station-service qui se trouve à l'entrée du village cri de Nemaska. La route du Nord est recouverte de terre et de gravier et s'avère plutôt difficile, surtout en été. L'état des routes est meilleur en hiver, alors que la chaussée est plus dure et uniforme bien que glacée.

Les entreprises suivantes font la location de voitures :

Location Sauvageau
175 3ᵉ Rue
Chibougamau
☎ 418-748-6050 ou 866-728-8243
www.sauvageau.qc.ca

Location Aubé
73 rue Iberville
Radisson
☎ 819-638-7292

Circuit B: Le Nunavik

Aucune route ni chemin de fer ne relie les communautés inuites du Nunavik entre elles. Il est donc impossible d'utiliser la voiture ou le train pour ses déplacements.

Une petite route non revêtue relie toutefois le village naskapi de Kawawachikamach à Schefferville. Pour se rendre à Schefferville, le visiteur a le choix de prendre le train à Sept-Îles ou l'avion à Sept-Îles ou à Montréal.

Attraits touristiques

Circuit A: La Baie-James et Eeyou Istchee ★

▲ *p. 683* 🍴 *p. 685* 🛍 *p. 685* 🎫 *p. 686*

Tourisme Baie-James *(lun-ven 8h30 à 16h30, 1252 route 167 S., C.P. 134, Chibougamau, QC G8P 2K6, ☎ 418-748-8140 ou 888-748-8140, www.tourismebaiejames.com)*

Tourisme Eeyou Istchee *(203 rue Opemiska Meskino, Oujé-Bougoumou, QC G0W 3C0, ☎ 418-745-3905, www. creetourism.ca)*

Qu'on l'appelle Moyen-Nord, Radissonie, Jamésie, Baie-James et Eeyou Istchee (le nom donné au territoire cri)..., ce territoire presque aussi indéfinissable qu'innommable représente la contrée québécoise la plus nordique qui soit accessible par les routes. Ces chemins, construits par les bâtisseurs de barrages et les exploitants de mines, ont véritablement ouvert le cœur du Québec aux populations du sud tout en permettant aux Autochtones d'accéder, pour le meilleur et pour le pire, au monde moderne.

C'est donc tout un univers qui s'ouvre au voyageur un peu plus téméraire en quête d'authenticité et de dépaysement. Ici, tout est différent. Le temps, le climat, la faune, la flore, l'espace, les gens, rien n'est comme ailleurs.

Fait étonnant, la municipalité de la Baie-James, qui comprend une vingtaine de com-munautés de la région et s'étend sur quelque 350 000 km², constitue la plus grande munici-palité au monde!

Matagami

Matagami est une petite ville minière et fores-tière qui a vu le jour en 1963. Ce sont les riches mines de zinc et de cuivre situées sur son territoire qui ont attiré les habitants de cette petite communauté, ainsi que la forêt à exploiter. Située au Km 0 de la route de la Baie-James, Matagami constitue, pour ceux qui se déplacent par voie terrestre, la porte d'entrée ouest de la région de la Baie-James.

La route de la Baie-James

Au cours des années 1972-1973, les tra-vailleurs québécois ont mis 450 jours pour percer la forêt boréale sur 740 km (jusqu'à Chisasibi) afin de construire la route de la Baie-James. Le défi était considérable, quand on connaît la taille des rivières qu'ils ont dû enjamber et le nombre incroyable de lacs contournés. En vous y aventurant, observez le paysage qui change subtilement. Ainsi vous verrez l'épinette noire rapetisser, puis devenir frêle et rabougrie.

Waskaganish

On se rend à Waskaganish en empruntant une route de gravier d'environ 100 km au départ de la route de la Baie-James (Km 237).

Fondé en 1668 par Médard Couart Des Groseillers, le village porta d'abord le nom de «Rupert» puis «Rupert's House» et «Fort Rupert» en l'honneur du premier gouverneur de la Compagnie de la Baie d'Hudson. Pas-sant alternativement aux mains des Français et des Anglais, ce poste important est resté des plus actifs jusqu'en 1942, date à laquelle les infrastructures du village de Waskaganish furent mises en place.

On peut visiter le lieu traditionnel du cam-pement **Nuutimesaanaan** *(Smokey Hill)*, où l'on fumait le poisson et les œufs de poisson *(waakuuch)*.

Radisson ★★

Située au Km 625 de la route de la Baie-James, la localité de Radisson a été construite à partir de 1974 pour accueillir les travailleurs du sud venus aménager le complexe hydroélectrique de la Baie-James. Pendant les moments forts de la construction du complexe, soit en 1978, Radisson était habitée par plus de 3 000 per-sonnes.

On se rend surtout à Radisson pour visiter une partie de l'impressionnant complexe hydroélectrique construit dans le Moyen-Nord québécois. Vous avez la possibilité de visiter la **centrale Robert-Bourassa ★ ★ ★**, autrefois connue sous le nom de La Grande-2 *(entrée libre; toute l'année, réservations requises 48h à l'avance; ✆ 800-291-8486 ou 819-638-8486, www.hydroquebec.com/visitez)*. La visite dure 4h et comprend une séance d'information suivie du tour des installations extérieures et intérieures. Vous pouvez également visiter **La Grande-1** *(en été seulement, réservations requises 48h à l'avance)*, qui se trouve à quelque 100 km de La Grande-2.

L'aménagement Robert-Bourassa (incluant la centrale Robert-Bourassa et la centrale La Grande-2-A) est l'un des plus grands et des plus puissants aménagements au monde (puissance installée de 7 772 MW), avec Itaipu au Brésil, les Trois-Gorges en Chine et Guri au Venezuela. Aménagée à 137 m sous terre, la centrale Robert-Bourassa constitue la plus grande centrale souterraine du monde. Son barrage est long de 2,8 km et haut de 162 m, et un réservoir d'une superficie de 2 835 km² l'alimente. Pour les années où les précipitations d'eau sont très grandes, il a fallu prévoir un évacuateur de crues. Cet évacuateur comprend huit vannes d'une largeur de 12 m et d'une hauteur de 20 m, ainsi qu'un canal de restitution long de 1 500 m et d'une dénivellation de 110 m. On le surnomme d'ailleurs «l'escalier des géants», car il présente 10 «marches» sculptées dans le roc, chacune haute d'une dizaine de mètres et large comme deux terrains de football. Il a été conçu pour subvenir à un surplus d'eau qui se produit statistiquement une fois tous les 75 ans. Dans ces situations exceptionnelles, il peut évacuer 16 280 m³ d'eau par seconde, soit deux fois le débit moyen du fleuve Saint-Laurent au niveau de Montréal. Il a surtout servi, lors de son ouverture partielle, entre 1979 et 1987.

Déjà enclenché, le plus récent projet d'Hydro-Québec, appelé « Eastmain-1-A–Sarcelle–Rupert », prévoit la construction d'une centrale de 768 MW – la centrale de l'Eastmain-1-A – à proximité de la centrale de l'Eastmain-1; la construction d'une centrale de 150 MW – la centrale de la Sarcelle – à l'exutoire du réservoir Opinaca; et la dérivation partielle de la rivière Rupert vers ces deux centrales, puis vers les centrales Robert-Bourassa, La Grande 2-A et La Grande-1.

Pour que la mémoire retienne l'impérissable apport des 185 000 travailleurs qui ont séjourné dans la taïga québécoise, du début

des années 1950 à l'aube de l'an 2000, et qui avaient pour mission d'ériger l'un des plus imposants aménagements hydroélectriques du monde (le complexe La Grande), la Société des sites historiques de Radisson a reconstitué le campement d'exploration G-68, aujourd'hui dénommé le **parc Robert-A.-Boyd ★** *(accès 10$, visites guidées 20$; groupes d'au moins 8 personnes; réservations 24h à l'avance; tous les matins de début juin à début sept; ✆ 819-638-6673, www.ssbr.qc.ca)*. Ce village de tentes invite les visiteurs à revivre le quotidien de ces héros anonymes qui ont ouvert la voie aux bâtisseurs d'avenir.

La route Transtaïga

Il ne faut surtout pas oublier que le réseau routier ne se termine pas à Radisson. À partir du lac Yasinski (Km 544), on peut effectivement emprunter la longue route Transtaïga, couverte de gravier, vers le réservoir Caniapiscau et le barrage de Brisay, pour se rendre véritablement au centre géographique du Québec. La fin de cette route représente le point le plus au nord à être accessible en véhicule au Québec.

Chisasibi ★

Juste avant d'arriver à Radisson, au Km 600 de la route de la Baie-James, une route asphaltée de 85 km en direction ouest mène au village de Chisasibi (dont le nom cri signifie «la grande rivière»). Ce village a été construit en 1981 après le départ des Cris de l'île de Fort-George, et il est organisé selon la tradition matriarcale des Cris, c'est-à-dire que l'on retrouve les maisons en petit groupe, celle de la mère entourée de celles de ses filles. Les maisons de deux niveaux en bois sont souvent doublées d'un tipi. Ce dernier sert de cuisine puisqu'on préfère toujours la nourriture cuite sur le feu à celle préparée sur la cuisinière électrique. Vous remarquerez que les rues ne portent pas de nom et sont souvent sans issue. Mais ne vous découragez pas, car les Cris sont très aimables et auront tôt fait de vous aider.

Le cimetière s'avère lui aussi intéressant puisqu'on peut y voir deux traditions de sépulture réunies. Traditionnellement, les Cris enterraient leurs morts à l'endroit de leur décès, la tête orientée en direction du soleil levant. Comme bien des gens ont perdu la vie en forêt, ils construisaient une petite clôture autour de la tombe pour pouvoir la retrouver. Aujourd'hui, avec l'influence des religions européennes, ils enterrent les morts dans un cimetière commun, mais la tradition de la clôture perdure.

L'alcool est interdit à Chisasibi. Donc, surtout n'en ayez pas durant votre visite et ne soyez pas surpris de voir un barrage quelques kilomètres avant le village, car il s'agit d'un poste de contrôle. Notez qu'une petite communauté d'Inuits habite aussi Chisasibi.

L'île de Fort-George

Avec l'augmentation du débit de La Grande rivière, l'érosion des côtes de l'île de Fort-George a quelque peu augmenté. Les Cris ont alors accepté de déménager leur village au site actuel de Chisasibi. L'île continue cependant d'avoir une très grande importance symbolique; d'ailleurs, tous les Cris du Canada et leurs frères blancs s'y donnent rendez-vous pour le **Grand Pow Wow** annuel au mois d'août. Le visiteur peut profiter de son passage sur l'île pour vivre à la façon traditionnelle des Cris. Vous dormirez sous un tipi, sur une couche de branches d'épinette, et mangerez comme les Cris le font depuis des millénaires.

La route du Nord ★

Inaugurée en 1993, la route du Nord permet de rejoindre la route de la Baie-James et Radisson à partir de Chibougamau. Parcourir cette route, toute de gravier sur 407 km, est une aventure en soi. Au fur et à mesure que vous vous dirigerez vers le nord, vous vivrez un dépaysement étonnant et observerez des changements géographiques significatifs. Construite principalement pour le développement du projet Eastmain d'Hydro-Québec, la route du Nord est aussi utilisée pour le transport du bois des compagnies forestières et empruntée par des touristes avides de nouvelles sensations, ainsi que par les chasseurs et les pêcheurs.

Nemaska ★

Les Français ont pratiqué la traite des fourrures dès 1663 dans la région de Nemaska, ce lieu de rencontre historique. Le commerce a continué de jouer une place déterminante dans l'histoire de Nemaska, principalement avec la Compagnie de la Baie d'Hudson, qui y a tenu un poste de 1905 à 1970. Le centre de l'activité économique disparaissant, les Cris se sont dispersés, mais ce n'était que pour mieux se retrouver sur les bords du merveilleux lac Champion avec l'aménagement d'un très beau village en 1979. Ce village relativement récent et fort bien équipé, jadis dénommé Nemiscau, est devenu le centre administratif du Grand Conseil des Cris.

Chibougamau

Chibougamau? Un nom amérindien chargé de rêve qui conserve encore tout son mystère, d'autant plus que l'on ne s'accorde pas sur sa signification. Située à 250 km au nord-ouest du lac Saint-Jean, Chibougamau est la plus importante ville nordique au Québec avec ses 7 700 habitants, regroupant 25% de l'ensemble de la population du Nord-du-Québec. Elle joue un rôle phare dans la région puisqu'elle se trouve au carrefour des routes importantes entre l'Abitibi-Témiscamingue et le Saguenay–Lac-Saint-Jean, et que, depuis l'ouverture de la route du Nord en 1993, elle se veut la porte d'entrée du Nord québécois. Ville jeune, elle vit le jour grâce à la découverte, au début du XXe siècle, de minerais sur son territoire. Plusieurs compagnies minières s'y sont succédé au cours des ans, avec plus ou moins de succès. Aujourd'hui, sa vocation forestière et minière est bel et bien assurée. De plus en plus ouverte au tourisme et disposant de plusieurs installations touristiques, Chibougamau a certes beaucoup à offrir.

Chibougamau, ville minière, propose d'en apprendre plus sur la géologie. Trois sites géomorphologiques, soit le **parc Allard**, le **parc Leblanc** et le **parc du Souvenir**, montrent chacun un type de roche différente qui raconte l'histoire de la formation et de la composition du sol de la planète. Dans les deux premiers, on découvre de la roche volcanique et, dans le dernier, des fossiles vieux de 2 millions d'années.

La **réserve faunique Assinica** et la **réserve faunique des Lacs-Albanel-Mistissini-et-Waconichi** *(accueil: 1584 route 167 N., ☎ 418-748-7748 ou 800-665-6527, www.sepaq.com)* comptent plusieurs excellents sites de pêche; d'ailleurs, le lac Mistissini est le plus grand lac naturel du Québec. Elles font aussi partie d'une grande réserve à castors dont les bénéficiaires sont les Cris, auxquels sont également réservées certaines espèces de poissons ainsi que la chasse. La Sépaq les administre tout en associant les communautés autochtones de ces territoires à leur gestion et à leur exploitation.

Oujé-Bougoumou ★

Le dernier-né des villages cris est aussi le plus remarquable à bien des points de vue. Après une très longue errance de Mistissini à Chibougamau, du lac aux Dorés à Chapais et ailleurs, un groupe de Cris de la région a choisi le lac Opémiska pour s'installer de façon définitive. Leur acharnement leur a valu la reconnaissance du statut de réserve et leur a permis d'envisager la réalisation d'un village unique et fascinant.

Sa conception a été confiée à l'architecte d'origine amérindienne Douglas Cardinal, qui est également l'auteur du Musée canadien des civilisations à Gatineau et du National Museum of the American Indian de Washington, D.C. Il a imprégné Oujé-Bougoumou d'un caractère profondément marqué par la tradition, malgré l'utilisation soutenue de la symbolique et des lignes fuyantes. Chaque résidence évoque, en particulier par sa toiture, le tipi ancien. Les édifices principaux sont vraiment impressionnants. L'ensemble du village a la forme d'une oie qui se termine par la reconstitution d'un village traditionnel utilisé pour les grands événements et l'accueil touristique.

Oujé-Bougoumou a mérité en 1995 une reconnaissance officielle de l'Organisation des Nations unies (ONU) en tant qu'un des 50 villages au monde représentant le mieux les objectifs de convivialité, de respect de l'environnement et de développement durable poursuivis par l'ONU.

Tourisme Eeyou Istchee (voir p. 673) organise des visites de 90 min de cette communauté primée et de son village culturel. Il peut par ailleurs vous aider à profiter de visites et forfaits de plus longue durée.

À l'entrée du village, vous remarquerez un édifice tout à fait unique duquel s'échappe une colonne de fumée. Il s'agit de l'usine de cogénération, qui fournit le chauffage à tous les bâtiments du village par un système à eau chaude alimenté par les résidus de sciage (copeaux) de la scierie Barrette de Chapais, à 26 km de là.

Mistissini ★

Au cœur de ce qu'on appelait à l'époque de la traite des fourrures «Le Domaine du Roi» et à mi-chemin entre la vallée du Saint-Laurent et la baie d'Hudson, Mistissini et l'immense lac Mistassini ont longtemps été un point de rencontre de première importance entre les Blancs et les Autochtones, véritable carrefour sur la route des fourrures. Le village de Mistissini est localisé à l'extrémité sud-ouest du lac Mistassini, sur la presqu'île Watson, entre la baie du Poste et la baie Abatagouche.

Avec ses 2 336 km², le **lac Mistassini** constitue la plus grande étendue naturelle d'eau au Québec. Long de 161 km et large de 19 km, il est la principale source d'alimentation de la rivière Rupert. Sa profondeur atteint 180 m. Champlain en connaissait déjà l'existence, que lui ont signalée des Amérindiens en 1603, mais les premiers explorateurs français, notamment Guillaume Couture, ne l'atteindront qu'en 1663. Le jésuite Charles Albanel le traverse en 1672 au cours d'une expédition le menant du lac Saint-Jean à la baie James.

Whapmagoostui ★ et Kuujjuaraapik ★

Accessibles seulement par voie aérienne, ces deux villages forment une communauté vraiment singulière, autant par son histoire et sa localisation que par sa composition sociale. En effet, le village cri de Whapmagoostui (dont le nom cri signifie «là où il y a des baleines») est juxtaposé au village inuit de Kuujjuaraapik (dont le nom inuktitut signifie «la petite grande rivière»), à l'embouchure de la Grande rivière de la Baleine, sur la baie d'Hudson. Cette coexistence perdure depuis environ deux siècles autour du poste de traite qui s'est appelé «Great Whale River» ou «Poste-de-la-Baleine», nom que les francophones donnent encore au village aujourd'hui.

Il ne s'agit, en fait, que d'une seule agglomération divisée par ce que certains appellent sur place «une frontière imaginaire». Le visiteur non avisé passe d'ailleurs d'un côté à l'autre de cette «frontière» sans même s'en rendre compte. Un regard plus attentif permet toutefois de constater que, même s'ils vivent en harmonie, les deux communautés ne partagent aucun service public, si ce n'est le centre local de services communautaires (CLSC), un centre de santé qui a été construit en plein sur la ligne. Les Inuits y sont soignés d'un côté du corridor, les Cris de l'autre, chacun leur jour. Le meilleur exemple d'intégration reste le bar (club social), du côté cri, que les deux communautés fréquentent simultanément tout en restant chacun de son côté.

Whapmagoostui est la plus nordique des communautés cries, à la limite extrême du territoire cri qui va, historiquement, jusqu'aux environs de l'extraordinaire lac Guillaume-Delisle.

Les villages sont bordés par une grande plage de sable formant des dunes d'où l'on peut apercevoir les magnifiques **îles Manitounuk**. Ces dernières sont représentatives de ce que l'on appelle les cuestas hudsoniennes, caractérisées par des dunes et des plages de sable, vers le large, et de spectaculaires falaises escarpées de l'autre côté, vers le continent. Elles constituent un refuge pour d'innombrables oiseaux, phoques, baleines et bélugas.

Activités de plein air

➤ **Tourisme d'aventure et pourvoiries**

Route Transtaïga

Il y en a qui veulent pêcher des poissons immenses dans une région sauvage. D'autres rêvent de chasser le caribou dans la taïga ou de l'observer pendant un safari-photo à motoneige. Certains souhaitent passer les vacances familiales de leur vie en louant un chalet confortable au bout du monde. La **Pourvoirie Mirage** *(administration : 99 5ᵉ Avenue E., La Sarre, QC J9Z 3A8, ☎ 866-339-6202, www. pourvoiriemirage.com)* a élaboré quelques forfaits extrêmement séduisants qui rendent tout cela possible.

Chisasibi

Chisasibi Mandow *(C.P. 720, Chisasibi, QC J0M 1E0, ☎ 819-855-3373)* est le mieux organisé et le plus fiable des organismes touristiques en territoire cri, celui qui offre la plus grande diversité de produits. Sous l'égide du Conseil de bande, Mandow propose des safaris-photos, des séjours d'observation de la nature, des randonnées à motoneige ou en skis de fond, des excursions en canot et des forfaits de pêche. L'entreprise dispose également de plusieurs chalets et campements en milieu sauvage pour la pêche à la truite, au brochet et au doré ou pour la chasse au caribou, à l'oie blanche et à la bernache. Les forfaits durent de trois à sept jours.

Nadockmi *(C.P. 240, Chisasibi, QC J0M 1E0, ☎ 819-855-3000)*, une pourvoirie située sur la rivière Kapsaouis, propose la chasse au caribou et à l'ours noir, ainsi que la pêche au brochet, au doré et à l'omble de fontaine. Il est possible par son entremise d'observer les Cris qui pratiquent les activités traditionnelles de piégeage (trappe) ou de pêche au filet sur la glace.

Matagami

Matagami DMO *(100 place du Commerce, ☎ 819-739-4566, www.matagami.com)*, le volet voyagiste de l'office de tourisme local, participe, par ses offres d'activités, à la promotion du capital naturel du Nord québécois. L'entreprise offre des forfaits de découverte du Nord, par la randonnée, le kayak de mer ou le ski nordique. Formule «tout compris» par différents fournisseurs de service et pourvoyeurs. On doit réserver à l'avance car les places partent vite. Avis aux aventuriers, l'organisme offre aussi des forfaits jusqu'au lac à l'Eau Claire, à la hauteur de la baie d'Hudson. Aventure assurée à plus de 2 000 km de Montréal! Plutôt cher, mais dépaysement garanti!

Chibougamau

À Chibougamau, la rustique **Pourvoirie du lac Obatogamau** *(117 rue Obalski, ☎ 418-748-7092 ou 418-770-7503)* plaira à ceux qui aiment la pêche, la forêt et les soirées au coin du feu. Les petits chalets sont situés directement au bord du lac et offrent toutes les commodités indispensables. Toilettes et douches dans un bloc sanitaire. Très bel emplacement à la fois au cœur de la forêt et sur les rives d'un immense plan d'eau.

Oujé-Bougoumou

L'entreprise **Nuuhchimi Wiinuu Tours** *(74 Opataca St., QC G0W 3C0, ☎ 800-745-2045, www.ouje. ca/tourism)* offre aux visiteurs une prise de contact de première main avec la culture crie. En font partie des randonnées en raquettes dans la brousse, des séances d'introduction à la culture crie, des «produits du terroir» tels que l'orignal, le castor et le lagopède, ainsi que la découverte de l'artisanat traditionnel et des récits de conteurs.

Circuit B : Le Nunavik ★

▲ *p. 684*   🍴 *p. 685*   🛏 *p. 685*   🎫 *p. 686*

Association touristique du Nunavik *(C.P. 779, Kuujjuaq, QC J0M 1C0, ☎ 819-964-2876 ou 888-594-3424, www. nunavik-tourism.com)*

Umiujaq ★

Situé à 160 km au nord de **Kuujjuaraapik** (voir p. 676), le village d'Umiujaq (dont le nom inuktitut signifie «qui ressemble à un bateau») a été fondé en décembre 1986. La Convention de la Baie-James et du Nord québécois offrait aux Inuits de Kuujjuaraapik la possibilité de déménager dans la région du lac Guillaume-Delisle, advenant la réalisation du projet hydroélectrique de Grande-Baleine. Une partie des habitants, craignant les répercussions néfastes du projet, se prononça par voie de référendum, en octobre 1982, en faveur de la création d'une nouvelle communauté plus au nord, qui devint le petit village d'Umiujaq. Après maintes études archéologiques, écologiques et d'aménagement du territoire, la construction du village débuta au courant de l'été 1985, pour se terminer un an et demi plus tard.

Situé au pied d'une colline «ressemblant à un *umiaq*», cette grande embarcation construite en peau de phoque, le village d'Umiujaq fait face à la baie d'Hudson.

Un parc national géré par l'Administration régionale Kativik (ARK), qui a déjà sous sa gouverne le **parc national des Pingualuit** (voir p. 679), devrait voir le jour dans les années à venir près la côte est de la baie d'Hudson, non loin de la communauté inuite d'Umiujaq : le **parc national Tursujuq**, d'une superficie de 26 910 km². Cet immense territoire compte de nombreux attraits exceptionnels, tel le lac Guillaume-Delisle, véritable havre pour les phoques et les bélugas en migration, bordé de cuestas hudsoniennes. Dans l'est s'étend le lac à l'Eau-Claire, le deuxième lac naturel du Québec par sa superficie, formé de deux bassins circulaires issus d'un double impact de météorite. Zone de transition entre la forêt boréale et la toundra, le parc en devenir possède des vestiges d'occupation humaine datant de plus de 3 000 ans et abrite les sites des postes de traite des fourrures utilisés aux XVIIIe et XIXe siècles.

Inukjuak ★

Deuxième village en importance du Nunavik, Inukjuak (dont le nom inuktitut signifie «le géant») est localisé à l'embouchure de la rivière Innuksuac, en face des îles Hopewell et à 360 km au nord de Kuujjuaraapik.

La vie des habitants d'Inukjuak reste fortement liée à la pratique des activités traditionnelles. La découverte sur place d'un gisement de stéatite a permis d'encourager la pratique de la sculpture. De nombreux sculpteurs parmi les plus renommés du Nunavik y habitent et travaillent dans leur petit atelier.

Les plus vieux bâtiments du village sont ceux de la vieille mission anglicane et de l'ancien comptoir de traite situés derrière le magasin Northern et la coopérative fondée en 1967.

Les **îles Hopewell**, avec leurs falaises escarpées, méritent d'être explorées de plus près, tout spécialement au printemps, alors que la banquise, sous l'effet des marées et des courants, se présente comme un immense champ de gigantesques blocs de glace imbriqués.

Puvirnituq

On retrouve à Puvirnituq le centre de santé Inuulitsivik, seul autre hôpital du Nunavik avec celui de Kuujjuaq, du côté de la baie d'Ungava. Ce centre de santé est reconnu entre autres pour le projet-pilote de sages-femmes qui y assurent depuis des années les services d'obstétrique de première ligne.

Le village de Puvirnituq est reconnu pour ses sculpteurs qui ont fondé l'une des coopératives les plus dynamiques du Nunavik. Par ailleurs, une petite entreprise produit et

---

Nouveau-Québec, Kativik ou Nunavik

En 1912, le gouvernement fédéral divise la Terre de Rupert entre le Manitoba, l'Ontario et le Québec. Ainsi la frontière septentrionale du Québec passe de la rivière Eastmain au détroit d'Hudson, 1 100 km plus au nord. On nommera alors cette région «Nouveau-Québec». Avec la Convention de la Baie-James et du Nord québécois, le gouvernement du Québec crée une nouvelle région, celle-là appelée «Kativik», pour désigner l'ensemble des villages situés au nord du 55e parallèle. Mais, en 1986, la communauté inuite tient un référendum et adopte le nom de «Nunavik», qui signifie «endroit de grands espaces».

Le 5 décembre 2007, Québec, Ottawa et la Société Makivik, qui gère certains actifs communautaires des Inuits, ont signé une entente de principe sur la création d'un nouveau gouvernement au Nunavik. Cette entente s'inscrit dans la foulée de la Convention de la Baie-James et du Nord québécois. Concrètement, il s'agit de la fusion de trois organismes : l'Administration régionale Kativik (ARK), qui gère entre autres le nouveau parc national des Pingualuit, la Commission scolaire Kativik et la Régie régionale de la santé et des services sociaux du Nunavik, trois institutions qui fournissent des services aux 14 villages inuits. Le nouveau gouvernement régional du Nunavik, un territoire qui couvre le tiers du Québec, sera géré par les Inuits.

exporte de l'excellent omble de l'Arctique fumé qu'il vaut la peine de se procurer.

Cette communauté est située sur la rive est de la rivière Puvirnituq, à environ 4 km de la baie du même nom et à 180 km au nord d'Inukjuak. Le territoire autour du village se présente sous la forme d'un plateau dont l'altitude est inférieure à 65 m.

Le nom inuktitut de Puvirnituq signifie «là où il y a une odeur de viande faisandée». Ce nom quelque peu original (qui s'abrège souvent en P.O.V.) remonterait à une époque où la rivière était plus profonde qu'en temps normal et où plusieurs bêtes se seraient noyées en tentant de la traverser. Leurs carcasses se seraient décomposées sur la plage, et l'odeur aurait inspiré les habitants de la communauté à lui donner ce nom. Une autre explication veut qu'une épidémie ravageât la colonie, tuant tous les habitants et ne laissant aucun survivant pour enterrer les morts. Lorsque familles et amis arrivèrent des camps avoisinants au printemps, l'air était vicié par l'odeur des corps en décomposition.

Akulivik

Le village d'Akulivik se trouve à 100 km au nord de Puvirnituq, son plus proche voisin, et à 650 km au nord de Kuujjuaraapik. Il est construit sur une presqu'île qui s'avance dans la baie d'Hudson juste en face de l'île Smith. La communauté est bordée, au sud, par l'embouchure de la rivière Illukotat et, au nord, par une baie profonde formant un port naturel et protégeant le village des vents. Cette configuration géographique favorise le départ prématuré des glaces au printemps et constitue un lieu privilégié pour la chasse. Vestiges de la dernière période glaciaire, des coquillages fossilisés, réduits en miettes, ont donné au sol un aspect sablonneux caractéristique.

L'île Smith, qui appartient au Nunavut canadien comme toutes les îles à marée basse au large des côtes du Nunavik, se trouve juste en face du village, à quelques minutes en bateau ou en motoneige. Cette île montagneuse, qui offre des paysages d'une beauté fascinante, est également le refuge de milliers de bernaches et d'oies blanches au printemps.

Ivujivik

Village le plus septentrional du Québec, Ivujivik est situé à 150 km d'Akulivik et à 2 140 km de la ville de Québec. Il est niché au fond d'une petite anse au sud des îles et du détroit de Digges, près du cap Wolstenh-

lome, dans une région montagneuse. Ivujivik est le théâtre de courants marins importants qui s'affrontent à chaque marée, car la baie et le détroit d'Hudson s'y rencontrent. Le nom inuktitut d'Ivujivik évoque d'ailleurs ce phénomène puisqu'il signifie «là où les glaces s'accumulent en raison des forts courants».

Salluit ★

Situé à 250 km au nord de Puvirnituq, à 115 km à l'est d'Ivujivik et à 2 125 km de la ville de Québec, le village de Salluit (dont le nom inuktitut signifie «les gens minces») est blotti dans une vallée formée de montagnes escarpées, à une dizaine de kilomètres de l'embouchure du fjord du même nom.

Le site même de Salluit, dominé par les montagnes dentelées et les collines abruptes, est très spectaculaire. Niché entre mer et montagnes, dans un **fjord ★★** magnifique, le village est l'un des plus pittoresques du Nunavik. La **baie Déception**, que les Inuits appellent «Pangaligiak», est un lieu réputé pour la chasse, la qualité de sa pêche et la richesse de sa faune et de sa flore.

Kangiqsujuaq ★

Entouré de majestueuses montagnes au creux d'une superbe vallée, le village de Kangiqsujuaq (dont le nom inuktitut signifie «la grande baie») se dresse fièrement dans le fjord de l'immense baie de Wakeham. Cette communauté, appelée successivement «Wakeham Bay» puis «Maricourt», est située à 208 km de sa voisine Salluit et à 420 km de Kuujjuaq. Deux rivières à débit important traversent le village. Il s'est développé depuis 1912 autour d'un poste de traite de la société Révillon Frères. Le village demeure la porte d'entrée du parc national des Pingualuit (voir ci-dessous); d'ailleurs, le pavillon d'accueil et d'interprétation du parc s'y trouve.

L'attrait naturel et touristique par excellence de la région et du Nunavik en général est sans contredit le **cratère des Pingualuit ★★**, désormais protégé par la création de l'immense **parc national des Pingualuit ★★** *(C.P. 130, Kangiqsujuaq, QC J0M 1C0, ☎ 819-338-3282, www. nunavikparks.ca/fr/parcs/pingualuit/index.htm)*, d'une superficie de 1 134 km². Située à moins de 100 km du village, cette gigantesque fosse est impressionnante avec ses 3,4 km de diamètre et ses 446 m de profondeur. Découvert par un certain Chubb, un aviateur intrigué par sa parfaite rondeur, le cratère aurait été formé par la chute d'une énorme météorite il y a 1,4 million d'années. Aucune rivière ne s'y déversant, une équipe de chercheurs de l'Université de Montréal a résolu le mystère de son alimentation en eau en découvrant une source souterraine dans les profondeurs du lac du cratère (le lac est également appelé « lac Pingualuit »). Inauguré officiellement en 2007 et géré par l'Administration régionale Kativik (ARK), le parc national des Pingualuit est le premier parc nordique du Québec à voir le jour. Les vrais aventuriers ont là-bas une possibilité inouïe d'explorer les terres et les légendes d'une autre époque.

Quaqtaq

Le village de Quaqtaq (dont le nom inuktitut signifie «ver intestinal») est limité au nord par la baie Diana et au sud et à l'est par des collines basses et rocheuses. Localisé à 157 km de son voisin Kangiqsujjuaq et à 350 km au nord de Kuujjuaq, le village s'étend sur une péninsule qui avance dans le détroit d'Hudson et qui forme le littoral est de la **baie Diana** ★, appelée «Tuvaaluk» (la grande banquise) par les Inuits. Cette pointe de terre est située à l'endroit où le détroit d'Hudson et la baie d'Ungava se confondent.

Les Inuits et leurs ancêtres ayant occupé la région pendant près de 2 000 ans, on y retrouve de nombreux sites archéologiques. Les environs de la baie Diana, région réputée pour la chasse, la pêche et l'observation de la nature, comptent environ un millier de bœufs musqués. Les plus chanceux auront peut-être même l'occasion d'apercevoir quelques légendaires harfangs des neiges. On peut aussi y observer, selon les périodes de l'année, les migrations de morses, de bélugas et d'ours polaires.

Kangirsuk

Cette petite communauté est localisée sur la rive nord de la rivière Arnaud, à 13 km en amont de la baie d'Ungava. Jadis connu sous les noms de Payne Bay ou de Bellin, le village de Kangirsuk (dont le nom inuktitut signifie «la baie») est situé à 118 km au sud de Quaqtaq, à 230 km au nord de Kuujjuaq et à 1 536 km de la ville de Québec.

Quelques sites archéologiques se trouvent à proximité du village, dont un plus important s'étend sur l'**île Pamiok**. Ces sites, d'une qualité exceptionnelle, ouvrent une fenêtre sur le passé lointain des premiers habitants de la région. Les Vikings auraient notamment séjourné dans la région du lac Payne au cours du XIᵉ siècle. On retrouve donc des vestiges de cette époque aux alentours de Kangirsuk.

Aupaluk

La communauté d'Aupaluk est localisée sur la côte sud d'une petite crique de l'Ungava, la baie Hopes Advance. Située à 80 km du village de Kangirsuk et à 150 km au nord de Kuujjuaq, Aupaluk est la plus petite communauté inuite du Nunavik. Camp de chasse traditionnelle, elle ne fut cependant créée qu'en 1975, alors que des Inuits de Kangirsuk et d'autres villages s'installèrent dans cette zone où abondaient caribous, poissons et mammifères marins.

Il s'agit du premier village arctique québécois entièrement conçu par les Inuits, et que certains appellent avec humour «Big Apple» (la «Grosse Pomme» évoquant la ville de New York!). Traversée par la route de migration des caribous, la région en compte des milliers du mois d'octobre au mois de décembre. Un bon nombre d'entre eux y séjournent jusqu'au printemps.

Tasiujaq

Le village de Tasiujaq (dont le nom inuktitut signifie «qui ressemble à un lac») est situé à 80 km au sud d'Aupaluk, son plus proche voisin, et à 110 km au nord de Kuujjuaq. Il est établi sur une terrasse de sable et de gravier sur les rives du lac aux Feuilles. Le village tire son nom de la baie formée par ce lac et renommée pour ses marées impressionnantes qui transforment complètement le paysage en quelques heures. Ces marées sont en fait parmi les plus grandes du monde, plus hautes que celles de la baie de Fundy selon les inconditionnels de Tasiujaq. L'amplitude moyenne des marées dans la baie est de 16 m à 18 m. À la pleine lune du mois d'août, le marnage peut même atteindre 20 m. Le village est à la limite septentrionale de croissance des arbres. On peut d'ailleurs apercevoir les arbres les plus nordiques du Québec quelque 20 km plus au nord.

Kuujjuaq ★

Située à 1 304 km au nord de Québec, la capitale administrative, économique et politique du Nunavik s'étend sur une terre plate et sablonneuse sur la rive nord-ouest de la rivière Koksoak, à 50 km en amont de son embouchure sur la baie d'Ungava. Avec une population dépassant les 2 000 habitants, dont un bon nombre de non-Autochtones, elle constitue la plus importante communauté inuite du Québec.

Aujourd'hui le village de Kuujjuaq (dont le nom inuktitut signifie «la grande rivière») est le centre administratif de la région du

Le météorite de la baie d'Hudson

Si vous observez une carte du Québec, vous constaterez un arc de cercle parfait à l'est de la baie d'Hudson, et vous remarquerez la présence des îles Belcher au centre de la baie. Certains scientifiques identifient cette formation géologique à la chute d'un météorite. En fait, lorsqu'un météorite tombe, il forme un cratère d'une incroyable rondeur. De plus, la force d'un tel choc provoque un phénomène de vagues vers l'extérieur et vers le centre, un peu comme lorsqu'on jette une roche dans l'eau. Ces éléments étant tous présents, il est possible d'énoncer l'hypothèse qu'un météorite aurait frappé le Moyen-Nord québécois. Le Québec compte d'ailleurs plusieurs cratères formés par des météorites d'une taille considérable : le cratère du Nouveau-Québec, le cratère de Charlevoix et le cratère de Manicouagan, le plus vaste du Québec.

Si cette hypothèse est fondée, le météorite de la baie d'Hudson serait le plus gros à avoir jamais frappé la surface de la planète. Un tel choc aurait été suffisant pour changer l'axe de la Terre et ainsi provoquer des changements considérables au plan du climat.

Cependant, il est impossible d'affirmer avec certitude que ce gigantesque arc de cercle a été formé à la suite de la chute d'un météorite. On manque de preuves concrètes. Par exemple, le météorite qui a formé le cratère de Manicouagan a été identifié grâce à la présence de pierres semblables à celles rapportées par les expéditions lunaires. Diverses études se contredisent à ce sujet. Ainsi le Québec ne s'est pas encore vu attribuer la présence du plus gros cratère météorique du monde, celui-ci se trouvant à la pointe de la péninsule du Yucatán au Mexique : le cratère Chicxulub. D'autres scientifiques associent la formation géologique de la baie d'Hudson au mouvement des plaques tectoniques. Mais là encore, ils n'ont trouvé aucune marque dans les fonds marins, ou peut-être serait-ce un vestige du passage du glacier qui a sévi sur le Québec il y a 20 000 ans. Le mystère demeure entier.

Nunavik, et l'on y trouve le siège de l'Administration régionale Kativik (ARK) ainsi que des bureaux de divers organismes régionaux et gouvernementaux. Kuujjuaq est d'ailleurs la capitale administrative du territoire du Nunavik. Ses deux grandes pistes d'atterrissage font partie du «Système de Surveillance Nord», et le village est la plaque tournante du transport aérien du Québec nordique, abritant le siège social de plusieurs compagnies aériennes de vols nolisés.

Certains connaissent mieux Kuujjuaq sous l'appellation de «Fort Chimo». Fort Chimo était au XIXe siècle et au début du XXe siècle un prospère poste de traite de la Compagnie de la Baie d'Hudson. Depuis, le village a été déménagé sur l'autre berge de la rivière Koksoak, où il était plus facile de construire la piste d'atterrissage dont les Américains avaient besoin pour leur base militaire, qu'ils ont exploitée pendant quelque temps dans les années 1940. Aujourd'hui on peut toujours visiter le «Vieux-Chimo», où il reste toujours

quelques bâtiments du temps de la Compagnie de la Baie d'Hudson. Les installations sont maintenant utilisées pour le camp d'été des jeunes de Kuujjuaq.

Kuujjuaq possède des hôtels, des restaurants, des magasins, une banque et des boutiques d'artisanat, et dispose de la plupart des services dont sont dotées les villes-centres du sud du Québec. L'hôpital Tulattavik offre les services de première ligne. Il constitue la principale ressource médicale de la région de l'Ungava.

La majestueuse **rivière Koksoak** ★ est l'une des merveilles de la région. Elle donne à Kuujjuaq une tout autre dimension et offre un cadre pittoresque. Ses marées façonnent des paysages d'une beauté fascinante.

Près de l'île Elbow, entre Kuujjuaq et le Vieux-Chimo, on peut visiter une épave échouée dans les années 1950. Selon ce qu'en disent les anciens, le bateau transportait une grande quantité de bière et d'alcool. Le naufrage aurait donné suite à une grande fête bien arrosée. Ikkaqivvik (dont le nom inuktitut signifie «l'endroit où l'on touche le fond») désigne d'ailleurs à la fois l'endroit où se trouvent l'épave et le bar de Kuujjuaq!

Kangiqsualujjuaq ★

Situé à 160 km au nord-est de Kuujjuaq sur la côte est de la baie d'Ungava, le village de Kangiqsualujjuaq (dont le nom inuktitut signifie «la très grande baie») est blotti au fond d'une anse, à l'ombre d'un affleurement de granit et à l'embouchure de la rivière George. Le village s'appelait d'ailleurs «George River» auparavant. Les *Qallunak* (les Blancs) préfèrent souvent ce nom beaucoup plus simple à prononcer. Kangiqsualujjuaq, dont la vallée est envahie par la végétation, est la communauté la plus à l'est du Nunavik.

Avant 1959, il n'y avait pas de village proprement dit à cet endroit; les camps d'été étaient établis sur la côte, et les camps d'hiver, à une cinquantaine de kilomètres à l'intérieur des terres. Le hameau a été créé à l'initiative d'Inuits locaux qui fondèrent la première coopérative du «Nouveau-Québec», qui avait pour but de commercialiser l'omble chevalier. La construction du village débuta donc au début des années 1960, et les premiers services publics furent organisés à cette époque.

La région attire l'une des plus grandes hardes de caribous au monde. En effet, le troupeau de la rivière George est le plus imposant du Nunavik avec ses quelque 600 000 têtes. Les chasseurs de Kangiqsualujjuaq procurent à l'entreprise Les Aliments arctiques du Nunavik une grande partie des 3 000 kg de viande de caribou que celle-ci met en marché annuellement sur le territoire et dans le sud.

Les **monts Torngat ★ ★ ★**, dont le nom inuktitut signifie «montagnes des mauvais esprits», sont situés à une centaine de kilomètres à l'est du village. Entre la baie d'Ungava et l'océan Atlantique, à la frontière du Québec et du Labrador, ils forment la chaîne de montagnes la plus élevée du Québec. Ils s'étendent sur 220 km et ont une largeur d'environ 100 km. Plusieurs sommets culminent à plus de 1 500 m, comme le majestueux **mont D'Iberville ★**, le plus haut sommet du Québec, qui domine le massif avec ses 1 652 m.

Un troisième parc national géré par l'Administration régionale Kativik (ARK), qui a déjà sous sa gouverne le **parc national des Pingualuit** (voir p. 679) et qui projette aussi de créer le **parc national Tursujuq** (voir p. 678), devrait voir le jour dans les années à venir à quelque distance de Kangiqsualujjuaq: le **parc national Kuururjuaq**, d'une superficie de 4 274 km². Dans ce territoire coule la rivière Koroc, qui prend sa source dans les majestueux monts Torngat, et s'y dresse le mont D'Iberville, plus haut sommet du Québec, deux attraits majeurs de la zone. Ce parc permettrait de protéger entre autres la partie québécoise des monts Torngat, dont la partie terre-neuvienne est déjà préservée par la création récente du parc national des Monts-Torngat, le dernier-né des parcs sous tutelle fédérale.

Kawawachikamach ★

Située à 15 km de Schefferville, à quelque 1 000 km au nord de Montréal et tout près de la frontière avec le Labrador, Kawawachikamach est la seule communauté naskapie au Québec. Apparentés aux Cris et aux Innus, les Naskapis font, comme eux, partie de la famille linguistique algonquienne. Kawawachikamach, dont le nom naskapi signifie «là où la rivière sinueuse se transforme en un grand lac», se trouve dans une région d'une beauté naturelle exceptionnelle, au milieu d'innombrables lacs et rivières.

Peuple nomade et grands chasseurs, les Naskapis suivaient la route de migration des caribous dont ils dépendaient pour vivre. À la suite de la quasi-disparition des caribous sur leur territoire et de leur plus grande dépendance face aux postes de traite, ils vécurent, à partir de 1893, des années marquées par la famine. Fuyant la faim et la maladie, et aidées par le gouvernement fédéral, plusieurs familles s'installèrent près de Fort Chimo en 1949. Sept ans plus tard, les Naskapis décidèrent d'aller vivre avec les Innus de Matimekosh, près de la ville minière de Schefferville, dans l'espoir d'améliorer leurs conditions de vie.

En 1978, les Naskapis signèrent, avec les gouvernements fédéral et provincial, la Convention du Nord-Est québécois, inspirée de l'entente survenue trois ans plus tôt avec les Inuits et les Cris. Les Naskapis abandonnèrent alors leurs titres sur leurs terres ancestrales et, en retour, obtinrent une compensation financière, des droits inaliénables sur certains territoires et de nouveaux droits de pêche, de chasse et de piégeage (trappe). Ils décidèrent en outre de s'établir sur les rives du lac Matemace, à 15 km au nord-est de Schefferville. Inauguré en 1984, le village de Kawawachikamach est doté d'équipements collectifs modernes, d'un dispensaire et d'un centre commercial.

En 1982, la fermeture de l'usine Iron Ore, principal employeur des hommes naskapis, donna un coup dur à la communauté. Les Naskapis se tournèrent alors vers le tourisme d'aventure et la création de pourvoiries pour subvenir à leurs besoins. En 1989, ils faisaient l'acquisition du réputé club de chasse et pêche Tuktu, qui compte 22 pourvoiries.

Activités de plein air

➤ Tourisme d'aventure et pourvoiries

En vertu des règles du gouvernement du Québec, au Nunavik tout chasseur doit utiliser les services d'un pourvoyeur. Les chasseurs peuvent communiquer avec les pourvoyeurs membres de l'**Association touristique du Nunavik** (voir p. 677) pour obtenir des renseignements complets sur les divers forfaits offerts et les tarifs applicables.

La division touristique **Arctic Adventures** *(19950 Clark Graham, Baie-d'Urfé, H9X 3R8, ✆ 514-457-9371 ou 800-465-9474 www.arcticadventures.ca)* de la Fédération des coopératives du Nouveau-Québec (FCNQ), qui appartient à part entière aux Inuits du Nunavik, organise des excursions de chasse et de pêche au Nunavik.

Tasiujaq

La pourvoirie **Safari Nordik** *(639 boul. Labelle, Blainville, J7C 3H8, ✆ 450-971-1800 ou 800-361-3748, www.safarinordik.com)* propose en été la descente de la rivière aux Feuilles en canot pneumatique ou standard. En hiver, elle offre des randonnées en motoneige et plusieurs autres forfaits nordiques.

Kuujjuaq

Plusieurs pourvoiries, comme **Ungava Adventures** *(46 rue Ste-Anne, bureau 3A, Pointe-Claire, H9S 4P8, ✆ 514-694-4424 ou 866-444-3445, www.ungava-adventures.com)*, organisent autour de Kuujjuaq des safaris-photos hallucinants!

Inukjuak

Arctic Adventures *(19950 Clark Graham, Baie-d'Urfé, H9X 3R8, ✆ 514-457-9371 ou 800-465-9474, www.arcticadventures.ca)* propose des excursions de chasse au lagopède et de pêche blanche, ainsi que des forfaits incluant la chasse au caribou avec nuitées dans un camp ou la pêche au saumon et à l'omble avec nuitées dans un camp, avec ou sans guide, dans la région d'Inukjuak et de Kuujjuaq.

Tasiujaq

La pourvoirie **Safari Nordik** *(639 boul. Labelle, Blainville, J7C 3H8, ✆ 450-971-1800 ou 800-361-3748, www.safarinordik.com)* se spécialise dans les activités de pêche à la truite, au saumon et à l'omble.

Kuujjuaq

Plusieurs pourvoiries, comme **Ungava Adventures** *(46 rue Ste-Anne, bureau 3A, Pointe-Claire, H9S 4P8, ✆ 514-694-4424 ou 866-444-3445, www.ungava-adventures.com)*, organisent des excursions autour de Kuujjuaq pour chasser le caribou ou pêcher le saumon et l'omble.

Hébergement

Circuit A: La Baie-James et Eeyou Istchee

Matagami

Hôtel-Motel Matagami
$$-$$$ ☎ ✆ @ ♨
99 boul. Matagami
✆ 819-739-2501 ou 877-739-2501
www.hotelmatagami.com
L'Hôtel-Motel Matagami propose des chambres spacieuses sans grand charme, mais confortables. Restaurant et bar sur place.

ECOlodge Matagami
$$$$$ pc ⚡
Administration : 100 place du Commerce
Réservations : ✆ 514-931-6888
www.ecolodgematagami.ca
Relais écologique nordique, l'ECOlodge Matagami vous offre la combinaison des technologies vertes modernes et du charme intemporel des constructions d'antan. Ses trois ECOcabines peuvent accueillir jusqu'à quatre personnes chacune et disposent d'un accès privé à une plage naturelle de sable fin, sur le lac Matagami. De nombreuses activités de plein air et de tourisme d'aventure sont disponibles à l'ECOlodge Matagami, hiver comme été.

Radisson

Auberge Radisson
$$ ☎ ✆ ⚲ @ ♨ ⚿
66 rue Des Groseillers
✆ 888-638-7201
www.sdbj.gouv.qc.ca/aubergeradisson
L'Auberge Radisson dispose de chambres tout confort, toutes munies d'un téléviseur et d'une salle de bain privée.

Gîte l'Épilobe
$$ @ %/% @ ☝
30 rue Belleau
☎ 819-638-3496
www.giteepilobe.com

Le sympathique Gîte l'Épilobe constitue une solution de rechange très charmante dans la région. Petits déjeuners gargantuesques.

Chisasibi

Motel Chisasibi
$$$ @
à l'étage du centre commercial
☎ 819-855-2838

Le Motel Chisasibi dispose de 20 chambres confortables avec salle de bain privée et téléviseur. Aucun service de restauration.

Chibougamau

Camping municipal
$
juin à début sept
500 route 167 S.
☎ 418-748-7276

Le Camping municipal de Chibougamau est situé tout près de la ville au bord du lac Sauvage. On y trouve une quarantaine d'emplacements pour tentes et véhicules récréatifs ainsi que plusieurs services et installations sportives.

Gîte Le Domaine de la Mine d'Or
$$ @ %/% ☝))) @
349 ch. des Mines
☎ 418-748-1212
www.ledomainedelaminedor.com

Les quatre chambres spacieuses du Gîte Le Domaine de la Mine d'or sont aménagées dans un grand bâtiment aéré, en pleine nature, comptant entre autres un immense salon avec foyer. Plusieurs activités de plein air estivales et hivernales sont disponibles tout autour du site.

Hôtel Chibougamau
$$ @ ❄ ☝ @
473 3ᵉ Rue
☎ 418-748-2669

Au centre de la ville s'élève l'hôtel Chibougamau, avec sa tourelle et sa façade de pierres. Ouvert depuis une quarantaine d'années, il offre plusieurs services. Forfaits motoneige.

Oujé-Bougoumou

Auberge Capissisit
$$-$$$ ☝ @ ⚷
☎ 418-745-3944
www.ouje.ca/hotel

L'Auberge Capissisit met 12 chambres confortables à la disposition des voyageurs. Le mobilier de la salle principale, œuvre d'artisans autochtones du sud des États-Unis, est particulièrement remarquable.

Mistissini

Auberge Mistissini Lodge
$$$ ☝ @
☎ 418-923-2333 ou 866-923-2333
www.creetourism.ca

L'Auberge Mistissini offre un beau lieu de détente sur les rives du plus grand lac naturel du Québec. Il est possible d'y pratiquer plusieurs activités, et la terrasse du restaurant est accueillante.

Circuit B:
Le Nunavik

La **Fédération des coopératives du Nouveau-Québec (FCNQ)** exploite la plupart des établissements hôteliers situés dans les communautés inuites, et les réservations doivent être faites par son entremise *(☎ 866-336-2667, www. fcnq.net ou www.voyagesfcnq. com)*. À titre de référence, les numéros de téléphone de quelques hôtels sont tou-

tefois également fournis ci-dessous.

Inukjuak

Hôtel Inukjuak
$$$$$
☎ 819-254-8306

Cet hôtel de construction moderne peut accueillir 21 personnes.

Salluit

Qavvik Hotel
$$$$$
☎ 819-255-8501

La Fédération des coopératives du Nouveau-Québec n'y exploitant aucun hôtel, il n'y a qu'un établissement privé pour se loger à Salluit, soit le Qavvik Hotel, qui propose 10 chambres avec deux petits lits chacune.

Kuujjuaq

La Fédération des coopératives du Nouveau-Québec gère deux hôtels dans ce village: le **Vieil Hôtel de la coopérative *($$$$$)***, qui propose neuf chambres, et le **Kuujjuaq *($$$$$ ●)***, qui abrite 15 chambres dont un appartement privé doté d'une cuisinette et pouvant loger trois personnes.

Kuujjuaq Inn
$$$$$ ☝ ☝
☎ 819-964-2903

À ne pas confondre avec le Kuujjuaq, le Kuujjuaq Inn dispose de 22 chambres pour deux personnes avec téléviseur et salle de bain privée.

Kangiqsualujjuaq

Le **George River Hotel *($$$$$)*** est administré par la Fédération des coopératives du Nouveau-Québec. Il peut accueillir 24 personnes dans ses 12 chambres avec lits simples.

Restaurants

Circuit A:
La Baie-James
et Eeyou Istchee

Radisson

Auberge Radisson
$$$-$$$$
66 rue Des Groseillers
☎ 819-638-7201
Le restaurant de l'**Auberge Radisson** (voir p. 683) propose un excellent menu. Le service est courtois et amical.

Chibougamau

Hôtel-Motel Chibougamau
$$
473 3ᵉ Rue
☎ 418-748-2669
La salle à manger de l'Hôtel-Motel Chibougamau est très fréquentée par la clientèle locale et par les gens d'affaires qui en apprécient principalement les grillades.

Circuit B:
Le Nunavik

Kuujjuaq

Kuujjuaq Inn
$$-$$$
☎ 819-964-2903
Le Kuujjuaq Inn offre un service de restauration. Il arrive que le cuisinier prépare du poisson fraîchement pêché ou de la viande d'animaux abattus récemment.

J.D.'s Pizzeria
$$-$$$$
☎ 819-964-2574
De la pizza à Kuujjuaq? Oui, c'est possible!

Sorties

› Bars et boîtes de nuit

Kuujjuaq

Attenant au Kuujjuaq Inn, se trouve le **Lounge**, sorte de café-bistro où les *Kuujjuamiut* se réunissent après le travail ou après un repas au restaurant de l'hôtel. Plusieurs terminent la soirée au bar **Ikkaqivvik**, situé de l'autre côté de la rue. La musique y est des plus éclectiques, allant du country en inuktitut au techno, en passant par le chant de gorge et le disco. Notez que le bar est fermé à l'occasion de certaines fêtes, comme entre Noël et le jour de l'An; lorsqu'un décès survient dans le village, il ferme ses portes jusqu'au lendemain de l'enterrement.

› Festivals et événements

Mars

Le **Festival des neiges** *(toutes les années impaires à la mi-mars)* de Puvirnituq est l'occasion pour la population du village de participer à plusieurs jeux inuits traditionnels sur la glace en face du village. L'élément le plus spectaculaire du festival est le concours de sculpture sur glace.

Juin

Activités familiales et spectacles pour tous sont au programme au cours du plus important tournoi de pêche au Québec, le **Festival du doré Baie-James** *(☎ 877-846-2020, www.festivaldudore.com)*, présenté à la fin de juin au lac Opémisca, à 10 km de Chapais.

Juillet

Célébrée le 4 juillet, la **Journée autochtone de Chibougamau** *(☎ 418-748-7667)* est un événement qui fait le pont entre les cultures amérindienne et occidentale. Elle débute par une «cérémonie des premiers pas», suivie de jeux et de démonstrations d'artisanat et autres ateliers, et se termine par un *makushan*, soit un grand festin auquel tous sont conviés.

Août

Présenté à Chibougamau au début du mois d'août, le **Festival en août** *(☎ 418-748-7195, www.ville.chibougamau.qc.ca)* dure quatre jours et propose notamment des concerts d'artistes autochtones et un spectacle pyromusical.

Se déroulant à la mi-août, le festival **Aqpik Jam Music Festival** de Kuujjuaq est nommé d'après la plaquebière (chicoutai) ou *aqpik*, ce petit fruit jaune au goût amer ressemblant à la framboise et que l'on cueille en automne. Lors de ce festival, les Inuits du Nunavut canadien et du Nunavik, ainsi que les Inuits de l'Alaska et du Groenland, se rassemblent chaque soir pour jouer leur musique et participer à des jeux, des concours et des compétitions.

Achats

Il serait vraiment malheureux de rentrer d'un voyage dans le Nord québécois sans rapporter un souvenir fait main de la région. Ainsi un périple en territoire cri ne saurait-il être complet sans s'offrir une «oie en mélèze laricin» ou un leurre fabriqué selon les méthodes ancestrales. Et l'on ne pourrait quitter le Nunavik sans avoir acheté une sculpture en «pierre de savon» ou un bijou en bois de caribou.

On peut se procurer également du délicieux omble de l'Arctique fumé, des tisanes locales et de succulentes saucisses de caribou.

Chaque village compte au moins une coopérative où l'on peut s'approvisionner en denrées de base. Depuis que des vols quotidiens relient le Nunavik à Montréal, la qualité et la quantité de produits se sont beaucoup améliorées. Il est possible de payer presque partout avec une carte de crédit ou de débit.

➤ Alimentation

Radisson

Radis-Nord
57 av. Des Groseilliers
♪ 819-638-7255
Le Radis-Nord est un magasin général proposant diverses denrées et provisions. C'est une bonne adresse à connaître pour ceux qui préparent une expédition dans l'arrière-pays.

Chibougamau

Les Confiseries d'Or
137 rue Vinette
♪ 418-748-2068
Faits maison, les chocolats de Christiane Tremblay raviront les plus fins palais!

Ungava Gourmande
554 rue Bordeleau
♪ 418-748-8114
Ungava Gourmande offre une gamme de produits du terroir provenant de la forêt boréale. Thé du Labrador, petit thé, cèdre et atocas sauvages sont ainsi transformés en gelées, coulis et sirops raffinés, parfaits pour accompagner viande rouge, poisson, petit gibier, etc.

Kuujjuaq

Inuksiutiit Artic Foods Inc.
♪ 819-964-2817
Les Aliments de l'Arctique Inuksiutiit se spécialisent dans la préparation de gibier.

➤ Art et artisanat

Radisson

La boutique **Arts et Trésors Inouïs** *(65 av. Des Groseillers, ♪ 819-638-6969, www.artinunat.com)* se consacre à l'art amérindien. Ainsi, vous y découvrirez de magnifiques sculptures et de jolis pendentifs.

Kuujjuaq

Outre la coopérative, on trouve deux autres établissements où aller admirer les talents des artistes inuits. L'**Innivik Arts and Crafts Shop** *(♪ 819-964-2780 ou 819-964-2590)* propose aux visiteurs divers produits artisanaux et objets d'art fabriqués par les artisans de la communauté. Quant aux **Tivi Galeries** *(8444 Airport Rd., ♪ 819-964-2465 ou 800-964-2465)*, elles forment la seule galerie d'art inuite du Nunavik.

Kangiqsualujjuaq

Avec les peaux de caribou, les artisans de Kangiqsualujjuaq fabriquent de nombreux produits artisanaux. Ils ont conservé l'art ancestral de la fabrication des mitaines ou *pualluk* (moufles), dans lequel ils excellent, et exportent une partie de leur production vers d'autres villages inuits. D'autres vêtements sont fabriqués au village, comme le *kamik* (bottes), les pantoufles, les manteaux, les *nasak* (tuques ou bonnets), ainsi que des bijoux en bois de caribou.

Références

Index

Les numéros de page en **gras** renvoient aux cartes.

Commandez au www.guidesulysse.com

La livraison est gratuite si vous utilisez le code de promotion suivant: **GDEQUE** (limite d'une utilisation du code de promotion par client)

Les **guides Ulysse** sont aussi disponibles dans toutes les bonnes librairies.

GUIDES DE VOYAGE ULYSSE

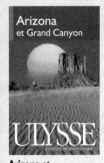

Arizona et Grand Canyon
34,95$ 27,99€

Boston
24,95$ 19,99€

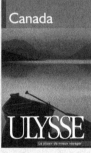

Canada
34,95$ 27,99€

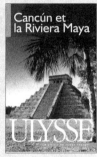

Cancun et la Riviera Maya
24,95$ 19,99€

Cape Cod, Nantucket, Martha's Vineyard
22,95$ 19,99€

Chicago
24,95$ 19,99€

Chili
34,95$ 24,99€

Costa Rica
29,95$ 22,99€

Cuba
32,95$ 24,99€

Disney World
19,95$ 22,99€

Floride
29,95$ 24,99€

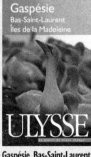

Gaspésie, Bas-Saint-Laurent, Îles de la Madeleine
24,95$ 19,99€

GUIDES DE VOYAGE ULYSSE

Guatemala
34,95$ 24,99€

Hawaii
37,95$ 27,99€

La Havane
24,95$ 19,99€

Las Vegas
19,95$ 19,99€

Los Angeles
24,95$ 19,99€

Montréal
24,95$ 19,99€

New York
24,95$ 19,99€

Nouvelle-Angleterre
34,95$ 27,99€

Ontario
32,95$ 24,99€

Ouest canadien
32,95$ 24,99€

Panamá
32,95$ 24,99€

Porto
24,95$ 19,99€

Provinces atlantiques du Canada
27,95$ 24,99€

Ville de Québec
24,95$ 19,99€

République dominicaine
24,95$ 22,99€

San Francisco
24,95$ 19,99€

Sud-Ouest américain
37,95$ 27,99€

Toronto
24,95$ 19,99€

Tunisie
32,95$ 23,99€

Vancouver, Victoria et Whistler
19,95$ 19,99€

ESPACES VERTS

Balades à vélo à Montréal
14,95$ 12,99€

Kayak de mer au Québec – Guide pratique
24,95$ 22,99€

Marcher à Montréal et ses environs
22,95$ 19,99€

Les parcs nationaux de la Gaspésie et du Bas-Saint-Laurent
19,95$ 19,99€

ESPACES VERTS

Le Québec cyclable
19,95$ 19,99€

Randonnée pédestre au Québec
24,95$ 19,99€

Randonnée pédestre Nord-Est des États-Unis
24,95$ 22,99€

Raquette et ski de fond au Québec
24,95$ 22,99€

ART DE VIVRE

À table avec Les Grands Explorateurs - Menus du monde entier
29,95$ 24,99€

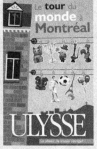

Le tour du monde à Montréal
24,95$ 22,99€

GUIDES RESSOURCES

Guide de survie des Européens à Montréal
24,95$ 18,99€

Étudier à Montréal sans se ruiner
14,95$ 14,99€

PETITS BONHEURS

Balades et circuits enchanteurs au Québec
14,95$ 12,99€

Beau, belle et bio à Montréal
14,95$ 13,99€

Délices et séjours de charme au Québec
14,95$ 14,99€

Escapades et douces flâneries au Québec
9,95$ 13,99€

COMPRENDRE

Comprendre la Chine
16,95$ 14€

Comprendre le Brésil
17,95$ 14€

Comprendre le Japon
16,95$ 14€

Comprendre la Thaïlande
17,95$ 14€

FABULEUX

Fabuleux Canada
29,95$ 24,99€

Fabuleux Ouest canadien
29,95$ 24,99 €

Fabuleux Ouest américain
34,95$ 24,99€

Fabuleuse Argentine
34,95$ 27,99€

Fabuleux Montréal
29,95$ 24,99€

Fabuleuse Québec
24,95$ 23,99 €

Fabuleux Québec
29,95$ 22,99€

Fabuleuses Maritimes
29,95$ 24,99€

ESPACES VERTS

Le Québec cyclable
19,95$ 19,99€

**Randonnée pédestre
au Québec**
24,95$ 19,99€

**Randonnée pédestre
Nord-Est des
États-Unis**
24,95$ 22,99€

**Raquette et ski de fond
au Québec**
24,95$ 22,99€

ART DE VIVRE

GUIDES RESSOURCES

**À table avec Les Grands
Explorateurs - Menus
du monde entier**
29,95$ 24,99€

**Le tour du monde à
Montréal**
24,95$ 22,99€

**Guide de survie des
Européens à Montréal**
24,95$ 18,99€

**Étudier à Montréal
sans se ruiner**
14,95$ 14,99€

PETITS BONHEURS

**Balades et circuits
enchanteurs au Québec**
14,95$ 12,99€

**Beau, belle et bio
à Montréal**
14,95$ 13,99€

**Délices et séjours de
charme au Québec**
14,95$ 14,99€

**Escapades et douces
flâneries au Québec**
9,95$ 13,99€

COMPRENDRE

Comprendre la Chine
16,95$ 14€

Comprendre le Brésil
17,95$ 14€

Comprendre le Japon
16,95$ 14€

Comprendre la Thaïlande
17,95$ 14€

FABULEUX

Fabuleux Canada
29,95$ 24,99€

Fabuleux Ouest canadien
29,95$ 24,99 €

Fabuleux Ouest américain
34,95$ 24,99€

Fabuleuse Argentine
34,95$ 27,99€

Fabuleux Montréal
29,95$ 24,99€

Fabuleuse Québec
24,95$ 23,99 €

Fabuleux Québec
29,95$ 22,99€

Fabuleuses Maritimes
29,95$ 24,99€

GUIDES DE CONVERSATION

Guide de communication universel
9,95$ 8,99€

L'Anglais pour mieux voyager en Amérique
9,95$ 6,99€

L'Allemand pour mieux voyager
9,95$ 6,99€

L'Espagnol pour mieux voyager en Amérique latine
9,95$ 6,99€

L'Espagnol pour mieux voyager en Espagne
9,95$ 6,99€

L'Italien pour mieux voyager
9,95$ 6,99€

Le Portugais pour mieux voyager
9,95$ 6,99€

Le Québécois pour mieux voyager
9,95$ 6,99€

JEUNE ULYSSE

Journal de mes vacances à la mer
14,95$ 11,99€

Au Québec - Mon premier guide de voyage
19,95$ 19,99€

Journal de mes vacances - 1
14,95$ 11,99€

Journal de mes vacances - 2
19,95$ 19,99€

Vous vous imaginez une ville où l'on vit dans des **maisons en bois rond** ?

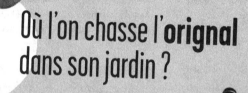

Où l'on chasse l'**orignal** dans son jardin ?

Où l'on sillonne les rues à **motoneige** au mois de janvier ?

CE GUIDE EST POUR VOUS !

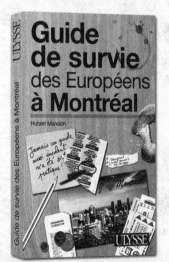

Le **Guide de survie des Européens à Montréal,** une brillante combinaison d'informations pratiques, d'expériences authentiques et de récits désopilants.

ULYSSE

www.guidesulysse.com

Tableau des distances

Distances en kilomètres

Exemple: la distance entre Québec et Gaspé est de 700 km.

	Baie-Comeau	Boston (Mass.)	Charlottetown (Î.-P.-É.)	Chibougamau	Gaspé	Gatineau / Ottawa	Halifax (N.-É.)	Montréal	New York (N.Y.)	Niagara Falls (Ont.)	Québec	Rouyn-Noranda	Saguenay	Sherbrooke	Toronto (Ont.)
Boston (Mass.)	1040														
Charlottetown (Î.-P.-É.)	724	1081													
Chibougamau	679	1152	1347												
Gaspé	293	1247	867	1214											
Gatineau / Ottawa	869	701	1404	725	1124										
Halifax (N.-É.)	807	1165	265	1430	952	1488									
Montréal	674	512	1194	700	924	205	1290								
New York (N.Y.)	1239	352	1421	1308	1550	814	1508	608							
Niagara Falls (Ont.)	1334	767	1836	1298	1590	543	1919	670	685						
Québec	414	648	984	521	**700**	461	1056	259	834	925					
Rouyn-Noranda	1171	1136	1833	517	1551	522	1916	636	1246	858	872				
Saguenay	316	849	992	363	636	666	1076	463	1045	1126	210	860			
Sherbrooke	656	426	1187	757	906	356	1271	157	657	827	240	786	445		
Toronto (Ont.)	1224	906	1746	1124	1476	399	1828	546	823	141	802	606	1000	693	
Trois-Rivières	544	566	1089	577	809	322	1173	138	750	814	130	742	334	155	688

©ULYSSE

Tableau des distances

Légende des cartes

★ Attraits

▲ Hébergement

● Restaurants

▮ Mer, lac, rivière

▮ Forêt ou parc

▯ Place

✪ Capitale de pays

✪ Capitale provinciale ou territoriale

–·–·–·– Frontière internationale

············ Frontière provinciale ou territoriale

– – – – Chemin de fer

▒▒▒▒ Tunnel

✈ Aéroport international

♠ Casino

✝ Cimetière

✝ Église

☰ Escalier

⚓ Funiculaire

🚆 Gare ferroviaire

🚌 Gare routière

Ⓗ Hôpital

ℹ Information touristique

🌐 Librairie Ulysse

▲ Montagne

🏛 Musée

🌳 Parc

❊ Plage

☀ Point de vue

▫ Point d'intérêt / Bâtiment

⚔ Porte (Ville de Québec)

🦌 Réserve faunique ou ornithologique

Ⓟ Stationnement

Ⓜ Station de métro (Montréal)

⛳ Terrain de golf

⬛ Traversier (ferry)

⬛ Traversier (navette)

Symboles utilisés dans ce guide

@ Accès Internet

♿ Accessibilité totale ou partielle aux personnes à mobilité réduite

≡ Air conditionné

🐾 Animaux domestiques admis

♀ Apportez votre vin

◎ Baignoire à remous

⚖ Centre de conditionnement physique

☕ Cuisinette

½p Demi-pension (nuitée, dîner et petit déjeuner)

△ Foyer

◎ Label Ulysse pour les qualités particulières d'un établissement

❀ Petit déjeuner inclus dans le prix de la chambre

≋ Piscine

❄ Réfrigérateur

♨ Restaurant

bc Salle de bain commune

bc/bp Salle de bain privée ou commune

))) Sauna

Y Spa

♪ Téléphone

tlj Tous les jours

⊀ Ventilateur

Classification des attraits touristiques

★★★   À ne pas manquer
★★   Vaut le détour
★   Intéressant

Classification de l'hébergement

L'échelle utilisée donne des indications de prix pour une chambre standard pour deux personnes, avant taxe, en vigueur durant la haute saison.

$ moins de 60$
$$ de 60$ à 100$
$$$ de 101$ à 150$
$$$$ de 151 à 225$
$$$$$ plus de 225$

Classification des restaurants

L'échelle utilisée dans ce guide donne des indications de prix pour un repas complet pour une personne, avant les boissons, les taxes et le pourboire.

$ moins de 15$
$$ de 15$ à 25$
$$$ de 26$ à 50$
$$$$ plus de 50$

Tous les prix mentionnés dans ce guide sont en dollars canadiens.

Les sections pratiques aux bordures grises répertorient toutes les adresses utiles. Repérez ces pictogrammes pour mieux vous orienter:

 Hébergement

 Sorties

Restaurants

 Achats